第一部

大秦长歌

新生

上海三联书店

祁新龙 著

谨以此书纪念为秦文化研究做出杰出贡献的
王国维、林剑鸣、李学勤等先贤

目　录

楔子：用隐秘角落揭开历史面目 ………… 1

第一章　先祖

1. 少昊与颛顼 ………… 23

2. 女脩与大业的文化符号 ………… 39

3. 治水大成赐嬴姓 ………… 54

4. 伯益的时代 ………… 69

第二章　抉择

1. 秦人与夏朝的渊源 ………… 89

2. 伯益后世分支与演化 ………… 105

3. 恶来、蜚廉的多重面孔 ………… 125

4. 屈辱的亡国之臣 ………… 148

第三章　附周

1. 参与叛乱 ………… 169

2. 受打压的岁月 ………… 184

3. 定居西犬丘 ………… 203

4. 非子带来新机遇 222

第四章　偏居

1. 秦嬴的偏安时代 239
2. 秦人的复仇之路 256
3. 秦襄公始为诸侯 280
4. 东出之路 296

第五章　东进

1. 宁公迁都与讨伐荡社 311
2. 秦武公的后继之功 321
3. 秦德公的扩张路 335
4. 历史与现实的雍城初窥 348

第六章　创业

1. 秦宣公亮相诸侯 363
2. 秦穆公与晋国联姻 377
3. 五张羊皮买来的"相" 391
4. 晋国内乱与秦晋龌龊 404

第七章　称霸

1. 秦晋借粮风波 421
2. 护送重耳回国 444

3. 秦晋两国再交手 462

4. 遂霸西戎 484

第八章　衰落

1. 秦康公时代与晋国和战 507

2. 秦桓公再败晋国 529

3. 变化的秦楚关系 546

4. 秦人内耗、传承与发展 570

楔子：用隐秘角落揭开历史面目

一

发现地下文明的方式有很多种，盗墓或许是最具破坏性的一种。

20世纪90年代初，在土地上刨挖的甘肃东南礼县民众，依旧过着面朝黄土背朝天的日子，在包产到户的田地里，不断重复着和昨天一样的劳作。

不过改革的习习春风，已吹到这里。"越穷越光荣"的传统逐渐淡去，眼花缭乱的"商品"，进入人们的视野。可能一块糖果，都会因包装华丽而吸引人的眼球。那是一种文明的浪潮，冲击着人们"保守"的思想壁垒。

这种情况下，人们固有认知被新事物不断冲击着，对美好生活的追求，超过以往。曾经引以为傲的田地，再也不能死死拴住人们活泛的心。这时候，钱开始变得越来越重要。而受经济发展不均衡影响，西北地区的钱更"稀缺"。人们最为渴望的，就是能够多挣点钱，养家糊口，发家致富，亦让别人眼红。

只是那年头想要挣钱，并非易事。受各种因素影响，本地经济停滞不前，商业贸易不发达。对大多数人而言，唯一能挣钱的方式就是出门务工。而在那年头，亦非谁都有勇气外出务工。那是胆大、心思活泛人做的事。老实巴交的庄稼人，对外出"冒险"，依旧保持着一种内心抗拒。他们能做的，就是不断在土地上做文章，用勤劳的汗水，换取微薄的收入。

因此，西汉水①流域的民众就面临着缺钱又不敢轻易外出打工的尴尬，而这种尴尬会逐渐使心智发生畸变。

最热闹的时候，是寒冬腊月。那时，外出务工者陆续返乡，衣衫时新，腰包鼓鼓。老实巴交的庄稼人按捺不住激动的心，走家串户，倾听务工者大把捞钱财的故事。那些"王满银②"一样的人，将见闻吹得天花乱坠，仿佛外出务工是去享受神仙一般的生活。当"古经"听的庄稼汉们羡慕中带着几分嫉妒，自己却不敢走出去见一番世面。

他们保守而精明地过着自己的小日子，计划着来年在土地上再变出新花样，维持一如既往的生活，养育孩子、孝敬老人。只是人们对钱的渴望，一日胜过一日。

不过，世间事总在变动。谁也没有想到，毫无预料地，一些新的事物正悄悄发生，打破人们的固有认知。

二

进入九十年代，西汉水流域忽然来了不少操着外地口音的陌生

---

① 发端于天水市秦州区齐寿镇齐寿山（古名嶓冢山），流经天水市秦州区、礼县全境、西和县、康县、成县，在陕西省略阳县注入嘉陵江。在礼县境内的支流有漾水河、峁水河、永坪河、洮坪河、清水江、太石河等。
② 路遥长篇小说《平凡的世界》中的人物。早年间不安心务农，到处投机倒把，是经历过历史大变革的人。在流浪多年后觉醒，回家安心务农，过上了小日子。

人，本地人也搞不清楚他们是哪里人，只是口音与本地方言完全不同。

这些人走街串巷，对外声称收龙骨。所谓的龙骨，并非传说中龙的骨头，而是一些大型哺乳动物的化石，或者龟甲，据说有药效，可入药。当地人对这些陌生人口中的龙骨很熟悉，他们在田地劳作时，偶尔能捡到龙骨，都便宜处理给了当地诊所。

说到龙骨，在中国一直流传着一则有趣的故事：清末有个叫王懿荣的官员，偶得疾病，痛苦不已。到药房开药，医生给开了一种叫龙骨的药材。当他准备用药时，发现下人从鹤年堂买回的龙骨上刻着一种完全陌生的文字。研究文字、金石出身的他，隐约预感自己发现了一种新文字。这引起了他的强烈兴趣。之后，他收购了大量这种刻有文字的龙骨，对其进行深入研究。等弄清楚后，初步推断其产生的年代是商代。他的这一发现，轰动了国内外，将中国历史向前推进了一千多年。而王懿荣发现的这些刻在龙骨上的文字符号，后来被命名为甲骨文，至今仍为学界的常青话题。那么，这些到礼县收龙骨的人也是为了文化研究？

显然，当地人对这些人收取龙骨的用途并没有兴趣，他们在乎的，是龙骨给他们带来的经济收益。

令当地百姓不解的是，这些外地人收取龙骨不论斤买，而是论块收购，价格也比诊所高。尽管人们尚不知其缘由，但诱人的价格摆在那里，不能不让人心动与眼红。有些大胆的人，开始沿着西汉水流域寻找龙骨，一寸土地一寸地搜寻。而收龙骨的人夹着皮包，静静等待。只要有人送货，他们会根据龙骨质地，付给挖出龙骨的人相应报酬。

这让老实巴交的庄稼人从中看到了有利可图。一时间，十里八乡的民众，都参与到寻找龙骨的大队伍中。

这也并不新奇，一个没来钱的地方，忽然有了一种赚钱的营生，谁不热心？试想一下：一个勤劳的家庭全年的收入，可能也就数百元，这还需全家人辛苦一年。而要是发现品相好的龙骨，几块就能得到数百元。面对这种利益诱惑，谁会不动心？

只是这些民众尚不知，收龙骨之人别有用心。所谓收龙骨不过是个幌子，他们是借收龙骨之机，广泛撒网，寻找他们预测中的大墓（史籍资料中记载，西汉水流域可能有秦人先祖的墓，民国时期就曾出土过青铜器）。这些人企图利用当地人找到墓穴，从中发掘出价值连城的器物，并通过倒卖文物，迅速暴富。当然，这是事后当地文化人的一种气愤猜测，当时的民众并没有预料到这一点。

相当长的一段时间里，不明就里的民众们埋头苦干，沿着西汉水流域的山梁一寸寸发掘，寻找着可以换取钱财的龙骨。一时间，田地里的龙骨被人们搜刮一空。

三

不久，有人在从未注意过的县城东十五公里的大堡子山丘之上，挖出了一些不是龙骨但表面上看颇有年代感的东西。这些器物，似铜非铜，似铁非铁，锈迹斑斑，表面上看，并不值钱。

当地民众怀着忐忑之心，将这些东西给收龙骨的人，希望可以换回一些钱财。令他们想不到的是，这些"死人"的东西比龙骨更值钱，优先搞到这些东西的人，都得到了可观收入。

而这些出乎预料的"买卖"，刷新了当地民众对这些地下"死人的东西"的认识。据不愿透露姓名的知情者说，此前他们在田间劳作时，也曾见到过类似的器物。不过，那时人们对这些东西有种天然抵触心理，因为这些东西都是死人用的东西，活人是不能拿的。在人们普遍认识里，这些器物不祥，即便发现了器物也多一扔了事。可能有些大胆的人，也会将发现器物捡回，作盛泔水的器皿。①

这时候，收这些东西的人，也到处鼓吹，表示只要发现这些东西，他们不论大小、形状，照单全收。

潘多拉盒子一旦打开，魔性就很难控制。从此之后，在大堡子山上挖"文物"，成为当地人来钱的"门路"。人们不再沉迷于寻找龙骨，而是集中在大堡子山上寻找更值钱的东西。

而生死之间的界限被突破，利益令人兴奋。而昏聩带来的结果是，在巨大利益驱动下，人们不再顾虑什么。于是，民众一头扎进大堡子山寻找能卖到钱的青铜器物、黄金器物、玉器，等等。

到这时，头脑活泛的人才隐约明白：前期所谓收龙骨行动，就是为了寻找这些墓里的东西。只是他们不愿多想，继续一头扎进寻找文物的大队伍中，在大堡子山上钻坑，寻找着能换回钱财的文物。

据说，随着不断与收购这些器物的人打交道，当地人知道了青铜器、玉器和金器等特有名词，也渐渐学会了鉴赏这些东西。据说那些参与挖文物的人比县文物局的人知道的还要多，只要挖出"东西"，他们就能凭"经验"对文物说出个子丑寅卯来。

人们变得越来越专业，而专业的人才能干专业的事。

不过，由于经验不足，起初时，大家挖出的东西都是些小器

---

① 出土于礼县红河镇的秦公鼎，据说最早的时候，就是被人当作泔水桶。后来被大学问家王国维发现，才让其重见天日，发挥了效能。如今，只要你行走在礼县红河镇，当地人都知道"秦公鼎"。

5

物。数量最多的要数各种陶器，其形制五花八门，种类各异，仿佛历史的一面镜子，体现着它们的年轮。当地人称呼为"陶罐罐"，很形象。不过收文物的人对陶器不感兴趣，他们只要青铜器、玉器、金器等有金属属性的文物，这也导致挖文物的人对陶器毫无怜惜之情，他们一旦挖出陶器，就不问青红皂白，用镢头敲碎，一扔了之。

不过，盗掘文物仿佛买彩票，充满了不可预知。谁也不能判定自己钻孔的地方就一定有文物。这也造成每个人每天在大堡子山上的收获不尽相同。收获多的人喜笑颜开，收获少的人垂头丧气。

只是他们并不清楚自己正在犯罪，正在盗掘国家的重要文化财产。当然，或许人们只是不承认，因为这是财路，一旦想到法律和道德，他们的财路就断了。他们一门心思在山上挖掘，只要发现青铜器、玉器、金器，就会有收入。而那些收文物的人坐在凉棚里，只要有东西被挖出，现场谈好价钱，一手交钱一手交货。即便是些小器物，也能从收购器物的人手上换得不菲的价钱。

收购文物的人和挖文物的人之间，进行着时间赛跑。

更为可怕的是，大堡子山有文物、能卖高价钱的消息不胫而走，附近村民疯了一样，都想分一杯羹，都投身于挖文物的队伍中。由此，大堡子山上的挖文物活动逐渐形成了一条发掘、贩卖、运输产业链。

在大堡子山上挖掘文物的人，仿佛"农业学大寨"时期集中劳动的规模，不免引起外界注意。这时候，文物贩子也意识到问题的严重性，他们懂法律。因此，他们就住在距此不远的天水，一旦发现风吹草动，可及时抽身。据说，文物贩子出钱雇用了一些可靠的当地人为"马仔"，负责替他们盯梢，一旦发现有文物出土，马仔第一时间就会得知，并能从当地人手中收购。即便马仔从中赚取差价，文物贩子也睁一只眼闭一只眼。

这样一来，文物从发现到倒卖的过程更加复杂，仿佛打仗一般，各种行业的人都在斗智斗勇，试图利用这些文物牟取暴利。据说当地警方也发现了其中猫腻，曾布控打击过倒卖文物行为。然而，即便警方一直在布控，但依然有人铤而走险。这种斗智斗勇，蔚为壮观。大堡子山上形成了岗哨、挖掘、运输、倒卖产业链，比之前更加隐蔽，更加难以布控。当然，在那个年代，警力相对匮乏，警察也不可能天天守在那里。

而正是在这一复杂大背景下，大堡子山的盗掘活动就一直陆陆续续进行着。

四

当我怀着各种感慨之心，走访附近村落时，更多的"奇闻"传进我的耳中。据当地人说，有一个年轻人曾钻到一座车马坑里，发现了两条玉龙，最后倒卖到了香港，赚了一大笔钱。据后来考古发掘看，大堡子山上有大墓、车马坑，这也能间接说明，这些人并非信口胡说，只是他们传言的那两条玉龙到底流传到了何方？

还有传言说，在大堡子山上曾挖出过一个与成年男人齐高的青铜器——有人说是四羊方尊，也有人说是青铜鼎，至今没有见到。现存四羊方尊是商代的青铜器，1938 年出土于湖南省宁乡县黄材镇月山铺转耳仑的山腰上。而现存最大的青铜鼎是 1923 年出土于河南安阳的后母戊鼎。从形制上看这两件青铜器都没有他们说的那么大。后来，据说这件大型的青铜器被文物贩子用八万多从发掘者手中买走，引起了剧烈轰动。要知道，八万元在 20 世纪 90 年代可是个天文数字，朴实的民众哪里见过这么多钱财？

当然，民间总是传播着各种故事，真假难辨。如果真有这些东西流失到海外，一定会面世，供世人瞻仰。时至今日，都没有见到他们口中说的"齐人高的四羊方尊"，或青铜鼎。因此，这种说法，令人质疑。不过，在当时盗墓活动猖獗的背景下，这样的故事不论真假，都能调动人的积极性，尤其吸引当地参与盗墓活动的人的积极性。

此后，有关大堡子山"出"文物的各类消息到处传播，继续发酵。核心内容是大堡子山的文物能够赚钱。

而这种被加工后的"故事"，引起了十里八乡民众的极大关注。在巨大的利益驱动下，人们不断地登上大堡子山，到处"寻宝"。往日出门务工的人，也一改往常，上了大堡子山。他们拿着各种工具，仿佛土拨鼠一般，各自寻找新的发掘点，进行刨挖。

甚至有些人家，一家大小都参与到盗墓行动中，大人拉着架子车，车上装着锅碗瓢盆、坐着小孩子（负责看守行李），俨然一副常驻大堡子山的气势和派头。到后来，不仅当地人参与盗墓，还有一些外市外省的人听说礼县大堡子山出文物，也一路风尘仆仆到大堡子山来发掘文物。由此，在大堡子山挖掘文物成了西汉水附近民众的"公开秘密"，他们昼伏夜出，把从地下挖文物作为收入的来源。

大堡子山上人山人海，不管春夏秋冬，寒来暑往。甚至有人在大堡子山上搭建了临时帐篷，住在帐篷里，不分白天黑夜地刨挖。

盗墓活动还衍生出更为壮观的景象：在大堡子山上，形成了一道小吃街，白天黑夜都有人经营。小吃街经营的有面食、肉类、油炸食物等，还有各种饮料、啤酒、白酒等饮品。据说，半夜路边的划拳声甚嚣尘上。这种壮观想象，在 90 年代初的县城简直不可想象：疯狂的盗墓行动，带动了周围一大片产业发展。而当时县城里，都没有正规的小吃街。

由此，也能让人联想到当时在大堡子山上发掘文物的人数。

五

热闹非凡的景象，终于引起当时有识之士的关注。谁都清楚，事出反常必有妖，一座多少年无人问津的堡子，忽然出现这么多人刨挖（这些人对外宣称修梯田、劳作），说明它上面一定有不同凡响的东西。

后来，有当地记者经过调查后，发现了其中猫腻，并利用自己的力量，发了几篇关于大堡子山盗墓的报道，盗墓活动才引起了外界关注。很多人这才意识到，近一两年来，人们聚集礼县大堡子山竟是为了盗墓。

之后，随着盗墓活动被"曝光"，本地的文化人和其他地方一些有识之士纷纷撰文，揭示大堡子山上大墓被盗情况。这也引得越来越多省内外的人关注这件事。

传闻说，省里遣人到礼县调查此事，礼县也及时成立了文物清查工作组，及时组织警力布控，打击大堡子文物倒卖活动，抓捕了一批文物贩子，追回了一批正在倒卖路上的文物，有效遏制了大堡子山大墓被进一步破坏。

然而，尽管盗墓活动被遏制，但损失也很巨大。等人们开始重视这片神奇的土地时，留给当地的只有一大片惨不忍睹的盗墓现场。历史留给我们的真相，永远随着流失的文物一起沉底，再无重见天日之时。

这让当时负责抢救、保护文物的学者在痛感惋惜的同时，又心有不甘。毕竟这么大规模的墓葬，在中国考古史上都是巨大的发现，而在一向默默无闻的礼县，还是首次发现这么高规格的墓葬。

也是这时候，一些更大的困惑，开始困扰着人们：若非盗墓活动，这些地底下的文明恐怕永远都不会被发现。这当然是一个讽刺的结论，也是一个不得不接受的结论。而随着盗墓活动的疯狂推进，礼县地底下的文明第一次展现在世人面前。只是当时还搞不清，这些被破坏的墓葬是哪个朝代的墓葬，墓葬的主人又是谁。

一些有前瞻目光的学者，提出了保护性发掘措施：在被发掘得千疮百孔的地基上试探性地进行二次发掘，寻找盗墓者可能疏漏的文物，还原墓葬现场，力争弄清这些遗址的来龙去脉。

专家们的这一建议，得到了相关部门批准。于是，1994年初，甘肃省文物考古研究所考古工作队进驻大堡子山，对前期盗掘过的大墓进行抢救性发掘。所谓抢救性发掘，也说明当时大家心中没底，谁也不能保证遗址在被盗数年后，还能存有什么。

考古研究所的工作人员们心有不甘，他们一头扎进大堡子山，一点点清理，一点点寻找着历史的踪迹。

而随着考古发掘不断深入推进，考古工作者发现了两座中字形大墓和九座中小型墓葬，在大墓的东南侧又发现了两座车马坑。紧接着，考古人员就对车马坑进行抢救性清理与发掘。不幸的是，第一座车马坑里的东西基本被盗空，车马坑也被严重毁坏。考古人员寄希望于第二座车马坑。然而，当工作人员在清理第二座车马坑时，忽然发生的塌陷，让考古工作者顿感不妙，因为塌陷意味着车马坑底下被挖空。换言之，考古工作者初步判断可能没有遭到破坏的第二座车马坑，应也遭到了盗掘。当考古工作者耐着性子将车马坑里的土清理干净后，果然发现里面的饰品悉数被盗，只有车马坑形制还在。

由于在车马坑中"收效甚微"，心有不甘的考古人员又对两座大墓进行抢救性发掘。令工作人员略感欣慰的是，随着发掘不断推进，墓葬的规格逐渐显露出来：大墓规格很大，呈现出"中"字形——明显不是平民墓。根据考古发掘先例，中字形大墓一般为商、周时期贵族墓葬，常见于商朝大墓中。

这一发现，让考古工作者在失落中略有一丝希望。他们继续发掘，希望有奇迹出现。令人丧气的是，等清理出两座中字形大墓后，他们发现大墓被严重破坏，墓室遭到严重毁坏，随葬品被全部盗走。当然，不幸中也有一丝万幸，大墓的腰坑、灰坑等未被完全破坏。考古工作者在腰坑中发现了殉人、殉狗的现象①，这些殉葬的墓葬中，也出土了部分文物。尽管陪葬品找不到一件，但因大墓的规格摆在那里，一下子就提升了墓葬的档次。

经过考古工作者测量，列出相关数据，与商、周时期的贵族墓对比，再参考文献，初步得出结论：这两座大墓应是秦早期国君的墓葬，而遭到破坏的该遗址可能就是《秦本纪》中记载的"西垂"所在地。

这些发现，让考古工作者对大堡子山有了一个基本认识，也让他们重拾希望。甚至，他们相信，即便经过如此密度的盗掘活动，依然还会有漏网之鱼。因此，考古队加大了对大墓周围的勘探。这次勘探收获颇丰。考古队员在中字形大墓南侧，发现了两座车马

---

① 戴春阳：《礼县大堡子山秦公墓地及有关问题》，《文物》2000年第5期。

坑，里面车马骨架依旧还在。

不过，由于当时的任务主要是抢救性发掘，加之技术制约等因素，考古工作者没有更加深入地发掘。因此，即便有些考古成果，但此次抢救性发掘成果还无法形成闭环的证据链。大堡子山上的墓葬群，谜一样困扰着当时的学者。

此后，健忘的人们奔波于赚钱的路上，逐渐忘却这座山，忘却曾经轰动一时的大堡子山盗墓活动。

六

就在人们即将遗忘大堡子山时，一些出土于礼县大堡子山遗址文物纷纷在海外忽然"现世"，再次把人们的视线引回了礼县。

原来，1994 年，时任陕西省考古研究所所长的韩伟受法国朋友克里斯蒂安·戴迪的邀请，到法国等地访问，顺便进行考察、学术交流。韩伟一生致力于秦早期文化研究，对秦文化有浓厚的兴趣。他此行的目的，除了学术交流外，更重要的是，探秘戴迪收藏的秦代青铜器。而当时的戴迪以收藏闻名于世，据说他收藏了很多中国的青铜器。

到法国后，韩伟果然见到了不同时期的各种青铜器，以及很多玉器、金器。戴迪家里的一组金箔饰片，引起了韩伟格外关注，韩伟向戴迪询问了金箔饰片的来源。根据戴迪本人讲述，这批金箔饰片是他在 1993 年从香港文物贩子手中购买，一直收藏在家中。韩伟还从戴迪口中得知，这些金箔饰片可能是从甘肃礼县大堡子山流出，年代大概在西周晚期到春秋早期。

见识了这组金箔饰片后，韩伟对礼县这个地方产生了浓厚兴趣，而此前盗墓活动他也有所耳闻。另外，西周晚期这个时间段，正是早期秦人发生巨变的时期。按照司马迁《秦本纪》记载，秦人祖先正好在这一时期离开嬴姓赵氏庇佑，迁居到"（西）犬丘"，开始艰难生存之路。秦庄公、秦襄公等先后在这里生活。不过，这组金箔饰片也让韩伟充满了疑惑：难道《秦本纪》中的犬丘就在甘肃东南部？难道这批金箔饰片，就是大骆、非子时期秦人的器物？

新发现带来了新困惑，同时也打开了韩伟的眼界，他原来以为早期秦人就活动在关中平原一带，而这些东西既然出自甘肃礼县，也能与史料对应，那就不会错。

回国前，韩伟还对这批金箔饰片进行拍照，留足了"物证"，准备将照片拿回国研究。

回国后，韩伟怀着好奇心，一路向西，到礼县一带调研。通过实地走访，韩伟对礼县大堡子山的地形地貌、出土的文物，以及当年的盗墓活动有了一个全新认识。

一年后，韩伟根据调查研究，撰写了《论甘肃礼县出土的秦金箔饰片》一文。这篇短文发在1995年《文物》杂志上。韩伟的撰文引起了学者对秦早期历史的再度关注——当时学术界对秦国的了解，还都停留在陕西段，对甘肃境内的秦遗址还没有过多关注。

而韩伟先生的研究成果现世，又让学者陷入了更大困惑中。由于大堡子山被盗掘严重，缺少直接物证（文物），学者们提出的很多问题也难以找到答案。比如，大堡子山流失了多少文物？这些文物流向何方？没有面世的文物还有多少？韩伟在法国看见的这些金箔饰片是干什么用的？这是秦人自己锻造的金箔饰片还是外地传入的？

七

疑惑未曾解除，新的问题接踵而至。

1998 年，在礼县大堡子山对面的永兴镇赵坪村，又有人发现了秦人墓葬遗址；距离赵坪村不远的圆顶山上，也有秦人遗址。而这些新发现，让沉寂了几年的盗墓活动死灰复燃。一些当地人跃跃欲试，打算重操旧业，用"文物"致富。所幸的是，有了上次大堡子山盗掘之鉴，这一次，当地部门立即采取了果断措施，在赵坪—圆顶山附近建立了保护区，并及时向省级部门申请考古发掘。于是，甘肃考古工作队再次进驻赵坪—圆顶山，进行考古发掘工作。

幸运的是，由于赵坪—圆顶山一带的遗址没有被盗掘，考古发掘成果惊人，发现了七簋六鼎秦贵族墓葬，墓葬中有数量可观的随葬品，旁边还发现了车马坑。[①] 从这些发掘成果看，墓主应是贵族身份，地位不低（七簋六鼎是诸侯的墓葬规格配置，而在赵坪居住的人显然不是秦国国君，但却也随葬七鼎六簋，说明秦人一直有僭越的心理）。尤其值得注意的是，出土的各种青铜随葬品，堪称技术高超，制作精良，堪称秦人葬器的滥觞。一座四轮车型器，如今已成为甘肃省秦文化博物馆的镇馆之宝。[②]

不过，令考古工作者疑惑的是，通过对"赵坪—圆顶山"遗址考证，以及对其出土的文物年限探测，他们发现不论是贵族墓葬还是出土的各类器物，年代都比大堡子山遗址迟。

---

① 梁六·《西垂有声》第五章"宪公在位前后"之问题十三：西新邑——大堡子山遗址的性质。
② 张伟：《秦西垂陵区大堡子山秦公墓地出土文物鉴赏》，原刊于《亮鉴》2016 年 9 月刊。

换言之，秦人主力从这里离开后，可能留有一部分贵族守望先祖陵墓。而"赵坪—圆顶山"的墓葬，大概就是这些守卫大堡子山遗址的贵族墓葬。另外，按《秦本纪》载，秦献公年轻时，曾流亡国外，后在西汉水上游生活，也能说明在这里一直有秦人贵族生活。

这也就意味着，"赵坪—圆顶山"的墓葬和文物，并不能解释大堡子山的问题。反而"赵坪—圆顶山"文物的出土，带来了更大的疑惑。比如，"赵坪—圆顶山"都能出土如此精美的青铜器，那大堡子山的青铜器得有多美？赵坪—圆顶山贵族墓葬陪葬品这么多，大堡子山秦人国君墓里得有多少陪葬品？

为破解这一系列难题，2004—2006 年，由甘肃省文物考古研究所、中国国家博物馆、北京大学考古文博学院、陕西省考古研究院、西北大学文博学院等五家单位组成的早期秦文化联合考古工作队，再次进驻礼县，对西汉水上游进行大面积深度考古发掘。

由于这次考古工作者人员多，准备充分，发掘时间长，一些被深埋在礼县地底下数千年的秦人遗址被发现。这些遗址与秦早期文化有密切关联的有"大堡子山—赵坪遗址群""西山坪（雷神庙—石沟坪）遗址""红河六八图—费家庄遗址"等①。

也是这次考古发掘，正式确立了早期秦人在西汉水上游的繁衍生息历史证据。其中，尤以大堡子山遗址的重新发掘最有收获。其实，考古发掘前，考古工作者并未抱多大希望，毕竟一座经历了一年多、数万人参与盗掘的墓葬，还能留下什么呢？况且，此前甘肃省考古研究所已做过一次抢救性发掘，收效甚微。所以，这一次，

---

① 甘肃省文物考古研究所、中国国家博物馆、北京大学考古文博学院、陕西省考古研究院、西北大学文博学院：《西汉水上游考古调查报告》，文物出版社 2008 年版。

他们只是计划在原来盗掘的基础上，对大堡子山遗址进行全方位的发掘，计划钻探面积150万平方米（最终完成了这一目标）。

而这次"扩大搜索"，收获也颇丰：发掘大型建筑基址1处（被标号为21号建筑基址）、中小型墓葬7座、祭祀遗迹1处（乐器坑1个、人祭坑4个）。这些遗址遭受破坏程度较低，文物丰富。比如，乐器坑里出土了大量的乐器，包括3件青铜镈钟、3件铜虎（附于镈钟）、8件甬钟、10件石磬等，还有散落在乐器坑里的镈钟和甬钟的青铜挂钩。另外，这次发掘还发现了城墙，长方形制，围绕大堡子山一周，面积在55万平方米左右。[①]

考古发掘并未就此停步，十年后的2015—2016年，秦文化与西戎文化联合考古工作队再次对大堡子山遗址进行抢救性发掘，又发现了"墓葬4座（M30~M33）和车马坑1座（K32），墓葬和车马坑的形制均为长方形竖穴土坑，未被盗的M31、M32两座墓葬随葬器物较为丰富，有铜器、陶器、玉石器等"[②]。

总之，经过这几次集中考古发掘，学者们对秦人在甘肃境内的生活情况有了全新认识：确立礼县为早期秦人生活的重要地方，即李学勤先生说的"秦人发祥地"。西汉水流域大堡子山、赵坪—圆顶山、西山、鸾亭山等地发现的大量墓葬以及陪葬饰品、祭祀的礼器，基本理清了困扰学术界的秦早期文化相关课题。礼县作为秦人最早的活动区域，成为公论，在全国有了一定影响力。

甚至为了得到更多"证据"，考古工作队还扩大发掘范围，沿

---

① 甘肃省文物考古研究所、中国国家博物馆、北京大学考古文博学院、陕西省考古研究院、西北大学文博学院：《西山水上游考古调查报告》，文物出版社2008年版。

② 《2015年至2016年礼县大堡子山考古调查报告》。

着渭河流域进行考古发掘，先后在天水市甘谷县毛家坪、清水县李崖也发现了大量的青铜器及车马坑。对秦人早期在甘肃东南部活动轨迹有了一个全新的梳理。

这时候，学者们改变了以往对秦人轨迹的认知：能够考证的秦人最早的活动地带在甘肃东南部。而这一结论，修正了学界对早期秦人生活范围的界定。在此之前，研究者多认为秦人早期生活轨迹在陕西西部的宝鸡周围。原因很简单，那里曾经出土了大量的秦人墓葬及青铜器。

其实，礼县境内出土秦早期青铜器的时间，要比考古学早将近一百年。据说，早在 1917 年，礼县红河乡①就出土了一件青铜鼎。当时无人知晓秦公鼎的历史，导致秦公鼎几经易手，先后流落兰州、北京等地。直到国学大师王国维发现，秦公鼎才遇到了识货之人。王国维根据秦公鼎出土地分析，并结合《史记》记载，推断出秦人早期生活之地在天水西南，即《括地志》所载："秦州上邽县西南九十里，汉陇西西县。"

不过当时秦公鼎的发现，并未引起人们对礼县的重视。只有学术界一些搞研究的人对这件文物暗暗吃惊，怀疑礼县就是秦人最早的发祥地。后来李学勤、韩伟等人根据史料记载，猜测过早期秦人活动的轨迹图。只是由于缺乏实质性考古证明，在学术界一直有争议。而大堡子盗墓活动，及考古队在甘肃礼县、甘谷、清水等地发掘，用地下的文明证明了早期秦人确实生活在甘肃东南部。

学者们根据出土文物，结合史料记载，做出了一系列推断：礼

---

① 位于礼县东北部，与天水市接壤。秦人重要的生活遗址六八图—费家庄就在红河。

县就是司马迁《史记》中记载的"西犬丘";天水市清水县的李崖遗址(牛头河遗址),可能就是秦非子的封地;甘谷县毛家坪就是中国最早的县冀县……

而礼县、甘谷、清水等地的秦文化遗址被发掘,也让学者将其与陕西凤翔秦文化遗址结合起来研究(陕西凤翔秦公大墓发掘时间要早很多,但大墓相对年限较晚,还不能形成秦人祖先创业之路的闭环证据),梳理出秦人早期活动、东迁的脉络,使得秦人从传说时代到献公之前的历史脉络逐渐清晰起来。

应当说,20世纪90年代礼县的盗墓活动,揭开了早期秦人历史的隐秘角落,吸引了外界的注意力,让人们开始关注早期秦人的历史。以后,随着考古发掘的不断推陈出新,人们对秦早期文化越来越重视。结合考古学,梳理秦人发迹前的历史,也成为中华文明探源工程不可或缺的部分。

当然,时至今日,学术界对秦人生存发展、壮大拓疆、东出建国、翦灭六国、暴政亡国等历史依旧存在各种争议。而这也让研究秦人早期活动轨迹成为一个长青话题。

八

随着甘肃陇东南的考古一天天清晰起来,证据链也在不断完善,秦人早期历史似乎已有清晰脉络。但细细研究,就能发现,其中还是有很大缺环,值得研究的地方很多,要解决的问题还有很多,这些都需要研究者继续深入挖掘——这一过程可能需要几代人、几十代人努力。比如,《秦本纪》中记载秦人的源头问题至今还争讼不休,即秦人到底从哪里来。诸多史料缺失,造成了秦人早期历史的断层。史料不全,考古学便没有真凭实据,很多问题因此也就无法解释。

时至至今，最为翔实的记载秦人繁衍、壮大、统一、灭亡的史料是司马迁《史记》中的《秦本纪》《秦始皇本纪》。司马迁作为彪炳史册的史学界人物，治学著述态度非常严谨。哪些资料可以用，哪些资料不能用，他都有自己独到的见解。他在编著《史记》时，从秦汉以来流传下来的诸多良莠不齐的史料中删繁就简，挑选出最有价值的信息，作为依据，编纂《史记》，比如秦人自己写的《秦记》。对无法考证的内容，司马迁还会到实地考察，力争得到一些更为详细的内容。①

不过，即便如此，中华文明的源头总是伴随着传说，让后世的研究显得扑朔迷离。而《史记》中带有神话传说的文明源头，也多被后世怀疑。这些源头中，秦人也是重要的一支。

其实，对于人从哪里来这个问题，世界各地都有不同的传说。外国的传说中，有诺亚方舟，有圣主耶稣。中国人的祖先中最为家喻户晓的是造人的女娲。我们探究的秦人是历史，自然也无法绕过神话传说这些内容。那么，我们要以怎样的态度看待这些内容？

在近代至今一百多年间，曾出现过"疑古思潮"，一些学者提出，东周以前的历史都不算正规历史。与此同时，另外一些学者提出，应当辩证看待历史起源，看待中华文明的源头。那么，到底该不该信史料？

这些困惑，在我开始写作时，也困扰着我。不过，和老一辈学者一样，我也认为，不能单纯将上古史看作神话传说，至少在古史

---

① 司马迁：《史记》卷一百三十《太史公自序》第七十："罔罗天下放失旧闻，王迹所兴，原始察终，见盛观衰，论考之行事，略推三代，录秦汉，上记轩辕，下至于兹，著十二本纪，既科条之矣。"

中透露出的诸多有价值的信息，可以用来解释华夏文明的渊源。因此，要研究早期秦人的轨迹，我们需先承认古史不完全是虚构的，否则一切的研究显得毫无意义。

而正是这一背景下，催生了我写秦人诞生、发迹、迁移、壮大、统一等大历史的冲动。于是，我决定以《史记》《尚书》《左传》《竹书纪年》《清华简》《史记集解》《史记索隐》《史记正义》等为基本史料，结合考古发掘成果，运用"多重论证"法，用三卷一百万字的体量，梳理秦人的活动轨迹，揭秘秦人从小到大、历经曲折创业过程，以及筚路蓝缕统一全国的奋斗历程，试图用文字的形式弥补中华文明探源工程中秦人缺环的部分。

第一章

先祖

天命玄鸟，降而生商，宅殷土芒芒。

古帝命武汤，正域彼四方。

方命厥后，奄有九有。

商之先后，受命不殆，在武丁孙子。

武丁孙子，武王靡不胜。

龙旂十乘，大糦是承。

邦畿千里，维民所止，肇域彼四海。

四海来假，来假祁祁。景员维河。

殷受命咸宜，百禄是何。

——《诗经·商颂·玄鸟》

1. 少昊与颛顼

氏族部落里的先祖

时间久远，已记不清是何年。

在遥远的东方，有一个大部落联盟。部落位于黄河下游的平原上，东临大海，人们习惯称呼他们为东夷。

他们已过了韩非子在《五蠹》中描绘的"古者丈夫不耕，草木之实足食也；妇人不织，禽兽之皮足衣也"阶段，进入更加文明的阶段。

这一时期，对应考古时间线应是龙山文化时期，为龙山文化偏晚阶段。在部落联盟中，居住着多个生活习俗相似、各自为政又依附于大联盟的小部落。

李硕在其著作《翦商》开头的一段话，或能概括东夷部落的形态：

> 距今 6000 年后，村落的集体生活特征逐渐变弱，独立防御体系也逐渐消失，出现了更大范围的政治体——十几个村落形成的"部落"。这些部落往往有上千人，有世袭的头人及各村（氏族）长老组成的议事会，还有自己部落的图腾和英雄传说。[1]

---

[1] 李硕：《翦商》第一章《新石器时代的社会升级》。

部落联盟仿佛一台巨大的机器，高速运转。每一个小部落依附于大部落，内部却自治。部落间，共同遵从部落联盟首领调遣。不过这种遵从是松散的，并非一成不变。没有完整的制度，作为部落联盟治理的依据，一切也就显得松散。有时或者因战争，或者因利益，他们之间也相互背离，甚至相互交战，脱离部落联盟。

此时部落尚处于母系氏族社会晚期，女性在部落里有着绝对的话语权，"民知其母，不知其父"。《吕氏春秋》载："昔太古尝无君矣，其民聚生群处，知母不知父，无亲戚兄弟夫妻男女之别，无上下长幼之道，无进退揖让之礼，无衣服履带宫室畜积之便，无器械舟车城郭险阻之备。"可见，在战国时期，思想前卫的学者已根据不同民族间的生活生产情况，得出了远古时代人类社会的生活生产方式：知其母而不知其父是母系社会的特点。

不过新的变局已出现，男性作用正逐渐体现出来。可能东夷部落在维持运转的同时，亦与其他部落有交流。而这种交流，促进了各种文化的相互影响。

换言之，这一时期，已有部落转入父系社会，东夷部落正处于由母系社会向父系社会过渡的关键时期。这种"变革"，正逐步渗透到部落联盟中，影响着各个部落的演进。而那些最先吸收文明的部落，自然也就最先变革。

在部落联盟中，多数部落文化属性雷同，即有同一文化渊源，信奉共同的先祖。比如，他们以玄鸟为图腾，崇尚黑色。

在部落联盟里，有个部落显得成熟较晚。她们依旧按照既定的规矩生活着。最明显的表现是，他们还推行着母系氏族社会制度。部落里有男男女女，老人小孩。每个年龄段的人，都有各自的身份属性。每个人也都是部落里的一分子，为了部落的壮大与繁荣发挥着自己的作用。

　　他们生活的地方多平原，土地肥沃，位置大概在今山东省费县①附近。人们在与大自然对抗的过程中，逐渐学会了利用和改造自然。他们擅长驯服禽兽，为己所用。一些穿梭于丛林中的野兽，经过他们的驯化，能与人类共存，作为他们生产生活的重要物资，比如马、狗（狼的别种）等物种。他们也驯化了蚕，学会了种桑养蚕。

　　除了驯兽外，人们也驯服树木、野草，选择能驯服的草木，培养农作物。在此之前，人类驯化最成功的植物叫粟。东夷部落已有成熟的粟种子，用来种植。除此以外，他们也驯服了黍、豆等。这些农作物已代替动物肉，成为人们生活的主要食物来源之一。

　　只要气候允许，男人们每天都日出而作，日落而息，挥舞着最简单的生产工具，把汗水洒在山林中、田地里，为一切能作为食物的东西奔波着。女人则守着部落，养育孩子，从事织布、养蚕等劳动。

　　这些单调的劳作构成了他们的日常，也成为他们代代不息坚持的理由：这是祖辈不断与自然交涉的结果，带有血与泪的经验，体现着先祖的智慧结晶。

　　在部落中，人的相貌大致相似：皮肤黝黑有光泽，衣着是简单的粗布麻衣。如果不细看，还分不清到底谁是谁。当然，并非所有人都是如此，部落中依然有辨识度高的人。当时，有个漂亮的女子叫女脩，还没有婚嫁。女脩善织，是集美丽与智慧于一身的美人。部落里的青年男子都喜欢女脩，以娶到女脩为荣。还有些其他部落

---

① 梁云：《西垂有声》之《第一讲：秦之先，帝颛顼之苗裔》。

里的男子，也以娶到女脩为荣。不过，女脩并不急着嫁人，她有自己的"择偶"标准——在等待着自己的真命天子。

祖先在哪里

这位女脩就是秦人的始祖母，也是本书第一个出场的人。

很多年后，逐渐强大起来的秦人追寻先祖时，最早也只能追溯到女脩。秦人自己编纂的史料《秦记（纪）》里，也追尊女脩为始祖母。司马迁写《秦本纪》时，大概采纳了《秦记》里的记载。我们研究秦人诞生、发展、壮大、统一等系统历史，不能绕过女脩这个人。

"女"字在甲骨文中是女子两手胸前交叉、屈膝而跪的形状，"脩"字现在多用"修"，但实际上两者并不同。《诗经·秦风》中有"脩我长矛""脩我甲兵""脩我矛戟"等记载。我们认为，女脩原应指漂亮的未婚女子。

而在讨论女脩之前，还需将秦人最早的先祖进行梳理。而在梳理这些内容时，我们往往加入了推测。

《秦本纪》的第一句话是："秦之先，颛顼之苗裔。"就是说，尽管女脩是秦人始祖母，但在天下人同宗同源的大背景下，[1] 秦人的先祖，还要追溯到五帝时期的颛顼。

颛顼是司马迁《史记》架构体系中的人物，也是三皇五帝中最为杰出的人物之一。司马迁的时代，属于西汉中期，天下"同出一脉"观念深入人心，司马迁的《史记》自然也不会绕过这些传说。

---

① 天下同宗同源的说法广泛流行于战国时代的各种文献中，至迟到战国时期，天下人同宗同源的观念已深入人心。

当然，非司马迁故意这样构造中华民族源头，而是西周以来，就已有天下同宗同源体系；到春秋、战国时期，文明程度更高，这种追踪溯源的史料就更加丰富。遂公盨上面的铭文就记载了大禹治水的故事，而这件青铜器年限可追溯到西周晚期。

而出现这一现象的根源是，周公在西周建立之初，为了巩固周王朝，构造了一套周人自己的价值体系。到后世不断演变，这种体系就形成了天下同出一家的观念。而这种观念的树立，促进了周王朝发展，巩固了周王朝政权。

天下一个祖先，夏不能摆脱窠臼，商不能摆脱窠臼，秦人自然也不能跳出这个构架体系之外。所以，《秦本纪》一开头就说："秦之先，帝颛顼之苗裔。"当然，树立这样一位先祖，是为在日后让族群的历史更正统，更好祭祀先祖。

在古代，树立一个伟大的先祖，更能凝聚人心，促进部落联盟。而通过祭祀来尊崇先祖，又是一种"物化"的形式，让外界都能感受到礼仪的重要。《左传·成公十三年》里说："国之大事，在祀与戎。"秦人就将颛顼作为本族群的先祖。

事实上，秦人不仅祭祀颛顼，也祭祀白帝。在秦人根深蒂固的认知中，这两位曾经的传奇人物，都是他们的先祖。由这两位先祖衍生出的各种版本故事，也就在部落里经久不衰地流传着。

颛顼是传说中的五帝之一。相传他是黄帝的孙子，祖母是嫘祖，父亲叫昌意。"嫘祖为黄帝正妃，生二子，其后皆有天下：其一曰玄嚣，是为青阳，青阳降居江水；其二曰昌意，降居若水。"[①] 这段话，对黄帝正妃嫘祖一系做了系统梳理。

_____

① 司马迁：《史记》卷一《五帝本纪第一》。

　　而由上面这句话，也引出另外一个结论：黄帝并非只有嫘祖一个妻子（妃子）。这里称呼嫘祖为黄帝的正妻，可能更准确一些，毕竟黄帝所处的时代尚没有形成严密的等级制度，黄帝可能也只是众多部落的首领。司马迁在《史记》中说，嫘祖是黄帝的正妃，只是说明了一种关系，以及嫘祖子孙继承黄帝家业的正统性。这大概是司马迁正统观念的体现。

　　与此同时，还有无法自圆其说的疑惑：既然女脩所处的时代是母系社会向父系社会过渡的关键时期（女脩之后，秦人先祖都是男性），而早于女脩的黄帝时期，也应属于母系社会。换言之，黄帝时期部落统治权应属女性，而黄帝是被塑造的男性，与现代历史学、地理学研究成果不能很好契合。当然，在中华各民族繁衍生息过程中，发展并不平衡。可能黄帝所处的部落较为特殊，男权社会提前了。而女脩所处的东夷部落，从母系社会向父系社会转型相对较迟一些。

　　嫘祖为黄帝生下两个儿子，大儿子玄嚣（一些史料中称其为青阳），他的族群生活在江水一带。

　　那么，江水在何处呢？司马贞在《史记索隐》中说："江水、若水皆在蜀。"北魏郦道元在《水经注》中，对江水的位置也做了描述："岷山在蜀郡氐道县，大江所出，东南过其县北。岷江即渎山也，水曰渎水矣，又谓之汶阜山，在徼外，江水所异也。"[①] 由此可大致推出：江水即岷江。只是随着不同支流汇入，岷江下游的民众对其叫法不尽相同。《史记索隐》也说："水出旄牛徼外，东南至故关为若水，南过邛都，又东北至犍提县为卢江水。"

----

① 郦道元：《水经注》卷三十三《江水》。

　　也有学者认为，江水是山东一带的一条河。《史记·殷本纪》引《汤浩》说："东为江，北为济，西为河，南为淮，四渎已修，万民乃有居。"还有学者指出，江水实际指的是鸿水，因为黄帝一旦将与正妃所生的两个儿子安置四川，等成年以后再迁徙中原，必然面临诸多问题。我们认为，这种观点很有道理，远古时代迁徙远非现代意义上的迁徙，拖家带口，整族人群，不仅费时费力，还会遭遇不可预知的风险。若非形势所迫，人们一定不愿离开生活多年的地方。

　　当然，黄帝将玄嚣安置在四川，也是有可能的。玄嚣是长子，大概也是将来继承首领的人。需要对其锻造，磨其心智，劳其体肤，其才能有望继承首领之位。否则，日后他去世，儿子们之间还不得为了家业拼得你死我活？

　　依照《史记》记载，黄帝不仅有嫘祖所生的两个儿子，还有另外二十三个儿子，加上玄嚣、昌意，共二十五子，"黄帝二十五子，其得姓者十四人"。更进一步说明，黄帝并非一个妻子。若黄帝只有一个妻子，那么他的这些儿子们来自哪里？难道黄帝时代还实行"走婚制"① 吗？

　　有意思的是，黄帝的这么多儿子，姓氏不尽相同，"其得姓者十四人，为十二姓，姬、酉、祁、己、滕、葴、任、荀、僖、姞、儇、衣是也"。

　　黄帝作为部落联盟长，在部落中有着绝对的地位。但人心难测，他的儿子们就没有他这么崇高的地位。因此，黄帝将儿子们分

---

① 没有固定的配偶，男女双方通过夜晚走访而结合，白天他们要回到部落从事生产活动。

开，给他们一片地域，让他们各自发展，避免兄弟骨肉相残。与其说这是分封制的雏形，不如说是不得已为之。当然，不排除这只是司马迁听闻的一种传说，可能黄帝本身就没有那么多儿子。

玄嚣（青阳）一族依山傍水，搭建住所，开辟田地，在江水一带繁衍、壮大。

相传，玄嚣族还学习太昊的思想，以及太昊族人的生活方式，因此玄嚣也被后世称为少昊，尊为白帝。而太昊在东方又有一种身份，即传说中的东方大帝。《史记》记载："黄帝之子玄嚣，为姬姓，名挚，后来继位为天子，修太昊之法，后人称为少昊氏。"《帝王世纪》中也记载："少昊帝名挚，字青阳，姬姓也。母曰女节。黄帝时有大星如虹，下流华渚。女节梦接意感，生少昊，是为玄嚣。"① 大致与司马迁的记载一致。

以上就是黄帝长子玄嚣（青阳）一系的源头。这里之所以要谈及玄嚣，也与秦人有关。按照《史记·封禅书》中的说法，秦人还祭祀白帝。这一点会在以后叙述中展开。

而秦人的先祖颛顼，则是黄帝次子昌意与蜀中女子昌仆所生，"昌意娶蜀山氏女，曰昌仆，生高阳，高阳有圣德焉。"高阳就是高阳氏，也就是颛顼。据说颛顼的母亲昌仆也叫女枢。《河图》说："瑶光如蜺贯月，正白，感女枢于幽房之宫，生颛顼，首戴干戈，有德文也。"

需要注意的是，司马迁在《五帝本纪》中重复叙述了颛顼的由来，特别强调了颛顼就是黄帝的孙子，"其孙昌意之子高阳立，是为帝颛顼也。帝颛顼高阳者，黄帝之孙而昌意之子也。"使用的词

---

① 皇甫谧：《帝王世纪》第二。

语不一样，表达的意思差不多，两次重申了颛顼就是黄帝的孙子。而司马迁如此强调，自然也是有原因的。

据现代历史学者研究，发现《史记》中"生"一词含义与今天不尽相同。《史记》中的生，不单纯指生养，可能还有生育、繁衍等含义。

换言之，《史记》中说谁生了谁，并非真指生育，多有繁衍的意思。有时候，两个名字之间可能隔了几代、十几代，甚至几十代。这一现象在以后叙述秦人的繁衍历史中，我们也会遇到。司马迁本人大概也遇到了类似困惑，因此在颛顼的身份问题上，两次强调了颛顼是黄帝的孙子。

还有个问题需搞清：颛顼父亲昌意被封在了若水，这个若水在何处？根据现代学者考证，若水就是今天的雅砻江。《吕氏春秋·古乐》记载："帝颛顼生自若水，实处空桑，乃登为帝。"雅砻江在四川境内，是金沙江的重要支流。

要知道，黄帝与嫘祖生活在轩辕之丘（今河南新郑），这里以后是中原的核心，夏、商都在此地定都。令人疑惑的是，黄帝生活在黄河中下游，却要将两个儿子迁徙四川。这就令人疑惑：他为什么要这么做？

细究就能发现，黄帝在处置正妃嫘祖所生两子时，充满了智慧。表面上看，是为了磨砺他们，但黄帝并未将这两个儿子彻底分开，相反，封地相距并不远，可相互照应。从后来少昊、颛顼相继继承黄帝衣钵来看，黄帝尽管将两个儿子远徙西南，但他还是对这两个儿子很看重。

有意思的是，《山海经》中的记载与《史记》略有出入："流沙之东，黑水之西，有朝云之国、司彘之国。黄帝妻雷祖，生昌意。

昌意降处若水，生韩流。韩流擢首、谨耳、人面、豕喙、麟身、渠股、豚止，取淖子曰阿女，生帝颛顼。"① 基于此，也有学者指出，颛顼的父亲昌意可能因未得到黄帝赏识而被贬居若水。只是《山海经》中的很多记载多脱离现实，衍生出众多超自然神话，只能从中捕捉重要信息，不可全信。

在梳理完这些史料后，我们得到这样一种结论：玄嚣和昌意都到了蜀地，各自发展壮大。

后来，黄帝预料到自己将不久于人世，就将首领之位传给了孙子颛顼。由此，颛顼这一族就从雅砻江一带迁到中原。黄帝去世后，颛顼继承首领职位，成为东夷部落的首领。当然，这是司马迁《史记》中的记载："黄帝崩，葬桥山。其孙昌意之子高阳立，是为帝颛顼也。"因为"高阳有圣德焉"，所以，黄帝将首领之位传给了颛顼。

需要辨析的是，在黄帝去世后，在由谁继承首领之位问题上，司马迁的记载与其他史料记载也不尽相同。司马迁坚持认为，黄帝之后，首领之位传给了颛顼。而另外一些记载，如《左传》《山海经》《逸周书》《国语》《帝王世纪》等史料中则认为，黄帝之后，首领之位先传给少昊（青阳），再由少昊传给侄子颛顼。

且来看《山海经》里的记载："长留之山，其神白帝少昊居之。其兽皆文尾，其鸟皆文首，是多文玉石。"② "东海之外大壑，少昊之国。少昊孺帝颛顼于此，弃其琴瑟。"③《左传》里面也有类似记载："少昊，号青阳，昊又作皓、颢。又称皓、颢。又称青阳氏、金天氏、穷桑氏、云阳氏，或称朱宣。姬姓，名挚，黄帝长子，生

---

① 无名氏：《山海经》第十八卷《海内经》。
② 无名氏：《山海经》第二卷《西山经》。
③ 无名氏：《山海经》第十四卷《大荒东经》。

于穷桑（今山东曲阜北），能继太昊之德，故称少昊或小昊。都于曲阜（今属山东），设官分职，皆以鸟名，死后葬于曲阜之云阳。"①《帝王世纪》里记载更加有趣，著作者为了左右逢源，将少昊说成是桑帝，"少昊……邑于穷桑以登帝位，都曲阜，故或谓之穷桑帝"。如此一来，没有将少昊列入五帝也就能说得通。《国语》《太平御览》等史料，也支持这一观点。比如《太平御览》就说："少昊金天氏，邑于穷桑，日五色，互照穷桑。"这一结论可能来自《帝王世纪》。

细细分析这些史料，我们发现，尽管它们与《史记》记载不尽相同，但也做到了左右逢源，能说得通。而这些史料不断强调的是，黄帝之后，首领之位传给少昊。可能黄帝去世前，确将首领之位传给了少昊。

上面诸多记载中，还透露出这样一个事实：少昊生在山东。这也更加符合实际，毕竟四川的昌意一族相较更远。若多年没有生活在一起，如何了解昌意及其子颛顼的具体生活呢？黄帝是如何与四川地区常年联系的呢？而且，少昊是东方大帝，由他接任首领也符合东夷"人设"，因为东方大帝在东方，而秦人也在东方。黄帝则在中原，与东方诸侯"身份不符"。

那么，有没有这样的可能：黄帝去世后，首领实际上没有传到他的儿子手中，而是各部落为争夺首领位，大打出手？最终，中原被其他部落占据，少昊则带领族人出走，在东部落脚，重新壮大了部落？

---

① 左丘明著，杜预、孔颖达注：《春秋左传正义》卷四十八《昭十七年，尽十九年》。

从考古学角度分析，二里头文化要到晚期才会有新的文化介入，比如出现了下七垣文化和山东岳石文化。此前，整个中原地区只有二里头文化发展成"大邦邑"。换句话说，所谓黄帝、颛顼统治四方，在考古学中找不到支撑。或许，自始至终，黄帝、颛顼、帝喾等五帝本就生活在东夷。到二里头时期（夏王朝中晚期），天下的中心才转移到河南。

总之，在少昊、昌意迁居地上，在颛顼继承首领之位问题上，还存在一些难以自圆其说的疑团。这并非司马迁疏漏，而是司马迁在博览群书、收集民间传闻以选择素材时，自己也无法解决这些问题，只能将其罗列到《史记》中。

少昊与颛顼并存

沿着少昊继承首领之位来推演，能梳理出黄帝到少昊、少昊到颛顼之间的关系。而这种关系，也符合东夷特征。

少昊主政时，想起昔日的兄弟昌意，希望昌意能够帮着他一起治理部落。可能昌意并无此大志，或者说昌意已无力帮助兄弟治理邦国，便将儿子颛顼举荐给了少昊。因此，在酋长（首领）少昊的允许下，颛顼带领一部分族人从雅砻江迁居山东，和少昊共同治理部落。

以后的日子里，少昊对颛顼很信任，交给他很多政务。颛顼也没有让少昊失望，帮着少昊处理了很多政务。颛顼的才能越来越突出，并能独当一面。少昊也对这位侄子寄予厚望，放心将更多政务交给颛顼。

这种压担子锻炼了颛顼，也树立了颛顼的权威。在少昊去世前，大概颛顼已得到族人的拥护和认可。因此少昊去世后，颛顼顺势成为部落首领。当然，这一切美好的"愿景"只是我们的推测，不排除其中可能存在的斗争，毕竟更早的人类世界没有更多规则，实力往往决定一切。这种情况下，斗争就无法避免。

只是司马迁坚持认为，少昊没有继承首领职位，因此也没有将少昊划在五帝之内。

当然，司马迁也没有忽视少昊。诚如前文所述，他在《史记·封禅书》中记载，秦人在建国后，设立祭坛，祭祀白帝，而白帝其实就是少昊，"秦襄公攻戎救周，始列为诸侯。秦襄公既侯，居西垂，自以为主少皞之神，作西畤，祠白帝，其牲用骝驹黄牛羝羊各一云"①。换言之，秦人将少昊也当作自己的先祖之一。

事实上，若按照父系追尊，少昊的确也是秦人先祖之人，因为他们有共同的祖父母——黄帝和嫘祖。

颛顼继承首领之位后，继续带领民众发展壮大。

相较于少昊，颛顼的功业更大。司马迁说颛顼"静渊以有谋，疏通而知事；养材以任地，载时以象天，依鬼神以制义。治气以教化，絜诚以祭祀。北至于幽陵，南至于交阯，西至于流沙，东至于蟠木。动静之物，大小之神。日月所照，莫不砥属"。静渊的意思是沉着稳重。幽陵指幽州，交阯指交州，流沙指张掖居延县，唯独这个蟠木所指较为缥缈："东海中有山焉，名曰度索。上有大桃树，屈蟠三千里。东北有门，名曰鬼门，万鬼所聚也。天帝使神人守之，一名神荼，一名郁垒，主阅领万鬼。若害人之鬼，以苇索缚之，射以桃弧，投虎食也。"

这里需要对《五帝本纪》中的这段话，分三个层次来理解：

---

① 司马迁：《史记》卷二十八《封禅书第六》。

第一个层次说的是颛顼的品格。他沉静练达，稳重有智谋，智慧明事理。

第二层次是颛顼治理部落手段，他善于审时度势，因地制宜地组织族人种植庄稼，饲养各种牲畜。根据天地变幻推演节令，洁身诚意祭祀上苍、祖宗。

第三个层次是颛顼平定四方，向东南西北巡视，平定各处的不稳定因素，使得东夷部落的疆域延伸至华夏四方。

后两个层次是颛顼治理部落、平定四方的丰功伟绩。这些事迹让颛顼成为继黄帝后，再次巩固中原部落、拓展疆域、开启民智的伟大首领，尤其是颛顼发明的四时历法，对后世影响大。很多年后，秦国采用的历法就是颛顼历。也正因颛顼对部落的稳定、壮大做出了巨大贡献，才让他被列入五帝。而在帝位传承、接续方面贡献较少的少昊，自然就成为桑帝。

颛顼一生都致力于治理部落，稳定时局。这也间接说明，当时天下并非只有东夷部落，至少东西南北都有各种部落存在。颛顼所在的部落，可能只是最大的部落联盟之一。

这一点，可以在近几十年的考古发掘中得到印证。考古学家许宏就认为，在公元前四千年前后，中国大地上存在群星灿烂的邦国，每个邦国互不从属，各自为政。偶尔也有文化交流。只是随着中原邦国的崛起，各地区的邦国要么被吞并，要么成为中原邦国的附庸。我们也能从《史记》中，找到这种观点的影子。根据司马迁的记载，到颛顼时代，颛顼统治的区域已延伸至东西南北各处，东夷部落发展成大邦国。

此后的时间里，颛顼都在巩固部落实力，不断向外延伸着疆域，将东夷部落统治疆域推进到中原一带。

颛顼与帝喾

时光匆匆，岁月流逝。数十年光景，仿佛弹指一挥间。这时候，颛顼也老了。他一生都致力于统一诸部落的大业，却难以阻挡时光的匆匆脚步。后来，颛顼由于治理邦国力不从心，在民众的心中威望日减。

这时候，颛顼意识到传承问题，即着手物色继承人，来承接天下大业。

按说，颛顼应将首领之位交给诸子中较为智慧的穷蝉，但令人不解的是，颛顼却将首领之位传给了高辛，也就是传说中五帝之一的帝喾。高辛是颛顼的侄子，司马迁对此有着清晰的记载："帝喾高辛者，黄帝之曾孙也。高辛父曰蟜极，蟜极父曰玄嚣，玄嚣父曰黄帝。自玄嚣与蟜极皆不得在位，至高辛即帝位。高辛于颛顼为族子。"[1]

那么，为什么颛顼未将首领之位传给儿子，而是传给侄子高辛？

要弄清这个事实，先得梳理颛顼后人的派系。相传，颛顼至少有十个儿子，"颛顼娶邹屠氏之女生苍舒、隤敳、梼戴、大林、龙降、廷坚、仲容、叔达八子。颛顼又娶胜奔氏之女生子称，称生卷章，卷章又名老童。"[2]《搜神记》中还记载了颛顼的另外三个"鬼魅"儿子："昔颛顼氏有三子，死而为疫鬼：一居江水，为疟鬼；一居弱水，为魍魉鬼；一居宫室，善惊人小儿，为小鬼。"

---

[1] 司马迁：《史记》卷一《五帝本纪第一》。
[2] 《世本帝系篇》。

梳理这些史料，抽丝剥茧，去伪存真，我们发现，远古时代，部落在选定首领时存在一些很有意思的现象。集中体现在两点：其一，部落首领继承不完全推行父业子承，在首领人选上，可能存在任贤用能，也可能存在公选公推的制度；其二，上一代首领有选择接任者的权力。

颛顼将首领之位传给高辛，可能的原因是："高辛生而神灵，自言其名。普施利物，不予其身。聪以知远，明以察微。顺天之义，知民之急。仁而威，惠而信，脩身而天下服。取地之财而节用之，抚教万民而利诲之，历日月而迎送之，明鬼神而敬事之。"

和任何伟大的人物一样，相传高辛从出生就自带光环，他一出世就能叫自己的名字（这显然过于传奇，不足为凭）。年轻时，高辛到处布恩，为部落的繁荣壮大奋不顾身。为了民众的利益，奔走呼号，解民之所难。又广施仁政，让天下都对其臣服。这样的人，天生就是首领的不二人选。当然，这也是著史之人无法超越的窠臼。

总之，晚年的颛顼，在继承人培养问题上耗神费思，几近废寝忘食。这时候，高辛总能发挥重要作用，辅佐颛顼治理部落。很多时候，为了部落的利益，高辛也总是挺身而出。当然，还有一种可能：高辛的势力较大，选择他为继承人，是各种力量较量的结果。

相较于高辛，颛顼的几个儿子可能没有这么沉稳、果敢。颛顼也注意到侄子在部落中的影响。最终，他舍小情，顾大义，将部落首领之位传了高辛。《五帝本纪》的说法是："颛顼有不才子，不可教训，不知话言，告之则顽，舍之则嚚，傲狠明德，以乱天常，天下之民谓之梼杌。"① 颛顼的儿子们，没有一个比高辛有能力。

这是一种明智之举。一个在民众心中神一般存在的人，若不能继承首领之位，则人心不服，天下动荡。而一旦发生这种情况，只能让部落利益受到损害。当然，不排除在高辛接替酋长之位时，部落之间存在着激烈的派系斗争。只是时间太过久远，后世已很难理清颛顼的传位细节。

高辛继承部落首领之位后，继续沿着颛顼时代的策略治理部落，这让高辛的地位不断得到巩固。而颛顼后人却逐渐黯淡下去，大概因颛顼的儿子们能力不出众，以至于他们的世系繁衍也出现了断裂。

据说，在颛顼诸子中，只有穷蝉还算精明。高辛也没有亏待穷蝉，他将东夷部落那一片地域封给了穷蝉，让他治理那里。而那里是颛顼曾经开疆拓土的地方。大概高辛也希望穷蝉守着祖宗的发家之地。

2. 女脩与大业的文化符号

真假女脩

颛顼将统治部落的重任交给高辛后，高辛也就成了帝喾，成为掌管天下的"联盟长"。而颛顼这族人则在穷蝉的带领下，默默无闻地在山东继续繁衍生息，最终诞生了秦人先祖女脩。

---

① 左丘明著，杜预、孔颖达注：《春秋左传正义》卷二十《文十六年，尽十八年》。

　　《大戴礼记》记载了颛顼后世族群繁衍世系：其一，"颛顼产穷蝉，穷蝉产敬康，敬康产句芒，句芒产蟜牛，蟜牛产瞽叟，瞽叟产重华，是为帝舜，及产象、敖"。其二，"颛顼娶于滕氏，滕氏奔之子谓之女禄，氏产老童。老童娶于竭水氏，竭水氏之子谓之高緺，氏产重黎及吴回。吴回氏产陆终。陆终氏娶于鬼方氏，鬼方氏之妹谓之女隤，氏产六子；孕而不粥，三年，启其左胁，六人出焉。其一曰樊，是为昆吾；其二曰惠连，是为参胡；其三曰籛，是为彭祖；其四曰莱言，是为云郐人；其五曰安，是为曹姓；其六曰季连，是为芈姓"。其三，"颛顼产鲧，鲧产文命，是为禹"①。

　　通过分析《大戴礼记》所载这三支族系，能发现，每一支系都影响了历史的进程。顾颉刚先生认为，之所以出现这种情况，与战国时期追认共同始祖的做法有关。换言之，在战国时期，人们已注意到中华文明的源头。他们在追认先祖时，塑造了天下同出一脉的理念。

　　在穷蝉的三支族系中，更加复杂地演化了中华文明的源头。第一支是穷蝉一系。第二支是老童一系，这一系会发展成芈姓、曹姓等大族。第三支是大禹系。这里单说与秦人有关的穷蝉系。

　　穷蝉在《史记》中的记载并不多，《五帝本纪》记载是用倒推的方式，得出虞舜产生于穷蝉这一支："虞舜者，名曰重华。重华父曰瞽叟，瞽叟父曰桥牛，桥牛父曰句望，句望父曰敬康，敬康父曰穷蝉，穷蝉父曰帝颛顼，颛顼父曰昌意：以至舜七世矣。"② 司马迁习惯用这种倒推的方式，构建某一族人的演变。但这种倒推法带

---

① 戴德：《大戴礼记》卷六十三。
② 司马迁：《史记》卷一《五帝本纪第一》。

来的结果就是没有细节，仿佛线条一般，只是勾勒出人物图系。

穷蝉有个儿子叫敬康。敬康这一支是否再有分支，史料已无法考证。这大概与穷蝉这一支在日后壮大有关系，因为"自从穷蝉以至帝舜，皆微为庶人"。穷蝉之后，这一族日渐式微，直到虞舜的出现才改变了族人的命运。不过虞舜最初时，因家族式微而生活在最底层。《孟子》说"舜发于畎亩之中"，可能就指舜早年生活环境并不理想。

他们原来都是颛顼的子嗣，只是在各自壮大的过程中分散到各处，像树枝一样。在日后的繁衍生息中，穷蝉这一支中还是出现了几个非常重要的人物。比如上面说的虞舜，他会成为五帝之一。这里不说舜帝，单说穷蝉这一族中的一个女儿，她叫女脩。

诚如前文所述，女脩就是秦人最早的始祖母。司马迁说："秦之先，帝颛顼之苗裔。孙曰女脩。"司马迁对女脩的记载太过简略。周、秦、汉等时期的史料中，对女脩的记载也零星点点。这让女脩变得模糊不清。造成这个事实的原因是，在一个男权为中心的国度中，女性总是作为男性的附庸存在。即便她们曾经可能主导了历史进程，但在后世的记载中，必然无法逃离简略的人生。比如二十四史中对各类皇后、嫔妃的记载大多寥寥几笔，且将他们纳入了列传，而非帝王本纪。当然，在女脩时代并无史料记载，女脩的历史多是后世的追述，而这种追述，往往体现后人思想，可能并非真实史实。

创作《史记》的司马迁可能还不受此约束，但他从史料中得到有关女脩的素材也有限，以至于他对女脩的记载也非常简略。当然，这不是司马迁的原因，而是原本的史料就很少，商人始祖简狄、周人始祖姜原都是如此。

另外，据《秦本纪》载，女脩是颛顼的孙女。这种记载可能存在时间误差。司马迁《史记》中的"孙""玄"和"生"这些字的含义，与今天的字义不尽相同，在阅读时，一定要注意区分其含义，否则，很多人物关系就陷入逻辑错误，令你狂抓又找不到依据。

略举一两个例子加以说明，便可知悉。比如，若单纯从字面意思理解，女脩是颛顼帝的孙女，也就是穷蝉的女儿。而从穷蝉到虞舜之间，还隔着敬康、句芒、蟜牛、瞽叟、重华、大禹六世。由此可推测，女脩不大可能是颛顼的孙女，而是颛顼穷蝉一族后裔。

再举一例，大禹的时代，女脩的孙子大费（伯益）曾跟随大禹治水，而大禹又是颛顼另一支鲧的儿子，即颛顼的孙子。既然女脩是颛顼孙女，大禹是颛顼的孙子，那么大禹应与女脩在同一时代。但据《秦本纪》载，大禹与女脩的孙子伯益是同时代人，时间上存在着误差。至少，女脩当比大禹要早出生多年，他们之间隔着数代人。

由此，也能对《夏本纪》的时代提出质疑：若据司马迁记载，鲧是大禹的父亲的话，那么，鲧就不可能是颛顼的儿子，这里面也存在时间误差，而且这种时间误差不会是短时间，而是至少以百年计算。

梳理这些误差后，能发现，女脩并非颛顼孙女，而是颛顼后裔中的女子。因为颛顼所在的时代是五帝早期，而女脩所处的时代，显然已进入五帝后期。考古学家梁云也认为女脩不是颛顼的孙女，可能是后裔中的孙女。[1]

---

[1] 梁云：《西垂有声》第一章《第一讲：秦之先，帝颛顼之苗裔》。

　　综上所述，能得出这样的理论：一是鲧与颛顼之间存在着时间差异，鲧可能不是颛顼的儿子，而是后裔；二是女脩也不是颛顼的孙女，司马迁在史籍中记载"孙女曰女脩"中的"孙"可能本意并非指孙女，而是孙而又孙的意思。至于这中间到底隔着多少代，已无法考证。《史记索隐》里似乎对此也有怀疑，指出"女脩，颛顼之裔女，吞鳦子而生大业。其父不著。而秦、赵以母族而祖颛顼，非生人之义也"①。也有学者指出，女脩根本不是颛顼的后裔，大业与女脩也绝不是母子关系。② 在这里，我们尊重司马迁的记载，认为女脩就是秦人的始祖母。

　　不过即便如此，很多方面依然存在漏洞，不能自圆其说。如，既然秦人的始祖母追溯到女脩，其社会形态不应短时间内发生变化才是，为何存在母系社会与父系社会"来回倒"的情况？换言之，诚如前文所述，早在黄帝时期，中原地区的部落已实现由母系社会向父系社会转变。那么，秦人的始祖应是男性，而非女脩。若是女脩，意味着在女脩的时代，秦人所处的族群还是母系社会，否则一切都无法说得通。

　　当然，这都是用后世的视角去审视历史上的错谬之处——如果审视先秦时代的史料，不合理之处太多。春秋时代，已有天下共祖的理念，还没有发明母系社会、父系社会这样的现代概念。因此，天下同出一脉也就成为一种主流意识，可能女脩所在的部落还是保持着母系社会的特点。

---

① 司马迁：《史记》卷五《秦本纪第五》。
② 雍际春：《嬴秦始祖考》，《天水师范学院学报》2019 年 2 月。

玄鸟的后代

女脩心灵手巧，能够编织各种衣物，也能编织各种生活用品。她的手艺在部落里被广泛传播，很多男青年都渴望得到她的爱。

当然，除了才能和手艺外，女脩还有个光环——颛顼的后裔。这是血统的优势，而部落间就是依靠血缘关系联络。因此，女脩在部落中地位很高，可能她还是母系部落社会的首领（或者首领女儿）式人物。

女脩与秦人产生联系的过程充满着传奇。

善织的女脩在部落中总有"忙不完的事"，她穿梭于部落之间，忙着织布，忙着解决部落里的很多事。有一天，外出劳作的女脩发现了一枚落在地上的玄鸟卵。这是一枚与众不同的卵，色泽光滑，蛋壳上还有星星点点的斑点。好奇心驱使，女脩捡起玄鸟卵端详了许久，然后将玄鸟卵吞进了肚子——蛋壳当然被吐掉了。

不久，女脩发现了一个异常情况：自从她吞玄鸟蛋后，似有女人受孕迹象。女脩不放心，便找到更有经验的部落贤德之人"诊断"，得出的结果是，她怀孕了。

以上内容出自《史记·秦本纪》，写的是秦人先祖女脩受孕的过程。这里的"玄鸟"多数人认为是燕子。王逸注《楚辞·离骚》中说："玄鸟，燕也。"《毛诗故训传》里说："玄鸟，鳦也，一名燕，音乙。"

青春期少女吞燕子卵怀孕这种事不要说现代人无法接受，可能古人也不会相信，因为这完全违背科学规律，违背生殖隔离规律。

不过，古人在无法弄清族群起源时，总会衍生出更多的传说。比如，传闻华胥（氏）踩中一串奇怪的脚印后怀孕，生下了伏羲和女娲。显然，秦人先祖吞食燕子卵这种记载，也符合实际意识形态。

在向文明迈进过程中，人类为彰显自己族群的优越性，总会衍生出始祖"神奇"传说，或受命于天，或传奇经历。而司马迁这样写女脩事迹，并非他杜撰，而是秦人自己编纂的《秦记》中这么写的。既然是秦人自己的历史，司马迁也只能转述。事实上，玄鸟崇拜是东夷部落的特征，河姆渡文化、龙山文化等都有玄鸟崇拜的影子。

再回到女脩吞玄鸟蛋这件事上来。

女脩吞食玄鸟卵受孕，表面上看，荒诞不经，但其中蕴含着重要信息。早期人类繁衍生息时，并不会像今天一样，利用科学技术，而更多依靠经验得出结论。换句话说，鸟蛋是什么？我认为是种子。因为鸟蛋可以孵化出幼鸟，女脩吞了玄鸟卵，自然也会孕育出新生命。这是源自人类的一种经验认知。《殷本纪》中也载，殷商祖先简狄也是吞食了玄鸟卵而生契。对比秦人与商人的发源，其实有很多相似之处。

那么，为什么是玄鸟而非其他猛禽？

其实，这个问题并不好解答，有人说是因秦人崇尚黑色的缘故。因为在飞行的鸟类中，燕子是黑色，符合这一形象。不过，这种说法也仅仅是一种猜测，是站在后世角度去审视的结果。商人祖先简狄也因吞食玄鸟卵而生契，但商人崇尚白色，这又如何解释？再者，在飞禽中，羽毛黑色的也不只燕子，为什么唯独选择燕子？

大概这种荒诞的背后，还有更为复杂的文化因素，只是由于史前并无可靠的文字流传，无法准确推断秦人将玄鸟视为先祖的有力证据。而到了秦人崛起的时候，重新梳理先祖历史，很多传说的真伪他们自己也说不清。因此，在塑造先祖形象时，他们就构造了女脩误吞玄鸟蛋怀孕的故事。

实际情况可能是这样的：女脩与本族内或者外族的一个男子结婚。当然，这个男子一定要英雄神武，才能获得女脩的芳心。不管是在经济发达的今日，还是在远古时代，美女爱英雄都是人类的择偶标准。

也有学者指出，女脩最后嫁给了业祖。这一观点有待考证。在母系社会里，男性姓名多不会被记住，甚至出现多人共父的情况，就像东南地区的走婚制一样。另外，据《左传》载，玄鸟氏是一族人，而非指燕子。玄鸟氏负责春节时令，"玄鸟氏，司分者也。玄鸟，燕也，以春分来，秋分去。燕，于见反。"就是说，女脩可能与玄鸟氏里的男子成了婚。当然，玄鸟也有表示季节的意思，《月令》也云："'玄鸟至之日'，是一名玄鸟也。或单呼为燕，或重名燕燕，异方语也。此鸟以春分来，秋分去，故以名官，使之主二分。"所以通过对这两份材料的分析，是否可以理解为，女脩与玄鸟氏的男子结合，在春分时节怀孕呢？

结婚后不久，女脩就怀孕了。这是人类繁衍生息的自然结果。十月怀胎，女脩生下儿子大业。尽管这里的"生"可能不一定是指出生的含义，但女脩是秦人始祖母这一点无疑。

事实上，秦人的先祖女脩身份为什么是女的？这一现象需要引起重视。司马迁是西汉人，处于封建传统礼教时代，司马迁是主张尊崇礼教的。他在《史记》中描写的帝王支系，也多以男系为主。只是在描述伏羲、神农、黄帝等伟大的人类先祖时，往往都采用天人感应，其母怀孕，其子出生。仿佛一个习作的模板，每次描写上古时期先贤时，总会利用这种模板，构造出近似的故事。而到商、秦先祖诞生时，尽管没有天人感应，但他们最早追溯的祖先却是母系。这是非常有意思的情况，希望有学者可以更进一步探讨。

《五帝本纪》里没有描述五帝后人情况，他们在传递君权（首领权）的接力棒时，往往不选嫡系，这也能反映出在五帝时代，首领之位可能更多需要推选。或者说，那时候部落统治相对松散，还没有周、秦时代宗法制那种成熟的君位传递制度。当然，这依旧是一个复杂的问题，若有学者感兴趣，可深入研究，这里只提出一条线索。

用现代意义上的氏族社会观点，能初步解释始祖母的问题。女脩就是秦人始祖母，秦人的始祖父不详。但研究早期秦文化的甘肃天水师院教授雍际春先生在其著作中指出，女脩与秦人祖先无关。

再往深入研究，能发现所谓的母系社会解释论也无法解释清楚这些问题。《秦本纪》释放的信号是：由于当时中原其他部落已开始进入父系社会，而女脩所处的时代，可能是母系社会最晚期，父系社会逐渐成为主流。因此，女脩之后的秦人，基本是男性。

需要说明的是，大业不管是不是女脩所生，他都是司马迁认为的秦人最早的始祖父。而女脩如果不是秦人始祖母，也在秦人繁衍与传承上起到了重要作用，否则司马迁何以将女脩置于如此重要位置？

后继者大业

相较于女脩，大业的声名要大得多。传说中的人物，名字中有"大"字的人，都非凡人，比如大禹。不过，对于大业到底是怎么样的一个人，司马迁的记载非常简略。

唐代张守节在《史记正义》中引用《列女传》中的记载说："陶子生五岁而佐禹。"又引用《曹大家注》里的说法："陶子者，皋陶之子伯益也。"张守节通过"倒推"方式，得出的结论是"大业是皋陶"①。换言之，在注解《史记》的张守节看来，大业就是皋陶。这一结论至今依然有争议，很多学者提出了皋陶并非大业，而是另有其人。

先来看皋陶其人。

西汉思想家王充在其著作《论衡》中说："夫凤皇，鸟之圣者也；骐驎，兽之圣者也；五帝、三王、皋陶、孔子，人之圣也。"② 这是将皋陶与三皇五帝相比较，称其为圣人。王充的《论衡》中很多依据，可能也来自周、秦时代的史料，但他对皋陶的推崇，不得不引起人们对皋陶的关注。王充称呼皋陶为圣人，那么，什么样的人能被称为圣人？一定是大公无私、为人类做出贡献的人。

据说皋陶是公认的思想家、法学家、教育家。他所处的时代是帝舜的时代。《尚书正义》载，帝舜曾对皋陶说过这样一番话：

> "往者蛮夷戎、狄猾乱华夏，又有强寇劫贼外奸内宄者，为害甚大。汝作士官治之，皆能审得其情，致之五刑之罪，受罪者皆有服从之心。"言轻重得中，悉无怨恨也。"五刑有服从者，于三处就而杀之。其有不忍刑其身者，则断为五刑而流放之。五刑之流，各有所居处。五刑所居，于三处居之。所以轻重罪得其宜，受罪无怨者，惟汝识见之明，能使之信服，故奸邪之人无敢更犯。是汝之功，宜当勉之。"因禹之让，以次诚之。③

---

① 司马迁：《史记》卷五《秦本纪第五》。
② 王充：《论衡》卷十六《讲瑞篇》。
③ 孔安国：《尚书正义》卷二《尧典第一》。

帝舜要求皋陶制定相关律法，用来约束民众。皋陶不辱使命，完成了这一重任。皋陶还主张"德治"与"法治"相结合。如果这一记载属实，就能说明，至少在舜帝时期，中华大地上的邦国已不单纯依靠血缘维持首领与四方的关系，而是形成了更加严密的制度体系。

不过就大业和皋陶是否是同一人，目前尚无定论。司马迁在《夏本纪》中的记载很模棱两可，既没有指出皋陶是大业，亦未指出两者之间的关系："帝禹立而举皋陶荐之，且授政焉，而皋陶卒。封皋陶之后于英、六，或在许。而后举益，任之政。"①

我们通过对众多史料抽丝剥茧（这些史料可能并不都真实，甚至没有一种记载是真实的），发现大业所处的时代正是尧帝时代。结合这一点，有学者提出，大业应在皋陶之后，可能继承了皋陶的岗位，继续帮助尧帝治理国家。这一观点又与《夏本纪》有出入，因为大业之子伯益（大费）曾追随大禹治水，因此推断大业所处的时代要比大禹早，这样伯益才能跟随大禹治水。若大业与大禹是同一时代人，伯益（大费）就显然要比大禹小，如何跟随大禹治水呢？

因此，我们推测：大业可能也在司法建设方面有一定的建树，或者有自己的思想（理论体系），帮助过首领治理国家。在后人的口口相传中，他的故事也就越来越精彩，以至于后世将皋陶与大业混为一谈。

尧帝时期，山东一带的部落先后趋于统一。部落间吞并、重

---

① 司马迁：《史记》卷二《夏本纪第二》。

组。随着母系氏族社会逐渐走向衰落与瓦解，一些新的文明正在出现。可能大业也由于参与了这些文明的制定完善工作，逐渐得到了尧帝重用。

事业蒸蒸日上的大业，也收获了甜蜜的爱情。《秦本纪》载："大业取少典之子，曰女华。"

那么，这位少典是谁？通过翻阅多种史料，我们发现少典是黄帝的父亲，或者说是黄帝这族人中最早的传说人物。《五帝本纪》载："黄帝者，少典之子。"黄帝是少典之子，而帝舜又是黄帝的九世孙。黄帝与舜帝之间，至少隔了数百年。因此，我们认为，如果司马迁编织的黄帝世系是正确的，那么，《秦本纪》中"少典之子"就一定不是少典的女儿，而是少典的后裔中的一位漂亮女子，如同女脩是颛顼的后裔一样。否则，大业娶的女华就是个长生不老的神仙，或者不老不死的妖怪。

因此，本书推测，女华只是出自少典一族，与大业处于同一时代。她是有熊氏里的一位漂亮的女子，长得水灵，人见人爱。可能女脩带着大业去有熊氏部落求亲时，有熊氏首领就将女华领到众人面前，结果被大业一眼相中。

之后，两人迅速坠入爱河。不管是远古时代，还是当今时代，人类的爱情都一样崇高，一样令人向往。

求亲的过程很容易，成亲却复杂。尽管人们生活相对贫瘠，但那些代表着女人归宿的流程还是要举行。女脩为他们举办了隆重的婚礼，邀请族群的人都参加。这一场面可以《霍比特人》树底洞的情形作参照。美好的事情也伴随着欢乐，族群中的人尽情欢舞，食野果，吃肉类。总之，大业的婚事在部落中引起了不小轰动。

婚后的大业，继续帮助尧帝治理国家。女华则担负起相夫教子的日常生活，跟着女脩织布，学着其他人家的媳妇，尽量做一个守规矩、知礼仪的人。而由于史料缺失，这段生活就充满了想象的空间：大业正当青壮年，事业心强，整天兢兢业业。女华也在族人中光彩夺目。

日子简单而有奔头。不久，女华就怀孕了。这让一家人陷入了欢乐与期待中，他们在等待着一个新生命的降临。

十个月后，女华诞下一个男孩，大业为其取名大费。"女华生大费。"他和其父亲一样，带有大字。而大费被主角光环加持，成为影响历史进程的人。

需要注意的是"费"这个字，它与秦人的发展壮大有着千丝万缕的联系，以后秦人族群中还会出现费昌、费仲等人物。有学者指出，"fei"其实是音译的产物，秦人后代中的非（费）子、蜚（费）廉可能都是"fei"的音译化，只是在后世传播中衍生出"非""蜚"等字，这些字最初应都来自"fei"这个音。

世界各地的大洪水

大业后期，中原社会进入尧帝后期。有学者认为，山西临汾陶寺遗址就是尧都。考古学上，习惯将这一段称为"满天星斗"向"月明星稀"过渡的时期。当然，这一过渡期是漫长的。

按照气候学家的考证，这一时期，中国的气候、环境发生了剧烈变化。而大自然的极端变化又对人们的生活造成了严重影响："当帝尧之时，洪水滔天，浩浩怀山襄陵，下民其忧。"另外，从世界各地史料记载分析，这一时期，全球不同地方都出现了洪水。这也间接说明，当时的气候发生了巨变，人类再次遭受重大考验。

在中国的神话中，有水神共工怒触不周山的传说。而异常极端天气时常出现，侵袭着天下。尤其到了雨季，到处都是洪灾，部落民众经常受到洪水侵袭。

尧帝对此忧心忡忡，因为他是中原的酋长（部落首领），而黎民衣不蔽体，食不果腹，遭受自然荼毒，都是他治理无方的体现。

为了解决洪水泛滥的问题，缓解上天的惩罚，尧帝发布告示，到处寻找治理水患的能人异士。

据说，当时有人给尧举荐了鲧，而鲧就是禹的父亲。传闻说尧帝对鲧并不认可，认为他道德败坏，损害同族利益，不值得信任——可能鲧在此之前确是一位损害族人利益的人，在社会上口碑不太好。而舜帝需要的是治理水患的人才，不是一个品行不良的"热点"人物。当时有个叫四岳的官员强烈建议，让鲧试一试。"四岳举鲧治洪水，尧以为不可，岳强请试之，试之而无功，故百姓不便。"①

尧帝急于治理水患，便死马当活马医，采纳了四岳的建议，让鲧负责治理水患。鲧接受了尧帝的派遣，并终其一生，奔波于治理水患。鲧在经过实地调查研究后，确立了治理洪水的办法，这个办法被称为"障水法"。所谓障水法就是筑坝拦截，用现代人的常规观念就是"水来土掩"。我们都知道，这并非有效治理水患的办法。因此，鲧的障水法虽治理了一些地方的水患，但绝大多数地方的洪水都没有得到遏制，依旧肆虐。据说鲧连续治理了九年的水患，依旧难以遏制洪水肆虐。②

这让尧帝对鲧失去信心。

也是这时候，尧帝由于身体原因，已难以有效治理国家，他开

---

①② 司马迁：《史记》卷二《夏本纪第二》。

始考虑寻找继承人的问题。

经过物色、考察，尧帝发现了身为奴隶的舜。经过对舜的一番调查后，尧帝发现舜原是颛顼的七世孙，根正苗红。难能可贵的是，舜尽管"家道中落"，却毫不在意自己的身份，没有被生活的重重困难击倒。他在艰难困苦中磨砺意志，在沉重劳动中强健体魄，成为品德、能力俱佳的人才。

于是，尧帝将舜作为继承人培养，让舜代他巡视天下。舜也不负尧所望，开始了巡视之旅。相传，当舜到了山东一带时，发现了鲧治理水患的办法根本不起作用，反而引得洪水不断，一气之下诛杀了鲧。当然，也有说是舜流放了鲧。

之后，尧帝日暮西山，急流勇退，禅位给舜帝。

舜帝即位后，依然面临着洪水泛滥的情况，甚至比尧的时代更为严重。这时候，舜帝急需要治理洪水的人才。他派人到处物色治水人才，以解决邦国燃眉之急，巩固自己的地位。

禹就是在这种情况下，被人举荐给了舜帝。"天下皆以舜之诛为是。于是舜举鲧子禹，而使续鲧之业。"[1]

相传，鉴于父亲鲧治水失利，禹起初并不愿承接治理水患的重任，他还将此事往舜帝的能臣契、后稷、皋陶等人身上推。但不知何故，舜帝坚持要禹来治理水患。禹推辞不掉，只能接受。

之后，禹着手准备治水工作。

而就在禹即将开始治水时，秦族内部也发生了变化：女脩、大业已去世，大业的儿子大费长成了青壮年。

---

[1] 司马迁：《史记》卷二《夏本纪第二》。

难能可贵的是，大费自幼与众不同，善于思考，总是能说一些惊人的言论，做一些常人不能及的事情。他根据自己多年的观察，对眼前的水患有着独到见解。

恰巧此时，禹在物色治水的人才，大费不出意外地进入大禹的视野里。

大概在禹看来，大费就是自己要寻找的得力帮手。于是，禹向舜帝请示，请求带着大费去治理水患。禹的这一请求，得到了舜帝的许可。

而此时的大费也希望建立一番功业，改变族群的命运，就加入到禹的治水队伍中。

3. 治水大成赐嬴姓

启动治水工程

除了确定大费为帮手外，舜帝给禹调配了一批治理水患的能手，比如周人的先祖后稷等。毕竟治理这么大面积的水患，绝不是一两个人能完成的。

在这群人中，大费由于综合素质比较突出，受到禹的格外礼遇。从此，禹与大费相互扶持，开启了数年共同治理水患之任。世人只记得禹三过家门而不入，却不知大费也过家门而不入。

当然，更多时候大费可能并不参与具体工作，而是与禹一起筹划治水工作，并提供一些建设性意见。

在《夏本纪》中，司马迁对大禹治水做了详尽记载。

最先启动的是准备工作。

舜帝给了禹绝对的权力，禹可调度中原地域内所有力量参与治水行动。由此，也能看出舜帝对大禹的器重。当然，这里面可能还有更为复杂的原因。

此后，禹和大费、后稷等治水领袖先征调民夫，组建起一支能够治理水患的队伍，"禹乃遂与益、后稷奉帝命，命诸侯百姓兴人徒以傅土"。

其他方面的准备工作也在有序推进中。禹、大费一行人先开启了考察模式，他们走遍域内山川大河，在各处设立标识，用脚步在大地上丈量土地，以确定各处的山势、地形、水域。

考察工作并不简单，这是一项庞杂而费时费力的基础工作，需要投注很大精力。因此，禹、大费等人在丈量土地时，一刻也没有懈怠放松过。好在，认真做事带来了极大收益。

那么，为什么禹要在治理水患前先调查呢？这与禹父亲治理水患失败有关联。可能在禹心中，父亲鲧治理水患失败，是他的耻辱，也是一个永远不能向人提及的伤疤。只要治不好水患，伤疤就不会好。禹要通过自己的智慧，彻底将水患治理好，为自己赢来荣誉，也为父亲洗刷耻辱。

正是这样的心态，让禹信念坚定，一往无前。即便遇到任何困难，他都不愿妥协。因此，他才忍辱负重，三过家门而不入，整天都奔波在治理水患的路上，处理各种水患问题。"禹伤先人父鲧功之不成受诛，乃劳身焦思，居外十三年，过家门不敢入。"[1]

还有一个有意思的现象：相传禹在治理水患时，吃穿非常朴

---

① 司马迁：《史记》卷二《夏本纪第二》。

素，将钱财节约下来用作调查之用。但每逢祭祀先祖时，他都会准备很丰厚的礼品。这种做法表面上看，是崇敬先祖，背后的缘由可能更为深刻，比如，是否有祖先崇拜的因素？

不过，尽管禹在前期走访调研中全身心投入，但治理水患不是一朝一夕之事，需要大量的人力、物力、财力。大禹持之以恒，相信他们能够治理好水患。他们住在简陋的房子里研究方案，在烈日下观察各处地形地貌，从不计较个人得失。遇到开挖水渠等水利工程，大禹毫不吝惜钱财。

禹的这种精神也让跟随者受到鼓舞。他们一行人一直奔波在治理水患的路上。道路不通，就想办法坐船，走水路；遇着大雨道路泥泞，他们就坐在木橇上行走；山路崎岖时，就改用屐底有齿的檋，"薄衣食，致孝于鬼神。卑宫室，致费于沟淢。陆行乘车，水行乘船，泥行乘橇，山行乘檋"。

总之，在最初治理水患的几年时间里，他们一直都在奔波。在摸清楚一处的情况后，就又赶到下一处。相传禹、费身上总是带着测量水平的水准和墨绳、画图的方规，用这些工具"以开九州，通九道，陂九泽，度九山"。可能他们已绘制了山川地貌的草图，重点描画了各处河流的流向，为下一步治理水患做准备。

之后，一份治理水患的计划已在众人心中产生。这是前期田野调查的结果，为接下来的治理水患奠定了基础。

大禹一行在考察、调研、走访时，也不单单只负责水患问题。他们在脚步所到之处，还肩负治理落后地区部落的任务。比如，大费除了帮助大禹测量、提供佐证外，还负责给各地民众发放稻谷，教授百姓在各处种植稻谷，"令益予众庶稻，可种卑湿"。后稷则具体负责善后工作，给一些遭受水患的地方调剂物资、发放食物，帮助百姓渡过难关。

除了治理水患外，大禹还带着大费、后稷等人巡视各地，根据各地实际情况，确定给舜帝的贡赋。

准备工作完成后，他们就开启了治水这项大工程。

不过，在叙述大禹治水前，有几个疑惑留在这里，供读者们思考：从时间上分析，大禹治水发生在五帝后半段，这之前，包括这一时期，中国还未形成大联邦制综合国家。换句话说，这一时期，中国各地还是"邦国"时代，"满天星斗"。这种背景下，即便具有优势的某些邦国能够在众邦国中脱颖而出，但王权对社会资源的调动实际上是微弱的。没有哪个政权能够调动全社会的资源，参与某种事，开展某项大工程。而大禹在治水的时候，却能调动"全社会"（下一节展开治水经过）的人力和资源。那么，这是否意味着，到这时人类社会为了应对、抵御自然灾害而联合起来了呢？这是否意味着，这种联合对形成大联邦制综合国家有促进作用？换句话说，这种四海民众携手应对自然灾害的做法，是否对结束邦国林立、组建大邦国联盟夏王朝有积极推进作用呢？

我的答案是：应该是。因为不管文献资料还是考古发掘，都证明了这一点，即禹之后，满天星斗的邦国时代逐渐转向"月明星稀"的中原大邦国联盟——夏王朝。

治理水患

接下来，就让我们沿着司马迁的记载，去看看大禹、大费一行治理水患的壮举。

治水工程最先从北方的冀州开始，这里临近黄河，最为壮观的壶口瀑布就在这一带。这里地形复杂，也是最难治理的地方。黄河到了这里仿佛脱缰野马，冲出各个峡谷进入平原，改道成为屡见不鲜之事。这也给治理水患带来巨大困难。大禹因此将治理的第一个地方优先放在了壶口。

大概禹在实地调查时，已想到治理壶口黄河的办法。不过到了具体操作时，还是存在种种难以预料的问题。禹、伯益、后稷、契等人都忙碌起来，计算、测量、绘图，甚至还要做一些与治水尤关的事情，综合协调也显得非常重要。

总之，这是治水的开头，第一项工程一定要做到尽可能完美，才能顺利推进接下来的其他工程。

禹整天匆匆忙忙，一心扑在了治理水患上。在这次治理黄河水患问题上，禹反其道而行之，突出了"疏通"，而不是像父亲一样重点在"拦截"，体现"堵住"的作用。

他组织人在壶口修筑河堤，又调集民夫疏通常年堵塞的河道，还对河道有可能改道的地方进行修复。与此同时，他们还组织人疏通大河道，引导小河汇入大河，尽可能治好以前存在的各种水患问题。

每一步都很艰难，但正是在这重重困难中，他们完成了一项又一项表面上看不可能完成的重任。等这一系列举措下来，果然有效阻止了黄河肆虐。

第一个音符按下去后，效果超出预料，这也给禹很大信心。因此，治理好壶口的水患后，禹一行人做了短暂的休整，又开始对梁山和岐山一带的河道进行治理，"禹行自冀州始。冀州，既载壶口，治梁及岐"。

接着，禹的治水工程继续沿着黄河而下。这次他们整治的区域是太原一带。这里是黄河的中游段。相较而言，太原一带的水患治理比壶口要容易一些，这里有天然大峡谷，无须再刻意去修筑河道，只需要对损毁的河道进行整治，再疏通淤堵的河道，治理工作也就完成了。

禹、大费一行人也是这么做的。他们在前期治理水患时，已形成了良好默契。

等他们将太原一带水患治理好后，又开始在泰岳南面进行治理，大致治理的过程相差无几，"既修太原，至于岳阳。覃怀致功，至于衡漳"。很多堵塞的河道被疏通，一些没有河道的地方，重新开了河道，既方便了各地的百姓，也解决了水患问题。

也是从这时候起，禹除了要治理水患问题，还接受了舜帝授权他的一项新任务：代舜帝巡视国家。

为什么这么做？因为禹治水工程沿着大江大河行走，足迹必然遍及全国各地，巡视国家、宣扬王权也是巩固国家的重要举措，和治理水患一样重要。

禹接受了这一任务，并很出色地完成了这项工作。当然，禹巡视全国还有一个重要目的，这就是确定各地的贡品和赋税。

而划定赋税是阶级分化的重要特征，社会人的结构发生了剧烈变化，人类社会阶层越来越明显。那么，是否意味着天下共主舜帝的地位有所减弱，而禹的地位不断上升呢？答案不言而喻。

太原一带的河道疏通后，禹一行人等就到了兖州。这里地处济水和黄河之间，地形地貌复杂，河流众多。为此，禹调集了大量的民兵役夫，准备实施疏通河道的工作。

等治理水患开始后，他们才发现因地处黄河下游，这一带黄河携带的泥沙较多，河道被堵塞的情况很严重。为解决这一问题，禹、大费一行人在此投注了大量的人力物力。很多人都投入了这项前所未有的工作中，疏通淤堵，引导河流走向。

尽管眼前有百般艰辛，只要大家齐心协力，就没有治理不好的水患。经过众人的努力后，黄河下游的九条河道被疏通。另一些河水流入雷夏洼，形成了湖泽。

这次治理还有意外之喜：大量的河床因疏导河流而裸露出来，成为了可供种植桑梓的土地，"济、河维沇州：九河既道，雷夏既泽，雍、沮会同，桑土既蚕，于是民得下丘居土"。

兖州之后，禹一行人又到了青州地区。青州东面临海，西边是泰山地区，河道纵横交错。部分东夷也居住此处，形成地方不稳定因素，治理工程有一定的难度。

大禹在治理水患前，先实施了稳定蛮夷的策略：他广施仁政，传播先进理念，教他们种植桑麻，授他们织布术。同时，鉴于部落之间因地盘常年发生斗争，他命人给东北地区的部落划定了疆域，使这些部落之间有了各自疆域界线，为治理水患创造了有利条件。

之后，禹、大费一行人才开始疏通潍水、淄水，解决了这两条河常年拥堵、雨季洪水泛滥的难题，"海岱维青州：堣夷既略，潍、淄其道"。

随着很多河道被疏通，洪水隐患被排除，大禹一行人的经验愈加丰富。

之后，他们开始治理徐州地区。这一带地形地貌复杂，淮水和沂水也常年泛滥。禹组织人修筑河堤，疏通河道，治理淮水、沂水。一些原被水浸泡的地方因河道疏通，变成了可以耕种的土地。他们又对一些不规则的湖泊进行疏通，一些野地洼处汇积成湖，一些水潦退去。经过治理，徐州又腾出了大量的土地，交给了当地民众耕种。

再之后，就是扬州一带的治理。

其实，有了青州、兖州一带的治理经验，接下来的治理，不过是重复此前的经验，并试图找出更加有效的治理模式。

扬州一带的情况比徐州还要复杂，这里河流纵横，山川复杂，湖泊较多。禹、大费一行人，还是用脚步丈量的方式，先摸清楚了基本情况，又根据调研制定了治理水患的根本方略。

当时，彭蠡一带由于地域低，多条河流相互汇集，形成了湖泊。气候正常时，这里相对宜居，冬天甚至成为大雁过冬的栖息之地。但遇到雨季，洪水泛滥的情况时有发生，民众财产时有受损。为此，禹组织民众开通了一条河道，将这里的河水引到大海里，缓解了这一带积水，那些原先浸泡在水里的地方变成了陆地，供当地人种植树木。之后，这一片土地上出现了大面积的树林。"淮海维扬州：彭蠡既都，阳鸟所居。三江既入，震泽致定。竹箭既布。其草惟夭，其木惟乔，其土涂泥。"①

扬州的水患治理好以后，禹一行转战至荆州一带。这里的情况也比较复杂，因荆州一带有几条较大的河流，比如长江、汉水等。所幸的是，经过多年自然冲刷，长江、汉江的河道基本成型，不会像黄河那样常年泛滥成灾。

禹组织人力对这些河流进行梳理，修筑堤防，长江、汉江流域水患得以遏制，常年洪水泛滥的云梦泽也因长江、汉江被治理而得以改善。"荆及衡阳维荆州：江、汉朝宗于海。九江甚中，沱、涔已道，云土、梦为治。"②

接着，大禹一行人开始治理豫州。这里河道纵横，伊水、洛

---

①② 司马迁：《史记》卷二《夏本纪第二》。

水、瀍水、涧水都是域内的重要河流，黄河也距此不远。这也注定这一带常年隐患重重，民众受灾情影响较大。禹与大费、后稷等人商议后，认为应当将伊水、洛水、瀍水、涧水引入黄河，再经由黄河流入东海。大禹这一决议得到大费、后稷等人的支持。

之后，他们组织人力疏通这几条河道与黄河之间的沟渠，让伊水、洛水、瀍水、涧水都汇入黄河。

与此同时，对于一些难以疏通的坑洼蓄水处，禹巧妙组织人力引水入低洼渠，形成了湖泊、菏泽。禹又组织人在这些湖泊、菏泽周围修筑工事，解决了水患问题，"荆河惟豫州：伊、雒、瀍、涧既入于河，荥播既都，道菏泽，被明都"。

之后，治理的地方就是处于华山南麓到黑水之间的梁州。这里的河流与之前豫州、徐州、青州等地的河流有关系，只需对域内的河堤进行加固，对一些还未引导到大江大河里的支流进行疏通引导，就能完成治理工作。

难点不在如何施工，而是找准症结。因此，每一次禹在实施治理前，都是先实地调研，寻找破解之法。

这一带河道疏通后，汶（岷）山、嶓冢山等被水域包围的地方，都成为肥沃的土地，供人们耕种。"华阳黑水惟梁州：汶、嶓既艺，沱、涔既道，蔡、蒙旅平，和夷底绩。"

最后一片治理的地域是黑水与黄河西岸之间的雍州。这里地处西段，很多东段的河流已得到治理，水患问题远没有东方各州严重。因此，治理工作迅速完成。在这里的弱水经治理已向西流，泾水、漆水、沮水、沣水汇入渭水。"黑水西河惟雍州：弱水既西，泾属渭汭。漆、沮既从，沣水所同。"

治理水患的顺利进行，让禹、大费等人将工作重点放在修通道路和平定南蛮夷上。他们调动人力，逢山开路，遇水搭桥，修通了几条令人困扰的道路。未几，禹又调动兵力，对南蛮实施征服，让他们臣服于舜帝管束之下。

至此，历时数年的治理水患工程结束。

在这里，需要对《史记》中记载的内容进行一个浅层的梳理。即禹、大费、后稷等人先后疏导了九条大河：一是把弱水疏通到合黎，让弱水最后注入沙漠中；二是疏导了黑水，使得黑水沿着三危山流入青海；三是对黄河的各个河段都进行了疏导，使得黄河顺利流入大海；四是从汉水的发源地嶓冢山①开始疏导，将漾水一路引导，向东流入汉水，汇入长江，最终流进大海；五是从汶山一带疏导长江，将沿途的各种支流都疏导到长江里，最后将长江水引入海中；六是疏导沇水、济水，将其注入黄河，引导沿途的荥泽、菏泽至汶水，再引汶水流入大海；七是引导淮水与泗水、沂水汇合，向东流入大海；八是疏导渭水东流，与沣水、泾水、漆水、沮水汇合，最终流入黄河，再沿黄河流入大海；九是从熊耳山疏导洛水，使其与涧水、瀍水、伊水等支流汇合，引导河流向东北流入黄河，再经黄河流入大海。②

---

① 位于甘肃省天水市齐寿镇齐寿山。

② 司马迁：《史记》卷二《夏本纪第二》："道九川：弱水至于合黎，馀波入于流沙。道黑水，至于三危，入于南海。道河积石，至于龙门，南至华阴，东至砥柱，又东至于盟津，东过洛汭，至于大邳，北过降水，至于大陆，北播为九河，同为逆河，入于海。嶓冢道瀁，东流为汉，又东为苍浪之水，过三澨，入于大别，南入于江，东汇泽为彭蠡，东为北江，入于海。汶山道江，东别为沱，又东至于醴，过九江，至于东陵，东迤北会于汇，东为中江，入于梅。道沇水，东为济，入于河，洗为荥，东出陶丘北，又东至于荷，又东北会于汶，又东北入于海。道淮自桐柏，东会于泗、沂，东入于海。道渭自鸟鼠同穴，东会于沣，又东北（转下页）

当然，禹的功绩不只治理好了水患，还疏通了九条山脉道路，使得原来封闭的四方四通八达。①

通过对《史记》记载的分析，说明禹治水可能只是一种普遍的误解。实际的情况是，舜帝要求禹以治水为目的，疏通道路，宣传德音，广施恩惠，开启民智，确定赋税，为部落联盟做出贡献。

禹治水相当于在全国各地实施了数年的基建工程，山川河流被治理，各处道路被疏通。九州实现了真正意义上的统一。各处的部落都能够到中原地方来见舜帝，"于是九州攸同，四奥既居，九山刊旅，九川涤原，九泽既陂，四海会同。"至此，原先互不相通的部落间建立起了部落联盟，舜帝成为联盟长。部落等级制度日渐完善，分封制度也开始出现，一个封建王朝的雏形出现了。

以上这些就是《史记·夏本纪》中大禹治水的故事，非常励志、感人，体现了人与大自然对抗的高贵精神。不过学界对大禹治水的故事多有争议。有人认为，这是古人编造的故事。历史大家顾颉刚先生就根本不相信有大禹治水这回事。也有学者认为，古史不可全面否定，当辩证看待。

有一种观点认为，禹所在的时代，国家（部落联盟）生产力普遍落后，广域王权国家尚未正式形成，受现实制约，很难实施《夏本纪》中记载的"大禹治水"如此庞大的工程。所谓大禹治水，不过是司马迁编织的一个美好故事而已。实际情况可能是，华夏族在洛河、伊河流域疏通了部分洛阳盆地，用作种稻谷的土地。这一点，也在考古发掘上也得到了印证，在新寨、二里头等夏文化遗址

（接上页）至于泾，东过漆、沮，入于河。道雒自熊耳，东北会于涧、瀍，又东会于伊，东北入于河。"

① 司马迁：《史记》卷二《夏本纪第二》。

上发现了大量的水稻种子。因此，最初的大禹治水故事应该是将今河南一带的河流进行了疏通，将退水后的沼泽地作为种植水稻之用。而司马迁在考察整件事的来龙去脉时，并没有考古资料。他可能采纳了《尚书》《周书》里的故事，以及当地流传的古老传说，最终编成了《史记》大禹治水的故事。①

我们认为，这种观点很有道理，且比《史记》里的记载更有说服力。换句话说，《夏本纪》构造的"大禹治水"工程太过于巨大——动用全国力量来实施治水、开路工程。如此庞大繁杂的工程，即便放在现代社会，用现代先进的机械和技术，也无法实现。比如，今天的我们对黄河的治理，依然没有更为有效的办法，每到雨季，依然还有河水泛滥的情况发生。而五千多年前，人类更无法与自然抗衡。

当然，故事我们可以怀疑，但其中折射出的中华民族的想象力以及与大自然搏斗的精神，却值得永久推崇。所以，理智上，我们或许不能接受大禹治水、划定九州的故事；情感上，我们宁愿相信有大禹治水。而这种矛盾的结合体，就是中华民族优秀的精神体现。

论功行赏

禹帮着舜帝治理好了水患（疏通了河道），建立起路网，因此在部落中声名鹊起，论功行赏自然少不了。舜帝给大禹赏赐了玄圭，"与禹平水土。已成，帝锡玄圭"。玄圭就是黑色的玉，这里的玄与"玄鸟"的"玄"应是一个意思。

---

① 李硕：《翦商》第一章。

换言之，这时候人们还是崇尚黑色的，而夏尚黑在学术界已成定论。秦人也是尚黑的民族。唐代司马贞在《史记索隐》里对此也做了说明："游音旒。谓赐以皂色旌旆之旒，色与玄玉色副，言其大功成也。然其事亦当有所出。"[1]

对于舜帝的赏赐，禹受之无愧。不过禹非自私之人，他胸怀宽广，人情练达，不想独占治水之功。毕竟仅凭他一人，难以实现治水目标。那些跟随他的人，都艰辛付出，尤其跟随他的大费，一度成为他的左膀右臂。因此，受到褒扬的禹对舜帝说了这样一番话："非予能成，亦大费为辅。"治理水患、疏通道路、平定天下这些功业非我一人之功，大费也出了大力。

舜帝这才想起了大费。

很多年前，治水工程启动时，大禹曾汇报过，请求让大费跟着他治理水患。于是，舜帝召见了大费，对大费说："咨尔费，赞禹功，其赐尔皂游。尔后嗣将大出。""咨"是语气词，没有实际意义。皂是黑色，游是旗帜上飘动的彩带。这句话意思是，大费你帮助大禹治水成功，我赏赐给你旌旗飘带，作为奖励。相信你的后代一定会兴旺发达。这可能是舜帝对大费的一种称赞之意，并无实际意义。就如两人对话，一人夸赞另一人后世将会发达一样，不必对此给予高度重视。当然，这种预言可能只是秦人在美化自己民族历史时的一种"追述"。

《史记集解》引皇甫谧的话，认为舜帝给大费赏赐的东西是玄玉，"赐之玄玉"。这一说法有待商榷。试想：作为治理水患、疏通道路、划定赋税等的禹，得到的赏赐也只是玄玉，说明玄玉这东西

----

[1] 司马迁：《史记》卷五《秦本纪第五》。

在当时并不常见，一定是珍贵少有之物。禹有这么大的功绩，才被舜帝赐予玄玉。大费是跟随大禹治水的人，其功绩不及禹，因此，舜帝赐予大费黑色飘带更为合理。

另外，对舜帝向大费说的这番话，《史记索隐》也有不同认识："出犹生也。言尔后嗣繁昌，将大生出子孙也。故左传亦云'晋公子姬出也'。"其中"晋公子姬出也"值得注意，这句话出自《左传·晋公子重耳之亡》一文。周王朝时，同姓之间不能缔结婚约，若缔结，则"其生不蕃"。《史记索隐》引用重耳的典故，论证的是秦人后代"大出"这一论点。这是后人的一种"强加"意识，本身存在着难以自圆其说的弊端。

当然，在这里如此详细解析，并非要区分禹与大费两人的功劳，而是表明在舜帝、禹那个时代，等级制度已相当成熟，尊卑有序是一种常态。恩格斯在《家庭、私有制和国家起源》一书中也有类似观点。

需要说明的是，经过禹的举荐，舜帝改变了对大费的认识，对大费也越来越重视。大概此时大费已成为秦人部落里的首领，而随着秦人部落越来越强大，舜帝也不得不重视这股力量。后来，舜帝为了进一步加强与大费的关系，将族群中一个姚姓女子嫁给了大费，"乃妻之姚姓之玉女"。当然，舜帝对大费如此厚爱，也可能与他们同出一脉有关，因为敬康是舜帝与大费共同的祖先。

舜帝是天下共主，舜帝的赐婚显得更加气派。大费抱得美人归，还受舜帝重用，其族人的地位也逐渐提升起来。

这里还有个细节需要注意，这就是关于姚姓。据《史记》记载，姚姓产生于虞舜这一族。相传舜帝的妻子就姓姚。后来到春秋时期，姚姓壮大发展成为姚国。"春秋早期有姚国，虞舜后代，子孙以国为氏，称为姚氏。"

　　受到舜帝如此厚爱，大费感激涕零，跪拜接受，"大费拜受"。《五帝本纪》中对"大费拜受"有详细记载：舜帝继承联邦首领之位后，曾对身边的禹、皋陶、契、后稷、伯夷、夔、龙、倕、益（大费）、彭祖等一应谋臣职能进行了划分。对于大费的分工，舜帝曾这样问属臣："谁能管理好各地的草木鸟兽？"众人都说益（大费）能胜任。舜帝即任命伯益为虞官。伯益跪拜叩头，谦虚地表示自己无法胜任如此重要岗位，还主动谦让给大臣朱虎、熊罴，希望他们能接替自己。舜帝对益（大费）很信任，鼓励他："去吧，你能做好。"之后，舜帝还命朱虎、熊罴做伯益的助手，和伯益一起管理鸟兽。①

　　所谓虞官，据说是尧帝设立，专门管理山川湖泽、鸟兽虫鱼、山林水产等，大致相当于今天分管农业、渔业等的部长，权限非常大。舜给大费这样一个"官"，似乎与秦人驯兽的技能有关。

　　也是从此时起，大费带领族人真正走上了强大之路。

　　大费也没有令舜帝失望。他表现出高超的管理才能，将分管工作处理得井井有条。可能大费还根据祖传驯兽本领，为舜帝驯服了很多禽兽。最终，大费赢得了舜帝的赏识。再后来，舜帝见大费劳心劳力，为国家付出了很多，就为大费赐名为柏翳（益）。"佐舜调驯鸟兽，鸟兽多驯服，是为柏翳。"② 不过这个柏翳到底有何意义，至今尚不明确。也有些史料记载为伯益，大概"翳"和"益"发音

---

① 司马迁：《史记》卷一《五帝本纪第一》："舜曰：'谁能驯予上下草木鸟兽？'皆曰益可。于是以益为朕虞。益拜稽首，让于诸臣朱虎、熊罴。舜曰：'往矣，汝谐，'遂以朱虎、熊罴为佐。"
② 司马迁：《史记》卷五《秦本纪第五》。

一样，相互通假。

伯翳更加卖命工作，不断得到舜帝的赏识。之后舜帝还对伯翳赐嬴姓，"舜赐姓嬴氏"。这是首领（天下共主）的赐姓，伯翳战战兢兢、如履薄冰地接受了这一姓氏。

至此，一个嬴姓部族正式在中华大地诞生。他们将继续繁衍壮大，成为影响历史进程的大族。

需要说明的是，舜帝所处的时代，与颛顼、帝喾、帝尧的时代还不一样。他必须面对更加广域的土地、数目众多的子民、数以万计的粮食，以及来自天下九州的贡赋……伯翳负责的山林草泽、水产虫鱼等工作也越来越重要，舜帝对伯翳的依靠也日渐增强。

一人得道，家族荣耀。在伯翳的高官光环加持下，秦人也迅速发展、壮大。整个家族中，出现了多种分支。而这种壮大、发展与当时的社会环境有着必然联系：大禹治水后，九州之地相对和平，因缺少战事，人口迅速发展，各地人群都发生了成倍增长的现象。伯翳自然也多娶妻生子，享受从未有过的太平。

4. 伯益的时代

名字争议及受重用

在后世的史料中，大费、伯翳、柏翳、伯益等不同名字是同时存在的。尽管叫法不同，但伯翳、大费、柏翳、伯益实为同一人，传世文献中多叫"益"。这只是一个人不同时期不同名字，这样的情况在史料中比较常见。比如前文中提到的青阳又叫少昊，是一个道理。

另外，在《史记》中还有伯夷的名字，有些学者往往将伯夷与伯益混淆。这里需要做一简单辨析。

伯夷在史料中至少有两个，代表了两个不同时期的人。其一是尧舜时人，姜姓，传闻说他是炎帝神农氏的第十四世孙。《五帝本纪》中说："伯夷主礼……益主虞，山泽辟。"可见司马迁也认为伯益和伯夷并非同一人；其二是商代孤竹国的君主。孤竹国先祖曾是先商部族墨氏一支，与商汤一起推翻夏桀。商朝建立后，他们被封在孤竹国，地望在今河北北部与辽宁西部地区，为商代戍守边疆。武王伐纣时，他们曾试图阻止武王。周灭商之后，他们大都被流放致死。

通过以上材料分析，可以得出结论：伯夷与伯益是不同时期完全不同的人。本书能确定的是，伯翳、柏翳、伯益为同一人，《秦本纪》中称大费、柏翳，《夏本纪》中称伯益。为方便叙述，以后统称为伯益。

若说禹是伯益的举荐者和引路人，舜帝就是伯益的伯乐。这世间总有太多千里马"祇辱于奴隶人之手，骈死于槽枥之间"。而伯益是幸运的，舜帝发现并重用了伯益。

事实上，伯益跟随禹治水回来后，舜帝依旧是整个部落联盟的首领，继续发挥着重要作用。也是这时候，舜帝还派出了能臣到各地巡视，震慑天下各个部落。《史记》说："南抚交阯、北发，西戎、析枝、渠廋、氐、羌，北山戎、发、息慎，东长、鸟夷。"这里的鸟夷大概也是东夷部落中的一支，可能还与崇尚鸟图腾的秦人有亲。

经过巡视，舜帝的威德传播四方，天下部落多向舜帝靠拢。一些原来没有臣服的部落，也都纷纷归附了舜帝。于是，"四海之内咸戴帝舜之功"①。而随着很多的部落归附舜帝，一个大部落联盟正式产生。有学者说，这一时期，舜帝创建了复合型奴隶制国家。

这种情况下，舜帝面临着这样一种现状：原来的都城已不适宜时代需要。舜帝与大禹等人商议后，决定将国家的中心迁到蒲阪。与此同时，随着大部落联盟形成，人口规模、治理方式等已与颛顼、帝喾时代截然不同。原来松散的部落治理方式，已无法适应当前的形势。舜帝与禹、伯益、后稷、契等人充分论证，推出了一系列具有划时代意义的创举。比如，制定礼乐制度，修订律法条令，完善徭役赋税，等等。这些创举，稳定了社会大局，一个综合王国的雏形已逐步显现。

那么，在舜帝不断集权的时候，伯益在这里面具体发挥了什么作用？《五帝本纪》中说："益主虞，山泽辟。"也就是掌管山林草泽之利，促进部落收入。这其实与之前伯益的职能一脉相承。就是说，伯益在追随大禹治水之后，就一直负责国家（部落联盟）的"山泽之利"。

值得注意的是，伯益负责管理的"部门"是个肥差。当时的社会生产力并不发达，民众获取资源的方式较为单一。山林草泽本是自然界的馈赠，蕴藏着巨大的资源。伯益能掌管这一重要领域，必然越来越受到重视。《世本》记载说："化益作井。"《吕氏春秋·勿躬篇》也有记载："伯益作井。"这是说伯益发明了打井的技术。

伯益的这些才能，也让族人地位进一步得到提升。以后，伯益也进入了舜帝时代统治集团的核心层。据说，后来南方三苗叛乱

---

① 司马迁：《史记》卷一《五帝本纪第一》。

时，舜帝下令征讨三苗族，大禹是主帅，伯益是助手，他曾对大禹建议，对待三苗族要恩威并施。[1]

此后，经过舜帝与一帮臣子的治理，天下大定，祥瑞不断显现，凤凰来仪，百兽起舞。《夏本纪》载："于是夔行乐，祖考至，群后相让，鸟兽翔舞，箫韶九成，凤皇来仪，百兽率舞，百官信谐。"[2]《五帝本纪》中也说："于是禹乃兴九韶之乐，致异物，凤皇来翔。天下明德皆自虞帝始。"这两种记载从表面上看不尽相同，但核心的内容很相似。

大概驯服百兽起舞的重任就是伯益完成的，这是他的看家本领，也是他赖以生存的根本。后世秦人将以此为业，在各个时代中跌宕起伏。

与此同时，舜帝的另外两位重臣后稷、契也尽己所能，为国家大定发挥重要的作用。这两位名臣，一位是周人的祖先，一位是商人的祖先。《五帝本纪》中说："契为商，姓子氏。弃为周，姓姬氏。"

当然，这一时期最受舜帝器重的人还是禹。自从治水成功后，舜帝对禹越来越器重，很多政务都交由禹处理："天下皆宗禹之明，度数声乐，为山川神主。"

禅位与危机

禹的受重用在意料之中，毕竟他赢得了天下人心。舜帝也清楚

---

[1] 《尚书·大禹谟》："惟德动天，无远弗届。满招损，谦受益，时乃天道。帝初于历山，往于田，日号泣于旻天，于父母，负罪引慝。祗载见瞽瞍，夔夔斋栗，瞽亦允若。至诚感神，矧兹有苗。"

[2] 司马迁：《史记》卷二《夏本纪第二》。

这一点。所以后来在选定继承人上，舜帝权衡各种利弊后，还是将禹选定为继承人："帝舜荐禹于天，为嗣。"

这种选定继承人的做法，笼罩着多种难以解释清楚的疑云。司马迁的解释是："舜子商均亦不肖，舜乃豫荐禹于天。"舜帝的儿子商均"不肖"，国家不能交给他，因此舜帝向上天举荐了大禹。后世学者认为，这种选定继承人的做法在五帝时期很常见，并将其总结为禅让制。本书认为，情况可能更复杂，远非禅让制三个字这么简单。

在部落中确定继承人而非从子嗣中选定继承人的做法，更多体现了祖先在统治部落、对抗自然过程中形成的推选制度。这种制度的雏形，应与多部落融合有关。此时的大部落并非舜帝这一族人，而是众多部落联盟。在这样的部落中推选首领（部落联盟长），需要绝大多数部落首领的支持。换句话说，推选部落联盟长更多要从品德、能力以及为部落做出贡献方面考察，不单纯看是否为上一代雄主的子嗣。而大禹先有治水，后有平定"三苗"等伟业，而商均的功绩不见史册。因此，大禹便成为舜帝之后独一无二的联盟长。当然，任何雄主都希望将君主之位传给子嗣，这是正常人类的普遍情感。只是舜帝在继承人问题上采取了明智选择，立禹为继承人。

贤德的君主与治世经验丰富的贤才，共同为舜帝时代向禹时代过渡打下了坚实基础。

禹治水十七年后，舜帝去世。这十七年是多民族融合的十七年，也是部落制度走向成熟的十七年，更是确定大禹地位的十七年，因禹一直尽心竭力辅佐舜帝治理天下。

舜帝去世后，禹服丧三年。那么，为什么是三年？其实也有考究。儒家主张守孝三年，孔子去世后，他的弟子就为他守孝三年。

子贡甚至为孔子守墓六年，一度成为后世广为传颂的佳话。[①] 而在后世中，守孝三年成为尽孝的一种标准。司马迁在采集素材时，应是采纳了这种儒家的标准，即用当代标准去衡量古代。我们认为，三年守制在五帝时期可能并未推行，推行这种制度的时期应是周朝。当然，可能远古时代已有为先祖守制的雏形，而周王朝只是将这种雏形完善后，开始大面积推广，最终形成了"经礼三百，曲礼三千"的格局。

三年守孝结束后，按照舜帝的遗愿，禹理应继承部落首领之位。有意思的是，大禹并未按照舜帝的遗愿接任首领，而是将舜帝的儿子商均扶上了首领之位。

大禹为什么要这么做？或者说这种做法到底是否真实？史料已无可考证，可能大禹宁愿做一个辅佐君王的贤臣。

遗憾的是，禹的这一做法，并不为已归附的部落（诸侯）所接受。这就发生了奇异的一幕：由于禹的功业甚大，又是舜帝选定的继承人，天下诸侯纷纷朝拜禹而不拜商均，"天下诸侯皆去商均而朝禹"。面对如此复杂的情况，摆在禹面前的路只有一条，即顺应民意。如若不然，人心涣散，可能会酝酿出更大的危机，制造出更大的叛乱。

这一次，禹没有推托，果断继任首领联盟长。那么，禹之前的让位商均有何意义？难道仅仅是表现自己不贪恋首领之位？真实的原因可能更复杂，追究起来也都是猜测。总之，在"折腾"了一番后，禹成为"天下共主"，开启了他治理天下的时代。

禹继承首领之位后，改变了五帝时代统治方式，建立真正意义

---

① 司马迁：《史记》卷六十七《仲尼弟子列传第七》。

上的国家，号曰夏，改姓姒氏，"禹于是遂即天子位，南面朝天下，国号曰夏后，姓姒氏"①。《礼记·缁衣》《尚书·太甲》《清华简·尹诰》和《尹至》等史料中，称大禹建立的夏为"西邑夏""西邑"。

别看这简单的一个国号、一个姓氏，其意义非凡。它直接将夏与五帝时期的统治区别开了。五帝时期，首领可能只是部落联盟长。尤其是黄帝、颛顼、帝喾时代，天下只是臣服却并不归服。还有些偏远地区的部落与中原不相往来，也就无从谈起是否归服。帝舜时代，随着治水工程不断延伸，一些原来与中原没有交集的部落，开始接受强大的舜帝统治。禹继承首领之位后，继续加强集权统治，建立了夏国。

由此，禹开启了三代起点，也开启了传说时代向封建时代的过渡。皇甫谧在《帝王世纪》中载"禹都平阳，或都安邑"，认为安邑是禹时代的都城。20世纪考古发掘时，在山西省运城市夏县西北禹王乡的禹王村、庙后辛庄、郭里村一带发现了一座城址，被认为是禹王生活之地，因此有禹王城遗址之说。这片遗址由大城、中城、小城和禹王台等部分组成。禹王城遗址出土有锛、锄、镢、斧等器具，凸显时代特色。当然，也有学者指出，禹王都城在其他地方。总之，禹王城地望多有争议，这也成为夏王朝研究的重大课题，需要考古工作者和学者不断深入挖掘。

时至今日，考古发掘还未系统发现夏王朝的早期遗址，但这并不妨碍后世相信夏王朝的存在。考古学家许宏说，从这一时期开始，中原地区由邦国林立的"满天星斗"时代进入"月明星稀"的大中原时代。由此，禹变成夏禹，成为中国封建王朝的第一代

① 司马迁：《史记》卷二《夏本纪第二》。

君主。

事实上，禹的时代与舜帝时期已不一样。其一，时代发生了巨大变化，这是历史的必然：上接舜帝时期，又是开创新时代，摆在大禹面前的难题是如何让四海臣服、天下一家；其二，相关制度健全，国家从原来的血缘部落开始向地缘部落靠拢，时代逼着人们接受改变。

禹即位后，延续了舜帝时代的一些政策。如此一来，天下依旧处于稳定中。不过各个部落之间依然各自为政，只是尊崇禹的威望，臣服而已。禹重用了舜帝时代的能臣，比如皋陶就被授予高职，成为禹治理天下的左膀右臂。皋陶是舜帝时代的治世能臣，曾与大禹一内一外，为舜帝时代邦国安定立下了不朽功绩。舜帝去世后，禹自然要继续重用皋陶。

遗憾的是，皋陶在禹即位后不久即去世，让大禹痛失左膀右臂的同时，不得不立即再寻帮手。这时候，曾在舜帝时期掌管山林草泽的伯益，进入大禹的视野。

事实上，伯益与大禹早在治水时期就建立了关联，只是在舜帝时代大禹没有决策权而已。现在禹成为中原共主，他有权决定谁为自己的辅佐。于是，他就把伯益提了上来，让伯益接替皋陶之位，处置邦国政务，"而后举益，任之政"①。

由此，伯益真正走上了人生的辉煌时刻。

我一直有一个观点：研究早期秦文化，不能只研究秦人早期的轨迹，而应当将秦人的祖先轨迹置于三代历史变局之中，才能较为全面了解秦人筚路蓝缕的创业过程。毕竟任何一族人，在远古时代

① 司马迁：《史记》卷二《夏本纪第二》。

的繁衍、壮大、崛起都离不开其所处的时代以及在时代里扮演的角色。

此时的伯益肩上的担子更重了，不只参与山林草泽的工作。他更多参与到治理夏国的内政上。禹一如既往地信任伯益，让他承担着治国重任。

有意思的是，这时候，曾与禹、伯益一起治水，又一起帮着舜帝治水的后稷、契等人没有像伯益一样受到大禹的重用。《殷本纪》中说："契兴于唐、虞、大禹之际，功业著于百姓，百姓以平。"商人祖先契对百姓有功。《周本纪》中说："及为成人，遂好耕农，相地之宜，宜谷者稼穑焉，民皆法则之。帝尧闻之，举弃为农师，天下得其利，有功。"① 周人祖先后稷则在农业方面有贡献。

他们不受重用，大概是因为当初舜帝让他们跟随禹治水，只是奉命行事。说白了，他们与禹不"亲密"，相互之间的信任度不高。所以契、后稷尽管拥有这些技能，却没有得到大禹的赏识。

伯益的情况完全不同，他是一路跟着禹"打天下"的人，与禹的关系密切，是禹的嫡系。因此，伯益不敢怠政，一门心思投入帮助大禹治理国家事务中，既兢兢业业，也如履薄冰。

伯益在后半生，一直受禹的重用。伯益在治理国家的岗位一干就是十年。这十年时间里，他与禹相处融洽，相互扶持。这十年，夏国国力逐年增强，尽管邦国各自为政，但在夏禹、伯益的治理下，他们真心臣服于夏朝，尊禹为联盟长（天子）。夏王朝不断强盛，并逐渐表现出广域王权国家的雏形。

遗憾的是，再伟大的帝王，也有寿终正寝时。

---

① 司马迁：《史记》卷四《周本纪第四》。

建国十年后，已垂垂老矣的禹产生了巡狩全国的念头（这一情况与后来的秦始皇巡狩全国有些相似）。这是禹治水后，再次踏上他曾经用脚步丈量过的土地。可能禹清楚自己大限将至，他想要看看经过十年的励精图治，子民都变成了什么样；他曾经疏通的河道是否堵塞，他开掘的道路是否阻断。

伯益也意识到禹身体每况愈下，同意禹的这一建议。于是，禹一行人沿着大道一直向东走，边走边视察，详细了解邦国变化。伯益则紧紧跟随在大禹的身后，负责一切事宜。

这一路东行，禹感慨万千。华夏观念已深入人心，"地中之都，中土之国"逐渐形成，并会影响到后世的商、周、秦等王朝。

遗憾的是，禹再也不能带领子民开创新的伟业。据说，当一行人到了会稽一带后，禹忽然患病，且迅速恶化。弥留之际，禹将天下大任交给了伯益，"十年，帝禹东巡狩，至于会稽而崩。以天下授益"①。这应是禹多年思索的结果，正如当初舜帝将天下交给他一样。

历史总是惊人的相似，秦始皇巡游病故，是否也是这一模式下的产物呢？

对伯益而言，这是一副沉甸甸的担子。在禹后期，尽管伯益担起治理天下的重任，但因禹还在，伯益尚有主心骨。而有些人只要活着，即便他不做任何事，也能稳定人心。如今禹去世，伯益的主心骨没了。那么，伯益能挑起治理天下的大任吗？

---

① 司马迁：《史记》卷二《夏本纪第二》。

避居箕山之阳

在处置继承人这件事上，伯益效仿了禹当初的做法。当初舜帝将天下交给禹，禹先服丧三年。三年时光中，舜帝时期的任何政策都不变。三年之后，禹扶持起了舜帝的儿子商均，自己并未即位。

伯益全程参与了这件事，理解其中的"门道"，或者叫禹的思想。因此，伯益效仿大禹，在大禹去世后，继续沿着大禹制定的路线治理国家，同时为大禹服丧三年。

三年服丧期满后，伯益也没有登上君主之位，而是拥立大禹的儿子启为新君主。之后，伯益也坚持独善其身，不与其他诸侯、贵族结交以巩固自己的势力，而是选择了最智慧的方式：带着族人辟居箕山之阳。《夏本纪》载："三年之丧毕，益让帝禹之子启，而辟居箕山之阳。"[1]

《夏本纪》里"辟居箕山之阳"这句话很有意思。按照五帝时期的做法，既然禹选定伯益为继承人，当经过了深思熟虑。且作为禹的帮手，伯益在舜帝时代就跟着大禹，在从舜帝到大禹为首领的数十年时间里兢兢业业，为部落强大立下不朽功业。禹即位后，伯益更是接过治理国家的重担，为国家的稳定做出了巨大贡献，其功绩不亚于禹。但禹去世后，伯益却坚持不即位，扶持起了禹的儿子。

"辟居"这个词应当将这两个字分开来看，辟就是躲避，居则是居住。为什么伯益要辟居？即便他不担任君主，也不至于要躲

---

[1] 司马迁：《史记》卷二《夏本纪第二》。

避吧？

本书认为，这里面存在着一种很强的"生存逻辑"。司马迁的记载很隐晦，没有点明其中的关系。可能这里面存在更为严重的问题：大禹的夏朝与舜帝的时代不一样，中央集权更加明显。在伯益被大禹选定为继承人这件事上，应存在明争暗斗。启作为禹的儿子，见国君之位传给伯益，心有不甘。可能启还组织力量在暗中较劲，有夺取国君之位的嫌疑。

而伯益正是看到继承首领（联盟长）背后的危机，才果断放弃了首领之位，带着一家人躲进了箕山之阳，也就是箕山的南面。箕山之"阳"其实是"箕山之阴"，《史记正义》中记载："孟子'阳'字作'阴'。刘熙曰：'密高之北。'"《孟子·万章》里记载："益避禹之子于箕山之阴。"

那么，这个箕山在何处呢？

《史记索隐》里说，箕山就是今天河南省境内箕山山脉。《括地志》记载说："阳城县在箕山北十三里。"① 又恐"箕"字误，本是"嵩"字，而字相似。阳城县在嵩山南二十三里，则为嵩山之阳也。据说这里曾经是远古许由的故乡。许由在传说时代，是一位大贤，四海之内声誉很高。尧帝后期，曾打算禅位给许由。但许由不看重名利，更不愿做官。当尧帝表示他要禅位给许由时，许由觉得尧帝的话污了他的耳朵，就到河边洗耳。此后，许由的故事经过代代加

---

① 李泰：《括地志》卷三。

工，变得丰富多彩。许由因此也被看作是不为名利所动的名士代表。①

当然，箕山不仅河南有，山东地区也有箕山。山东地区的箕山地望大概在菏泽市鄄城县箕山镇。与河南的箕山不一样的是，山东地区的箕山地域较大。20 世纪 80 年代考古发掘中，在箕山一带发现了很多陶器碎片，有龙山文化、商文化、汉文化的叠加与层垒。

既然箕山不止一处，那么，伯益到底辟居到了何处呢？

本书推测，伯益避居的箕山应是山东的箕山。首先，这里是秦人先祖故土，女脩时代秦人在这里壮大。可能秦人大部队离开之后，这里还留有族人，守卫着先祖的坟墓。他们也与中原一带的秦人有联系，这一带也是秦人软着陆的地方，每次秦人遇到改变族群命运的重大时刻，这里都会成为最后的避风港。比如，有史料记载，秦人先祖蜚廉就在商王朝灭亡后，回到了山东，但终究还是被周人追杀。

---

① 皇甫谧《高士传》："许由，字武仲，阳城槐里人也。为人据义履方，邪席不坐，邪膳不食。后隐于沛泽之中。尧让天下于许由，曰：'日月出矣而爝火不息，其于光也不亦难乎！时雨降矣而犹浸灌，其于泽也不亦劳乎！夫子立而天下治，而我犹尸之，吾自视缺然，请致天下。'许由曰：'子治天下，天下既已治也，而我犹代子，吾将为名乎？名者，实之宾也，吾将为宾乎？鹪鹩巢于深林，不过一枝。偃鼠饮河，不过满腹。归休乎君，予无所用天下为。庖人虽不治庖，尸祝不越樽俎而代之矣！'不受而逃去。啮缺遇许由，曰：'子将奚之？'曰：'将逃尧。'曰：'奚谓邪？'曰：'夫尧知贤人之利天下也，而不知其贼天下也。夫唯外乎贤者知之矣！'由于是遁耕于中岳颍水之阳，箕山之下，终身无经天下色。尧又召为九州长，由不欲闻之，洗耳于颍水滨。时其友巢父牵犊欲饮之，见由洗耳，问其故。对曰：'尧欲召我为九州长，恶闻其声，是故洗耳。'巢父曰：'子若处高岸深谷，人道不通，谁能见子。子故浮游，欲闻求其名誉，污吾犊口。'牵犊上流饮之。许由没，葬箕山之巅，亦名许由山，在阳城之南十余里。尧因就其墓，号曰箕山公神，以配食五岳，世世奉祀，至今不绝也。"

对伯益而言，更为重要的是，避居山东会远离夏王朝政治中心（根据考古学者研究，二里岗、二里头遗址可能就是夏代遗存，不过这一论点需要更多的考古证据作为支撑），能躲避斗争。而河南地区的箕山与嵩山（根据中华文明探源工程考古发掘，初步推断夏朝早期在嵩山一带为王都）较近，伯益既然是辟居，必然要远离夏启。

综上所述，伯益应是迁居到山东。

伯益生前身后事

这里有个问题需要解决，即：伯益作为最有资格出任国君（首领）之位的人，为何不接受君主之位呢？

司马迁在《夏本纪》中对此做了补充说明："禹子启贤，天下属意焉。及禹崩，虽授益，益之佐禹日浅，天下未洽。故诸侯皆去益而朝启，曰'吾君帝禹之子也'。于是启遂即天子之位，是为夏后帝启。"意思是说，禹的儿子夏启有贤德，天下人心都向着夏启。禹尽管将天下重任交给伯益，但伯益辅佐禹的时间并不长，天下臣民并不拥戴伯益。所以天下部落（诸侯）都离开伯益去朝拜夏启。故而伯益让出君主之位，让夏启成为了夏朝的君主。

司马迁为夏启做的辩解，前后矛盾。诚如前文所言，伯益在舜帝时代，就跟着禹治水。水患治理结束后，舜帝又给伯益赐名赐姓，还授予伯益虞官，负责山林草泽之利。禹即位后，伯益接替皋陶，成为治理国家的能臣，辅佐了禹十年。

不管对舜帝时期的联邦制国家，还是对夏王朝而言，伯益的功绩都仅次于禹，禹才将天子重担交给伯益。《墨子·尚贤》中说："禹举益于阴方之中，授之政，九州成。"《尚书·大禹谟》中有两次大禹与伯益的对话，可佐证伯益品德。

　　大禹说："君王把做一个合格君王当作生平难事，臣子也认为做一个好臣子非易事。只有君主和臣子都有这种意识，国家的政务才算处理得当。"

　　舜帝说："你说得对！国家从不遗弃善于说真话的贤人，只要人人都说真话，国民也就安宁了。臣子在研究政事时舍弃私见，随大流，不虐待无告之人，不放弃苦难之事。天下也只有尧帝能做到这些。"

　　伯益说："尧帝的威德远播，因此上苍顾念，让他做天下共主，拥有四海之地。"

　　大禹说："根据善意去处置事务就是吉利，坚持作恶就会有凶险，就如同人的形体和声音一样。"

　　伯益说："是啊！一定要戒慎，不要失误，坚守法度，兢兢业业。果断任用贤人，罢黜奸邪。思想要宽广，不做可疑之谋。不违治世之道获取百姓称赞，不为自己的私心违背百姓。总之，不能懈怠和荒废政务，而要广施恩德。只有这样，天下的民众才会来朝见天子。"①

　　尽管有人怀疑《大禹谟》是伪作，但其所体现的伯益的思想揭露了此作者对伯益的定位。而分析《史记》《尚书》《墨子》等史料，至少我们能发现这样一个事实：伯益在舜帝时就受重用，与禹同朝为官，参与国家大事讨论。而禹的儿子夏启，在他继承君位前

---

①《尚书·大禹谟》。

并无显著的功业，至少在史料中未曾记录。司马迁所说"禹子启贤"云云就显得虚，没有史料佐证。

那么，司马迁编织出这样一个"谎言"到底为哪般？难道仅仅因为有贤德就得到各部落的拥护？如果按照这个理论，舜帝去世后，大禹也不该出任联盟首领。

司马迁辩解说，伯益辅佐禹时间不长，天下臣民因此都拥护启。这显然是强词夺理，前后矛盾。论功绩，伯益应远超夏启，论贤德，可能伯益也不输夏启。那么，到底是什么原因导致伯益放弃了君位？我们认为，最可能的原因是，到禹去世时，启的势力已非常强大，且启觊觎君位已久。但禹更钟情于伯益，最后的巡游也是伯益跟随他完成的。这些做法，当然招致启的忌恨。当启得知禹将君位传给伯益时，就开启了夺取君位的举措。

伯益可能得到很多内幕。他不希望因君主职位更替给国家带来更大动乱，所以主动拥立启即位。当然，伯益之所以这么做，除了不希望国家出现叛乱外，也担心族人因此遭殃，所以他选择急流勇退。

尽管伯益让位于启，但由于伯益功劳巨大，对刚刚即位的启而言，伯益是功高盖主的威胁存在。只要伯益在朝，启就会如芒刺背。这种情况下，启不自在，伯益也不自在。

居高位几十年的伯益，看到了夏王朝的风暴正在形成，若他不走，必然成为引发风暴的人。这大概才是伯益离开王都的原因。之后，伯益就带着族人躲进了箕山之阳（阴），远离斗争的旋涡。

按照司马迁的记载，启即位后不久，的确发生了暴乱之事："有扈氏不服，启伐之，大战于甘。"有扈氏是西北的一个部落，不服夏启即位。这些迹象也表明，所谓"禹子启贤，天下属意焉"，不过是骗人的把戏。当然这不是说司马迁骗人，而是司马迁在选取素材的时候，得到的原始素材就是这样。

有扈氏暴乱，给了启树威的机会，他遣人讨伐有扈氏。启在大军出发前，还向天下发布了讨伐有扈氏的檄文，斥责有扈氏违背天理，这就是《尚书·甘誓》。

把一切都归结于上天，表明自己继承君位是受天意，启的这手牌打得很绝。

这是一场毫无意外的战争，有扈氏也不知哪根弦搭错了，竟惹启。难道有扈氏更希望伯益成为国君，他们的反抗是为伯益鸣不平？

夏朝大军镇压了这次叛乱，有扈氏被启消灭。这时候，一些处于观望中的部落首领（诸侯）看到启的强大，不愿再与夏朝对抗，纷纷朝拜启，承认了启的合法地位，"遂灭有扈氏。天下咸朝"。换言之，启用暴力，震慑住了天下诸侯，使大家表面上臣服。

夏朝内部发生这些不稳定因素时，伯益已带着族人离开了。事实证明，伯益的这一决策非常正确。启贪恋权力，又猜忌臣僚。即便伯益留下，恐也会落个身败名裂的下场。

换句话说，秦人祖先早在伯益时代，就已有均衡各种势力为族人谋求发展的智者。所幸的是，启感念伯益的禅位，或者说慑于天下人的悠悠之口，在登基后没有对伯益一族人施以毒手。由此，伯益一族人就在山东地区繁衍，代代不息。

《竹书纪年》说，启忌惮伯益，在王位更替中与伯益发生过一次火并，伯益因失利被启杀死，启才继承了君主之位。这一结论可能更接近真实，因为启时代国家内幕更为复杂。伯益被杀之后，秦人就躲进了山东的大山中，不敢再出来。只是《竹书纪年》这一观点不被司马迁接受，因此司马迁选择了让伯益带着族人离开中原，回到山东。对于很多说不清的事情，司马迁有自己的注解："学者多称五帝，尚矣。然尚书独载尧以来；而百家言黄帝，其文不雅驯，荐绅先生难言之。"

总之，秦人躲起来了。

最后，还有一件与伯益相关的趣事：据说《山海经》是伯益所著。秦、汉时代多人认为《山海经》就是伯益所著。《吴越春秋》中态度肯定："禹巡行四渎，与益、夔共谋，行到名山大泽，招其神而问之：山川脉理金玉所有鸟兽昆虫之类，及八方之民族，殊国异域土地里数。使益疏而记之，命曰《山海经》。"西汉文学家刘秀（刘歆）在其著作《上山海经表》中，也认为该书的作者是大禹、伯益。东汉时期的王充、赵晔等文学家，也都坚持刘秀的见解。清代历史学家毕沅也认为《山海经》的作者是伯益。

但也有人认为《山海经》是后人编纂，时间上限远到不了伯益时代。也正是这两种不同争议一直存在，让《山海经》的内容和著者一直没有定论。若后世能在考古发掘中找到《山海经》最早的竹简孤本，或能解开这个疑团。

第二章

抉择

野有死麕，白茅包之。有女怀春，吉士诱之。
林有朴樕，野有死鹿。白茅纯束，有女如玉。
舒而脱脱兮，无感我帨兮，无使尨也吠。

——《诗经·召南·野有死麕》

1. 秦人与夏朝的渊源

秦人从哪里来？

伯益带着一族人，远离了夏启的王朝。这在一定程度上，保障了他们可以偏安一隅，不再受夏王朝的监视，慢慢发展、壮大。当然，或许有监视，只是伯益约束着族人，谨小慎微，"不越雷池一步"。

晚年的伯益，像一个智者一样，在箕山一带与家人生活着。舜帝赐给伯益的姚姓女子，早在伯益治理夏王朝时，就为伯益生下了两个儿子。长子叫大廉，次子叫若木。《秦本纪》中载："大费（伯益）生子二人：一曰大廉，实鸟俗氏；二曰若木，实费氏。"①

换句话说，从这时候开始，伯益的后裔如树之茎叶，形成了不同的分支，并不断壮大。大廉的这一支被称为鸟俗氏，《史记索隐》中说："以中衍鸟身人言，故为鸟俗氏。俗，一作'浴'。"换言之，鸟俗氏这支的后代中衍是鸟身人言，还兼有鸟的习俗。

显然，《索隐》这种解释显然并不可靠。这可能是后世在梳理种族起源时，故意编造的祖先崇拜的故事，与女脩吞咽玄鸟卵一样。

众所周知，中华民族的祖母女娲不就是蛇身人头吗？这里说的鸟身人言其实也是这个道理。也有可能是，中衍善于驯鸟，懂得鸟

---

① 司马迁：《史记》卷五《秦本纪第五》。

的语言。这也是秦人最基本的技能。不过这一支在繁衍时，存在断裂情况。后世已分不清这一支的详细分支、生活区域，考古学上亦无证据。

反而是若木这一支，经历不断演变，形成了较为完整的世系。

若木又叫费氏。费是姓氏，其背后可能暗指姓费的一族人。费氏的来源，与其祖先的字有关，《史记索隐》说："若木以王父字为费氏也。"这里的"王父"指的就是伯益，因为伯益最早的名字叫大费。

那么，若木为什么要以王父的名字为姓？有学者认为，若木没有继承伯益的爵位，后代分散到全国各地，因此以"王父字"为姓氏。清代学者、藏书家徐时栋在其著作《徐偃王志》有载："若木事夏后氏，是始封于徐，是始主淮夷，是与秦、赵同出嬴姓。"徐偃王的故事，我们还会在以后继续挖掘，这里只说若木这一支的传播。①

山东省临沂市西北有个地方叫费县，以费为姓。西北大学考古学教授梁云先生就认为，若木这一支费氏，大概就出自费县此地。无独有偶，在甘肃陇南市礼县红河六八图秦人遗址旁边，也有个村子叫费家庄。而红河就是产生秦公鼎的地方，王国维有文章论述秦公鼎的产生地，在这一带发现了数量可观的秦早期墓葬。《秦本纪》载，到大费后代费昌时，"子孙或在中国，或在夷狄"。若说若木一族真是因若木没有继承首领爵位而逐渐衰落的话，那么，他的后人就"或在中国，或在夷狄"。

既然说到"费氏"这个姓，又牵扯出秦人渊源聚讼。据《史

---

① 徐时栋：《徐偃王志》卷一《记事第一上》。

记》载，秦人是东夷的一族，因为少昊是东夷族。颛顼可能也是东夷部落的首领，秦人最早就从这里来。有些学者在研究各种史料和各种秦人考古发掘成果时，发现秦人墓葬有羌狄之风，提出秦人是西戎的一支。由此，在学术界衍生出了秦人"东来说"与"西来说"两种不同观点。[①]

这里有必要简单介绍这两种观点。

先来看"东来说"的观点。

坚持"东来说"的学者先从史料方面进行归纳总结，得出了一系列结论：首先，秦人与商人一样，有祖先吞玄鸟而生后代的记载，以玄鸟（燕子）为图腾。这是东夷部落一种追尊祖先的做法，而当时西方的部落少有这种记载。司马迁作为严肃的史学家，在撰写《史记》时，即便认为这种传说存在问题，也是经过层层考证，沿用秦人祖先"女脩吞食玄鸟卵生大业"的记载；其次，据学者考证，"嬴姓"族群主要活动轨迹在东方，包括今天山东、安徽等地。考古学发现的嬴姓古国多产生在山东一带。《左传》有个非常隐秘的记载："（鲁庄公三十一年）秋，筑台于秦。"[②] 这里的"秦"与秦人有关，地望在今河南濮阳市范县南部，春秋时期称之为秦亭。西晋杜预说："东平范县西北有秦亭。"据说秦人先祖曾活跃于此。其次，秦人认颛顼为祖先，他们也祭祀白帝，白帝就是少昊。

考古学方面，从1994年到2018年，先后多次对大堡子山、清水李崖、西山坪、红河六八图等遗址进行考古发掘，基本厘清了早期秦文化相关问题：首先，陶器有东夷风格，不像周人陶器，但又

---

① 《西垂有声》第一章。

② 左丘明：《左传·庄公三十一年》。

有同文化的影响，呈现出多元性；其次，青铜器物方面，也呈现多样化，有一个从商向周转化的迹象；再次是礼器方面，也呈现出与商有继承关系。尤其值得注意的是，2004 年到 2006 年，由五家单位联合组成的考古队沿着西汉水上游考古发掘时，发现了礼县县城西山遗址和位于旁边的鸾亭山遗址。这两座遗址中间隔着一道沟坎（刘家沟）。在鸾亭山遗址上，考古工作者又发现了两座祭祀遗址，一座在半山腰上的台地上，一座在山顶上。

根据考古工作者探测，发现该祭祀遗址最上层是汉代的祭祀遗址，往下部分是不同时代的夯土、灰坑的叠加。在山顶祭坛发现夯土墙 1 段、房址 4 处、灰坑 19 个、灰沟 4 条、动物祭祀坑 1 个以及柱洞 22 个。[①] 考古工作者在上面还发现了 51 件玉器，其中有 49 件为圭或璧、2 件玉人。《周礼·春官·典瑞》中有"四圭有邸，以祀天，旅上帝""以玉作六器，以礼天地四方：以苍璧礼天，以黄琮礼地，以赤璋礼南方，白虎礼西方，玄璜礼北方"等记载。《周礼·冬官·考工记》也有"四圭尺有二寸，以祀天""圭璧五寸，以祀日月星辰"等记载。可见这些玉器的重要性。于是，专家们初步推断，这里应该是祭祀的地方。另外，根据现场发掘的动物骨骼，进一步证明此处是汉代祭祀的地方。《史记·封禅书》中记载，秦人祖先祭天起始在襄公时代，"秦襄公既侯，居西垂，自以为主少皞之神，作西畤，祠白帝，其牲用骝驹、黄牛、羝羊各一云"[②]。结合这些发掘，有学者初步推断鸾亭山遗址就是秦人祭祀白帝的"西畤"，而白帝是东夷部落首领。

---

① 《西汉水上游田野调查考古报告》。
② 司马迁：《史记》卷二十八《封禅书第六》。

当然，东来说还坚持的一个证据，即在甘肃东南部发现的贵族墓葬规格、殉葬方式与东夷墓葬规格相似，与西边的戎、狄、周人墓葬不尽相同。比如，在礼县大堡子山发掘的秦公大墓，墓主人头西足东，仰身直肢葬，墓中有腰坑，有殉人、殉狗。与之相对的是，周围的平民墓葬多是屈肢葬，且种类繁多。礼县西山坪遗址中发掘的贵族墓葬也是直肢葬，殉人、殉狗、墓内有腰坑，贫民墓葬与大堡子山遗址类似。毛家坪遗址、清水李崖遗址中贵族墓葬，也多体现为东夷部落葬俗。可作为参照的是，在陕西宝鸡凤翔发现的秦公大墓主人也呈现头西足东的仰身直肢葬，有腰坑，存在殉人、殉狗情况。凤翔既是秦人发展壮大的重要战略地，也是历史上的"周原"。令人疑惑的是，在这片地域上发现的周人，以及秦人周边的戎、狄墓葬里一般不殉人，也不殉狗。陪葬的各种器物周人与秦人也不尽相同。

另外，可供参考的是考古学者在河南殷墟遗址上发现的商人墓葬。殷墟遗址与秦人墓葬存在很多相似之处，也能间接说明秦人可能来自东方，他们在秦人祖先偏居甘肃东南部、陕西西部时，还延续着东夷部落时的一些风俗。

还有个有意思的现象：甘肃东南的秦人墓葬规格与陕西关中地区秦人墓葬规格有相似性，但通过详细分析，又能发现两者之间存在差异性。陕西一带的墓葬规格丰富多样，说明秦人除了保留了原有的墓葬规格，在向东拓展过程中，还吸收了周王朝和西部少数民族的墓葬礼仪、风俗，使得秦人在葬俗上显得丰富多彩。

当然，秦人贵族墓葬规格与东夷文化有相似性，还有差异性。所谓差异性，即秦人的人祭现象非常少，这一点就与东夷部落的习俗完全不同。大汶口文化、北辛文化以及以郑州商城、偃师商城、安阳殷墟等为主的商文化遗址中，都有人祭现象，尤其中晚商时期，人祭现象非常普遍，不仅王室贵族实行人祭，平民也实行人祭。而秦人既然来自东方，当继承这一传统。事实恰恰相反，目前发现的一些秦人遗址，除了礼县大堡子山礼乐坑中发现人祭现象外，其他基本不见商人那样的大型祭祀坑，即便有祭祀的遗址，也基本不见人祭现象。

为什么会出现这样的差异性？我们认为，伯邑考献祭于帝辛，周灭商以后，周公旦废止了商人惨无人道的人祭行为，也故意消除了商人的人祭习俗。秦人应是受到这一文化因素影响，也不再实施人祭行为。而人殉习俗因为较隐秘——被埋在地下，鲜有人知，才被秦人延续到战国中期的秦献公时期。

以上基本就是"秦人东来说"的论据。而主张西来说的学者，起初也是根据史料记载推断的，他们截取一些史料片段，认为秦人诞生于西边，可能还是西部戎、狄的近亲。比如，《秦本纪》中记载，秦人先祖中潏曾"在西戎，保西垂"。而后来秦人定居在西垂，还建有西垂宫。因此，有学者就提出秦人产生于西部，是戎、狄的一支。

不过这种观点往往只是片面地截取了史料记载，论点先行，为了证明论点找依据，显得论点很孤立，形不成完整的证据链。

在商、周时代的史料中，西垂可能泛指整个西部边陲，与后来秦襄公时代的西垂完全不一样。梁云先生就认为，秦人"在西垂，保西戎"的西垂，与秦襄公时代的西垂不是同一地方。中潏时代的西陲可能指的是山西西南部。

这种观点很有道理，秦人在中潏时代受商王朝重用，镇守在山西这一带，为商人戍边，因为往北还有大量的戎狄部落，他们可能会对商王朝进行骚扰，中潏因此在"西陲"戍边。从地理位置上看，山西西南部也位于殷都朝歌西部，也符合司马迁的位置记载。

换句话说，如果《秦本纪》的中潏时代的西垂指的是西汉水上游，就意味着中潏要穿过周人的防区（周原），翻越陇山，进入西汉水上游，为商人戍边。显然这种推测与实际不符。而商王朝曾给予周人"征讨"西方戎狄的权力，不需要商王朝重新派人到西边驻守。

在考古学方面，坚持"西来说"的学者也有理论依据。因为考古工作者对礼县、清水、甘谷等陇东南地区发掘后，发现在秦人墓葬中，还存在着大量的屈肢葬，多为平民，葬俗多类似于戎、狄。比如，2018年甘肃省考古研究所在礼县红河考古发掘时，就发现了大量的平民屈肢葬墓穴。在考古学上，数量会成为考察一种文化的重要因素，进而确定某一考古成果。如果单纯从数量上分析，礼县大堡子山遗址、西山遗址、红河六八图费家庄遗址，以及清水李崖和甘谷毛家坪等遗址都发现了大量的屈肢葬。这些葬俗与戎、狄相似，自然就能推断出"秦人可能就是戎、狄"，也就是西方土著。

不过，对这一结论当慎重对待。试想：秦人长期与戎、狄、周遗民居住在一起，生活在一起，死了也会埋葬在一起。这种情况下，西部戎狄和土著的生活、葬俗等文化因素自然会影响秦人平民。因此，在考古发掘的秦平民墓葬中，才出现平民多为屈肢葬的特点。反观礼县西山坪遗址、大堡子山遗址、赵坪—圆顶山遗址、毛家坪遗址、李崖遗址上的秦人贵族墓葬中，多呈现出直肢葬的特点且长久保持，到关中后，他们延续着这种文化。由此说明，秦人贵族始终坚持着本族文化，而平民因常年与西部少数民族交往，文化呈现"大杂烩"特点。

因此，我们就能得出这样一个结论：秦人西迁后，因平民多与西部戎狄、土著打交道，墓葬呈现出西部特点。而秦人贵族却一直坚守着东部的直肢葬，墓葬中多有殉人、殉狗现象，墓穴、葬俗等更为复杂。

同时，坚持"西来说"的学者还有一个重要依据，即早期秦人与西戎通婚，说明秦人祖先与戎、狄是出于同一族类。比如，秦襄公就曾将妹妹嫁给了丰王，而学术主流多认为这个丰王就是戎王。应当注意的是，这一观点也存在证据不足的问题。比如秦人西迁之后，必然与戎、狄、周遗民进行融合，相互影响，通婚也就成为可能。不过这里的丰王是否为戎狄首领，我们还会在以后加以分析。

总之，通过对"东来说"和"西来说"这两种不同观点简单分析，我们发现，随着近些年来考古发掘不断推进，及考古研究成果不断推陈出新，"西来说"被越来越多的考古发掘所推翻，相反"东来说"越来越被考古成果支持。

当然，秦人东、西来说的问题本书后面可能还会涉及，这里不再做过多分析。我们回过头再看伯益这族人的分支问题。

以鸟为官

在伯益时代，秦人祖先分出了两支。这两支各自繁衍，最后成为秦人远祖。不过鸟俗氏的说法，可能另有新意。如，在五帝时期，东夷部落中可能存在以鸟为官的习俗。

据《左传》载，鲁昭公十七年（公元前525年），大学问家郯子曾见昭公。郯子在当时是有名的学者，孔子也听闻郯子博学，跋山涉水找到郯子，向郯子学习，"仲尼闻之，见于郯子而学之"。鲁昭公早知道郯子的大名，礼贤下士，设宴款待郯子。宴会规格很高，现场气氛热烈、融洽。席间，鲁国大夫昭子向郯子询问少昊氏以鸟为官的情况。郯子旁征博引，引经据典，向昭公谈论了远古时代以鸟为官的历史渊源：

　　秋，郯子来朝，公与之宴。昭子问焉，曰："少皞氏鸟名官，何故也?"郯子曰："吾祖也，我知之。昔者黄帝氏以云纪，故为云师而云名；炎帝氏以火纪，故为火师而火名；共工氏以水纪，故为水师而水名；大皞氏以龙纪，故为龙师而龙名。我高祖少皞挚之立也，凤鸟适至，故纪于鸟，为鸟师而鸟名。凤鸟氏，历正也。玄鸟氏，司分者也；伯赵氏，司至者也；青鸟氏，司启者也；丹鸟氏，司闭者也。祝鸠氏，司徒也；鴡鸠氏，司马也；鸤鸠氏，司空也；爽鸠氏，司寇也；鹘鸠氏，司事也。五鸠，鸠民者也。五雉，为五工正，利器用、正度量，夷民者也。九扈为九农正，扈民无淫者也。自颛顼以来，不能纪远，乃纪于近，为民师而命以民事，则不能故也。"①

　　这段话的大致意思是：少昊是我的先祖，他以鸟为官的习俗我很清楚。相传少昊初立位时，有凤来仪，被视为祥瑞征兆。之后，先祖拜鸟为师，用鸟的名字来命名各种官职。这与之前黄帝、炎帝时期完全不一样。黄帝习惯用"云"记录事务，因此黄帝也善于用云来给官员命名。同理，炎帝则以"火"来给官员命名。共工氏以"水"给官员命名。太昊氏则以"龙"记事，百官都以龙命名。而我的祖先少昊因有凤来仪之事，改变了黄帝、炎帝以云、火为官名的习俗，转而以鸟来给百官命名。如，凤凰是吉祥的神鸟，只要它出现，天下就变得安定。凤鸟还知道天时，当时历正是掌管天时的官，而少昊以凤鸟氏掌管历法，所以凤鸟氏是执掌天时的官。同样

---

① 《左传·昭公十七年》。

的道理，执掌时令的官就是玄鸟氏，具体掌管春分、秋分；伯赵氏掌管夏至、冬至；青鸟氏掌管立春、立夏；丹鸟氏掌管立秋、立冬。祝鸠氏是司徒，鴡鸠氏是司马，鳲鸠氏是司空，爽鸠氏是司寇，鹘鸠氏是司事。五鸠是负责管理百姓、凝聚人心的官。五雉是管理事业的官，主要负责器物用具、尺度容量统一、平均百姓所得。九扈负责谏言、农业，也负责律法，监管百姓以免任性胡作非为。现在的人为何不知少昊以鸟为官的故事，那是因为从颛顼之后，就没有详细记载的缘故，导致这些官职称呼失传。

郯子的这番话似有理有据，让现场颇有学问的昭公也不得不钦佩。那么，郯子的话到底是否真实？我们认为，这是郯子用"现代"视角去回望少昊时代，这种回望显然是用当代审视古代，自然存在不合理之处。比如，"祝鸠氏，司徒也；鴡鸠氏，司马也；鳲鸠氏，司空也；爽鸠氏，司寇也；鹘鸠氏，司事也"等记载就令人怀疑：少昊时代有没有这些官职？

当然，郯子的话也不全是虚构，所谓用"云""水""火"等为官员命名，可能是真实的，只是那时候的官员与后世官员并非同义。

那么，秦人祖先女脩吞玄鸟蛋生大业，是否与这里的玄鸟氏也有关联呢？据郯子的说法，以鸟为官的习俗在少昊氏的时代已有。而秦人先祖颛顼又在少昊之后。这就不得不让人对女脩吞玄鸟卵生大业之事产生猜想：可能女脩并非吞了玄鸟蛋，而是与"玄鸟氏"的人结合，生下了大业。然后，秦人先祖延续了以鸟为官、以鸟为姓氏的习俗。到伯益的儿子大廉，就被称为鸟俗氏。

总之，伯益的两个儿子长大后，各自分出一支，繁衍生息，仿佛两片地域上的庄稼一样，尽管同宗同源，但已有差异。

当然，这两族人可能相互还有联络。伯益尚在人世时，他们可能会相互之间来往，原因是，他们有共同的祖父，维系宗族之间的牵线（伯益）还在。但伯益去世后，这两支秦人祖先就各自分开繁衍壮大了。

需要强调的是，因伯益一族远离政治中心，很多发生在夏王朝的重大政治风波，对他们这族人影响较小。这就不由得让人生出了猜测：可能伯益给子孙留下了"祖训"，在无法保证族人安全的情况下，子孙后代不能到夏王朝去谋求职位。

我们为什么会有这个猜测呢？因为从史料记载来分析，伯益之后鲜有秦人能在夏朝居高位，一度出现寂寂无闻的现象。甚至到夏朝中期时，秦人的祖先如何代代相传的历史都出现了断裂。这说明，伯益族人没有身处夏王朝权力中心，参与到夏王朝国家兴衰中来。他们被边缘化后，必然没有更多记载，尤其在那个文字尚未成熟的远古时代。

事实上，对夏王朝而言，伯益的离开，化解了很多潜在的问题，至少对启的威胁得到了解决。启在位具体多少年，尚不得知，司马迁对此没有做出明确的记载。《史记集解》中记载，启在位十年，"皇甫谧曰夏启元年甲辰，十年癸丑崩"。

也正是在启时代，夏朝的国祚继承模式发生了改变。五帝时期，首领传承基本上实行公选，或由上届首领确定。比如尧、舜都是通过类似的方式，得到首领之位。但启的首领之位是驱赶伯益得到的，大概存在着更复杂的权力斗争。启继承国君位后，为了让后人永远继承国祚，就废除了公选首领的做法，改由子嗣继承君位，似是宗法制的雏形。后世将这一变化称为从"公天下"向"家天下"的转变。

而这种背景下，曾在权力斗争中急流勇退的伯益一族不敢再冒头，龟缩在箕山一带，悄悄发展，也在观察着时局。

后来，伯益去世，他的子孙继续奉行了他的生活哲学，蛰伏在箕山一带，等待着天下大变。而天下大变的机遇，只能由夏朝去开启。

天下大变局

不久，天下真出现了大变局。这个变局来自夏王朝内部。

据史料记载，启去世后，国君之位由其子太康继承，这也预示着家天下的时代正式开始。由此，中国进入私有制部落联盟向"广域王权国家"① 过渡时代。

这时候，夏的国君尽管是"天下共主"，但这种被各部落尊王的情况不如后来封建制那般牢固。"共主"并没有实际管理天下诸侯的权力。诸侯们有自己的土地和人口，收入不受"共主"制约。共主对诸侯的管理是"松散式"的，若遇到的君王都如禹、启一样强势，其他诸侯必然不敢冒头；若遇到平庸君主，天下可能就会出现不稳定因素。

巧的是，太康就是一位毫无治世能力的君主。据说太康在位期间不思巩固王权，整日骄奢淫逸，不务正业，荒废政务，把国家搞得乌烟瘴气，以致民众怨声载道，对这位"共主"失去了信心。后来，谣言四起，宣扬着太康的恶行。

也有传闻说，在启在位的后期，夏王朝就出现了危机。太康只是延续了父亲的骄奢淫逸。而民众遭到"共主"的盘剥，诸侯也反

---

① 原河南二里头考古工作者许宏在其著作《溯源中国》一书中提出的概念。

感"共主"。这时候，人们希望有人站出来，推翻太康的君主位，还天下以太平，给民众以活路。这时候，一些有野心的人，变得躁动不安，蠢蠢欲动，有取代太康的迹象。其中，尤以羿（一说后羿）的表现最为积极。有一段时间里，羿蛰伏着等待时机，意图颠覆少康君位。

据史料记载，羿是东夷有穷氏的首领，雄心勃勃，志在壮大有穷氏。太康荒废政务，给了羿机会。羿一边等待时机，一边也积极准备。

不久，羿率领族人进入中原一带（今河南地区），与当地人通婚，壮大了有穷氏。这显然是个"有意图"的举措。

然而，此时的太康完全没有意识到危机到来，他可能还对羿很信任，并授予羿一定官职。有学者认为，羿曾担任太康的宫廷侍卫，并受到太康的重用。太康将国家政务都交由羿来处置，这让羿的势力不断壮大。

终于，太康还是没有醒悟，继续荒废政务。羿看到时机成熟，就发动了宫廷政变，驱逐了太康兄弟几人，拥立其弟中（仲）康为国君，实际上国家大权掌控在羿手中，"盘于游田，不恤民事，为羿所逐，不得反国。"① 也有说羿自己出任国君。

不管是羿拥立了中康，还是自己取代少康为国君，都让夏王朝出现了巨大变动。这一事件在史学界被称为"太康失国"。有学者认为，神话传说中的"后羿射日"可能指的是后羿从太康手中夺得了国家（部落）管理权，太康与太阳的读音相似，"日"指的是天子。由此，"后羿射日"其实就是后羿杀死了太康。

---

① 司马迁：《史记》卷二《夏本纪第二》。

羿操控君权后，中康本人因得不到实际权力，也沉迷于酒色之中，不问政务，夏朝继续乌烟瘴气，政务不明。而这种不正常的现象，终于引发了矛盾。羿插足国家政务，引起了一些亲夏部落的反对，主持天象的羲、和两族人不满羿治国，不再热心他们负责的时令事务，导致每年的四时节令都搞乱了。《夏本纪》中载："太康崩，弟中康立，是为帝中康。帝中康时，羲、和湎淫，废时乱日。"①

后羿见状，就遣一个叫胤的人征讨羲、和两族人。胤率领王师镇压反叛势力，出师大捷，羿的地位再次得到巩固。《夏本纪》载："胤往征之，作胤征。"而随着羿威望不断加强，他变得为所欲为，架空国君中康。据说中康整日闷闷不乐，最后郁郁而终。

中康死后，羿也没有夺其位，而是拥立中康之子相即位。与其父不一样，相是一位有大志的人，他不甘在羿手下做傀儡，即位后不久，相就舍弃君位，投奔了同族斟鄩、斟灌二氏。

而随着相的离开，羿顺势成为中原部落代理君主（首领）。不过羿依然没有声明他成为君主，只是宣布代替相治理国家。这与后来的曹操有几分相似。

有意思的是，羿在发迹前是个善射的猎手。他得到国家治理权后，并不汲取少康失国的教训，反而放飞自我，到处奔袭打猎，荒废政务。原夏朝的能臣武罗、伯姻、龙圉等人看到国家危机重重，劝谏羿勤政爱民，巩固王权，震慑诸侯。羿不但不听，还弃这些臣僚不用，重用了曾被驱赶的不孝之人寒浞（相传此人被部落流放，后被羿收养）。由此，寒浞成为羿时代势力最大的人。羿忙于打猎，

① 司马迁：《史记》卷二《夏本纪第二》。

到处游玩，将治理天下的重任交给了寒浞。

此后，寒浞手中的权力越来越大，也有一些见利之人悄悄投奔了寒浞，并鼓动寒浞秘密取代羿。而忙于到处打猎的羿，根本没有料到寒浞还有后手。

终于，不可避免的事还是发生了：有一次，趁着羿外出打猎之际，寒浞发动了政变，将羿家人全部诛杀。然后，寒浞发布告示，斥责羿祸国殃民，下令驱赶了羿，霸占了羿的妻子，还与羿的妻子生下浇、豷二子。

之后，为永绝后患，寒浞还遣人奇袭斟灌、斟鄩两族人，诛杀了躲在斟寻部落里的原夏王相。或许寒浞认为，相才是夏王朝合法继承人，也是他最大的隐患。而羿不过是个篡权者而已，本来就名不正言不顺的，也无法对他形成威胁。

据说相被杀后，为赶尽杀绝，寒浞还遣人到处追杀相的妻子缗，因为缗已怀有身孕。她肚子里的孩子对寒浞而言，也是威胁的存在。所幸的是，在斟鄩部落众人的帮助下，缗逃出追杀，在山野里生下遗腹子少康。①

---

① 司马迁：《史记》卷二《夏本纪第二》："帝羿有穷氏未闻其先何姓。帝喾以上，世掌射正。至喾，赐以彤弓素矢，封之于鉏，为帝司射，历虞、夏。羿学射于吉甫，其臂长，故以善射闻。及夏之衰，自鉏迁于穷石，因夏民以代夏政。帝相徙于商丘，依同姓诸侯斟寻。羿恃其善射，不修民事，淫于田兽，弃其良臣武罗、伯姻、熊髡、龙圉而信寒浞。寒浞，伯明氏之谗子，伯明后以谗弃之，而羿以为己相。寒浞杀羿于桃梧，而烹之以食其子。其子不忍食之，死于穷门。浞遂代夏，立为帝。寒浞袭有穷之号，因羿之室，生浇及豷。豷多力，能陆地行舟。使豷帅师灭斟灌、斟寻，杀夏帝相，封豷于过，封豷于戈。恃其诈力，不恤民事。初，豷之杀帝相也，妃有仍氏女曰后缗，归有仍，生少康。初，夏之遗臣曰靡，事羿，羿死，逃于有鬲氏，收斟寻二国余烬，杀寒浞，立少康，灭豷于过，后杼灭豷于戈，有穷遂亡也。"

此后，寒浞成为"共主"，享受着权力带来的快感。而缗则在极其屈辱的条件下哺育少康成长，教他做人，她躲起来，与儿子少康过起了东躲西藏的屈辱生活。

少年时代的这些屈辱遭遇，反而锻炼了少康坚毅的品格。成年后，少康立志恢复祖宗基业，夺回大夏王朝的实际权力。

少康奔波于恢复祖宗之业的路上，多次联络多个部落，意图平定由寒浞发动的王朝内乱。最终，少康诛杀了寒浞，夺得了王位。

之后，少康继续向各地扩展，试图将夏朝国力恢复到祖宗禹、启时代。不过这一理想并未实现。少康之后，他的儿子予（一说杼）继承君主之位，延续了少康的路线，"帝少康崩，子帝予立"。《史记索隐》中有注释："音伫。系本云季伫作甲者也。《左传》曰杼灭豷于戈。《国语》云杼能帅禹者也。"

相传予也是一位有作为的君王，他感到东夷部落对夏有仇视情绪，曾遣人向东夷部落发动过征讨。《左传·哀公元年》载："使女艾谍浇，使季杼诱豷，随灭过、戈，复禹之绩，祀夏配天，不失旧物。"而东夷部落里，不仅有羿的后代，也有秦人伯益的后代。鉴于启曾经对秦人有过打压，可能包括秦人在内的东夷部落对夏朝保持着仇视心理。

不过，总的来说，予对东夷部落采取的是恩威并施的策略，既给胡萝卜，又挥起大棒。而这种怀柔加大棒的政策，起到了很好的效果，让东夷部落逐渐放下了对夏的敌视。此后很长一段时间里，夏与东夷之间保持着和平稳定。当然，东夷部落与夏王朝相互之间保持和平，可能是因为双方都妥协了，达成了某种协议。

2. 伯益后世分支与演化

夏王朝式微

尽管予有雄心壮志，但经过羿、寒浞之乱，夏王朝元气大伤。天下部落不再"崇王"，人心涣散。予成为部落联盟长后，就开始了凝聚人心、振兴国家的步伐。

不过，要实现凝聚人心的目的，不仅要依靠实际可行的措施，还需要漫长的时间。所以，予在位十七年间，大概也致力于这些事务，从而振兴了夏朝。夏王朝逐渐走向兴盛，并对后世形成了影响。而这也让予在夏朝的历史上有着较高地位。《帝王世纪》载："王宁，一号予王，或曰公孙曼，能率禹之功，夏人报祭之。"后世感念予的功绩，用祭祀大禹的方式祭祀他。《国语》说："杼能帅禹者也，夏后氏报焉。"①

予后期，随着夏王朝逐渐安定下来，民众生活有了一定改观，国家也处于相对和平的状态。东夷、苗蛮、西戎、北狄等周围部落变得安定，夏王朝凝聚人心的力量不断提升。

这是一段安稳的日子，夏王朝的皇位就在启的子子孙孙之间传递着："帝予崩，子帝槐立。帝槐崩，子帝芒立。帝芒崩，子帝泄立。帝泄崩，子帝不降立。帝不降崩，弟帝扃立。帝扃崩，子帝廑立。"

当然，有广域王权国家形态的夏王朝，君权并非简单的代代相

---

① 司马迁：《史记》卷二《夏本纪第二》。

传，还遇到有很多问题和机遇。

从王朝兴盛更迭惯例入手，夏王朝应在予之后，逐渐走向兴盛：出现一位"明主"，带领夏王朝实现王朝鼎盛。遗憾的是，具体在哪位君王时代走向兴盛，已无可考证。予之后的国君（部落联盟长）事迹太过简略，没有任何出彩的地方。因此，我们推测：予就是带领夏王朝走向辉煌的国君（部落联盟长）。予之后的君主多是平庸之主，注定了他们不会有什么作为。这当然是推测，而时至今日，我们唯一能确定的是，在以上数位君王执政期间，夏王朝再未出现羿、寒浞代夏那样的变乱。

不过任何事物到了鼎盛时期，必然走向衰落。月圆则亏，水满则溢，这是自然之理。夏王朝的衰退期也逐渐到来，与此有关的是帝廑。按史料记载，帝廑时代，夏王朝国祚还算平稳。但到了后期，在王位传递上出现了问题，影响了夏王朝的运转。

帝廑是夏王朝后期君主，没有多少值得记住的功业，但他却面临着传位困惑。因为帝廑没有可以委以重任的子嗣，或者说他根本就没有子嗣。这让帝廑的晚年非常凄凉。为了不使国祚传递出现问题，帝廑不得不在近亲中寻找可传位之人。最终，经过层层考察、筛选，帝廑册立了帝不降之子孔甲为储君："帝廑崩，立帝不降之子孔甲，是为帝孔甲。"换言之，帝廑看重了孔甲，此人是他的堂兄弟。

为什么选择了孔甲？大概孔甲其人善于伪装，得到了帝廑的青睐。从孔甲后来的所作所为来看，他完全是一位享乐君主。

据史料载，孔甲是夏代后期的昏庸国君。相传他喜欢方术，迷信鬼神，装神弄鬼，为自己骄奢淫逸找依据。"帝孔甲立，好方鬼神，事淫乱。"但百姓不是木偶，贵族并非傻子，他们有感情，能清楚感受时代变迁，以及国家政策对他们生活造成的影响。他们真切地感受着国家正在走向衰落。

孔甲迷信鬼神，不务正业，荒废政务，民众苦不堪言，诸侯不再相信他。由此，夏朝的德威逐渐减少，一些诸侯开始有意无意不听从夏朝的调遣，夏王朝"共主"地位开始动摇，"夏后氏德衰，诸侯畔之。"

相传孔甲在统治期间，到处搜寻奇珍异宝，尤其对传说中的龙（一说鳄鱼）充满兴趣。而这一时期的确出现过两条龙，一雌一雄。

众所周知，龙是中华民族的图腾，一些展现中华文明源头的墓葬中，多有各种龙形器，比如辽河流域出土的蛇龙与猪龙、关中和陇东地区出土的鱼龙与猪龙、石家河罗家柏岭遗址出土的龙形玉环、环太湖流域良渚文化龙形图案的玉龙首，等等。而夏是一个以龙为图腾的民族，二里头发现的绿松石龙形器，就是最直接的证据。[1] 不过现实生活中并没有龙，这只是中国远古时代的一种祖先崇拜，因此《夏本纪》中记载的龙，极有可能是鳄鱼。因为在长江、黄河流域都出土有鳄龙器物。

据说孔甲得到这两条龙后，喜爱不已。但是孔甲不会养龙，他身边也没有会养龙的人。孔甲就到处寻找养龙之人。当时有个部落叫陶唐氏，已衰落。陶唐氏里有个叫刘累的年轻人听闻这件事后，看到了机会。传闻说他为了讨得孔甲的欢心，从会饲养龙的人手中习得驯龙技巧后，毛遂自荐，展示驯龙本领，得到孔甲的信任。

---

[1] 王巍：《听首席专家讲述中华文明探源工程》第五章《文明转型　王朝建立》第一节"夏朝建立，广域王权——河南二里头遗址"，东方出版社2023年版。

刘累费尽心机，为孔甲豢养着两条龙。据说孔甲见他驯龙本领高超，还给了他封地。然而，好景不长，尽管刘累费尽心机，但雌龙依然在一次意外中死去。刘累为此担心不已，担心孔甲追究他的责任。不过，恐慌过后，刘累又生了新心思：他暗中将龙肉做成酱肉，呈给了孔甲。孔甲并不知其中缘由，就吃了龙肉。大概刘累希望通过此举，掩盖他造成雌龙死去的事实；反正到时候孔甲问责，他也可将龙肉的事情据实报告，以躲避孔甲的制裁。只是人算不如天算，令刘累意外的是，孔甲竟对龙肉上了瘾，还向刘累索要酱肉。而此时的刘累再也找不到酱肉，就选择了逃亡。[①] 只是，这些故事太过传奇，并不可靠。

孔甲是否追杀刘累，史料并无更为详细的记载。不过，从孔甲如此胡作非为的行迹分析，夏王朝就是在孔甲手中不断衰微。孔甲之后，其子帝皋继承君主位。帝皋没有多少值得记住的事迹，和他的祖先一样，被司马迁一笔带过。

帝皋之后，其子帝发即位。这时候，夏王朝已难以统治周围的部落。天下的部落中，不听从夏王朝的大有人在。对于夏王朝发出的命令，诸侯们置若罔闻。夏王朝催促诸侯上贡，诸侯也无动于衷。随着"共主"的身份一天比一天尴尬，国家一天比一天衰败，百姓一天比一天痛恨国家。

这时候，一些不稳定因素正在聚积。

帝发之后，接替者叫履癸。这个人在历史上很有名，他还有一个名字桀。《夏本纪》载："孔甲崩，子帝皋立。帝皋崩，子帝发

---

① 司马迁：《史记》卷二《夏本纪第二》："天降龙二，有雌雄，孔甲不能食，未得豢龙氏。陶唐既衰，其后有刘累，学扰龙于豢龙氏，以事孔甲。孔甲赐之姓曰御龙氏，龙一雌死，以食夏后。夏后使求，惧而迁去。"

立。帝发崩，子帝履癸立，是为桀。"他就是夏朝最后一位国君夏桀。

夏桀接手时，国家已四面漏风，仿佛一艘行驶在狂涛骇浪中的破船，一个浪潮袭来，就可能覆灭。《竹书纪年》《墨子》等史料中均有类似记载。此时的夏王朝日薄西山，恩泽已难以惠及全国。很多曾经臣服夏王朝的诸侯，已不再前来朝拜。这种情况下，就需要一位力挽狂澜的君主拯救危亡的夏王朝。显然，夏桀并非明主，他甚至如妖孽般存在。

传闻说，夏桀好大喜功，到处征讨不归顺的部落（尤其是东夷部落），反而让更多的部落疏远夏王朝。这说明，东夷部落一直与夏王朝存在斗争，尤其是在夏朝末年的时候。

传闻还说，夏桀还好色成性，在征服某一部落后，总是将部落里年轻美貌女子据为己有。有一次，他率大军向东夷部落有施氏进军时，有施氏因不敢与夏桀对抗，向他进献牲畜和美女。其中有位美女叫喜妺（一说妹），国色天香，世间少有。夏桀看到喜妺的惊世容颜后，双腿变软，魂被喜妺勾走。这种情况下，夏桀毫无意外地撤兵了，而此举也为夏王朝的衰亡埋下了巨大隐患。据说喜妺还有个未婚夫叫伊尹。众所周知，伊尹就是商汤宰相。喜妺被夏桀霸占后，伊尹愤怒不已，便投奔了逐渐强大起来的成汤。

当然，也有学者指出，喜妺可能是有施氏派出的间谍，意在蛊惑夏桀。

《古本竹书纪年》有载："后桀伐岷山，岷山女於桀二人，曰琬，曰琰。桀受二女，无子，刻其名於，苕华之玉，苕是琬，华是琰；而弃其元妃於洛，曰末喜氏。末喜氏以与伊尹交，遂以夏亡。"① 这是说，夏桀不仅得到了喜妹，而且还宠幸其他女子，荒淫无道，导致国灭，亦不妨作一家之言。这些史料都将桀描绘成荒淫无道的君主，可能并非史实。

此后，夏桀继续荒废政务，沉迷酒色。夏朝各处隐患频现，亡国之象也显现出来。这时候，身为大臣的关龙逢看到了隐患，多次进言提醒夏桀，希望夏桀能够励精图治，挽救国家。但关龙逢的进言不但没有起到劝谏的作用，反而还激怒了夏桀，最终关龙逢被夏桀杀死。这是一种不"察纳雅言"暴君的固定形象，颇有几分"春秋笔法"的意思。

从此之后，再也无人敢向夏桀进忠言。这种背景下，夏桀则沉迷于酒色不能自拔。而此时，原先承认夏王朝统治权的东夷部落因夏朝国力式微，不仅摆脱了夏王朝的统治，还蚕食夏王朝东部边境，威胁到夏王朝的地位。

以上这些记载，除去《竹书纪年》，基本都来自《史记·夏本纪》。就其内容而言，与商纣王宠爱妲己、诛杀大臣比干等事件有极大相似性。司马迁似乎有一种构造亡国之君"劣迹"的模板，凸显国君的无道、宠幸美女营造"红颜祸水"的"意识"。对这种记载，应保持怀疑态度。原因很简单，如果将夏桀换成帝辛，将喜妹换成苏妲己，将关龙逢换成比干，就与商王朝灭亡过程一样了。

因此，本书推测，夏王朝真正式微的原因，是夏桀不断对东夷实施战争，消耗了国力。加上夏桀骄奢淫逸，挥霍无度，让国家内

---

① 皇甫谧等：《帝王世纪、世本、逸周书、古本竹书纪年》之《古本竹书纪年·夏纪》。

忧外患同时爆发，引发了成汤的"乘虚而入"。否则，一个女人很难影响一个国君的决策。这并非为夏桀辩护，而是更为理智地看待这段历史。

当然，由于时间久远，很多历史真相已被掩埋，我们无从得到更多有用的信息。可能夏桀如商末帝纣一样有魄力，并非昏庸之主，只是国家到了他手中时，积重难返，只能向更加衰微的方向滑去。

总之，可以肯定的是，夏王朝正是在夏桀时期进入了衰亡期。这或许是历史发展的必然，即便夏桀是明君，恐也难以阻挡历史的潮流。

需要说明的是，对夏王朝的延续过程，可供参考的考古研究还在进行中。就目前考古成果而言，夏王朝时间上限在公元前 2070 年，下限在 1600 年左右，跨度四百七十年①。但《史记》记载，夏代历十四世十七位君主。我们认为，《夏本纪》中夏王朝国君世系，可能存在"缺环"。

为什么这么说呢？原因也很简单，与后世的封建王朝延续对比，就能得出这样的结论。比如，两汉享国 405 年，有 29 位君主；唐享国 289 年，有 21 位皇帝；两宋享国 320 年，有 18 位皇帝。汉、唐、宋君主身处帝制时代，生活条件优渥，君主寿命要比艰苦的夏代更长。因此，本书推断：夏代的君位应超过二十代，可能还要超过三十代。而《史记》中记载的夏代君王只有十四世十七位君主，显然与夏近五百年的国祚不符，所以说夏王朝君王世系可能存在缺环现象。

---

① 夏商周断代工程的年限划分。不过这一区分至今争讼不休，有不少学者并不支持这个时间划分。

弃夏归商

在庞大的东夷部落中，秦人也是一支重要的力量。一直以来，秦人与夏王朝的关系都很疏远。夏王朝强盛时期，秦人选择隐蔽。即便太康失国，他们还是处于藏拙中。

这种生存哲学的源头，还要追溯到伯益时代。伯益被夏启驱赶，选择在箕山一带隐姓埋名，不引起夏朝的关注。伯益的后世坚持了这种生存哲学，以至中原风云涤荡时，他们不敢大出。在夏王朝数百年的历史中，秦人仿佛人间消失了一般。

夏桀的时代，夏王朝式微之势不可阻挡，一直窥伺的秦人似也看到了时机。这时候，伯益已去世很多年。时代要求他们不能再沉默、隐蔽，而要思变。秦人蠢蠢欲动，寻找摆脱夏王朝统治的时机。

到这时，秦人的子嗣也从大廉、若木两支中又分出了很多分支，以致他们的子嗣有的在中原，有的散落于戎、狄并与其融合，有的则继续留在山东之地。《秦本纪》载："其玄孙曰费昌，子孙或在中国，或在夷狄。"[1]

秦人之所以如此分散，与夏朝的统治有很大关系。少康曾遣部众征讨过东夷部落，秦人先祖可能就在这场战乱中被打散。以后，尽管夏朝实施了怀柔政策，但战争对秦人部落来说，无疑是一场灭顶之灾，很多部落因此被拆解、迁居，"子孙或在中国，或在夷狄"可能是被迫的迁居。大廉、若木的子孙，也都流窜到各地去了。以后，可能秦人忌惮于夏王朝，一直躲得远远的。不过，夏王朝对东

_____

[1] 司马迁：《史记》卷五《秦本纪第五》。

夷部落一直监视着。

对族群而言，这并非好事。对一个依靠血缘为纽带的族群，族人若分散各地，想要振兴，无异于痴人说梦。秦人继续蛰伏，等待时机。这是祖先教给他们的处世哲学，也是他们长期坚持的生存之道。

可能当时的秦人始终抱有信心：厄运不会一直盘踞在头上，人总是有翻身的一天。但这种等待是漫长的，甚至都忘却了时间的流逝。好在，机会总算来了，夏王朝出现了衰微，先有孔甲荒废政务，再有夏桀穷兵黩武。这些举动给了秦人摆脱夏王的机会，他们等待着商人继续强大，与夏王朝对抗，然后秦人就能顺势摆脱夏的打压。

事实上，到夏桀时代，东夷部落与夏王朝的矛盾日益加深。秦人只是东夷诸多部落中的一支，他们被时代裹挟着，与夏王朝开始剥离。谁都清楚，这时候，夏亡国只是时间问题。而秦人大廉、若木的后代开始带领族人选择自己的路。所谓选择道路，其实就是离开夏朝的统治，投奔更有希望的部落，在他们的庇佑下，不断壮大自己的族群。

而这个更有希望的部落，就是崛起于中原一带的成汤及其族群。相传他们是契的后代，"成汤，自契至汤八迁"①。成汤的祖先契在禹、启的时代未受到夏王朝重用，他们也成为被疏远和剥离的一个族群，这反而让夏王朝对他们放松了警惕。而伯益虽带着族人远走他乡，但伯益本是禹当初选定的继承人，一直被夏王朝视为隐患，其族群长期处于一种被监视的境地。夏王朝各个时代对东夷用

---

① 司马迁：《史记》卷三《殷本纪第三》。

兵，与此不无关系。所以，伯益的后代倍受监督，而契的后代则明目张胆地壮大，成为威胁夏王朝的一股力量。

当然，成汤的壮大可能还有更为复杂的原因。对于"共主"而言，任何地方势力的壮大，都会影响他们的利益。所以，商人在壮大的过程中，也受到夏王朝监视、削弱、打压。不过，正是在夏王朝一次次的打压中，商人逐渐丰满了羽翼。到夏朝孔甲时，商人已壮大起来，他们利用肥沃的土地改变生活生产方式，大力发展农业，积攒了不少财富。

到成汤时代，商人已成为夏朝诸侯中最为强大的一支。据说成汤是一位胸怀大志的部落首领。商人在崛起时，有了一个很先进的理念：不断迁都。

传闻说在成汤时，商人已迁都城八次。商人迁都的个中缘由无法考究，最大的可能是为了躲避夏王朝的监视，不得已多次更换部落中心。这与现代战争中移动的指挥部有几分相似。李硕先生在《翦商》一书中认为，商人是个善于"游走"的民族，居所不定，所谓迁都只是不断游走的结果。到成汤时，尽管商人已壮大，但成汤不敢用全族人命运冒险，与夏桀直接较量。他先将部落中心（国都）迁到亳（一说今河南省商丘市虞城县谷熟镇）。《夏本纪》载："汤始居亳，从先王居，作帝诰。"

也是在这个关键时间点，秦人祖先费昌审时度势，发现了新崛起的商人如日中天，果断带着族人投奔了商。《徐偃王志》对这次投奔做了注解："若木有后曰费昌，生夏桀之世，观乎河上有二日焉。东日殆起，西日将灭，若疾雷之声。乃问冯夷曰：'曷殷曷夏？'冯夷曰：'西日夏也，东日殷也。'于是去夏归殷，是为汤御

右，以败桀于鸣条。"① 天上出现了两个太阳，西沉的是夏，东升的
是商。费昌看到了机遇，然后弃夏归商。这种记载充满了"天理轮
回"的味道，与《续资治通鉴长编》所载"军校河中苗训者号知天
文，见日下复有一日，黑光久相磨荡"② 一个道理，完全是后世的
"修饰"。再者，《徐偃王志》产生于清代，是后世写前朝历史，真
实性值得考证。

需要注意的是，《秦本纪》中说，费昌是若木的玄孙，其实并
不准确。若木的时代在夏启前后，而费昌的时代则在夏桀之时。这
中间相隔十几代夏朝国君，历时数百年。费昌怎会是若木的玄孙
呢？只能是玄而又玄，传了很多代。秦文化专家梁云先生也坚持这
个观点。③

投奔成汤后，费昌得到了成汤的接纳。而成汤接纳秦人的原因
也很简单。比如，在很多年前，他们都有一个共同的祖先。再比
如，他们都希望摆脱夏朝的统治，等等。当然，最重要的原因是，
成汤要想推翻夏桀，就得团结一切与夏王朝有嫌隙的力量，而骁勇
善战又善于驯兽的秦人，有一技之长，自然也是成汤拉拢的对象。

秦人融入商人后，依靠商人的庇佑生存，商人也依靠秦人壮大
了自己。某种程度上讲，他们应该算强强联手，是合作伙伴关系，
而非简单的秦人归附商。不久，成汤就发现了费昌的"本领"——
善御车。因此，费昌成为商汤的御用驾车手。

不过，就目前考古发现而言，在夏朝的遗址上还未发现成车，
而大量马车的出现，要推迟到商朝盘庚、武丁时期。那么，《秦本

---

① 徐时栋：《徐偃王志》卷一《记事第一上》。
② 李焘：《续资治通鉴长编》卷一《建隆元年》。
③ 梁云：《西垂有声》之《第一讲：秦之先，帝颛顼之苗裔》。

纪》记载费昌为成汤御车之事是否真实？这个问题还无法给出准确答案，因为考古学几乎每隔一段时间就会推陈出新。因此，我们只能猜测，此时可能已有马车，而费昌也成为成汤的御用"驾驶员"。

当然，驾车术虽然是项高超的技术，考验的是技巧与经验，就如今天的驾驶技术一样，可能并没有多少"智慧"可言。因此，秦人祖先在成汤时，无法进入成汤运筹帷幄的高层，参与推翻夏朝的谋划工作。因此，在成汤与伊尹、仲虺等人商议消灭夏朝时，费昌一族只是依附商人的存在。成汤要求他们做什么，他们就跟随成汤做什么。

夏王朝灭亡

推翻夏王朝的准备工作，进行得很隐蔽，因为天下诸侯尽管对夏桀多有抵触，但还没有与夏王朝彻底决裂。而推翻一个"共主"，可不像征讨一个部落那么简单，这等于是将整个部落的身家性命都押在赌注上，一旦失败，后果不堪设想。

所以成汤的准备工作隐秘进行。他拉拢了一大批有实力的诸侯。其中，尤以伊尹等人势力最大。史料中记载，伊尹是成汤时期的宰相，帮助成汤强大。但后世学者研究发现，伊尹应是当时某一部落的首领，可能势力并不小。他与成汤结成了灭夏联盟，他们的关系更像盟友，而非君臣。[1]

传闻说，成汤曾遣伊尹拉着众多财宝向夏桀进贡，以刺探夏王朝内幕。伊尹进入夏土朝后，不惜花重金到处刺探消息，得到更多

---

[1] 李硕：《翦商》。

关于夏王朝的内幕：夏王朝气数未尽，还不到灭夏的时机。伊尹回来后，根据自己掌握的情况，决定与成汤结盟，一边壮大自己，一边等待时机。①

这时候，由于商人先祖曾跟随大禹治水，因此被夏朝授予征讨部族的使命，并世袭这一使命。只要发现一些不臣的部落，成汤可不用请示，代行征讨权。这个特殊身份与后来商人授予周人管理西部的记载很相似。本书认为，这还是司马迁的"模式"写作。当然，可能也存在这样的真实。而成汤也巧妙地利用这个特权，步步为营，收编了大量的东夷部落。当然，后世的周朝也有类似特权，商王授予周国这一特权，如此看来，这似乎又陷入司马迁编织的固定模式中。

不过，成汤反夏应确有其事，只是在如何发动灭夏战争问题上，存在着构造故事的嫌疑。因此，本书猜测，在成汤准备反夏时，应该是很隐蔽的，故而他们的行动才未引起夏桀的重视。

为稳步推进灭夏的计划，成汤选择了由外向内、逐个翦除夏王朝羽翼的办法。当时，在夏王朝周围有三个强大的部落：豕韦（今河南省滑县东南）、顾国（今河南省范县东南）、昆吾（今河南省许昌市）。这三个部落镇守夏王朝的三个方向，紧紧护卫着夏王朝的国都。而夏王朝的统治者也清楚这三个部落的重要性，一直对他们实施拉拢，给予他们厚恩。而这些策略，让三个部落与夏王朝的关系也非常紧密。这种情况下，成汤要想灭夏，就得先消灭这三个部落。为此，成汤筹划了许久，才逐个翦灭了这三个部落。

除了翦除夏朝的"帮手"，成汤又秘密与各地诸侯交往，商定

---

① 司马迁：《史记》卷三《殷本纪第三》。

灭夏的计划。

　　大概这时候，夏桀才发现了成汤的"不臣之心"，召成汤觐见。而此时的成汤还未公开反夏，因此前往夏王都。之后，夏桀生了"戒心"，将成汤扣留。伊尹和仲虺得知后，为拯救成汤先后奔走。他们给夏桀进献了很多财富和美女，成汤也表示要忠于夏王朝。最终，夏桀释放了成汤。[①]

　　这些故事，与商纣王扣押周文王的"模式"相同。总之，这一时期，成汤不断崛起，成为夏王朝的肘腋之患。而这次被"扣押"的遭遇，加快了成汤灭夏的步伐。

　　之后，各种天灾人祸不断出现，让夏王朝政权内忧外患，岌岌可危。这时，成汤研判出征讨夏王朝时机成熟，就与伊尹、仲虺等人多次论证，确定伐夏的日期。

　　在正式讨伐夏桀前，为了造势，成汤向天下诸侯发布夏桀无道的檄文，号召天下诸侯群起攻之。随后，成汤率领诸侯向夏桀发起了攻击。传闻说，成汤在攻打夏朝时，还运用了先进的战车和步兵相结合的策略，动用七十辆战车和五千士兵西伐夏桀。[②]

　　而直至成汤率领的大军扑来，夏桀才意识到这个肘腋之患如此强大。他组织人进行反抗，被成汤击败。夏桀不得已，逃到鸣条（今山西省运城市夏县之西）。

　　掌控胜局的成汤不可能放过夏桀，他带领人追击，一直追到鸣条。紧接着，鸣条之战打响。成汤在大战前，再次誓师。这就是有名的《汤誓》，《尚书》和《史记》中均有记载，大致内容相似，

---

① 《白虎通义》卷九："三王始有狱，夏曰夏台，殷曰羑里，周曰囹圄。"《古本竹书纪年辑证》："二十二年，商侯履来朝，命囚履于夏台。"
② 司马迁：《史记》卷三《殷本纪第三》。

《史记》中的原文如下：

> 王曰："格女众庶，来，女悉听朕言。匪台小子敢行举乱，
> 有夏多罪，予维闻女众言，夏氏有罪。予畏上帝，不敢不正。
> 今夏多罪，天命殛之。今女有众，女曰：'我君不恤我众，舍
> 我啬事而割政。'女其曰：'有罪，其奈何？'夏王率止众力，
> 率夺夏国。众有率怠不和，曰：'是日何时丧？予与女皆亡！'
> 夏德若兹，今朕必往。尔尚及予一人致天之罚，予其大理女。
> 女毋不信，朕不食言。女不从誓言，予则帑僇女，无有攸赦。"

这段话的大意是，请大家到我这里来，仔细听我的解释：并非
我个人兴兵作乱，实在是夏桀犯下了诸多罪行。我们征讨夏桀，我
听到有人不愿，甚至抱怨。可夏桀罪孽深重，违逆天命。若不征讨
夏桀，就是违背天意。夏桀犯了那么多罪，是上天命我惩罚他。现
在你们却说："国君不体恤大家，抛开农事不管，却要征讨夏桀。"
你们可能还会问："都说夏桀有罪，那么，他的罪行到底如何呢？"
那我就说说夏桀的罪行：夏桀君臣大兴徭役，消耗民力；不断加重
对民众的盘剥，掠夺财富和资源。民众愤恨君臣，消极怠工。民众
们到处宣扬说："太阳何时消灭，我愿和你一起覆亡！"这都是我得
到的确切消息。如今，夏桀不行仁德，祸国殃民，所以我才要征讨
他，希望你们和我一起遵从天意，征讨夏桀。胜利之后，我会重重
赏赐众人。请你们不要怀疑，我一定会履行自己的诺言。若你们违
抗今天的誓言，我就会惩治你们，绝不宽恕。

成汤在诸侯面前的这番誓词，有恐吓、威胁，也有利益诱惑，
意在稳定一些立场不坚定的人。由此可见，即便到与夏王朝彻底对

决时，诸侯中依然有人在左右摇摆。而成汤清楚这些人的左右摇摆会影响战局，因此他才说了这一番恐吓中带着诱惑的威胁言论，让那些思想还在徘徊的人不敢懈怠。

统一思想后，由成汤、伊尹等人率领的诸侯扑向了夏桀的大军。

这是一场正义对"邪恶"的进攻，成汤的联军士气高昂。而夏军因有先前的失败，在这场战争中，将士们变得怯战。还有些将士与长官已各怀心思，想着谋求"后路"，因此，夏军无法发挥战斗力。当然，当时的情况可能更加复杂，只是后世的记载太过简略。总之，当成汤大军压境时，集结在鸣条的夏军瞬间被击溃。

夏桀不敌，率部逃亡，最终病死在南巢（今安徽省巢湖市）。

值得一提的是，在这次战役中，秦人祖先费昌发挥了重要作用。他是成汤的御用驾车手，面对着灭亡夏朝的大战，费昌竭尽全力，将毕生所学技能都用在驾车上，让成汤能在车上游刃有余，指挥大军与夏桀作战。《秦本纪》载："费昌当夏桀之时，去夏归商，为汤御，以败桀于鸣条。"结果，鸣条之战中商人大获全胜。

之后，夏王朝灭亡，成汤建立了商朝。商是中国历史上可以确信存在的王朝。近年来，考古学家在河南殷墟遗址中发现了大量的商代遗址及出土的大量甲骨文，证明了商王朝存在的同时，也让我们对商文化有了更加深入的了解，假以时日，商文化一定会大放异彩。

以特长受重用

商王朝建立后，费昌因在鸣条之战御车有功，理应受到商王朝的重用，但现实却不尽如人意。可能商王朝建立后，并未重用费昌。为什么这么说呢？据各种史料记载，费昌这一支自从商王朝建立后，就没有完整的世系。《史记索隐》记载："殷纣时费仲，即昌之后也。"殷纣就是商纣王，是商朝亡国之君，距离成汤建立商王朝五百多年（根据现代考古学推断，商王朝建立大概在公元前 1600年，而牧野之战发生在公元前 1046 年）。

这就有个令人疑惑的问题，即：为什么自费昌之后，大费世系记载就断了？既然费昌后代费仲活跃在商纣王时代，就证明这一族人并未亡族。但现存的史料中几乎找不到费昌后世的相关记载。历史给我们留下了巨大的缺环，而这缺环带给后人的是太多无法解释清楚的疑惑。

更吊诡的是，自从夏王朝建立后就"消匿不见"的大廉这一族人，却在这时候忽然冒了出来，一度受到商王朝重用。《秦本纪》载："大廉玄孙曰孟戏、中衍，鸟身人言，帝太戊闻而卜之使御，吉，遂致使御而妻之。"[1]

这三十六个字表面上看，简单，信息量却很巨大。

司马迁说的大廉玄孙中的"玄"一定要注意，这里并非指大廉玄孙，确切地说应是大廉玄孙的后人。原因很简单，根据《夏本纪》分析，大廉是伯益的儿子，生活年代应当在夏启时，而孟戏、中衍则生活在太戊时代。太戊是商代第九代国君，所处时代是商中期偏早，与夏启的时代相差一二百年，秦人先祖不可能都长命百岁。因此说，孟戏、中衍不可能是大廉的玄孙，而可能是玄孙的后人。其中的断环与大费一族类似。

这里还有个现象需要注意，这就是《史记索隐》所载："以孟

---

[1] 司马迁：《史记》卷五《秦本纪第五》。

戏、中衍是一人，今以孟中分字，当是二人名也。"就是说，孟戏、中衍是一个人，而后世断句时，将其分开了。这个说法有没有道理？结合"大廉玄孙曰孟戏、中衍，鸟身人言，帝太戊闻而卜之使御，吉，遂致使御而妻之"整句话，发现这里面说的好像是一个人，而非两人。即：谁鸟声人言？太戊给谁分配了妻子？似乎这两个问题的答案都指向同一人。但是，司马迁在后面又说"中衍之后"，说明孟戏、中衍是分开的，应是两个人。因此，《史记索隐》这个解读又不太准确。

那么，从大廉到孟戏、中衍，这中间秦人到底经历了什么呢？我查阅了很多史料，都没有找到可靠的信息。这与史前文明匮乏有关，也与大廉这族人的生活轨迹有关。或许夏王朝时，他们也龟缩起来，默默繁衍着。一直到商王朝建立，他们才开始有后人"出人头地"。反而是若木—费昌这一族人默默无闻。当然，真相已被掩埋在历史尘烟中，期待以后的考古发掘能找到有价值的证据。不过这只是一种希望，未来能否找到相关资料很难确定，毕竟时间太久远了。

我们能得到的信息是：在商王朝建立后，秦人大廉、若木这两族人在传承上均存在很大缺环。

孟戏、中衍和他的祖先一样，拥有熟练的驯兽、驾车本领。这些本领很快引起了太戊的注意。"帝太戊闻而卜之使御"这句话读起来感觉不通顺，很绕。分析一下就能发现，司马迁这样写其实有原因。商人是个善于占卜的部落，他们在做任何事之前，都希望先占卜吉凶，然后才付诸行动。占卜术在太戊时期大概已非常流行。对于选驾车手这样的事情，太戊都要占卜，就不意外了。而根据现代考古学者论证，在殷墟遗址上挖掘出来的甲骨，多是占卜之用。

还有更多的甲骨没有被发现，或者流失在民间。司马迁对太戊信奉巫师的情况也有记载："巫咸治王家有成，作咸艾，作太戊。"

结合史料及考古发掘，能推断出商王朝"善占卜"的结论，且这一活动在商人早期就已流行起来。只是现代考古发掘出现的甲骨多是武丁时期的甲骨。李硕在《翦商》中认为，早商时期，占卜就流行于商人各种事务中。①

对神灵过分崇拜的太戊，对于选拔驾车手之事自然要占卜，选一个好的御车手，能保证君王的安全，又能御车开疆。总之，御车不是小事，和军国大事一样重要。所幸的是，这次占卜是上上大吉。占卜的结果让太戊对孟戏、中衍深信不疑。因此孟戏、中衍成为太戊的御驾。

司马迁又说孟戏、中衍鸟身人言，也可能另有深意。实际情况可能是：非这两人长着鸟一样的身体，而是他们有驯服鸟的本领，这是秦人代代相传的技能，不足为怪。《史记正义》里也对此做了注解："身体是鸟而能人言。又云口及手足似鸟也。"嘴巴和手脚像鸟一样，这也不可能。

之后，孟戏、中衍跟随着太戊奔赴各处，载着太戊视察诸侯，征讨四方。后来，因孟戏、中衍在驾车、驯兽等方面做出了贡献，太戊帝还帮助他们迎娶了妻，解决了他们的后顾之忧，让他们死心塌地为商王朝服务。

太戊虽深信占卜术，但他是一位有作为的国君。商代自成汤之后，多位君主平庸无建树，太甲荒淫无道，败坏了商王朝的德业。太甲之后的几位君主也碌碌无为，勉强能维持国家机器运转。到太

① 李硕：《翦商》第十章《3300年前的军营：台西》。

戊时期，商朝已出现各种问题。太戊胸怀大志，他立志解决存在的问题，改变国家式微的现状。

他继位后，孟戏、中衍成为了他的帮手。可能除了驾车，太戊还给了孟戏、中衍更为重要的工作，即帮着他治理国家。而孟戏、中衍的后人也因他们的恩荫，在商王朝立下了不朽功业，以至子孙在商代得到重用，"自太戊以下，中衍之后，遂世有功"①。

太戊在位多年，治理了国家的种种问题。商朝实现了成汤以来的再次中兴，而太戊也被称为中宗，有"中兴"之意。这时候的嬴姓族人在商代风生水起，成为商朝重臣，"以佐殷国，故嬴姓多显，遂为诸侯"。这是嬴姓族人自伯益之后，地位显赫的体现。

不过，若细细分析这段历史，就能发现《秦本纪》的这些记载，依然有难以自圆其说的地方：既然嬴姓族人在太戊之后显赫，一度成为诸侯，那么，他们的事迹应该被存留下来，演绎出更多辅佐历代商王的"传奇故事"。再不济，秦人的世系也应是完整的，毕竟如果祖先显赫，他们的子孙会代代相传，故事也就不断。吊诡的是，孟戏、中衍之后，嬴姓秦人的世系又出现了断层。反过来说，一个连起码的世系都存在缺环的民族，如何实现司马迁记载的"嬴姓多显，遂为诸侯"？

我们不说司马迁存在材料造假，至少他没有弄明白秦人的这段发迹史。或许他得到的材料，也是模棱两可的，以至于记载也是模棱两可的。

需要注意的是，按照《秦本纪》的说法，孟戏、中衍的玄孙中潏（一说中滑，也叫仲滑、仲潏、中决）"在西戎，保西垂"。虽然

---

① 司马迁：《史记》卷五《秦本纪第五》。

只有六个字，透露的信息量大且不明晰，甚至对人造成"误导"，一度让后来秦文化研究者将这里的西垂与秦文公时期的西垂混为一谈。由此，成为秦人"西来说"学者坚持的一个论据。他们认为，中潏曾经在西面帮助商王朝护卫西垂，因此秦人产生于西戎。这个观点完全与考古发掘对应不上，与历史事实也难以对应，很难说明中潏时代的西垂就是秦文公时期的西垂。最有可能是：中潏英勇、强壮，有军事才能，被商王派往西边戍边，而这里的西边是晋南，非西汉水上游。[①]

再者，这里说中潏是孟戏、中衍的玄孙，也存在年代差异。本书认为，中潏应当是孟戏、中衍玄孙的后代，而不是玄孙。原因很简单，太戊时代在商王朝中期偏早，而中潏及其子孙蜚廉、恶来时代，已到商代晚期。这中间还隔着一二百年的时间，显然时间对不上。换言之，从孟戏、中衍到中潏之间，至少还隔着几代人。这也间接证明了中潏不是孟戏、中衍的玄孙。

3. 恶来、蜚廉的多重面孔

模糊的世系

孟戏、中衍之后，秦人世系脉络模糊，"嬴姓多显，遂为诸侯"的局面并未形成。所以，我们要始终有这样一种心态：研究秦文化要将《秦本纪》作为重要依据，但还要辨析其内容的真伪，再加以

[①] 梁云：《西垂有声》第一章《秦之先，帝颛顼之苗裔》；梁云：《早期秦文化探索》。

引用。如果抱着这样的心态，就能发现秦人在商代早中期并不显赫，甚至不受重用。

秦人在商早期未受重用的原因是多方面的，这里尝试列出三种：一是秦人在太戊之后并未受到商王朝重用，加之时间久远，以致族群完整延续、传承的脉络未被记录下来；二是秦人在孟戏、中衍之后受到商王朝的打压，所以没有完整的世系；三是秦人的世系可能是完整的，但在后世传播过程中丢了族谱之类记载世系的重要物证，以致司马迁没有看到。

当然，这只是本书的推测，却也不能排除这些可能。试想：一个族群若受重用，必然长期活跃于君王面前，甲骨文、金文、石鼓文中，都应有其身影。比如，武丁是商王中最喜欢占卜的君主，在出土的大量甲骨文字中，发现了很多史料不曾记载的人物和事件。但在这些记录中，少有记录秦人的事迹。当然，甲骨文未能全译也是个原因，如果未来能在甲骨文破译中发现秦人的记录，就是最早的佐证。

那么，真相到底如何呢？

众所周知，太戊是一位胸怀大志的国君，在位时间又长。他所处的时代，国家百废待兴，需要很多人帮着治理国家。这种背景下，驯兽、驾车方面的人才也会发挥重要作用，孟戏、中衍凭借才能，可能的确受了重用。太戊之后，新的继任者并不热衷于开疆拓土，或者巡视四方，秦人先祖引以为傲的驭车术、驯兽术也就发挥不了作用，秦族因此也就不再受重用。

因此，就有了这样一个特殊现象：在仲丁（庄）、外壬（发）、河亶甲（整）、祖乙（滕）、祖辛（旦）、沃甲（逾）、祖丁（新）、南庚（更）、阳甲（和）、盘庚、小辛（颂）、小乙（敛）、武丁

（昭）、祖庚（跃）、祖甲（载）、廪辛（先）、庚丁（嚣）、武乙（瞿）、太丁（托）、帝乙（羡）、帝辛（受德）等君主时代，秦人又成为被边缘化和疏远的族群。

秦人再次被起用，是在中潏这一代。由于史料不全，中潏的父系已无可考究，只能追寻到孟戏、中衍这一族。也有学者依据《潜夫论》《姓氏考略》等史料，考证出中潏的父亲是戎胥轩。司马迁在《秦本纪》中引用申侯的话，也间接说明了这一点："昔我先郦山之女，为戎胥轩妻，生中潏，以亲故归周，保西垂，西垂以其故和睦。"

这些论据至今依然存在争议，尚需更多史料和考古发掘证明。如《潜夫论》《姓氏考略》等史料中戎胥轩的来源是什么？《秦本纪》中的依据又是什么？既然有戎胥轩与骊山女结合之果，为何没有戎胥轩与中潏的详细记载？因此，我们认为，史料也不可靠，相互之间"打架"的情况屡见不鲜。司马迁可能也对这段话有疑虑，但他又找不到更加有说服力的资料，只能原文引用。这也意味着，这段话并非司马迁本人所写，只是他引用了史料（可能是《秦记》），至于错对，就难以保障。

不幸中也有万幸，中潏之后，秦族世系再未出现缺环情况。这个功劳应当归于司马迁，是他详细考证了这个世系，为后世研究秦文化奠定了基础。

我们回过头再说中潏。

按照史料对中潏的描述，我们通过分析，认为中潏所处的时代大致在商王太丁（商朝第二十八任君主）、帝乙（商朝第二十九任君主）之间。

而这一推理又带来了新的问题：一直寂寂无闻的秦人，为什么在中潏时代忽然被重用？司马迁亦未曾找到更为详细的史料。今天除了考古发掘，似乎再没有办法超越司马迁的考证。原因很简单，司马迁见到的史料不比我们少，而他参照的资料，或今天也难以再现。

那么，就有这样一种可能：到太丁、太乙时代，商王朝政局不稳，四处叛乱不止，如商王朝对东夷的战争一直持续着，天子需要到各处平定叛乱，勇武又善御车的中潏就"派上了用场"。

中潏被商王发现，如获至宝，因为中潏不仅有先祖们驭车的本领，同时勇武、善战，还能指挥军队作战。这些优势集合起来，中潏就迅速得到商王的提拔重用，成为商王朝军队里的统帅人才。

之后，中潏越来越受到商王重视，被授予高位，一时显贵。中潏亦感恩商王的重用，也竭尽全力为商王效劳。这时候，西方边境上的戎、狄不断骚扰，地处周原的周人也迅速崛起，甚至制造各种事端。这种背景下，中潏被派往西面镇守边境。当然，中潏的主要任务还是应对戎、狄部落的骚扰。所以《秦本纪》说他"在西戎，保西垂"。

"西"字的演化过程很复杂。最初时，通"栖"，指的是"鸟在巢上"。后来由"栖"演变为"西"，意为"太阳落山的地方"。《说文解字》认为："日在西方而鸟栖，故因以为东西之西。凡西之属皆从西。"到秦汉以后，"西"除了是方位词之外，还有个名词属性，专指陇西郡西县。而西垂在周秦时代，也多指西县。

据此，很多学者指出，到中潏时代，秦人已开始在西部戍边，也就是在今甘肃东南礼县（西汉水上游）。

而要想让这一结论成为定论，目前尚还缺乏更多证据链，比如存在直接的证据——考古学上没有证据。因此，本书认为，中潏驻守"西垂"还不是指西县。原因很简单，秦人是商朝的贵族，活动区域在中原，而那时郡县制还未演化成功。春秋时期的县，也与秦始皇时期的县完全不等同。换句话说，中潏时代的"西垂"与后来的秦襄公、秦庄公时代的"西垂"，表面上看是同一个词，实际上并非指同一地方。目前学界大多数的认识是，中潏镇守的地方泛指整个商王朝以西的边境，这里分布着大大小小无法统计的戎、狄部落，他们时常向东推进，抢夺周王朝西方的人口和生活物资。梁云先生在《西垂有声》中指出：

> 晚商时期，商人的首都在安阳殷墟，殷墟的地理位置在太行山东麓偏南一点，紧靠着它的西边就是山西，所以，说山西中南部是商王朝的西垂完全讲得通。这里涉及一个问题，山西南部地区戎狄是很多的，《左传》说唐叔虞封到山西的时候"启以夏政，疆以戎索"，就是模仿了夏代的制度，又沿袭了当地戎狄的习俗，这是晋国始封时期的国策，说明当时的晋国是有大量戎狄的。
>
> "晋居深山，戎狄之与邻"，《左传》里也是这样说的。晋国"拜戎不暇"，初建国的时候要赶紧和周围的戎狄打交道、拜山头，因为晋国刚开始地方百里，势力还小，必须先和地方部族搞好关系，生存是第一要位。我个人倾向于中潏"在西戎，保西垂"是指在晋南，具体位置应该在山西临汾盆地。[1]

本书更倾向于梁云先生的观点，认为这里的"西垂"指的是晋

---

[1] 梁云：《西垂有声》之《第一讲：秦之先，帝颛顼之苗裔》。

南地区，并非秦襄公、秦庄公时期的西垂。这个比较起来也不难：商朝末年，商人活动中心在东方"天下之中"的朝歌，周围有三股势力保卫着朝歌。后来，周文王灭商计划开始后，周人也是逐个翦除这三股势力后，才决意伐商的。而周一直作为小邦存在，中潏时期还是给商王打工的小弟，不断捕捉羌人进贡给商王，以拉近商周关系，不可能背叛商人。另外，周人还肩负为商人震慑西方的重任，商王不大可能再给西部派出中潏守西垂，那样会让周人不适。

再者，从地理位置上分析，商朝在殷墟，距离西垂（西犬丘）非常遥远，这中间隔着一些依附于商王朝的诸侯，比如崇国，还有周人这种算不上诸侯的"打工人"。而这一大片地域自有这些小诸侯负责治理，商人完全不用在意，用得着中潏从朝歌跑到西垂戍边吗？因此，本书认为，秦人不可能穿过长长的周人"管制区"，到西垂（西县）戍边。

综上所述，我们认为，中潏镇守的西垂不是后来秦人发迹之地西垂（西犬丘），更像山西。因为从地理位置上看，山西南部正好就在朝歌的西部，且多有戎狄出没。

中潏一生戎马戍边，震慑山西北部的各种戎狄部落，为商王朝立下了功业，嬴姓族人也因此显贵。

就是说，秦人的显贵始于中潏时代，而非商朝早期。而中潏多年戍边，商王自然厚待他的族群，让中潏安心戍边。

不过，人无远虑，必有近忧。家族荣辱系于中潏一人，显然无法让族群长久兴旺下去。一旦中潏去世，如之奈何？这时候，族群中还得有人继续受重用，才能让秦人一直拥有崇高的社会地位。

秦人先祖亦在寻找能引起商王注意的新策略。而就在这危机中，转机再次降临。商王朝国君更替，帝辛上位了。帝辛还有一个被人熟知的名字，即商纣王。

有意思的是，帝辛与太丁、帝乙完全不一样，他一上台就想着要轰轰烈烈做出一番丰功伟绩，上可追先祖成汤，下能恩惠臣民。就是说，执政之初，帝辛也希望做一名伟大的国君，扭转商王朝式微的局面。

不过这种积极进取很快有了变化。以往的制度镶嵌在王朝大厦中，定型的文化浸透了臣民的内心，想要改变，谈何容易？如果非要改，就需要打破一切，重新构建一种新体系，且这种体系还没有参考，一切都需要"摸着石头过河"，帝辛有这个勇气吗？

而王权是个改变人意志的东西。帝辛在权力的诱惑下，励精图治的热情逐渐冷却，增长的是强烈的欲望。据说，帝辛在一天天膨胀，向臣僚炫耀他的才能，认为他是天下第一人，没有人能够超越他，"帝纣资辨捷疾，闻见甚敏；材力过人，手格猛兽；知足以距谏，言足以饰非；矜人臣以能，高天下以声，以为皆出己之下"。

商王朝是个尊崇"帝"（神灵）的王朝，做任何事之前都要占卜，武丁时期数以万计的甲骨就是证明。吊诡的是，到帝辛时代，他不再信任天神，以我为主，这颠覆了商人的传统观念。帝辛与时代格格不入。这大概也是帝辛破旧制、创建新"制度"的体现。

总之，在各种因素的影响下，在不受监控的王权腐蚀下，帝辛变得不再上进。《商本纪》中说，帝辛"好酒淫乐，嬖于妇人"①。这一点与夏桀很相似，司马迁在写亡国之君时，总是跳不出自己编织的"模式"。但凡亡国之君，就喜欢美人，不务正业，夏桀如是，帝辛如是，周幽王如是……

---

① 司马迁：《史记》卷三《殷本纪第三》。

也就是在这种情况下，天下大势风云变幻着。

不过，对于秦人而言，天下还是商人的天下，即便地方有零星不稳定，并不会影响商王朝"天下共主"的权威。而在这一大背景下，秦人要想保持永久的富贵，还是要赢得帝辛的宠幸，才能有所作为。这时候，中潏的后人蜚廉（一说飞廉）就遇到了发迹的机会，逐渐得到帝辛的信任。①

当然，蜚廉受重用，应与中潏有关系。可能中潏为商王朝戍边时，秦人就成为制约中潏的"把柄"——既享受荣华富贵也受制于人。这样一来，中潏就会安心戍边，一方面报效商王的重用，一方面也为家人着想。

而作为中潏儿子的蜚廉，则继续受商王朝照顾（监视与滞留）。

当然，蜚廉不可能一直成为商人监视的对象，如果那样，秦人将永无翻身之日。为了带族人走向复兴，蜚廉不断想办法，希望得到帝辛的宠幸。而要想得到帝辛的重用，就得有一技之长。

所幸的是，蜚廉有一双勤快的双腿，走路比一般人要快得多。而正是由于蜚廉的善走特技，也衍生出了很多关于蜚廉的传说，有记载将他比喻成风神。如《楚辞·离骚》中有"前望舒使先驱兮，后飞廉使奔属"的句子。王逸注《楚辞》中说："飞廉，风伯也。"也有蜚廉是猛禽的说法，司马相如《上林赋》中说："推蜚廉，弄解豸，格瑕蛤，铤猛氏，罥骚褭，射封豕。"②《史记集解》中说："飞廉，龙雀也，鸟身鹿头者。"《三辅黄图》中也将蜚廉说成猛禽："飞廉，神禽，能致风气者，身似鹿，头如雀，有角而蛇尾，文如豹。"

---

① 司马迁：《史记》卷五《秦本纪第五》："宋衷注世本云仲滑生飞廉"。

② 司马迁：《史记·司马相如传》。

综合以上几种不同记载，能够发现：在不同故事中，蜚廉有着不同"面孔"。而所有面孔的本源，最初都是从他善走这一故事衍生。所有的不同，都是经过人艺术加工的产物，让蜚廉变成了猛禽或者风神一类的传说。

总之，蜚廉凭借着"善走"技能，得到了帝辛的宠幸。秦人的地位继续得到巩固，甚至出现了"一人得道，鸡犬升天"的情况。

多重面孔

蜚廉有个儿子叫恶来，是个大力士。《史记正义》里说，恶来能"手裂虎兕"。"虎"就是老虎，"兕"是犀牛。这句话的意思是说，恶来力大无穷，能手撕猛虎和犀牛。显然，这是夸张的说法，不符合实际。可能恶来曾经射杀过猛虎、犀牛一类的动物，在后世的传播中，就演变成他能手撕老虎的传说。而恶来因这一突出本领，也受到"好大喜功"的帝辛的重用。司马迁说："恶来多力，蜚廉善走，父子俱以材力事殷纣。"这里用"材力"指蜚廉的"才"和恶来的"力"。

当然，蜚廉、恶来受重用的隐晦原因是，帝辛也是个大力士，物以类聚、人以群分，英雄相惜。他肯定会更宠幸恶来，因为他们志趣相投（臭味相投）。

司马迁在《史记·赵世家》载："赵氏之先，与秦共祖。至中衍，为帝大戊御。其后世蜚廉有子二人，而命其一子曰恶来，事纣，为周所杀，其后为秦。恶来弟曰季胜，其后为赵。"[1] 这是说蜚廉有两个儿子，其中一个叫季胜，是赵人的祖先。另一个就是恶

---

① 司马迁：《史记》卷四十三《赵世家第十三》。

来，他是秦人先祖。从这一段记载也能看出，秦、赵这两支民族同宗同源，只是在后来的不断繁衍中，分成了赵人和秦人。进入春秋后，他们逐渐疏远，并根据各自的实力，分别建立了秦国和赵国。

当然，秦、赵之间更深层的问题，一直到战国中后期才会凸显，而这本书是写秦人的书，重点在挖掘秦人历史，因此这里只说蜚廉、恶来的关系。当然，他们两族人之间一直有纠葛。比如，有些学者就将秦王嬴政叫赵政，出土的一些秦汉时期的竹简上，也称呼其为赵政。

《太平御览》中说："纣有勇力之人（恶来），生捕兕虎，指画杀人。"① 这个记载可能来自《史记》。《荀子·儒效篇》中说："刳比干而囚箕子，蜚廉恶来知政。"《墨子》中说："殷纣染于崇侯、恶来。"《荀子·解蔽篇》中说："纣蔽于妲己、蜚廉，而不知微子启，以惑其心，而乱其行。"《荀子·成相篇》中说："世之灾，妒贤能，飞廉知政任恶来。"②

需要注意的是《荀子》里面的记载，这里面透露了一些细节：蜚廉、恶来都受到商纣王的重用，他们助纣为虐，伙同妲己残害忠良，搞得商王朝民不聊生。《太平御览》中也引用《尸子》中的记载："中黄伯余左执太行之獶（音猱），右搏雕虎，惟象未与吾试，愿为牛与象斗以自试。又曰：飞廉、恶来力角犀兕，勇搏熊虎也。"③ 这里突出了蜚廉、恶来的力大无穷。

《吕氏春秋》中载："夫成王霸者固有人，亡国者亦有人。桀用

---

① 《太平御览》卷三百八十六《人事部二十七》。
② 《荀子》。
③ 《太平御览》卷三百八十六《人事部二十七》。

羊辛，纣用恶来，宋用唐鞅，齐用苏秦，而天下知其亡。"① 这是说恶来在商纣王时被重用，就像夏桀用羊辛、宋国用唐鞅、齐国用苏秦一样，是他们导致了国家的灭亡。本书认为，这个论述未免武断，一个国家绝不可能因为一两个馋臣就灭亡。

《晏子春秋》中载："昔夏之衰也，有推侈、大戏；殷之衰也，有费仲、恶来。足走千里，手裂兕虎，任之以力，凌轹天下，威戮无罪，崇尚勇力，不顾义理，是以桀纣以灭，殷夏以衰。"② 《晏子春秋》将商朝亡国说成是蜚廉、恶来的原因，指责恶来怂恿商王帝辛好大喜功，到处征伐，屠戮百姓，不顾义理。表面上看，有辩证的意思，但透露出的核心思想还是蜚廉、恶来导致商朝灭亡。

《韩非子》中有两则关于蜚廉、恶来的记载，一则是："崇侯、恶来知不适纣之诛也，而不见武王之灭之也。国神比干、子胥知其君之必亡也，而不知身之死也。故曰：'崇侯、恶来知心而不知事，比干、子胥知事而不知心。'圣人其备矣。"③ 另一则是："昔者纣为炮烙，崇侯、恶来又曰'斩涉者之胫'也，奚分于纣之谤？且民之望于上也甚矣，韩子弗得，且望郄子之得之也；今郄子俱弗得，则民绝望于上矣。"④ 这些记载，延续了春秋时代"知事不知心、知心不知事"观念。《鹖冠子·备知》中的记载也是这样："费仲、恶来者，可谓知心矣，而不知事。"

《庄子》集释中说："龙逢比干，外篇已解。箕子，殷纣之庶叔也，忠谏不从，俱纣之害，所以佯狂，亦终不免杀戮。恶来纣之嬖

① 《吕氏春秋·审分览》第五。
② 《太平御览》卷三百八十六《人事部二十七》。
③ 《韩非子·说林下》第二十三。
④ 《韩非子·难一》第三十六。

臣，毕志从纣，所以俱亡。"这个记载较为详细，指出恶来得到纣王重用，成为佞臣。

汉代以后的记载中，基本延续了以上这些论调，只是在故事性上更加翔实，人物性格更加丰满。比如，《魏书》中说："武王爱周、邵、齐、毕，所以王天下。殷纣爱蜚廉、恶来，所以丧其国。"①《墨子闲诂》引汉代名士高诱的话："崇国侯爵，名虎，恶来，嬴姓，蜚廉之子，纣之谀丞。"②《辽史》中也说："周公诛蜚廉、恶来，天下大悦。"③《辽史》这段记载大概是摘自战国时期史料，不足为凭。《三国演义》中曹操夸赞典韦为"古之恶来"。

以上各种史料基本是"传世文献"，且多年代偏晚，因此这些材料对蜚廉、恶来的形象演化痕迹明显。这里重点介绍的是《清华简》。原因是，《清华简》是出土的简牍，也就是出土文献。相较于传世文献，出土文献可信度更高一些，时间也更接近。

《清华简·系年》中有载："周武王既克殷，乃设三监于殷。武王陟，商邑兴反，杀三监而立彔子耿。成王屎（践）伐商邑，杀彔子耿，飞廉东逃于商盖氏，成王伐商盖，杀飞廉，西迁商盖之民于邾吾，以御奴且之戎，是秦之先，世作周危（卫）。周室既卑，平王东迁，止于成周，秦仲焉东居周地，以守周之坟墓，秦以始大。"④

从这段记载可以看出，秦人祖先在三监之乱后，被周公旦强行从山东迁居到邾吾。现代考古学家李学勤先生认为，邾吾就是汉代

---

① 《魏书·列传》第三十六。
② 《墨子闲诂》。
③ 《辽史·列传》第二十九。
④ 《清华简》之《系年》第三章。

的冀县，即今甘肃省天水市甘谷朱圉山，地望在甘谷毛家坪一带。现代很多学者也坚持此观点。

这里先不对邾吾与甘谷朱圉山关系做辩解，先列出《孟子·滕文公下》的记载："周公相武王诛纣，伐奄三年讨其君，驱飞（蜚）廉于海隅而戮之。灭国者五十。驱虎、豹、犀、象而远之，天下大悦。"大致意思是说，周公旦在剿灭三监之乱后，将蜚廉驱赶到山东，在那里杀了蜚廉，还吞并了五十多个诸侯国。

从上面这两份材料分析，《孟子》与《清华简》似乎能相互印证，差异处只是蜚廉被杀地点不完全一样。那么，是这两种记载更可靠，还是《赵世家》记载蜚廉被周武王射杀的材料更可靠？

为搞清楚这些问题，2012年，秦文化考古工作队曾对甘谷毛家坪一带的秦人遗址进行了发掘。从考古发掘结果看，毛家坪遗址时间上限为西周晚期到春秋早期，还有部分战国时期遗存，证明秦人在此驻守时间跨度较长。换句话说，毛家坪遗址时间上限还到不了商朝晚期、西周早期（周公旦平定三监之乱的时间），而毛家坪出土的文物也证明不是早商时期的器物。[①] 基于这两点，可得出结论：《清华简》中的邾吾并非甘谷朱圉山。当然，必须认识到《清华简》也是一种史料，甚至有人认为它是伪书。这里不再做过多辨析，等后面涉及三监之乱时，再逐字逐句分析。

另外，还有一本书叫《封神演义》，里面将蜚廉描述成了十恶不赦之人。

话说子牙传令，命斩飞廉、恶来，只见左右旗门官将二人

---

① 梁云：《西垂有声》之《第二讲》。

推至辕门外，斩首号令，回报子牙。子牙斩了两个佞臣，复进封神台，拍案大呼曰："清福神柏鉴何在？快引飞廉、恶来魂魄至坛前受封！"不一时，只见清福神用幡引飞廉、恶来至坛下，跪听宣读敕命。但见二魂俯伏坛下，凄切不胜。子牙曰："今奉太上元始敕命：尔飞廉、恶来，生前甘心奸佞，簧惑主聪，败国亡君，偷生苟免；只知盗宝以荣身，孰意法网无疏漏。既正明刑，当有幽录。此皆尔自受之愆，亦是运逢之劫。特敕封尔辖冰消瓦解之神。虽为恶煞，尔宜克修厥职，毋得再肆凶锋。汝其钦此！"飞廉、恶来听罢封号，叩首谢恩，出坛去了。子牙封罢神下台，率领百官回西岐。[①]

《封神演义》产生于明清时期，最早的故事源自宋元时期说书艺人的改编。因此《封神演义》只作为一种资料介绍，不再做过多辨析。需要说明的是，既然是演绎，其故事的改编已与史实相差甚远。这里不去追求其合理性。这本书产生于万历年间，其弘扬明主和对无道昏君的批判，似乎含沙射影暗指当时明王朝的情况。这是一种作者的倾向，值得提倡。

总之，有关蜚廉、恶来的记载，远不止这些。这里不再举例论证。以上列举的这些内容，足以说明蜚廉、恶来在后世的传播中，呈现出多张面孔，孰真孰假很难分辨。我们对这些史料层层剥茧，可初步归纳出蜚廉、恶来在帝辛时代的人生际遇。

其一，蜚廉、恶来分别因善走和力气大的技能得到商纣王重用，成为商纣王的几位宠臣之一。

---

① 《封神演义》一百回。

其二，蜚廉、恶来父子善于察言观色，迎合商纣王，可能参与并制造了很多冤假错案。例如，比干之死可能与他们有着重要的关系。

其三，商纣王时虐待重臣，周人先祖姬昌被折磨，可能也与蜚廉、恶来怂恿有关（《周本纪》记载为崇侯虎诋毁）。

其四，蜚廉、恶来"知心不知事"，他们只是一味地迎合国君，以为自此可高枕无忧，却无法准确判断天下兴废，最终被周武王诛杀。

以上四点（可能不精准）是对各种史料中蜚廉、恶来的履历梳理。但这依然有问题：若一个人"知心不知事"，如何能让君主长期宠幸呢？位极人臣的人必然有过人之处，恶来可能就有过人之处（除去力大这一特点），只是史料中并没有明确记载。

最后，要摆出来的重要史料就是司马迁在《秦本纪》中的记载。从《秦本纪》的记载分析，司马迁显然没有采取各种"传说"和"演绎"，他在取材的时候，也十分克制："其玄孙曰中潏，在西戎，保西垂。生蜚廉。蜚廉生恶来。恶来有力，蜚廉善走，父子俱以材力事殷纣。"这表面上看，不带感情的描述，体现着司马迁修史的公正之心。他没有采取周秦时代一些史料中将蜚廉、恶来谄媚的情况写进史中。可能在司马迁看来，蜚廉、恶来拥有善走、力大的特殊技能而受到帝辛重用是真实的。

助纣为虐

通过对以上材料分析，基本能梳理出蜚廉、恶来的人生履历。但在《殷本纪》中，司马迁的记载与《秦本纪》又不尽相同。那么，司马迁在《殷本纪》是如何记载蜚廉和恶来的呢？或者说，帝辛时代到底发生了什么，让强大的商王朝走向衰落了呢？蜚廉、恶来在商王朝晚期又扮演了什么样的角色？

要弄清这些问题，得先分析天下大势，毕竟蜚廉和恶来的命运，就裹挟在天下大势中。

按史料载，帝辛时期，天下大势已发生剧烈变化：帝辛因荒淫无道，疏于治理国家，让地处西边的周人乘机悄悄崛起。而周人的崛起却未曾引起帝辛重视，他继续沉迷于纸醉金迷的生活。

《殷本纪》中对帝辛的糜烂生活做了揭露："好酒淫乐，嬖于妇人。爱妲己，妲己之言是从。于是使师涓作新淫声，北里之舞，靡靡之乐。"帝辛喜欢美人，于是有部落进贡了姓苏名妲己的女子。《封神演义》中，常常将苏妲己说成冀州侯苏护之女。

吊诡的是，在各种史料中，女性一般以姓氏出现，名字鲜有被记住。但影响商王朝兴衰的这位苏妲己，却享誉两千多年。后来的《封神演义》更是将其推上了家喻户晓的地步。

在男权价值观中，女性往往会成为红颜祸水，并由此衍生出一系列的评价标准。于是，美人嗔怒，天下遭殃。帝辛对苏妲己唯命是从，只要是苏妲己喜欢的，他竭尽全力满足。苏妲己喜欢音乐，他就让乐师修订礼乐，整天演奏。总之，帝辛对苏妲己的娇惯达到了无以复加的地步，时常与妲己沉浸在纵情享乐中。需要注意的是，这与夏桀喜欢喜妹、周幽王喜欢褒姒其实是一个路数。

当然，帝辛宠幸苏妲己还只是个开头。紧接着，帝辛将魔爪伸向百姓，强加赋税，搜刮民脂民膏。当然，搜刮民脂民膏不仅用于享乐，还要应对其他方面的各种开支，比如对东夷的用兵，就需要大量的钱财。

据史料记载，这一时期，帝辛还到处搜罗奇珍异兽，大兴土木，以满足自己的私欲。最为典型的是，帝辛命人将都城向南扩展，建立了供他玩乐的朝歌。传闻说，帝辛在朝歌修筑楼台，将收集上来的珍禽异兽都关在里面："厚赋税以实鹿台之钱，而盈钜桥之粟。益收狗马奇物，充仞宫室。益广沙丘苑台，多取野兽蜚鸟置其中。"

更可恨的是，帝辛似乎觉得自己是千古一帝，摒弃商朝的很多制度，又不敬鬼神，在章台招来大批侍从，衣不蔽体，毫无羞耻，相互追逐，通宵达旦饮酒作乐。《殷本纪》载："慢于鬼神。大勌乐戏于沙丘，以酒为池，使男女倮相逐其间，为长夜之饮。"[1] 这些疯狂的举动背后，是商王朝文明被抛弃的结果。那是礼崩乐坏的祸乱时代，也是到处充斥着暴力、厮杀的时代。

这就是《殷本纪》中记载的帝辛，但我们要慎重对待《殷本纪》，毕竟一个朝代衰微的原因是深层次的，是多种因素叠加造成的。后人的总结提炼，也只是一种视角，哪怕这位后人是司马迁。

这里还有一个现象需要注意：帝辛喜欢收集珍禽异兽。而珍禽异兽自古以来都被视为祥瑞，太平盛世的官员会以敬献这些稀有物种为由，宣扬四海承平的观念。帝辛大概也被这种言论所感染。那么，地方上进贡的这些禽兽怎么管理呢？这就需要善于驯兽的人。秦人素来有驯兽的生存技能。那么，这件事是否由蜚廉、恶来、费仲这些人完成呢？我们认为完全有可能，秦人自祖先时代就有驯兽的本领，这些本领不会忽然消失。他们应是继承了这一技能，并在得到帝辛宠幸上加分不少。

---

[1] 司马迁：《史记》卷三《殷本纪第三》。

总之，在帝辛无所拘束地享乐之时，秦人先祖蜚廉、恶来、费仲应该是因迎合了帝辛，逐渐受宠。而帝辛的种种不作为、乱作为，离心离德，令诸侯百姓怨声载道。

在部落联盟时代，只要天子（部落联盟长）做出不利于百姓团结、盘剥诸侯的事情，各地的诸侯就有理由摆脱统治。夏桀时代这一过程已上演过一次。数百年后，成汤的子弟也走上了这条不归之路。正如黑格尔所说："人类从历史中学到的唯一的教训，就是没有从历史中吸取到任何教训。"或者说，任何富有心计的高明之处，都是蹩脚地效仿前人拙劣的伎俩。

帝辛本是一位有大志的帝王，何以沦落至此？

大概与此时商王朝的强盛有关。在中国历史上有个常见的现象：当一个王朝进入最鼎盛的时代，也必然进入迅速衰落的时代。月圆则缺，水满则溢。盛世与隐患是同时存在的，秦汉、隋唐、明清几乎如出一辙。

帝辛即位时，可能想过要做出一番大事。但在国家安定中，在群臣粉饰太平中，在欲望浸泡中，他迷失了自我。苏妲己被送到他身边，可能只是使他迷失自我、滑向深渊的加速器。

据说帝辛还善用重刑。那些逃避、脱离商王朝统治的诸侯稍不留意，就会招致炮烙酷刑。所谓炮烙，即命人在涂满油的滚烫铜柱上行走，铜柱底下是熊熊燃烧的大火，稍不留心就会葬身火海。《殷本纪》载："百姓怨望而诸侯有畔者，于是纣乃重刑辟，有炮格之法。"而这些举措，引起诸侯的忌惮和仇恨。

按照《殷本纪》记载，起初，帝辛以西伯侯（一说周方伯，或者西伯）、九侯、鄂侯为三公，负责天下事务。随着帝辛私欲不断膨胀，他为所欲为，开始打破商王与诸侯形成的等级关系。相传九侯有个女儿，长得非常漂亮。帝辛知道后，就将九侯女儿霸占。然而，九侯之女非迎合帝王的人，她经常给帝辛灌输一些勤于政务的理念，引起帝辛的愤怒。最终，帝辛竟杀了九侯的女儿。此后，帝辛还迁怒九侯，命人将其剁成肉酱。《殷本纪》载："九侯有好女，入之纣。九侯女不憙淫，纣怒，杀之，而醢九侯。"① 在处置九侯这件事情上，鄂侯曾劝谏帝辛，希望他不要迁怒九侯。帝辛不但不听，又命人杀了鄂侯，并将其做成了肉干。"鄂侯争之强，辩之疾，并脯鄂侯。"

我们认为，《殷本纪》的记载，可能并非全是事实，至少在处死九侯、鄂侯问题上，不仅有如上原因，背后应该还有商王朝与地方诸侯关系紧张的原因，处死两位侯似乎是警示那些不听话的诸侯。换句话说，就是杀鸡给猴看。

果然，帝辛的这些残暴举动，让天下诸侯噤若寒蝉。九侯曾帮着他治理国家，都难逃毒手，其他诸侯都躲得远远的，生怕帝辛迁怒于自己。

吊诡的是，这时候，唯有西伯侯姬昌站了出来，叹息帝辛不该对重臣如此毒手，可能还说了些批评帝辛的话。结果，姬昌的这些不当言论被帝辛的眼线崇侯虎的眼线探听到了。崇侯虎如获至宝，奔赴帝辛面前打小报告，结果姬昌则被囚禁了起来。《殷本纪》载："西伯昌闻之，窃叹。崇侯虎知之，以告纣，纣囚西伯羑里。"崇侯虎的事迹在稍后详细谈。

不过上面的这种记载，依然有虚构的成分。根据现代学者考证，在商王朝时期，还没有三公的说法。而三公是周人创设的官

---

① 司马迁：《史记》卷三《殷本纪第三》。

职。既然没有三公的官职,《周本纪》《殷本纪》等记载就都不太符合实际。换句话说,可能姬昌压根就没有在商王朝担任要职的经历,这些都是后代牵强附会上去的内容。[1]

《周本纪》中西伯侯被囚禁的细节更为真实:当时商纣无道,西伯侯却广施仁政,一些人就投奔了西伯侯,其中有太颠、闳夭、散宜生、鬻子、辛甲大夫等人,"太颠、闳夭、散宜生、鬻子、辛甲大夫之徒皆往归之。"[2] 我们认为,这或许才是姬昌被抓的真实原因。换句话说,即到这时,天下诸侯多归附姬昌,而周族的不断强大,对商王朝造成威胁。最终,崇侯虎向帝辛建议说:"西伯侯在传播仁政,诸侯多追随,这对您不利呀!"因此,帝辛诏西伯侯到朝歌觐见,责难西伯侯。此后,西伯侯便被帝辛囚禁了起来。

李硕先生在其著作《翦商》一书中认为,得到帝辛的召见,西伯侯才去往朝歌,这也是西伯侯带领儿子们第一次到朝歌,见到了很多商朝先进的文化。而西伯侯长子伯邑考在这次觐见中,被帝辛作为人牲,献祭给了上帝。帝辛还强命西伯侯、周武王等人吃了伯邑考的肉。由此,引发了周人对商朝的愤恨,并开始准备灭商事宜。[3] 应当说,这种观点很有道理。周王朝建立后,闭口不谈这一段历史,似乎在有意回避着某件事。再者,周王朝废弃了商王朝的"人祭",似乎也与此有关。

总之,帝辛与姬昌的故事很复杂,远非《殷本纪》《周本纪》那般轻描淡写。不过帝辛扣押姬昌的事情应是真的。而扣押的原

---

① 李硕:《翦商》第十九章《羑里牢狱记忆》。
② 司马迁:《史记》卷四《周本纪第四》。
③ 李硕:《翦商》第十九章《羑里牢狱记忆》。

因，大概就是周不断崛起，对商王朝造成了威胁。最终，帝辛扣押了姬昌。

姬昌的臣子得知西伯侯被囚禁后，相互奔波，寻找营救姬昌的办法。据史料载，为了救出西伯侯，这些臣子便选了美女、奇珍异宝、好马敬献给帝辛，这才救出了西伯侯，"西伯之臣闳夭之徒，求美女奇物善马以献纣，纣乃赦西伯。"

《周本纪》里又说："帝纣乃囚西伯于羑里。闳夭之徒患之。乃求有莘氏美女，骊戎之文马，有熊九驷，他奇怪物，因殷嬖臣费仲而献之纣。"为了解救姬昌，周国的贵族们将有莘氏的美女、骊山附近戎、狄部落和有熊氏里挑选的良驹，送到朝歌，并通过帝辛宠臣费仲，交到帝辛手中。而帝辛看到周人进贡的这些东西后，非常高兴。他对费仲说："有这样一件东西，就能赦免西伯侯的罪业。"于是，西伯侯得以被释放。[1]

显然，这种记载并不全面，甚至有些隐藏真相。实际情况可能是：当时周部落已强大起来，成为商王朝西部的一股强大势力，帝辛不愿与周族关系彻底恶化，才在得到周族的好处后，顺便卖了个人情给周部落，放回了姬昌。

为什么这么说呢？因为被赦免后的姬昌在辞别帝辛时，将洛水以西的大面积土地献给帝辛，以换取帝辛的信任。可见，帝辛也不希望与周人彻底决裂，但周人的强大又不得不防备，因此才采取了恩威并施、腐蚀拉拢的办法。

据说，西伯侯还希望帝辛废除炮烙酷刑，帝辛答应了西伯侯，并授予西伯侯斧钺，准予他征伐的权力。"西伯出而献洛西之地，

---

① 司马迁：《史记》卷四《周本纪第四》。

以请除炮格之刑。纣乃许之，赐弓矢斧钺，使得征伐，为西伯。"从帝辛采纳姬昌的建议看，帝辛显然有与姬昌"和好"之意。为了表达他羁押姬昌的歉意，又给姬昌统御西部的身份。而姬昌因此成为西边统御诸侯的联盟长，拥有生杀大权。

姬昌劝说帝辛放弃炮烙之刑的记载，《殷本纪》与《周本纪》基本一致。不同的是，在《周本纪》中载，姬昌被释放后，帝辛告知姬昌侯自己受了崇侯虎的怂恿，才囚禁了他，"谮西伯者，崇侯虎也"。我们认为，完全有这种可能，因为帝辛要为拘押姬昌找借口，不让姬昌太过恨自己，只能将矛头转向崇侯虎。但伯邑考作为人牲被献祭，周人可能不痛恨帝辛吗？

姬昌离开后，帝辛起用嬴姓秦人费仲为大臣，让他负责国家的主要政务，"而用费中为政"。

费仲其人前面不止一次提到过，很多史料中也有提及，大多都记载费仲是谄媚之人，暗附帝辛，到处祸国殃民。司马迁也同意这一观点，他在《殷本纪》中说"费仲善谀，好利，殷人弗亲"。费仲不仅仅阿谀奉承，还贪图钱财，进而引起了帝辛的不满。后来，费仲就被恶来取代，"纣又用恶来"。

为什么重用了恶来？因为蜚廉被派往西北方镇守边境——可能中潏死去后，由蜚廉接替了他，继续在霍太山戍边，而这里的霍太山可能就是中潏驻守的西垂。

而蜚廉的效力，给了商人重用嬴秦的机会。而恶来也主动向帝辛示好，对帝辛忠心耿耿，能力突出，为帝辛解决了很多急难问题，因此不断得到帝辛的赏识，成为帝辛的左膀右臂。

不过费仲被疏远后，到底是被处死，还是流放，史料并无详细记载。从费氏一族在后世的分布的情况来看，自费仲之后，这一族人就一蹶不振了。或许他们在帝辛时代就被疏远，甚至驱逐、迁居了。当然，不排除费氏一族在周初遭到周人打压，从此销声匿迹的可能。原因是，费仲受重用时，正是伯邑考献祭、姬昌被扣押前后。周人对费仲的嫉恨，要比恶来更大一些。不过费氏并没有因此断根，他们可能在山东地区还有子嗣，却从未出现过能改变历史的人物。当然，也有史料说，费仲与恶来一起服侍帝辛，合起伙来助纣为虐。

起初，恶来是因力大无穷，才得到帝辛的重用。进入高层后，恶来也学会了溜须拍马，阿谀奉承，迎合帝辛。

相较于费仲，恶来更善于察言观色。他长年累月生活在帝辛身边，能够准确预判帝辛的喜怒哀乐。

同时，恶来还学会了排斥异己。他在不断受到重用后，到处诋毁不与自己建立同盟的诸侯，以致很多诸侯对他都没有什么好感，《秦本纪》载："恶来善毁谗，诸侯以此益疏。"

而凭借蜚廉戍边、恶来受宠，嬴姓秦族人也开始变得显贵。尤其恶来几乎和帝辛一起过起了骄奢淫逸的生活。恶来此举，树立了更多政敌和仇人。周取代商以后，秦人屡受打压，与此不无关系。

此时，以帝辛为首的商王朝依旧骄奢意淫，沉浸于享乐中。而周原上的周人则悄悄崛起，不断兼并着商王朝周边。这也意味着商王朝外部的危机不断加大，天下正在酝酿着一场商汤建国以来从未有过的风暴。

4. 屈辱的亡国之臣

周人崛起

与助纣为虐，在帝辛的羽翼下求生存的恶来不同，姬昌被帝辛放回后，认清了商王朝本质，开始全面振兴周族部落，等待推翻商王朝的机会。

据说姬昌在西部广施仁政，推行善举，制造声势。他的种种举动，引起了周围诸侯各国的注意。诸侯们处于观望中，猜不透西伯侯的真实意图。但西伯侯广施仁政、热爱子民的消息，总是源源不断传入诸侯耳中，让诸侯们心向往之。对西部诸侯而言，一面是帝辛的盘剥和打压，一面是姬昌的包容。世界出现了两种完全不同的力量，让身处其中的人迷惑。

此时，各地的诸侯面临着艰难的抉择：是继续接受强大商王朝的打压和盘剥，还是投奔广施仁政的西伯侯姬昌？一些诸侯在犹豫后，陆陆续续投奔西伯侯。《殷本纪》载："西伯归，乃阴修德行善，诸侯多叛纣而往归西伯。"[1]

被人广为流传的姜太公钓鱼的故事，也发生在这一时期。传闻说，姜太公，姜姓，吕氏，名尚，字子牙，号飞熊。在一些史料中又被称为太公望、师尚父、吕望等。由于他不仅帮周武王翦商，还产生了一系列的学说思想，因此也被后世称为"百世之祖"。

这样的人才，在商末却找不到展示自己的平台（可能也不想为

---

[1] 司马迁：《史记》卷三《殷本纪第三》。

帝辛效力），因此到处飘着。他听闻西伯侯仁德，就来到西部，希望能得到西伯侯的赏识和重用。

据说为赢得西伯侯的好感，吕尚在渭水河边制造机会（可能苦等多日），见到了西伯侯，并与西伯侯有了一次促膝长谈。西伯侯被吕尚高深的见解和渊博的学识震撼，于是立即将吕尚迎回了周族王宫。两人经过多次交谈后，西伯侯认为吕尚就是辅佐自己成就大业之人。吕尚因此被授予高位，成为辅佐西伯侯的贤才。①

以上就是《齐太公》中的记载，齐太公就是吕尚。因为吕尚的儿子被周王分封在了齐国，《史记》就认吕尚为齐太公。

也有学者认为，吕尚是西部诸侯的首领式人物，因为吕尚又叫姜尚，而早期的"姜"姓，多出自戎、狄。另外，还有些史料也体现了这一点。而吕尚与西伯侯结盟，完全是为了对抗帝辛的暴政：商人常常捕捉戎狄人作为人牲。② 这种观点也非常有道理。这也能从史料中找到依据：为了与吕尚永久结盟，西伯侯还让儿子姬发迎娶了吕尚的女儿邑姜。而这种政治联姻在血缘统治时代是最稳固的联盟方式之一。

当然，除了吕尚外，西伯侯还得到了一大批人才。在这些人才的辅佐下，周王朝开始强大起来。这里引用一件小事，见证西伯侯治理下的周："西伯阴行善，诸侯皆来决平。于是虞、芮之人有狱不能决，乃如周。入界，耕者皆让畔，民俗皆让长。虞、芮之人未见西伯，皆惭，相谓曰：'吾所争，周人所耻，何往为，祇取辱耳。'遂还，俱让而去。曰：'西伯盖受命之君。'"③

---

① 司马迁：《史记》卷三十二《齐太公世家第二》。
② 李硕：《翦商》。
③ 司马迁：《史记》卷四《周本纪第四》。

　　这段话的大致意思：西伯侯广施仁政，乐善好施，带领周人很快壮大起来。当时西边很多诸侯都将西伯侯尊为长，一些难以决断的纠纷，都请西伯侯裁决。恰巧此时，虞国和芮国因边界问题发生了争执，不能决断。两国国君就一起到周地，请求西伯侯决断。当他们到周地后，发现周族种田的人互让田界，道路上的行人也互相让行……谦让美德在周成了一种风尚。看到这一幕，虞、芮君主很惭愧。他们尽释前嫌，各自回了国。不久，这件事就在诸侯之间广泛传播，西伯侯的"人设"很快在诸侯间高大起来。这个故事很丰满，但依然有种不太真实的感觉，似司马迁特意构造出来的故事，目的是说明西伯侯治理下的西部盛况。

　　这里讲到芮、虞两国，就再多讲几句。这两国本是周国边上的两个小国，各自为诸侯，更多时候，依附于强大的周人，周取代商后，周依旧授予他们诸侯国身份。《史记集解》对这两个地方做了说明："地理志虞在河东大阳县，芮在冯翊临晋县。"《史记正义》引《括地志》记载，指出芮、虞两国的地理位置：虞国在陕州河北县东北五十里虞山之上，芮城在芮城县西二十里。①

　　之后，随着周族不断强大，周人在西伯侯的带领下，开始明目张胆地对外扩张。据说西伯侯返回的次年，周人大举进攻犬戎。《周本纪》载："明年，伐犬戎。"

　　犬戎是个混杂的族群，在西边势力很大，活动范围包括周原北部、陇山西部等地。当然，这里的犬戎应该是一个泛指，其中应该包含了很多少数民族。《史记集解》中引用《山海经》中的描述说："有人，人面兽身，名曰犬戎。"人面兽身不足信。可能他们穿着各

---

① 司马迁：《史记》卷四《周本纪第四》。

异，给人的印象是凶神恶煞。《史记正义》对犬戎的来源做了详细
的解读："黄帝生苗龙，苗龙生融吾，融吾生并明，并明生白犬。
白犬有二，是为犬戎。"这种记载还是从黄帝时代衍生而来的，将
犬戎的先祖说成是黄帝，与中原的各种部落同宗同族，大概是一种
"同出一脉"主流意识形态。《说文》中也有"'赤狄本犬种'，故字
从犬"的记载。《后汉书》中也载："'犬戎，槃瓠之后也'，今长沙
武林之郡太半是也。"《毛诗疏》里面的记载是"'犬戎昆夷'是
也"，将犬戎说成是西南的昆夷。[①]

不管犬戎来自何方，到西伯侯所处的时代，他们已在贺兰山以
南、渭水以北、陇山东西等大范围土地上生活。可能犬戎本身世代
偏居于此，窥测着中原政权的更迭。一旦中原政权衰微，他们就会
乘机抢占土地、人口和生活生产物资。

西伯侯先征讨犬戎，也是为消除后顾之忧——周人要想东出，
大后方不能出现问题。这种情形下，西伯侯就指挥周人征服了犬
戎。以后这些犬戎，在秦人崛起时，还会作为一种威胁存在，而秦
人多位先祖都死在与犬戎的作战之中。

扩张行动

犬戎被征服后，西伯侯并未立即公开与商王朝叫板，而是选择
继续征讨西部的一些诸侯，以实现壮大自己、清除障碍的目的。比
如，第二年西伯侯就"伐密须"。这里的"密须"就是密须国。

为什么要征讨密须国？因为就在周人不断强大之际，西边尊崇
商王朝的密须国也乘机扩张，联合崇国攻打周的属国阮、共（在今

---

① 司马迁：《史记》卷四《周本纪第四》。

甘肃泾川附近）等小诸侯。崇国就是崇侯虎的诸侯国，一直与商王朝保持密切关系。不久前，崇侯虎还在帝辛面前打小报告，让西伯侯遭受牢狱之灾。

西伯侯不能让人撼动他西方共主的地位，可能也想给崇侯虎点颜色看看，就派出人征讨密须国，并乘机消灭了密须国。而崇侯虎见势不妙，迅速撤军。不过，西伯侯没有立即征讨崇国，他还不想与崇国有直接摩擦，因为崇国的背后就是商王朝。而在羽翼还未丰满时，是不能与大国硬扛的。

正是西伯侯的这些明智之举，迅速壮大了周人。按照《周本纪》的说法，到这时，"西伯滋大，纣由是稍失权重"。

次年，周军再次出动，攻打耆国。① 耆国也是商王朝西部的重要属国，在武丁时期帮助商王朝平定西方，受到武丁重用。以后一直与商王朝保持密切的关系。耆国的位置大概在今山西省长治市西南一带，正好夹在商王朝与周族之间，是商王朝钳制周人向东扩张的一张王牌。结合这些因素，再看西伯侯这次攻打耆国的目的，即能发现周人"步步为营"的东出计划。

与攻打密须国不同，这次进军耆国纯粹是西伯侯的一次试探。他就是要看看商朝高层对他攻打耆国的态度。果然，周军的行动引起商朝重臣比干的注意，他给帝辛建议，应当留心渭水河畔的周人。有意思的是，帝辛根本不听："王子比干谏，弗听。"

可能帝辛认为，他曾给西伯侯征伐诸侯的权力，西伯侯的举动是在替商王朝统治西部。当然，这些都是表面原因，更深层次的原因是，帝辛不愿与强大的周人交恶。退一步讲，商王拥有那么大的

---

① 司马迁：《史记》卷四《周本纪第四》："明年，败耆国。"

疆域，拥有那么多臣服的诸侯，谁敢轻易跳出来叫板？[1]

帝辛身上有着自大、骄横、满足、有恃无恐的"帝王特色"，他不把周人的壮大当回事儿。

相传此时，还有个贤才叫商容，可能他也给帝辛进言，请求帝辛留心国事，遭到帝辛的打压，被废除了职务，"商容贤者，百姓爱之，纣废之。"[2]

此后，帝辛继续着奢靡生活。而地处西部的周人触角开始向东延伸，威胁到一些还没有归属周人的诸侯国。比如，这一时期，周人开始讨伐饥国，并迅速灭亡了饥国，"及西伯伐饥国，灭之。"

这件事引起了商王朝高层的注意。当时朝中有个官员叫祖伊，是个贤才。他忧患不已，既怨恨周朝不受约束私自扩张，又对帝辛不思治理国家深感不安。《殷本纪》载："纣之臣祖伊闻之而咎周，恐。"《周本纪》也载："殷之祖伊闻之，惧，以告帝纣。"

他迅速找到帝辛，向他陈述周人壮大背后存在的危机："天既讫我殷命，假人元龟，无敢知吉，非先王不相我后人，维王淫虐用自绝，故天弃我，不有安食，不虞知天性，不迪率典。今我民罔不欲丧，曰'天曷不降威，大命胡不至？'今王其奈何？"[3]

这段话的大意是：上天已断绝商朝的国运，用大龟占卜，卦象显示国运不佳。我想这并非先祖不保佑，而是大王您太荒淫无道，以至于得罪了上天，所以上天才不庇佑，使我们不得安宁。大王您不回心转意以顺从上苍的意愿，遵循自然法理。根据我的调查，商人也希望我们灭亡。民间总是流传着希望上苍来灭商的言论。面对

---

①② 司马迁：《史记》卷四《周本纪第四》。
③ 司马迁：《史记》卷三《殷本纪第三》。

这些情况，大王您打算怎么办？

祖伊的话非常重，他透露出了当时商王朝面临的危机，希望帝辛警醒，力挽狂澜，拯救大厦将倾的商王朝。尤其是说帝辛应顺从天意，而天意一直是商王朝尊崇的东西。如今，帝辛舍弃了这些，商王朝面临着亡国危机。我们亦能从这段话中窥见商人善于占卜的习俗。后来的周人、秦人也都继承了占卜的习俗。

祖伊的进言太直率，不但没有起促进作用，反而激怒了帝辛。只是帝辛没有立即处死祖伊，而是与祖伊发生了激烈的争论。帝辛训斥祖伊说："我生不有命在天乎！"我天生就是做国君的命，这难道不是顺从天意？祖伊被帝辛的话噎住，既愤怒又悲愤。而在帝辛看来，他已在言论上胜了祖伊，就未对祖伊进行身体体罚。祖伊返回后，对身边的人说："大王已无可救药了。"

这是司马迁《殷本纪》里的一段细节描写，很传神。而这段话脱胎于《尚书》，尽管司马迁对《尚书》中的内容做了"新译"，但核心内容并未改变。换句话说，这段话的寓意，应该是真实的。需要注意的是，这时候的帝辛与之前"嗜杀成性"的性格迥异。若按照帝辛以前的性格，但凡有大臣如此不尊，帝辛定会严惩。《周本纪》的记载更为简略："明年，败耆国。殷之祖伊闻之，惧，以告帝纣。纣曰：'不有天命乎？是何能为！'"①

正是由于帝辛的这些不在乎，周人继续发展壮大。当然，这时候，帝辛还面临着一个比周族崛起更大的威胁，这就是东夷部落的不断入侵。

事实上，近十多年，商对东夷的征讨陆续进行着，战况时紧时

---

① 司马迁：《史记》卷四《周本纪第四》。

缓。大概此时，东夷部落与商王朝的关系再次紧张起来，所以帝辛抽不出身应对周人的崛起，只能对其实施拉拢策略。

而西伯侯看到商王朝无动于衷，下定决心讨伐崇侯虎的崇国。"明年，伐崇侯虎。"诚如前文所述，崇侯虎向帝辛谗言，让西伯侯遭受牢狱之灾。现在周人强大，羽翼丰满，征讨崇侯虎理所应当，这也会给人造成一种"天理如此"的观念。

据《史记正义》载，崇国所在地曾是五帝时代鲧的封地，"虞、夏、商、周皆有崇国，崇国盖在丰镐之间。"盘庚时期，崇国已成为与殷商密切的诸侯国。甲骨文卜辞中有"贞：令从崇侯虎发棼方，受有佑""勿从崇侯"等内容，可见崇国与商王朝密切的关系。可能崇国的开国之君就叫崇侯虎，以后的国君也都叫崇侯虎。原因是武丁与帝辛之间隔着二百多年，武丁时期的崇侯虎与帝辛时期的崇侯虎显然不可能是同一人。

崇国与殷商的关系一直很密切，这从帝辛对崇国国君与周国国君的称呼中就能看出：崇国的国君叫崇侯，是"侯"；周国国君姬昌是周方伯，是伯。显然，侯是给自己人，而伯是异姓族群。另外，从崇侯虎诬陷姬昌，也能发现崇侯虎更受帝辛宠幸。

正是这些原因，不得不让姬昌下决心翦除崇侯虎。不久前，崇侯虎曾联合密须国向周的附属国进攻，周当时只消灭了密须国，没有翦灭崇国。可能是因崇国以商王朝为靠山，姬昌才没有向崇国发动战争。现在，西伯侯不断试探后，发现商王朝不愿支援西部这些诸侯国，认为消灭崇国的机会到了。

西伯侯不再犹豫，派周人征讨崇国。周人这次准备充分，一举便消灭了崇国。崇侯虎成为周人刀下之魂，再也不能在帝辛面前搬弄是非。

　　周人吞并了崇国后，就在崇国的地上建立了丰邑。这就是周人早期西边都城丰都的来源。《史记集解》中说："丰在京兆鄠县东，有灵台。镐在上林昆明北，有镐池，去丰二十五里。皆在长安南数十里。"《史记正义》中引用《括地志》的记载，对丰都的地理位置进行标注："周丰宫，周文王宫也，在雍州鄠县东三十五里。镐在雍州西南三十二里。"周人建立丰都后，就"自岐下而徙都丰"。

　　《诗经·文王有声》也对这次建都之事做了咏颂：

　　　文王有声，遹骏有声。遹求厥宁，遹观厥成。文王烝哉！
　　　文王受命，有此武功。既伐于崇，作邑于丰。文王烝哉！
　　　筑城伊减，作丰伊匹。匪棘其欲，遹追来孝。王后烝哉！
　　　王公伊濯，维丰之垣。四方攸同，王后维翰。王后烝哉！
　　　丰水东注，维禹之绩。四方攸同，皇王维辟。皇王烝哉！
　　　镐京辟雍，自西自东，自南自北，无思不服。皇王烝哉！
　　　考卜维王，宅是镐京。维龟正之，武王成之。武王烝哉！
　　　丰水有芑，武王岂不仕？诒厥孙谋，以燕翼子。武王烝哉！①

　　丰都的建立对周人意义重大。丰都此地比西岐要宽敞，还有多条河流从它旁边流过，是发家致富的绝佳之地。不过这并不意味着周人废弃了周原，只是更多时候文王居于丰都。

　　此后一段时间里，西伯侯停止了征讨诸侯，转向整顿内政。他与吕尚一起建立起一套统治制度，融合那些归附（吞并）的部落，也在完善他推断出的周易八卦。之所以如此做，是因为周人"扩

---

① 谦德图书：《诗经》之《大雅》，团结出版社。

张"而占据了一大片疆域后，原周族部落制已不适宜，必须创建出一套健全的制度，来统领整个西部。从这次改制中，能窥见"周礼"的雏形。

当然，这一时期周人没有继续扩张的原因，也与西伯侯的身体状况有关。迁都丰都一年后，西伯侯就去世了。

西伯侯去世后，太子姬发即王位，是为周武王。

周武王即位后，沿用了西伯侯时代的太公望、周公旦等人。《周本纪》载："太公望为师，周公旦为辅，召公、毕公之徒左右王，师脩文王绪业。"继续西伯侯的未竟之业。[1]

周武王即位之初，延续了西伯侯的对外政策。一些小部落继续归附周，使得周不断强大起来。不过，与统御四方的商王朝相比，周依旧只是个西方的大诸侯国。他们还没有实力与商王朝直面对决。周武王卧薪尝胆，一直在等待着天赐良机。

九年之后，周武王在毕地祭祀周文王。毕地在雍州，这里有西伯侯的墓地。《括地志》载："周文王墓在雍州万年县西南二十八里原上也。"周武王在此地举行了盛大的祭祀仪式。之后，他带领检阅周的部队，还巡游到盟津地区，会盟诸侯，彰显周国的实力。

据说这时候有人怂恿武王伐纣，周武王大概也有此心。不过，当他仔细察看来会盟的诸侯时，发现一些大诸侯并未响应号召，参与本次会盟。这也意味着依然有诸侯尊崇商王朝。由此，周武王得出结论：商朝气数未尽，贸然讨伐只能招致祸端。此后，周武王果断撤军，继续养精蓄锐、静待时机。

周武王如此谨小慎微也不无道理。或许在周武王看来，周尽管

---

① 司马迁：《史记》卷四《周本纪第四》。

已强大起来，但这些强大的力量并非全是周族，还有其他诸侯国的力量。而一旦与商王朝发生激战，各诸侯会不会主动参与？若他们坐山观虎斗，仅凭周族的力量去灭商，无异于螳臂当车、以卵击石。对周武王而言，要一举攻灭商王朝，就得联合一切力量，选择合适时机。

总之，此时的周朝不具备天时地利人和的条件，不能向商王朝发起攻击。

武王伐纣

又过了两年，一些消息从朝歌传来：帝辛愈加荒淫无道。王子比干被杀，箕子被囚禁。《周本纪》载："居二年，闻纣昏乱暴虐滋甚，杀王子比干，囚箕子。"而原是商王朝的太师疵、少师强也因触怒帝辛，逃亡周朝避难，"太师疵、少师强抱其乐器而饹周。"

到这时，周武王才认为，帝辛众叛亲离，于是他着手准备讨伐帝辛。当然，对周武王而言，他得到了更为重要的情报：商王朝与东夷部落关系持续恶化，帝辛正调集大军攻打东夷部落，商王朝内部空虚。

机会千载难逢。于是，周武王召集贵族商议灭商计划，吕尚支持了周武王的计划。因此，周朝高层很快统一了思想。紧接着，周武王用全部的家底组建一支讨伐商纣的大军。《周本纪》载："乃遵文王，遂率戎车三百乘，虎贲三千人，甲士四万五千人，以东伐纣。"

据说为了出师更加名正言顺，周武王向天下发布檄文，历数帝辛的罪行，以上天的名义征讨帝辛，占据意识形态高地。但我们认为，面对史料中的这种记载当慎重。因为此时的周还不能与商直面相对，因此，准备攻商事宜进行得很隐秘。所谓讨伐帝辛的动员，可能仅限于联络西部诸侯。周武王试图用此举，联系与周人有密切关系，又痛恨商朝的一切力量。因此，周人伐纣的消息开始在西部诸侯间传播，一时间人心惶惶，多数诸侯处于观望中。

此后，周武王继续联络，而这种联络也取得了良好效果。据说一些诸侯打算联合周武王，推翻帝辛共主地位。换句话说，周武王灭商行动开始后，派人到处秘密联络诸侯，壮大自己的声威。因此，等周武王率领的大军到盟津时，很多诸侯都来和他相会，共同商议讨伐商纣的活动。周武王如虎添翼，在盟津举行了隆重的誓师活动。

同年二月早春时节，周武王带领天下诸侯向商朝边境牧野地区开拔。不过，"牧野"这个词需要注意。在远古时代，牧野可能不是表示某一个地方，而是一片与城邑临近地域的总称。《尔雅·释地》有载："邑外谓之郊，郊外谓之牧，牧外谓之野，野外谓之林，林外谓之坰。"

等到牧野后，周武王与诸侯再次盟誓：推翻商王朝。

据说等盟誓完毕清点人数时，众人发现，不知何时，汇集在牧野的诸侯战车已超过四千乘。《周本纪》载："誓已，诸侯兵会者车四千乘，陈师牧野。"也有说八百诸侯。于是，一场声势浩大的讨伐商纣行动正式拉开。

天下诸侯齐聚牧野的消息很快传至帝辛耳中，让他有些慌张，因为商朝的主力部队都在征讨东夷的路上，一时半会难以返回。

而周武王联合各地诸侯，虎视眈眈，帝辛再也不能坐视不理。帝辛立即采取了措施，调集朝歌一带的奴隶、王宫卫军抵御周武王率领的军队。史料说他调集了七十万士兵来阻挡周武王的进攻。^① 显然这一数目不合实际，有学者提出史料记载错漏，应为十七万。当然，这都是后世猜测，缺乏史料证明。

可以肯定的是，帝辛得知周武王带领诸侯来灭商时，并不畏惧。这种底气来自帝辛的部署：一方面，商朝主力已从东夷回撤，试图剿灭周军；另一方面，帝辛组建的临时军队，在数量上占绝对优势。再者，战争地牧野距商王朝核心区域朝歌不远，而周武王虽联合了诸侯，数量不多，又远道而来，粮草依然是困扰周军的大问题……

换句话说，尽管周武王占据意识形态的优势，但帝辛依然大有胜算。

这种背景下，周武王也没有完胜的把握。但这时，已箭在弦上，不得不发，胜败在此一役。

二月甲子日，周武王在牧野举行了战前动员誓师活动，这就是《尚书·牧誓》。之后，在周武王的指挥下，联军向商朝大军发起猛烈进攻。据说为鼓舞士气，周武王也身先士卒，率领一支大军冲向商军。

只是谁也没想到，双方交手后，战况忽然发生了巨大逆转：本来占优势的商军先锋忽然倒戈，投降了周武王的大军。紧接着，倒戈的商军带领周军扑向商军主力。结果，商军的溃败发生了多米诺骨牌效应，周军大获全胜。《周本纪》载："纣师虽众，皆无战之心，心欲武王亟入。纣师皆倒兵以战，以开武王。"

---

① 司马迁：《史记》卷四《周本纪第四》："帝纣闻武王来，亦发兵七十万人距武王。"

那么，为什么会发生这样的事情？

原来，商军先锋队是帝辛临时组建的，军队人员多是奴隶。而在商王朝，奴隶的命运与猪、牛、羊等没有区别，常年受商王朝剥削，定期还要作为人牲献祭和殉葬，因此奴隶对商王朝充满仇恨。这次帝辛强征他们入伍，排在第一梯队，无疑是让他们去送死。对这些人而言，横竖都是死，不如放手一搏，指不定还有生机。因此，当他们与周军接触后，就纷纷倒戈，投降了周军，并为周军做向导，带头向商军发起进攻。而跟在奴隶军后方的商军也没有料到会发生这种剧变，瞬间乱作一团，像水面上的波纹一样向四方溃散开来。周军乘胜追击，消灭了商军主力。

或许，这就是发生在公元前 1046 年 2 月的牧野之战，结果是，战争还未正式开始就已结束。而帝辛本来信心满满，却迎来惨败。他看到大势已去，便率亲随逃回朝歌。

传闻说，帝辛逃回朝歌后，登上平日里嬉戏的鹿台，回想往日的辉煌岁月，感叹不已，悔恨当初不该放走西伯侯，给商王朝培养了掘墓人。最后，帝辛穿上了他引以为傲的锦衣，命人点着大火，纵身一跃，跳进了火海中，与大火融为一体。《周本纪》载："纣走，反入登于鹿台之上，蒙衣其殊玉，自燔于火而死。"[1]《殷本纪》也载："纣走入，登鹿台，衣其宝玉衣，赴火而死。"[2]

当然，也有说帝辛是被杀死在朝歌的。不管怎样，随着帝辛死去，以青铜文明为代表、延续国祚五百余年的商王朝覆灭。

战果超出了预期，周武王自然乘胜追击。当他追到朝歌时，帝

---

[1][3] 司马迁：《史记》卷四《周本纪第四》。

[2] 司马迁：《史记》卷三《殷本纪第三》。

辛已灰飞烟灭。周武王登上鹿台，对帝辛的尸体进行了斩杀（完全是一种表演，如果不斩杀，他可能就无法取代商）。与此同时，周军将士在搜罗时，还发现两个已自缢而亡的帝辛妃子（可能其中之一是妲己）。周武王又对这两名妃子的尸身进行射箭。《殷本纪》载："周武王遂斩纣头，县之白旗。杀妲己。释箕子之囚，封比干之墓，表商容之闾。"相较于《殷本纪》的简略，《周本纪》对这一段有详细记载："遂入，至纣死所。武王自射之，三发而后下车，以轻剑击之，以黄钺斩纣头，县大白之旗。已而至纣之嬖妾二女，二女皆经自杀。武王又射三发，击以剑，斩以玄钺，县其头小白之旗。武王已乃出复军。"③之所以记载如此翔实，大概是因为周人要表达一种"取而代之"的"势"。

然后，周武王撤出了朝歌，驻扎在朝歌城外。次日，周武王先命人清理因战乱破坏的道路，修复因战乱创伤的商纣的宫室，修复祭祀土地和谷神的社坛。周武王此举意在稳定朝歌城内的商朝臣民——这也是一股巨大的力量，若他们纷纷对抗周军，周武王有把握平定这些叛乱吗？

经过周武王这一系列举措后，被恐惧笼罩的朝歌逐渐安定下来。不过周武王清楚，商朝臣民还处在恐惧中，他需要持续稳定民心。

之后，周武王在朝歌举行了盛大的祭祀仪式，向上苍陈述商纣无道的种种恶行，宣示他推翻商纣、成为新天子是受天命。周武王还表示，他只是诛灭帝辛，与商王朝臣民无关，并勒令他们认清形势，主动承认周王朝的"义举"。商王朝臣民躁动的心被安抚，暂时臣服了周王朝。

做完这一切后，周武王退出了朝歌王宫。撤离朝歌前，周武王将商朝之地封给了帝辛的儿子禄父（一说叫武庚），"封商纣子禄父殷之余民"。周武王希望禄父能够汲取帝辛的教训，统领他们商地的子民安居乐业。

周武王如此做，也是权宜之计。周灭商之战刚刚结束，天下政权重组，人心惶惶。再者，原从东夷回撤的商军还在途中，他们更是一股强大的力量。面对这两种复杂局势，需要选择更加恰当的方法，稳定刚刚平定的商地。

换句话说，表面上看，周取代了商，但实际上是周武王乘着商人攻打东夷巧取的结果。另外，很多原属商朝的臣民还未彻底归附，商地依然存在很多不稳定因素。

最终，周武王在撤退前，将弟弟们留下，分成三股势力协助禄父治理殷地。"武王为殷初定未集，乃使其弟管叔鲜、蔡叔度相禄父治殷。"当然，名义上是协助，实际上是监督。

回到镐京后，周武王继续实施系列举措，以巩固周王朝政权。比如，他追思先王，论功行赏："武王追思先圣王，乃褒封神农之后于焦，帝尧之后于蓟，大禹之后于杞。于是封功臣谋士，而师尚父为首封。封尚父于营丘，曰齐。封弟周公旦于曲阜，曰鲁。封召公奭于燕。"还有一些跟着周武王平定天下的大臣，也都得到了封地，"余各以次受封"。

这些都是非常必要的措施，因为这些人跟着他推翻了商王朝，论功行赏也是稳定天下的重要举措。得到封赏的臣僚，奔赴各自封地，经营封地。自此，天下逐渐归于平定，诸侯开始接受周取代商的现实。

当然，除了论功行赏，惩罚也在同步推进中。

秋后算账

在周朝惩罚的人中，对秦人的祖先蜚廉、恶来的惩罚尤为严重。秦人族群的命运，也因此受到严重影响。

史料中少有恶来参与牧野之战的记载，但作为帝辛的宠臣，恶来极有可能与帝辛一同到牧野对抗周国大军。有学者认为，恶来和其父蜚廉一样，应是勇武的将领，不失秦人本色。若此结论属实，那么在牧野之战时，恶来定会上战场，以表明自己忠于商王朝，毕竟那时候的他们也没有料到会失败，因为商军占据着绝对优势。

牧野之战失败，帝辛逃亡时，恶来大概也逃回了朝歌。恶来这种人善于钻营，一定会紧紧跟在帝辛的身后，不会在战争第一线冒险。

帝辛自杀后，恶来可能想过逃亡，但他在商王朝助纣为虐多年，商王朝上下像痛恨帝辛一样痛恨他。因此，恶来被人抓住了。最后，恶来被押解到周武王面前。面对恶来，周武王没有留情，他杀死了恶来。司马迁在《史记》中载："周武王之伐纣，并杀恶来。"《太平御览》则认为，周武王用箭射穿恶来之口，让他死于箭伤，"武王亲射恶来之口"①。《庄子》集释中说："恶来纣之嬖臣，毕志从纣，所以俱亡。"

这些记载，都只是简略地介绍，有些篇目显得模棱两可。这不由让人浮想联翩：一个如此重要之人，却没有记载他最后的遭遇。我们只能从宋代的史料《太平御览》中寻找证据，认为恶来被周武王射死。

---

① 《太平御览》卷三百八十六《人事部二十七》。

恶来被杀，恶来的父亲蜚廉也成了众矢之的。

武王伐纣时，"蜚廉为纣石北方"。因此，他躲过了一劫。可能当初周军讨伐商纣的消息曾传到过蜚廉耳中，他也带着人往回赶，试图解救商王朝。不过，他人还未赶回，就得到帝辛已死、商朝已亡的消息。这种情况下，蜚廉已无处可去，他效忠的王被杀、国灭亡。

蜚廉悲愤之余，在霍太山设立祭坛，向帝辛的灵位汇报他这些年兢兢业业驻守边陲的情况。这就是《秦本纪》中记载的："还，无所报，为坛霍太山。""还"就是返回的意思。《史记正义》中说："纣既崩，无所归报，故为坛就霍太山而祭纣，报云作得石椁。"霍太山在《史记正义》和《史记集解》里所指位置不尽相同。《史记正义》中说："霍太山，纣都之北也。霍太山在晋州霍邑县。"[1]《史记集解》中引用《地理志》的记载，认为霍太山在河东彘县。

然后，蜚廉就留在了霍太山，观望着天下局势。

按照《秦本纪》的记载，蜚廉在修祭坛时，还曾经挖出了一具石棺，石棺上还有"预知未来"的铭文，奉劝蜚廉不要再参与殷商的暴乱，应顺应大势，承认周取代商是天命所归。唯有如此，他的后代才会绵延不绝、光宗耀祖。[2]

这个记载很传奇，仿佛天命注定，预示某一族人会兴盛起来。这种记载有先入为主、后世追加的嫌疑。因此，本书认为，司马迁在考证蜚廉的事迹时，听到这样一则传说，恰巧蜚廉的"终结"无法自圆其说，所以他就根据口口相传的东西，整理出这样的故事。《史记索隐》里也说："言处父至忠，国灭君死而不忘臣节，故天赐

---

[1] 司马迁：《史记》卷五《秦本纪第五》。

[2] 司马迁：《史记》卷五《秦本纪第五》："而报，得石棺，铭曰：'帝令处父（蜚廉别号）。不与殷乱，赐尔石棺以华氏。'"

石棺，以光华其族。事盖非实，谯周深所不信。"可见后世在理解司马迁这段记载时，也产生了怀疑。

所以，当时的情况还存在这样一种假设：蜚廉得到商朝灭亡消息后，就躲进了霍太山。因为国家都不在了，即便出去，也不会有好下场。与其如此，还不如继续守在霍太山，占山为王，继续与周王朝对峙。而周王朝初立，并未剿灭蜚廉。他就带着随从继续生活在霍太山，最终也孤老霍太山。蜚廉死后，他的属下又将他葬在了霍太山。所以，《秦本纪》才说："才死，遂葬于霍太山。"① 出土的《清华简》中认为蜚廉在周灭商后，逃亡到东方，在周平王时期才被处死，这也是有可能的。至于《清华简》的内容，我们会在日后做进一步分析。

当然，尽管秦人先祖蜚廉、恶来已死，但因他们在商王朝受宠，助纣为虐，他们的族人也就成为周人重点监督的对象。至少对周人而言，秦族也当划归到"殷遗民"中。他们与武庚及其族群的身份没有区别。这种背景下，恶来一族应也生活在朝歌，受周王朝的监督。

从此之后，可能秦族和"殷遗民"一样，一直受打压，地位低下，任何行动都要受到监督。直至周孝王时期，周王朝高层逐渐放下对秦族的戒心，他们才会有机会获得新生。

---

① 司马迁：《史记》卷五《秦本纪第五》。

第三章

附 周

泛彼柏舟，亦泛其流。耿耿不寐，如有隐忧。微我无酒，以敖以游。

我心匪鉴，不可以茹。亦有兄弟，不可以据。薄言往诉，逢彼之怒。

我心匪石，不可转也。我心匪席，不可卷也。威仪棣棣，不可选也。

忧心悄悄，愠于群小。觏闵既多，受侮不少。静言思之，寤辟有摽。

日居月诸，胡迭而微？心之忧矣，如匪浣衣。静言思之，不能奋飞。

——《诗经·邶风·柏舟》

1. 参与叛乱

周初的隐患

恶来被杀后，秦族的处境出现了大反转。

商纣王时期，因蜚廉、恶来、费仲地位显赫，秦族人也在商族社会中地位较高。而随着费仲被打压、恶来被杀，当初秦人先祖怂恿商纣王不行王道、祸国殃民的恶行被逐一曝出，尤其恶来助纣为虐，成为周王朝嫉恨秦族的缘由。周王朝由"恶来"衍生出"恶秦"，秦族受到冷落、监督、打压，昔日帝辛时期的辉煌不复存在。

这一背景下，秦族面临着异常艰难的处境。那么，他们能在周王朝时期重新崛起吗？

蜚廉有两个儿子，长子是恶来，他是秦人先祖。另一子叫季胜，是赵人的先祖。按照古人"伯、叔、仲、季"的排序，季胜可能是蜚廉的四子。恶来、季胜兄弟两人在商纣时期身份不同：恶来受重用，季胜寂寂无闻。可能凭借着蜚廉、恶来的影响力，季胜一族在商朝也生活无忧。而恶来被杀、蜚廉躲入深山后，统领族人的重任就落到季胜身上。

这是历史给他的重担，他无法逃避。所幸的是，周王朝初建国，四方还未稳，并未对秦族进行彻查清算，实施灭族行动。

只是处境非常不利，监督和打压是常有之事，"非我族类，其心必异"似乎已成为一种共识。这种背景下，秦人、赵人只能抱团取暖。大概周王朝允许季胜统领嬴姓秦氏、赵氏两族人在周王朝的监视下继续繁衍，前提是不再对抗周王朝。

季胜主动挑起大梁，领着两族人寻找生存的缝隙。

周武王没有严厉打击秦族与当时的政治背景有关。翦灭商王朝后，为了稳定商地，周武王连帝辛后人禄父都没有诛杀，让他统领商遗民。而比起禄父来，秦族对商王朝的威胁就更小。

可能周武王班师前，将统御秦族的任务也分给了禄父，让其代为管理，毕竟秦族也是"殷遗民"的重要组成部分。之后，秦人、赵人就在周人的统辖之下，开始了默默无闻的生存、躲避、求变的日子。

不过从周武王后来的举动分析，他对商地并不放心。此后，周武王将三个弟弟管叔、蔡叔、霍叔封在商地周围，美其名曰帮助禄父治理商地，实际上是监视商地。用臧知非先生的话说就是："是为了镇抚东方，防止殷、商遗民和东方古国起兵反抗周室，带有着武装殖民的性质。"① 周武王这三位兄弟叫作"三监"。也有学者指出，三监另有其人。

回到周地后，周武王每天都很忙碌。尽管当初的目的是推翻商王朝，但当"小邦周"取代"大邑商"后，包括周武王在内的所有人都处于"恍惚"之中。充满魔幻的灭商经过，让他们不得不审视现实：天下人心浮动，需要措施去安抚；诸侯间各怀心思，也需要去恩威并施。总之，周武王不能再以小邦国君主身份去统治天下，他需要推行一系列措施，创建一系列制度，震慑诸侯，安定民心，稳定天下。

---

① 臧知非：《秦思想与政治研究》之《周秦风俗的认同与冲突——秦始皇"匡饬异俗"探论》。

周武王为治理国家而苦恼着。而稳定天下的制度创建起来并不容易,商王朝时期的制度可借鉴,但不能全盘吸收。毕竟商王朝时期的制度存在诸多弊端,否则这样强大的青铜王朝怎么会灭亡呢?

同时,商王朝的灭亡也是警示教训。帝辛不务正业,游手好闲,荒淫无度,又穷兵黩武,好大喜功,耗费国力,让国家到了崩溃的边缘。帝辛身上暴露出的这些,都是历代君主最易沾染的恶习。周武王很警醒,他自己包括周代子孙,一定要汲取商纣时期的教训,为周王朝国祚永续奠定基础。

周武王勤于政务,和智囊团们不断制定各种措施,一点点理顺国家。有时候,周武王也会盯着殷地观望,"武王征九牧之君,登豳之阜,以望商邑",因为那里还有商王朝的后裔及其族人。他们会真心臣服吗?

周武王在忙碌的政务中、在忧心各地安定中,经常夙夜忧叹,夜不能寐。而连续的失眠让周武王痛苦不已。

弟弟周公旦看出周武王的心神不宁,询问原因。周武王这才表示,他最近想到商朝灭亡的原因,经常夜不能寐,"维天不飨殷,自发未生于今六十年,麋鹿在牧,蜚鸿满野。天不享殷,乃今有成。以至今。我未定天保,何暇寐!"周公旦听了以后,劝谏周武王要保重身体。周武王则表示,他要好好治理国家,广施恩德,让天下臣服。

周武王的病情有所缓解,但还是会做噩梦。每当这时,周公旦就成为解梦者,给周武王疏导情绪,让他放下思想包袱。这种故事,最终演变成"周公解梦"的传奇。

之后,周武王继续治理国家。据说他还遣散了军队,以表明天下安定,再也不会出现战乱了。

应当说，周武王在位期间，恩威并重，怀柔与大棒并举，天下稳定，很多部落都臣服于周王朝，尊周武王为天子。即便是禄父，也尊周武王为天子。

然而，天不假年，或许周武王的重任就是推翻殷商。这是上苍赋予他的使命，也是历史交给他的责任。灭商两年后，周武王因病去世。李硕先生认为，周武王的去世与商地还未彻底臣服有很大关系，周武王因此常常失眠，精神状态紧绷，身体状况急转直下，两年后撒手人寰。[1]

据说周武王去世前，曾有意让位于弟弟周公旦。不过，周公旦并未接受这一建议。因此，当周武王去世后，周公旦、太公望、召公奭等一应贤臣拥立太子即位，是为周成王。

由于周成王即位时尚处于少年，太公望、召公奭、周公旦等人就成为辅佐周成王的顾命大臣。其中，尤以周公旦最有名。相传，周武王重病期间，周公旦曾向上天请求，希望代兄去死，但上天还是带走了周武王。事后，周公旦命人将祈求上苍内容的锦书藏在了国家"资料库"中，不许对外界宣扬他的这次"代君去死"之事。

周成王即位之初，天下又变得不稳定起来。这是因为周成王尚年幼，既无建国立业的不世之功，又无振兴国家之绩。尽管身边有元老重臣辅佐，但诸侯都是跟随周武王打天下的功臣，对周成王心存芥蒂。这种背景下，国家出现了主少国疑。

据说当时周朝高层从各地收集到的讯息中，已捕捉到一些诸侯谋划着要摆脱周王朝束缚、自立山头的情报。周公旦得到了这些情报后，担心成工年纪小，天下诸侯叛乱，果断代成工处置天下政

---

① 李硕：《翦商》。

务，让周成王能健康成长。《周本纪》载："成王少，周初定天下，周公恐诸侯畔周，公乃摄行政当国。"①《鲁周公世家》载："周公恐天下闻武王崩而畔，周公乃践阼代成王摄行政当国。"② 这是一种勇挑大梁的做法，也是稳定时局的做法。对周王朝而言，也是最妥善的处置办法。

然而，周公旦这一深明大义的做法，反而给一些别有用心之人落下口实。相传，被周武王分封的管叔、蔡叔等兄弟就对周公旦此举很不满，因为他们认为周公旦意在谋权篡位（实际情况是，他们可能借机捞到更多好处）。霍叔尽管相信周公旦不会篡权，也架不住各种流言蜚语，变得左右摇摆，于是也密切观察着时局。

这种背景下，周王朝内部先不稳定了。

三监之乱

管叔、蔡叔、霍叔就是三监。他们是周武王特意设立监督商人的三位诸侯。到周公旦代周成王处置政务时，三监已在商地驻扎数年，替周王朝监督着商遗民。

三监设立的背景是这样的：周武王灭商朝后，未对殷地百姓悉数诛杀，而是采取周公旦的建议，用怀柔政策，让帝辛儿子禄父继续治理殷地。但周武王对禄父（武庚）并不信任，担心随着周军撤退，禄父（武庚）会在殷地寻找机会，继续作乱，进而威胁周王朝的稳定。为此，周武王将原先的商地至少分成四部分，即最中心的部分是禄父（武庚）统辖的殷地，在殷地周围建立邶、鄘、卫三

---

① 司马迁：《史记》卷四《周本纪第四》。
② 司马迁：《史记》卷三十三《鲁周公世家第三》。

国，由蔡叔、管叔、霍叔掌管。这样一来，邶、鄘、卫对殷地形成了"包围"，用来监视禄父（武庚），以随时应对殷地可能发生的暴乱。《史记正义》引《尚书洛诰》云："我卜瀍水东，亦惟洛食，以居邶、鄘、卫之众。"

当然，有关三监的争议很多，各有各的论据支撑。比如有学者就认为，禄父（武庚）也是三监之一。本书认为，三监就是管叔、蔡叔、霍叔三人的另一种称呼。

管叔原名叫叔鲜，是西伯侯姬昌的第三子、周武王的弟弟。周翦商后，叔鲜被周武王封在"管"地（管国），具体地望应在河南省郑州市，叔鲜因此被称为"管叔"。《史记正义》引《括地志》载："郑州管城县外城，古管国城也，周武王弟叔鲜所封。"在今河南郑州就有个管城区，不知是否与此有关？

蔡叔姬姓，名度，世称蔡叔度。他是西伯侯姬昌的第五子、周武王的同母胞弟。翦商后，他被封在蔡地（蔡国），具体地望在河南上蔡，叔度又被人称"蔡叔"。在古文字中"蔡"与"祭"通假，因此，也有文献中称蔡叔为祭叔。《史记正义》引《括地志》载："豫州北七十里上蔡县，古蔡国，武王封弟叔度于蔡是也。县东十里有蔡冈，因名也。"现在郑州还有个地方叫祭城，不知是否与此有关？

霍叔，姬姓，名处，世称霍叔处。据说是周文王姬昌第八子、周武王同母胞弟。翦商后，被分封在霍（今山西霍州），建立霍国，他因此被称为霍叔。令人疑惑的是：霍国在今山西境内，当初蜚廉就在这里替帝辛戍边，周武王将霍叔分封此处，是否与翦灭蜚廉势力有关？与此同时，霍国距离殷地较远，如何监控殷遗民？

管叔、蔡叔、霍叔均为西伯侯之子、周成王的父辈，也是周王朝的直系血亲。当初周武王将他们三人封在这三地，可能也是考虑到只有自己人能够为周王朝效力，不会背叛周王朝。

周武王在世时，三监担负着监督禄父的责任，保证了殷地的稳定。而随着周武王去世，天下诸侯蠢蠢欲动，三监地区的不稳定更加显著：随着三监与禄父（武庚）相互交往、融合，监督与被监督关系也发生了改变。或许，他们之间存在利益交往，而利益是最能摧毁某种"牢固"关系的。不久，就有消息从镐京传来：周公旦代成王处置政务。大概禄父（武庚）认为时机成熟，乘机怂恿三监，指责周公旦越俎代庖，僭越王权。

三监对此心生猜忌，对周王朝不再一心一意效忠。而禄父（武庚）则继续利用三监对周公旦的猜忌，挑拨离间、搬弄是非、怂恿撺掇、制造矛盾，寻找着突破口。而人的嫉妒心就像长在心中的一株毒草，会不断随着各种恶言的滋润长大，直至惑乱人的心智。

三监的愤怒被点燃，管叔、蔡叔怒火中烧。他们与周公旦身份一样，为周王朝的稳定创建了巨大功业，凭什么只有周公旦能够代行君主之权？霍叔也被怂恿起来，对周公旦越来越嫉恨。只是他们都忘却了，曾经他们在一个大家庭长大，兄弟之情还在啊！

当然，他们反对周公旦也是有原因的。有些史料中载，周公旦"代行君权"时，人们就称呼他为"王"。他成为国家的中心，其他兄弟自然心里不服。比如，《尚书》有时将周公写成"王"，或者周公自称"王"。《艺文类聚》载："昔者武王崩，成王少，周公旦践东宫，履乘石，祀明堂，假为天子七年。"这里的"假为天子"，就是虽无天子之名，却有天子之实。

这一背景下，三监公开反对周公旦代行君主之权，甚至到处散布谣言，揭露周公旦乱政的"恶行"。因此，三监之地、殷地都在流传着各种有损周公旦形象的言论。《鲁周公世家》载："周公恐天下闻武王崩而畔，周公乃践阼代成王摄行政当国。管叔及其群弟流言于国曰：'周公将不利于成王。'"① 最终，这些言论也流传至镐京，一些周王朝贵族也议论纷纷。

当时，国家的顾命大臣中，召公（姬奭）的地位仅次于周公旦。两人也是兄弟，关系匪浅。据说周武王去世前，将太公望、召公、周公旦立为股肱之臣，陕地以西由召公负责治理，陕地以东由周公旦管理，由此还衍生出"分陕而治"的政治术语。大概太公望、召公起初是同意并支持周公旦代行君主之权的，但随着各种流言不断涌入镐京，太公望、召公等人也变得有些恍惚，他们分不清流言中哪些是真实的，哪些是恶意中伤。

召公自然不希望流言变成现实，他们打算找到周公旦，证实心中的疑虑。而此时，这些真真假假的流言也传到了周公旦耳中。周公旦清楚，其他人的猜忌都不足惧，只有稳定召公、太公望，消除他们的顾虑才能稳定周王朝。于是，周公旦主动找上门，与召公、太公望座谈。周公旦引用商汤用伊尹等事例，来解释他的所作所为，并指出他从未有过僭越之意，希望召公不要为外界杂音所干扰，他们一起继续为周王朝的稳定与强大努力。最终，周公旦凭借坦诚，消除了召公对他的猜忌。② 《鲁周公世家》的记载更为详细："我之所以弗辟而摄行政者，恐天下畔周，无以告我先王太王、王

---

① 司马迁：《史记》卷三十三《鲁周公世家第三》。
② 司马迁：《史记》卷三十四《燕召公世家第四》："成王既幼，周公摄政，当国践阼，召公疑之，作君奭。君奭不说周公。周公乃称：'汤时有伊尹，假于皇天；在太戊时，则有若伊陟、臣扈，假于上帝，巫咸治王家；在祖乙时，则有若巫贤；在武丁时，则有若甘般：率维兹有陈，保乂有殷。'于是召公乃说。"

季、文王。三王之忧劳天下久矣，于今而后成。武王蚤终，成王少，将以成周，我所以为之若此。"

然而，即便解除了召公、太公望等人的顾虑，但管叔、蔡叔、霍叔等人依旧在造势。尤其在邶、鄘、卫三国的地界上，周公旦暴乱的谣言甚嚣尘上。

周公旦对此采取了忍耐。毕竟这些人只是在造谣，并未反叛国家。若仅仅因一些谣言，就对造谣之人实施制裁，会在诸侯中落下口实。周公旦需要他们自己暴露出叛意来，才能实施歼灭行动，一举歼灭。

三监也没有"令人失望"，等他们利用谣言造足了势，管叔、蔡叔就联络了商王朝后裔禄父，打着平定周公旦"谋权篡位"的旗号，制造混乱，妄图赶走周公旦（禄父可能希望借机复国）。《周本纪》载："管叔、蔡叔群弟疑周公，与武庚作乱，叛周。"

三监和禄父扛起反叛周王朝的大旗，一时间天下哗然。诸侯们在观望，看周王朝如何处置这件事。

而这就是历史上"三监之乱"。不过关于三监之乱，后世有不同的争议，一些学者认为霍叔是坚决拥护周王朝的，是管叔、蔡叔和禄父裹挟了霍叔，造成了三监之乱。只是不管什么原因，一旦叛乱爆发，身处其中的人就变得不由自主。

对周公旦而言，周朝不允许这些叛乱，尤其令人失望的是这些叛乱还来自周朝内部。他决定迅速镇压，消除周朝的危机。

之后，周公旦领兵出征，扫荡叛乱。周军所到之处所向披靡，遍地臣服。不过，三监和禄父的抵御也很顽强，他们边退边战，毫不妥协，以至于双方的这场较量前后持续了三年时间。最终，以周公旦的胜利告终。《周本纪》载："初，管、蔡畔周，周公讨之，三年而毕定。"

三监叛乱被平定后，管叔和禄父被杀，蔡叔被流放，霍叔的去向不得而知。《周本纪》载："周公奉成王命，伐诛武庚（禄父）、管叔，放蔡叔。"然后，周王朝对殷地实施了重组："以微子开代殷后，国于宋，颇收殷余民，以封武王少弟封为卫康叔。"①

平定三监之乱后，周公旦又率领周军继续向东进发，消灭那些原先没有臣服周王朝的东夷诸侯。《鲁周公世家》载："宁淮夷东土，二年而毕定。诸侯咸服宗周。"《周本纪》载："召公为保，周公为师，东伐淮夷，残奄，迁其君薄姑。"《诗经·豳风·破斧》中很形象地描述了此次周公东征："既破我斧，又缺我斯。周公东征，四国是皇。哀我人斯，亦孔之将。"据说，秦族也在这时候受到严重制裁。有一种观点认为，秦人先祖蜚廉就是这时候被周公诛杀的。

本书推测，秦族应该因为参与了这次叛乱而遭受周人的打压。那么，秦族是否参与了这次叛乱呢？

参与叛乱的结果

一份考古发掘的资料，详细记载了秦族参与这次叛乱的过程。这份资料就是前面介绍恶来、蜚廉事迹时列出的出土文献《清华简》。

据《清华简·系年》里载，秦人祖先蜚廉也参与了这次暴乱。《清华简·系年》的内容，在叙述蜚廉、恶来那一节中，我们已有提及，只是未展开论述。这里做详细分析。

---

① 司马迁：《史记》卷三十三《鲁周公世家第三》。

来看《清华简》原文：

> 周武王既克殷，乃设三监于殷。武王陟，商邑兴反，杀三
> 监而立彔子耿。成王屎（践）伐商邑，杀彔子耿，飞廉东逃于
> 商盖氏，成王伐商盖，杀飞廉，西迁商盖之民于邾吾，以御奴
> 且之戎，是秦之先，世作周危（卫）。周室既卑，平王东迁，
> 止于成周，秦仲焉东居周地，以守周之坟墓，秦以始大。①

这段话的大致意思是说：周武王灭商朝后，在商朝旧地周围设
立三监，用来监视商遗民。周武王去世后，这三个地方的人就举兵
反周。周公旦率领周军平定叛乱，三监及禄父因此被杀。平叛后，
为安抚周地民众，周成王又选了一个叫彔子耿的人镇守殷地，管理
这一片地方。后来，这里再次爆发叛乱，成王指挥（率领）周军重
新讨伐此地，彔子耿被杀。秦人祖先飞（蜚）廉见状，逃到东部商
盖氏部。成王又命人追到商盖氏，诛杀了飞廉。然后，周成王又将
商盖氏及其秦人都迁到邾吾，让他们在边境上抵御戎、狄。自此之
后，秦人祖先就一直在边境住着，为周王朝戍卫边关。后来周王朝
式微，周平王东迁，秦仲护送周平王东迁后，被封诸侯，进驻周岐
之地，为周王朝守墓。也就是这时候，秦人开始强大。

《系年》的记载，初看并无不妥之处，记载的事件经过似乎也
有其他史料的相互佐证。但若细细推敲，就能发现很多细节难以自
圆其说。

分析《系年》内容，我们能够发现，这是一份总结性材料，应

---

① 《清华简》系年第三。

是"后世"对秦早期历史进行的梳理。《清华简》出土地多有争议，内容也与传世文献多有出入。不可否认的是，《清华简》价值很高，它提供了另一个视角，让我们了解不一样的历史。

当然，应当注意的是，《清华简》虽是出土的史料，但也是文献的一种，而《系年》既然作为一种出土文献，我们很难断定它一定就是客观的。事实上，几乎所有史料都不免存在着述者的思想和偏好，所以这份材料的内容真实性就值得商榷。我一直有一个观点：不管是出土文献（包括青铜器铭文），还是传世文献，当我们将这些文献作为第一手史料使用时，必须意识到可能存在的偏见和主观性。

有这样的认识后，再分析这份史料就会更加客观。

在《系年》前半部分中，著作者认为，三监之乱平定后，周王朝在此地设立的管辖之人是录子耿。《周本纪》和《鲁周公世家》认为立的人是微子启。当然，对秦人而言，这都不是最重要的。最重要的是，这份史料中认为，蜚廉先逃亡到东海商盖氏，后被周王朝"剿灭"反叛势力的大军追上，蜚廉被杀。然后，剩余的秦人被周人强行西迁至边关，为周人戍边。直至周平王东迁后，秦人才迁到周王朝原来的发迹之地。

分析《系年》的记载，我们发现《系年》与其他传世文献资料记载多不一致。比如，《系年》认为三监之地连续发生了两次暴乱，而《史记》等其他史料中认为发生了一次；再比如，《系年》说蜚廉是被周成王杀死的，《史记》中没有明确记载蜚廉死因，只说葬在了霍太山。凡此种种，都表明《系年》更有"故事"。

我们认为，尽管《系年》与"正统"史料有诸多不一致，但这份考古史料里面依旧透露出一些新的信息以及新的疑惑，值得深思与玩味。

一是商纣灭亡时，蜚廉是否参与对抗周军的战争？《秦本纪》认为，蜚廉并未参与其中的斗争，他一直藏在霍太山，而霍太山就在今天的山西省霍邑。《史记正义》引刘伯庄的观点，认为："霍太山，纣都之北也。霍太山在晋州霍邑县。"《水经注》中说霍太山就是太岳山。而霍叔所在霍国则在今天山西省临汾市霍州（太岳山的西面平原上）。《系年》没有记载恶来的命运，亦未载蜚廉是否参与周灭商之战，但却记载了蜚廉在周灭商后，没有被杀，一直活到周成王时期。后来蜚廉参与三监之乱，逃亡过程中被周军杀死。表面上看，《系年》与《秦本纪》有联系，因为《秦本纪》没有记载蜚廉的结局，只说他在霍太山"无疾而终"。那就需要注意这样几个问题：从霍太山到霍州的距离非常近。这两地之间是否存在着某种联系？或者说，周武王为什么将霍叔分封在霍太山？是否令其专门监视躲在霍太山继续与周王朝对抗的蜚廉？

本书认为，蜚廉在周灭商以后，先回到霍太山，后来参与三监之乱，失败后，又逃亡东部的可能性很大。有些学者认为，霍叔原本不想参与叛乱，是受了怂恿才与蔡叔参与叛乱的。如果这个观点是真的，那么，蜚廉是否参与怂恿霍叔呢？

二是蜚廉被杀后，秦族被迁居的邾吾到底在哪里？有学者认为，邾吾就是今甘肃省天水市甘谷县的朱圉山，此地距离秦人毛家坪遗址很近。依据是《尚书·禹贡》中的一句话："西倾、朱圉、鸟鼠至于太华；熊耳、外方、桐柏至于陪尾。"很多现代学者据此，强调《尚书》中的朱圉就是《系年》中的邾吾。考古学方面，在甘谷县毛家坪（朱圉山以西）也发现了春秋时期秦人墓葬，似乎与此有关联。但如前文所述，毛家坪遗址时间上限是西周晚期、春秋早期，还到不了三监之乱发生的西周早期，实际考古结果与主流学术结论在时间上相隔数百年。而时间对不上，就说明秦人在周初并未到过甘肃。

需要另外注意的是《史记正义》引《国系》记载："邾峄山亦名邹山，在兖州邹县南三十二里。鲁穆公改'邾'作'邹'，其山遂从'邑'变。山北去黄河三百余里。"方位也指向"邾"。

因此，我们认为，《清华简》中的邾吾不是今甘肃省天水市甘谷县朱圉山，可能与东方诸侯国邾国有关，也就是《史记正义》记载的这里。理由有四点：首先，邾国是真实存在的诸侯国，国祚时间较长，一直到春秋战国时期还存在。其次，邾国位置在东方，介于齐、鲁之间，据说邾国实力仅次于齐、鲁两国，一直到战国时还存在，正好能与《系年》里记载蜚廉逃亡东部对应。再次，邾吾与邾国都有"邾"，应该不是巧合。众所周知，古人善于用"通假字"，但文献资料与出土铭文中字形完全一致的情况，还是较少的。或许《清华简》中的"邾吾"可能就是邾国的一个地方。最后，考古结果也不支持邾吾就是甘谷朱圉山。梁云先生在《西垂有声》中也说："考古学不支持《清华简》，他也不支持邾吾就是朱圉山。"[①]

当然，这个问题还可以继续深化，毕竟真理越辩越明。

事实上，结合《清华简》记载分析，就存在这样一种可能：周成王平定三监之乱后，命人继续追击商遗民。这时候，秦人在蜚廉带领下一路向东流窜，最终逃亡至商盖氏。后来周军追上了蜚廉，将其杀死，并将剩余秦人安置在邾吾（国）。

为什么说这种可能存在呢？因为按照《清华简》记载，周人是

---

① 梁云：《西垂有声》之《第二讲：从蜚廉事纣到庄公伐戎》。

先在商盖氏诛杀了蜚廉，再将秦族西迁到邾吾。而根据现代学者论证，商盖氏在今山东省滨州市一带，邾国位置在山东省邹城西南。换句话说，商盖氏在东，邾国在西。因此《清华简》说的"西迁"也是合理的。由此也就能推断出秦人在周武王灭商时期逃亡的路线只能是：向东行，从殷墟逃亡到商盖氏。后因参与三监之乱，蜚廉被杀，秦人被强行迁到邾吾。而不可能在商王朝灭亡后，就被强制穿越长长统治区，向西到甘肃甘谷。

三是秦族参与三监之乱后，周王朝是只将他们迁居到甘肃东南部，还是先迁到山西境内，再由山西迁往甘肃东南部？据《系年》载，在三监之乱后，秦族受到严重打压，一部分被杀了，另一部分被强迫西迁，迁到哪里不得而知。《清华简》认为迁到邾吾。但邾吾地望至今有争议，在前文中，我们已有详细论述。

另外，按照《秦本纪》《赵世家》所载，秦族在周取代商以后，一直被打压，寄居在同族嬴姓庇佑下，和他们一起生活，并一度改名赵姓。而赵氏是在周朝早期被重用的，封在了赵地，今山西省洪洞县。

因此，本书认为，秦族在周武王时期先被迁了两次。一次是邾吾，后来又迁往山西，与赵氏生活了很多年。等周人对他们放松警惕后，才离开山西，迁居甘肃东南部。

以上列举的这些（可能还不止），就是《清华简》透露出的一些疑点。尽管这些疑点是与《史记》《尚书》《左传》等资料做对比得出的结论，但也不可否认《系年》的史料价值，因为其中一些内容还是能为后世解密秦人早期生活提供有用的信息，比如，在《史记》中没有明写秦族参与三监之乱，《清华简》却有记载。而从周成王之后秦人不断受到周王朝监督、打压等情况分析，极有可能秦人参与了这次暴乱，希望获得新生。结果三监之乱以惨败告终，秦族地位一落千丈。从此之后，他们成为周人重点监督的对象。

2. 受打压的岁月

被迫迁居

三监之乱虽已平定，但这次叛乱，给周王朝敲响了警钟。以前周武王让殷人治理商地的策略，被实践证明是失败的。此后，周王朝对这些异姓诸侯不再信任，由此也掀开了周王朝分封天下的序幕。

事实上，早在周武王时期，已开始试点分封。到平定三监之乱后，周王朝高层决定大面积推广分封制。

周王朝高层经过充分论证后，决定在全国范围内实施分封，将家族成员及其股肱大臣分封各地任诸侯。这些诸侯直接对中央负责，诸侯管理封地人口、物资，定制赋税，聚积财富。只要他们按照周王室的规定，每年定期上贡财物即可。为了促进地方自治，稳定地方发展，周天子还允许他们建立自己的国家和军队，如果国家有需要，诸侯要配合天子征调，组织人参与战争。

应当说，分封制是一种加强中央与地方治理的尝试，与商王朝时期的地方诸侯迥异。在阅读《殷本纪》时，我们发现，有很多异姓诸侯，比如崇国、周国、密须国等都不是商王朝的嫡系。最终，各地诸侯群起争雄，让天子很难控制诸侯。因此，周王朝要分封同姓诸侯，或与周王朝有姻亲关系的诸侯，以此维系、稳固周王朝与地方诸侯的关系。

当然，可能当时周王朝并不能掌控天下诸侯，很多诸侯国也仅仅是尊周王为天子，诸侯国内部一切事务则完全掌握在诸侯手中。因此，推行分封制，成为最先进的处置天子与诸侯关系的制度。

站在后世角度看，分封制是符合周初巩固周王朝政权的重要举措，确在周初的一段时间里，对周王室的巩固起到重要作用。但从长远的角度看，分封制当进行完善与变革，毕竟随着时间的推移，凭血缘已无法实现维护天子的权益。尤其到春秋时期，诸侯崛起，血缘关系相当疏远、无法维系。这种情况下，各大诸侯都想称王称霸，不再以尊崇天子为要事。这样一来，必然削弱中央王权。这些自然是后话，制定政策的人不可能预见以后的事情，因为很多政策，都是为了服务当代。所以，分封制也无可指责，它的设立是为了解决周初的诸多问题。

当然，仅凭分封制还不能完全掌控天下，周王朝需要制定一系列措施来实现巩固王权的目的。

周公旦在这方面进行了深度思考。他在广泛调研、尝试的基础上，结合周王朝实际，制定了一系列办法，形成了一整套体现尊卑等级的制度，以巩固周天子"天下共主"身份。后人将这一系列制度总结为宗法制和礼制。尤其礼制，至今都影响着我们的生活。出生于鲁国的孔子，在这套制度运行数百年后，将这套制度进行了总结，形成了《周礼》一书，并毕其一生都在呼吁各诸侯国遵循周礼制度。

宗法制和礼制涵盖面很广，包括废除商王朝时期的制度、隐匿商王朝的历史、重构新的王权政治制度、建立长幼尊卑秩序等方方面面。周公旦等于创建了一套属于周王朝的制度，而在这样的制度下，属于周王朝的意识形态逐渐形成，天下逐渐接纳这一切。而周礼对后世的影响更大，甚至影响中国历史三千多年。如今的一些习俗中，也都能看见"周制"的影子。许多人将这种制度归于秦制，其实，祖师爷是"周制"。

在对商遗民的处置上，周王朝显得很谨慎。平定三监之乱后，周朝对商遗民的处置方式以安抚为主，表明不赶尽杀绝之意。原因可能是多方面的。比如，殷遗民数量着实不少，全部诛杀难免引起殷遗民反抗，这样势必会引发新的暴乱。

而恩威并施是一条亘古不变的铁律。

周王朝多方打探后，找到帝辛的兄长微子启，有意扶持微子启。据说，微子启是帝乙的长子、帝辛的哥哥，"故能仁贤"，"乃代武庚，故殷之余民甚戴爱之。"所以，这次周王朝授予微子启特权，让他收拢这些殷遗民，并将他封在了宋地（今河南商丘），允许他在这里建国，祭祀殷商祖先，"以微子开代殷后，国于宋，颇收殷余民。"这个地方因此一直未曾更名，后世赵匡胤就是因为在此地建节，发动陈桥驿兵变后，改国号为"宋"，足见宋国的历史影响力。

与此同时，周朝还将另一些殷遗民分解到弟弟卫康叔的封地卫国，"以封武王少弟封为卫康叔"。而这些被强行迁居、分散各地的商遗民里面，可能还有秦人。

而另外一些"漏网"的秦人族群，可能在这个关键时期逃亡各处，过上了隐姓埋名的生活。《史记正义》引用各种史料对周王朝组织的这次大迁徙做了注解："成周既成，迁殷顽民。"《史记正义》还载："武王灭殷国为邶、鄘、卫，三监尹之。武庚作乱，周公灭之，徙三监之民于成周，颇收其余众，以封康叔为卫侯，即今卫州是也。孔安国云'以三监之余民，国康叔为卫侯。周公惩其数叛，故使贤母弟主之'也。"[1]《鲁周公世家》载："收殷余民，以封康叔于卫，封微子于宋，以奉殷祀。"[2] 各种素材，说法不一，很难有一个准确定论。

从这些记载中抽丝剥茧，可见殷遗民（包括部分秦族）被分成了三部分，其中最大的一部分在洛阳（成周），一部分在宋国，一部分在卫国。

那么，面对这种突如其来的遭遇，秦人将如何应对？

周王朝兴建成周

秦人被强迫迁居到洛阳一带，处于周人的监督之下。季胜是族长，但他的社会地位并不高。为了改变处境，季胜整合了家族中所有有威望的人，教导他们要相互扶持、和谐相处，才能挺过看不到头的艰难岁月。

这一次，整个家族都遵从季胜的统领，毕竟他是族群中最有威望的人。或许人只有在灾难中才会更加团结，更加珍惜同甘共苦的日子。

季胜是个有远见的族群首领，知道如何规避风险。因此，在他的带领下，族人不断学习周王朝的礼仪制度，表现出臣服的积极态度。

所幸的是，周王朝没有再对嬴姓族群实施打压。他们也见缝插

---

[1] 司马迁：《史记》卷四《周本纪第四》。
[2] 司马迁：《史记》卷三十三《鲁周公世家第三》。

针，一方面表现出忠于周王朝的姿态，另一方面也在观察时局，为族人的繁衍壮大寻找契机。而他们的契机，只能依赖于周王朝。

那么，此时的周王朝在经历着哪些变迁呢？

此时，周王朝还在完善礼制，不断强化中央权力。周公旦代周成王处置政务七年后，周成王终于长大成人。按照礼制，周公旦要还政于周成王。在还政之前，周公旦主持完成了最后一件大事，这就是周成王的成人礼。不久，由周公旦主持，在镐京举行了周成王的成人礼。未几，周公旦将天下重任交还周成王，开始位列群僚中。《周本纪》载："其事在周公之篇。周公行政七年，成王长，周公反政成王，北面就群臣之位。"①

而随着周成王的亲政，他的时代也到来了。

周成王亲政后，暂时居住在丰都。这里曾是西伯侯修建的王都，与镐京一样重要。但对周成王而言，眼下还有更重要的事情。这就是对东都洛阳的扩建与完善。在此之前，包括秦族在内的殷遗民已全部安置在这里。

事实上，周武王时代已计划修建东都，因为夏、商中心都在这里。只是周武王去世得仓促，这项工程随即停止。现在，周成王即位，就要完成周武王的未竟之业。

当然，更重要的原因是，随着周取代商，天下已尽归周王朝，不管是丰都还是镐京，都无法彰显周朝的大国重器。周武王选中了洛阳，这里有洛河、伊河，又是平原地带，位置极佳，可作为都城兴建之地。这里才是真正的"地中之都，中土之国"。于是，在周成王成年后，这项大工程就启动了。《周本纪》载："成王在丰，使

---

① 司马迁：《史记》卷四《周本纪第四》。

召公复营洛邑，如武王之意。"

再次启动修建洛邑是一件大事，需要占卜来向上天请示。具体负责这件事的人就是周公旦。占卜师向上苍请示后，卦象显示上上大吉——可见商人善于占卜的文化也影响了周人。于是，修建洛邑的工程启动。吊诡的是，负责营建的人是召公，而非周公旦。

为了遵从周武王的遗愿，在动工前，周王朝曾多次勘测、督查，并举行隆重祭祀仪式。最终，重新设计了规划图，确定了开工日期，确保了洛邑王城的顺利进展。

可能被迁居洛阳的秦人、殷遗民都参与了新王都的修建工程，因为修建这样一座王都需要大量的劳力，而受周王朝监督的殷遗民（包括秦族）自然就成了重要劳力，无偿出工，兴建洛邑。《尚书·召诰》中详细记载了这次兴建洛邑的经过。《周本纪》也说："作召诰、洛诰。"出土于陕西宝鸡境内的青铜器何尊上也铭文说："唯王初堙（迁）宅于成周，复禀武王礼福自天。"足见这次兴建洛邑的声势。

经过长时间的修建，洛邑王城修建完毕。富丽堂皇的洛阳王都虽没有"廊腰缦回，檐牙高啄；各抱地势，钩心斗角"，却也彰显周朝的实力。由此，洛邑也被称作"成周"。据说，在西周青铜铭文中，有"成周"二字者近百件，有"宗周"二字者也有 28 件。[①]

依附赵人

"成周"建成后，周成王却未迁居于此。他只是将洛邑作为连通东西方的都城，自己则继续住在丰京。

---

① 中国社会科学院考古研究所：《殷周金文集成》，中华书局 2007 年版。

不过周王朝对成周的重视不言而喻。在周成王的授意下，周公旦将从商王朝那里得到的九鼎安置在了成周。《周本纪》载："周公复卜申视，卒营筑，居九鼎焉。"九鼎代表着九州，也就是天下。这也预示着洛邑依然是周王朝的东都，各诸侯国到这里来进贡的路程相等，这就是《周本纪》说的："此天下之中，四方入贡道里均。"

到这时，成周事宜还没有结束。为了向天下宣示周王朝的权威，周成王还命召公作了作《多士》《无侠》等诗文，颁布于天下。

与此同时，周王朝对洛邑的民众也进行了重新划分，原先那些修筑成周的殷遗民被强行迁居到别处，"成王既迁殷遗民"。大概周成王要将洛阳打造成第一都城，才在都城修筑完后，迁居殷遗民。嬴姓族群，应该也在被迁居的人群中。

自此，成周成为周朝的重要都城，城里居住的人，都是经过层层筛选出来的周人，他们负责城市的运营与管理，而原先修城的人无福享受这座魅力都城。每年的重要时令，成王也会定期在此举行祭祀。

不过，成周虽已建成，却也面临着新问题，这就是如何管理成周。或许正如李峰所说："无奈之下，周王朝在两个战略目标之间疲于奔命：一方面西周国家的完整性要依赖周王室对东方事务的持续介入；另一方面周王朝的存活却要系于西部的安全。周王朝难以两者兼顾。"[1]

之后，周成王还派召公、周公向东出师，征讨东夷、淮夷等部落，不断将周王朝的势力向东延伸。这次出征历时两年，耗费了大

---

[1] 李峰：《西周的灭亡》之《绪论》。

量人力物力。① 这也可以理解，东夷、淮夷都是强大的部落，帝辛曾出动大量兵力，攻伐多年都没有消灭，周王朝固然也要耗时多年，才能彻底征服这些部落。②

那么，在召公、周公平定东夷、淮夷的时候，秦族流落到何处了呢？

有关秦族在周初的迁居路线历来众说纷纭，有主张直接西迁甘肃东南部的观点，也有主张先迁居山西，再进入陕西，最后到达甘肃东部的观点……这些争论，多以史料为基础。

我们认为，嬴姓族群在成周兴建完毕后，被周王室强行迁居到山西。因为就在这时，季胜的儿子孟增得到周成王的恩宠，周成王所以封给孟增一片封地皋狼，让他安顿族人。《秦本纪》载："蜚廉复有子曰季胜。季胜生孟增。孟增幸于周成王，是为宅皋狼。"《史记集解》载："或云皋狼地名，在西河。"《史记正义》引《地理志》所载，认为宅皋狼大概就是西河郡皋狼县。《史记索隐》综合了多种记载：

> 如此说，是名孟增号宅皋狼。而徐广云"或曰皋狼地名，在西河"。按地理志，皋狼是西河郡之县名，盖孟增幸于周成王，成王居之于皋狼，故云皋狼。③

---

① 司马迁：《史记》卷三十三《鲁周公世家第三》："宁淮夷东土，二年而毕定。"
② 司马迁：《史记》卷四《周本纪第四》："召公为保，周公为师，东伐淮夷，残奄，迁其君薄姑。成王自奄归，在宗周，作多方。既绌殷命，袭淮夷，归在丰，作周官。"
③ 司马迁：《史记》卷四十三《赵世家第十三》。

综上所述，这里的宅皋狼应是一个地方的名字，而因孟增居住在此处，后世才多将孟增称为宅皋狼。《战国策》也有记载："又使人之赵，请蔡、皋狼之地，赵襄子弗与。知伯因阴结韩、魏将以伐赵。"[①] 根据现代学者考证，皋狼就在今天山西省方山县境内。1936年还曾在此处发掘出了古城遗址，被认为是孟增的封地。

因此，本书推测，嬴姓族群应是跟着孟增到了山西，依托孟增的庇护，带领族群生存发展。孟增在这里也有了自己的族群与后代，"孟增居皋狼而生衡父"。

这里还有个问题：孟增是怎样得到周成王的宠幸的？

由于史料中并没有详细的记载，这就让人产生了浮想：蜚廉、恶来时代，他们也都是因善走、力大而得到商纣王的重用。季胜因没有一技之长（至少史料中不曾记载），一直碌碌无为。那么，孟增是否重新发扬了他们祖先驯兽、养马的才能，才被周成王重用的？要知道，马在远古时代是重要的战略物资。驯兽也是帝王喜爱的技能，能够博得帝王宠幸。

这当然是一种猜测。不管怎样，孟增在周成王时期被重用，还有了自己的封地。由此，整个嬴姓族群也得以庇佑下来。所以，我们认为，嬴姓秦氏（蜚廉一族）是跟随孟增去了山西，甚至一度改为"赵姓"。

此后，周王朝平定东夷、淮夷，四方都承认周天子"共主"地位，天下诸侯基本臣服在周王朝统治之下。

---

① 《战国策》赵策之《知伯帅赵韩魏而伐范中行氏》。

危机与机遇

天下安定后，周成王着手完善治理国家制度，比如完善了官僚制度，修订了礼乐制度。《周本纪》载："兴正礼乐，度制于是改，而民和睦，颂声兴。"

有学者认为，从这时候起，周王朝从奴隶社会转向封建社会。[①] 周王朝在周公创建的周礼制度中，越来越强大，王权越来越集中。天下诸侯会定期进贡，向周天子述职。

由此，一个新型的国家诞生了，它不同于夏、商，是体现王权的核心国家。当然，周王朝也从夏、商继承了很多东西，需要慢慢消化、代谢。李硕在《翦商》中认为，灭商建周是中国历史经历"大变革"的时代，也是人类从野蛮向文明进化的时代。

岁月匆匆，很多年后，周成王也老了，身体垂危。临终之际，他担心太子钊难以执掌国家政务，就让召公、周公辅佐太子。

成王去世后，太子钊即位，这就是康王。事实上，康王也是个有大志的国君，只是他的父亲没有发现他的雄心壮志。他即位后，在祭祀宗庙时，就表示祖宗创业不易，他将秉持勤俭，戒除贪欲，专心于国家政务。《周纪》载："成王既崩，二公率诸侯，以太子钊见于先王庙，申告以文王、武王之所以为王业之不易，务在节俭，毋多欲，以笃信临之，作顾命。"

周康王延续了周成王的制度，又结合周王朝实际，实施了一系列措施，使国家继续繁荣稳定。史料记载，周王朝成、康时期，社会稳定，天下安宁。据说犯罪率几乎为零，刑罚长达四十多年不被

---

① 林剑鸣：《秦史稿》。

使用。这显然是一种夸张的说法，不过这些记载，透露出这一时期天下安定的信息。史料中亦未见有"叛乱"的记载。

而正是这种相对安定的环境，使得国家对诸侯及其子民的管理也较宽松。本书推测，秦人当也得到了喘息之机，有了壮大的趋势。

周康王去世后，他的儿子昭王即位。此时，召公、周公等人也相继去世。

周昭王即位之初，也秉持着父辈的治国路线，一方面治理国家，另一方面则实施扩张行动。按照《竹书纪年》所载，周昭王曾向楚夷发动了三次进攻，让东南二十多个诸侯国臣服于周朝。

与父辈不同的是，周昭王除了好大喜功外，还有些天子不该有的陋习。比如，他喜欢享乐，侵害百姓利益，可能还与天下的臣民争利。要知道，周王朝财利多依托王畿地区民众生产所得，地方诸侯并不会直接给天子进贡财利。而周王室高层的花销，多依托于王畿地区的财利。过度对这些地方敲诈，必然导致民众因沉重赋税而逃避。可能周昭王还会与诸侯争利，强行夺取诸侯的财利。而这些陋习导致的结果，让周王朝出现式微，王道衰落。

当然，我们认为，周昭王时期，导致周王朝衰微的真实原因是战争，即周昭王不断向南扩展的战争。任何时候，战争都需要代价，这些代价中，消耗大量财富的只是最基础的，比财富更大的消耗是人力资源。

即便如此，周昭王依旧到处征伐，挥霍国力。而他的这些举动，引发南方蛮夷的不满。据说，他一次到南方出巡（征讨楚夷），当地人非常痛恨他，就给他准备了一艘有安全隐患的船。周昭王没有发现，驾船出海。结果船只漏水，周昭王就被淹死在了海上。

不管这些记载有多少水分，但足以透露出民众对昭王的不满，这是他倒行逆施与民争利的结果。还有传闻说，昭王被淹死后，没有诸侯敢报丧。镐京的周王朝高层迟迟等不来周昭王，便遣人南下调查，才发现昭王已去世。

当然，《周本纪》中的这些记载多有漏洞，毕竟一个王的安危重于一切，怎能因为别人动了手脚，就落入水中淹死？即便他落入水中，难道身边就没有人施以援救？显然这种"故事"毫无说服力。当然，也不排除周昭王死在了对南蛮的作战中。

而随着周昭王去世，臣僚们就拥立了周昭王的儿子满为国君。满就是周穆王。

史料记载，周穆王即位时已五十岁。与其父截然不同的是，周穆王壮志未酬，雄心勃勃，认为父亲破坏了祖宗武王、成王时期的路线，让国家式微，于是他决心重新整顿国政。因此，周穆王在全国物色人才，以振兴周王朝。不久一大批人才涌入镐京，辅佐周穆王治国。制度一项项出台，措施一个个颁布。

鉴于父亲好大喜功，周穆王选择了不干扰民众、任其发展的思路。在周穆王的治理下，周王朝又恢复了往日的活力，天下也再次安定。周穆王也成为西周早期的中兴之主。

因为周穆王搜罗人才，地处皋狼地区的嬴姓赵氏一族再次迎来翻身的机会。嬴姓赵人出现了改变整族人命运的人，他就是孟增（宅皋狼）之孙造父。《秦本纪》载："皋狼生衡父，衡父生造父。"《赵世家》的记载与此一模一样："皋狼生衡父，衡父生造父。"

造父的时代，他再次熟悉掌握了祖先驾驭车的技能，并声名大噪，引起了周穆王的注意。周穆王将他从皋狼地区调回，做了专职驭车手，"造父以善御幸于周缪王"，陪着周穆王出行。

而嬴姓秦族的处境一如既往，在成王、康王、昭王时期，基本上守在皋狼地区，没有大作为，也没有叛乱，一直静静繁衍子孙。赵人是他们的族兄，也是他们赖以生存的依托。

其中，可能还存在着这样一种情况：嬴姓赵氏与嬴姓秦氏相处并不融洽。只是被现实所迫，他们不得不在一起生活。至少对嬴姓秦氏而言，这种寄人篱下的日子不好过。但也没有别的办法，他们只能隐忍，等待着时代的变局。

周穆王西巡

周穆王前期励精图治，但到了后期，开始四处巡狩。而造父由于娴熟的驾车技能，不断得到周穆王的宠幸。

步入老年后，周穆王沉迷于巡视、狩猎这些事务。前期积攒的财富，在各种挥霍无度中快速散去。正如宋代宰相李沆所说，只要天下安定，帝王就会做出一些封禅祭祀、兴兵讨伐、巡视国家的事情。①

相传，周穆王得到了四匹罕见的良驹得骥、温骊、骅绥、騄耳，与他的另外四匹名马组成了八骏之乘。《史记索隐》载："穆王传曰赤骥、盗骊、白义、渠黄、骅骝、䟆蝓、騄耳、山子。"他时常让造父驾车，带他到各处去巡视。

不过，这时候尚处在西周早期，到底有无八骏之乘，尚有争论。从目前出土的西周中晚期的一些车马坑看，几乎没有八骏之乘遗址。比如，西安沣西张家坡西周车马坑中，基本每辆车都匹配两

---

① 脱脱：《宋史》卷三百七十四《列传第一百三十三》："真宗皇帝时，宰相李沆谓王旦曰：'我死，公必为相，切勿与虏讲和。吾闻出则无敌国外患，如是者国常亡，若与虏和，自此中国必多事矣。'旦殊不以为然。既而遂和，海内乾耗，旦始悔不用文靖之言。"

匹马，也有三辆车八匹马的情况，但还没有一辆车配八匹马的情况。因此，有学者指出，这里应是四骏之乘，而非八骏之乘，也有可能是四乘。而在西安沣西张家坡西周车马坑中就有驷马战车。另外，在《诗经·秦风》中也有一首诗叫《驷驖》，说的就是秦人驾驶驷马战车征讨四方的事情。

《周本纪》所载武王伐纣时，有数千辆马车，说明在商末周初，马车已成为战争必备。而《秦本纪》中不断有早期秦人先祖善于养马、驾车的记载，也说明马车可能早就有之。只是不同的阶段，马车的构造、马匹数量等不尽相同而已。若非如此，秦人怎会三番五次因驾车而得到商、周天子的格外青睐？

得到这些良驹后，周穆王将其架在了马车上，坐着马车疾驰。而为周穆王驾车之人就是造父。

有一次，周穆王听到一个神奇的传说：在遥远的西方，有位绝世美丽的女子，名叫西王母。这引起了周穆王的强烈兴趣，他想一睹芳容，可能还想与西王母幽会。于是，周穆王命造父驾车，向西巡视。

当然，周穆王此行的真实目的是，可能不仅要寻找西王母，还要了解国都周围的民情。司马迁认为周穆王这次西行是巡狩，因戎、狄部落尽管向周王朝臣服，却总在有意无意窥探周王朝的内政，周穆王希望借西巡予以威慑。

周穆王在西巡狩时，暂时没有发现戎、狄部落不臣表现，却发现了很多美景，几乎让他流连忘返了。《秦本纪》载："西巡狩，乐而忘归。"

《史记集解》中将周穆王此次西巡狩说成是幽会西王母："纪年云穆王十七年，西征于昆仑丘，见西王母。"《史记正义》引用《括地志》也持此观点："昆仑山在肃州酒泉县南八十里。十六国春秋云前凉张骏酒泉守马岌上言，酒泉南山即昆仑之丘也，周穆王见西王母，乐而忘归，即谓此山。有石室王母堂，珠玑镂饰，焕若神宫。"《史记正义》还对西王母所在地做了注解："肃州在京西北二千九百六十里，即小昆仑也，非河源出处者。"由此可知，西王母所在的昆仑山并非新疆的昆仑山，而是甘肃境内的小昆仑山。①

《史记正义》里这一说法有很大的传奇性，不足信。西王母是传说中的人物，其生平事迹多出现在《山海经》等史料中。比如《山海经·大荒西经》中就说："西王母穴处昆仑之丘。"曹植在其诗作《仙人篇》也有"东过王母庐，俯视五岳间"的句子。而周穆王是现实中的人，可能他也是听说了西王母的传说，想要借着寻找西王母之际，巡视边境。也有学者指出，西王母实际上并非指某一个神仙，而是指西域的一族人。不过这些争论都是一种观点，有待考证。

除去《史记》及三家注外，对周穆王西巡记载最详细的一本书叫《穆天子传》。西晋武帝太康二年（281年），汲县一伙人盗掘了一座战国时期魏国贵族墓葬，出土了一大批竹简，被后世统称为"竹书纪年"。这批竹简中，有一些记载了周穆王的事迹，被时人整理在一起，为其命名为《穆天子传》。在《穆天子传》中，周穆王私会西王母的事情，被描绘得神乎其神。不过，本书认为，《穆天子传》也是一种史料，有著述之人的思想和偏见，因此不足全信。

总之，周穆王与西王母的事迹应有多种版本，司马迁在采纳这些材料的时候，似乎也无法印证，才模棱两可地做了简单记载。那么，明知材料不一定真实，司马迁为什么还要将其载入《史记》中？

---

① 司马迁：《史记》卷五《秦本纪第五》。

这里就存在一种可能：司马迁在收集资料时，得到西王母的传说，将其引用在《史记》中。而这个传说就是这样的：周穆王亦听说了西王母的名声，希望乘着巡狩之际，到西王母的道场去瞻仰一番，顺便巡狩西域。

由此，造父驾着车，载着周穆王一行人，从陕西向西，一路翻越陇山，沿着黄土高原西行。这时候，他们看到了不同族群的戎、狄部落，也看到了前所未见的自然奇观，以至于在路上被美景迷住，忘记了归期。

那么，造父在返回后，是否将此次西行的所见所闻讲给了族人，以至于秦人后来翻山越岭，到西汉水上游定居？换句话说，秦人之所以要西迁至西犬丘，可能与造父随周穆王西巡有关。天水清水李崖遗址可上溯到西周中期，对应的时间就是周穆王时期。因此，梁云在《秦早期文化探索》一书中明确提出，秦人应在周穆王时由陇县向西，翻过陇山，进入甘肃清水境内。

造父御车有功

周穆王也没想到，他自以为强盛的周王朝，内部危机四伏。就在他离开镐京后，一些势力蠢蠢欲动，想要摆脱周王朝的束缚。或者说，周穆王本身就清楚这些人要造反，只是等待着一个机会，而周穆王就是要利用西巡引蛇出洞。

其中，有个叫徐偃王的诸侯表现得最为活跃，周穆王出行后，他选准时机，公开向周王朝叫板。

据《史记集解》引《地理志》载："临淮有徐县，云故徐国。"《尸子》中载："徐偃王有筋而无骨。"《史记》引用《括地志》的说法："大徐城在泗州徐城县北三十里，古徐国也。《博物志》云徐正义君宫人有娠而生卵，以为不祥，弃于水滨洲。孤独母有犬鹄苍，衔所弃卵以归，覆暖之，乃成小儿。生时正偃，故以为名。宫人闻之，更取养之。及长，袭为徐君。后鹄苍临死，生角而九尾，化为黄龙也。鹄苍或名后苍。"这几则记载，基本对诸侯徐国所在地理位置以及徐偃王的生平都进行了交代。不过有关徐偃王本人的传奇经历，可能也是后人杜撰出来的。这里能够梳理出来的，是他为徐国首领。值得注意的是，有记载说，徐国亦是嬴姓之国，不知与秦人先祖有何渊源？清代学者徐时栋在其著作《徐偃王志》中有载："若木事夏后氏，是始封于徐，是始主淮夷，是与秦、赵同出嬴姓。"[1]

《括地志》里的另一版本，记载了这次徐偃王反叛周朝经过，与《史记》中的记载相差不大："徐城在越州鄮县东南入海二百里。夏侯志云翁洲上有徐偃王城。传云昔周穆王巡狩，诸侯共尊偃王，穆王闻之，令造父御，乘骥騄之马，日行千里，自还讨之。或云命楚王帅师伐之，偃王乃于此处立城以终。"

《后汉书·东夷列传》中载："穆王畏其方炽，乃分东方诸侯，命徐偃王主之。偃王处潢池东，地方五百里，行仁义，陆地而朝者三十有六国。穆王后得骥騄之乘，乃使造父御以告楚，令伐徐，一日而至。"这段话大意是，由于东夷部落在周王朝时期不断强盛，周穆王就命徐偃王统治整个东方，后来，得到良驹，在造父驾驭下，一日就到达前线，平定了徐偃王的叛乱。

《韩非子·五蠹》载："徐偃王处汉东，地方五百里，行仁义，割地而朝者三十有六国。荆文王恐其害己也，举兵伐徐，遂灭之。"《淮南子·人间训》载："徐偃王好行仁义，陆地而朝者三十二国。

---

[1] 徐时栋：《徐偃王志》卷一《记事第一上》。

王孙厉谓楚庄王曰:'王不伐徐,必反朝徐。'楚王曰:'善。'乃举兵而伐徐,遂灭之。"

综合这些信息,基本可以捋出简要的故事梗概:徐偃王是一个东夷部落首领,听闻周穆王西巡,乘机发动了叛乱。发生这种情况很正常,东夷部落总不愿被人束缚,希望自立。商王朝时期,他们尚且不臣服。周王朝初建时,他们自然也多不臣服,周公旦在平定三监之乱后,也对东夷部落实施镇压,足以说明他们一直有不臣之心。徐偃王可能是东夷众部落中的一支。

此后,徐偃王反叛的消息迅速传到周穆王耳中,周穆王马上令造父调转马头往回赶。马车的四匹良驹,加上造父的精湛驾车技术,使得返回时风驰电掣,一日千里,到达了叛乱现场,并顺利平定了徐偃王的叛乱。《秦本纪》载:"造父为缪王御,长驱归周,一日千里以救乱。"

显然,司马迁的这个记载夸大事实,即使造父御车技艺高超,加上良驹拉车,也难以实现一日行千里目标。即便用现代交通工具,一日千里也非常吃力,仅凭一辆马车就能实现一日千里?而当时的路况并不平坦,另外还有陇山这种巨大的障碍,马车一天能行驶千里吗?《史记正义》里也对此提出了质疑:"徐偃王与楚文王同时,去周穆王远矣。且王者行有周卫,岂得救乱而独长驱日行千里乎?"

那么,这是不是意味着周穆王这次其实并没有到甘肃,他只是为了引蛇出洞,让徐偃王暴露出来,才故意放了个"烟幕弹":到西方寻找西王母?而实际则是向东而行,观察徐偃王的动静。等徐偃王反叛后,他就立即组织人实施剿灭呢?这种推测完全有可能。否则,先从西向东,再调动人马平叛,都需要时间。周穆王若非提前早有准备，如何能应对自如呢？

当然，也不排除周穆王西巡时，徐偃王造反，周穆王给与徐国邻近的周朝诸侯国下令，让他们联合镇压了徐偃王的叛乱。而周穆王从西巡返回时，徐偃王的叛乱已被镇压。

总之，在平定徐偃王这件事上，有很多不合理之处。唯一能肯定的是，造父发挥了重要作用。

平定徐偃王发动的叛乱后，周穆王论功行赏。造父因御车有功，被周穆王封在了赵城。司马迁在《秦本纪》中这样说："缪王以赵城封造父，造父族由此为赵氏。"《赵世家》也说："而徐偃王反，缪王日驰千里马，攻徐偃王，大破之。乃赐造父以赵城，由此为赵氏。"当然，这片地域在晋南，或许嬴姓赵氏早就在这里生活，周穆王将这片土地封给造父，只是从法理上承认这片地域属于嬴姓族群。

这也意味着从这时候起，嬴姓族人又有了自己的新地盘。此前他们都居住在宅皋狼。赵城就其规模而言，应比原先的宅皋狼要大一些，可容纳更多人。《史记正义》和《史记集解》都认为赵城在山西省赵城县："赵城，今晋州赵城县是。本彘县地，后改曰永安，即造父之邑也。"根据学者考证，这地方就在今天山西省洪洞县。这也是之前在解析《清华简》、研究秦人西迁争议时，我们不断提出秦人是从洪洞县迁居西犬丘的原因。换句话说，到周穆王时，赵人受宠，秦人在造父庇佑下生存。

居住此地的造父一族，自此以地为姓，不断壮大，成为后来战国七雄的赵国先祖。嬴姓秦氏则依旧过着一如既往的日子，可能整族人都已改赵姓，与嬴姓赵氏居住在一起，依靠造父的势力，繁衍生息。《秦本纪》载："以造父之宠，皆蒙赵城，姓赵氏。"

按照司马迁《秦本纪》载，嬴姓秦族自恶来之后，已传四五代："恶来革者，蜚廉子也，蚤死。有子曰女防。女防生旁皋，旁皋生太几，太几生大骆，大骆生非子。"而季胜这一支传到造父时，恰巧也是五代："自蜚廉生季胜已下五世至造父，别居赵。"这说明，尽管经历了艰难曲折的求生之路，但秦族自蜚廉之后族群延续脉络是清晰的。

那么，随着嬴姓赵氏受到重用，在接下来的一段时间里，这两族人的命运走向将会是什么样的呢？

3. 定居西犬丘

周王朝的乱局

远古时代，一个族群的壮大或者衰亡，与其依附的王朝的兴盛，以及被重视程度有密切关系。嬴姓族群的兴衰，必然也与周王朝的兴衰不可分割。在周穆王时期，应是秦、赵先祖最受重用的时期。这一时期，嬴姓赵氏、秦氏都有相对宽松的生活环境，部落稳定，衣食无忧。

周穆王是周朝在位时间最长的国君之一，在位时间长达五十五年。这么长的时间，能够干成很多大事。他也的确这么做了。他整顿内政、征伐天下，还到处巡狩，彰显国威。比如，按相关史料记载，周穆王征讨犬戎时，驾车之人还是造父。

应当说，他的一生功业与荣耀共存，德威与恩荣同在。

在位后期，周穆王还组织人修订了法令，制订《甫刑》。这是一套系统管理诸侯和子民的法典，对巩固君权、约束诸侯、治理天下起到重大作用，对推进社会稳定具有重要意义。[①] 而这些法令，对后来法家思想的形成造成了一定影响。比如法典中提及的剕罚，是否对商鞅推行的变法有启示呢？有意思的是，秦孝公的兄长嬴虔就是受了剕刑而对商鞅痛恨不已，最后报复了商鞅。

周穆王的一生跌宕起伏，发生了很多影响历史的事件。他的故事，也演化成各类演义，在民间传说着。尤其是《穆天子传》里的故事，香艳、猎奇、暴力。这里不再演绎他的故事，只说他的时代，以及给秦人带来的机遇。

按考古成果分析，可能周穆王时期，秦人离开赵城，向西迁移进入甘肃清水、张家川一带，在这里生活。梁云认为，可能是造父向周穆王请求，希望秦人能到西部戍边，周穆王允许了秦人西迁。那么，到底是不是如此呢？要弄清这个问题还要从周王室的历史演变中找答案。因此，我们只能回归到历史本身，从周王室的兴衰中去寻找秦人西迁的背景。周穆王去世后，天子之位传给了儿子共王繄扈，出土的西周青铜器铭文称他为龏王。本书统称其为"共王"。

共王所处的时代非常尴尬。正如前文所述，周穆王前期励精

---

① 司马迁：《史记》卷四《周本纪第四》："有国有土，告汝祥刑。在今尔安百姓，何择非其人，何敬非其刑，何居非其宜与？两造具备，师听五辞。五辞简信，正于五刑。五刑不简，正于五罚。五罚不服，正于五过。五过之疵，官狱内狱，阅实其罪，惟钧其过。五刑之疑有赦，五罚之疑有赦，其审克之。简信有众，惟讯有稽。无简不疑，共严天威。黥辟疑赦，其罚百率，阅实其罪。劓辟疑赦，其罚倍洒，阅实其罪。膑辟疑赦，其罚倍差，阅实其罪。宫辟疑赦，其罚五百率，阅实其罪。大辟疑赦，其罚千率，阅实其罪。墨罚之属千，劓罚之属千，膑罚之属五百，宫罚之属三百，大辟之罚其属二百：五刑之属三千。"

图治，使得国家安定、繁荣。后期热衷于巡狩，也喜欢四方征讨，集会诸侯。这些做法将前期积攒的国家财产挥霍一空。晚年时期，周穆王的生活一塌糊涂。周穆王像后世的唐玄宗一样，创造了太平，也亲手断送了他创造的盛世，导致国家财政持续吃紧。等共王继承天子之位时，国库严重空虚。据说周共王上位后，尊崇周礼，重视国家尊严，到处宣扬王道。甚至为体现天子的尊贵和赏罚分明，随意给诸侯分封土地，而这种"死要面子活受罪"的做法，加速了周王朝的衰微。周王畿附近的财力已难以供养周王室贵族，国威不再，天下诸侯不再热衷依附周王朝。

当然，或许这是不得已为之，周穆王已将周王朝搞得鸡犬不宁，周共王又不能振兴国家。这里就存在一个矛盾：周礼要求上下尊卑等级分明，而建立周礼的前提是国家要富强，此时周王朝国土萎缩、子民减少、财富削减，已很难全面推行周礼、顾全颜面。很多时候，天子虽为天子，却捉襟见肘。而周共王依然需要维护天子的颜面，树立天子的权威，于是就想出了这种益诸侯而不利己的做法。

当然，实际情况可能更复杂。有意思的是，在周共王时期，他在对外用兵中，并没有重用嬴姓赵氏的记载，这是否意味着赵人失宠了呢？如果是，那么，秦人就可能在这之前向西推进，寻找安身之所。或者说秦人有一支"先锋队"先一步到陇东寻找安身之所，将家族留在赵城。

总之，周王朝在这一时期逐渐衰微成为事实。这从一件小事中能窥见痕迹。据说共王时期，密国（今甘肃省灵台县一带）君主得到了三个美人。依周礼，他应将三位美人送给天子，供天子享用。但密国君主大概认为周共王没有功业，没有德威。因此，他也不想遵从周礼，便将三位美人据为己有。^① 表面看，这是不遵从周礼，事实上却是地方诸侯与君主之间疏远。此事传入周共王耳中，共王非常愤怒，各大诸侯尚且认可他的"共主"地位，小小的密国竟如此不懂礼节。一怒之下，共王率部征讨密国。面对浩浩荡荡的天子之军，密国根本没有招架之力，最终被灭。^②

但这个记载就令人难以理解：小诸侯为什么不尊天子？明知可能会招致灭顶之灾，缘何要与周天子较量？我们认为，应该是周天子故意征讨密国。所谓三位美女云云，不过是后世批判共王的衍生物。

穷兵黩武是周共王时期的特色，他可能为了天子所谓的尊严，到处征讨诸侯，以彰显天子威严，而剿灭密国不过是个序曲。只是这种大规模用兵，除了耗费了财力人力外，几乎没有任何实际意义。

后来，大概是有人进言，让周共王意识到了国家存在的问题。因此，在消灭密国后，周王朝及时调整了策略，息战止戈，休养生息，试图恢复周王室的元气。比如，他允许土地私有，促进了土地买卖，在一定程度上减缓了周王朝继续衰败的趋势。

当然，这些措施尽管有一定作用，但毕竟周共王在位时间仅四

---

① 左丘明：《国语》卷一《周语上》："恭王游于泾上，密康公从，有三女奔之。其母曰：'必致之于王。夫兽三为群，人三为众，女三为粲。王田不取群，公行下众，王御不参一族。夫粲，美之物也。众以美物归女，而何德以堪之？王犹不堪，况尔小鬼乎？小鬼备物，终必亡。'康公不献。一年，王灭密。"

② 司马迁：《史记》卷四《周本纪第四》："穆王立五十五年，崩，子共王繄扈立。共王游于泾上，密康公从，有三女奔之。其母曰：'必致之王。夫兽三为群，人三为众，女三为粲。王田不取群，公行不下众，王御不参一族。夫粲，美之物也。众以美物归女，而何德以堪之？王犹不堪，况尔之小丑乎！小丑备物，终必亡。'康公不献，一年，共王灭密。"

年，即便他有雄心壮志，也难以扭转乾坤。之后，天子之位传给周共王的儿子艰，他就是周懿王。而周懿王接手的国家，虽算不上烂摊子，却也各种问题频现。这时候，周王朝急需一位振兴国家的雄主出现以扭转局面。

继位者懿王并非明主，他是一位平凡的国君，甚至性格有些懦弱。而天下大势自古就是君主弱则诸侯强。这仿佛天平的两端，势均则天平，势不均则天平偏向。而在这种情况下，周王朝只会继续衰落。《周本纪》中记载，懿王在位二十五年，夏商周断代工程标记懿王在位八年。

不管懿王在位几年，他所处的时代，都是周王朝衰落的时代。当然，这种衰落的原因是多方面的。比如，前代国君的挥霍导致国库空虚、诸侯与周王朝关系逐渐疏离；比如，周懿王自身的性格懦弱，让诸侯强大，不再亲近周王朝；凡此种种。而出土的各种青铜器铭文也显示，到周懿王时期，朝廷册封诸侯时，由天子本人宣读册命书，可见王朝衰微到何种程度。

而国君权力一旦衰落，必然造成诸侯势大。这时候，原先尊崇周王室的诸侯们疏离周王，不上贡，不尊王。不过，这些诸侯还没有彻底向周王室叫嚣，他们表面上还是认天子的，只是不再分享利益。这也意味着，周天子的"势"还在。换言之，诸侯还不敢做一些明目张胆的出格举动。

事实上，此时对周王朝最大的威胁不是诸侯，而是围绕在王畿附近的戎、狄。众所周知，周人发端于西部，一直与戎、狄有着千丝万缕的关联。

到这时，周朝王都的周围依然存在着大量的戎、狄部落。这些部落在生活习性、对待中原王朝的态度等方面，与其他诸侯截然不同。他们会因生产资料而背叛天子，也可能会因天子强势而臣服。总之，一切都依形势而定。而周懿王的时代，恰巧是王室衰微的时代。这种背景下，周王室周围的戎、狄部落就开始想办法摆脱周王朝的束缚。

当然，那些曾被周王朝打压的部落，也在寻找着机会，试图从周王朝的束缚桎梏中解脱出来。其中，商遗民、秦族便是如此。只是鉴于三监之乱的教训，他们选择了继续观望等待。

天赐良机

周王朝的衰微越来越严重。危机之下，必有新的动乱。受困于赵城的嬴姓秦氏就看到了危机，也看到了希望。

庇佑在造父羽翼下的嬴姓已等待百余年，他们在夹缝中的生存，屈辱与悲愤、艰难与困惑、希望与失望时时刻刻影响着他们。先祖女防、旁皋、太几等辈可能没有过上一天舒心日子，或许他们都是带着遗憾离开人世的。这种屈辱的日子，磨炼了秦族坚毅的品格。

现在，趁着周王朝式微之际，有望彻底摆脱周王朝的束缚，秦人为什么不试一试呢？这大概就是秦族内部共同的疑惑。不过，秦族这次显得很谨慎。他们还在等待。

只是即便再谨慎，秦族也得自谋出路，因这背后还有更为复杂的原因：自周穆王去世后，造父一族也失宠，面临着族人日渐没落的局面。《秦本纪》载："自蜚廉生季胜已下五世至造父，别居赵。赵衰其后也。"赵衰是战国时期晋国的卿大夫，但那是数百年之后的事情了。换句话说，从这时候起，赵人在延续过程中，也存在着缺环。这说明嬴姓赵氏也面临衰落，已难以庇佑秦族。

面对这种情况，原本寄居于赵城的秦人必须想办法另谋出路。或许此时，赵氏、秦氏两族人都在寻找新出路，试图在强邻环伺的周王朝活下去。

与祖先蜚廉相比，秦人显得很谨慎。他们没有反叛周朝，而是一直处于观望中，等待着机会。即便有人讥讽周懿王无道，导致国家实力下滑，就像《周本纪》记载一样，"懿王之时，王室遂衰，诗人作刺"，秦族也一如既往地等待着。

等待终会有结果，机会终于到来。周朝周边的严允（一说"犾"）看到王室衰微，便向周王畿发起了侵扰。他们采取骚扰、抢掠等办法，抢夺周王朝的属民和资源。然后撤回自己的领地之内，观看周朝的态度。对周朝统治者而言，严允的这种做法如同惯犯，让周王朝毫无办法，或许，对他们而言，最明智的做法就是忍耐。换言之，默许严允的侵扰。

有意思的是，周懿王其人尽管性格懦弱，治国无方，但他骨子里还有周族的血脉，对严允的入侵非常愤怒。据说，在被戎、狄入侵后，周懿王曾组织了一支力量征讨犬戎，结果强大的周军被严允的游击战术击败。当然，更为要命的不是失利，而是让天子威严扫地，这让诸侯看到了周王朝的不堪一击。

这件事对周懿王的打击也是致命的，他自此一蹶不振，不问政务，纵情酒色。周懿王的这种做法，让周王朝向更加幽暗的处境滑去，国家仿佛陷入了死循环。

严允之后，西戎（泛指西方的戎人，可能不止一族人）也侵略周王朝，将战火延伸到镐京附近。周王朝还是无力还击，只能采取避让。而周王朝越避让，戎、狄就越得寸进尺。此后，翟人也趁火作乱，入侵西岐之地，让周王朝防不胜防。

凡此种种，愈加让周懿王内心不得安宁。不久，天上又出现了异常现象，让周懿王惶恐不安。

屋漏偏逢连夜雨。在遭受各种骚扰和入侵的同时，上天似乎也有感应，向周王朝降下了惩罚。相传周懿王七年，西周遭遇暴雨和冰雹袭击，庄稼多被水淹或被冰雹打倒，周人饲养的家畜也遭到不同程度的损害。大雨、冰雹过后，京畿地区再次遭受了寒潮侵袭，庄稼受到严重侵害，百姓苦不堪言。《周本纪》载："周孝（懿）王七年，厉王生，冬大雨雹，牛马死，江、汉俱冻。"[1]周王朝再次遭受建国以来前所未有的变故。

周王朝内外困顿，民众哀鸿遍地。面对这种情况，周王室应及时开展救灾活动。但此时的周王朝已拿不出资金解决民众受灾问题，只能任由子民自生自灭。

据说周懿王还担心戎、狄乘机再度入侵。因此，周懿王决定逃跑，远离周王畿之地。于是，周懿王以异常天象、天降灾难为由，决定迁都。

但迁都是大事，也不知道周懿王是如何说服周王室贵族、大臣的，总之，在他的动员下，贵族、大臣们同意迁都。周懿王选定的迁都之地叫犬丘（今陕西兴平东南）。需要说明的是，犬丘这个地方与秦人也有千丝万缕的联系。后来秦国建立，将此处改为废丘，以区别秦人发祥地西犬丘。

周懿王命人火速修城，为迁都做准备。也是这时候，戎、狄部落开始大规模入侵周王朝边境，战报不断传到镐京。周懿王不愿留在京畿担惊受怕。因此，在犬丘的都城还未完工，周懿王便带着人

---

[1]《太平御览·卷八十四》。

迁都犬丘。周朝大臣也惶恐不安，只能随着周天子一起迁都。

周王朝王公贵族、臣僚集体迁离时，搬迁的队伍浩浩荡荡，从镐京西迁到犬丘。这是周在定都镐京后第一次因外敌逼迫而迁都。

需要注意的是，《世本》记载，周懿王七年迁都犬丘："懿王徙于犬丘。"《竹书纪年》认为周懿王是在十五年时才迁都的："懿王七年西戎侵镐，十三年翟人侵岐，十五年，王自宗周迁于槐里。"[1] 司马迁在《周本纪》中，不载具体迁都事宜。《史记索隐》载："懿王自镐徙都犬丘，一曰废丘，今槐里是也。时王室衰，始作诗也。"[2]

因此，周懿王是否迁都犬丘，就存在争议。

事实上，这里还有个疑惑不能解决：洛邑是周人早就修筑好的成周，里面还陈列着九鼎。为什么周懿王不直接迁到洛邑，而是选择犬丘？可能因为犬丘距镐京较近，周懿王大概还打算等风波平息后，再回迁镐京，所以他把犬丘暂时作为落脚地。再或者，周懿王都来不及迁都洛邑，就被戎狄势力威胁，不得不退守犬丘。

另外，周王朝迁都后，戎、狄是否再入侵周王朝，甚至占据镐京、沣京等疑惑，也是值得关注的问题。由于缺乏史料记载，这一疑惑也期待通过以后的考古发掘，能够找到更多证据。

总之，这一时期周王朝处于危亡中，仓皇逃窜的周懿王如丧家之犬。

面对这种情况，秦人祖先大骆等待的时机终于来了：周人连自己都保护不了，还能监控秦人吗？或许这时候是离开造父一族的最

---

[1] 《古本竹书纪年·周纪·懿王》。
[2] 司马迁：《史记》卷四《周本纪第四》。

佳时机。于是，大骆率领族人离开赵城，带领着族人一路向西，寻找可以安身立命的地方。当然，不排除大骆的父亲太几也尚在人世，并由太几主导秦人西迁。

为什么说是大骆带领秦人迁居呢？因为这时候正是摆脱周王朝的机会。周懿王之后的周孝王是雄主，周王朝会重新兴盛，秦人自然不可能在那时候迁居，摆脱周王朝的控制，最佳的迁居时间只能是周懿王主政、周王朝式微时。以往的研究，只说非子牧马故事，却都忽略了大骆这个人，现在应当重视起来。毕竟一族人的兴盛，单靠一个人的引领无法达到，需要几代人共同努力。

当然，大骆还有个很厉害的岳父申侯，此次秦人西迁可能受到申侯的协助。

何处是故乡

大骆的选择，出乎意料。当然，诚如上文所述，不排除这种选择的背后有申侯的建议。

按照正常思维，即便迁居也应到更为发达的东部地区，这样才能利用各种先进的理念、技术，发展和壮大自己。吊诡的是，大骆偏偏选择了向西而行，那里落后，荆棘遍布，环境恶劣；那里也危机重重，到处都是戎、狄族人。诚如前文所述，或许在周穆王时期就有秦人先祖涉足陇右，寻找安身之所。或许，他们进入陇右后，先在清水一带生活，后来沿着牛头河南下，进入清河流域，在毛家坪定居。到大洛时，他们得知周王室衰微，就给太几（大骆）送来消息，让大骆带族群向西，在渭河上游寻找机遇。这种情况下，大骆就带着族人西迁。

大骆并非常人，他有着高瞻远瞩的眼光。选择到这样艰苦之地生存，足见大骆的智慧。因为困难和机遇是并存的，东部地区固然有优势，可秦人一定就能从东部崛起吗？越是有优势的地方，越会有人惦记。与其和强大的诸侯争地盘，不如远离周王朝，在西部寻找自己的生存空间，然后再图振兴。

大骆选择了向西。这样的地方有困难，但也遍布机会。

而这注定是一条艰难的道路，他们选择了风雨兼程。他们像风餐露宿的吉卜赛人一样，把任何一个可以落脚的地方，都当成了暂时的故乡。渭河、汧河这一带最适宜族人生活，土地肥沃、百草丰茂、气候宜居。但他们考察后，发现秦人在这里无法立足。因为到处都是别人的地盘，谁愿意给秦人腾出一块空地，让他们的族人生存呢？

大骆没有气馁，带着族人继续向西挺进，寻找他们可以落脚的地方。所幸的是，这一路向西而行，没有戎、狄向秦人发动侵袭。大骆在暗自庆幸之余，也为族人落脚处苦恼着。

《史记》中没有大骆迁徙的具体过程，但从其子非子的事迹中能窥见蛛丝马迹："非子居犬丘。"这就是说，非子住在了犬丘。《秦本纪》注解《史记正义》中说："犬丘故城一名槐里，亦曰废丘，在雍州始平县东南十里。地理志云扶风槐里县，周曰犬丘，懿王都之，秦更名废丘，高祖三年更名槐里也。"《史记集解》中也说："今槐里也。"换言之，《史记正义》和《史记集解》都认为秦人趁周王朝内乱，从山西洪洞县迁居到犬丘。而注解里的犬丘，其实就是此前周懿王迁都逃难的地方。

之后，周王朝内部也发生了巨变：周懿王在迁都犬丘后不久去世，周朝高层发生了内讧。本应由周懿王之子继承国君位，但最终却是周懿王的叔父姬辟方在斗争中胜出，继承了君位。他就是周孝王。

继承君位后，周孝王加强了国家治理，周王朝得到恢复。可能在此之后，周孝王打算回到镐京，恢复祖宗基业。为此，他实施了一系列改制，力挽狂澜，将周王朝从式微的乱局中拉了回来。周王朝重新焕发了生机。

不久，周孝王重新迁居镐京，稳定政局。可能在这时，犬丘这个地方就空了出来。于是，大骆带领族人进驻犬丘，在这里生活。

后来，大骆的儿子非子继承了大骆的首领位，带领秦人继续住在犬丘，以养马为业，还得到了周孝王的赏识，为周王朝养马。

以上内容来自《秦本纪》《周本纪》，表面上看，似乎有理有据。不过仔细分析，就会发现，这些记载有很多难以自圆其说的地方，由此也引发了学术界关于犬丘和西犬丘的争议。

犬丘与西犬丘争议

犬丘和西犬丘的地望历来争讼不休。这里尝试着去解密，寻找秦人迁居轨迹。

在解密史料前，先提出问题：秦人迁居的地方是不是周懿王迁都的犬丘？如果是，秦人是在周懿王迁居犬丘后也迁到犬丘的，还是在周懿王迁都前，就已迁居到这里？如果不是，秦人到底迁居到了哪里？

要解决这些疑惑，先得分析史料，再结合近些年的考古发掘来判断。

先回答前两个问题：周懿王时，秦人（赵人）并不受周王朝重视。因此，周王朝迁都犬丘后，秦人不大可能（不敢）跟随周王朝脚步，迁居犬丘。他们只会远离周王朝，到更远的地方寻找生存之地。另外，在周懿王迁都犬丘前，秦人也不可能迁居犬丘，因为那时候周天子尚有威望，秦人安敢造次，进而迁居犬丘？换句话说，秦人如果迁居槐里，定是在周王朝王权更替时迁居的。当时周王朝忙于内斗，秦人乘机迁到槐里。

再分析第三个问题：如果秦人不是迁居到槐里，那秦人到底迁居到了何处？这里先抛出结论，即：《秦本纪》记载非子居住的犬丘应不是周懿王迁都的犬丘。为什么呢？带着这个疑惑，再分析史料，结合考古发掘，抽丝剥茧，寻找历史真相。

先看史料记载。《秦本纪》载："复予秦仲后，及其先大骆地犬丘并有之，为西垂大夫。"这是说大骆一族曾遭到戎、狄灭族，非子后人秦庄公收复先祖故地犬丘，秦庄公也因此被周天子授予西垂大夫。这段曲折历史的推进容后展开。这里重点关注的是"先大骆地犬丘"。

当然，除了以上内容，在《秦本纪》中涉及犬丘的记载还有几处，需要逐一辨析，即"非子居犬丘""西戎反王室，灭犬丘大骆之族""庄公居其故西犬丘"等。这几个记载都指向了同一地方犬丘。再者，在这些史料中，还有西垂这个地名当引起重视。

在《秦本纪》中，犬丘第一次出现是"非了居犬丘"，请注意这里却没有提到大骆。非子是大骆的儿子，非子居犬丘，是否意味着大骆也居犬丘呢？这是肯定的，非子并非孤儿，他有父亲，有自己的家族，自然会与家族居住在一起。彼时的秦族并不强大，需要整个族群生活在一起，才能对抗自然和外敌。

在《秦本纪》中，犬丘第二次出现，是在上面提及的庄公时期，司马迁又加了限制词："大骆故地"。换言之，在司马迁看来，至少在大骆时代，犬丘就是秦人居住地。

第三次出现，是在秦庄公时，他收复了故地，居住在"故西犬丘"。需要注意的是，这一次司马迁在地名前又加了一个"西"字，还特别强调了是秦人"故地"。"西"指的是方位，"故"有由来已久的意思。司马迁的严谨著史态度不用赘述，他给这些地域加了方位和程度词，绝不是随意的。因此，通过对《秦本纪》中"犬丘""西犬丘"做分析，我们能够推断出这样两层含义：一是西犬丘为秦人故地，可能泛指一大片疆域，秦人在这里建有西垂宫；二是《秦本纪》中的西犬丘与犬丘是同一地方。也唯有如此，才能解释清楚西犬丘和犬丘的关系，秦庄公从犬戎夺回大骆故地犬丘、被加封为西垂大夫也才能说得通。

而犬丘、西犬丘能初步确定后，西垂地望其实也就确定了。目前，多数人认为西垂与西犬丘指同一地，位于西汉水上游，即今甘肃省陇南礼县境内。

得出以上结论后，另一个疑惑也能解开，即：大骆、非子时代秦人迁居的犬丘不是周懿王迁都的犬丘。换言之，陕西兴平的犬丘不是秦人的故都。周懿王迁都之地在今陕西兴平，而秦人先祖驻地在甘肃陇南礼县境内。王国维先生在《秦都邑考》一文中也提出了三点疑惑，确认西犬丘就在甘肃礼县境内，内容如下：

> 犬邱、泾阳二地，有异实而同名者，后人误甲为乙，遂使一代崛起之地与其经略之迹不能尽知，世亦无正其误者。案：西垂之义，本谓西界。《史记·秦本纪》："中潏在西戎，保西垂。"又："申侯谓孝王曰：昔我先郦山之女，为戎胥轩妻，生中潏，以亲故归周，保西垂，西垂以其故和睦。"又云庄公"为西垂大夫"。以语意观之，西垂殆泛指西土，非一地之名。然《封禅书》言："秦襄公既侯，居西垂。"《本纪》亦云："文

公元年居西垂宫。"则又似特有西垂一地。《水经·漾水》注以汉陇西郡之西县当之，其地距秦亭不远。使西垂而系地名，则郦说无以易矣。唯犬邱一地，徐广曰："今槐里也。"案：槐里之名犬邱，班固《汉书·地理志》、宋衷《世本注》均有此说。此乃周地之犬邱，非秦大骆、非子所居之犬邱也。《本纪》云"非子居犬邱"，又云"大骆地犬邱"，夫槐里之犬邱为懿王所都，而大骆与孝王同时，仅更一传，不容为大骆所有。此可疑者一也。又云宣公子庄公以"其先大骆地犬邱为西垂大夫"。若西垂泛指西界，则槐里尚在雍岐之东，不得云西垂。若以西垂为汉之西县，则槐里与西县相距甚远。此可疑者二也。且秦自襄公后始有岐西之地，厥后文公居汧渭之会，宁公居平阳，德公居雍，皆在槐里以西，无缘大骆、庄公之时已居槐里。此可疑者三也。案：《本纪》又云"庄公居其故西犬邱"，此西犬邱实对东犬邱之槐里言，《史记》之文，本自明白，但其余犬邱字上均略去"西"字。余疑犬邱、西垂本一地，自庄公居犬邱、号西垂大夫，后人因名西犬邱为西垂耳。然则大骆之起，远在陇西，非子邑秦，已稍近中国。庄公复得大骆故地，则又西徙。逮襄公伐戎至岐，文公始逾陇而居汧渭之会，其未逾陇以前，殆与诸戎无异。自徐广以犬邱为槐里，《正义》仍之，遂若秦之初起已在周畿内者，殊失实也。此稿既成，检杨氏守敬《春秋列国图》，图西犬邱于汉陇西郡西县地，其意正与余合。①

① 王国维：《中国近代思想家文库》之《秦都邑考》。

　　以上多是对文献的辨析，而一个论点想要立住脚，还需要从考古学方面去寻找证据。

　　带着这个问题，我们开始寻找考古方面的依据。经过整理，我们发现这一结论在考古发掘上也得到了印证：西犬丘（西陲）可能就是本书楔子部分里的大堡子山遗址。该遗址出土了大量西周晚期到春秋早期的青铜乐器坑、车马坑，以及两座中字形大墓。

　　那么，为什么又说大堡子山可能是西犬丘（西垂）？因为很多疑惑至今解释不清楚。当然，情感上说，我更希望大堡子山是西犬丘（西垂），但理智告诉我，大堡子山遗址可能不是西犬丘（西垂）。原因很简单，按照史料记载，秦人在西犬丘（西垂）有宫殿，且在这里生活二百多年（除了被犬戎占据的数十年）。换句话说，西犬丘遗址一定是一个综合性遗址群，应该有贵族生活区、宫殿区、墓葬区、贫民生活区、手工作坊区等重要的组成部分，但大堡子山遗址各种"功能区"不齐全，谈不上综合性的城邑，时间上限也到不了西周晚期，也就不可能是西犬丘（西垂）。本书推测，可能西犬丘就在西汉水流域，只是我们至今还未发现而已。当然，如果以现存考古发掘看，礼县西山坪遗址更像西犬丘。

　　不管大堡子山的定位如何，也基本廓清了一个事实：犬丘在西汉水流域，并不在陕西省兴平市。这也就意味着《史记正义》《史记集解》中的注解并不准确。为了验证《正义》《集解》的论断，陕西省考古工作者曾对兴平阜寨乡进行过发掘，发现了一处很大规模的古代遗址。经过考古发掘，发现该处遗址年限在战国中晚期到秦汉时期，并非春秋早期。换言之，这不是《秦本纪》

中的犬丘。①

至此，秦人在大骆、非子时迁居的路线就可以基本梳理出来：大骆带着族人离开赵城，一路跋涉，翻越陇山，沿着渭水河岸继续向西而行。终于，他们在陇山以西，与先前到此的秦人汇合。不过大骆并没在毛家坪定居，而是决定另辟新地定居，将毛家坪留给居住此地的秦人。之后，找到了一片草木丰茂、土地肥沃之地。大骆对此地地形进行了勘查，发现这里依然有土著居民，但数量可能并不多，周围还有一些犬戎部落。当地土著对他们的贸然到来表示惊恐，却并未与他们因地盘产生争斗。大骆由此认为秦人能与这些人和平相处下去，就将族群暂时安置在这里。

可能有那么一段时期，当地土著与他们不交往。他们各自发展，牧马放羊，种植庄稼。而这是一片两山夹河谷的地带，河两岸相对宽阔。尤其令人欣慰的是，这片土地肥沃，草木茂盛，非常适合居住。由此，大骆便让族人在此安家。

更为幸运的是，周围的犬戎、西戎等戎、狄部落也没有袭击他们。可能大骆向土著表明了没有侵占的决心，而只是希望在此处觅得一片落脚之地。

不管怎样，秦人在这里住了下来。这里就是西犬丘，也是《秦本纪》中的"西垂"。需要注意的是，秦人先祖中潏驻守的西垂，与这个西垂并非同一地方。

西垂的秦人

现在，若驾车沿着礼县大堡子山山脚东行，会发现这是一片南

---

① 梁云：《西垂有声》导论。

北宽数公里、东西长数十公里的平原。平原延伸处，是呈阶梯状的南北向黄土山脉。后世将此处称为西礼盆地。这是现代考古学和地理学引申出的概念。

盆地在甘肃省东南的群山环抱中。西南始于礼县茨坝、西和县洛峪一带，东延伸至天水南铁炉坡、娘娘坝、大门镇。北部囊括西汉水流域全境，辖礼县、西和县大部分土地，形成了东西宽六十五公里，南北长七十五公里的盆地。该盆地地形以低山丘陵为主，黄土梁掩盖其上。有黄土高坡和秦岭的交错地带的明显特征。

从这片地形地貌分析，秦人当年活动的足迹不仅在礼县盐官、祁山、永兴一带，其势力向北延伸至卯水河流域的礼县红河镇。20世纪 20 年代，曾在红河镇出土了秦公簋；红河六八图、费家庄一带的二级平台上，还发现了大量西周晚期、春秋早期的墓葬。向南延伸至漾水河流域——今甘肃省陇南市西和县北部。今天的漾水河已瘦成了一条麻绳，但在两千多年前，漾水河波涛汹涌，奔流不息，成为滋养沿岸族群的母亲河。

秦人就在西礼盆地上繁衍生息，代代相传。在今天礼县大堡子山对面的赵坪—圆顶山上，也发现了大量春秋时期的秦人贵族墓葬，出土了一大批精美的文物，证明了秦人祖先离开这里之后，还有秦人贵族依旧生活在大堡子、西汉水流域，守着祖宗的衣冠冢。

有意思的是，在大堡子山的东西两侧，有两个村庄，都叫赵坪村，一个是永兴镇的赵坪村，一个是永坪镇的赵坪村。这两个村中人，多姓赵。他们先祖何时居住于此，当地人也说不清。在大洛西迁时，是否有一支赵人曾在此地落脚、繁衍生息呢？

嶓冢山是西汉水的发源地，流经礼县全境。西汉水是秦人赖以生存并壮大的自然资源。它汇集了漾水河、卯水河、固城河、燕子河等支流，使得这条河水量很大。西汉水南北岸地势开阔，非常适合人类生活。

大概秦人先祖大骆就是看到这些地理优势，才决定在西汉水边上的西犬丘定居。可能秦人来此地时，还带着小麦、小米等谷物种子。燕子河周围的平原地带因为西汉水滋养，土地肥沃，非常适合种植农作物。

偏居于西犬丘的秦人，将此处作为龙兴之地，默默努力着。

当然，此时最令秦人自豪的本领并非种植庄稼，而是驯兽和养马。这两种技能总能成为秦人改变命运的重要因素。孟戏、中衍、中潏、蜚廉等祖先的发迹都与此有关。

秦人善御车，也能初步推断秦人造车技术精湛。反过来说，一个驾车之人若不熟悉战车，何以立足呢？他们熟悉车上的每一个部件，有时可能还会对车进行改造。礼县大堡子山遗址中两座车马坑尽管因盗掘被破坏，但通过其中的残留物遗迹依然可见战车在秦人历史中扮演的重要角色。甘谷毛家坪发掘的车马坑，更能表明秦人战车的先进。

在西犬丘的这段时间，是秦人摆脱周王朝以来最为安定的时光。尽管西犬丘周围依然存在着犬戎、西戎等部落的威胁，但大骆在这一时代，基本与戎、狄部落做到和谐相处。

当然，秦人自始至终都表明自己不是戎、狄，而遵从和学习周文化。这样做的目的，一方面是表明秦人是文明的族群，并非野蛮的戎、狄。另一方面，也是隐晦地向天子靠拢的做法。因为周王朝在周孝王的带领下重新强盛了起来。只有积极表明与周王朝站在一起，秦人才能有机会。

还有件事值得一提，这就是秦人先祖在这里发现了一座盐池。但具体如何发现不得而知。不过此盐池一经发现，就成为秦人重要的资源之一。

不妨大胆想象一下：牧马的大骆发现马群在吃饱后，总是喜欢往一个水池边走，饮水池中的水。起初他可能没在意。有一次，大骆好奇地饮用了一口水池中的水，顿时让他兴奋不已。因为这个水池是咸的。换言之，池水可能产盐。大骆带着人研究了这泉盐池，他们发现这座盐池出水很旺盛，盐分也很足。在当时，盐这种东西不仅是生活的重要物资，也是保证马匹膘肥体壮的东西。面对上天的馈赠，大骆自然欣喜不已。他们可能在盐池周围修建了墙体，用来护着盐池不被破坏。

之后，凭借此处的盐，以及肥沃的土地、茂盛的青草，秦人部族逐渐壮大。相传，在孝公时，秦朝曾在此处设立征收盐税的官员，"盐官"一词由此诞生。汉代以后，这里成为西北重要的骡马交易市场，可见因盐水催生的养马业也发达。

随着秦人不断壮大，一些土著也归附了秦人。可能秦人还与土著、戎、狄通婚，融合吸纳着各种族群。这一点，在礼县境内秦人遗址墓葬中，能找到蛛丝马迹。

4. 非子带来新机遇

非子牧马获宠

沿着历史的脚步，继续与秦人一路同行。这里需要重新回归到史料本身，研究秦人繁衍、壮大，以及大骆、非子时代面临的机遇。

《秦本纪》勾勒出了蜚廉（秦人）这一支繁衍情况："恶来革者，蜚廉子也，蚤死。有子曰女防。女防生旁皋，旁皋生太几，太几生大骆，大骆生非子。"① 女防、旁皋、太几这三代成为过渡，基本没有更为详细的资料，可以预想他们被时代挤压的程度。而在一个被打压得看不到希望的时代里，个体的命运与蝼蚁没有区别。

事实上，即便是大骆，在《秦本纪》中也没有更为详细的记载。司马迁只记载太几生大骆，大骆又生非子。上述大骆西迁的历史，则是本书根据周王朝衰微这一大背景，以及大骆儿子受周孝王重用推断出来的。秦文化研究学者梁云先生也认为，秦人的西迁时间大概就是在大骆、非子时代。② 我们大胆地将时间推到了大骆时代，原因很简单，秦人从西迁到在西犬丘立足，再到不断发展、壮大，短时间内不能实现。

申侯也曾说，秦人在西犬丘时，还被各戎、狄尊为王。这固然有夸大秦人之嫌，但秦人在西犬丘立足，养马大成，远非几年时间能完成。因此，本书推测秦人西迁的时间不会晚于大骆时代。是大骆带着族人迁居西犬丘，奠定了家业，非子继任，以养马为业，声名大噪。

然后，非子就被周孝王发现了。那么，非子到底是如何养马大成，又被周孝王发现的呢？

《秦本纪》记载："有非子居犬丘，好马及畜，善养息之。犬丘

① 司马迁：《史记》卷五《秦本纪第五》。
② 梁云：《西垂有声》。

人言之周孝王，孝王召使主马于汧渭之间，马大蕃息。孝王欲以为大骆适嗣。申侯之女为大骆妻，生子成为适（嫡长子）。"①

这段话的大致意思是：大骆有一个儿子叫非子，他住在（西）犬丘。非子非常善于饲养、繁育马和其他牲畜。他们养了大量的马和其他种类的牲畜，在西犬丘一带很有名。最终，大骆、非子善养马的"先进事迹"被人传到周孝王耳中。于是，周孝王就遣使召见大骆、非子。此时的大骆已步入老年，不愿再长途跋涉，到镐京去觐见周孝王。而非子作为继承人，踏上了去往镐京的路。等见了周孝王后，周孝王向非子询问秦人的生活生产状况，以及养马之术。非子说得头头是道，得到周孝王认可。最终，周孝王命非子到汧渭之间负责为周王室养马。非子受宠若惊，安顿好了家里的一切，马不停蹄地到了汧渭之间，为周王朝养马。经过数年的不懈努力，非子为周王室养出了一大批的良驹。周孝王因此很赏识非子，打算为非子谋"前程"——将非子确定为大骆一族的继承人。而此时，大骆妻子（申侯女儿）所生的儿子成才是嫡长子、未来部落首领的继任者。

《秦本纪》的这段话里透露出很多重要信息。这里需要对其逐一进行解剖，来推测非子时代的变化。

其一，非子在汧渭一带为周王朝养马成功，得到周孝王赏识。这里就引出一个问题：汧渭之间在哪里？汧渭之间又叫汧渭之会，是两条河流的汇合之处。这两条河是汧河与渭水。汧河现在又叫千河，发源于甘肃六盘山南坡石嘴梁（一说发源于华亭县麻庵乡庙岭）一带，流经甘肃、陕西，是渭水的重要支流之一。汧渭之间就

① 司马迁：《史记》卷五《秦本纪第五》。

是汧河与渭水交汇的地方，具体位置在陕西省宝鸡市陈仓区。两条河交汇处，往往是远古人类选择定居的地方。比如甘肃礼县西山坪遗址就在燕子河与西汉水交汇之地，甘肃清水县李崖就在牛头河边上。周孝王让非子在此处牧马，可能也是考虑到此处宜居，有天然的水草，可作为养马的地方。

其二，可能大骆并非只有一个妻子，因为非子与成显然有不同次序，即他们同父不同母。从《秦本纪》的记载分析，大骆的嫡长子是成，并非非子。另外，从申侯对非子的态度看（下文解析），说明非子也不是申侯之女所生。换言之，非子不是成的同母胞弟。由此可推断，大骆至少有两个妻子，有两个儿子。这两个儿子中，成是长子，按照周制，他应是部落首领继任者。而非子是庶出，身份不对。不过非子比成有本事，他继承了祖先的本领，在养马技术上突破了瓶颈，养出了一大批的良驹，得到了周孝王的赏识。周孝王有意立非子为长子，而这也成了秦人不可协调的矛盾。

其三，成有个强势的外公申侯。申侯是申国国君统称，姜姓。《左传·隐公元年》载："郑武公娶于申，曰武姜，生庄公及共叔段。"[1] 申族是周朝之初西边的一个大族，一直与周王朝关系融洽，作为周的附属国存在，承认周王"共主"身份。有学者指出，申族与申戎可能有关系，应是西部少数民族的一支。也有说当时各地有多个申国，叫法不尽相同。西周时期的申国，就在西周王朝以西。一直以来，申国为周王朝驻守边境，经常与戎、狄打交道，被授予方伯，在西部有着绝对话语权。有时候，申国也会与周王朝联姻，有着强大的经济、军事实力。

---

[1] 左丘明：《左传·隐公元年》。

当然，这里还有一个疑惑：申侯是何时将女儿嫁给大骆的？这一问题已无可考证。我们推测，应在大骆带领秦人西迁之前，申侯就将女儿嫁给了大骆。大概当时大骆也希望傍上申侯这棵大树，庇佑族人。因此，这桩婚事就成了。之后，申侯的女儿为大骆生下了儿子成。

以上三方面内容，就是《秦本纪》中透露出的重要信息。分析这三个要素，我们发现秦人在大骆、非子、成三人之间有着错综复杂的关系。而这些复杂的关系，会让大骆一族在确定继承人问题上出现大的争议。更为要命的是，周天子（周孝王）还要干涉秦族内部的问题。

众所周知，周孝王是从侄子姬燮手中夺取君主之位的。如果按照嫡长子继承制，周孝王显然没有资格继君主之位。可能当时由于西周王朝衰微，需要一位振兴国家的雄主，而周孝王恰恰就是这样有实力的贵族，因此西周贵族才违背祖制，接纳了周孝王。

当然，不排除周孝王在争夺君位时，有过"清洗"活动，一些不服他的贵族被处死，这才稳定了周王朝。之后，鉴于自己"得位不正"，他更加努力地治理国家，让天下臣服于他。

非子牧马，是周孝王建功立业、治国安邦的一个插曲。可能这件事本身对周王朝的兴盛意义并不十分突出，但对秦人的身份改变却有着重要意义。

换句话说，周孝王对非子的重用，意味着周王朝这时已默认秦人偏居西犬丘。这对一直受周王朝排挤、打压的秦人而言，无疑是身份的巨大转变。至少他们在天子眼中是合理存在的。可能天子还希望他们能够继续为周人饲养马匹，若有可能还要为周人戍边，因为西犬丘周围有很多戎、狄，这些戎、狄不仅是秦人的隐患，也是周王朝的隐患。

需要注意的是，周人也善于御车、养马。按照《帝王世纪》载："文王之长子曰伯邑考，质于殷，为纣御。"大致意思是，周文王的长子叫伯邑考，他曾经作为人质，滞留于商王朝，并为纣王驾马车。那么，既然周人也善于御车，熟悉养马，为什么到了周孝王时，周人忘记了这个技能？或许，伯邑考被献祭后，周人对这段往事讳莫如深，也就不再重视养马、御车这些事。所以，到了周孝王时期，周人已对这些原先赖以生存的技能完全忘却，秦人正好接替了这一"空位"。

总之，在多重因素的影响下，非子得到了周孝王的赏识。

吊诡的是，周孝王自己都得位不正，却还打算插手秦族首领之位接续，培育非子为秦族的族长。这显然不合礼制。而周孝王这种干涉秦族"内政"的行为，在秦族内部及申国掀起了轩然大波。

非子封秦邑

引发这种震动的人是申侯，大骆的岳父，成的"外公"。

据说得知周天子要废黜外孙成，另立非子为秦族继承人时，申侯一万个不愿。于公，非子不是大骆嫡长子，没有资格继承大骆首领之位。周孝王如此干涉秦族内部政务，是公然抵制嫡长子继承制，申侯有资格表示抗议。于私，申侯也希望外孙能够继承秦族族长之位。如此一来申国就能与秦建立长久的关系。而一旦非子成为首领继承人，还会不会与申国长期密切相处呢？

于公于私，申侯都不允许外孙被别人取代。申侯很愤怒，开始想办法抵制周孝王的这一决定。问题是，申侯能够让周孝王改变决定吗？要知道，周孝王是天子，他一旦决定的事情，很难改变。但就此认命，申侯又不甘心，他还想争取一番。这时候，申侯只有一个目的：在周孝王干涉秦族内政前，终止他的行动，否则一旦让非子成为既定继承人，一切将无法挽回。

不过在阻止周孝王立非子为继承人这件事上，申侯还是清醒的，毕竟周王朝的权威在那里摆着，谁也不能直接反对。申侯采取了折中处理办法：他到镐京，求见周孝王，给周孝王进言，希望周孝王能改变当初的决定。

之后，申侯进入镐京，见到了周孝王。周孝王也不敢轻视申侯，给予他足够的尊重。申侯看到自己的分量还在，就对周孝王说了这样一番话："昔我先郦山之女，为戎胥轩妻，生中潏，以亲故归周，保西垂，西垂以其故和睦。今我复与大骆妻，生适子成。申骆重婚，西戎皆服，所以为王。王其图之。"①

这段话的大意是：昔日我祖先骊山之女曾是秦人祖先戎胥轩的妻子，生下了中潏。由于我们与秦人亲近，在我们申国的撮合下，他们归附了周朝，在西垂保家卫国。如今我再将女儿嫁给大骆，他们夫妻又生下儿子成。也因申国与秦人再次通婚，西面的戎、狄都臣服于秦，大家尊大骆为王。鉴于其中利害，大王您要好好考虑自己的决定。

申侯的这段话，意味深长：指出申国与秦国的关系，追忆了往昔秦人祖先与申国、周王朝的关系；也强调了秦人在西方戎、狄中的地位，希望周孝王不要破坏嫡长子继承制，否则可能会带来很多问题。这几句简短的话，分量很足，有商量的态度，也有示威的意思。

---

① 司马迁：《史记》卷五《秦本纪第五》。

申侯的"王其图之"就是提醒周孝王不要做出违背制度之事，尤其不能立大骆庶出非子，而忽视自己的外孙成。当然，这也不妨看作是申侯的一种威胁：若周孝王执意立非子为大骆继承人，那么申国就会站在成的一边，与周王室为敌。

聪明的周孝王能听不出其中的意思吗？

这时候，周孝王才意识到让非子成为秦族继承人，远没有他想象中那么简单，其中的关系错综复杂，需要他重新权衡利弊。周孝王不愿失去申侯和秦族这两个西边"卫士"，也不想食言，更不想失去非子这个养马的人才。

周孝王开始认真对待这件事，他需要在这两者之间选择一种折中处理办法。

经过反复思量，周孝王采取了巧妙的处理办法，重新给非子一片封地，即《秦本纪》中的"昔伯翳为舜主畜，畜多息，故有土，赐姓嬴。今其后世亦为朕息马，朕其分土为附庸"。秦人祖先伯益曾为舜帝饲养牲畜有功，被封到了土地，又赐了嬴姓。如今非子也为朕养马有功。那我就效仿舜帝的做法，给他重新分封一块土地，让非子在此另立门户，依附于我们。

周孝王太聪明了。他给自己找了一个合理的理由，将非子单从秦族分割出去，组建一支新的族群。当然，周孝王如此做，大概还是希望非子这支族群能一如既往为周王朝养马，成为周王朝世世代代的马倌。

这里的附庸要注意，指的是依附于大国的势力。《诗·鲁颂·閟宫》载："锡之山川，土田附庸。"《礼记·王制》也载："公侯田方百里，伯七十里，子男五十里；不能五十里者，不合于天子，附于诸侯曰附庸。"《礼记》中的记载更符合此时非子之国。换言之，非子的附庸与周王朝承认的诸侯国还不一样，这只是一小片地域，依附于周王朝。

由此，周孝王通过"分封"的办法，解决了秦人内部继承权争议问题：成的地位得以保住，他以后就是西犬丘秦人首领式人物，而非子的封地在秦邑，"邑之秦，使复续嬴氏祀，号曰秦嬴。亦不废申侯之女子为骆适者，以和西戎。"① 周孝王巧妙地解决了申国、周王朝及秦人的关系，使得一场危机得以化解。

在这里，尚需延伸辨析申侯对周孝王说的这番话。事实上，细细分析就能发现，申侯的这些话并不符合史实。可能司马迁在查阅史料时，也认为这段话有问题，因此，他引用的是申侯的原话。

为什么说这段话有问题呢？

按照申侯自己的说法，秦人祖先戎胥轩娶了申族骊山之女，生下了中潏。中潏长大后，替周人戍边。中潏的后人是蜚廉、恶来。根据前面的叙述可知，蜚廉与恶来在帝辛时期得到重用。蜚廉戍边，恶来权倾朝野，成为助纣为虐的代表。后来周武王灭商，恶来被杀，蜚廉也死在了霍太山。那时候的秦人与周人之间有着深仇，还受周人打压，秦人怎么可能在中潏时代投奔周朝？况且，中潏时代，周人还未"成气候"，顶多算个西方的诸侯，秦人为何舍弃强大的商人而为周人戍边西垂？退一步讲，即使秦人有意投奔周人，他们敢私自接纳中潏吗？或者说潏为什么要投奔周？

种种不能自圆其说，都说明申侯的话并不准确，与史实不符。由此也能揣测出，申侯故意这么说，是为强调秦人与周朝的关系，有讨好周孝王的意思。而周孝王对这段历史是熟悉的。他不可能全

① 司马迁：《史记》卷五《秦本纪第五》。

信申侯的话。申侯搬出秦人与西方戎、狄的关系，这才是最为核心的内容。言外之意，秦人与戎、狄关系融洽，若不能处理好秦人的关系，他们一旦联络戎、狄，最终倒霉的是周王朝。

面对这些利害，周孝王选择了妥协。他给了申侯台阶，也安抚了非子。自此，在陇东南地区的秦人分成了两部：一部是非子所在的秦邑，另一部是成所在的秦人"故地"西犬丘。当然，如果再细分，也应将毛家坪的这部分也算上。

秦赢开启礼法时代

梳理完大骆、非子、申侯及成的问题后，秦人的迁居脉络清晰起来。

到这时，还有个问题需要解决，非子的秦邑在何处？

按照《史记集解》的说法，秦邑概指陇西县秦亭，地望在今甘肃省天水市清水县秦亭。《史记正义》引用《括地志》的记载，更为详细标注出秦亭的地理位置："秦州清水县本名秦，赢姓邑。十三州志云秦亭，秦谷是也。周太史儋云'始周与秦国合而别'，故天子邑之秦。"《汉书·地理志》中也有类似的记载："后有非子，为周孝王养马汧、渭之间。孝王曰：'昔伯益知禽兽，子孙不绝。'乃封为附庸，邑之于秦，今陇西秦亭秦谷是也。"

由此可见，《汉书》与《史记集解》记载较为一致。宋代诗人、官员宋祁在《送王龙图镇秦亭》一诗中写了秦人非子封地秦亭："皂衣京兆数论兵，西护秦台暂抗旄。显父百壶连帐出，良家六郡佩鞬迎。甘泉路迩烽橾偃，非子川长马房平。左右汉臣聊作帅，非缘侍从厌承明。"明代有个叫杨恩的诗人曾写过一首诗，也叫《秦亭》："大陇西来万岭横，秦亭何处但荒荆。汧西考牧方分土，陇右山川尽姓嬴。问俗依然存气节，余风犹自事刀兵。要知嬖幸能倾国，轵道降王见子婴。"这两人诗里面说的地方，就是清水的秦亭。

那么，《史记》与《汉书》中指出的地方是否就是非子的封地秦亭呢？

在今甘肃省天水市清水县东北有个镇子就叫秦亭镇，地处龙山以西余脉上，向东不远处即陕西陇县打造的"关山草原"景区。我曾驱车沿着这一带进行实地考察，观察山势地形及地貌风物，试图与史料中的"秦亭"对应。我发现当地为了打造文旅，也在极力向秦邑的方向上靠，有意要突出秦亭这个。不过，这片土地被群山包裹，中间的盆地并不宽敞。个人感觉这里不像是秦邑。

两千多年来，在未对清水县内关键遗址实施考古发掘前，自古以来的学者们多认为秦亭就是非子及其族人居住地。

为弄清楚秦亭地望及其埋在地底下的历史，2009 年至 2011 年，由多家单位组成的联合考古工作队，对清水县秦亭、城北侧樊河西岸和牛头河北岸进行了多次深度考古发掘，试图寻找《史记》中记载的秦邑。令人疑惑的是，考古工作者在秦亭附近发掘出的文物并不多，西周晚期到春秋早期的遗址更是寥寥无几。出土的一件残碑，经测定，时间上限在南北朝，与秦非子时期相差太远。

这不免令考古工作者失望。不过考古工作者没有气馁，他们继续进行挖掘，结果在牛头河一带意外找到了很多西周中晚期的墓葬，也发现了白土崖古城、土坑墓等遗存。墓葬时间推断为西周中晚期，随葬品有陶片、鬲、瓮、盆等文物，有浓厚的商代风格，墓主有直肢葬也有屈肢葬。这与大堡子山遗址卜的秦人墓葬规格类似，更加接近于礼县西山遗址风格。初步证明，这里曾经有秦人生活。当然，在这些墓葬周围也有一些汉代、魏晋南北朝时期墓葬的层累。

　　只是当时考古发掘因各种因素并未彻底展开，只对部分地域进行重点发掘，得出的结果必然不全面。希望将来能够有考古工作者继续进驻，发掘出更大的墓葬，或者更能证明秦人在此生活的青铜器、玉器、金器等。只有这样，秦亭的历史地位才能被证实。

　　总之，通过分析各种文献资料，再结合考古结果，能够初步推断：面对秦族内部继承人纠纷，通过申侯的斡旋，在周孝王的巧妙处置下，非子有了一块属于自己的领地，这块地方就位于清水县城北岸的二级台阶上。

　　可能到这时，非子依然在为周王朝牧马，平时的生活居住地也在汧渭之会。而他的附庸地秦邑，是族人生活的地方。当初，他被封到秦邑时，应与大哥成进行了"分家"，他拥有了一部分自己的子民、一些生活生产物资。

　　这时候，大骆一族也并非像申侯说的那么神奇，成为西边戎、狄的联盟长，统御着周围的戎、狄。实际情况可能的是：两支秦人周围都有戎、狄，秦人与这些不同风俗、不同习性的人一起生活，相互影响，相互对抗，形成了一种动态平衡，减少了产生大规模的冲突的风险。

　　另外，"邑之秦，使复续嬴氏祀，号曰秦嬴"。这句话需要重视起来：周孝王学着舜帝的做法，给非子赐名，自此非子变成秦嬴。周孝王还允许他恢复祖庙，祭祀先祖。

　　这件事对秦人而言意义非凡，因为在周朝建立的两百多年里，秦人宗庙尽毁，祭祀祖先只能偷偷进行。而恢复宗庙祭祀，意味着秦人正式恢复了身份，秦嬴也就成了周王朝一个芝麻粒大的附庸。不可否认的是，秦嬴（非子）的"建国"，改变了嬴姓秦氏一族人的命运。

秦嬴开启了逆袭之路。

据说，这时候，秦人开始摆脱野蛮，迈向文明。《史记索隐》记载："非子息马，厥号秦嬴。礼乐射御，西垂有声。"礼乐射御书数指的是六艺，即礼、乐、射、御、书、数六种才能技艺。这是说，秦人从秦嬴开始，就开启了学习礼法、乐舞、射箭、驾车等技能。

对于六艺，刘勃先生在《匏瓜：读〈史记·孔子世家〉》一书中有深入解读：

> 礼乐，不管最终可以解释得有多玄，它最基本的内容，就是各种祭祀时的仪式；射御、射箭和驾车，都是战场上的技巧；书数，书是写字，数是算术。祭祀和打仗都牵扯到很多人，有文件来往、人员统计、账目计算，所以需要士人会写字和计算。这六项技巧，都是为国家的两大基本职能服务的。[1]

按照《史记索隐》的说法，秦人只对六艺中的礼法、乐舞、射箭、驾车等四艺热衷，对书法、算术不是很重视。如果记载无误，说明秦人是个务实的民族，什么东西最有用，他们就学习什么。而射箭和驾车技能并不需要刻意去追求，因为从先祖时代，秦人就已掌握了这些技能。他们的族群也会让射箭、驾车技能代代相传。

礼和乐是必须掌握的。为什么说这两样是秦人重视的呢？因为

---

[1] 刘勃：《匏瓜：读〈史记·孔子世家〉》第一章《沦落与逆袭》，百花文艺出版社2021年版。

234

秦嬴急于摆脱"秦族野蛮"的标签，希望跻身于诸侯中。而在天子、诸侯的世界里，礼乐又是区别野蛮和文明的象征。

吊诡的是，在大堡子山遗址的乐器坑中，发现了一组不按规律排列的青铜钟、青铜镈，反映出秦人在大堡子山时期，并未完全掌握"礼乐"。用北大韦正老师的话说，这一时期的"秦人还没文化"。[①] 而大堡子山时期明显晚于非子时代。

就是说，通过对文献分析，再对比考古发掘，我们发现文献记载与考古发掘对不上。这就存在另一种可能：《史记索隐》记载为假，因为《史记》不载秦人兴礼乐、重射御的记载。

我们认为，真实的情况可能是这样的：秦嬴尽管得到了一块封地，但这块封地面积并不大，连诸侯的级别都算不上。而这必然激起秦嬴的进取心。换句话说，越是落后，秦嬴就越是要跻身诸侯，得在任何方面向周王朝看齐，并试图通过努力，得到周天子及其他诸侯对他们的认可。或许，此时的秦嬴已开始搞公关工作，接触周礼，但还未掌握六艺，故司马迁不载其事。

而这种接触新兴文明的做法也带来了好处：愚昧逐渐褪去，文明的新风习习吹来，秦人的春天来了。

---

① 梁云：《西垂有声》第五章《宪公在位前后》问题十四《秦子之谜与大堡子山大墓的主人》。

第四章

偏居

蒹葭苍苍，白露为霜。所谓伊人，在水一方。

溯洄从之，道阻且长。溯游从之，宛在水中央。

蒹葭萋萋，白露未晞。所谓伊人，在水之湄。

溯洄从之，道阻且跻。溯游从之，宛在水中坻。

蒹葭采采，白露未已。所谓伊人，在水之涘。

溯洄从之，道阻且右。溯游从之，宛在水中沚。

——《诗经·秦风·蒹葭》

1. 秦嬴的偏安时代

偏安秦邑

周孝王分封非子在秦国历史上有重要意义。吊诡的是,《周本纪》对周孝王的记载相当简略。他在位期间到底做了哪些事,几乎没有记载。《夏商周年表》初步推断,周孝王在位时间大约在前891—前886年之间,在位时间大约有六年。换言之,秦嬴被封附庸后不久,周孝王就去世了。

周孝王是在国家危难之际挺身而出的国君。尽管他在继承君位问题上存在争议,但他对周王朝的中兴起到了关键作用。周懿王去世时的烂摊子,在周孝王多年执政中,逐渐得到了有效治理,一些尖锐矛盾也得到解决或者缓解。他扭转了周王室颓废的势头。

尽管周孝王有振兴国家的雄心壮志,然而天不假年,他依然无法摆脱生死轮回。在他还未完成国家中兴时,猝然去世,留下了遗憾。

周孝王去世后,国君之位并未传给他的儿子,而是重新传到他的兄长周懿王儿子姬燮手中。当初,他就是从周懿王手中得到的君位的,在他去世后,将国君之位还给姬燮,似乎也合情合理。

姬燮就是周夷王,周朝第九位君主。《周本纪》载:"懿王崩,共王弟辟方立,是为孝王。孝王崩,诸侯复立懿王太子燮,是为夷王。"①

这里也存在一种可能:让周夷王接替自己是周孝王的安排。原因很简单,宗法制不能破坏,周礼不容破坏。周孝王"兄终弟及"这件事,是西周宗法制的"变态",不能因此否定嫡长子继承制,也不能否认周孝王对周王朝的中兴之功。还政给周懿王一脉,是维护周礼最有力的举措。

当然,不排除在君位更替中存在斗争:周孝王本意是要将国君之位传给儿子,但姬燮势力太大,他从周孝王指定继承人手中重新夺回了国君之位。司马迁的记载,隐去了背后的流血。当然,这也只是一种猜测。

总之,周孝王去世后,君位传到了周夷王手中。而这也意味着君权再次回到宗法制的大框架之下。

周夷王的时代,国家相对稳定。这也给秦人壮大创造了机会:秦嬴不再一心为周王室养马,而是在秦邑发展,并迅速壮大。可能他们吞并了周围的一些戎、狄部落,又整合了其他部众。西犬丘成及其族人,也在快速发展着。这两支同出一脉的秦人,在这一时期频繁走动。

周夷王即位后,战乱较少,对马自然就没有周孝王那般渴望。即便如此,马依旧是周人所需重要物资,大概在这一时期,秦嬴还是会给周人进贡马匹,以求得周人的认可。

当然,这并非说周夷王就实行无为而治。事实上,在周夷王时代,也发生了几件重要的事,能推测出周王朝是需要马匹的。比如,周夷王三年(大约前883年),在一次朝会天子时,纪国国君纪炀侯

① 司马迁:《史记》卷四《周本纪第四》。

进谗言，构陷齐国国君齐哀公不忠于周王朝。为了树威，周夷王不问青红皂白，直接烹杀了齐哀公，立齐哀公的弟弟齐胡公为君主。①

齐国是周武王翦商后，给吕尚后代的封国，和鲁国毗邻，用来监督、钳制东夷部落。最初的百余年里，齐国一心为周王朝效力。但随着后世不断更替，齐国与周王朝的关系逐渐淡化疏远。这次周夷王干涉齐国内政，或许就是齐国与周王朝交恶所致。

周夷王想扶持一个听从于周王朝的附庸，但齐胡公显然不想做傀儡，在被立为君主后不久，他就选择了迁都。《周本纪》载："胡公徙都薄姑，而当周夷王之时。"可见齐国与周王朝相处并不融洽。此后，对于周夷王是否带兵征讨齐国，史料并无记载。但齐胡公这种做法，必然引起周夷王的反感。而不管是彰显国力，还是征讨各路诸侯，马都是重要的战略物资，善于养马的秦人的作用就无可替代。因此，我们认为，秦人可能还在为周人供养马匹。

周夷王六年（前880年），周夷王心血来潮，率领一行臣僚在社林狩猎。天子出行时，前呼后拥，马也定是重要的物资。可能天子有专门的良驹，用来拉车。而秦人因有牧马的本领，亦有驾车之能，也一直与周王朝有关联。相传，周夷王此次外出打猎还曾捕获一头犀牛。②

周夷王七年（前879年），养精蓄锐多年的周夷王一改往日的懦弱，对太原戎、狄部落发动了一场闪击战。为什么忽然出兵，史料没有详细记载，大概是因为戎、狄抢掠了边境诸侯虢国的物资。虢国是西周分封的诸侯，具体地望在今宝鸡一带。

---

① 《史记》卷三十二《齐太公世家第二》："哀公时，纪侯谮之周，周烹哀公而立其弟静，是为胡公。"

② 《竹书纪年》："六年，王猎于社林，获犀牛一以归。"

当然，也有可能是戎、狄不臣服周天子，因为此时西周"夷王衰弱，荒服不朝"。不管是何种原因，周夷王都不打算继续忍耐，他决定给戎、狄一点教训。遗憾的是，周夷王的嫡系部队数量有限，他只能以天子的名义，命西虢君主领兵攻打戎、狄。

对于西虢而言，这是一次复仇行动，故而采取了偷袭战。因此，当西虢部队冲到戎、狄部落时，他们才盲目应对。结果可想而知。西虢大军一举击溃了戎、狄，还得到了一千匹马。战利品自然归属周夷王。《周本纪》载："夷王衰弱，荒服不朝，乃命虢公率六师伐太原之戎，至于俞泉，获马千匹。"① 对这些战利品的需求，能证明马依旧是周人所需的重要物资。而秦嬴作为养马高手，这时候应依附于周人，给周人提供马匹。

借别人之手为自己树威，本身就没有多大威望。诸侯依旧不尊周夷王，也不再到镐京朝见天子。这也导致周王朝再次滑向衰微。而王权的衰落，必然导致诸侯强大。也就是这时候，诸侯间相互混战愈演愈烈，一个纷乱的时代开启了。《周本纪》载："当周夷王之时，王室微，诸侯或不朝，相伐。"②

对秦人而言，这也是千载难逢的机遇。如果秦人效仿其他诸侯，摆脱周王室的束缚，也是有可能的。不过秦嬴是个有远见的首领，他自始至终都在维护天子的权益。毕竟他的封地都是周天子给予的，没有周孝王的慷慨，就没有秦人的今天。只是王室衰微，很难再为秦人撑腰。秦嬴只能自己带着族人开启筚路蓝缕的生存、发展、图强之路。

---

① 《后汉书》卷八十七《西羌传第七十七》。
② 司马迁：《史记》卷四十《楚世家第十》。

当然，秦人发展图强这一过程依然艰难曲折。秦嬴所在的地方周围都是戎、狄部落。这些部落地域广、族类多，整体实力要比秦人强大很多。秦嬴显然无法吞并他们，他能做的，就是与戎人和谐相处，为族人生存腾出更多的时间和空间。

至于壮大的问题，秦嬴隐晦不言。毕竟谁也不想养一个肘腋之患。他们要在敌人未发现的情况下，隐蔽地壮大。这时候，西犬丘的秦人处境与秦亭的秦人差不多。

总之，在秦亭的这几年时间，是秦嬴这一支秦人非常艰难的时刻。他们面临着种种生与死的考验，任何决策的失误，可能都会将族群带入无尽深渊。

当然，也正是这种引而不发、藏而不露的生存哲学，让他们学会了隐蔽自己，遮藏自己的锋芒。但生活在戎、狄周围，难免会与戎、狄打交道。因此，他们也可能会与戎、狄进行贸易、通婚等，甚至沾染了一些戎、狄的文化习俗，以求得与戎、狄和谐共处。大堡子山、西山坪遗址发现秦人墓葬中有戎、狄风俗痕迹，似乎也印证了这一点。

秦嬴在秦亭十年，为秦人的立足打下了坚实基础。他去世后，由儿子秦侯继位，继续带领秦人发展壮大。

有一点值得关注：在梳理秦嬴与周孝王、周夷王生平时，我们发现，秦嬴在位的时间存在差异。比如《秦本纪》中没有秦嬴被分封的时间，在位时间也不载。《竹书纪年》及《夏商周年表》等载，秦嬴是周孝王十三年被分封在秦地。而周孝王在位有十五年（一说十四年），时间大约在前896年。《夏商周年表》认为周孝王在位时间是六年，也就是从前892年至前896年。显然《夏商周年表》与《史记》的记载难以对应。若周孝王在位六年，那么封秦嬴的时间是哪一年呢？以《周本纪》为准还是现代《夏商周年表》为准？

可能很多材料本身难以自圆其说，各持各的调子，就出现了这种年份差异。能肯定的是，秦嬴生活在周孝王、周夷王时代是无疑的。

秦侯在位十年。《秦本纪》载："秦侯立十年，卒。"这十年时间里到底发生了哪些事，史料不载。可能秦侯延续了此前秦嬴的路线，带着秦人开始筚路蓝缕的创业。这也是最大的可能，因为他完全没有可圈可点的政绩。

十年之后，秦侯去世，秦人首领之位传给了秦侯的儿子秦公伯。有关记载秦公伯的史料非常少，司马迁的记载只有短短几个字："生公伯。公伯立三年，卒。生秦仲。"秦公伯在位只有三年时间。而这三年时间里到底发生了什么，由于史料匮乏，已无法想象。

我们推测：秦公伯在位的三年时间，基本延续了秦嬴、秦侯的路线，继续带领着族人壮大。与周王朝的关系也若即若离、忽冷忽热。当然，三年时间太短，即便秦公伯有雄心壮志，也很难有所作为。

事实上，这一结论并非本书臆断，而是通过对比周王朝的运行情况，反推秦人生活状况，毕竟周王朝的兴衰与秦人的兴衰有着密切关联。而这时候，周王朝也在进行着权力重组。

周王朝的危机

周夷王去世后，儿子姬胡即天子位，是为周厉王。《周本纪》载："夷王崩，子厉王胡立。"周厉王在历史上赫赫有名，从他的谥号中似能看出端倪：杀戮无辜曰厉，暴虐无亲曰厉，愎狠无礼曰厉，扶邪违正曰厉，长舌阶祸曰厉。

按照《太平御览》载，周厉王出生于周孝王七年。

那是一个寒冷的冬季，周厉王出生的那天，关中地区下过一场大冰雹，民众牛马多冻死。似乎上天预示着周厉王会是个祸国殃民的人。而据史料可知，周厉王在位三十多年，在整个周王朝的历史上，都算在位时间较长的君主。

《太平御览》有载："及孝王崩，厉王立，王室大乱。"这说明，在周厉王时，周王朝已严重式微，王室内部出现各种动乱。但周厉王不思悔改，依旧骄奢淫逸，导致宗室内部出现更严重的分裂势力。

《周本纪》中认为，周厉王贪图财利，废弃礼乐。为证明这一观点，司马迁还列举了一系列故事：当时荣国国君荣夷公也是个贪图财利之徒，他得知周厉王好财利，不断怂恿周厉王加重赋税，从百姓身上榨取更多财利。周厉王接受了荣夷公的建议，制定了一系列增加赋税的名目，像血吸虫一样不断从百姓身上汲取财利。

周厉王盘剥民众的这一过程，被刘勃称为"税制改革"①，应该是一种符合现代逻辑的解读，非常有道理。而任何改革，都会对既定制度造成破坏，进而影响民众的生活生产。就像司马光批评王安石变法："天下财富有度，不在民即在官。"因此，周厉王与民争利的做法，引起民众强烈不满，周王朝上下怨声载道，流言越来越多。

为塑造周厉王荒淫无度的形象，司马迁还特别引出了忠君爱国的大夫芮良夫。

据说，芮良夫看到周厉王贪图财利背后的危机，向周厉王进谏，说了一番语重心长的警示：大王您难道看不出周王朝正在衰微

---

① 刘勃：《失败者的春秋》之《序言》。

吗？荣夷公自私自利，总是独享财利，完全不知祸端即将降临。您当认识到财利是从天下事物中衍生出来的，是天地自然拥有的东西，而非某个人所独有。现在有人想要独占这些财利，就是违背规律，会招致祸端。自古以来，天地之间万事万物都要人人分享，怎能一人独占独享？荣夷公用财利引诱大王，您却不知其中存在的隐患。时间长了，天下还能长治久安吗？您是国家的君王，应将天下财利都分享给百姓，让他们来拥护您。同时，还要敬畏上苍，让上天、百姓都感受君王的诚意。即便做到这些，您还要谨慎从政，避免招致怨恨。《颂诗》说："先祖后稷文成武德，功业与天神。你若使百姓自立生存，那么天下人就都将以你为榜样。"《大雅》里面也有这样的诗文："只有赐福于百姓，王朝才能永享天下。"这些诗文里面的记载，就是启示我们要平均分配天下财物，不然会招致祸端。周王朝的历代先君都严格遵照这些原则，勤于政务，爱护民众，才让周王朝国祚延续到今。如今，大王您却在小人的怂恿下，置天下百姓于不顾，独享天下财利，您怎么能如此做呢？民众独享财利，我们尚且称呼他们为盗贼，可您是一国之君。若君王只顾蝇头小利，势必会让归附他的人离他而去。总之，荣夷公这样的人若得到重用，周王朝就会衰败，大王要警惕呀！[1]

芮良夫的进言，句句都是警示，句句都是逆耳忠言。但如果细

---

[1] 司马迁：《史记》卷四《周本纪第四》："王室其将卑乎？夫荣公好专利而不知大难。夫利，百物之所生也，天地之所载也，而有专之，其害多矣。天地百物皆将取焉，何可专也？所怒甚多，不备大难。以是教王，王其能久乎？夫王人者，将导利而布之上下者也。使神人百物无不得极，犹日怵惕惧怨之来也。故颂曰'思文后稷，克配彼天，立我蒸民，莫匪尔极'。大雅曰'陈锡载周'。是不布利而惧难乎，故能载周以至于今。今王学专利，其可乎？匹夫专利，犹谓之盗，王而行之，其归鲜矣。荣公若用，周必败也。"

细推敲，就能发现，这段逆耳忠言中包含着后世儒家、墨家等多种思想。比如，劝谏君王行王道，推行仁义显然有儒家的思想。要求天下人共享财利，又体现了墨家"兼爱"思想。换句话说，这个故事可能并不真实，而是出自战国儒生加工，司马迁将其挪用到《周本纪》中。

可能芮良夫劝谏周厉王的事是真的，但这些又臭又长的故事，却是一种"转嫁"与"重塑"。而被"猪油闷了心"的周厉王，是不会采纳这些建言的。在劝谏君主这方面，法家的韩非就看得更清：你要阻止君王做他喜欢做的事情，无异于给自己招致灾难。① 所以芮良夫不畏生死的进言，反而起到了反作用，周厉王重用了荣夷公，"厉王不听，卒以荣公为卿士，用事"。

周厉王的种种恶行，让天下人对他失去了信心，周王朝暗流涌动。然而，周厉王对此并不在意。他不但贪图财利，还暴虐成性，蛮横无理，不接受臣僚的不同意见。据说周厉王还利用收集上来的财利，大兴土木，豢养鸟兽，过着奢侈的生活。当然，我们认为，这种记载可能并不真实。或许周厉王本身就是一位开拓型国君，他渴望改变分封制带来的弊端——控制财源，但他失败了。

也是从这时候始，天下百姓不再顾及天子身份，到处都在议论周厉王无道。很多官员和贵族都听到了百姓对国君的议论，忧心忡忡。王室宗亲召穆公实在看不下去，便向周厉王进谏说："如今百姓都难以忍受国家重财利的政令，希望大王重视。"周厉王听了召穆公的进言后，非常愤怒，认为他是在混淆视听。

据说，为防止有人妄议国政，周厉王还找到一个卫国巫师，让

---

① 司马迁：《史记》卷六十三《老子韩非列传第三》。

他监视那些谈论国事的人。巫师接受了这一重任后，开始弄权，打击对手，为所欲为。只要巫师说谁议论国政，周厉王就将其杀掉。而这一杀威棒果然奏效，天下人都不敢再议论国政。周厉王见强制手段起到了作用，有些洋洋得意。殊不知，天下正在酝酿着颠覆周王朝的隐患，诸侯也都暗暗讥笑，甚至不愿再到王都朝拜。

召穆公忧愤不已。他不能任由这种情况发展下去，继续向周厉王进言，反对堵塞言路的行径，希望广开言路，让君王听到真实的声音，但周厉王根本不听劝。[1] 召穆公还进言劝谏：不能给百姓头上强加赋税。为此，他还写了《劳民》诗，来警示周厉王：

> 民亦劳止，汔可小康。惠此中国，以绥四方。无纵诡随，
> 以谨无良。式遏寇虐，憯不畏明。柔远能迩，以定我王。
> 民亦劳止，汔可小休。惠此中国，以为民逑。无纵诡随，
> 以谨惛恢。式遏寇虐，无俾民忧。无弃尔劳，以为王休。
> 民亦劳止，汔可小息。惠此京师，以绥四国。无纵诡随，
> 以谨罔极。式遏寇虐，无俾作慝。敬慎威仪，以近有德。
> 民亦劳止，汔可小愒。惠此中国，俾民忧泄。无纵诡随，
> 以谨丑厉。式遏寇虐，无俾正败。戎虽小子，而式弘大。
> 民亦劳止，汔可小安。惠此中国，国无有残。无纵诡随，

---

[1] 司马迁：《史记》卷四《周本纪第四》："是鄣之也。防民之口，甚于防水。水壅而溃，伤人必多，民亦如之。是故为水者决之使导，为民者宣之使言。故天子听政，使公卿至于列士献诗，瞽献曲，史献书，师箴，瞍赋，蒙诵，百工谏，庶人传语，近臣尽规，亲戚补察，瞽史教诲，耆艾修之，而后王斟酌焉，是以事行而不悖。民之有口也，犹土之有山川也，财用于是乎出；犹其有原隰衍沃，衣食于是乎生。口之宣言也，善败于是乎兴。行善而备败，所以产财用衣食者也。夫民虑之于心而宣之于口，成而行之。若壅其口，其与能几何？"

以谨缱绻。式遏寇虐，无俾正反。王欲玉女，是用大谏。①

即便如此，周厉王还是不为所动。周厉王的种种举动，让召穆公失望至极。

而周厉王越是这样，召穆公就越多次进言。双方开始了一段时间的拉锯战，两人都有些筋疲力尽。不过也正因召穆公不停劝谏，才让周厉王在贪图财利时，多多少少有些收敛。但也仅仅是收敛，有些习惯就像吸食毒品一样，会上瘾。只要有机会，周厉王就继续敛财。

周厉王这样做带来的结果是，民众怨声载道，国家时局不稳，社会动荡。据说就连周围的戎、狄部落，也都不再敬畏周王朝。有时，他们还会入侵边境，抢夺人口和生产资料。而周王朝对此无可奈何。

人心涣散，诸侯们各怀心思。周王朝这座大厦在众人的作用下，变得摇摇欲坠。

当然，以上这些内容多来自《周本纪》。我们认为，周厉王敛财可能只是表面现象，背后或许有更为复杂的原因。比如，周厉王敛财的目的是不是为了发动战争？改变制度是不是为了摆脱现状？等等。否则，他要那么多钱财干什么？难道他也像《霍比特人》里面的矮人老国王一样，对黄金上瘾，非得把天下的财富集中在身边才心甘？

《诗·大雅·板》中说，周厉王培养了一批年轻人，帮着他治理国家。他还实施新政，却遭到贵族的反对，召穆公就是反对者之

---

① 《诗经·大雅·民劳》。

一。也有记载说，周厉王曾对东夷、淮夷发动过大规模战争，造成了国家财政困顿。他还实施体制改革，试图摆脱国家困局，但改制由于受到贵族顽强抵挡，不得不放弃。

可能周厉王真是一个改革派，但他的臣民没有与他同频共振，所以他的改革不但遭到同时期人的抵制，在后世传播中，他也变成了贪财好利之徒。

国家非但没有强盛起来，反因自己的"折腾"，变得国将不国。周王朝尚且如此，那些依附于周王朝的小国会怎么样呢？只有一种解释：大厦将倾，独木难支。

曾经一度依附于周王朝的秦人，也在周王朝内忧外患的环境中危机四伏，面临着被蚕食的危机。当然，这种灾难多是由周厉王的无道引发的"次生灾难"，正如一句流行的网络语所说："灭掉你的可能不是你的对手。"

无妄之灾

面对周厉王越来越严重的盘剥，不仅王畿周围民族无法忍受，诸侯可能也受到影响。用辩证主义的思想解释就是，奴隶集体觉醒，对奴隶主的盘剥产生了反抗心理。

王畿很多人在想办法逃离难以承受的赋税，而有些势力则趁火作乱，蚕食鲸吞，乘机抢夺地盘、人口，以削弱周王朝的势力。

其中，西部的戎、狄部落也跃跃欲试。他们见周王朝日渐式微，率先表现出不臣之心。《秦本纪》载："秦仲立三年，周厉王无道，诸侯或叛之。"他们的目的不是摆脱周王朝，而是抢夺周王朝及其附庸的人口、生产资料——这是他们的惯用伎俩。

这一背景下，居住在西犬丘的秦人就遭到了戎、狄的偷袭和入侵。他们是大骆后裔——成的子孙后代，与秦邑的秦人保持联系，但各自发展。

就是说，西犬丘的秦人，是被历史忽略的一群人。他们在这里的生活，几乎没有史料可载。此时距地处秦邑的秦仲继承首领（还不是诸侯，只是附庸，所以用首领更为准确）之位刚过了三年。

当然，还有这样一种可能：戎、狄还不敢与周天子直接对决，他们就把目标放在了住在西犬丘的"亲周"秦人身上。而此时，此地的秦人已延续数代，与西部庞大势力申侯家族关系逐渐疏远，秦人失去了申国这个靠山。因此，戎、狄才敢打击秦人。

这注定是一场惨烈的战斗，犬戎早有准备，而西犬丘的秦人事先并未察觉出周围的戎、狄的异常举动。他们依旧把这些人当作邻居，对他们怀着善意。

只是他们怎么也没想到，善意换回的是灭顶之灾。在弱肉强食的时代，作为其中的个体是不能有感情的。当你还不足够强大时，不谈感情，只说利益。看透这一层，才能永久立于不败之地。秦人恰恰没有看透这一层，他们还是太嫩。

这是一场有预谋的合围。当西犬丘的秦人发现情况不妙时，已被戎、狄部落包围。

不过秦人也是个勇武的族群，不可能妥协，他们大抵进行了誓死抵抗。原因很简单，戎、狄是奔着消灭秦人去的，而秦人又怎会甘愿任人灭族？

战争持续了多久，没有详细的记载，战争的结果是西犬丘的秦人悉数被杀。《秦本纪》载："西戎反王室，灭犬丘大骆之族。"

要知道，自从非子与成分家，双方已繁衍数代人。西犬丘生活的秦人，也当发展成一支强大部落。一般的力量想要轻易对其灭族，很难做到。这也说明，此次犬戎的力量很强大——他们或许联合了多支力量，共同对付秦人。

于是，山河之处，万物失色，草木凋零；大地之间，尸横遍野，血流成河。多么可怕的一幕，多么惊悚的一幕。相信参与这场战争的戎、狄也定见识了秦人的勇猛和宁死不屈。

不久，西犬丘秦人被灭族的消息传到秦邑秦人耳中，引起了他们的巨大震动。尽管早在非子时期，他们与西犬丘就已分开，各自生活。但他们终究是一族人，共同敬奉同一个先祖。可能相互之间还会走访，联络感情，而戎、狄竟对他们的亲人举起了屠刀。自此，戎人与秦人之间的仇恨埋下。

对于戎、狄这次灭族行动，秦邑的秦人采取了忍耐——实力不允许的情况下，生存才是王道，报仇也不急于一时。这是他们在屈辱生活中磨炼出的生存哲学。

他们苟且活着，将仇恨咽进肚子。当然，除了仇恨外，身处秦邑的秦人可能更看重西犬丘这片肥沃的土地。据说这片地域水草丰茂，产盐水，是安身立命的好去处。他们要在羽翼丰满后，重新夺回这片地域。

所幸的是，戎、狄只是灭了西犬丘的秦人，并未对秦邑的秦人实施灭族战。因此也能推断：戎、狄消灭西犬丘的秦人，可能也是看中了西汉水流域的肥沃土地，以及可以产盐的泉水。他们要得到这些东西，为族人所用。当然，从西汉水上游考古发掘看，这片地域上奇洼文化分布广泛，说明本地戎、狄势力强大，他们为了生活和生产资料，与秦人进行了殊死搏斗，将西犬丘的秦人灭族。

与此同时，通过对戎、狄灭大骆族人的情况分析，也能佐证秦人与戎、狄并非一族人。有些秦文化研究学者主张秦人西来说，认为秦人是戎、狄部落的一支。持这一结论主要是因陇东南部考古发掘中，发现秦人墓葬中存在着一些戎、狄风俗痕迹。而在秦人墓葬中发现有戎、狄习俗痕迹并不奇怪，因秦人长期与戎、狄部落共存，一些戎、狄部落的习俗影响到秦人也是正常现象。试想：若他们是同一族人，即便西犬丘一带各种生产资料丰富，也不至于相互实施灭族行动。戎、狄部落尽管残忍，还没有野蛮到如禽兽一般。

西犬丘的秦人被消灭后，戎、狄占据了这一大片地方。秦邑的秦人暂时没有实力反击，只能等待逐渐强大以后，再实施复仇计划，重新夺回祖宗之地。

当然，若他们能得到周王朝的支持，一切将很难预料。只是此时的周王朝也面临着各种问题，他们会支援秦人吗？

其时，周厉王无道，民众恨怨已久。他们内心深处积攒的愤怒、仇恨、绝望、压抑越来越严重，像不断熔化的岩浆一般，等待着喷涌而出的那一刻。

终于，周厉王一次又一次的盘剥引发了百姓强烈不满。京畿地区的民众都起来反叛周王朝，还有些百姓带着武器进攻王宫。这一事件史称"国人暴动"。

面对着如洪水般涌来的民众，周厉王害怕了。可能自始至终，他都没有想到，自己不过是向百姓多要了一点儿钱财，多发动了几场战争，就遭到百姓如此的抵制与仇恨。周厉王再也不敢小觑百姓，带着随从逃到了彘国（今山西霍县东北），躲避突如其来的灾难。《周本纪》载："于是国莫敢出言，三年，乃相与畔，袭厉王。

厉王出奔于彘。"①

只是，尽管周厉王已逃亡，但民众怨气并未消散。他们围住了召穆公的家，向召穆公索要太子，他们要把对周厉王的愤恨发泄在太子身上，以解心头之恨。《周本纪》载："厉王太子静匿召公之家，国人闻之，乃围之。"②

看到民众愤怒难消，召穆公先进行了劝阻，表示自己曾多次向周厉王劝谏，不能压榨百姓，也不能加大赋税，但周厉王根本不听，主要责任在周厉王。如今周厉王逃亡，大家都迁怒于太子，实在不该。③然而，愤怒的民众根本不听召穆公的劝，坚持只有诛杀了太子才会离去。

无奈之际，召穆公只能忍痛割爱，将自己的儿子送了出去，顶替太子遭受民众荼毒。召穆公的这一伟大之举，不仅保住了太子，也为他带来了巨大的声誉。《周本纪》载："乃以其子代王太子，太子竟得脱。"

此后，愤怒的乌合之众才渐渐散去，一些兴风作浪的人也都退去了。周朝像退了潮的沙滩一样，恢复了原来的样子。只是一切早已面目全非，召穆公压抑着自己的悲痛，开始了韬光养晦。这时候，他还不能将个人情感表露出来，国家隐患还未解决。这是他和周朝臣僚、贵族必须面对的当务之急。

这时候，周王朝又面临着一个重大问题：国家没有国君（民众以为太子被杀，周厉王逃往深山）。这意味着天子之位处于真空状

---

① ② 司马迁：《史记》卷四《周本纪第四》。
③ 司马迁：《史记》卷四《周本纪第四》："昔吾骤谏王，王不从，以及此难也。今杀王太子，王其以我为雠而怼怒乎？夫事君者，险而不雠怼，怨而不怒，况事王乎？"

态，天下政务没有人处置。

而国不可一日无君，若长此以往，周王朝必然再次陷入不稳定中，政权颠覆或者更替也不是不可能。周朝贵族、诸侯们意识到危机，及时止损，共同推举召穆公、周定公代行天子之职，处置天下的政务。

周厉王得知这一情况后，也没有再回到王都，默认了两位大臣代行天子之职的事实。因此，周王朝出现了无君主却正常运转的特殊情况。这段历史被称为"共和行政"。当然，也有人说，此时有位叫共伯和的人主政。

十四年后，周厉王死在彘地，天下诸侯才长长吐了一口气：是他们逼走了周厉王，只要周厉王活着，他们就不得安宁。现在，周厉王去世，一切都将安定下来。

新问题接踵而至，周厉王活着时，尽管他没有回到王都，行使天子职权，但诸侯在内心依然将他视为天子，现在周厉王去世，天下的重任交给谁？难道继续由召穆公、周定公推行"共和"制度？

诸侯们很纠结，两位执政者却眉头舒展了。看到时机成熟，召穆公、周定公将已长大的太子从幕后推向前台，向诸侯陈述了当年他们实施"调包计"的过程。而此时的诸侯已不再纠结当年太子假死事件，重新接纳了太子。由此，太子即位，是为周宣王。

自此，周王朝重新进入了稳定之中。《周本纪》载："宣王即位，二相辅之，脩政，法文、武、成、康之遗风，诸侯复宗周。十二年，鲁武公来朝。"[1] 这是一种极高的赞誉，赞扬周宣王可与周文王、武王、成王、康王比肩。

---

[1] 司马迁：《史记》卷四《周本纪第四》。

而随着新天子继位，一直等待机遇的秦人，是否会向新天子求援，以报戎狄灭大骆之族的大仇呢？

2. 秦人的复仇之路

秦仲复仇

秦族对戎、狄族灭大骆族事件恨得咬牙切齿，但他们没有实力与戎、狄对抗。周围的戎、狄多以游牧民族身份存在，行踪不定。平日里，他们相互分开，各自为政。遇到战争，会立即聚合，形成合力，一致对外。

对秦族而言，复仇的希望只能寄予周王朝。

然而，周王朝实际处境不比秦族好，越来越多的不稳定因素正在考验着新天子。再者，周宣王也没有周孝王那般对马的强烈渴望。他刚刚即位，国内很多问题需要他逐个去解决。

换言之，他对秦族不是过分依赖。而支援秦人复仇之事，对周王朝而言意义不大。当然，这背后的原因，主要是地处秦邑的秦人并不强大，他们很难成为周宣王利用的工具。

秦仲预判了天下大势：周王朝指望不上，自己又无能为力。他选择了继续隐忍，等待时机。之后，在秦仲的带领下，秦嬴一族在秦邑一带繁衍生息，发展壮大。

这是一段屈辱的日子，而唯有屈辱，才能让人觉醒，并发愤图强。这一时期的秦仲，除了鼓励生育、发展民生外，可能还实施了一系列治国策略。《史记集解》引《毛诗序》里的记载说："秦仲始大，有车马礼乐侍御之好也。"换言之，秦仲带领秦人壮大的同时，也注意到文明的重要性，效仿周王朝，制定了"车马礼乐侍御之好"。

早在非子时代，秦人就开始效仿周朝，实施礼乐。不过那时候，秦人尚只是一个小附庸，民众少、物资缺，根基不稳，很多振兴事宜并不能彻底推行。到了秦仲时代，就很注重自身的发展。"周礼"逐渐渗入秦人的日常。《诗经·秦风·车邻》一诗大概就产生于这一时期，描写的是秦仲"车马、礼乐"之事：

> 有车邻邻，有马白颠。未见君子，寺人之令。
>
> 阪有漆，隰有栗。既见君子，并坐鼓瑟。今者不乐，逝者其耋。
>
> 阪有桑，隰有杨。既见君子，并坐鼓簧。今者不乐，逝者其亡。①

当然，包括《车邻》在内的十首《秦风》是孔子在洛邑看到秦国文明成果整理所得，可能与原来的诗作已不一样——文本更加流畅，意象更加深远。不过，这首诗的雏形应该诞生于秦仲时代。

向文明迈进的过程可能属于偶然：在秦仲壮大时，有部分周人混入了他们的生活，给秦人带来了先进的理念。秦仲被这些"先进理念"触动，开始效仿周王朝。

那么，秦仲为什么要坚持制定"车马礼乐侍御之好"？本书认为，理由除了走向文明外，应还有一个重要因素：向周王朝看齐。

---

① 《诗经·秦风·车邻》。

秦仲非常清楚，秦人要想强大，离不开周王朝的支援。尽管此时，周王朝也身陷困境，但"瘦死的骆驼比马大"。一旦遇到周成王、周穆王、周孝王那样的明君，周王朝就会再次强盛起来。

"车马礼乐侍御之好"是周王朝推崇的东西，秦人重视这些东西，就是向周王朝示好，宣示秦人始终与周王朝站在一起。当然，这些东西也是彰显自身实力的一种表现。尤其在诸侯纷争的时代，越是表现出文明，越会得到别人的尊重。秦人一直以来都被贴上"野蛮"的标签，甚至有人将他们等同于戎、狄。而秦人要摆脱别人眼中的"野蛮"印象，就得学习文明。

秦仲是位伟大的首领，他善于观察形势，善于在错综复杂的关系中寻找机会。周宣王即位后，秦仲认为时机到来。而此时，距离西犬丘的秦人被灭族已过去了十八年。《史记集解》认为周宣王即位时，是秦仲在位的第十八年。漫长的岁月里，秦仲吞下了多少艰难困苦？好在黑暗已过去，希望降临在秦陇大地。

秦仲打算到周王朝去试试运气，向周宣王求援。于是，他带着一些还算贵重的礼物，到镐京参拜周宣王，意在重拾往日非子时代与周王的友谊。

周宣王可能也对秦仲的到访表示好奇。因此，在这种融洽的氛围中，秦仲向周王朝陈述了戎、狄当年所犯罪行，希望得到周王朝的支持。由于刚刚即位，周王朝也困难重重，很多积重难返的问题要周宣王去解决。因此，在收到秦仲的申诉与求援后，周王朝并未给予秦仲兵力支持，只是给了秦仲一个名义上的"大夫"身份，希望秦仲凭借此身份，调动一切身边的资源去征讨西戎。《秦本纪》载："周宣王即位，乃以秦仲为大夫，诛西戎。"

表面上看，有点讽刺，因为不给予兵力上的支持，与不支持其实是一样的。大夫不过是一个空头衔。

　　周王朝的态度，也让秦仲看清了秦人的处境：他们想要复仇，就不要指望任何人帮忙，一切都要靠自己。这个世界很冷漠，在你还不够强大时，谁都能在你头上踩几脚。你能做的就是被踩之后，重新站起来，然后强大自己，一个又一个地击败那些曾经踩你的人。

　　当然对秦仲而言，这次到周王朝求援虽未得到兵力支援，但也不全是失落。周天子给予的"大夫"头衔，让秦仲的身份提升了一个档次，与之前非子时代的附庸完全不一样。这是周宣王册封的大夫，并非诸侯国的大夫，而周王朝以"大夫"治国。换句话说，秦仲成为秦人名正言顺的"异姓贵族"，可以帮助周王朝戍边，至少秦人的社会地位得到了天子的认可。当然，这种认可也充满了恶意：当时西戎是周人周边一支较大势力，希望秦人能够抵御西戎，消除隐患，为他们戍边。

　　处境非常尴尬，但秦仲必须面对这种处境。以后的几年时间里，秦仲都在想办法收复故土，为先人报仇雪恨。不过想要与驻扎在西犬丘的戎、狄直接对抗，秦人始终显得势单力薄。

　　然而，面对着一天天衰老的身体，秦仲心有不甘。终于，在周王朝封大夫五年后，秦仲调集了族群内的全部秦人壮丁，开始了复仇行动。而此时，距秦仲成为首领已过去二十三年。

　　出兵前，他也效仿诸侯，在三军面前进行誓师。为了表明"壮士一去不复返"的决心，秦仲提前安顿好了家人和身后事，才带兵出征。因此，这次出征也显得悲壮不已。

　　秦邑与西犬丘中间隔着一大片平原，有波涛汹涌的渭河（位于今天水市），还有海拔不算太高的山脉（长江、黄河流域界山），路途并不遥远，数日便可赶到。

秦仲带领秦人，绕过了居住在各处的戎、狄，日夜行军，赶赴西犬丘。

紧接着，战争就在西汉水河畔打响。

秦仲率部征讨西戎的战争经过并无详细记载，但能够想象战争现场一定非常惨烈，因为这一战，秦仲带领的复仇之旅全部战死，秦仲也成为给祖先复仇的第一个牺牲品："西戎杀秦仲。秦仲立二十三年，死于戎。"[①] 这短短的几个字，分量很足。司马迁先说秦仲战死，又说秦仲是在他为国君二十三年时战死，可见司马迁的严谨。只要有合理的资料，他都会第一时间用在编纂中。

2005 年，考古工作者对礼县西山坪遗址进行了发掘，发现了丰富的墓葬群：

> 西周时期墓葬 6 座，其中 3 座形制较大的埋葬在地势较高处，东西向竖穴墓，墓主葬式为直肢葬，带腰坑、殉狗、殉人，随葬品丰富。3 座形制较小的埋葬在地势较低处，为南北向竖穴墓，墓主葬式为屈肢葬，随葬品较少。M2003 为此次发掘规模最大的一座墓葬，长 5.05 米、宽 2.6 米、深 11.1 米，为东西向长方形竖穴土坑墓。竖穴墓道的北壁和南壁各开有壁龛，内置殉人。北壁殉人为 30 岁左右的女性，置有棺；南部壁龛殉人为 15、16 岁的女性，置殉狗。墓主葬具为一棺一椁，棺为彩绘漆棺，棺外设置头箱。墓主为成年男性，仰身直肢，头向西，发掘时发现墓主头骨留有一个射进木拔山的铜镞。椁

---

① 司马迁：《史记》卷五《秦本纪第五》。

下有腰坑殉狗（图八）。随葬品置于头箱、椁内、棺内及棺盖
上。铜器有鼎3件、簋2件、剑1件、戈1件、铜鱼16件，玉
器有璧、圭、戈、璋、玦、管，陶器有鬲、盆、豆、罐、瓿及
海贝等①。

　　从这些西周墓葬的规格看，M2003是一座大型墓葬，与西山坪
遗址上其他墓葬完全不同。有学者认为，M2003就是秦仲的墓穴。
从墓葬规格看，这座墓葬确实与秦仲身份很相似。问题是，秦仲死
于战争，秦人并未夺取西犬丘，谁能将他按照秦人规制埋葬？难道
是戎狄感念他的英勇，按照秦人规制将他埋在了西山吗？或者秦庄
公夺取西犬丘后，才将秦仲"迁葬"到西山？因此，我们认为，西
山遗址上的墓主并非秦仲，而是另有其人，不过具体是谁，目前无
法界定。
　　而秦仲战死这件事，在秦人族群中引起了巨大震动。秦仲是他
们的首领，也是他们坚持复仇的希望。尽管秦仲出发前，他们已想
到了这种结果，但当秦仲率领秦人被戎狄消灭的消息传到秦邑时，
依然让秦人既震惊又绝望。恐惧立即笼罩在这片大地上，只要附近
的戎、狄再度联合入侵，如之奈何？秦人马上警觉起来，他们采取
了一系列措施，预防外族入侵。
　　所幸的是，秦邑附近的戎、狄并未趁火打劫，这也给秦仲留下
喘息之机。此后，这部分秦人选择了沉默休养，韬光养晦，以待时
机，而非被仇恨蒙蔽双眼，逞匹夫之勇，与戎狄死磕到底。这也是

---

① 赵丛苍、王志友、侯红伟：《甘肃礼县西山遗址发掘取得重要收获》，《中国文物
　报》2008年4月4日。

最为明智的选择。秦仲筹备多年，都被戎、狄所杀，秦人还能在短时间内组织起一支部队，继续向戎、狄发动战争吗？显然，秦人没有这个实力。他们能做的也只能是继续等待时机。

只要天不绝秦，秦人就还有翻身的机会，他的后人还在。相传，秦仲有五个儿子，长子就是秦庄公。在秦仲战死后，秦庄公顺势成为新一届秦人族群的首领。《秦本纪》载："有子五人，其长者曰庄公。"

自此之后，在秦庄公的带领下，秦人开始了韬光养晦的漫长岁月。不过仇恨依旧包裹着这个并不强大的部落，激励他们不断强大，摆脱受人捶打的处境。

秦庄公复故土

秦庄公即位后，有了见天子的合理理由：秦族首领更替，特向周天子通报。请注意，不是为了申诉犬戎对秦国的灭族行为。无论何时，都要将尊崇天子作为最主要的事情。

当然，这也是试探周王室对秦族态度的巧妙做法：若赢得周宣王重视，或者让周宣王同情、理解秦族遭遇，或许就会帮助秦人复仇。于是，秦庄公带人拿着厚礼到镐京觐见周宣王。

见到周宣王后，秦庄公表明秦族始终拥护周宣王的决心，以及替周王朝驻守边关的信心。同时，秦庄公也巧妙地向周宣王陈述了秦族近几年发生的重大变故，希望周宣王一如既往救助秦人，给他们提供复仇支助。

虽然没有多少外交手段，但秦庄公用真诚打动了周宣王，给周宣王留下了好印象：秦庄公巧妙地迎合了周宣王高高在上的架势，做出温顺的姿态。同时，秦庄公又利用语言艺术，表明自己是替周王朝戍边西陲，阻挡戎、狄部落。

秦庄公表明了态度，周宣王也重视起帮助秦人复仇之事。这时候，周朝已在周宣王的治理下重振雄风，帮助秦人复仇就有了可操作性。可能周宣王与臣僚进行了详细论证，最终得出的结论是，可以给秦人提供必要的帮助。

周宣王再次约见了秦庄公，表明周天子的态度：愿意帮助秦人复仇。只是周宣王的态度很令人玩味：恩威并施，体现王者风范。秦庄公感受周宣王的威严与怀柔后，对这位天子有了新的认识。

当然，这都不是最重要的，最令秦庄公振奋的是，周宣王答应给秦庄公七千人，让他率领这些人征讨犬戎，收复故地。这秦人梦寐以求的支援，终于在觐见周天子后变成现实。

在远古时代，七千人的兵力可不是小数目，周武王灭商时才有多少人？周宣王一下子能给秦庄公这么多人，说明经过这几年稳定发展，周王朝已再次强大起来，周宣王才能如此慷慨。

而周宣王这次慷慨支助，给了秦庄公勇气。之后，秦庄公就带着七千人回到了秦邑。这一次，他要全面部署，一举夺回故地。部署完毕后，秦庄公就带领部分秦邑族人及周天子的七千人向西犬丘的戎、狄发动了突袭战。

可能因秦庄公率领的人数占据绝对优势，因此，当他浩浩荡荡开赴西犬丘时，戎、狄被秦军一举击败，果断撤出了西犬丘。《秦本纪》载："周宣王乃召庄公昆弟五人，与兵七千人，使伐西戎，破之。"这也意味着，秦庄公重新得到了先祖大骆的西犬丘故地。

取得胜利后，秦庄公做了一个重要决定：迁居西犬丘。"于是复予秦仲后，及其先大骆地犬丘并有之。"这是他进入西犬丘后反复思考的结果。原因很简单，西犬丘更有发展前景，而秦邑周围都是大山，等秦人强大，这地方必然不够用。不过，先祖非子封的秦邑不能舍弃，依然要留有部分秦人驻守。

之后，秦族的重心转移到西犬丘。秦族将重新在这里繁衍生息，壮大实力。秦庄公在西犬丘站稳脚跟后，将从周宣王那里借来的七千人还了回去——这不是一个小数目，周宣王不可能将这七千人送予秦庄公。

大概这次再入镐京，让周宣王对秦庄公有了新认识，他考虑到秦人是一股不可忽视的力量，能够为周王朝戍边，于是，周宣王顺水推舟，封秦庄公为西垂大夫。秦仲是周宣王封的大夫，秦庄公为西垂大夫，更加具有"标识性"。这也间接说明，周天子将西垂之地交给了秦庄公。

《史记正义》引《注水经》里的记载，认为秦庄公复仇之后，周宣王将大骆族人居住的西垂之地也交给了秦庄公治理："秦庄公伐西戎，破之，周宣王与大骆犬丘之地，为西垂大夫。"这个记载与《秦本纪》"并有之"意思大致一样。

这里对西垂与西犬丘略作辨析。《括地志》指出西垂在秦州上邽县西南九十里，是秦汉时期陇西西县。换言之，《括地志》认为，西垂与大骆时期的西犬丘是同一个地方。国学大师王国维也支持这一观点。秦文学研究学者梁云先生也认为，西垂就是西犬丘。至于西犬丘具体地望，却历来是学者争讼的焦点。陕西秦文化研究学者赵丛苍先生认为，礼县西山遗址就是西犬丘。[①] 对此，本书保留如

---

① 赵丛苍、王志友、侯红伟：《甘肃礼县西山遗址发掘取得重要收获》，《中国文物报》2008 年 4 月 4 日。

下意见：西犬丘地望还无法界定，但位置应在西汉水上游。

秦庄公的复仇行动，震慑了周围的戎、狄。此后，因秦庄公是周天子承认的西垂大夫，而周王朝也处于由弱变强的阶段，周围戎、狄也不敢攻打秦人。在这种背景下，秦庄公开启了兴文教、启礼乐、强部落的过程。

秦庄公在位四十四年。他少年成名，从戎狄手中夺回秦人故地西犬丘。但这只是他众多功绩中的一项。他真正的功业，是带领秦人在西犬丘继续繁衍、壮大，让秦人逐渐强大起来。

这时候，可能西犬丘与秦邑之间的交通也彻底打通，他们在这一大片地域上建立了自己的城堡，拥有了自己的民众，积攒了数以万计的财富。周围的戎、狄再也不敢小看秦人，他们与秦人迎来了一个新的共存期。

秦庄公有三个儿子，长子叫世父，个性突出。他曾向外界宣言，是秦庄公击溃了犬戎，让周围的戎、狄不敢入侵。但杀害祖父秦仲的戎王还没有被杀死，而他一生最大的愿望是诛杀戎王，为秦仲报仇，否则他此生都不敢到祖宗故地来。《秦本纪》载："庄公居其故西犬丘，生子三人，其长男世父。世父曰：'戎杀我大父仲，我非杀戎王则不敢入邑。'"

从世父的这句话中，能窥见秦人有仇必报的剽悍，以及坚韧不拔的性格。

世父不光嘴上这样说，在行动上，也是这么做的。为了一心给秦仲报仇，世父故意将太子之位让给了弟弟，他就是后来的秦襄公。对于世父这种执拗，秦庄公也不好再坚持。因此，不久，世父离开部落，带人追击犬戎王，秦庄公就将秦襄公立为太子。《秦本纪》中载:"遂将击戎,让其弟襄公。襄公为太子。"①

这里还要介绍一件与秦庄公有关的青铜器。这件青铜器就是不其簋。1982年3月,山东省滕州市姜屯公社庄里西村社员在田里劳作时,发现了一座古墓。当地部门得知情况后,立即对古墓进行了发掘,出土了鼎、簋、鬲、壶等珍贵文物。后经专家论证,这些文物是西周中期滕国的器物。不其簋就在这些器物中。不其簋的重要之处在于,它上面有铭文:

> 佳(惟)九月初吉,戊申,白(伯)氏曰:"不其,驭方严狁(猃狁)广伐西俞(俞),王令(命)我羞追于西。余来归献禽(擒)。余命女(汝)御追于醫(洛)。女(汝)以我车宕伐严狁(猃狁)于高陶(陵),女(汝)多折首执讯。戎大同从追女(汝),女(汝)及戎大敦女(汝)休弗(搏),以我车函(陷)于艰,女(汝)多禽折首执讯。"白(伯)氏曰:"不其,女(汝)小子,女(汝)肇海(敏)于戎工。锡(赐)女(汝)弓一,矢束,臣五家,田十田,用从乃事。"不其拜稽手,休,用乍(作)朕皇且(祖)公白(伯)、孟姬尊簋。用匀(丐)多福,眉寿无疆,永屯(纯)灵冬(终),子子孙孙,其永宝用享。②

该件青铜器一经出土,就引起了学界的浓厚兴趣。后经过学者们不断论证,初步得出与不其簋有关的各种不同结论。比如李学

---

① 司马迁:《史记》卷五《秦本纪第五》。
② 梁云:《西垂有声》第二讲《从蜚廉事纣到庄公伐戎》。

勤、王辉等学者就认为，不其簋是春秋时期秦国器物，簋上铭文中记载的"不其"则指的是秦庄公，原因是有史料记载，秦庄公名为"其（棋）"①。

我们认为，不其簋并非秦器。原因有以下几方面：

一、不其簋出土于山东，秦庄公时期秦人尚在甘肃，还不强大，秦器如何能跑到山东去？换句话说，如果不其簋就是秦器，那么，秦庄公是如何穿过多个诸侯国（相互之间可能有"封锁区"），到达山东的呢？要知道，当时的秦庄公还只是"大夫"，连诸侯都不是。

二、不其簋中的"其"真是秦庄公吗？"其"的叫法来自《十二诸侯年表》，其中有"秦庄公其元年"记载。《史记索隐》也有疑惑："曰其，名也。案：秦之先公并不记名，恐其非名。"即便是同一个字，未必是同一人。再者，《秦本纪》中并不见秦庄公名字记载。

三、既然"其"不是秦庄公，那么铭文中的"公白（伯）"也就不是《秦本纪》中的秦公伯。所谓不其簋铭文中的公白（伯）是秦公伯恐也难成立。

四、从以上铭文内容看，"不其"率领的是"白（伯）氏"的私人武装（当时诸侯可以拥有自己的私人武装）。而《秦本纪》明确记载，秦庄公率领着周天子借给他的王师七千人，收复失地西犬丘。显然天子的军队与私人武装有严明的界限。

五、不其攻打的高陶（陵）位置在河南，而秦庄公攻打的西犬丘在甘肃东部，两地地理位置与《秦本纪》对不上。

---

① 司马迁：《史记》卷十四《十二诸侯年表》："秦庄公其元年。"

六、赏赐有差异。不其打了胜仗，公白（伯）给他"锡汝弓一，矢束；臣五家，田十田，用从乃事"。而秦庄公收复西垂之地，得到了天子赐的西垂大夫身份。[1]

综上所述，我们认为，不其簋不是秦人青铜器，不其簋上的"不其"并非秦庄公，公白（伯）也不是秦公伯。

蒹葭苍苍

秦庄公在位四十四年，去世后，爵位传给了秦襄公。秦襄公继承部落首领之位，继续沿着秦庄公时代的路线走，秦族愈加强大起来。《秦本纪》载："遂将击戎，让其弟襄公。襄公为太子。庄公立四十四年，卒，太子襄公代立。"这里的"太子"其实并不恰当，因为秦公此时的身份也仅仅是西垂大夫，远没有到王的级别。这是司马迁叙述的时候，按照后世的追赠去撰写的称呼。

另外，这里面的"代"很有意思，为什么要"代立"而不是"立"？我们认为，秦襄公虽立，但世父还在，所以他才代立。可能他还想将大夫之位还给世父，只是世父没有给秦襄公这个机会。

历史选择了秦襄公，他成为时代的弄潮儿。不过，这时候的秦襄公还是一位刚刚继承爵位的少年，尚看不出他有多少能耐。

这里有必要先分析一下秦襄公所处时代的特点。

周宣王初期，使用召穆公、周定公等人辅佐，勤修内政，解决各种疑难问题；又对外用兵，实施扩张和震慑行动，使得四处逐渐臣服。但也因连年征战，财力亏损严重，让国家衰微延续。周宣王

---

[1] 赵兆、梁云：《不其簋秦器说疑考》，《秦始皇帝陵博物院》（2015年年刊），《西垂有声》第二讲《从蜚廉事纣到庄公伐戎》。

后期，又陷入和其先祖一样的魔咒中，独断专行、不进忠言、滥杀无辜，使得他前期创建立的太平局面遭到破坏，周王朝又出现颓危局面。

所幸的是，在周宣王一生中国家都没有爆发大规模的叛乱。大概周王朝尚能维持下去，诸侯与臣民还完全没有被逼上绝路。

周宣王去世后，继任者叫姬宫涅。他就是周朝的亡国之君周幽王。他的名声与西周创世之祖西伯侯、周武王一样大。

周幽王继位之初，大概也想过励精图治，也采取了一系列措施治理国家。但周幽王也是人，也有人的感情。尤其当他拥有生杀大权，能为所欲为时，他就成为权力的俘虏，变得骄奢淫逸起来。克制权力、抵制腐蚀不容易，但被权力浸透，只需毅力稍微松懈。周幽王渐渐成为权力的奴隶，周王朝又滑向衰微。

就是在这样的背景下，秦襄公开始领着秦人壮大。

秦襄公刚刚即位，就表现出异于常人的一面。他派人与丰王取得了联系。双方深入了解后，秦襄公将妹妹缪嬴嫁给丰王。《秦本纪》载："襄公元年，以女弟缪嬴为丰王妻。"女弟意思是妹妹。《汉书·李广苏建传》载："独有女弟二人。"《史记·吕太后本纪》载："太后女弟吕嬃有女为营陵侯刘泽妻，泽为大将军。"《尔雅·释亲》也载："谓夫之庶母为少姑，夫之兄为兄公，夫之弟为叔，夫之姊为女公，夫之女弟为女妹。"

表面上看，秦襄公只是将妹妹嫁给一个诸侯国王，实际上是在邦交的路上迈出了一大步。此前，秦人与其他诸侯国建立姻亲关系，还要追溯到大骆与申国的联姻。

那么，缪嬴嫁的这个丰王又是谁呢？

司马迁没有明确标注丰王身份，后世《史记》注解及相关史料中，多认为丰王是戎王。现代学者也多认为丰王是戎王。这种主流观点，一度影响到对秦早期文明的探索。甚至有人提出了这样的观点：秦襄公将族内女子嫁给戎王，是与戎人建立联姻关系，共保和平。还有人将此看作秦人开启统战工作的先河。

本书认为，要对这种既定认知持警惕心理，因为如果丰王是戎王，就有很多矛盾：大骆一族被戎、狄诛杀；秦仲也因大骆一族报仇而被戎、狄杀害；秦襄公的大哥世父为了给秦仲报仇，不惜放弃爵位……这些前尘旧事都说明，这一时期秦人与戎、狄势同水火，他们怎么会联姻？即便秦襄公有这个想法，与戎狄彻底化干戈为玉帛，但秦国贵族会允许与戎人联姻吗？戎王会与秦国联盟吗？况且，此时的世父还在积蓄力量，准备复仇，秦人必然与世父站在同一立场。再者，秦襄公元年（前 777 年），镐京、沣京还都是周王朝的都城，戎王能在这里立足吗？① 还有，次年（秦襄公二年），戎族向西犬丘定居的秦人发动攻击。如果秦襄公与戎王联姻，他们不大可能在短时间内短兵相接。

结合以上分析，本书认为，秦襄公不太可能与戎人联姻。那么，既然丰王不是戎王，新的问题就来了：《秦本纪》中记载的这个丰王是何方神圣？

要弄清楚这个问题，还得深扒历史，寻找真相。这时候，有个诸侯国忽然跳入脑海：丰国。而有丰国，自然也就有丰王。换句话说，既然我们对丰王为戎王的论断持怀疑态度，那么他是否是丰国的国君呢？

记载丰国的史料有多处，大多数都指向河南、山东、江苏等

---

① 梁云：《西垂有声》之《第三讲襄公救周，使命列国》问题五：丰国及其文化。

地，与关中的地理位置不符。这就令人疑惑：秦襄公可能将妹妹远嫁到山东一带吗？我们认为不可能。所以，我们推断：这里的丰王，应距离秦人生活的西犬丘不远。因为联姻是为了共同的利益，若无利可图，为什么要联姻？

我们将历史往前推，在西周早期历史中寻找真相。这时候，一个地名从脑海中跳出：丰都。周朝建立前，周文王曾征讨过商朝贵胄崇侯虎，而崇侯虎所在的王都就叫丰都。按照史料记载，丰都就建在沣河边上。这条沣河在周秦时代是一条大河，滋润着周边的人民。周文王正是看到了沣河的独特优势，才决定在此建都。由此，周朝形成了以沣河为界的丰都、镐京两座都城，沣河以东就是镐京，沣河以西是丰都。周文王、周成王都先后长时间在丰都居住。

那么，这里的丰都与丰王有什么关系？我们继续在历史的重重迷雾中寻找答案，终于发现，西周时期，确有丰国。周武王推翻殷商后，开启了封邦建国（封建）的大策。周武王将弟弟，也就是文王的第十七子分封在了丰国，以后他的后裔就一直在这里生活，并以丰国自居。而丰国大致位置就在今天陕西省户县，隶属于西安市，位置在西安市南。传说中的沣河就流经户县。在后世的考古发掘中，曾在这里发现了一些西周时期墓葬，里面出土过青铜器。青铜器上面似乎还有铭文。

由此，本书推测，秦襄公应是将缪嬴嫁给了丰国国君，而非戎王。西北大学梁云老师也持此意见，并在《西垂有声》一书中有独到论断。

当然，也有学者主张，丰国被灭，是戎狄在原丰国之地建立戎狄国家，自称丰国，所以这里的丰王也就是戎王。我们认为，这种观点有漏洞。既然戎狄灭了丰国，他们为什么还要以丰国自居？所以本书还是认为，这里的丰王，就是文王十七子的后裔。

丰国尽管在周王朝中地位不高，但这也是周王朝的嫡系诸侯，与丰国联姻实际上就是与周王朝攀亲——可能更高级别的诸侯国秦襄公也高攀不起，只能找一个身份地位与秦国差不多的姬姓诸侯国联姻。这种联姻可步步为营，逐步靠近周王朝核心。如此解释或更靠近真相。

与此同时，秦襄公也渴望得到更多贤才辅佐，让秦国能迅速摆脱贫困，快速成长起来。但人才难得，他常常陷入苦闷之中。《诗经·秦风·蒹葭》可能写的就是秦襄公寻觅人才不得的苦闷：

> 蒹葭苍苍，白露为霜。所谓伊人，在水一方。溯洄从之，道阻且长。溯游从之，宛在水中央。
>
> 蒹葭萋萋，白露未晞。所谓伊人，在水之湄。溯洄从之，道阻且跻。溯游从之，宛在水中坻。
>
> 蒹葭采采，白露未已。所谓伊人，在水之涘。溯洄从之，道阻且右。溯游从之，宛在水中沚。[1]

诗中咏叹结合，将那种得不到人才的苦闷表现了出来。当然，后世多将这一诗作比喻为爱情诗，也能自圆其说。本书将其看作是秦襄公寻觅人才不得的苦闷，与后世曹操《短歌行》有异曲同工之妙。本书始终坚持这样一种观点：《诗经》中的很多诗，产生的背景都与当时的环境有关，都是政治的一部分，多写王朝兴衰、诸侯更迭，而非单纯写"情""爱"。

---

[1] 《诗经·秦风》。

不过，秦国的当时处境不允许秦襄公颓废，他还有更多事情需要做。而才人虽然重要却非即找即现，需要慢慢寻找。

秦襄公二年，秦人再次面临重大危机。在秦庄公时代遭受失败的戎人，卷土重来，围攻西犬丘。

为什么时隔多年戎人又来围攻西犬丘呢？本书推测，可能是世父为了给秦仲报仇，多次挑衅戎人的结果，以致戎人部落在休养生息后，再次围攻西犬丘。世父不愿放弃这千载难逢的复仇机会，主动请缨，对抗戎人。秦襄公清楚世父的性格，同意世父出战，但他依旧很担心。戎人进攻时，往往倾巢出动，他们的游击战术很厉害。

果然，世父在与戎、狄对决时，被戎人俘获了。《秦本纪》载："戎围犬丘，世父击之，为戎人所虏。"①

世父虽身陷敌营，但戎人并未攻克西犬丘。在秦仲、秦庄公、秦襄公等人多年经营中，西犬丘已今非昔比。戎人这次失望而归。

不过世父被俘，又成为秦人的耻辱。有人主张马上复仇，从戎人手中抢回世父。秦襄公很清醒，没有立即组织人与戎人发生大规模火并。原因是，尽管这场战争是防御战，但对秦人而言损失也不小。这时候，秦人需要休养生息，以防戎人再次入侵。他始终将族人的利益放在了第一位。

此后，戎人没有再度入侵，秦人也恢复了往日平稳。只是世父还在敌营，让秦襄公时时不得安宁。若戎人杀了世父，倒也一了百了，难道他们要用世父威胁自己？

让人意想不到的是，次年，戎人竟将世父放了回来。《秦本纪》

---

① 司马迁：《史记》卷五《秦本纪第五》。

载："岁余，复归世父。"按照戎人对待俘虏的做法，只要世父被俘，他们定会将其诛杀，但这一次戎人却选择了妥协。为什么？事出反常必有妖，只是秦襄公也猜不透戎人的真实想法。可能戎、狄也不希望继续与秦人此战斗下去。他们更多希望与秦人和平共处，遂将世父放了回来。世父被放回后，不再强调要为祖先秦仲复仇的事情，回到他余生的黑暗中去，很少参与国家大政方针制定，至少，史料中没有世父的相关记载。

由此，秦人与戎人处于一种动态平衡当中。

需要注意的是，皇甫谧的《帝王世纪》中记载，秦襄公二年，秦人迁都汧。[①] 就是说，秦襄公二年，秦人迁都到汧邑。汧即今天的陕西省宝鸡市陇县。《史记正义》引《括地志》载："故汧城在陇州汧源县东南三里。"[②] 我曾翻越关山，沿着关山草原一带到陇县寻访，寻找可能存在的汧，并没有发现有用的东西。

考古工作者在此地进行考古发掘时，发现过一处秦国遗址，出土了铜五鼎，推断为秦国贵族墓葬，但没有发现国君级别的墓葬。另外，在墓地东南，也发现有城址，推断时间为汉代。学者张天恩在《边家庄春秋墓地与汧邑地望》一文中认为，陇县磨儿原城址就是汧邑，边家庄是秦贵族墓地。徐卫民、王学理等学者也支持这一观点。也有些学者不支持陇县的这两个遗址就是秦人的汧邑这一观点。综合考古发掘，我们认为，至少依据目前考古发掘，还不能证明陇县就是秦人的汧。[③]

---

① 皇甫谧：《帝王世纪》："秦襄公二年徙都汧，即此城。"
② 司马迁：《史记》卷五《秦本纪第五》。
③ 梁云：《西垂有声》导论。

秦襄公中兴

稳定的外部环境，给了秦人发展壮大的机会。不过天下事并非一成不变，世界每时每刻都处于变化中。苏轼在《赤壁赋》中表达过这样一个观点："盖将自其变者而观之，则天地曾不能以一瞬。"纵观人类发展历程，你会发现变才是世界运转的常态。

对秦人而言，他们面对的变来自周王朝。相传，周幽王即位后，天下似有预兆，到处出现反常现象。幽王二年，"西周三川皆震。"这次大地震引发了连锁反应，很多民居被毁，百姓流离失所。而发生这么大的地震，在远古时代，会被认为是上天对统治者治国不力，或者不行君王之道而发出的警示。一时间流言纷纷。当时有个周朝的大夫伯阳甫（父）到处散布流言，指出这是上天要灭亡周王朝的预兆。① 不久，再次发生了大灾难："是岁也，三川竭，岐山崩。"

《国语》中伯阳父的说法，亦可作为详细的参考：

> 周幽王二年，泾、渭、洛三条河流附近都发生了地震。伯阳父得知这一情况后，到处宣扬说："看眼下局势，周王朝即将灭亡。自古以来，天地之气都是有序的，如果次序错乱，天下就会大乱。阳气在内不出，阴气受压不散，就会发生地震。

---

① 司马迁：《史记》卷四《周本纪第四》："周将亡矣。夫天地之气，不失其序；若过其序，民乱之也。阳伏而不能出，阴迫而不能蒸，于是有地震。今三川实震，是阳失其所而填阴也。阳失而在阴，原必塞；原塞，国必亡。夫水土演而民用也。土无所演，民乏财用，不亡何待！昔伊、洛竭而夏亡，河竭而商亡。今周德若二代之季矣，其川原又塞，塞必竭。夫国必依山川，山崩川竭，亡国之征也。川竭必山崩。若国亡不过十年，数之纪也。天之所弃，不过其纪。"

如今，三条河流间都发生地震，就是阳气压制阴气所致。也就是阳气与阴气互换位置。这样一来，河流源头会被阻塞，而水源阻塞，国家就会灭亡。众所周知，河流顺畅，土地就肥沃，庄稼才能长成。水流不畅，土地干涸，百姓就会挨饿，国家怎么能不灭亡呢？以前，伊水、洛水干涸而夏朝亡，黄河干枯而商朝亡。如今，周朝的国运与夏商一样，面临着河流源头阻塞问题，而源头阻塞河流就会枯竭。古往今来，国家要依靠山川，若山崩水枯，就是衰亡的征兆。这样的国家，十年内定会灭亡，这是定数。就是说，只要是被上天遗弃的国家，就没有不超过这一期限不亡国的。"①

这当然是一种预言，可能是战国时期的故事。但伯阳父的这种预言，似乎是一种意识形态。

按说这些灾害发生后，周王朝该及时调整国家政策，完善制度，做一些安抚臣民、回应上苍的工作。但周幽王对此并不在意，他还是一如既往荒废朝政，过着骄奢淫逸的生活。

周幽王三年，周王朝出兵征讨褒国。褒国是小诸侯国，无法抵御周军，只能想办法从周王朝内部瓦解压力。他们多方探听，知道周幽王喜欢美女。于是，褒国就给周幽王敬献了一个叫褒姒的美

---

① 左丘明：《国语》卷第一《周语》："幽王二年，西周三川皆震。伯阳父曰：'周将亡矣！夫天地之气，不失其序；若过其序，民乱之也。阳伏而不能出，阴迫而不能烝，于是有地震。今三川实震，是阳失其所而镇阴也。阳失而在阴，川源必塞；源塞，国必亡。夫水土演而民用也。水土无所演，民乏财用，不亡何待？昔伊、洛竭而夏亡，河竭而商亡。今周德若二代之季矣，其川源又塞，塞必竭。夫国必依山川，山崩川竭，亡之征也。川竭，山必崩。若国亡不过十年，数之纪也。夫天之所弃，不过其纪。'是岁也，三川竭，岐山崩。"

人。"三年，幽王嬖爱褒姒。"

《史记索隐》对褒姒做了交代："褒，国名，夏同姓，姓姒氏。礼妇人称国及姓。其女是龙漦妖子，为人所收，褒人纳之于王，故曰褒姒。"《索隐》又引《括地志》的记载，指出褒国"故城在梁州褒城县东二百步"。

不过地方诸侯给天子进献美女，与夏桀宠幸妹（mo）喜、商纣王宠幸苏妲己相似，因此这里不再赘述周幽王为了讨得褒姒欢心，做出的各种幺蛾子事件，比如烽火戏诸侯的故事，因那些事，可能完全都是虚构的。

得到褒姒后，周幽王对褒姒很是宠幸，还与褒姒生了一个儿子伯服。据说伯服出生后，褒姒为了给儿子争得地位，想尽办法怂恿周幽王，希望他废弃与申侯之女所生的太子，立伯服为太子。《周本纪》载："褒姒生子伯服，幽王欲废太子。太子母申侯女，而为后。后幽王得褒姒，爱之，欲废申后，并去太子宜臼，以褒姒为后，以伯服为太子。"

周幽王这种举动，是向宗法制发起挑战。自古以来废长立幼都会带来难以预料的后果。当年周孝王想要立秦人祖先非子，都遭到了严格抵制。现在是为国家立太子，怎可如此儿戏？周幽王的这种想法，很快传到各处。周人意识到，这样做可能会发生灾祸。太史伯阳就扬言："祸成矣，无可奈何！"

当然，我们认为，这里面可能存在褒姒与申侯之女的宫廷斗争，褒姒在斗争中略胜一筹，所以周幽王有了废长立幼的打算。只是双方具体斗争过程，被深埋在历史中，已无处考究。而司马迁则构造出烽火戏诸侯的故事，以凸显周幽王无道，说服力显得单薄。根据后世学者研究，历史上并无烽火戏诸侯这件事，就像真实历史中并没有"酒池肉林"一样。

真实的情况可能是这样的：周幽王利令智昏，在褒姒的怂恿下，执意要立伯服为太子。而一旦立伯服为太子，原太子就要废除。周幽王不合礼制的做法，引起了其岳丈申侯的强烈不满。申侯（非大骆时期的申侯）是申国的国君，在西方的势力很大，他不会任由周幽王破坏祖制，废弃自己外孙的太子之位。《秦本纪》中的记载与此相似："七年春，周幽王用褒姒废太子，立褒姒子为适，数欺诸侯，诸侯叛之。"[1] 这时候，可能有人从中斡旋，希望周幽王放弃立伯服的计划，但周幽王并不听，坚持立褒姒的儿子。

和谈已无可能，申侯非常愤怒，他已想到应对之策，只是他还是希望周幽王能"浪子回头"。但申侯等来的却是周幽王立伯服为太子的消息。申侯认为事情既然已无转圜余地，就要做出行动，以应对可能发生在女儿、外孙身上的灾难。于是，申侯秘密联络那些不臣服周王朝的诸侯，准备向周王朝京畿地区发动战争，通过战争的方式胁迫周幽王改变主意。

很快，申侯就联系到了缯国国君，据说他是大禹的后人。据《括地志》的记载，缯国的位置在沂州承县。

除了这些小诸侯外，申侯还秘密联合了强大的部落犬戎"攻幽王"。犬戎自周王朝建立后，与周王朝的关系很微妙。若周王朝强大，他们就依附于周王朝；若周朝孱弱，他们就叛离周王朝。而周幽王时期的周王朝一直在衰落，犬戎不想臣服，有意摆脱周王朝束缚。申侯的联络，只是让他们达成了一致的目标。可能在犬戎眼中，他们需要的是周王朝的财利，而不是申侯标榜的"周幽

---

[1] 司马迁：《史记》卷五《秦本纪第五》。

王无道"。

　　紧接着，战争就打响了。申侯带领犬戎大举进攻镐京，形势非常危急。周幽王命人点燃烽火，希望诸侯来援救。只是由于周幽王这些年"自作孽"，绝大多数诸侯选择了观望态度，鲜有人来支援。《周本纪》载："幽王举烽火征兵，兵莫至。"《秦本纪》的记载更真实一些："七年春，周幽王用褒姒废太子，立褒姒子为嫡，数欺诸侯，诸侯叛之。"诸侯不至，应与褒姒"烽火戏诸侯"无关，而是周幽王无道，让诸侯不再顾及周王朝的危亡。

　　当然，并非所有人都拒绝支援西周，还在西垂的秦襄公得到消息后，果断率领秦人出征，支援周幽王。秦军一路向东，遇到了申侯联军的阻拦。秦襄公指挥秦军与他们展开激战，多次击溃了申侯组织的联军。不过仅仅依靠秦襄公的力量，难以对抗申侯的联军。秦襄公还未攻到骊山，就听到周幽王被申侯与犬戎联合攻杀的消息。因此，秦襄公就暂停了进军，观察局势。《秦本纪》中记载："西戎犬戎与申侯伐周，杀幽王郦山下。而秦襄公将兵救周，战甚力，有功。"

　　周幽王被杀后，褒姒成了红颜祸水，被联军俘虏，不知所踪。联军进入周王畿抢掠，周王朝多年积攒在京畿地区的财富被联军洗劫一空。《周本纪》载："虏褒姒，尽取周赂而去。"

　　可能申侯联合犬戎攻打周王畿，并未想过要杀周幽王，只是当他引入外力后，局面已难以掌控。周幽王因此被杀，周王室被洗劫。这次军事行动，对周王朝而言是一次灭顶之灾，这实际上等于灭亡了周王朝。

　　犬戎得到好处后离开了，将一个烂摊子扔给申侯。不过申侯清楚，作为诸侯，他以下犯上杀周幽王，已与叛国无异。若天下诸侯打着讨伐他的名义出兵，他将如何应对？为了迅速稳定政局，申侯联合鲁、许等诸侯将外孙姬宜臼扶上王位，他就是周平王。《周本纪》载："于是诸侯乃即申侯而共立故幽王太子宜臼，是为平王，以奉周祀。"

周平王即位，暂时稳定了周王朝的乱局。但镐京经此一役，几乎毁于一旦。更加要命的是，此时周王朝局势并不稳，戎、狄依旧虎视眈眈。再者，周平王年纪轻轻，功勋不卓著，很难震慑诸侯。这些困扰国家稳定的问题，他根本没有能力解决。这段时间以来，居住在镐京的周平王郁郁寡欢，不知如何自处。所谓天子之位，看似光鲜，其实是被人架在了火上烤。

更令周平王不安的是，原周幽王的党羽虢国君主虢公翰不服申侯等人拥立自己为天子，便重新拥立周幽王之弟余臣为天子，史称周携王（《清华简》里为携惠王）。自此，周王朝出现两王并立局面。申侯对此也毫无办法。

面对这种错综复杂的局面，本就胆战心惊的周平王再度陷入恐慌。他意识到镐京已不再安全，决定离开这个是非之地。

问题的关键是，周平王该去哪儿呢？

3. 秦襄公始为诸侯

护送平王东迁

镐京西面是丰都，可以作为王都。再稍微远一点，是犬丘。不过，不管是丰都还是犬丘，都在各种势力的控制范围内，周王朝危机依旧没解除。此时，若非要迁都，就需要选择一方新的土地，没有任何错综复杂的势力，才能更好巩固自己的势力。

纠结之后，周平王想到了向东迁，因为周王朝在东方还有王都洛（雒）邑，或者叫成周，代表天下的九鼎也在那里。自从洛邑建成后，历代天子都没有迁都洛邑，只在祭祀时，他们才会去洛邑小住。现在，原都城镐京周围各种势力盘踞，王朝内部也有新分裂，周平王如芒刺背。

这种背景下，迁都已是必然，只是如何迁难住了周平王：是将镐京的一切都迁走，还是轻车简从？显然，国家的很多东西不能舍弃，比如治国的典籍，还有被犬戎洗劫后剩余的财富。

周平王命人收拾打包，决定将能带走的东西都带走，永久居住洛邑。所幸的是，身边的这些人并未舍弃自己。周平王看着宫廷内人们步履匆匆，心中不免有些欣慰。相信用不了多久，他就能离开这个让他日日担惊受怕的地方。

此时的周平王还在等待诸侯们的回应。

原来，在决意迁都时，周平王已向天下诸侯发出了征召，希望他们站在"讲政治"的高度，为他东迁保驾护航。

然而，时间一天天过去，面对天子的征调，诸侯们一点兴趣都没有。主动站出来保驾护天子的诸侯，更是寥寥无几。据说，周平王对正牌的天子封国鲁国发出征召，鲁国不但不支援，还故意刁难周平王：

> 十二公，历年二百四十，而王朝交鲁，书来聘者七，锡命者三，归脤者一，赗丧者四，金车赴告之役不与焉，亦綦勤矣。乃述职之纪，终春秋世，仅僖再朝王所，成一如京师，又

因伐秦而往，非真有就日之诚者。其执礼殷勤，曾不及事齐、晋之万一，何其慢也！①

鲁国的这种数典忘祖，反而加深了周平王的猜疑，认为镐京周围不安定。

周平王一刻也不愿待在镐京。不管有没有人护驾，他都要离开槐里，到洛邑去。他已命人打点好一切，随时都能出发。当然，周平王似乎心中还有所期待：万一有诸侯来护送，他不走得更舒心一些吗？

周平王的犹豫不无道理。就在动身之际，晋文侯、郑武公、卫武公、秦襄公等人带着护卫队赶到了镐京，表示愿意护送周平王东迁。

与其他三位诸侯不同，此时的秦襄公身份不是诸侯，充其量也只能算继承了“西垂大夫”。只是秦襄公的这种做法，让周平王喜出望外。周幽王听说被围攻时，就是秦襄公主动站出来维护周王朝脸面。现在，他又积极与周王朝站在了一起。周平王对秦襄公赞许不已。

通过这件事，能看出秦襄公善于观察形势，并根据局势做出准确判断。秦襄公清楚，即便周王朝衰微，也是天子之国。而只有始终和天子站在一起，他和秦人才有望改变身份。

有了秦襄公等人的支援，迁都准备工作便迅速行动起来了。周平王命人整顿物资，将能带走的东西都装进马车，运往东都洛邑。

紧接着，迁都行动就开始了。周平王走在最前面，后面是跟随

---

① 高士齐：《左传纪事本末》卷一《王朝交鲁》。

他的臣民。而晋文侯、郑武公、卫武公、秦襄公等人则不断遣人在
四周侦察，以确保周平王东迁之路顺利。《秦本纪》载："周避犬戎
难，东徙雒邑，襄公以兵送周平王。"①

在这些诸侯的帮助下，周平王东迁一路顺利。还有些对周平王
不满的诸侯，也只能看着周平王离开镐京。戎、狄可能也因刚获得
不少战利品，回到自己的巢穴，任由中原王都由西迁往东。

不久，周平王顺利到达洛邑。由于此处是东都"成周"，每日
都有人定期清扫，周平王到洛邑后，"拎包即可入住"。之后，周平
王在洛邑举行了隆重的祭祀。《周本纪》载："周平王徙居王城，即
雒诰云'我卜涧水东，瀍水西'者也。"这显然是为自己迁都洛邑
找借口。

晋文侯、郑武公、卫武公等诸侯以及护驾有功的秦襄公大概也
参与了这次祭祀大典。这时候，秦襄公见识了天子祭祀的礼仪，给
他留下了深刻印象。可能秦襄公还有这样一种思考：什么时候，我
也能用这样的规格祭祀上苍和祖先呢？

始为诸侯

祭祀完毕，周平王象征性地对几位护送诸侯进行了赏赐和分
封。鉴于东周王朝刚刚立足，可控的土地并没有多少，故而其他几
位诸侯得到的也多是些虚的荣誉。而对秦襄公，周平王显得很"大
度"，他先封秦襄公为诸侯，彻底改变他的社会地位，再将岐山以
西的土地封给秦襄公。

这种处置，与周王朝的现状有关：周平王手中没有多余土地封

---

① 司马迁：《史记》卷五《秦本纪第五》。

给诸侯，只能将旧都岐以西之地都封给秦襄公。《秦本纪》载："平王封襄公为诸侯，赐之岐以西之地。"

据说，周朝实行五等爵制，即公、侯、伯、子、男五种爵位。秦襄公成为异姓诸侯，就是第一等级的"公"，显然并不符合实际。所以，这里就存在两种可能：一是周王朝的五等爵制没有严格界限，即便异姓诸侯，也能称公；二是可能并不存在"初令世袭州、郡、县者改为五等爵，州封伯，郡封子，县封男"[①] 的情况。

当然，周平王对秦襄公的分封，可能遭到其他几位诸侯的嘲笑，因为周平王分封给秦襄公的这些土地被戎、狄占据，周平王等于给秦襄公开了一张"空头支票"，让他自己从戎狄手中夺取这些土地。

为了不让自己显得过分尴尬，周平王还对秦襄公做了解释："戎无道，侵夺我岐、丰之地，秦能攻逐戎，即有其地。"戎、狄抢夺了我们西岐、丰都等地，若你们能够夺回这些地方，这就是你们的封地。

当然，周平王的这句话的言外之意是：即便你们从犬戎手中夺回这些地方，也只是替我们周朝戍边。若在收复这些土地时，秦人被戎、狄消灭，那可不是天子的问题，是你们自己能力有限，只能被戎、狄消灭。

之后，周平王还与秦襄公一起下立誓，永久成为盟约。[②] 当然，在分封秦襄公为诸侯的时候，周平王其实始终抱着高姿态，以天子的身份与秦襄公对话。这也可以理解，因为秦襄公的身份与其他几

---

① 令狐德棻：《周书·武帝纪上》。
② 司马迁：《史记》卷五《秦本纪第五》："与誓，封爵之。"

位不同，是天子直接从大夫"提拔"的诸侯。在天子眼中，秦襄公
要永远铭记周王朝封爵的大恩大德，永久为周人戍边。《诗经·秦
风·终南》一诗，大概就产生于这一时期，强调的是秦襄公不要忘
记天子分封的恩德：

> 终南何有？有条有梅。君子至止，锦衣狐裘。颜如渥丹，
> 其君也哉！
> 终南何有？有纪有堂。君子至止，黻衣绣裳。佩玉将将，
> 寿考不亡！①

秦襄公怀着感恩之情，接受了周平王的分封。可能他本没指望
周平王给他任何赏赐，因为此时的周王朝捉襟见肘，对别的诸侯自
然没有多少恩赐。或许秦襄公此行只是希望"博得个好名声"，见
一下世面。而周平王的分封，可谓意外之喜。此时的秦襄公对周平
王只有感恩之情。从此之后，秦将真正成为一个天子分封的诸侯
国，也就是"襄公于是始国"，与其他诸侯国有着一样的地位，能
"与诸侯通使聘享之礼"。

之后，秦襄公率领秦人往回走，一路上兴高采烈。他要好好享
受这段时光，让"尝鲜"变成"习惯"。

回到西犬丘后，秦襄公的兴致依然未减，他等于出了一趟家
门，就变成了诸侯。这个身份令他狂躁，也令他不安。紧接着，他
所做的第一件事，就是修建了西畤，并在西畤上举行了盛大祭祀仪
式。《秦本纪》载："乃用騮驹、黄牛、羝羊各三，祠上帝西畤。"

---

① 《诗经》。

这是秦襄公从周王朝那里学来的礼仪，代表着文明。而用马、牛、羊各三头牲畜祭祀上帝，开启了秦人祭祀上帝的先河。请注意，《秦本纪》这里说祭祀的是"上帝"，可不是秦人先祖。而祭祀上帝的风俗，多流行于东夷。尤其商王朝信奉上帝，祭祀上帝。《史记集解》中记载："年表云立西畤，祠白帝。"《史记索隐》载："襄公始列为诸侯，自以居西，西，县名，故作西畤，祠白帝。畤，止也，言神灵之所依止也。亦音市，谓为坛以祭天也。"《索隐》中认为，祭祀的西畤就在西县（现在的礼县一带）。后世的这三种注解，与《秦本纪》不同，并非司马迁记错。本书认为，这是秦人祭祀上苍的一种尝试，因为截至这时，东夷的很多风俗还根植于秦人贵族中，比如墓葬规格就有浓厚的东夷风格。因此，秦人祭祀上帝，也就在情理之中。

当然，自商末以来，秦人已在艰难困苦中度过三百多年，他们太渴望自由，太渴望被人尊重了。如今终于有了诸侯的身份，自然要祭祀天地，告慰祖先。

这里需对"畤"做一个简单介绍。《说文解字》中对畤这个字有一大段的注解：

天地五帝所基止祭地也。止依韵会正，下基也，以基止释畤。以叠韵为训也。所基止祭地谓祭天地五帝者。立基止于此而祭之之地也。畤不见于经。秦人因周制祧五帝于四郊。依附为之。祧字音譌。遂制畤字耳。考封禅书。秦襄公居西垂。作西畤。祠白帝。其后文公都汧。作鄜畤。郊祭白帝。其后德公居雍。宣公作密畤于渭南。祭青帝。灵公作吴阳上畤。祭黄帝。作下畤。祭炎帝。献公作畦畤栎阳。祀白帝。汉高祖立黑帝祠。

命曰北畤。按密上下三畤及鄜畤及北畤，谓之雍五畤。祭青黄
赤白黑五帝之地也。先言天地者、秦时谓五帝即天地。故曰唯
雍四畤。上帝为尊。秦之郊见即祭畤也。从田。寺声。周市切。
一部。右扶风雍有五畤。地理志右扶风雍下曰。有五畤。按雍
祇有四畤。密畤、吴阳上畤、下畤、北畤也。史记雍五畤。汉
志右扶风有五畤。蓋兼鄜县之鄜畤祀白帝而言。鄜虽属左冯翊。
而冯翊、扶风故皆内史地。故得统称之。史记于高祖未立北畤
前曰四畤。蓋亦谓密、上、下、鄜四畤。是以四畤上亲郊
见。而西畤、畦畤上不亲往。别白言之也。好畤、鄜畤皆黄帝
时筑。筑各本作祭。今依韵会订。封禅书曰：自未作鄜畤也。
而雍旁故有吴阳武畤。雍东有好畤。自古以雍州积高神明之
隩。故立畤郊上帝。蓋黄帝时尝用事。虽晚周亦郊焉。其语不
经见。缙绅者不道。按史公作吴阳武畤。而许作鄜畤。与史、
汉不合。传闻之异也。或云秦文公立。秦文公立鄜畤。史、汉
皆云尔。而举为疑辞。且若好畤亦文公立者。皆传闻之异也。①

　　通过这段记载，看得出当时诸侯很重视祭祀，所谓"国之大
者，在祀与戎"的观念，在秦人这里更为突出。而祭祀就要修建祭
台，畤就是祭台。这段话也介绍了秦文公修建鄜畤的问题，这会在
后面再进行解读。

　　2004 年至 2006 年，联合考古工作队在西汉水流域进行考古发
掘时，发现了礼县县城西面的西山遗址。该遗址面积大概在十万平
方米左右，有多个时代的遗址叠加现象，上可追溯到龙山、仰韶文

①《说文解字》第十三卷下《田部》。

化时期，下能延续到秦汉时期。在西山遗址上，发现西周末期的城址。有学者认为，该城址是秦人第一座都城西犬丘。本书也认为，在没有考古新发现的前提下，西山坪遗址更像是西犬丘地望。原因是，西山坪遗址尽管规格不高，却有类似宫殿区、祭祀区、生活区、手工作坊区等不同类别功能区，形制更像是一座功能齐全的城。而大堡子山遗址虽有大墓，有车马坑，也四周也是城墙，但它的功能区却不太齐全。因此说，如果在两者之间确定西犬丘地望，那么，西山遗址最有可能是。

与西山遗址遥遥相对的背面有座山，当地人叫鸾亭山。考古工作者在鸾亭山半山腰和山顶上都发现了祭祀遗址，出土文物多是汉代的文物。学者们经过分析判断，认为这里有叠加和层垒的灰坑，底下可能就是秦襄公最早祭祀天地、祖先的西畤。秦国灭亡后，这座祭台并未被摧毁，因此遗址沿用到汉代。《汉旧仪》记载："祭人先于陇西西县人先山，山上皆有土人，山下有畤，埒如菜畦，畤中各有一土封，故云畤。"[1] 与鸾亭山遗址祭祀平台相似。

综合考古发现，多数学者认为，西山、鸾亭山遗址就是秦襄公修建西畤的地方。[2] 被周王朝分封为诸侯后，秦襄公修建西畤，告慰祖先在天之灵。从此之后，秦人不再是偏居西犬丘的小部落，整个岐以西都是秦人的地盘。尽管这些地盘目前还在戎、狄手中，但他们有信心收回本该属于自己的土地。

祭祀完毕后，接下来的时间里，就是不断壮大自己，一点点收复整个封地。

---

[1] （清）孙星衍等辑，周天游点校：《汉官六种》，中华书局1990年第1版。
[2] 梁云：《西垂有声》第三章《襄公救周，始命列国》之《问题三：发现西畤》。

秦襄公是一位胸怀大志的君主，在没有绝对优势的情况下，他是不会轻易向戎、狄发动战争的。这时候的秦人，到处招兵买马，养精蓄锐。

《诗经·秦风·驷驖》一诗大概描写的就是在秦人这一时期的状况：

> 驷驖孔阜，六辔在手。公之媚子，从公于狩。
> 奉时辰牡，辰牡孔硕。公曰左之，舍拔则获。
> 游于北园，四马既闲。輶车鸾镳，载猃歇骄。[①]

从这首诗可以看出，当时除了训练军士外，秦襄公还有狩猎的习惯。表面上看，并无出彩之处，这是天子、诸侯经常做的事情。不过分析秦人发展历程，就发现这对于数百年来一直被人排挤、打压的秦人而言，其意义远非狩猎本身这么简单。他们正在向东方的诸侯看齐，秦襄公雄心勃勃，要创立一番功业。

秦襄公养精蓄锐了五年，才决定东出。五这个数字在秦人的历史上有着特殊的含义。此前，秦仲也是养精蓄锐了五年，才对戎、狄发动了战争。现在，秦襄公也以五年为计，带领秦人壮大。《诗经·秦风·小戎》一诗，可能就产生于这一时期，赞扬了秦国的战车与战马，以及秦人积极进取的精神。

收复封地

五年后的秦襄公十二年（前766年），认为时机成熟的秦襄公，

---

① 《诗经》。

厉兵秣马，准备收复封地。当然，这对秦人而言，是一次意义非凡的出征，他们将以此为契机，把收复岐山以西的土地当作毕生功业。

不过，尽管信心十足，秦襄公还是做了两手准备：自己带领秦军收复土地，将大后方留给了儿子。而两手准备的好处，就是能让秦人不再面临灭族亡种的境地。这是他们多年摸索出的经验。

秦襄公带领着秦人向东开拔。秦襄公第一站是汧城，这里是秦人修筑的据点，负责收集各地情报，囤积粮草、制造武器。秦襄公在汧城做了短暂停留后，按照此前部署的路线，领着秦军一路向东。

可能由于秦军这次势大，那些居住在关中的戎、狄也摸不透秦军实力，故而选择了避让。所以秦国大军一路大捷，将战线推进到岐山一带。

这是秦人第一次以主人的身份到了岐山。

遗憾的是，就在征讨节节胜利之际，秦襄公却去世了。《秦本纪》载："伐戎而至岐，卒。"[1]

秦襄公为何去世，《秦本纪》中并无详细记载，此前亦不见他得病的记载。本书推测，秦襄公应是在与戎、狄交战时，受伤而亡。由此也能分析出，此次秦军前期进军顺利，后期遭到戎、狄部落反击。秦襄公本人也因伤，不治身亡。

这并非胡乱推测，因为紧接着秦人就退回了故地西犬丘，再做打算。秦襄公的尸体被运回，葬在了西垂。《秦本纪》的记载很简单："十二年，伐戎而至岐，卒。"《秦始皇本纪》载："襄公立，享

---

[1] 司马迁：《史记》卷五《秦本纪第五》。

国十二年。初为西畤。葬西垂。"①《史记索隐》载，埋葬秦襄公的地方是西土，即："保留下来，立十三年，葬西土。"这里的西土可能指的是西县的土地，因为西在秦汉时期除了有方位的意思，还特指陇西郡西县。西土就是西县的土地上。

秦襄公去世后，他的儿子即位，是为秦文公。刚刚即位的秦文公也清楚秦人处境：刚经历过大战，丧失了一部分人马，士气也受挫，不宜再与戎、狄大动干戈。因此，秦文公并未立即出兵征讨戎、狄部落，而是选择了继续养精蓄锐。

秦文公带领着族人，又开始了韬光养晦。《史记》中说"文公元年，居西垂宫"，《史记正义》中说西垂"即上西县是也"。就是说，不仅司马迁，即便是《史记正义》著作者张守节，也认为西犬丘和西垂是同一地方。在秦仲时代叫西犬丘，是因那时秦人还没有诸侯的身份。而到秦襄公时，已得到西垂大夫的头衔。秦襄公被分封为诸侯之后，这里可能就一直叫西垂。

当然，这里有个问题需要辨析：秦襄公时代，秦人到底有没有扩展地盘？据司马迁的记载，秦襄公在护送周平王东迁后，就修筑了汧城。按照这个思路，秦人理应东出，进驻汧城。而秦襄公去世后，秦文公又住在西垂，说明秦人重新返回了西汉水上游。为什么会出现这个现象？本书认为，只有一种可能：秦襄公的确推进到关中，从戎、狄中夺取过一些土地。但在他去世后，这些地方又被戎、狄攻占，可能汧城都被戎、狄攻占，因此秦文公不得不重新撤回西垂宫。

三年后（前763年或前764年），秦襄公三年丧礼结束，秦文

---

① 司马迁：《史记》卷六《秦始皇本纪第六》。

公带领一支由七百人组成的队伍，以打猎名义向东行动，翻越陇山，窥探周围戎、狄部落的动向。

有意思的是，秦文公这一路东出，都没有遭到戎、狄的拦截。一年之后，秦文公到达了汧渭之会。《秦本纪》曰："四年，至汧渭之会。"

看着汧渭之会这片土地，秦文公感慨万千：先祖非子曾在这里为周王朝牧马，父亲秦襄公也曾带兵攻打这一带。后因秦襄公去世，新旧国君更替，才被戎、狄钻了空子。现在，他要重新收回这些地方。秦文公对跟随他的人说："昔周邑我先秦嬴于此，后卒获为诸侯。"昔日周天子将这里赐给我们先祖秦嬴作为封邑，到襄公时，我们最终成为了诸侯。

秦文公的这段话有意夸赞祖先，也有强调这片地方归属权的意思。据《史记》记载，非子当年只是在汧渭之间为周王朝养马，并未被周孝王分封汧渭之会。最终，非子也只是被封在秦亭，成为周王朝附庸。秦文公之所以如此强调，是为自己东出找一个合理的噱头：周天子将祖先分封在此，我就要在此建立王都。

秦文公考察了汧渭之会地形地貌、河流水源后，认为此地非常适合居住，就像故土西犬丘一样。他决定在这里驻扎，并将此地作为发展壮大的根据地。于是，秦襄公命人占卜，请示上天。

卦象显示上上大吉。秦文公得到上天的启示后，命人在这里修筑王城。《秦本纪》载："乃卜居之，占曰吉，即营邑之。"这就是秦人东出时的又一都城：汧渭之会。

需要注意的是，汧渭之会与"汧邑"并非同一地方。理由很简单，若原来就有"汧邑"，秦文公就不用繁琐地占卜、筑城，毕竟"汧邑"本就是座城，直接住进去即可，何必费心费力重新筑城？

换句话说，《帝王世纪》中记载秦襄公二年筑汧邑，可能是个假材料。

《史记正义》对汧渭之会位置做了详细注解："郿县故城在岐州郿县东北十五里。毛苌云郿，地名也。秦文公东猎汧渭之会，卜居之，乃营邑焉，即此城也。"2008 年到 2009 年间，陕西省考古队在汧河、渭河交会处开展田野调查，寻觅《史记》记载的汧渭之会。

他们在这一带发现了大量春秋早期遗址，包括基建遗址和墓葬，面积不是太大，不像是都城遗址。却在汧河和渭河东夹角的陈家崖，发现了一块面积约二十万平方米的遗址，有城址、墓葬区、祭祀区等，但被破坏严重。考古学者初步判定此处为汧渭之会的城邑遗址。① 只是由于多种原因，考古工作者没有对该处遗址进行大面积发掘，一些问题尚不明朗，断定此处为汧渭之会只是专家们提出的一种意见。

2014 年，考古工作者在汧河、渭河交会处的陈仓区千河镇魏家崖村发现了一座春秋早期竖穴土坑墓。墓坑里面出土了大量的青铜器、玉器等文物，包括铜鼎 4 件、铜簋 4 件、铜壶 2 件、铜盘 1 件、铜盉 1 件、铜铃 8 件、玉玦 1 件、石手柄 1 件、石串饰 6 枚、残陶豆 1 件、陶珠 1 组 356 件。

需要补充说明的是，魏家崖其实也是 2009 年考古工作者探查过的地方。当时考古工作者本来希望能够进行考古发掘，遭到当地居民的阻拦，导致考古工作未能如期推进，这才有了 2014 年再次发掘。只是 2014 年的发掘，也难以确定此处就是汧渭之

---

① 梁云：《西垂有声》之《问题八：汧渭之会的地望》。

会。① 而用现代的考古发掘证明两千多年的古人生活的地方本就充满困难，一切只能等待更多的考古发掘。

以上就是关于汧渭之会的探查与发掘情况。

接下来，让我们重新穿越历史，回到秦文公时代。

可能修筑王城并非易事，以至秦文公在汧渭之会筑城后的一段时间里，一直没有任何动静。本书推测，原因大概牵扯到族群的迁徙和安置等问题。秦文公既然决定在汧渭之会建都，自然要将西垂的秦人迁往汧渭之会，由此向外界宣示秦人东出的决心，以及秦人收复岐以西地方的正统性。故而在秦文公四年到十年期间，看不到任何秦人有作为的记载。

最合理的解释就是，秦人一方面在积极修筑王城，一方面也在对西垂的族群进行迁移。而筑城并非一件容易的事情，费时费力。迁移族群更加困难。从西垂（礼县）到汧渭之会（宝鸡），中间隔着高耸雄伟的陇山。秦人拖家带口，迁移之路一定非常艰辛。

不过，对秦人而言，这并非十分艰难的问题，当初他们从山西迁往西犬丘的时候，不也翻越了陇山吗？他们对本次迁徙也充满了好奇与希望，他们亦不愿再龟缩在西垂这片弹丸之地。

在这次族群大迁移中，秦文公并未将西垂的所有秦人都迁到汧渭之会。他从族群中选出了一批可靠贵族，将他们留在西垂之地，世袭爵位，世代居住在西汉水上游，享受当地财利。原因是，西垂是秦发家之地，秦人历代祖先都埋葬在西垂。每年到了祭祀时间，需要祭祀祖先。而作为君主，不可能每年都到西垂来祭祖。但这些事情，总要有人替国君去做，所以得留下部分贵族驻扎此处。

---

① 梁云：《西垂有声》之《问题八：汧渭之会的地望》。

　　这并非本书推测的结果，而是与考古成果结合后，得出的结论。在大堡子山被盗数年后的 1998 年，一批盗墓分子又开始活跃于大堡子山对面的赵坪—圆顶山，原因是，在那里又发现了秦人贵族墓葬。由于有大堡子山被盗的前车之鉴，这次当地政府很重视。他们先组成了保护文物联合工作组，打压疯狂的盗墓活动。与此同时，当地政府及时邀请考古工作者对"赵坪—圆顶山"进行抢救性发掘，出土了一大批的珍贵文物，这批文物多被位于礼县的甘肃秦文化博物馆珍藏。

　　更为重要的是，考古工作组通过对"赵坪—圆顶山"出土文物测年，确定"赵坪—圆顶山"遗址在年代上要比对面大堡子遗址偏晚。由此就能推测出，在秦人东迁之后，还留有一部分贵族在西汉水上游生活，守卫着先人陵墓。

　　秦文公带领着秦人，驻扎在新建的都城汧渭之会。到秦人东出第十个年头时，秦文公组织人修建了祭祀的地方鄜畤。《秦本纪》载："初为鄜畤，用三牢。"畤就是国君祭祀的地方，与秦襄公建在西县的西畤一样。三牢是个专有名字，特指用三鼎盛牛、羊、豕三牲。

　　当然，既然说到鄜畤，这里就还有一个问题需要解决：秦文公修建鄜畤的地方在何处？《史记集解》认为秦文公修筑鄜畤的地方在冯翊："鄜县属冯翊。"《史记索隐》的解释充满了迷惑，认为是秦文公做了梦，所以才修筑的鄜畤，"'秦文公梦黄蛇自天下属地，其口止于鄜衍'，史敦以为神，故立畤也"。《史记正义》引用《括地志》的记载，对鄜畤修筑原因及地理位置做了注解："三畤原在岐州雍县南二十里。封禅书云秦文公作鄜畤，襄公作西畤，灵公作吴阳上畤，并以此原上，因名也。"①

祭天后，秦文公得到了上天的启示：秦族会强大起来。此时的秦文公一如既往地低调、内敛，并未立即实施扩张行动。他是个沉得住气的君主，在没有做好准备工作前，不会轻易出兵。他依旧在吸纳人才，悄悄发展、壮大。

其间，秦文公还效仿周王朝，建立（模拟）了一整套不太全面的治国制度，为秦国制定了规章制度。当然，秦文公的这些举措，推动了秦人迈向文明的进程，为秦人收复岐山以西地域奠定了基础。

4. 东出之路

文明之风的吹拂

秦文公迁居汧渭之会所做的第二件有重要意义的事是设立了史官，以记录秦人的历史，开启民智、雨露育人。《秦本纪》载："十三年，初有史以纪事，民多化者。"这表面上看，虽只有简单十几个字，其中蕴含的内容，远非这十几个字能够涵盖。

自古以来，修史都被认为是迈向更高文明的象征，而秦人在探索文明的路上充满了曲折与艰难。在秦文公之前，秦族没有史官，所以秦人的早期发展史几乎空白。司马迁在寻找史料时，应也遇到了难题，不得不从其他史料中去拼凑。

---

① 司马迁：《史记》卷五《秦本纪第五》。

这可能与当时秦人所处的环境有关：地处西部的秦人长期与戎、狄为伍，生活方式简单。当中原王朝兴起"礼乐"时，他们也只会拍手乱叫。"礼"和"乐"对秦人而言，完全是陌生的产物，高端的文明没有传到他们的部落中。直到与周王朝有了密切交往后，他们才见识到了前所未见、闻所未闻的文明。即便如此，很多周王朝核心文化秦人并没有学到。换言之，见识是一回事，实际掌握又是另一回事。

可以肯定的是，随着秦人定居汧渭之会，一些未跟随周王朝东迁的周遗民进入秦人聚落中，成为秦族的子民。这些周遗民中，有读书人，他们懂人类起源，熟悉周朝的礼乐文明。他们给秦人灌输先进理念，一些先进的思想就传到秦人意识观念中。秦文公本人也受周遗民影响，重视起修史这件事。他起用这些周遗民，让他们带领秦人学习文字，对秦人祖先的各种史料进行整理。

这种向文明迈进，也体现在对国家政务的影响上，即从这一年开始，秦人有了正式的纪年。这些修史工作先后持续了三年，从秦人传说时代的祖先，一直梳理到秦文公时代。这种修史工作，对秦人而言，无疑是一种巨大的进步。如前所述，若《山海经》真是伯益时代产生的故事，那么，其成书过程就应在这一时期。

大概秦人编纂自己历史《秦记》时已有雏形，后来逐渐形成了秦人自己的历史书籍。《秦记》与其他史料多有不同，这在《秦始皇本纪》后《史记索隐》中可见一斑："此已下重序列秦之先君立年及葬处，皆当据秦纪为说，与正史小有不同，今取异说重列于后。"这也是我们在按《秦本纪》梳理秦国历史时，又参照《秦始皇本纪》后"附录"的原因，毕竟这份材料直接来源于秦人。

秦文公除了梳理秦国历史，可能还借鉴了一些周王朝的制度，对部落治理制度进行了革新与完善。而促成秦国制度健全的，依然是那些周遗民。这些有文化的周遗民，对秦文公而言，就如同宝藏。他们结合秦人的实际，制定了一系列制度，引导着秦人规范衣食住行。这些制度对秦人而言，都是新奇又实用的。马克思说："野蛮的征服者总是被那些他们所征服的民族的较高文明所征服。"[①] 这个观念也适用于这一时期的秦人。

另外，随着秦人东进，国土面积也日益扩大，子民不仅有秦人，还有大量的周遗民，以及戎、狄。而随着子民数量不断增多。原先依照宗族制度统治子民的方式，已难以适应当下的社会生活。因此，秦文公必须借鉴周王朝的制度，创建出符合秦人发展的制度。

总之，从秦文公十三年到十六年这三四年时间里，秦文公把治理国家放在了第一位。他要让国家稳定，以收复被戎、狄占据的国土。而励精图治也带来了巨大收益：三四年时间里，秦文公实现了自己预期目标。

到秦文公十六年（前 750 年）时，地处汧渭之会的秦人已迅速崛起。而这次提升的，不仅是军事实力，还有整个国家的综合实力。

这时候，秦文公跃跃欲试，打算扩张。

筹划已久的东出

秦文公十六年，他开始部署讨伐戎、狄，收复故土事宜，目标

---

① 马克思：《不列颠在印度统治的未来结果》，载于 1853 年 8 月 8 日《纽约每日论坛报》第 3840 号。

依然是先占据岐山以西的大片地域。秦襄公当年已打到那里，只因中途去世，让先前的成果付诸东流。现在，秦人再次东出，算是"轻车熟路"。

秦文公在三军面前举行了隆重誓师，鼓舞士气。紧接着，大军就出动了。

这是一次正义的出兵，一场为夺回家园而发动的战争。周围的戎、狄部可能进行过抵御，但秦人实力今非昔比，一些戎、狄部落被秦军击败，撤出了占领区。《秦本纪》载："十六年，文公以兵伐戎，戎败走。"还有些戎、狄听闻秦人勇武，主动向北方草原撤去。

首战告捷，也给了秦文公信心。之后，他带领秦军继续向东前进，将战线一直推进到岐山一带，占据了岐山周围大面积土地。

换言之，当年周幽王手中被戎、狄占据的大面积土地，重新回到了秦人手中，秦文公实现了收复岐山的功绩。这里也是周人发源地周原，此处先进的农业基础，让秦文公眼界大开。这里也将是秦人向东扩张的新起点。

秦文公是个胸怀大志的人，他没有被巨大的胜利冲昏头脑，而是将岐山以东的地区无偿献给了周王朝，原因很简单，这些地方本身也不属于秦，当初周平王给秦人的地界在"岐山以西"。当然，秦文公如此做，也有自己的打算。相较于土地，他更看重周"余民"，因此，土地交给了周朝，但这些周遗民却成为秦国的财富。《秦本纪》载："是文公遂收周余民有之，地至岐，岐以东献之周。"

而秦文公这种尊王行为，在诸侯间又引起了反响。此时周王朝已日渐式微，东部强大的诸侯常常与周王朝对抗。《周本纪》载："平王之时，周室衰微，诸侯强并弱，齐、楚、秦、晋始大，政由方伯。"① 相较于这些与天子争高低的诸侯，秦文公显得很懂事，他没有僭越。

对秦人而言，渭水两岸的大面积土地成为他们的属地，已是上苍在庇佑，有时过度贪心，可能会招致祸端。以后的一段时间里，戎狄与秦国之间互不侵扰，实现了某种动态平衡。而秦文公利用这种稳定，继续韬光养晦。

当然，本书认为，秦文公之所以如此做，也是基于现实考虑：那些被征服的人在心里还没有彻底臣服，需要一段安定的时间来同化这些被武力征服的人。他要让这些占据的地方永久成为秦人的土地，让收编的周遗民和亲秦的戎、狄永久成为自己的子民。

这段时光大概是秦文公生平最为惬意的时间，他除了忙碌政务，休闲时也能外出狩猎，或者到边境巡视。

两年后，在一次外出时，秦文公得到了一块叫陈宝的宝石。《秦本纪》中载："十九年，得陈宝。"这件事也在后世的传播中被衍生为神话，让后世对秦文公的奇遇津津乐道。

那么，这个陈宝到底是什么呢？自古以来，对于陈宝的争议一直不断。《史记索隐》引《汉书·郊祀志》的记载，陈宝是一种神物："文公获若石云，于陈仓北阪城祠之，其神来，若雄雉，其声殷殷云，野鸡夜鸣，以一牢祠之，号曰陈宝。"《史记索隐》引西晋史学家臣瓒的观点，认为陈宝是神仙："陈仓县有宝夫人祠，岁与叶君神会，祭于此者也。"东汉学者苏林认为，陈宝是一块石头，"质如石，似肝"。《括地志》里面的记载，也认为是一块石头："宝鸡在岐州陈仓县东二十里故陈仓城中。"晋《太康地志》认为是野

---

① 司马迁：《史记》卷四《周本纪第四》。

鸡精幻化的"若石":"秦文公时,陈仓人猎得兽,若彘,不知名,牵以献之。逢二童子,童子曰:'此名为媦,常在地中,食死人脑。'即欲杀之,拍捶其首。媦亦语曰:'二童子名陈宝,得雄者王,得雌者霸。'陈仓人乃逐二童子,化为雉,雌上陈仓北阪,为石,秦祠之'。"《搜神记》里的记载与《括地志》类似:"其雄者飞至南阳,其后光武起于南阳,皆如其言也。"《史记·封禅书》也对此有详细记载:"文公获若石云,于陈仓北阪城祠之。其神或岁不至,或岁数来,来也常以夜,光辉若流星。从东南来,集于祠城,则若雄鸡,其声殷云。野鸡夜。以一牢祠,命曰陈宝。"北魏郦道元在《水经注·渭水》也有类似的记载:"县陈仓山,山有陈宝鸡鸣祠。昔文公感'伯阳'之言,游猎于陈仓,遇之于北阪,得若石焉,其色如肝。归而宝祠之,故曰陈宝。其来也自东南,晖声若雷。野鸡皆鸣,故曰'鸡鸣神'也。"郦道元的这种记载,大概是综合了以上几种观点。

由此可见,陈宝应是少有的宝石之类的东西。也有学者认为陈宝就是天外陨石。从各种解读中,也能发现,陈宝此物对政权的巩固有一定作用,因此秦文公很重视它。也有观点认为,是秦文公在山里听到了野鸡叫,后来这地方就唤作宝鸡。

冯梦龙在《东周列国志》中,也对陈宝做了一段简单介绍:

> 又陈仓人猎得一兽,似猪而多刺,击之不死,不知其名,欲牵以献文公。路间,遇二童子,指曰:"此兽名曰'媦',常伏地中,啖死人脑,若捶其首即死。"媦亦作人言曰:"二童子乃雉精,名曰'陈宝',得雄者王,得雌者霸。"二童子被说破,即化为野鸡飞去。其雌者,止于陈仓山之北阪,化为石

鸡。视狷，亦失去矣。猎人惊异，奔告文公。文公复立陈宝祠
于陈仓山。①

《东周列国志》是一部小说，其中情节难免虚构。但里面提出
的一个观点值得注意。这就是："得雄者王，得雌者霸。"冯梦龙也
是引用这种传言，认为得到陈宝这个东西，就能成就一番霸业。可
能早在秦文公时期，就已有"得陈宝、成霸业"的传言。因此，秦
文公才对陈宝这东西格外重视。

得到陈宝后，秦文公也没有立即实施扩张计划，而是继续吸收
周遗民带来的先进文化，开始修法度、治理国家。比如，秦文公二
十年（前746年）时，秦国开始有了三族之罪。② 这里所谓的三族，
历来也有争议。《史记集解》引用元代学者张晏的观点，认为三族
就是"父母、兄弟、妻子"。三国名士如淳则认为，三族其实就是
"父族、母族、妻族"。

不管三族到底是指哪几族，对秦人而言，这是他们制定律法的
起始阶段。由此，秦人也进入了"法治"时期。而秦文公的伟大之
处在于，他总能结合秦国实际吸收先进的文化，为秦人壮大服务。

经过秦文公励精图治，秦人愈加强大起来。这是综合国力的强
大，不单纯以军事力量为主。或许也是这时候，秦文公意识到稳定
的重要性，所以他将主要任务放在了稳定政权、发展民生方面。

当然，秦文公也多巡狩，寻找珍奇之物。比如上面提到的陈
宝，就是秦文公意外发现的宝物。

---

① 《东周列国志》第四回《秦文公郊天应梦，郑庄公掘地见母》。
② 司马迁：《史记》卷五《秦本纪第五》："二十年，法初有三族之罪。"

　　秦文公二十七年（前 739 年），再次巡狩岐山以南的大山。这次巡狩，秦文公又有一系列的奇遇。

　　相传，在秦文公这次巡狩时，发现了一棵叫大梓的树木。大概这棵树挡住了众人前行的道路，秦文公命人砍伐这棵大树。有意思是，树没有砍倒，却从树木中走出一头牛来。可能这头牛的居所就在大梓里面。大梓被砍伐后，牛无处可去，钻入了丰水中。这当然是对史料的简单解读，因为司马迁的记载太过简略："二十七年，伐南山大梓，丰大特。"大特指的是牛，大梓是树。但如何理解这句话呢？《史记集解》引用徐广的话说："今武都（甘肃陇南市武都区）故道有怒特祠，图大牛，上生树本，有牛从木中出，后见丰水之中。"这是说在武都故道上面有怒牛的祠庙，可能是祭祀牛神的地方。但武都故道距离岐山较远，这里的注解是否合理？《史记正义》引用《括地志》的记载更加传奇："大梓树在岐州陈仓县南十里仓山上。录异传云，秦文公时，雍南山有大梓树，文公伐之，辄有大风雨，树生合不断。时有一人病，夜往山中，闻有鬼语树神曰：'秦若使人被发，以朱丝绕树伐汝，汝得不因耶？'树神无言。明日，病人语闻，公如其言伐树，断，中有一青牛出，走入丰水中。其后牛出丰水中，使骑击之，不胜。有骑堕地复上，发解，牛畏之，入不出，故置髦头。汉、魏、晋因之。武都郡立怒特祠，是大梓牛神也。"这份长长的史料信息很多，很传奇，比如也认为是武都故道上祭祀牛神的地方。但越是传奇的东西，越需要谨慎。《史记正义》最后给出了一个作者的见解："今俗画青牛障是。"

　　梁云先生认为，秦文公在南山遇到了一棵树，多次砍伐，都没有砍倒。树仿佛成精了一般，砍了重新长起来。再砍，还会长出来。如此反复几次后，树就变成了一头公牛，钻进了丰水中。但他又认为这种记载是荒诞的，推断为秦文公在南山巡狩时，遇到了一头公牛。而在秦人的意识形态里，遇到公牛是吉兆。[①]

本书推测，秦文公此次进入南山，既遇到了大树，也遇到了公牛。然后，此次巡狩就被视为一次吉祥的出征。因此，司马迁才在《史记》中记载如此简略。

事后，秦文公又回到了都城汧渭之会，继续治理国家。此时秦国都城还在汧渭之会，但疆域已延伸至岐山以西。可能秦文公需要不断巡视这些地方，以震慑周围的戎、狄。同时，制定更加完善的制度，为秦国强大作内在制度支撑。

不过，自从收复岐山以西后，秦文公就偃武行文，让秦国长期处于一种和平之中。

秦文公是一位长寿的国君，他在位第四十八年时，太子先一步去世，秦文公悲痛之余，给儿子追赠为"竫公"。《秦始皇本纪》中引《秦纪》载，记为秦静公，"静"和"竫"这两个字发音一样，字形也相近，应是通假字。《秦本纪》载："四十八年，文公太子卒，赐谥为竫公。"竫公的儿子被选为继承人，即"竫为太子，是文公孙也"。这意味着，等到将来文公去世，就由竫公的儿子即位。

通过这些情况看，秦人在东进的过程中吸纳了周王朝的宗法制。原因是，秦文公应不止竫公一个儿子，他完全可以将君主之位传给其他儿子。之所以确定他百年之后将君主之位传给孙子，一方面是考虑君主更替时国家的稳定，另一方面也是为了表示自己遵从周王朝的宗法制。

当时东方诸国尽管已摆脱东周约束与管理，自行其是，但他们

---

① 梁云：《西垂有声》之《第五讲宪公在位前后》。

在推行礼制方面，多遵从周制。秦为周王朝分封较晚的诸侯，对这些制度也尽数吸收，就不足为怪。

不过，嫡长子继承制在秦国历史上并非一成不变，也有兄终弟及的情况发生。比如，前面说的世父就没有继承君主之位，而是让给弟弟秦襄公。以后这种情况还会发生，比如秦宣公、秦成公、秦穆公兄弟先后为秦国君主。

"西山"疑云

秦文公在位五十年，他最大的功绩有三件。第一是将秦人都城从西垂（西犬丘）迁到了汧渭之会；第二是拓展疆域，将周天子分封给秦人的土地从戎人手中夺回，建立起真正意义上的秦国；第三是制定了一系列改革制度（如设立史官、推行法度等），为秦国强大奠定了基础。

文公去世后，被葬在了西山。《秦本纪》载："五十年，文公卒，葬西山。"《史记集解》引用徐广的话，认为秦文公安葬的地方在西县（礼县）："皇甫谧云葬公之长子于西山，在今陇西之西县。"那么，这里的西山指的是哪里的西山？是汧渭之会西面的山，还是西垂的西山？

礼县西山遗址前面已做过介绍，发现了有贵族直肢墓葬。从出土的文物分析，西山遗址的贵族墓非诸侯的墓葬。西周时期，墓葬有着严格制度："天子九鼎，诸侯七鼎，大夫五鼎，元士三鼎或一鼎。"换言之，诸侯的墓葬中至少要有七鼎，还应有其他的青铜器。而秦文公作为秦国的君主，是天子敕封的诸侯，墓葬规格自然不会少于七鼎。西山遗址上发现的 M2003 墓葬随葬礼器数与秦文公的身份不符（主要是随葬青铜器数量不够），另外，时间也对不上。

西山遗址时间大致在西周晚期到春秋早期，而秦文公所处的时间比这个时间略晚。也就是说 M2003 不是秦文公的墓葬。也有人对此表示怀疑，认为当时秦人相对贫困与落后，既没有掌握铸鼎的核心技术，也没有能力制造七鼎。只是这一结论又被大堡子山秦公大墓所推翻，大堡子山虽遭到严重盗掘，但墓葬规格很大，其中 M2 和 M3 两座秦公大墓也存在殉狗、殉人现象，出土的青铜鼎、甬钟都体现了高超的青铜铸造水准，规格与晚了数百年的陕西凤翔秦景公一号大墓很相似。

综合西山、大堡子山遗址考古发掘，能得出这样的结论：礼县西山遗址与秦文公墓葬扯不上关系。

值得注意的是，《秦始皇本纪》引《秦记》中的记载，认为秦文公去世后，被埋在了西垂。"文公立，居西垂宫。五十年死，葬西垂。"① 与《秦本纪》中模糊的西山地望不同，《秦始皇本纪》里的西垂就是西县（礼县）。就是说，西垂一定有个埋葬秦国国君的墓葬群。

当然，这些零散的史料，不但不能为我们厘清西山遗址、大堡子山遗址有所帮助，还为我们带来了更大疑惑。换句话说，即便秦文公埋在西垂，但具体被埋葬在西县哪里？

结合礼县大堡子山遗址上的两座中字形大墓推测，其中一座可能是秦文公的墓葬。因为大堡子山的大墓确是秦公大墓，不管是墓葬规格，还是出土的各种文物，都能反映这一点。

那么，大堡子山大墓是秦文公的墓葬吗？这个问题的答案，目前还找不到直接证据。大堡子山遗址在 20 世纪 90 年代被盗掘严

---

① 司马迁：《史记》卷六《秦始皇本纪第六》。

重，陪葬的很多文物流失，有部分在海外的还能重见天日，更多的
陪葬品应还在民间收藏者手中，而民间收藏的这部分文物，至今都
无法见到。这给我们研究秦早期文化，带来巨大的困难。

也有学者指出，大堡子山遗址是秦襄公的墓，但这一结论与学
者认为大堡子山遗址是秦文公大墓一样，也没有完整的证据链。

总之，依据现有的考古成果，很难界定大堡子山遗址的墓主，
各种可能都存在。还有些学者注意到了秦文公的儿子秦静公，因为
秦人有将亡故国君迁回故土下葬的风俗。秦静公上文有提及，他在
秦文公四十四年时去世，并未真正成为秦国国君。但是他去世后，
秦文公追赠其为静公。换句话说，秦静公死后，他的墓也会按照诸
侯的规格来修建，规格应也是秦国国君级别。这也就意味着，静公
也有可能被埋在大堡子山上。

曾经参与大堡子山抢救发掘的梁云在《西垂有声》一书中做过
解析，认为从大堡子山遗址出土的青铜器年限看，时间上限到不了
秦襄公时代。换句话说，礼县大堡子山遗址上两座中字形大墓中没
有秦襄公，可能是秦文公和秦宪公，或者秦宪公和出子。[1] 秦宪公
和出子的事迹我们会在下一章中详细解读。

以上这些疑惑，至今都无法找到完整的证据链，我们只能对其
进行推测。希望不久的将来，能在民间收藏者手中发现更多出土于
礼县大堡子山的陪葬品，届时或许才能确定埋葬在大堡子山上的两
位秦公的身份。

总之，可以肯定的是，秦文公去世后，被安葬在了西垂，具体

---

[1] 梁云：《西垂有声》第五讲《宪公在位前后》之《问题十四：秦子之谜与大堡子
山大墓的主人》。

是否为大堡子山两座中字形大墓之一的墓主，还有待进一步论证。秦国贵族则按照秦文公生前遗愿，立他的嫡长孙也就是秦竫公的儿子为国君，他就是秦宁公。《秦本纪》载："竫公子立，是为宁公。"

而随着秦宁公即位，一个新时代也悄然而至。

第五章

东进

小戎俴收，五楘梁辀。游环胁驱，阴靷鋈续。文茵畅毂，驾我骐馵。言念君子，温其如玉。在其板屋，乱我心曲。

四牡孔阜，六辔在手。骐骝是中，騧骊是骖。龙盾之合，鋈以觼軜。言念君子，温其在邑。方何为期？胡然我念之！

俴驷孔群，厹矛鋈錞。蒙伐有苑，虎韔镂膺。交韔二弓，竹闭绲縢。言念君子，载寝载兴。厌厌良人，秩秩德音。[1]

——《诗经·秦风·小戎》

---

① 《诗经·秦风·小戎》。

1. 宁公迁都与讨伐荡社

秦宁公是秦国第四位君主,《秦本纪》中记载为秦宁公,金文中多以秦宪公身份出现。《秦始皇本纪》中也记为宪公,如:"静公不享国而死。生宪公。"① 为了方便叙述,本书采取折中处理的方式,统称其为秦宁(宪)公。

按照《秦本纪》的记载,秦宁(宪)公继承国君之位时还未成年,年纪大概八九岁的样子,不懂政务,更不懂人心。只因祖父秦文公去世,秦国贵族和大臣按秦文公遗诏,扶持他登上国君之位。

由于国君年幼,若无忠心耿耿又手握大权的辅佐之臣,国家容易陷入主少国疑之中,贵族争权夺利、国家内部不稳就会成为常态。比如,后周世宗柴荣去世后,七岁的周恭帝即位,国家出现主少国疑局面。半年后,赵匡胤在陈桥驿发动兵变,推翻了后周王朝,建立了宋朝。②

那么,秦宁(宪)公是否也面临着这样的局面呢?他周围的臣僚都是跟随爷爷、父亲打天下的人。这些人功高盖世,他们会一心辅佐秦宁(宪)公吗?或者说,秦国会陷入主少国疑之中吗?

应当说秦国的情况与后周有所不同。在这些年东进过程中,秦国吸纳了很多周遗民,还有部分殷遗民及戎、狄,让秦族的文化呈现出某种杂糅。这种复杂的形态,反而催生了秦人巩固政权的心理。

---

① 司马迁:《史记》卷六《秦始皇本纪第六》。
②《续资治通鉴长编》卷一《建隆元年》。

这些年来，不管受何种冲击（包括文化冲击），秦国国家命脉始终掌控在贵族手中。他们遵循着祖先的经验，也遵循着周王朝的各种制度，能让秦人每遇艰难抉择时，逢凶化吉、化险为夷。有时候，即便国君年幼，贵族们也会真心拥护，并不颠覆秦国。当然，其中可能存在着政治斗争，只是各种势力最终还是选择了秦宁（宪）公，所以，至少在史料中，我们没有发现贵族或权臣乱政行为。

为什么众人最终选择了秦宁（宪）公？大概与秦文公生前的一些为政措施有关。秦文公一生致力于国家建设，吸收了很多周王朝先进的治国制度。秦文公又结合本族实际，创造出了一些管理本民族的制度。这些制度的初步形成，仿佛一个个齿轮，镶嵌在国家公器上，保证了国家的正常运转。

与此同时，可能鉴于秦宁（宪）公年幼，秦文公临终时，选了一些托孤之臣，希望他们能够帮助年幼的秦宁（宪）公治国。而这些人在秦文公去世后，竭尽全力辅佐秦宁（宪）公。因此，在秦文公去世后，秦国处于平稳状态。

以上这些原因，保证了秦国的正常运转，也为秦国接下来的各种重大国策的实施奠定了基础。否则一个八九岁的孩子，能有多大的能耐，能让这么大的一个国家都一直稳定不乱？

这并非胡乱猜测，因为秦宁（宪）公即位的第二年（前715年），秦人就选择了迁都。若秦国内部存在派系斗争，国家内部不稳，迁都这种事就不宜实施。李硕在《翦商》中曾有这样的叙述：

后世的迁都往往只是换一座都城，对全国的影响一般不太大；但在国族一体的上古时代，国都是统治者族群最集中的地方，除了那些散布在远方的零星据点，整个统治族群，或者说国家和王朝，都要整体搬走，不仅是王宫，还有所有的商族部落和家支，以及他们的牲畜、家奴。①

从秦人迁都这件事，可以看出，此时的秦国上下一心，君臣和谐，大家都在为秦人不断壮大努力着，并未因秦宁（宪）公年幼而主少国疑。

秦族离开汧渭之会后，将都城选在一个叫平阳的地方。《秦本纪》载："宁公二年，公徙居平阳。"迁都这种事牵一发而动全身，若非形势所迫，一般的君主是不会轻易迁都的。那么，迁都的背后原因是什么呢？又是谁做出迁都的决定的？

众所周知，秦文公前期励精图治，收复了周天子封给秦人的封地，他也仅从西垂迁到了汧渭之会。而秦文公在位五十年，都住在汧渭之会。应当说，五十年能做成很多事，即便重新修建王都，都完全能实现。但直至他去世，秦人都没有离开汧渭之会。而秦宁（宪）公只是一个八九岁的孩子，毛都没长全，却要在即位第二年就迁都？显然，做迁都决定的并非秦宁（宪）公本人。

本书推测，可能秦文公活着时就有迁都计划，甚至已开始了准备工作，比如巡访迁都之地平阳，再着手修筑城池。只是还未等到新都建成，秦文公就去世了，秦人迁都之举遂暂时停下。秦文公去世当年，秦国面临着新旧国君更替，很多工作尚须理顺，迁都也没有施行。到秦宁（宪）公二年，秦人才将王都迁到平阳。当然，这

---

① 李硕：《翦商》第十章《殷都王室的人祭》。

只是猜测，要弄清楚秦人迁都的原因，还得将历史倒回秦文公时代，尝试着去解密。

秦文公生前，已将疆域拓展至岐山一带。那里是周人发迹之地，农耕文化占据主导地位，富饶的土地、丰富的农作物、先进的农耕技术等都吸引着秦。他们要想彻底占据这一大片地域，就要融入周原先进的生产关系中。而相较于偏西的汧渭之会（宜于游牧），平阳更适宜做农耕时代的王都。大概秦文公就选中平阳这个地方，决意迁都。而真正实现秦文公这一意图的人，是秦宁（宪）公。

选择次年迁都的原因大概有两方面：一方面是新国君即位，国家诸事繁杂，短时间内无法迁都；另一方面，王都可能尚未修建完工，需要时间等待。如此，秦人才在秦宁（宪）公第二年迁都。

另外，从秦宁（宪）公次年迁都情况分析，到这时，秦人应发展迅速，各种资源也都积累起来，与西垂时期的秦人不可同日而语。这一切的功劳，当归于秦文公，是他打下了秦人东出的基础。

那么，这个平阳在何处呢？《史记集解》中说："郿之平阳亭。"《史记正义》引用《帝王世纪》中的记载，只交代了秦宁公迁都这件事，"云秦宁公都平阳"。《史记正义》又提出了这样一个观点："岐山县有阳平乡，乡内有平阳聚。"《括地志》里的记载更为详细："平阳故城在岐州岐山县西四十六里，秦宁公徙都之处。"

根据现代考古学者考证，司马迁记载的平阳，与《括地志》里记载的地方基本一致，地望在陕西宝鸡西南眉县一带。遗憾的是，截至目前，在那里还未发掘出城址，以及相应规模的墓葬。若后期能在这里发掘春秋早期城址，或者代表秦宁（宪）公的青铜、玉等礼器，一切猜疑才能迎刃而解。

迁居平阳

秦人迁到了平阳，这里地势更加开阔，土地更加肥沃，交通更加便利，水利更加发达。秦人迁居此处，是大势所趋。

不过，有些史料记载不尽相同，这里需要加以辨析，即《秦始皇本纪》与《秦本纪》记载的差异。据《秦始皇本纪》载，秦宁（宪）公居住的王都是西新邑，"宪公享国十二年，居西新邑"①。西新邑翻译过来就是在西面新筑的城邑。《秦本纪》则记载为平阳。

那么，是否可以认为《秦始皇本纪》记载的西新邑就是《秦本纪》中的王城平阳？或者说，这只是同一地方的不同称呼，就像西犬丘与西垂一样？若这两个问题的答案是肯定的，那么，司马迁为什么在《秦本纪》与《秦始皇本纪》中，给同一个地方用了两个不同的名字？

这些问题目前尚无法解释清楚。如果将《秦始皇本纪》中"宪公享国十二年，居西新邑"这句话拆开分析，即"宪公享国十二年"为第一部分，"居西新邑"为第二部分，就又会出现不同注解。第一部分是说秦宁（宪）公享国的时间，而第二部分交代的是秦宁（宪）公居住的王城名字。那么，按此理解，西新邑还有可能指的是汧渭之会。总之，《秦本纪》与《秦始皇本纪》其实存在着多种自圆其说的问题，而且这类问题在以后还会遇到。

那么，西新邑到底是不是平阳呢？至少目前尚无法解决这个问题。参与西汉水上游考古发掘的梁云先生结合大堡子考古，认为西

---

① 司马迁：《史记》卷六《秦始皇本纪第六》。

新邑地望就在西汉水上游。[1] 这也能自圆其说。况且，西汉水上游秦早期的遗址更直观，年代更接近历史。这里不再对西新邑地望做过多辨析，重新回到秦宁（宪）公时期的历史。

吊诡的是，秦人迁都平阳后不久，就开始了扩张行动，先是迁都，再是扩张。任何一件事，都不是一个孩子所能决定的。

本书认为，秦人在迁都之后实施扩张，可能有如下原因：

其一，在秦宁（宪）公元年，迁都工作准备就绪，次年的迁都只是走程序。秦人进驻平阳后，一切恢复如常。

其二，秦宁（宪）公实际没有决策权，国家主要的决策权是肱骨大臣和贵族长者，他们对秦国的每一步行动都有决定权。

唯有如此，才能解释秦人为何在迁都完毕后不久，就实施了扩张行动。否则，若王都没有修筑完工，臣民没有安居乐业，秦人如何能够实施扩张？

讨伐荡社

秦宁（宪）公时期，秦人第一次拓疆是派人征讨荡社，"遣兵伐荡社"。从《秦本纪》的记载分析，荡社显然是个地方，而且按照此时秦国实际情况分析，荡社一定距离秦人不会太远，可能就在陕西关中一带。

那么，荡社到底是什么地方？是诸侯国，还是一个普通的地方？《史记集解》认为，"荡社"是一种音译化的产物，"荡音汤。社，一作'杜'"。《史记索隐》与《史记集解》一脉相承，并对此做了注解："西戎之君号曰亳王，盖成汤之胤。其邑口荡社。徐广

---

① 《西垂有声》。

云一作'汤杜',言汤邑在杜县之界,故曰汤杜也。"《括地志》也指出了荡社的大致位置:"雍州三原县有汤陵。又有汤台,在始平县西北八里。"《史记索隐》得出的结论是:"其国盖在三原始平之界矣。"①

综合《史记》注解中的各种意见,能梳理出这样一些结论:

一是《史记》中记载的"荡社"二字应拆开来看,"荡"其实是"汤",而"社"则是"杜",荡社也就是汤杜。而"汤"有几种特殊的情况,比如,商朝又叫"成汤"。《史记索隐》就认为,荡社就是西戎的一支,他们的国王叫亳王,是成汤的后裔。

二是注意通假问题。换言之,"汤"与"唐"相通。在中国古代的史料中,通假字使用频率高,如果不考虑这一层,很多记载就难以说通。因此,我们认为,这里的"汤"也可能指的是"唐"。

三是从"荡社"通"汤杜""唐杜"这些情况分析,"荡社"可能就是陕西地界上的唐国。"杜"指的应该就是杜县,具体地望就在西安雁塔区曲江乡附近。秦汉、魏晋时期,这里都叫杜县。这里曾出土过不少珍贵的文物。后来,在秦武公时,这里就被改名为杜县。

以上三种结论又引出唐国这个诸侯国。若深挖,就能发现唐国有两个。相传在上古时,曾有个古唐国在河北一带,后来迁到了山西太原、临汾一带,一直与商王朝关系密切。周武王灭商以后,唐国可能一直不愿臣服周王朝。后来,三监之乱时,他们大概也参与了叛乱。周公旦平定三监之乱后,灭了唐国。之后周成王就将弟弟姬虞分封在原唐国之地,建立起新的唐国,姬虞就成了唐叔虞。

---

① 司马迁:《史记》卷五《秦本纪第五》。

需要注意的是周对古唐国子民的安置问题。大概周公旦灭了古唐国后，除了重新设立唐国，还将唐国的一部分百姓迁到了杜县。就是说，《秦本纪》中的"荡社"可能指的就是唐杜。这里的唐指的是唐国残余势力，他们住在杜县附近，族群里可能有大量的殷遗民。自始至终，他们都不愿向周王朝臣服，以至于一直处于周王朝的监督之下。《史记集解》引用皇甫谧的话说："亳王号汤，西夷之国也。"但这个观点不一定准确。

总之，结合以上各种分析，初步推断"荡社"的唐国可能是殷遗民组建的小国，应是东夷而非西夷。

秦人迁居平阳、计划东出时，唐国就成了秦人试刀的"番邦"，且荡社的实力不容小觑。当然，秦国要想壮大，必须学会蚕食其他诸侯，而这种蚕食往往是有选择的、量力而行的。因此，在一帮贵族的辅佐下，秦宁（宪）公遣人征讨荡社。

荡社国的国王叫亳王，面对秦军武力震慑，亳王与秦人进行了对抗与周旋，以至这场战争持续了一年多。最终，处在唐国的亳王不敌强大的秦人，不得不投奔戎、狄，秦人则借机消灭了荡社之国。《秦本纪》载："三年，与亳战，亳王奔戎，遂灭荡社。"

不过，尽管灭了关中地区的荡社，但荡社首领亳王并未抓住。他逃亡到戎、狄部落，寻求庇佑，也在寻机报复秦人。这也意味着，荡社这个隐患会一直存在，他们对秦人的仇恨日渐深厚。日后，双方还会产生更大的博弈。

秦宁（宪）公四年（前712年），司马迁记载了这样一件事："四年，鲁公子翚弑其君隐公。"鲁国公子翚杀了他的君主鲁隐公。为什么司马迁要记载这件事，这件事与秦国有什么关系？这是一个值得深思的问题。

　　《秦本纪》是司马迁为秦人写的本纪，应集中笔墨叙述秦人的兴衰。为什么忽然提到了鲁国内部的政变？司马迁大概要透露一条信息：天下正在发生变化，周王朝已难以约束东方的诸侯。秦人在自己崛起时，也在密切关注着东方诸国之间的生死斗争。非如此，不能解释在叙述秦宁（宪）公时，为何就跳出鲁国的政变问题。

　　当然，由秦人关注东方诸国的情况来看，他们也不再对周王朝过于依赖。大争之世，秦人需要寻找自己的路，否则只有被人吞并的份儿。

　　此后的几年时间里，秦人除了治理内政外，还将消灭荡社作为最重要的目标。秦人与戎、狄、亳王等不断进行较量，打算一鼓作气消灭荡社的亳王。但要实现这一目标，并不容易，一直到秦宁（宪）公十二年（前704年），秦人才彻底消灭了荡社，得到了原来荡社的土地和人口。[①]

　　而此时，秦宁（宪）公才二十出头，正是带领族人开创霸业的时候。但很不幸，就在秦人消灭荡社的同年，秦宁（宪）公暴毙。

　　秦宁（宪）公为何去世，史料中已无可考。年纪轻轻就死了，这不免令人猜疑：是被人杀了，还是得了恶疾？

　　本书推测，秦宁（宪）公应死于与荡社的战争，毕竟这场牵扯到异族的战争持续了很多年，秦宁（宪）公尽管最后灭了荡社，自己也为此付出了生命。

　　秦宁（宪）公去世后，被葬在了西山。《秦本纪》载："宁公生十岁立，立十二年卒，葬西山。"要注意西山这个地方，《史记正

[①] 司马迁：《史记》卷五《秦本纪第五》："十二年，伐荡氏，取之。"

义》中引用《括地志》的记载，认为秦宁（宪）公的墓在岐山附近的秦陵山上："秦宁公墓在岐州陈仓县西北三十七里秦陵山。帝王世纪云秦宁公葬西山大麓，故号秦陵山也。"《史记正义》最后得出的结论是："文公亦葬西山，盖秦陵山也。"① 另外，据《秦始皇本纪》载："宪公享国十二年，居西新邑。死，葬衙。"这里又引出了"衙"这个地方。《集解》引《地埋志》的记载，认为"冯翊有衙县"。《索隐》记载："宪公灭荡社，居新邑，葬衙。"②

由此又带来了新问题：《秦本纪》认为秦宁（宪）公葬在了西山，而《秦始皇本纪》记载，秦宁（宪）公葬在了衙。那么，西山与衙是同一个地方吗？本书推测，这两个地方表面上看，名字不一样，应指同一个地方。若非同一地方，难道秦宁（宪）公死了后，被埋在不同之地，要形成疑冢？显然，当时的秦人还没有这种思想。

那么，西山（衙）到底在何方？

《秦本纪》引《史记正义》中的记载，认为秦宁（宪）公葬在了西山，而这个西山就在秦陵山。只是，据学者考证，岐山一带的山脉鲜有叫秦陵山的地方。陕西的考古学者曾在岐山一带进行发掘，没有发现任何大墓。③ 由此推断《史记正义》里面的记载也不实。

① 司马迁：《史记》卷五《秦本纪第五》。
② 司马迁：《史记》卷六《秦始皇本纪第六》。
③《西垂有声》之《第五讲宪公在位前后》："当年韩伟先生在发掘秦公大墓之前，带着考古工作者想把秦陵山找到，找了10年。在凤翔秦都雍城的北边，有一座山叫灵山。关中盆地，南边是秦岭，又叫终南山；中间是渭河；北边是北山。北山有很多段，每一段有自己的小地名，西段的叫灵山、吴山，靠近凤翔、宝鸡；东段的叫梁山，靠近韩城。韩先生一看，灵山的'灵'应和陵墓的'陵'相通；既然叫秦陵山，那么山上应有很多秦公大墓。所以他费了很大的力气，花了很多的工夫，派人上山调查勘探，但一无所获。"

那么，这里还有一种假设：秦宁（宪）公埋葬的西山是不是在礼县呢？因秦文公去世时，被埋葬在了西山。《史记》注解一直认为，西山在西县（礼县）。秦宁（宪）公去世后，秦人会不会将他的棺椁运回西垂，将他与祖先埋葬在一起？

本书认为，这完全有可能，秦人有回葬先祖的风俗。按《秦始皇本纪》载，秦襄公、秦文公等人都埋在了西县。那么，作为国君的秦宁（宪）公也有可能被埋在祖宗发迹之地。

若西新邑真在西汉水上游，秦宁（宪）公完全有可能就埋在西汉水上游，甚至礼县大堡子山上两座中字形大墓其中之一，可能就是秦宁（宪）公的墓穴。但若大堡子山上埋葬的是秦宁（宪）公，秦襄公、秦静公、秦文公等人的大墓又在哪里？

可能大堡子山上的两座中字形大墓，一座就是秦文公的，另一座则是秦宁（宪）公的。而秦襄公时期，由于刚刚被分封为诸侯，他的墓葬规格没有秦文公、秦宁（宪）公的规模，因此至今还未被发现。

2. 秦武公的后继之功

鲁姬子争议

秦宁（宪）公有三个儿子，他们分别是后来的秦武公、秦德公和秦出子。

按照史料分析，秦宁（宪）公的这三个儿子并非一母同胞，他们至少由两个女人所生。这种说法听起来有点八卦，一本写秦国历史的书，扯到了女人身上。之所以如此八卦，是因为这件事蕴藏着秦国高层各种势力之间的斗争。

秦宁（宪）公去世后，按照秦制（其实是宗法制），当由嫡长子秦武公继承国君之位，带领秦人继续秦宁（宪）公未竟之业。原因是，秦宁（宪）公活着时，秦武公就已被册立为太子。《秦本纪》载："生子三人，长男武公为太子。"可见太子早就确立。但是，在秦武公继承国君这件事上，出现了巨大变故：因为秦宁（宪）公不止一个妻子，而他的妻子间形成了两股势力，所以这时候的秦国，至少有两股势力在争斗。

《秦本纪》中有这么一句话，值得好好推敲："武公弟德公，同母鲁姬子。生出子。"这是中华书局点校版《秦本纪》的记载，断句就成了这样。而原文应是这样的："武公弟德公同母鲁姬子生出子。"因《秦本纪》原文没有标点，不同断句，理解也会千差万别。而不同的断句，就会产生不一样的结论，甚至是截然相反的结论。林剑鸣先生认为断句是这样的："武公弟德公，同母。鲁姬子生出子。"团结出版社出的《史记·秦本纪》中的断句是这样："武公弟德公同母，鲁姬子生出子。"后两个版本似乎更合理：秦武公与秦德公两人是同母胞弟，而出子则是由鲁姬子所生。

再回头分析中华书局这个版本："武公弟德公，同母鲁姬子。生出子。"这句话直观的理解是：秦武公的弟弟是秦德公，他们两个人的共同母亲是鲁姬子。后来，鲁姬子又生了出子。换句话说，秦武公、秦德公、出子是同母兄弟。非如此，后面"生出子"这三个字就无法理解，显得很突兀。是谁生了出子？显然是鲁姬子。问题的关键是，若他们三人一母同胞，那么，在秦宁（宪）公去世后，由谁继承君主之位争议就不会太大，毕竟一母同胞，血肉相连。事实却是，在秦宁（宪）公去世后，秦国在国君更替上出现了政治斗争，这个斗争暂时不做解读，容后分析。

这里还需注意《史记正义》的记载："德公母号鲁姬子。"秦德公的母亲就是鲁姬子。中华书局的点校，大概是基于《史记正义》记载，才这样断句的。这里的"鲁"或许就是鲁国，鲁姬子就是鲁国姬姓女子。换言之，秦宁（宪）公有一个叫鲁姬子的妻子。不过，到底这个妻子是不是鲁国人，可能依然存在争议，也有可能是姓鲁的女子，或者姓姬的女子。

为什么说鲁姬子就是鲁国的女子呢？因为"姬"字在史料中有特殊的含义，姬姓多是嫡系诸侯国，或者周王朝的宗亲。而鲁国就是姬姓鲁氏诸侯。1978 年，在陕西省宝鸡市陈仓区太公庙出土的秦公镈，被学者们认为是秦武公时期的镈。在秦公镈上有一段铭文，提到了一个叫王姬的女人。

> 秦公曰："我先祖受天命，赏宅受国。烈烈文公、静公、宪公不坠于上，昭合皇天，以虩事蛮方。公及王姬曰：余小子，余夙夕虔敬朕祀，以受多福，克明厥心。龢和胤士，咸畜左右。夕夕允义，翼受明德。以康奠协朕或（国），盗（肇）百蛰，具即其服，乍厥龢钟云音鉄鉄，以皇公，以受大福，屯鲁多，大寿万年。秦公才（在）立（位），（膺）受大命，眉寿无疆，匍有四方其康宝。"①

历来的学者们对王姬的身份有争议。有学者认为，王姬是秦武公的母亲。就是说，王姬生下了秦武公、秦德公。也有学者认为王

---

① 董珊：《秦汉铭刻丛考》。

姬就是秦武公的妻子。不管王姬是秦武公的母亲还是他的妻子，从这段铭文都能推断出这样一个事实：王姬应是周王室的女子，也只有周王朝嫁给诸侯的女子才能叫王姬。其他诸侯国的女子与诸侯联姻，一般以女子的国名为女子的姓。由此，这里说的鲁姬子，极有可能就是鲁国的女子。事实上，当时秦国与周王朝、鲁国都保持着密切联系。而联姻是加强诸侯关系最有效的方式之一。

参考秦公镈的这段铭文，再结合林剑鸣先生的断句，本书推断：鲁姬子是出子的母亲，而秦武公、秦德公的母亲另有其人，可能是秦公镈上所说的王姬。这个结论比中华书局点校版本更加清晰，也能说得通。但这一结论，就完全推翻了中华书局点校版《秦本纪》以及《史记正义》中"德公母号鲁姬子"的说法。

由此，就能推测出，秦宁（宪）公有至少两个妻子。换言之，王姬（或者其他女子）生下长子秦武公、次子秦德公，鲁姬子生下了出子。而正因这两股势力的存在，让秦国国君更替时出现了危机。

在接下来的时间里，各种派系为谋取国君之位展开了激烈斗争，原本属于秦武公的国君之位，也落入他人之手。

那么，这到底怎么回事呢？

宫廷内斗

大概在秦宁（宪）公时期，他的两位王妃已各成一派，各有各的势力，甚至存在着宫廷内斗。只是迫于国君的威严，两派之间的斗争没有公开化。

来看《秦本纪》的记载："宁公卒，大庶长弗忌、威累、三父废太子而立出子为君。"即前704年，秦宁（宪）公去世后，秦国的三个贵族弗忌、威累、三父发动了宫廷政变，废黜太子秦武公，拥立了秦武公的幼弟出子为国君。

在秦国历史上，这种宫廷政变较为罕见。地处西部的秦国，素来被看作蛮夷，这也意味着他们没有先进的文化，更没有健全的制度，几乎所有的制度都是抄袭别人的。而正因这种现状，秦国在很长一段时间里都推行奴隶制（林剑鸣）。这种相对松散的制度，还不能与东方诸侯相比。

换言之，秦人落后，制度不健全，贵族势力较弱，到战国时期也是这样。而这种情况下，国君权力就能集中，因此，秦国也就很少发生宫廷政变这种事。

当然，既然秦人有自己拥立君主的规则，几乎不会出现颠覆政权的行为。那么，为什么到了这时会产生这样的政变？

本书认为，这件事背后的原因可能是多方面的。比如，周王朝制度对秦国已有制度的冲击，秦人已在学习先进的制度。不过，在效仿东方诸侯的制度时，秦国囫囵吞枣，连同政变这种坏风气一起吸纳。再比如，引发这次政变的重要原因，可能是秦国高层派系之间的斗争。

大庶长是秦国的高爵位，有此爵位的人在秦国享有重要的地位。《汉书·百官公卿表》记载："……十七驷车庶长，十八大庶长，十九关内侯，二十彻侯。皆秦制，以赏功劳。"[1] 虽然这是《汉书》里的记载，可能与秦早期实际官制不同，不过，通过这个官位表，我看出大庶长在汉代依然存在，并排在二十级爵位的第十八位，足见其位高权重。可能在秦宁（宪）公去世前，大庶长等爵位

---

[1]《汉书》卷十九《上百官公卿表第七上》。

已有，秦宁（宪）公还以他们作为托孤之臣，负责协助新国君治国。因此，这帮人手中握有大权，能够调配一切资源。

那么，弗忌、威累、三父三人为何在有王命（遗诏）的情况下，还要做出废长立幼如此大逆不道之事？

要知道，即便是君主，也不能随意废黜太子、擅自废长立幼。这对国家的稳定而言，是大忌。周幽王做了这件事，西周就灭亡了。诸侯更不轻易做类似的事情。比如，鲁国就出现过几次这样的事情，让鲁国从一个大国，一步步衰弱下去。此时的诸侯国尽管各怀心思，但在遵从嫡长子继承制上很谨慎。只是谁也不曾想到，落后的秦国，却能发生废长立幼之事。

有意思的是，这次政变在秦国高层并未引起巨大震动。这大概与当时环境有关：秦宁（宪）公去世后，国家大权实际在弗忌、威累、三父人手中。按照秦宁（宪）公的遗愿，他们应当立秦武公为国君。而此时，出子的母亲鲁姬子动用了自己的势力——或者胁迫三位权臣，或者与三位权臣达成了某种利益联盟。因此，三位权臣暗附鲁姬子，配合鲁姬子发动了政变，拥立年幼的出子为国君。而秦武公这个原太子，则由于势力较弱，无法与权臣抗衡，选择退出君位争夺，并承认出子继承国君之位。当然，可能实际情况远比这里的分析要复杂得多，本书在这里只是列出了几种可能而已。

如此，秦宁（宪）公之后，秦国国君之位就传至秦出子身上。不过，即便出子继承君位，国家权力依旧在弗忌、威累、三父三人手中。而鲁姬子可能并不懂治国，她只是在贵族中权力大而已。再者，出子只是个小孩子，毫无治国经验，只是个傀儡国君。当然，不排除鲁姬子干涉国政问题。只是，相对于弗忌、威累、三父三人而言，鲁姬子的行政能力并不强。弗忌、威累、三父依旧可以利用各种手段，对抗鲁姬子干政。

而这样一来，秦人就陷入内耗中，无力再开启治国扩张行动。因此，在出子即位的最初几年时间里，秦人停止了对外扩张的步伐。

而内耗带动了内斗，秦人高层之间的斗争一直持续着，最终，演变成了一种政治风波：六年之后（前698年），弗忌、威累、三父再次发动政变，诛杀国君出子，重新拥立秦武公为国君。《秦本纪》载："出子六年，三父等复共令人贼杀出子。出子生五岁立，立六年卒。三父等乃复立故太子武公。"[1]

弗忌、威累、三父三人的行为令人疑惑不解：当初选定出子为国君的是他们，现在杀了出子的人还是他们，他们到底要干什么？难道秦出子在继承国君后，不断巩固自己的权力，有摆脱三人的控制的迹象，使得三人不得不起了杀心？还是秦出子本人平庸无能，根本不适合担任国君，三人担心出子误国而诛杀了他？

本书推测，这两种可能性都有，原因是：既然三人在秦国权倾朝野，他们自然希望能够长期手握大权，而一旦出子有对三人不满的情绪，必然引起他们的警惕。最终，他们发现自己已无法控制出子，便杀了出子。

当然，后一种可能性也很大。从三人杀了出子后重新拥立秦武公的做法分析，他们不完全希望秦国陷于混乱。若他们只想要得到无限的权力，完全可以重新册立一个傀儡，或者干脆取而代之。为什么非要在出子被杀之后，重新立秦武公呢？这不是给自己招致祸

---

[1] 司马迁：《史记》卷五《秦本纪第五》。

端吗？或许三人通过六年的考验，发现出子碌碌无为，就杀了出子，拥立有大志的秦武公。

北京大学学者董珊写过一篇论文，题目是《珍秦斋藏秦伯丧戈、矛考释》，对"秦政伯丧戈"上的铭文进行了深度解读。董珊认为，弗忌、威累、三父三人并非奸诈之人，他们只是在选择出子时，受了鲁姬子的影响。① 六年后，他们发现自己拥立的出子难以胜任后就杀了出子，弥补当年的过错，重新拥立了秦武公。

《秦始皇本纪》里的记载与《秦本纪》大致相似："庶长弗忌、威累、参父三人，率贼贼出子鄙衍，葬衙。武公立。"② 不过这里面依然有些细微差异，"率贼贼出子鄙衍"是说三位权臣率领贼人将出子杀害了。那么，他们领导的贼人指的是哪些人？"武公立"是指出子被杀后秦国贵族拥立了秦武公为国君，还是秦武公平乱后自立？

《秦始皇本纪》最后这一部分内容是司马迁根据秦人留下的《秦记》梳理的纪年，可信度更高一些。但司马迁没有采取这种记载，反而认为是三位权臣在诛杀出子后，拥立了秦武公。他们与秦武公之间的矛盾，远没有到你死我活的地步。

事实可能也是如此。试想一下：若这一时期是秦武公平乱自立，一定会先消灭三人。而《秦始皇本纪》载，秦武公是在即位多年后，才诛杀了弗忌、威累、三父三人。这就意味着，秦武公成君主后与三位权臣有过一段和谐相处历史。甚至，在杀死出子这件事上，有秦武公本人的意思，他们实际是一个阵营里的盟友。

---

① 董珊：《秦汉铭刻丛考》与《珍秦斋藏秦伯丧戈、矛考释》。
② 司马迁：《史记》卷六《秦始皇本纪第六》。

总之，不管杀出子、立秦武公的原因到底是什么，都能反映出秦国已遇到传位矛盾、大臣专权等问题。这在秦宁（宪）公之前，从未发生过。而这两次政变也暗示着秦国有多重势力在暗暗斗争，秦国的政局变得复杂。这也是进入春秋时代，各诸侯国同有的"卿大夫乱政"的特色。

秦武公的壮志雄心

秦武公即位后，国家大权可能依旧在弗忌、威累、三父三人手中，秦武公还无法摆脱三人的操控。为此，秦武公选择了忍让，他要汲取出子的教训。

秦武公即位第一年，他没有选择整顿内政，触动任何人的利益，而是将矛头对准了外敌。不久，秦武公遣人讨伐彭戏氏。《秦本纪》载："武公元年，伐彭戏氏。"彭戏氏是戎、狄的一个分支。《史记正义》认为："戏音许宜反，戎号也。盖同州彭衙故城是也。"由此可以推断，彭衙又叫衙，在今陕西白水县东北。

那么，新问题又来了，这个衙与秦人祖先安葬的衙有什么关系？2011 年，陕西考古工作者在白水县史官乡西章村发现了一批东周墓葬，发掘东周墓 20 座，出土了一些文物，但这些文物与秦人贵族墓葬完全不是一个等级，因此说，这里的衙与《史记》中的衙并无关系。

而秦武公继位后向外扩张的做法很奇特，让弗忌、威累、三父三人摸不着头脑。可能这一时期，秦武公对三人还是给予了高度尊重，以解除他们的戒心。他们也因此支持秦武公的讨戎之战。

之后，对外扩张行动继续，秦武公将战线一直推进到华山之下，驱赶了这一带的戎狄。① 不过秦武公没有乘胜追击，而是回到平阳封宫。② 封宫是宫名，在岐州平阳城内。因此，我们认为，这场战役可能是秦武公的一次试水之战，意在观察三人对他的态度。所幸的是，这三位权臣都站在了秦武公身边。而随着三人对秦武公的警惕逐渐减弱，秦武公继续秘密运作，筹划消灭三人。

这其实很好理解，即便三人对秦国有怎样巨大功业，但他们先废秦武公、又杀出子、再拥立秦武公的做法，已让国君权力受到威胁。于公于私，秦武公都要除掉三人。对国君而言，加强集权是优先要做的事情。

在接下来的一年多时间里，秦武公继续整顿内务，给三位权臣足够的权力和尊重，消除他们对自己的戒备。

秦武公三年（前695年），秦武公认为时机成熟，指挥秦军发动了一次突袭行动，迅速消灭了威胁君权的三人及其族人。秦武公的理由冠冕堂皇：为出子报仇。《秦本纪》载："三年，诛三父等而夷三族，以其杀出子也。"《秦始皇本纪》中也记载："三庶长伏其罪。"

这里要特别重视"夷三族"这个概念。这是此前秦文公时代法治的延续。《秦本纪》载，在秦文公二十年时，秦人"法初有三族之罪"。若臣子叛乱，可能会祸及族人。这就是最早的连坐之法。后来商鞅实施的连坐法，可能也借鉴并完善了秦人早期"三族之罪"。

三人被诛杀后，秦武公集军政大权于一身，开始了治理国家

---

① 司马迁：《史记》卷五《秦本纪第五》："至于华山下。"
② 司马迁：《史记》卷五《秦本纪第五》："居平阳封宫。"

之路。

秦武公"亲政"后，他先把稳定大局作为第一要务，经过诛灭弗忌、威累、三父的行动，秦国朝堂人心惶惶，他需要把一切都理顺，然后再图东出。

当然，此时的秦武公，除了治理内政外，他还关注着天下大势。众所周知，自周平王东迁后，东方诸侯国已先后崛起，大有摆脱周王朝的嫌疑。每过一段时间，东方诸侯国就出现崛起、吞并、重组等大戏。贵族、卿大夫诛杀国君的事情也屡见不鲜。比如，这时候，秦武公就收到一个消息："郑高渠杀其君昭公。"《史记索隐》中认为，这个郑高渠就是鲁桓公，"索隐春秋鲁桓公十七年左传作'高渠弥'也"。

这里还有个问题：秦人为什么总是关注着鲁国？这就要与之前秦出子的母亲鲁姬子联系起来。换句话说，这时候的秦国，可能与鲁国之间一直有邦交。这是否再次印证这位鲁姬子出自鲁国？这也就意味着，在秦宪公时代，秦人就已秘密关注鲁国了。"四年，鲁公子翚弑其君隐公。"[1] 鲁国也是最近几十年间新崛起的诸侯国，仿佛一颗明星一般，正在发出耀眼的光，秦国自然要关注鲁国。

秦武公关注天下大势，也在厉兵秣马。他要像先祖一样，带领秦人开创自己的时代。

前688年春，秦武公开始了自己的扩张之路。这是他即位后第十个年头，国家稳定，政通人和，百废待兴。

秦武公率部攻打邽、冀等地的戎、狄。可能这一带的戎、狄并不多，或者说他们本不想与秦军直面相对，因此在秦军的攻击下，

---

① 司马迁：《史记》卷五《秦本纪第五》。

他们选择了撤离。由此，秦国得到了邽、冀。这片地域地处渭河两岸，土地肥沃，是发家致富的好地方。当然，最重要的是，这片地域两头是秦先祖封地秦邑和西犬丘，中间夹着邽、冀。秦人占据这一大片地域，就能联通两地，将这里作为大后方。

为了对这一片地域进行永久管理，秦武公设置了邽县和冀县。《秦本纪》载："十年，伐邽、冀戎，初县之。"而有些学者依据《秦本纪》的这个记载，就认为邽、冀就是中国最早的县。本书认为，这里的"初"应是"首次"之意。换句话说，到秦武公时期，秦国开始在新占据的土地上设县（与后来郡县制的县并不一样）。换言之，秦武公设置的邽县和冀县只是秦国历史上最早的县，并非整个西周（春秋）时期设置的最早的县。

《史记集解》说："集解地理志陇西有上邽县。应劭曰：'即邽戎邑也。'冀县属天水郡。"邽县地望大致在今天水市秦州区境内，上邽就是秦邑即清水县，冀县则是现在的甘谷县。前文提及的毛家坪遗址就在甘谷县，在遗址上还曾发现了秦穆公时代大量车马坑，子车氏就曾在这里戍边。①

秦武公设置县制，是秦人地方管理上的创举。不过这时候的县，更多体现了军事防御作用，与后世郡县制形态下的地方行政区域县的功能并不相同。而县的意义在春秋战国时期至少经历了三个阶段的发展，即县鄙之县、县邑之县与郡县之县。② 大概秦人在这一大片地方驻军，防止西面的戎狄入侵，抢夺秦人生产资料。

至此，从秦邑到西犬丘之间这一大片完全被秦国掌控。而翻过

---

① 司马迁：《史记》卷五《秦本纪第五》。
② 周振鹤：《中国历史地理论丛》，1997 年第 3 期。

陇山后，又是秦人的都城。从这一时起，秦人的疆域东西基本连接在一起。以后，陇山以西的这片地域还会隶属于陇西郡。

平定了西方戎、狄后，第二年，也就是秦武公十一年（前687年），秦武公故技重施，攻打荡社，彻底征服了荡社之地戎狄，并在这里设置了杜县和郑县。[①]《史记集解》中说："地理志京兆有郑县、杜县也。"杜县此前已有介绍。郑县有点复杂。历史上有两个郑县，需要予以区分。周宣王时期，将弟弟王子友分封在郑，王子友就是郑桓公。《史记索隐》："厉王之子，得封于郑。代职司徒，缁衣在咏。虢、郐献邑，祭祝专命。"《史记正义》引《括地志》的记载，认为这里曾是郑桓公的封地，《括地志》记载说："下杜故城在雍州长安县东南九里，古杜伯国。华州郑县也。毛诗谱云郑国者，周畿内之地。宣王封其弟于咸林之地，是为郑桓公。"由此可见，郑国最早的治所在陕西省凤翔一带，后迁至今陕西省华县附近。周平王即位后，东迁洛邑，郑国也随周平王东迁至河南新郑一带。郑国迁都后，还有部分没有东迁的周人继续留在凤翔一带，他们依旧以郑国人相称。秦人进入宝鸡后，占据了郑国旧地，将郑地据为己有。因此，在秦武公时，就重新在此处设置了郑县，"秦得皆县之"。

在自己的疆域内实施县治（军事统治）是秦人的一大进步。此前，周王朝实施的都是分封制。天下大大小小的诸侯，都是周王朝的子民。大的诸侯有鲁国，小的可能就有非子时期的附庸。而秦人在不断壮大时，已发现了分封制的弊端。因此，到秦武公时，开始打破依靠宗族血缘维系的诸侯分封制，在新占据的边境城邑实施

① 司马迁：《史记》卷五《秦本纪第五》："十一年，初县杜、郑。"

县制。

当然，诚如前文所言，县制的过程其实非常复杂，从里耶秦简、岳麓书院秦简、清华简等出土文献中，能够发现秦国县制的诸多制度体系。

实施县制，表面上看，似乎只是一个小小的举措，但对于统治国内地方，却有着重要意义。进入东周后，周王朝血缘宗族制度在这时已遭到破坏，利用县制更符合实际。最根本的就是"官吏制度"建立后，行政效率更高，国家对地方的管控更直接。县里很多官员直接对中央负责，并不完全依附于更上一层的郡级长官。而郡似乎也不是行政区域，秦汉学者刘三解先生认为，秦朝的郡县只是一个军分区，主要的任务是负责管理地方。[①]

总之，秦武公设置杜县、郑县也只是权宜之计，他并不满足于内治。没过多久，秦武公又开始了扩张行动。这一次，他指挥秦军向周围的小诸侯国、戎、狄部落发动攻击。比如，地处雍州附近的小虢就遭到了秦人的灭国。[②]《史记集解》中引班固的话，认为小虢就是西虢："西虢在雍州。"《史记正义》则认为存在音译差异，"虢音古伯反"。《史记正义》又引用《括地志》的说法，也认为小虢就是西虢，"故虢城在岐州陈仓县东四十里。次西十余里又有城，亦名虢城。舆地志云此虢文王母弟虢叔所封，是曰西虢"。《史记正义》得出的结论是："此虢灭时，陕州之虢犹谓之小虢。又云，小虢，羌之别种。"认为小虢是羌狄部落的一支。

不管小虢是哪一国，但终归被秦国所灭。而秦武公的雄心壮志

---

① 刘三解：《秦砖：大秦帝国兴亡启示录》。
② 司马迁：《史记》卷五《秦本纪第五》："灭小虢。"

也越来越得到体现，他用短短几年，平定内乱，翦除阻拦在秦人故土周围的势力，秦国强大的苗头越来越突出。以后，秦国历代国君继承先辈之志，继续实施扩张计划，不断扩大秦国疆域。

3. 秦德公的扩张路

大变局开始了

世界不是孤立的，任何看似无关的事物之间，可能正在相互影响着，就像牛顿万有引力定律的定义一样。

前685年，就在秦武公筹划扩张之际，中原诸侯国之间也发生了重大变化：齐国人管至父、连称等人密谋，杀死他们的国君齐襄公，改立公孙无知为国君；地处中原的晋国也乘机灭掉了霍、魏、耿三国。不久，齐国的雍廪又设计杀死公孙无知、管至父等人，重新夺回政权。

而经此一系列变故，齐国、晋国两国不但没有削弱实力，反而在众诸侯国中脱颖而出，成为当时最强大的国家。《秦本纪》载："十三年，齐人管至父、连称等杀其君襄公而立公孙无知。晋灭霍、魏、耿。齐雍廪杀无知、管至父等而立齐桓公。齐、晋为强国。"

《史记索隐》里对这些重大政变做了注解："春秋鲁闵公元年左传云'晋灭耿，灭魏，灭霍'此不言魏，史阙文耳。又传曰：'赐毕万魏，赐赵夙耿。'杜预注曰：'平阳皮氏县东南有耿乡，永安县东北有霍太山。三国皆姬姓。'"不妨也当作一家之言。《史记正义》引《括地志》的记载："霍，晋州霍邑县，又春秋时霍伯国。

韦昭云霍，姬姓也。"

另外，《括地志》还有个记载值得注意："故耿城今名耿仓城，在绛州龙门县东南十二里，故耿国也。都城记云耿，嬴姓国也。"这里说到了嬴姓的诸侯国，地望在山西河津。山西是秦人的老家，当年造父一族在此定居，秦人是在造父一族的庇佑下发家的。那么，这里的耿国是否就是嬴姓赵氏的后裔呢？我们认为，这里的嬴姓族群可能就是秦人先祖的一支，他们从赵城（山西洪洞县）迁居到了河津，最终被晋国消灭。

总之，当秦国开始图强时，东方强大诸侯也上演着斗争。有些诸侯在斗争中亡了国，也有些诸侯在斗争中壮大了。比如，这时候，齐国吞并了原先鲁国的诸多地方，一些姬姓小诸侯国就成了牺牲品。而山西之地的晋国，也在权力重组后，迅速崛起。

以上内容是《秦本纪》中的原文。那么，司马迁为什么要将这些诸侯国的政变写进《秦本纪》呢？本书认为，进入东周以后，"国际形势"发生了巨变，国与国之间联系不断紧密，任何国家的崛起，都会影响天下大势。尽管秦地处西北，也不能置身事外。

换句话说，这些看似与秦国无关的"国际事件"正在逐渐改变着"国际秩序"，周礼塑造的"仁义""礼制"逐渐被打破。一种新的"国际形态"正在形成，影响到"国际秩序"。尤其是晋国的崛起，已威胁到秦人的地位。他们会成为秦人日后强大的对手。当然，天下诸侯之间的吞并与重组，也会给秦国创造机会。

而与这些强大的诸侯相比，此时秦国不管在生产技术还是思想观念上，都非常落后。他们只能一点点蚕食周围的小诸侯国，慢慢扩张疆域，只是秦人一刻也没有放松对天下大变局的关注。

秦武公十九年（前 679 年），晋、齐两国再度强大，晋国的曲沃氏成为晋侯。《史记索隐》载："晋穆侯少子成师居曲沃，号曲沃桓叔，至武公称灭晋侯缗，始为晋君也。"齐桓公也在鄄邑称霸："十九年，晋曲沃始为晋侯。齐桓公伯于鄄。"

自此，历史正式进入春秋争霸时代。

而秦武公已步入老年，可能也没有多少雄心壮志拓疆。在频频伐交中，他更希望秦人安居乐业，至少不受外界势力的影响。

秦武公二十年（前 678 年），一生壮志未酬的秦武公去世，被葬在雍邑的平阳。《秦本纪》载："二十年，武公卒，葬雍平阳。"《秦始皇本纪》中记载："武公享国二十年。居平阳封宫。葬宣阳聚东南。"那么，这个宣阳和平阳是不是同一地方呢？

按照《秦本纪》载，秦武公去世后，采用了活人殉葬的先例，死后有六十六人陪葬。[1] 换言之，司马迁认为，秦国殉人制度的开始，在秦武公阶段。这在考古学上似乎也得到了印证。20 世纪 80 年代，在陕西省凤翔地区发现了数量可观的墓葬群。尤其是里面发现的一座秦公大墓，规格很大，殉葬人数超过了 180 人。后经论证，确定该墓穴为秦景公墓葬。

当然，秦公一号大墓要比秦武公晚，至今我们也没有找到秦武公的墓葬。随着 20 世纪 90 年代礼县大堡子山墓葬群被发掘，司马迁记载秦武公时期"人从死"的结论被考古发掘推翻。考古工作者在大堡子山秦公大墓中，发现大量殉人的情况，而大堡子山遗址比凤翔秦公大墓要早很多年，要追溯到秦襄公、秦文公时期。

由此说明，秦人早在西汉水流域居住时，已实行人殉制度。另外，在更早的礼县西山西周晚期秦人墓葬群中，也发现有殉人情

---

[1] 司马迁：《史记》卷五《秦本纪第五》："初以人从死，从死者六十六人。"

况，更进一步证明了早在秦武公之前，秦人就实行人殉制度。

根据现代考古学发掘，人殉一般多发现于殷商的墓葬中。发端于西岐的周人墓葬中，少有殉人情况。这也间接说明，秦人从东方来，深受商文化影响。秦国高层迁居陇东南后，在贵族葬俗中，依旧沿袭着商人的某些风俗。比如，秦人国君一般是仰身直肢，墓葬方向为西首东足。周人墓葬多屈肢，墓葬方向为北首南足。当然，秦人墓葬中，还发现了不同数量的周遗民、土著人的墓葬，他们多以屈肢葬呈现。这也就能解释，为什么在礼县西山、大堡子山发现的墓葬有多重形态的原因。

秦武公"人从死"的记载，大概是司马迁采用了秦国的一些史料，却没有得到"地下"资料支持，因此他推断，秦国的人殉制始于秦武公时期。这并非说司马迁乱写，而恰恰说明了司马迁的严谨。毕竟，西汉时期的司马迁能得到的出土文献远没有我们现在多。

需要注意的是，秦人在继承东夷葬俗的时候，也舍弃了一些东夷（尤其是商朝）的制度。比如，商人的人祭制度就被秦人废弃了。而这种废弃，原因可能是，周王朝不再实行人祭制度，秦人作为周人册封的诸侯，需要时刻与天子保持一致，自然也就舍弃了这项残忍的制度，而在祭祀时，多用动物祭品。

迁都雍城

秦武公去世后，国君之位应传给他的儿子白。吊诡的是，国君之位没有传给白，而是由秦武公的弟弟秦德公继承。[①] 那么，这是

---

① 司马迁：《史记》卷五《秦本纪第五》："立其弟德公。"

否意味着秦武公去世后，秦人在国君之位更替中，又发生了斗争呢？

　　这个问题没有答案，但也不排除这种可能。因为秦武公的国君之位就是历经曲折才得到的，他的弟弟秦德公与其同母，可能在秦武公生前，已有深厚的背景与势力。所以，在秦武公去世后，他凭借自己的实力，继承了国君之位。当然，也不排除秦武公去世时就有遗旨，让弟弟秦德公继位。

　　秦德公即位后，将秦武公的儿子白封在平阳。《秦本纪》载："有子一人，名曰白，白不立，封平阳。"《史记正义》中记载："即雍平阳也。平阳时属雍，并在岐州。解在上也。"[1] 通过分封白这件事也能推测，在秦德公即位事宜上，秦国高层之间应发生过斗争，不过这种斗争应是过渡性的，没有造成大面积流血牺牲。否则，白就不可能会被封在平阳。

　　对秦人而言，平阳是东出的一个战略要地。秦国几代国君都在这里艰苦创业。这时候，秦德公将白封在平阳，他自己将在何地立足？

　　秦德公需要一个新的都城来巩固自己的地位。最终，秦德公将新都城选在了距离平阳不远的雍城。

　　在建都前，秦德公效仿先祖，先举行了祭天仪式，他"以牺三百牢祠鄜畤"。鄜畤与之前的西畤一样，也是祭祀上天的地方。牺三百牢祠就是用牛、羊、猪各三百头祭祀上天。这个细节值得注意，就是说秦德公用了九百牲祭天，显得阔绰大气。当年秦襄公始封诸侯，在西畤祭祀时，用牲的数量是三。到了秦德公时期，已超

---

① 司马迁：《史记》卷五《秦本纪第五》。

过了三百。可见此时秦人已富裕起来，他们在祭祀天地、祖先时毫不吝惜。

祭祀完毕后，就要向上苍求卦。结果卦象显示为大吉："卜居雍。"于是，秦德公马上命人筑城。善于占卜也是商人的习俗，虽然周文王创立八卦，但其脱胎于商人占卜习俗。秦人曾在商朝受重用，承袭占卜术不足为奇。

得到上苍的肯定后，接下来的事情其实很简单，无非就是按照既定的方式，开启筑城。秦人在东进过程中不断更换都城，对筑城早不陌生。与以往不同的是，这次筑城加入了很多周遗民，一些先进的筑城工匠自然也在其中。因此，秦人很快在雍城筑起了一座都城，且风格可能与之前的都城略有不同：体现周人风格。筑城完毕后，秦德公在当年就迁到了雍城。《秦本纪》载："德公元年，初居雍城大郑宫。"《史记集解》认为，雍城就是扶风县。《史记正义》也引用《括地志》里面的记载，指出雍城王都的具体位置："岐州雍县南七里故雍城，秦德公大郑宫城也。"

这是一次非凡的迁都，雍城这个地方修筑的王都可能比之前的汧渭之会、平阳这些地方都要雄伟壮观。以后的秦人，就以雍城王都为依托，开始了筚路蓝缕的创业之路。

司马迁说："后子孙饮马于河。"《史记正义》也认为，秦人迁都雍城是一个新时代的开始："卜居雍之后，国益广大，后代子孙得东饮马于龙门之河。"这里的河大概指的就是渭水。但《史记正义》里注解说是"龙门之河"，也就是黄河。这种说法需要辨析，因为秦国的疆域当时还没有延伸到黄河。许多年以后，他们从魏国手中夺得河西之地，才算将疆域延伸到黄河。当然，这并非说《史记正义》注解不准确，因为渭河也是黄河的重要支流。因此，说秦人"子孙饮马于河"指的可能是渭河，而非黄河。

秦国迁都后，引起了周边小诸侯国的重视，当时的"梁伯、芮伯来朝"。由此也能看出，这时候的秦国，已在西方有了一定影响力。像梁国、芮国这些小诸侯国，在夹缝中求生存，自然希望依附于秦国，所以秦德公迁都后，他们及时向秦国表示交好的愿望。

当然，梁伯、芮伯之所以来朝，是因为秦国与芮国有纠葛。一年前，芮国发生了内乱，即《左传》所载："芮伯万之母芮姜恶芮伯之多宠人也，故逐之，出居于魏。"① 翻译过来就是，芮伯万的母亲芮姜嫌恶芮伯万宠姬太多，就将他赶出了国都，安置在魏城居住。芮国是姬姓小国，"周同姓之国，在畿内，为王卿士者"。而这次政变，实际上是"国母"以强硬的手段，驱赶了国君。而这在男权时代是不被允许的。

当时，秦国有意干涉芮国内政，但因秦武公生命垂危，这件事也就不了了之。不久，秦武公去世，秦德公继位。秦国才着手处置芮国内乱的问题。同年秋，一支秦军从秦地出发，攻打芮国。

有意思的是，这次芮国没有俯首称臣，而是选择了对抗秦国。之后，双方在芮国境内打了一仗，秦军还在这一战中吃了各种败仗。《左传》载："秋，秦师侵芮，败焉，小之也。"② 这次失利可能是因芮国依靠了天时地利的缘故，而秦的损失也不大。

之后，周天子的大军也参与平定芮国内乱中来。因此，秦军与周军合兵一处，共同攻打芮国。同年冬，"王师、秦师围魏，执芮伯以归。"随着周军的加入，芮国内乱得以平定，芮伯重新被拥立

① 左丘明：《左传·桓公三年》。
② 左丘明：《左传·桓公四年》。

为国君。至于芮伯对母亲芮姜的处置，史料没有记载，亦无法推测。不过，随着周、秦两国介入，芮国母系势力被剔除是肯定的。之后，周师、秦师相继回国了。

而芮伯在稳定国内后，就拉上梁伯，来到秦国，表达感激之情，也表达依附之意，由此，重新修补了与秦国的关系。

那么，这个芮国到底在哪里？

《史记索隐》中指出："梁，嬴姓。芮，姬姓。梁国在冯翊夏阳。芮国在冯翊临晋。"《史记正义》引《括地志》里面的记载，也对这个小诸侯国地理位置进行交代："南芮乡故城在同州朝邑县南三十里，又有北芮城，皆古芮伯国。"由此，《史记正义》也得出了"州芮城县界有芮国城，盖是殷末虞芮争田之芮国是也"的结论。宋人马端临在《文献通考》中载："芮，姬姓，伯爵，国在冯翊临晋县芮乡，今陕州芮城县。"① 综合这些史料，基本能确定芮应在临晋。

而这两个诸侯国主动靠拢，也是出于现实考量。因为当时除了秦国，在西北还有各种戎、狄部落。另外，晋国也在山西崛起，不断在蚕食着周围的小诸侯国。很多西边的诸侯国都在寻找自己的庇佑。梁国、芮国就依附了秦国。而秦德公表现出大国国君的风范，接纳了两国的使者，还表示会与这两国建交。以后，秦国与芮国还会有纠葛，比如《左传》载："（桓公十年）秋，秦人纳芮伯万于芮。"②

处理好与芮国的关系，只是秦德公众多政务中的一项。眼下，他还有很多事情要做。

---

① 马端临：《文献通考》卷二百六十一《封建考二》。
② 左丘明：《左传·桓公十年》。

秦德公的革新

秦德公继位的第一年，一直都在忙着迁都、处理政务，理顺国家。他整日忙于政务，少有闲暇时间。秦德公的这种做法，感染了其他人。朝中贵族逐渐认可了他，并拥护他的决定。

秦德公心里憋着一股劲儿，他要创建功业，树立威望。即位次年，秦德公即实施治理国家的大计划。他的第一步是制定历法，尤其是确定了初伏这样的制度。[①]

这里所谓的初伏，其实就是六月三伏天的起始日。此前，不管是生活在周代还是更早的夏商，秦人都没有对三伏在制度上予以确立。到秦德公时代，确立了伏日，应当说是一大进步。《史记集解》中引用三国时期孟康的话："六月伏日初也。周时无，至此乃有之。"《史记正义》也持此观点："六月三伏之节起秦德公为之，故云初伏。伏者，隐伏避盛暑也。历忌释云：'伏者何？以金气伏藏之日也。四时代谢，皆以相生：立春，木代水，水生木；立夏，火代木，木生火；立冬，水代金，金生水；立秋，以金代火，故至庚日必伏。庚者金，故曰伏也。'"[②]

为什么要强调伏日这个时间点？本书认为，应与当时的秦国地理环境有关。众所周知，随着秦国不断强大，农业已成为秦人生存、壮大的重要物资支撑。而决定粮食收成好坏的直接因素是农时。根据考古发掘，河南殷墟遗址中已发现大量农作物的种子。2003 年，在山西尧都陶寺遗址发现的观象台，更是测农时的重要仪

---

① 司马迁：《史记》卷五《秦本纪第五》："二年，初伏。"
② 司马迁：《史记》卷五《秦本纪第五》。

器。而秦人东出后，这些先进的技术必然也会传到秦人手中，他们在广袤的渭河两岸开展农作物种植，收集粮食，养活子民。但天时难测，有时候一场暴雨，一年的收成就会泡汤。掌握农时，是保证农业的基础，是确定粮食收成的基础。因此，秦德公才在制度上确定了伏日。

一进入伏日，渭河两岸的小麦就成熟了。掌握农时后，他们就能顺利收割麦子。当然，实际情况远比确定伏日更复杂。因为农时涉及四季，秦德公不可能只确定这一个节令，应是确定了一整套的节令。比如，春天什么时候开始？哪一时段最适合播种？夏季的除草与施肥从什么时候开始？夏粮的收割，具体从哪个时间段起始？秋种在哪个节令实施？冬藏又怎么藏才好？

这些节令对现代人而言，几乎人人都清楚。比如，每年的三月二十一日或者二十二日是春分，每年的九月二十一日或者二十二日是秋分等。但在两千多年前，秦人尚没有形成统一的观念，很多时候都凭借经验来确定农时。

《诗经·豳风·七月》是一首描写周人农时的诗歌，详细记载了周人一年四季的劳动生活，以及衣食住行等多个领域：

七月流火，九月授衣。一之日觱发，二之日栗烈。无衣无褐，何以卒岁。三之日于耜，四之日举趾。同我妇子，馌彼南亩，田畯至喜。

七月流火，九月授衣。春日载阳，有鸣仓庚。女执懿筐，遵彼微行，爰求柔桑。春日迟迟，采蘩祁祁。女心伤悲，殆及公子同归。

七月流火，八月萑苇。蚕月条桑，取彼斧斨，以伐远扬，猗彼女桑。七月鸣鵙，八月载绩。载玄载黄，我朱孔阳，为公子裳。

四月秀葽，五月鸣蜩。八月其获，十月陨蘀。一之日于貉，取彼狐狸，为公子裘。二之日其同，载缵武功，言私其豵，献豣于公。

五月斯螽动股，六月莎鸡振羽，七月在野，八月在宇，九月在户，十月蟋蟀入我床下。穹窒熏鼠，塞向墐户。嗟我妇子，曰为改岁，入此室处。

六月食郁及薁，七月亨葵及菽，八月剥枣，十月获稻，为此春酒，以介眉寿。七月食瓜，八月断壶，九月叔苴，采荼薪樗，食我农夫。

九月筑场圃，十月纳禾稼。黍稷重穋，禾麻菽麦。嗟我农夫，我稼既同，上入执宫功。昼尔于茅，宵尔索绹。亟其乘屋，其始播百谷。

二之日凿冰冲冲，三之日纳于凌阴。四之日其蚤，献羔祭韭。九月肃霜，十月涤场。朋酒斯飨，曰杀羔羊。跻彼公堂，称彼兕觥，万寿无疆。[1]

秦人作为后崛起的部族，尚未形成《诗经·豳风·七月》中记载的这种习俗，他们只是凭借经验在农时做着应做之事。不过，秦族的农时应与周人相差无几，毕竟他们的生活之地就在周原上。

本书认为，设立三伏日，也是为形成一种既定的时令制度。以后每年在这个日子前后，时令就进入三伏天。当然，三伏还有个特点，就是热。天气进入最热的季节，提示人们要注意隐伏避盛暑。

---

[1]《诗经》。

而因三伏天气太热，也容易致病，可能设伏日也有提示人们要注意避暑的意思。

总之，三伏日等气候制度的确立，又使秦人向文明迈进了一大步。以后各种制度也会衍生出来。比如，接下来，秦德公又实施了一项巨大行动：以狗御蛊。

什么叫以狗御蛊？这也与三伏日有关。据说进入三伏后，到处会产生热毒恶气。而如果不对这些热毒恶气加以预防，就会形成蛊，威胁到人的健康。因此，要在三伏天以狗御蛊（一说是为了防鬼怪）。《史记集解》引《六国年表》记载，认为："初作伏，祠社，磔狗邑四门也。"《史记正义》也认为："蛊者，热毒恶气为伤害人，故磔狗以御之。年表云'初作伏，祠社，磔狗邑四门'。"《史记正义》最后得出的结论是："磔，襄也。狗，阳畜也。以狗张磔于郭四门，襄却热毒气也。左传云皿虫为蛊。顾野王云谷久积变为飞蛊也。"

简单来说，为了防止热毒邪气入体，保障民众的健康，秦德公选择了杀狗抵御热毒邪气。这个办法可能并非秦德公独创，而是在秦人不断与自然对抗中得以应用。只是到了秦德公时代，"磔狗御毒"作为一种应对自然"毒害"的措施得以确立。

具体操作是这样的：秦德公命人将饲养的狗在三伏前杀死，进行肢解，并将狗的身体部位挂在城邑四个方位的门上，用来抵御邪气进入城中。

这里有个疑惑：为什么到秦德公时代，"磔狗御毒"才得以确立？秦人殉狗的习俗，早在数百余年前就已开始。狗是秦人祭祀的重要物资，"磔狗御毒"定是非做不可，秦德公才会这么做。否则，以牺牲狗的性命为代价，做一些不重要的事情，不合当时的实情。

而将狗肢解的做法，似乎又与商人习俗很相似。在殷墟遗址中，有大量肢解的动物遗骸，都能体现商人的残忍。

因此，本书推测，"磔狗御毒"的原因可能有两个：一是秦人早期生活的陇山以西，气候没有岐山地区炎热，三伏气温并不高。人在劳作时，太阳对人的照射在可忍受的范围内。而秦人东迁后，关中地区的气候与陇东南完全不一样，炎热常常伴随着人们，可能出现过因炎热而中暑，甚至死亡的现象，秦人将三伏天视作"毒日"；二是秦人生活在岐山的这一时期，整个中国的气候进入温暖期，气温整体提高。竺可桢先生在其著作《中国近五千年来气候变迁的初步研究》一文中也提出了这个观念，认为春秋到战国这段时期，中国北方的气候处于持续回暖时期。

基于以上两种原因，可初步推断，秦人在岐山一带生活时，大地回暖，气温回升，三伏天气温尤高，秦人这才利用了磔狗御毒的办法抵御热毒。

秦德公的这种做法，在今天看来是落后的做法。但在两千多年前，利用狗来抵御邪气，可是先进而实用的办法。谁嘲笑这种办法，谁就是落后的。有意思的是，秦德公即位时，正值青年，但他即位两年就去世了："德公生三十三岁而立，立二年卒。"

秦德公的忽然去世，令后世研究者充满疑惑：难道是秦人内部再次出现了斗争，以致这位年轻的君主没来得及协调，自己就成为斗争的牺牲品？或者，秦人内部发生了武装政变，秦德公死在了武装斗争中？还是秦德公得了重疾，治疗不及时，撒手人寰？

不论何种原因，秦德公都死了。他连同他的一切都被埋在历史的幽暗中，似乎他就为设三伏日、以狗御毒这两件事情而生。

4. 历史与现实的雍城初窥

雍城历史渊源

《秦始皇本纪》里载："德公享国二年。居雍大郑宫。""生宣公、成公、缪公。葬阳。""初伏，以御蛊。"这短短的二十五个字，交代清楚了秦德公一生的功绩、生活的地方，以及去世后埋葬的地方。而《秦本纪》中没有清楚记载秦德公安葬的具体位置。

那么，《秦始皇本纪》里说的"阳"在哪里？是前文提及的平阳吗？按照《秦始皇本纪》载，秦德公以后几代秦国君王都会安葬在阳这个地方，如"宣公享国十二年。居阳宫。葬阳"，"成公享国四年，居雍之宫。葬阳"。但《史记正义》《史记集解》等史料中，均无阳之地望解释，这也给后世研究留下了难题。

不幸中也有幸运，近现代考古学在秦文化考古方面取得了巨大成果。就以目前的考古结果分析，多数学者认为，这里所谓的阳，就在今陕西省宝鸡市陈仓区阳平镇一带。考古工作者在 20 世纪 60、70 年代和 21 世纪初，先后在这里进行考古发掘，发现了大量周秦时代墓葬遗址，出土了一些秦国贵族墓。2013 年，在太公庙发现了一座大墓，与大堡子山的中字形大墓、凤翔区秦公一号大墓形制相似。只因种种因素干扰，导致考古发掘无法推进，考古成果尚不能形成闭环证据链。

当然，除了要弄清楚秦德公的葬地，这里还有个地方需要深究，那就是秦德公修筑的王城雍城。因为自从秦德公迁都雍城，到秦献公时期，三百多年时间里，秦人都在雍城生活。

雍城的记载最早要追溯到夏王朝大禹治水时期。那时候，大禹带领着秦人祖先伯益，由南到北，从东到西，划定了九州（可能并不真实，毕竟依靠人力，还不能实现如此庞大工程）。而九州最西端的地方就是雍州。[①] 可能那时的雍州，只是一个概念，至于疆域划分，完全是陌生的。商王朝铸九鼎来定天下，也是将天下分成了九州。

当时的雍州，实际范围涵盖很广，可能包括陕西西南部、甘肃东部、四川北部等地。到西周中期以后，雍州地界发生了变化，地域不断缩小。东周以后，雍州大概指的就是雍城这一片地域。此时，周天子虽有九鼎，却不能在诸侯群起的时代定鼎天下。

秦人东迁后，先后收编了留在雍城附近的周遗民。不过秦人翻越陇山后，并未立即迁到雍城。他们最初定居的地方是汧渭之会，后来迁都平阳。汧渭之会、平阳都在渭河边上，依山傍水。之所以如此修筑，原因可能是为了更好借助自然的力量。一方面为的是防止戎、狄入侵，另一方面则是因取水容易。一直到秦武公实施了拓边军事行动，消灭了几个戎、狄部落，设置杜县、郑县后，秦人在关中西部才有了相对稳定的外部环境。

到秦德公时代，秦人长期处于相对和平的环境中。而这样的环境，容易让人向往更宽阔的平原。加之秦德公即位时，将平阳封给了秦武公的儿子公子白，他必然要选择新都城。这一次，秦德公高

---

① 司马迁：《史记》卷二《夏本纪第二》："黑水西河惟雍州：弱水既西，泾属渭汭。漆、沮既从，沣水所同。荆、岐已旅，终南、敦物至于鸟鼠。原隰厎绩，至于都野。三危既度，三苗大序。其土黄壤。田上上，赋中下。贡璆、琳、琅玕。浮于积石，至于龙门西河，会于渭汭。织皮昆仑、析支、渠搜，西戎即序。"

瞻远瞩，选择了迁都雍城大郑宫。①

不过，从司马迁对雍城大郑宫的记载来看，在秦德公迁都雍城前，这里就有城，也有王宫。只是当时城池规模不大，加之未被利用，可能已是废弃的宫殿。秦德公迁都这里后，对都城进行了修缮，加固了城墙。然后，秦人就在这里定居了下来。

陕西省考古研究院秦汉研究学者田亚岐先生是雍城遗址研究的专家，他认为雍城在发展过程中，存在着由小到大的发展趋势。他将雍城的发展历程划分为三个阶段。②

这里，需要对大郑宫进行辨析。换言之，司马迁为什么认为这里有大郑宫？

事实上，大郑宫的出现并不陌生，因为这里曾是王城。若读者朋友对秦武公的那段历史还有印象，就会记得一个叫郑国的小诸侯国。在讲述秦武公时，本书曾专门说到郑国这个地方。秦武公曾在那里设置了郑县。而郑县的前身是郑国，它是西周的姬姓诸侯国。而既然是诸侯国，那里自然就会有王都，也有宫殿。后来周平王东迁，郑国虽随周平王迁都，但原雍城附近的王宫并未销毁，大郑宫可能就是郑国原先的王宫。到秦德公时，就迁到了这个地方，暂时住在了郑国原来的旧宫大郑宫中。这大概就是秦人最早时候的都城雍城。

不过，秦德公刚刚迁都时，这里的王都并不大，后来历代秦国国君不断对雍城进行扩建，才有了累积建造的规模。到秦献公时，这里已成为秦人经营近三百年的大都城。即便秦始皇时代，这里依

---

① 司马迁：《史记》卷五《秦本纪第五》："德公元年，初居雍城大郑宫。"
② 田亚岐：《秦都雍城布局研究》，《考古与文物》2013 年第 5 期。

旧是秦人的陪都。据说，秦始皇的母亲与情夫嫪毐曾在这里避人耳目，生下两人的私生子。

雍城地望及水系

确定雍城的来龙去脉后，就可沿着考古发掘，进入这座王城的核心，了解秦人为何选择了雍城为都城。

20世纪60、70年代，陕西考古学者们沿着渭河两岸进行考古发掘，在陕西省凤翔县城南发现了雍城遗址。如今，这里是一片黄土原，周围高山环峙。纵横交错的土地上，分布着大大小小的村落。大小不一的沟坎，将土地又分成不同形状。在这一片土地上，有几条河滋润着大地。不过，从现在的视角去看，这里怎么也不像理想的王都修建地。

为什么这么说呢？其实最根本的原因是，这一片地域上水系并不发达。而水对一个族群的发展来说是最为重要的因素之一。黄河流域、长江流域出现多个中华文明源头，就是证明。

为全面调查雍城遗址，弄清楚这片地域上的地形地貌、水系资源，2019年春夏之交，我曾花了两周时间，沿着凤翔雍城遗址行走，直观感觉雍城遗址。当我沿着黄土地行走时，感受到的是黄土漫天，风沙不断。这不由得让我想到：在两千多年前，这里一定很贫瘠。这让我很疑惑，秦人在东出的过程中，建都时往往选择依山傍水的地方。秦德公为何选了这样一个贫瘠、干旱之地为国都？难道仅仅是因这里有郑国的旧宫吗？

我对此很疑惑，古人选国都，第一要务是水，其次才考虑安全、方便等因素。若没有发达的水系，秦人族群怎么能长期定居于此呢？一个连用水都有问题的地方，会有多么不便？更令我不解的是，两千多年前秦人先祖还在这里生存了数百年。

从现代发现的各类考古遗址来看，中华大地上出现的人类祖先，最早定居的地方一定与水有关。而到了东周时期，一个国家选址建城前，水系会是一个重要的因素。比如秦人早期居住的西犬丘，就有发达的西汉水。即便非子赐封附庸的甘肃清水，也有一条水系发达的牛头河。汧渭之会就是在汧河与渭河的交会处。平阳附近也有发达的水系。但唯独这个雍城，让人充满了疑惑。

我查阅了大量的资料，但没有找到更为确切的证据。

也是机缘巧合，偶然看到田亚岐先生在南京大学做的"文献与考古实证视野下的秦都雍城发现与研究"讲座，才让我彻底改变了对雍城地区的认识，利用田亚岐先生对雍城布局的研究，复原了两千多年前的雍城。那时候的雍城，与现在的雍城截然不同。据说，秦汉时期，雍城水系发达，集中体现在西水系和东水系两大水系。这两大水系将雍城紧紧包裹，根本不用为水发愁。田亚岐甚至将雍城称为"水上之都"。[1] 北京大学倪润安也说，雍城遗址呈现出"顺河而建，沿河而居"的分布规律。这一点，在《水经注》中也有类似记载："北水上承河内野王县东北界沟，分枝津为长明沟，东迳雍城南，寒泉水注之。水出雍城西北，泉流南注，迳雍城西。"[2]

在两千多年前，这里水系发达，植被茂盛，四野开阔，成为秦人定居的理想之城。由此，也能看出在两千多年时间里，整个雍城

---

[1] 2019 年 11 月 28 日田亚岐在南京大学做的"文献与考古实证视野下的秦都雍城发现与研究"讲座。徐卫民、裴倍：《秦都雍城及历史作用研究》，《秦汉研究》2013 年第 1 期。

[2] 《水经注》卷九《清水》。

地区地形地貌、水系都发生了巨大变化。我们今天看到的城邑遗址，可能与两千多年前的城邑完全不一样。至少，在秦德公期间，这里曾经有重要的水系。

以上大概就是雍城的历史脉络。接下来，我们还要结合考古发掘，来研究雍城这座王都。

雍城遗址

雍城遗址的发掘，经历了几个阶段。最早时，由于各种条件限制，发掘也没有深入推进，只是确定了大概位置。当然，这也泄露了遗址的秘密，导致遗址遭到不同程度盗掘，现场被破坏严重。

20世纪80、90年代，陕西省考古研究所对整个雍城遗址进行了系统发掘，确定了城址区、秦公国君墓葬区和国人墓葬区。截至目前，初步推断，整个雍城遗址面积超过三十平方千米。这里是目前发现的秦人最大规模的遗址群。

雍城遗址主要的城址区有几大块：马家庄遗址、姚家岗遗址、铁沟宫殿区等地。这些地方都有城址、墙体、祭祀坑等，整个遗址功能区齐全，有生活区、祭祀区、宗庙区等，颇具特色。

这里以马家庄三号建筑城址为例，做一简单介绍。

三号建筑城址方向呈北偏东，整体建筑遗址像个梯子，由外到里分成五个层级。这种形制，在后世的研究中有一个特殊的叫法："五门三朝"。《礼记正义》载："天子及诸侯皆三朝。"[1]《礼记正义》又载："天子五门，皋、库、雉、应、路。"[2]

---

[1] 郑玄、孔颖达：《礼记正义》卷三十《玉藻第十三》。
[2] 郑玄、孔颖达：《礼记正义》卷三十一《明堂位第十四》。

　　换句话说，早在周朝时，五门三朝已成为一种建城标准，天子往往采取"五门三朝"筑城。其中的"朝"与"门"各有各的用处和等级区分。分析《礼记正义》，我们发现"三朝"是天子和诸侯的标准，但"门"还是有一定的限制，即天子的城里会有五门，诸侯应该少于五门，如此才能区分天子与诸侯的级别。只是到春秋时期，周礼已成为一种摆设，诸侯僭越之事层出不穷。比如，我们今天发现的秦雍城遗址中就有了这种规格，说明此时的秦人尽管是诸侯，却在建造宫城时已与周王朝相比肩。[①]

　　这就是雍城遗址上的建筑简况。下面再以马家庄一号建筑群为例，简单介绍一下秦人宗庙。因为宗庙区是该遗址群里最重要的组成部分，也是此前我们从未介绍过的秦人遗址的功能区。

　　雍城遗址中的宗庙区建筑群呈现出"品"字形规格。品字每个"口"的位置建筑群尽管不尽相同，但只要整体观察其建筑构造，就会发现"口"字呈现出一种相似性，或者说对称性。考古学上，将这种对称性称为"礼制性"。换句话说，雍城遗址已体现出很高水平的礼制，与礼县大堡子山的秦人大墓不尽相同。

　　考古工作者对该区域进行过发掘，出土了大量的用于祭祀的牲畜，有牛、羊、猪等动物骸骨，也有狗的骸骨。但是没有人祭的现象，这说明，秦人一开始就废弃了商人人祭行为。

　　需要注意的是，这个宗庙区只有三庙。这个现象就令人费解，既然大墓是国君级别的，为什么在祭祀先祖的宗庙区却只有三庙呢？这种宗庙设置，显然与当时秦国国君的等级规制有些不符。就是说，秦此时已是诸侯，按照规制，秦人的祖庙至少要有五庙。目

---

① 梁云：《西垂有声》之《第十讲德公居雍》。

前，这一问题依然困扰着学术界，学者们对此众说纷纭。

除了城址、宗庙区外，该遗址的墓葬区值得特别关注。根据考古发掘，该遗址墓葬区发现了数量庞大的墓葬群，有贵族墓葬，也有平民墓。其中，秦公一号墓葬是截至目前该地区发现的最大规模的墓葬，与礼县大堡子山的秦公大墓一样，也呈现为"中"字形，坐西向东（首西足东）。这种规格是秦人墓葬的一种规格，从东夷时期就开始延续，一直到秦人进入关中。

2019年，我曾在这里访问，实地察看秦公一号大墓。我发现一号大墓与大堡子山大墓有很多相似之处。不过，就其规格而言，秦公一号大墓要比礼县大堡子山大墓大很多。比如，它全长三百米，面积五千三百平方米左右。秦公一号大墓保存较好，墓内有棺有椁，椁室的柏木有"黄肠题凑"椁具。墓葬里面有腰坑、殉人，也殉狗。这些都符合秦人国君墓葬的规格。

经过后世学者多年努力，确定了这座大墓的主人，他就是秦景公。秦景公的历史我们放在后面重点讲述。令人惊奇的是，秦公一号大墓的规格比周天子的墓葬规格都大。它是截至目前最大的春秋时期墓葬。可见当时的秦人不仅在王都修筑上效仿周王都，在墓葬规格上更是超越了周朝墓葬。

一号秦公大墓里出土了不少文物。青铜器数量很多，还有一些礼器，都是那个时代墓葬的常见随葬品，也是主流随葬品。比如，里面发现的石磬价值很高，石磬上面有铭文，更加提升了石磬的价值。后世研究者也正是从石磬上的铭文，推测墓主人就是秦景公。大堡子上也发现过乐器坑，出土过有一批石磬。但由于石磬没有铭文，给考古带来新困惑：无法断定大堡子山的墓主。

尤其值得注意的是，一号秦公大墓中发现的玉器，数目之多、种类之多简直令人眼花缭乱。自古以来，崇玉是中国人的习俗，考古学者在古红山文化遗址已发现玉龙，还从凌家滩遗址、石峁遗址、良渚遗址、陶寺遗址等诸多史前遗址发现了古人随葬玉器的习俗。就是说，玉器是中国古人墓葬的重要陪葬。不管是秦人、周人遗址，还是商人的殷墟遗址，都有各种形制不一的玉器。秦公一号大墓中发现的玉器，形色各异，多有蟠虺纹。这是秦人青铜器和玉器上常见的纹饰。

除了玉器多、种类全之外，雍城遗址还有一个现象值得注意，即：秦公一号大墓中出土的形态各异的金器，与秦人其他地方发掘的金器形态不一样，很多都是些小动物。

这就不禁让人产生了疑惑与好奇。

金器虽非秦早期的主要陪葬品，却也不是罕见之物。礼县大堡子山遗址、赵坪—圆顶山遗址都先后发现了金器。比如出土于大堡子山的金箔饰片，曾一度流失到国外。金箔饰片也只是以"修饰"作用呈现，金器上面的图形多镂刻动物。

那么，西汉水流域出土的青铜器动物与该区域出土的金器动物有什么区别？

若要分析器物上的动物种类，要数礼县境内青铜器上的动物最具代表性。1998 年，甘肃省考古研究所对礼县赵坪—圆顶山进行发掘，出土了一大批的青铜器。值得称赞的是，这批青铜器上，纹路雕饰精美，尤其是青铜器上的各种小动物栩栩如生。比如，双凤鸟纹双耳铜方壶、蟠虺瓦楞纹盉、蟠虺纹扁圆盉等青铜器上，都有各种不同的动物。这些动物形态不一，生动活泼，足见当时青铜器制作技术的先进。被甘肃省秦文化博物馆视为镇馆之宝的蟠虺纹铜车型器上，也有各种动物。尤其是鸟和熊镂刻得活灵活现，仿佛活的一样。

秦公一号大墓中出土金器上的小动物，与赵坪—圆顶山青铜器上的动物还不一致，甚至差异性很大，比如，有形态各异的金兽，类似鸭嘴兽的金带钩。这些小动物不似中原产物，更像西域或者戎、狄的器物。

总之，通过对比发现：从赵坪—圆顶山出土的青铜器形态更接近商式。而凤翔一号秦公大墓中出土的金器动物，与赵坪—圆顶山青铜器上的动物形态完全不一样，更像是秦人的邻居——北方戎、狄部落的产物。梁云先生在《西垂有声》中，对此做了解释：

> 中国中原地区贵族长期以来喜欢用铜器、玉器作为身份地位的象征，不喜欢使用金器，但在欧亚草原，黄金的制作和使用却有悠久的传统。秦国贵族却非常喜爱金器，金器的种类多、应用广，流行的时间长，这在列国中显得较为"另类"。究其原因，是因秦国位于历史上农、牧业的交错地带，文化上沾染了戎、狄之风，受到了草原部族的影响。[①]

我赞同梁云先生的这个观点。秦人在东出后，进入关中地区，这里的居民成分更为复杂，文化风俗差异性更大，而定居于此的秦人应当吸纳了一些戎、狄部落。而这些戎、狄部落又在生活习俗上影响了秦人，使得秦人在随葬品使用中，借鉴了戎、狄部落的葬俗。

有关金器的起源，有学者做过研究，推测金器最早出现在西

---

① 梁云：《西垂有声》之《第七讲德公居雍》。

方，后来从西方传到中国。当然，这个西方可能与现代意义上的西方还不一致，它多指中亚甚至更西的地方。而当时中国的西域多为戎、狄占据。由此可推断，金器传入中国后，应先对戎、狄部落产生了影响，再由戎、狄部落逐渐传入中原，并在各诸侯国中形成了不同类别的金器。而秦人正好处在周王朝与戎、狄之间，很多从西方或者戎、狄部落传来的风俗，就会先一步传到秦人这里，并影响到秦人的生活。

由此，本书推测：一号大墓中的金器，可能就是从戎、狄部落传到秦人手中。秦景公去世时，这些金器成了随葬品。当然，也不排除这些金器就是融合在秦人部落中的戎、狄人打造的器物。

如果说金器还不能直接证明周原一带的秦人与戎狄的交融，那么，凤翔秦国国人（平民）墓葬就是直接证据。换句话说，雍城遗址墓葬因多民族融合，呈现出复杂特点。戎狄在与秦人共居时，将本民族葬俗传给了秦人。反过来，秦人又用自己的文化习俗影响着周遗民、归附秦国的戎狄，让这里的墓葬不完全与周遗民、戎狄的墓葬相同。

根据考古报告显示，凤翔秦国国人墓葬的多样性，与秦国贵族墓葬规格完全不同。所谓多样性，指的是墓葬的方向、规格等不尽相同。这些墓葬有屈肢葬，也有直肢葬。墓葬方向有东足西首向，也有北首南足向。陪葬品多以陶器为主。

而由秦平民墓葬的这些特点，能得出这样的推断：凤翔一带的秦人吸纳了更多的子民，让秦国民众的属性呈现多样性。这些来自不同地区的民众，共同促进了秦早期文化的形成。

总之，秦人平民墓葬更能体现出民族大融合的特点，呈现出"百花齐放"的特色。

当然，有关雍城的历史与考古，远比以上内容要复杂得多。本书并非考古专业书籍，书写的重点是秦国历史，因此只能沿着历史与考古的主线，简单梳理雍城城址、墓葬区、祭祀区等点，而不会对其进行全面概括与总结。这一重任当由后世学者再行承担。

第六章

创业

岂曰无衣？与子同袍。王于兴师，修我戈矛，与子同仇！

岂曰无衣？与子同泽。王于兴师，修我矛戟，与子偕作！

岂曰无衣？与子同裳。王于兴师，修我甲兵，与子偕行！

——《诗经·秦风·无衣》

1. 秦宣公亮相诸侯

秦与周的关系

前 675 年秋，一场灾难降临在雍城大郑宫中：秦国第六位国君秦德公去世了。

这个变故，让秦人与秦国贵族陷入慌乱。国家每到新旧君主接替时，往往容易发生争斗。若处置不当，可能会引发政变。

所幸的是，秦德公去世前，已将长子立为太子，这也意味着即便他去世，国家也有继承人。秦德公有三个儿子，这时候继位的是长子宣公。中子成公、少子穆公要等很多年后才会相继继承国君之位。

鉴于秦武公时期大庶长等人乱政，秦德公吸取教训，临终之前，尽可能地选了一批贤臣，用来辅佐太子。如此，即便他撒手人寰，秦国也不会出现政变之事。

因为在位时间短，秦德公一生建树不多。弥留之际的秦德公无不遗憾，他希望他的儿子们能完成他未完成的功业。这实际上是人类的普遍感情，尤其在父子之间表现最为明显：父辈希望后辈继承其志向，延续开创新的辉煌。有些后辈会按照父辈的宏伟计划，继续奋发图强。也有些碌碌无为，忘却父辈遗愿。还有些后人，总是希望能够超越先辈，创造出更大的辉煌。

那么，新继位的秦宣公会变成哪种人呢？

与秦国历代国君一样，秦宣公是按嫡长子继承制从父亲手中接过的权力。在他继位国君之前，并未表现出过人之处，以至史料几乎没有事迹。

不过秦宣公有个特点，那就是为人胸怀宽广，志向远大。这或许是他做太子时，被秦德公刻意培养的结果。当然，他的成长也与当时秦国的环境有关。只是这些特点在他做太子时，没有实际意义。

若非要找出一点好处的话，那就是他的优秀品质给他赢得了好口碑。而在他做了国君后，这些美好的品质成为他的动能，发挥了巨大作用，让他在面对各种变局时能迅速做出反应，避免秦人进入雷区，遭受不必要的灾难。

秦宣公即位不久，天下就出现了一个大变故：周王朝发生了内乱。秦宣公迅速捕捉到了这一变化，并寻找机会壮大自己。

这里尚需交代一下背景：秦人自迁居雍城后，与周王朝的联络也少了许多。这是周王朝东迁后国力不断式微、地域不断缩水的缘故。当然，也与秦国与周王朝相距较远、交往较少有关。而这一时期，尽管诸侯们在名义上还尊崇周王朝、认可周天子，但身处强邻环伺环境中，真正有多少人把周天子当回事呢？此前，就有鲁国、齐国相互争斗，各自逐渐崛起。齐桓公在东方诸侯国中称霸（伯），晋国也在山西一带持续坐大。这些诸侯们的地位已超越天子，他们甚至插手干预周王朝政务。

而这次周王朝发生的内乱，就是由诸侯引起。这时的天子是周惠王。相传周惠王为人贪婪，与民争利，赏罚不明，导致周王朝政治黑暗（这似乎也是司马迁写昏君的模式，在各种本纪中出现，如果认真阅读《史记》，其实就能发现这种模式的重复使用）。诸侯们早对他有意见，只是碍于天子情面，不便直接撕破脸罢了。然而，就在秦宣公即位这一年，周惠王一个举动，惹恼了诸侯们。

原来，周惠王看中了大臣的私有财产，打算将这些财产据为己有。旋即，周惠王强行占据蔿国土地来蓄养奇珍异兽，又强夺大夫边伯的房舍，抢占大夫子禽、祝跪和詹父的田产，还收回了膳夫石速的薪俸。[①] 周惠王的这些不仁举动，在诸侯间引发轩然大波。诸侯都有自己的势力，他们平日里尊崇周天子，那是身份使然，但当他们的利益受到损害后，便不大愿意。据说，诸侯们正密谋将周惠王从天子之位赶下来。

这时候，周王朝内部暗流涌动。诸侯策划了政变阴谋，打算拥立王子（姬）颓为新天子。[②] 王子颓就是周惠王的叔叔。当然，他们之所以找到王子颓，可能是王子颓早有取而代之的心思，这帮叛臣只是与他不谋而合。

之后，反叛势力纠集了一些民众，公开与周惠王叫板。

不过，周朝毕竟是天子之国，瘦死的骆驼比马大，岂是几个大臣所能简单推翻的？他们的反叛很快招致周王朝大军的镇压。反叛势力被周朝大军击败，四散逃窜。最后，他们逃到了卫国，被卫惠公收留了。《史记正义》载："卫惠公都即今卫州也。"相传卫惠公有个政敌曾被周惠王收留，因此他一直对周王朝怀有愤恨。这次他冒天下之大不韪，不顾周王朝的权威，果断收留了王子颓一行人，意在报复和对抗周天子。周惠王却对此毫无办法，只能默认卫惠公此举，只在道德上谴责他。

---

① 《左传》庄公十九年："及惠王即位，取蔿国之圃以为囿，边伯之宫近于王宫，王取之。王夺子禽、祝跪与詹父田，而收膳夫之秩。"

② 司马迁：《史记》卷五《秦本纪第五》："宣公元年，卫、燕伐周，出惠王，立王子颓。"

吊诡的是，当卫惠公与周天子公开叫板，天下诸侯们都在作壁上观，没有人站出来拥护天子的权威。由此看出，周天子的权威已在诸侯中丧失。

此时，对周王室而言，尽管驱赶了王子颓，但隐患并未消除：叛乱势力只是躲了起来，并未遭到彻底镇压。卫惠公还有意纵容这些人，为虎作伥。

不久，卫惠公的反叛之心表露出来：计划联合南燕国，拥立王子颓，赶走周惠王。而卫惠公的这种行为，已与之前收留周王朝反叛势力性质不一样。他这是明摆着要颠覆周王朝，为自己谋私利。

那么，南燕国又为什么要反叛周天子呢？《史记正义》说："燕，南燕也。周，天王也。"《史记正义》又引用《括地志》的记载："滑州故城古南燕国。应劭云南燕，姞姓之国，黄帝之后。"[1] 从这些注解来分析，这个南燕国也是古国，位置应在山西一带。需要注意的是，这里的燕国与后来的燕国是两个完全不同的诸侯国，所以他们与周王朝的关系并不融洽。因此，当周王朝出现式微，天子权威不再时，他们选择了与卫惠公一起反对周惠王。

随着卫国、南燕国的加入，叛乱队伍实力大增，局势也发生了大逆转，周王朝似已抽不出更多兵力应付这些反叛势力。那么，周王室会被诸侯颠覆吗？

在弄清楚上述问题前，先得解决一个困惑：《左传》中说，周惠王强夺蒍国土地引发了叛乱。这个蒍国就是妫国，在山西境内。《国语》中也有类似的记载。但《史记》中独不记这些内容，不知何故，难道是司马迁认为，《左传》《国语》记载不实？

---

① 司马迁：《史记》卷五《秦本纪第五》。

另外，由这些问题又引出了另一个问题：在这次叛乱中，为什么妘国没有站出来？按理说，他们作为受害方，在诸侯建立联盟联合攻打周王朝时，妘国应第一个站出来响应。但在讨伐周惠王这件事上，周朝的这帮大臣只联络了卫国、南燕两国，而没有联络妘国。或者说联络了妘国，但是妘国根本不想参与这场叛乱。本书认为，可能妘国在周惠王被强征土地后，自认倒霉，不希望与强大的周王朝发生龃龉，没有参加这次讨伐周惠王的行动。而面对妘国这种明哲保身的态度，周朝这些发动叛乱的大臣无可奈何，他们只能另外寻找帮手，最终联合了卫国、南燕。

而随着卫国、南燕国的反叛，讨伐周惠王的声音在中原响起。周惠王大概是先烽火召诸侯，希望有人能够勤王，帮助周王朝渡过这次危难。遗憾的是，诸侯们应收到了信号，但没有人应召。

秦宣公的选择

秦宣公也得到周惠王召集诸侯"勤王"的消息，但这次他犹豫了。秦宣公为什么会犹豫，不得而知。

本书推测：与当年秦襄公护送周平王东迁的背景不同，现在秦人已有了一大片土地，也有了自己数以万计的子民。这是数代秦国君主筚路蓝缕的结果，凝结着秦人血与泪的奋斗。可能秦宣公担心如果勤王，可能会给秦人招致祸端——毕竟周惠王抢占别人的财利而引发的内乱。若此时秦人支援天子，不就是助纣为虐吗？

当然，若仅仅是助纣为虐倒也无妨，可一旦周惠王不敌诸侯联军，战败后，这些诸侯势必会迁怒秦人。到时，秦人必然要与这些诸侯交恶，而由此带来的后果无法估算。

可能正是基于以上利害权衡，秦宣公选择了观望态度：若周惠王能抵御这些诸侯的进攻，秦军也会适时支援；若周惠王不敌，他宁可做一个局外人，也不敢拿族人的性命赌博。

因此，就在周惠王召传诸侯时，没有人去支援周惠王。也是这时候，周惠王意识到他可能难以应对此次内乱，选择了最为简单的方式：逃跑。只要他跑了，这群人总不会追着不放吧。[1] 而这场叛乱，也因周惠王的逃亡，变得更加扑朔迷离。

天子威严不再，诸侯僭越乱政。

前674年春，郑厉公（春秋时期郑国第五任及第九任国君）终于看不下去周王朝内乱局面，出面调解周惠王和王子颓的矛盾。然而，此时的王子颓已被推为天子，怎会接受调解？郑厉公的做法引起王子颓的抵触。郑厉公见难以调解矛盾，采取了围魏救赵的做法，先逮捕了南燕国君仲父，砍掉王子颓的左膀右臂。

同年夏，郑厉公遣人到处搜罗周惠王的踪迹。在找到周惠王后，又将周惠王带回了郑国，暂时安置在郑国的栎地。同年秋，郑厉公又遣人找到了周惠王使用的一些器皿，搬回栎地，供周惠王享用。[2]

就这样，形势变得愈加复杂，王子颓与周惠王形成了新的对峙，郑厉公站在了周惠王一边。这也意味周王朝再次出现两个天子并立的情形。

不过，不管是郑厉公还是周惠王，他们其实都清楚，以目前形势看，周惠王已无法回到洛邑。因为王子颓占据洛邑，成为名义上

---

① 司马迁：《史记》卷四《周本纪第四》："及惠王即位，夺其大臣园以为囿，故大夫边伯等五人作乱，谋召燕、卫师，伐惠王。惠王饹温，已居郑之栎。"
② 左丘明：《左传·庄公二十年》："二十年春，郑伯和王室，不克。执燕仲父。夏，郑伯遂以王归，王处于栎。秋，王及郑伯入于邬。遂入成周，取其宝器而还。"

的周天子，还得到部分周王室贵族的拥护（五大夫在其中起了很大作用）。这种情况下，郑厉公也只能任由两王并立下去，谁也不承认谁。只是王子颓更有优势一些。

这时候，按照常规做法，王子颓该励精图治，巩固天子之位，让诸侯彻底认可他，彻底孤立、驱逐周惠王。令人大跌眼镜是，王子颓并没有这么做。他刚刚过了几天舒心日子，即开始了享乐。他宠幸臣子，与他们一起过起了骄奢淫逸的生活，用司马迁的话说就是"乐及遍舞"。①

郑厉公对此既忧心也庆幸，他对虢国君主虢叔表达了忧虑之情。② 虢国在河南境内，《史记正义》说："洛州泛水县，古东虢国，亦郑之制邑，汉之城皋，即周穆王虎牢城。左传云宫之奇曰'虢仲虢叔，王季之穆也'。"在这种背景下，虢叔决定与郑厉公一起帮助周惠王复国。

天下的形势似乎发生了逆转。

而对于观望中的秦宣公来说，这是一次重要机会。但秦宣公依然没有行动。可能秦宣公并未得到更多内幕，或者说他没有得到周惠王的邀请，因此没有贸然出兵。此后，郑厉公与虢叔联军誓师，掀起了讨伐王子颓的战争，周惠王也在这支大军里面。

不久，战争打响，联军开始向洛邑进攻。这场战争持续了很久，双方战斗并不激烈，只是在相互试探：敌退我进，敌强我退。

① 司马迁：《史记》卷五《秦本纪第五》。
② 左丘明：《左传·庄公二十年》："冬，王子颓享五大夫，乐及遍舞。郑伯闻之，见虢叔，曰：'寡人闻之，哀乐失时，殃咎必至。今王子颓歌舞不倦，乐祸也。夫司寇行戮，君为之不举，而况敢乐祸乎！奸王之位，祸孰大焉？临祸忘忧，忧必及之。盍纳王乎？'虢公曰：'寡人之愿也。'"

因此，战争显得漫长而胶着。

到次年春夏之交，联军打到了王城（洛邑）边上。王子颓身边的人见大势已去，就作鸟兽散，舍弃了这位君主。旋即，郑厉公率领大军攻入洛邑，王子颓和五大夫被杀，周惠王重新得到了天子之位。[1] 这件事被称为"王子颓之乱"，对东周王朝有重大影响，也在一定程度上影响了历史进程。

《秦本纪》中也有类似记载："三年，郑伯、虢叔杀子颓而入惠王。"由此可见，秦宣公是关注天下大势的。但他始终没有参与到这些事件中来，在帮助周惠王复国上出一份力。

这让人多有想不通：秦宣公的谨慎，简直与时代格格不入。即便之前未曾支援周天子，在郑厉公帮助周惠王复国时，秦人也应该出动，获取一些好处，哪怕这些好处只是些名誉，亦能让秦人在诸侯中露脸。但秦宣公就是以不动应万变。我们推测，此时秦国国力尚弱，心有余而力不足，所以无法支援周天子。

周惠王复国之后，秦宣公做了一件事，那就是修筑了密畤。《秦本纪》载："四年，作密畤。"畤指的是祭天的地方，秦国国君每次遇到重大抉择或者重大机遇时，总是会选择修筑畤，祭祀上天。这里的密畤，与之前的西畤、鄜畤等地一样。

据《史记正义》载："汉有五畤，在岐州雍县南，则鄜畤、吴阳上畤、下畤、密畤、北畤。秦文公梦黄蛇自天而下。属地，其口止于鄜衍，作畤，郊祭白帝，曰鄜畤。秦宣公作密畤于渭南，祭青帝。秦灵公作吴阳上畤，祭黄帝；作下畤，祠炎帝。汉高帝曰'天

---

[1] 左丘明：《左传·庄公二十一年》："二十一年春，胥命于弭。夏，同伐王城。郑伯将王，自圉门入，虢叔自北门入，杀王子颓及五大夫。"

有五帝，今四，何也？待我而具五'。遂立黑帝，曰北畤是也。"这段注解很有意思，对秦人祖先修筑畤的缘由做了说明。秦宣公这次修筑密畤，是为了祭祀青帝。所谓的青帝就是指东方的诸神结合体，居东方，摄青龙。

那么，秦宣公祭祀青帝，到底意欲何为呢？

秦晋初战

祭祀不是无缘无故的，按照惯例，君主在采取某种大动作前，往往以祭祀来实现顺应天命、安抚人心的目的。秦宣公此举，也预示着他即将有大动作，祭祀青帝，则是为即将实施的行动寻找依据。

那么，秦宣公实施的大动作到底是什么呢？结合史料分析，就能发现，秦宣公的大动作是与强邻晋国作战。

应当说，战争虽不是秦宣公自己发动的，但秦国已被卷入战争旋涡，很难置身事外。因此，这一次，秦宣公选择了主动面对，尽管晋国实力远非秦国可比。但敌人来了，你就得迎上去，即便赤手空拳，也不能任人宰割。

那么，秦宣公为何要冒着被灭族的危险，向晋国发动战争？要弄清这一问题，需对晋国的历史进行梳理。

晋国的历史还要追溯到周武王分封时期。相传，周武王的妻子邑姜是姜（吕）尚的女儿。姜尚就是姜太公，帮助周武王平定天下，为周王朝创建立下不世之功。

推翻商王朝后，周武王成为天下共主，姜邑自然也就成为王后，享受崇高地位。据说姜邑有一次入睡后，梦见上天会给他与周武王赐一个儿子，叫虞。

后来，他们果然生了个儿子，周武王就为其取名为虞。周武王去世、周成王继位后，实施分封制，将唐（国）地封给了弟弟虞，虞就成了唐叔虞。

唐叔虞去世后，爵位由他的儿子姬燮继承。姬燮继位后，将都城迁到了晋水旁边。自此姬燮改国号为晋。[①] 此后，晋国就代代相传，延续国祚，也与周边的戎、狄部落斗智斗勇。直至周幽王时，出现了一个叫晋文侯的国君，开始振兴晋国。之后，周幽王被杀，周平王即位。但周幽王的余党虢公翰不服周平王，又重新拥立了周携王。由此，周王朝出现了二王并立。面对内忧外患，周平王选择迁都洛邑。于是，秦襄公、晋文侯、卫武公等人就扈从周平王东迁。

秦襄公因此得到诸侯身份。而晋文侯由于是世袭姬姓诸侯，对周王朝自然担起了护卫的责任。在周平王东迁洛邑后，晋文侯重新回到晋国。可能周平王也给晋文侯赏赐了一些虚名：周平王已拿不出封赏的东西。

即便如此，晋文侯一如既往与周王室保持着良好关系，并未因周王室的式微而脱离天子的管理。

二十一年后，周王室逐渐稳定，国力开始恢复。这时候，晋文侯为讨好周平王，率部征讨周携王，并将其诛杀于镐京一带。至此，周王朝结束了长达二十多年二王并立的局面。这是巨大的功业，晋国也由此得到周王朝的青睐。

晋文侯去世后，国君之位传给了儿子晋昭侯。当此之时，晋文侯之弟桓叔位高权重，威胁到晋昭侯的地位。为此，晋昭侯将晋国

---

① 司马迁：《史记》卷三十九《晋世家第九》。

最富饶的曲沃封给了桓叔，世称曲沃桓叔。

即便如此，曲沃桓叔依然觊觎国君之位，认为晋国天下是他和晋文侯开创，对侄子态度傲慢。晋国内部，还有其他不稳定因素。不久，与曲沃桓叔交往密切的晋国权臣潘父发动武装政变，杀了晋昭侯，意图立曲沃桓叔为国君。只是潘父此举有"司马昭之心"，晋国上下一致抵制他干政。因此，曲沃桓叔无法即位而成为新的晋侯。

之后，晋国臣僚重新立晋昭侯的儿子姬平为国君，他就是晋孝侯。此后，晋国内部逐渐趋于稳定，曲沃桓叔看到无法染指国君之位，只能继续做臣子。因为种种客观原因，晋昭侯明知曲沃桓叔有反心，但并未处置他，也没有重用他。

这种情况下，曲沃桓叔郁郁寡欢，度过了他的后半生，最终郁郁而终。曲沃桓叔去世后，其子庄伯对父亲的遭遇愤愤不平，也对晋孝侯一直怀有敌意。

几年后，庄伯组织了一支暗杀队，杀了晋孝侯。不过，即便庄伯杀了晋孝侯，他也和他的父亲一样，仍遭到晋国贵族的抵制，无法得到晋国君位。而他因杀害国君的叛逆行为，被晋国贵族视为乱臣贼子。之后，晋国大臣立晋孝侯儿子为君，是为晋鄂侯。

不过，因庄伯没有顺利继承国君之位，曲沃姬姓与晋国姬姓的斗争彻底白热化。晋鄂侯稳定国内后，马上对曲沃姬姓进行打压。自此，两族人陷入无休无止的斗争中。直至前678年，曲沃武公一举杀了晋侯缗，彻底消灭了晋文侯这一支，才结束了双方的内斗。

为彻底掌控晋国，曲沃武公向周天子献殷勤，拿着奇珍异宝贿赂周釐王（周惠王的父亲）。周釐王得到曲沃武公的珍宝后，偏向曲沃武公。于是，周釐王以天子的名义，册封曲沃武公为晋国国君。

自此，曲沃武公变为晋武公，晋国大权也落到曲沃桓叔这一支。①

晋武公成为国君后，没有对晋文侯这一支赶尽杀绝。可能他认为周天子已将他封为晋国国君，即便日后晋文侯这一支有人反对，也难以改变现状。因此，晋文侯这一族人暂时苟全性命。

然而，随着晋武公去世，其子晋献公即位后，担心晋文侯这一支死灰复燃，重新夺取君权，于是下令将晋国所有的公子全部诛杀，血溅高堂，手足相残。晋献公也通过这种大清洗，实现了排斥异己的目的。②

晋献公巩固了晋国政权，成为齐桓公之后又一崛起的诸侯。可能也是这时，被胜利欲望驱使的晋献公开始了向西扩张，将战线延伸至秦人的地界，以至于秦国不得不应对晋国入侵。

而这时，正是秦宣公在位。

---

① 司马迁：《史记》卷三十九《晋世家第九》："孝侯八年，曲沃桓叔卒，子鳝代桓叔，是为曲沃庄伯。孝侯十五年，曲沃庄伯弑其君晋孝侯于翼。晋人攻曲沃庄伯，庄伯复入曲沃。晋人复立孝侯子郄为君，是为鄂侯。鄂侯二年，鲁隐公初立。鄂侯六年卒。曲沃庄伯闻晋鄂侯卒，乃兴兵伐晋。周平王使虢公将兵伐曲沃庄伯，庄伯走保曲沃。晋人共立鄂侯子光，是为哀侯。哀侯二年曲沃庄伯卒，子称代庄伯立，是为曲沃武公。哀侯六年，鲁弑其君隐公。哀侯八年，晋侵陉廷。陉廷与曲沃武公谋，九年，伐晋于汾旁，虏哀侯。晋人乃立哀侯子小子为君，是为小子侯。小子元年，曲沃武公使韩万杀所虏晋哀侯。曲沃益强，晋无如之何。晋小子之四年，曲沃武公诱召晋小子杀之。周桓王使虢仲伐曲沃武公，武公入于曲沃，乃立晋哀侯弟缗为晋侯。晋侯缗四年，宋执郑祭仲而立突为郑君。晋侯十九年，齐人管至父弑其君襄公。晋侯二十八年，齐桓公始霸。曲沃武公伐晋侯缗，灭之，尽以其宝器赂献于周釐王。釐王命曲沃武公为晋君，列为诸侯，于是尽并晋地而有之。"

② 司马迁：《史记》卷三十九《晋世家第九》："八年，士蒍说公曰：'故晋之群公子多，不诛，乱且起。'乃使尽杀诸公子，而城聚都之，命曰绛，始都绛。九年，晋群公子既亡奔虢，虢以其故再伐晋，弗克。十年，晋欲伐虢，士蒍曰：'且待其乱。'"

　　因为史料中尚无秦晋之间交恶的记载，因此，本书推测，可能是晋献公未将西边"蛮夷"秦人当回事，默许手下人对晋国入侵，这才引起了秦宣公的回击。这就是本节开头，秦宣公祭祀青帝后，与晋国交恶的来由。

　　秦宣公四年（前672年），因忍受不了晋献公的无休止骚扰，秦宣公决定实施反击，由此拉开了春秋时期秦、晋之间的首战。

　　这大概是秦宣公修筑密畤的原因。接下来，他要带领秦人抵抗晋国了。秦宣公在三军面前誓师，向他们灌输秦人筚路蓝缕的悲壮历史。三军士气高涨，誓死抵御外族入侵。紧接着，秦宣公就带领秦人向晋国开拔。最终，秦军停在了河阳①，因为前方就是驻扎着的晋国大军。

　　这表面上看，是一场毫无悬念的战争，因为不论在人数还是地理位置上，晋军都占据着优势。秦宣公的做法，无异于螳臂当车，自寻死路。然而，秦人可不这么看。无论如何，他们从雍城赶到河阳，不可能战争没开始就主动认输。他们抱着胜败在此一役的心态，寻找着可能突破晋军的地方，试图一举击溃晋军，洗刷耻辱。

　　可能在战前，秦宣公再次向三军将士进行了训话，激励士气。与之相对的晋军可能有些轻视秦军：他们看着这帮武器落后、衣衫褴褛的秦军，便料定他们必输。

　　紧接着，战争就开始了。这一战，秦军集中力量攻击晋国中军，导致晋军的部署被打乱。然后，晋军溃势形成，秦军乘胜追击，大败晋军。②

---

① 河阳地望没有明确记载，根据形势看，该地应该在秦晋边境上。
② 司马迁：《史记》卷五《秦本纪第五》："与晋战河阳，胜之。"

这一战对秦人而言，意义重大。晋军被击败后，主动撤离了战场，不愿与秦军周旋。而秦军在这场战争中的英勇表现，也让东方强国开始注意落后的秦国。谁也没想到，几十年的光景，秦人竟训练出一支威武之师。

自此之后，秦人走进了周天子及东方诸国的视野。当然，危机并未解除，晋国虽败，却未伤及根本，他们可能会实施报复。因此，这时候，秦人时刻关注晋国动向，预备可能会发生的战争。

幸运的是，危机并未降临在秦人头上，这一战之后，晋国竟偃旗息鼓了。秦宣公派出斥候打探消息，才发现晋国正与骊戎打仗。这个消息让秦宣公松了一口气。

不过，防人之心不可无，对晋国的提防不可放松，秦宣公一面在密切关注着晋国动静，一面又在边境上增加了不少岗哨。

不久，秦宣公得到消息：晋军在攻打骊戎时得到了一位非常漂亮的女子，叫骊姬。据说晋献公得到骊姬后，将与秦人之败仗忘却脑后。他宠幸骊姬，荒废政务。《晋世家》载："五年，伐骊戎，得骊姬。骊姬弟，俱爱幸之。"①

不过，以上这些内容来自《晋世家》，除去故事的成分，核心是晋国与骊戎和解了，他们通过联姻的方式解决了双方的争端。当然，关于这段历史的真伪，可能详细描写晋国历史的《国语》更有辩证性。②

而随着晋国与骊戎和解，晋国也暂时停止了扩张。可能前期的战争消耗太大，晋国需要休整，才暂时安定了。这时候，秦宣公暗

① 司马迁：《史记》卷三十九《晋世家第九》。
② 左丘明：《国语》国语卷第八·晋语二，《国语》国语卷第九·晋语三。

自庆幸：秦人又躲过了一场危机。他要趁着没有战乱，抓紧时间发展壮大，以应对未来可能发生的战况。

2. 秦穆公与晋国联姻

秦宣公去世

前 666 年（秦宣公十二年）夏秋之交，一个消息传到了秦国：受晋献公宠幸的骊姬，终于不负众望生下了奚齐。传言还说，被骊姬迷得神魂颠倒的晋献公，要将太子申生废掉，立奚齐为太子。[①]

众所周知，废长立幼是挑战宗法制度，存在极大风险，西周幽王就因此亡国。此时距西周灭亡不过数十年，难道晋献公不吸取教训，要执意废长立幼？

晋献公还真固执，冥顽不灵。可能真如黑格尔所说，人类在历史中学到的唯一教训，就是从来没有在历史中学到任何教训。当然，其中可能包含更为复杂的原因，并非单纯因晋献公宠爱骊姬所致。比如，晋献公立奚齐是否与骊姬所在的戎人部落有关？晋献公此举，是不是有意拉拢骊戎？

不管什么原因，晋国内部不稳，对秦宣公就是好消息。这些年，晋国率先强大，成为横亘在秦国强大路上的拦路虎，死死压制着秦国。也只有晋国不断衰微，秦国才有希望崛起。当然，晋国衰微不仅仅会减轻秦国的压力，也会让整个西部诸侯都减轻压力。

---

① 司马迁：《史记》卷三十九《晋世家第九》："十二年，骊姬生奚齐。献公有意废太子。"

秦宣公清楚，此前秦、晋两国河阳之战，秦国凭借天时地利人和等多重有利因素，险胜晋国。就双方整体实力而言，秦国远不能与晋国相比。

当然，情况也没有朝更利于秦国的方向发展，因为晋献公还未到完全昏聩的地步。他一生都致力于扩大疆域，壮大晋国。自然也不希望晋国在储君问题上出现更大争议，可能晋献公只是为了讨好骊姬，才提出废长立幼的建议。或者说这只是一种被故意伪造的传言，意在混淆视听。因为晋国太子申生早就被确立为太子，诸侯之间也都知道这一事实。即便晋献公有意废黜太子申生，册立奚齐，也得找到更为充分的理由。

秦宣公对此也持有怀疑态度：一方面，他希望晋国发生更大祸乱，好让秦人乘机崛起；另一方面，他对晋国的崛起又很担忧。这一时期，秦宣公内心是拧巴的。

应当说，秦宣公的两手准备是清醒的。晋国经过很多年积累，国家根基牢固，是当下西部最强的诸侯。这样的国家，即便衰落，也不会在顷刻之间大厦倾倒。反过来讲，要让晋国衰落，则需要持续荒废政务、外患侵扰，内忧外患合力，才能实现这一目标。

既然如此，也只有默默等待变局到来。此后，秦宣公不动声色继续关注着晋国动向，不断收集更多晋国的内幕消息。

相传，晋献公为了立奚齐，又制造了一个理由："曲沃吾先祖宗庙所在，而蒲边秦，屈边翟，不使诸子居之，我惧焉。"让王子们戍边，给奚齐腾出储君之位。

这个理由显得冠冕堂皇，但没有人敢提出异议。之后，晋国太子申生被派往曲沃，镇守祖宗之地；公子重耳则镇守在蒲地，这里与秦国相邻。《史记正义》中说："蒲，今平阳蒲子县是也。"公子夷吾驻守屈地。

为了不给人留有话柄，晋献公还将奚齐安置在绛驻守。这显然是一个别有用心的安置，因为绛距离晋国王都不远。谁都清楚，晋献公此举意在扶持奚齐，而太子申生或许就会失去储君之位。[①] 一切都在计划之中，一切都在等待着一个契机。

在晋国高层等待的空隙，我们对晋献公家族进行简单梳理，为接下来的叙述交代背景。晋献公有八个儿子，其中太子申生，公子重耳、夷吾品德高尚，都是难得的贤才。太子申生的母亲是齐桓公的女儿，叫齐姜，在太子申生年幼时就已去世。这说明，齐、晋这两个最先崛起的诸侯国之间早有盟约。优秀的人总是抱团取暖，认知能力弱、固执而不善于改变的人，总是单打独斗。太子申生还有个妹妹姬，后来会嫁给秦穆公。另外一位公子叫重耳，他的母亲出自翟人狐氏。还有一位公子叫夷吾，他的母亲是重耳母亲的妹妹。起初，晋献公曾经很器重儿子们，但在得到骊姬后，晋献公就疏远三个儿子，重用骊姬的儿子奚齐。[②] 以上这些，就是《晋世家》记载的晋国现状。当然，本书推测，晋献公宠爱奚齐，除了有骊姬的原因，应该还有更深层的原因。至于这个原因是什么，一时半刻还很难说得清。

---

① 司马迁：《史记》卷三十九《晋世家第九》："十二年，骊姬生奚齐。献公有意废太子，乃曰：'曲沃吾先祖宗庙所在，而蒲边秦，屈边翟，不使诸子居之，我惧焉。'于是使太子申生居曲沃，公子重耳居蒲，公子夷吾居屈。献公与骊姬子奚齐居绛。晋国以此知太子不立也。"

② 司马迁：《史记》卷三十九《晋世家第九》："太子申生，其母齐桓公女也，曰齐姜，早死。申生同母女弟为秦穆公夫人。重耳母，翟之狐氏女也。夷吾母，重耳母女弟也。献公子八人，而太子申生、重耳、夷吾皆有贤行。及得骊姬，乃远此三子。"

而晋献公越重视奚齐，太子申生、重耳、夷吾就会越被疏远和孤立。只是目前，他们还能和谐相处，没有发展到刀剑相逼的地步。

这时候，还有个特别有意思的现象：尽管晋献公偏爱骊姬，宠幸奚齐，但晋国国力并未衰微，一些晋国大臣依然在尽力操持着国家。

换句话说，晋国的大方向并未偏离，国家机器继续运转着。这说明晋献公治国有道，晋国贵族内讧可能只是表象；晋国内部可能存在派系斗争，不单纯是因骊姬、奚齐，可能还有贵族和公子们之间的斗争。《晋世家》将这作为晋国早期内乱的主因，其实并不准确。试想：若一个国家高层出现内乱，国家还能正常运转吗？

当然，这一切都处于变化中，没有一成不变的时局，一切都因时因势而动。

秦宣公正是看透了其中的利害，因此选择了隐忍不发。这既是自知之明，也是高瞻远瞩。秦宣公奉行这样一个理念：能杀死人的东西不仅仅有利刃，还有时间。等待就是最好的稀释剂，它会抹平世间一切。

看清一切的秦宣公，不再过多关注外部局势，而是将目标放在了治国理政方面。此后，秦宣公内修政务，外观形势，等待天下大变。

不过，秦宣公终其一生都没有等到天下大变时——确切地说，秦宣公等待的大变局应当是晋国的变局。因为秦国目前若想东出（图强）显然不现实，唯有在关中一带称霸称王，而阻挡秦人发展的就是晋国。

前664年秋日的一个下午，秦宣公在无比留恋中撒手人寰，结束了他短暂的十二年国君生涯。按照制度，秦宣公去世后，当由他的长子继任国君位。但最终，国君之位却由秦宣公的弟弟继承，他就是秦成公。《秦本纪》载："十二年，宣公卒。生子九人，莫立，立其弟成公。"①

对秦国而言，这又是一个重大变故。他们遵从嫡长子继承制，也基本按照这个制度传递君位。但这时，为何发生了兄终弟及之事？这里面是否存在权力斗争？本书认为，秦成公追随秦宣公多年，地位高于秦宣公的儿子们，由他继承君位，很大可能存在斗争：秦宣公儿子们在争夺君位时失利，造成秦宣公"生子九人，莫立，立其弟成公"。

当然，不排除是秦宣公直接指定秦成公为继承人，如此一来，谁也无法与他争国君之位。或者说，成公本身势力大、能力强，让他成为国君是人心所向，即便秦宣公也无法改变这种情况，只能顺应大势。

《秦始皇本纪》中还记载了这样一句话："宣公享国十二年。居阳宫。葬阳。初志闰月。"② 说明秦宣公依旧安葬在阳这个地方，与秦德公安葬的地方在同一地方。

"初志闰月"这个情况应当注意，这是说，到了秦宣公时代，秦人已开始关注四时的一些重要变化，比如，同一月份，去年与今年可能不同，因此就衍生出了闰月这个概念。也可能早就有闰月的习俗，只是在秦宣公时期，闰月的节令正式被载入秦人史册，所以才有"初志闰月"的说法。这是秦人征服、适应自然过程中得到的经验。事实上，置闰法很早就推行了，《尚书·尧典》载："期三百有六旬有六日，以闰月定四时成岁。"以后每个朝代基本有自己的

---

① 司马迁：《史记》卷五《秦本纪第五》。
② 司马迁：《史记》卷六《秦始皇本纪第六》。

置闰法，不过多将闰月置在年终，也称年终置闰法。秦国的置闰可能也在年终。

总之，秦成公即位这件事，并未在秦国引起骚动，一切安静得有些可怕，可见当时秦成公的手段。

过继之君

秦成公即位后，有两个小诸侯国来秦国联络感情，他们是梁国、芮国，《秦本纪》载："成公元年，梁伯、芮伯来朝。"当初秦德公即位时，他们也到秦国祝贺国君即位，也希望与秦国建立关系。梁国前文提及过，它与秦国是同族，《括地志》记载："同州韩城县南二十二里少梁故城，古少梁国。都城记云梁伯国，嬴姓之后，与秦同祖。"芮国前面也有所介绍。

秦成公即位后，延续了秦宣公的路线，继续修内政、定制度、启民智，发展民生，壮大自己。

当然，秦成公也在关注着天下大势，一旦天下大势对秦人有益，他一定不会错过时机。

不久，一个消息从遥远的东方传来，齐桓公率部攻打了河北戎、狄部落竹国，"齐桓公伐山戎，次于孤竹"①。《括地志》记载："孤竹故城在平州卢龙县十二里，殷时诸侯竹国也。"这个竹国是殷商诸侯国，周建国后，可能为了躲避战乱，向北迁徙，最终与戎、狄融合。齐桓公此举，意在扩张，扩展齐国的疆域。这虽然与秦国没有多少关系，但总会给秦国带来一些新消息。

秦成公关注着东方诸国的变化，也不断刷新着对当时诸侯国的

---

① 司马迁：《史记》卷五《秦本纪第五》。

认知：争霸时代真正到来，有实力谁都可以吞并小诸侯国，逐渐壮大自己。譬如齐国就既吞并身边小诸侯国，也攻打强大的楚国。一切都视具体情况而定。

秦国无法与强大的齐国相比较，也无法与强敌晋国匹敌，只能闷着头发展自己。[1]

秦成公在位四年，没有多少值得称赞的功业。可能他在秦国历史上也只能算作一位平稳传承的国君。有意思的是，秦成公去世后，也没有将国君之位传给儿子（秦成公有七个儿子），而是将国君之位传了弟弟，他就是秦穆公。《秦本纪》载："成公立四年卒。子七人，莫立，立其弟缪公。"

在国君之位传递问题上，秦国缘何接二连三发生这种兄终弟及的现象呢？要知道，秦国很多制度脱胎于周朝的制度，同时也借鉴一些诸侯的先进制度，但他们不完全按照嫡长子继承制，而推行兄终弟及的做法，着实令人摸不着头脑。

我们猜测，秦族是个务实的民族，他们虽然遵从宗法制，但当宗法制与秦国君位传递不能融合时，他们就突破宗法制，拥立对国家发展更有利者为国君。否则，就无法解释这种现象。

这位继任者秦穆公在秦国历史上赫赫有名，他还有一个响亮的名字叫任好。《秦本纪》载："秦自宣公以上皆史失其名。今按系本、古史考，得缪公名任好。"这也是秦国建国以来十数位国君中，唯一史料中记载有名字的一个。比如，秦庄公叫作"其"则不见史料。

---

① 司马迁：《史记》卷五《秦本纪第五》。

秦晋之好

秦穆公遇上了好时代，他接手时国家富裕，人民安居乐业。这得益于秦宣公、秦成公两代国君的韬光养晦，他们积攒了财富，强化了军事，也为秦穆公的扩张奠定了基础。

所以，秦穆公即位后所做的第一件事，就是向外扩张，即遣人攻打茅津。

茅津是一支戎、狄部落，在今山西省运城市境内，据《括地志》的记载："茅津及茅城在陕州河北县西二十里。注水经云茅亭，茅戎号。"这是秦穆公继位后的首战，也是秦人崛起的象征。秦军出动，茅津很快被秦人击溃。《秦本纪》载："缪公任好元年，自将伐茅津，胜之。"一部分茅津人被杀，另一部分逃亡更远的北方，也有一部分成了秦人俘虏。

可能秦穆公最初的想法是这样的：一方面通过攻打戎、狄部落观察晋国对秦国的态度，另一方面也是为了试一试秦军的实力。

首战告捷，给了秦穆公极大信心。此后，一个胸怀大志的国君开始走上其谋图霸业之路。当然，这次战争虽然规模不大，但意义非凡。这是秦穆公初试牛刀的一战，也是窥测天下变局的一战。秦穆公不再像父兄一样保守，他壮志凌云，雄心万丈。

即便如此，秦穆公也有自知之明，他清楚秦人的实力。另外，他也清楚不能锋芒太露，还应养精蓄锐，厉兵秣马。毕竟身边还有个强大的晋国，它仿佛沉睡中的野兽，一旦醒来，可能就会伤人。

在对待晋国问题上，秦穆公显得处事老到：不仅不能与强大的晋国发生龃龉，还应主动与晋国交好。这么做的原因是，不久前，晋献公组建了两支强大的大军，分别由晋献公和太子申生统领，向四周扩张，相继消灭了霍、魏、耿等小诸侯国。晋国的实力再一次得到加强。[1] 从这件事也能窥见这样一个事实：晋献公让儿子们戍边，是为扩张做准备，并非孤立他们。这次组建的两支大军，就成为震慑西边诸侯的重要力量。这种情况下，秦国也不宜与晋国再生龌龊。若晋献公被人挑唆，向秦国发起进攻，将会是重大灾难。

做大事要有长远的目光和审视全局的能力，这是秦穆公少年时代就学到的能力。他的成熟远超同时代的年轻人。

这时候，秦穆公先与晋国建立了联系，并得到了晋献公的好感。为了进一步巩固两国关系，秦穆公还想出了一个完美的计划：联姻。

秦穆公四年（前656年）春夏之交，一支载着厚重礼品的队伍从秦地出发，向东北方向而去。他们是秦穆公派出的求亲队伍。秦穆公选择向晋献公求亲，通过联姻的方式，让秦、晋之间牢牢建立一种政治同盟。

得知送礼队伍的来意后，求亲队伍受到晋献公的热烈欢迎。不过话说回来，谁会反感一个送礼上门的人呢？晋献公非常爽快地答应了秦穆公所请，打算将女儿姬（太子申生同母胞妹）嫁给秦穆公。

既然双方都有意，迎娶晋国公主马上提上日程。自此之后，总有秦、晋的各种队伍奔跑在通往两国的大道上。

同年秋，在一场场秋风席卷北方大地时，晋国的公主被送往秦国，与秦穆公完成了结婚仪式。《秦本纪》载："四年，迎妇于晋，晋太子申生姊也。"秦穆公通过联姻的方式，与晋国正式建立了政治（婚姻）同盟。秦国与晋国之间的友谊，就像战士身上的铠甲一

---

[1] 司马迁：《史记》卷三十九《晋世家第九》："十六年，晋献公作二军。公将上军，太子申生将下军，赵夙御戎，毕万为右，伐灭霍，灭魏，灭耿。"

样坚固。

此后，秦穆公依旧关注着天下大势，也在伺机寻找着自己的出路。比如，这一时期，齐国的不断扩张，就启迪了秦穆公。《秦本纪》载："其岁，齐桓公伐楚，至邵陵。"大争之世到来了，强者越强，弱者越弱。这种形势下，考验的是诸侯的审时度势能力，机会来了就要牢牢把握住。

但眼下，秦穆公还不敢有所行动。原因很简单，秦晋之间虽有联姻，但当国家利益受到威胁时，婚姻联盟并不起作用。换句话说，晋国依然是秦国的威胁。

有时候，藏拙也是一种智慧。秦穆公不能锋芒太露。他需要等待时机，观察晋国、齐国的变动，寻找新的机遇。

有意思的是，随着晋国不断强盛，内部的危机也逐渐扩大了，只是这时候还没有被引发。这些危机将晋献公、骊姬、几位公子都卷入其中。

太子申生很早就被立为太子，也是未来国君之位的继承人。此前，晋献公为讨好骊姬，曾表示过要废掉太子，但并未具体落实。到这时，随着奚齐逐渐长大，骊姬开始为儿子考虑。她想尽各种办法，表明奚齐的优秀，也贬低其他几位公子。请注意，骊姬将晋献公所有儿子都当作奚齐上位的阻力，要迫害所有人，为奚齐成为晋君继承人扫清障碍。这才是关键。当然，其中应有以骊姬为首的派系与其他公子之间的斗争。终于，在骊姬怂恿、诋毁、迷惑下，晋献公产生了废黜太子申生的念头。他曾对骊姬表露："我打算废掉太子，让奚齐取代太子。"①

---

① 司马迁：《史记》卷三十九《晋世家第九》："吾欲废太子，以奚齐代之。"

撬动了晋献公的思想防线后，骊姬又欲擒故纵，表示若晋献公坚持废黜太子，她就去死。① 这让晋献公对骊姬这种顾大局、识大体的表现很满意。只是晋献公怎么也想不到，在私底下骊姬又会动用自己的势力，到处诋毁太子申生，为奚齐上位制造声势。②

晋国宫室的斗争愈演愈烈。晋献公自然也听到很多与太子申生有关的"谣言"，真真假假，有时候很难辨别。但这些流言蜚语的确起到了作用，晋献公开始疏远太子申生。

不过，仅凭这些，还不能成为废黜太子的理由。而找不到合理的理由，废黜太子申生，诸侯们则会对晋献公有看法，晋国贵族之间可能也会产生分歧。因此，这一次晋献公显得很谨慎，不表态也不决定，任由事态发展，一副一切听凭天意的态度。

骊姬是个有心眼的人。为了扶持奚齐上位，她煞费苦心。晋献公二十一年（前 656 年）春，一场迫害太子申生的计划开始实施。骊姬特意召见太子申生，对太子申生说："君王昨日梦见齐姜（太子的母亲），太子您要到曲沃去祭奠母亲。等回来时，请将胙肉拿进宫，敬献给您的父亲。"对于骊姬所说之事，太子申生无法核实，只能按照骊姬的说法，去祭奠生母。

祭奠完毕，按照骊姬的要求，太子申生将祭奠的胙肉拿了回来，并进宫进献给父亲。不巧的是，太子申生进宫敬献胙肉时，晋献公并不在宫中，骊姬声称晋献公外出打猎了（可能是骊姬故意支走了晋献公）。于是，骊姬让太子申生将胙肉留在宫中，等过几日晋献公

---

① 司马迁：《史记》卷三十九《晋世家第九》："太子之立，诸侯皆已知之，而数将兵，百姓附之，奈何以贱妾之故废适立庶？君必行之，妾自杀也。"

② 司马迁：《史记》卷三十九《晋世家第九》："骊姬佯誉太子，而阴令人潜恶太子，而欲立其子。"

回来后，再享用胙肉。太子申生并未觉察异样，就将胙肉留下了。

几天后，晋献公打猎回来。骊姬声明了胙肉来源，并让厨师烹煮了胙肉，给晋献公端了上来。

然而，就在晋献公打算享用之际，骊姬却忽然拦住了晋献公。她对晋献公说："胙肉来自外面，应当先让旁人尝尝，以防其变质。"于是，厨师就将肉汤倒在了地上。不久，地上忽然隆起一个大包。这让晋献公非常震惊。紧接着，厨师将胙肉割了一块扔给了豢养的狗。狗吃了胙肉后，口吐白沫，不久就死了。晋献公又命人将胙肉割了一块交给太监吃。太监尽管不情愿，但还是吃了，结果太监也被毒死了。

晋献公大怒。

这时候，所有的困惑都集中在这块胙肉上。骊姬乘机对晋献公说："太子竟如此凶残，要用这种方式杀死大王您，夺取君主之位。大王您已老了，行将就木。太子竟连等待您主动交出君位的机会都不给您。"晋献公黑着脸不说话。骊姬又说："太子这样做，可不是妾身与奚齐的原因？我们母子情愿躲到别的地方去，或者大王您干脆将我们杀掉，免得太子即位后，我们会被折磨。当初您表示要废掉他，我还曾反对。现在看来，是我自己错了。"① 晋献公被愤怒冲

---

① 司马迁：《史记》卷三十九《晋世家第九》："二十一年，骊姬谓太子曰：'君梦见齐姜，太子速祭曲沃，归厘于君。'太子于是祭其母齐姜于曲沃，上其荐胙于献公。献公时出猎，置胙于宫中。骊姬使人置毒药胙中。居二日，献公从猎来还，宰人上胙献公，献公欲飨之。骊姬从旁止之，曰：'胙所从来远，宜试之。'祭地，地坟；与犬，犬死；与小臣，小臣死。骊姬泣曰：'太子何忍也！其父而欲弑代之，况他人乎？且君老矣，旦暮之人，曾不能待而欲弑之！'谓献公曰：'太子所以然者，不过以妾及奚齐之故。妾原子母辟之他国，若早自杀，毋徒使母子为太子所鱼肉也。始君欲废之，妾犹恨之；至于今，妾殊自失于此。'"

昏了头脑，打算废太子。

骊姬苦心孤诣设的这个局，让太子申生无法辩白，因问题就出现在那块胙肉上。至于谁在胙肉上做了手脚，只有骊姬本人清楚。司马迁认为是骊姬做的手脚，其实也有道理，当时也只有骊姬能做手脚。厨师自然不敢做手脚，他还有妻儿老小。一旦这件事处置不当，他就要遭受灭三族之罪。

而骊姬之所以这么做，实际上是亮了底线。她要帮助儿子除掉太子。不过这手段未免过于毒辣了。

太子申生意识到自己陷入死局，非常惧怕。这时候，太子申生身边的智囊建议他逃走，留得青山在，不怕没柴烧。于是，太子申生逃到了新城。然而，随着太子申生逃亡，更加坐实了他要谋害晋献公的"指控"。晋献公非常震怒，他诛杀了太子申生的老师杜原款。

这时候，有人主张太子应当出面解释，表明自己绝无害晋献公的意思，甚至可将在腊肉上做手脚的事情推给骊姬。原因也很简单，当时只有骊姬能够做手脚。但太子申生是个孝子，他认为晋献公后半生都将由骊姬陪伴，若公然与骊姬翻脸，把整件事说清楚，必然让晋献公寝食难安——晋献公不会相信是陪着他大半生的这个女人想要置他于死地。太子申生陷入了一种进退两难的死局中。这时候，又有人建议太子申生逃亡到其他诸侯国，等待时机。然而，此时的太子申生陷入精神内耗（抑郁）中，不听劝阻，他认为自己背负着暗害父亲的罪名逃亡，没有人会收留他的。最后，太子申生选择了自杀。①

① 司马迁：《史记》卷三十九《晋世家第九》。

随着太子申生去世，胙肉风波也至此结束。晋国又安定了下来。

以上就是《晋世家》中有关这场继承人之争的经过。不过《史记》中的很多记载，当辩证看待。比如，胙肉毒死狗、人等桥段，太过于传奇，仿佛司马迁就在现场目睹了一切的发生一样。而这个桥段，后来被小说家反复使用。再比如，太子既然是个孝子，就不应该逃跑，为什么跑到外地后，又感念骊姬对晋献公的照顾？我们认为，这种叙述的背后，是儒家意识形态的产物。而这背后更为复杂的原因，早已被时间淹没。我们只能在《史记》"绘制"的故事中寻找历史可能的真相。

秦穆公大概也探知了晋国"内乱"的这件事的详细经过，震惊不已。

秦穆公之所以如此关注晋国的内耗，原因也是多方面的。比如，晋国一直是秦国的强大对手，秦穆公要图霸业就不得不考虑晋国因素；再比如，太子申生是秦穆公的妻兄，可能穆姬与太子申生之间关系匪浅。现在太子申生自杀，穆姬自然也悲伤不已。秦穆公一定对太子申生的遭遇表示了同情。穆姬可能在秦国还为亡兄设置灵堂，用以祭奠。

人的心态会随着遭遇而变化。这时候，随着太子申生死去，穆姬看清了自己的处境：她留在世上的亲人只有秦穆公一人，她以后都将依靠秦穆公。这也让穆姬对秦国产生了依赖，她不再惦念她的故国，她要辅佐秦穆公成就一番霸业，进而确定自己在秦国的地位。

这时候，穆姬给秦穆公推荐了一个人。谁也没想到，也就是穆姬推荐的这个人，辅佐秦穆公成就了真正的霸业。

那么，这个人是谁呢？

3. 五张羊皮买来的"相"

穆姬荐才

穆姬举荐给秦穆公的人叫百里奚。

百里是姓，源自姜姓。"姜"在甲骨文字形上，上面是一只羊，下面是一个女人。而羊又通"羌"，是少数民族。而根据现代考古学分析，姜姓多为戎、狄后裔，比如姜尚可能就是戎、狄部落的首领。[①] 周人的先祖可能也是戎、狄，只是他们在向中原挺进的时候，与商王朝站在了一起，成为商王朝的鹰犬，负责为商王朝抓捕人牲。[②] 后来，姜姓不断扩大，衍生出了百里这样的姓氏。秦穆公时代，百里氏民众主要聚居在虞国，并不十分有名。百里奚就出生于虞国。

吊人胃口的是，穆姬虽提到百里奚，似乎欲言又止。穆姬的这种做法，让秦穆公很焦急。他有自己的壮志，急于得到穆姬口中的人才。看到兴致勃勃的秦穆公，穆姬鼓起勇气，给秦穆公讲述了百里奚的故事。

大约数十年前，在北方有个虞国，是个地域不大的小诸侯国。在中原各大诸侯国相互攻打、吞并、重组的过程中，虞国反其道而行，躲避着各种战乱，在时代夹缝中求生存。这反而让它躲过了很多危机，一直存活到齐、晋两大诸侯国的崛起。

---

①② 李硕：《翦商》。

虞国虽小，也出人才。百里奚就是产生于虞国的人才。据说百里奚出身寒微，自幼家贫。在奴隶制、封建制混杂的时代，最底层民众的处境往往是这样的：被盘剥，没有自主性，容易堕入俗世洪流，变得碌碌无为。他们终日被上层统治者一遍又一遍洗脑，做着牛马般的体力劳动，直至精疲力竭，与黄土融为一体。

这是绝大多数底层人的命运结局，也是一个时代的大势，身处其中的人，根本无法改变现状。试想，若一个人脚下是俗世洪流，那么，深陷其中的人就不能挣扎，否则会越陷越深。

不过，有些人注定不会成为命运的奴隶，他们总是在夹缝中寻找着转机。有些人，浑身都散发着自由与智慧的光芒，世俗的枷锁是难以困住他们的。百里奚就是这样的人。他不愿只作牛马，尽管身在畎亩之中，却志向远大，一直在想着改变自己的处境。然而，一个身在最底层的人想要逆袭，需要很多机缘巧合，否则稍有不慎就会被时代裹挟，陷入无休止的黑暗中。

对百里奚而言，改变处境的方式只有一条，那便是学知识、善思考，规避认知雷区，在机会到来时登上浪潮，成为时代的弄潮儿。

百里奚也是朝着这个方向努力的。年幼时的他除了从事一些体力劳动外，立志还想到外面更大的世界去看看。等长到一定年岁后，百里奚便离开了虞国，开始到处游学。当时最先进的思想在齐国，最优秀的人也聚集在齐国。

为什么在齐国？因在春秋时代，齐国率先崛起，成为实力超过天子的诸侯国。齐桓公为收拢人才，设立人才交流地（稷下学宫前身），无偿提供食宿，供天下的学子在这里学习，然后择优选拔人才，让他们为齐国的强大做贡献。

这种背景下，百里奚离开了虞国，前往齐地，接触饱学之人，学最先进的思想。

不久，百里奚到了齐国。在齐地的百里奚学习很刻苦，吸纳各家之学，这也让他的学业大成。然而，千里马也只有遇到伯乐才能成为千里马。很不凑巧，学识渊博、胸有韬略的百里奚并未遇到识他的伯乐，因此并未得到齐国重用，甚至连个大夫都没有混到手。这也让百里奚陷入焦躁中，生活困顿不说，志向无法实现的痛苦，时时刻刻折磨着他。

迫于生计，也为了寻求识才者，他离开齐国，开始向西而行，游走于周王朝所在地洛邑。百里奚在洛邑讲学，传播自己的思想，希望得到周王朝重用。然而，此时周王朝也腐败不堪，怎么会起用一个简历空白之人？百里奚依旧没有得到周王朝赏识。

百里奚生活依旧困顿，无人问津。他不甘心就此沦落，成为时代的牺牲品，继续游走于列国之间，寻找可以施展自己才华的平台。然而，纵然他满怀希望，迎接他的却总是失望。现代诗人舒婷有首诗叫《也许》，其中这几句，也许能概括百里奚的处境："也许我们点起一个个灯笼／又被大风一个个吹灭／也许燃尽生命烛照黑暗／身边却没有取暖之火／也许泪水流尽／土壤更加肥沃／也许我们歌唱太阳／也被太阳歌唱着／也许肩上越是沉重／信念越是巍峨／也许为一切苦难疾呼／对个人的不幸只好沉默／也许由于不可抗拒的召唤／我们没有其他选择。"[1]

这首诗是对一种心态和处境的描述，毕竟舒婷是两千多年后的人，她不可能写百里奚。但有些处境是相通的，在各国寻求出路的

---

[1]《舒婷诗选》。

这段日子，是百里奚人生最为灰暗的时刻，生活困顿与仕途失意的双重打击，让他变得心灰意冷。

据说百里奚到宋国时，由于身无分文，几度陷入生死边缘。有志难伸与生存难题并存，理想信念与壮志难酬相互对立。为了填饱肚子，百里奚甚至过起了乞讨的日子，为一日三餐煎熬。对百里奚而言，这是屈辱的时代，也是磨砺心志的时代；这是灰暗的时代，也是韬光养晦的时代。

也许苦难的尽头就是命运的转机，此时的百里奚遇到了其人生中的第一位贵人。这个人叫蹇叔，也是一位有名的士子。看到仓皇如丧家之犬的百里奚，蹇叔惺惺相惜，收留了百里奚。由此，两人建立了深厚的友谊。熟知后，百里奚才知道，蹇叔也在寻找展示自己的平台，处境与百里奚差不多。相同的命运也增进了他们的友谊。

这段时间里，两人相互扶持，度过了一段非常艰难的日子。最后，依然看不到希望的百里奚，决定回国试试运气。百里奚乐观地相信，尽管虞国是个小国，只要他回去，虞国定会有他一席之地。

蹇叔也认为百里奚的办法可以尝试一下。恰巧此时，蹇叔有位老友宫之奇在虞国为官。因此，百里奚与蹇叔打算到虞国试运气。到虞国后，蹇叔想办法见到了宫之奇，将百里奚举荐给宫之奇。最后，宫之奇又利用资源，将两人举荐给了虞国国君。

遗憾的是，虞国国君对两人并不赏识，只是给了他们大夫的身份。蹇叔通过深入细致观察，认为虞国国君喜欢贪图小便宜，不是明君。之后，蹇叔就离开了虞国，继续寻找展示自己才能的平台。而百里奚迫于生计，只能在母国继续担任大夫。

前 655 年，晋献公雄心勃勃，打算攻打虢国。而要攻打虢国，就得从虞国借道。晋国没有事先与虞国沟通，而是仗着是强大国力，直接向虞国发出了借道通知，要求虞国主动借道。

虞国国君忧心忡忡，召集官员商议对策。虞国大臣吵作一团，形成了两种对立的观点：一派支持借道，原因是，晋国惹不起；一派则反对借道，万一借道成功，晋国会在灭了虢国后调转枪头，直接攻打虞国。

虞国国君可能也不想借道，又担心不借道会招致晋国进攻。纠结之余，虞国国君还抱有一丝希望：晋国与虞国同姓，晋国不会攻打虞国，所以决定给晋国借道。但虞国国君的想法遭到了宫之奇的反对，他认为晋国为了图强，不会顾及虞国的死活。而虞国与虢国唇亡齿寒，应联起手来共同应对晋国。① 虞国国君也同意宫之奇的建议，但他也没办法，只能两害相权取其轻，同意给晋国借道。宫之奇看到了危机，不愿做覆巢之下的牺牲品，带着家人离开了虞国。

而百里奚作为虞国人，在国家面临危亡之际，选择了与母国站在一起。事实上，其中可能包含更多无奈：当战争来临时，身处其中的人是没有选择余地的，只能被动接受。这就是历史的残酷、战争的残酷。

这年冬天，晋国大军借道虞国，灭了虢国，虢国君主逃亡到了洛邑避难。虞国关注着晋国大军的动向，只是他们遇到了最不愿面

---

① 司马迁：《史记》卷三十九《晋世家第九》："是岁也，晋复假道于虞以伐虢。虞之大夫宫之奇谏虞君曰：'晋不可假道也，是且灭虞。'虞君曰：'晋我同姓，不宜伐我。'宫之奇曰：'太伯、虞仲，太王之子也，太伯亡去，是以不嗣。虢仲、虢叔，王季之子也，为文王卿士，其记勋在王室，藏于盟府。将虢是灭，何爱于虞？且虞之亲能亲于桓、庄之族乎？桓、庄之族何罪，尽灭之。虞之与虢，唇之与齿，唇亡则齿寒。'"

对的局势：晋国大军从虢国撤回的途中，偷袭了虞国。虞国虽有准备，依旧被晋军打得无招架之力。晋军一路直入，俘虏了虞国国君以及大夫井伯、百里奚等人。这也意味着虞国被晋国灭亡。晋献公将俘虏的奴隶百里奚赐给了穆姬，侍奉穆姬。①

后来，秦穆公向晋国求亲，百里奚作为陪嫁奴隶，随着穆姬出嫁到秦国。从晋国到秦国这一路上，是百里奚在照顾穆姬。她对百里奚深入观察后，发现这是个很有才能的人，胸中有韬略，是个难得的人才。

穆姬表示，百里奚在虞国才能被埋没，希望秦穆公不要错过这个人才。

听完穆姬的叙述，秦穆公的好奇心一下子被吊了起来。他急切想要一批人才帮着他实现霸业，可苦苦寻觅，却难发现真正的大才。穆姬的举荐，让秦穆公对百里奚充满了向往，他迫不及待地想得到百里奚。当秦穆公向穆姬询问百里奚的去处时，穆姬惋惜地表示，百里奚并不在秦国，不知逃亡何处。

原来，百里奚作为穆姬陪嫁奴隶，混在晋国陪嫁队伍中，向秦国而来。但百里奚先前受过亡国之变，又遭受非人的奴隶生活，他心灰意冷。再者，此时的百里奚已年过半百，即便给他一个展示自己才能的平台，恐怕他也难以施展。而此时，他只是作为陪嫁奴隶被送到秦国，谁会给一个老头子指点江山的权力？心灰意冷之余，乘着陪葬队伍不注意，百里奚出逃，开始了流浪生涯。穆姬发现

---

① 司马迁：《史记》卷三十九《晋世家第九》："虞公不听，遂许晋。宫之奇以其族去虞。其冬，晋灭虢，虢公丑奔周。还，袭灭虞，虏虞公及其大夫井伯、百里奚以媵秦穆姬，而修虞祀。"

时，百里奚已不知所踪。①

　　听完穆姬的叙述，秦穆公半信半疑，开始遣人到处寻找百里奚。而此时，百里奚已逃出秦地，到达秦楚边境宛地附近。不久，楚国边境将士就捉住了百里奚，并将其送给了楚成王。楚成王依旧不赏识百里奚，他看着百里奚的苍老容颜，料定百里奚干不了公务，遂让百里奚给楚国养牛。

　　也是这时候，秦穆公派出打探百里奚的人，探知了百里奚的踪迹。他们立即向秦穆公汇报了百里奚的处境。这时候，有人建议用重金从楚国赎回百里奚，但秦穆公的智囊认为，这样做不妥。谋臣公子絷表示，楚成王之所以让百里奚放牛，是不知百里奚的才能。若秦国花重金赎百里奚，就等于告诉楚成王百里奚是个人才。

　　秦穆公似乎有所悟。

　　最后，公子絷提出按照放牛奴隶的行价，用五张牛皮赎回百里奚，唯有如此，才不会引起楚成王的关注。当然，在赎回百里奚问题上，必须编一个合理又不引起楚成王怀疑的理由。秦穆公采纳了公子絷的建议，以抓捕叛逃奴隶的名义，用五张羊皮从楚国赎回了百里奚。

　　此时的百里奚对自己的前途一无所知，但他也无法改变被裹挟的命运。因此，从楚国赎回百里奚后，秦国将士就将他五花大绑，押着从楚地往秦地走。楚国人对秦人如此对待一个奴隶产生过疑

---

① 司马迁：《史记》卷五《秦本纪第五》："五年，晋献公灭虞、虢，虏虞君与其大夫百里奚，以璧马赂于虞故也。既虏百里奚，以为秦缪公夫人媵于秦。百里奚亡秦走宛，楚鄙人执之。"

惑，但考虑到百里奚是穆姬的陪嫁奴隶，也就没有多想。①

　　一直到了秦地，押解百里奚的人才给百里奚松绑，并将秦穆公求贤若渴的想法悉数告知。百里奚悬着的心才终于落地。

秦穆公纳才

　　不久，百里奚就被护送至雍城。秦穆公亲自接见了衣衫褴褛的百里奚。当看到垂垂老矣的百里奚，秦穆公心生疑虑：这样的人能辅佐自己吗？最终，秦穆公还是显示出一个王者的气概，设宴招待百里奚，向他询问治国之道。

　　百里奚似乎也看出了秦穆公的犹豫，为了引起秦穆公对自己的重视，百里奚道出很多治国理政的先进理念。秦穆公听完百里奚的叙述后，对百里奚的才学不再怀疑。秦穆公表示，他将解除百里奚奴隶的身份，重用百里奚。以前百里奚在虞国得不到的荣誉，秦国都能让百里奚实现。②

　　秦穆公亮底牌，让百里奚看到了机会。他根据自己多年流浪经验，就天下形势做了系统分析，倾囊相授治国理政的思想。而百里奚的这种真诚，让秦穆公马上来了兴致。相传，两人谈论了三天三夜都乐此不疲。③秦穆公越发认可百里奚。此后，秦穆公将国政托给百里奚，拜百里奚为上大夫。

---

① 司马迁：《史记》卷五《秦本纪第五》："缪公闻百里奚贤，欲重赎之，恐楚人不与，乃使人谓楚曰：'吾媵臣百里奚在焉，请以五羖羊皮赎之。'楚人遂许与之。"
② 司马迁：《史记》卷五《秦本纪第五》："当是时，百里奚年已七十余。缪公释其囚，与语国事。谢曰：'臣亡国之臣，何足问！'缪公曰：'虞君不用子，故亡，非子罪也。'固问，语三日，缪公大说，授之国政，号曰五羖大夫。"
③ 这可能又是司马迁撰史的"固定模式"，对比后来商鞅与秦孝公谈治国理政，也是谈论了三天三夜。

有意思的是，百里奚没有立即接受秦穆公的重托，而是乘机向秦穆公举荐了挚友蹇叔。为了打动秦穆公，百里奚还向秦穆公说起了他与蹇叔早年的经历。百里奚表示，他不仅是报答蹇叔昔日的帮助才举荐蹇叔，更为重要的是，论智谋与治国，蹇叔才能绝不亚于他自己。

百里奚的话再次引起了秦穆公的重视，一听还有大才，秦穆公自然不愿放过。在列国相互吞并的春秋时代，人才和一支雄师劲旅一样重要。蹇叔既然是难得的人才，秦穆公当然希望他能到秦国来，与百里奚一起为秦国效力。于是，秦穆公就命百里奚给蹇叔修书，表明秦国求贤才的态度，希望蹇叔不要有任何顾虑，一心到秦国来即可。等蹇叔到秦国，两人就都能为秦国效力。[①]

百里奚不再迟疑，他将书信交给了秦国的密探。这些密探开始渗透到各诸侯国，打听蹇叔的下落。

不久，秦国的斥候就发现了蹇叔的踪迹，并送上了百里奚的信件。蹇叔看到是百里奚的书信，也不再疑惑，跟着密探到了秦国。

由于百里奚、蹇叔的加入，秦国得到了两位大才。难能可贵的是，这两位大才都是历尽磨难成长起来的人。他们多年的流浪（游历）生涯，积攒了丰富的经验，能够让他们对天下大势做出准确预判。而这又是秦国高层（贵族与官僚）不具有的能力，他们缺乏"国际意识"和"大局观念"。秦人从西犬丘到雍城的东进过程中，

[①] 司马迁：《史记》卷五《秦本纪第五》："百里奚让曰：'臣不及臣友蹇叔，蹇叔贤而世莫知。臣常游困于齐而乞食绖人，蹇叔收臣。臣因而欲事齐君无知，蹇叔止臣，臣去，得不诛。事虞君，蹇叔止臣。臣知虞君不用臣，臣诚私利禄爵，且留。再用其言，得脱，一不用，及虞君难：是以知其贤。'于是缪公使人厚币迎蹇叔，以为上大夫。"

遭遇了种种灾难。有很多灾难本是可以避免的，但就因秦人思想落后，没有先进的治国理念，秦人在关中以西百余年而不得东进。

其间，还发生了一件趣事：据说百里奚得到秦穆公的重用后，忘记了昔日妻子。妻子很生气，千里寻夫，找到了百里奚从政的地方，还扮成陌生人唱起了歌，讥讽百里奚：

> 百里奚，五羊皮！忆别时，烹伏雌，春黄齑，炊扊扅。今日富贵忘我为？
>
> 百里奚，五羊皮，父梁肉，子啼饥。夫文绣，妻浣衣。嗟乎！富贵忘我为？
>
> 百里奚，五羊皮。昔之日，君行而我啼。今之日，君坐而我离。嗟乎！富贵忘我为？

原来，因百里奚离家之初，曾与妻子有约定，等他发迹了就会接妻子享福。结果，百里奚在秦国居高位后，竟忘却了妻子，这才有了这一出妻子"闯宫"的乌龙事件。百里奚听到妻子的唱词，就明白了其中的含义。他将妻子接回家，与妻子过上了稳定、安逸的生活。而他的儿子也被引入官场，以后还会为秦国效力。

从这首《五羊皮歌》歌词内容看，故事原型应产生于春秋时期，但词应是后人加工的产物，符合春秋时代"诗"的特点，与《诗经》里的内容很相似。

晋国的乱局

秦穆公引进百里奚、蹇叔这些人才，给秦国注入了活力。百里奚、蹇叔与秦国的智囊一起，帮助秦穆公去实现扩张的梦想。

当然，秦人东出的梦想，与时代紧密相连。没有无缘无故崛起的大国，也没有无缘无故被吞并的小国，一切都是机缘巧合。

对秦国而言，挡在发展路上的国家依然是晋国。秦穆公还等待着晋国发生变故。

可能是上苍的眷顾，同年秋，秦、晋之间发生了一次小摩擦，双方交战于河曲。[①] 河曲地望尚有争议，《史记集解》认为河曲就是河西。《公羊传》认为河曲不过是"河千里而一曲"。魏晋时期名臣杜预则认为"河曲在蒲阪南"。《史记正义》引用《括地志》记载，认为"绛州曲沃县有曲沃故城，土人以为晋曲沃新城"。《史记集解》根据这些历史人物的记载，认为河曲在华阴县界。

不管河曲地望在何处，该地都是秦穆公与晋国第一次发生摩擦的地方。秦、晋之间为什么会发生摩擦，史料中并无详细记载。按理说，秦、晋刚刚联姻，秦穆公不应做出攻打老丈人的举动。

但深挖史料，就能发现蛛丝马迹。

晋国太子申生自杀后，晋国内部的矛盾日渐凸显。当时，公子重耳、夷吾正好回国觐见晋献公。骊姬留在晋献公身边的眼线得到情报：两位公子在晋献公面前为太子申生申诉。这让骊姬非常担心，一旦当初陷害太子申生的事情露馅，她和奚齐可能就会被打入冷宫。骊姬不愿苦心经营的地位被摧毁，又找了个合适的时间，在晋献公面前诋毁公子重耳、夷吾。骊姬说："当初太子申生在胙肉上做手脚，公子重耳、夷吾都知道。他们都希望您早点死。"晋献公本就对此事耿耿于怀，只是太子申生去世后，他将这段沉痛之事埋葬在心

---

① 司马迁：《史记》卷三十九《晋世家第九》："秋，缪公自将伐晋，战于河曲。"

里。现在骊姬旧事重提，晋献公非常愤怒，打算治罪两位公子。

不久，重耳、夷吾也得到了内部消息，担心受罪，不敢再逗留王都。之后，重耳逃到了蒲地，夷吾逃到了屈地。①

两公子逃亡显得很心虚，他们并未做错什么。难道会因骊姬的一番话，晋献公就对他施以毒手吗？他们逃跑了，反而给了骊姬口实。

此后，为消除隐患，骊姬继续在晋献公耳边说两位公子坏话，煽动晋献公对两位公子的愤恨。最终，晋献公忍无可忍，于前655年命人讨伐蒲地，捉拿重耳。当时有个叫履鞮的宦官到蒲地后，威胁重耳，命他自裁。重耳不愿就此死去，选择了继续逃亡。履鞮见重耳逃亡，就割下了重耳穿过衣服上的双袖，表明自己已诛杀了重耳。② 此后，重耳辗转多地，最终在翟地落脚。翟地其实就是重耳母亲狐氏族人生活的地方，重耳等于跑到了母亲娘家寻求庇护。

之后，履鞮又率部攻打公子夷吾的封地屈。所幸的是，夷吾早有准备，与晋军展开对决。而晋军未能攻克屈地，"使人伐屈，屈城守，不可下"。

之后，就发生了秦穆公娶穆姬、寻找百里奚的事。晋献公也没有再对重耳、夷吾进行追击。到晋献公二十三年（前654年）春，消灭了虞国、虢国的晋献公，又想起上次抵御晋军的夷吾（可能还是骊姬在怂恿）。于是，晋献公又遣晋右行大夫贾华等人

---

① 司马迁：《史记》卷三十九《晋世家第九》："此时重耳、夷吾来朝。人或告骊姬曰：'二公子怨骊姬谮杀太子。'骊姬恐，因谮二公子：'申生之药胙，二公子知之。'二子闻之，恐，重耳走蒲，夷吾走屈，保其城，自备守。"

② 司马迁：《史记》卷三十九《晋世家第九》："献公怒二子不辞而去，果有谋矣，乃使兵伐蒲。蒲人之宦者履鞮命重耳促自杀。重耳逾垣，宦者追斩其衣袪。重耳遂奔翟。"

攻打屈地。这一次，晋军数量过于庞大，夷吾无法抵抗，屈地战败。①

这时候，夷吾面临着生死抉择，不知何去何从。在夷吾看来，最适合避难的地方就是翟地，因为重耳就在那里避难。但夷吾的这一计划遭到幕僚冀芮的反对。在冀芮看来，重耳已躲避在翟地。若夷吾再投奔翟地，必然引晋军攻打翟地。到时，翟地无法抵御晋军，会陷入危险。不如直接投奔梁国，因为梁国与秦国接壤，而且秦国已强大起来。只要傍上秦国这棵大树，晋国也就不会攻打梁国。之后能做的就是静静等待，等晋献公去世后，就能请求秦国出面，帮助他回国继承国君之位。夷吾深思后，采纳了冀芮的意见。于是，他们就逃到了梁国。②

两年后（前 652 年），晋军进攻翟地，原因是公子重耳还躲在这里。由此可见，骊姬为了让儿子奚齐上位，采取了赶尽杀绝的办法。晋献公可能已老糊涂了，对骊姬言听计从，完全忘记了重耳、夷吾也是自己的儿子。有意思的是，翟国这次毫不退缩，主动应战。结果晋军被翟国击败，狼狈逃回了晋国。③

此后，晋献公似乎有所醒悟，不再对夷吾、重耳进行跟踪、暗杀（可能也与晋献公身体健康不佳有关）。

值得注意的是，尽管这些年东征西讨，但晋国国力并未受多大

---

① 司马迁：《史记》卷三十九《晋世家第九》："二十三年，献公遂发贾华等伐屈，屈溃。夷吾将奔翟。"

② 司马迁：《史记》卷三十九《晋世家第九》："冀芮曰：'不可，重耳已在矣，今往，晋必移兵伐翟，翟畏晋，祸且及。不如走梁，梁近于秦，秦强，吾君百岁后可以求入焉。'遂奔梁。"

③ 司马迁：《史记》卷三十九《晋世家第九》："二十五年，晋伐翟，翟以重耳故，亦击晋于啮桑，晋兵解而去。"

影响，甚至一度达到巅峰：疆域西边与秦国接壤，东边与翟地相邻。①

而随着秦、晋比邻，双方的一些矛盾也日渐凸显。每次遇到与晋国的纠纷时，秦穆公都会采取忍耐之策。自从上次河曲之战后，他就不愿再与晋国交手了。晋国这个强大的对手，秦国还无法撼动它的地位。

秦穆公选择观望，等待着晋国自己乱起来。当然，情况也有可观的一面：晋国尽管国力强盛，但日渐凸显的内忧开始反噬晋国国力。而这些内忧带来的隐患，会在以后几年逐渐显现出来。秦穆公唯一能做的就是等！

这是一场考验人耐力的等待，也是磨砺秦穆公心智的等待。

4. 晋国内乱与秦晋龌龊

晋献公去世

晋献公二十六年（公元前651年）春，骊姬的妹妹的肚子又鼓了起来，这让晋献公非常高兴，因这意味着骊姬的妹妹会再给他生下一个儿子。晋献公儿子很多，但也渴望继续生儿子。

当然，通过这件事，也可推断晋献公不仅宠幸骊姬，还霸占了骊姬的妹妹。也因此骊姬一族人的势力变得很大，谁也不敢再与他

---

① 司马迁：《史记》卷三十九《晋世家第九》："当此时，晋强，西有河西，与秦接境，北边翟，东至河内。"

们为敌。十个月后，骊姬妹妹生下了一个儿子，他就是晋国公子悼（一作"倬"）。①

不过这不是最重要的，相较于接下来发生的事情，一个公子的出生，根本不值得一提。事实上，看似寻常的晋献公二十六年，天下大势暗流涌动，许多大事件正在悄然酝酿、蓄势、爆发，进而影响历史进程。

且来看发生的这一系列影响时局的事件。

第一件事是同年夏，齐桓公向天下诸侯发出了一道会盟函，召集天下诸侯在葵丘（在考城县东南一里）会盟。齐桓公此举释放出这样一种信号：诸侯群起，天子式微。

在此之前，只有天子才有资格召集诸侯会盟，从未有诸侯召集其他诸侯会盟的先例。而齐桓公这么做，无异于凌驾于天子之上。这也意味着从这一刻开始，诸侯称霸天下变得光明正大，天子成为附庸一般的存在。齐桓公称霸的过程这里不再叙述，不过他作为春秋时期第一位霸主，实力自然不容小觑。而面对强大的齐国，诸侯们不敢招惹，只能到葵丘报到，认可齐桓公霸主地位。

第二件事是晋献公响应齐桓公，参与葵丘会盟。晋国虽在西部一家独强，晋献公却也不愿与齐国交恶，他响应齐桓公号召，领人前往葵丘。不过此时的晋献公身体状况不佳，一路上行动缓慢，在路上耽搁了好些时日。

据说他还没有到葵丘，就遇到了周朝官员宰孔（可能宰孔专门在半路上等待晋献公）。宰孔是代表周天子参加葵丘会盟的官员，但宰孔对齐桓公葵丘会盟诸侯的做法有抵触情绪。因此，他见了晋

---

① 司马迁：《史记》卷三十九《晋世家第九》："骊姬弟生悼子。"

献公后，就对晋献公说了这样一番话："齐国最近几年仗着国力提升，越来越骄横，齐桓公不修德政，总在想着征讨诸侯，诸侯们都愤愤不平。鉴于这种情况，您还是不要去葵丘会盟了，即便您不去会盟，齐国也不敢对晋国怎么样的。"①

宰孔的建议很难说是出于公心，毕竟随着齐、晋的崛起，周天子已形同虚设。宰孔代表周天子，不希望齐、晋再联盟，进而孤立、分化周王朝。他希望这些势力相互之间抵触、扯皮，才能让周王朝重树权威。

听完宰孔的话后，晋献公似乎有所感悟：为什么他要听从齐桓公的调遣呢？即便晋国不去会盟，齐国依然拿晋国没有办法。当然，晋献公决意返回的原因，也与他身体状况有很大关系：此时他正得病，万一死在了去往葵丘的路上，晋国该怎么办？一切的出发点，都要以晋国的利益、荣辱为重。

于是，晋献公又拖着病体回到了晋国。《晋世家》载："献公亦病，复还归。"对晋献公的这种做法，齐桓公愤怒，但也无可奈何。目前齐国还无法灭晋国，只能任由晋献公返回。齐桓公组织其他的诸侯，一起在葵丘举行了会盟，承认他霸主的地位。之后，诸侯们各自回国，看着齐国继续强大。

第三件事是晋献公去世。这位春秋时期崛起于西部的诸侯创造了很多辉煌，只是此时他再也没有机会争霸天下。据说晋献公回到晋国后，病情加重，行将就木。垂危之际，晋献公意识到传递君位的危机，召集心腹荀息，托付后事。晋献公对荀息说："我希望立

---

① 司马迁：《史记》卷三十九《晋世家第九》："二十六年夏，齐桓公大会诸侯于葵丘。晋献公病，行后，未至，逢周之宰孔。宰孔曰：'齐桓公益骄，不务德而务远略，诸侯弗平。君弟毋会，毋如晋何。'"

奚齐为国君，但大臣们都不服奚齐。我担心我死之后，国家会出乱子。你能保证在我死后，好好辅佐奚齐吗？"看着行将就木的晋献公，荀息同意了晋献公的托付，表示自己会尽己所能，辅佐奚齐。①

对于荀息的爽快答应，晋献公有些不相信。他知道这些年来，朝堂之上，不乏反对骊姬、奚齐的人。他希望荀息立誓，表示自己的忠心。荀息无奈，只能对晋献公表示，他答应的事情就不会变，即便晋献公死而复生也不会后悔，而他自己也不做昧良心的事情，请晋献公大可放心。②

晋献公将治理国家的重任交给了荀息，也将奚齐交给了荀息，让荀息辅佐奚齐成长。旋即，晋献公加封荀息为宰相，主持国家政务。通过一段时间的观察、考验，晋献公认为荀息确是值得托付的人才，他可完全放心。

同年九月，晋献公终于在不舍中去世。《晋世家》载："荀息为相，主国政。秋九月，献公卒。"而随着晋献公去世，原先平衡的"国际关系"被打破，一些大事正悄悄在发生，进而影响着历史走向。

晋国内乱

晋献公活着时，晋国内部各种势力已在蠢蠢欲动。晋献公去世，晋国的这些矛盾仿佛决堤洪流，开始全面爆发。按照晋献公的

---

① 司马迁：《史记》卷三十九《晋世家第九》："病甚，乃谓荀息曰：'吾以奚齐为后，年少，诸大臣不服，恐乱起，子能立之乎？'荀息曰：'能。'"
② 司马迁：《史记》卷三十九《晋世家第九》："献公曰：'何以为验？'对曰：'使死者复生，生者不惭。'于是遂属奚齐于荀息。"

遗愿，他死之后，奚齐继承国君之位。荀息为宰相，辅佐奚齐处置政务。

然而，当荀息宣读晋献公的遗诏后，晋国贵族不都支持这一遗愿。当时，晋国有两位贵族权臣里克、邳郑公开抵制晋献公的遗愿，计划迎回公子重耳，让公子重耳代替奚齐。他们的计划是：最好能让重耳、奚齐、夷吾为君位争斗，他们坐收渔翁之利。

里克、邳郑找到了决定晋国命运的核心人物荀息，并对荀息说：“如今晋国三方势均力敌，他们有晋国百姓与秦国的帮助，你还要坚持扶持奚齐吗？”里克、邳郑意在威胁荀息，希望晋国处于混乱中，就能浑水摸鱼。荀息是忠臣，他既然答应了晋献公，就定会辅佐奚齐。里克、邳郑两人的别有用心，遭到荀息拒绝。[①]

谈判失败后，里克、邳郑担心遭清算，密谋发动政变，为他们争取更多权力。

当年十月，趁着众人还在为晋献公守丧之际，里克遣人在晋献公守丧之处，杀死了奚齐。《晋世家》载：“十月，里克杀奚齐于丧次，献公未葬也。”

这是个恶性事件，搅乱了晋国高层部署。可能在里克等人看来，只要杀了奚齐，荀息没有了所立之人，他们就能掌控晋国。只是，情况并不像他们想的那么乐观。奚齐被杀后，荀息感觉愧对先帝，打算自杀以报晋献公。但荀息这种短见做法，被身边智囊所阻拦。这时候，有人建议不如立公子悼为国君，再由荀息出面辅佐，亦能稳定大局。公子悼就是骊姬妹妹与晋献公所生的儿子。

---

① 司马迁：《史记》卷三十九《晋世家第九》：“欲内重耳，以三公子之徒作乱，谓荀息曰：‘三怨将起，秦、晋辅之，子将何如？’荀息曰：‘吾不可负先君言。’”

而此时，公子重耳、夷吾等都不在国内，这也是权宜之计。

荀息思谋后，认为这个计划可以实施。于是，在荀息等人的操纵下，公子悼被立为国君。至此，晋国暂时摆脱了危机。之后，在一帮大臣的操持下，晋献公才得以安葬。《晋世家》载："荀息将死之，或曰不如立奚齐弟悼子而傅之，荀息立悼子而葬献公。"

不过，表面上看，这场由国君更替引发的叛乱似已平息，实际上危机重重。同年十一月，不甘心失败的里克，再次带人冲进宫杀掉了悼子。荀息无法保全年幼的君主，在悼子被杀之后，也选择了自杀。[①] 荀子的这种做法，赢得了后世的称赞。他为了主子，不惜以自身性命相赌，让晋国人见识到忠臣精神。

而随着奚齐、悼子两位公子被杀，国家大权落在里克等大夫手中。这些人一直看好重耳，因此派人到翟地迎接重耳，有意拥立重耳为国君。《晋世家》载："里克等已杀奚齐、悼子，使人迎公子重耳于翟，欲立之。"里克等人只希望迎回重耳，立一个傀儡，继续操控国家的大权。若重耳不听他们的指挥，他们亦能杀了重耳，另立新君。

他们在等待着重耳回国。令他们失望的是，派出去迎重耳的车队空着手回来了，他们并未迎回重耳。里克等询问了原因，才知重耳根本不愿回国出任国君。而重耳的这个举动，简直惊掉了他们的下巴：哪有人对国君之位不心动呢？

原来，里克遣人准备接重耳回国，重耳却犹豫不决。原因是，一些跟随重耳的幕僚担心重耳回去后，成为里克等人的傀儡，不建

---

① 司马迁：《史记》卷三十九《晋世家第九》："荀息死之。君子曰：'诗所谓"白珪之玷，犹可磨也，斯言之玷，不可为也"。'初，献公将伐骊戎，卜曰'齿牙为祸'。及破骊戎，获骊姬，爱之，竟以乱晋。"

议重耳此时回国继承君位。最终，重耳对接他回国的人说："当初我违背君父命令，逃出晋国，在翟国避难；君父去世后，我不能按照礼仪主持丧葬事宜。我这等不孝之人怎敢回国继承君王之位？请你们另选他人吧！"重耳的选择，让迎接他的人略显尴尬。[1]

里克等人见重耳不愿继承国君位，又生一计：拥立公子夷吾为国君，而他们则继续掌控晋国大权，操控晋国朝堂。于是，里克又遣人到梁地，希望迎回公子夷吾，让他接任国君之位。《晋世家》载："还报里克，里克使迎夷吾于梁。"

与重耳不同，夷吾对国君之位向往已久。因此，里克的人到梁地后，夷吾就打算随着这些人回晋国，继任国君。然而，跟随夷吾的智囊嗅到了这里面的危机：没有无缘无故的好处落在头上。大夫吕省、郤芮等人对夷吾说："国内还有其他公子可即位，他们却不立这些公子，偏偏要跑到梁地来接您回去继任国君之位，这里面有无阴谋不得而知。若公子您确实坚持要回国继任国君，还得凭借秦国的力量。否则就这样跟着他们回去，一定很危险。"[2]

夷吾听完两位大夫的话，也不敢贸然跟着里克的人回国了。紧接着，夷吾就遣郤芮入秦，带着丰厚的礼品找到了秦穆公，向秦穆公陈述了当前晋国存在的隐患，还开出了非常诱人的条件：若秦穆公帮助夷吾复国，晋国会将河西之地割让给秦国。《秦本纪》中载，夷吾答应给秦国河西八城："诚得立，请割晋之河西八城与秦。"这是《晋世家》与《秦本纪》之间的不同。

---

① 司马迁：《史记》卷三十九《晋世家第九》："重耳谢曰：'负父之命出奔，父死不得脩人子之礼侍丧，重耳何敢入！大夫其更立他子。'"

② 司马迁：《史记》卷三十九《晋世家第九》："内犹有公子可立者而外求，难信。计非之秦，辅强国之威以入，恐危。"

与此同时，夷吾还遣人给里克送信，稳定里克的情绪：若我能回国继承国君之位，我将会把汾阳给您做封地。[1]

夷吾身边的智囊很厉害，他们在复杂的形势下，想到了破局的办法：一方面他们稳住了里克等人，这群人会心甘情愿等着夷吾回去继承国君之位；另一方面，他们以河西之地为诱饵，钓秦穆公这条大鱼。他们坚信，秦穆公一定会动心，因为河西土地富饶，战略地位重要，秦人若想要向东发展，河西之地就是必得之地。

秦穆公果然被这巨大的诱惑所吸引，他"使百里奚将兵送夷吾"[2]，以大姑父送大舅哥的名义，"乃发兵送夷吾于晋"。

有意思的是，晋国的变故还传到了齐桓公耳中，据说他也率领诸侯往晋国赶，希望能在晋国立国君这件事上分得一些好处。"齐桓公闻晋内乱，亦率诸侯入晋。"只是齐桓公没想到，在夷吾回国这件事上，秦国插了一杠子。当他们到晋国远境时，就得到秦穆公率领秦军护送着夷吾到晋国的消息。齐桓公一看有秦穆公加持，齐国很难在晋国国君更替上做文章。于是，齐桓公派人打着和秦国护送夷吾回国的名义，到晋国去探听更多内幕。而他自己不愿与秦穆公见面，折回齐国去了。《晋世家》载："秦兵与夷吾亦至晋，齐乃使隰朋会秦俱入夷吾，立为晋君，是为惠公。齐桓公至晋之高梁而还归。"《秦本纪》不载这段，大概是司马迁在选材时，认为这段与秦国关系不大，故而舍弃了这段。

通过护送夷吾回国这件事，可见当时诸侯国之间斗争的激烈程度。一国若出现分裂、内乱，其他人就都想分而食之。

---

[1] 司马迁：《史记》卷三十九《晋世家第九》："乃使郤芮厚赂秦，约曰：'即得入，请以晋河西之地与秦。'及遗克书曰：'诚得立，请遂封子于汾阳之邑。'"

[2] 司马迁：《史记》卷五《秦本纪第五》。

那是一个多么残酷的时代。

秦、晋发生龌龊

在秦穆公的护送下，夷吾回到了晋国，成为了晋惠公。据说周天子也乘机册封晋惠公，还遣召公过与内史过拿着册封书出使晋国。吊诡的是，晋国君臣并不尊重召公过与内史过，甚至对他们很无礼。内史过回到洛邑后，就将此事告知周天子，还诅咒晋惠公不会有后。①《国语》中还对晋惠公的后人命运走向做了预测。坦白说，这种记载，其实是"后补"的，并非真实的史实，尤其"襄王三年而立晋侯，八年而陨于韩，十六年而晋人杀怀公。怀公无胄，秦人杀子金、子公"，颇有"天道轮回"的意思。

而晋惠公的继位，也让曾经算计过他的里克等人隐隐不安起来，因为自始至终，他们都没有实现计划，控制朝局。反而是晋惠公在秦、齐两国"干涉"下，顺利成为国君。因此，他们也不敢再贸然行动。他们蛰伏起来，表面上承认了夷吾为国君，为夷吾服务，观察夷吾的施政措施。

当然，他们的顾虑也可以理解，任何人都是趋利避害的，在阻挡算计晋惠公的事情上，他们只是为了自己的利益，并无可指责之处。只是他们的担心显得多余，晋惠公也没有更多精力去处置里克等势力。在经历各种内乱后，晋国早已人心浮动、社会动荡。晋国需要稳定，而晋惠公是清楚这一点的。因此，晋惠公不会立即对里克、邳郑等人动手。

---

① 左丘明：《国语》卷第一《周语上·内史过论晋惠公必无后》："襄工使邵公过及内史赐晋惠公命，吕甥、郤芮相晋侯不敬，晋侯执玉卑，拜不稽首。内史过归……"

据说晋惠公即位后，召集大臣商议给秦国割让河西之地事宜。有些大臣认为，应当遵守信约，割让河西之地。也有些大臣建议不给秦国割让河西地，理由是，河西之地对秦国重要，自然对晋国也很重要。只要晋国占据河西，秦人就休想顺利东出，这是压制秦人的重要法宝。晋惠公本人也不想割让。最终，他听取了臣僚建议，决定不给秦国许诺的河西之地。

不久，晋惠公遣邳郑入秦，向秦穆公表达诚挚的歉意："我曾许诺如果秦国帮我登上国君之位，会将河西之地给秦国。后来，得益于秦国帮助，我才回国，继承国君之位。成为国君后，我本来是要履行承诺的。但大臣们认为，土地是先王留下来的财产，当时我流亡在外。现在我虽然继承君位，但我没有资格将先王留下的国家土地许诺给任何人。对此，我做了解释说明，但大臣们依然反对割让河西之地给秦国。今特遣使者，向秦国说明，并致以诚挚歉意。"①

对于晋惠公这种出尔反尔的行为，秦穆公显得很大方。他表示理解晋惠公的难处，也不计较这件事。不过从这件事后，秦穆公对晋惠公有了新的认识：这是个不讲信誉的人，以后对待这样的人，不能轻易相信，也不能轻易与他达成盟约。

有意思的是，晋惠公也没有按照之前的约定，将汾阳之地分封给里克，反而剥夺了里克的一切职权，"亦不与里克汾阳邑，而夺之权。"

这两件事都出自《史记·晋世家》，故事非常精彩，都能当小

---

① 司马迁：《史记》卷三十九《晋世家第九》："惠公夷吾元年，使邳郑谢秦曰：'始夷吾以河西地许君，今幸得入立。大臣曰："地者先君之地，君亡在外，何以得擅许秦者？"寡人争之弗能得，故谢秦。'"

说读了。可能这种绘声绘色的背后，还有更多复杂的原因。而通过以上两件事，晋惠公在国人心中地位得到提升。但他也因此得罪了秦穆公，秦、晋关系出现了裂痕，秦穆公开始提防起晋惠公这位邻居大舅哥。只是此时的秦国，还不愿与晋国发生龃龉。

同年四月，周襄王遣周公忌父会盟齐、秦，一起恭贺晋惠公即位。① 秦穆公不好驳天子的颜面，派使者参与这次活动。齐国也派使者参与了这次活动。

由此看出，周天子也有"刷存在感"之嫌。或许是因当时的诸侯没有人将天子当回事，而周天子只要认为还有表现的机会，就要不断展示出来，体现价值。

晋惠公对这件事很重视，也招待了天子及齐、秦使者。秦、晋关系没有向更好的方向发展，也没有恶化。秦穆公也清楚，目前秦国还无法撼动晋国地位，只能继续与晋国保持和平，并时刻关注晋国的变化。

此后，晋国趋于平静，晋惠公开启了清查倒算。原因是，里克、邳郑这两个叛臣还没有处置。有这两个人在，晋惠公时刻受到威胁。因此，晋惠公以重耳在外，里克可能会发生叛乱为由，将矛头对准了里克。《晋世家》载："惠公以重耳在外，畏里克为变，赐里克死。"

为了给自己找一个冠冕堂皇的理由，晋惠公还对里克说："若没有你里克，我可能还登不上这国君之位。不过即便你有拥立之功，但你也杀掉了两位国君和一位大夫，让你做晋国大官，你觉得别人会答应吗？"

---

① 司马迁：《史记》卷三十九《晋世家第九》："四月，周襄王使周公忌父会齐、秦大夫共礼晋惠公。"

当听到晋惠公这番说辞后，里克狂吠不止。因为他发现晋惠公比他还要无耻、奸诈。于是他对晋惠公说："若非我连着杀了两位国君，你怎么能顺利继承国君之位？你想杀死我，还需要找借口吗？现在却为了杀死我，找到这么一个冠冕堂皇的理由。"① 然后，这位一向善于钻营的人，选择了挥剑自杀，"遂伏剑而死"。而出使秦国的邳郑由于尚未返回，躲过了晋惠公的倒查清算。②

经此两事，不仅晋国人感受到晋惠公的威严，天下诸侯也感受到了他的钻营与奸诈。

狐突的梦境

相传，这时候还发生一件奇异的事情。据说，晋惠公在诛杀了里克后，为树立贤才国君"人设"，赢得人心，一方面斥责里克谋杀太子申生的叛臣行为，另一方面又大张旗鼓将太子申生安葬在了他的封地。

即便如此，有些晋国的大夫仍认为，晋惠公这些做法是博取人心的伎俩，其心可诛。其中，尤其以大夫狐突的表现最为突出。

狐突曾是晋国忠臣，效忠过先主晋献公，在晋国有较高的地位。晋惠公即位后，他对晋惠公的很多做法看不惯，不愿为晋惠公效力。因此，在晋惠公埋葬太子申生这年秋天，狐突离开了晋国都城，到太子申生封地曲沃新城。

个人命运与国家命运交织，会让人产生悲凉感。狐突此时心中

---

① 司马迁：《史记》卷三十九《晋世家第九》："谓曰：'微里子寡人不得立。虽然，子亦杀二君一大夫，为子君者不亦难乎？'里克对曰：'不有所废，君何以兴？欲诛之，其无辞乎？乃言为此！臣闻命矣。'"
② 司马迁：《史记》卷三十九《晋世家第九》："于是邳郑使谢秦未还，故不及难。"

充满了悲凉，他回顾着太子申生的一生，打算祭祀太子申生。为此，他收集祭祀之物，等待选定的祭祀之日。

吊诡的是，有一天，狐突忽然在这里遇到了太子申生。狐突很疑惑，但眼前人确是太子申生，容不得他怀疑。这时候，太子申生还要求狐突为他御车，狐突不敢多加思索，就给申生驾车。他们行走在新城的路上时，申生对狐突说："夷吾做出无礼之事，我已向上天征求意见，并得到天帝许可，准备将晋国交给秦国。到时候，秦国就会祭祀我。"

狐突对申生的说法不以为然，他说："臣听闻神灵一般不享受其他族群的祭品，本国百姓也不祭祀他国神灵。若按照您的说法，让秦国接替晋国。到时晋国将不复存在，那么，谁来祭祀您呢？况且，百姓能有什么过错，要让他们承担亡国的结果呢？因此，让秦国代替晋国不仅会让您失去祭品，也体现出您处罚夷吾不当，建议您重新考量处置办法。"听完狐突的说法后，太子申生答应了狐突的请求，并表示几天后，会有位巫师在曲沃新城出现，给狐突传达上苍的意思。

七天之后，狐突到新城西边找巫师。果然在那里见到巫师，但并未见到太子申生。巫师告诉狐突，太子申生向上苍求解，得到了上苍的回应，得罪上苍的人会在韩地受困。①

这些内容选自《晋世家》，司马迁为何在这里"加编"了这一

---

① 司马迁：《史记》卷三十九《晋世家第九》："晋君改葬恭太子申生。秋，狐突之下国，遇申生，申生与载而告之曰：'夷吾无礼，余得请于帝，将以晋与秦，秦将祀余。'狐突对曰：'臣闻神不食非其宗，君其祀毋乃绝乎？君其图之。'申生曰：'诺，吾将复请帝。后十日，新城西偏将有巫者见我焉。'许之，遂不见。及期而往，复见，申生告之曰：'帝许罚有罪矣，弊于韩。'"

段记载，无法深究原因。不过，狐突这些奇遇，也只能叫奇遇，可能现实生活中并不会发生。或者说，这种记载，是为体现司马迁的某种意图。后世研究者认为，这是狐突产生的幻觉，也有学者认为是狐突梦境的体现。因狐突一直支持太子申生，他被杀之后，狐突又对重耳寄予了希望，狐突还将两个儿子派到重耳身边，照顾重耳，自此开启十九年的流浪生涯。因此，这个故事仅体现了狐突的一种价值观而已。

狐突的梦境结束后，在新城就流传着这样一首歌谣："晋太子改葬，以后十四年晋国都不会昌盛。十四年后，晋国将由国君的兄长实现昌盛。"[1] 表面上看，歌谣是谶语，也是对晋国国运的预言。但这种事，今天没有人信，当时可能也没有人相信。这种预言，大概也是对狐突梦境的一种呼应。也有人认为，这是司马迁参考了《左传》中记录，表达一种天理轮回的意思而已。[2]

总之，不管是狐突进入的幻境，还是童谣，都可能是后世编史之人特意编造，与当时的情况并不相符。当时实际情况可能是这样的：晋惠公在晋国受到尊敬，大刀阔斧地治国，晋国实力不断得到提升。与此同时，晋国可能还与周边秦国等诸侯国或邦交、或战争，产生一系列的关联，而不是狐突宣扬的那种"国家将灭亡"的预言。这一段记载，是用狐突的视角去看待（评价）晋惠公，自然晋惠公就不是一位明君。

那么，随着晋国实力继续增强，秦国将与这个强大的邻居如何相处呢？

---

[1] 司马迁：《史记》卷三十九《晋世家第九》："儿乃谣曰：'恭太子更葬矣，言后十四年晋不昌。后十四年，晋亦不昌，昌乃在兄。'"
[2] 《左传·闵公二年》。

第七章 称霸

交交黄鸟，止于棘。谁从穆公？子车奄息。维此奄息，百夫之特。

临其穴，惴惴其栗。彼苍者天，歼我良人！如可赎兮，人百其身！

交交黄鸟，止于桑。谁从穆公？子车仲行。维此仲行，百夫之防。

临其穴，惴惴其栗。彼苍者天，歼我良人！如可赎兮，人百其身！

交交黄鸟，止于楚。谁从穆公？子车针虎。维此针虎，百夫之御。

临其穴，惴惴其栗。彼苍者天，歼我良人！如可赎兮，人百其身！

——《诗经·秦风·黄鸟》

1. 秦晋借粮风波

晋国遭遇旱灾

晋惠公向里克挥起屠刀，让出使秦国的邳郑忧心忡忡。他不敢再回晋国。邳郑清楚，一旦回去，他必然与里克一个下场。在杀太子申生、公子悼之事上，他也是参与者。急于清理痕迹、消除异己的晋惠公，不会容忍邳郑继续活着。

为保住自己性命，邳郑干脆留在了秦国，成为秦穆公的宾客。但也仅仅是宾客，因为邳郑的身份还是晋国使者，而身份的特殊性，让他"里外不是人"。据说，为取得秦穆公的信任，邳郑给秦穆公透露了这样一个内幕：晋国上下都不希望夷吾成为国君，而希望重耳来担任国君。①

对秦穆公而言，这显然是片面之词。如果晋惠公真是这样的话，那他怎么还能稳坐君主之位，并不断巩固、提升国家实力呢？

为了证明自己所言非虚，邳郑还表示，晋惠公利欲熏心，又贪图便宜，当初议定给秦国割让河西之地时，大夫吕省、郤称、冀芮等人不主张给秦国土地。晋惠公自己不愿履行诺言，背信弃约，将责任推给采纳吕省、郤称、冀芮等人。晋惠公又答应给里克汾阳之地，却杀了里克。

---

① 司马迁：《史记》卷五《秦本纪第五》。

在邳郑看来，晋惠公的种种"食言"行为，已引起民众反感。这时候，若秦国想要谋晋国，最好从晋惠公身边的宠臣吕省、郤称、冀芮等人入手，花重金贿赂他们，再拉拢他们。然后与他们一起设计，赶走晋惠公，迎回重耳。邳郑认为，赶走晋惠公是民心所向。①

秦穆公本就对夷吾有不满情绪，听了邳郑的陈述后，虽觉得邳郑的话不全是"干货"，可能还有水分，但邳郑提出驱赶晋惠公的做法，不失为一条策略。因此，他还是决定试一试。

不过秦穆公很谨慎，他不希望与晋国直接交恶。因此，秦穆公就将此事交给邳郑，也算是邳郑的投名状。

之后，邳郑假意回国复命，身边却带着秦穆公的人。

随邳郑到晋国后，这些秦国人拿着厚礼，贿赂了晋国吕省、郤称、冀芮等人，希望他们可以与秦国联合，一起驱赶夷吾。遗憾的是，这个计划还未实施就夭折了。

原来，吕省、郤称、冀芮等人很警惕，他们觉得秦国贸然与他们相交，授予财利，其中必有阴谋。在他们看来，这可能是秦国与邳郑的阴谋，会让他们陷入危险之中。他们不愿因一点蝇头小利自毁前程。因此，这三人秘密合计后，杀了邳郑。之后，他们向晋惠公告发邳郑联合秦国图谋晋国，并征得晋惠公同意后，杀了里克的党羽七舆大夫等人。② 就这一事件，《左传》《国语》的记载类似。

---

① 司马迁：《史记》卷三十九《晋世家第九》："邳郑使秦，闻里克诛，乃说秦缪公曰：'吕省、郤称、冀芮实为不从。若重赂与谋，出晋君，入重耳，事必就。'"

② 司马迁：《史记》卷三十九《晋世家第九》："秦缪公许之，使人与归报晋，厚赂三子。三子曰：'币厚言甘，此必邳郑卖我于秦。'遂杀邳郑及里克、邳郑之党七舆大夫。"

比如《左传》中还认为："冬，秦伯使泠至报问，且召三子。郤芮曰：'币重而言甘，诱我也。'遂杀丕郑、祁举及七舆大夫：左行共华、右行贾华、叔坚、骓歂、纍虎、特宫、山祁，皆里、丕之党也。"[1]

邳郑的失算，也给家人带来了灭顶之灾。邳郑的儿子邳豹得知事情败露，担心遭毒手，不敢逗留晋国，轻骑逃往秦国。

到了秦国后，邳豹约见秦穆公，对秦穆公说："晋国君主无道，百姓不臣服于他。秦国是时候讨伐晋国了。"秦穆公没有被蛊惑，反问邳豹："百官若不拥护他们的国君，那么这些官员为什么能杀掉他们的大臣？他们能杀掉晋国大臣而不遭受国家罪责，说明晋国上下是同心的。"可见秦穆公并不糊涂，他看得出邳豹被仇恨蒙蔽双眼，希望利用秦国为家人报仇。《晋世家》载："邳郑子豹奔秦，言伐晋，缪公弗听。"

秦穆公当然想壮大自己，称王称霸。关键是，晋国实力不容小觑，至少，这时候还不宜与晋国直面对决。因此，秦穆公没有采纳邳豹的建议，采取了继续观望态度。有时候，杀死一个人，并非一定要武器，时间也可以。秦穆公能做的，就是静静等待。

而晋惠公此时的很多做法，确引起了外界对他的憎恨。比如，他背信弃义，没有给秦国割地，也没有践行赏赐里克的许诺。据说很多晋国人对此也持一种鄙夷态度。《晋世家》载："惠公之立，倍秦地及里克，诛七舆大夫，国人不附。"当然，本书认为，这都是表面现象，或者说，这完全是《史记》的看法，晋惠公不愿给秦国土地，是维护国家权益，诛杀七舆大夫是为消除隐患。作为国君，

---

[1] 左丘明：《左传·僖公十年》。

这些都是他需要做且对国家有益的，有什么可指责的呢？真正让晋惠公失去人心的，是他毫无节制地滥用君权。而君权一旦不受控制，便如狂奔之野马，可能会造成严重的后果。据说晋惠公自继承君主位后，就开始变得傲慢不逊。他即位第二年，周天子遣使者召公到晋国走访，意在拉近双方的关系。召公在晋国按照礼制见晋惠公，晋惠公却傲慢无礼，召公讥讽晋惠公不懂礼仪。[①]

人最可怕的不是无知，而是傲慢。晋惠公掌权后，就变成了这样的人。他独断专横，不在乎外界如何评价他，继续由着性子治国。不过由于晋国依旧还是西边最强诸侯，很多诸侯国也只能望其项背，任由晋惠公任性妄为。

秦穆公也是如此，他还不敢与晋国一较高低。

前648年春，秦穆公得到一个消息：齐国的两位重臣管仲、隰朋先后去世。[②]众所周知，齐桓公之所以能够称霸，是因管仲、鲍叔牙等人辅佐。现在，齐国人才陨落，还能像以前那样继续强大吗？

对此，秦穆公依旧采取观望态度，因秦、齐之间相隔着很多诸侯国，两国基本没有交集。不过，一旦齐国衰微，势必会引起天下局势变化，而关注局势变化并在变化中寻求机遇，才是一个王者基本的素质。

也是这一年，久旱不雨，整个关中地区都受到影响。不过最受影响的是晋国，从年初开始，山西一带就很少见甘霖。等到秋天，晋国的境内受灾严重，地里颗粒无收，民众流离失所、哀鸿遍地。

---

① 司马迁：《史记》卷三十九《晋世家第九》："二年，周使召公过礼晋惠公，惠公礼倨，召公讥之。"
② 司马迁：《史记》卷五《秦本纪第五》："十二年，齐管仲、隰朋死。"

晋惠公虽自我膨胀得厉害，也不能再对上天降下的惩罚无动于衷。

事实上，年初时，晋惠公曾祭祀天地、祖宗，祈求上苍降下甘露，但并未得到上苍的回应，干旱一直持续到秋天。

干旱还在持续，民众依然背井离乡，流离失所，走上了乞讨之路。当然，这种"流窜"也是小范围流动，不像今天天南地北地行走。春秋时期，为了发展农业，各诸侯国将民众死死绑在土地上，让他们无法离开故乡、到处流窜。后来，商鞅通过户籍制度改革，彻底将民众死死钉在原籍。

对诸侯而言，流民还是不稳定因素，一旦形成流民，就会对国家稳定造成影响。当然，对这时的晋国来说，最为重要的，还不是多年不遇的灾难，而是由粮荒带来的不稳定因素。晋惠公再也不能高高在上，至少他得做出一些事，来应对干旱带来的次生效应。

那么，晋惠公会采取什么措施呢？

晋向秦借粮

晋惠公召集臣僚商议对策。这时候，有人给晋惠公提议，可向邻居秦穆公借粮。原因是，这些年秦国不断强大，粮食囤积多，而此次干旱秦国又没有受到多大影响。

对这个建议，晋惠公有顾虑。此前他答应过秦穆公，护送他回国后，将割让河西之地给秦国。结果继承国君之位后，他就爽约了。秦穆公虽未报复晋国，但想必对此事耿耿于怀。现在晋国遇到了困难，再向秦穆公求粮，岂不是自讨没趣？

不过，有大臣认为，这种事不试试，怎么能确定秦穆公就不借粮呢？只需要派一个能说会道之人，讲清楚利害关系，并许以好处，相信秦穆公不会无动于衷的。还有人指出，此一时，彼一时，大国博弈，利益才是第一位的，而非信用、仁义这些虚头巴脑的东西。晋献公尽管很为难，但还是决定试一试。人只要够"厚黑"，就没有办不成的事情。于是，晋惠公遣使到秦国借粮。

晋国使者态度一改往日傲慢，变得很谦和，甚至有些讨好秦国的意思。《秦本纪》载："晋旱，来请粟。"请注意这里的"请粟"，翻译过来就是借粮。

对于晋国遭受灾难之事，秦穆公没有立即回复晋国使者，而是与智囊进行商议。秦穆公先征求邳豹的意见，这位晋国人对母国有着深深仇恨，恨不能马上就攻打晋国。他建议趁着晋国遭受灾难，兴兵讨伐，指不定就能从晋国手中夺回一些城池。

秦穆公又询问了大夫公孙支。在公孙支看来，晋国受灾不过是丰年与灾年更替的结果，不应在这种时刻对其实施打击，反而应给晋国予以帮助。毕竟即便给予打击，也很难削弱晋国，只会进一步加深两国嫌隙。

最后，秦穆公征求百里奚的意见。百里奚猜出了秦穆公的意图，他没有正面回应秦穆公的问题，只是轻声问了秦穆公一句："得罪大王您的人是夷吾，与晋国百姓有什么关系呢？"百里奚的这一问，让秦穆公恍然大悟。语言的艺术魅力就在这里，同样一件事，看怎么说。①

最终，秦穆公采纳公孙支、百里奚的建议，决定对晋国施以援手，"于是用百里奚、公孙支言，卒与之粟。"为体现"心甘情愿"帮助晋国，秦穆公还派出了不少车辆和船只，从水陆分别给晋国运

---

① 司马迁：《史记》卷五《秦本纪第五》："晋旱，来请粟。丕豹说缪公勿与，因其饥而伐之。缪公问公孙支，支曰：'饥穰更事耳，不可不与。'问百里奚，奚曰：'夷吾得罪于君，其百姓何罪？'"

送粮食。在雍城和绛邑的大路上，运送粮食的车辆来往不绝，"以船漕车转，自雍相望至绛"。这段历史被广为宣传推广，史称"泛舟之役"，秦穆公因此落了个好名声。

对于秦国这次慷慨解囊，晋惠公也表了态：此后秦、晋应建立良好关系，相互扶持。以后秦国若遇到灾难，晋国也会全力支持。

不过晋惠公的这种口头许诺，并没有多少意义。他是公认的不守信用的人，有了好处会冲在最前面，遇到不利于本国的事情总缩在最后方。当然，这也无可厚非，作为国君，为国家谋利益才是第一位的。秦穆公也清楚晋惠公的为人，对他的这种承诺并未重视。

可能此时的秦穆公只希望能与晋国和平相处下去，毕竟凭借秦国的实力，还不能灭掉晋国。当然，春秋时期，大国互灭的情况很少。

不过，以上内容来自《史记·秦本纪》，这里需要注意的是《左传》《晋世家》《国语》等史料里的记载。《晋世家》载："四年，晋饥，乞籴于秦。"《左传·僖公十三年》载："冬，晋荐饥，使乞籴于秦。"从这两种记载看，都是晋国向秦国购粮。《国语》的记载更为详细，也是晋国向秦国购粮，最后提出给予支持的是公孙支，没有百里奚。这是与《秦本纪》不一致的地方。且看《国语》内容：

有一年，晋国发生饥荒，向秦国求购粮食。当时，丕豹对秦穆公说："晋惠公对您无礼，这是众所周知的事情。以往晋国有灾祸，如今又闹饥荒。说明晋国已失去人心，违背天意，所以才灾祸不断啊！您应该乘机攻打晋国，而不是给晋国出售粮食。"秦穆公说："我的确讨厌晋惠公，但晋国的百姓有什么罪呢？灾荒这种事，每个国家都可能会出现。救济百姓是正道，而怎么能废弃正道呢？"然后，秦穆公又转头问公孙支："你认为能给晋国粮食吗？"公孙支说："您曾对晋君给予帮助，但晋军对他的百姓不施恩。现在，晋国遇到灾荒，向您求助，或许是天意。若您不给晋国粮食，上天亦会助晋国。如果这样，晋国民众对国君不满，晋君反而会有说辞。我认为，不如卖给他们粮食，让晋国民众记住您的恩德。如此一来，晋国民众就会对晋君有微词。届时，我们就能乘机讨伐他，而晋国的民众还会援助他吗？"秦穆公听完公孙支的说法，采纳了他的意见。之后，秦国就将船只排满黄河，将粮食运往晋国。①

从这份材料看，与《秦本纪》的视角完全不同，但《国语》的这个记载或许更符合当时的情况，因此，本书认为，《秦本纪》中秦国借粮给晋国不可信。原因很简单，借粮意味着秦国什么也得不到。司马迁这么处理，只是为了给后来晋国出售粮食予秦国找的"依据"。可能一开始，晋国就是向秦国购粮，而秦国高层在权衡利弊后，认为这是一笔"能做的买卖"，因此才有了泛舟之役。如果真是这样，那倒也无可指责，做生意自然要以利益为先。

---

① 左丘明：《国语》国语卷第九《晋语三》："晋饥，乞籴于秦。丕豹曰：'晋君无礼于君，众莫不知。往年有难，今又荐饥。已失人，又失天，其有殃也多矣。君其伐之，勿予籴！'公曰：'寡人其君是恶，其民何罪？天殃流行，国家代有。补乏荐饥，道也，不可以废道于天下。'谓公孙支曰：'予之乎？'公孙支曰：'君有施于晋君，晋君无施于其众。今旱而听于君，其天道也。君若弗予，而天予之。苟众不说其君之不报也，则有辞矣。不若予之，以说其众。众说，必咎于其君。其君不听，然后诛焉。虽欲御我，谁与？'是故泛舟于河，归籴于晋。"

秦晋交恶

天道轮回，秦国也无法躲避。

两年之后（前646年），秦国也遇到了大旱。关中一带被干旱笼罩，庄稼枯萎，土地干裂。这是近些年来秦国遇到的前所未有的干旱之灾。秦穆公尽管有储备粮，但那些粮食都是留在最关键时刻用的。这时候，应想办法筹措粮食，渡过危机。

按照《秦本纪》的说法，秦穆公召集臣僚商议对策，有人提议，向晋国借（购）粮，毕竟两年前，秦国给晋国送去了那么多粮食，帮助晋国度过了最艰难时期。这时候，秦国遇到困难，晋国不能置若罔闻。秦穆公也认为可以试试，不管晋国是否支援秦国，都应向晋国张这个嘴。于是，秦国使者去了晋国，向晋国求粮。《秦本纪》载："十四年，秦饥，请粟于晋。"请注意，《秦本纪》中用的是"请"，而非"籴"。

这一次，晋惠公也没有立即回应晋国使者，而是召集晋国臣僚商议此事。晋国大夫庆郑说："大王您是凭借着秦国的帮助才继承君王之位的，但您继承君主之位后，违背盟约，拒绝给秦国河西之地，让秦国对我们有成见。即便如此，两年前我们遇到旱灾时，秦国又以德报怨，给予我们粮食，帮助我们渡过难关。如今秦国也爆发了饥荒，请求我们予以帮助。我们应对秦国予以帮助。这种谁都懂的道理，还需要在这里讨论吗？"[1]

庆郑的建议并不能令晋惠公满意——可能他压根不想给秦国粮

---

[1] 司马迁：《史记》卷三十九《晋世家第九》："以秦得立，已而倍其地约。晋饥而秦贷我，今秦饥请籴，与之何疑？而谋之！"

食。于是，晋惠公又征求另一位大夫虢射的意见。虢射的意见与庆
郑的意见截然相反。在虢射看来，两年前是上天给了秦国机会，秦
国应趁着晋国遭遇旱灾讨伐晋国。但秦国却给了晋国粮食，让晋国
渡过了危机。这是秦国自己错失良机。如今秦国遇到旱灾，晋国就
应抓住机会，乘机讨伐秦国。[1] 这一点，《秦本纪》的记载，与《晋
世家》类似："因其饥伐之，可有大功。"[2]

　　《晋世家》里的内容，可能来自《左传》，而《左传》的内容可
能更靠近史实，而《秦本纪》的内容表现出秦国的大度与无辜。且
来看《左传》的记载：

　　　　冬，秦饥，使乞籴于晋，晋人弗与。庆郑曰："背施，无
　　亲；幸灾，不仁；贪爱，不祥；怒邻，不义。四德皆失，何以
　　守国？"虢射曰："皮之不存，毛将安傅？"庆郑曰："弃信背
　　邻，患孰卹之？无信，患作；失授，必毙。是则然矣！"虢射
　　曰："无损于怨而厚于寇，不如勿与。"庆郑曰："背施幸灾，
　　民所弃也。近犹雠之，况怨敌乎？"弗听。退曰："君其悔
　　是哉！"[3]

　　需要注意的是，晋国拒绝借粮给秦国，在《国语》里有另一个
版本，算是《左传》的加强版，内容大致相同，只是细节更加
丰满：

---

① 司马迁：《史记》卷三十九《晋世家第九》："往年天以晋赐秦，秦弗知取而代我。
　　今天以秦赐晋，晋其可以逆天乎？遂伐之。"
② 司马迁：《史记》卷五《秦本纪第五》。
③ 左丘明：《左传·僖公十四年》。

　　在秦国支援晋国粮荒后不久，秦国也发生了饥荒。因此，秦国向晋国求助。晋惠公得知后，决定让黄河西面五座城市运粮给秦国。这时候，大臣虢射说："我们不给秦国这五座城，却卖给他们粮食，这样不会减少秦人对我们的怨恨，反而会增强他们的斗志，我认为不如不给秦国卖粮。"晋惠公思索片刻后说："你说得对。"这时候，大臣庆郑劝谏说："我们不能这样。以前我们答应给秦国割地，却未能履行承诺。如今我们又吝粮食，忘记秦国曾经善意支援我们。我认为这样会招致秦国的攻打。总之，如果我们不给秦国粮食，他们就一定会攻打我们。"晋惠公撂下一句："你根本什么也不知道。"晋国最终也没有支援秦国粮食。①

　　请注意，在《国语》中，晋惠公的"人设"是个好人，他原本是计划支援秦国的，是大臣庆郑阻拦了他。《晋世家》中的记载显得简略："惠公用虢射谋，不与秦粟，而发兵且伐秦。"或许《国语》记载的是实情。

　　综合《秦本纪》《晋世家》《左传》《国语》等资料基本能捋出这样一个事实：秦国发生灾荒，希望从晋国购粮，但是，晋国拒绝向秦国出售粮食。总之，粮食问题让两国产生了隔阂。而晋国不仅不向秦国出售粮食，还要攻打秦国，试图削弱秦国。

---

① 左丘明：《国语》国语卷第九《晋语三》："秦饥，公令河上输之粟。虢射曰：'弗予赂地而予之籴，无损于怨而厚于寇，不若勿予。'公曰：'然。'庆郑曰：'不可。已赖其地，而又爱其实，忘善而背德，虽我必击之。弗予，必击我。'公曰：'非郑之所知也。'遂不予。"

之后，晋国就开启了攻秦准备。晋惠公先命人占卜，为自己选驾车和护卫的人。

有意思的是，经过占卜师问卦，发现庆郑就是晋惠公最合适的驾车之人。这个结果令人意外，晋惠公对庆郑心有芥蒂，因为庆郑曾支持给秦国粮食。最终，晋惠公还是没有选择让庆郑为自己驾车，而是选择了步阳驾战车，让家仆徒担充当他的护卫。这里补充一句：春秋时期，一乘车一般有三人，一人驾车，一人为主人，另一人是防卫。

而晋国谋划攻秦，秦国求粮的要求自然遭到拒绝，使者怏怏回了国。

可以想象一下当使者回国、宣告晋国拒绝给秦国支援粮食的消息后，秦国高层的愤怒。大概所有秦人都会斥责晋惠公忘恩负义、不讲信用。而秦穆公对此有心理准备，他拿出储备粮，帮助国人度过最为艰难的时刻。

只是，令秦穆公没想到的是，秦国正在渡劫，而晋国上下却在厉兵秣马，准备对秦国实施讨伐。

秦穆公十五年（前 645 年）初春刚过，秦人又开始了一年劳作。秦穆公也在各处视察，引导百姓迅速从旱灾中走出来。不久，就有秦国密探送来了惊人的消息：晋国上下正在准备征伐秦国的事宜。《秦本纪》载："十五年，兴兵将攻秦。"

晋惠公的这个举动，彻底激怒了秦穆公，史料说："秦大怒，亦发兵伐晋。"晋国不支援秦国倒也罢了，现在竟想借着秦国遭受灾荒而讨伐秦国。秦穆公再也不能容忍晋惠公贪婪又无耻的行迹。因此，秦穆公也整顿兵马，准备兴兵讨伐晋国。这一次，秦穆公重用了邳豹，拜他为大将军，命邳豹带领一支秦军攻打晋国。《秦本纪》载："缪公发兵，使丕豹将，自往击之。"

秦穆公这个做法充满了智慧：邳豹本就对晋惠公怀着深深的仇恨，他比任何人都想杀晋惠公，为家人邳郑报仇。再者，作为晋人，邳豹无法再回母国，以后他还要仰仗秦国。为秦国建功立业，也是他受到重用的前提。于公于私，邳豹都要尽心尽力为秦穆公打好这一仗。

同年九月，邳豹率领的秦军持续推进至韩地。《史记正义》引《左传·僖公十五年》记载，认为"秦晋战于韩原，秦获晋侯以归"。《括地志》云："韩原在同州韩城县西南十八里。十六国春秋云魏颗梦父结草抗秦将杜回，亦在韩原。"

晋惠公得知是邳豹领兵，有几分得意。他可能也希望惩治这位晋国的叛臣。因此，双方在韩地展开了一场大战，双方各有死伤，没有分出胜负。

不久，秦穆公不放心邳豹，也赶到了韩地。

此时，晋惠公得意洋洋，仗着晋军数量占优势，打算重创秦军。他丢下了晋军主力，领着一支轻骑直冲秦军，却在一个山脚的转弯处，陷入泥沼中。

这时候，跟随晋惠公的庆郑说："我王不按照占卜结果来让我驾车，才有了这次陷入泥沼的结果。"晋惠公恶狠狠地瞪了一眼庆郑，庆郑就不再絮叨了。之后，晋惠公担心滞留会招来秦军攻打，舍弃了大军，轻骑向后撤退。

而此时，晋惠公受困消息传到秦穆公耳中，秦穆公认为时机到来，率领秦军出击，拦截晋惠公。吊诡的是，由于走错方向，他们不但没有追上晋惠公，还无意间冲进了晋军阵营里。结果，秦穆公被晋军包围。①

面对晋军的步步紧逼，秦穆公几近生死存亡边缘。秦穆公不甘就此沦为俘虏，率秦人突围。但晋军数量实在太多，将秦穆公团团围住。想要突破这铁桶一般的包围，简直痴人说梦。

秦穆公奋起抵抗，砍杀靠近他们的晋军。然而，因秦穆公率领的秦军数量实在太少，以至在突围过程中，被晋军的武器划伤。即便如此，秦穆公也不愿做俘虏，继续与晋军进行对抗。

战争很激烈，秦军仿佛被困在陷阱中的猛兽，还在挣扎，周围却都是虎视眈眈的敌人。秦穆公看到越来越少的秦军，心中有了一丝绝望。预判失误，造成攻击无效，可能这一战会把秦人带入严重灾难中。若那样，祖辈几代人打下的江山可能就此丢失，秦人也许要回到数百年前的偏居的时代。②

然而，就在秦穆公绝望时，忽然从侧翼冲出了一支不知名的军队，不是秦军，也不是晋军，但他们的目标显然是晋军。秦穆公也搞不清情况，不过他从这些冲击晋军的队伍看到了希望，率领剩余秦军从里往外冲击。晋军因此腹背受敌，首尾不能呼应。这种情况下，秦穆公乘机突破了晋军的包围圈，向秦军大营的方向撤退。更令秦穆公振奋的是，当他回撤的时候，发现了正往晋军方向疾驰的晋惠公。于是，秦军俘获了晋惠公。

之后，秦穆公带领着这些人重新回到了秦军大营。

---

① 司马迁：《史记》卷五《秦本纪第五》："九月壬戌，与晋惠公夷吾合战于韩地。晋君弃其军，与秦争利，还而马鷙。缪公与麾下驰追之，不能得晋君，反为晋军所围。"
② 司马迁：《史记》卷五《秦本纪第五》："九月壬戌，与晋惠公夷吾合战于韩晋君弃其军，与秦争利，还而马。缪公与麾下驰追之，不能得晋君，反为晋军所围。晋击缪公，缪公伤。"

对秦穆公而言，这是一场生死之战，他也没有想到，在最危难之际，会有人来营救自己。经过多方探问，秦穆公才知，这支营救自己于危亡之际的人竟不是秦人，而是一帮盗贼。

原来，在秦人地界岐山地区，常年活动着一支部落。他们行踪不定，经常偷盗秦国的马匹。秦穆公对此睁一只眼闭一只眼。而秦穆公此举，也让一些部落对秦穆公充满了感激之情。这次秦晋之战，盗贼们也关注着时局。当他们看到秦穆公被包围后，就带领自己的族群，冲向了晋军，这才救出了秦穆公。

当然，这中间还有一个更有趣的细节：很早之前，秦穆公丢失了一匹良驹。生活在岐山下的一帮人得到了这匹良驹，他们将马杀了，煮熟了马肉充饥。之后，岐山地区的官员捉住了这些人，打算据秦律来处置他们。秦穆公得知后，放了这些人，还给他们赏赐了美酒。从此之后，这些人就对秦穆公的恩德铭记于心。后来，他们经常偷盗岐山一带的秦国马匹，秦穆公没有追究他们的罪责。所以，当他们得知秦穆公被包围后，冲向了晋军，救出被晋军包围的秦穆公。

秦穆公得知这些人的底细后，暗暗庆幸自己当初没追究这些人的做法。若非当初自己的一念之慈，他可能就会死在这场战争中。① 仁慈，有时候会是救命稻草。

以上这些内容来自《秦本纪》，颇有几分传奇色彩。尤其秦穆

---

① 司马迁：《史记》卷五《秦本纪第五》："于是岐下食善马者三百人驰冒晋军，晋军解围，遂脱缪公而反生得晋君。初，缪公亡善马，岐下野人共得而食之者三百余人，吏逐得，欲法之。缪公曰：'君子不以畜产害人。吾闻食善马肉不饮酒，伤人。'乃皆赐酒而赦之。三百人者闻秦击晋，皆求从，从而见缪公窘，亦皆推锋争死，以报食马之德。"

公身陷困境，又转危为安的故事，很有小说家构造的味道。这也是司马迁惯用的"模式"。需要警惕的是，《秦本纪》中，将秦穆公置于受害者地位，即晋惠公不但不卖粮，还主动攻击秦国，秦穆公不得不反击。因此，我们认为，《秦本纪》中有关秦、晋交战这些细节似有不实之嫌。

关于秦晋交恶，在《左传》中也有详细记载，甚至引入了八卦爻辞。我们不再引注。这里引《国语》中另一个版本，分析其与《秦本纪》《晋世家》的不同之处。在《国语》中，将晋惠公置于受害者之位：

晋惠公六年，秦国五谷丰登，国泰民安。秦穆公因此带领秦军攻打晋国。秦军进展迅速，一直攻到韩原。晋惠公很焦急，他问庆郑："秦军大举进攻，我们将如何应对？"庆郑说："您与秦国结怨，秦军能不深入攻打我们吗？当下，如何应对秦军入侵，我没有更好的办法。不如国君去问虢射吧。"晋惠公听出庆郑的责备之意，就问庆郑："你这是责备我吗？"庆郑用沉默代替了回答，而沉默也意味着"默认"。晋惠公因此与庆郑产生了嫌隙。之后，为应对秦军入侵，晋惠公决定还击。然后，他命人占卜随行人员，结果庆郑抽到了吉卦。晋惠公对人说："庆郑不恭敬我。"最终，晋惠公让家仆徒为他驾驭兵车，又让梁由靡为韩简驾车，让虢射为韩简的车右，跟在晋惠公的兵车后。

之后，晋惠公带领晋军迎战秦军，并派韩简侦察秦军动向。经过韩简侦察，他发现了一些"异常"情况，回来对晋惠公说："秦军尽管人数比我们少，但英勇之人不少。"晋惠公问："这是为什么呢？"韩简说："我认为是您当初流浪时依靠过秦国，回国继承君位时又得到过晋国帮助，晋国遇灾荒时秦国还卖给我们粮食。秦国对我们有三次恩德，我们都没有报答，所以他们才来入侵。如今您又领兵出征，因此秦军都很愤怒，而晋军却懈怠，所以秦军中英勇作战的人很多。"晋惠公说："你说得一点儿都没错。但是如果我们现在不还击，就是我们示弱，秦国定会经常来侵犯我们。俗话说，匹夫尚不能受辱，何况国家呢？"再之后，晋惠公就命令韩简向秦军挑战，晋国使者因此对秦穆公说："过去秦君对我们的恩惠我们从未忘记。现在我们有很多将士，我们已将他们集中起来对抗秦军。如果秦君能够撤军，这是我们所希望看到的。如果秦军不退，我们也不会退让。"秦穆公对晋国使者说："过去，你们国君无法回国，是我为他担忧，给予帮助。你们国君回国后，地位不稳固，我也经常牵挂。如今他的君位稳定，军队战斗力也有所提升，就忘掉我们对他的帮助。请你回去告诉你的国君，让他排好队列，我要亲自见见他。"

听完秦穆公的话，晋国使者就回去了。晋使回去后，公孙支对秦穆公说："过去您不愿意接纳重耳而接纳晋君，这是您不愿立有德之人而要立服从您的人。但立了晋君后，才发现他并不能服从您。眼下，如果我们与晋国作战，胜了还好说，如果败了，岂不惹人嘲笑？您为什么不等着晋国自己灭亡而非得攻打他们呢？"秦穆公说："过去我未曾接纳重耳，却接纳夷吾，是我误判了，立了不臣服我的人。可你有所不知，当时重耳也不愿出任晋国国君，我又能做什么呢？如今，夷吾在国内杀死了丕郑和里克，国外又背弃曾经的承诺。与他的自私无信相比，我总是能恩惠于他。难道上天不会主持公道吗？如果真有上天存在，我相信上天一定保佑我战胜他。"之后，秦穆公登上战场，亲自擂鼓助威。秦军因此信心大增，击败了晋军。晋军逃亡时，陷入泥沼中动弹不得。晋惠公因此呼吁庆郑："快用你的车救我出去。"庆郑说："是您忘恩负义，又不愿让我为您驾车。现在您又要用我的车，我才不愿让我的车来委屈您。"晋惠公很愤怒，却无可奈何。为了逃出去，梁由靡为韩简驾驭战车，拦住了秦穆公，擒获了秦穆公。这时候，庆郑说："快放了秦穆公来救我们的国君。"因此，晋军回过头来营救晋惠公，而秦穆公则乘机指挥秦军反击，擒获了晋惠公。①

《国语》的这个版本细节更多，"更能说得通"，体现的也是"春秋笔法"。不过，这个记载中的很多细节也很"魔幻"，依旧经不起推敲。比如，让秦穆公先被抓又被放，放了后秦穆公又抓住了晋惠公这件太过于魔幻，与《秦本纪》中的记载一样，让人无法信服。那么，在借（买）粮风波中，谁才是受害者呢？或许，历史没有真相。《秦本纪》和《国语》唯一相同的是，晋惠公成为俘虏。那么，秦穆公将如何处置晋惠公呢？

秦穆公的雄才

回到秦地后，秦穆公向天下发出了一个重磅消息：在秦晋之战中，秦军勇武，俘获晋惠公。他将斋戒沐浴，向上天祷告，然后用晋惠公的人头，祭祀上苍。

---

① 左丘明：《国语》国语卷第九《晋语三·秦侵晋止惠公于秦》。

这个消息一出，天下一片哗然。西北这支野蛮的秦人，竟在神不知鬼不觉的时光中，已如此强大。这是秦人第二次在全国面前亮相。第一次，还是此前秦晋河阳之战时，秦国击败了晋国。这一次，他们俘获了晋惠公，刷新了诸侯对秦国的认知。

然而，计划是美好的，但天下需要安定，杀了晋惠公，必然引发新的动荡。这时候，和事佬出现了。

和事佬是周天子，他遣使者入秦，指出晋惠公与天子同姓，希望秦穆公看在天子的面子上，免去晋惠公的死罪。

而天子参与这件事，让秦穆公不得不重新考量处置晋惠公的办法。毕竟天子虽然屡弱，但共主的身份还在，脸面还是要照顾。对秦穆公而言，杀一个晋惠公容易，给自己树立个仇人可不是件好事。

当然，令秦穆公不安的是，穆姬也站出来为晋惠公求情。她担心秦穆公不会放过晋惠公，就穿上丧服，光着脚找到了秦穆公，向秦穆公表示：作为秦穆公的妻子，她不能违背丈夫的命令，阻止丈夫去杀一个仇人。但这个仇人又是她弟弟。作为姐姐不能营救弟弟，是她的无能，只能穿上丧服，提前为弟弟服丧。[①]

秦穆公左右为难，他先安慰穆姬说："我俘获了晋侯，你应高兴才是，想不到你却伤心起来。你忘了当初晋国内斗的事情了？我曾听人说，很早以前，箕子见唐叔被分封在唐地时，就曾预言唐叔

---

① 司马迁：《史记》卷五《秦本纪第五》："于是缪公虏晋君以归，令于国，齐宿，吾将以晋君祠上帝。周天子闻之，曰'晋我同姓'，为请晋君。夷吾姊亦为缪公夫人，夫人闻之，乃衰绖跣，曰：'妾兄弟不能相救，以辱君命。'"

的后代一定会繁荣昌盛的。晋国怎么会因晋侯被俘就亡国呢?"①

秦穆公如此耐心解释,能看得出他并不想放过晋惠公。但穆姬不依不饶,想尽一切办法为晋惠公求情,让秦穆公非常艰难。这时候,秦穆公又对穆姬说:"我将俘虏晋君作为此次出征的功绩,本指望处置晋君来彰显国威。但天子为他求情,妇人也不愿我杀了他,真让人为难。"②

最终,雄才大略的秦穆公还是选择放过晋惠公。原因当然有卖周天子人情,也有照顾穆姬的意思。

不过,就此放过晋惠公还不行。众所周知,晋惠公是个反复无常之人,他今日许诺,明日可能就会耍赖。因此,要在放他回去之前,还得与他修订盟约,并将盟约内容写下来,公之于众。这样一来,晋惠公就不能再耍赖。至少不能公开耍赖,对付小人还是要有对付小人的办法。

秦穆公开出了条件:晋国要将早就答应划归秦国的河西之交给秦国,还要将晋国太子送到秦国做人质。此时,晋惠公已没有了往日的骄傲,只要能回国,秦人提出什么条件他都答应。因此,秦、晋两国迅速达成了盟约。之后,秦穆公命人将大牢中的晋惠公释放出来,给他安置了休整地方,等他身体恢复后,就能回国。③

被从监牢中放出的晋惠公,也有了一定的人身自由。他开始召

---

① 司马迁:《史记》卷三十九《晋世家第九》:"得晋侯将以为乐,今乃如此。且吾闻箕子见唐叔之初封,曰'其后必当大矣',晋庸可灭乎!"
② 司马迁:《史记》卷五《秦本纪第五》:"缪公曰:'我得晋君以为功,今天子为请,夫人是忧。'"
③ 司马迁:《史记》卷五《秦本纪第五》:"乃与晋君盟,许归之,更舍上舍,而馈之七牢。"

见一些晋国的大臣，商议国家大事。之后，晋惠公遣大夫吕省等人回国，向国人通报自己目前的状况："我躲过了死罪，不久就能回到晋国。但我已没有脸面再做晋国国君，诸位大臣让太子选个合适日期，继国君之位吧。"晋惠公的这个说辞，显然别有用心：打感情牌，让晋国贵族和官员体谅他、接纳他，免于计较他与秦国交恶带来的恶果。

果然，晋惠公的感情牌感动了晋国的官员、百姓。很多人听到这话后，都纷纷落泪了。

不久，晋国吕省等官员重新回到秦国，与秦穆公交涉迎回晋惠公事宜。

这时候，秦穆公向吕省问了这样一个问题："你这次回去后，发现晋国内部还团结吗？"吕省可能意识到秦穆公在试探自己，就对秦穆公说："晋国上下并不和睦。百姓不因国家是否有国君而担心，即便没有国君，他们的亲人一样会死去。晋国的子民也并不惧怕拥立太子圉接任国君。他们还表示，即便秦国杀了晋惠公，他们也会报仇，或者投奔戎、狄部落。而贵族们却很拥护晋惠公，并清楚晋惠公有很深的罪孽，他们正在等着秦国将晋惠公送回，并表示一定会记住秦国的恩德。这就是眼下晋国内部的两种完全不同的声音，所以晋国内部不和睦。"[1]

细细分析吕省的话，能发现其中有很多隐晦的信息。比如说，

---

[1] 司马迁：《史记》卷三十九《晋世家第九》："晋侯亦使吕省等报国人曰：'孤虽得归，毋面目见社稷，卜日立子圉。'晋人闻之，皆哭。秦缪公问吕省：'晋国和乎？'对曰：'不和。小人惧失君亲，不惮立子圉，曰"必报雠，宁事戎、狄"。其君子则爱君而知罪，以待秦命，曰"必报德"。有此二故，不和。'于是秦缪公更舍晋惠公，馈之七牢。"

他表示，若秦国不放晋惠公回去，晋国子民就会与秦人产生仇恨，他们宁可投奔戎、狄，也不会向秦人屈服。再比如，晋国贵族们希望将晋惠公放回去，他们作为晋国实际掌权人，他们会在以后与秦国继续和谐相处。吕省的话既有威胁，又有诱惑。秦穆公听出了吕省的言外之意。

当然，既然决定放晋惠公回去，秦穆公就不会再变，因为他不希望自己成为第二个晋惠公，言而无信。

同年十一月，在晋惠公康复后，秦穆公与晋惠公签订了盟约。之后，秦穆公遣人将晋惠公送回了晋国。秦穆公如此大度，也赢得了多种好处。比如，晋惠公通过这场战争，看清了秦国的强势，不愿继续与秦国交恶。再比如，晋惠公回国后，将河西之地交给了秦国，还将太子圉送到秦国当人质。而秦穆公也没有亏待太子，把秦国一个宗室女子怀嬴（一说文嬴）嫁给了太子圉。

需要补充说明的是，这里的河西之地，并非今天甘肃境内的河西走廊，而是地处晋、陕大峡谷以西的这一大片地方，包括今陕西东北部、山西西北部。这里是黄河转弯的地方。黄河从甘肃、宁夏向北，沿着陕北高原绕了一个大弯后，又折回到陕西、山西一带，在这里形成了晋陕大峡谷，峡谷西侧是陕西，东侧是山西，西侧的这一片地域就是河西之地。这些地方土地肥沃，地理位置特殊，是以后秦国与魏国多次争夺的地方。只是这时，河西之地属于秦国。而随着河西之地归入秦国，秦国的疆域也从渭河、关中一带延伸到黄河边上。①

---

① 司马迁：《史记》卷五《秦本纪第五》："十一月，归晋君夷吾，夷吾献其河西地，使太子圉为质于秦。秦妻子圉以宗女。是时秦地东至河。"

以上的内容来自《秦本纪》和《晋世家》，这里需要注意《国语》里的记载：

秦穆公押解晋惠公回到王城后，召集秦国大夫们商议处置晋惠公的办法。秦穆公先抛出了疑惑："如今晋君成为俘虏，我们是杀掉他，还是放逐他，或者让他回国，继续担任晋国国君？到底哪一个办法对秦国更有利？"这时候，公子絷说："我认为杀了算了。如果放逐他，可能会激怒其他诸侯。如果将他放回去，又会给秦国带来祸患。如果恢复他的国君之位，他必然又会成为秦国劲敌。综上所述，我认为杀了他对秦国最有利。"大夫公孙支持反对意见："我认为这个办法不妥。我们在韩地羞辱了晋国的将士，又要杀了他们的国君，必然会加重他们的羞辱之心。这样一来，儿子就会想为父亲报仇，臣子会为国君报仇。如此下去，冤冤相报何时了？引发天下人的怨恨，多么不值！"公子絷说："我们岂能将晋君杀死就完事？我们还要拥立重耳为晋君。况且，夷吾的无道人尽皆知，重耳的仁义路人皆知。而我们战胜晋国，显示了我们的威武。我们杀死无道君主立有道君主，显示了我们仁义。我们胜利后不留后患，显示了我们明智。"公孙支却说："如果这么做，我们等于羞辱了晋军，再对他们说，我们立有道国君管理你们，这恐怕很难服众吧？如果这个计划失败，我们必然会遭到诸侯嘲笑。我们杀死弟弟而立他的哥哥，哥哥感恩于我们而忘记了弟弟，就是不仁义。虽然不忘记亲人，施恩又不能成功，就是不明智。"秦穆公也很疑惑，就问公孙支："那你认为怎么办才好？"公孙支说："不如将晋君放回去，和晋国签订合约，恢复晋君君位，但将晋国太子留下做人质，让他们父子轮流在秦国做人质，如此一来，我们就没有祸患了。"秦穆公思索后，认为公孙支的建议可行，就放晋惠公回国，将晋国太子圉留下为人质。此后，秦国开始管理河东五城。①

从《国语》这段记载中看，在处置晋惠公这件事上，与《秦本纪》《晋世家》类似。可能原始故事是一样的，只是在后世传播中变成了不同版本而已。这很容易理解，同一件事在不同叙述者口中就变成不一样的故事。

不同的是，在《国语》中，自始至终周天子和穆姬都未曾参与这件事，始终是秦穆公与大夫们在商议解决办法。另外，《国语》中认为晋国将河东五城交给了秦国，《秦本纪》中认为是将河西之地交给了秦国。综合分析，我们认为，《国语》里的记载更有道理，但细节之处无法推敲。

总之，不管是《秦本纪》还是《国语》，指向的结果都是，秦、晋和解了。而随着秦、晋和解，天下似乎又归于和平。在以后的岁月里，秦、晋两国将会发生哪些事呢？

2. 护送重耳回国

秦晋和好

晋惠公回国后，暂时收起了骄横自大，小心翼翼观察着天下时

---

① 左丘明：《国语》国语卷第九《晋语三·秦侵晋止惠公于秦》。

局。可能这时候，他才忽然意识到，身边到处都是对手。以前他太过自信，甚至到了盲目自大的地步。他认为实力远不如晋的秦国，一战就重创晋国。晋惠公深感耻辱，他开始把心思放在治理国家方面。《晋世家》载："晋侯至国，诛庆郑，修政教。"

此后，有一段时间，晋国政通人和，百业待兴。不过江山易改，禀性难移。晋惠公多疑的性格，注定了他无法做一个安心的君主。有时，联想到之前被秦拥立，又被秦国击败的往事，他开始对自己的君位有了隐隐担心：一个国君尚且会被人推翻，难道一点也不居安思危吗？

当然，晋惠公产生这一想法，也是多种原因造成的，并非只有以上列举的几方面原因。而人也只有意识到危机，才会去想办法消除危机。

而此时，能威胁到国君之位的人，只有他流亡在外的兄弟重耳。一次，晋惠公对谋臣说："重耳至今还逃亡在国外，我听说现在很多诸侯都认为重耳回国担任国君更恰当。"权臣们也猜不透晋惠公的意图，只能附和晋惠公。他们可能还说了更多重耳威胁君位的话，引发了晋惠公对重耳的嫉妒。

当然，这是对《晋世家》记载的解读。我们认为，晋惠公之所以担忧重耳，可能与秦国"干涉"晋国内政的有关。按照《左传》《国语》等的说法，秦穆公显然懊悔曾拥立了晋惠公，他还有意重新拥立重耳。而这才是晋惠公忌惮重耳的真实原因。[①]

此后，晋惠公心里萌生了可怕的念头：杀掉重耳，以绝后患。因此，从这时候起，晋惠公就派出杀手履鞮，秘密追杀重耳。

---

① 左丘明：《国语》国语卷第九《晋语三·秦侵晋止惠公于秦》。

那么，此时的重耳将如何应对被人追杀的命运？

这些年来，尽管逃亡国外，但重耳时刻关注着母国的动向。得知他被盯上，重耳十分震惊，他完全没料到有一天兄长会对他动手。只是理智告诉他，不能就此坐以待毙，否则只能成为牺牲品。因此，在一帮亲信的护送下，重耳踏上了逃亡之路。①

这时候，重耳并不孤单，他有一批追随者："自少好士，年十七，有贤士五人：曰赵衰；狐偃咎犯，文公舅也；贾佗；先轸；魏武子。自献公为太子时，重耳固已成人矣。"②

秦国也密切关注着晋国的动向，秦晋相互影响，你中有我，我中有你，福祸相依。这时候，就得说说在秦国做人质的晋太子圉。对秦国而言，这是一张王牌，可在关键时刻掣肘晋国。可能秦穆公将怀嬴嫁给晋太子圉，也是为了掌控太子圉的一举一动。

太子圉命运坎坷，其父夷吾年轻时遭到晋献公流放，逃亡梁国。当时梁国国君看到夷吾志向不小，遂将女儿嫁给了夷吾。在梁国期间，夷吾与梁国公主生了一儿一女。儿子就是太子圉，女儿叫妾（可能并非真名，是史料中的一种化名）。③ 后来，夷吾成为晋惠公，太子圉本以为从此可改变寄人篱下的生活，不想又成为秦国的人质。而这些艰难曲折的经历，让太子圉一度很消沉。不过他还是没有死心，在等待着机会回晋国。他相信，父亲不会舍弃他。毕竟他才是晋国未来的继承人，目前只是为稳固两国关系，他才在秦国

---

① 司马迁：《史记》卷三十九《晋世家第九》："谋曰：'重耳在外，诸侯多利内之。'欲使人杀重耳于狄。重耳闻之，如齐。"

② 司马迁：《史记》卷三十九《晋世家第九》。

③ 司马迁：《史记》卷二十九《晋世家第九》："八年，使太子圉质秦。初，惠公亡在梁，梁伯以其女妻之，生一男一女。梁伯卜之，男为人臣，女为人妾，故名男为圉，女为妾。"

当人质。

秦穆公没有过多关注太子圉，一个小孩子能成什么气候？秦穆公在思考着更为雄伟的事业，比如称霸这件事。齐桓公葵丘会盟诸侯，给他树立了一个很好的榜样。或许，在他内心深处也希望带领秦人做一回霸主。

秦人扩张

秦穆公既雄心勃勃，也壮志凌云。一直以来，他就在内心酝酿着一个大计划：向外扩张。终于，在前642年春夏之际，秦穆公实施了这一计划，开启了扩张之路。

为什么要选择在这一年出动，大概有两个原因：一是齐桓公在这一年去世，"十八年，齐桓公卒"。而随着齐桓公的去世，天下的格局必然发生新的变化，齐桓公称霸的时代可能终结，秦穆公嗅到了对秦人有利的因素。放眼天下，除了晋国，谁还敢小觑秦国？二是梁国正在筑城，这是个千载难逢的机会。他决定把攻打的目标放在梁国、芮国。梁、芮两国地望均在今天陕西省韩城市，《史记正义》说："梁、芮国皆在同州。"

这里毗邻黄河，也是司马迁的故乡，位置非常敏感，因正好处在秦、晋两国之间。地理位置的尴尬，不得不让他们左右逢源，既与秦国交好，又与晋国联姻。梁国是晋惠公妻子的母国（岳丈的国家），芮国曾在秦人迁到关中一带后，多次到秦国邦交，改善两国关系。不过目前秦国既已得到河西之地，梁、芮这种弹丸小国就成为秦人继续扩张的阻碍。

秦穆公得到消息称，梁国正在修筑都城，意在加强对秦、晋的戒备。可能梁国也担心随着秦国占据河西，他们会成为秦国的靶子，因此筑城防御。而梁国的筑城举动，给了秦穆公机会，毕竟筑城需要大量的财力物力。秦穆公认为，消灭两个小国时机成熟，就率领人攻打梁、芮两国。

前640年，浩浩荡荡的秦军如秋风扫落叶一般，冲向了梁国。据《晋世家》载，此时梁国还在修筑城墙，未曾料到灾难会降临在自己头上。等有哨兵发现时，秦军已兵临梁国城下。生死存亡之际，梁国上下拿起了武器抵御，只是身陷困境的他们，在强大的秦军面前毫无还手之力，秦军很快攻破城池，进入梁国。而梁国修筑城堡防御外敌的策略成了一个天大的笑话，反而加速了梁国灭亡。①

秦军灭了梁国后，继续向东扩张，意在取芮国。而芮国得知梁国被灭，也不敢抵御，直接选择了投降秦国。《秦本纪》载："二十年，秦灭梁、芮。"②

可能秦穆公灭亡两国的意图，实是为了试探晋国。毕竟这两国灭亡，秦、晋之间就会接壤。而相邻的两国必然会因边境产生纠纷，而边境纠纷一旦扩大，必然引发更大的矛盾。

按照惯例，在秦国灭梁、芮两国这件事上，晋国不应该袖手旁观。至少在背地里也要支持他们自立，为秦、晋赢得缓冲地带。但晋惠公的态度令人费解：不予理会，任由秦国攻灭两国。晋惠公的这种不予理会，让秦穆公看到了晋国的态度。而随着梁、芮两国被灭，秦、晋之间正式接壤，这也意味着两国会在以后发生更多的摩擦。当然，我们揣测，晋国之所以不援助两国，可能与晋惠公的身体状况不佳有关。对诸侯国而言，国君身体状况不佳，会造成贵族

---

① 司马迁：《史记》卷二十九《晋世家第九》："十年，秦灭梁。梁伯好土功，治城沟，民力罢怨，其众数相惊，曰'秦寇至'，民恐惑，秦竟灭之。"

② 司马迁：《史记》卷五《秦本纪第五》。

间的斗争。这种背景下，晋国高层无暇顾及秦国。总之，不管什么原因，晋国的置若罔闻给了秦穆公机会。

前638年（秦穆公二十二年）春，又一个爆炸性新闻传到秦国：郁郁寡欢的晋惠公得了重疾。

消息很快传到了秦国，秦国上下一片哗然，有些贵族、大臣已摩拳擦掌，准备对晋国动手。这种背景下，让还在秦国为质的晋太子圉非常担心。原因很简单，尽管他是太子，但晋惠公还有好几个儿子。若晋惠公不能康复，他又不能及时赶回去，国君之位就可能易手。

太子圉一刻也不愿多在秦国逗留，但他又清楚，没有秦穆公的许可，他是无法离秦的。他对妻子说："我自幼生活艰苦，跟随母亲生活。如今梁国已被秦国消灭。而我质留在秦国，受人轻视，在晋国也没有多少人支持我。现在父亲病重，我担心父亲一旦病危，晋国的贵族们就会改立他人为太子，到时就无我的容身之地了。"

太子圉的感情流露，感动了怀嬴。怀嬴支持太子圉逃离秦国。

之后，太子圉与怀嬴商议，希望怀嬴跟随自己一起逃回晋国，做太子妃。但怀嬴却不愿去晋国，她对太子圉说："您是晋国的太子，因国家纠葛被质留秦国，遭受屈辱与不公。国君遣我来服侍您，目的是要求我稳住您。现在您要回去继承太子位，那您就赶紧逃吧！作为秦国人，我是不能跟随您逃跑的，但您逃亡的事情，我事先不会说出去。直到您安全逃离后，我才会通报您逃走的消息。"

怀嬴的一番话，让公子圉羞愧不已，也坚定了他逃回晋国的决心。于是，太子圉在怀嬴的掩护下，从雍城逃了出去。等他离开了数日后，怀嬴才将太子圉逃亡的消息上报给秦穆公。①

秦穆公听闻太子圉逃走，非常生气。秦穆公可能因此迁怒于怀嬴，但太子圉逃走已成事实，即便杀了怀嬴，也无法挽回局面。最终，秦穆公选择默认太子圉逃回晋国的事实。

不过秦穆公并不打算就此坐等，只要晋惠公死去，秦、晋关系必然发生变化。而这些年来，太子圉与秦国的关系非常暧昧。换句话说，太子圉并不亲秦，甚至有点仇视秦国。现在太子圉逃回晋国，意在谋取国君之位。而太子圉一旦成为晋国国君，还会与秦国继续保持和平关系吗？

这是秦穆公一直思考的问题，他甚至在内心深处产生了一个大胆想法：迎回重耳，拥立重耳即位。当然，本书认为，拥立重耳为国君，可能还有更为复杂的原因，比如穆姬是否在其中起了作用。总之，公子圉逃回后，秦穆公就一心想立重耳为国君。之后，秦穆公就立即行动，派人秘密在各处寻找重耳的踪迹。

而秦穆公的这种做法，对太子圉是一种诛心之举。大概晋国已探知秦穆公的"不怀好意"。所幸的是，这时候晋惠公还在，他接受了太子圉，让他继续担任太子。

前637年（秦穆公二十三年）冬九月，一场寒流席卷了晋国。这也加剧了晋惠公的病情。不久，晋惠公在无比遗憾中去世。晋国

---

① 司马迁：《史记》卷五《秦本纪第五》："二十二年，晋公子圉闻晋君病，曰：'梁，我母家也，而秦灭之。我兄弟多，即君百岁后，秦必留我，而晋轻，亦更立他子。'子圉乃亡归晋。"司马迁：《史记》卷三十九《晋世家第九》："十三年，晋惠公病，内有数子。太子圉曰：'吾母家在梁，梁今秦灭之，我外轻于秦而内无援于国。君即不起，病大夫轻，更立他公子。'乃谋与其妻俱亡归。秦女曰：'子一国太子，辱在此。秦使婢子侍，以固子之心。子亡矣，我不从子，亦不敢言。'子圉遂亡归晋。"

大夫们按照晋惠公的遗愿，拥立太子圉继位，他就是晋怀公。① 这时候，晋国已有新国君，秦穆公还要拥立重耳，不显得多此一举吗？

寻找重耳

秦穆公可不这么想，他依然是信心十足，坚持要拥立重耳。秦穆公派出更多的人，四处打听重耳的踪迹。那么，重耳去了哪里呢？

自晋惠公派杀手履鞮追杀以来，重耳东躲西藏，惶惶如丧家之犬。当然，不幸中也有万幸，在重耳颠沛离乡之时，那些智囊一直追随，没有因重耳落魄而舍弃他。当初，他们先离开翟地，到处游荡，找不到落脚之处。他们游走于各诸侯国，到处求援，却始终得不到重视。有些诸侯像防瘟疫一样躲着他们，天下之大，似没有他们的容身之地。

最后，智囊建议趁着管仲、隰朋去世之机，投奔雄主齐桓公，或有一线希望。重耳也认为计划可行，因此，他们就去了齐国。②

这里还有个细节需要补充说明：据说重耳离开时，曾要求自己的妻子等他二十五年。若二十五年他还不回来，妻子就可改嫁。妻子苦笑着说："二十五年后，可能我的坟头都长满荒草了。不过我

---

① 司马迁：《史记》卷三十九《晋世家第九》："十四年九月，惠公卒，太子圉立，是为怀公。"

② 司马迁：《史记》卷三十九《晋世家第九》："惠公七年，畏重耳，乃使宦者履鞮与壮士欲杀重耳。重耳闻之，乃谋赵衰等曰：'始吾奔狄，非以为可用与，以近易通，故且休足。休足久矣，固愿徙之大国。夫齐桓公好善，志在霸王，收恤诸侯。今闻管仲、隰朋死，此亦欲得贤佐，盍往乎？'于是遂行。"

若不死，我还是会等你回来的。"重耳洒泪离别了妻子。而这一记载，与百里奚与妻子别离时的情景很相似，我们有理由怀疑这又是司马迁的"固定模式"。

在去往齐国的路上，重耳先到了卫国，希望得到卫国的援助。卫文公看到重耳如丧家之犬，不仅拒绝了重耳的请求，还可能恶语相向。重耳一行人顾不上愤怒，慌忙离开卫国。因为行踪一旦被卫国泄露，他们将面临生死。

事实上，卫国的确做了不厚道的事情，他们不仅没有支援重耳，还通知了晋惠公。杀手随即赶来，一路追杀他们。一行人继续逃亡，颠沛流离，九死一生。

相传，他们到了一个叫五鹿的地方时，实在饥渴难耐，向当地人讨要吃食。有当地民众看到他们落魄的样子，给了重耳一块土，让他们充饥。这让重耳既羞愧又愤怒，打算杀了这个小民。追随者赵衰劝慰重耳，希望重耳记住这种耻辱。于是，重耳就将这块土一直带在身边。

之后，经过了漫长的跋涉，他们越过重重阻隔，克服重重困难，终于到了齐国。所幸的是，到齐国后，齐桓公款待了重耳，并将一个叫齐姜的宗室女子嫁给了重耳，还给齐姜陪嫁了二十辆马车。

对于齐桓公这种厚待，重耳很满足。之后，他与齐姜一起过上了平淡安逸的生活，不问世俗，一日三餐，饮酒作诗，看花开花落，感受春去秋来。

这种美好的生活容易让人陷入温柔乡，丧失理想。慢慢地，重耳逐渐忘却了他晋国公子的身份，以及背负的责任。几年后，齐桓公去世，重耳的生活也没有受到影响。新即位的齐孝公依旧对重耳礼遇有加。而这也让重耳继续堕入温柔乡中，不愿再想起自己晋国公子的身份。

重耳的这些做法，让追随他的智囊们焦急不已。他们跟随重耳吃了那么多苦，就是希望有朝一日，重耳回到晋国，当上国君，给他们展示自己的平台。现在，重耳两耳不闻窗外事，不关注天下变局，像凡夫俗子一样，完全成了毫无理想的平民。

跟随重耳的这些人决意改变这一切，让重耳重拾信心。

有一次，追随重耳的赵衰、狐偃策划让重耳回国，恰巧这个内幕被齐姜的侍女听到，侍女就将众人商议的内容告诉了齐姜。心怀大义的齐姜担心消息走漏，给重耳带来麻烦，命人秘密处死了侍女，并与重耳有了一次交心会谈。

齐姜表示，她完全支持重耳回国，争取国君之位。令齐姜失望的是，此时的重耳却不愿回晋国。当然，这也能预想得到，重耳前半生都在颠沛流离中度过，已步入老年，才有了一段安稳的日子，他自然不愿重新回到漂泊生活中，去追寻缥缈的前途。

重耳还对齐姜表示，人生就是为了贪图享乐，他不愿离开齐国。他还希望最后死在齐国。重耳的话让齐姜很愤怒，她耐着性子对重耳说："您是晋国公子，颠沛流离中投奔了齐国。那些跟随您的人把您当作他们的生命一样看待，希望您有朝一日回国，执掌晋国。为了这些臣子您都应赶快回国，而非在此贪图女色。"①

----

① 司马迁：《史记》卷三十九《晋世家第九》："至齐，齐桓公厚礼，而以宗女妻之，有马二十乘，重耳安之。重耳至齐二岁而桓公卒，会竖刁等为内乱，齐孝公之立，诸侯兵数至。留齐凡五岁。重耳爱齐女，毋去心。赵衰、咎犯乃于桑下谋行。齐女侍者在桑上闻之，以告其主。其主乃杀侍者，劝重耳趣行。重耳曰：'人生安乐，孰知其他！必死于此，不能去。'齐女曰：'子一国公子，穷而来此，数士者以子为命。子不疾反国，报劳臣，而怀女德，窃为子羞之。且不求，何时得功？'"

然而，任由齐姜如何苦口婆心，重耳还是不为所动。他害怕再次落入颠沛流离的生活，前途未卜，生死不由命。

齐姜看到劝说已难以说服重耳，就想了一个计谋。她假装不再劝重耳回国，邀重耳对饮。重耳对妻子的做法很满意，兴致很高，一杯又一杯喝着酒。齐姜也不阻拦，任由重耳贪杯。不久，重耳就被灌醉。

这时候，齐姜就让赵衰等人用马车拉着重耳，悄悄离开了齐国。等重耳酒醒时，他们已远离了齐国。据说重耳非常愤怒，扬言要杀了狐偃。而狐偃一点也不畏惧，他对重耳说："若杀了我能成就您，那就杀了我吧。"重耳一看狐偃无所畏惧，当即泄了气，随口说了句玩笑话："我们要是不成功，到时我就吃了你的肉。"

之后，他们开始了回国之旅。只是谁也无法预测，这一路回去，他们将面临着怎样的考验。

当他们路过曹国时，希望得到曹国的支援（主要是食物与物资），但曹共公对重耳很无礼，侮辱了重耳。此时的重耳已经过多年历练，用屈辱撑大了胸怀，并不与曹共公一般见识，只是迅速离开了曹国。

不久，重耳一行人到了宋国边界。当时，宋国与楚国刚打过一仗，宋国还在战争中失利，举国颓废。这种情况下，重耳本没有对宋国抱希望，但宋襄公对重耳很礼遇，接待了他们，还建议重耳到大国寻求庇护，再伺机回国。而这位宋襄公，就是之后的"春秋五霸"之一。可见有远见的人总能规避风险，迎来人生的高光时刻。

离开宋国到郑国时，重耳变得信心满满。只是他怎么也没想到，等他们一行人到郑国时，会遭到郑文公的羞辱。据说郑义公懒得接待重耳，把重耳当作落魄公子看待。重耳继续忍受屈辱，沿着郑国地界向南进入楚国。这时的楚国，已成为南方最大的诸侯，控制了整个江南。

据说楚成王得知重耳到了楚国，打算用对待诸侯的礼节接待重耳一行。这反而让重耳很没底气，毕竟他不过是个落魄的贵族公子。值此关键时刻，谋臣赵衰却认为，这是重耳崛起的象征，他应接受楚成王对他的尊重。

随后，重耳与楚成王会面。在这次会面中，楚成王将重耳看作晋侯，两个人的地位平等。谁都清楚，此时的晋国国君是晋惠公。可见在当时部分诸侯眼中，晋惠公地位并不高。

宴会上，楚成王还问了重耳这样一个问题："若您能回国继承国君，您会用什么方式来报答我呢？"楚成王的问题并不好回答，重耳也很难断定楚成王到底需要哪一种答案。于是，重耳试探性地表示："只要我继承国君之位，天下的奇珍异宝只要您需要，我都可奉上。"但楚成王似乎对珍宝并不感兴趣。重耳这才意识到楚成王的言外之意，他果断说："若将来晋、楚两国交恶，发生战乱，我将退避三舍。"三舍是长度单位，一舍是三十里。换言之，重耳表态，即便晋楚两国将来交恶，他也会躲避楚国九十里。楚成王得到了他需要的答案，对重耳更加礼遇了。楚成王还建议，重耳暂时居楚国，等待着机会。

不久，有消息从晋国传来：晋惠公去世，即位的人是太子圉，是为晋怀公。这时候，楚成王就鼓动重耳回国。

恰巧此时，秦穆公派出寻找重耳的人也到了楚国，请求重耳先回到秦国，再由秦穆公护送回国担任国君。重耳对此犹豫不决，因为他还不了解秦穆公，就这样将前途命运交给秦穆公，他有顾虑。这时候，楚成王却表示，由楚国到晋国，中间隔着好几个国家，楚国不宜出面送重耳回国。重耳应听从秦穆公的意见，先到秦国，再由秦穆公护送回晋国。最终，重耳与身边的智囊商议后，也认为此举可行，决定跟着秦国使者先到秦国。楚成王对重耳很看重，临行之际，还给重耳馈赠了很多财物。

重耳到秦国以后，秦穆公对他也很礼遇，还将五个秦国女子嫁给了重耳。其中，就有曾经服侍过太子圉的怀嬴。秦穆公此举，可能是故意为之，不然为什么非得要将太子圉的妻子嫁给重耳呢？

重耳对秦穆公的安排很不情愿：别人用过的东西，再给他用，仿佛喉咙里被塞了一把猪毛一样，令人不适。此时，追随重耳的大夫看到了秦穆公的用意，他对重耳说："我们就要攻打圉的国家了。到时候整个国家都是您的，何况他的妻子呢！接受此女，等于接受了秦国联姻。我们还要利用秦国的力量回国呢！请您不要太过拘泥于小节，而忘却了大耻辱。"重耳这才恍然大悟，接受了圉的原配妻子怀嬴。[1]

重耳接受了秦穆公安排后，心里却急着想要回国。但秦穆公只是款待重耳，迟迟不送重耳回国。为了尽快能回到晋国，有一次，重耳的宠臣赵衰在酒宴上吟诵了《黍苗》一诗，提示秦穆公放重耳回去。秦穆公还是假装不懂，继续让重耳待在秦国，等待他的安排。重耳无可奈何，只能继续滞留秦国。

以上这些记载出自《秦本纪》，而与《秦本纪》不同，《国语》中的一则细节，更能体现重耳在秦国的实际情况：

有一天，秦穆公设宴招待重耳。赴宴前，重耳打算带上随

---

[1] 司马迁：《史记》卷三十九《晋世家第九》。

从子犯。这时候，子犯说："我没有赵衰的灵活应变和善于辞令，请您带着赵衰去赴约更好一些。"重耳思索片刻，就带着赵衰前往。在这次宴会上，秦穆公用款待国君的礼节招待重耳，赵衰成为"宾相"，所有招待过程，完全是遵照礼仪而行。宴会结束，秦穆公对身边的人说："举行礼仪无法善始善终，就是耻辱；思想情感和举止行为不一致，就是耻辱；形式多样却没有核心内容，就是耻辱；不自知而乱施恩德，就是耻辱；给予人帮助而不能助其成功，就是耻辱。如果我们不懂得这些耻辱，就不足以立国。不懂得耻辱，对外用兵可能就会失败。因此，你们要遵守礼仪，恭恭敬敬地干好工作啊！"

次日，秦穆公再次设宴，继续招待重耳一行。在宴会上，秦穆公向在场众人朗诵了《采菽》一诗，算是对重耳表示尊重。赵衰猜到了秦穆公的意图，建议重耳下堂拜谢。重耳就下堂感谢，而秦穆公也下堂辞谢。这时候，赵衰说："国君您用天子接待诸侯的做法接待重耳，重耳怎敢有苟安的想法，又怎敢不拜谢您呢？"双方拜谢完毕后，赵衰又对着众人朗诵了《黍苗》这首诗。朗诵完毕，赵衰说："重耳仰望国君您，就像久旱黍苗仰望雨滴一样。若国君您能滋润他，让他成长为谷禾，奉献宗庙，那就全凭借国君的力量啊！国君若能效仿先君襄公，东渡黄河，尊王攘夷，扶持周王室强大，这就是重耳最渴望的。如果重耳得到国君的恩惠而回国祭祀宗庙，成为晋国君主，那么重耳一定会紧随您的步伐。若国君能够大胆起用重耳，到时四方诸侯还不敢听从您的命令呢？"秦穆公说："重耳会得到这些，但不全是依靠我。"之后，秦穆公再次朗诵了《鸠飞》这首诗，重耳也附和，朗诵了《沔水》这首诗。秦穆公又朗诵《六月》这首诗。之后，就是重耳与秦穆公相互拜谢。等相互拜谢完毕，赵衰说："国君您将辅佐天子、驾驭诸侯的使命交给重耳，他怎敢有怠惰之心而不遵从您的命令呢？"[1]

《国语》中的这些对话细节，故事性太强，充满文学味道。大概司马迁在参考这些史料时，也认为这些细节太过文学化，故而未曾采纳。不过，重耳"滞留"在秦国，应是事实。当然，这不是秦穆公不放人，而是他认为送重耳回国的时机尚未成熟。他需要等待一个时机。对于秦穆公的这种好意，重耳能说什么呢？

不久，晋怀公开始制造幺蛾子事件。

原来，晋怀公即位后，一直惶恐不安，担心秦国将重耳迎回接替他，又担心秦国再次攻打晋国。因此，他向天下发布了一道告示，要求跟随重耳逃亡的那些晋国大夫按规定期限回国，若他们不回国，晋国就将他们留在国内的亲人全部杀死。

这个类似告示非常恶毒，当时狐突（前文提到过，他曾回到前太子申生所在地，不愿回国）儿子狐毛、狐偃等人都跟随重耳逃亡，已到秦国。这个告示传到秦国后，他们担心晋怀公诛杀家人，有回晋国的打算。然而，他们还未动身，狐突就命人送来书信，不让他们回国，希望他们继续辅佐重耳。

晋怀公得知此事后非常愤怒，命人囚禁了狐突。

有意思的是，即便被囚禁，狐突依然坚持自己的主张："我的

---

[1] 左丘明：《国语》国语卷第十《晋语四》："他日，秦伯将享公子，公子使子犯从……"

儿子侍奉重耳多年，现在贸然将他们召回，就是要求他们背叛自己的主子。若我真这么做了，我将如何教导他们？"晋怀公听完狐突的辩解，对狐突举起了屠刀。①

狐突被杀之后，天下震动，很多人都指责晋怀公的恶行。而晋怀公这种愚蠢行为，正中秦穆公下怀，他等待的就是这个时机，他就是要让晋怀公自己暴露出问题，他才能顺利扶重耳上位。

这时候，秦穆公向重耳表示，他已准备好送重耳回国，也请重耳提前准备。

护送重耳回国

秦穆公二十四年（前636年）春，秦国派出了一支大军，护送重耳回国。当他们到了黄河边上后，重耳的宠臣咎犯（狐偃）对重耳说了这样一番话说："之前我跟随您流亡天下，犯了很多错误。可能对您有过冒犯。我请求离开您。"咎犯的话让重耳非常震惊，他对咎犯说："若能顺利回国，并担任国君，少了您的辅佐，我觉得是一种遗憾。若您不相信，可以请河神作证。"

重耳说完，就将随身携带的玉扔进了奔腾黄河中。重耳此举，打消了咎犯离开他的念头。

这时候，跟随重耳的另一位贤臣介子推，却认为咎犯这是在作秀，故意向重耳表功，很看不起咎犯的做法。他认为，重耳是非不分，过黄河之后，离开了重耳。从此之后，介子推隐匿山林，做起了闲云野鹤。

后来，重耳请求他出山，介子推却不愿出山。重耳命人放火烧

---

① 司马迁：《史记》卷五《秦本纪第五》。

山，逼介子推出山，却未能逼出介子推。最终，介子推与大山融为一体。而重耳为了感念介子推的品德，禁止民众在这天生火。后来，这个典故逐渐演变，成为一种习俗被流传下来，这就是寒食节。

有意思的是，年幼的秦康公（秦穆公之子）这次也跟随护送重耳的队伍出了雍城，向秦、晋边境而行。

大概重耳在秦国的这段时间，与秦康公建立了深厚的感情（重耳是穆姬的弟弟，也就是秦康公的舅舅）。一路上，重耳与秦康公都有说有笑，一直将重耳送到黄河边上的渭阳。

离别之际，秦康公看着重耳那张熟悉的脸，想起已故母亲穆姬，不禁潸然泪下。秦康公唱着秦人送别的歌谣，目送重耳身影渐渐消失。而这首歌谣后来被整理成诗歌，置于周王室的礼乐库中。孔子又对这首歌谣进行了加工，变成了《渭阳》这首诗：

> 我送舅氏，曰至渭阳。何以赠之？路车乘黄。
> 我送舅氏，悠悠我思。何以赠之？琼瑰玉佩。[1]

不久，护送重耳的秦军进入晋国，包围了晋国令狐。晋怀公得到消息后，派兵拦截秦军。

紧接着，一支晋军赶到了前线，驻扎在庐柳（今山西临猗西北）。自此秦晋双方形成对峙。秦穆公选派能说会道的人做说服工作，向率领晋军的晋国贵族陈述利害，希望晋军拥立重耳，不要做困兽之争。最终这部分晋军接受了秦穆公的建议，投奔了重耳。

---

[1]《诗经》。

至此，晋怀公成了孤家寡人，被晋国民众抛弃。

二月初，咎犯代表重耳与秦、晋两国大夫在郇城签订盟约，拥立重耳为国君。这也预示着晋怀公被废弃。

几天后，重耳进入晋军大营，回到了他久违的母国，坐上君主之位，调动军队，发号施令。又过了几天，重耳一行人领兵到了曲沃。这里是晋国的宗庙所在地，晋国列祖列宗的神位都在此处。重耳怀着虔诚之心，祭拜了宗庙。

然后，重耳向天下宣布，他正式取代晋怀公，成为晋国国君。这时候，看到晋怀公大势已去，一些晋国贵族都纷纷投奔重耳。而晋怀公亦看到大势已去，逃到高梁之地，苟全性命。

只是晋怀公活着一天，重耳就一天不能安稳睡觉。不久，重耳遣人秘密处死了晋怀公。自此，重耳主政晋国。[1] 重耳也变成了晋文公。

《秦本纪》中还补充说，面对形势不稳定的晋国，秦穆公规劝晋国贵族栾氏、郤氏，希望他们认清现实，主动依附重耳。这些人最终"识时务"，接纳重耳，并在秦、晋边境接应重耳。之后，秦穆公又利用晋国内部矛盾，诛杀了逃亡高梁的晋怀公，最后才

---

[1] 司马迁：《史记》卷三十九《晋世家第九》："文公元年春，秦送重耳至河。咎犯曰：'臣从君周旋天下，过亦多矣。臣犹知之，况于君乎？请从此去矣。'重耳曰：'若反国，所不与子犯共者，河伯视之！'乃投璧河中，以与子犯盟。是时介子推从，在船中，乃笑曰：'天实开公子，而子犯以为己功而要市于君，固足羞也。吾不忍与同位。'乃自隐渡河。秦兵围令狐，晋军于庐柳。二月辛丑，咎犯与秦晋大夫盟于郇。壬寅，重耳入于晋师。丙午，入于曲沃。丁未，朝于武宫，即位为晋君，是为文公。群臣皆往。怀公圉奔高梁。戊申，使人杀怀公。"

拥立了晋文公。① 这一记载应属实。

不管怎样，在晋文公回国即国君位这件事上，秦穆公出了大力。由此，秦、晋之间建立起良好的邦交关系，彻底改变了双方多年来相互对抗、猜忌的局面。

3. 秦、晋两国再交手

秦晋交好

天下事，总是在变动中，变化才是世界运作的根本。

这时候，尽管晋文公已即位，但晋国内部不稳定形势依然存在。原晋怀公余党依旧对晋文公怀揣二心：他们表面支持晋文公，暗地里秘密联合，试图颠覆晋文公。

说起来有点讽刺，发现晋国内部这一现象的人，竟是当初晋怀公派出的宦官杀手履鞮。当然，这可能是史家的"故事化"，已掌握晋国大权的晋文公怎么可能没有摸透国内的局势？

有关晋文公与履鞮的故事，史料记载细节不多。可能履鞮在追杀晋文公的过程中，并没有尽全力；也可能履鞮不想杀晋文公，有意放走他，才让晋文公顺利到了齐国。

据说晋文公继位后，履鞮请求面见晋文公，遭到晋文公拒绝。履鞮非常愤慨，在人前讥讽晋文公心胸太小，还指出，当初管仲用

---

① 司马迁：《史记》卷五《秦本纪第五》："二十四年春，秦使人告晋大臣，欲入重耳。晋许之，于是使人送重耳。二月，重耳立为晋君，是为文公。文公使人杀子圉。子圉是为怀公。"

箭差点射死公子小白（齐桓公），但齐桓公即位后，不计前嫌，依旧重用管仲，让齐国迅速壮大，一跃成为春秋时期首个称霸的诸侯国。履鞮讥讽的话被人传到晋文公耳中，履鞮实现了预期的效果：晋文公非但不生气，反而接见了履鞮。

履鞮清楚这次会面不易，他先表明了自己当初身为人臣，被委以重任，不得已才追杀晋文公。现在晋文公即位，他向新君请罪。若新君实在要诛杀他，那也得让他把话说完。有意思的是，晋文公听完履鞮的辩解后，选择原谅履鞮，让履鞮感激不已。为感念晋文公的不杀之恩，履鞮有意向晋文公靠拢，透露了晋怀公党羽吕省、郤芮等人欲弑君篡位的内幕。

晋文公可能已探知情况，但他还是表现出震惊。晋文公很清楚，这些人在晋国势力很大，若他们要叛乱，可能会动摇晋国的根本。

履鞮建议要先下手为强，在他们还未出动前诛杀他们。晋文公对履鞮很满意，也开始信任他，打算联合履鞮一起诛灭晋怀公余党。不过，想要一举诛灭这群人并非易事，这些人是晋国的贵族，他们既有钱又有人。[①] 想要用最少的代价换取最大的收益，还是要另想他法。

这时候，有人给晋文公推荐了"帮手"秦穆公。晋文公也恍然

---

① 司马迁：《史记》卷三十九《晋世家第九》："怀公故大臣吕省、郤芮本不附文公，文公立，恐诛，乃欲与其徒谋烧公宫，杀文公。文公不知。始尝欲杀文公宦者履鞮知其谋，欲以告文公，解前罪，求见文公。文公不见，使人让曰：'蒲城之事，女斩予袪。其后我从狄君猎，女为惠公来求杀我。惠公与女期三日至，而女一日至，何速也？女其念之。'宦者曰：'臣刀锯之余，不敢以二心事君倍主，故得罪于君。君已反国，其毋蒲、翟乎？且管仲射钩，桓公以霸。今刑余之人以事告而君不见，祸又且及矣。'于是见之，遂以吕、郤等告文公。"

大悟，他要平内乱，还得依靠秦穆公的力量。晋文公计划与秦穆公秘密会面，商议解决晋国内患的问题。

不过，晋怀公余党在朝中耳目众多，晋文公的一举一动都在他们爪牙的视线中。那么，晋文公如何与秦穆公商议呢？据说为躲避这些人，晋文公不得不乔装打扮，化身平民，与晋怀公余党玩起了捉迷藏。晋文公选择了一个秘密基地，与秦穆公会盟，表达了自己的处境，希望秦穆公提供帮助。

对于晋文公的这一请求，秦穆公慨然应允。他既然能帮助晋文公复国，就能帮助晋文公平叛。当然，晋文公与晋惠公虽是兄弟，两人人品有着本质区别，在晋文公手中秦晋关系必然良性发展，而这或许是秦穆公支援晋文公的真实原因。不过令人费解的是，两位国君私自会盟是如何躲过晋怀公党羽的众多耳目的？

与秦穆公订好计划后，晋文公等待着这些人露出马脚。只要他们反叛，晋文公的大军就会出动，秦穆公也会派人来支援。到时，秦晋两军联合，名正言顺诛灭这些人。

三月初，晋国内部的形势变幻莫测，各种势力蠢蠢欲动。吕省、郤芮等人表面上尊崇晋文公，私底下秘密行动，妄图废立。晋文公假装毫不知情，继续处置政务，故意营造出一片盛世太平的景象。但私底下，他秘密准备的平叛力量已就位，都在等待着这帮反叛势力自己暴露。

不久，这些人看到晋文公不知情，大有胜券在握的自信，便举起了反叛大旗。他们率领人冲进晋国王宫后放火，并到处寻找晋文公的踪迹。只是他们怎么也不会想到，晋文公早有预谋，提前藏匿了起来。

此时，晋文公预先布置的一支大军尾随叛军，已将王宫围住。

叛军进王宫容易，想要出去，插翅难飞。

到这时，这些叛臣到处找不到晋文公，才意识到计划败露。他们变得惶恐不已，开始从王宫往外撤。等他们到宫门口时，遭到晋军的强烈反击，很多人死在了晋文公埋伏在宫外的军队的乱箭之下。

不过吕省、郤芮等人还是冲破了防线，向外逃窜。晋文公"二进宫"，一面派人追击这些人，一面重新稳定局面。

这些人从晋国王都逃出后，一直向南逃亡，打算渡过黄河，再作打算。然而，当他们连滚带爬到黄河边上时，恐惧地发现秦国大军就驻扎在黄河边上，秦穆公本人也在。

后有追兵，前有阻拦，他们似乎已陷入死胡同。可能他们也意识到秦穆公与晋文公联合夹击，他们已无路可去。最终，这些人产生了一个惊奇的想法：决定投奔秦穆公。于是，他们派出人与秦穆公交涉，希望秦国能接纳他们。

秦穆公佯装愿意接纳他们，让他们到秦国避难。当他们靠近秦军后，秦穆公就下令剿杀他们，很多人逃跑不及，被秦军包围，诛杀在黄河岸边。之后，秦穆公命人将剿灭叛党的消息传到晋国，晋文公也放下了悬着的心。

秦穆公帮着晋文公平了叛乱，两国关系再次升温，建立了深厚友情。加上他们本身有亲，所以从此之后，秦晋之间的关系越来越融洽。

晋文公在稳定国内局势后，还遣人入秦，将秦穆公当初嫁给他的怀嬴接了回去。之后，晋文公还册封怀嬴为国君夫人。秦穆公也很大方，在晋国接怀嬴回晋国时，给了晋文公三千卫兵，作为晋文公的贴身护卫，预防晋国再次发生祸乱。[1]

秦、晋这一系列联姻措施，在后来也形成了一个成语：秦晋之好。从此，秦、晋两国一直处于相对和谐局面中。

此后，双方互保和平。晋文公多措齐下，很快理顺了国内局势。"文公修政，施惠百姓。赏从亡者及功臣，大者封邑，小者尊爵。"这意味着，一个强大的晋国诞生了。

尊王

秦、晋两国交好后，在世界的另一端，又发生了各种影响中国格局的事情。这就这一年秋，周襄王的弟弟王子带发动了叛乱，领兵进攻洛邑，抢夺王位。一些周王朝贵族也追随王子带，参与叛乱，因此追随王子带的人越来越多。周襄王惊恐不已，不敢再逗留洛邑，带领随从撤出洛邑，东逃至郑国。[2]

那么，周王朝为什么会发生这种叛乱呢？这个问题的答案需要从周襄王生平事迹中寻找。

周襄王在位期间，没有多少建树。他也不是扭转乾坤的天子，只是继承君位，勉强度日，维护着天子仅有的一点尊严。只是，他处的时代却是春秋时期最为动荡的时代，先后有多个诸侯起来称霸，比如齐桓公、宋襄公等人。

周襄王元年（前651年），齐桓公召集鲁僖公、宋襄公、卫文

---

① 司马迁：《史记》卷三十九《晋世家第九》："三月己丑，吕、郄等果反，焚公宫，不得文公。文公之卫徒与战，吕、郄等引兵欲奔，秦缪公诱吕、郄等，杀之河上，晋国复而文公得归。夏，迎夫人于秦，秦所与文公妻者卒为夫人。秦送三千人为卫，以备晋乱。"

② 司马迁：《史记》卷五《秦本纪第五》："其秋，周襄王弟带以翟伐王，王出居郑。"

公、郑文公、许僖公、曹共公等人会盟于葵丘，周襄王遣宰孔参加了这次大会。在这次大会上，宰孔还将周天子祭祀祖先的胙肉分赐给齐桓公，正式确立齐桓公霸主地位。也是这次会盟，拉开了春秋争霸的序幕。而这也意味着，以后哪位诸侯有实力，就可以称霸。齐桓公死后，宋襄公依葫芦画瓢，继续在中原称霸。当然，诸侯称霸并不一定武力值第一，德行也是个重要条件，《左传》《国语》等史料中均有记载。

而诸侯称霸，天子必然式微。而这种走向衰微的局面，也容易引发内部的政变。这次周王室的政变可能就与此有关：王子带觊觎天子之位。之后，王子带率领追随者进攻洛邑，周襄王出逃。

周王室内部的政变，引起了诸侯的强烈兴趣，他们都在观望这场政变如何收场。

次年春，颠沛流离中的周襄王已到山穷水尽地步，生活尚且不能保障，天子威严扫地，不得不向秦穆公、晋文公求救。而对于周天子的号召，秦穆公是善于抓住机会的人，这次他想抢个头彩。因此，秦穆公表现得很积极：及时派出秦军支援周天子，参与平叛。①

"国际社会"已是一个大家庭，谁也不能置身事外，尤其对那些有能力干涉"国际事务"的诸侯而言，比如，秦国和晋国。只是此时的晋国还持观望状态，因为晋国内部并不安定。

不过，还是有晋国大臣看到了护送周天子背后的机遇。大夫赵衰就对晋文公说："眼下局势，称霸的方法很多，但没有比为周王朝平叛、护送周王回京城更好的办法了。况且，晋国与周王朝同出一脉，没有比这层关系更为合理的护送理由。若让秦国抢在前面平

---

① 司马迁：《史记》卷五《秦本纪第五》："二十五年，周王使人告难于晋、秦。"

叛，护送周天子回京。我们就错失良机，没有了向天下诸侯发布命令的资本。我认为，现在尊崇周天子，其实就是为我们积攒力量。"①

晋文公经过反复权衡，最终采纳了赵衰的建议。之后，晋文公领着一支兵力赶到了宋国，支援周襄王。令晋文公欣慰的是，当他赶到时，秦穆公还没有赶来。周天子得到晋文公的支援，底气十足。不久，秦穆公也到了郑国。还有一些小诸侯国看到秦、晋两国支援天子，也都纷纷出兵支援。他们组成了一支联军，以护送天子的名义，开始向洛邑进攻。

而面对着如此声势浩大的联军，王子带显然难以抵御，只能率部逃跑。

据说当他逃亡到半路上时，被联军追上，最终死于战乱中。而随着王子带被杀，这场周王室内部的叛乱也平定下去，众人重新拥立周襄王为天子。《秦本纪》载："秦穆公将兵助晋文公入襄王，杀王弟带。"

事后，诸侯各自回国，继续发展壮大。这时的秦穆公采纳百里奚的做法，继续韬光养晦，等待时机。而晋文公在一帮智囊的帮助下，凭借着晋国厚实的家底，率先在诸侯中崛起了。

前 632 年（秦穆公二十八年）夏秋之交，跃跃欲试的晋文公开启了对外扩张。这一次晋文公将攻打的第一个目标定为楚国。

那么，晋国为什么要攻打楚国？当初晋文公落魄时，楚成王曾施以援手，难道他当了国君就忘记昔日扶持之恩？

---

① 司马迁：《史记》卷三十九《晋世家第九》。

晋楚争霸战

晋国之所以攻楚，是楚国在这一年攻打了宋国。而楚国攻宋本来也与晋国没有关系。但面对楚国威胁，宋国向晋国求援，这就把晋国也牵扯进战争。支援宋国的原因也很简单，当初晋文公流亡时，宋国曾支援过他。如今他成为晋国国君，面对昔日朋友遭难，自然无法拒绝宋国的求援。

令晋文公为难的是，不仅宋国支援过他，当初楚国对他的支援更大。而且，当初他离开楚国时，曾与楚成王约定，即便将来两国交战，晋国也会退避三舍。

问题的关键是，若不施以援手，宋国可能因此灭亡，晋文公也落个忘恩负义的恶名。若支援，必然与楚国交恶。

那么，重耳该怎么办？

最终，经过深思熟虑，晋文公还是决定支援宋国。因为其中还牵扯一个地缘问题：宋国一旦被楚国消灭，晋、楚边境就会接壤。到时，即便晋国没有与楚国交战的计划，但邻国之间总会因边境问题产生纠纷，可能还会发生龃龉。所以，援救宋国势在必行。对晋文公而言，晋国已在局中，根本无法置身事外。

不过晋文公也不愿与楚国直面交战，彻底恶化两国关系。他要采取一个巧妙的办法，既能退楚兵，又不至于让两家关系自此破裂。这时候，就有人给晋文公建议，可乘机攻打与楚国毗邻又亲楚的曹、卫两国。只要晋国攻打这两国，他们必然向楚国求救。而一旦楚国营救两国，楚军对宋国的威胁就会解除。①

---

① 司马迁：《史记》卷三十九《晋世家第九》。

晋文公也认为此计非常妙，可不用直面楚国，就能化解宋国危机。因此，他派出三路大军进攻曹、卫两国。之后，曹、卫两国得知晋军压境，果然向楚国求援。楚国得知晋国攻打曹、卫两国，果然遣人支援。事态发展到这一步，楚国对宋国的威胁基本解除。

不过，宋国的危机虽然解除，晋国面对的新危机也来了。楚军既然支援曹、卫，必然要面对晋军。如此，晋、楚两军形成了对峙，交战似不可免。

有意思的是，楚成王已料到这是晋文公的计谋，他也看出晋文公并不想恶化与楚国的关系，因此他并不希望与晋文公交战。这时候，如果双方和谈，止戈罢兵最好。有意思的是，高层有意停战，但负责支援曹、卫两国的楚军大将子玉不甘心。他坚持要攻打宋国，甚至连楚成王的命令也不听。因此，就在晋、楚两国对峙时期，子玉指挥楚军攻打了宋国。

由于晋军正与楚军对峙，抽不出身应对楚军攻宋。面对子玉虎视眈眈，宋成公又向齐、秦求救，希望两国能够出兵援救。据说两国也答应了支援宋国。而随着宋、晋、楚、齐、秦等国都参与其中，战争形势变得异常复杂。

不久，晋文公率领主力到了战争一线，与宋、齐、秦组建起了联军，由晋文公担任联盟长。随即，联军在卫国濮州与楚军相遇。晋文公兑现了诺言，退避三舍。只是晋文公玩了个心眼：他让军队退三舍后，就到了有利于埋伏的地方，晋军埋伏这里，等待楚军前来。这时候，有人嗅到了危机，劝阻子玉不可冒进。子玉不听身边智囊劝阻，冒失向前推进，结果钻进了联军布置好的包围圈，导致楚军大败，"败楚于城濮"①。这就是晋楚城濮之战。当然，实际战况更复杂，只是这里不做过多解析。

而联军的胜利，让郑国陷入恐慌之中。原来，当初楚国向中原进军时，郑国明确表态站队楚国，还曾帮助过楚国。如今楚国战败，郑国担心晋文公会迁怒于郑国，就派人向晋文公求情，希望与晋国结盟。晋文公原本打算攻打郑国，但想到郑国卑躬屈膝求饶，也就同意了郑国所请，放过了郑国。

当然，尽管晋军胜利了，晋文公依旧高兴不起来，因为子玉并不服。万一他回去后，说服楚成王，再次带领军入中原，届时晋、楚两国可能还要对决。所以晋文公一直在观望时局，等待可能会发生的战争。所幸的是，子玉回去后，遭到楚成王的斥责。楚成王认为，子玉不听他的话，才导致了城濮之败。子玉忧愤不已，自杀而亡。自此之后，晋、楚两国关系变得暧昧，不过双方并未再交战。

而通过城濮之战，晋国一跃成为新的中原霸主。晋文公很有意思，他显得很机警，将这场战争的战利品都上交给了周天子。周天子对晋文公也很礼遇，封他为"伯"（读 bà）。这实际上也就承认了晋国霸主地位。或许晋文公就要这样一个头衔，以"挟天子以令诸侯"。

此后，晋文公开启了称霸之路，他想打谁就能打谁，想对谁用武力就对谁用武力。所幸的是，晋文公因早年流浪生涯，深知天下民众疾苦，他虽为霸主，却不似齐桓公那般骄横，比如，在对待曹国问题上，晋文公显得很理智。

---

① 司马迁：《史记》卷三十九《晋世家第九》。

当时，晋文公联合了一些诸侯，包围了许国。与许国毗邻的曹国，也陷入危机中，面临着亡国的危险。这时候，曹伯的谋士就劝谏晋文公说："当初齐桓公葵丘会盟诸侯是为了扶持异姓国家，彰显霸主地位。如今您为了实现霸主地位，却要灭亡同姓国家。曹国、晋国本是一脉。会盟诸侯灭掉兄弟之国，这很不符合礼仪。"晋文公觉得曹伯谋士说得有道理，就放过了曹国，恢复了曹伯的君位。①

随着晋文公称霸，秦穆公也不得不对晋文公尊重起来。所幸的是，这些年来双方一直保持着深厚的友谊。他们在各种事务中，能做到互帮互助。而对其他诸侯，晋文公就没有那么客气了。

前630年春，晋文公开始谋攻郑国。前面提及过，郑国曾在楚国攻打卫国时，帮助过楚国，因此得罪了晋国。当时郑国采取弥补性措施，与晋国结盟，化解了危机。只是大国之间，关系一旦有裂痕，很难弥合。晋国谋郑国，多少与这件事有关。不过，晋文公向外宣扬讨伐郑国的原因是，当初他流浪各地时，郑国没有给予足够的礼遇，甚至侮辱过他。现在他是霸主，秋后算账，征讨郑国。

这个理由显然有点冠冕堂皇，但在春秋时期，强者的话总是有理，而弱小诸侯即便都是理，也是无理。郑国只能硬着头皮应对晋国大军。

晋文公很重视这一战，他还约上秦穆公，决定对郑国实施一次合围、剿灭。秦穆公也乐于帮助晋文公，巩固和深化两国关系。

紧接着，联军就包围了郑国。此时，晋国向郑国提出了一个要求，他们索要郑国叔瞻的脑袋。原因是，此人多行坏事，挑唆各国

---

① 司马迁：《史记》卷三十九《晋世家第九》。

关系，搞得"国际"上不得安宁。而叔瞻得知晋国的要求后，知道自己必死无疑，选择了自杀。毕竟士可杀不可辱，岂能遭受晋国如此无礼与羞辱？

为了让联军退兵，郑国将叔瞻的尸体送给了晋文公，希望晋文公能够撤兵。到这时，晋文公才表达了真实想法：一定要抓住郑文公，才会甘心。晋文公这一要求，显然"不讲武德"。郑文公非常惧怕，也毫无办法。一旦他被抓住，意味着郑国也就亡国了。可眼下，郑国还没有抵御晋国的实力，如果硬碰硬，郑国也只有亡国。

郑文公陷入绝望中。

不过很多时候，人往往在陷入绝境时才会出现转机。古人也说"置之死地而后生"。这时候，郑国官员佚之狐的出现，成为了这场战争的变量。他向郑文公举荐了一个叫烛之武的人，声称此人能说会道，定能够劝退秦军，而只要秦军撤退，晋文公也会撤军。他建议让烛之武去规劝秦穆公撤兵。

郑文公看到了希望，内心却很为难，因烛之武这个人他早就听说过，只是在此之前他并未重用过烛之武（可能是傲慢与偏见所致，导致烛之武一生都未受到重用）。现在国家危亡之际，他却要求烛之武为郑国效力，担心烛之武会拒绝。

佚之狐却表示，烛之武是个深明大义之人，郑国也是他的国家，只要郑文公亲自去请其出山，烛之武不会计较个人得失。因此，郑文公与佚之狐就到烛之武家里拜访，向烛之武陈述了郑国眼下的危局，希望烛之武帮忙。烛之武起初还有点抗拒，但看到国君屈尊求助，也不再端着，答应出使秦国大营，会见秦穆公。

当天夜里，烛之武被人从城墙上用绳子放下，乘着蒙蒙夜色，钻进了城外秦穆公的大营。见了秦穆公后，烛之武并不卑躬屈膝，而是不卑不亢地给秦穆公说了这样一番话："你们一旦灭掉郑国，只会让晋国实力增强。这种结果对晋国而言，当然是最好的；但对于秦国来说，未必是好事。晋国的强大不仅会威胁到郑国，也会威胁到秦国。那么，大王为什么不帮助郑国脱离险境，进而让郑国与秦国建立良好的关系，以应对晋国的崛起呢？"

烛之武说完后，转身就离开了，任由秦穆公愣在原地。事实上，此时的秦穆公也陷入纠结中，不知如何行动。烛之武的话不无道理。以后秦国想要东出，晋国会是秦国最大的威胁和潜在的对手。可能在烛之武还未至秦营之前，秦穆公已产生思想动摇。烛之武的到访，只是帮他下了决心而已。不久，秦军忽然撤军。而晋文公看到秦穆公撤兵，也率部撤回到晋国。[①]

以上这段文字出自《晋世家》。《左传》中有更详细的内容，也是《左传》中的名篇，成为春秋时期说服诸侯的典型案例，一度被选入中学课本中，它就是《烛之武退秦师》。[②] 这里不再对《左传》

[①] 司马迁：《史记》卷五《秦本纪第五》："三十年，缪公助晋文公围郑。郑使人言缪公曰：'亡郑厚晋，于晋而得矣，而秦未有利。晋之强，秦之忧也。'缪公乃罢兵归。晋亦罢。"司马迁：《史记》卷三十九《晋世家第九》："七年，晋文公、秦缪公共围郑，以其无礼于文公亡过时，及城濮时郑助楚也。围郑，欲得叔瞻。叔瞻闻之，自杀。郑持叔瞻告晋。晋曰：'必得郑君而甘心焉。'郑恐，乃闲令使谓秦缪公曰：'亡郑厚晋，于晋得矣，而秦未为利。君何不解郑，得为东道交？'秦伯说，罢兵。晋亦罢兵。"

[②] 《左传·僖公三十年》："晋侯、秦伯围郑，以其无礼于晋，且贰于楚也。晋军函陵，秦军泛南。佚之狐言于郑伯曰：'国危矣，若使烛之武见秦君，师必退。'公从之。辞曰：'臣之壮也，犹不如人；今老矣，无能为也已。'公曰：'吾不能早用子，今急而求子，是寡人之过也。然郑亡，子亦有不利焉。'许之。夜缒而出，见秦伯，曰：'秦、晋围郑，郑既知亡矣。若亡郑而有益于君，敢以烦执事。越国以鄙远，君知其难也。焉用亡郑以陪邻？邻之厚，君之薄也。若舍郑以为东道主，行李之往来，共其乏困，君亦无所害。且君尝为晋君赐矣，许君焦、瑕，朝济而夕设版焉，君之所知也。夫晋，何厌之有？既东封郑，又欲肆其西（转下页）

内容加以解读，有兴趣的读者朋友可看看脚注中的《左传》原文。

吊诡的是，秦穆公撤兵后，有晋国公子建议追击秦军。原因是秦穆公不守盟约，单方面撤军。晋文公却认为秦穆公为人稳重，他做出这样的决策，一定有他的原因。再者，秦晋两国一直交好，不能因这件事就翻脸。晋文公自己都是秦穆公扶上国君之位的，人要学会感恩，也要心胸宽广。

自此，郑国的危机得到解除。

崤山之败

郑国的危机解除后的第二年，晋文公就去世了。"三十二年冬，晋文公卒。"晋文公去世后，由其子姬欢即位，是为晋襄公。与此同时，郑文公也在不久之后去世。

而两位重要的诸侯去世，天下似又酝酿着变化。

之后，隐患先从郑国内部出现。按《秦本纪》的说法，当时有个郑国官员，有意将郑国卖给秦国，还表示自己主管郑国王都城门，若秦国有意取郑国，他会在城门上做手脚，让秦军能够进入郑国都城。

对于这个消息，秦穆公很兴奋。眼下晋文公去世，晋国忙于君权更替，没有时间来处置外交事宜。当然，让秦穆公攻郑的原因是复杂的，不可能只有这点。而攻打郑国，是秦穆公综合考量的结果。

（接上页）封，若不阙秦，将焉取之？阙秦以利晋，唯君图之。'秦伯说，与郑人盟。使杞子、逢孙、杨孙戍之，乃还。子犯请击之，公曰：'不可。微夫人之力不及此。因人之力而敝之，不仁；失其所与，不知；以乱易整，不武。吾其还也。'亦去之。"

在秦穆公看来，这是秦国变强的最佳时机。因此，秦穆公征求蹇叔、百里奚的意见。令秦穆公失望的是，这一次，两人坚决反对秦穆公这么做。他们的理由是：要想攻打郑国，得穿行多个国家，奔袭千余里去袭击。这种做法舍近求远，很难成功。另外，既然有人出卖郑国，谁又能保证没有人出卖秦国呢？总之，就是不能攻打晋国。

秦穆公却很得意，表示如果错过这个机会，等晋国实现了国君平稳过渡，再去谋取郑国，将比登天还难。

总之，秦穆公已决定攻打郑国。蹇叔、百里奚根本无法改变秦穆公的决定。①

应当说，在攻打郑国这件事上，蹇叔、百里奚看得更远。这种从其他国家穿越而过，然后攻打遥远国家的做法，即便放在现代战争中也不可取。谁愿意别人的大军从自己的国家穿行而过呢？而把时间往回倒两千多年，当时的人也不愿秦军这么做。若晋国与周围的诸侯合围秦军，如之奈何？可能秦穆公认为，秦国与晋国、周王朝的关系匪浅，也就没有考虑到这一层。他已被郑国这块肥肉所吸引，忽略了各种隐患。

事情既然无转圜余地，只能任由其发展。秦穆公选了一支秦军，由百里奚的儿子孟明视、蹇叔的儿子西乞术及将领白乙丙等人带领，攻打郑国。

按《秦本纪》的说法，大军出行之日，亲人们为出行的军士送

---

① 司马迁：《史记》卷五《秦本纪第五》："郑人有卖郑于秦曰：'我主其城门，郑可袭也。'缪公问蹇叔、百里奚，对曰：'径数国千里而袭人，希有得利者。且人卖郑，庸知我国人不有以我情告郑者乎？不可。'缪公曰：'子不知也，吾已决矣。'"

行，百里奚、蹇叔却泪洒当场。

秦穆公对两位贤臣的做法非常生气，指责两位辅佐之臣说："我调兵出征，你们却在三军面前哭泣，消磨我军士气，到底为了什么？"两位大臣赶紧解释："我们岂敢消磨大军的士气呢？只因大军要出发了，我们的儿子在军队中，我们舍不得罢了。我们现在很老了，等他们打了胜仗回来，恐怕就见不到我们了。我们为此感叹人生短促，不由落泪而已。"秦穆公听完依旧很不悦，但没有追究两位大臣的哭泣之罪。

离开秦穆公的视线后，百里奚、蹇叔再次找到了儿子，对他们交代说："我料定你们一定会战败，而秦军战败的地方，就在崤山附近。你们一定要注意自己的安全呀！"[1] 这里的崤山，位置很重要，战国时山东，山中的"山"指的就是崤山。《括地志》说："三崤山又名嵚岑山，在洛州永宁县西北二十里，即古之崤道也。"

而《秦本纪》的这个说法很难说服人，有前后矛盾之嫌：既然两位顾命大臣发现了危机，为什么不竭力劝阻？难道秦穆公吃了秤砣铁了心？

前627年春，浩荡的秦军一路向东而行。不久，秦军就绕过了晋国的土地，出了周王朝的北门。

而秦军的行动引起了周围国家臣民的好奇，很多人远远观看秦军的行动。周王的子孙姬满也站在城楼上观看秦军，他虽年纪不大，却见识非凡。他对身边的人说："秦军舍近求远，注定要失

---

① 司马迁：《史记》卷五《秦本纪第五》："遂发兵，使百里奚子孟明视，蹇叔子西乞术及白乙丙将兵。行日，百里奚、蹇叔二人哭之。缪公闻，怒曰：'孤发兵而子沮哭吾军，何也？'二老曰：'臣非敢沮君军。军行，臣子与往；臣老，迟还恐不相见，故哭耳。'二老退，谓其子曰：'汝军即败，必于殽阨厄矣。'"

败。"《左传》中也有类似记载:"秦师过周北门,左右免冑而下,超乘者三百乘。王孙满尚幼,观之,言于王曰:'秦师轻而无礼,必败。'"①

尽管公子姬满对秦军孤军深入不以为然,但晋国既然允许秦国从境内穿过,周天子也只能默认秦人借道。

之后,秦军到达了滑国。《括地志》说:"氏故城在洛州缑氏县东二十五里,滑伯国也。韦昭云,姬姓小国也。"这个小国地域不大,人口也少,多年来都附在晋国羽翼下生存。

据说当声势浩大的秦军进入滑国时,忽然遇到一人赶着一群牛而来,秦军迅速将此人围了起来。来人自称是郑国商人弦高,他身边跟着十二头牛,都是膘肥体壮的好牛。他被秦军围住后,担心秦军对他下手,主动将牛送给秦军。他还对秦军说:"我们郑国人都听说大国要来惩罚小国。目前,郑国上下都在积极做着准备。我王探知秦军的动向,特派我献上十二头牛犒师。"

《左传》中认为:"及滑,郑商人弦高将市于周,遇之。以乘韦先,牛十二犒师,曰:'寡君闻吾子将步师出于敝邑,敢犒从者,不腆敝邑,为从者之淹,居则具一日之积,行则备一夕之卫。'且使遽告于郑。"从《左传》内容分析,《秦本纪》《晋世家》很多内容脱胎于《左传》,还有部分采纳了《国语》的记载,司马迁是在这两份材料的基础上进行了繁删就简及润色。

听完弦高的叙述,秦国的三位将军陷入了纠结:按照计划,他们是要偷袭郑国的。可他们还未到郑国,行踪就被郑国人探知。这也意味着,郑国上下一定在做抵抗秦军的准备,偷袭无法成功。

---

① 左丘明:《左传·僖公三十三年》。

　　秦国的三位帅臣陷入两难之中，到底是硬着头皮去攻打已有防备的郑国，还是撤回秦国？现实的条件是，灭亡郑国不是不可能，但会付出沉重代价。当然，回到秦国也有困难，因为战争还没开始就回撤，让秦军士气锐减不说，回去后如何向秦穆公交代？

　　纠结之余，三位帅臣没有更好的办法。这时候，大概有人出了个馊主意：既然不能攻打郑国，应顺手牵羊掠夺一把，不能空手而归。于是，秦军忽然将目光放在了滑国。理由也很冠冕堂皇：既然无法消灭郑国，还不如直接消灭滑国，也算是给秦国打了一片江山。因此，三人果断放弃了攻打郑国，率领着秦军扑向了滑国。[①] 而滑国怎么也没想到，他们稀里糊涂就被秦军灭国。[②]

　　三位秦军将帅可能有些得意，因为在消灭滑国这件事上，他们并未损失多少人马。但他们不知道的是，正因他们消灭滑国的举动，将秦军带入了深渊之中。原因是，三位将军只想着为国效力，却忽略了滑国是晋国的附庸。他们灭滑国，让晋国如何看待秦晋关系？

　　消息传到晋国时，晋国上下很愤怒。此前，秦军路过晋国地界时，鉴于两国曾经关系匪浅，晋襄公并未派人阻拦，默认了秦国攻打郑国。谁能想到，秦军忽然调转枪头，消灭了滑国。

　　秦军这一举动，无异于向晋国宣战。晋襄公很愤怒，他对着大臣说："秦国此举是欺负我这个孤儿，他们趁着我们国内有丧事，

---

① 司马迁：《史记》卷三十九《晋世家第九》："秦师惊而还，灭滑而去。"

② 司马迁：《史记》卷五《秦本纪第五》："三十三年春，秦兵遂东，更晋地，过周北门。周王孙满曰：'秦师无礼，不败何待！'兵至滑，郑贩卖贾人弦高，持十二牛将卖之周，见秦兵，恐死虏，因献其牛，曰：'闻大国将诛郑，郑君谨修守御备，使臣以牛十二劳军士。'秦三将军相谓曰：'将袭郑，郑今已觉之，往无及已。'灭滑。滑，晋之边邑也。"

来进攻我们边境小国滑国。"晋国的诸大夫们也群情激奋，斥责秦国的不仁之举。

愤怒的晋襄公召集群臣商议解决办法。当时，晋国朝堂之上有两种声音：一种以大夫先轸为主，主张对秦军进行打击；一种以大夫栾枝为主，主张不要与秦国交恶。

年轻的晋襄公对秦国远不如晋文公亲密，很难咽下这口气。他果断听从了先轸的建议，决定对秦军实施打击。晋国臣僚看到晋襄公主意已定，也都不再劝谏，支持打击秦军。这意味着晋襄公统一了臣僚的思想。

之后的事情变得简单，无非如何打击秦军的具体细节问题，由负责战略战术的官员来制定。最终，在大家的商议下，晋襄公决定在秦军回撤的险地崤山，对其进行打击。

随即，晋襄公命人调遣兵马，准备严惩秦军。[1] 据说为了鼓舞士气，晋襄公命人将穿在身上的丧服染成了黑色——这无疑是一种雪耻的表现。晋襄公甚至将晋文公的丧事都押后，决定一心对付秦军。之后，晋国大军奔赴崤山，埋伏在深山里，准备拦击秦军。

而此时，秦军正在往回撤。不过，要想平安撤回去，就得穿过晋国的地界。尤其要穿越崤山，这里位置重要，一夫当关，万夫莫开。而彼时秦军已消灭滑国，晋国会让他们轻松离开吗？

秦军孟明视、西乞术、白乙丙三位主帅已意识到危机，他们命人火速撤离的同时，也在时刻关注着晋国的动静。当他们行至崤山附近时，秦军探子已得到消息，晋军就驻扎在崤山，严阵以待。秦

---

[1] 司马迁：《史记》卷五《秦本纪第五》："当是时，晋文公丧尚未葬。太子襄公怒曰：'秦侮我孤，因丧破我滑。'"

国的三位将军不得不集中力量应对晋军。

紧接着，战争在崤山打响。晋军等秦军进入崤山后，堵了崤山的出入口，将秦军包围，让秦军无处可逃。

之后，晋军则依靠地形，几乎歼灭了全部的秦军。三位秦国的将军成为了俘虏，被押解到了晋国。①

秦军自出山来无敌手，这次却损失惨重。晋军大获全胜后，晋襄公命人拘押了三名俘虏，准备在埋葬晋文公时，拿三人的头祭奠晋文公。

之后，晋国高层兴致勃勃，开启了晋文公葬礼事宜。这时候，被秦穆公嫁给晋文公的怀嬴向晋襄公求情，她希望晋襄公放过三位秦将。据说为了打消晋襄公的顾虑，怀嬴还说："秦穆公对三人积怨已深，更何况他们在战场上失利。现在杀了他们太便宜他们了。不如将他们送回去，让秦穆公诛杀他们，比我们杀了他们更有意义。"晋襄公听完怀嬴的话后，觉得有几分道理，同意将三位俘虏送回去。

或许晋襄公有自己想法：现在杀了三个俘虏，非常容易。但将他们送回去，不管秦穆公杀不杀他们，对秦穆公而言，都是一种耻辱。这是一种羞辱秦穆公的做法，远比杀了三位秦国大将有意思得多。

之后，晋国就放三位秦国大将回去。同时，他们也在观望秦穆公的举动。

这时候，大臣先轸才听说晋襄公放秦国俘虏回去，非常焦急。

---

① 司马迁：《史记》卷五《秦本纪第五》："遂墨衰绖，发兵遮秦兵于殽，击之，大破秦军，无一人得脱者。虏秦三将以归。"

于是他进宫面见晋襄公，对晋襄公说："晋国的祸患就要产生了。"
晋襄公不以为然。先轸没有与晋襄公进行辩论，而是遣人追击孟明
视、西乞术、白乙丙三人，希望在晋国的地界上将他们拦截下来。
只是，当他们的人追到黄河边上时，看见三人已坐船过了黄河。而
只要渡船过河，三人就登上了秦国的土地，想追也很难追得上。

先轸愤怒不已，也抱有一丝侥幸心理。他希望真如怀嬴所言，
秦穆公对三人恨之入骨，会杀了他们。[1]

此时，秦穆公也懊悔当初不听百里奚、蹇叔建议，造成数以万
计的秦军将士殒命崤山。当他得知三位将帅回来，羞愧不已，准备
亲自接三位将领回国。

按《秦本纪》说法，秦穆公穿着白色的衣服，在郊外迎接三位
回国的将军。等众人见面后，秦穆公悲愤交加地说："当初，百里
奚、蹇叔让我不要出兵，但我没有听他们的话，才导致三位蒙受奇
耻大辱。三位将军是为我秦国出力，哪里还有什么罪责呢？希望你
们回来后，好生休养，不要一蹶不振。等待将来时机成熟，再上战
场，赢回自己的荣誉。"秦穆公的这种举动，感动了三位将军，也
让他们重拾了信心。之后，秦穆公给三人官复原职，又赏赐了更多
的财物。[2]

消息传到晋国，晋襄公才后悔放三人离开。当然，他也没有想
到秦穆公会如此处置三人。而秦穆公这种胸怀大义、明辨是非的做

---

[1] 司马迁：《史记》卷三十九《晋世家第九》："先轸闻之，谓襄公曰：'患生矣。'
轸乃追秦将。秦将渡河，已在船中，顿首谢，卒不反。"

[2] 司马迁：《史记》卷五《秦本纪第五》："文公夫人，秦女也，为秦三囚将请曰：
'缪公之怨此三人入于骨髓，原令此三人归，令我君得自快烹之。'晋君许之，归
秦三将。三将至，缪公素服郊迎，乡三人哭曰：'孤以不用百里奚、蹇叔言以辱
三子，三子何罪乎？子其悉心雪耻，毋怠。'遂复三人官秩如故，愈益厚之。"

法，反而让晋襄公对他多了一份崇敬。

《左传》中的版本，与《秦本纪》略有不同。且看《左传》记载：

> 崤山之战后，晋国放回了秦国将领。这时候，秦国大夫和侍臣对秦穆公建议："这次战役失败，完全是孟明的指挥失误，因此我们一定要杀了他。"秦穆公却说："这并非他们的罪过。周朝芮良夫有诗：'大风能够将刀摧毁，贪婪的人会将善良败坏。听到与自己不相干的事情就添油加醋，听到《诗》《书》就打瞌睡，不能任用贤才，会让我与道义背道而驰。'所以，这次失利是我的贪婪所致。而因为我贪婪，让孟明受祸，他能有什么罪责？"之后，秦穆公就重新起用了孟明，让他执政。①

诚如前文所言，秦、晋之间的很多故事，脱胎于《左传》《国语》，因此，我们认为《左传》这个记载更真实，只是在《秦本纪》中，司马迁让故事更丰满了。比如，他穿着孝服接待三位将军回国；孟明等人回来后，他又鼓励三位将军，等等，或许都是司马迁的发挥。或者说，这些东西来自《秦记》，司马迁在对比素材后，还是用了秦人自己的记载。

接下来，秦国将如何应对晋国？

---

① 左丘明：《左传·文公元年》："殽之役，晋人既归秦帅，秦大夫及左右皆言于秦伯曰：'是败也，孟明之罪也，必杀之。'秦伯曰：'是孤之罪也。周芮良夫之诗曰；"大风有隧，贪人败类，听言则对，诵言如醉，匪用其良，覆俾我悖。"是贪故也，孤之谓矣。孤实贪以祸夫子，夫子何罪？'复使为政。"

4. 遂霸西戎

再度失利

耻辱会催人奋进，崤山之败就是秦穆公的耻辱，这场战争后，秦穆公汲取教训，开始韬光养晦。

不过这一过程并不长。秦穆公心中憋着一口气，他希望通过战争来挽回崤山之耻。

前626年春，秦国还在厉兵秣马，却从楚国传来了一个消息：楚国太子商臣发动武装政变，弑杀了其父楚成王后自立，"楚太子商臣弑其父成王代立。"楚国经常有这种政变，他们虽然也是诸侯，却对中原王朝的制度不太尊崇。

这个消息尽管与秦国没有多大关系，但这种太子弑君的做法，引起了秦穆公的注意。这是破坏制度，是礼崩乐坏的前兆。秦国断然不能有这样的事情发生，秦穆公在制度层面开始考虑继承人的问题。

不过眼下，秦穆公的重点目标在晋国。晋文公去世后，秦、晋两国已疏远，崤山之战使得两国失和，裂痕越来越大。以后秦、晋想要恢复以前的关系，绝对不可能。这时候，秦穆公已看清时局，不想继续维护这种早已破裂的关系，他要向晋国发动一场战争，改变两国关系。

大概秦穆公认为，晋文公时代晋国已达到高峰，晋襄公不过是个毛头小子，无法准确判断天下大势。而秦国这些年来韬光养晦，实力今非昔比，可乘机对晋国发动战争。

正是抱着这样的心态，秦穆公又开始部署出兵伐晋。同年（前626年）夏，在秦穆公的指挥下，秦军攻打晋国。这一次，秦穆公派出的人还是孟明视等人。他们大概是秦穆公时期成长起来的帅才，多次被秦穆公委以重任。

当然，是否也有这样一种可能：秦穆公后期没有文武兼备的帅才，才不得不多次重用孟明视等人呢？

秦军出动的消息很快被晋国探知，他们也在积极备战。

事实上，晋国早就预料到秦国会报复，因此在崤山之战后，他们也一直在积极准备。而双方都有准备，这就让战争形势变得复杂起来，因为谁也无法预料战争结果。

双方交战的地方叫彭衙。《史记集解》中认为："冯翊郃阳县西北有衙城。"《史记正义》说："彭衙故城在同州白水县东北六十里。"

由于晋国早有准备，因此秦军的进军并不顺利。大概秦军的动向早就被晋军探知，故而在双方交战时，晋军处处抢占先机，秦军再次被晋军击败。孟明视等人不得不暂时回撤。[①]

这次失利后，秦穆公认清了现实：至少目前，秦国还不能与晋国一较高低。他得筹划一个万全之策，一个能够打败晋国的万全之策。因此，秦穆公暂时放下了复仇计划。此后，秦、晋两国进入互守和平的时代。而秦穆公在等待时机，也在筹备复仇计划。

人才由余

不久，一个人从遥远的北部草原而来，到了秦国首都雍城。他

---

① 司马迁：《史记》卷五《秦本纪第五》："缪公于是复使孟明视等将兵伐晋，战于彭衙。秦不利，引兵归。"

的到来，将引起秦国的巨变。这个人叫由余。按照《秦本纪》的说法，由余入秦是奉北方的戎、狄部落首领之命，到秦国来探知虚实。

据说由余的先祖本是晋国人，后来触犯了律法，被晋国通缉，于是举家向北逃亡，最终到了戎、狄部落。自此之后，他们就落户戎、狄部落，为部落建言献策，赢得了部落首领的信任。到由余这一代，其家族已繁衍了很多代，他们的习俗、衣着、饭食几乎与戎、狄无异。不过，由余的祖先有"恋乡"情怀，始终没有忘记母国的语言，到由余这一代，他们依然会说母语，还保留一些中原的习俗。①

在中原掀起争霸战时，地处草原部落的戎、狄，一直处于观望中。尤其晋国的崛起，让他们不敢再轻易染指中原。不过戎、狄部落对中原地区依然怀着强烈的好奇心。尤其近些年来，秦穆公在西边广施仁政，推进农业改革，继承和推广周礼，使得秦国不断强大。由此，有关秦穆公本人的各种传说，也就流传于西边各种部落中。戎王听说秦穆公英明，打算结交秦穆公，就遣由余入秦，拜访秦穆公。

由余到秦国边境时，秦、晋两国彭衙之战刚刚结束，边境排查还相当严。一个穿着打扮完全异族化的人，自然也就成了边境戍卒关注的重点。由余因此被阻拦在边境线上，无法顺利入境。只是由余肩负使命，在未完成使命前，不愿空手而归。他想尽了办法，才穿过层层壁垒，到了秦国都城雍邑。②

见了秦穆公后，由余自报家门，道出此次出访秦国的目的：戎

---

① 司马迁：《史记》卷五《秦本纪第五》："戎王使由余于秦。由余，其先晋人也，亡入戎，能晋言。"
② 司马迁：《史记》卷五《秦本纪第五》："闻缪公贤，故使由余观秦。"

王有意结交秦国，相互扶持，取天下富贵。秦穆公听完由余的絮叨后，有些轻视戎、狄。

这是个非常有趣的现象：在东方诸侯眼中，秦人与蛮夷无异，他们瞧不起秦人；而在秦国人眼中，戎、狄又是比秦人更落后的部落，除了蛮力毫无用处。这种文化差异，让秦穆公瞧不起由余。

不过秦穆公终究还是一位雄主，他没有冷遇由余，以招待诸侯国使者的礼仪对待由余。当然，他留下由余可能只是为彰显秦国之威，以震慑戎、狄部落。

之后，秦穆公就迫不及待地带着由余观看了秦国的宫室建筑，访查了秦国雍城储备。据说这次观摩，让由余大开眼界，他看到秦国物资充盈，钱财很多，还有礼器、玉器、乐器等众多令人眼花缭乱的东西，这些东西戎、狄部落是没有的。

当然，由余也不傻，他清楚秦穆公带他观摩秦国的用心。据说，为打击秦穆公的膨胀之心，在观摩结束后，由余故意泼冷水说："这些东西表面上看，简直令人眼花缭乱，若让鬼神制造这些东西，可能鬼神都会劳累。若让人来制造这些东西，也就苦了民众啊！"[1] 当然，由余的话里，是否也透露着秦穆公好大喜功呢？

看着由余吃不到葡萄说葡萄酸的神情，秦穆公就问由余："中原自古以来就用诗书、礼乐、法度等来治理国家。不过即便如此，也经常发生混乱。你们戎、狄部落没有这些先进的东西，那治理部落岂不是更加困难？"

对于秦穆公的疑问，由余再次表现出高超的智慧，他嘲笑秦穆

---

[1] 司马迁：《史记》卷五《秦本纪第五》："秦缪公示以宫室、积聚。由余曰：'使鬼为之，则劳神矣。使人为之，亦苦民矣。'"

公很外行（业余）。之后，由余的一番话，彻底改变了秦穆公对由余的认识。他说："诗书、礼乐、法度才是导致中原混乱的根源所在。自上古黄帝制定了礼乐、法度，就亲自带头用这些东西治理部落。表面上看，这些东西很有效用，但也仅能实现小范围内的安定。后世君主不再尊崇制度，变得骄奢淫逸。就是说，他们自己不遵守法度，却用法度来监督和责罚民众。长此以往，被君主逼到山穷水尽的民众，就会怨恨上级不行仁义，进而引发上下级之间相互斗争。最后就会发展成弑君篡位，甚至灭族屠杀的恶行。而戎、狄部落治理方式与此截然不同，他们的上级都用美德对待下级，下级也用忠诚和信任来侍奉上级。国家就如同一个人支配自己身体，根本没必要考虑用什么方法支配，因为总能维持身体的平衡。这才是真正的圣人治国之道啊！"①

由余的这番论述，显然带有儒家、墨家等学派的思想。可能这些话也是后世加工的产物。或者说，在《秦记》中有这个故事的原型，司马迁将故事润色得更加丰满。

而秦穆公显然被由余这一番言论震惊到了。他沾沾自喜、引以为傲的礼仪、制度、法令等，在由余眼中一文不值。而由余提出的推行仁德之高见，又与周礼治国暗合。

事实上，由余的这种见识，即便放在中原王朝也是相当前卫的，这里面有儒家的仁义，有周人的礼仪。让秦穆公想不到的是，说出

---

① 司马迁：《史记》卷五《秦本纪第五》："缪公怪之，问曰：'中国以诗书礼乐法度为政，然尚时乱，今戎夷无此，何以为治，不亦难乎？'由余笑曰：'此乃中国所以乱也。夫自上圣黄帝作为礼乐法度，身以先之，仅以小治。及其后世，日以骄淫。阻法度之威，以责督于下，下罢极则以仁义怨望于上，上下交争怨而相篡弑，至于灭宗，皆以此类也。夫戎夷不然。上含淳德以遇其下，下怀忠信以事其上，一国之政犹一身之治，不知所以治，此真圣人之治也。'"

这样高深理论的人，竟出自他瞧不上的戎、狄部落。

　　总之，在与由余接触的这段时间里，由余的各种高论不断触动着秦穆公，他开始认真对待由余。当然，这也给人一个启示：若你想要得到领导者的赏识，首先要颠覆他的认知，让你的言论彻底打乱他固有的思维。这样一来，领导者就会对你另眼相看，然后重视你、赏识你。

　　之后的相处，变得和谐融洽，秦穆公款待了由余，然后将由余安置在了馆驿。

　　也是从这时候起，秦穆公内心产生了危机感：若戎人部落多几个由余这样的智囊，秦国周围岂不全是强劲对手？

　　对于自己的困惑，秦穆公向内史王廖说了这样一番意味深长的话："我常听人说，邻国有圣人，就会给敌对国带来忧患。现在戎王手下的由余就很贤能，他就成了我们的隐患。我们该怎么处置由余呢？"王廖大概猜中了秦穆公所忧，提出了试探由余的办法："戎王身处偏僻闭塞之地，可能从未接触过中原的礼乐。大王您可赠送戎王一些歌姬、艺人，用他们迷失戎王心智。一旦戎王喜欢上舞乐，就会荒废政务。到时我们极力挽留由余，不让他顺利回国，让他请求戎王允许延迟返回期限。我们通过这样的方法，破坏由余与戎王关系，进而让戎王对由余产生怀疑。之后，我们再利用各种理由，继续拖延由余，让他无法回国。等到戎王不再信任由余，我们就能乘机进攻戎、狄，俘获戎王。"[1] 听完王廖的计划后，秦穆公对

---

① 司马迁：《史记》卷五《秦本纪第五》："于是缪公退而问内史廖曰：'孤闻邻国有圣人，敌国之忧也。今由余贤，寡人之害，将奈之何？'内史廖曰：'戎王处辟匿，未闻中国之声。君试遗其女乐，以夺其志；为由余请，以疏其间；留而莫遣，以失其期。戎王怪之，必疑由余。君臣有间，乃可虏也。且戎王好乐，必怠于政。'"

王廖竖起大拇指，直言王廖的计策好。

为了留住由余这个人才，秦穆公煞费苦心。他召见由余，并与由余席地而坐，共享食物。秦穆公还怀着虔诚之心，向由余求教西戎的地理形势、兵力配备等情况。由余被秦穆公的坦诚感动，将这些情况都告诉了秦穆公。

不久，秦穆公又暗地里派王廖精心挑选了十六名歌舞艺人，派人送给了戎王，以此迷惑戎王的心智。相传，戎王看到这些绝色的歌舞艺人后喜欢不已，整天都沉浸在歌舞、美酒当中，一年都没有处理国政。而秦国高层则采取之前的计谋，继续挽留由余。一旦由余生了回国之心，秦穆公就好生招待，让由余无法离开。

一年以后，秦人窥探到戎王被他们送去的舞姬彻底迷惑，不再重视朝政，才允许由余回国。有意思的是，由余回国后，也摸清了秦国的底细，多次给戎王进言，希望戎王能够勤政爱民，防止秦国偷袭。但戎王沉浸在骄奢淫逸的生活中，对由余的进言置若罔闻。

而秦穆公也没闲着，他不断秘密遣人进入戎人部落，与由余私底下交涉，劝由余到秦国效力，届时秦国一定会给由余展示自己的平台。

起初由余并不同意，毕竟戎王对他们整个家族都有恩。然而，即便由余有为戎王效力的决心，却架不住戎王对他的冷落。而有才之人多自负，由余可能也有这样的缺点。同时，秦国的间谍还到处散播消息，声称由余有投奔秦国的嫌疑。最终，在多种因素的影响下，由余选择了舍弃戎王、投奔秦穆公。

而随着由余的加入，秦穆公对西戎的征讨工作也进入准备阶段。由余给秦穆公提供了很多西戎的内幕，这让秦穆公掌握了西戎的地理位置、兵力部署等情况，为下一步行动奠定了情报基础。①

以上内容来自《秦本纪》，有很多难以说服人的记载。如果你将这段记载当故事看尚可，如果把它当作秦国的历史，你就要怀疑它的真伪。因此，本书认为，由余到秦国效力，实际情况可能很复杂。因此，这里不妨大胆提出不同见解：作为戎王的亲信，由余家族已在戎部落生活很多代，他们与戎部落有着扯不清的关系，这一背景下，由余不可能轻易背叛戎王，投奔秦穆公；再者，戎王也不似昏聩之主，否则他就不会派由余到秦国交涉，试图与秦国建立密切联系。而既然戎王不是昏聩之主，就不可能因秦穆公的几个歌姬就改变心智，荒废政务。

司马迁的这些故事，是有原型的。比如给戎王进献美女，令其迷惑心智的故事，与《夏本纪》中诸侯给夏桀进献喜妹、《殷本纪》中诸侯给帝辛进献苏妲已很相似。可能在汉代人的意识里，用女子迷惑帝王心智是一条铁律，任何人都难以抵挡这种迷惑，会拜倒在石榴裙下。

本书推测：由余之所以离开戎王，完全是因为秦穆公干涉、破坏戎王与由余的关系，进而引发戎王对由余家人的屠戮。由余无处可去，才投奔了秦穆公。换句话说，由余的"落难"是秦穆公与智囊团一起策划的一场策反活动。这一过程，就像《水浒传》中宋江策反杨雄一样。

而有了由余的加持，让秦穆公对戎人知根知底，剿灭戎人是迟

① 司马迁：《史记》卷五《秦本纪第五》："因与由余曲席而坐，传器而食，问其地形与其兵势尽㠏，而后令内史廖以女乐二八遗戎王。戎王受而说之，终年不还。于是秦乃归由余。由余数谏不听，缪公又数使人间要由余，由余遂去降秦。缪公以客礼礼之，问伐戎之形。"

早之事。当然，吸纳由余，也与秦穆公后期智囊团人才不足有关，这时，百里奚、蹇叔等人已去世，秦穆公需要人才扶持，才争取到了由余。

不过，即便得到由余，秦穆公还不打算立即行动，他还要让戎王继续消沉下去、戎狄部落继续衰微下去，直到他击溃最大的敌人晋国为止。因此，此时的秦国将目光放在了晋国。

称霸西戎

细细想来，自上次在彭衙失利后，秦国已有两年没有与晋国发生战争。这两年时间里，秦穆公每时每刻关注着晋国，也在准备着与晋国作战，以洗刷崤山之败的耻辱。

前 624 年春，秦穆公认为时机成熟，于是决定再次对晋国发动战争。在秦穆公的主导下，各层级官员参与到这次攻晋的事务中，秦国很快出台了一份攻打晋国的方案，事无巨细地将攻打晋国的方方面面都列举出来。之后，按照作战方案，秦穆公再遣孟明视等人领兵讨伐晋国。

孟明视此前在晋军手中吃过两次亏，所以这次他选择了最为极端的方式：等他们过了黄河后，就命人烧掉了船只（与项羽的背水一战很相似，大概背水一战的原型也来自这里，或者说背水一战本就是司马迁制定的一种模式，遇到紧急战争时就会套用），大有胜败在此一役的决心。

之后，秦军迅速推进到晋国腹地，而晋国早就得知秦军入侵，也迅速组织人抵御秦军。于是，双方在晋国展开了一系列战斗。最终，秦军上下一气，同仇敌忾，击败晋军，攻下了王官、鄗等重要据点。《左传》有载："文公三年，秦伯伐晋，济河焚舟，取王官及

鄏也。"《括地志》对王官和鄏地做了注解："王官故城在同州澄城
县西北九十里。又云南鄏故城在县北十七里。又有北鄏故城，又有
西鄏古城。"

秦、晋这一战，让秦军彻底洗刷了崤山之败的耻辱。战后，晋
军受到重创，再也不敢小瞧秦军。相传，晋军自此之后都各自坚壁
清野，不敢出战。[①] 秦军也没有继续对晋国实施打压，而是选择了
撤离。

事实上，这也是明智之举，之前的战争秦军虽胜，若要继续与
晋国对抗，不见得秦军会继续取得胜利。

因此，秦、晋双方都处于试探中，不敢再轻易出兵。据说秦军
胜利后，秦穆公亲自领臣僚从茅津渡过黄河，到了晋军击败秦军的
崤山之地。而当秦穆公看到眼前堆积如山的将士白骨后，悲从中
来，泪洒当场，痛哭三天。他命人安葬了秦军暴露在崤山的尸骨，
并为他们举行了隆重的丧礼。

秦穆公还在三军将士前发誓说："将士们啊，你们要仔细听着！
不要喧哗！我向你们发誓。我要告诉你们的是，古人办事都虚心听
从老年人的意见，所以就不会犯错。"秦穆公的话，自然指的是当
初他不听从蹇叔、百里奚的建议，导致了崤山之败。这是向臣民
宣示他自己的错误。秦穆公之所以要在崤山立誓，就是希望他的
后人要汲取教训，避免他当初犯的错误。这是一场全民教育活动，
很多臣民听说秦穆公的慷慨陈辞后，流下了感动的眼泪。他们到
处宣扬说："啊！秦穆公待人很周到，终于等到了孟明视等人胜利

---

① 司马迁：《史记》卷五《秦本纪第五》："三十六年，缪公复益厚孟明视等，使将
　兵伐晋，渡河焚船，大败晋人，取王官及鄏，以报殽之役。晋人皆城守不敢出。"

的喜讯。"①《尚书》中的记载，与这个记载有几分相似之处：

> 秦穆公伐郑，晋襄公帅师败诸崤，还归，作《秦誓》。公
> 曰："嗟！我士，听无哗！予誓告汝群言之首。古人有言曰：
> '民讫自若，是多盘。'责人斯无难，惟受责俾如流，是惟艰
> 哉！我心之忧，日月逾迈，若弗云来。惟古之谋人，则曰未就
> 予忌；惟今之谋人，姑将以为亲。虽则云然，尚猷询兹黄发，
> 则罔所愆。番番良士，旅力既愆，我尚有之；仡仡勇夫，射御
> 不违，我尚不欲。惟截截善谝言，俾君子易辞，我皇多有之！
> 昧昧我思之，如有一介臣，断断猗无他技，其心休休焉，其如
> 有容。人之有技，若己有之。人之彦圣，其心好之，不啻若自
> 其口出。是能容之，以保我子孙黎民，亦职有利哉！人之有
> 技，冒疾以恶之；人之彦圣而违之，俾不达是不能容，以不能
> 保我子孙黎民，亦曰殆哉！邦之杌陧，曰由一人；邦之荣怀，
> 亦尚一人之庆。"②

《尚书》这段内容很晦涩，理解起来也费劲。不过核心的内容，基本就是《秦本纪》的压缩版。《秦本纪》的内容应脱胎于《尚书》。需要注意的是，《秦本纪》的记载表面上看很突兀，因为秦穆公说的这些话，完全不像数年后秦军战胜的情形。而秦穆公泪洒当

---

① 司马迁：《史记》卷五《秦本纪第五》："于是缪公乃自茅津封殽中尸，为发丧，哭之三日。乃誓于军曰：'嗟士卒！听无哗，余誓告汝。古之人谋黄发番番，则无所过。'以申思不用蹇叔、百里傒之谋，故作此誓，令后世以记余过。君子闻之，皆为垂涕，曰：'嗟乎！秦缪公之与人周也，卒得孟明之庆。'"
② 《尚书》卷二十《秦誓第三十二》。

场的真情流露，更像是当初秦军崤山之败后，秦穆公懊悔的说辞。悲伤的情感不可能保留三年。换言之，难道在失败三年后，秦穆公还能对崤山之败一直保持着当初失败时的愤慨？

所以，这段记载，在时间上、口吻上都有问题。本书认为，秦穆公泪洒当场的故事发生在当初崤山之败后，当时秦穆公听闻秦军损失惨重，流下了悲伤与懊悔的泪水，悔恨自己贸然出兵，让秦军精锐折损殆尽，才痛苦不已，而非数年后报仇雪恨时的痛哭流涕。

值得注意的是《左传》里的记载：

> 秦穆公率部攻打晋国。秦军渡过黄河，烧掉了渡船，抱着胜败彼此一役的决心，因此占领了王官和鄀地。晋军看到秦军勇武，坚守不出。之后，秦军从茅津渡黄河，进入晋国腹地，并在崤地为曾战死的将士筑了一座墓。然后，秦军就撤退了。秦穆公因此称霸西戎。究其原因，是因为秦穆公起用了孟明。这也让君子都弄清了秦穆公是善用人才的贤君，起用人才也专一无二。因此，孟明尽心竭力为秦国服务，畏惧秦穆公而深思熟虑。官员子桑忠诚不渝，善于发现和举荐人才。《诗》说："要去哪里去采蒿子？要去池塘里和小洲上。这些蒿子用在什么地方？在祭祀典礼上用他们。"秦穆公就是这样的人，他"忙于政务，昼夜不息安心辅佐秦穆公"，孟明也是这样的人，"把谋略留给子孙，用来安定和辅佐他们"，子桑也是这样的。①

----

① 左丘明：《左传·文公三年》："秦伯伐晋，济河焚舟，取王官，及鄀。晋人不出，遂自茅津济，封崤尸而还。遂霸西戎，用孟明也。君子是以知'秦穆公之为君也，举人之周也，与人之壹也；孟明之臣也，其不解也，能惧思也；子（转下页）

《左传》的记载，也能佐证《秦本纪》，不过又与《秦本纪》不尽相同。比如，在秦穆公哭崤山这件事上，不载于《左传》。

另外，《晋世家》也对此做了简略记载："后三年，秦果使孟明伐晋，报崤之败，取晋汪以归。四年，秦穆公大兴兵伐我，度河，取王官，封崤尸而去。晋恐，不敢出，遂城守。五年，晋伐秦，取新城，报王官役也。"《晋世家》里面说到了一个时间点，那就是在晋襄公五年（前 623 年）时，晋国也组织了一次反击，攻克了秦国的新城，也报了一年前王官的耻辱。[①]《左传》也有载："秋，晋侯伐秦，围刈、新城，以报王官之役。"[②] 但《秦本纪》中没有这段记载。那么，这里就有个难解的疑惑：既然《秦本纪》和《晋世家》均是出自司马迁之手，为何记载不一致呢？只有一种解释：司马迁在择取史料时，发现晋国的史料中有这一战，而秦国的史料中没有，因此他保留了晋国的史料部分，却在秦国的历史中不载。造成这种不一致的原因，可能是因为秦人战败，也就没有记载这段不光彩的历史。

不过，新城之败毕竟是小战役，而此时的秦穆公还在谋划着更大的目标。那么，秦穆公的目标到底是什么呢？

按照《秦本纪》的记载，前 623 年，秦穆公采纳由余的计谋，对西戎发动了侵袭战。也正是这次对西戎的战争，让秦穆公兼并十二国，开地千余里，实现了秦人在西方称霸的目标。《秦本纪》载：

（接上页）桑之忠也，其知人也，能举善也。《诗》曰："于以采蘩，于沼于沚，于以用之公侯之事"，秦穆有焉。"夙夜匪解，以事一人"，孟明有焉。"诒阙孙谋，以燕翼子"，子桑有焉'。"

① 司马迁：《史记》卷三十九《晋世家第九》。
② 左丘明：《左传·文公四年》。

"三十七年，秦用由余谋伐戎王，益国十二，开地千里，遂霸西戎。"秦穆公也自此登上了西方霸主的地位。

《史记正义》引用韩安国的说法，对秦军这次出兵做了详细的记载。韩安国认为，秦穆公在这一时期吞并了四十多个戎、狄部落，开地千里，"秦穆公都地方三百里，并国十四，辟地千里"。《史记正义》认为，秦穆公开辟的这千里之地，其实就是陇西、北地郡的一大片地方。

各种史料对秦穆公"开地"记载如此详细，是因为这是秦穆公一生最荣耀的时期。

本书认为，秦穆公能称霸西戎，是综合考量的结果。以当时秦国的实力，称霸天下是受现实条件制约的：东北部是劲敌晋国；北部、西部都是戎、狄部落；东南是周人故都洛邑，以及周天子的势力；西南则是巴蜀之地，有天然屏障，很少能够入侵。南方是强大的楚国。这种情况下，秦人无法明目张胆向东、南扩张。只能调转方向，将打击的目标放在西、北之地。而在这些地方，分布着大大小小各种戎、狄部落，有犬戎、西戎，还有义渠、乌氏等戎、狄，他们相互之间各自为政，秦穆公正好可利用计谋，各个击破。

司马迁在《史记·匈奴列传》中，对早期匈奴的演化做了详细记载：

> 当是之时，秦晋为强国。晋文公攘戎翟，居于河西圁、洛之间，号曰赤翟、白翟。秦穆公得由余，西戎八国服于秦，故自陇以西有绵诸、绲戎、翟、獂之戎，岐、梁山、泾、漆之北有义渠、大荔、乌氏、朐衍之戎。而晋北有林胡、楼烦之戎，燕北有东胡、山戎。各分散居溪谷，自有君长，往往而聚者百

有余戎，然莫能相一。[1]

秦国周边有这么多戎、狄，秦穆公早有收编他们的打算，可能是晋国的新城之败让秦穆公看清了现实：唯有向西扩张，才是上策。因此，秦穆公就此开展扩张行动。

令人意外的是，这次扩张异常顺利。秦军很快推进到了北地郡，消灭了不少戎部落，赶走了不少部落，也让不少部落臣服。之后，秦军继续向西扩张，将陇西郡周围的犬戎全部征服。至此，从关中平原到陇西之地，都成了秦人的地盘。这是秦人自建国以来从未有过的大胜利、从未有过的疆域延伸，秦穆公也因此称霸西戎。在后世的有关春秋五霸的争论中，有一种观点认为，秦穆公是继晋文公之后的又一春秋霸主；也有观点认为，秦穆公不是春秋五霸之一。司马迁很严谨，他只是表明了秦穆公称霸西戎。我们认为，秦穆公只称霸西戎，没有得到天子封的"伯"号，天下诸侯亦不完全认可他。因此，他不是春秋五霸之一。

当然，称霸西戎也是巨大功业，这是秦自建国以来从未有过的功绩。西周王朝的灭亡也与戎狄有关，秦人在壮大过程中，更是与戎狄展开了不屈不挠的斗争。直到秦穆公时代，才有了如此的胜利。

若手中有地图，再盯着地图分析，就能看出，此时的秦国地界已扩大了很多，包括甘肃东南、陕西西部的大片土地。原先的祖宗发家之地西犬丘、冀县、邽县等成为秦人的龙兴之地，一直有大军驻守。据说，曾经亲近秦国的郡背叛了秦国，秦穆公遣人交涉，派

---

[1] 司马迁：《史记》卷一百一十《匈奴列传第五十》。

兵入侵。《左传》载："初，鄀叛楚即秦，又贰于楚。夏，秦人入鄀。"① 不过整体而言，秦国基本稳定了西部，实现了遂霸西戎的计划。

秦穆公在西边称霸后，周天子也得到消息，他遣召公带着金鼓等器物到雍城，向秦穆公祝贺。② 由此，也奠定了秦穆公的地位。

当时，有个奇怪的现象：强大的诸侯对天子并不尊崇，总是凭借着实力称霸，也就是常言说的"挟天子以令诸侯"，他们尊崇天子的目的是"令诸侯"。尊王攘夷也只是诸侯获取更大利益的旗号。因此，他们在称霸后，又很在乎天子给予他们名义上的支持，仿佛只有天子给的头衔，才名正言顺。比如，此前齐桓公称霸时，周天子就给予了周王朝祭祀用的胙肉。晋文公称霸时，天子也给予了支持，赐予晋国河内阳樊之地。

对于天子赏赐的这些东西，秦穆公也很重视，全盘收下。当然，也有可能秦穆公与周天子已事先约定好了。而周天子给秦穆公赏赐礼器，也是对当时其他诸侯的一种宣示：承认秦穆公西方霸主地位。自此以后，秦人开始以新的面目应对天下诸侯。

此后两三年时间里，秦穆公都没有再对外发动战争。他开始消化、吸收这些戎、狄部落的子民，用中原先进文化同化他们，让这些人真心臣服，为秦国的壮大增加兵力和劳动力。

秦穆公去世

前 621 年（秦穆公三十九年）秋，这位在位近四十年的君主去

---

① 左丘明：《左传·文公五年》。
② 司马迁：《史记》卷五《秦本纪第五》："天子使召公过贺缪公以金鼓。"

世。秦穆公去世后，被葬在了雍城。①

不过秦穆公的葬地历来有争议，至今都还是悬而未决的问题，《史记集解》引用皇览的话，认为"秦穆公冢在橐泉宫祈年观下"。《史记正义》引用《庙记》的记载，认为："橐泉宫，秦孝公造。祈年观，德公起。盖在雍州城内。"《括地志》里说："秦穆公冢在岐州雍县东南二里。"《秦始皇本纪》里也记载："缪公享国三十九年。天子致霸。葬雍。缪公学著人。"考古方面也有进展，从20世纪80年代至今，考古工作者在宝鸡境内寻找秦穆公的陵墓时，在凤翔县城东南隅发现了一座大墓，被认为是秦穆公的陵墓。不过，这种"认定"也只是专家的一种观点，由于缺乏更多证据，还无法直接证明此地为秦穆公的墓。事实上，至今都没有发掘出秦穆公的墓。希望在不久的将来，考古学能在这方面取得更大进展。

另据《秦本纪》载，因秦穆公创建霸业，他去世后，实施了殉人，有一百七十七个人从死。跟随秦穆公南征北战的子车氏奄息、仲行、针虎，也在其中。②吊诡的是，《括地志》还指出了子车氏一族人的坟冢："三良冢在岐州雍县一里故城内。"这就匪夷所思：既然子车氏是殉葬的，那么他们怎么还会有坟冢？或者说，他们的坟冢是否就是秦穆公陵所在地？我们认为，《括地志》的记载，可能不一定真实。

不过，子车氏为秦穆公殉葬这件事，应是真实存在的，多种史料的记载也能相互印证。而正是子车氏殉葬，还引发了一连串效

---

① 司马迁：《史记》卷五《秦本纪第五》："缪公卒，葬雍。"
② 司马迁：《史记》卷五《秦本纪第五》："从死者百七十七人，秦之良臣子舆氏三人名曰奄息、仲行、针虎，亦在从死之中。"

应，让秦穆公成为"残暴之君"，后世也多咒骂他。

据说，子车氏殉葬后，秦人感念于子车氏的忠心，也为他们的遭遇感到悲痛，就作了《黄鸟》一诗，用来告慰子车氏在天之灵，也抗议人殉制度的冷漠与残忍。[1] 这也是我们在写本章时，选择将《黄鸟》这首诗放在了最开头的目的。我们也是为了告慰他们。

子车氏为秦穆公殉葬，亦让司马迁非常痛恨。他借用"君子"之口，对秦穆公进行批判，也对秦人命运做了预测：秦穆公一生致力于开疆拓土，他制服了东方强大的晋国，又吞并很多西方戎、狄，称霸西方。但秦穆公自始至终都没有成为诸侯盟主，这也是合理的。因为他死后就抛弃臣民，让跟随他南征北战的子车氏殉葬。古代圣贤去世，都会留下美德和法度，以约束臣民。秦穆公怎么能强迫民众和良臣去殉葬呢？因此，可以预测，秦人自秦穆公之后，再无法继续向东扩张。[2]

司马迁痛心疾首，指责秦穆公残酷，指控殉人制度破坏礼仪制度。《左传》中的记载，与《秦本纪》略有不同，来看《左传》记载：

> 秦穆公死后，就用子车氏三个儿子奄息、仲行、针虎为他殉葬。在当时，这三人都是杰出人才。他们死后，秦国的人都很怀念他们，还为他们赋写《黄鸟》一诗。有君子说："秦穆公未曾成为盟主，是他自作自受。他死了还要抛弃名臣。以前

---

[1] 司马迁：《史记》卷五《秦本纪第五》："秦人哀之，为作歌黄鸟之诗。"

[2] 司马迁：《史记》卷五《秦本纪第五》："君子曰：'秦缪公广地益国，东服强晋，西霸戎夷，然不为诸侯盟主，亦宜哉。死而弃民，收其良臣而从死。且先王崩，尚犹遗德垂法，况夺之善人良臣百姓所哀者乎？是以知秦不能复东征也。'"

国君离开人世，还会留下法度，何况子车氏这些好人呢？《诗》说：'国内的贤才死去，国家就会困顿。'这就是在批评秦穆公，他为什么要夺取好人的性命呢？上古时代，君王清楚人不可能长久，就会在全国各地选拔贤才。再给他们树立教化，分拨给他们的衣服和旗帜，让他们将有益于国家建设的话记录在册，为他们制定法度，为他们制定行为准则和导则，设立表率以引导他们，推行规章以规范他们，告诉他们先王留存下来的训导，防止他们以权谋私。给他们委派官职，交代他们做事要符合礼仪制度，不可违背事实。这样一来，民众就会非常信任他们，到死也要忠于国家。这些都是圣人和贤君都坚守的准则，现在，国家没有法令留给后代，反而令杰出贤才殉葬，就会让秦国陷入艰难之中。"因此，君子们都知道，以后秦国再也无法向东扩张了。①

《左传》借"君子之口"讥讽秦穆公，显得含蓄。而司马迁在《秦本纪》中直接开始"诅咒"，这显然带着司马迁浓烈的个人情感。

那么，这里就有个疑惑：子车氏殉葬到底是被迫还是自愿？这个问题目前尚无法给出定论，《史记正义》认为："秦穆公与群臣饮酒酣，公曰'生共此乐，死共此哀'。于是奄息、仲行、针虎许诺。及公薨，皆从死。黄鸟诗所为作也。"意思是说，秦穆公活着时，除了与子车氏开疆拓土，也经常与他们一起喝酒，并相约生死与共。秦穆公去世后，子车氏三位大夫感念秦穆公的知遇之恩，主动

① 左丘明：《左传·文公六年》。

从死。

有意思的是，秦穆公去世后，子车氏殉葬，搞得秦国不得安宁，朝野都在咒骂秦穆公。而在陕西凤翔的秦公一号大墓里，殉人超过了一百八十人，也没见司马迁指控秦景公不人道。大堡子山遗址上，也发现了大量的人殉，亦不见司马迁的痛斥。这只能说明，在选取素材时，司马迁掌握的素材还没有我们掌握得多。

在这里，我们要为秦穆公做几句辩解：一是殉人制度由来已久，可能秦穆公生前并未要求这么多人给他殉葬，至于死了以后的事情，他自然无法再左右；二是子车氏殉葬，可能与秦穆公有约定。他们一生都跟随秦穆公，对秦穆公忠心耿耿。秦穆公去世后，他们希望殉葬，然后他们就与其他殉葬人群一起被埋在了秦穆公大墓中。否则，秦国高层不可能让功绩卓著的子车氏殉葬。

历史已过去了两千多年，可能当时的情况更为复杂，没有谁能说得清殉葬的过程。历史的真相永远被掩埋地下，经过时间的淘洗，变得模糊不清。或许将来在考古发掘中出土更多有用证据，才能弄清楚这些问题的答案。

值得一提的是，在今甘肃省天水市甘谷县毛家坪遗址上，发现了数量可观的秦人墓葬，有贵族墓，也有平民墓，还发现有车马坑和墓葬坑，墓葬级别虽不是国君，但也相当丰富。显然是秦国贵族的墓葬，梁云先生认为，毛家坪遗址的器物与礼县西山坪遗址的器物相似度高，将其归纳为"西山型"器物。毛家坪遗址上，秦人的车马坑规模非常大，而且数量和完整性也前所未有。经学者们不断研究、比对、论证，得出的结论是，此处埋葬的秦人就是子车氏。由此可见，秦穆公时期的子车氏，战功卓著，人才辈出。秦穆公遂霸西戎后，将子车氏派往这里驻守。

总之，子车氏为秦穆公殉葬一事尚缺证据，不能因为《秦本纪》和《诗经》的记载就去诅咒秦穆公。我们能做到，就是将这一切交给时间，希望未来能有更多证据证明，就是秦穆公强迫子车氏殉葬，或许才能下结论。

而随着秦穆公去世，秦国的历史又翻开了新的一页。新的继任者将会开辟新的历史。那么，他们会带领秦人在新的角逐中，走向更大的胜利，还是陷入衰落呢？

第八章

衰　落

鴥彼晨风，郁彼北林。未见君子，忧心钦钦。如何如何，忘我实多！

山有苞栎，隰有六驳。未见君子，忧心靡乐。如何如何，忘我实多！

山有苞棣，隰有树檖。未见君子，忧心如醉。如何如何，忘我实多！

——《诗经·秦风·晨风》

1. 秦康公时代与晋国和战

秦康公的时代

秦穆公在位时间长，一生功业巨大。这也注定，他的子系会很庞大，这是人类繁衍的终极课题，在中国历史上，那些长命的帝王莫不如此。

据说，秦穆公有四十四个儿子。梁云先生结合秦公大墓的考古发掘，推断出秦穆公至少有两位正妻——有先后之分，第一任去世后第二任接替。① 不过，如果秦穆公真有四十四个儿子，那么，这些儿子远非两个妻子所能生育。按晋国大夫赵盾与贾季对话，可知秦穆公有九个妻子（平均每个女子生育五个儿子）。

规模如此庞大的公子群，在秦穆公去世后，容易引发君位争夺战。大概秦穆公生前已意识到此问题，因此在他去世前，就按宗法制，确定了继承人选。他去世后，太子被拥立为新一代国君，他就是秦康公。《秦本纪》载："缪公子四十人，其太子䓨代立，是为康公。"而这种处置办法，避免了兄弟间为争夺君位大打出手。

秦康公的事迹，在前文已有所叙述。当时，秦穆公护送重耳回国，秦康公也在护送的队伍中。他看着舅舅离去的背影，想起去世的母亲穆姬，泪洒当场。《诗经·秦风·渭阳》有浓郁的人文情怀，大概就产生于这一时期。只是那时候秦康公还是个孩子，现在他已

---

① 《西垂有声》之《第八讲 穆公霸业》问题二十："穆公葬地"。

成年，是国家的合法继承人。

秦康公接过的江山富庶、繁荣。他能做的就是沿着父亲的方向
继承和发扬。当然，秦康公也面临着各种新考验，时代不断给他摆
出各种难题，让他去解决。其中，秦、晋关系成为摆在秦康公面前
的第一个难题。

事实上，自秦穆公时代始，秦、晋就已形成一种共生关系，相
互影响，相互制约，甚至有一种一荣俱荣、一损俱损的趋势。秦、
晋之间一直要等到一方衰落，才能摆脱这种共生关系。而随着晋文
公、秦穆公先后去世，秦、晋两国裂痕不断加大。上一代国君经营
的邦交关系逐渐淡去，新的变局同时考验着秦、晋两国国君。

有意思的是，秦穆公去世后不久，晋襄公也去世了。这对欢喜
冤家，较量了一辈子，同一年，纷纷离世。

秦康公面临的难题是，站在历史新起点上，如何处置秦、晋关
系。不过秦康公没有立即着手解决两国的关系，而是处于观望中。

之后，他得到消息，晋襄公去世后，晋国高层在拥立国君继任
者问题上意见不统一，导致晋国国君悬而未决。而这对秦康公来
说，就是机会。

原来，晋襄公去世后，太子夷皋还很小。晋国贵族认为立太子
为国君，主少国疑，容易引起晋国不稳定。在晋国贵族、臣僚看
来，这些年晋国经历诸多曲折，应及时稳定下来。晋国贵族中多数
人主张立年纪较长的公子为国君。① 不过，在立谁为国君问题上，
大夫们争论不休。当时，地位显赫的大夫赵盾主张立晋襄公的弟弟

---

① 司马迁：《史记》卷三十九《晋世家第九》："七年八月，襄公卒。太子夷皋少。
晋人以难故，欲立长君。"

姬雍为国君，原因是姬雍乐善好施，年纪在众公子中最长，晋文公也很喜爱姬雍。同时，赵盾又指出，姬雍与秦国亲近，而秦国一直以来都是晋国的好邻居。赵盾还表示："若拥立善德之人为国君，国家就会稳定；若大臣侍奉年长国君，国家就会和顺。而拥护先君喜爱之人，也是对先君的尽孝。与友好的邻居结交，国家就会安定。"①

赵盾的这段话很绕，无外乎表达出这样一层意思：在晋国诸公子中，姬雍最适合出任国君。那么，这个姬雍到底是谁？他是晋文公的儿子，也是晋襄公的弟弟。最重要的是，他是晋文公与秦国女子怀嬴所生。晋襄公活着时，就将他送往秦国，一直生活在秦国，与秦国关系融洽。

在叙述晋国历史前，这里还需对赵盾略作介绍。他是嬴姓赵氏造父的后代。造父因驾车有功，被封在了赵城。此后，嬴姓赵氏一直生活在山西。但在这族人中，鲜有出类拔萃的人物出现。直到晋国的崛起，他们还生活在山西。进入春秋后，晋国不断崛起，嬴姓赵氏才有了出头之日。赵盾的父亲叫赵衰，曾追随晋文公，得到晋文公赏识。晋文公去世后，晋襄公依旧重用他，赵氏一族开始在晋国显赫起来。到晋襄公后期，赵盾与另外一位大夫贾季成为晋国地位最显赫的大夫。晋襄公去世后，主政的赵盾成为权势较大的贵族，能参与晋国国君人选事宜。② 这次立新国君问题上，赵盾表明了自己的态度：支持姬雍。

---

① 司马迁：《史记》卷三十九《晋世家第九》："立襄公弟雍。好善而长，先君爱之；且近于秦，秦故好也。立善则固，事长则顺，奉爱则孝，结旧好则安。"
② 司马迁：《史记》卷三十九《晋世家第九》："六年，赵衰成子、栾贞子、咎季子犯、霍伯皆卒。赵盾代赵衰执政。"

不过对于赵盾的建议，并非所有晋国贵族都接受。大夫贾季就表示，若按照赵盾的这个理念，还不如拥立姬雍的弟弟姬乐。原因是，晋文公、晋襄公都很喜欢姬乐的母亲辰嬴，若拥立辰嬴儿子姬乐为国君，百姓们一定会安心的。

分析贾季的建议，就会发现他完全是在"抬杠"，他的建议根本立不住脚，难道因先君喜欢一个公子母亲，就应立他为国君吗？自古以来都没有这样的先例。

赵盾抓住了贾季话语里面的漏洞，对贾季说："辰嬴地位低贱，她在晋文公九个姬妾中排在最末。如此低贱的身份，他儿子能有多少威望可言？何况辰嬴曾被两位国君（晋文公、晋襄公）宠幸，这是淫乱。姬乐作为先君的儿子，得不到大国的支持，居住在小小的陈国，这是鄙陋的表现。母亲淫乱、儿子鄙陋，根本没有威严可言。况且陈国不仅国力弱，距离晋国也很遥远。若立姬乐，陈国根本无法为晋国带来好处。基于以上种种，姬乐怎么能被立为国君呢？"[1]

双方各执一词，都不让步，晋国国君继承人也就无法尘埃落定。当然，赵盾与贾季两人的争论焦点，表面上看，是拥立谁为国君，但背后却是两大家族的权力角逐。他们都想拥立自己认可的国君，为家族争取利益。由此，也能看出，此时在晋国内部，卿大夫争权已白热化。

为了掌控晋国，赵盾先一步行动，他遣亲信随会到秦国交涉，

---

[1] 司马迁：《史记》卷三十九《晋世家第九》："贾季曰：'不如其弟乐。辰嬴嬖于二君，立其子，民必安之。'赵盾曰：'辰嬴贱，班在九人下，其子何震之有！且为二君嬖，淫也。为先君子，不能求大而出在小国，僻也。母淫子僻，无威；陈小而远，无援：将何可乎！'"

希望秦国能够送回公子姬雍。随会也是晋国贵族，他会在日后逐渐表现出自己的作用。《史记正义》中说："晋正卿士蔿之孙，成伯之子季武子也。食采于随范，故曰随会，或曰范会。季，范子字也。"①

贾季观察着赵盾的动向，当他得知赵盾已开始行动后，也不甘落后，立即遣人到陈国去迎回公子姬乐。如此一来，双方的队伍都在路上与时间进行赛跑。不过，就距离而言，姬雍所在的秦国更近，若不出意外的话，姬雍很快会被接回来担任国君。

然而，蓄谋已久的"意外"总是悄然而至。为了以绝后患，赵盾先一步行动，他动用手中的权力，废除了贾季的职位。赵盾的理由也很冠冕堂皇：贾季曾不顾礼法，杀害了阳处父，这样的人有什么资格来决定国君继任者！

那么，赵盾口中的这位阳处父是谁？他怎么能成为罢免贾季的理由呢？

阳处父是晋襄公时期的大臣，受到晋襄公宠幸，晋襄公在政务上也多听从阳处父的意见。当时，贾季为中军帅，大概阳处父与贾季相处并不融洽，因此阳处父总是有意无意间在晋襄公面前"诋毁"贾季。有一次，阳处父就表示，赵盾比贾季更适合担任中军帅。之后，晋襄公采纳阳处父建议，将赵盾与贾季进行了调换。贾季因此怀恨在心，暗自指示族人杀了阳处父。不过，当时这件事并未过分发酵，进而引发斗争。现在，赵盾却利用这件事做文章，显然是报复贾季。贾季显然也不愿坐以待毙。对贾季而言，他虽被赵盾免职，但他的家族势力还在，这可不是赵盾所能消灭的。

因此，赵氏家族与贾氏家族开启了激烈的明争暗斗，甚至将晋

---

① 司马迁：《史记》卷五《秦本纪第五》。

国各大家族都牵扯其中。而贵族之家这种复杂的斗争，让晋国的局势云谲波诡。

应当说，赵盾的这种做法并非明智之举。在国君还未选出之前，作为卿大夫理应齐心协力，商议拥立一个合适的国君。不过这又是一个矛盾：谁都希望将自己看好的人立为国君，党派之争就此拉开。① 之后，贾季在斗争中败下阵来，然后逃亡到翟地　重耳曾在此地避难。而随着贾季逃亡，他拥立姬乐为国君的计划也就彻底失败。

当然，贾季的逃亡，其实留下了一个重大隐患：贾季一定会利用各种资源反扑，直至与赵盾决出胜负。而这种斗争，必然会是持久的、影响国家安定的。

十月份，随着贾季"退出"角逐，晋国掌权贵族只剩下赵盾一人，他也着手准备新旧国君更替问题。首先，由晋国贵族主持，在国都为晋襄公举行了隆重的葬礼。不久，他们就听闻秦穆公也去世了。②

此时，晋国上下，天天翘首盼望，准备迎接姬雍回国。

事实上，等随会到秦国时，秦国国君已变成秦康公。这时候，秦国上下正在为秦穆公准备丧礼。看到赵盾的书信，秦康公也支持拥立姬雍的决定。当然，这里面的原因可能更复杂，比如赵盾作为嬴姓赵氏，与秦人同出一脉。他们之间建立良好的关系，也会对秦国有利。另外，公子姬雍是晋文公与秦女所生，混杂着嬴姓血脉。

---

① 司马迁：《史记》卷三十九《晋世家第九》："使士会如秦迎公子雍。贾季亦使人召公子乐于陈。赵盾废贾季，以其杀阳处父。"
② 司马迁：《史记》卷三十九《晋世家第九》："十月，葬襄公。十一月，贾季奔翟。是岁，秦缪公亦卒。"

若他能担任晋国国君，秦晋关系也能得到缓和。

不管怎么样，立姬雍为晋国国君是众望所归。

秦晋再交恶

秦康公元年（前620年）四月，在随会接姬雍回晋国之际，秦康公设宴招待姬雍、随会等人，并对他们说："以前晋文公刚刚回晋国时，身边没有卫士护卫，导致吕省、郤芮等人发动了叛乱，是秦国帮助晋文公平了叛乱。"追思往事，意在为巩固两国关系打基础。

秦康公还明确表示，这次他依然愿意支持公子雍，送一批卫士护卫他回国。这当然是随会、姬雍所希望的。为此，他们可能还向秦康公表示，等继承国君之位后，一定会与秦国再建良好关系。[1]

姬雍一行人出发后，秦康公果然遣队伍护送，一直将随会、姬雍等人护送到了晋国河东郡令狐。[2]

表面上看，一切大局已定，姬雍就是晋国国君。但晋国内部云谲波诡的局面并未改善，甚至引发了更为严重的隐患。按照史料记载，听闻赵盾赶走了贾季，曾一心要拥立姬雍的太子夷皋的母亲缪嬴坚决反对。在她看来，自己的儿子才是名正言顺的国君继承人，赵盾这些人为什么要重新选择国君？他们有什么资格重新拥立他人为国君？

---

[1] 司马迁：《史记》卷三十九《晋世家第九》："灵公元年四月，秦康公曰：'昔文公之入也无卫，故有吕、郤之患。'乃多与公子雍卫。"

[2] 司马迁：《史记》卷五《秦本纪第五》："康公元年。往岁缪公之卒，晋襄公亦卒；襄公之弟名雍，秦出也，在秦。晋赵盾欲立之，使随会来迎雍，秦以兵送至令狐。"

据说就在姬雍往回赶的时候，缪嬴（《左传》中作"穆嬴"）整天抱着年幼的太子到朝堂上哭泣，质问各位大夫："你们重新选立新君，难道是先君有什么过错吗？难道是他的后嗣又有什么过错吗？你们抛弃嫡子到外国寻找新君，打算把太子置于何地？"缪嬴的质问，让大夫们无言以对。

之后，缪嬴又出了朝堂，抱着太子直奔赵盾家里。缪嬴进了赵盾家里后，直接叩头求赵盾："先君临终前，将太子托付给您。并对您嘱咐过：'将来太子若能成才，我就是受了您的恩赐。若太子没有成才，我就会怨恨您。'现在先君刚刚去世，尸骨未寒，他对您说过的话还言犹在耳，您却要抛弃太子，这到底是为什么？"缪嬴的这一番质问，同样让赵盾无法回答。这确是先君给他的托孤重任。①

以后，缪嬴只要听到朝廷风向不对，就抱着太子大闹朝堂，也到各位大夫家里去闹。

总之，这一段时间以来，赵盾和晋国大夫们被缪嬴折腾得疲惫不堪。他们被这个女人的韧性所震惊，也开始重新考量国君人选。

当然，立小太子最为名正言顺。不过赵盾等人还是有顾虑，他们担心一旦太子被扶上君位，太子一党会不会对他们这群曾经试图立姬雍的人进行清算？晋国大夫们担忧不已，但又不能忽视缪嬴的因素，若让她继续扰乱朝堂，晋国将遭遇更为严重的危机。

在赵盾等人的召集下，晋国贵族重新商议拥立太子问题。最

---

① 司马迁：《史记》卷三十九《晋世家第九》："太子母缪嬴日夜抱太子以号泣于朝，曰：'先君何罪？其嗣亦何罪？舍适而外求君，将安置此？'出朝，则抱以适赵盾所，顿首曰：'先君奉此子而属之子，曰"此子材，吾受其赐；不材，吾怨子"。今君卒，言犹在耳，而弃之，若何？'"

终，经过激烈争论，他们还是决定拥立太子为国君。即便太子小，他们也能辅佐太子。因此，就在姬雍等人往回赶时，赵盾等晋国大夫忽然改变计划，重新拥立太子为国君，这就是后来的晋灵公。

由此，也产生了一个现象：晋灵公与秦康公同一年即位，他们的纪年一样。比如，秦康公元年也是晋灵公元年。这种机缘巧合，会给后世研究带来方便。

而随着晋灵公即位，公子姬雍也就无法再回晋国。只是，这件事不仅牵扯姬雍，还有强大的秦国。是秦康公派人送姬雍回国继承君位，如今他们改立太子，将如何应对送姬雍回国的秦军？

此时，有人建议拦截姬雍。赵盾清楚这是他筹划错误，也不敢再建议姬雍回晋国。最终，赵盾也同意拦截送姬雍回来的秦军。为了表达自己的忠心，赵盾这次担任了直接指挥者，率领晋军前去攻打秦军。

双方在令狐展开了一场大战，晋军凭借地理优势，击败了秦军。先蔑、随会等人逃回秦国。[①] 自此，晋灵公成为晋国的新国君。

同年秋，齐、宋、卫、郑、曹、许等国家的国君到晋国，会见晋国大臣赵盾，并与晋国建立了盟约。[②]《左传》载："训卒利兵，秣马蓐食，潜师夜起。戊子，败秦师于令狐，至于刳首。己丑，先蔑奔秦。士会从之。"[③]

---

① 司马迁：《史记》卷五《秦本纪第五》："晋立襄公子而反击秦师，秦师败，随会来奔。"

② 司马迁：《史记》卷三十九《晋世家第九》："赵盾与诸大夫皆患缪嬴，且畏诛，乃背所迎而立太子夷皋，是为灵公。发兵以拒秦送公子雍者。赵盾为将，往击秦，败之令狐。先蔑、随会亡奔秦。秋，齐、宋、卫、郑、曹、许君皆会赵盾，盟于扈，以灵公初立故也。"

③ 左丘明：《左传·文公七年》。

赵盾的变节，打乱了秦国的计划，导致护送姬雍的秦军也受到了重创。等他们逃回秦国时，已被晋军消灭了一大半人。这又引发了秦国内部激烈讨论，很多秦国贵族都认为，这是晋国再次向秦国宣战，秦国不能再置身事外，而要报仇雪耻。

秦康公也自觉遭受侮辱，因此，前619年（秦康公二年）秋，秦国派出了一支大军，征讨晋国。由于晋国新旧国君更替，国内尚不稳定，所以这次秦军推进顺利，很快就打到武城。《史记正义》对武城位置有注解："故武城一名武平城，在华州郑县东北十三里也。"首战告捷，秦国报了令狐之战的耻辱。①《左传》亦载："夏，秦人伐晋，取武城，以报令狐之役。"②

这是秦康公时代第一战，尽管规模不大，但胜利的意义很大。这让以秦康公为主的秦国高层不再畏惧晋国。两年之后的秦康公四年（前617年）夏，秦国再次派兵攻打晋国。这一次，秦军还是以其勇武，击败了晋军，并将战线延伸至少梁。③

少梁这个地方，曾是秦人的土地，地望在今天陕西省韩城市一带。相传，秦仲曾有五个儿子，他们分别是秦庄公、少子嬴康④等人。前771年，周平王东迁，秦襄公参与护送周平王东迁，跟随秦襄公东迁的就还有他的叔叔嬴康。周平王迁都洛邑后，给秦襄公封了岐以西的土地。嬴康也因此被封在梁国，成为一个小小的诸侯国。到秦穆公时期，梁国已历多世。秦穆公时期，将"独立"的梁

---

① 司马迁：《史记》卷五《秦本纪第五》："二年，秦伐晋，取武城，报令狐之役。"
② 左丘明：《左传·文公八年》。
③ 司马迁：《史记》卷五《秦本纪第五》："四年，晋伐秦，取少梁。"
④《元和姓纂·卷五·十阳·梁》："秦仲有功，周平王封其少子康于夏阳，是为梁伯。"

国纳入秦国版图，秦穆公将此地更名为少梁。后来晋国强大后，少梁被晋国占领。到秦康公时代，又被秦人占领了。

不过，由于少梁是秦、晋之间的战略要地，以后，中原霸主魏国还会占据此地，与秦国展开拉锯战，使得少梁时而归秦，时而归魏。只是这一时期，少梁又回到了秦国手中。

夺取少梁后，秦军没有停下攻打晋国的步伐。之后，秦军继续东进，还占据了晋国的郪地，这里就是曾经秦军被晋军歼灭的崤山。① 崤山之地，也会在以后成为秦晋之间争夺的重要据点。

与晋国武力交涉的同时，秦国亦开始派使者出使东方诸侯，重新与东方诸侯邦交，提升秦国在诸侯中的地位。比如，《左传》载："秦人来归僖公、成风之襚，礼也。诸侯相吊贺也，虽不当事，苟有礼焉，书也，以无忘旧好。"② 意思是说，秦国派遣人到鲁国，向死去的僖公和成风赠送衣衾。这在当时是被认为符合礼仪的。诸侯间互相吊丧贺喜，有时候虽不及时，若符合礼仪，《春秋》就要记载其事，表明诸侯不忘记过去的友好。

这段记载虽然只有数十个字，却有很大的信息量：鲁僖公去世于公元前 627 年，到秦国派使者吊唁已过去十年时间。就是说，在这十年时间里，迫于晋国与秦国交恶，秦国一直未能派人到鲁国吊唁。如今，秦国击败了晋国，东出之路被打开，秦国才派人到鲁国吊唁。而秦国之所以吊唁鲁僖公，除了要与鲁国重拾往日友谊，更重要的是，秦国要向诸侯表明秦国也在向文明迈进，东方诸侯不应该将秦国视为"蛮夷"。

---

① 司马迁：《史记》卷三十九《晋世家第九》："四年，伐秦，取少梁。秦亦取晋之郪。"《左传·文公十年》也有类似记载。

② 左丘明：《左传·文公九年》。

即便如此，当时的诸侯还是将秦国视为蛮夷，盟会时亦不通知秦国参与。而东方诸侯越是这样，秦国越要向他们表明，自己是文明族群。

此后，秦国还是将主要精力放在了应对晋国方面。这时候，秦、晋双方局势也没有得到缓和，甚至一度剑拔弩张。次年（前617年），秦晋继续开战。《左传》载："十年春，晋国攻打秦国，占领了秦国的少梁。同年夏，秦国派人攻打晋国，占领了晋国北征。"①

前615年（秦康公六年）春，秦康公亲自率领秦军，攻占了晋国的羁马。晋灵公对于秦康公的入侵很气愤，遣赵盾、赵穿、郤缺等人领兵迎战秦军，秦、晋双方又在晋国的河曲发生一系列激战。②据说，在河曲，晋国大将赵穿一马当先，率领晋军猛攻秦军。而秦军则凭借强大的骑兵，击溃了赵穿。赵盾、郤缺支援赵穿，依旧被秦军击败。晋军回撤，秦军又在追击中重创了晋军。③

《左传》中的记载更为详细：

> 因令狐战役之故，这年冬天，秦康公发兵攻打晋国。之后，秦军进军迅速，攻占了晋国羁马。这时候，晋国开始抵御秦军入侵。晋国大臣赵盾率领中军，以荀林父为辅佐；晋国大臣郤缺率领上军，以臾骈为辅佐；栾盾率领下军，以胥甲为辅

① 左丘明：《左传·文公九年》："十年春，晋人伐秦，取少梁。夏，秦伯伐晋，取北征。"
② 司马迁：《史记》卷三十九《晋世家第九》："六年，秦康公伐晋，取羁马。晋侯怒，使赵盾、赵穿、郤缺击秦，大战河曲，赵穿最有功。"
③ 司马迁：《史记》卷五《秦本纪第五》："六年，秦伐晋，取羁马。战于河曲，大败晋军。"

佐。将领范无恤为赵盾御车，在河曲迎战秦军。此时，晋将史骈说："我观秦军远道而来，必然不能持久，建议我们修筑壁垒，坚壁清野，对抗秦军。"赵盾采纳了他的建议。

晋军坚守不出，而秦军却希望速战速决。在对晋军发动攻击之前，秦康公问士（随）会说："你认为我们要用什么办法作战？"士会说："赵盾新提拔的部下叫史骈，我想定是他提出坚壁清野的建议，意在与我们长时间对峙，消耗我们。赵盾还有待旁支弟弟叫赵穿，是晋君的女婿，年少受宠幸，根本不懂作战，又轻狂勇猛，据说他讨厌史骈为赵盾的辅佐。现在，我们如果派一支勇敢却战斗力不强的军队，或许能击败赵穿。"秦康公采纳了士会的建议。之后，秦康公将怀揣的玉璧丢进黄河，向河神祈求胜利。

十二月初四，秦国果然偷袭了晋军上军，赵盾不为所动，任由秦军攻打。赵穿得知后，按捺不住激动的情绪，命人追击秦军，但没有追上秦军。等撤回大营后，赵穿就愤怒地说："将士们背着粮食披着甲胄，就是要进攻敌人。眼下敌人来了，不去进攻，还在等待什么呢？"有军官说："我们要学会等待啊！"赵穿说："我不懂什么作战计谋，但我打算自己领兵出战。"之后，赵穿果然带晋军对战秦军。赵盾得知后，很愤怒，却也想及时补救，他对众人说："秦军若俘获赵穿，就等于俘虏了晋国卿大夫。到时秦国带着赵穿回国，我们怎么向国君交代？"于是，晋军全部出动，与城外的秦军交战。但是，由于彼此互不熟悉，摸不透对方底细，因此双方只交战一个回合，就撤回大营。当天夜里，秦国使者到晋国军营下战书："我们两国的军队还未正儿八经打一仗，明天我们一决高低。"这时候，晋将臾骈说："秦国使者眼神飘忽，声音失常，这是害怕我们的表现，我认为秦军要逃走了。只要我们将他们逼到黄河边上，我们就一定会击败他们。"吊诡的是，胥甲、赵穿却阻止臾骈出军攻击，还挡住营门说："我们白天死伤的战士还未清理，就将他们丢弃，这不是仁慈的表现。而不等到约定期限就将人逼到危险的地方，这是没有勇气的做法。"因此，晋军就停止攻打秦军。后半夜，秦军果然逃走了。后来，秦军再次攻打晋国，一直攻打到瑕地。①

《左传》里弥补了《秦本纪》和《晋世家》的细节，让我们对秦晋这次作战有了更加细致入微的了解。但《左传》似也有绘声绘色的成分。

总之，这一时期，在与晋国的作战中，秦军多打胜仗。如果史料真实，那么，这时候，秦国国力应当达到了巅峰。

斗智斗勇

连着吃败仗，让晋国不得不重新考量如何应对秦国的频频入侵。这时候，晋国国内有一种声音：秦国这几年里连续对晋国发动战争，最根本的原因是，晋国大臣随会（《左传》中为士会）在秦国，是随会将晋国的一切部署都告诉秦国，让秦国对晋国的战略部署一清二楚，打起晋国来才能如此得心应手，屡试不爽。

晋国内部开始谋划应对策略，六卿（六大家族）认为，为今之

---

① 左丘明：《左传·文公十二年》："秦为令狐之役故，冬，秦伯伐晋，取羁马。晋人御之。赵盾将中军，荀林父佐之。郤缺上军，臾骈佐之。栾盾将下军，胥甲佐之。范无恤御戎，以从秦师于河曲……"

计，想要阻止秦国的入侵，应先诛灭随会。只要解决掉这个"活地图"，即便秦国有意攻打晋国，也会无的放矢。

于是，晋国高层就制定了一个大计划：他们设计让晋国大夫雠馀反叛晋国。之后，雠馀假意逃亡秦国，再被秦国收留。等雠馀到秦国后，想办法除掉（策反）随会。这是一种诈降、深入敌后、消灭叛徒、再返回国内的大计划。秦国高层尽管有警惕心，但还是无法做到无动于衷，毕竟任何晋国的人才对秦国而言，都是财富。秦康公对雠馀入秦很感兴趣。

之后，雠馀进入秦国。为取得秦康公的信任，雠馀还向秦康公透露了一些晋国内幕。

得到秦康公的信任后，雠馀设下了反间计，意在让随会重新返回晋国。然后，雠馀抓住了随会，并在神不知鬼不觉的情况下，挟持随会逃离了秦国。等秦国发现时，雠馀已拘押着随会回到晋国。[1] 需要注意的是，据《晋世家》里记载，诈降的人是魏寿馀，不是《秦本纪》里记载的雠馀。我们推测，大概这两个人是同一人，只是不同的叫法。或许是司马迁在采取史料时，分别记载了而已。[2]

《秦本纪》里记载潦草，而《左传》又弥补了随会回晋国的细节：

　　鲁文公十三年（前614年）春，晋灵公遣将领詹嘉驻守瑕

---

[1] 司马迁：《史记》卷五《秦本纪第五》："晋人患随会在秦为乱，乃使魏雠馀伴反，合谋会，诈而得会，会遂归晋。"
[2] 司马迁：《史记》卷三十九《晋世家第九》："七年，晋六卿患随会之在秦，常为晋乱，乃详令魏寿馀反晋降秦。秦使随会之魏，因执会以归晋。"

地，镇守桃林。原因是上一年年末，秦军曾对这里发动了攻击。这时候，晋国担心秦国重用士会，再次入侵。因此，同年夏，晋国召集六卿家族负责人在诸浮相见，商议应对秦国的策略。赵宣子说："士会在秦国，贾季在狄族，他们会泄露晋国内幕，会让晋国每天都有祸端发生。到底该怎么办呢？"这时候，中行桓子说："我认为只有让请贾季回来，才能预防祸端。原因是贾季既了解各地形势，又有威望。"邵成子不同意，他反驳说："贾季这个人善于作乱，且犯有大罪，不如想办法让士会回到晋国。而士会这个人很谨慎，谦卑又有耻辱感，看起来柔弱内心却坚强。最重要的是，他不仅有智慧，身上也没有罪责。"最终，六卿家族都同意了邵成子的建议。于是，晋国就让魏寿馀佯装反晋，率领魏地百姓引诱士会。然后，晋国就将魏寿馀妻儿扣留晋国，让他趁黑夜逃走。魏寿馀逃离晋国后，向秦国求援。他还信誓旦旦地表示，愿意将魏地无偿献给秦国。而面对这么大诱惑，秦康公接受了。之后，魏寿馀就进入秦国朝堂，见到了士会。他暗地里踩了一下士会的脚。

　　之后，秦康公召集众人商议接收魏地事宜。当时，秦康公驻军河西，魏人在河东。魏寿馀说："请国君选派一位东边的人，最好熟悉东边风土人情的人，与我一起到魏地去准备归附秦国事宜。"秦康公看了一圈臣僚，觉得士会最合适，就遣士会与魏寿馀一同到魏地。临行前，士会对秦康公说："晋国人都是老虎豺狼。如果他们违背盟约，将我扣留，到时我必然要死了。而我只要一死，家人必然也会遭受屠戮。如果真是这样，对大王没有任何益处，可能大王也会后悔让我出使晋国。"

听完士会的叙述，秦康公说："如果晋国违背盟约，不让你回来，我就会将你的妻儿送到魏国。如果你不信，就请河神作证。请你相信，我将履行我的诺言。"听完秦康公的"立誓"，士会才决定去魏地。这时候，秦朝小官绕朝将马鞭送给士会，并对士会说："您别以为秦国没有人才，只是我的计策不被大王采纳罢了。"士会没有回应绕朝，而是骑着马奔赴黄河边。等渡过黄河后，士会才预料到他被欺骗，而魏地人因得到他而欢呼雀跃。之后，他们将士会送到晋国。秦康公得知情况后，履行了自己的诺言，送还了士会的妻儿。而曾经跟随士会入秦的其他人，则留在了秦国，并姓刘氏。①

《左传》的记载很详细，故事也很曲折，弥补了《秦本纪》的不足。可能秦人自己编纂的《秦记》就是这样记载的，司马迁在选材时，采纳了《秦记》，舍弃了《左传》。

有意思的是，随着随会回国，以后的五六年时间里，《秦本纪》都不载秦、晋两国之间发生的大事，似乎两国开始进入和平相处时期。通过分析晋国历史可知，晋国转移注意力，开始与其他诸侯争夺利益。

吊诡的是，秦康公也没有继续向外发动战争。那么，这就令人非常疑惑：秦康公到底是个怎样的君主？他为什么忽然变得沉静？

《秦本纪》中没有秦康公的更多记载。只有《诗经·权舆》一诗，间接反映出秦康公不思进取，受到民众的讥讽：

---

① 左丘明：《左传·文公十三年》。

于我乎，夏屋渠渠，今也每食无余。于嗟乎，不承权舆！

于我乎，每食四簋，今也每食不饱。于嗟乎，不承权舆！①

《毛诗序》有载："《权舆》，刺康公也。忘先君之旧臣，与贤者有始而无终也。"《毛诗正义》说："作《权舆》诗者，刺康公也。康公遗忘其先君穆公之旧臣，不加礼饩，与贤者交接，有始而无终，初时殷勤，后则疏薄，故刺之。"这都是说秦康公有始无终，忘记秦穆公时期的功臣，不断从"外国"获取人才，导致秦国开始走下坡路。

后世对这首诗的注解更多，这里不再引用。我们认为，这一时期，秦国之所以衰微，可能有《毛诗序》记载的原因，但其中可能包含更为复杂的原因。比如贵族之间的争权夺利、各派系的相互斗争，都会影响国家的健康发展。而国君的独裁与不务正业，又与这些因素相互叠加，进一步造成国家式微。

总之，这一时期，秦国各种矛盾频出，而秦康公显然无法处置这些矛盾，只能任由矛盾继续存在着。他自己则进入"养老"生活，醉生梦死，不务正业。据说这样的日子持续了六年。六年之后，秦康公去世。国君之位传给了他的儿子，是为秦共公。②《秦始皇本纪》中记载，秦康公被葬在了竘社。③据考证，这地方在陕西宝鸡麟游县西。这是秦人开辟的一块新祖陵。

秦康公去世后，秦共公继续按照父亲生前的路线推行国政，并

---

① 《诗经》秦风。

② 司马迁：《史记》卷五《秦本纪第五》："康公立十二年卒，子共公立。"

③ 司马迁：《史记》卷六《秦本纪第六》："康公享国十二年。居雍高寝。葬竘社。生共公。"

与诸侯交往。《左传》里记载了一件事，或许是司马迁忽略的。来看《左传》具体记载：

> 晋欲求成于秦，赵穿曰："我侵崇，秦急崇，必救之。吾以求成焉。"冬，赵穿侵崇，秦弗与成。[1]

这件事发生在前608年（宣公元年），当时晋国陷入与楚、郑、陈、宋战乱泥淖中不能自拔，决定打算向秦国求救。但这些年来，秦晋相处并不融洽，甚至经常发生战争，这种情况下，秦国会支援晋国吗？这时候，晋国大夫赵穿动了心思，他对心腹说："我决定攻打崇国，因为崇国与秦国关系很好，只要我们攻崇国，秦国一定会援助崇国。到时我们再向秦国提要求，秦国一定会答应的。"但是，这一次赵穿"误判"了，他们攻打崇国的时候，秦国无动于衷。本书猜测，崇国应向秦国求援了，但秦国没有支援崇国。而秦军的无动于衷，让晋国又陷入与崇国的纠葛中。赵盾偷鸡不成蚀把米，对秦国也多了几分憎恨。

那么，为什么秦国没有援助崇国呢？我们认为，这一年秦康公去世，秦国忙着新旧国君更替事宜，腾不出时间来支援崇国。换句话说，秦国内部也不稳定，如何支援崇国？这个内幕《秦本纪》中没有记载，正好可以弥补秦国衰微的空白。

此后，秦共公一如既往延续着此前的国家路线。也在积极关注着天下格局的变化，为秦人扩张做准备。

这时候，秦国最关注的还是老对手晋国。秦国等待着晋国发生

---

[1] 左丘明：《左传·宣公元年》。

内乱，走向衰微，秦国好坐收渔翁之利，夺取晋国的一些人口、土地。据说，为了掌握晋国内幕，秦国还派出了一大批间谍，深入晋国打探消息。

一年后（前 607 年）春，间谍就传回了消息：晋国高层（六卿家族）斗争激烈，正是攻晋的好时机。因此，秦国高层在审时度势后，立即派出一支大军，攻打晋国："秦师伐晋，以报崇也，遂围焦。"[1] 不过这只是一次试探性进攻，秦国攻取焦地后就撤了军。原因也很简单，如果晋国对抗，只能两败俱伤。秦国若想谋晋，还得从长计议。

好消息接连传到秦国。不久，间谍传回消息，说晋国果然发生了内乱。《秦本纪》中说："秦共公二年（前 607 年），晋赵穿弑其君灵公。"《秦本纪》的记载很简略，那么，晋国为何会发生弑君事件呢？

原来，随着晋灵公逐渐长大，他也变得骄奢淫逸：强征赋税，搞得民不聊生；玩物丧志，用弹丸弹人取乐。最可恨的是，他残暴嗜杀。据说有一次，鉴于厨子没有做出可口的熊掌，他就将厨子杀害。[2] 而晋灵公的这一切乱政所为，遭到赵盾等大夫的抵制。有记载认为，赵盾仗着家族势力大、资历老，曾进言，阻止君主胡乱作为。[3] 但阻挡君主做他喜欢的事情，就会招致君主的猜忌，甚至记恨。赵盾此举果然得罪了晋灵公，灵公决定遣人诛杀赵盾。

---

① 左丘明：《左传·宣公二年》。
② 司马迁：《史记》卷三十九《晋世家第九》："十四年，灵公壮，侈，厚敛以雕墙。从台上弹人，观其避丸也。宰夫胹熊蹯不熟，灵公怒，杀宰夫，使妇人持其尸出弃之，过朝。"
③ 司马迁：《史记》卷三十九《晋世家第九》："赵盾、随会前数谏，不听；已又见死人手，二人前谏。随会先谏，不听。"

　　当然，晋灵公嫉恨赵盾的原因，可能不止于此。多年以来，赵盾执掌晋国大权，分化国君权力，俨然自己才是晋国的当家人。而随着晋灵公逐渐长大，他意识到自己的权力被拆解，开始巩固自己的权力。但赵盾作为三朝老臣，在晋国的实力不容小觑，依旧不"还政"交权。晋灵公就一直忍着，也在等待着除掉赵盾的机会。然而，赵盾的一而再、再而三干涉君权，终于让晋灵公忍无可忍，他决定诛杀赵盾这个绊脚石。

　　有意思的是，当杀手到了赵盾家里后，发现这位国家顶梁柱过着十分清贫的日子，房屋简陋，生活平淡，根本就不是传说中享乐之人。杀手生了怜悯之心，并仰天长叹："杀死忠臣和违抗君王的命令是一样的罪责。"说完之后，杀手自刎而死。①

　　这个记载过于"魔幻"，是否真实还有待考证。但晋灵公与赵盾交恶应是事实。试想：一个是君主，一个是拥有废立大权的权臣，他们能和谐相处吗？

　　而晋灵公并未因此收敛，他一计不成，又生一计。同年九月，晋灵公设宴招待赵盾，并在宫殿周围埋伏了刀斧手，打算在宴会上除掉赵盾。赵盾似已猜到晋灵公对他怀有敌意，但他还是赴约了。

　　宴会上，有个厨子不断提示赵盾，希望赵盾不要多饮酒，趁早回家。赵盾会意，喝了几杯酒，就离开了宴会。紧接着，晋灵公就遣人追击赵盾。所幸的是，在厨子帮助下，赵盾逃离了王宫。很多年后，赵盾才知道援助他的这个厨子落魄时，曾受到过他的接济，这时候帮他，是在报答他的接济之恩。

---

① 司马迁：《史记》卷三十九《晋世家第九》："灵公患之，使鉏麑刺赵盾。盾闳门开，居处节，鉏麑退，叹曰：'杀忠臣，弃君命，罪一也。'遂触树而死。"

之后，赵盾与晋灵公之间的矛盾彻底公开化。赵盾再也不能装作毫不知情而继续留在晋国，为晋灵公出谋划策。不久，赵盾就逃亡到国外，"盾遂奔，未出晋境。"

而随着赵盾外逃，晋灵公诛杀赵盾的计划也以失败告终。可能晋灵公此时还想着要诛杀赵盾，彻底消除隐患。但他还未行动，就遭到赵盾弟弟赵穿的强烈反击。据说赵穿对晋灵公的做法非常愤怒。在赵穿看来，他们赵氏家族几代人为晋国呕心沥血，最终竟落得如此下场。赵穿愤懑之余，心有不甘，打算报复晋灵公。于是，一次偶然的机会，赵穿就带领人忽然冲进宫，杀掉了晋灵公。之后，赵穿就迎回了赵盾。① 理由是，赵盾在晋国有群众基础，受人敬重。而晋灵公年纪轻就生活奢侈，百姓也都不愿亲附他。因此，赵盾回来后，晋国臣民并未怪罪赵穿。大夫们也都支持赵盾继续回来担任众卿之长。

据说，当时有一个叫董狐的史官，对赵盾、赵穿兄弟的做法很气愤。赵盾回来后，董狐认为晋灵公虽然不是赵盾所杀，却因赵盾而死，也就与赵盾所杀无异，遂将此事载入史册。有意思的是，赵盾坚决不承认是他害死了晋灵公。但董狐也是个执拗之人，他才不管赵盾承不承认。后来，圣人孔子看到董狐的记载后，对董狐称赞有加。

事实上，赵盾也没有时间和精力顾及这些。目前，他最重要的工作是拥立一位新国君。此时，晋国公子中，只有晋襄公的弟弟黑臀兼具年龄、健康、威望于一体，是最合适的国君候选人。不过，

① 司马迁：《史记》卷三十九《晋世家第九》："乙丑，盾昆弟将军赵穿袭杀灵公于桃园而迎赵盾。"

目前他还在周王朝居住。于是，赵盾就遣赵穿入洛邑，从周朝接回了黑臀。之后，在晋国一应贵族的扶持下，黑臀接任国君之位，这就是晋成公。由于赵盾、赵穿兄弟对晋成公有拥立之功，晋成公特赐封赵氏担任公族大夫。自此之后，赵氏就在晋国日渐强大。

吊诡的是，面对晋国内乱的天赐良机，秦共公却无动于衷，处于观望中。这就令人非常疑惑：一年前晋国没有发生政变时，秦国都能攻晋，现在晋国新旧国君更替，秦国竟无动于衷？真实的原因已不可考，我们只能猜测，此时的秦国出现了式微现象，已无法再与晋国大动干戈。

而秦共公能做的，就是先稳定本国，再等着天下大变。

2. 秦桓公再败晋国

楚国崛起

前606年（秦共公三年），天下的大变局说来就来了。也不知道何时，地处东南的楚国忽然就崛起了，曾经被视为蛮夷的楚人，成为春秋中期的弄潮儿。他们不满足于在楚国地界上发展壮大，开始染指中原。

据说，这一时期，楚庄王派出大军四处征讨，吞并诸侯，向北方的兵锋已延伸至周王朝洛邑附近，不仅威胁着诸侯，也威胁着天子。有传言说，楚庄王还遣人到王宫询问天子九鼎的大小轻重，大有颠覆周天子、自立为天子的意思。这时候，周王室的权威再次遭到挑战。面对这种诸侯"欺凌"天子的情况，秦共公毫无办法。他不是秦穆公，不能做到尊王攘夷。他只能在观望中，继续观看形势变动。①

秦共公能置身事外，周天子却不行。楚庄王意图明显，要成为"伯"，周定王是天子，还能躲到何处？只能硬着头皮应对楚庄王的"僭越"。

周定王思来想去，还不打算接见楚庄王。天子地位如何哀落，也不能任由诸侯欺凌。不过，楚国还不能得罪，这个"南蛮"的后代，一向不太把中原"尊王攘夷"那套制度放在眼里。因此，周定王思来想去，决意遣大臣王孙满等人犒赏楚军。这一方面可缓解楚国与周王朝的关系，另一方面也能窥探楚庄王的真实意图。

王孙满见了楚庄王后，楚庄王依旧一副高高在上的姿态，并不把天子的使者放在眼里。据说楚庄王还不愿接受天子的好处，然后退兵。楚庄王故意问王孙满九鼎的大小轻重，王孙满就说："治理国家在于德行而非宝鼎。"

楚庄王对这种回答很不满意，因为这都是春秋时期谋士忽悠君主的伎俩。王孙满看楚庄王依旧不依不饶，遂给楚庄王陈述了宝鼎的来历，特别强调了楚国虽然强大，但想要取代周朝是不仁义的举动，会引起诸侯们的抵制和联合攻打。最终，楚庄王被王孙满的高论触动，放弃了向天子索要九鼎，率部回楚国去了。②

---

① 司马迁：《史记》卷五《秦本纪第五》："三年，楚庄王强，北兵至雒，问周鼎。"
② 司马迁：《史记》卷四十《楚世家第十》："八年，伐陆浑戎，遂至洛，观兵于周郊。周定王使王孙满劳楚王。楚王问鼎小大轻重，对曰：'在德不在鼎。'庄王曰：'子无阻九鼎！楚国折钩之喙，足以为九鼎。'王孙满曰：'呜呼！君王其忘之乎？昔虞夏之盛，远方皆至，贡金九牧，铸鼎象物，百物而为之备，使民知神奸。桀有乱德，鼎迁于殷，载祀六百。殷纣暴虐，鼎迁于周。德之休明，虽（转下页）

而在楚庄王染指中原前后，秦国的态度显得很暧昧。可能秦共公本身也没有多大志向，又贪图享乐，因此秦国只有观望楚国崛起。随着楚军撤兵后，秦共公继续观望着天下局势。

两年之后（前604年），秦共公忽然暴毙，死因不明。不排除得病，也不排除被人暗算。秦共公去世后，其子即位，是为秦桓公。《秦本纪》载："共公立五年卒，子桓公立。"

应当说，五年时间还是能做一些利国利民之事，将逐渐走下坡路的国家拉回来。但秦共公并非雄主，甚至有点软弱，既无能力扭转时局，也无魄力整顿国家。他能做的就是按部就班，不处理任何棘手的政务。可能此时秦国贵族之间也存在斗争，国君无法解决。而造成的结果是：秦共公在位五年，几乎没有任何成就，至少史料中缺少记载。

秦桓公即位后，延续了父亲的路线，保留着父亲时代的一切。按照周王朝的说法，"辟土远服为桓"，即"桓"的意思是开疆拓土。那么，这位被追谥为秦桓公的继任者，将如何进行他的雄图霸业？

当然，这个问题并不好回答，因为秦桓公刚刚继位，期望他能有多大的成就呢？

这时候，秦国国家机器缓缓向前运转。只是历史车轮在高速旋转，诸侯的转速一旦低于历史的速度，可能会被淘汰出局，而那些高于历史速度的诸侯，则会乘势强大起来。

事实上，秦桓公的时代，天下格局已发生了巨大变化：晋成公

（接上页）小必重；其奸回昏乱，虽大必轻。昔成王定鼎于郏鄏，卜世三十，卜年七百，天所命也。周德虽衰，天命未改。鼎之轻重，未可问也。'楚王乃归。"

是位进取型国君，在赵盾等人的帮助下，大刀阔斧治理晋国，让晋国再度强盛起来；新晋楚国也在楚庄王带领下，一跃成为强大诸侯。天下同时出现了两个大诸侯国，这也预示着晋、楚争霸迟早会发生，眼下只是暴风雨来临前的宁静。

当然，即便晋、楚不爆发大规模战争，也不能保证他们不会利用其他策略相互争斗。比如，这时候，楚国对郑国的军事威胁就大有文章。我们有理由怀疑，楚国向郑国施压，是试探晋国。所以当楚国大军逼近郑国时，郑国立即向晋国求援。而晋国不会让楚国坐大，派兵支援了郑国。① 双方开始了对峙，也在酝酿着一场大战。

有意思的是，晋国与楚国还没开战，秦、晋间却先发生了交恶。前601年（秦桓公三年）夏秋之际，晋国秘密联合白狄向秦国发动了一次突击战。由于秦国事先并未探知晋军动向，所以当晋军忽然逼近秦国边境时，秦军慌乱应战，结果秦军在这一战中失利，秦将赤被晋军俘获。② 秦国派到晋国的一名间谍也被晋国抓住，晋成公命人将其在绛城的街市上斩杀。但是过了六天，他又死而复活了。③

秦国对此毫无办法，只能默默接受。或许落后就要挨打。不过这并不意味着秦国不会记仇，只是秦桓公清楚秦国的处境，并未急着报仇。他的策略是等待，或许等待就是保护自己的最好的办法。

一年后（公元前600年），晋、楚两国矛盾白热化，晋成公与

---

① 司马迁：《史记》卷三十九《晋世家第九》："三年，郑伯初立，附晋而弃楚。楚怒，伐郑，晋往救之。"
② 司马迁：《史记》卷五《秦本纪第五》："桓公三年，晋败我一将。"司马迁：《史记》卷三十九《晋世家第九》："六年，伐秦，虏秦将赤。"
③ 《左传·宣公八年》："八年春，白狄及晋平。夏，会晋伐秦。晋人获秦谍，杀诸绛市，六日而苏。"

楚庄王公开争霸。晋成公先一步行动，在扈邑（今陕西户县）会盟
诸侯，意在让天下诸侯在他与楚庄王之间做出选择。宋文公、卫成
公、郑襄公、曹文公等诸侯与晋成公会盟（这几个诸侯多与晋国关
系融洽，或者迫于晋国压力，主动与晋国靠近）。

与此同时，一些小诸侯由于担心卷入这场斗争中不得善终，并
未参加晋成公发起的会盟。比如，地理位置更靠近楚国的陈国就没
有参与这次会盟，原因也很简单，楚庄王也没有参与这次会盟，陈
国是依附于楚国的，他当然要与楚国站在一起。而陈国的这一举
动，让晋成公非常恼怒：一个小小的陈国也敢对抗晋国？

那么，这个陈国在何处呢？《诗经·国风·陈风·宛丘》大致
介绍了陈国的情况："子之汤兮，宛丘之上兮。洵有情兮，而无望
兮。坎其击鼓，宛丘之下。无冬无夏，值其鹭羽。坎其击缶，宛丘
之道。无冬无夏，值其鹭翿。"

会盟后，晋成公打算实施报复行为，打击那些不来会盟的诸
侯。当然，晋国肯定不能与楚国直接交战，这时候，需要找一个弱
小又亲近楚国的诸侯，敲山震虎。基于此，陈国就成了替罪羊。随
即，晋成公遣大将桓子（一说荀林父[1]）攻打陈国。这一仗注定了
陈国会遭受重创。面对汹汹而至的晋军，陈国自知不敌，立即向楚
国发出了求援之声。这大概也是晋国希望的，他们打陈国其实就是
逼迫楚国。

吊诡的是，接到陈国的紧急求援后，楚国却没有立即支援陈
国，而是选择了攻打倾向晋国的郑国。大概楚国高层希望通过"还

---

[1] 左丘明：《左传·宣公九年》："会于扈，讨不睦也。陈侯不会。晋荀林父以诸侯
之师伐陈。"

施彼身"的做法，解除晋军对陈国的威胁。所以，局面就变成了这样：晋国攻打陈国，楚国攻打郑国。大国虽未直接交手，却在小国身上体现彼此实力。这种做法，刷新了诸侯们的认知。

这是个多么可怕的时代！

然而，面对楚国的挑衅与威胁，晋国却对楚军攻打郑国并不在意。大概这是晋国高层权衡利害后的决策。因此，当楚军围困郑国时，晋军也对陈国都城发起了猛烈攻击。而楚国也没有及时支援陈国。最终，陈国遭受了晋国大军重创，只能向晋国低头，承认晋国霸主。

而随着陈国俯首称臣，晋成公还秘密联合诸侯，准备对楚国实施打击。紧接着，联军与楚军正面交手，双方的喊杀声不绝于耳。最终，联军击败了楚军。战争上取得了绝对胜利的晋国，无疑成为了新霸主。

吊诡的是，这一年九月，晋成公忽然暴毙。他为什么去世不得而知。之后，晋国国君之位由晋成公的儿子接任，是为晋景公。初涉大权的晋景公，没有立即恢复父亲的未竟之业去征伐天下，而是选择了平稳过渡，给天下以喘息之机。至此，天下似乎又暂时处于安定中。

前599年，就在晋景公治理国家时，陈国又发生了暴乱：陈国大夫夏征舒诛杀了国君陈灵公。这个消息令天下震动，这是诸侯卿大夫乱权的体现，也是春秋、战国时代的一个特色。只是诸侯们无权干涉陈国内政。

而真正对陈国内部叛乱无法容忍的人是楚庄王。此前，由于陈国背不住压力，投靠了晋国，楚庄王就对陈国有意见。这次陈国内部发生政变，正是惩治陈国的关键时机。于是，次年（前598年）

春，楚庄王还是没忍住，遣人诛杀了陈国大夫夏征舒，稳定了陈国局势。

对于这些变动，晋国也没有表现出"应战"信号，就是说，晋国也允许这一切发生。而对于更为偏西的秦国，也只有观望的份儿，无参与的资格。到这时，秦国衰微到何种地步，并没有明确的参照，但在中原诸侯争霸的时代，秦国再次被淘汰出局。那么，是什么原因导致的呢？

前597年（秦桓公八年）秋，有消息说，楚庄王再派人包围了郑国，等着郑国彻底土崩瓦解。而郑国由于无法与楚国抗衡，继续遣人向晋国求援。这一次，晋景公不再沉默，决定支援郑国。据说，为了对抗楚国，晋景公决定联合那些与楚国有过节的诸侯，组建联盟，一起打击楚国。因此，在楚国包围郑国时，晋景公也派出了荀林父带领、随会、赵朔、郤克、栾书、先縠、韩厥、巩朔等人支援楚国。①

有意思的是，与之前晋国攻打陈国时的情形一样，晋国援军还未赶到郑国地界，就听说郑国已臣服楚国。这时候，有人建议撤回，不再直面楚军。但也有些人认为，来都来了，不彰显一下晋国的实力，不足以让楚国看到晋国大军的威武。因此，晋军继续推进，过了黄河，到了郑国地界。而到此时，晋军才得到确切消息：郑国果然已投降楚国。这时候，联军感受的不是底气，而是被虎视眈眈的楚军盯着的胆怯。

更大的危机也笼罩而来：楚军看到联军远道而来，立足未稳，

---

① 司马迁：《史记》卷三十九《晋世家第九》："晋使荀林父将中军，随会将上军，赵朔将下军，郤克、栾书、先縠、韩厥、巩朔佐之。"

便直接攻向了联军。更有意思的是，郑国因投降楚国，也与楚军一起攻打晋军。最终，联军脚跟都没有站稳，就被楚郑联军击败。晋军丢盔弃甲，一路向北而逃。最后，逃到黄河边上，楚军才停止了追击。[①] 司马迁在《秦本纪》中也记载了晋军的失利："十年，楚庄王服郑，北败晋兵于河上。"

秦晋较量

晋国这次失利，也让秦桓公看到了机遇。他认为时机成熟，可向晋国发动战争、报仇雪恨了。因此，在这一年，秦军悄悄在整顿兵马，打算雪耻。

同年秋七月，秦桓公组织秦军伐晋。秦军迅速推进至晋地辅氏（今陕西省大荔县），此地位于黄河以西。秦军出动的消息，很快传到了晋国，晋景公立即遣人拦截、抵御秦军。

双方在辅氏交战。这一战秦军准备多时，士气高扬。晋军也不甘示弱，因此，双方在辅氏都铆足了劲，纠缠在一起。指挥这场战争的秦将叫杜回，晋将叫魏颗。

相传，战争发生时，这两位主帅也参与了交战。他们在战场上数十个回合，不分胜负。难分难解之际，杜回忽然被人用草绳套住，动弹不得。等魏颗细看时，只见一老者手持草绳一端，死死绑住了杜回。值此关键时刻，杜回想要挣扎，却被老者从马上拉了下

---

① 司马迁：《史记》卷三十九《晋世家第九》："六月，至河。闻楚已服郑，郑伯肉袒与盟而去，荀林父欲还。先縠曰：'凡来救郑，不至不可，将率离心。'卒度河。楚已服郑，欲饮马于河为名而去。楚与晋军大战。郑新附楚，畏之，反助楚攻晋。晋军败，走河，争度，船中人指甚众。楚虏我将智罃。归而林父曰：'臣为督将，军败当诛，请死。'景公欲许之。随会曰：'昔文公之与楚战城濮，成王归杀子玉，而文公乃喜。今楚已败我师，又诛其将，是助楚杀仇也。'乃止。"

来，坠在地上。魏颗乘机上前，将杜回俘获。随着主帅被俘，其他秦军士气顿时涣散，晋军追击秦军，被杀者无数。[1]

这个故事，就是典故"结草衔环"中的"结草"。

原来，在战场上救助魏颗的老人与魏颗颇有渊源，他是魏颗父亲一个小妾的父亲。据说魏颗父亲去世前，要求这名小妾为他殉葬。但魏颗没有按照父亲的遗愿杀死小妾陪葬。在父亲去世后，魏颗将小妾另嫁他人。小妾父亲感念魏颗的大恩大德，一直想着报恩。这次秦晋交战，魏颗原本陷入危局，而小妾父亲在紧急时刻出现在战场中，困住了杜回，让魏颗取胜。不过这是《左传》中的记载，《秦本纪》并未采取这种记载，可能司马迁认为，这个故事过于魔幻，因此没有采用。

因此，除掉这些"神奇"的故事，我们推测秦晋之战的两种可能性：一是秦晋之间在这一年的确发生了辅氏之战，秦军在这场战役中又败给了晋军；二是压根就没有这回事，是左丘明自己编纂的故事。目前来看，这两种可能都有，无法只确立一种说法。

之后，由于秦军失利，秦桓公也不敢在短时间内再次向晋国发动战争，他选择了继续观望。这也意味着秦、晋关系得到缓解。

有意思的是，这一时期晋、楚关系又变得紧张起来。之后，楚庄王还会盟诸侯，有对抗晋国的意思。而楚、晋关系紧张，必然对秦国有利，秦国可利用这个机会，削弱晋国。但秦国可能因国力衰落而选择了中立态度，没有参与这次会盟。[2] 当然，这也与诸侯"卑秦"有关，东方诸侯都瞧不上秦国，也就不会请他们参与会盟

---

① 《左传·宣公十五年》："秋七月，秦桓公伐晋，次于辅氏。壬午，晋侯治兵于稷以略狄土，立黎侯而还。及洛，魏颗败秦师于辅氏。获杜回，秦之力人也。"

② 司马迁：《史记》卷五《秦本纪第五》："当是之时，楚霸，为会盟合诸侯。"

了。而总被人忘记，其实也是一种耻辱。只是，秦国对此毫无办法。

即便如此，秦国还是在密切关注着天下的形势，试图寻找能够获得利益的机会。比如，晋景公七年（前593年）时，晋国曾派随会剿灭赤狄，将这群人驱赶到更遥远的地方；再比如，晋景公十七年，晋国发生了一起血案。当时受重用的赵氏一族与其他家族内斗，触怒了晋景公，他下令杀死了赵同、赵括，诛灭了整个赵氏家族，只有一个遗腹子赵武子被抱着逃亡。后来，大夫韩厥劝谏晋景公，点醒了晋景公。他才重新恢复了赵氏一族的地位，又给赵武子赐了封地。这个故事后来演变成非常有名的剧目《赵氏孤儿》。

次年，鉴于晋国身陷困境，秦国跃跃欲试，秘密伙同白狄对晋国发动了一次偷袭。《左传》记载了这一过程："秦人、白狄伐晋，诸侯贰故也。"[1] 可能这次进攻，并未取得实质性进展，晋军击溃了秦军与白狄，以至《秦本纪》《晋世家》都不载其事。

晋景公十九年（前581年）夏，晋景公病危，晋国向秦国求医。当时，医学在秦国得到长足发展，涌现出几位非常有名的大夫，声名远播。当晋国使者表达了来意后，秦桓公没有吝啬人才，派出医者去诊治。不过由于晋景公已病入膏肓，即便有名医，也回天乏术。最终，晋景公带着遗憾去世。

晋景公去世后，太子寿曼继承国君位，他就是晋厉公。而随着晋景公去世，秦、晋之间的关系也由冷战开始有所缓和。和解的春风吹到了两国地界上。

---

① 左丘明：《左传·成公九年》。

前581年（秦桓公二十四年），晋厉公刚刚即位，就打算与秦国冰释前嫌，重新建立盟友关系。因此，这年的春天，晋厉公决定与秦国在河东地区订立盟约，秦桓公也同意这么做。

不久，秦桓公与晋厉公在黄河边上会盟。按照当初设定，秦桓公要过黄河，到晋国土地上与晋厉公结盟。据说晋厉公对此次会盟也很重视，老早就到黄河东岸等待。吊诡的是，秦桓公到了河西后，却不愿过河。最终，两国都作出了退让：夹黄河立和平盟约。① 由此可见，这次会盟，双方其实并非完全信任，他们都在试探着对方。不过，对秦、晋而言，停战交好是大势所趋，他们放下了成见，基本达成了和平协定。

在建立盟约后，秦桓公理应遵守盟约，趁着还没有战乱，休养生息，发展民生。但秦桓公与智囊们却有别的心思：他们名义上与晋国和谐相处，实际上却有谋取晋国的小打算。

《左传》也记载了双方签订盟约的过程：

> 秦、晋两国和好如此，两国国君还决定在令狐会见，重拾往日友谊。为了让会见显得隆重而正式，晋厉公先一步到达了令狐，等待秦桓公。但秦桓公到黄河西岸后，并不打算过河。之后，秦桓公就住在了黄河西岸的王城，遣秦国官员史颗与晋厉公在河东会盟。晋国也"礼尚往来"，遣官员郤犫和秦桓公在河西结盟。就这样，双方算是实现了结盟的目的。但晋国官员范文子对此很不以为然，他对晋厉公说："这样的结盟到底

---

① 司马迁：《史记》卷五《秦本纪第五》："二十四年，晋厉公初立，与秦桓公夹河而盟。"

有何意义？以往的结盟都需要斋戒盟誓，以显示双方对结盟的重视。约定地点相会，则是结盟信任的开始，如今，秦晋双方连结盟之地都到不了，这样的结盟还能让人相信吗？"然后，秦国就背盟了。①

《左传》这份材料更有细节，也基本能还原当时双方的心态。所谓"夹河而盟"完全变成了一种形式。而这种形式，让本就不稳固的双边关系变得更加暧昧。接下来，秦、晋将如何相处呢？

秦晋绝交

正如范文子所料，秦、晋订立盟约后时间不长，秦国就选择了背盟。或许一开始，秦国就没有将这份盟约看得有多重。秦桓公之所以还要与晋国结盟，只是不给人留下口实罢了。

不久，秦桓公遣人到了翟地，与翟国商议密谋攻打晋国（一说秦国与白狄合谋伐晋）。②

为什么秦桓公选择了在这个时间段攻打晋国呢？原因大致有两点：一是晋国国力开始下滑，正是秦国进攻的时机；二是秦桓公老了，他再不出动，可能这一生就会终结，他要在闭眼之前，做出一番事业。

基于以上原因，秦桓公开始准备攻打晋国事宜。

---

① 左丘明：《左传·成公十二年》："秦、晋为成，将会于令狐。晋侯先至焉，秦伯不肯涉河，次于王城，使史颗盟晋侯于河东。晋郤犨盟秦伯于河西。范文子曰：'是盟也何益？齐盟，所以质信也。会所，信之始也。始之不从，其何质乎？'秦伯归而背晋。"
② 司马迁：《史记》卷五《秦本纪第五》："归而秦倍盟，与翟合谋击晋。"

为保证进攻取得实实在在的成效，秦桓公还遣人入楚，希望与楚国结盟，共同对付晋国。不得不说，秦桓公的这种做法有点"临时抱佛脚"，因为在晋、楚不断交手时，秦国一直"作壁上观"，现在需要楚国了，他才想到联络楚国。因此，这次联络以失败告终，楚国拒绝了秦国的要求，秦国只能自己对付晋国。

秦国孤掌难鸣，以此时秦国的实力，根本不是晋国的对手。

尤其令秦国上下不安的是，就在这个关键时期，晋国听闻秦国有攻晋迹象，先一步行动了起来。晋厉公本就对秦国背盟多有微词，现在他又得知秦国还想谋取晋国，怒火中烧。他决定给予秦国严厉打击。

之后，晋厉公先向齐、鲁、宋、卫、郑、曹、邾、滕等国诸侯发出了邀请，希望这些诸侯与他们一起对付秦国。对于看热闹不嫌事大的诸侯而言，打秦国就像打自家孩子一样。于是，晋厉公很快组建起一支联军。

为了让联军占据"意识形态"高地，晋厉公还带领诸侯一同朝见周简王，晋厉公在天子面前陈述秦桓公反复无常、不守信用。他希望以周天子的名义伐秦，这样名正言顺。此时，周天子实力弱，也只能向晋厉公妥协。之后，周天子就遣刘康公、成肃公与晋国组成联军，共同伐秦。

为了让这次伐秦显得隆重而势大，前580年（秦桓公二十五年）春四月，晋大夫吕相先一步到秦晋边境，给秦国递上了一份《绝秦书》：

> 晋侯使吕相绝秦，曰："昔逮我献公及穆公相好，勠力同心，申之以盟誓，重之以昏姻。天祸晋国，文公如齐，惠公如

秦。无禄，献公即世，穆公不忘旧德，俾我惠公用能奉祀于晋，又不能成大勋而为韩之师。亦悔于厥心，用集我文公，是穆之成也。

"文公躬擐甲胄跋履山川，逾越险阻，征东之诸侯虞、夏、商、周之胤而朝诸秦，则亦既报旧德矣。郑人怒君之疆埸，我文公帅诸侯及秦围郑。秦大夫不询于我寡君，擅及郑盟，诸侯疾之，将致命于秦。文公恐惧，绥靖诸侯，秦师克还无害，则是我大有造于西也。

"无禄，文公即世，穆为不吊。蔑死我君，寡我襄公，迭我殽地，奸绝我好，伐我保城，殄灭我费滑，散离我兄弟，挠乱我同盟，倾覆我国家。我襄公未忘君之旧勋，而惧社稷之陨，是以有殽之师。犹愿赦罪于穆公，穆公弗听，而即楚谋我。天诱其衷，成王殒命，穆公是以不克逞志于我。

"穆、襄即世，康、灵即位，康公我之自出，又欲阙翦我公室，倾覆我社稷，帅我蟊贼，以来荡摇我边疆，我是以有令狐之役。康犹不悛，入我河曲，伐我涑川，俘我王官，翦我羁马，我是以有河曲之战。东道之不通，则是康公绝我好也。

"及君之嗣也，我君景公，引领西望曰：'庶抚我乎！'君亦不惠称盟，利吾有狄难，入我河县，焚我箕、郜，芟夷我农功，虔刘我边陲，我是以有辅氏之聚。

"君亦悔祸之延，而欲徼福于先君献、穆，使伯车来命我景公曰：'吾与女同好弃恶，复修旧德，以追念前勋。'言誓未就，景公即世，我寡君是以有令狐之会。君又不祥，背弃盟誓。白狄及君同州，君之仇雠而我之昏姻也。君来赐命曰：'吾与女伐狄。'寡君不敢顾昏姻，畏君之威而受命于使。君有二心于狄，曰：'晋将伐女。'狄应且憎，是用告我。楚人恶君之二三其德也，亦来告我曰：'秦背令狐之盟而来求盟于我，昭告昊天上帝、秦三公、楚三王曰：余虽与晋出入，余唯利是视。不谷恶其无成德，是用宣之，以惩不壹。'诸侯备闻此言，斯是用痛心疾首，昵就寡人。寡人帅以听命，唯好是求。君若惠顾诸侯，矜哀寡人，而赐之盟，则寡人之愿也，其承宁诸侯以退，岂敢徼乱？君若不施大惠，寡人不佞，其不能以诸侯退矣。敢尽布之执事，俾执事实图利之。"①

这份《绝秦书》堪称外交史上的经典之作，因此我们这里直接引用原文。当然，原文也并不难读，只要有一定文言文功底，还是完全能读懂的。

在这份邦交书中，晋国将这些年来秦、晋交恶的原因全部归于秦国，其文中诡辩之才能，令秦人眼花缭乱，无可辩驳。

令秦桓公愤懑的是，秦国内就没有人能写出如此逻辑严密的外交辞令。嘴笨的秦国既然外交上占不了便宜，也只能与晋国开战了。这也是典故"吕相绝秦"出处。秦国收下了这份绝交书，很多年以后，秦国与楚国关系恶化，届时秦国也会向楚国发出《绝楚书》，其内容完全按照这个版本模仿。

开战之前，两国宣布了绝交，这也意味着战争不可避免。事实上，战争的结果在未开战之前也已显露：秦军显然难以抵御联军。只是秦国已引发"众怒"，应对晋国的战争是箭在弦上不得不发。

---

① 左丘明：《左传·成公十三年》。

前 578 年（秦桓公二十六年）春，联军浩浩荡荡开赴秦国，在秦晋边境县集结。当准备应战的秦军看到声势浩大的联军时，已开始怯战。据说，双方一经交手，准备背水一战的秦军瞬间溃散，开始四散逃亡。而联军掌握了主动权，四处追击秦军，一直追到了泾河边上，才停止了追击的脚步。

《左传》中的另一则记载，透露出此战的一些细节：

> 此前，秦桓公与晋厉公在令狐结盟，双方约定互保和平。但秦国很快背盟，又招来了狄人和楚人，唆使他们进攻晋国。秦国这种行为，引起了诸侯的不满，他们与晋国相处和睦，与秦国产生嫌隙。之后，晋国开始反击。这次，晋军由晋国栾书率领中军，以荀庚为辅佐；由士燮率领上军，以郤锜为辅佐；由韩厥率领下军，以荀罃作为辅佐；由赵旃率领新军，以郤至作为辅佐；由郤毅驾驭战车，栾鍼追随其左右。开战前，晋国卿大夫孟献子说："晋国上下一心，必然会取得胜利。"五月初四，晋军与秦军在麻隧作战。结果秦军大败，晋军还俘虏了秦国的成差和不更女父。之后，曹宣公死在军中，曹军也就撤回了。而晋军则在新楚迎接晋厉公，等待他的训示。[1]

《左传》的故事丰满，人物众多，还透露了楚国参战的细节。这些都不见于《秦本纪》，大概司马迁在写这段历史时，对《左传》的内容做了概括。而晋国联合其他诸侯的这次行动，也彻底扑灭了秦桓公的希望，让他对"复兴"不再有念想。剩下的时间，可能多

---

① 左丘明：《左传·成公十三年》。

是精神的自我折磨。次年（前577年），秦桓公郁郁而终。

秦桓公去世后，国君之位交给了他的儿子，他就是秦景公。《史记集解》中说，"景公名后伯车也。"不过《史记索隐》又提出了另外一个观点："景公已下，名又错乱，始皇本纪作公。"[①]《秦始皇本纪》中，对秦桓公的埋葬地也做了说明："桓公享国二十七年。居雍太寝。葬义里丘北。生景公。"[②]

秦桓公在位二十七年，基本上没有做出对秦国壮大有意义的事情。他向外发动的几次战争，均以失败告终。当然，其中可能包含更为复杂的原因。秦桓公是秦穆公的曾孙，他的祖父秦康公在位十二年，父亲秦共公在位五年，加上他在位二十七年，总共四十四年。前十七年，秦国虽从一个称霸西戎的强国一点点衰弱，但还没有到彻底衰弱的地步。至少，秦桓公从父亲手中接过的秦国，还算是一个强大的秦国。为什么到了他的手中，秦国就变得一蹶不振了呢？

二十七年时间可以做很多事，秦穆公用了二十多年称霸西戎，商鞅也用了二十多年变法，使得秦国强大。同样是二十多年，差距为什么如此之大？

由此推出，秦桓公应是一位平庸的国君，他甚至有点骄奢淫逸。对于治国理政这些事，也没有多少雄心壮志。他身边也缺少如百里奚、由余等这样的人才辅佐，以至于二十七年时间里，他没有做出几件对秦人壮大有意义的事情，反而在对外扩张的过程中，屡次决策失误，损失了兵力，耗费了国库物资，导致秦国国力迅速下

[①] 司马迁：《史记》卷五《秦本纪第五》："二十六年，晋率诸侯伐秦，秦军败走，追至泾而还。桓公立二十七年卒，子景公立。"

[②] 司马迁：《史记》卷六《秦本纪第六》。

滑。可能这一时期，秦国也存在贵族、卿大夫之间斗争。这些斗争在削弱君权的同时，也在削弱着整个国家的实力。

总之，秦桓公主政的二十七年，是秦国衰微的二十七年。他去世后，面对日渐孱弱的国家局势，继任者秦景公该怎么办？

3. 变化的秦楚关系

观望中的秦景公

秦景公即位的前几年，基本保持了国内稳定的局面。他学会了冷静观察时局的本领。这种本领是对自身实力的一种清晰评估：秦国无法与强大的楚国对抗，也无法与强大的晋国对抗。

秦国东出的路基本被晋、楚两国阻隔着，中间还有周朝、郑国等势力。这些势力仿佛是一堵墙，阻断了秦人东出的梦想。

秦景公和他的先祖一样，遇到了无法东出的困局。当年秦穆公多次尝试，都没有成功东出。秦景公没有秦穆公的壮志雄心，更没有各种有利条件。因此，他也一样改变不了这种现状，只能窝在关中，等待着发迹的机遇。但蜗居也难以改变这一状况，此时中原地区的诸侯伐交频频，只会给秦国制造麻烦，却不能创造机会。秦景公只能干瞪眼，甚至有时秦国会被莫名其妙卷入战乱中。

前575年（秦景公二年），郑国背弃与晋国的盟约，与楚国重新订立了盟约。郑国的做法让晋厉公非常愤怒，他遣人再攻郑国。郑伯畏惧晋国，向楚国求救。

此时楚国国君已是楚共王（楚庄王的儿子），他清楚郑国的存在对楚国的意义，他当然不希望郑国被晋国攻破，毕竟郑国是夹在晋、楚之间的缓冲地带，一旦被晋国突破，晋楚接壤，龌龊更多。因此楚共王决定亲自带兵支援郑国。

令楚共王没想到的是，晋军也出动了精锐。同年五月，晋军渡过黄河，到了郑国地界。楚军与晋军就在郑国境内的鄢陵展开了一场大战。结果，楚共王在这一战中被晋军射伤眼睛，楚军因此战败，撤回国内。至此，晋国实力达到了高峰，晋厉公还打算借机称霸。

秦景公亦得到楚军战败、晋厉公试图称霸的消息，但他毫无办法，只能继续观望。秦已被彻底孤立，成为诸侯"鄙夷"的对象。

前573年（秦景公四年）秋，一个更加惊人的消息传到了秦国：晋国大臣栾书因无法忍受晋厉公的逼迫，杀死厉公。这个消息令秦国高层既震惊又惊喜。只要晋国不稳定，对秦国而言就是好消息。但卿大夫掌权，又往往架空君主。这当是秦国需汲取的教训。

秦景公对这种消息很感兴趣，探知了更多内幕：原来晋厉公雄才大略，有晋文公的遗风。但随着晋国不断强大，其内部的政治斗争也逐渐凸显出来。比如，之前提出诛灭赵氏一族，造成赵武成为孤儿的"下宫之难"，就是各大家族之间政治斗争的产物。栾书就是参与晋国斗争的代表人物。

另外，据说晋厉公还有荒淫无道的一面，他刚愎自用，不辨忠奸，不听忠言，一意孤行，导致贵族争斗不断。比如，在鄢陵之战后，晋厉公自我膨胀得厉害，宠幸多位姬妃，还将这些嫔妃的兄弟册封为大夫，罢黜一些为国效力的大夫。而这些宠妃的家族势力掌权后，仗势欺人，与贵族交恶，严重破坏了晋国各种势力间的平衡。

总之，在各种势力的影响下，晋国朝堂暗流涌动。得势派愈加骄纵，失势派也丧失了利益和尊严。晋厉公却并不调解这些争斗（或者说晋厉公没有能力协调各种盘根错节的关系），只能任由其恶化，并试图在贵族们斗争时，巩固君主的权力。这种"乱作为"严重刺激了晋国内部各种势力，国内大家族之间的斗争也愈演愈烈。而这些斗争看似与国家利益并无直接冲突，但最终都会影响到国家。栾书作为逐渐成长起来的大家族首领，弄权、敛财样样占全。之后，栾书还与晋厉公联手消灭了晋国大族三郤，消除了一个潜在的对手。至此，晋国的六卿在大族斗争中牺牲掉了一大半，国家实际大权落到栾书等大族手中。

据说晋厉公其人性格复杂，让人摸不透。他既希望享受，又不希望晋国衰败；既希望集权，又希望大臣能倾心辅佐。夷陵争霸战后，他意识到天下将以晋国为霸，他也成为春秋中期的霸主。这一背景下，晋厉公希望实现专制，但晋国已形成贵族与国君"共治"局面，专制意味着剥夺卿大夫的权力。可能晋厉公也与一直忠于自己的栾书产生了对立。于是，栾书联合其他一些受国君排挤的大夫，利用晋厉公打猎之际，软禁了晋厉公。最后，由栾书出面，灭了晋厉公及其势力。① 之后，栾书联合晋国大夫，从洛邑迎回了晋厉公的侄子孙周，让他即国君位，这就是晋悼公。②

对于晋国发生的这些大事件，秦景公只能当作新闻来对待，他完

---

① 司马迁：《史记》卷五《秦本纪第五》："景公四年，晋栾书弑其君厉公。"

② 司马迁：《史记》卷三十九《晋世家第九》："闰月乙卯，厉公游匠骊氏，栾书、中行偃以其党袭捕厉公，囚之，杀胥童，而使人迎公子周于周而立之，是为悼公。悼公元年正月庚申，栾书、中行偃弑厉公，葬之以一乘车。厉公囚六日死，死十日庚午，智鏖迎公子周来，至绛，刑鸡与大夫盟而立之，是为悼公。辛巳，朝武宫。二月乙酉，即位。"

全没办法改变。秦国与晋国的差距越来越大了。两年后（前564年），晋国还入侵秦国，"晋荀䓨伐秦，报其侵也"①。不过这只是晋国的警示，因为晋国忙着在中原争霸，根本看不上与落后的秦国较量，甚至连教训一下秦国的时间都没有。因此，秦国才没有遭受更大的入侵。

不过随着"国际"间交流深化，秦国已很难独善其身。

次年（前563年），随着晋国对楚、郑两国的威胁不断，楚共王请求秦国支援，这次，秦国选择了支援楚国。《左传》载："楚子囊乞旅于秦，秦右大夫詹师从楚子，将以伐郑。"②

不过总体而言，秦国在这一时期衰微。而晋国死死压制着秦国，让秦国无法摆脱。

前562年（秦景公十五年）秋，晋悼公即位不到半年，就向郑国发起了攻击。③ 这显然是有意为之，意在打击郑国，向楚国示威。有意思的是，郑国顶着压力向各路诸侯求援，却唯独只有秦国支援了郑国。因此，在晋军攻打郑国时，秦军也从西面出发，攻打晋国栎地，吸引晋军注意力。

由于晋国将主要力量放在了郑国，没想到秦国会在栎地进攻，不久，秦军击败了栎地晋军，占领了栎地。《括地志》中记载了栎地的位置："洛州阳翟县，古栎邑也。"④

有趣的是，尽管秦军进军顺利，取得了栎地，但晋军似乎并不担心（可能晋国瞧不起秦国），因此并未回过头来攻打秦军，而是

① 左丘明：《左传·襄公十年》。
② 左丘明：《左传·襄公十一年》。
③ 司马迁：《史记》卷三十九《晋世家第九》："秋，伐郑。郑师败，遂至陈。"
④ 司马迁：《史记》卷五《秦本纪第五》："十五年，救郑，败晋兵于栎。"

集中兵力攻打郑国。[1] 不久，数量庞大的晋军猛攻郑国，郑国被打败，向晋国臣服。就此，晋军还没有停止进攻的意思，他们一直将战线推进至陈国附近。

叙述到这里，发现了一个疑惑：秦景公是清楚晋国实力的，他为什么选择支援郑国？按照以往经验，秦国都不该招惹强大的晋国。难道是秦景公认为晋国国君更替，立国不稳，才选择支援郑国吗？还是晋国深陷战争，秦景公想趁机抢晋国要塞？

不管是何种原因，秦景公支援郑国的决策都是错误的。当时晋国攻打郑国本身没有牵扯到秦国的利益，秦国完全能置身事外。再者，一直支援郑国的楚国这次也没有支援郑国，秦景公为什么要选择做这个出头鸟？

很多疑惑无法找到答案。也是这次支援郑国，给晋国攻打秦国留下了口实，他们会寻机报复，到时秦国必然又会受到战争威胁。

所幸的是，在打败郑国后，晋悼公没有立即攻打秦国。因为他还有更重要的事情要做。之后，晋悼公向天下诸侯发起了会盟邀请，召集诸侯会盟。在这次会盟中，晋悼公被推选为盟主。[2] 所谓盟主，其实也就是霸主。换言之，北方的诸侯承认了晋悼公霸主地位。

自此之后，晋悼公开始谋划中原，他与楚国作战，与卫国作战，与郑国作战，甚至有取代周天子而立的意思。晋国实力越来越强，不把任何人放在眼里。而这些对外扩张，不仅有疆域的拓展，还有对人口和生产资料的掠夺。晋国如强盗一般，让自己的实力不

---

① 司马迁：《史记》卷三十九《晋世家第九》："冬，秦取我栎。"
② 司马迁：《史记》卷五《秦本纪第五》："是时晋悼公为盟主。"

断得到提升。

面对这个强大的邻居，秦景公明智地选择了忍耐。实力不济的时候，唯有忍耐才是出路。不过，即便秦景公能忍，晋悼公也决意给秦国一点颜色看看。三年前秦国不讲武德，偷袭了晋国栎地，晋国岂能放过秦国！

而就在晋国计划对秦国用兵的时候，忽然从楚国来了一批使者，他们是到秦国来"探亲"的。此前，秦国的秦嬴①嫁到楚国，这次楚国遣司马子庚到秦国聘问，为夫人回娘家探亲"打前站"。② 当然，秦楚关系有所深化，但秦晋关系正日渐紧张。

前559年（秦景公十八年）草长莺飞时节，晋悼公向天下诸侯发起了会盟邀请，要求诸侯们跟着自己一起攻打秦国，由此，拉开了晋国攻打秦国的序幕。

迫于晋悼公的压力，一些诸侯们与晋国站在了一起。此后的一段时间里，晋悼公多次约诸侯攻打秦国，将秦军打得连连败退，损失惨重。③《左传》中详细记载了整个战争的经过，这里不再列举。④

连着吃了多次亏，以后联军再攻打秦军时，秦军也变得狡猾了，只要联军来攻打，他们就选择逃。而只要秦军逃亡，晋军就在后面追击，他们之间玩起了猫捉老鼠的游戏。

最后一次战争，秦军被痛打后仓皇逃窜，晋军一直追到泾河。

---

① 并不是非子。

② 左丘明：《左传·襄公十二年》："秦嬴归于楚。楚司马子庚聘于秦，为夫人宁，礼也。"

③ 司马迁：《史记》卷五《秦本纪第五》："十八年，晋悼公强，数会诸侯，率以伐秦，败秦军。"

④ 左丘明：《左传·襄公十四年》。

秦军不敢歇脚，又继续向西逃亡，晋军一直追到了械林地区才撤回。① 史料中没有明确记载械林地望，《史记集解》认为械林"秦地也"。

以后的五六年时间里，秦军被晋军死死压制着，毫无还手之力。

楚国称霸

前 522 年（秦景公二十五年），晋悼公去世，太子继承君位，是为晋平公。

晋平公即位后，秦、晋紧张的关系有所缓和。不过，两国多年积攒的仇恨，很难轻易化解，晋国还会时不时敲打秦国。前 550 年，忍受不了晋国连续暴揍的秦景公，终于向晋国低下了头：他亲自到晋国去，与晋平公交涉，最终，两国订立了和平盟约，并相互约定，自此之后，秦、晋两国互保和平。② 《国语》中有一则内容，记载了两国签订盟约的幕后故事：

> 秦景公派弟弟鍼到晋国订立盟约，晋国大臣叔向为了招呼秦国使者，命人去请行人子员，让子员招待秦国使者。这时候，行人子朱说："我子朱在这里。"叔向不为所动，继续说："请将子员召来。"子朱有些愤怒地说："我是当值的人。"叔向却故意说："我只是希望叫子员来接待宾客。"子朱发怒说：

---

① 司马迁：《史记》卷五《秦本纪第五》："秦军走，晋兵追之，遂渡泾，至械林而还。"
② 司马迁：《史记》卷五《秦本纪第五》："二十七年，景公如晋。"

"我和子员都是国君之臣，官爵职位相同，你为何不要当值的我来接待，反而要子员？"子员说完，拿着剑挺身向前，威胁叔向。这时候，叔向才说："秦、晋两国冷战依旧，如今放下成见签订盟约，让子孙不再受战乱之苦，是多么美好的事情。如果和谈不成功，三军将士将战死沙场。因此这次和谈很重要，我才要找子员。原因也很简单，子员在传达宾客的话时，没有私心杂念。可你却总是随意更改宾客的话，用奸诈之术来侍奉国君，这是我不能接受的。"叔向说完，就挽起衣襟准备与子朱斗争。这时候，周围的人将他们拉开了。晋平公听说这件事后，对众人说："我们晋国是要实现大治，因为我的臣子争论的都是国家大事。"恰巧大臣师旷在一旁侍候，他对晋平公说："我担心的是，公室地位恐将不保，因为这两位大臣是斗力而非斗智。"①

从这则故事看，晋国虽然强大，但内部依然斗争不休。而这也会造成晋国衰微。所幸的是，这一时期，晋国与秦国签订了和平盟约，暂时不斗了。

而这次入晋，让秦景公探知了很多晋国内幕，即晋国看起来并非表面上的那么强大，内部也存在各种隐患。而这一发现，又给了秦景公信心。因此，秦景公刚刚与晋国建立和平约定，回到秦地后，他就再次背盟。②

而事实也正如秦景公所预料，即便他背盟，晋平公也选择了继

---

① 左丘明：《国语》卷第十四《晋语八·叔向与子朱不心竞而力争》。
② 司马迁：《史记》卷五《秦本纪第五》："与平公盟，已而背之。"

续忍耐。晋平公的忍耐，大概与他不务正业、骄奢淫逸有关。这一点，在《国语》中能找到蛛丝马迹。

据说，有一次，晋平公得病了，秦景公还遣医和到晋国去给晋平公治疗，并窥探了晋平公近女色，导致身体被掏空的内幕：

晋平公得了病，秦景公派医和诊断。医和在望闻问切后，悄悄对晋平公身边宠臣赵文子说："病入骨髓，已难以治愈。这病症的根源是疏远男人而亲近女色，故而受迷惑，生了蛊病。这种病并非鬼神作祟，更非饮食不当，而是因为亲近女色、丧失意志所致。良臣将要死了，即便上苍亦不能保佑。若君主不死，诸侯也很难再拥护他。"赵文子听说后，对医和说："我与主卫大夫一起辅佐君主成为诸侯的盟主，至今已有八年。在此期间，国内没有暴乱，亦无邪祟。诸侯也同心同德。但你为什么要说'良臣将要死了，即便上苍亦不能保佑'呢？"医和说："我所陈述的是以后的情况。我常常听人说：'正直之人不会辅佐邪恶君主，明智之人不会规谏昏暗君主，就如同大树不会长在又高又险的地方，松柏不会长在低洼潮湿的地方。'你不曾规劝君主远离女色，致使他得了病。你又不能隐退，却热衷于执政。这样的日子过了八年，还能长久下去吗？"赵文子问："医生能够治理国家吗？"医和说："最好的医生能够治理国家，一般的医生只能治疗病人。这也就是医生的职业操守。"赵文子又问："你说的蛊是从哪里生出的呢？"医和说："蛊原本是从谷子上扬起的灰尘中生出。世间万物中，到处都藏有蛊。而谷子是最好吃的东西，蛊就藏在谷子中。若谷子不腐烂生虫，人吃了就变得聪明。因此，吃谷子的人白天与有德行的男子亲近，夜晚与有德行的女子同寝，非如此不能避免蛊惑。如今，大王不分昼夜亲近女人，如同不吃谷子却吃蛊虫。结果就像没有吃谷的人聪明，却做了接受蛊的器皿。所以'虫'和'皿'合成'蛊'字"。赵文子又问："那您认为，君主还能活多久呢？"医和说："如果诸侯都服从，尚能活三年。如果诸侯不服，最多不会超过十年。如果超过了这个期限，晋国就会有灾难。"①

读这种春秋笔法，给人的感觉很绕。明明一句话能说清，非要拐着弯说。但医和的意思也在拐弯抹角中表达了出来。正因晋平公亲近女色，所以他在位期间，与秦国没有交恶，反而一直相处融洽。讽刺的是，提醒晋平公远离女色的竟是秦国医和。但晋平公不可能听劝谏，只会继续亲近女色，不务正业。这一背景下，晋国虽然强大，但对秦国的威胁显然少了很多。《左传》里的记载与《国语》类似。②

这时候，秦国放松了对晋国的关注，开始关注楚国的动向。

秦景公三十六年（前 541 年）冬，从楚国传来了一个令人震惊的消息：受楚郏敖信任的公子围，杀死了郏敖而自立。公子围也就成了楚灵王。这位公子围是郏敖的叔叔，在楚康王时代受到重用。郏敖即位后，继续重用他。可能在多年经营楚国政务时，公子围已培养了一批自己的党羽，他又不满侄子郏敖性格懦弱，就杀了郏敖，取而代之，成为楚国国君。

---

① 左丘明：《国语》卷第十四《晋语八·医和视平公疾》。
② 左丘明：《左传·昭公元年》。

吊诡的是，即便发生了惨烈的政变，但楚国大夫并未离开楚灵王，他们依旧认可楚灵王为国君。可能他们也希望有一位勇武的雄主带领他们继续创建霸业。

秦景公得到这个消息后，并没有多大的震惊。在诸侯争霸的年代，这种诛杀国君的事情几乎每时每刻都在上演，他能做的就是，避免秦人陷入斗争的旋涡中。①

这一年，秦国也发生了重大变故：秦景公有个弟弟叫后子针，与秦景公是同母胞弟。可能基于这层原因，秦景公对弟弟很宠爱，给他赏赐了很多财物，据说后子针富可敌国。这样的人在秦国本可生活无忧，但他还是架不住被人嫉妒。在楚国发生政变之后，有人给秦景公进谗言，说后子针的坏话。后子针因此被人构陷。他担心自己被杀，就带着自己的财富逃亡到晋国。

据说他逃亡时，带走的财富辎重被千辆车拉着，浩浩荡荡。等他逃亡到晋国之后，晋平公好奇地问后子针："你有这么多财富，为什么还要逃亡呢？"后子针却说："秦公无道，我担心自己被杀，等到他们的子孙即位后，我再回去。"② 晋平公就收留了后子针。

这段话是依据《秦本纪》的记载翻译而来，里面存在很多疑惑：

其一，秦景公对弟弟后子针很宠爱，给了他很多财物，是否符合实际？其二，秦景公既然很宠爱这个弟弟，为什么还会轻信别人

---

① 司马迁：《史记》卷五《秦本纪第五》："三十六年，楚公子围弑其君而自立，是为灵王。"

② 司马迁：《史记》卷五《秦本纪第五》："景公母弟后子针有宠，景公母弟富，或谮之，恐诛，乃奔晋，车重千乘。晋平公曰：'后子富如此，何以自亡？'对曰：'秦公无道，畏诛，欲待其后世乃归。'"

的谗言？其三，既然兄弟两人关系匪浅，后子针为什么要在有人进谗言后，带着巨额财富离开秦国？其四，后子针是逃亡的人，为什么还能拿这么多财富顺利逃出秦国？

这些疑惑都无法自圆其说。本书认为，最大的可能是，后子针觊觎王权，被秦景公发现。但秦景公并不想追究后子针的责任，是后子针自己心虚，带着自己的财富逃亡晋国。而秦景公亦不想置弟弟于死地，就没有追他，因此他才能带着巨额财富离开秦国。

以后两三年，天下基本安定。前 538 年（秦景公三十九年）春，秦景公又得到一个消息：楚灵王派人到晋国，希望晋国能够出席不久之后的申地会盟。

按照惯例，诸侯一旦发起会盟，就有要向外界宣布称霸之意。楚国这时候知会晋国，是在向晋国宣布楚国将称霸，希望晋国能够支持楚国称霸。

楚国有没有给秦景公发出邀请，目前尚无史料记载。之后，楚灵王与诸侯们就在申地举行了会盟。《史记正义》中说申地在"在邓州南阳县三十里"。

由于楚灵王过于骄横，导致他知会的晋、宋、鲁、卫等国都没有参加会盟。而另外一些小诸侯迫于楚国的压力，参加了会盟。

楚灵王对诸侯是否参加会盟并不在意，他只是需要这样一个活动形式，向天下宣示他的霸主地位。当然，不来参加会盟，会给楚国攻打他们的借口。

在这次会盟中，各诸侯迫于形势，推选楚灵王为诸侯的盟主。这也意味着楚灵王向天下宣布了楚国霸主地位。只是晋、卫、鲁等国并不承认楚国霸主地位。而秦国自始至终都没有参与这些事，仿佛局外人一样观望着。

不久，成为盟主的楚灵王向吴国发起攻击。新崛起的吴国难以抵挡楚国大军，被击败。此后，由齐国逃亡吴国的庆封成为楚灵王的战利品。据说在抓住庆封后，楚灵王讥讽庆封，认为他是两姓家奴，却遭到庆封的反驳。楚灵王理屈词穷，一气之下杀掉了庆封。①

这些消息对秦景公而言，也只能当作消息看待。进入老年的秦景公，已对追逐天下逐渐失去信心。他在一次次诸侯崛起中，回望秦人的发迹史，得到的只是一次又一次的失望，秦国再难回到先祖秦穆公时代。

秦景公去世

公元前 537 年，景公带着无比遗憾离开了人世。

秦景公去世后，被埋在了陕西省宝鸡市凤翔地区。这里是秦公墓葬区，20 世纪 80 年代被发现。当时很多墓葬因年代久远、盗掘严重等问题，很难直接判定哪一座是哪位秦国君主墓葬。不过，在这些墓葬群中，秦景公的墓葬有标识性（石磬铭文），让后世及时将墓葬与秦景公对应起来。

秦景公的墓葬规格体现出几个"大"，足见当时秦国国君在墓葬方面花的心思：

一是殉葬规格大。秦穆公时，殉葬人数一百七十七人，一直被后世诟病。司马迁在《史记》中也批评秦穆公不行人道。但根据考古发掘，初步统计秦景公的秦公一号大墓殉葬人数为一百八十六人。这还是大墓被盗以后统计的殉人数量，若这座墓葬保存完好，

① 司马迁：《史记》卷五《秦本纪第五》："三十九年，楚灵王强，会诸侯于申，为盟主，杀齐庆封。"

殉葬人数只会比这个数字高。即便如此，这个数量也比秦穆公殉葬人数多出九人，成为西周以来殉人最多的秦国国君墓葬。

二是墓葬整体规格大。墓葬区平面呈传统"中"字形，与礼县大堡子山遗址墓葬规格很相似。墓葬全长大概 300 米，整体墓葬区的面积超过五千平方米，有东西墓道和墓室。

三是墓葬出土的石磬信息很大。与此前秦公大墓出土的石磬不同，这些石磬上的多有字，字体为籀文（一说石鼓文），有一百八十多个字，仿佛与殉葬人数很契合。比如其中有文字为："汤（湯）厥商，百乐咸奏，允乐子煌。假虎载入。又玑载兼。天子壐（省土）喜。龚桓是嗣。高阳有灵。四方已鼎平。"这些文字信息量很大，有各种不同解读，还有一些石磬上面刻有夏、神、秦等字，成为了解秦人发展的重要证据。

而基于以上这些特点，这座墓葬被冠以秦公一号大墓之称，进一步说明其墓葬规格是此前秦国国君墓葬无法比拟的。当然，秦始皇的墓葬规格最大，但没有被发掘，不在参考之列。

秦景公在位四十年，比秦穆公在位时间还要长，但他在位四十多年既没有率领秦人壮大，也没有拓展新的疆域。即便在文化软实力上的建树也不多，反而让秦国不断走向衰落。当然，造成这种衰落的原因，是多方面的。但他作为秦国在位时间较长的国君，没有在时代中寻找机会，规避各种"雷区"，带领秦人走向新发展，着实令人惋惜。

秦景公去世后，他的儿子继位，是为秦哀公（《秦始皇本纪》中作秦毕公）。这时候，还有个细节被司马迁记载了下来：在晋国躲避的后子针听闻秦景公去世，又兴冲冲地回到了秦国。秦哀公不计前嫌，接纳了他。①

秦哀公的江山

秦哀公接过的江山，是一个日薄西山的江山。他在位的前几年，基本延续了秦景公时代的路线，自给自足，闷头发展。

只是这时期，中原各诸侯间不断进行着吞并、重组，上演着亡国、灭族的争霸大戏。比如，秦哀公元年（前 536 年）夏，晋国攻打了燕国。② 秦哀公四年（前 533 年），楚灵王遣公子弃疾灭了陈国。秦哀公六年（前 531 年），楚灵王不怀好意地召见蔡国蔡侯，在宴会上将蔡侯灌醉，杀掉了他。最终，楚灵王的无道引起了蔡国上下的强烈不满，蔡地不断出现暴乱，形势一度很不稳定。为了稳定蔡地，楚灵王遣公子弃疾镇压了蔡地反叛。由此，原蔡国的内乱被弃疾平定，楚灵王乘机册封弃疾为陈蔡公，成为原陈国、蔡国地区的实际掌权人。③

秦哀公看着别人不断壮大，自己也在关中韬光养晦。幸运的是，这一时期，晋国对秦国的威胁也逐渐在减少。晋国内耗不断，国力持续下滑。

晋昭公即位后，晋国的六卿家族迅速壮大，而君权却在六卿家族的"分割"中逐渐衰弱。晋国的这六卿指韩氏、赵氏、魏氏、范氏、中行氏和智氏等六个家族，他们还会在日后掀起更大的风浪。

---

① 司马迁：《史记》卷五《秦本纪第五》："景公立四十年卒，子哀公立。后子复来归秦。"
② 司马迁：《史记》卷三十九《晋世家第九》："二十二年，伐燕。"
③ 司马迁：《史记》卷四十《楚世家第十》："八年，使公子弃疾将兵灭陈。十年，召蔡侯，醉而杀之。使弃疾定蔡，因陈蔡公。"

前 526 年，晋昭公一病不起，撒手人寰，晋国社稷交给了晋顷公。由于六卿家族已盘根错节，晋顷公基本成为一个傀儡国君，在六卿的"拥护"之下行使君权，但其做法却代表着六卿。

自此，晋国开启了六卿主政的时代。有意思的是，这六个家族之间，也在进行着各种形式的内斗，为自己的家族争取更多利益。而这种内斗反过来又影响了晋国的持续强大。不过晋国是百足之虫，六大家族在本国相互斗争，但只要有别国攻打晋国，他们就会立即团结起来，一致对外。这种背景下，秦哀公还不敢与晋国发生龃龉，他需要静静等待，等晋国进一步式微。①

秦人在此过程中掌握了一个世间最好的杀人利器：时间。时间才是收割生命的利器，不管帝王将相、王公贵族，还是黎民百姓、奴隶贱民，终将难以逃脱时间的收割。

时隔不久，还真有个机遇悄然降临在秦人头上，这就是楚国主动与秦国建交。

事实上，此前秦国虽在晋、楚争霸战中有过参与，但多以旁观者身份存在。而随着楚国不断强大、楚国的疆域不断延伸，自然就与秦国毗邻，因此秦、楚之间也建立起了联系。

前 529 年（秦哀公八年）秋，在楚国大地上发生了一场政变，凭借着诛杀国君上位的楚灵王，也遭到楚国公子弃疾的诛杀。之后，弃疾自立为楚王，是为楚平王。②

这段故事非常魔幻，仿佛并不真实。但仔细分析，就能发现其

---

① 司马迁：《史记》卷三十九《晋世家第九》："十六年，平公卒，子昭公夷立。昭公六年卒。六卿强，公室卑。子顷公去疾立。"
② 司马迁：《史记》卷五《秦本纪第五》："哀公八年，楚公子弃疾弑灵王而自立，是为平王。"

实隐患早就存在。楚灵王的时代，楚国成为天下的霸主。楚灵王开始自我膨胀：不顾及百姓死活，不知关爱士兵，为了一己私欲，多年向外发动战争，引起了很多人的嫉恨。

弟弟弃疾似乎也对楚灵王很不满，只是弃疾隐藏得很深，他在等待着机会。疏于监管的楚灵王则没有发现弟弟的异常，自始至终，弃疾都受楚灵王重用。

这其实也容易理解：在争夺君位这件事上从没有君臣、兄弟、父子之别。任何人都能为得到君主之位不择手段，而这也不会被认为是背叛。春秋时期，往往存在这样一种现象：若一个有德行的人推翻一个无道国君，取而代之，取代之人也可能不被指责。

弃疾也是抱着这种态度，带领人杀了哥哥楚灵王，成为新的楚王。秦哀公虽得到楚国政变的消息，但也只能观望。只是秦哀公怎么也不会想到，就是在他的时代，楚国主动与秦国建交了。

秦楚联姻

三年之后（前526年）春夏之交，忽然从楚地来了一行人，求见秦哀公。秦哀公接见了楚国使者，来人自称费无忌（一说费无极），是楚国的大夫。他们声称，这次到秦国的目的是为太子建求亲。

得知来人的意图后，秦哀公有些激动，也有些慌乱。要知道，这可是从未有过的现象，楚国第一次主动到秦国来求亲。

此前，秦、晋之间多联姻，重耳时代还创建了秦晋之好的美谈。但秦、楚之间一直处于一种暧昧状态中，若即若离，朦朦胧胧。造成这种结果的原因，可能是秦、楚距离较远。而地理位置上的远，就隔断了很多交集，比如秦国与吴、越等国就没有多少交集。

　　这次楚平王遣使入秦，希望在秦国为太子选一个妻子。当然，来秦国求亲可能只是个幌子，目的是要与秦国结交，建立政治联盟。秦哀公对于眼前发生的这一切，产生了眩晕：几百年来，南、北鲜有联姻。眼下的楚国，实力虽不及当年晋楚争霸时强，也是南方重要的诸侯。如何应对此事，他需要召集群臣商议此事。

　　楚国使者暂时被安排在雍城馆驿，秦哀公则在朝堂上听着贵族、大臣们发表各自的意见。秦国贵族间仿佛炸了锅，各种说法都有。他们不断猜测楚国与秦国联姻背后的目的，衡量各种利弊。最后，秦哀公力排众议，决定与楚国联姻。

　　应当说，秦哀公是有远见的。在秦国国力衰减情况下，与楚国建立联盟关系，必然要好过单打独斗。以后秦人图强，可能还得依靠楚国的力量。于是，秦哀公在秦国选出了一位非常漂亮的女子，作为楚平王之子妃子。

　　费无忌看到秦哀公为楚太子建选的妃子非常漂亮，大加赞赏。之后，秦哀公款待了楚国费无忌一行，为他们践行。

　　临走时，秦哀公还陪嫁了很多东西，可能还认秦女为女儿，以显示秦国对楚国的重视，也表明秦国与楚国邦交的态度。

　　之后，迎亲队就踏上了回楚国之路。据说为了让这些人能安全到达，秦哀公又遣一支军队，护送迎亲队南下。一直到秦楚边界，这些士兵们才撤回。

　　然而，顺势中总存在逆势，稳局中也往往存在着变局。据说到楚地后，费无忌又产生了新想法，打算利用秦人女子，实现某种政治目的。因此，在迎亲队还未到达王都时，费无忌先一步到了楚国王都，求见了楚平王。

费无忌向楚平王汇报了此行的经过，着重谈到秦女的姿色、身材等，故意勾起楚平王的兴趣。然后费无忌就说："秦国女子容貌倾国倾城，国色天香。大王可将秦国女子留给自己，另外给太子再物色一位太子妃。"① 费无忌的这些姿态勾起了楚平王的强烈欲望，他要看看秦女到底有多美。

之后，迎亲队就到了楚国王都。由于楚平王的兴趣已被费无忌吊起，他马上会见了秦女。当看到绝色佳人后，楚平王欲罢不能。未几，他做出了一个非常可笑的决定：自己将迎娶秦女为妻。②

换句话说，楚平王欲让儿媳妇变成妻子。这种事好说不好听，但楚平王根本不管这些。或许在楚平王看来，秦女还没有与他的儿子拜堂，理论上说，还算不上是儿媳妇。之后，楚平王就隆重迎娶了秦女。后来，楚平王还与秦女生下公子熊珍。

以上这些内容来自《史记·楚世家》。不过需要注意的是，在楚平王"夺子之妻"这件事的背后，可能还有更为复杂的原因：楚平王年轻时也曾落魄，与蔡国一个卑贱的女人结缘，两人生有一子，这就是太子建。③ 只是谁也没想到，后来楚平王会继承君位，成为新楚王。吊诡的是，即便成为国君，楚平王还是没有将原配妻子接回，反而让她在蔡国继续生活。给儿子建太子的身份，应该也

---

① 司马迁：《史记》卷四十《楚世家第十》："平王二年，使费无忌如秦为太子建取妇。妇好，来，未至，无忌先归，说平王曰：'秦女好，可自娶，为太子更求。'平王听之，卒自娶秦女，生熊珍。"

② 司马迁：《史记》卷五《秦本纪第五》："楚平王来求秦女为太子建妻。至国，女好而自娶之。"

③ 左丘明：《左传·昭公十九年》："楚子之在蔡也，鄩阳封人之女奔之，生太子建。"

是不得已而为之。因此，从楚平王对原配夫人和太子的态度看，可见楚平王对自己的过去"很介意"。而这其实也很容易理解，任何成功者都不愿意提及自己曾经的"黑历史"。太子仿佛就是他耻辱的写照，每每看到太子，就会让他想起无法向人提及的过去。因此，楚平王才有娶"儿媳妇"的计划。当然，娶秦女至少有两方面的好处：一是与秦国建立了联姻关系，而他自己娶秦女，巩固两国关系远比太子娶秦女重要；二是他可能要利用这种方式，与曾经蔡国的经历做了结，甚至有废太子的潜意识。

《左传》的记载，显得很潦草：

> 及即位，使伍奢为之师。费无极为少师，无宠焉，欲谮诸王，曰："建可室矣。"王为之聘于秦，无极与逆，劝王取之，正月，楚夫人赢氏至自秦。①

对于楚国内部发生的这些变动，秦国高层可能并不知悉。之后，楚国派出使者入秦，向秦国通报了楚国内部的"婚变"，"令尹子瑕聘于秦，拜夫人也"②。对秦国而言，不管秦女与谁结婚，都是好消息，因为达到了预期的目的。这是一次前所未有的政治联姻，也拉开了秦、楚联姻的先河，对秦、楚两国都有重要意义。

自此之后，秦、楚之间多有联姻。比如秦惠文王赢驷就曾与楚国联姻，嫁给他的女人叫芈月，人称芈八子；秦孝文王与楚国联姻，他的宠妃叫华阳夫人，等等。秦、楚之间也建立了长期的友谊关系。尽管在战国纷乱的时代，各国之间都不会有长期的和平，不

①② 左丘明：《左传·昭公十九年》。

过放眼整个春秋、战国时代，秦、楚之间战争相对较少，两国保持了长时间的和平共处。

在巩固、深化秦、楚两国关系上，秦哀公表面上看，只是迈出了一小步，效果却非常明显。

秦、楚两国建立了联系，但因联姻产生的次生矛盾也日渐凸显出来：因秦女为楚平王生下了熊珍，得到楚平王的宠幸，而与之相对的是太子建的母亲蔡姬受到冷落。母以子贵，楚平王此举无疑加剧了他与太子建之间的嫌隙。而太子与君主有隙，与太子有关的人，自然也就成为众矢之的。当时太子建有两个老师，一个叫伍奢，另一个就是费无忌。据说费无忌与太子建相处并不十分融洽，以至两人彼此多看不顺眼。可能当初鼓动楚平王娶秦女也与此有关。费无忌还有意无意在楚平王面前诋毁太子建，让太子建处境非常尴尬。后来，楚平王与太子建越来越疏远。[1]

前523年（秦哀公十年）春，楚平王开始了"布局"，他先派遣太子到城父居住。城父是楚国的边境，《史记集解》中说："城父，楚北境邑。"东晋官员杜预曾长期驻防襄樊，认为这里的城父就是襄城城父县。《括地志》也有记载："城父故城在许州叶县东北四十五里，即杜预云襄城城父县也。又许州襄城县东四十里亦有父城故城一所，服虔云'城父，楚北境'，乃是父城之名，非建所守。"不过城父地望至今依然有争论，这里不再细究。

那么，这里就有一个问题：楚平王将太子建放逐边境戍边的真实原因是什么？

---

① 司马迁：《史记》卷四十《楚世家第十》："更为太子娶。是时伍奢为太子太傅，无忌为少傅。无忌无宠于太子，常谗恶太子建。建时年十五矣，其母蔡女也，无宠于王，王稍益疏外建也。"

本书认为，原因是复杂的。比如，与秦女所生的熊珍有关，即楚平王可能动了改立太子的念头，打算废掉太子建另立熊珍为太子。他要利用这种办法，与秦国进一步密切关系；再比如，可能与楚平王"洗刷过去"有关，他对太子建和其母有"成见"，这两个蔡国人对楚国毫无用处，摆脱他们与秦国交好才是上策；再比如，可能与费无忌等人的怂恿有关，费无忌也不希望太子建成为储君人选。

这种复杂的背景下，太子建被派往城父居住。总之，核心就是楚平王要"与过去告别"。

《史记·楚世家》中将这件事扣在费无忌身上，衍生出很多故事，体现费无忌的奸佞。据说太子建离开后，费无忌继续诋毁太子："自从我将秦女送到宫中，太子建就开始怨恨我。秦女是您为太子建选的妃子，最后成为您的妃子，太子也怨恨您。我认为要提前做好防备。现在太子戍边，手中有兵权。臣听说他已在广结诸侯，有取代您的意思。"楚平王听从了费无忌的话，开始对太子提防。

不久，楚平王就先对太子的老师伍奢进行训斥，指责伍奢没有辅佐好太子。伍奢发现其中猫腻，建议楚平王不要听信谗言，应当信任太子。费无忌担心事情败露，因此弹劾伍奢，指责伍奢怂恿太子谋反。因此，伍奢也被关了起来。当然，伍奢也是与蔡国有密切关系的人，楚平王对他很忌讳。或许这才是打压伍氏一族的真实原因。[①]据说楚平王还迁怒太子建，有意处死太子建。太子建听闻后，

---

① 刘勃：《错位的复仇：伍子胥传奇》，新星出版社 2023 年 9 月版。

选择逃往宋国。①

　　而事情发展到这一步，已超出可控范围，身处局中的人已难以全身而退，必须决出胜负，才能安然活命。费无忌也下了狠心，继续对伍奢实施迫害。可能费无忌认为，事已至此，也只有彻底消除隐患，他才能安心在楚国生活。之后，费无忌继续给楚平王灌输思想：召回伍奢在外地游荡的两个儿子，让他们回国来换取伍奢的性命，以此来消除隐患。伍奢的这两个儿子，一个叫伍尚，一个叫伍胥（一说伍子胥）。

　　楚平王同意了费无忌的建议，要求伍奢给儿子写信，让两个儿子来换取他的性命。伍奢愤慨不已，认为即便他不写信，只要听闻他入狱，伍尚也定会回国来营救他。他因此为伍尚担心不已。而相较于伍尚的感性，次子伍胥为人聪明，深谋远虑，他定不会回国，钻入费无忌的圈套。

　　伍奢拒绝写信，于是楚平王发布诏令，要求各地寻找伍奢的两个儿子，并向外传播伍奢被拘押的消息，希望他们回国，换取父亲的自由。伍尚得知父亲入狱，果然回到楚国，意在援救父亲。而伍胥却从楚国的这些消息中嗅到了危机，他没有回楚国，而是选择了逃离，他清楚只有自己逃脱，才能保住父亲和兄长性命。

　　据说，伍胥为躲避楚成王的追杀，绕过重重关卡，一夜间熬白

---

① 司马迁：《史记》卷四十《楚世家第十》："无忌又日夜谗太子建于王曰：'自无忌入秦女，太子怨，亦不能无望于王，王少自备焉。且太子居城父，擅兵，外交诸侯，且欲入矣。'平王召其傅伍奢责之。伍奢知无忌谗，乃曰：'王奈何以小臣疏骨肉？'无忌曰：'今不制，后悔也。'于是王遂囚伍奢。乃令司马奋扬召太子建，欲诛之。太子闻之，亡奔宋。"

了头，才逃到了吴国。只是令伍胥想不到的是，就在他逃亡时，楚成王对伍奢、伍尚举起了屠刀。由此，伍胥将仇恨深深埋在内心深处，等待着将来的复仇。① 当然，也有学者对伍胥这些传奇经历保持怀疑。

前 522 年（秦哀公十五年），对楚国来说，是非常不幸的一年，伍奢、伍尚被处死，伍胥逃亡。太子建在宋国郁郁不得志，回到郑国寻求庇佑。到郑国后，太子建受到郑伯的欢迎。然而，自不量力的太子建在晋国高层的怂恿下，打算联合晋国谋取郑国，再以郑国为根基，夺取楚国国君之位。结果事情败露，郑国诛杀了楚国太子建。②

至此，由秦女嫁给楚成王引发的隐患才进入尾声，楚国陷入一种悲伤中。

秦哀公无可奈何，继续观望着。他并不想破坏秦楚关系。此时，静观其变才是最好的处置方式。

---

① 司马迁：《史记》卷四十《楚世家第十》："无忌曰：'伍奢有二子，不杀者为楚国患。盍以免其父召之，必至。'于是王使使谓奢：'能致二子则生，不能将死。'奢曰：'尚至，胥不至。'王曰：'何也？'奢曰：'尚之为人，廉，死节，慈孝而仁，闻召而免父，必至，不顾其死。胥之为人，智而好谋，勇而矜功，知来必死，必不来。然为楚国忧者必此子。'于是王使人召之，曰：'来，吾免尔父。'伍尚谓伍胥曰：'闻父免而莫奔，不孝也；父戮莫报，无谋也；度能任事，知也。子其行矣，我其归死。'伍尚遂归。伍胥弯弓属矢，出见使者，曰：'父有罪，何以召其子为？'将射，使者还走，遂出奔吴。伍奢闻之，曰：'胥亡，楚国危哉。'楚人遂杀伍奢及尚。"
② 司马迁：《史记》卷五《秦本纪第五》："十五年，楚平王欲诛建，建亡；伍子胥奔吴。"

4. 秦人内耗、传承与发展

观望天下变局

公元前 500 年前后，天下格局开始发生剧烈变化。楚国自不必说，一直有染指中原的计划。一直强盛的晋国也在发生剧烈变化，晋国君权在六卿家族的争斗中逐渐落空，国君成为名存实亡的傀儡，在六卿的运作下，行使着不由自主的君权。

当此之时，秦国虽然式微，却也在不断调整着外交策略，试图在重组的天下格局中，重新提振秦国，以提升秦国在诸侯中的地位。这时候，秦国先与晋国疏远了关系，有种"老死不相往来"的姿态。所幸的是，两国之间再也没有发生大规模战争。①

理想是美好的，实施起来却并不容易。此时的秦国各种隐患频出，积重难返。其实，秦国的衰微不是一天两天形成的，仿佛长在人腹腔里的肿瘤，在一次次的疏忽大意中，变得越来越大，直至影响人的健康。而一个人越是体弱，身体就越多病。秦国也是这样，内部也不稳定，贵族之间、君臣之间都存在着一些问题，平民、奴隶与统治者的矛盾也日益突出。

总之，在这时候，似乎所有的矛盾都集结在一起。而作为统治者的国君，却没有办法去解决这些问题。秦哀公并非庸主，他可能也试图挽救国家于衰微之际。只是他的时代充满了隐患，他只能一面治理秦国，一面关注着天下的动态。"哀者，无可奈何也。"意思

---

① 司马迁：《史记》卷五《秦本纪第五》："晋公室卑而六卿强，欲内相攻，是以久秦晋不相攻。"

是说，秦哀公可能想过振兴祖业，但最终发现努力也无法改变现状，只能继续维持现状。

当然，造成这种结果的原因是多方面的，比如，可能与秦国的实际情况有关，也与天下大势有关。各种内因、外因交织在一起，让局势变得愈加复杂、胶着。

前520年（秦哀公十七年）春，从洛邑传来消息：周景王病危，周王朝亦内忧外患。原来，在周景王病危之际，他按照宗法制确定了继承人，但诸公子似并不支持周景王的安排，内斗非常激烈。周景王本人也很难约束这种争斗。最终，周景王在悲愤交加中去世，国君之位悬而未决。而没有了周景王的约束，诸公子间的斗争更加严重，将周王朝内部搞得乌烟瘴气。

这时候，对秦国而言是一次机遇：为周王室平叛。当初秦人先祖秦襄公就做过类似的事情。但这时的秦国与秦襄公时的秦国不一样，不管是外部形势还是内部局面，都没办法相比。这种情况下，秦哀公没有采取任何行动。而晋国六卿则主动出击，打着"尊王攘夷"的旗号，帮助周王朝平定了诸公子之乱，立周敬王为天子。[1] 而晋国六卿的这种做法，也得到了天下的称颂。

不过，即便周王朝拥立了新天子，周王朝的局势依旧不容乐观，天子可控的土地、人口越来越少。这时候的天下，已然是诸侯并列的天下，各诸侯虽还尊崇周天子，承认他为名义上的天子，但诸侯早已各行其是，天下的版图也被诸侯割裂。弱小的诸侯在斗争中要么被吞并，要么被消灭。形式不一样，结果完全一样，即成为

---

[1] 司马迁：《史记》卷四《周本纪第四》："二十年，景王爱子朝，会崩，子丐之党与争立，国人立长子猛为王，子朝攻杀猛。猛为悼王。晋人攻子朝而立丐，是为敬王。"

强大诸侯的附庸。而强大的诸侯跃跃欲试，你方唱罢我登场，要在纷乱的时代展示自己的实力，天下局势变得愈加繁杂。

且看天下局势。

晋国还是由六卿操持国政，内部的斗争也一直存在，只是晋国国力还能维持，这也让它依旧稳居西部霸主之位。

东方的鲁国也在发生权力重组。前517年，鲁国发生了政变：鲁国季氏操控了鲁国，驱逐了国君鲁昭公。鲁昭公逃亡到一个叫干侯的地方居住。前515年，卫、宋两国实在看不惯季氏为所欲为，又无力帮助鲁国，分别派使者入晋，请求晋顷公护送鲁昭公回国，帮助鲁昭公平定国内的季氏叛乱。晋顷公手中并无实权，遂将此事交给大夫范献子处置。

范献子到鲁斡旋，协调相关事宜，希望鲁国高层能够遵从晋国的安排。只是谁也没想到，季氏在与范献子交往时，摸透了范献子的弱点，收买了范献子。等范献子回晋国后，就站在季氏一边，斥责鲁昭公。作为傀儡的晋顷公，无法改变范献子的决定。最终，晋国也没有将鲁昭公送回国。① 这件事最终不了了之，而这也使得晋国在诸侯国中的地位不断下滑。

晋国内斗也越来越激烈，前514年（秦哀公二十三年）秋天的一次朝会上，晋国公族祁傒之孙和叔向之子因政见不同，在顷公面前吵了起来，两人相互诋毁，没有退让的意思。晋顷公很无奈，因为无论他偏向谁，必然引起另一方的不满。晋顷公没有偏向他们任何人，看着他们咆哮朝堂。

---

① 司马迁：《史记》卷三十九《晋世家第九》："九年，鲁季氏逐其君昭公，昭公居干侯。十一年，卫、宋使使请晋纳鲁君。季平子私赂范献子，献子受之，乃谓晋君曰：'季氏无罪。'不果入鲁君。"

这时候，终于有大臣实在看不下去，制止了两位公子相互诋毁。而风起于青苹之末，事后，两大家族就被推到了风口浪尖上。由于这两个人还是贵族，六卿就以打压这两家势力为由，乘机削弱晋国国君势力。紧接着，一场清算活动开始，六卿遣人血洗了祁侯、叔向两大家族，将他们原来的封地进行分解，划归十个县，由六卿家族各占一块。此后，晋国国君的势力越来越弱，对应的是六卿的势力愈加强盛。

前512年（秦哀公二十五年）秋，一生都在"不由自主"中度过的晋顷公去世，六卿拥立了他的儿子午即位，是为晋定公。这时候的晋国，依旧在六卿的操纵下运转着。

楚国方面，情况一样不容乐观。

前519年（秦哀公十八年）春，曾受排挤的楚国太子建母亲蔡姬开启了她的复仇之路，决意为冤死的太子建复仇。在她看来，太子建被杀的根源是秦女嫁给楚平王。因此，她和她的势力暗中联合吴国，计划攻打楚国。此时，逐渐强大起来的吴国也想试试楚国的实力，因此遣公子光率部攻打楚国东南边境。这一仗，因楚国事先没有得到消息，吴国偷袭成功。之后，吴国大军持续推进，一直打到了陈国、蔡国附近，抢走了太子建的母亲才撤军而去。

经此一役，楚国害怕吴国继续攻打楚国，组织人加固郢都。

不久，在楚国内部又发生了变故。原来，吴国边邑卑梁与楚国边邑钟离接壤，双边关系复杂，经常产生纠纷。恰巧这时，两国在边境线上发生武装械斗，导致钟离灭了卑梁。当时在吴国担任大夫的卑梁官员得知家乡被灭，非常愤怒。旋即，他组织人攻打楚国的钟离邑。消息传到楚王耳朵里，楚王也派兵增援钟离，最终楚国攻灭吴国的卑梁邑。而这件事令吴王非常恼火，他立即派兵攻打楚国，还灭了钟离和居巢。

本来由边境纠纷引发的矛盾，最终演变成两国之间的战争。楚国陷入紧张中，继续加固城池，以防吴国攻打。

之后，吴、楚两国就形成了新的对峙，谁也不主动出兵。不过他们之间的战争还没有结束，因为他们还没有决出胜负。

前516年（秦哀公二十一年）秋，后半生一直沉浸在骄奢淫逸中的楚平王去世。当此之时，立谁为国君，成为摆在楚国大夫面前最艰难的抉择。

将军子常认为，太子建去世，公子珍年纪太小，不宜出任国君。他主张，立楚平王的庶出弟弟子西为君。按照子常的说法，子西有才能，宅心仁厚，在楚国上下有口皆碑。若楚国立国君，子西应是不二人选。楚国贵族也基本同意子常的建议。

问题的关键是，子西不愿接任国君，还表示国家运转都是依照祖宗法度，若贸然改立国君，会发生混乱。而议论改立他人的做法，也会招致杀身之祸。总之一句话，子西不愿出任楚国国君。

大夫们无可奈何，只能拥立年幼的太子珍为国君，这就是楚昭王。[1] 由此，楚国也陷入主少国疑的局面中。

前515年（秦哀公二十二年），在主少国疑中，楚国酝酿着一场变故。当时，很多楚国大夫排斥费无忌，指责他进谗言，导致太子建被迫逃亡，又进谗言害死了伍奢父子和郤宛，导致郤宛同宗伯氏之子伯嚭和伍子胥逃亡吴国，进而引发吴国多次攻楚。

这时候，费无忌失去了靠山楚平王，墙倒众人推，由此失势。

---

[1] 司马迁：《史记》卷四十《楚世家第十》："十三年，平王卒。将军子常曰：'太子珍少，且其母乃前太子建所当娶也。'欲立令尹子西。子西，平王之庶弟也，有义。子西曰：'国有常法，更立则乱，言之则致诛。'乃立太子珍，是为昭王。"

子常为了获得臣僚认可，竟带人杀了费无忌。①

楚国臣僚们为除掉费无忌这个祸害而高兴，但子常的做法为他日后的祸端埋下隐患：费无忌再怎么弄权，也轮不着大臣们诛杀。这群人仗着楚昭王年幼，简直胡作非为。

此后的几年时间里，吴、楚两国不断产生摩擦，楚国多次失败。比如，发生在前511年的吴楚之战，楚国战败，吴国夺取了楚国的六、潜两地。两年之后，吴军再次出动，攻打楚国。楚国派子常抵御吴军，子常在豫章又遭到吴军的痛击。②

前506年冬，经过几年养精蓄锐的吴国，开始把击败楚国作为目标。吴王阖闾在辅臣伍子胥、伯嚭的怂恿下，带着一支由吴、唐、蔡组成的三国联军攻打楚国。

楚国很快探知了吴国的动静，继续派出将军子常迎敌。之后，吴、楚双方沿着汉水布阵。战争一打响，联军就攻势猛烈，他们仿佛一支组织有序的劲旅，扑向了楚军。楚军见联军士气高涨，不敢主动迎敌，反而向后败退而去。

楚军仿佛退潮海水，迅速败退而去，子常见势不妙，逃亡到了郑国避难。楚军没有了主心骨，开始大规模溃散。吴军乘胜追击，攻打楚军，被杀的楚军不计其数。

即便如此，吴军也不打算放过楚军，他们死死咬住楚军。最后，吴军一直追到楚国都城郢都，楚昭王见势不妙，弃城而逃，一

---

① 司马迁：《史记》卷四十《楚世家第十》："昭王元年，楚众不说费无忌，以其谗亡太子建，杀伍奢父与郤宛。宛之宗姓伯氏子嚭及子胥皆奔吴，吴兵数侵楚，楚人怨无忌甚。楚令尹子常诛无忌以说众，众乃喜。"

② 司马迁：《史记》卷四十《楚世家第十》："五年，吴伐取楚之六、潜。七年，楚使子常伐吴，吴大败楚于豫章。"

直逃亡到云梦泽一带。吴军进入楚国都城郢都，损毁了楚国宗庙。伍子胥命人掘开了楚平王的陵墓，将楚平王的骸骨用鞭子抽打许久，算是为父兄报了仇。

再之后，吴国派大军继续追击楚昭王，大有灭亡楚国的意思。所幸的是，最后随国收留了楚昭王。吴军追到随国，威胁随国交出楚昭王，而随国藏匿了楚昭王，拒不承认接纳楚昭王。吴军在随国展开了搜查，也没有找到楚昭王。至此，这场驱赶楚昭王的行动才告一段落。[①]

需要补充的是，吴、楚交战，本来与秦国没有关系，秦国也只是处于观望中。但一个人入秦，让秦国卷入这场纠纷中。

这个人叫申包胥。

申包胥哭秦

申包胥入秦的事，还得追溯到吴军攻楚之时。当时，吴国攻楚正猛，楚昭王看到形势危急，给大夫申包胥（一说申鲍胥）交代了一个重任：向秦国求援。原因是秦、楚之间有联姻，秦国应该不会坐视不理。

申包胥复姓公孙，因封地在申地，因此人称申包胥。他受命于危难之间，一刻也不敢马虎。楚昭王逃离后，申包胥就遁入逃亡人群中，走上求秦之路。

申包胥翻越崇山峻岭，渡过激流险滩，在重重困难中到了秦国雍城，向秦哀公求援。申包胥对秦哀公说了这样一番话："吴为封

---

① 司马迁：《史记》卷五《秦本纪第五》："三十一年，吴王阖闾与伍子胥伐楚，楚王亡奔随，吴遂入郢。"

豕长蛇，以荐食上国，虐始于楚。寡君失守社稷，越在草莽，使下臣告急曰，夷德无厌，若邻于君，疆场之患也。逮吴之未定，君其取分焉。若楚之遂亡，君之土也。若以君灵抚之，世以事君。"①

大概意思：吴国是个贪得无厌的国家，他们攻下了楚国都城，将楚王赶到山野草泽之中。如果只是如此，倒也罢了。但吴国根本没想放过楚国的意思，而一旦让吴国占据了楚国，那就会与秦国接壤，到时吴国就会乘机向西进攻秦国。与其等着楚国被吴国全部占领，不如秦国出兵，从吴国手中夺回一部分土地给秦国。

申包胥的这番话，并没有多少说服力，甚至带有鼓动和诱惑。秦哀公并不傻，他清楚这是申包胥诱导秦国介入战争。而只要是战争，总是会死人。万一秦军打不赢吴军，反而被吴军击败，岂不是惹祸上身？另外，秦国的劲敌晋国一直存在，万一秦军出战，支援楚国，晋国攻秦将如何处置？

秦哀公先将申包胥安置在馆驿中，让申包胥少安毋躁，他要召集秦国大臣商议此事。② 毕竟出军并非小事，牵扯到方方面面，任何细小的疏忽，都可能导致满盘皆输。

申包胥听完秦哀公的辩解，认为这是秦哀公的搪塞之语，是要拖着不支援楚国。申包胥表示，他的国君正在山野草泽中受难，他现在一刻也等不了，希望秦君马上商议对策，给他一个准信。

秦哀公没有表态。

事实上，秦哀公陷入艰难的抉择中：楚昭王是秦女所生，就算秦国的外甥。于公于私，秦国都应伸出支援之手。然而，秦国此时

① 《左传·定公四年》。
② 《左传·定公四年》："秦伯使辞焉，曰：'寡人闻命矣。子姑就馆，将图而告。'"

国家并不强盛，而打仗是需要成本的。在没有利益可言的情况下，贸然出兵，只会让国家陷入困顿中。再者，秦国劲敌晋国尽管内部有六卿争权，但实力并未削弱，对秦国的威胁并未解除。

可能秦哀公与高层商议的最终结果，依然是不援助楚国。毕竟这是一种没有回报的付出，胜负难定，损失难以估算。而秦国的这种坐视不理，让申包胥如热锅上的蚂蚁。申包胥此时想的已不是请不请得动秦军，而是必须在短时间内让秦军支援楚国。秦军迟出动一天，楚国的危机就增加一分。

之后，申包胥见秦哀公迟迟不下决定，就以绝食来威胁。秦哀公依然不为所动，申包胥就开始痛哭，以此胁迫秦哀公支援楚国。据说，申包胥在秦国哭了七天七夜，哭声震彻云霄，以至秦国上下都知道了申包胥求援的事情。《左传》记载："申包胥对秦伯曰'寡君越在草莽，未获所伏，下臣何敢即安'。立依于庭墙而哭，日夜不绝声，勺饮不入口，七日。秦哀公为赋无衣，九顿首而坐。秦师乃出。"

秦哀公被申包胥的哭声搅得心神不宁，大概也有秦国贵族生了恻隐之心，愿支持援助楚国。于是秦哀公在重新考量了各种利弊后，最终决定支援楚国。

而既然决定支援，姿态就变得很重要。为此，秦哀公还专门给申包胥诵读了《无衣》一诗，表示秦国上下一心，支援楚国。

> 岂曰无衣？与子同袍。王于兴师，修我戈矛。与子同仇！
> 岂曰无衣？与子同泽。王于兴师，修我矛戟。与子偕作！
> 岂曰无衣？与子同裳。王于兴师，修我甲兵。与子偕行！①

---

① 《诗经·秦风》。

　　这首诗表达的是同仇敌忾的意思，诗作产生的背景，大概就是申包胥哭秦。而不管秦哀公是否诵读诗歌，申包胥都破涕为笑了，他求援的目的已达到。① 紧接着，秦国派出子蒲、子虎等人驾车五百乘从秦地出发，南下支援楚国。《史记正义》引《左传》里的记载："鲁定公五年，秦子蒲、子虎帅车五百乘以救楚，败吴师于军祥。"申包胥也跟着这些秦军南下。

　　秦军的两位帅臣都是子氏。子这个族群在秦国出了很多人才，比如秦穆公时代的子车氏，他们帮助秦穆公打天下，最后还为秦穆公殉葬。还有秦孝公时期的子岸，也为秦国的强大立下了赫赫功勋。当然，子字在春秋时期也是一种尊称，国君、贵族也多称子。

　　秦军出动后，逃亡中的楚王也得到消息，开始收拢那些被吴军打散的楚军。不久，楚国就聚集起了一股不小的残兵。他们与秦军合兵一处，一起向吴军占据的城邑发动攻击。此时，吴军孤军深入，战线太长，已陷入被动中。所以，当联军向吴军进攻时，吴军选择了撤离，联军收复了很多失地。

　　前 505 年六月，联军在稷地向吴军发起了最后一次攻击。这一战，吴军不敌，被联军击败。

　　有意思的是，随着联军不断获得胜利，吴国的内部也发生了权力重组：吴王弟弟夫概得知吴军失败后，率先回到了吴国，自立为吴王。而国内发生的政变，大大超出了吴王阖闾的预料。这是前屋有火、后屋也着火的节奏。吴王阖闾马上撤出了楚国，回吴国平

---

① 司马迁：《史记》卷五《秦本纪第五》："楚大夫申包胥来告急，七日不食，日夜哭泣。"

叛。而随着吴军撤退，楚昭王也从山野草泽之地回到了郢都。

楚国的局势得到缓解。楚昭王开始召集臣僚，一项项处置目前楚国存在的问题。当然，楚国高层的视线也没有离开吴国。此时的吴国内斗正紧，阖闾与夫概之间进行了大拼杀，只是阖闾实力更强一些。因此，在斗争的后期，夫概被阖闾击败，逃亡到了楚国。楚昭王这次很慷慨，他将夫概封在一个叫堂谿的地方，《史记正义》里引《括地志》的说法，认为堂谿故城在豫州郾城县西八十五里处。夫概这一支就被称为堂谿氏。①

此后，吴、楚双方都像害了场大病的病人，再也没有当初咄咄逼人的气势，纷纷选择了休养。这也意味着双方局势暂时得到缓解，秦军也撤出了楚国。

秦国的路在何方

前504年（秦哀公三十三年），收拾了国内乱局后，吴王阖闾再次率兵攻打楚国，并夺取了楚国边境城镇番。《括地志》指出："饶州鄱阳县，春秋时为楚东境，秦为番县，属九江郡，汉为鄱阳县也。"这又让楚昭王陷入畏惧中，他带领人逃离了郢都，将王都迁到鄀地。《括地志》对鄀也进行了交代："楚昭王故城在襄州乐乡县东北三十二里，在故鄀城东五里，即楚国故昭王徙都鄀城也。"② 可能吴王此行目的已达到，吴军也就没有继续攻打楚国。

---

① 司马迁：《史记》卷四十《楚世家第十》："昭王之出郢也，使申鲍胥请救于秦。秦以车五百乘救楚，楚亦收余散兵，与秦击吴。十一年六月，败吴于稷。会吴王弟夫概见吴王兵伤败，乃亡归，自立为王。阖闾闻之，引兵去楚，归击夫概。夫概败，奔楚，楚封之堂谿，号为堂谿氏。"
② 司马迁：《史记》卷四十《楚世家第十》。

以后的几年时间里，天下诸侯间处于平静中，只是这种平静，可能蕴藏着更大的危机。对秦哀公而言，天下不管如何变，他已管不了这么多。前501年春，秦哀公去世。[1]

秦哀公的一生充满了悲情与苦难，以至于他尽管在位三十六年，依旧没有做出对秦人有决定意义的大事件。他东不能扩张，西又无法彻底压制戎、狄。后人追谥他为"哀公"，其实也是有道理的。秦哀公的墓葬在"车里北"，与秦桓公葬地在一起，但具体地望在哪里至今不得而知。

因为秦哀公在位时间太长，太子没等到他驾崩，就先一步去世。按照惯例，秦哀公去世后，秦国贵族拥立了太子之子为国君，他就是秦惠公。继位后，秦惠公追赠父亲（原太子）为秦夷公。[2]

秦惠公基本延续着秦哀公时期的路线治国。这几十年间，秦人似乎处于一种消沉状态中，曾几何时的那种雄心壮志不再，这完全与此前积极进取的秦人不一样。

应当说，此时天下的格局对秦人而言是有益的：晋国在内斗，楚国在遭受外患入侵。若趁着这个局势，大力发展生产，积攒财富，训练军士，挥师东出，大有希望。可此时的秦国国力持续衰退，接任国君者也仅能做到维持国政的平衡。

不久，鲁国权臣阳虎在争权夺利中失败，被鲁侯追逐，最终逃到了晋国。晋国还是六卿掌权，权臣赵鞅收留了阳虎。之后，赵鞅操纵阳虎，为自己服务。阳虎得到权力后，排除异己，为赵鞅排斥

---

① 司马迁：《史记》卷五《秦本纪第五》："于是秦乃发五百乘救楚，败吴师。吴师归，楚昭王乃得复入郢。哀公立三十六年卒。"

② 司马迁：《史记》卷五《秦本纪第五》："太子夷公，夷公蚤死，不得立，立夷公子，是为惠公。"

了一大批政敌，赵鞅因此成为晋国权势最大的官员。

前500年（秦惠公元年）春，齐、鲁两国国君举行了一次会盟。当然，这并非争霸的会盟，而是单纯两国国君会见。他们见面的地方叫夹谷。鲁定公与齐景公在夹谷谈论的内容已不见史料。

值得玩味的是，大学问家、大教育家孔子参加了这次会盟，还担任了鲁国的傧相。所谓的傧相，其实就是个陪客。因为司马迁对孔子很看重，因此不管是《秦本纪》还是《晋世家》《楚世家》都记载了这件事。《秦本纪》中说："惠公元年，孔子行鲁相事。"

事实上，傧相的身份非常低微，可能鲁定公只是希望通过孔子的名声提升自己，才让孔子担任了所谓的傧相。而此时的孔子，早已在鲁国声名鹊起。不过他并不看好春秋各国目前的治理方式，他一直强调要施行仁政，推行周礼，还天下以太平。但大争之世，没有人愿意接受他的学说。他的仁政、礼仪思想无法让一个国家强大起来，注定会被诸侯抛弃。

此后，孔子还会出任鲁国的小官，力求通过自己的努力，实现心中的"理想国"。然而，生逢乱世，现实粉碎了他的梦想，让他一次又一次从满怀希望变成满怀失望。最终，看清了一切的孔子愤然辞官，开始了长达十多年周游列国的旅程。这时候的他，内心还怀揣着一个重建西周的梦想。但是，大同时代已过去，即便他喊破喉咙，也不会有人接纳他。

总之，孔子是一个不被时代接纳的人，因为他的思想不适合春秋时期的局面。这时候天下继续进行着分裂、重组，诸侯间也继续上演吞并、反抗、吞并的过程。

前496年（秦惠公五年），晋国权臣赵鞅（嬴姓赵氏后代）做出了一个重大决策：要求邯郸大夫赵午在既定时间内，将晋国曾安置在邯郸的五百户人家迁居到晋阳。

这是一项艰巨的任务。拖家带口，长途跋涉，其间有任何闪失，都无法在既定时间内完成任务。而赵午果然没有完成这个任务。可能当时居住在邯郸的人并不想迁居，因此赵午的动员工作受到了抵制，没有人愿意跟着他到晋阳去。而这件事在赵鞅这里，就变成了赵午不讲信誉，造成工作失误。赵鞅甚至要动用"国法"，诛杀赵午。

面对性命之忧，赵午也不打算坐以待毙。他决定反击。之后，他秘密联合中行寅、范吉射等人，试图驱赶赵鞅。之后，赵鞅也得到内幕，逃到晋阳坚守。

不久，晋定公也"审时度势"，派兵支援赵午，联军包围了晋阳。由此可见，赵鞅独揽大权，也不受晋定公的待见。

晋阳形势危急，破城就在顷刻之间。

有意思是，这时候，晋国大臣荀栎、韩不信、魏侈等人虽受晋定公调动，攻打晋阳，但他们各怀心思。在进攻晋阳之际，他们又打起了范吉射、中行寅的主意。原来，晋国六卿内斗时，这些人相互间早有嫌隙。现在国君命他们攻打晋阳，他们互不信任，相互猜忌，甚至产生龌龊。而这也缓解了联军对晋阳的威胁，给了赵鞅喘息之机。之后，荀栎、韩不信、魏侈等人放着晋阳不打，反而向范吉射、中行寅发起了攻击。晋定公得知内幕后，未曾及时制止，反而命人攻打范吉射、中行寅。结果范吉射、中行寅不敌，被晋国大军击败，向东逃亡。

这也意味着，晋阳被晋定公的人马围住。只要晋定公有意，晋阳就可能会被晋军攻破，赵鞅也可能会被晋军诛杀。

然而，到了这关键时刻，又出现了和事佬。和事佬是晋国大臣韩简子、魏襄子等人，他们也是六卿家族的核心人物，在晋国有相当的实力。他们纷纷向晋定公求情，请求晋定公饶过赵鞅。大概晋定公原本计划消灭赵鞅，翦除赵氏家族对自己的威胁。但现在情况发生了逆转，他也不能不顾及韩简子、魏襄子等人，于是就顺水推舟，不再追究赵鞅的责任。①

两年后（前494年），晋国再次派人追击范吉射、中行寅等人。此时他们已无法在晋国立足，只能逃亡到齐国避难。②

与此同时，东南地区的吴、越两国也摩擦不断。前495年（秦惠公七年）夏，吴王阖闾在沉寂了几年后，再次率部攻打越国。越王勾践率部抵御吴国，勾践用箭射伤了吴王阖闾。之后，阖闾去世，其子夫差继国君之位。由此，吴、越之间拉开了数十年的战争，吴国也不再盯着楚国了。③

换句话说，到公元前6世纪末，天下的变化越来越剧烈，很多原来想也不敢想的事情，就忽然发生了，礼崩乐坏的现象越来越严重，诸侯争夺利益的现象越来越突出。而面对天下的这些巨变，秦国毫无办法，只能一直处于观望中，内耗越来越严重，国力也越来越式微。秦穆公时期称霸西部，到此时，秦国已无力约束戎、狄，有些戎、狄部落纷纷脱离秦国控制。

---

① 司马迁：《史记》卷三十九《晋世家第九》："十五年，赵鞅使邯郸大夫午，不信，欲杀午，午与中行寅、范吉射亲攻赵鞅，鞅走保晋阳。定公围晋阳。荀栎、韩不信、魏侈与范、中行为仇，乃移兵伐范、中行。范、中行反，晋君击之，败范、中行。范、中行走朝歌，保之。韩、魏为赵鞅谢晋君，乃赦赵鞅，复位。"
② 司马迁：《史记》卷五《秦本纪第五》："五年，晋卿中行、范氏反晋，晋使智氏、赵简子攻之，范、中行氏亡奔齐。"
③ 司马迁：《史记》卷四十《楚世家第十》："二十一年，吴王阖闾伐越。越王勾践射伤吴王，遂死。吴由此怨越而不西伐楚。"

当然，此时的秦国，也面临着新的考验：国君被孤立，在卿大夫与贵族间周旋，却无法改变现状。以后几年，秦惠公都面临着这种局面，秦国似乎陷入死胡同，没有办法解决这一问题。

事实上，其他诸侯也好不到哪里去，整个春秋末期，成为诸侯国蜕变的一个关键时间段，用一些学者的话说，就是由奴隶制向封建制转型的"阵痛期"。这种背景下，周制已难以适应眼前的形势，诸侯也没有先进的治国理念可供借鉴，一切都只能是"摸着石头过河"，等到新思想、新理念诞生。因此，几乎所有诸侯都在寻找着"破冰"的办法。

相较于其他诸侯，秦国的情况更糟糕一些，因为秦惠公身心疲惫，患上重疾，眼看就要不久于人世。这时候，秦国高层不得不面对这样一种困惑：一旦秦惠公去世，秦国将何去何从？是沿着以往路线继续走，还是在大争之世效仿先祖穆公，破釜沉舟，冒险领秦人开疆拓土？

第二部

大秦长歌

蓄势

上海三联书店

祁新龙 著

目　录

第九章　守成

  1. 几位后继秦君 ············· 589

  2. 厉共公的三十四年 ············· 605

  3. 秦国的过渡的君王 ············· 622

  4. 秦魏无休止的纠葛 ············· 640

第十章　转捩

  1. 历尽磨难的秦献公 ············· 657

  2. 秦献公治国 ············· 676

  3. 天下大变局 ············· 690

  4. 国君赢渠梁 ············· 703

第十一章　求变

  1. 礼贤下士与大展宏图 ············· 721

  2. 商鞅变法与图谋魏国 ············· 740

  3. 第二轮变法与秦孝公强秦 ············· 759

  4. 王图霸业与功过是非 ············· 776

第十二章　纵横

1. 新国君老政策 ·············· 799

2. 秦魏之战 ·············· 816

3. 张仪秦国求相 ·············· 826

4. 合纵与连横的对抗 ·············· 846

第十三章　扩张

1. 司马错伐蜀 ·············· 863

2. 秦国的扩张 ·············· 877

3. 张仪戏楚 ·············· 891

4. 张仪游说列国 ·············· 906

第十四章　过渡

1. 张仪的身前身后事 ·············· 923

2. 秦武王新政 ·············· 937

3. 秦武王的扩张 ·············· 954

4. 赢稷继位与甘茂离秦 ·············· 969

第十五章　图强

1. 初涉朝政 ·············· 987

2. 秦楚之间的战争 ·············· 999

3. 齐秦争霸 ·············· 1016

4. 扩张与强大 ·············· 1032

第十六章　东进

1. 大征伐时代 1051

2. 秦齐的较量 1066

3. 秦赵楚三国争雄 1081

4. 东征西讨与南征北战 1097

第十七章　奠基

1. 谋士范雎自荐 1115

2. 范雎与魏冉斗智斗勇 1129

3. 秦国的攻伐与外交 1143

4. 秦赵长平之战 1160

第九章

守成

君子于役，不知其期。曷至哉？鸡栖于埘。日之夕矣，羊牛下来。君子于役，如之何勿思！

君子于役，不日不月。曷其有佸？鸡栖于桀。日之夕矣，羊牛下括。君子于役，苟无饥渴？

——《诗经·王风·君子于役》

1. 几位后继秦君

继续衰微

前 492 年的秋天，一场秋雨刚过，天气就转冷了。仿佛一夜间，大地就遭受了前所未有的霜煞。地处西北的秦国，更加凸显出季节分明的特点。远山层林尽染，大地衰草枯杨。雍城宫附近树影婆娑，摇曳在秋风中，落下一地金黄。

雍城大郑宫内，人们步履匆匆，张罗着新旧国君接替事宜。一些主事的贵族大夫，指点着仆人摆弄祭品，设置着祭坛。另外一些主事人，则在另一个宫廷内，指挥着人们安排新君登基事宜。

原来这一年深秋，秦国的第十五位国君秦惠公去世了，国君之位传给了太子。这时候，秦国正忙着处理旧国君去世、新太子即位事宜。[①]

春秋末期，诸侯纷乱，礼崩乐坏，周礼形同虚设。有意思的是，在诸侯们推倒周"文明"，试图重建一种新的文明时，独秦国成为例外。

那么，为什么会出现这种情况呢？我们认为，秦进入奴隶社会较晚，其他诸侯转向封建时，秦才沿着奴隶社会发展。后世秦国国君虽有迈向文明的愿望，却受地域限制、诸侯文化阻绝等因素制约，接触最先进的文明很有限。即使进入关中以后，这种情况并未

_____

① 司马迁：《史记》卷五《秦本纪第五》："惠公立十年卒，子悼公立。"

改变。其间，秦穆公崛起后，吸收了一些先进文明，逐渐摆脱愚昧落后。但整体而言，秦人还是落后的，无法与东方诸侯比拟。更有意思的是，秦国高层是清楚秦国落后现状的，因此，他们总喜欢标榜自己是文明的诸侯国。这表面上看，尽管有点可笑，但秦人常常被贴上"野蛮"标签，这就像一种固有的成见，任你如何证明，也都无法改变。而越是无法改变这种成见，秦人就越是要向外界宣示自己的文明，哪怕这文明来自周王朝，或者其他诸侯国。

在国君更替这些事上，秦人更注重"文化"。秦国贵族们为此准备了多日，就怕在国君即位事宜上出现差错。

不久，一切准备就绪，秦太子在贵族们的簇拥下，坐上了国君之位。他就是秦悼公。附近一些小诸侯国有意与秦国交好，到秦国来祝贺新君即位。秦国款待了这些各国使臣。不过东方的大诸侯国，仍一如既往瞧不起秦国，依旧将其视为"野蛮"。

第一次临朝时，秦悼公即宣布国家将继续沿着秦惠公路线走。年轻的秦悼公也表示，假以时日，他将带领秦人继续东出，开疆拓土，创造不朽霸业。不过这样的雄心壮志，听起来热血沸腾，但总显得空洞，需要在日后一一验证。对秦国高层而言，这只是一种理想规划。毕竟在天下大局中，秦国不是主角，只能看着其他主角登场，秦国作为陪衬，审时度势，寻找自己发展的机会。

秦悼公即位的前两年，中原都处于和平中，诸侯争霸的战争暂时停歇。不过谁都清楚，这种停歇可能只是大战爆发前的宁静，天下诸侯都在观察着变局，希望在变局中躲避战祸、捞取好处。

当然，若有机会强大，他们也会出兵开疆拓土，掠夺别国疆域，抢占别国地盘，掳掠别国子民。因此，这时候，天下大局时刻处于变化中，一切都因时局所定，一切也都因时局所变。

前 489 年（秦悼公二年）秋六月，最先发生变故的是齐国：权臣田乞、鲍牧率领一帮臣僚，带兵逼宫。他们名义上是捉拿权臣"高昭子"，实际上是逼迫国君晏孺子退位。

高昭子就是齐国相国，在齐景公时受到重用。传闻说，高昭子与孔子的关系很好，也很重视礼乐。历史上"三月不知肉味"的典故，说的就是孔子听了高昭子家里的音乐后，忘记了吃肉（春秋时期把贵族又叫"肉食者"，所以这里的"肉"字可能还不是吃肉的意思）。

那么，这帮齐国臣僚为什么要捉拿高昭子？

据说齐景公时，从君主到臣子、贵族到士族，形成了崇尚奢靡生活的风尚。而"上有所好，下必甚焉"，高昭子作为相国，多迎合齐景公，大设宴席，沉迷于酒色。

也有史料说，孔子曾受到高昭子的礼遇，给高昭子做过一段时间的家臣。而正是这种背景下，孔子还见到了齐景公。史料记载，齐景公还问政于孔子，他们讨论的内容却是秦国历史。这次对话，被记在了《孔子世家》中：

> 鲁昭公之二十年，而孔子盖年三十矣。齐景公与晏婴来适鲁，景公问孔子曰："昔秦穆公国小处辟，其霸何也？"对曰："秦，国虽小，其志大；处虽辟，行中正。身举五羖，爵之大夫，起累绁之中，与语三日，授之以政。以此取之，虽王可也，其霸小矣。"景公说。①

---

① 司马迁：《史记》卷四十七《孔子世家第十七》。

鲁昭公二十年，孔子已三十岁。这一年，齐景公与晏婴走访鲁国，专门拜访孔子，向孔子问政："秦穆公时期，秦国只是西边小国家，为什么能称霸呢?"孔子说："秦国虽小，但志向远大。虽地处偏僻，却推行先进制度。秦穆公还用五张羊皮，将百里奚解救出来。和他谈了三天三夜的话，采纳百里奚的建议，由百里奚执政。如果用秦穆公的做法治理国家，即便称王称霸也是可以实现的，何况他只是称霸西戎。"

当然，《孔子世家》这个记载可能不太真实，或者说，这是站在"第三者"视角评价秦国，有评价者的价值取向。原因很简单，当时秦国是落后的，且还在走向衰落。而春秋时期，秦穆公只称霸西戎，与晋、楚这样的霸主不在一个级别，也就没有可"效仿"的地方。简单点说就是，秦国很落后，没有人愿意搭理他。《左传》这样经典的书，也少载秦国历史。基于此，这段对话也就没有辨析的意义。

而真实的历史可能是，齐国正在经历一场前所未有的风波。

背景是这样的：高昭子处处迎合齐景公，受到齐景公的重用，齐国政务也多由高昭子处置。当时，还有一位武将叫国惠子，也深得齐景公重用。他曾带领着齐军攻坚克难，为齐国疆域拓展、平定四方，立下了不少战功。齐景公去世前，自然将高昭子、国惠子两人选为托孤大臣。

按照齐景公的遗愿，他去世后，国君之位要传给太子。这也是尊崇嫡长子继承制。不过嫡长子继承制有个缺陷，这就是后继者总是要等先君去世后，才能继承皇位。君位始于新国君即位，终于国君去世。而从先君去世到新君即位这一段，就是空白期。其间，因为没有国君，也容易导致政变发生。

齐景公去世后，高昭子、国惠子按先君遗愿，立太子荼为国君，他就是晏孺子。只是，齐国另一权臣田乞不满这种结果，欲推翻晏孺子，立齐景公另一个儿子阳生为国君。田乞这么做，是因为高氏、田氏之间存在着斗争。若晏孺子为国君，高昭子必然有拥立之功，自然继续受新君宠幸。这样一来，田氏必然受到排挤和打压。当然，可能田乞与太子荼关系一般，担心太子荼一旦掌权，会影响到齐国田氏的势力。

总之，在多种因素的影响下，田乞不愿失势，于是开始私底下运作。而高昭子对此浑然不知。

之后，就发生了田乞带领人攻打齐国皇宫的事情。田乞名义上是捉拿"乱臣贼子"高昭子，实际上却要推翻晏孺子，立阳生为新国君。据说田乞发动叛乱时，高昭子彼时并不在宫中，这也更进一步证明了他的意图：若他意在高昭子，何必又要围攻王宫呢？一切都是借口，堂而皇之的借口。

紧接着，高昭子就得到田乞作乱的消息。不过高昭子并未躲避与逃亡，而是找到了国惠子，打算与国惠子一起面对变故。之后，两人率人进宫支援。此时，国君晏孺子正率军抵御田乞等人的进攻。高昭子、国惠子率领的人立即参与平叛。

遗憾的是，田乞及其党羽在数量上占据绝对优势，即便晏孺子、国惠子、高昭子联手，依然不是田乞的对手，联军被击败。最终，他们选择各自逃亡。国惠子逃到了莒国，晏孺子逃到了鲁国。由于田乞进攻时将主要力量集中在高昭子一方，因此高昭子没能逃脱，最终被田乞等人诛杀。①

---

① 司马迁：《史记》卷三十二《齐太公世家第二》："晏孺子元年春，田乞伪事高、国者，每朝，乞骖乘，言曰：'子得君，大夫皆自危，欲谋作乱。'又谓诸大夫曰：'高昭子可畏，及未发，先之。'大夫从之。六月，田乞、鲍牧乃与（转下页）

驱赶了国君晏孺子后，田乞的目的已到达，接下来的一段时间，他的重心是如何拥立阳生上位。

同年八月，田乞从鲁国接回了公子阳生。十月，在一次群臣参与的宴会上，田乞拥立阳生为国君，他就是齐悼公。齐悼公即位后，为了消除隐患（防止晏孺子复辟），命人秘密处死躲避在鲁国的晏孺子。①

秦悼公听说了齐国的变故，也在吸取教训，完善措施，防止秦国出现类似的事情。之后，秦悼公继续关注天下大势，这一次他将目光放在了楚国。

天下大势的撕裂与重组

也是在这一年，楚国也发生了重大变故。

这年春天，吴国大军攻打陈国。这是吴、楚沉寂几年后，双方再次斗智斗勇。陈国国小兵微，一直依附于楚国而生存。现在吴国攻打陈国，不就是向楚国宣战吗？楚昭王得到消息后，指挥楚军支援陈国。

（接上页）大夫以兵入公宫，攻高昭子。昭子闻之，与国惠子救公。公师败，田乞之徒追之，国惠子奔莒，遂反杀高昭子。晏圉奔鲁。八月，齐秉意兹。田乞败二相，乃使人之鲁召公子阳生。阳生至齐，私匿田乞家。十月戊子，田乞请诸大夫曰：'常之母有鱼菽之祭，幸来会饮。'会饮，田乞盛阳生橐中，置坐中央，发橐出阳生，曰：'此乃齐君矣！'大夫皆伏谒。将与大夫盟而立之，鲍牧醉，乞诬大夫曰：'吾与鲍牧谋共立阳生。'鲍牧怒曰：'子忘景公之命乎？'诸大夫相视欲悔，阳生前，顿首曰：'可则立之，否则已。'鲍牧恐祸起，乃复曰：'皆景公子也，何为不可！'乃与盟，立阳生，是为悼公。悼公入宫，使人迁晏孺子于骀，杀之幕下，而逐孺子母芮子。"

① 司马迁：《史记》卷五《秦本纪第五》："悼公二年，齐臣田乞弑其君孺子，立其兄阳生，是为悼公。"

之后，楚军推进到城父，严阵以待。

如果大家还没有忘记太子建，就会想起城父这个地方。他当年就被楚怀王流放在此处，最终被郑国诛杀。城父这个地方对楚国而言，具有重要意义。

同年十月，一场寒流席卷了城父，楚昭王因此偶感风寒。有意思的是，楚昭王病了以后，城父的天空中忽然出现鸟一样的红色彩云。这些彩云不散，反而围绕着太阳转。

面对这种异常天象，民众议论纷纷，楚昭王询问执掌天象的官员。得到结论是：云彩预示着不祥，或对君王不利。官员也提出了解决办法：可将上苍对君王的灾难转移到将、相身上，让将、相替君王接受上天惩罚。然后，楚国的将、相们纷纷向上苍祈求，希望可代君王受过。

楚昭王反对这么做，眼下楚国正在与吴国对峙，怎能让将、相代他受过？之后，经巫师再次占卜、测算，发现原来是黄河神在作祟。这时候，就有人建议祭祀黄河神，向黄河神祈祷，让君王免受灾难。

楚昭王则表示，自他即位以来，所敬者都是山川河神，这些山川河神多在长江与汉江一带，与黄河神扯不上任何关系。因此，反对祭祀黄河神。当时孔子在陈国游走，他听说了楚昭王的决策后，对楚昭王的决定大加赞赏。[1]

楚昭王的执拗，臣子们没有办法。而代表天意的病魔并未抽身，一直困扰着楚昭王。之后，御医们想尽办法，依然无法治好楚昭王，病情甚至有加重的迹象。此时的楚国高层已无法一心一意对

① 司马迁：《史记》卷四十《楚世家第十》。

付吴国，楚昭王似乎也接受了"天命"。

行将就木之际，楚昭王开始选择继承人。吊诡的是，楚昭王时代，楚国公子竟没有人愿意出任国君。据说楚昭王原打算将君位传给弟弟公子申，但公子申不愿担任国君。楚昭王就决定将君位让给三弟公子间，公子间也不同意接任国君。这一次，楚昭王下了决心，必须将国君位传给公子间。因此，在推辞了五次后，公子间也就答应了楚昭王。

不久，楚昭王去世。公子间理应继承君位，主持国家大局。但这时候，他却违背先帝遗愿，不愿继承国君之位。之后，他从越国迎回了楚王与越国女子所生的公子章，让他继承国君之位，这就是楚惠王。

楚国新旧国君更替后，楚军选择了撤兵，因为楚国还要回去安葬楚昭王。不久，吴国也撤兵了。而随着两个大国撤军，吴国对陈国的威胁自然也解除了。

随着楚惠王继位，楚国暂时得到了安宁。不过，这种安定也是暂时的。第二年（前487年）春，楚国高层迎回了原太子建的儿子胜，人称白公。而这种召回是否有政治斗争，已无可考究。结果是，楚惠王竟与白公和谐相处了。这就匪夷所思：原太子建去世，公白应是国君最合适人选。楚国高层拥立的人却是楚惠王。这时候，若白公逃亡在外，一切尚情有可原。如今，楚惠王将白公接回，意欲何为？

根据《楚世家》的记载，白公之所以接回来，并非参与君位之争，而是要为父报仇。所以白公回到母国，只是希望得到楚惠王的支持。楚惠王没有立即回应白公的请求，而是召集大臣商议。结果楚国高层多数人不支持白公的做法，原因很简单，这种拿着国家公器泄私愤，可能又会将楚国拽入战争旋涡。楚惠王似也不太认可白公的做法。因此，白公愤恨不已，认为大家都是针对他，遂挟持了楚惠王，打算将其杀掉后，操纵楚国国政。

而楚国发生的这一政变，令天下哗然。楚惠王的随从叶公联合楚国贵族，向白公发起了攻击，试图从他手中夺回楚惠王。最终，白公不敌，被联军击败，逃之夭夭。楚国高层重新拥立楚惠王即位。

平定叛乱后，楚国由君位更替引发的叛乱逐渐稳定。不久，楚国高层经过商议，决意派兵攻打陈国，打算将陈国划入版图。楚军这次进军迅速，在短时间内就消灭了陈国。之后，楚国就对陈国进行改制，将陈国划作楚国的一个县。① 而这个陈县，会在以后历史上大放光彩。

前485年（秦悼公六年），又一场战役在齐、鲁大地上打响。引发战争的是吴、鲁联军，他们计划联合攻打齐国。齐悼公命人抵抗，双方陷入战争旋涡，联军一时难以取胜。

值此关键时刻，齐国内部又发生了政变：拥立齐悼公的鲍子在与齐悼公的磨合中，因施政意见不同与齐悼公发生分歧，因此对齐悼公很不满。他趁着吴、鲁两国攻打齐国之机，杀了齐悼公。之后，鲍子遣人向吴国国君夫差报丧，希望吴、鲁两国就此撤兵。但他的这一想法太过理想。当夫差得知齐悼公被杀，就在三军面前祭奠齐悼公，大哭了一场。然后，夫差命人从海路出发，攻打齐国。鲍子组织人抵御吴军，被吴军击败。有意思的是，一直沉寂的晋国也想从齐国谋取利益。因此，这一时期，晋军在赵鞅的带领下，从

---

① 司马迁：《史记》卷四十《楚世家第十》。

西面进攻齐国，一直打到了齐国赖邑才撤军。①

齐国双拳难敌四手，在被人一顿捶打后，变得垂头丧气。不过吴国、晋国都没有对齐国实施灭国，他们在战争中捞到好处后，纷纷撤了兵。齐国暂时解除了兵灾。之后，齐国贵族在悲愤中拥立齐悼公的儿子为国君，这就是齐简公。②

秦悼公关注着这些变局，也在思考着秦人何去何从。所幸的是，这些战乱都发生在东方诸侯国之间。自穆公称霸西戎后，东方诸侯国似乎已遗忘了秦国。被人忘不见得是好事，但对此时的秦国而言，无疑是好事。一旦东方诸国开始关注秦国，可能会给秦国招致祸端。

秦悼公继续静静关注着天下大势。这时候的秦国，也只有眼馋别人争霸的份儿了。

前 482 年（秦悼公九年）春，天下大势依旧处于一种变动中。晋定公与吴王夫差相约，在黄池（安徽省当涂县黄池镇）举行会盟。

其实他们都清楚，这次会盟的目的无外乎要确定谁是天下霸主。晋定公自然不愿失去霸主地位，因为晋国拥有霸主之位已百余年。而夫差则兴致勃勃，因放眼整个南方，吴国已是实际意义上的盟主，不管齐、楚曾经多么辉煌，如今都成为吴国的小弟。他们都

---

① 司马迁：《史记》卷三十二《齐太公世家第二》："鲍子与悼公有郤，不善。四年，吴、鲁伐齐南方。鲍子弑悼公，赴于吴。吴王夫差哭于军门外三日，将从海入讨齐。齐人败之，吴师乃去。晋赵鞅伐齐，至赖而去。齐人共立悼公子壬，是为简公。"
② 司马迁：《史记》卷五《秦本纪第五》："六年，吴败齐师。齐人弑悼公，立其子简公。"

有意向天下表明自己的地位。

　　因此，这次会盟的"内情"显得很复杂，晋定公、夫差都在积极准备。最终，双方在黄池相会。初次见面，可能彼此还抱着尊重对方的态度。但霸主之位，他们都志在必得。因此，夫差对晋定公说："在周王朝宗族当中，我祖先的辈分最长。"这话什么意思？就是说我们祖先是诸侯中最古老的——相传吴国的先祖是周文王的兄长，自然最古老。但晋定公不吃论资排辈这一套，他转而对夫差说："在所有姬姓诸侯中，晋国自文公开始，一直都稳居霸主之位。"① 言外之意是，霸主是靠实力得来的，不是拼资历。这下，怼得夫差哑口无言。

　　之后，他们继续梳理本国历史，希望可用既定的事实将对方比下去。但事实证明，这种依靠"嘴皮子"说服对方的想法是天真的，他们双方谁也说服不了谁。

　　最后，不知何故，晋定公做出了退让，尊吴王夫差为盟主。因此，这次会盟，确立了吴国的霸主地位，晋国则位居第二。不过《吴太伯本纪》《左传》等史料中认为，是晋国得到了盟主之位，比如《吴太伯木纪》载："赵鞅怒，将伐吴，乃长晋定公。"② 《秦本纪》《晋世家》《齐世家》《国语》等史料中都认为是夫差成为了盟主。尤其是《国语》的记载，堪称是编纂了一篇人物心理变化传记，非常精彩，认为夫差决定"背水一战"，向晋国施压，逼迫晋

---

① 司马迁：《史记》卷三十一《吴太伯世家第一》："十四年春，吴王北会诸侯于黄池，欲霸中国以全周室。六月子，越王勾践伐吴。乙酉，越五千人与吴战。丙戌，虏吴太子友。丁亥，入吴。吴人告败于王夫差，夫差恶其闻也。或泄其语，吴王怒，斩七人于幕下。七月辛丑，吴王与晋定公争长。吴王曰：'于周室我为长。'晋定公曰：'于姬姓我为伯。'"
② 司马迁：《史记》卷三十一《吴太伯世家第一》。

国妥协。最终，晋国果然妥协了。

总之，不管是谁成为霸主，对天下而言，没有多大意义。这时候的霸主身份，比春秋早期的霸主掉价不少。这次会盟结束后，他们都没有去面见周天子，连霸主最后的"义务"都没有履行，就匆匆回到各自国内了。

因为吴王还有更重要的事情要做：越国崛起了，他必须赶回去，平定后方。《秦本纪》中有五个字特别有分量："吴强，陵中国。"① 这是说，吴王夫差成为霸主后，就到处欺凌诸侯。这个事实若是放在黄池会盟前，还能多少说得通。现在，夫差后院起火，早已心急如焚，如何欺凌诸侯呢？因此，我们认为，《秦本纪》里的这些内容来自《秦记》，时间上可能存在误差。原因也很简单，秦国与吴国没有交集，很多关于吴国的消息，应是秦人的道听途说，记在本国历史中。

而随着吴王夫差回国，远离中原，秦国也就再很难得到吴国的消息了。不过，秦国时刻关注着东方诸侯，寻找可能对秦国有利的时机。

斗争还在继续

时间进入公元前500年以后，诸侯国之间的战争陡然间少了起来。历史仿佛进入一个新的阶段。不过新的斗争也在进行着。只要这些诸侯国还在，斗争就永远不会结束。

前479年（秦悼公十二年），齐国贵族田常发动了政变，杀害

---

① 司马迁：《史记》卷五《秦本纪第五》："九年，晋定公与吴王夫差盟，争长于黄池，卒先吴。吴强，陵中国。"

了齐简公，拥立齐简公的弟弟为君主，是为齐平公，田常成为相国，独揽朝纲。[①] 这是个大事件，甚至有学者将其作为春秋战国的"分野"。《庄子·胠箧》中称呼田常为大盗，讥讽田常取代齐国的恶行。后世亦多常用"窃钩者诛，窃国者侯"暗指这段历史。

那么，齐国为什么又发生了政变呢？

原来，在田乞（田常的父亲）的时代，齐悼公还重用田乞，因此田氏一族地位尊崇。但随着齐悼公被杀，田氏一族地位受到动摇。

齐简公时代，田常继承父志，成为名义上的贵族。不过齐简公并不重用田常，更宠幸大夫阚止。原因是阚止在鲁国时，曾帮助过流浪的齐简公和他的父亲阳生。知恩图报本是人之常情，但在国家政治规则中间，要慎用这种意图明显的做法，因为你无法预测自己的举动是否会招来祸端。而齐简公越是对阚止宠幸，田常就越是忌惮，无法自安，担心自己受到排挤。阚止似乎也有点仗势欺人，故意与田常争宠。

由此，齐国贵族阚止与田常产生了旷日持久的明争暗斗。当时，有齐国大夫已发现了这一现象，提示齐简公要调解阚止与田常的矛盾。甚至建议，若无法调解，就要在两者之间做出选择，否则任由两大势力斗争下去，最终受损的还是国家利益。齐简公对此置若罔闻。

国君不予调解，加深了田常与阚止的斗争。阚止因受齐简公重用，自然也更加骄横。这也意味着，双方的矛盾越积越多，并由此

---

① 司马迁：《史记》卷五《秦本纪第五》："十二年，齐田常弑简公，立其弟平公，常相之。"

引发了田氏一族与阚止族人的械斗，甚至出现了你死我活的博弈。

最终，为了掌握主动权，田常选择了最为极端的方式：劫持了国君齐简公。不久，田常在徐州诛杀了齐简公，立他的弟弟为国君，这就是齐平公。田氏一族自此得势，并将齐国平安以东的地域强行划给了田氏。

这场斗争，以田氏一族的胜利告终，齐国暂时稳定。但危机也会存在，因为任何君主都不愿卿大夫坐大。

这是齐国的内斗。

与此同时，南方的吴国也陷入一种焦灼中。此前，夫差与晋定公的争霸中，吴国也只得到了霸主的空衔。夫差却对此洋洋得意，不治理国家，还动辄会发动战争，消耗国家的实力。而国君一旦自我膨胀，子民必然受累。此时的吴国内忧外患：内忧是连年战争，财政持续吃紧；生活物资缺失，百姓流离失所；土地大量荒芜，国家矛盾频发。外忧情况更为复杂，主要原因是越国崛起了，甚至跃跃欲试，有挑战吴国的迹象。

吴国在强大时曾打压越国，尽管没有灭亡越国，但对越国造成了很大创伤，越国国王勾践（一说句践）卧薪尝胆，曾在吴国服侍夫差多年，希望有朝一日能够回国养老。很多年后，勾践回到了越国，继续卧薪尝胆，发展民生，激励军士。经过勾践的运作，越国在烈火般的淬炼中强大起来。勾践实现了破釜沉舟的目标，也印证了那句"卧薪尝胆，三千越甲可吞吴"。当然，也有学者认为，勾践卧薪尝胆的故事不存在，是后世的虚构。[①] 本书也认为，卧薪尝胆的故事可能并不真实。试想： 个作为奴仆存在的君主，如何能

① 刘勃：《错位的复仇：伍子胥传奇》和《逆行的霸主：夫差传奇》。

全身而退，回到吴国韬光养晦、厉兵秣马呢？

总之，这时候，勾践在越国强大起来了，他组织起一支由三千铁甲组成的吴军，准备对吴国实施打击。齐国"田氏代齐"次年，也就是前478年，勾践看到日渐式微的吴国，认为时机成熟，便带领三千越甲北上攻打吴国。

这是一场具有决定意义的战争，双方可能都有胜败在此一役的想法。交战的地点选在了笠泽（今江苏吴江一带）。

战争一开始，锋芒毕露的越国大军就以绝对的优势扑向了吴军。而一直对越国轻视的吴军也没有料到越军会如此勇猛，等他们意识到危机时，已遭到越军的痛击。据说战争进行得非常惨烈，尸横遍野，血流成河。吴军主力部队被消灭，残余撤回到吴国境内。经此一战，吴国被重创。而越国取代吴国，一跃成为东南地区最强的诸侯。①

有意思的是，也是在这一年，看到吴、越打得不可开交的楚国也跃跃欲试，乘机灭掉了陈国。②

伟大的儒家学派创始人孔子，也在这一年去世："孔子以悼公十二年卒"。司马迁为这位先贤的逝世叹息不已。孔子一生都在颠沛流离。到死时，他的学说和思想都没有被诸侯接纳。有意思的是，他最不看好的弟子颜回，成了给他养老送终的人。那些曾经名满天下的弟子，也都各奔东西。直至很多年后，有一个叫孟轲的人，延续了孔子的学说，并将其发扬光大。

孔子的去世，对于春秋时代的各诸侯国而言，无足轻重。诸侯

---

① 司马迁：《史记》卷三十一《吴太伯世家第一》："十八年，越益强。越王勾践率兵伐败吴师于笠泽。"

② 司马迁：《史记》卷五《秦本纪第五》："十三年，楚灭陈。"

们还在跃跃欲试，尝试着借着别人的地盘壮大自己。其中，尤以吴、越两国斗争最为引人注目。以后几年，勾践多次率部攻打吴国。

前475年，勾践带领越军包围了吴国的都城。两年后，越军再次击败了吴军，吴王夫差也成为了俘虏。勾践将夫差流放到甬东之地。《史记索隐》认为："国语曰甬句东，越地，会稽句章县东海中州也。案：今鄞县是也。"据说，勾践还给夫差一百户人家的疆域，让夫差自给自足。夫差羞愧难当，懊悔当初不听伍子胥的话，放勾践回了越国。他不愿接受勾践的施舍，最终选择了自杀。而随着夫差死去，吴国正式灭亡。

应当说，吴国的发迹令人充满疑惑：它像昙花一般，崛起迅速，灿烂夺目，但它的衰亡也是迅速的。

事实上，中国历史中，不乏这样的族群，比如女真人、党项人等建立的政权亦是如此。而秦国这些年来，一直也在衰落，却不见"衰亡"的命运。当然，春秋时期，每个诸侯的兴衰都不尽相同，也无法做出比较。

在勾践追着夫差到处逃亡之际，秦国国君秦悼公也去世了（前477年）。《秦始皇本纪》记载秦悼公埋葬在"西"："悼公享国十五年。葬僖公西。城雍。生剌龚公。"①

秦悼公在位四十年（一说十五年），基本没有作为。他除了观望天下的局势，还是观望天下的局势。面对各国伐交频频，争霸创业，大展风采，秦国却选择龟缩在关中苟延残喘。历史抛弃了秦国，秦国也抛弃了自己。

---

① 司马迁：《史记》卷六《秦始皇本纪第六》。

四十年的时间能干成很多事，但秦国仿佛中了魔咒一样。我们认为，造成秦国持续衰落的原因，除了秦悼公骄奢淫逸、不务正业、好大喜功外，与这一时期的世界格局也有密切关联。因为这一时期，不仅秦国遇到了"瓶颈"，其他诸侯也遇到了瓶颈，只是秦国在突破瓶颈过程中充满了曲折。比如，秦国官僚制度不健全，"吏治"体系不完善，旧贵族依旧掌控朝堂，等等。这些因素让秦国一直处于衰落之中。

秦悼公去世后，国君之位传给其子，这就是秦国第十七位国君厉共公。①

2. 厉共公的三十四年

吴国的危机

厉共公继国君位后，依旧选择了静观局势、等待时机的策略。不过与其前几位秦国国君不同的是，厉共公自小就有远大志向。在列国争霸中，他看到了秦人壮大的机会。他希望通过自己的努力，恢复穆公时期的强大，实现称霸的目的。

只是这时候，他还不能实现这一目标，因为秦国自从穆公之后多"平庸"之君，国力已严重下滑，想要实现穆公时期的霸业，必须采用非常规手段。现状如此，厉共公不敢大刀阔斧改制，国家似病入膏肓的垂危之人，需要循序渐进治理，药力过猛反而会适得

① 司马迁：《史记》卷五《秦本纪第五》："秦悼公立十四年卒，子厉共公立。"

其反。

因此，对厉共公而言，当下他能做的是理顺秦国的一切，观望天下大变局，等待秦人的发迹之机。

而眼下最强势的国家是新崛起的越国。此时的勾践，雄心勃勃，带领越国走上争霸的大道。据说勾践率军向北进发，挺进中原。他们渡过了纵横交错的淮河，相约晋、齐在徐州（今山东省滕州市南）会盟，重新确定霸主地位。这种会盟始于齐桓公时代的葵丘之盟。以后，每次遇到列国争霸，会盟就成了一个代表性的仪式。

此前夫差与晋定公争霸时，吴国成为"名义上"的新霸主。之后，越国消灭了吴国，理应连同"霸主"一并继承。但春秋时代是讲实力的时代，霸主一定程度上还需要诸侯"承认"。

为了确定自己的地位，勾践还是选择了与晋、齐两国会盟徐州，向天下宣示越国的地位。一些小诸侯也附和，参与了这件事。这虽然只是一种"务虚"，却是一个霸主不得不做的事情。有时候，形式就是内容，虚实很难分得清。

需要注意的是，在会盟这件事上，勾践没有通知秦国。由此也能看出秦国在诸侯国中的地位。任何时候，尊严是需要实力来体现的。诸侯国的尊严更现实：若你实力低下，国家落后，谁会在乎你的感受？可能在勾践眼中，唯有晋、齐才是与越国匹配的诸侯，其他诸侯根本不值一提，因此他才通知了这两国参与会盟。

事实上，此时的齐国也正在走向衰微。所能争霸者，无外乎晋国、越国、楚国而已。但不知何故，夫差没有约楚国。

在徐州，勾践遣人向周王献上了丰厚的贡品。已得不到诸侯任何好处的周天子，唯有在诸侯争霸时，才能凸显自己天子的地位。

周天子遣人向勾践送去了胙肉，封勾践为新一代霸主。① 而得到周天子的承认后，勾践自信满满，称霸天下。之后，称霸仪式完成，勾践离开徐州，率师回国。

这一路南下，勾践兴致勃勃，既体察民情，又治理地方，俨然是一位明君。勾践还重新确定南方疆域，慷慨地赠送其他诸侯土地。比如，他将淮河一带的土地赠给楚国，把吴国曾占领宋国的土地还给宋国，又将泗水以东的土地还给了鲁国。

勾践的这一系列"大方"举措，让诸侯们很振奋，都表示愿意臣服于勾践，毕竟土地和人口才是最实在的利益。自此，勾践成为名副其实的霸主，得意之色溢于言表。当然，勾践如此做，也可能是"拿钱买好处"，因为自始至终，诸侯们并不十分看好勾践。他为了让诸侯承认，不惜割让土地，博取霸主虚名。

总之，任何事物，到了巅峰，就会转向衰微。国家尤其如此，创造盛世的过程很艰辛，但一旦达到了鼎盛，国家就开始走下坡路。这仿佛攀登山峰一样，在没有到达山顶时，总是紧赶慢赶。一旦到了山顶，领略了山顶风光后，就要走下坡路了。

据说越国开始走下坡路的征兆是，范蠡离开了越国。按史料说法，范蠡是勾践的智囊，即便勾践在吴国当奴隶的那些年，范蠡都跟随勾践，不离不弃。这种"同盟"关系，造就了勾践的成功。然而，随着勾践当上霸主，开始自我膨胀，不再听取忠言，范蠡似意识到了危机，就选择了离开。

范蠡在离开时，还给老朋友文种写过一封信。范蠡在信中说：

---

① 司马迁：《史记》卷四十一《越王勾践世家第十一》："勾践已平吴，乃以兵北渡淮，与齐、晋诸侯会于徐州，致贡于周。周元王使人赐勾践胙，命为伯。"

"天上的飞鸟一旦被猎杀干净，曾经的良弓就会被藏起来；狡兔一旦被杀，负责追击狡兔的猎犬也会被杀了吃肉。越王这种人只可共患难，不可共享福。你为何还不离开他呢?"文种看到范蠡的书信后，虽然觉得很有道理，却没有离开越国，只是谎称得病，不再上朝。而文种的这种做法，显然怀揣私心：他还想观察形势，等待重新得到勾践的重用，享受荣华富贵。

文种等来的不是被"重用"，而是被人诋毁他叛乱——可能勾践本身就想处死文种，才自导自演了这么一出戏。之后，勾践赐给文种一把剑，并让人带话给文种说："当初你教我七种讨伐东吴的办法，我只用三种，就灭了吴国。还剩下四种没有用，你就替我到死去的先王那里去用这四种策略吧!"文种悲愤交加，悔恨当初没有听范蠡的话，和他一起离开。现在，勾践的赐剑，意图明显。未几，文种就自杀了。[①]

一个统治者只要开始清算跟他打天下的人，国家也就会陷入危亡。之后，越国人人自危，高层不再一心一意服务于国家，人人都在为自己谋后路。而人才的大量流失引发了更大的不稳定，越国危机四伏。

厉共公岂非明主

就在越国危机四伏时，地处西北的秦国依旧在悄无声息地发展

---

① 司马迁：《史记》卷四十一《越王勾践世家第十一》："范蠡遂去，自齐遗大夫种书曰：'蜚鸟尽，良弓藏；狡兔死，走狗烹。越王为人长颈鸟喙，可与共患难，不可与共乐。子何不去?'种见书，称病不朝。人或谗种且作乱，越王乃赐种剑曰：'子教寡人伐吴七术，寡人用其三而败吴，其四在子，子为我从先王试之。'种遂自杀。"

着。厉共公等待的新机遇似乎降临了。西北边境上，秦人也偶尔会发起突击战，扩展疆域。

前475年（厉共公二年），秦国还在组织秦人操练时，从西南地方来了一队使者，请求见厉共公。厉共公接见了来人，了解详情。这些人自称蜀人，带着丰厚的礼品，来向秦国进贡，表示结好之意。其中不乏铜器和金器，这些东西都是诸侯最迫切需要的。而对于蜀国而言，却并不心疼这些东西，可能蜀中本身有铜矿和金矿产地。这一点可从三星堆文明中窥见"踪迹"。

厉共公对这些蜀人产生了浓厚兴趣。中原争霸时，蜀国从未参与。他们的具体情况，中原王朝也很少知道。厉共公收下了蜀国的礼品，与蜀国使者深入交谈，了解蜀国的情况。之后，蜀国使者被安置在了馆驿。厉共公依然兴致勃勃，他看着南边高耸的秦岭山脉，陷入了沉思中。崇山峻岭背后的蜀国，到底是一个怎样的国度呢？[①]

当然，尽管厉共公对蜀国很感兴趣，但对中原诸侯争霸更感兴趣。之后，厉共公款待了蜀国使者，表明秦国与蜀国结交的意思，还赏赐了蜀国使者礼物，送蜀国使者离开。

厉共公是位心思缜密又能沉得住气的国君，此后的十多年时间里，他都在厉兵秣马，等待着改变秦国命运的机会。那么，厉共公在这十多年时间里干了些什么呢？

其实，厉共公做的事情并不复杂，无外乎发展生产、积累财富、鼓励生育、培养军士这些最普通也迫切的事。厉共公有个大计划，他要在有生之年实现穆公霸业，而打仗需要的是人和钱，还有

---

① 司马迁：《史记》卷五《秦本纪第五》："厉共公二年，蜀人来赂。"

马、粮食等重要物资。

以后几年，秦国相对稳定，厉共公似在为他的大计划运筹帷幄着，以至《秦本纪》中不载任何事。但在《六国诸侯年表》中记载这样几件事：

> 秦厉共公五年（公元前 472 年），楚人来赂。
>
> 秦厉共公六年（公元前 471 年），义渠来赂。绵诸乞援。
>
> 秦厉共公七年（公元前 470 年），彗星见。
>
> 秦厉共公十年（公元前 467 年），庶长将兵拔魏城。彗星见。
>
> 秦厉共公十四年（公元前 463 年），晋人、楚人来赂。[①]

从这些记载看，虽然都是些小事，却能反映出这样一个事实：诸侯们有意拉拢秦国，戎狄也有"巴结"秦国的意思。

这是否意味着在厉共公手中，秦国有重新崛起的迹象呢？或者说，厉共公成为踩"急刹车"的人，遏制了秦国向更衰微的地步滑落。甚至，秦国还有"往好处逆转"的迹象，以至这些诸侯、戎狄拉拢秦国？本书认为，完全有可能，尤其是晋、楚对秦国的拉拢，意味深长。大概他们还希望争霸，因此就希望秦国站在"自己一边"。即便秦国曾攻打了晋国的魏地，晋国都做到了"不计前嫌"。

厉共公在处置这些"邦交事宜"上游刃有余，他还在谋划着如何开疆拓土。前 461 年（厉共公十六年），秦国开启了一场声势浩

---

① 司马迁：《史记》卷十五《六国年表第三》。

大的行动：在黄河边上挖堑壕。① 所谓堑壕，就是在阵地前沿挖掘出作战时用的壕沟，与今天战斗工事类似。

那么，秦国为什么要挖堑壕？

答案不言自明，自然是为了备战。秦国选的这个位置，也颇令人迷惑：秦国与晋国隔着黄河，东面是河东区，也就是晋国的地域，西边是秦国的疆域，那是当年秦穆公从晋国夺回的河西之地。如今厉共公在此挖堑壕，难道秦国要与晋国作战？

晋国可能已注意到秦国在黄河边上挖堑壕的行动，但晋国没有做出进一步部署。可能厉共公在挖掘堑壕前，已与晋国相互通了气，表明他们这次挖堑壕不是应对晋国，而是准备对不远处的戎、狄部落大荔发动攻击。所以晋国没有阻止秦国挖堑壕行动。

大荔是戎人部落，他们的生活地方叫临晋。《史记集解》中说："今之临晋也。临晋有王城。"临晋的位置在今陕西省大荔县东朝邑镇附近。《史记正义》引用《括地志》记载，指出了大荔城邑的位置："同州东三十里朝邑县东三十步故王城。大荔近王城邑。"大致地点没有错。戎人曾生活在此，后来这里也就演变成地名。

史料记载与考古发掘也能相互印证。周平王东迁后，散布在岐周围的很多戎、狄部落都有自己的领地。这些戎、狄部落摆脱中原诸侯束缚，自成一家。周平王当年将这些地方封给秦国时，不过是给秦襄公开了一张空头支票。秦人在夺回这些地方时，付出了惨痛代价。直到秦穆公时代，称霸西戎，开地千里。整个戎、狄部落才归附到秦人麾下。

秦穆公时期，秦国是强大的，整个西部的所有戎、狄部落都臣

---

① 司马迁：《史记》卷五《秦本纪第五》："十六年，堑河旁。"

服于秦国，至少在名义上要依附于秦人存在。自秦穆公之后，秦国君主多碌碌无为，导致这些原先归属秦人的戎、狄部落再次叛变。他们可能重新建立起戎、狄政权，与秦国叫嚣。

到厉共公时代，大荔与秦人之间的矛盾日益加重，他们的族人可能因获取生产资料、生存空间进行过激烈斗争。厉共公作为秦国国君，无法回避，自然要解决这个问题。为此，他准备了很多年，现在他终于认为时机成熟，就命人挖堑壕，率领秦人攻打大荔部落。

为确保这次战斗能取得实质性效果，秦军出动了两万人。由此也能看出，当时的秦军已以万为单位统计，远非之前的秦军数量。浩浩荡荡的秦军在黄河边上叫嚣着，向大荔开进。而面对强大的秦军，大荔人根本无法抵御，边战边退。不久，秦军就攻进了大荔城邑，诛杀了大量大荔人。还有些大荔人从战争中逃生，逃往更北的地方。另外一些则投降了秦军。[1]

总之，这次进攻大荔，是秦人数十年来的一次大规模武装斗争，终以秦军完胜结束。

击溃大荔部落后，厉共公在这里设置了临晋县，自此大荔成为了秦国的一个县。而这次胜利，也给了厉共公希望。他欣慰地意识到秦人的勇气还在，只要他愿意，秦人还是可以继续开疆拓土的。

四年后（前457年），厉共公带领秦人继续扩张，攻打了绵诸。这里的绵诸是西戎的一支，《括地志》说，绵诸的都城在渭河上游的邽县（今甘肃省天水市）附近。这就是说，这是一支活跃在渭河上游的少数民族，以骚扰和掠夺秦国边境人口、物资为能事。秦穆

---

① 司马迁：《史记》卷五《秦本纪第五》："以兵二万伐大荔，取其王城。"

公三十七年（前623年）时，秦穆公派秦军攻打绵诸，将他们驱赶到河西走廊一带。后来随着秦国式微，他们就又重新折回，占据了原来的都城。这一次，厉共公应该也只是驱赶了绵诸，因为没有"战绩"。[1] 而如果有战绩，《秦记》不可能不载。

秦人扩张

前456年，厉共公趁着秦军士气高涨之际，又在频阳（今陕西省富平县附近）设立了县。不过后世学者对频阳地望有争议，《史记集解》认为："冯翊有频阳县。"《史记正义》引用《括地志》记载，认为频阳在雍城附近："频阳故城在雍州同官县界，古频阳县城也。"[2]

通过这件事，能发现"县制"在厉共公时期已全面施行。秦国在攻占某个地方后，往往会采取设县的办法，彻底改变这个地方的管理模式。当然，秦早期的"县"更多体现出"军区"的作用，这在前面已有所介绍。

有意思的是，看着秦国不断在改制与扩张，晋国也坐不住了。同一年，晋军攻打了武成，并夺得了城池。[3] 这是晋国在内斗多年后，向外发起的扩展战。而秦国看到晋国出动，一下子就老实了。至少目前秦国还不能与晋国相抗衡。秦国只能任由晋国出动，他们继续关注时局变化。

三年之后（前453年）秋，天下的格局真发生变化了。一直强大的晋国出现了内乱，晋国六卿之间相互斗争，你死我活。

---

① 司马迁：《史记》卷十五《六国年表第三》："公将师与绵诸战。"
② 司马迁：《史记》卷五《秦本纪第五》："二十一年，初县频阳。"
③ 司马迁：《史记》卷五《秦本纪第五》："晋取武成。"

所谓的六卿，前文已有介绍。它不是六个家族，而是演化出的一种宗主叫法。这六卿多姬姓，与晋国国君基本同出一脉。六卿先后有十几个家族。在晋文公以后，这些家族逐渐显现出自己的势力，并开始操控晋国朝局。六卿之间也相互斗争、相互吞并。到公元前 6 世纪左右，外姓赵氏的赵鞅逐渐掌控了晋国。他在朝中权倾朝野，分封晋国土地，吞并其他家族，造成赵氏一族独大的局面。后来，赵鞅去世，晋国六卿之间的斗争又掀起了高潮，几大家族激烈斗争，引发了晋国政权不稳。

最终，经过层层角逐、筛选后，国家实际掌控权落在智氏一族手中。当时智氏一族的代表人物叫荀瑶，姓姬，名瑶。由于荀瑶是在赵鞅去世后接任的赵鞅之职，因此他一跃成为晋国六卿中权力最大的人，当时的人都称呼他为智伯（一说知襄子）。掌权后，为了巩固地位，智伯带领晋军扩张，建立了不朽功勋，使得智氏家族的实力达到了巅峰，超过了其他家族。

厉共公即位时，正是晋国智伯发迹之时。前 464 年，智伯带领晋军攻打郑国，继续巩固智氏一族的实力。不过智伯在这次伐郑过程中出现了意外，进而引发了智氏与赵氏的斗争。那么，到底是怎么回事呢？

原来，当时晋军已包围郑国都城，智伯并未命人攻城，只是选择了围城，故意制造紧张气氛，让军民陷入紧张状态。而城外的晋军打算常驻，耗着郑国，直到郑国自己瓦解。一日，智伯设宴招待卿大夫们。席间，傲慢的智伯下令，要求赵氏家族的赵毋恤带领大军攻打郑国。赵毋恤不想出战，就找了理由推脱，还鼓动智伯亲自带兵出战。赵毋恤的推脱让智伯的权威遭到挑衅，智伯骄傲地当众侮辱赵毋恤说："你长得这么丑，赵简子怎么会选择你为赵氏继承人?"智伯的这种"侮辱"让赵毋恤非常愤怒，但赵毋恤选择了隐忍不发。他对智伯说:"一个能忍的人对赵氏没有什么坏处。"智伯悻悻而退。而这件事也让赵氏与智氏的关系彻底破裂，晋国大家族之间的斗争再次走向白热化。

赵毋恤是赵鞅的庶子，长得不标致。以他的条件，原本没有资格成为赵氏继承人。但他自小聪明，思想深刻，高瞻远瞩。在赵鞅考验赵氏诸公子时脱颖而出，让赵鞅对其另眼相看。赵鞅去世前，废黜了原来的世子赵伯鲁，重新确立赵毋恤为赵氏一族的继承人。赵鞅去世后，赵毋恤成为晋国六卿之一，在嬴姓赵氏中有着绝对话语权。

这时候，智伯侮辱赵毋恤，其实就是对赵氏一族的侮辱。这将会成为两大家族日后内容的重要原因之一。前458年春，一个新的变故悄然而至。智伯看上了原晋国六卿中的行氏、范氏的领（封）地，打算联合韩、赵、魏三大家族势力瓜分这些领地。韩、赵、魏三家看到有利可图，自然也十分乐意。因此，这四大家族就对中行氏、范氏进行了掠夺，中行氏、范氏两大家族的人口、土地被强行拆解，划归到四大家族中。由此，晋国的六卿家族变成了四卿家族。

在这次拆解、瓜分中行氏、范氏的行动中，智伯出力最大，得到的土地和人口也最多。这也使得智伯在智、韩、赵、魏四大家族中依然有着绝对领导权，更加嚣张跋扈。

前455年春，权势得到更进一步巩固的智伯，将目光放在了韩、魏两大家族的土地和人口上，他威胁两大家族献出土地、人口，并扬言说，如果两大家族不听，命运就如中行氏、范式家族一样。

当时韩氏家族的韩康子韩虎、魏氏家族的魏桓子魏驹忧心忡忡，以他们目前的实力根本无法抵挡智伯，若反抗，无异于自寻死路。但他们又不愿将人口与土地无偿交给智伯。因此，双方僵持了一段时间。其间，智伯不断派人到两大家族中来催促、示威。最终，他们极不情愿地交出了万户的土地给智伯，这才让智伯对他们不再有戒心。

紧接着，智伯又开始勒索嬴姓赵氏，遣人向赵毋恤索要将蔺、宅皋狼等地。赵毋恤本来与智伯就有嫌隙，不希望像魏、韩一样任人宰割。他对智伯派来的人说："土地是先人的产业，怎能轻易赠与他人？"智伯的人怏怏不乐，回去向智伯报告。

而拒绝智伯的结果，赵毋恤其实已想到。这时候，他开始准备应对之策。不久，智伯果然带领韩、魏两大家族的人攻打赵毋恤。赵毋恤尽管有心理准备，但还是低估了联军实力，他被联军击败了。赵毋恤不得不退守晋阳。① 此后，联军就追到了晋阳，继续围攻。所幸的是，晋阳城池坚固，联军攻打了一年多，未能攻克。

智伯愤怒之余，思考着新的应对办法。这时候，有人给他提议，可以用水攻。原来，在晋阳不远处有一条河叫汾水，长年波涛汹涌。智伯采纳了这一建议，计划决汾水淹没晋阳，消灭赵氏一族。这时，有人劝阻：一旦掘开汾水，造成的损失很难估计。已被愤怒冲昏头脑的智伯，根本听不见忠言逆耳，依旧坚持决汾水。智

---

① 司马迁：《史记》卷四十三《赵世家第十三》："襄子立四年，知伯与赵、韩、魏尽分其范、中行故地。晋出公怒，告齐、鲁，欲以伐四卿。四卿恐，遂共攻出公。出公奔齐，道死。知伯乃立昭公曾孙骄，是为晋懿公。知伯益骄。请地韩、魏，韩、魏与之。请地赵，赵不与，以其围郑之辱。知伯怒，遂率韩、魏攻赵。赵襄子惧，乃奔保晋阳。"

伯身边的人也不敢再劝谏，只能任由智伯"任性胡为"。

之后，智伯遣人决汾水，淹晋阳。顷刻间，汾水倾泻而下，直逼晋阳城。晋阳周围形成了一片汪洋，城池被洪水包裹，城内也流进了很多水。赵毋恤命人堵住了各处缝隙，依然难以阻挡洪水进入晋阳。更要命的是，晋阳城外的洪水越来越猛烈，水位也越来越高，破城就在顷刻之间。

而智伯很得意，等待着晋阳城破。

为拯救晋阳于危难之间，一天夜里，赵毋恤派家臣张孟驾小船出城，到韩、魏大营中联络韩康子韩虎和魏桓子魏驹，向他们陈述利害："若今天韩、魏眼睁睁看着智伯灭赵氏，等灭了赵氏后，智伯灭韩、魏也是迟早的事情。"赵毋恤可能还策划了消灭智伯的计划，并表示消灭了智伯后，三大家族和谐相处。韩虎、魏驹思量后，同意了赵毋恤的建议，打算秘密联合，除掉智伯。

这时候，智伯的心腹也发现了韩、魏的异常，提示智伯要提防这两大家族反水，但智伯却胸有成竹，并不在意这种"忧患"。可能在智伯心中，韩虎、魏驹两人胆小怕事，绝不会反叛。如果他们真有这个胆子，当初为什么要将土地和人口无偿交给他呢？再者，晋阳城破只在旦夕间，没必要庸人自扰。

只是一切都会变，任何结盟的目的都是为了获取利益，如果无利可图，就有可能引发祸端，再坚固的盟友都会分道扬镳。因此，在赵毋恤的劝说下，韩虎、魏驹决定反水。之后，他们秘密遣人引导汾水到智伯大军驻扎的方向。等智伯发现时，汾水已淹来，智伯的大军陷入汾水中。韩虎、魏驹乘机率部攻打智伯。晋阳城里的赵毋恤看到魏、韩出动，也遣人驾船出城，攻打智伯的军队。智伯的大军因被困在烂泥塘中，无法对抗联军，只能任由赵、魏、韩三方攻打。之后,智伯被击败,他连同他的家族势力被赵、魏、韩三家消灭,剩余的智氏家族也遭到三大家族的血洗。至此,活跃于晋国高层的智氏家族彻底覆亡。①

相传,智伯家族被消灭后,智伯的余党豫让曾多次刺杀赵毋恤,为主人报仇雪恨。但他的行动每次都被发现,赵毋恤在每次抓住豫让后,都会将其释放。这给豫让造成了一种心理创伤:认为自己无法杀掉赵毋恤,就请求赵毋恤给他一件衣服,让他用衣服复仇。赵毋恤就给了豫让一件自己的衣服。而豫让则用剑劈了衣服,表示自己已为智伯报了仇。之后,豫让慨然赴死。② 我们认为,这种故事显然也有"模式",这是司马迁惯用的一种模式,能找到多处这种故事的演变。

此战后,赵氏一跃成为晋国三大家族最强大的一支。③ 赵毋恤汲取了智伯的教训,与韩、魏家族和谐相处,共同维系着晋国的江山。

不过三大家族消灭智伯这件事表面上看,虽发生在晋国,但对整个中国历史进程产生了深远影响。这时候,晋国虽然还存在着,但疆域实际上国家被赵、魏、韩三家瓜分,晋侯只有王城附近的疆域和子民作为他的食邑。而三大家族各行其是,相互为"国"。只是他们如此瓜分晋国,并没有得到周天子的承认,天下诸侯也多不

---

① 司马迁:《史记》卷四十三《赵世家第十三》:"三国攻晋阳,岁馀,引汾水灌其城,城不浸者三版。城中悬釜而炊,易子而食。群臣皆有外心,礼益慢,唯高共不敢失礼。襄子惧,乃夜使相张孟私于韩、魏。韩、魏与合谋,以三月丙戌,三国反灭知氏,共分其地。"

②《史记·刺客列传》。

③ 司马迁:《史记》卷四十三《赵世家第十三》:"于是赵北有代,南并知氏,强于韩、魏。遂祠三神于百邑,使原过主霍泰山祠祀。"

承认。因此，他们还不完全算有"名分"的诸侯。他们真正变成诸侯，一直要等到五十多年后被周天子册封。换句话说，他们虽将晋国一分为四，身份却还是晋国的"卿大夫"。因此，为了方便叙述，我们将会将他们地盘称为魏地、赵地、韩地。这一点，可能与其他写这段历史的书籍不太一样。

以后，赵、魏、韩三大家还会制造出更大的问题，引发更大的隐患，直至分裂成名正言顺的诸侯。而这时候，很多诸侯国都在观望着晋国动态，希望晋国发生更大变乱。秦国也在密切关注着晋国的变化。[①] 或许等晋国三大家族再次引发战乱时，就是秦人改变命运的新时机。

收留智氏

前452年春，就在秦国人继续关注晋国时，一支数量不大的人群，拖家带口，从北向南而来。秦国边境将士很快探知了内幕：来人是智氏家族的智开，他是智伯的儿子。不久前的三家分智导致智氏家族多被清洗。据说智开的封国也被赵毋恤所占，智开无处去，只能带领着族人投奔秦国。《史记正义》中说："开，智伯子。伯被赵襄子等灭其国，其子与从属来奔秦。"

厉共公得到消息后，面对着艰难抉择：收不收留智开？若收留，必然得罪晋国。若不收留，这些人会逃窜到其他地方，可能还会成为威胁秦国的势力。思来想去，厉共公决定收留智开。[②] 这是两害相权取其轻的做法，他可能还得应对三晋对秦国的责难。

---

① 司马迁：《史记》卷五《秦本纪第五》："二十四年，晋乱，杀智伯，分其国与赵、韩、魏。"
② 司马迁：《史记》卷五《秦本纪第五》："二十五年，智开与邑人来奔。"

所幸的是，厉共公收留智开后，三晋并未向秦国发难。可能这一时期，赵毋恤还在晋国内巩固赵氏实力，没有时间搭理秦国；也可能顾念他们同出一族，因此没有追究秦人收留智开族人。对赵毋恤而言，他已实现瓜分智氏家族的土地、百姓目的，智氏残余势力逃往何处，其实意义并不大。

此后，厉共公开始秘密准备扩张事宜。

前451年，厉共公遣左庶长在南郑地区筑城。① 这是个非常"突兀"的举措，南郑地区向来重要，是中原与川蜀地区的连接口。秦国在南郑筑城，是否意味着南郑永久成为秦国的疆域呢？南郑从西周末年到春秋时期，一直都是秦、楚、蜀、巴等国争夺的战略据点，经常易主。最近的一次，是发生在厉共公二年秦国对南郑地区的战争。当时，南郑地区还在蜀国手中，厉共公派人从蜀国手中夺回了南郑，蜀国也被打怕，所以不得不"赂秦"。到这时，秦国在南郑筑城，就是要永久性地占据这块地方，让他成为秦国不可分割的一部分。以后秦国入川蜀、下巴楚，全凭南郑的输转。

厉共公的"目标"远不止这些，他还有更大的志向。

前444年（厉共公三十三年）夏，准备一年多时间的厉共公，开启了征讨义渠的征程。

义渠是一个古老的民族，可能和秦人一样古老。最早的义渠民族是西羌的一个分支，居住在宁夏固原、六盘山、陇山一带。商王朝建立时，他们已迁居到渭河北岸一带，经常与另一支戎、狄、鬼方等部落为生产资料争斗。后来，义渠还与周人先祖因抢夺土地、生产资料发生过冲突，不断挤压周人先祖的生活空间。商朝武丁时

---

① 司马迁：《史记》卷十五《六国年表第三》："左庶长城南郑。"

期，周人先祖迁到岐地，义渠也乘机向南迁移，占据了陇山中部、东部地区，并在此地长期居住了下来。周王朝建立后，与义渠之间相处较为融洽。到周穆王时期，义渠已逐渐强大起来，势力扩展至泾水一带。西周灭亡后，义渠彻底摆脱周王朝的束缚，成为西域戎、狄中势力较大的一支。之后，义渠建立了自己的国家，成为西域最大的一支部落。秦穆公时代，由余来到秦国，受到秦穆公重用。由余给秦穆公透露了很多戎、狄的内幕，主张秦穆公攻打戎、狄，义渠最初也在秦穆公征讨之列中。面对秦国的威胁，当时义渠选择了依附秦国。然而，作为草原民族，他们有一个习性：随机应变。只要中原王朝强大，他们就依附；中原王朝式微，他们就摆脱束缚，自立为国。秦穆公之后，秦国国力日渐式微。义渠就摆脱了秦国，继续在泾河上游活跃着。《史记正义》引用《括地志》的记载："宁、庆二州，春秋及战国时为义渠戎国之地也。"《括地志》的这个解读很有道理。

厉共公作为秦穆公之后的有为国君，不希望义渠继续与秦国对抗。因此，他瞅准了时机，带领秦人向义渠发动了突袭。

可能义渠此前没有收到任何讯息，以至秦军忽然降临时，他们才举起了反抗武器。但秦人的勇武，义渠人也是领教过的，他们难以抵御秦军，只能选择逃亡。秦军就追着义渠大军跑，义渠军边跑边战，边战边跑，损失惨重。最后，秦军还俘获了义渠国王。[1]

厉共公如何处置了义渠王，史料中并无详细记载。本书推测，厉共公很可能将义渠王重新释放了回去。因为即便杀了义渠王，新的义渠王还会出现。只要义渠这个民族不灭，义渠国就一直会存

---

① 司马迁：《史记》卷五《秦本纪第五》："三十三年，伐义渠，虏其王。"

在。而释放义渠王，能安抚人心。此后义渠与秦国之间就能处于一种和平状态中。

前 443 年（厉共公三十四年），发生了异常天象，天上出现了多年不见的日食。天狗食日这种现象，对任何国家而言都不是好的预兆。对秦国更是如此，因为就在日食后不久，厉共公就病了，而且一病不起。不久，厉共公去世。厉共公被安葬在了“里”这个地方。《秦始皇本纪》载：“剌龚公享国三十四年。葬入里。生躁公、怀公。其十年，彗星见。”[①]“里”的具体地望至今没有找到。

厉共公去世后，国君之位传给了长子，是为秦躁公。[②] 厉共公的一生都在致力于改变秦人的处境，但他终究还是没有找到最有效的办法。三十多年时间里，他尽管做了一些对秦国有益的事情，却无法真正带领秦人走出“衰微的泥潭”。

那么，新继位的秦躁公将何去何从呢？

3. 秦国的过渡的君王

秦晋新格局

秦躁公继任国君位后，依旧把安内作为首要大事。令他没想到的是，自己刚刚即位，南郑地区的民众就反了，试图自立。秦国得知后，火速派人镇压，翦灭了南郑地区的叛乱，永久地将南郑掌控

① 司马迁：《史记》卷六《秦始皇本纪第六》。

② 司马迁：《史记》卷五《秦本纪第五》：“三十四年，日食。厉共公卒，子躁公立。”

在自己手中①。

之后,秦躁公同时也关注着天下的变局。"国际社会"已成为一个整体,秦国虽孱弱,也算是国际社会的一分子,已入战国这盘棋局,无法置身事外。而天下的格局也在时间和事件的共同作用下,改变着历史进程,也影响着秦国的发展。

这时候,除了晋国三卿不断强大外,最引人瞩目的当属南方的楚国。

在经历前期的波澜曲折后,楚国再次强大起来,成为西南地区最大的诸侯国,并有意向四方发展。而那些曾对楚国有敌意的小诸侯,就成了楚国蚕灭的试验品。

前447年夏,随着吴国灭亡,曾联合吴国攻打楚国的蔡国(都城今河南省上蔡县一带)成为众矢之的。楚惠王遣楚军攻打蔡国,声势浩大的楚军一举击破蔡国的国都,国君蔡侯齐逃亡。②

前445年春,楚惠王再遣人攻打杞国(都城在今山东省安丘市东北附近),楚军再次获胜,杞国被灭。③ 与此同时,此前淮水、泗水一带因越国的消亡而成为无主地区,楚国占据了这一大片土地,将疆域延伸到江淮、泗水一带。④

楚国迅速强大,超出了诸侯的预料,天下开始提防楚国。不过,即便楚国强大,依然有不服楚国统治的地区。统治、压迫、反

① 司马迁:《史记》卷十五《六国年表第三》:"南郑反。"
② 司马迁:《史记》卷三十五《管蔡世家第五》:"侯齐四年,楚惠王灭蔡,蔡侯齐亡,蔡遂绝祀。"
③ 司马迁:《史记》卷三十六《陈杞世家第六》:"楚惠王之四十四年,灭杞。"
④ 司马迁:《史记》卷四十《楚世家第十》:"四十四年,楚灭杞。与秦平。是时越已灭吴而不能正江、淮北;楚东侵,广地至泗上。"

叛同时上演着。其中，以巴国最为典型。

事实上，早在前 477 年（楚惠王十二年）时，与楚国接壤的巴国就曾遣人攻楚，试图入侵楚国，夺取楚国西部的土地、人口，扩展自己的疆域。当时楚惠王遣楚将公孙宁、吴由于等人击败了巴军的进攻。① 前 443 年秋，暴乱在楚地继续发生。当时楚国南郑地区民众受不了盘剥命运，集体起义。《史记正义》中说："南郑，今梁州所理县也。春秋及战国时，其地属于楚也。"② 楚国迅速派出大军镇压。随即起义被镇压下去，一些领头的人被杀了。

前 432 年，楚惠王去世后，楚国公卿拥立楚惠王的儿子即位，这就是楚简王。次年（前 431 年），简王就开启了扩张之路，他派军队北伐，消灭了莒国。

因秦国与楚国多有来往，楚国的大大小小的变动，都会传到秦国。不过，秦躁公除了羡慕、嫉妒外，似乎也只有观望的份儿。

与此同时，晋国的变化也在悄然进行着。自从三卿做大后，晋国公室越来越式微。秦躁公九年（前 434 年），从晋国传来消息说，国君晋哀公去世，国君之位传给其子姬柳，是为晋幽公。

而晋幽公依旧无法改变晋国公室衰微的趋向，因为晋国实际大权完全落在韩、魏、赵三族手中。据说，看到公室衰微，晋国群臣也倒向了三大家族，他们不拜君主，却对三大家族宗主很礼遇。而随着晋国公室继续衰败下去，赵、魏、韩三家的实力不断得到巩固。晋幽公即位几年后，晋国公室土地和人口迅速减少，只有绛都、曲沃这两个地方归晋公室所有，其他广大的土地都成了韩、

---

① 《左传·哀公十八年》："三月，楚公孙宁、吴由于、蓬固败巴师于鄾，故封子国于析。"

② 司马迁：《史记》卷五《秦本纪第五》："躁公二年，南郑反。"

赵、魏三族地盘。[1]

那么，晋国公室衰微，是不是意味着会给秦国创造强盛的机会？或者说，秦国可乘机攻打晋国呢？

秦国虽捕捉到晋国内部的变化，但想要攻打晋国，时机还未成熟。在走向式微的路上，秦、晋命运相似。而晋国的情况更为特殊一些：晋国分裂成四大疆域（赵、魏、韩封地及晋公室版图），三姓之间却相互牵制、相互扶持，他们还在名义上尊崇晋幽公。换言之，三大家族此时还没有取代晋国自立的意思。所以，这时候若秦国贸然进攻晋国，必然引发晋国三家势力联合抗秦，到时秦国又会陷入战乱中，得不偿失。

当时晋国划分区域大概是这样的：嬴姓赵氏一族占据了晋国东北地区，涵盖今天山西东部、河北南部、山东西部等地；韩氏则占据着晋国南部地区，包括山西南部、陕西北部、河南西部等地；魏氏占据着晋国西北部，包括山西西部、陕西、河南部分地区。有意思的是，赵、魏、韩边境都与秦国毗邻，这也成为日后他们与秦国争斗的根源。

面对这种现实，秦国还不敢咬这个沉睡中的巨兽。秦国一如既往，等待着大变局的出现。

有人认为，商鞅变法前，秦国处于静态发展中。本书认为，这种观点显然具有片面性。就算诸侯"卑秦"，天下的风气也会影响到秦国，一个具有数以万计民众的诸侯何以在天下剧烈变化时"静态发展"呢？若只有一条河流供所有鱼群生息，身处其中的鱼能独

---

① 司马迁：《史记》卷三十九《晋世家第九》："十八年，哀公卒，子幽公柳立。幽公之时，晋畏，反朝韩、赵、魏之君。独有绛、曲沃，馀皆入三晋。"

善其身吗？因此，我们认为，秦国即便衰微，也不可能不与中原诸侯产生关系。

秦国观察着南方的楚国，也关注着晋国的兴衰。不久，变化先在晋国徐徐拉开。而引起晋国改变的人叫魏斯，他就是后来的魏文侯。就是这个人，成为战国初期"破冰"的人。一种叫变法的"范式"，开始在魏斯时代产生，并逐渐影响到列国诸侯。

应当说，这种"范式"是诸侯不断探索的结果。为了找到这种图强的范式，诸侯花费了百余年时间，艰难曲折，不言自明。而只要找到这种范式，一切的僵局都会被打破，它将彻底改变战国的格局，重组天下。

那么，这一切到底是如何发生的呢？

魏斯强国

前 425 年（晋幽公九年），晋国实际掌权人赵襄子（赵毋恤）在无比遗憾中去世。他的去世，打破了原先平衡的政治格局。晋国三大家族为争权夺利，又陷入无休无止的斗争中。他们通过血腥的手段，进行了新一轮权力重组。最终，魏氏家族的魏斯成为接任赵毋恤的晋国正卿，开始掌控晋国内政。

魏斯执掌国政初期，晋国矛盾重重，各种问题频出。这些问题中，最为致命的是三大家族人心不齐，相互猜忌，相互斗争。

事实上，这种斗争已在晋国持续了百余年。当初的十一个家族，在层层角逐中，剩下了三卿。而这三卿之间，依然在相互挤对，形势非常复杂。比如，在魏斯接任正卿时，韩、赵心中多有不服。而韩氏还打算趁着赵襄子去世，联合魏氏消灭赵氏。赵氏也打算联合魏氏消灭韩氏。赵氏对魏氏的"夺权"心有不甘，希望联合韩氏，打算清除魏氏。总之，情况非常复杂，三大家族各怀心思，斗争愈演愈烈。

当然，更为复杂的是，三大家族的斗争不仅存在于宗主之间，其家族其他成员、家臣之间似也在进行激烈斗争，甚至仆人之间都存在明争暗斗。有时候，可能会因族人之间的一件小事，就引发激烈的斗争。

魏斯掌权后，决定改变这一现状。魏斯清晰地认识到，在列国争先恐后崛起的时候，三大家族若不能携手合作，拧成一股绳，他们必然被强大的诸侯吞并。有时候，内耗才是一个国家灭亡的根本原因。

此后，魏斯放下身段，向韩氏、赵氏两位宗主发起了邀约，表明自己的态度：和平相处，共同发展。韩氏、赵氏宗主怀着好奇心参与了这次和谈。据说和谈现场有争议也有妥协，大家谈论过去，畅想未来，疏通了很多积压在三大家族内心的怨愤。最终，魏斯提出三大家族各自为政，但应相互扶持，不能再搞对立与内斗。与此同时，他们还要尊崇晋国君主，至少要确立国君的地位，毕竟三大家族还不是诸侯，任何不经过周天子册封的僭越，都将遭到天下不齿。

韩氏、赵氏宗主基本同意魏斯的提议。

不过以后三大家族如何发展？怎么样合作？在这次和谈中并未达成共识。这也意味着三大家族之间依然有不可避免的矛盾。所幸的是，魏斯通过与韩、赵两大家族的交涉，基本解决了晋国三大家族的内斗问题。尽管以后韩氏、赵氏与魏氏之间还会有争议，但大规模的斗争逐渐平息。

他们开始为各自谋划发展，而这正是魏斯需要的结果。事实上，很多遗留的问题本身无解，只能慢慢交给时间去解决。魏斯需要的只是三大家族不再内斗这个结果。

此后，魏斯开始整顿魏地（不是魏国）。而一个高瞻远瞩的领导者，会带领国家不断走向复兴。魏斯就是这样的领导者，他根据多年从政经验，以及对天下大势的观察，总结出了一系列治国方略：用正确的人，改变目前的处境。

换言之，就是选拔人才，驾驭人才。成功的领导者，玩的都是驭人术。国家需要什么样的人，他们就选什么样的人。

魏斯选拔人才不拘泥于形式，不问人才出身，广纳贤才，先后起用李悝、吴起、子夏等人，从多个方面开启了治国之路。

李悝是魏斯最看重的人才之一，在历史上赫赫有名。按照史料说法，李悝这个人很神奇，他是法家的早期代表人物，见识远大，胸有韬略。尤其对法家的思想有很多自己的见解，他是将法家思想运用在变法中的第一人。在魏斯寻求人才时，李悝就进入魏斯的视野。当时，李悝在地方为官（《韩非子》记载李悝在上地担任郡守）①，已在辖区内实施了大治，取得了显著成效。魏斯因此召见了李悝，并与李悝进行畅谈，向李悝求教治国方略。李悝给魏斯灌输了很多法家的先进理念，用博学打动了魏斯，尤其李悝提出的"法治"思想，深深触动了魏斯。若按照李悝的做法，魏地一定会率先崛起于诸侯间。

应当说，在未实施变法前，李悝用自己高深的理论，打动了一心想要图强的魏斯。

---

① 《韩非子·内储说上》："李悝为上地守，欲人之善射也，乃下令云云。令下，而人皆疾习射，与秦人战，大败之。"

　　不久，在魏斯的支持下，李悝开始在魏地掀起了变法图强运动。这也是战国时期最早的变革，拉开了诸侯图强争霸的大时代。以后吴起在楚国的变法、商鞅在秦国的变法、申不害在韩国的变法等均与李悝的变法有关。

　　李悝变法的第一项：政治变革。"政治"这个字眼听起来就充满了诱惑，但这并非李悝创造的词汇，而是后世根据他实施的变法总结的词汇。此时的李悝，更多只是想改变以往国家、贵族、爵位、土地、民众、奴隶等这一系列关系，打破既定模式，实施一种新的"变革"，实现掌权者能集权、削弱贵族权限、调动民众积极性等目的。

　　然而，数百年来，这些东西早已成为"定制"，若打破这些，必然造成社会剧烈震动。这是因为政治改革，往往要触及国家体制，这必然触及一些利益群体的既定利益，遭受反对、抵制变法自然就成为常态。所以，政治改革往往又是冒险行动，很多政治改革，往往高调开始，失败终结。不过若要实现飞跃，就得打破旧制度，创建符合实际的新制度。李悝的政治变法，也是盯上了旧制度。而魏斯表示全力支持，让李悝可以大胆去改革。

　　此时的魏地基本延续着贵族唯尊的制度，这是数百年来延续下来的。李悝一上来，就废弃贵族世袭制特权，废弃其他旧制，实施"按劳分配"。有才能的人，国家欢迎他进入"政坛"，为国效力；平庸的贵族，也有可能因碌碌无为而被废弃。

　　李悝的变革打破了常规，这在战国时期，还没有诸侯敢这么干。因此变革一开始，抵制反对的声音此起彼伏。所幸的是，魏斯非常信任李悝，全力支持李悝变法。

　　为了让李悝顺利变法，魏斯几乎为他排除了一切困扰变法的因素。因此，魏地形成了一种新风向：不再内斗，各个阶层的人不论身份努力拼搏。不仅贵族之间争先恐后立功、建业，平民间也开启了一条向上的阶梯，一大批人才进入晋国高层。

李悝实施的第二项改制，是对土地制度的改革。李悝将此前在上地试验的改制在魏地推行，推出了"尽地力""平籴法"等一系列举措。所谓"尽地力"，就是发挥土地的作用。这也是农业国最容易出成绩的改制。李悝将土地合理分配给所有民众，不再主张土地只属于贵族，鼓励土地拥有者积极生产。国家在收取一定赋税后，剩余的生产物资则归农民所有，此举极大调动了农民积极性。同时，李悝又根据丰年、灾年不同，制定了稳定市场的规则，这就是"平籴法"。比如，丰年时，国家会平价收购农民手中的粮食，囤积起来。等遇到灾年，百姓生活困苦，为防止商人哄抬物价，国家再以平价出售给百姓，帮助百姓渡过难关。这项制度影响了中国历史两千多年，以至清代都存在，只是每个朝代，叫法不同。

另外，对于懈怠、懒散的百姓、商人，李悝也出台了一系列的处罚政策，逼着不愿从事劳动、生产的人走向了田间，从事劳作。

商业贸易也在进行中。当时秦、楚等诸侯国都有一些魏地没有的本国商品，他们利用商品发展商业，取得了一定成功。在李悝的指导下，魏地也实施了一些推行商业贸易举措，允许百姓从商。商人赚到钱后，国家则收取一定的商业税。当然，李悝的主要改制还是在农业方面，商业贸易整体上不被大力支持。

社会治理方面同步推进。李悝是法家思想的创立者和践行者，他熟悉远古时期法家的很多典籍，能够运用在治理魏地中。李悝又根据魏地实际，结合前人有关法律著述和主张，制定出了一整套适合晋国的法律体系，用来约束管理百姓，使得魏地的社会风气持续好转。

而处于观望状态中的赵、韩两大家族，错过了与魏氏一起发展的机会。魏地依然成为三大家族中最强一方。赵氏、韩氏不得不向魏氏靠拢，希望能"借得"魏地变法经验，强大自己。

军制改制也在如火如荼进行中。李悝主张重考核、重奖励。他制定了一系列的机制，对有军功的人大力奖励，让以后的魏卒都能冲锋陷阵，建功立业。李悝还主张对国家的军队进行整编，发挥出大军团方阵的作用。

当然，魏国军队改制方面，主要是吴起推动的。吴起是卫国人，早年间混迹于卫国官僚之间，希望能通过努力，跻身卫国高层，大显身手。但贵族世袭制度，将他的希望破灭，有些贵族即便平庸，依然能站在权力之巅。他有一腔抱负，依然难以成为国家栋梁。据说吴起为了跻身高层，几乎倾家荡产。为此，他遭到别人的耻笑。吴起一气之下，杀了耻笑他的人，开始了逃亡之旅。他逃亡前，曾对母亲说："当不上卿大夫，决不回家。"后来，吴起先跟随孔门弟子曾参、曾申父子学习儒术，因母亲去世未能回家守丧，与儒家"重孝道"思想不合，因此与曾参父子决裂。之后，他就到了鲁国，侍奉鲁元公，并一度受到重用。其间，吴起率领鲁军大败齐军，为鲁国立下不朽战功。但人怕出名猪怕壮，吴起因得宠而被人嫉妒，后遭人弹劾，鲁元公也对他产生了猜疑。吴起因此离开鲁国，继续寻求明主。① 之后，吴起就到了晋国，他听说魏斯很重视人才，就投奔了魏斯。

---

① 司马迁：《史记》卷六十五《孙子吴起列传第五》："吴起者，卫人也，好用兵。尝学于曾子，事鲁君。齐人攻鲁，鲁欲将吴起，吴起取齐女为妻，而鲁疑之。吴起于是欲就名，遂杀其妻，以明不与齐也。鲁卒以为将。将而攻齐，大破之。"

之后，吴起很快得到魏斯的重用，开始了魏国军队改制。他用特殊的方法，在魏地训练出了一支强大的魏军方阵。《通典·兵典》记载了这一过程：

> 短者持矛戟，长者持弓弩，强者持旌旗，勇者持金鼓，弱者给厮养，智者为谋士。乡里相比，什伍相保。一鼓整兵，二鼓战阵，三鼓趣食，四鼓严办，五鼓就行。闻鼓声合，然后举旗。[①]

据说魏武侯也经常与吴起一起探讨交流强兵之法：

> 战国魏武侯问吴起曰："有师甚众，据险高垒，守以强弩，退如山移，进如风雨，粮食又多，不能长久，则如之何？"起曰："车骑步徒，分军五衢，敌人必惑，莫知所如。敌若坚守，急行间谍，以观计谋。彼听吾说，解军而去；不听吾说，吾军疾战，胜而勿追，不胜疾归。或伴北安行，设伏疾斗，一结其后，一绝其路，两军衔枚，或左或右，而袭其处，吾军交至，必有其利。"
>
> 又问曰："谿谷险阻，与敌相逢，彼众我寡，则如之何？"起曰："息而待之，持弓满弩，且备且虑，乱则击之勿疑，理则退后随之。凡过山谷丘陵，亟行勿留。高山深谷，卒然遇敌，必先鼓噪乘之。"
>
> 又问曰："左右高山，地甚隘狭，卒逢敌人，击之不敢，

---

① 杜佑：《通典·兵典》卷一百四十九《兵二》。

去之不得，为之奈何?"起曰:"此为谷战，勇者虽众勿用。募吾材士，与敌相当，轻足利刃，以为阵行;分车列骑，退隐四方，且拒且去，乘势不戢。敌若坚阵，行山列营，应须更图。"

又问曰:"敌近而薄我，我无道路，我众甚惧，为之奈何?"对曰:"为此之术，我众彼寡，参分而裹之;彼众我寡，合阵从之。"

又问曰:"若暴寇近薄，驱我马牛，取我禾稼，为之奈何?"对曰:"寇暴之至，善守而勿应。彼将暮去，其装必重，其心必恐，退还务速，必有不属，追而击之，其兵必散，虽众可破也。"①

上面这些思想，据说就是《吴子兵法》的"部分"精髓。《吴子兵法》这部书已遗失，存留部分被收藏在《通典》里。我们能够从这些对话中，看出吴起思想的独到之处。

所以，在吴起的培训下，魏国训练出了强大的军队。据说方阵的每个人都是经过层层选拔的，与今特种兵训练有几分相似。《荀子·议兵》中有一段话很重要，写的就是魏国选拔军事人才的标准:

魏氏之武卒，以度取之，衣三属之甲，操十二石之弩，负服矢五十个，置戈其上，冠带剑，赢三日之粮，日中而趋百里。②

---

① 杜佑:《通典·兵典》卷一百五十九《兵十二》。
②《荀子·议兵篇第十五》。

从这个选拔看，对士兵的要求非常高。参与选拔的人也只有通过这些选拔，才有资格成为魏军方阵一员。而一旦通过选拔，国家会免掉一家人的赋税。巨大的诱惑下，很多人参与了选拔。吴起优中选优，培养了一支强军。而如此选拔上来的人，都是军队中的尖子。这些方阵会在日后的魏军与秦军对峙中，发挥巨大作用。

不过，秦议学者刘三解先生对此提出疑惑：

> 早在魏惠王继位之前多年，吴起已奔楚，而吴起当年所率的"五万""七万众"，实际上是魏武侯"发兵"派给他的"无功者"，所以才要吴起"臣请率以当之"，而不是什么在"西河地"编练的"重装步兵集团"。[①]

就是说，被"神化"了的"魏军方阵"可能压根就不存在。只是战国时期士人会错了意，演绎出了更多的"不合理"。刘三解的这个观点很值得借鉴，有理有据。

总之，由魏斯做后盾，由李悝、吴起等人推行的变法，涉及晋国（魏地）方方面面。变法刚刚开始时，曾遭到一些贵族的抵触，但魏斯全力支持李悝变法，使得魏地的变法徐徐拉开。等到变法有了成效，贵族、民众得到实实在在的"实惠"后，他们就对变法不再抵触了。

应当说，李悝在魏地实施的变法，解放了生产力，改变了原来的国家制度、生活生产模式。换言之，原来很多旧制度被废弃，魏

---

① 刘三解：《秦砖：大秦帝国兴亡启示录》第十章《"秦制"的终极秘密：统治第一，强国第二》第一节《战国人眼中"秦制"的胜利》。

地先一步开启了奴隶制向封建制的转变，国家也从贵族政治迈向"吏治"，对战国各国的变法产生了深远影响。这是战国时代最早的变法，也是最成功的变法之一。由此，魏地优先壮大起来，国家财富迅速积累，军事实力迅速提升，其实力盖过赵氏、韩氏。

秦国内乱

秦国也感受魏地内部的变化，尤其魏地不断有新的政策出台，每时每刻似都在变化，这让秦国上下不得安宁。河西之地的百姓，都对魏地充满了向往，他们也希望成为魏地子民，与他们一起享受改革成果。

在魏斯掌权这些年里，在李悝、吴起等人推行的变革下，魏地已发展成一个新型国家（虽然周天子还未承认）。而秦躁公身边没有李悝这样的人，他无法如魏地这般改制。加之秦躁公本人有性格缺陷，不愿信任贵族和大臣，这就注定秦国不会在诸侯中脱颖而出。

秦躁公能做的就是，沿着父辈们的路线，继续带领秦人发展。不过，这些年来，秦国也因战事较少，国力得到一定的发展，军事力量得到进一步加强，百姓也能够安居乐业。

只是这种平稳是暂时的，"战"和"乱"才是时代的主流。不久，秦国的稳定就被打破。之前遭到秦国攻击的戎、狄部落不服输，正在相互奔走，秘密联合，打算实施复仇行动。还有一些原本臣服于秦国的戎、狄，也打算趁火作乱，摆脱秦国的控制。

其中，尤以义渠与秦国的关系复杂。早在厉共公时代，秦国就曾向义渠发起过进攻，还俘虏了戎王。从那场战争后，有一段时间义渠沉寂不动。不过他们不是消失了，而是在厉兵秣马，准备复仇。

前430年（秦躁公十三年）夏，就在秦人埋头劳作时，一个惊人的消息传到了秦躁公耳中：义渠人又打回来了，而且数量巨大。秦躁公迅速组织秦军抵御。但这次义渠大军如浪潮一般，向南而来，大有灭亡秦国的意思。

秦躁公不敢耽搁，调动全国兵力抵御。之后，秦军陆续向北移动，在既定地点集结。即便如此，秦军依然未能阻挡义渠大军。这一战，义渠一直打到渭南地区，才停下了脚步。[1]

这里已是秦国腹地，若再向南，就会进入秦国国都。大概是义渠已探知内幕：其他地方的秦军，也正在赶往这里。若继续深入，可能会被秦人包"饺子"。义渠王紧急"踩了刹车"，停止了南下。足见当时战争的激烈。本书推测，秦国定是举全国之力进行抵御，才拦住了义渠。

不久，义渠人载着抢夺的战利品满载而归，秦军也没有再追击。秦躁公本人可能也在这一战中受伤，一年后（前429年）他就去世了。而随着秦躁公去世，秦国高层又在继承人选上掀起了斗争。

厉共公时期，由于厉共公本人残暴，与臣僚关系不睦，秦国贵族与君主关系一度很紧张。秦躁公即位后，这种危机并没有缓解。可能秦躁公身上也有厉共公的一些习性，致使秦国贵族与君主之间的矛盾依旧。或者说，秦躁公与贵族之间相处并不融洽，他在位时，贵族们尚能尊崇他。他去世，贵族就有可能推翻他的遗愿。

诚如前文所述，封建宗法制的弊端是，老国君去世后，新国君

---

[1] 司马迁：《史记》卷五《秦本纪第五》："十三年，义渠来伐，至渭南。"

才能即位,这中间有个空白期。而一旦王室与贵族之间有嫌隙,国君去世后,贵族就能利用这个空白期,选定他们认可的继承人。这种事在楚、晋等国发生过多次。

此时的秦国,也面临着这样的危机。秦躁公去世,理应由其儿子接任国君。贵族们却选中了还在晋国"为质"的秦躁公的弟弟。而这场看似平静的拥立背后,其实是秦国贵族与公室之间的斗争。最终,秦躁公弟弟被人从晋国迎回,成为了新的国君,这就是秦怀公。①

秦国这种政变,与数百年前世父为给秦仲报仇,将国君之位传给弟弟秦襄公不一样,与秦德公兄终弟及的情况也不一样。这里面的斗争,史料中并没有记明确记载。但在秦怀公时期,由这些斗争引发的次生斗争逐渐显露出来,危害到国家的稳定。

秦怀公即位后,内修政务,外关注天下局势。他可能试图改变眼前的局势,但贵族间错综复杂的关系,让秦怀公无从下手。他只能一边寻找机会巩固君权,一边又与贵族"共治"国家。即便如此,秦国内部依然存在不安定因素,一些贵族之间的斗争初见端倪。当时有几个贵族在秦国势力很大,尤其是一个叫晁(鼂)的庶长,在秦贵族中很有地位。《史记正义》说:"长,丁丈反。晁,竹遥反。晁,人名也。刘伯庄音潮。"很多秦国贵族都依附晁。

为了改变贵族"权大"问题,秦怀公试探性地出台了一些遏制贵族权力的办法,希望削弱贵族势力,巩固君主权力。但这些办法不但没有削弱贵族,还激怒了手握大权的贵族。

对这些贵族而言,他们更希望立一个听话的国君,而不是与他

---

① 司马迁:《史记》卷五《秦本纪第五》:"十四年,躁公卒,立其弟怀公。"

们对抗、分割他们利益的国君。因此,前 425 年春,秦国发生了政治"事件":贵族们向秦怀公发起了围剿。

这是从秦襄公建国后,数百年间从未发生过的事情,颠覆了秦国高层一直平稳过渡的传统。可能秦怀公事先未曾得到消息,因此等他发现时,已被贵族们包围。秦怀公不想坐以待毙,试图突围,但失败了。很多原先站在他这一边的臣僚、贵族人纷纷倒戈,投降反叛他的贵族。秦怀公成了孤家寡人。不久,庶长晁白刃晃晃,威胁秦怀公退位。秦怀公尽管不甘心,面对庶长晁白刃相加,选择了自杀。

秦怀公死后,这场政变也就结束了。应当说,在削弱贵族权力方面,秦怀公太着急了。有时候,杀死敌人的不一定是刀剑,也可以是时间。他只需要等下去,等待自己翻身的机会,便可掌握主动权。只是这一切随着秦怀公自杀,已无可转圜。

庶长晁逼死了秦怀公,但他自己也无法出任国君,因为那是宗法制不允许的——如若庶长晁即位,他们诛杀秦怀公就会被认为是故意的图谋不轨。而这种"表象"一旦形成,必然引起秦国贵族的不满,秦国可能再次会陷入斗争。届时,东方诸侯就会借着讨伐的名义,瓜分秦国,秦国就可能亡国灭种。

因此,在考量了各种因素后,秦国的贵族们还是决定"物色"一个秦国公子,让其成为新国君。只是此时,秦怀公的儿子召至已去世,只有一个孙子还在。最终,这帮乱权的贵族拥立了秦怀公的孙子为国君,这就是秦灵公。① 《秦始皇本纪》记载为"肃灵公",

---

① 司马迁:《史记》卷五《秦本纪第五》:"怀公四年,庶长晁与大臣围怀公,怀公自杀。怀公太子曰昭子,蚤死,大臣乃立太子昭子之子,是为灵公。灵公,怀公孙也。"

《史记索隐》认为："纪年及系本无'肃'字。"

在秦国历史上，由大臣造反胁迫君主的"事件"非常少。而在其他诸侯国，这种事非常多。究其根本原因，多与国君与贵族不睦有关，也与贵族手握大权有关。其他诸侯国发生这种政变的时间早于秦国，这也说明秦国国家"复杂化"程度不及其他诸侯。在迈向文明的进程中，秦国总是落后于诸侯。

秦灵公继位时，当已成年。即位之初，国家大权可能还是由贵族们执掌，秦灵公只是一个傀儡。秦灵公看清了现实，容忍"权臣"存在。大概很多政务处置，他都采纳这些权臣的意见，甚至给了以晁为代表的贵族足够的尊重。由此，秦国的大权落在这些贵族手中，他们负责国家的政策制定和颁布，也负责治理国家。

这时候，还有个变化需要注意：一年前（前 426 年）周考王去世，他的儿子继承国君之位，是为周烈王。他虽然是一位平庸的天子，却做出了一件不平庸的事情。这件事等它该发生的时候再说，这里先卖个关子。其他诸侯国在这一段时间内相对安定，即便正在全力推行变法的魏地，也对秦国的国君更替置之不理，他们要赶着时间变得更加强大。

就这样，秦灵公在"不被关注"中，开始了执政之路。

应当说，秦灵公汲取了爷爷秦怀公的教训，他选择了隐忍。这是成功者走向成功的第一道门槛，很多战国时期的君主还未进入这道门槛，就死在了"忍不了"的路上。秦灵公胸怀大志，他还要带领秦人继续壮大，怎能因忍不了权臣弄权而泄气？

整体来说，这时候的秦灵公与权臣们形成了一种互补，这些权臣们也逐渐对秦灵公放下了戒心。

前 423 年（秦灵公二年），秦国迎来了一位新公子出生，这位公子出生后，秦灵公为他取名连，他就是后来的嬴师隰。他是在秦国内忧外患的环境中出生，冥冥之中注定他的命运也会充满波折。

次年（前 423 年）春，由于新得子，秦灵公非常振奋。然后，秦灵公做了一件大事，他在吴阳（今陕西省宝鸡市吴山）修筑了两座祭台上畤、下畤，并在上畤、下畤分别举行了祭祀黄帝、炎帝的仪式。[①]

这两次祭祀活动，是秦灵公的一次试探，也是他巩固君权的做法。眼下矛盾很明显：君权与贵族（卿大夫）权力"相冲"。这种情况下，秦灵公要巧妙运用各种方式，在潜移默化中，不断加强君权。而不是与贵族们"分权"。这样一来，贵族们不会立即感受分权的危机，也就不会抵制秦灵公，甚至会支持秦灵公。

事实也的确如此，秦灵公与贵族之间形成了一种新平衡——他们都是为了秦国向更好方向发展。

4. 秦魏无休止的纠葛

晋觊觎秦

前 422 年（秦灵公三年）春天，一场春雨刚刚过去，关中大地上还处在冬春交接的气候中。这时候，勤劳的老秦人已开始春种的准备工作，黄土梁上，到处都是秦人忙碌的身影。秦灵公偶尔也出

---

① 司马迁：《史记》卷二十八《封禅书》："其后百余年，秦灵公作吴阳上畤，祭黄帝；作下畤，祭炎帝。"

行，观看春耕生产情况。忽一天，从边境上传回一条消息：晋国魏地在少梁（今陕西省韩城西南方向）修筑城池。

这个消息很快在秦国传开，贵族们热议晋国这种举动。少梁地理位置特殊，东方是晋国魏地，西面是秦国，多年来都是秦晋争夺的战略据点。这时候魏地在少梁修筑城池，意欲何为？

其实不用想都知道，魏斯有谋秦国的迹象。这些年魏地不断强盛，已有扩张的意图。魏斯更是磨刀霍霍。而西面的秦国距离魏地最近，也是最好下手的地方。此次他们在少梁修筑城池，目的很明显，就是要在秦国东面楔入一枚楔子。若秦国不加干涉，他们就会"得寸进尺"，继续向秦国渗透，直到夺回河西之地为止。

秦国当然不允许晋国在少梁筑城，秦灵公召集贵族们商议处置办法，众人各抒己见。最终，商议的结果是：坚决不能任由晋国在少梁修城。这一次，秦灵公与秦国贵族达成了一致协议。之后，秦国派出一支秦军，以试探晋国的动静。当然，他们还有重任，这就是，在魏地筑城之前，破坏他们的筑城计划。①

只是秦人忽略了一个现实：魏地正在进行着变法。由李悝、吴起训练的晋国大军，不管是战略战术还是武器装备，都比秦人的先进。因此，这一战对秦人而言，凶多吉少，甚至战争一开始，就已注定了结局。不幸中也有万幸，吴起虽然配合李悝实施军制改革，但指挥这场战役的人并非吴起。

紧接着，双方就在少梁展开了一系列角逐。大概指挥晋军的主帅并非"帅才"，或者晋军的综合战斗力未发挥出来，再或者秦军甲士也相当彪悍。总之，由于各种原因，少梁之战未在短时间内决

---

① 司马迁：《史记》卷五《秦本纪第五》："灵公六年，晋城少梁，秦击之。"

出胜负。

此后的两年多时间里，秦晋双方在少梁上演了车轮战。① 幸运的是，在最后的几次交战中，秦军逐渐取得了胜利。这场持续了两年多的战役，以秦军胜利终结。魏地战败，撤出了战区。而随着秦军取得阶段性胜利，秦怀公命人修缮少梁筑城。②

这是近些年来，秦军与晋军的首次较量。秦军取得胜利后，秦国高层并未沾沾自喜，对比目前秦、魏双方实力，秦国仍有差距，他们还是要"留后手"。秦怀公的做法也很"传统"，即"城堑河濒"。这是利用自然资源，引河水为"护城河"，防止晋军忽然偷袭。据说，为了让河水能够保护少梁，秦国还"初以君主妻河"。翻译过来，就是用女子献祭河神。这是一种古老的祭祀模式，可见此时的秦国依然很"落后"，进入战国后，用活人祭祀的恶俗已逐渐被摒弃。秦国却还坚持着这些"礼仪"，注定会被诸侯视为"蛮夷"。

由此，秦魏之间形成了一种新对峙。

只是秦国高层清楚，魏斯不可能善罢甘休。他们要时刻准备着可能降临在秦人面前的战争。不久，魏军果然再来偷袭，双方展开了激战。最终，秦军还是未能保住少梁。魏军夺得少梁后，对城池进行了加固与维修③。

前 415 年（秦灵公十年）春，面对着魏地的步步逼迫，秦国加快了边境城堡的加固与修筑。秦国先派兵修缮了繁庞（今陕西省韩城市东南）城，又修缮了籍姑。《括地志》里说："岚籍姑故城在同

---

① 司马迁：《史记》卷十五《六国年表》："七年，与魏战少梁。"
② 司马迁：《史记》卷十五《六国年表》："八年，（晋）复城少梁。"
③ 司马迁：《史记》卷十五《六国年表》："八年，城堑河濒。"

州韩城县北三十五里。"这等于在韩城的南北方向修筑了两座城池，形成了掎角之势。这么"高端"的做法，显然是秦国高层集体决策的结果，体现着秦人的智慧：即便晋国有少梁，只要秦国的籍姑、繁庞两城还在，晋军就很难向西推进。①

《秦本纪》载，秦灵公"十三年，城籍姑"，与《六国列表》记载的秦灵公十年不一致。《秦始皇本纪》中也说："肃灵公，昭子子也。居泾阳。享国十年。"可见，秦灵公在位多久一直有争议，即便同出司马迁手的秦人史料，其享国时间也不尽相同。

换句话说，正是秦国组织人筑城的这一年，秦灵公去世了。为什么去世，史料并无详细记载。但按照他的辈分分析，此时的秦灵公年纪并不大。因此，他的死就显得疑云重重，毕竟秦国还有权势滔天的贵族，而秦灵公终其一生都没有实现集权。那么，这是否意味着秦灵公的死另有隐情呢？

秦灵公去世后，按照宗法制，国君之位应传给其子连。然而，秦国贵族在选择新国君时又动了"歪心思"，他们拥立了秦灵公的季父悼子，这就是秦简公。②《秦始皇本纪》中认为，秦简公是秦灵公的儿子，"生简公"。《秦本纪》载："简公，昭子之弟而怀公子也。"

为什么会出现不同记载？这一切的不合理记载，应是司马迁选用了不同资料。因此，才会出现难以自圆其说的问题。《史记索隐》的注解更加详细："简公，昭之弟而怀公子。简公，怀公弟，灵公季父也。始皇本纪云灵公生简公，误也。又纪年云简公九年卒，次

---

① 司马迁：《史记》卷十五《六国年表》："（秦灵公）十年，补庞，城籍姑。"
② 司马迁：《史记》卷五《秦本纪第五》："灵公卒，子献公不得立，立灵公季父悼子，是为简公。"

敬公立，十二年卒，乃立惠公。"另外，《史记正义》也说："刘伯庄云简公是昭子之弟，怀公之子，厉公之孙。今记谓简公是公子者抄写之误。"

秦灵公被安葬在了丘里秦悼公陵墓以西，"葬悼公西"。

相互试探

随着秦简公即位，公子连就成了被排挤的对象——毕竟他的存在对秦简公始终是威胁。公子连似乎也看清了自己处境，不得不逃出秦国，到处流浪。最后，他逃入晋国魏地，暂时落脚。据说魏斯收留了这位落魄公子。

当然，收留公子连的背后，可能包含更为复杂的政治斗争。比如，魏斯可能打算利用公子连制约秦国，让秦简公不能对魏地有所图。

事实上，自从公子连逃亡后，秦简公并未遣人追击公子连，而是带着秦人继续发展、壮大，可能秦简公并不想置公子连于死地。

不过，斗争无时无刻不在，国家之间的斗争、臣僚之间的斗争、人与人之间的斗争都在这个时代时时刻刻上演着。只是很多斗争被历史永久隐埋，后人无法发现罢了。

秦、魏之间的斗争就形式多样，无法归纳总结。总之，从魏地强盛起来后，他们就一直彼此试探，彼此观望。比如，这时晋国发生的一件奇事，就引起秦国高层的注意。

事情的起因是，晋幽公因乱作为引发了晋国政权更替。原来，没有实权的晋幽公整天无所事事，饮酒作乐，纵情声色。这大概也是他唯一被三卿允许的事情。他总是在自己的职权范围内，尽心地自我放飞。他没有学习曾经勾践的卧薪尝胆——想要推翻三晋也不可能，这三家势力盘根错节，树大根深，晋国国君不可能撼动其根本。

认清现实的晋幽公继续放飞自我，在魏斯的眼皮子底下，做一些骄奢淫逸的勾当。魏斯也允许晋幽公这么做，他需要一个傀儡国君。前416年的一个夏日，晋幽公做了一件令人不齿的事情，他奸污了一个良家妇女后，抛弃了她。夜晚，他又偷偷出城，在城外寻找能下手的女人。

这是晋幽公惯用的伎俩，他总是在夜晚偷偷私会情人。但这一次很不幸，他不但没有与情人走到一起，还被一帮盗贼给抓住。尽管晋幽公表明了身份，但盗贼们还是没有放过他，在沉沉夜色中将他杀害。等次日有人发现时，晋幽公已成为一具尸体。

而这次意外之变，让晋国再次陷入一种恐慌中。换句话说，晋幽公之死不免会让人多想：杀害国君的盗贼，是否就是三大家族的人？

晋国境内流言汹汹，这也让魏斯忧心不已。尽管这些年在他的操持下，魏地已发生翻天覆地的变化，成为三家最有实力的卿大夫，但现在随着晋幽公去世，赵、韩会不会借此做文章？魏地内部还能不能长期稳定下去？他这个名义上的晋国正卿还能不能再干下去？

魏斯当然不会置之不理，至少这时候需要重新立一个晋国国君，哪怕这个国君只是名义上的国君。魏斯果断行动，拥立晋幽公的儿子姬止为国君，这就是晋烈公。①

---

① 司马迁：《史记》卷三十九《晋世家第九》："十五年，魏文侯初立。十八年，幽公淫妇人，夜窃出邑中，盗杀幽公。魏文侯以兵诛晋乱，立幽公子止，是为烈公。"

晋国这些变化，也引起了各大诸侯国的注意。不过魏斯的果断与强势，让韩、赵两大家族不敢有所行动，魏斯依旧掌控着晋国的命脉。

而对于晋国发生的这一系列变故，秦简公依旧观望。晋国韩、赵两大家族都难以对抗魏斯，秦国自然更难以干涉，秦简公只能继续带领着秦人寻机发展。

只是秦简公也不曾想到，稳定国内局势的魏斯，再一次把扩张的方向瞄在秦国。这时候，秦、晋之间酝酿着更大的战事。

前 413 年，晋国派兵攻打秦国边境，秦国派人阻击，双方在郑下（今陕西省华县西南）打了一仗，秦军失利。

前 412 年（秦简公三年）春，趁着魏军士气高涨之际，魏斯再遣太子击率魏军进攻秦国，有意攻取河西之地。未几，魏军就包围了秦国此前刚修筑的繁庞两城。紧接着，魏军开始猛烈攻城。可能守城秦军并不多，秦国支援两城的军队也未能及时赶到，结果导致两座城被魏军攻破。夺取城池后，两座城里的百姓遭到魏军的驱逐。①

魏军毫无意外的胜利，给了魏斯很大信心。自变法以来，他已准备多年。这时候，即便从秦国手中夺回河西之地，魏也有这个实力。不过，河西之地归秦后，秦国经营多年，一些城邑得到了修筑和完善，城墙高大，驻军数量多，粮草囤积多。这时候，想要从秦人手中夺回河西之地，绝非易事，那需要制定一个全盘计划，分步实施，或许才有机会。

---

① 司马迁：《史记》卷四十四《魏世家第十四》："十三年，使子击围繁、庞，出其民。"

魏斯为此苦恼不已。

这时候，翟璜向魏斯推荐了吴起。魏斯这才恍然大悟。此前吴起练兵的消息不断传入他耳中，只因没有战事，他也就将吴起忘却。现在晋国要对付秦国，吴起当然是不可多得的人才。而人才只有将他们放在合适的位置，才能发挥出优势。比如李悝适合做变法大臣，而翟璜的统筹协调能力强。吴起则是优秀的统帅。故而在魏斯的授意下，吴起被派往河西，准备对秦作战。

吴起得到命令后，就赶到少梁前线。此后，随着吴起进驻河西，秦、晋边境形势一下子紧张起来。秦简公也不断收到各种消息，隐隐担忧起来。

前 409 年（秦简公六年）夏，晋国再次谋秦，指挥晋军的人就是吴起。

晋军在吴起的带领下，很快推进至河西一带。秦军也有准备，组织了精锐部队抵御。由于秦国在少梁周围修筑了很多辅城，用来做少梁的外部防御城寨，因此，秦、魏在河西之地展开了多次大军团作战，依旧不分胜负。秦军用地理优势，击退了晋军一次又一次进攻。

战争陷入僵持。

相传，在与秦国对峙期间，吴起与将士们同吃同住，夜晚睡在田埂上，用树叶遮盖身体。这些做法让晋军对吴起很佩服。也正是因为吴起与将士们"同甘共苦"，他在晋军中威望很高。以后，由吴起指挥的每次战斗，晋军都能身先士卒，不畏生死。

不久，魏军就攻克了秦国边寨临晋、元里两地，魏军士气大振。之后，魏军在临晋、元里修筑城池①，与秦军对峙。秦军无可

---

① 司马迁：《史记》卷十五《六国年表》："（晋）伐秦，筑临晋、元里。"

奈何，只能观望。

秦简公对这次失利选择了忍耐——这也是明智之举，如果继续与吴起对抗下去，损失可能更大。及时止损，是一个君主必备的基本素质。

当然，停战并不意味着威胁解除，魏军一直虎视眈眈。这时候，秦国能做的就是，预防魏军入侵。同时要大胆改制，让国家摆脱落后的局面。只是，秦国内部依然有不安定因素，秦国的贵族们和卿大夫掌控着一切人口、土地、资源。他们既能拥护君主，也能操控朝堂，混淆视听，让高层陷入斗争。

因此，在与吴起决胜负前，秦简公决定先安内，即实施改制。但要掀起改革谈何容易？此前的秦国国君也不是没有想过改制，多被各种因素阻挠。

秦简公还是打算试一试。当时，有一项制度显得极为不公，那就是朝廷只允许贵族们佩戴刀剑，用以防身，其他不是贵族的官僚则不能佩戴刀剑。而这项制度，在其他诸侯国已被废弃，所有官员都允许佩戴刀剑，《史记正义》说："春秋官吏各得带剑。"唯独秦国还实行着旧制，这就显得秦国落后。

秦简公打算利用这点小事，撬动秦国内部的改制。于是，前409年（秦简公六年），他颁布了这样一道政令：秦的普通官吏也可以带剑。

对于这次试探，秦国贵族并未表示出强烈反对。这也意味着秦简公的第一次改革尝试成功了。前408年，秦简公又效仿之前的改制，允许百姓也佩戴刀剑，以备不时之需。①

---

① 司马迁：《史记》卷六《秦始皇本纪第六》："其七年。百姓初带剑。"

之后，秦简公继续对国内实施改制。比如，这一时期，他对土地进行了改制。此前，秦国的土地多掌握在贵族手中，国家能掌控的赋税十分有限。秦简公似吸纳了李悝变法的精髓，按土地面积征收赋税。不过这项制度因为没有大面积改制，只在王畿附近施行，也没有引起贵族过于强烈的反对。但这给秦国改制开启了先河，以后的秦献公、秦孝公对土地的改制，基本是对这次改制的深化。

总之，秦简公通过这些尝试，强化了君权，让他在国家中的分量逐渐增强。之后，他趁机整肃内政、发展民生、兴修水利、修筑城寨，实施了一系列对秦国有益的工作。比如，他组织人在洛水河畔挖堑壕，用作将来的战争工事。之后，他又组织人在重泉筑城。重泉这个地方在同州附近，《括地志》说："重泉故城在同州蒲城县东南四十五里也。"《史记集解》引用《地理志》的说法，认为"重泉县属冯翊"[1]。

贵族们没有反对秦简公，反而支持他的举措。因此，在秦简公的种种改制下，秦国逐渐趋于稳定。这时候，秦简公才把注意力放在边境上，魏军依旧对秦国虎视眈眈。

接下来，秦、魏将如何相处？两国之间会爆发更大规模的战争吗？

三家分晋

前 408 年（秦简公七年）秋，就在秦国实施改制的时候，一个消息又从东方传来：魏斯遣太子击攻打中山国未果，率部向西而

---

[1] 司马迁：《史记》卷五《秦本纪第五》："简公六年，令吏初带剑。堑洛。城重泉。"

来。这个消息在秦国引起了轰动，大家议论纷纷。秦国高层分析了形势后，大多数人认为，太子击意图明显：在中山国未取得胜利，必然要在秦国捞取战争消耗。

秦国不得不认真对待这件事，调集人马应对公子击。事实证明，秦国高层的预判很准确，公子击这次忽然向西运动，目的就是要攻打秦国，以挽回他在攻打中山国时的损失。还有消息说，公子击决定攻打的地方就是河西雒阴、合阳。

此后，各种消息满天飞，让秦国上下如临大敌，不得不抽调人马应对魏军入侵。

紧接着，秦简公命人驻扎在黄河边上，以应对可能会发生的战局。

之后，太子击率领的大军一路向西，寻找攻打秦国的"合理"地方。即便在他得知秦国早有预防后，依然不为所动，继续向西推进。

驻守在边境上的秦军立即紧张起来，太子击率领的是魏军精锐，双方此前已有交手。秦军不论在战略战术、武器装备等方面，都不及魏军。这一次，秦军将如何应对呢？

或许彪悍的秦人只有硬着头皮上——这也是秦国目前唯一的出路。

只是，打仗有时候不完全依靠勇气。故而，在这次与魏军对决时，秦军毫无意外又失利了。魏军攻克了雒阴、合阳两地，并在这两个地方筑城，派人驻守。《括地志》中说："郃阳故城在同州河西县南三里。雒阴在同州西也。"

而随着这两座城的丢失，秦穆公时期从晋国夺取的河西几座堡垒重新被晋国攻占。秦国高层对此毫无办法，至少眼下毫无办法。

因为以秦国眼前的局势，很难从晋国重新夺回河西之地。之后，魏军就撤到了魏地。①

为了牢牢抓住控制权，魏斯在河西设立西河郡，将占据秦国的河西之地"魏国"化。魏斯还授予吴起河西郡守，让其驻守河西。由此，吴起就长期驻扎在河西。

对秦国而言，丢失这片河西之地损失太大，但秦国想要短期内夺回这些地方，显然不大可能。可能吴起就等着秦军出动，他好趁机继续向西推进，抢占更多秦国土地。

这时候，秦国选择了被动防守。事实上，这种防守很难起到决定性作用，谁也不知道魏军将会在什么时候、从什么地方再忽然冒出来。

只是，目前也只能这么做，对待吴起的虎视眈眈，秦国只有被动防守。

秦简公对此忧心忡忡。他与秦国高层商议后，认为修筑长城是阻挡魏国进攻的有效办法。因此，秦国高层决定在两国边境省修筑长城，作为防御工事。事实上，这种做法并非一时兴起，很早以前，秦人祖先就曾用石块垒墙，抵挡戎、狄部落，起到过很好的效用。只是随着秦人进入关中地区，费时费力的这一做法就被搁置。如今，吴起已威胁到秦国安全，若修筑长城能抵御魏军，完全可再修一条长城。

最终，经过层层论证，秦简公决定在蒲城一带修筑长城。于是，秦国征调民夫，在秦、晋边境修筑秦长城。

① 司马迁：《史记》卷四十四《魏世家第十四》："西攻秦，至郑而还，筑雒阴、合阳。"

吊诡的是，秦国在修筑这条长城时，吴起竟没有阻挡。而这条长城修筑完毕后，不仅有效阻挡了魏军入侵，也有效预防了义渠等戎、狄入侵。

经历两千多年风雨，这条长城依然存在。根据现代考古发掘，发现这条长城沿着洛河右岸向北方延伸，途经大荔、蒲城、白水等地，末端在白水县黄龙山南麓。长城上面有瞭望台、烽火台等防御工事，也有可供行走的阶梯。长城长约五十公里，横亘在渭南黄土山梁上。在秦简公时期，这条长城发挥了重要的防御作用。如今，长城的很多地方虽已残破，城墙倒塌，但我们依稀能从上面看到秦人挥汗如雨的修筑痕迹。

此后，秦、晋之间处于一种对峙与观望中。由于有长城防护，有效阻隔了外敌入侵，秦简公开始专心致志修内政。此后的半生，他都致力于秦国的改制。比如秦简公效仿魏斯，实施土地改制，又推进制度改革，打破原来一些旧制度。秦国也开始走上了一条"现代化"的道路，尤其后来西河学派的产生，对秦国影响巨大。

秦简公为秦国的改革拉开了序幕。而秦、晋河西之战后，晋国似也舍弃了秦国，转而攻打中山国。此地位于赵氏封地内部，据说是由白狄建立的国家。魏氏在晋国西部强大时，中山国不断进攻赵氏封地，大有取而代之的打算。赵氏向魏氏求救，魏斯就遣人攻打中山国。经过两年多时间的进攻，中山国终于被魏军消灭。魏氏乘机占据了中山国。然而，因中山国在赵氏封地之内，魏氏占据原中山国地界，等于在赵氏内钉入一颗楔子，让赵氏如芒刺背。赵氏在想办法拔掉这颗楔子，意图将中山国地界据为己有。

前405年（秦简公十年），天下再现不稳定，齐国出现了内乱。当此之时，三晋的赵、魏、韩三族嗅到了机会，决定秘密联合，攻打齐国，瓜分齐国的土地。

随即，三晋联军迅速出动，攻打齐国，消灭了齐国三万多主力。魏斯还占据了齐国、卫国的一些地方。至此，赵、魏、韩三家的势力完全不对等，魏斯成为在赵地、齐国均有领土的诸侯。整体而言，三晋的实力比晋侯实力要强得多。

为进一步明确身份，赵、魏、韩三大家族频频与周天子交涉，向周天子索要诸侯名分。周天子无法与三族对抗，只能予以承认。因此，前403年（秦简公十二年），在三晋之地举行了一场盛大的分封仪式。周天子遣使入三晋，正式册封赵、魏、韩为诸侯。这也意味着，天子承认了三家诸侯的身份。由此，晋国被分裂成四个国家，这就是历史上著名的"三家分晋"事件。

三家分晋意味着在北方强大了数百年的晋国，被名正言顺地瓜分，晋国名分虽在，实际名存实亡。

三家分晋是东周历史上的分水岭。从此之后，历史就进入一个新的格局。司马光编撰的《资治通鉴》，就以三家分晋为起始年。他的第一句话就是："初命晋大夫魏斯、赵籍、韩虔为诸侯。①

三家分晋也拉开了"战国"的序幕。二十多年后，三家瓜分了晋国最后的土地，晋静公被降为平民，晋祀从此断绝。正如《晋世家》所说："静公二年，魏武侯、韩哀侯、赵敬侯灭晋后而三分其地。静公迁为家人，晋绝不祀。"②

出现这种局面，在意料之中。其实，在晋国六卿强大时，就该料到会有这么一天，"冰冻三尺非一日之寒"。晋国衰亡后，秦国也

---

① 司马光：《资治通鉴》卷一。
② 司马迁：《史记》卷三十九《晋世家第九》。

面临着巨大考验，以后秦国就得面对魏国这个对手。魏斯也不再是晋国正卿，而变成了魏文侯。有了这个身份，他就能名正言顺做一些原先不能做、不敢做的事情。

这意味着，魏国随时会对秦国下手。秦简公也意识到了危机，他继续推行改制。只是身边没有李悝、吴起等人，他只能自己摸索。

当然，秦简公虽有改革之心，奈何天不假年，三家分晋两年后（前 400 年），他就去世了。①

秦简公的去世，与他生平未曾振兴秦国有关。他一生郁郁不得志，可能得上了"心病"。最终，他也在遗憾中撒手人寰。

秦简公去世后，国君之位传给了秦简公的儿子，他就是秦惠公。② 而面对崛起的魏国，秦惠公又将如何应对呢？

---

① 司马迁：《史记》卷六《秦始皇本纪第六》："简公从晋来。享国十五年。葬僖公西。"

② 司马迁：《史记》卷五《秦本纪第五》："十六年卒，子惠公立。"

第十章

转捩

有兔爰爰，雉离于罗。我生之初，尚无为；我生之后，逢此百罹。尚寐无吪！

有兔爰爰，雉离于罦。我生之初，尚无造；我生之后，逢此百忧。尚寐无觉！

有兔爰爰，雉离于罿。我生之初，尚无庸；我生之后，逢此百凶。尚寐无聪！

——《诗经·王风·兔爰》

1. 历尽磨难的秦献公

秦惠公的尝试

秦惠公所处的时代正值中原剧变，新崛起的赵、魏、韩仿佛明日之星，在熠熠发光。楚、齐也在试图摆脱旧制度，成为时代弄潮儿。

这些诸侯中，三晋依然是对秦国威胁最大的诸侯。正如烛之武对秦穆公所说："阙秦以利晋，唯君图之。"尤其魏国的崛起，直接威胁到秦国发展壮大。魏国还未建国之前，已与秦国发生多次龃龉。现在魏国封邦建国，必然要继续与秦国发生更多纠纷。

事实上，在秦简公去世的前一年（前401年），秦、魏两国就曾有过一场小规模的战争。当时，由于魏国刚刚被周天子封为诸侯，秦简公可能还有收复河西之地的愿望，就遣人攻打魏国。有意思的是，秦军在这场战役中，取得了一系列胜利，甚至将战线延伸到一个叫阳狐的地方。《史记正义》引《括地志》的记载，标明了阳狐的地理位置："阳狐郭在魏州元城县东北三十里也。"①

一直以来，魏国都以强势著称，这次秦军能够险胜，完全是秦军"抢抓机遇"的结果。秦国高层对此有着清晰认识，因此在魏国有了"防备"以后，魏、秦未再发生大战，双方一直处于似战非战状态中。

---

① 司马迁：《史记》卷四十四《魏世家第十四》："二十四年，秦伐我，至阳狐。"

之后，南方的楚国也进入一种分裂、重组的关键时期。

前 408 年（秦简公七年），楚简王去世，王位传给他的儿子，这就是楚声王。从字面意思就能预想，楚声王纵情声色，荒淫无道。而有这样特点的君王，往往多穷兵黩武，到处征伐。楚声王确实是这样的人。而这种背景下，楚国高层形成了各种派系，让楚国再次进入动荡期。前 402 年秋，楚声王外出围猎时，遭到一伙强盗的堵截，被杀。

楚国贵族拥立楚声王的儿子熊疑即位，这就是楚悼王。由于楚国新旧国君更替，国内形势还不稳定，这给了三晋机会。

次年（前 400 年）春，韩、赵、魏趁机组织了一支联军，攻打楚国，意在压缩楚国地界，为韩国争取更多地盘。楚国得到外敌的入侵消息后，也组织了军队进行反击。只是三晋联军实力实在太强，楚军不但没能拦截联军，还被打得节节败退。联军一路追击，楚军一路南逃。最终，联军一直追到楚国腹地乘丘，才撤兵。《括地志》载，乘丘故城在兖州瑕丘县西北三十五里。[1]

至此，赵、魏、韩在东方死死压制着楚国，让楚国不敢再觊觎三晋。当然，秦国也被三晋死死压制着，无法翻身。

前 398 年（秦惠公二年），秦国依旧在闷声发展，关注着天下大势。不过秦国也不会放过任何一个获得好处的机会。三年后的秦惠公五年（前 395 年），秦军遇到了一次机会，这就是不远处的绵竹内部不稳，秦军乘机出动，讨伐不老实的绵诸。[2] 当然，这次军事行动只能算秦国"内政"，因为绵诸早就向秦国臣服，只是他们

---

① 司马迁：《史记》卷三十九《晋世家第九》："悼王二年，三晋来伐楚，至乘丘而还。"

② 司马迁：《史记》卷十五《六国年表》："伐绵。"

偶尔会"反叛"，然后被秦国"暴揍"，打疼之后就又能"安分"一阵。

总体来说，胸怀大志的秦惠公还在观望天下大局，试图在时代夹缝中，找到秦人崛起的"契机"。这时候，在南方，楚国逐渐恢复元气，又有新的攻打目标。不久，楚国派兵攻打周王朝，公开与天子叫板。

楚国的做法很不明智。尽管天子孱弱，但诸侯攻打天子，无疑是以下犯上，会引发诸侯集体声讨。这种"愚蠢"的行为，只会给自己树立更多对手。楚军进攻的细节史料并没有详细记载，结果是，楚军并未取得实质性胜利。推测应是三晋支援了周天子，击溃了楚军，让楚军不敢再乱动。

楚国在扩张时连续失利，不得不休养生息。几年后的前393年春，楚悼王重新开启了扩张之路。他遣人攻打韩国，攻克了负黍。秦国也乘机向魏国发动攻击，在汪①（一作注）地（今陕西澄县境内）击败了魏军。不过，这只是一次小战役，远没有楚国攻韩的吸引眼球。因此，对秦国这种"作死"做法，魏国采取了不理睬态度，他们要集中力量对付楚国。

前391年春，韩、赵、魏三国再度建立联盟，集中起来对抗楚国。这是个非常奇特的现象：三晋未为诸侯时，相互斗争激烈，甚至你死我活。自从被封为诸侯后，反而格外团结。因此，三晋联军就在大梁、榆关封地先后大败楚军。就此，联军依然不撤军，继续逼近楚军。

在这生死存亡之际，楚国想起了昔日老友秦国（秦楚有联姻之

---

① 刘向：《战国策·魏一》："魏败秦于汪。"

亲），他们希望秦国能援助自己。楚王派人拿着厚礼到了秦国，找到了秦惠公，希望秦国能够帮助楚国。

此时秦惠公还在一如既往忍辱负重，带着秦人闷声发展。但秦惠公清楚，楚国的求援不能不当回事儿。在权衡利弊后，秦惠公答应了楚国的请求。

之后，秦惠公派出一支秦军与楚军会合，联合对付三晋联军，秦军主攻韩国要塞宜阳。令人振奋的是，这一次，秦、楚联军击败了三晋联军。未几，三晋联军就撤出了战场，楚国也重新恢复平静。秦军也收获颇多，还在这次战争中夺取了韩国的六座城邑。[1]

即便如此，楚国与赵、魏、韩三家的战争远没有结束。而秦楚也此次联盟，被三晋视为对手。

在秦国南面，近些年崛起了两个国家巴、蜀。由于地理位置特殊，中原争霸时，他们并未参与，中原诸侯的兴衰也没有影响到他们的发展。到战国初期，巴、蜀实力逐渐增强，开始扩展。巴国地处楚国西边，蜀国的北方就是秦国。这注定了巴、蜀会与楚、秦之间发生更多的纠葛，这一点会在日后逐渐表现出来。

这一时期，尤其值得关注的是，秦与三晋之间的纠纷。对于这些纠葛，秦国选择观望，并试图在有利可图时为自己谋点私利。比如秦惠公十一年攻魏武城，还在这里设立陕县。[2]

其实，这些战争都是尝试。秦惠公希望有所突破，打破现状，却收效不大。比如，攻打韩国宜阳算是最成功的，夺取了韩国六座城池。秦国与魏国的作战，却始终以失败告终。

---

① 司马迁：《史记》卷十五《六国年表》："伐韩宜阳，取六邑。"
② 司马迁：《史记》卷十五《六国年表》："与晋战武城。县陕。"

这些"进取"失利让秦惠公非常愤懑。他不愿做一个平庸的国君，却无法改变现状；他希望恢复祖宗霸业，却在频频失利中信心尽丧。人生充满了无奈，秦惠公的路在何方？或许上天没有给他机会，他也只能顺从天意，做一个安定的国君，默默无闻，最终将一切交给后人，不留下任何值得史官书写的精彩瞬间。

当然，沮丧中的秦惠公，还抱有一丝希望，毕竟他还年轻，他相信，天空不可能永远都阴云密布，总有太阳出来的日子。而心态决定一切，好运也会到来。

前388年（秦惠公十二年），在雍城王宫一个婴儿出生了，他就是秦惠公的儿子秦出子。这件事提振了秦惠公的精神，至少这意味着国家有了继承人。秦惠公很振奋，一心想着王图霸业。

次年（前387年）春，从秦岭西南传来消息说，南郑地区又反了。秦国高层得到的消息是，蜀国有意谋取南郑，据说南郑还与蜀国达成了某种协议。[1] 这些情报很重要，南郑地区对秦国意义重大，向东可进入楚国，向西则能入川。如果这地方摆脱秦国控制，秦国将会被死死控在关中。之后秦惠公立即派出秦军实施镇压活动。随即，一支秦军浩浩荡荡南下，翻越秦岭，迅速镇压了南郑地区（今陕西省汉中市南郑区）的叛乱，稳定了南郑局势。

不久，秦惠公忽然暴毙。[2]

秦惠公为何去世，又成了谜。可能因为他一生都郁郁不得志，才英年早逝。

秦惠公去世后，秦国贵族们拥立出子为国君。不过，出子即位

---

[1] 司马迁：《史记》卷十五《六国年表》："蜀取我南郑。"
[2] 司马迁：《史记》卷五《秦本纪第五》："惠公十二年，子出子生。十三年，伐蜀，取南郑。惠公卒，出子立。"

时只有两岁多,国政实际掌控在贵族和出子母亲(小秦夫人)一系手中。

这是秦国"母系"掌权的雏形,注定秦国高层不会安定。可能小秦夫人有自己的势力,包括她的娘家人。这些"后"族势力与秦国贵族之间关系错综复杂:有利益他们就合作,利益分配不均时就会相互内斗。

在这种情况下,秦国高层无心关注外界,只能盯着国内局势。

政变

前385年(出子二年)春,在秦国又酝酿着一场政变。为什么又酝酿着政变呢?想要找到答案,还要在秦国的现状中分析。

此时,秦国国君太小,主少国疑,外界对秦国虎视眈眈。秦国国家大权落在小秦夫人一党,臣僚和贵族参政议政受到限制,贵族多有微词。

林剑鸣先生认为,此时秦国内部官僚系统也至少演化出两股势力:一股可称为变革派,另一股就是反对变革派。[1] 当然,实际情况可能不止两派,但他们对国家态度上,基本可以归纳为"支持变"和"不支持变"两种势力(态度),后世习惯将这样的派别称呼为变革派和守旧派。

为什么要变?这就与当时"国际社会"有关,魏国通过变法变强,成为名副其实的"霸主"。南方的楚国,也因吴起的变法强大起来,还有东方的齐国、韩国等,都在变。而魏国的变强,强烈刺激了秦国贵族。尤其那些主张革新贵族,在这一时期变得非常活

---

① 林剑鸣:《秦史稿》之《第七章战国初期的秦国》。

跃。他们已隐忍了多年，势力也终于增长。他们再也不愿看着秦国继续衰微下去，他们殷切地希望像魏国一样变革起来，实现国家强大的目的。

令变革派无法容忍的是，自幼主继位、小秦夫人执政，国家继续沿着秦惠公时期的国策推行，毫无"变"的意思。而这种保守的国策，已被秦惠公多年执政证明不适宜秦国，继续坚持下去，只会让秦国继续式微。

在"国际大背景"影响下，秦国的革新派决定打破常规，重新拥立一位国君即位，带领秦人走出困境。不过，要实现这一目标并非易事。这样做，无异于叛乱。一旦处置不当，必然牵连众多。然而，变革派似乎下了决心，要放手一搏。这种背景下，秦国朝堂变得异常复杂，诡谲。

对革新派而言，这时候，最棘手的问题也摆在眼前：谁能担此大任呢？

变革派开始物色人选。当时放眼整个秦国，坚持变革并有资格出任国君的人选，似乎只有公子连。他是"黄金家族"的遗孤，根正苗红，年纪也刚好。问题是，因当年秦国内斗，公子连失势流亡，至今下落不明。这些年来，谁也不知道他漂泊到了哪里，还能找到吗？

对于这些疑惑，变革派信心满满，他们不仅要找到公子连，还要立他为国君。

有传言说，有人曾见过公子连。还有人言之凿凿表明，公子连在这些年的流浪生涯中，已成长起来。他没有在流浪中沉沦，而是变得更加坚毅果敢，他对秦国目前存在的问题深恶痛绝，也有改变现状的志向。

此后，以秦国庶长为代表的变革派，秘密遣人寻访公子连的踪迹。经打探，有人说很多年前，曾在魏国见过公子连。秦国密探就进入魏国寻找，但他们寻遍魏国各处城邑，都不见公子连的踪迹。只是他们有使命在身，不能就此放弃，也只能一路寻访，一路打探。

之后，秦国变革派广泛撒网，寻访公子连。皇天不负有心人，他们得到消息，有人在西县发现了公子连的踪迹。西县就是今天的礼县，是老秦人的发迹之地。秦国先祖秦非子、秦庄公、秦襄公都先后在这里立足，带领秦人发展壮大。《史记正义》中说："西者，秦州西县，秦之旧地，时献公在西县，故迎立之。"

当年秦人向东扩张后，这里还生活着一支世世代代守卫先祖陵墓的秦国贵族。公子连流浪江湖多年后，应是投奔了这些秦国旧族，然后一直在西县生活着。

既然寻访到了公子连的踪迹，一切就都变得容易。按照变革派的计划，寻找公子连的人会悄悄将公子连迎回雍城，再借机发动政变，拥立公子连为国君。

然而，尽管计划非常完美，但在推进计划的过程中，还是出现变故。

原来，当寻访的人找到公子连后，将秦国内幕告知公子连，希望公子连能肩负振兴秦国的重任，与变革派一起发动"政变"，推翻出子，继承君位，恢复穆公时期的霸业。

应当说，这是个非常诱人的计划，公子连本身就是秦国公子，有责任和义务让秦国强大。但这一次，公子连却犹豫了。

当然，这种犹豫属于人之常情，对于公子连来说，这又是他面临的一次生死抉择：不去继任国君，可能他一生都会在西县苟延残喘，在乱世中苟全性命；一旦跟他们回雍城，可能会成为秦国国君，也可能政变失败，成为政治斗争的牺牲品。

踌躇满志，犹豫不决。公子连进行了长久的自我拷问，依然难以做出抉择。公子连迟迟无法动身，让变革派焦急万分。有些事不能等，机不可失，时不再来。一旦局势彻底被小秦夫人一党掌控，对他们变革派实施清除行动，如之奈何？

如果还没有忘却数百年前晋国的历史，就会发现，此时公子连的处境与当初晋文公重耳非常相似。只是历史只给了他一个选择，没有备用的选择。公子连不能逃避。最终，在变革派的努力劝说下，公子连打消了顾虑，选择回雍城。

因此，在出子二年春天一个迷雾沉沉的早晨，几个秦国贵族模样的人，骑着马沿着西汉水边向东奔驰而去。他们翻过了陇山，进入关中平原。一路上，他们都谨小慎微，密切关注外界，以防引发被人追杀的危机。

这里有个疑问：对于变革势力寻访公子连的事，难道小秦夫人一派毫无察觉吗？答案是否定的。事实上，公子连被找到，并迎回的消息已传到秦国宫廷中，以小秦夫人为代表的旧势力正准备遣人拦截公子连，并试图将公子连斩杀。所幸的是，此时秦国变革派势力也不小，他们还是通过了重重困难，护送着公子连进入河西，而没有回雍城。原因很简单，雍城是小秦夫人的地盘，变革派虽有势力，但公子连也经不起任何闪失，万一小秦夫人一党对公子连施以毒手，他们策划的废立之事就付诸东流。这种情况下，只能将公子连安置在没有危机的河西。而随着公子连返回河西，一些秦国旧势力（保守派）看到公子连得势，也都倒向公子连。《吕氏春秋》中对此有着详细记载：

> 秦小主夫人用奄变，群贤不说自匿，百姓郁怨非上。公子
> 连亡在魏，闻之，欲入，因群臣与民从郑所之塞。右主然守
> 塞，弗入，曰："臣有义，不两主，公子勉去矣！"公子连去，
> 入翟，从焉氏塞，菌改入之。夫人闻之，大骇，令吏兴卒。奉
> 命曰："寇在边。"卒与吏其始发也，皆曰："往击寇。"中道，
> 因变曰："非击寇也，迎主君也。"①

《吕氏春秋》成书于秦始皇时期，有无美化秦献公，已无可考证，我们只能遵从其记事。

此后，掌握了主动权的公子连一党，积极筹划了"政变"：庶长经过一系列运作，联合了一大批秦国贵族，羁押了出子及其母亲。

之后，他们按照既定计划，迎立公子连为国君，这就是秦献公。为了彻底消除隐患，这些人还将出子和他的母亲诛杀，并将他们的尸体沉入深渊之中。②《吕氏春秋》也载：

> 公子连因与卒俱来，至雍，围夫人，夫人自杀。③

很难说，在处死出子母子二人问题上，不是秦献公的授意，至少他允许这一切发生，否则作为国君，他若有意放过出子母子，他

---

① 吕不韦：《吕氏春秋·不苟论第四》。
② 司马迁：《史记》卷五《秦本纪第五》："出子二年，庶长改迎灵公之子献公于河西而立之。杀出子及其母，沈之渊旁。"
③ 吕不韦：《吕氏春秋·不苟论第四》。

们也就不会被处死。只能说，一切都是因缘际会：秦献公刚刚即位，根基不稳，他要消除一切可能威胁其国君之位的因素。

秦献公即位后，效仿其他诸侯，准备赏赐那些帮着他即位的人，打击那些曾经阻拦他的人。这时候，大臣监突认为，秦国新旧国君交替，应把稳定国内放在第一位。况且一上台就打击对手，容易造成恐慌，建议秦献公慎重。最终，秦献公采纳了监突的建议。秦国朝野也因秦献公的宽容大度，开始变得稳定。[①]

西河学派

秦献公接手的秦国依旧内忧外患，矛盾重重。然而，内部的问题秦献公还能妥善处置，但外部的危机已威胁到秦国的根基：魏国虎视眈眈，大有屯兵攻打秦国之意。

事实上，早在三年前即前 389 年（秦惠公十三年），秦国与魏国就发生了一场大决战，结果秦军战败，河西之地全部划入魏国。[②] 当然，这一仗也可能没打，原因是秦国攻魏在先，秦献公于河西避难在后，如果魏国攻克了河西，秦国贵族如何将秦献公安置在河西？不仅如此，魏文侯还对秦国实施了各种防御策略，防止秦国反攻。

[①] 吕不韦：《吕氏春秋·不苟论第四》："公子连立，是为献公。怨右主然，而将重罪之；德菌改，而欲厚赏之。监突争之曰：'不可。秦公子之在外者众，若此，则人臣争入亡公子矣，此不便主。'献公以为然，故复右主然之罪，而赐菌改官大夫，赐守塞者人米二十石。献公可谓能用赏罚矣。凡赏非以爱之也，罚非以恶之也，用观归也。所归善，虽恶之，赏；所归不善，虽爱之，罚。此先王之所以治乱安危也。"
[②] 司马迁：《史记》卷五《秦本纪第五》："秦以往者数易君，君臣乖乱，故晋复强，夺秦河西地。"

这到底是怎么回事呢？

这件事还要追溯到吴起镇守河西时。三家分晋后，吴起作为魏国大将，一直驻扎在河西，与秦国对峙。魏国则与赵国、韩国一起进军中原。魏文侯在占据大量秦国土地后，认为秦人不会屈服，秦、魏之间迟早发生大规模的战役，决出胜负。为此，魏文侯做了应对秦国攻魏的"两手准备"。

第一手准备是让吴起镇守河西，训练戍卒，通过武力压制秦国。吴起领命后，结合魏国戍卒实际，在他推行军制改革的基础上，对魏军结构、阵型、人员配备等方面均进行了改制，试图培养一支有别于其他诸侯国的步兵方阵。

吴起进驻河西后，广纳人才，推出选拔方阵的制度，选拔出了一支特种部队，并对这支特种部队进行了训练，最后练成了魏卒方阵。据说这支魏卒方阵数量虽不大，但战斗力非常强大。只是方阵还没有实战经验。不过吴起已跃跃欲试，准备拿秦国试验这支方队实力。

魏文侯对付秦国的另一手，是"文化渗透"。

当时诸侯都瞧不起秦人，认为他们是野蛮民族，甚至有人说他们是戎、狄。林剑鸣先生认为，秦人被诸侯瞧不起的原因是，秦国奴隶制社会延续时间长，当诸侯纷纷从奴隶制社会转入封建社会时，秦国还在延续奴隶制社会，因此不被诸侯重视。

不过也应清晰认识到，秦国的奴隶制与其他诸侯国的奴隶制又有所不同：当封建专制席卷诸侯国时，原先的分封奴隶制被冲击，由此转向封建制。但秦国的奴隶制因国君集权，没有实施分封制。而这种与中原"不同"的奴隶制又对巩固君权有巨大作用，所以秦国一直维持着奴隶制。但当中原诸侯国都进入封建制，并先后强大起来，秦国奴隶制又成了束缚国家发展的制度。① 总之，在春秋、战国时期，秦国总是"慢半拍"，使诸侯"卑秦"。比如，魏国实施李悝变法时，秦国依然坚守着奴隶制，造成他们必然在军事上吃亏。吴起占据河西八城就是最好例证。②

秦人被人瞧不起，让秦国如此耻辱。他们也在想着办法改变。而就是在这种背景下，魏文侯担心秦人会有所"突破"，故而又对秦国实施了文化入侵和渗透。

盛世多出庸才，乱世创造圣人。春秋战国时期，是中国历史上最纷乱的时期，也是各种圣人频出的时期。诸侯们忙着争霸天下，为士子创造学术、传播思想孕育了土壤，出现了诸子百家百花齐放、百家争鸣的局面，被德国著名哲学家卡尔·西奥多·雅斯贝尔斯称为"轴心时代"。当然，诸侯也会利用"先进"学派，巩固君权，发展民生，移风易俗。魏文侯就利用了这一点。

据说为了对秦国实施文化渗透，魏文侯重用了一批儒学之士，让他们在河西著书教学，培养人才，壮大魏国软实力，以在文化上对秦国建起壁垒。其中，以大儒子夏的影响最为巨大。

子夏是孔子的弟子，名卜商。可能了子夏是孔子最小的学生，他的年纪比孔子小四十多岁。子夏很尊崇孔子，在他一生中，都在尽力推广儒学。"据先儒近贤的考证，'六经'的大部分传授都与子夏一派有关，他们在整理和保存古代文化典籍方面做出不少成绩。但

---

① 林剑鸣：《秦史稿》之《第七章战国初期的秦国》。

② 吴子、司马穰苴著，陈曦译：《中华经典名著全本全注全译丛书：吴子司马法》之《吴子·图国》："于是文侯身自布席，夫人捧觞，醮吴起于庙，立为大将，守西河。与诸侯大战七十六，全胜六十四，余则钧解。辟土四面，拓地千里，皆起之功也。"

该派的最大贡献在于政治上的建树，其影响也最深远。"①

魏文侯决定用文化渗透秦国时，子夏已垂垂老矣，很少再参与教学。加之子夏老年丧子，悲痛不已，双目因此失明。这也注定子夏很难再有精力授儒学。但魏文侯并不在意，可能他并非要子夏亲自教学，而只需子夏的名声。换句话说只要子夏进驻河西，他的目的就达到了。据说为了请子夏出山，魏文侯亲自上门，拜子夏为师。子夏一生和他的老师一样，没有受到列国诸侯的重视。垂暮之年，却能得到魏文侯的赏识，所以接受了魏文侯所请。

难能可贵的是，魏文侯表示不干涉子夏教学，只要他愿意在河西传播思想，国家除了给他们提供所有资金扶持外，教什么内容都由子夏决定，魏文侯本人也隔三岔五旁听。这让子夏感动不已，于是他拖着不便的身体，进驻河西，开启了讲学之路。当然，从子夏后来在河西传播学说的实际情况看，他接受魏文侯的邀请，有将孔子思想发扬光大，重建礼仪之邦的"理想"。②

换句话说，子夏到河西"传播思想"，与魏文侯"遏制"秦国发展"目的不同"，却一定程度上达成了"共识"。

而随着子夏进驻河西，儒学迅速在河西开花结果，向外散播。后来，一些其他学派的士子也怀着好奇心，到河西来了解西河学派。魏文侯对他们很礼遇，邀请他们参与到教学。诸多学派的代表人物，就此进驻河西，进一步增强了河西学派的队伍。最终，这支队伍形成了一个叫西河学派的流派，并逐渐在西部声名鹊起。

魏文侯"无心插柳柳成荫"，使得西河学派成为战国早期的"人

---

①② 李学功：《洙泗之学与西河之学——孔子殁后的儒家道路》，齐鲁学刊，1991年第四期。

才汇集地"。由此，魏文侯也在诸侯中颇受"尊重"，逐渐成为诸侯讨论的焦点。而这些"好处"又催生了魏文侯对西河学派的重视。

到这时，魏文侯意识到西河学派不仅是魏牵制秦国的"思想武器"，还是魏国培养人才的"高等学府"，他开始越来越重视西河学派。

而随着西河学派声名鹊起，一时间全国各地的学子们都齐聚河西，跟随子夏学习儒学，承认子夏是他们的老师。比如，魏国的重臣吴起也跟随子夏学习，以子夏为师。还有一些人，不远千里，跋涉而来，求教于子夏，比如齐人公羊高、鲁人谷梁赤、魏人段干木，还有子贡的弟子田子方、墨子的弟子禽滑厘（禽滑厘）等人，都先后在河西听子夏讲课。[①]

而随着这些学者加入，西河学派成为战国早期最大的学术流派之一。据说，西河学派人数最多时，超过了三百人。可别小看这个数目，这是三百读书人，与现在意义上的三百人一起学习完全不一样。那是一个学术氛围浓厚的地方，他们在一起教学习、辩论，将所学知识运用在实践中。

之后，子夏因年纪太大，不再主持教学，只是坐镇河西，很多教学工作都由他名义上的弟子们负责。比如，公羊高、谷梁赤两人都讲《春秋》。有意思的是，尽管他们都讲授《春秋》，讲述的内容却不尽相同，后人根据他们两人的讲述内容，编纂成了《春秋公羊传》和《春秋谷梁传》。

田子方传授的内容也很多。儒家一直主张的"六艺"，成为田子方的必教内容，这也是魏文侯所需要的内容。田子方将大量的时

---

① 司马迁：《史记》卷一百二十一《儒林列传第六十一》："如田子方、段干木、吴起、禽滑厘之属，皆受业于子夏之伦。"

间花在了给弟子们教授六艺中。同时，他还延续了子贡的一些思想，将儒学的思想延伸、革新、发展，并身体力行。据说当时魏国上下形成了经商风气，很多人开始重视经商的学问。田子方又根据自己对经商的理解，在教学中讲授经商要领，为魏国培养经商人才。田子方还不断延伸、拓展自己教学范围，发展成了一种叫纵横术的学术思想，很多士子对于纵横术很热衷，追随着田子方学习。以后影响战国局势的苏秦、张仪、公孙衍、惠施都多多少少受到田子方的影响。

段干木是孔子的再传弟子，对儒学也有着深刻理解。他前半生都在颠沛流离中度过，对做官没有丝毫兴趣。魏文侯对他很礼遇，多次放下身段求教，感动了段干木，他就成为魏文侯的老师。到河西后，他醉心于教学、读书，传播儒学，扩大西河学派。他与子夏、田子方被时人称作"河东三贤"。段木干在魏国名声很大，很多人也跟随他学习，他为魏国培养了一大批的人才，比如影响后世的公叔痤、公子卬等人。

其他在河西学派中教授知识的"先生"，也有一些再传弟子，比如影响后世的荀子、李斯、韩非等人，究其根源，多出自西河学派。只是这一支最后与田子方一支融合了。

禽滑釐也跟随子夏学习，后来他又改学墨家思想，成为墨家思想的传播者，并在日后学成，在楚国攻打时，帮助宋国度过了危机。

不过任何事都会盛极而衰，因学派越来越大，不同思想的人越来越多，相互之间就产生了学术争论，甚至产生了斗争。持不同思想的人，都想成为主流。比如吴起就对公羊高、谷梁赤两人讲授的《春秋》很不以为然。为什么会出现这样的情况呢？因为很多人对

《春秋》的理解也不尽相同。吴起觉得公羊高、谷梁赤两人讲授的《春秋》有很多不实之处。他根据自己的理解，讲授另一个版本的《春秋》，这就形成了一种新思想，这种思想对后世影响也很大。相传《左传》就是根据吴起的思想而来。

总之，魏国在河西设立的学派，影响了当时中国的格局，西河学派走出了一大批人才，奔赴各自国家，成为战国早期影响历史进程的人。

对秦国而言，这种影响也是巨大的。可能当时也有秦人跑到河西求学，但能为秦国效力的人却不见于史料当中。这说明，魏国对秦国实施了严密的文化"防火墙"，以防止秦人渗透到魏国，接受新思想启迪。

不过，西河学派对秦人的启迪仿佛细细春风，吹进了秦人的肌肤中。据说，当时秦国想攻打魏国。有人就表示："魏文侯对待子夏等贤才非礼貌，魏国人都称颂魏文侯的仁德，因而魏国上下一心。这时候若对魏国发动战争，是不明智的选择。"秦国因此放弃了攻打魏国。[①]

当然，这并不意味着秦、魏之间会长期和平相处下去。此前魏国夺取了河西之地，又占据了函谷关，将秦人死死压制在洛水一带，无法扩张。这让秦国一直如芒刺背。秦惠公后期，先后发动了几次攻打魏国战争，企图从魏国手中夺回河西之地。比如，秦惠公七年（前393年），秦国大军与魏军在汪地（今陕西澄城境内）交战，未曾取得胜利。三年后（前390年），秦惠公不甘心失败，又

---

① 司马迁：《史记》卷四十四《魏世家第十四》："秦尝欲伐魏，或曰：'魏君贤人是礼，国人称仁，上下和合，未可图也。'"

指挥秦军与魏军在武城（今陕西华县东）作战，继续失利。吴起凭借魏卒方阵，两次击败秦军，诛杀秦军甚多。

秦惠公十一年（前390年），趁着魏文侯去世、魏国国势不稳之际，不甘心失败的秦惠公向魏国发起了一场终极之战。为什么说终极之战呢？因为这次秦国组织了数十万兵甲（一说五十万秦军），抱着不夺回河西誓不罢休的气势，向魏国发起了挑战。

双方对峙的地方叫阴晋（在今陕西华阴东）。① 魏武侯对此忧心忡忡，于是他询问吴起应对办法，吴起提出，给他五万没有打过仗的人，就能应对秦国数十万大军。② 只是用五万人对付数十万，实力悬殊太大，不用想都能猜到秦军会打赢。魏武侯不放心，又给了吴起战车五百辆，战马三十匹。战前，吴起进行了一次训话，表示一切的战争都以杀敌为主，车兵攻打秦国车兵，步兵、骑兵也当如此。③

战争开始前，天下的诸侯都关注着战事，因为此战的胜败直接决定魏、秦两国今后一段时间的政治格局。

紧接着，浩浩荡荡秦军开赴了战场，魏国的五万戍卒也进入战场。

---

① 司马迁：《史记》卷四十四《魏世家第十四》："三十六年，秦侵我阴晋。"

② 吴子、司马穰苴著，陈曦译：《中华经典名著全本全译全注丛书：吴子司马法》之《吴子·励士》："起对曰：'臣闻人有短长，气有盛衰。君试发无功者五万人，臣请率以当之。脱其不胜，取笑于诸侯，失权于天下矣。今使一死贼伏于旷野，千人追之，莫不枭视狼顾。何者？忌其暴起而害己。是以一人投命，足惧千夫。今臣以五万之，众，而为一死贼，率以讨之，固难敌矣。'"

③ 吴子、司马穰苴著，陈曦译：《中华经典名著全本全译全注丛书：吴子司马法》之《吴子·励士》："先战一日，吴起令三军曰：'诸吏士当从受敌。车骑与徒，若车不得车，骑不得骑，徒不得徒，虽破军皆无功。'故战之日，其令不烦而威震天下。"

战争一开始，吴起率领的魏军扑向了秦军，不畏生死，一个劲儿往前冲。秦军中军受到威胁后，奋力抵御魏军。但此时的魏军仿佛打了鸡血一般，根本不畏死。秦军被魏军的勇猛给镇住了。秦军先是震惊，后是恐惧。之后恐惧又转化成怯战。霎时间，秦军中军被击溃，败势形成。吴起乘机命人冲击秦国中军。而看着不要命的魏军，其他侧翼的秦军也无心恋战，迅速溃散。魏军旋即向秦军发起了追击。结果秦军数十万人被魏军追着跑，遭魏军诛杀的秦军不计其数。整个战场上尸横遍野，一片狼藉。

此战中，魏军以少胜多，五万魏卒杀退了五十万秦军主力，吴起一战成名。而随着这一战失利，预示着秦国短时间内不敢再图谋河西。不过魏国也没有对秦国进行灭族，秦、魏之间形成了一种新对峙。

当然，这次失利给秦国带来的问题远不止于此。秦人除了自己陷入一种"耻辱"中，诸侯们更加"卑秦"了。很多诸侯眼中，秦人就是一帮野蛮人，乌合之众，毫无战斗力，与东方诸国完全不在一个级别。

而这件事对秦惠公打击很大，两年之后，他就去世了。出子即位后，国家继续处于一种不稳定中，各种派系之间斗争不断。直至庶长们发动政变，拥立秦献公即位，秦国才逐渐稳定下来。只是秦献公虽已继位，但前任国君遗留下来的问题实在太多，秦献公作为新任国君，不能逃避，只有想办法解决。

时代考验着秦献公，他将如何治理问题重重、隐患重重的秦国呢？

2. 秦献公治国

废弃殉人制度

秦献公即位之初，对秦国存在的问题有着清晰的认识。结合多年"流浪"经历，以及在魏国学到的"先进经验"，他准备对秦国实施改制，废除旧制，让秦国摆脱束缚，逐渐强盛起来。然而，他还未落实具体行动，就在东方诸侯国之间爆发了声势浩大的农民（奴隶）起义，领导这些农民起义的人叫盗跖。

根据《庄子》记载，跖的起义势力很大，对当时各诸侯国都造成了一定影响："孔子与柳下季为友，柳下季之弟，名曰盗跖。盗跖从卒九千人，横行天下，侵暴诸侯。穴室枢户，驱人牛马，取人妇女。贪得忘亲，不顾父母兄弟，不祭先祖。所过之邑，大国守城，小国入保，万民苦之。"[①] 这次起义可能将触角延伸至黄河流域的三晋、秦国、周王朝所在地。

这是一次奴隶反对奴隶主剥削的起义，也是一次将奴隶制推向终结的起义。对推进历史进程有着积极作用。盗跖起义后不久，诸侯国们先后向封建制度转型。

盗跖的起义，对秦献公的触动较大。他重新审视了秦国，意识到很多之前没有预料到的问题。然而，问题就在那里摆着，但想要改制却困难重重。因为触及制度，就会触及一些贵族的利益，而这些利益在当时的贵族看来，却是理所应当。

---

① 《庄子·盗跖》。

把数百年来贵族、臣僚骨子里的理所应当变成不应当，利用可利用资源，彻底激活民众信心，解放生产力，无异于在贵族身上动刀子。

这时候，秦国虽由改革派掌权，他们也都支持秦献公，但秦国数百年沉疴，非一朝一夕就能改掉。需要警惕的是，在秦国贵族、官僚中，依然有一些旧势力还在顽强抵抗中，反对国家改制。与此同时，在改革派中也混迹着一些"两面人"，他们表面上支持改革，却在私底下搞破坏，抵制国家的改革。在这种情况下，秦献公的改制困难非常大。

当然，改革的决心已下，秦献公对秦国的"大手术"势在必行，只是在"度"的问题上，他有自己的分寸。

秦献公的第一项改制，就是废止殉人制度。《秦本纪》载："献公元年，止从死。"

根据目前考古发掘看，秦人很早就有人殉的风俗（制度）。这是从东夷（商朝）带来的习俗，在秦国贵族间代代相传。位于礼县的秦人早期墓葬中，殉人现象非常常见。礼县西山遗址被学者初步确定西周晚期秦墓，也是迄今为止发现最早的秦墓。从西山遗址发掘的陪葬物来看，墓主人还达不到诸侯级别，一般认为是士或者大夫的级别，墓葬里有殉人的情况；礼县大堡子山秦公大墓虽然遭到严重破坏，考古队在大墓上进行抢救性发掘时，依然发现有殉人；礼县大堡子山对面赵坪—圆顶山上的墓葬区，也有殉人情况；甘谷毛家坪贵族墓葬、清水李崖贵族墓葬、陕西宝鸡凤翔秦人贵族墓葬均有殉人。通过对这些秦人墓葬殉葬情况分析，推断秦国一直延续着殉人制度。

秦穆公去世后，殉葬了一百七十七人，这是《秦本纪》中明确记载的。而秦穆公时代的殉人制度让底层奴隶愤慨不已，他们通过《黄鸟》这样的诗，控诉奴隶主不顾人性命，依旧实施殉人制度。不过即便底层民众控诉，殉葬制度依旧在秦国施行。在陕西凤翔发现的秦公一号大墓，殉葬人数一百八十六人，比秦穆公的殉葬规格还要大。秦景公之后的秦国国君大墓偶有发现殉人情况。

综上所述，秦国贵族一直延续着人殉制度，即便秦国衰微的时候，国君、贵族等去世时，殉人殉狗都是常规动作。直到秦献公时代，秦国才以国家的名义，正式废止这项延续了数百年的制度。

那么，秦献公为什么要废止这项制度呢？我们认为，可能与当时社会发展有关。在外流浪多年的秦献公，接触过最底层民众，见识过最惨烈的殉葬。他清楚底层奴隶对殉葬的憎恨。同时，由于奴隶制逐渐瓦解，东方诸侯已鲜有"人殉"，秦国也要顺应形势。

换句话说，基于以上种种原因，秦献公的第一项改制，就是废止人殉制度。① 从此，秦国不再施行人殉，而且要作为国家的法令，写入国家法律，以后的秦国国君、贵族在墓葬规格上，都要恪守这条底线。当然，尽管人殉制度只涉及"礼仪"层面，但对缓解"民众"与"贵族"的矛盾有重要意义，毕竟殉葬的人一般多为奴隶、平民。

需要指出的是，秦国的人殉制度并非彻底废除，只是转变了"方式"。换句话说，废除了人殉制度后，秦国对殉葬形式进行了创新，这就是后来发现的陶俑人殉葬制度。这是一个巨大的进步，在秦始皇陵发现数量巨大的秦兵马俑，就是例证。

---

① 司马迁：《史记》卷五《秦本纪第五》："止从死。"

秦国迁都栎阳了吗?

第一个音符按下去，并没有在贵族中激起剧烈反应，给了秦献公信心。接下来，他在实施的各项改制中显得从容不迫。

秦献公的第二个改制是迁都，更准确说是筑"一座军事要塞"。这就是秦献公在栎阳修筑的城堡。[①] 《史记集解》中说："徙都之，今万年是也。"就是说，《史记集解》的作者裴骃认为，秦献公将都城从雍城迁都到了栎阳。司马迁在《秦本纪》记载很模糊："二年，城栎阳。"秦献公二年，在栎阳修筑了一座城。换句话说，司马迁认为秦国在栎阳修筑了一座都城。因为按《左传》的说法："邑曰筑，都曰城"。什么意思呢? 修邑叫筑，修都叫城。司马迁这里用城，说明司马迁认为秦献公在栎阳修建的就是都。也有学者认为，栎阳不是秦国都城。那么，这座城到底是不是秦国的新都城呢?

先来看栎阳的地理位置。《史记正义》引《括地志》的记载，指出栎阳的具体地望："栎阳故城一名万年城，在雍州东北百二十里。汉七年，分栎阳城内为万年县，隋文帝开皇三年，迁都于龙首川，今京城也。改万年为大兴县。至唐武德元年，又改曰万年，置在州东七里。"[②] 万年县具体对应位置在今陕西省西安市阎良区武屯街道官庄村附近。

这个位置很特殊，距离河西很近。那么，秦献公为何要在此处修筑"城堡"呢? 这里面有个很隐晦的原因，即秦献公有夺回河西之地的大志。

---

① 司马迁:《史记》卷五《秦本纪第五》:"二年，城栎阳。"
② 司马迁:《史记》卷五《秦本纪第五》。

如果将历史"往回倒",我们就会想起,当年吴起夺取秦国河西八城的往事,而这件事一直被秦国高层视为"耻辱"。这些年来,秦国上下将夺回河西作为洗刷耻辱的目标。而栎阳距离河西较近,是组织兵力攻打河西的战略地点。这一背景下,经营栎阳就显得尤为重要。

也有学者认为,栎阳还是个重要的商贸集中区,各诸侯国的商贾亦多在此交会,开展商业贸易,进行货物输转。[①] 而这种特殊的地理区位,使得这里贸易发达。秦国若在这里筑城,全国各地的商人也都会慕"利"而来,刺激和促进秦国商业发展。当然,这些商贾穿梭各诸侯国之间,到栎阳贸易必然也带着"消息"。而这些消息又会形成情报网,让秦国在各种情报中,分析天下的形势,为秦国强大打好情报基础。

所以,在多种有利条件的刺激下,秦献公在栎阳筑城也就在情理之中了。梁云先生认为,秦献公时期迁居栎阳只是战略体现,而非真实迁都,秦国的国都——政治中心还在雍城。"栎阳相当于一个指挥中心,并非经常居住的都城。"[②] 原因很简单,秦国河西之地被魏国夺取,魏国又在不远处驻军。而栎阳地理位置特殊,是作为一种收复河西之地的战略位置经营的。应当说,梁云先生的这种观点很有道理。

在"筑城"之前,秦献公与贵族们进行了多次论证,并凭借着能说会道,说服了贵族与官僚阶层。所以在"筑城"这件事上,并没有引起多少反对。当然,在这里筑城是形势所迫,也是秦人东出

---

① 林剑鸣:《秦史稿》之《第七章战国初期的秦国》。
② 梁云:《西垂有声》导论。

的"标志"。至少他们不愿再沉默，而是要上下一心，实现秦国的强大。因此，秦献公在栎阳筑完城后，就带领部分贵族，迁居栎阳。至于雍城，自然还是秦国的国都，《商君列传》中说："作为筑冀阙宫廷于咸阳，秦自雍徙都之。"就是说，后来商鞅与秦孝公在实行变法后，才从栎阳迁都到咸阳的。

综合以上分析，本书认为：栎阳只是一个重要战略地，并非秦国真正都城。在未迁都咸阳之前，秦国一直以雍城为都城。只是以秦献公为首的秦国高层显然已移居栎阳，为秦国将来的各种大计划做准备。

前381年（秦献公四年）春正月，一个新生命在栎阳诞生。这个新生的婴儿，就是日后与商鞅一起联手变法的秦孝公，也有记载说他叫嬴渠梁。[①] 嬴渠梁的出生，让秦献公非常振奋。更加坚定了他改革国家、带领秦人走向新辉煌的决心。

秦献公到栎阳后，并未花大力气修筑王城，而是继续对秦国实施改革。这也间接说明，秦国未将栎阳作为都城，只是作为一种"要塞"而存在。况且，相较于栎阳，更加平缓，又有渭河、沣河等水资源做依托的咸阳更具有优势。

这一次，秦献公的改革是推广县制。事实上，在边境地区设置县，早在秦人先祖时已广泛应用。比如，秦武公时期设置的冀县、邽县、杜县等。春秋末期，秦国的郡县制依旧在徐徐推进。比如，秦厉公二十一年（前456年），秦国就设置了频阳县（今陕西富平县附近）。秦惠公十一年（前390年），秦国又在陕地设置陕县（今河南省三门峡西面），这里距离函谷关不远。

---

① 司马迁：《史记》卷五《秦本纪第五》："四年正月庚寅，孝公生。"

从这些设县的情况来看，秦国往往是占据一个地方后就设立县。设县的目的也是充当边境要塞，县的作用更多体现的是军事防御，即每占据一地，就要在占领地驻军。这与后来的郡县制的县不同。

这一时期，秦献公大范围设置以军事为主"县"。比如，秦献公六年（前379年），秦国将蒲地、蓝田、善明氏居住地改设为县。在这些地方设县，原因很简单，秦国要"谋河西"，这些地方比栎阳更靠近河西。而设置县更能体现军事作用。这些县里会有常驻军队，也有当地居民。两年后，秦献公又在栎阳设立栎阳县。[1] 而在栎阳设立县，自然也是体现军事作用。

农商军改制

秦献公进驻栎阳后，继续实施改制。就国际形势而言，魏国依然是秦国强劲的对手，秦国实力远不如魏国。这种背景下，秦献公只能在时代夹缝中求发展。

所幸的是，这些年来，他到处流浪，学到了很多"新东西"，这些新东西会冲破思想壁垒，让他效仿东方诸侯，谋划变革，强大秦国。只是如何让这些制度、法令与秦国实际相结合，制定出适合于秦国的制度，非一朝一夕就能完成。这需要一个过程，他能做的，就是尽己所能，提升秦国实力。

此后，秦献公推行的又一重大改革是发展商业。前文已有介绍，栎阳地理位置特殊，是三晋与秦人商业贸易的集散地。从楚国、巴蜀等地而上的商队要从这里经过，从三晋而下的商队也要从

---

[1] 司马迁：《史记》卷四十四《魏世家第十四》："十三年，秦献公县栎阳。"

这里经过。这些先决条件催生了栎阳商业贸易的发展。秦献公正是看中了这一点。

此后，他命人在栎阳开启商业贸易的市场，"初行为市"①。

这看似简单的四个字，其实大有深意。"初行为市"并不意味着在此之前秦国没有商业贸易，而是此前秦国相对落后，诸侯又不与秦国交往，秦国的商业往往呈现出松散形态，政府对商业贸易的政策扶持、政治引导都不足。或许是由于统治者并不重视商业，才有这种结果。

那么，秦献公为什么会有这种"创举"？这就与秦献公早年间流亡有关，而正是这种流亡生活，增长了他的阅历，让他见识了从未见过的新事物，学到了从未接触过的"新知识"。当他继任国君后，就果断效仿并试验了这种由政府主导的商业模式。②此后，秦献公开展的一系列举措，大概都与此有关，比如"什伍"户籍制度改制等。

初行为市是载体，结果要体现在聚揽财富、带动国家经济发展等方面。事实上，为商业发展创造条件，收益不仅限于此。首先，会有源源不断的商业税进入秦国国库；其次，商业贸易会对秦人的生活生产形成冲击，使得一些人不自觉脱离土地，从事商业贸易，而这又在一定程度上刺激奴隶制向封建制转变；再次，就是这些从全国各地而来的商队，会带着各种消息，汇集在栎阳，能让秦国及时研判天下变动。

当然，此时的秦国商业贸易还只是一种贸易的雏形，很多制度

①《史记》卷六《秦始皇本纪第六》："献公立七年，初行为市。"
② 刘三解：《秦砖：大秦帝国兴亡启示录》之第八章《秦国黔首的"智慧"，用钱购买自己的生存权利》第二节《商鞅变法后的秦国是个全民经商的"拜金社会"》。

不全面，商业贸易相对于传统农业来说还是新事物。一切都要等待新的发展机遇，将商业贸易推向一个新高度。不过商业贸易在栎阳的发展，仿佛一缕春风，吹进秦人的认知中，改变着秦人的生活生产。

在农业方面，秦献公基本延续了秦简公推行的"初租禾"制度。所谓的初租禾，就是按照每亩土地收取赋税。这项制度非秦国独创，而是鲁国实施初税亩制度的"变种"。初租禾瓦解了原来奴隶制社会一直推行的井田制，也是奴隶制向封建制转变的重要载体。

与其他改革不同，土地改革是"国策"，原因是，秦国有广袤的土地，而这些土地在先前没有被有效利用。秦献公流亡这些年，看到魏国、韩国等先进的土地改革模式，自然要效仿这些诸侯，在秦国掀起农业改制。

据说，为了大力发展农业，秦国还制定一些鼓励政策，以吸引秦国周边一些民众到秦国来，将他们编入秦国户籍，把他们与秦国本国人一样对待，鼓励用先进的农业技术从事农业生产，刺激秦国农业发展。

总之，秦献公通过促进商业贸易、推进农业发展等改革，使国家变得充盈起来。秦国也开始迈向封建制。这一时期的秦国，百废待兴。一切都是新的，一切也都很混乱。尽管消灭奴隶制是漫长的，但经过秦献公十数年大刀阔斧的改制，秦国的奴隶制逐渐瓦解，封建制已深入人心，秦国开始转向封建。这也预示着一个新的封建制秦国显现雏形。

与农业、商业紧密联系的是户籍。秦献公发现了他们之间的关联，果断对户籍制度进行改制。

事实上，在秦献公之前，秦国基本遵循着奴隶制。而奴隶制的一个标志就是奴隶与奴隶主身份有着非常清晰的界限，比如，奴隶居在"野"，而奴隶主及平民居在"国"。① 这种界限一旦确定，世世代代无法改变，贵族永远是贵族，奴隶永远是奴隶。然而，随着奴隶制逐渐走向衰亡，新的封建制度逐渐成为主流。秦国再也不能固步自封，坚守被人抛弃的奴隶制。

秦献公果断乘上了封建制的末班车。他根据实际，对秦国的户籍制度进行改制，将全国人口按照五户为一"伍"的单位，进行重新组合，这就是秦国历史上的"户籍相五"制度。如此一来，秦国民众不再划分平民与奴隶，解除了奴隶身份限制，大大促进了社会人群的融合，也有利于促进国家对民众的管理。当然，这种改制限于平民与奴隶之间，贵族依然是享有特权的一类人。

户籍制度的成功改制，也催生了秦国国家制度的变革。秦"新民"需要管理，就得打破贵族掌管地方的界限。最好的办法是加强地方官僚人员的配备，优化管理制度。由此，国家士卿、地方长官为一体的官僚机构出现，就能逐渐走向成熟。这些机构直接对中央负责，他们也直接管理民众、确定赋税额度，大幅增强了中央集权。

户籍制度的深入推进，也促进了国家对人口数量和信息的掌控。不仅将平民奴隶纳入"户籍系统"，连原先无户籍的"黑户"也被重新编入户籍。而新编入的五家人捆绑在一起，命运相连，他们相互监督，相互扶持，若有人触犯了律法，这五家人都要一起连坐。而这种捆绑式户籍制度，开启了秦国迈向文明的社会治理新

---

① 《秦史稿》第八章《秦献公时期的改革和商鞅变法》。

模式。

当然，站在后世的角度看，秦国的户籍制度改制有利有弊。有利的一方面是，推动了奴隶与平民的融合，解放了奴隶，给他们与平民一样的身份。五家人紧紧绑在一起，农忙时一起劳作，农闲时也集中训练，极大促进社会快速发展。有弊的一方面是，户籍制度的核心是解放和发展生产力，地方可根据户籍确定赋税和徭役，对民众行为进行控制，限制了民众创造力。同时，地方官对民众的盘剥，也很难直接管束。越是偏远的地方，生产力越落后，民众遭受盘剥就越严重。

不过与先前的奴隶制相比，秦献公的这些创新，是历史的巨大的进步，"人"尽管还是遭受国家盘剥，但社会对生命有了"尊重"。当然，由于涉及方方面面，这项户籍改革并未在短时间内完成。到秦献公十年（前 375 年）时，这项改革才彻底完成。

这时候，在三晋之地还发生了一件大事，赵、魏、韩三国联手杀死了晋国国君，瓜分了晋国土地。自此之后，晋国这个昔日的霸主永远消失在历史长河中。秦献公也听说了这个消息，但他没有做出任何反应。秦国的改革还在推进，强大的军事力量还没有形成，国库还不充裕。而魏国一直对秦国虎视眈眈。秦国不能在这关键时刻"冒头"，引起魏、韩的注意，进而招致魏、韩讨伐。

秦献公要给外界释放出一种韬光养晦的示弱信号，让秦国能够在历史的夹缝中发展壮大。

当然，不管是户籍改制、郡县制推广，还是发展商业，纵深推进初租禾制度，都是为了富国强兵这一根本目的。秦国始终将击败魏国、收回河西之地视为一种战略目标，并长期为此做准备。因此，秦献公在军队改制方面也有一些新的探索。因为秦军在"魏卒"方阵上吃过亏，秦献公也在试探着改变秦军传统战法，打造一支精锐部队，将来对付魏国。

与此同时，秦献公也在时刻关注着魏国的变化。一旦魏国有变，秦国就能行动。这时候，就有必要说说魏国的形势了。事实上，魏国高层正进行着新的权力斗争。李悝已去世，留在魏国的老一辈人才中，吴起资格最老。他因常年驻守河西，阻绝秦军东进，立下不朽战功，一直深受重用。魏武侯曾在吴起击败秦国后，还曾遣吴起攻打齐国，一直将齐国大军驱赶到灵丘（今山东滕县）。

只是，木秀于林风必摧之，随着吴起的功业不断增加，引起了魏国一些新成长起来势力的抵触。这些新崛起的势力没有吴起的功业，也就抵制吴起。他们试图驱赶吴起，为他们登上历史创造条件。因此，在击败齐国后不久，吴起就遭到魏国官员王错诋毁①，指责吴起有反心。王错此举无疑是一种诛心的诋毁，因为吴起在魏国朝野都有影响力。对于刚刚即位的魏武侯而言，吴起位高权重，无疑是一种威胁存在。当然，吴起并非魏国人，不及王错与魏国关系亲密。这种情况下，王错成功离间了吴起和魏武侯的关系，让魏武侯开始猜忌吴起。这位王错在历史上名气并不大，但他的儿子很厉害。据说他的儿子就是传说中的鬼谷子。

当然，也有说是吴起被公叔痤诋毁，因此遭到魏武侯猜忌。不管是谁诋毁了吴起，挑拨了吴起与魏武侯之间的关系，最终都让魏

---

① 吕不韦：《吕氏春秋》卷十一《仲冬纪》："吴起治西河之外，王错潜之于魏武侯，武侯使人召之。吴起至于岸门，止车而望西河，泣数行而下。其仆谓吴起曰：'窃观公之意，视释天下若释，今去西河而泣，何也？'吴起抿泣而应之曰：'子不识。君知我而使我毕能，西河可以王。今君听谗人之议而不知我，西河之为秦取不久矣，魏从此削矣。'"

武侯不再信任吴起。之后，吴起就离开了魏国，投奔了楚国。^① 吴起到了楚国后，受到楚国重用，并掀起轰轰烈烈的变法，只是那是后来的事。这时候，对魏国而言，随着吴起这个最大"威胁"离开，所有人都松了口气。

秦国密切关注着魏国动向，因为随着吴起离开，河西之地必然换帅。只要魏国换一个平庸之人到河西任职，秦国就可能夺回河西之地。因此，这段时间以来，秦献公开始筹措谋取河西的计划。

秦献公也开始有意无意表露实力，并与周天子交涉。而周天子也意识到秦献公不同于以往秦国国君，开始与秦国交往密切。前374年（秦献公十一年）春，周天子遣太史儋出使秦国，会见秦献公。对于天子抛来的橄榄枝，秦献公不想错过。他接见了太史儋，并用秦国的礼仪接待了太史儋。这让太史儋对秦献公另眼相看。十多年的时间，秦国竟一下子变得如此重视礼仪。

据说太史儋还对秦献公吐露了这样一番预言："周朝原来和秦国在一起，后来秦国分了出去。五百年后，秦国与周国又将合为一体。十七年后，秦国将有霸王出现。"这是太史儋回顾秦人与周王朝的渊源，为秦国未来做了预测。

太史儋的这种说法很牵强，因为早期秦人一直受到周人的监督，一直到周穆王时非子牧马，秦人身份才得以改变。秦人与周人

---

① 司马迁：《史记》卷六十五《孙子吴起列传第五》："田文既死，公叔为相，尚魏公主，而害吴起。公叔之仆曰：'起易去也。'公叔曰：'奈何？'其仆曰：'吴起为人节廉而自喜名也。'君因先与武侯言曰：'夫吴起贤人也，而侯之国小，又与强秦壤界，臣窃恐起之无留心也。'武侯即曰：'奈何？'君因谓武侯曰：'试延以公主，起有留心则必受之。无留心则必辞矣。以此卜之。'君因召吴起而与归，即令公主怒而轻君。吴起见公主之贱君也，则必辞。于是吴起见公主之贱魏相，果辞魏武侯。武侯疑之而弗信也。"

的关系，更多体现的是相互利用的关系，并不像太史儋说的那么亲密。太史儋如此重申周、秦关系，无外乎两点原因：一是秦人重新崛起，其实力不容小觑；二是周王朝受到诸侯排挤，希望借助秦国势力，像秦襄公一样巩固周天子地位。

当然，不排除《秦本纪》中的记载可能是"假的"，可能是后人的"追述"，毕竟历史上的"预言"，多是后人制造的"材料"，用后世追前世或预言后世大出等都不可信。

不过，周天子遣使者入秦应确有其事。只是，秦人在编写秦献公与太史儋交往事宜上，故意构造了细节。

秦献公一如既往地尊崇周天子及太史儋。[①] 秦献公还在推动改制，发展民生，训练军队，对以后与魏国作战做准备。这时候，得到天子重视，也是一种实力的体现。

当然，不妨将秦献公的这些举动看作给天下诸侯的信号，也不妨看作秦国向魏国示威。不过，眼下还不能与魏国交恶。一切都需要一个机遇。五代政治家冯道在其著作《仕赢学》说："时者，势也。得势则有势，有势则事成，失势则事败。善治者必先乘势。然则有势同而事异，有事同而势异，因势有就事。阐时势而通变，治之道也。"

秦献公等的就是这个"时势"。

---

① 司马迁：《史记》卷五《秦本纪第五》："十一年，周太史儋见献公曰：'周故与秦国合而别，别五百岁复合，合十七岁而霸王出。'"

3. 天下大变局

赵魏韩的纠纷

就在秦献公大刀阔斧地改制时，天下大局正在悄悄发生着变化。三家分晋后的次年，即前 374 年（秦献公十一年）秋，一个消息从河北传来：赵国内部发生了暴乱。消息立即引起天下诸侯的注意。

原来，三家分晋后不久，赵国国君赵敬侯就去世了。赵敬侯是参与三家分晋的人，在诸侯中地位很高，为赵国的开创、稳定奠定了坚实基础。他死后，国君之位传给了其子赵种，这就是赵成侯。赵成侯是太子，并无功业，而他的臣僚却都是跟随父亲打天下的人。赵国臣强君弱，内部不稳定。尤其贵族成员公子赵胜，在赵国内势力庞大，实力雄厚。他一直希望成为国君，但因他非嫡长子，无缘国君之位。不过他并不认命，一直在"觊觎"君权。可能从赵成侯继位那一刻起，赵胜就谋划着发动政变，取代赵成侯。其间，赵成侯似也有预感，并试图削弱赵胜的势力。而此举又引发了赵胜的反弹，他不满赵成侯为国君，带人攻打王宫，试图夺取国君之位。[①] 大概赵成侯早有预料，迅速平定了赵胜发动的叛乱。

不过，螳螂捕蝉，黄雀在后。赵成侯虽平定了赵胜引发的叛乱，但赵国这场内乱却引起了各国诸侯的注意。尤其魏国，已磨刀霍霍。

[①] 司马迁：《史记》卷四十三《赵世家第十三》："成侯元年，公子胜与成侯争立，为乱。"

不过，魏武侯显得很沉着，他希望通过干涉赵国国政，削弱赵国的实力。而赵成侯自然不希望外国干涉，拒绝魏国的"好意"。因此，赵、魏这对盟友关系恶化。时隔不久，魏武侯派人攻打赵国。由于赵国前期遭受内乱，一时还抽不出更多兵力应对魏国，让魏军长驱直入，一直打到北蔺地区（今山西省离石县西）。[①]

这一仗赵国损失惨重，魏国大获全胜，得到了一大批战利品。之后，魏国就撤兵了。不过赵、魏纠纷并未结束。这一时期，魏国开始到处"征战"，向"世界"证明自己霸主的地位。三年后，（前371年）春，魏国攻打楚国，并一度攻克了楚地鲁阳。

在对赵作战中占据优势的魏军忽然撤兵，让赵军摸不着头脑。经事后多方打探，才探听到魏武侯病危，魏军因此撤兵。此时的魏国要集中力量处置君主更替之事（魏国内部也不安定）。

时隔不久，魏武侯去世，魏国也陷入纷乱中。按照宗法制，魏武侯去世，当由太子罃（嫈）继任国君。但魏武侯去世时，没来得及安排后事。可能魏武侯是忽然暴毙，因此没有确定继承人。这种情况下，由太子继位最合理。问题是，当时罃虽是太子，但弟弟魏缓势力更大。所以，在魏武侯去世后，魏缓联合自己的势力，试图抢占国君之位。

魏国陷入两大势力的斗争中，各有胜败。而这场旷日持久的斗争，影响了魏国的稳定，导致两位公子都没有登上国君之位。

吊诡的是，在魏国内政不稳之际，各种势力都希望插手魏国内政。据说当时有个叫公孙颀的人，得知魏国高层正在为国君之位打

---

① 司马光：《资治通鉴》卷一："赵敬侯薨，赵伐卫，取都鄙七十三。魏败赵师于北蔺。"

得你死我活，就从宋国到了赵国，将魏国内部的变故透露给了赵国。之后，他又从赵国到了韩国，怂恿韩国君主韩懿对魏国发动战争。公孙欣认为，魏国两大公子争夺国君之位，正是韩国攻打魏国的时候，魏䓖本身占据上党等重要战略地位，相当于半个国家。若乘机除掉魏䓖，韩国就能得到一大片土地。

韩懿受了怂恿，认为这个办法可行，便遣使者到赵国，希望可以联合赵国共同攻打魏国。赵国因之前与魏国交恶，也计划谋取魏国。之所以迟迟未行动，是担心失败。如今，韩国也想加入这场"瓜分"魏国行列，对赵国而言就是机会，赵国高层不再迟疑。因此，韩国使者顺利完成了联合赵国的任务。

不久，赵、韩联军出发，一路向西，推进到了浊泽（河南省新郑市西南）一带。

有意思的是，在抢夺国君之位时，魏国两派势力斗争非常凶狠，但当得知外敌入侵时，他们果断放下了内斗，一致对外，抗击赵、韩联军。不过，即便如此，也无济于事，因为联军实力太过强大。最终，魏军被击败，魏䓖也在这一战中被包围。所幸的是，魏军誓死抵抗，联军与魏军旗鼓相当，形成了对峙。[1]

魏䓖尝试了多次，均无法突破重围。吊诡的是，而联军只是围住了魏军，并不急着消灭。为什么会出现这种情况？魏军猜不透联军的意图。

后来，魏军成功突围后，才探听清楚了原因。原来，就在魏军被包围之际，赵、韩两国国君认为，魏国灭亡在即，却为瓜分魏国土地人口大费脑筋，争论不休。赵国君主认为应直接杀掉魏䓖，立

---

[1] 司马迁：《史记》卷四十四《魏世家第十四》。

公子缓为魏国国君，然后让公子缓割地给赵、韩，等他们得到实际利益后再撤兵。韩国君主认为，这么做不妥。他的建议是将魏国分成两半，让公子缓与公子罃各领导一个国家。这样一来，魏国一分为二，国土面积、人口情况等就与卫国、宋国一样。到时候，魏国就再也不能威胁赵、韩两国。但赵国国君认为这么做有风险，并不认同韩国国君的处置办法。因此，两个国家领导人谁也说服不了谁，最终不欢而散。当天夜里，韩国单方面撤兵。赵国得知消息后，也不愿多逗留，指挥赵军撤回国内。[1]

就是说，赵韩起内讧，给了魏国生机。魏罃逃过一劫，反而成为国内臣民的偶像，很多人也都站在他一边。而有了臣民支持的魏罃，马上调集力量，消灭公子缓的势力。不久，公子缓被杀，魏罃正式成为魏国国君，他就是魏惠王。

至此，魏国恢复了稳定。

若即若离的秦魏关系

对于这种变化，秦献公扼腕叹息。魏惠王继承国君之位，魏国必然趋于稳定。而等魏国稳定后，就会对周边的国家形成新威胁，毕竟魏国的强势也非一两日造就，魏文侯、魏武虎两代国君都为此付出了艰辛努力。现在，魏国变法大成，又有吴起训练的魏卒，谁还敢招惹魏国呢？

秦献公不敢招惹魏国，也惹不起。但不惹魏国并不意味着秦国一直坚守不出。秦献公改革多年，就是要改变原来的"守成"，因此他也打算东出，试试秦国的锐气。这一次，秦国将目标放在了赵

---

[1] 司马迁：《史记》卷四十四《魏世家第十四》。

国身上，原因是赵、魏刚刚交恶，此时秦国攻打赵国，魏国不会从中作梗。因此，在秦献公的授意下，一支秦军从栎阳开拔到前线，攻打赵国西部边境。遗憾的是，秦军第一试水，就在高安（今山西省西南部）被赵军击败。①

出师不利让秦献公震惊不已。秦献公自认秦人在十多年的发展中，军事实力已有很大提高，但面对赵军时，依然难以抵御。这也证明，秦、赵军事实力还有差距。而赵国的综合国力又弱于魏国。由此，秦国还是无法与魏国较量。

战后，秦献公果断撤回秦军，又开始韬光养晦。秦献公再次回到安静中，完善着此前实施的改制，然后再用鹰一样的眼睛，盯着天下格局变化。

这时候，最热烈的当属赵、魏、韩三国。稳定国内局势的魏惠王，重用公叔痤、公子卬、庞涓等一批西河学派培养出来的能臣，开始了征讨赵、韩两国的过程。他要通过战争的方式，洗刷曾被围的耻辱。当然，赵、魏、韩三国错综复杂的地域，也是他们产生嫌隙的重要原因。因此，魏惠王在即位的第二年（公元前369年），魏国就向赵、韩发起了进攻。

赵、韩两国得知消息，各自出兵，抵御魏国的进攻。从人数配备上看，三方势均力敌。但魏国有杀手锏，这就是魏卒方阵。此时，吴起虽已离开魏国，但他训练的魏军步兵方阵还在，他们一如既往按照吴起的模式进行训练，实力并不比当年吴起在时弱。这次魏惠王就准备用他们对付赵、韩。

按照赵、韩的出兵方向，魏惠王与臣僚商议后，将魏卒方阵分

---

① 司马迁：《史记》卷四十三《赵世家第十三》："四年，与秦战高安，败之。"

成两支，分别从两个方向攻打赵、魏两国。

这是一次雪耻之战，也是彰显魏军实力之战。魏惠王很重视战况，不断派出人探知情况，每隔一段时间会有人把最新战报上报给他。而战况也正如他所料：战争一开始，两支魏军就以绝对的优势，扑向了赵、韩两国的军队。魏军很强悍，步步紧逼，赵、韩双方无法抵挡，只能向后撤退。魏军一路追击，最终，在马陵重创韩军，又在怀邑大败赵军。

魏军大捷，韩、赵痛失主力部队，撤出了战场。魏国也停止了追击，从战场上撤出。自此，魏国成为战国最早崛起的国家，魏惠王成为战国时期的实际霸主。

而发生这一切时，秦献公自始至终都在观望。当得知魏军大捷时，他内心也对魏国更加多了一种畏惧，也对秦国的处境有了更加清醒的认识：在实力不允许的情况下，最好的自保方式就是装聋作哑，藏拙以等待机遇。秦献公是智者，他看清楚了事情的本质。

前369年（秦献公十六年）春，还处于隆冬的三秦大地上，发生了一场突如其来的瘟疫。① 因为毫无征兆，等秦献公意识到问题严重时，很多臣民已被瘟疫侵袭。秦国哀嚎遍野，民众死伤者众多。

秦献公迅速组织人展开自救。所幸的是，秦国进入关中后，历代君主多重视医学，培养了一批研究人体的大夫，他们共同推动了秦国医学发展。这次瘟疫仿佛一场没有硝烟的战场，这些医学人才成为主力军，在秦献公的号召下，迅速投入救治工作中。不久，瘟疫就被控制住。

---

① 司马迁：《史记》卷十五《六国年表》："民大疫。日蚀。"

然而，屋漏偏逢连夜雨，不久，又发生了日食。比起瘟疫，日食更令秦献公不安，因为这是上苍发出的警示。在那个蒙昧的时代，任何一次上苍的警示，都可能会降下灾难。秦献公夙夜忧叹，思考着自己的施政方略，反思是什么引发上苍震怒，以至于让秦国遭受如此灾难。①

经过多次反思，秦献公也没有找到失政之处。不过接二连三的灾祸，让他不得不调整治国方略。之后，秦国又出台了一些利国利民的政策，以回应上苍的警示。

经过秦献公的努力，秦国慢慢恢复了安定。同年冬，在栎阳还出现了一幕祥瑞：桃树在冬天开花了。这种现象被视为是一种天意，一种对秦人有益的启示。有意思的是，两年后（前 367 年），栎阳又出现了祥瑞：天降金雨。②《史记正义》中说："言雨金于秦国都，明金瑞见也。"

接连出现祥瑞，对秦国来说当然是好事。这时候的秦国高层，已懂得祥瑞的寓意。秦献公顺应天意，即刻命人在栎阳修建祭台畦畤，又带着人举行了祭祀白帝的仪式。③ 白帝是秦人先祖之一。

秦国逐渐走向政通人和。秦献公除了治国理政外，还关注着天下变化。前 368 年秋，秦献公得到消息：魏国攻打齐国，被齐军在观城击败，魏军受到重创。这是个重大消息，释放的信号是，天下大势又在发生激烈变化，秦国需要伺机而动。

需要说明的是，这里的齐国已非周天子册封的姜齐，而是田氏

① 司马迁：《史记》卷十五《六国年表》："秦献公十六年，民大疫。日蚀。"

② 司马迁：《史记》卷五《秦本纪第五》："十六年，桃冬花。十八年，雨金栎阳。"

③ 班固：《汉书》卷二十五上《郊祀志第五上》："儋见后七年，栎阳雨金，献公自以为得金瑞，故作畦畤栎阳，而祀白帝。"

建立的齐国。齐康公是姜姓齐国最后一位国君，他在位期间荒淫无道，被大臣田和放逐在一个小岛上。之后，田和取代姜姓自立，建立新的齐国，这就是战国七雄之一的齐国，这一过程被称为"田氏代齐"。尽管都叫齐国，但主政的人已是两个不同的大家族。

齐国击败魏军，打破了魏军不败的神话，天下诸侯开始重新认识魏国。当然，这次失利并未伤到魏国的根基，魏国凭借着变法，在庞涓、公叔痤、公子卬等人的治理下，短时间内又恢复了生气。

秦国的处境还是很尴尬：不敢还是向魏国用兵。前366年（秦献公十九年）夏，魏国又做出一个逆天举动：魏惠王向韩国君主发出邀约，在宅阳（今河南荥阳市东）会盟。所谓会盟，无外乎是要彰显实力。春秋时期，很多诸侯都做过会盟诸侯的事情。魏惠王此举，意在向天下宣布他的霸主地位。诸侯们也都处于观望中。

当然，魏惠王约韩国国君会盟，除了彰显魏国实力外，可能还有更为重要的原因：魏国要与韩国重归于好，然后图谋中原。

不过，计划虽很完美，中途却出现了变数。这时候，北方的游牧民族对魏国北部的骚扰忽然多了起来，魏国组织人抵御，却无法剿灭这些民族。在中原战役中所向披靡的魏卒方阵，对草原游牧民族根本无可奈何，发挥不了效用。最终，魏惠王选择了效仿秦国，在边境上修筑长城，用来阻挡游牧民族。

修筑长城果然奏效，游牧民族被挡在了魏国之外。尽管他们还是会想法抢掠魏国边境的百姓和生产资料，但长城的防御有效缓解了魏国外部压力。

平定游牧民族后，魏惠王延续了之前谋取中原的计划。同年秋，韩、魏两国在多次沟通后，组成联军攻打周王朝的城邑，将战火一直燃烧到洛邑附近。而面对韩、魏两国大军的步步紧逼，兵微将寡的周王朝无法抵抗。亡国灭种在即，周天子瞅了一圈，发现没有人支援他，不得不厚着脸皮，向西边的秦国发出求救。

得到周王室的求援后，秦献公与高层智囊进行长时间商议，利弊权衡，制定了多种方案。最终，秦献公答应了天子的求援，决定支援周王朝。

当然，实际原因可能是：秦献公打算借勤王口号，试一试他这些年训练的秦军。之后，一支秦军出动了。他们在周朝使者的指引下，赶到了洛邑，与周天子少得可怜的军队合在一处。

韩、魏联军大概认为秦国还和以前一样脆弱，并没有将秦军放在眼里。不久，双方开战，纠缠在一起。由于初战，彼此都有试探对方的心理。秦献公故意命秦军示弱，给韩、魏联军造成"秦军弱"的假象。等真正的大战爆发后，秦献公改变战术，指挥秦军猛击联军中军，打得联军措手不及。最终，联军被击败，撤出了战场。[1]

这一战让三晋重新认识了秦国，同时让韩、魏当局及旁观的诸侯疑惑不已。短短的二十年，秦军怎么就变得如此厉害了？当然，其中有策略与战术的运用，不仅是秦国戍卒强悍。只是就其结果而言，联军确实被秦军击败。周显王借势发力，向天下夸赞秦献公。

这场战争的胜利，也给了秦国上下极大信心。他们将收复河西之地提上议事日程。

秦国攻魏

前364年（秦献公二十一年）春，秦献公秘密部署秦军攻魏事

---

[1] 司马光：《资治通鉴》卷二《周纪二》："显王三年，秦败魏师、韩师于洛阳。"司马迁：《史记》卷十五《六国年表》："败韩、魏洛阳。"

宜。这一次，秦献公选定进攻的地方叫石门。《史记正义》引《括地志》记载，指出石门地理位置："尧门山俗名石门，在雍州三原县西北三十三里。上有路，其状若门。故老云尧凿山为门，因名之。武德年中于此山南置石门县，贞观年中改为云阳县。"综上所述，推断石门的具体地望就在今天山西省运城市西。

这是秦国经历多次失败后，首次主动向魏国发起的战争。

得知秦军来攻，魏惠王向赵国发出了邀约，希望赵国能够出兵，由赵、魏、韩共同对付秦国。赵王出于实际利益考虑，同意了魏惠王的这一请求[1]，完全忘记了当初魏国攻打赵国的往事。可能战国时期，国与国之间并没有实际的仇恨，只有永远追求的利益，今日的仇人，明日可能就是同一战壕中的盟友。

这一战秦军出动了多少人，史料中并没有详细的记载。但从这一仗的结果来看，秦、魏双方投入了绝对实力。战争的结果是，秦献公指挥秦军有方，斩杀了六万魏卒。

这是从未有过的胜利，斩杀敌军的数量也远超此前任何战争。这一战不仅让秦人洗刷了多少年来的耻辱，还将战线延伸到河西之地。

扪心自问，自建国以来，秦人哪里有过这样的成功？多数情况都是被人追着打，秦人不断逃窜，然后躲在角落里暗自舔舐自己的伤口，直至伤口痊愈，再进行下一轮角逐。当然，前提是这个战果是真实的。

战争结束后，诸侯国对"野蛮"的秦人感到吃惊，谁也不曾想到，这个民族又恢复了往日雄风。周天子为表祝贺，向秦献公送去

---

[1] 司马迁：《史记》卷四十三《赵世家第十三》："十一年，秦攻魏，赵救之石阿。"

了黼黻之服。① 《史记集解》中说："白与黑谓之黼，黑与青谓之黻。"这是代表天子的一种礼遇。据说周天子还给秦献公赐名为伯（bà）。这种赏赐，原因很复杂。比如，周天子如此支持秦国，意在用秦国掣肘魏国。或者，向外界宣示秦国始终支持天子，其他诸侯最好不要效仿魏国，图谋天子。但不管怎样，被天子赐"伯"是一种荣耀。春秋时期，天子赐"伯"意味着承认霸主地位。战国时尽管"伯"已大打折扣，但也透露出周天子与秦人福祸共倚的意味。秦献公因此成为自秦穆公之后，第二个被天子赐名伯的国君。②

当然，天子如此"重视"秦国，让刚刚失利的魏国如芒刺背，他们怎么也没有想到，秦国由肘腋之患变成了强大对手。因此，不久，魏惠王将国都从安邑（今山西省夏县西北禹王村）迁到了大梁（今河南省开封市）。当然，很难说魏惠王的迁都与这次失利有直接关系，但至少石门之战，让魏惠王不敢再小觑秦国。另外，关于魏惠王迁都的时间，历来备受争议。学者刘勃就认为，魏惠王非迫于秦国压力而迁都，是看中了大梁这块地方。③

前363年夏，秦献公趁着秦军士气高涨之际，指挥秦军向少梁发起了攻击。魏国得知秦军出动，再约昔日盟友赵国对抗秦军入侵。④ 也正因赵国的加入，秦国同时面对两个对手。因此，在这一战中，秦军并未取得实质胜利。

---

① 司马迁：《史记》卷五《秦本纪第五》："二十一年，与晋战于石门，斩首六万，天子贺以黼黻。"

② 司马光：《资治通鉴》卷二《周纪二》："显王五年，秦献公败三晋之师于石门，斩首六万。王赐以黼黻之服。"

③ 刘勃：《战国岐途》。

④ 司马迁：《史记》卷四十三《赵世家第十三》："十二年，秦攻魏少梁，赵救之。"

不过胜败乃兵家常事，秦献公不甘心，他还在寻找机会攻打魏国。对秦国而言，魏国是秦人东出的一个巨大障碍，也只有打服了魏国，秦人才有机会。河西之地，至今都被魏国占据着。

不久，秦献公等待的机会就到来。次年（前362年）秋，一个令秦献公振奋的消息从三晋传来：一年前还与魏国联合攻打周天子的韩国，忽然调转枪头，联合了赵国试图攻打魏国。

为何会发生如此戏剧性的一幕？三晋不是一个鼻孔出气吗？怎么又"互殴"了？秦献公并不想刨根问底。他唯一能确定的是，韩、赵两国攻打魏国这件事为真。而这也意味着三晋之间出现裂痕，他们的联盟关系破裂，秦献公机会来临。于是，在秦献公的指挥下，秦军向秦魏边境要地少梁发起了冲击战。此时，由于魏国深陷赵、韩战争旋涡，无法抽身专门对付秦军，只能任由秦军攻打。

不过，河西作为魏国多年经营的地方，有一支魏军长期驻扎在这里，雷打不动，他们的存在，可能就是为了防范秦国。因此，当秦军扑向少梁城时，驻守在这里的魏军出城迎敌。魏惠王派出相国公叔痤担任战争的最高指挥，与公叔痤一起坐镇指挥的还有魏国的太子。

对秦、魏而言，这一战关系着彼此的命脉。魏国不能失败，一旦少梁被秦军占领，河西就会陷入危局。而秦国也失败不起，也不能失败，荣誉、地位等都与此有关。

秦军几乎出动了所有机动部队，兵力上也占有绝对优势。因此，战争尽管游列，结果却在预料之中。秦军击败了魏军，占领了少梁。

公叔痤心有不甘，于次年再领魏军向少梁发起攻击。这又是推进历史进程的一场战争，在这一战中秦军重创魏军，并乘机攻克了庞城（今陕西省韩城市西南）。魏军失利后一路向东而逃，秦军紧追不舍。很多魏军逃亡不及，掉入黄河，成为牺牲品。指挥战役的公叔痤被秦军俘获。[1] 与公叔痤一起俘获的，还有魏国太子。[2]

对于这一战，尽管史料中没有魏国伤亡数字，但从战果分析，魏国一定是受到了重创。连主帅、监军太子都被俘获了，魏军还能不死伤一大片？这是秦、魏第三次少梁之战，以秦军的全面胜利告终。

这一战既给秦国上下信心，也让诸侯们重新认识了秦国。而公叔痤被秦国俘获，成为他一生的耻辱。

当然，尽管取得了巨大胜利，但秦献公很清醒。这次胜利是在魏、赵作战的背景下让秦国钻了空子。一旦魏国东方战事结束，魏惠王一定不会善罢甘休。到时，秦、魏必然要面对一场大战，直至决出胜负。

为了缓解秦魏矛盾，秦献公放回公叔痤及魏国太子。所幸的是，公叔痤一行人回到魏国后，秦、魏没有再发生大规模战争。只是少梁之败，像个巨大的毒瘤长在魏惠王身上，他会时刻想法拔掉这个毒瘤，报仇雪恨。

不幸的是，魏惠王还未实施报复，一年后，秦献公却先一步去世了。

秦献公的死历史没有交代细节，但他对秦国的功绩不容忽视。他一生致力于国家改制，推进了秦国由奴隶制社会向封建社会的转型。他是一位对秦国壮大有着重要意义的国君。一定程度上说，秦献公的地位，不亚于后世秦国的历代君主。司马迁也对秦献公给予

---

[1] 司马迁：《史记》卷五《秦本纪第五》："二十三年，与魏晋战少梁，虏其将公孙痤。"

[2] 司马迁：《史记》卷十五《六国年表》。

高度评价："秦起襄公，章于文、缪，献、孝之后，稍以蚕食六国，百有馀载，至始皇乃能并冠带之伦。"①

秦献公去世后，国君之位传给长子嬴渠梁，后世称其为秦孝公。

嬴渠梁接手的秦国，已是逐渐强大起来的秦国。秦献公为他带领秦国强大做了奠基，接下来的一段路，需要秦孝公自己去走。

那么，当此之时，二十一岁的秦孝公将何去何从？② 是持续深入变革，还是沿着秦献公的改革路线缓慢前行？

4. 国君嬴渠梁

秦国的问题

秦孝公即位之初，秦国虽已强大起来，成为战国七雄之一，但平心而论，秦献公虽遏制住了秦国滑向衰落，国力开始攀升，但秦国依然存在着很多隐患和多种问题。比如，秦国国内的旧势力一直存在，他们反对深入变革。外部也有危机，一年前少梁之战，秦军重创魏军，让魏惠王一直有报复之心，魏军也对秦国虎视眈眈。应当说，这一时期，秦国内忧与外患并存，内忧问题尚有转换的余地，外部的问题却一直存在着威胁。

司马迁在《秦本纪》中，对这一时期的情况进行了详尽描述：

---

① 司马迁：《史记》卷十六《秦楚之际月表第四》。
② 司马迁：《史记》卷五《秦本纪第五》："二十四年，献公卒，子孝公立，年已二十一岁矣。"

秦孝公元年（前361年），黄河和崤山以东有六个诸侯强国。秦孝公与当时的齐威王、楚宣王、魏惠王、燕悼侯、韩哀侯、赵成侯被时人称作七雄。在淮水和泗水之间，还有十几个不同类型的小诸侯国。在地域上，楚国、魏国与秦国接壤。魏国修筑起来的长城，从郑县（今陕西省华县）延伸到洛水以北的上郡附近。楚国的地域由西面的汉中一直延伸到巴郡、黔中郡。周王朝作为天子之国，没有办法约束诸侯们争霸，只能任由诸侯间相互征伐、吞并。秦国的情况比较特殊，他们地处于偏远的雍州，不参与中原王朝的斗争，一直被中原王朝视为蛮夷。[①]

《史记正义》对秦国的周边环境做了进一步分析："楚北及魏西与秦相接，北自梁州汉中郡，南有巴、渝，过江南有黔中、巫郡也。魏西界与秦相接，南自华州郑县，西北过渭水，滨洛水东岸，向北有上郡鄜州之地，皆筑长城以界秦境。洛即漆沮水也。"《史记正义》这个记载让人更加直观地看到天下大势。

需要注意的是，在《秦本纪》中，司马迁很少在某位国君即位后，详细描写天下局势。但秦孝公成为例外。那么，司马迁为什么要在《秦本纪》中分析天下的局势？

表面上看，是司马迁在交代时代背景。细究就能发现，司马迁很看重秦孝公，很欣赏秦孝公，所以才会对他不惜笔墨。对史家而

[①] 司马迁：《史记》卷五《秦本纪第五》："孝公元年，河山以东强国六，与齐威、楚宣、魏惠、燕悼、韩哀、赵成侯并。淮泗之间谓淮泗二水。小国十余。楚、魏与秦接界。魏筑长城，自郑滨洛以北，有上郡。楚自汉中，南有巴、黔中。周室微，诸侯力政，争相并。秦僻在雍州，不与中国诸侯之会盟，夷翟遇之。"

言，除非遇到欣赏之人，否则记载也多"例行公事"。作为后世研究者，当然知道秦孝公会在以后与商鞅掀起变法，改变秦国国运，对他多费笔墨是应该的。

当然，司马迁的交代背景也并不全是事实。地处雍州的秦国与其他诸侯之间纠葛较少，但这并不意味秦国就能做局外人。战争问题多因边境问题引起，秦国与楚国、魏国、巴国、蜀国均有接壤，发生摩擦是常有之事。比如秦与魏、秦与韩、秦与赵之间的战争，都说明秦国并不偏安，也不想偏安。

不过司马迁说的"夷翟遇之"确有其事。即便秦献公做了各种改制，强大了秦国，但很多诸侯国并不愿与秦国打交道。这里面有地理位置的因素，也有秦人被人"卑"的因素。东方诸侯之间，有意抵触和孤立秦国，瞧不起秦国。这是一种滋生于骨子里的傲慢所致。

只是诸侯伐交频频，秦国不可能置身事外。司马迁认为秦国不与诸侯会盟，也不准确。秦国一直都有东出之志，只是先被晋、后被魏抵制着，加上穆公之后的国君多庸才，以至于秦八十年不能出函谷关。这样的情况下，秦人如何做到会盟诸侯？

秦国无法东出的根源在魏国。自秦、魏交恶以来，秦国与魏国一直处于胶着战事中。魏惠王时时刻刻想着复仇，魏国上将军庞涓、公子卬、公叔痤等人也对秦虎视眈眈。

公叔痤其人前文已有所提及，这里重点介绍庞涓，而公子卬等到他出场时，再分析他。此时的庞涓已是魏国大将军，他附和魏惠王，对秦多有敌视。传闻庞涓师承鬼谷子，而历史上鬼谷子的传说有很多，有传言说他在楚国云梦泽深处清修。

据说鬼谷子学识渊博，智慧卓绝，精通百家之学，培养了一批有能力"影响时局"的弟子。这些弟子多指点江山，激扬文字。早期这些弟子中，以庞涓、孙膑等人成就最高，成为这一时期的佼佼者。事实上，庞涓最早求学西河学派，后来西河学派式微，可能才到云梦泽向鬼谷子求教。另外，据说影响历史进程的纵横家苏秦、张仪等人传闻也出自鬼谷子名下。①

庞涓、孙膑等人应是鬼谷子首批弟子。不过，即便跟随了鬼谷子，庞涓身上依然带着西河学派的烙印。他思想复杂，性格强势。学成之后，庞涓回到魏国，成为魏国的一名将军，并在魏国向外扩张时，逐渐显现出自己的能力，因此受到魏国君主的重用。

史料将庞涓刻画成一个心胸狭窄的小人：其师兄孙膑学业比他好，庞涓心生嫉妒，将孙膑骗到魏国，对孙膑实施膑刑和黥刑——砍去了孙膑的双脚，让他永远无法行走。当时，齐国使者正好出使魏国，孙膑想法见到齐使，并用三寸不烂之舌打动了齐使。齐使就悄悄带着孙膑回到了齐国。到齐国后，孙膑受到了齐威王的重用，被拜为军师，专门对付魏国。②

这就是司马迁记载的孙膑与庞涓的故事。我对这个记载持有怀疑态度。或许当时的实际情况远比这种记载复杂，而庞涓也非心胸狭隘之人。也有学者说，孙膑个性张扬，喜欢与人争名，多与师兄弟关系不洽。他与庞涓交恶，大概与此有关。

试想：若庞涓心胸狭隘，注定他不会在仕途上走多远。反之，

---

① 司马迁：《史记》卷七十《张仪列传第十》："张仪者，魏人也。始尝与苏秦俱事鬼谷先生，学术，苏秦自以不及张仪。"

② 司马迁：《史记》卷六十五《孙子吴起列传》："孙膑尝与庞涓俱学兵法。庞涓既事魏，得为惠王将军，而自以为能不及孙膑，乃阴使召孙膑。膑至，庞涓恐其贤于己，疾之，则以法刑断其两足而黥之，欲隐勿见。齐使者如梁，孙膑以刑徒阴见，说齐使。齐使以为奇，窃载与之齐。齐将田忌善而客待之。"

能在魏国做到大将军的人，绝非目光短浅、心胸狭窄之人。向上的
阶梯注定是一场智力与体力的博弈，若非高超的智慧，宽阔的胸
襟，很难步步为营，一直向上攀登。换言之，能在魏国朝堂呼风唤
雨，说明庞涓不论在情商、智商等方面都超群。毕竟他并非魏国贵
族，天生没有光环加持，这样的人一定在任何方面都超乎常人，才
能受到魏惠王的重用。只是史料隐去了很多真相，人物也就变成了
某种"模式"型的人物，故事也变成了"模式"故事。

不管真相如何，结果都是魏国人才济济，而胸怀大志的秦孝公
手下却没有扭转乾坤之人。他关注着魏国，也不打算与魏国继续
交恶。

只是到这时，时代仿佛重新进入了大分裂时期，天下群雄并
起，到处都在进行着战争，上演着死亡与重生。这种背景下，秦国
也不能置身事外。

这一时期，秦国尽量避免与魏国交恶，但秦与韩、赵之间的战
争说来就来了。[①] 前361年秋，大概因秦国新旧国君更替、秦孝公
根基未稳，赵、韩忽然组成联军，进攻秦国。

这一战的具体经过、伤亡情况，不见史料，猜想秦国应受到联
军的痛击，再次吃了败仗。而这次失利让秦孝公非常愤懑，这些年
来他目睹了秦国被人不断欺负的经过，目睹献公倒在图强路上的心
有不甘，渴望变强的心理越来越强烈。

求贤令

秦献公不想再这样浑浑噩噩下去，坚持变的种子在内心生根发

---

① 司马迁：《史记》卷四十三《赵世家第十三》："十四年，与韩攻秦。"

芽。他要发愤图强，发展民生，富国强兵，让秦国强大起来，不说实现穆公霸业，至少他要做到不让秦国再遭人欺凌。①

然而，想要强大起来谈何容易？不说秦国老世族之间坚守着传统制度，国人对强秦也没有迫切需要，他们可能更需要稳定。

更重要的是，列国对秦国的态度很值得玩味：在名义上孤立秦国，在战争中兼并秦国，在言语间诋毁秦国……秦国处境很尴尬：文明不如人，就会被人孤立；实力不如人，就会被人攻打；技不如人，就要被人攻讦。尤其魏国，总有兼并秦国的意思，韩国也有占据秦国土地的意图。楚国尽管没有表露心迹，但谁能保证楚国也不会瓜分秦国呢？据说，吴起从魏国离开后就到了楚国，并在楚国掀起了变法，使楚国迅速变强。

面对周围的诸侯不断强大，秦孝公感受了一种危机和紧迫感。他一方面整顿国内问题，另一方面也打算效仿魏国李悝的变法，将秦国从落后、愚昧的烂泥塘中拽出来。

当然，求变、图强并非秦孝公的一时兴起，从秦简公、秦献公时代，秦国高层就想到了变，只是，他们在变革的路上建树不多，未能从根本上改变秦国的面貌。而自魏国变法成功后，楚、齐等诸侯国也先后变法，取得了一定成功，并利用变法逐渐强大起来。既然这些诸侯通过改制（变法）能强大，秦国凭什么不行？

诸侯的强大刺激着年轻的秦孝公，逼迫着秦孝公不得放弃秦人老路。大争之世，他必须在借鉴别人成功经验的基础上，走出一条属于秦人自己的变强之路。

而想要推行一套新的制度，就需要有一批人才辅助。眼下秦国

---

① 司马光：《资治通鉴》卷二："于是孝公发愤，布德修政，欲以强秦。"

并未发现李悝、吴起这样的人才。秦国老世族多是保守势力，他们担心国家改制损害到他们的切身利益，也在窥探着秦孝公的打算。

秦孝公没有立即采取大刀阔斧的改制。他稳中求进，一面在物色人才，一面为改制积极做准备。秦孝公知道百姓的重要性，更懂得百姓的创造力，他广施恩惠，让秦国上下都感受君王的雨露恩泽。最能体现国家情怀的做法是帮助孤寡，这些人是弱势群体，他们的遭遇会引起"国际社会"的关注，进而引发外界的评论。因此，秦孝公又完善制度，出台了一系列应对国内孤寡的帮扶政策，给予这些弱势群体以照顾和接济。

在军队改制方面，秦孝公也率先行动，废除一些不合时宜制度，健全新的军事制度，招募大量的士兵，补充到国家的军队建设中，命人对其进行操练。同时，为营造某种氛围，秦孝公先一步尝试推行"新政"，开发农业，激励生产，严明奖赏，广开言路，堵塞贵族们干涉内政……①

总之，这一时期，秦孝公对秦献公的改制进行了继承和推广。而在他实施了一系列措施后，秦国内外都出现了持续好转的局面，这也给秦国臣民树立了信心。大家对他寄予了厚望。

为了给国家的长治久安创造机会，秦孝公还主动与魏国交好，表示愿意冰释前嫌，与魏国一直做好邻居。魏惠王尽管有些瞧不起秦国，但也没有再继续对秦国发动战争。

外部的隐患基本消除，一切表面上看都在朝更好的方向发展。

这时候，秦孝公对人才的渴求超过了以往，治理江山非得一大

---

① 司马迁：《史记》卷五《秦本纪第五》："孝公于是布惠，赈孤寡，招战士，明功赏。"

批人才不可。他广泛撒网，搜罗人才。即便如此，他依旧没有找到最为心仪的治国大才。为表明秦国对人才的重视，表达秦国求贤若渴的决心，秦孝公颁布了一条《求贤令》：

> 昔我缪公自岐雍之间，修德行武，东平晋乱，以河为界，西霸戎翟，广地千里，天子致伯，诸侯毕贺，为后世开业，甚光美。会往者厉、躁、简公、出子之不宁，国家内忧，未遑外事，三晋攻夺我先君河西地，诸侯卑秦、丑莫大焉。献公即位，镇抚边境，徙治栎阳，且欲东伐，复缪公之故地，修缪公之政令。寡人思念先君之意，常痛于心。宾客群臣有能出奇计强秦者，吾且尊官，与之分土。[1]

《求贤令》的大致意思是：从前我们的先祖穆公在岐山、雍城一带修治德政，创建武功，创立了霸业。然后，又向东平定晋国内乱。以黄河为国界，向西称霸戎、狄，扩展疆域千余里。周天子赐予"伯"，诸侯都来称贺。穆公为后世开创了基业，功德光大美好。然而，后继者厉公、躁公、简公、出子在位时，国家不得安宁，内忧外患。当此之时，乘着我们内耗之际，赵、魏、韩攻占秦国河西疆土。自此之后，诸侯开始鄙夷秦国，拒绝与秦国交往。这让秦国一直被耻辱包裹。献公即位后，遣将镇守边境，安抚子民，带领族人由雍城迁居到栎阳，还领着秦人向东征伐，立志收复河西故土，恢复穆公时期政令。每想到先君没有完成的遗愿，我都心痛不已。以后，宾客和群臣若能进献妙计使秦国强大者，我愿意授予他高

---

[1] 司马迁：《史记》卷五《秦本纪第五》。

职，与他分封秦国土地。

这份《求贤令》态度诚恳，敢于揭短亮丑，将秦国的处境展示给了天下看。尤其最后开出了诱惑性条件：若有人能使得秦国强大，秦国将给他封地。这是个强烈的信号。

当时还有这样一种背景：随着奴隶制逐渐走向衰亡，封建制度已深入人心。而封建制的特点是"官吏体制"，官员不再世袭，而是由国君任命的，贵族虽然能世袭，但少有诸侯给臣子分封土地的情况（不是完全没有）。秦孝公的《求贤令》却特别突出了这一点，就是要吸引人才。当然，这也与秦国当时的实际情况有关，此时的秦国还处于过渡时期，奴隶制的一些制度，还根植于秦国民众心中。

这份《求贤令》给出的待遇诱惑力十足，足以吸引天下大批人才。战国是个产生人才的时代，"士"与"大夫"走向"合并"，底层有文化的士越来越多走入各国官场，深得国君信赖，并对他们委以重任，即帮国君治国理政，也帮助对抗贵族。这种背景下，很多有真才实学的人都希望独占鳌头，成为扭转乾坤的弄潮儿。不过，要让落后的秦国彻底强大起来，绝非易事。这需要韬略，需要时间去验证。

当然，如果仔细审阅，也能从《求贤令》中看出一些"儒家"思想。换句话说，这可能并非原始版本的《求贤令》，而是司马迁"整理后"的《求贤令》。

秦孝公在《求贤令》中向大臣和宾客求强国策略并非无懈可击。现在看来，"求贤"的范围有点小，既然要求贤，就应该向天下求才。贤才的"出身"包括但不限于秦国的人才。唯有如此，才能真正网罗人才，为秦国服务。比如魏国的变法、楚国的变法，都不是本国人主导。即便是秦穆公时期的百里奚、蹇叔、由余等人，也多是"外国人"。早就该有这样一种认识：治国人才的选拔不能拘泥于形式。所幸的是，此时天下诸侯已无法孤立，各诸侯间的相互影响日渐加重，秦国的求贤令因此也传到了各诸侯国。

这在一定程度上，也给天下释放了一个信号：秦国要变。换言之时代寻找着匹配时代的人，有志者也在寻找着自己与时代的契合点。

当然，这份《求贤令》也给不是秦国的士子带来了新疑惑：秦孝公要在本国内求贤，其他国家有志施展抱负的士子能否得到秦国重用？这其实是一个很棘手的问题，一旦兴冲冲到了秦国，最终得不到信任，岂不贻笑大方？

也有些务实的士子，他们还未得到诸侯的赏识，正在寻求新的机会，秦孝公的求贤令无疑给了他们机会。于是，这些士子决定入秦，抱着试一试的心态，窥探秦孝公的《求贤令》是做样子，还是真有强国之心。

卫鞅就是抱着这样的态度入秦的士子。卫鞅，也叫商鞅，秦国人一般称呼他为商君，商鞅的叫法是因他变法成功，被秦孝公封在了商地，所以叫作商鞅。《史记正义》中说："秦封于商，故号商君。"

商鞅其人

卫鞅入秦，可能更多是出于无奈。

卫鞅原名公孙鞅，是卫国贵族后裔。[①] 据说卫鞅年轻时很喜欢

---

① 司马迁：《史记》卷六十八《商君列传第八》："商君者，卫之诸庶孽公子也，名鞅，姓公孙氏，其祖本姬姓也。"

法家的刑名法术之学，"鞅少好刑名之学。"而在战国时代，法家是
能够让国家迅速强大起来的学派。换句话说，纷乱的战国时代，给
了法家试验强国理论的土壤，并获得了极大成功。李悝、吴起这些
法家代表人物推行的变法，就是最好证明。这一背景下，注重"经
世致用"的士子们自然多研习法家的思想，并试图在大争之世寻得
良机，一展身手。卫鞅只是众多法家传播者之一。

卫鞅所处的时代，卫国已没落。他学业有成，但没有施展抱负
的地方。最终，商鞅走向当时最强大诸侯魏国，寻求施展抱负的
平台。

当卫鞅到魏国后，发现魏国也在经历着前所未有的变化，西河
学派消亡不见，李悝、吴起等老一辈先贤或离世，或者离开魏国。
魏国崇尚"文艺"的时代已过去，魏惠王更看重实际利益。魏国也
出现了新一代人才，包括公叔痤、公子卬、庞涓、龙贾，等等。

进入魏国后，卫鞅惊奇地发现，在贵族林立的魏国朝堂，布衣
出身的他前途渺茫。向上的阶梯中，每一个台阶都站满了人，没有
他的立锥之地。而魏国这样强大的国家尚且如此，其他诸侯国定然
与魏国无异。

这种背景下，卫鞅有些心灰意冷。可卫鞅并不甘心，若在强大
的魏国都找不到展示自己的平台，其他弱小的诸侯国，机遇会更
少。卫鞅因此滞留魏国，寻找机会。后来，他向魏国高官（一说丞
相）公叔痤投递了自己的简历，希望跟着公叔痤学习，谋得一官半
职。公叔痤慧眼识才，敏锐发现了卫鞅的与众不同，接纳了卫鞅，
并给予他中庶子的官职。[1]

---

[1] 司马迁：《史记》卷六十八《商君列传第八》："事魏相公叔痤为中庶子。"

卫鞅与公叔痤近距离接触，向公叔痤展示了学识，让公叔痤对他刮目相看。之后，秦魏之间就发生了河西之战，公叔痤被秦献公俘获。再之后，为了缓解秦、魏关系，公叔痤被放回。卫鞅则继续跟着公叔痤求学，为公叔痤出谋划策。只是，自从河西之战后，公叔痤就病了，身体持续走下坡路。即便如此，卫鞅也没有离开公叔痤。公叔痤很感激，打算将卫鞅推荐给魏惠王。

恰巧有一次，魏惠王到公叔痤府上探望，两人交谈之际，谈到了未来公叔痤接任人选问题。魏惠王忧心忡忡地说："最近您病重，万一有个三长两短，国家将怎么办？"公叔痤认为魏惠王向他征求宰相人选，就对魏惠王说："我府上有个中庶子叫卫鞅，尽管年纪不大，但饱读诗书，身怀奇才，是治理国家的最佳人选。希望大王将国政交给他，让他去治理，一定会让魏国继续强大。"因卫鞅"寂寂无名"，魏国鲜有人知，魏惠王显然也不曾听过卫鞅其人。因此，魏惠王对卫鞅并不看好：一个小小的中庶子，可能连朝廷官职有多少级他都不清楚，谁敢轻易将国家大事交给这样的人？魏惠王用沉默来代替回答。[①]

公叔痤看到魏惠王的犹豫，不再多为卫鞅说好话，两人就这样坐着。未几，魏惠王准备起身回宫，公叔痤这才强留魏惠王，表示有腹心之语说与魏惠王。魏惠王屏退所有人员，等待着公叔痤开口。公叔痤很隐晦地说："大王若不用卫鞅，就一定要杀掉他，不能让他到其他国家去，成为魏国的威胁。"魏惠王对公叔痤的这个说法略显失望。他可能认为公叔痤会给他灌输一些振兴魏国的策

---

① 司马迁：《史记》卷六十八《商君列传第八》："会痤病，魏惠王亲往问病，曰：'公叔病有如不可讳，将奈社稷何？'公叔曰：'痤之中庶子公孙鞅，年虽少，有奇才，愿王举国而听之。'王嘿然。"

略，或者举荐一批对强大魏国的人才。岂料公叔痤张口闭口就是卫鞅。魏惠王没有驳公叔痤的面子，敷衍地表示，他定会杀了卫鞅。然后，魏惠王就悻悻离开了。①

通过这次会谈，公叔痤看清了魏惠王不会重用卫鞅。因此，在魏惠王离开后，公叔痤就召见了卫鞅，毫不忌讳地对卫鞅说："今日大王向我询问相国的人选，我向大王推荐了你。从大王的神情可知，他并不同意我的意见。然后我向大王建议，若不重用你，就要杀掉你。大王答应了我的要求。你不要怪罪我，向大王举荐你是我忠于国家。现在忠于国家的事情做完了，我想到我的部下安危问题。大王既然答应我要杀掉你，那他就会行动。因此，趁着他还没有逮捕你，你速速离去，走得越远越好。"卫鞅对公叔痤的这种精神很钦佩，他对公叔痤说："大王都不采纳您的建议重用我，又怎会采纳您杀我的建议呢？"公叔痤被卫鞅一语点醒，没有再逼卫鞅离开。②

事后，魏惠王果然忘掉了这件事。或者说，在魏惠王看来，让他动用国家公刑去处置一个小小的中庶子，实在有失身份。魏惠王还对身边的人说："公叔痤病得严重，真让人为他感到悲伤。他还让孤王将国政交给中庶子公孙鞅掌管，他简直糊涂了。"③

---

① 司马迁：《史记》卷六十八《商君列传第八》："王且去，痤屏人言曰：'王即不听用鞅，必杀之，无令出境。'王许诺而去。"

② 司马迁：《史记》卷六十八《商君列传第八》："公叔痤召鞅谢曰：'今者王问可以为相者，我言若，王色不许我。我方先君后臣，因谓王即弗用鞅，当杀之。王许我。汝可疾去矣，且见禽。'鞅曰：'彼王不能用君之言任臣，又安能用君之言杀臣乎？'卒不去。"

③ 司马迁：《史记》卷六十八《商君列传第八》："惠王既去，而谓左右曰：'公叔病甚，悲乎，欲令寡人以国听公孙鞅也，岂不悖哉！'"

不久，公叔痤去世，卫鞅再次流落魏国，成为寂寂无闻之人。此时，卫鞅不得不面对这样的现实：公叔痤向魏惠王举荐他出任宰相，被魏惠王否决。而这也意味着魏惠王不会再重用他。当初公叔痤若只举荐卫鞅出任要职，而不是直接将卫鞅定为丞相人选，卫鞅或许会在魏国得到重用。一个人的成长需要循序渐进，让一个中庶子担任宰相，换作任何君主，可能都不敢冒这个险。公叔痤聪明一世，糊涂一时。他才是罪魁祸首，不仅害得卫鞅无法在魏国为官，还令卫鞅无法在魏国立足。

胸怀大志，又无处施展才华。这让卫鞅在公叔痤去世后的一段时间里，非常苦恼。他在寻求新的平台，发挥和展示自己才华的平台。

不久，依旧生活潦倒的卫鞅得到消息：刚刚即位的秦孝公，向秦国内外发布了一条求贤令，寻求帮助为秦国摆脱落后局面的人。卫鞅大概得到了《求贤令》的副本，从文中看到了秦孝公的坦诚。苦于在魏国无出头之日的卫鞅，打算到秦国去试试运气。

有意思的是，就是在这时，忽然在西方出现了奇异的一幕：彗星从西部秦人的地方划过天际。① 这让卫鞅更加坚定了到秦国去走一走的想法。临走时，卫鞅带上了李悝当初在魏国变法时总结出来的《法经》。② 这本书集合了李悝变法的精髓，是商鞅这些年来多次研究的书籍。

---

① 司马迁：《史记》卷十五《六国年表》："秦孝公元年，彗星见于西方。"
② 房玄龄：《晋书》卷三十《志第二十》："时承用秦汉旧律，其文起自魏文侯师李悝。悝撰次诸国法，着《法经》。以为王者之政，莫急于盗贼，故其律始于《盗贼》。盗贼须劾捕，故着《网捕》二篇。其轻狡、越城、博戏、借假不廉、淫侈逾制以为《杂律》一篇，又以《具律》具其加减。是故所着六篇而已，然皆罪名之制也。商君受之以相秦。"

然而，就在卫鞅动身之际，忽然得到消息：秦军开始了扩张行动。原来，秦孝公在发布《求贤令》后，并未静静等待人才上门，而是启动了扩张行动，意在扩张中等待人才。而秦军在秦孝公的指挥下，分两路实施扩张：一支秦军精锐向东扩展，攻打陕城；一路秦军向西北扩张，攻打天水的獂道县，据说还斩杀了西戎的獂王。[①]

还在魏国的卫鞅，从秦孝公的这些"非凡"举动中看到了希望，更加坚定了他入秦的信心。然后，他隐入尘烟，行走在魏国通往秦国的大道上。沿途，他听到了很多有关秦孝公治国的传闻，对秦孝公又多了一分好奇。

那么，卫鞅的入秦之旅顺利吗？入秦之后，迎接卫鞅的会是什么呢？

---

① 司马迁：《史记》卷五《秦本纪第五》："于是乃出兵东围陕城，西斩戎之獂王。"

第十一章

求　变

相鼠有皮，人而无仪；人而无仪，不死何为？

相鼠有齿，人而无止；人而无止，不死何俟？

相鼠有体，人而无礼；人而无礼，胡不遄死？

——《诗经·鄘风·相鼠》

1. 礼贤下士与大展宏图

卫鞅入秦

"世有伯乐，然后有千里马，千里马常有，而伯乐不常有。"这是韩愈名篇《马说》中的句子，揭示了人才易得、识才者难求的主题。

鲜有人知的是，历史上伯乐相马的故事就产生于秦地。秦人先祖有养马、识马的技能。比如，非子养马大成，得到周孝王的重用。后来，在秦穆公时代，秦国还出现了伯乐与九方皋这样的识马人才。他们慧眼识马，能在数量众多的马匹中，一眼相中千里良驹，因此得到秦穆公的重用。后世经常用伯乐相马的故事，揭示人才与识才者之间的关系。而秦国求人才，总是可遇不可求。秦穆公求百里奚时，遇到了重重艰难。秦孝公的求才之路，也充满了曲折。

可能秦孝公自认是发现千里马的伯乐，奈何他遇到的不都是千里良驹，甚至多是些庸才，这让秦孝公很郁闷。他不甘心，难道天下就无一人是他需要的人才吗？秦孝公一直在苦苦等待着他期望的千里马出现。

然而，在《求贤令》公布后的一段时间里，他渴望的千里马没有等到，却等到了赵、韩联军攻打秦国的消息。① 秦孝公为此大为

---

① 司马迁：《史记》卷四十三《赵世家》："十四年，与韩攻秦。"

光火，并组织人开展反击战。

那么，为什么赵、韩联军会在这时候攻秦？这是个非常令人困惑的问题，因为此时秦、魏这对冤家都停战止戈，赵、韩两国却撇开魏国，单方面进攻秦国，到底为哪般？难道是因之前秦军攻打两国，他们要复仇？

对秦国而言，韩、赵联军来攻，直接威胁着秦国命运，还未强大的秦国很难接受一次又一次的武力相逼。如若那样，只会将秦国陷入无穷无尽的灾难中。

当然，对于赵、韩的进攻，尽管秦孝公很担心，却并不畏惧。兵来将挡，水来土掩。除此之外，他也毫无办法。在这样的时代里，要做一名孤勇者，也并非易事。所幸的是，在秦孝公的指挥下，秦军一举击败了赵、韩联军，稳定了眼前的局势。

不久，周天子得到秦军胜利的消息，又遣人给秦孝公送来了天子祭祀的胙肉。[①] 这似乎成为天子刷"存在感"的一种模式，也是天子维护与依附诸侯的惯用"伎俩"。秦国的外患暂时消除，秦孝公又开始了韬光养晦。

当然，他在等待人才出现。只是他并不知道，卫鞅已一路向西，到了秦国都城栎阳。

进入栎阳后，卫鞅边走边看，他对秦国的落后有了一种直观感受。仅以栎阳与魏国都城大梁相比，就能看出秦国的落后：栎阳不管是都城的容积、主干道的宽广、城内居民的房屋，包括商业贸易活动、酒馆旅社，都无法与大梁城相比。

可能不管是秦献公还是秦孝公，都不希望大兴土木，以至于栎

---

① 司马迁：《史记》卷十五《六国年表》："二年，天子致胙。"

阳表面上看，更像个边境小镇，而非一个诸侯国的国都。不过对卫鞅而言，这些都不是问题。若能在他手中改变这种面貌，那才是驰名天下的伟业。越是困难，也就越有机会，越能出成绩。

不过眼下，卫鞅还沉浸在美好的幻想中，为最根本的生计问题发愁。此前他只是魏国的一个中庶子，要名气没名气，要功业没功业。秦孝公虽到处招纳贤才，但他连个能拿得出手的敲门砖都没有，如何赢得秦孝公的信赖和宠幸？

这种背景下，卫鞅大概连见秦孝公的机会都没有。而见不到秦孝公，卫鞅的一生所学都无法施展。

为了接近秦孝公，卫鞅绞尽脑汁、想尽办法。可能他从魏国出发时，手中还有些积蓄。因此，到栎阳后，卫鞅开始利用手中积蓄牵线搭桥。据说他通过各种关系，结识了秦孝公的宠臣景监。[①] 按照《史记正义》的说法："监，甲暂反，阉人也。"那么，这里就有个问题：既然景监是个太监，必然是秦孝公的近侍，一般不与外界联系，卫鞅又是如何搭上景监这条线的呢？

卫鞅就有这个能耐，他就是认识了秦孝公最宠幸的景监。然后，一切就变得水到渠成。真实情况可能是这样的：卫鞅先将所学灌输给了景监，向景监陈述秦国存在的问题，又指出应对办法。这么推断卫鞅与景监的交往并非臆想，而是出于现实考虑。试想，如果卫鞅连景监都无法说明，或者"洗脑"，景监如何将卫鞅大胆举荐给秦孝公呢？这种"自荐"方法，在后世历史故事中也能找到痕迹。比如，王安石就是通过韩维结识了宋神宗。

---

① 司马迁：《史记》卷五《秦本纪第五》："卫鞅闻是令下，西入秦，因景监求见孝公。"

而卫鞅提出的这些问题，也是困扰秦孝公的问题。因此，当景监将这些问题及方法向秦孝公转述后，卫鞅的博学立即引起了秦孝公的高度关注：难道卫鞅就是自己苦苦寻觅的人才？

彼此试探

秦孝公迫不及待地想要见到卫鞅。而他不知道的是，这正是卫鞅试探他的策略。卫鞅就是希望通过这种特别的方式，引起秦孝公的兴趣，再顺势等待秦孝公召见。

卫鞅和秦孝公都在试探彼此。不过相较于秦孝公的坦诚与急切，商鞅则多了几分狡猾。

据说卫鞅已想到了应对秦国种种问题的办法，这就是效仿李悝，推行变法。可能在卫鞅到秦国的这一路上，已对秦国的实际情况进行深入考察，甚至有了推行变法的初步构想。只是这一切构想都还只是他一厢情愿，因为卫鞅还不知道秦孝公到底有无变法决心。所以对卫鞅而言，是否能够推行自己的治世理念，在秦国这片试验田中大显身手，还得等见了秦孝公，弄清楚他对变法的态度后，才能确定是否要留下来，实施变法。毕竟变法涉及国家根本，想要实施改革，国君若意志不坚定，变法改制就有可能夭折，甚至反噬推行变法的人。

卫鞅安然等待着，按照他的预料，秦孝公会近期就召见他，试探他是否有真才实学。

事情果如卫鞅预料。不久，秦孝公就命景监给卫鞅传话：进宫拜见秦君。

得到秦孝公的召见，卫鞅显得从容不迫，似乎一切尽在预料之中。据说因是第一次见面，卫鞅还不知秦孝公对变法的态度，所以他决定试探秦孝公，不轻易展示真才。这其实也很好理解，珍贵的东西（变法思想）也得遇到识货的明主，才能和盘托出。若遇到庸才，即便胸中有万全之策，也恐难实行。孔子不就是很好的例证吗？

所以，第一次见面后，各自行了礼，入座。秦孝公迫不及待向卫鞅讨教治国之道。卫鞅摸不透秦孝公的底细，就用上古时代帝王的治国理念，试探秦孝公。

这里所谓上古时代的治国理念无外乎行仁德、推广仁义等这些东西，且多是传说，所有的理念其实都是后人的注解。而当今时代列国伐交频频，上古时代那一套理念早已过时，并不适合秦国的实际。因此，当卫鞅滔滔不绝地讲述这些理念时，秦孝公就陷入了一种烦躁中，也对卫鞅有些失望。他苦苦盼来的人，竟是个只善于清谈的阔论家。秦孝公一点也没有听进去卫鞅的所述内容。据说，当卫鞅滔滔不绝表达他的思想时，秦孝公还打起了瞌睡，让卫鞅略显尴尬。①

事后，秦孝公斥责景监："你口口声声说的那位高人只是个无知狂妄的人，根本没有真才实学，我怎敢将治理国家的重任交给他？"景监弄清事情原委后，感觉很蹊跷。每次卫鞅与他谈论时，卫鞅总能侃侃而谈，有理有据，为什么到了国君面前，反而信口开河、胡说八道？

景监也批评了卫鞅，指责卫鞅把好不容易得到的与国君论政的机会白白浪费。卫鞅对此并不在意，他解释说："我用尧舜时代的

---

① 司马迁：《史记》卷六十八《商君列传第八》："公叔既死，公孙鞅闻秦孝公下令国中求贤者，将修缪公之业，东复侵地，乃遂西入秦，因孝公宠臣景监以求见孝公。孝公既见卫鞅，语事良久，孝公时时睡，弗听。"

治国之道说服国君，希望大王能够借鉴这些理念，是大王不能心领神会，我能有什么办法？"卫鞅的理直气壮让景监既好气又好笑，谁都清楚尧舜时代的治国之道不适合秦国，卫鞅却给国君灌输这些理念。

此后，两人还会交谈一些治国理政的良策。令景监不解的是，每次卫鞅与他谈论，都能说出很多法家的理论，对秦国的问题也能"对症下药"，见了国君却信口开河，到底为哪般？

数日后，在卫鞅的怂恿下，景监止不住好奇，继续向秦孝公举荐了卫鞅。因第一次会面并未留下好印象，秦孝公也对卫鞅没有什么好感。不过，秦孝公还是耐着性子再次会见了卫鞅。

这次会面，他们谈论的核心还是如何让秦国强大起来。卫鞅一改之前的论调，向秦孝公灌输三代治国之道。所谓三代就是夏、商、周三朝的治国之策。但众所周知，三代的治国之策短时间内根本无法解决目前秦国的问题，卫鞅的才能再次遭到秦孝公的怀疑。卫鞅回去后，景监又遭到秦孝公的斥责，认为景监如此一而再再而三举荐的是一个只会纸上谈兵的人。①

景监几乎崩溃，一个士子能得到国君的两次约见，是多么大的荣耀，而卫鞅却连着两次都错过。那他就不禁要问：一个没有功业、没有背景的士子两次错过机会，到底要干什么？

景监回到卫鞅的住处，斥责卫鞅白白浪费两次良机。对于景监的斥责卫鞅依旧不在乎，他还辩解说："我用夏、商、周三代治国模式来劝谏大王，希望大王效仿这种制度治国，是大王自己听不进

---

① 司马迁：《史记》卷六十八《商君列传第八》："罢而孝公怒景监曰：'子之客妄人耳，安足用邪！'景监以让卫鞅。卫鞅曰：'吾说公以帝道，其志不开悟矣。'后五日，复求见鞅。鞅复见孝公，益愈，然而未中旨。"

去，不是我没有倾囊相授。麻烦你再找时机，引荐我与大王见面。"

面对卫鞅的无理要求，景监本不打算再帮卫鞅。但这时候，卫鞅又对景监灌输他的先进理念。卫鞅提出的这些意见建议都切中时弊，能解决秦国眼下的种种问题。景监很惊奇：您为何不给君王直接说出您的这些治国谋略？卫鞅却笑而不答。

景监担心秦孝公错过人才，冒着被批评的风险，再次给秦孝公引荐了卫鞅。这次双方谈论了什么，史料中并无详细记载，可以肯定的是，卫鞅终于用他的治国理念，让秦孝公改变了对他的态度。不过，大概因卫鞅终究没有展露真才实学，秦孝公也依旧没有重用卫鞅，这让景监非常困惑。可以肯定的是，卫鞅的一些理论显然触动了秦孝公。事后，秦孝公就对景监说："你推荐的卫鞅这次确实说了一些还算有用的建议，若他还有更加完善的建议，也可以与我继续探讨。"景监听完秦孝公的话，就知道卫鞅又一次错过了机会。①

这让景监扼腕痛惜，连续三次让国君从满怀希望变成失望，亘古未有。景监非常好奇卫鞅与秦孝公会面的经过，卫鞅对此信心满满，他对景监说道："我用春秋时代各位霸主治国的方法说服大王，希望大王可以借鉴这些治国之道。看来大王是打算采纳我提出的建议。等着下一次他召见我，我就知道该说些什么了。"

景监可能并不相信秦孝公还会召见卫鞅，但看卫鞅一本正经的样子，不由得他不信。果然，数日后，秦孝公命景监召卫鞅进宫。

---

① 司马迁：《史记》卷六十八《商君列传第八》："罢而孝公复让景监，景监亦让鞅。鞅曰：'吾说公以王道而未入也。请复见鞅。'鞅复见孝公，孝公善之而未用也。罢而去。孝公谓景监曰：'汝客善，可与语矣。'鞅曰：'吾说公以霸道，其意欲用之矣。诚复见我，我知之矣。'卫鞅复见孝公。"

景监对秦孝公的做法很好奇，但对卫鞅此前的言论更惊奇，因为在秦孝公没有召见卫鞅之前，卫鞅就料定秦孝公还会召见他。

景监不敢耽搁，马上到卫鞅的住处，向卫鞅陈述了秦孝公召见的意思，并告诫卫鞅一定要把握机会，将平生所学展示给秦孝公。卫鞅淡然一笑。

卫鞅进宫后，行礼与秦襄公对坐。这一次，卫鞅不再藏着掖着，亮出了底牌，将他所学法家的东西都灌输给了秦孝公，提出了使秦国强大的一系列措施。秦孝公这才意识到，此前的三次谈话，只是卫鞅的试探。经过三次试探，卫鞅认可了他，这才将所学和盘托出。

据说这次会面，两人谈论得非常投机，秦孝公被卫鞅的所学折服。《商君列传》中，一个细节透露了两人的本次谈话：卫鞅向秦孝公讲述治国方略时，秦孝公兴致勃勃，不断将跪在膝下的垫席上往前挪，贴近卫鞅，"公与语，不自知跬之前于席也。语数日不厌。"可见卫鞅这次说到秦孝公心坎儿里去了。

之后数日，秦孝公不见外人，关起门来与卫鞅商谈。这让景监终于放下心来。一天傍晚，卫鞅从宫中走出，结束了与秦孝公的会谈。这时候，守在宫外的景监难以压制好奇心，询问卫鞅："您是用什么办法领会了大王的心意，让大王如此认可您的建议？"卫鞅表示，最初他用上古时代到夏、商、周国君创造盛世的理论来论述，但秦孝公表示，若效仿上古时代，短时间内无法让秦国强盛，他根本等不了最后，他就给秦孝公灌输推行法治的强国之道，而这种"道"，立即引起秦孝公的极大兴趣。两人因此谈论数日也不疲惫。[1]

---

[1] 司马迁：《史记》卷六十八《商君列传第八》："公与语，不自知跬之前于席也。语数日不厌。景监曰：'子何以中吾君？吾君之欢甚也。'鞅曰：'吾说君（转下页）

以上就是卫鞅与秦孝公的四次会面。前三次纯粹是为了试探，第四次卫鞅就决定留在秦国，实施他的变法。这场面似曾相识，怎么看都与"三顾茅庐"有点像。

秦孝公被卫鞅的治国之道（法治思想）触动，在经过思想斗争后，决定与卫鞅一起实施变法，废弃秦国旧制，走一条秦国还未走过的路，让秦国彻底摆脱贫穷落后面貌，崛起于战国时代。

到这时，变法大臣已产生，变法思想已产生，国君也全力支持变法。只是表面上看，似水到渠成。实际上，这只是秦孝公与卫鞅的一个构想，具体到实施步骤还有很多问题要解决。

不管是卫鞅还是秦孝公，都清楚，变法是对既定制度的革新（推翻），除了维护统治者（国君）利益外，法令会影响到国家各个阶层的利益。所以任何朝代的变法一旦启动，多受到集体的抵制。而权力阶层因掌握更多资源，实际受影响更大，反对和抵制的呼声也就最高。换言之，变法牵扯到秦国的上上下下，大到国家改头换面，小到百姓家里衣食住行。

这种背景下，推行变法就要慎之又慎，毕竟变法一旦启动，就很难停下来。秦孝公不乏改革图强的勇气，卫鞅不乏变法的智慧，但想要实现改革，仅凭勇气和智慧还不够。

另外从变法环境来看，秦国虽有部分人支持变革，支持效仿魏、韩、楚、齐等国的变革，但也有一部分人故步自封，坚守祖制不愿改变。就是说，秦国老世族关系复杂，新旧势力盘根错节。这

（接上页）以帝王之道比三代，而君曰："久远，吾不能待。且贤君者，各及其身显名天下，安能邑邑待数十百年以成帝王乎？"故吾以强国之术说君，君大说之耳。然亦难以比德于殷周矣。'"

时候，要实施变革这又会不会成为阻碍？总之，有很多问题需要解决，扫清障碍，为变法创造环境变得十分迫切。至于具体法令，应是一边推行，一边佐证。

变法前的统一思想

按《秦本纪》的说法，卫鞅与秦孝公达成共识后，并未立即实施变法。直到秦孝公三年时，他们才计划实施变法。那么，他们在这两年多时间里干了些什么呢？本书认为，在这两年多时间里，卫鞅与秦孝公在商议变法细则，具体到法定的制定，方案的设计等事务。到秦孝公三年，这些工作才完成。之后，就是实施新法。

秦孝公三年，为了给变法扫清障碍，秦孝公与卫鞅多次商谈，讨论"破冰"之策。最终，他们决定召开一次朝会。在朝会上，向贵族、官僚宣布朝廷变法的决定，允许贵族、朝臣各抒己见，论述变法的利弊，算是变法前的统一秦国贵族思想。[1] 换句话说，只有让绝大多数人站在变法派一边，变法才能稳步推进。

当然，或许秦孝公也打算利用这个机会，竖起卫鞅的权威，为以后施行变法创造条件。

不久，秦孝公组织了一次朝会，秦国有头有脸的人都参与了这次朝会。正如秦孝公所预料，朝堂上气氛诡异，贵族们议论纷纷。原因很简单，秦孝公推行变法的消息，已不胫而走，臣僚们都清楚这次朝会的目的。

秦孝公不管贵族们如何胡思乱想，他开宗明义，回顾了秦国自

---

[1] 司马迁：《史记》卷六十八《商君列传第八》："孝公既用卫鞅，鞅欲变法，恐天下议己。"

穆公之后不断衰败的现状，分析了天下诸侯都变法图强的现实，指出秦国已到非变不可的时候，再沿着旧制度走，只能被其他强大起来的诸侯蚕食。秦孝公表示，朝会的目的，就是讨论是否推行变法，如何推行变法。臣僚们不必有顾忌，想到什么就说什么。最后，形成统一意见。而只要形成了统一意见，朝会后就不允许再乱传播、乱议论。[①]

秦孝公给朝会定了调子，一些守旧派马上就跳了出来，向秦孝公和卫鞅发难：秦国一直坚持旧制，没有出现变乱，现在变法会不会将秦国带进变乱中？秦国一直延续旧制，变了是否意味着背弃祖制？卫鞅所谓的变法，会不会让秦国真正变强？若变法失败，秦国将如何自处？

……

一系列的问题，摆在了卫鞅面前，用《秦本纪》的话说"天下非议"。其实非议的不是天下，只是秦国贵族。秦孝公没有主动接话，而是将话语权交给了卫鞅，由卫鞅来解答。

对此，卫鞅没有退缩。他先抛出了自己的观点："行动犹豫就很难出彩，办事犹豫就不会成功。那些行动超常的人，往往被世俗所不能理解，因此招致非议；那些有独到见解的人，也往往会被乌合之众所讥讽。愚蠢的人，往往对既定的事实都搞不清楚；聪明的人，往往能预见即将发生的事情。我们要记着这样一个规律：不能与百姓谋划大事，但可以与他们分享成功的欢乐。谈论高深理论的人，不会与世俗合流。成就伟业的人不会与凡人共谋。因此，圣人只要能使国家强盛，就不会效法成规。而在国家变革中，

---

① 司马迁：《史记》卷六十八《商君列传第八》。

只要有利于百姓，也不必一定遵循旧制度。"①

卫鞅搬出这一番"高论"，唬住了朝堂上的秦国贵族。也有些贵族嗤之以鼻。卫鞅陈述的核心论点不外乎一点：真理永远掌握在少数人手中，乌合之众只能被时代裹挟着走。当然，卫鞅说这话还有言外之意：你们要是不支持我的观点，那你们就是我说的乌合之众。

卫鞅的观点一出口，就占据了道德的制高点，任何辩解的言论，都可能会成为他言论中的那些俗人、不合时宜者。不过，即便如此，依然有不少秦国贵族认为，卫鞅这是狡辩，是为自己的变法诡辩。而秦孝公则明确表明态度：支持卫鞅的这一观点。

作为老世族加保守派的甘龙在众人叽叽喳喳争论时，一直没有发话，他似乎在审时度势，寻找卫鞅"高论"中的漏洞。但他眼看着老世族要落于下风，终于忍无可忍。论资格，他是跟随秦献公打天下的人。《史记索隐》中说："孝公之臣，甘姓，龙名也。甘氏出春秋时甘昭公王子带后。"他对秦国的贡献有目共睹，他对秦国国情比任何人都清楚。卫鞅才来秦国几天，就大言炎炎。甘龙说："事实不是你说的这样。圣人不改变民俗，也能实施教化；聪明的人也会在不改变国家成法的前提下，把国家治理好。顺应民风民俗而施以教化，不费力就能成功；沿袭国家既定法令治理国家，官吏能习惯，百姓也会安定。"

甘龙的这一番见解，很中性，要表达的观点是，不可轻易变旧

---

① 司马迁：《史记》卷六十八《商君列传第八》："卫鞅曰：'疑行无名，疑事无功。且夫有高人之行者，固见非于世有独知之虑者，必见敖于民。愚者暗于成事，知者见于未萌。民不可与虑始而可与乐成。论至德者不和于俗，成大功者不谋于众。是以圣人苟可以强国，不法其故；苟可以利民，不循其礼。'"

制。在甘龙看来，治理国家本身与制度无关，而是与治理国家的人有关。这也是一种姿态：坚守传统是"最保险"的治国模式，创新意味着冒险，如果成功倒也罢了，如果失败能否固守原有稳定成果还未可知。应当说，这种观点有一定的道理，不能简单将其总结为落后。问题是，秦孝公不想就这么坚守下去，而决定要效仿魏国李悝、楚国吴起等人的变法，强大起来。如果继续固守，只能被诸侯蚕食与瓜分。换句话说，形势已"内卷"到必须变的程度，不变就会挨打。这是秦孝公与卫鞅约定好的，今天的朝会，就是要达到这种目的。

因此，对甘龙的这番高论，秦孝公没有出面制止。他将舞台交给了卫鞅，自己则变成了一个旁观者。卫鞅心领神会，他反驳甘龙："方才甘龙所说，看似有一定的道理，但却是凡夫俗子的通俗认知。一般人往往会安于旧有习俗，读书人则拘泥于书本上的见闻。若国家起用这两种人为官，他们能做到奉公守法，但不能与他们谈论常法之外的变革。我们知道，三代的礼制各不相同却能让天下统一，春秋五霸的制度各异也能称霸一方。因此说来，聪明的人制定法度，愚蠢的人会被法度束缚；贤能的人变更制度，寻常之人受制于制度。"[1]

卫鞅表达的意思与他之前的言论一脉相承：不能受既定制度束缚。秦国想要发展，就要突破原来固有制度，打破界限，做更改和

---

[1] 司马迁：《史记》卷六十八《商君列传第八》："孝公曰：'善。'甘龙曰：'不然。圣人不易民而教，知者不变法而治。因民而教，不劳而成功；缘法而治者，吏习而民安之。'卫鞅曰：'龙之所言，世俗之言也。常人安于故俗，学者溺于所闻。以此两者居官守法可也，非所与论于法之外也。三代不同礼而王，五伯不同法而霸。智者作法，愚者制焉；贤者更礼，不肖者拘焉。'"

制定制度的聪明人，而不是墨守成规，被旧制度束缚。

甘龙被卫鞅的话噎着了。若他再争辩，那他就是卫鞅所说的那种"不聪明"的人。甘龙不愿跳进卫鞅给自己挖的坑中，选择了沉默。而沉默意味着理屈词穷，意味着认输。

这时候，另一位守旧派的人物杜挚看到了甘龙认输，站出来继续与卫鞅辩论。杜挚说："若达不到百倍利益，就不能改变既定的成法。若做不到十倍功效，就不能随意更换器具。效仿成法不会有过失，遵循旧制不会出现偏差。"①

杜挚的话显然是一种刁难，所要表达的核心是：宁可不要所谓的成功，也不能轻易去破坏旧制度，任何改制都是一种冒险行为。

卫鞅微微一笑说："自古以来，治理国家的方法不尽相同，只要有利于国家建设，就不必拘泥于旧制。成汤、周武王并未坚持旧制，也能让天下臣服。而夏桀、商纣坚持旧制不更改，最终却落得个亡国的下场。因此说来，反对旧制的人不应遭到非难，坚持旧制的人也不值得称颂。"②

卫鞅辩论鞭辟入里，他用杜挚的理念反驳了杜挚，颇有点"以其人之道还治其人之身"的意思，让杜挚也无话可说。

而随着甘龙、杜挚接连败下阵来，其他旧势力再也不敢与商鞅对决。他们见识了这位年轻人的"雄辩"才能，每次辩论他都思维严谨，逻辑严密，丝丝入扣。换言之，甘龙、杜挚都被卫鞅驳倒，

---

① 杜挚曰："利不百，不变法；功不十，不易器。法古无过，循礼无邪。"
② 司马迁：《史记》卷六十八《商君列传第八》："卫鞅曰：'治世不一道，便国不法古。故汤武不循古而王，夏殷不易礼而亡。反古者不可非，而循礼者不足多。'"

其他旧势力还能在口舌上占到便宜吗?[1] 而这也正是秦孝公需要看到的。

秦孝公赞扬卫鞅的见解,给贵族们上了一堂生动的洗脑课。通过这次朝会,基本扫清了朝堂之上意见不统一的问题,甘龙、杜挚等旧势力躲到了角落里。他们既然无法通过改变国君实施变法,只能顺应形势,迎接即将到来的变法。不过,他们并不服输,只是关注着即将推行的变法。等变法出了乱子,他们或可为今天的屈辱找回尊严。

以上这些内容出自《商君列传》,与《商君书》中的记载不尽相同。《商君书》的差异性主要体现在以下几个方面:

一是参与讨论的人不尽相同。《商君书》里载,秦孝公主持商议推行"变法"事宜时,跟前只有公孙鞅、甘龙、杜挚三人,"孝公平画,公孙鞅、甘龙、杜挚三大夫御于君,虑世事之变,讨正法之本,求使民之道"[2]。《商君列传》没写参与讨论的人员,但秦孝公在与卫鞅讨论推行变法大政时,甘龙、杜挚却冒了出来。换句话说,司马迁认为参与讨论的人不止他们四人,有资格出席会议的人应都参与了讨论,只是甘龙、杜挚在守旧派中有着绝对影响力,因此其他人才没有参与讨论。

二是秦孝公对卫鞅、甘龙、杜挚的态度不尽相同。《商君书》认为三人同受重用,"御于君",不分彼此,秦孝公所担心的是"恐天下非议",因此需要他们提出更加"妥帖"的意见。换句话说,

---

① 司马迁:《史记》卷五《秦本纪第五》:"三年,卫鞅说孝公变法修刑,内务耕稼,外劝战死之赏罚,孝公善之。甘龙、杜挚等弗然,相与争之。"

② 商鞅:《商君书·更法第一》。

《商君书》认为，甘龙、杜挚早就参与了变法工作。而《商君列传》则先入为主，将卫鞅放在"主角"位置，认为秦孝公想要变法，发了《求贤令》，吸引来卫鞅，并在卫鞅"高论"的说服下，秦孝公决议推行变法。甘龙、杜挚则作为"反面人设"存在。

三是启动变法前统一思想的说辞不同。《商君书》里的记载是这样的："代立不忘社稷，君之道也；错法务明主长，臣之行也。今吾欲变法以治，更礼以教百姓，恐天下之议我也。"① 意思是说：从先君手中接过国君之位，我就不能忘记江山社稷，这是作为国君的根本。推行变法让国家强大、国君威严，这是做臣子的根本。现在，我想通过实施变法让国家强大，改变制度，教化民众，却担心招致天下非议。《商君列传》载："孝公既用卫鞅，鞅欲变法，恐天下议己。"大致意思差不多，就是要实施变法。问题的关键在卫鞅、甘龙、杜挚三人身份地位上。

总之，仔细分析《商君列传》与《商君书》，能发现两部书故事的"大脉络"基本一致，但一些细节存在"差异"。因此，我们认为，应是司马迁参考了《商君书》，又对《商君书》的内容做了甄别和辨析，以至《商君列传》读起来更加丰满，逻辑更加严密。

总之，不管是满朝大臣参与了讨论，还是只有他们四人参与讨论，结果都是要推行新法。而通过这次朝会辩论，一些疑虑被打消，秦孝公与卫鞅不再顾忌，决意在秦国掀起全面变法。

《垦草令》

按照前期的准备，在卫鞅的主导下，秦国先颁布了《垦草令》，

---

① 商鞅：《商君书·更法第一》。

即开垦荒地的命令。不过《垦草令》并非变法的直接法令，更像是推行变法的法令总纲。比如，里面提到了发展农业、抑制商业、扭转社会风气、削弱贵族和官员特权、营造公平公正氛围、实行统一税租制度等。[1]

这里就有个疑惑：卫鞅为什么要在变法前先颁布《垦草令》？

原因大概与秦国疆域大，存在大量荒地有关。卫鞅入秦时，发现秦国存有大量荒地，而土地是最能积累财富的载体。因此，在推行变法时，他把利用荒地作为变法的重要内容之一。其实，在生产条件相对落后、由奴隶制向封建制转变的年代，利用土地并非秦国创举，其他诸侯国也多在土地上做文章，只是列国对土地的改制不尽相同。对卫鞅而言，若举国之人都来垦草，荒地将被利用，粮仓就会丰满，国家就会富裕。而国富就能强民，民强则兵威，兵威则扩张，扩张则国强。惟其如此，才能形成一种闭环运转。

当然，实际情况可能更复杂，但垦草是一种让国家积累财富的速成法。秦国要变法，就要在土地上做文章。这种背景下，《垦草令》就出台了。由此可见，在变法之初，卫鞅和秦孝公想的是如何利用秦国有效的土地资源，让秦国迅速积攒财富，迅速富起来。而只要富起来，秦国就能做很多事。

时至今日，《垦草令》原文已难以看到，《商君书》中有一篇叫《垦令》[2]，大概是后人根据当时秦国颁布的《垦草令》总结而得。下面结合《垦令》简单分析变法内容。

一是号召全民参与生产，在土地中获取收益。秦国地域辽阔，可利用的土地较多，关中沃野千里，渭水河畔水土丰茂。只是很多

---

[1][2] 商鞅：《商君书·垦令第二》。

年以来，因各种因素影响，国家对土地的利用率不高，荒废了土地不说，百姓收入低，国库也不充盈。而一旦通过某种制度改革，打破原来土地的归属问题，利用土地调动起民众的积极性，就能广泛利用土地，使得荒废土地变成农田，百姓家家有余粮，国库能充裕起来。

二是强化官员队伍的整治，持续改善"干群关系"。在秦献公改制之前，秦国官僚制度并不健全，可能主要效仿周王朝的一些制度。只是这些松散的制度并不能很好发挥效用，秦国贵族与贵族、臣僚与臣僚、贵族与臣僚之间也偶有斗争发生，国家制度遭到严重破坏。贵族、官吏胡作非为，毫无信用，贪腐成风，干群关系一度很紧张。大概民众不轻易相信官员和衙门，统治阶层也没有把改善干群关系当作重要事情来做，只是在不断为各自捞取利益、盘剥民众。而这也成为秦国"内耗"的重要原因之一。秦献公时期，尝试着做了改变，但并未从根本上解决问题。到秦孝公时期，情况有所反弹。为此，卫鞅在《垦草令》中提出建立统一制度，严惩拖延、不作为、乱作为官员，提高国家效能，"无宿治，则邪官不及为私利于民，而百官之情不相稽。百官之情不相稽，则农有余日。邪官不及为私利于民，则农不敝。"[1]

三是要把农业当"一号工程"，但在还要推行"愚民"政策。《垦草令》的颁布，是为了振兴农业，激发农业生产，解放农业生产，迅速积累财富。这本是积极的策略，列国变法，核心是富国，而富国的根本就是从土地上做文章。卫鞅也是按照这个思路来处理的秦国问题，但卫鞅除了号召农民务农之外，还强调不能让民众掌

---

[1]《秦史稿》之《第八章秦献公时期的改革与商鞅变法》。

握文化知识，应将他们死死绑在土地上。民众的任务就是发展生产，不是作为有思想的人出现。在卫鞅看来，读书、明辨是非会让人变得不纯粹，对世界产生怀疑、不再相信国家。因此要实施愚民策略，让他们不懂知识，完全依靠土地，《垦草令》有载："无以外权任爵与官，则民不贵学问，又不贱农。民不贵学则愚，愚则无外交，无外交则勉农而不偷。民不贱农，则国安不殆。国安不殆，勉农而不偷，则草必垦矣。"①

四是重新改制农商关系，推行租税制度。在卫鞅看来，农业是国家的根本，是富国强民的基础。而商业是投机活动，会对民众造成影响，尤其商人不劳而获的行为，会破坏秦国民众"对美好生活的向往"。他甚至建议，禁止一切商贾行为，赚取民众辛苦劳动所得。同时，商鞅还建议"重关市之赋，则农恶商，商有疑惰之心"，打击商人，逼迫所有从事商业活动的人都从事农业生产。如此，也就没有市场上倒卖粮食的问题。

当然，《垦草令》只是卫鞅在变法之初列出的一个整体规划，类似于今天推行某项工作的"方案"。而是否全面推行农业，抑制商业发展，还要看法令具体推行的情况。事实上，从后来秦国发展的情况看，抑商情况并不彻底，商业甚至成为国家重要的经济支撑。换句话说，如果依据《垦草令》的记载，就认为秦国重农抑商，显然是片面的结论。刘三解将这一过程比作"想"和"做"。换句话说，制定"方案"是一回事，推行方案又是另一回事。②

总之，《垦草令》是卫鞅在秦国掀起变法前颁布的一个纲领性

---

① 《商君书》卷二《垦令》。
② 刘三解：《秦砖：大秦帝国兴旺启示录》之《第八章：秦国黔首的"智慧"用钱购买自己的生存权利》第一节《秦制真的"禁商"吗?》。

文件，核心是"垦草"。接下来的一段时间，秦国将以《垦草令》为契机，颁布各项基础法令，为后面大面积推行新法作准备。

相传，《垦草令》等相关颁布后，秦国朝野难以适应，民众与贵族均有抱怨，指责新法破坏了一切，让人难以适应。这其实也很好理解，当一种制度深入骨髓后，想要废除这种制度，而推行一种新制度，必然会让人难以适应。就像让一直用算盘算数的人用计算机算数一样，令人无所适从。

决定推行新法后，卫鞅一直在幕后。按照《秦本纪》的记载，卫鞅是在秦孝公六年进入秦国，见到了秦孝公，并得到了秦孝公的认可。但推行新法发生在秦孝公三年。那么，这两三年时间，卫鞅在秦国做什么呢？

我们认为，卫鞅得到秦孝公的认可以后，应与秦孝公做了长远计划。没有推行新法这两年多时间里，卫鞅一直没有闲着，而是在为即将推行的新法做准备：包括设计法定，制定预案等工作，这些工作持续了两年多。到了秦孝公三年时，一切准备就绪。

之后，卫鞅在秦孝公的支持下，被授于左庶长，开始了轰轰烈烈的变法。

2. 商鞅变法与图谋魏国

徙木立信

颁布《垦草令》是为理顺秦国民众对法令的认知，解决变法受质疑的问题。等推行变法的风气形成后，由秦孝公牵头，卫鞅开始在秦国掀起变法。

秦孝公除了处置日常的政务外，更多的时间与卫鞅在一起，讨论国家变法问题。卫鞅则将全身心投入到变法中，卫鞅非常清楚，尽管国君全力支持变法，依然有很多情况难以预料，他必须全力以赴，不辜负秦孝公的信任与支持。

接着，卫鞅开始了第一次全面系统的变法。事实上，在变法前，卫鞅已根据秦国实际，整理出一套分步实施的法令。到这时，第一批法令全部被筛选了出来，包括但不限于户籍制度、军功制度、农业制度、商业贸易、贵族管理等。

只是，在全面推行变法前，如何巧妙撬动变法杠杆，让国人能理解法令并相信政府的决心，困扰着卫鞅。他必须想出一个绝妙的方法，让臣民直观感受什么是"变法"。

卫鞅思来想去，没有想到更好的办法。偶然间，他翻阅李悝《法经》时，猛然间想起吴起当年徙木立信的做法，脑袋忽然灵光乍现。

相传，吴起在魏国改制时，为了营造改革氛围，曾让人在城南立了一根木头，并放出消息：任何人，只要将木头从城南门扛到城北门，就会得到价值不菲的报酬（一说良田、豪宅）。魏国民众议论纷纷，没有人敢去试一试。就在众人观望之际，忽然有个年轻人站了出来，冒着"危险"，将木头从城南扛到城北。吴起果然不失信约，给了这个年轻人一笔不菲的报酬。魏国民众自此也相信吴起的改革。

卫鞅决定效仿吴起，利用徙木立信之法，撬动秦国的变法。此时，秦国政府与民众之间关系暧昧：官不信民，民亦不信官，一条巨大的鸿沟横亘在官民之间。一旦发生紧急情况，都是官方强行征调民众。用林剑鸣先生的话说，这是奴隶制社会的旧制度。

　　于是，在一个风和日丽的午后，卫鞅命人将一根木头立在栎阳
南门，还命人放出消息：栎阳城里的秦国民众，不论身份，只要能
将木头从城南扛到城北，就能得到十金。

　　在战国时期，黄金虽不是流通的货币，但价值高昂，一般民众
很难得到。拥有黄金，亦能换成其他流通货币。而十金亦能让一个
普通家庭瞬间变富裕。睡虎地秦简中，有秦国底层官员的薪资记载，
他们的薪酬是很低廉的。赚到十金，是底层民众想也不敢想的事情。
而卫鞅就是要用这种高酬金，让人们相信秦国推行新法的决心。

　　遗憾的是，布告发出去后，民众多观望，却没有人敢搬动木
头。而造成这一结果的原因是，秦国民众对政府还不"十分信任"。
为了刺激观望的民众，卫鞅又将酬金升级到五十金。卫鞅相信，重
赏之下必有勇夫。果然，当赏金提高了五倍后，观望的人群瞬间炸
锅。这些钱财，有些人家几辈子都难以赚到。而眼下只需要扛着这
根木头走一圈就能实现。

　　终于，有人决定"大胆"试一试。只见一个青年人快步走到木
头前，扛着木头便往北门走。人群自然也在跟着这人走。等到了北
门后，他将木头立起来。卫鞅不失信约，给了这人五十金。[1] 民众
嫉妒中带着几分不甘，开始到处散布秦国徙木立信的事情。一时
间，政府公信力得到很大提升，卫鞅此举让民众对国家要颁布的新
法，也多了几分好奇。

　　林剑鸣先生将卫鞅、吴起这种做法归纳为法家"明法"与"壹
刑"思想体现。所谓"明法"就是向全国人民公开法令，让朝野之

---

[1] 司马迁：《史记》卷六十八《商君列传第八》："令既具，未布，恐民之不信，已
　　乃立三丈之木于国都市南门，募民有能徙置北门者予十金。民怪之，莫敢徙。复
　　曰'能徙者予五十金'。有一人徙之，辄予五十金，以明不欺。卒下令。"

人都熟悉法令，清楚法令是干什么的，他们需要怎么配合。① 所谓的"壹刑"就是法令的公正性，只要某项法令颁布，上至国君下到黎庶，都要遵从法令。谁要是触犯了法令，也会受到法令的惩处。这种情况后来被总结为一句神话："天子犯法与庶民同罪"。而这时候卫鞅主持的变法，更多是为了解决实际问题而制定的各项法令，还没有这么详尽的理论体系，他更多是借鉴了李悝、吴起等人的经验。

应当说，徙木立信提升了国家公信力，也为卫鞅变法开了个好头。接下来，他就在全国推行变法。

启动变法

卫鞅实施的第一项法令，是户籍制度改革。秦国的户籍制度在秦献公时期已有雏形，"户籍相五"是秦献公为缓解奴隶与贵族之间的矛盾，推行的一项制度。卫鞅推行的制度改制，实质是"爵制"改革，而爵制改革的基础又是户籍。

在户籍制度改革方面，卫鞅没有创新，他将秦献公时期的制度进行了细化与完善，建立了一整套完整的户籍制度：将十户百姓编成一什，五户编成一伍。十户、五户是两级户籍管理单元，也是秦国管理民众的"抓手"。卫鞅之所以如此做，完全是为控制百姓。而与"什伍"捆绑的法令叫"连坐"制度。

所谓的连坐就是让"什伍"单元的百姓利益捆绑，不管是"什户"还是"伍户"，只要被编入"什伍"户里的人，有一人一户作奸犯科，其他人家命运捆绑在一起，实行连坐治罪。这就实现了让百姓相互监督、相互举报的目的。这是一种非常高明又怀有"恶毒

---

① 《秦史稿》之《第八章秦献公时期的改革与商鞅变法》。

心理"的基层治理模式，与卫鞅的"愚民"政策一脉相承。由此，国家不用花大力气，就能治理基层。

卫鞅"什伍连坐"治理方式又分成三类具体情况：一旦发现"奸行"应立即到官府告发，不告发就要受到腰斩的刑罚；若藏匿奸恶者，会受到与奸恶者一样的处罚；若及时发现并检举作奸犯科行为，会得到与斩首敌军同等奖励。①

应当说，以上这些内容只是本书的简单归纳，卫鞅实施变法的实际情况，远比这些归纳要复杂得多。毕竟任何改制都会将国家绝大多数人"框"在政策中，用这些法令来约束人。

需要注意的是，卫鞅通过户籍制度改制，有效控制了秦国百姓。卫鞅的这种户籍制度仿佛自由变换的"触手"一般，将国家法令延伸到秦国每一个"民众"（刑徒、奴隶等无法享受此"殊荣"）身上，实现了国家掌控民众的目的，这在周王朝时期是无法想象的制度，对推进秦国的发展、壮大具有重要意义。很多学者站在后世角度，去批判这一制度，其实是一种"后世视角"。

切换一种视角：如果当时秦国实施儒家仁政，估计秦国不会统一六国，极有可能秦国还会被瓜分。因此，卫鞅推行的制度改革（变法）的目的，完全是为了秦国强大，不管是户籍制度改制，还是爵制改革，都是为了实现这一目的。而这是在汲取了列国变法"优势"基础上的尝试，也是避免秦国走"周朝"旧路的"刻意创新"，制度改革本身没有错，并符合时代特色。

当然，这种制度也有弊端：它也会造成告密成风。而一个国家的人

---

① 司马迁：《史记》卷五《秦本纪第五》："令民为什伍，而相牧司连坐。不告奸者腰斩，告奸者与斩敌首同赏，匿奸者与降敌同罚。"

若处处都告密，就会人心惶惶，国家就不得安宁。后世武则天时期，为了控制臣民，鼓励告密。一时间栽赃陷害的事件层出不穷，朝野震动，人心惶惶。

有意思的是，秦国的户籍制度改制推行后，非但未形成告密成风的风气，反而推动秦国变法向纵深程度推进，一切都向好的方向发展。本书认为，形成这一结果的原因，应与卫鞅步步为营地推行法令有关。这些法令仿佛镶嵌秦国这座巨大机器上的齿轮，助推着秦国民众参与适应法令。

当然，秦国对妄议法令的人也出"重拳"，以至于他们不敢"乱说话"。而不敢乱说话，也就无法造成告密成风。据说在秦国推行新法时，有人对新法提出过怀疑。而卫鞅则表示，这些议论新法的人是扰乱教化，在秦孝公的同意下，将他们都迁徙到边境居住。之后，百姓再也没有人敢议论国家的法令。[①] 绝大多数人都不敢对抗国家法令，更愿意做一个"顺民"。

在户籍制度改革的基础上，卫鞅还衍生出了其他方面的改制。比如，户籍制度的推行，能让国家准确掌控人口数，由此也就能确定民众上报给国家的赋税。男丁入伍，赋税均摊。

为强化户籍管理，有效掌控赋税，增加国家的财政收入，法令还规定，一户人家中若有两个儿子就要分家，变成两户人。如果秘而不分家，一旦发现，就会重新划定他们赋税，让他们多承担额外

---

① 司马迁：《史记》卷六十八《商君列传第八》："太子，君嗣也，不可施刑，刑其傅公子虔，黥其师公孙贾。明日，秦人皆趋令。行之十年，秦民大说，道不拾遗，山无盗贼，家给人足。民勇于公战，怯于私斗，乡邑大治。秦民初言令不便者有来言令便者，卫鞅曰'此皆乱化之民也'，尽迁之于边城。其后民莫敢议令。"

的赋税。① 这实际上是"劳力"的拆解,将"户"与"劳力"分开。如此一来,秦国就能有效掌控劳力,从民众身上汲取"劳动所得"。这大概是中国最早分家立户的形态,只是分家最初的本意是为了增加赋税。而在两千多年后,兄弟分家变成了一种约定俗成。睡虎地、里耶等秦简里有很多兄弟两人分家的竹简,透露出卫鞅通过户籍掌控民众的真实情况。

户籍制度改革完成后,卫鞅把目光转向了军制。秦国旧制,成年男子都要服军役,就是说,这是应当履行的一种义务。不过,民众在服役期间即便立了军功,也没有爵位,只能得到少许奖励。国家的爵位始终由身份决定,贵族、大臣则享有获得"爵位"的优先权、继承权等。很长一段时间里,受此因素影响,大大降低了普通军人保家卫国、建功立业的积极性。

为解决这一问题,卫鞅决定实施变法,推行用军功来换取爵位,以此提升军人建功立业的积极性。之后,卫鞅在充分调研和论证基础上,出台了一系列军制改制。比如,有法令规定,秦国民众只要上了战场,斩首敌人头颅,就可能获取爵位②。而若没有军功,即便是贵族也不能加官晋爵,却只能降低爵位。

当然,可能贵族子弟依然有获得爵位的优先权,毕竟他们的家族在秦国有一席之地,能通过各种方式为子弟获取爵位"出力"。就是说,军功改革中,不公平现象依然存在,但对普通民众而言,爵位改制给他们留出了一条向上的路,让他们有了"发奋"的理由。

事实上,这是一种户籍制与军制捆绑的策略,实际情况更复

---

① 司马迁:《史记》卷五《秦本纪第五》:"民有二男以上不分异者,倍其赋。"
② 司马迁:《史记》卷五《秦本纪第五》:"有军功者,各以率受上爵。"

杂、更多元。后世的研究，也只能粗略勾勒雏形，灵魂的东西永远被埋在历史中了。

推行这一制度，带来了巨大的收益：一些人初次享受到了政策红利，得到了爵位。而得到爵位的人反过来又刺激没有得到爵位的人更加努力奋斗，由此形成了一种"建功得爵"的氛围，大幅提升了秦军的战斗力。一大批底层人员走向辉煌。比如后期崛起的白起等人，出身并不高，但他们就是凭借军功，成为指挥秦军的帅才，进而影响到历史进程。只是，像白起这样的人毕竟凤毛麟角。

同时，由军功改制还牵扯出一个棘手的难题：如何解决秦人私斗成风的问题？自古以来，秦人体格强壮，彪悍，被人贴上"野蛮"标签。外界也没有冤枉秦国民众，好斗是秦民的本性，私斗成风，严重影响社会稳定。有时候，邻居之间可能会因一只鸡，或者生产资料发生械斗，进而引发整个村落参与其中，血流成河。有时候，村与村之间也存在私斗的问题。秦国的历代君主也制定过措施，试图解决私斗问题，但多治标不治本，民间私斗之风屡禁不绝。

卫鞅的办法是：敢于对私斗"说不"。只要发现有私斗的，不论对错，只要参与私斗，都将受到法令的严厉制裁。只是惩处并非万全之策，秦国先祖也试图通过这种办法解决问题，但法不责众是常识，若有很多人参与私斗，难道对这些人都进行惩处？

卫鞅不管以前的秦国国君的做法，他态度坚决，全力推行他的惩治法令：只要发现私斗，不管多少人参与，国家都会进行惩处。此条法令颁布后，私斗情况有所减少。但依然有以身犯险之人，他们才不相信国家会"责众"。据说有一次，发生了大规模私斗，七百多人被捉拿，卫鞅坚持杀掉这些人。秦孝公起初不同意，在卫鞅不断做工作后，最终支持了卫鞅。最终，七百多名参与私斗的民众全部被杀。自此之后，私斗之风逐渐被压制。①

而户籍改制、军制改革、严禁私斗等措施，让变法更加深入人心。卫鞅得到了秦国高层的认可，民众的拥护。因为这两类人是新法既得利益者。而更多的贵族则对卫鞅恨之入骨，因为新法让他们丢了爵位，失去了土地和子民，不过，整体而言，因为秦孝公的全力支持，新法进行得很彻底。秦国也因推行变法迅速强大起来。而这又为以后的几项改制创造了条件。卫鞅趁热打铁，顺利推进第一批未推行的变法。比如，在农业生产方面，国家出台的政策是鼓励，只要百姓多产粮食，种桑养蚕、织布绣帛，国家会免去民众相应的赋税。反之，若偷懒耍滑，国家会出台处罚措施，逼迫民众从事生产。对于那些从事商业活动，或者因懒惰陷入贫穷的人家，国家会将他们的妻、子收为官府的奴婢，拆分他们的家庭，以示惩戒。②

对待秦国贵族、宗室的制约法令也非常齐全。比如，宗室成员不能继续混吃等死，也要建立功业。若宗室成员没有军功，他们的名字就不得载入族谱。这可是巨大的惩罚，一个人名字入不了族谱，无异于被宗室除名。很多贵族对此恨得咬牙切齿，但又无可奈何。

同时，卫鞅还明确秦国的尊卑爵位等级关系，确立了一套制度，官员、贵族可按等级差别占有土地、房产，家臣奴婢数量、服饰等也要按爵位等级规范使用。尤其强调了建功立业的重要性：有军功人家享受荣耀，无军功人家即使富有也不能显荣。③

---

① 司马迁：《史记》卷五《秦本纪第五》："为私斗者，各以轻重被刑大小。"
② 司马迁：《史记》卷五《秦本纪第五》："僇力本业，耕织致粟帛多者复其身。事末利及怠而贫者，举以为收孥。"
③ 司马迁：《史记》卷六十八《商君列传第八》："宗室非有军功论，不得为属籍。明尊卑爵秩等级，各以差次名田宅，臣妾衣服以家次。有功者显荣，无功者虽富无所芬华。"

这些法令涉及秦国的方方面面，本书并非梳理秦国变法的专业书籍，不可能面面俱到，只能就其变法大概做一梳理。总之，第一阶段的法令，集中在农业改制和军制改制方面，而连通这些改制的载体，就是秦国的户籍制度。它像一条线，串起了整个秦国变法。

需要说明的是，卫鞅推行的变法，推翻了秦国旧制，重新建立了一套新制度，创建了一套新的价值体系。因此，法令在推行中，民众也是边怀疑边适应，边适应边推广。而贵族对新法的质疑声始终没有断绝过，高层也听到了很多民众对新法的议论。① 所幸的是，秦孝公始终如一相信并支持卫鞅，这才使得法令得以全部实施开。

适应需要过程，这本可以理解。然而，就在这个过程中，一些秦国贵族走上了以身试险的道路。其中，尤以太子嬴驷触犯法令最为著名，这将影响到卫鞅将来的命运走向。

吊诡的是，对嬴驷具体触犯了的法令，司马迁并未详细记载，可能他也没有考证清楚太子到底触犯了哪条法令，因此只能笼统记载嬴驷触犯新法。

一切显得扑朔迷离：一个未来国君继承人，竟在新法问题上栽了跟头。这不禁会让人联想到，太子可能是被人设局陷害。他是在毫不知情的情况下，成为秦国贵族以身试法的人。②

不管过程如何，结果是太子触犯了新法。而这个结果超出了所有人的预料，包括秦孝公和卫鞅。旁人犯法尚可据刑律处罚，太子

---

① 司马迁：《史记》卷五《秦本纪第五》：卒用鞅法，百姓苦之；居三年，百姓便之。
② 司马迁：《史记》卷五《秦本纪第五》："鞅之初为秦施法，法不行，太子犯禁。鞅曰：'法之不行，自于贵戚。君必欲行法，先于太子。太子不可黥，黥其傅师。'"

是将来国君继承人，难道用新法去处置他吗？显然不能这么做。只是秦国推行的新法，一直标榜"在法令面前人人平等"，不处置太子，又会给人留下"徇私舞弊"的口实，举国上下都在关注着这件事。所以，突然出现的这种变局，让变法陷入僵局，让卫鞅措手不及。

秦孝公也很为难，他深知变法到了要紧处，切不可松懈。而太子又是未来的储君，不便处罚。秦孝公犹豫不决。这时候，卫鞅对秦孝公说："新法实施不顺利，就是因上面的人触犯新法律令所致。"秦孝公很惭愧，同意商鞅按律处置太子问题。[①]

太子以身试法的真与假

天下都在观看这一闹剧如何收场。卫鞅提出了一个处置办法：太子年幼，触犯新法尚有可理解之处。作为太子的两位老师，没有将新法灌输给太子，约束好太子的行为，让他触犯了律法，责任得由太子的两位老师来承担。

卫鞅的提议得到秦孝公的认可，毕竟太子不能受刑，否则以后怎么出任国君呢？之后，卫鞅根据国家律法，对太子的两位老师进行了处罚。监督太子行为的老师公子虔受到重罚，传授太子知识的老师公孙贾脸上被刺了字。

应当说，卫鞅尽管没有处置太子，但对太子老师处罚太重，无意间给自己树立了三个仇人。

所幸的是，随着太子的两位老师受到处罚，由太子引发的这场

---

① 司马迁：《史记》卷六十八《商君列传第八》："令行于民期年，秦民之国都言初令之不便者以千数。于是太子犯法。卫鞅曰：'法之不行，自上犯之。'将法太子。"

风波终于平息。卫鞅继续带领人推行变法，只是卫鞅更加谨慎。

以上就是《史记》中对太子触犯法令的记载。不过在研究这段历史时，我们发现，史料记载存在"相互打架"现象。这个困惑就是，太子触犯法令这件事到底是否为真？太子叫嬴驷，也就是后来的秦惠文王。他的故事很长，等到了他的时代再说。这里需要考证的是，他到底触犯新法了没有？

为什么会有这样的疑惑？因为根据史料记载，我们发现在太子触犯新法这件事上，时间存在误差。

辨析第一个时间点，卫鞅实施变法的时间。这里先抛出结论：卫鞅实施变法的时间不早于前361年。原因有以下两点：

其一，秦孝公是前362年即位的。他即位之后，还做了一系列的政策调整，以及稳定内政工作。与韩国等诸侯有过"较量"。而这一切，都不会在短时间内完成。

其二，决定实施变革是秦孝公在理顺一切后决定实施的。其中还包括发布求贤令、卫鞅入秦等环节。这些事务也会耽搁一定的时间。

基于以上两点，初步推断，商鞅与秦孝公实施变法的时间不会早于前361年。《秦本纪》记载：（孝公元年）卫鞅闻是令下，西入秦，因景监求见孝公。

之后，卫鞅入秦，秦孝公与卫鞅统一思想、制定制度，颁布《垦草令》，推行变法。期间有两年时间，没有推行新法，真正推行新法的时间在孝公三年，即前259年。由此确定，卫鞅全面实施变法的时间应在前259年。

再辨析第二个时间点，即太子嬴驷触犯法令的时间。《商君传》载，太子犯法发生在变法推行一年后，由此，推断太子犯法的时间应在公元前 358 年到前 357 年之间。而根据史料及现代学者考证，嬴驷出生于公元前 356 年。《史记索隐》载：秦惠文王"十九而立。"[1] 结合秦孝公在位二十四年推断，秦惠文王出生大概就在公元前 356 年前后。换言之，如果《秦本纪》记载没错，就能得到这样的结果：太子触犯律法时只是一个婴幼儿（或者还没有出生）。

那么，一个婴幼儿如何去触犯新法？触犯了什么法令？从对公子虔和公孙贾的处罚力度看，嬴驷定是触犯了重要法令，才不得不让秦孝公严惩公子虔和公孙贾。

那么，这就存在这样一种可能：嬴驷的出生时间存在问题，他应早在秦孝公即位前出生，到卫鞅推行变法时，也是一个半大不小的孩子，在别有用心之人的挑唆下，触犯了国家法令。不过即便这种可能存在，但一个小孩子能触犯什么刑罚，以至于要让他的两位老师要跟着受连累？

在这里，不妨做一大胆设想：或许本身就没有这个事件，是秦人自己构造出来的，司马迁在写《秦本纪》《商君列传》时采取了秦人的这一构造。前提是，我们相信司马迁不会构造故事。但从他对卫鞅的评价"不太友好"分析，他可能对卫鞅有"成见"。

总之，很多疑点无法解释清楚，太子触犯新法也就成为不解之谜。而这件事后，秦国新法继续实施。而且就其纵深力度，超过了此前新法刚刚颁布的力度。由此，新法得以在全国范围内推广。百姓也逐渐适应了新法，秦国正在一点点告别过去的一穷二白，变得

---

① 司马迁：《史记》卷六《秦始皇本纪第六》。

富有。①

据说，秦国新法实施多年后，秦国出现了路不拾遗、夜不闭户的局面。山林间的匪患也减少了很多，许多人都投身于农业生产中。百姓们家家富裕，人人满足。因为新法鼓励百姓建功立业，私斗基本禁绝，年轻人都奔赴了战场，为国立功。秦国的乡村、城镇社会风气持续好转，国家安定。②

一个强大的秦国，已屹立在战国诸侯之林。

魏国陷入泥沼

秦国在推动变法的同时，也在与周边的诸侯发生着关系。事实上，自始至终，秦国都在关注着天下的变化。

前358年（秦孝公四年）春，秦孝公在推行变法时，就决定试一试秦国的实力。他把攻打的目标锁定在韩国。未几，一支秦军向东移动，在西山（今河南省熊耳山以西）一举击败了韩国大军。这件事给了秦孝公信心。③秦国的崛起，也让东方的诸侯国又开始关注秦国。

次年（前357年），楚国看到秦国变法深入推进，也决定与秦国重新建立起良好关系。楚宣王派右尹黑来一行出使秦国，向秦国求亲。秦孝公雄心勃勃，也对这种被人尊重的感觉很受用，愿意与楚国重新建立联姻关系。之后，一位美丽的秦国女子就嫁到了楚

---

① 司马迁：《史记》卷五《秦本纪第五》："于是法大用，秦人治。"
② 刘向：《战国策·秦一》："商君治秦，法令至行，公平无私，罚不讳强大，赏不私亲近，法及太子，黥劓其傅。期年之后，道不拾遗，民不妄取，兵革大强，诸侯畏惧。然刻深寡恩，特以强服之耳。"
③ 司马迁：《史记》卷十五《六国年表》："韩昭侯元年，秦败我西山。"

国，秦、楚之间重新恢复了良好的盟友关系。①

前355年（秦孝公七年）夏，发生了一个改变历史的事件：秦孝公应魏惠王之邀，到杜平（今陕西省澄城县东）会盟。②

对秦国而言，这是个具有转折意义的事件。这意味着随着秦国变强，魏国改变了对秦国的态度，秦国也摆脱了诸侯会盟"不通知秦"的尴尬局面。这一现象在《魏世家》中有记载："十六年，与秦孝公会杜平。"在《秦本纪》中有记载："七年，与魏惠王会杜平。"在《六国年表》中也有记载："七年，与魏王会杜平。"可见这并非一件小事。而三四年前，魏国会盟诸侯时，根本没有考虑到秦国的感受。③可见，绝对的尊重也是建立在绝对的实力之上的，没有实力，一切的地位、荣耀都不会主动靠近秦国。

秦、魏由此建立了一个名义上的联盟，意味着双方短时间内不会发生冲突。当然，以上的会盟可能是魏惠王的缓兵之计，他依旧希望成为天下的霸主。故而，在与秦国会盟后，魏惠王把目光放在了东方诸侯国。而秦孝公除了推行新法外，也密切关注天下大势。

前354年（秦孝公八年）春，秦国探知了一个巨大的消息：赵国不知何故，忽然向卫国发起攻击，还夺取了卫国的漆、富丘两地（在今河南长垣）。④

赵攻卫还有个隐晦的背景：几年前，魏、卫、赵等国曾举行过

---

① 司马迁：《史记》卷十五《六国年表》："十三年，君尹黑迎女秦。"
② 司马迁：《史记》卷五《秦本纪第五》："七年，与魏惠王会杜平。"
③ 司马迁：《史记》卷四十四《魏世家第十四》："十四年，与赵会鄗。十五年，鲁、卫、宋、郑君来朝。"
④《古本竹书纪年·魏纪》："梁惠成王十六年，邯郸伐卫，取漆富丘，城之。"

会盟，结为同盟国。这次出兵，应是赵国单方面撕毁联盟，威胁卫国。而卫国根本无法抵御赵国入侵，只能向魏国求援。魏惠王也答应支援魏国。

不久，秦孝公再次得到消息，魏惠王遣大将军庞涓率领大军扑向了赵国都城邯郸，将邯郸团团围住。① 这时候，秦孝公也决定在战争中捞取好处。不久，他就指挥秦军攻打了魏国元里，还取得了胜利《秦本纪》载："八年，与魏战于元里，有功。"

对于秦国背后搞偷袭，魏国也没有办法，因为主力陷入攻赵的战争中，抽不出多余的兵力应对魏军入侵。当然，秦军也没有咬着不放，只是打了一架后就撤军了。这时候，天下的注意力都在魏国攻赵上。

而魏国围攻邯郸，让赵国既震惊又愤怒。论实力，赵国还无法抵抗魏国，庞涓有勇有谋，邯郸危在旦夕，赵国上下如热锅上的蚂蚁。高层召开紧急会议，研究对策。一些赵国高层认为，为今之计，只有向强大起来的齐国求救。问题是，赵、齐之间并非盟友，齐国为什么要救赵国？矛盾重重，但又不得不行动，因为赵国也找不到愿意支援赵国的诸侯。赵国高层只能死马当活马医，向齐国求援。

收到赵国求救的消息后，齐威王也犹豫不决。他召集群臣商议对策。此时，在齐国有话语权的人有邹忌、段干朋等人，还有从魏国逃亡齐国的孙膑。讨论现场分出了两派，邹忌坚决反对援助赵国，任由魏国攻打邯郸。官员段干朋则建议，救还是要救，但应讲策略。可先不管邯郸的魏、赵战争，只需要派一支齐军攻打襄陵

---

① 司马迁：《史记》卷四十三《赵世家》："二十一年，魏围我邯郸。"

（今河南省睢县），疲惫魏国。等到魏、赵两军在邯郸打得两败俱伤时，齐军再出动，尽取渔翁之利。齐威王更看重段干朋的建议。①只是在做战略方针时，魏国做了调整。

之后，齐国派出两路大军出发。一支攻打魏国的襄陵，骚扰魏国；另一支齐军由田忌、孙膑率领，打着救援赵国的幌子，准备重创魏军。

这时候，有消息说，庞涓已攻克邯郸，赵国高层向北撤离，翘首以待齐国援助。

田忌、孙膑等人也得到了消息，他们决定改变策略，将计就计，不回援邯郸，而是攻打魏国平陵（今山东省菏泽市定陶附近）。孙膑此举，意在给庞涓造成齐军指挥无能的假象，引庞涓上钩。因为庞涓多疑，若不能步步为营，就无法引庞涓上当，进而重创魏军。

之后，庞涓得到齐军攻打平陵的消息，果然耻笑齐军指挥不当，压根没有管平陵。庞涓甚至相信，仅凭平陵的魏军就能击败齐军。

庞涓不知道的是，这正是孙膑给他布下的障眼法。此时田忌率领的齐军已分出三支：一支佯攻平陵，故意造成被魏军击败、齐军不堪一击的假象；另一支人数不多的齐军由轻骑组成，是骁勇之师，孙膑给这支齐军的任务是围攻魏国都城大梁，给庞涓施压。大

---

① 刘向：《战国策·齐一》："田侯召大臣而谋曰：'救赵孰与勿救？'邹子曰：'不如勿救。'段干纶曰：'弗救，则我不利。'田侯曰：'何哉？''夫魏氏兼邯郸，其于齐何利哉！'田侯曰：'善。'乃起兵，曰：'军于邯郸之郊。'段干纶曰：'臣之求利且不利者，非此也。夫救邯郸，军于其郊，是赵不拔而魏全也。故不如南攻襄陵以弊魏，邯郸拔而承魏之弊，是赵破而魏弱也。'田侯曰：'善。'乃起兵南攻襄陵。"

梁是四战之地，需要屯集大量的军力来做防卫。而庞涓此次围攻邯郸，几乎将魏国带走了精兵。因此，当齐军到了大梁附近时，魏惠王陷入慌乱中，火速遣人通报庞涓，要求庞涓回援大梁。

而齐军中最大的一支主力在孙膑手中。他领着这支人马埋伏在桂陵（今河南省长垣县西南）山区，等待着庞涓挥师援救大梁时，重创庞涓。之后，齐军攻打大梁的消息传至庞涓耳中，庞涓也异常紧张：大梁一旦被攻破，魏国会亡国，到时即便他占领了邯郸，又有什么意义？庞涓认为，为今之计，应立即回撤，支援大梁。

庞涓可能已猜到指挥齐军的人是孙膑，但他没有办法，只能向西回援大梁。庞涓在向西推进的时候，遇到田忌率领的齐军阻截，被庞涓击败。这给了庞涓信心，认为齐军不想让他回援大梁。为了抢时间，庞涓命人丢掉了粮草辎重，连夜往回赶。结果，魏军在桂陵山谷被孙膑率领的齐军拦截，魏军受到重创。庞涓也成了齐军的俘虏。①

当然，表面上看，这一战魏国损失惨重，实际上邯郸依旧被魏军包围，大梁也没有被齐军攻破。而庞涓率领的骑兵只是魏卒中的一部分人马，魏国的主力部队还在。孙膑也只是利用地形地貌优势俘虏了庞涓。总之，桂陵之战未伤及魏国的根基。

所以，桂陵之败后，魏惠王不愿善罢甘休。他迅速调集人马，

---

① 《史记》卷六十五《孙子吴起列传》："田忌欲引兵之赵，孙子曰：'夫解杂乱纷纠者不控卷，救斗者不搏撠，批亢捣虚，形格势禁，则自为解耳。今梁赵相攻，轻兵锐卒必竭于外，老弱罢于内。君不若引兵疾走大梁，据其街路，冲其方虚，彼必释赵而自救。是我一举解赵之围而收弊于魏也。'田忌从之，魏果去邯郸，与齐战于桂陵，大破梁军。"

进攻正在围困襄陵的齐、卫、宋三国联军。由于魏卒在战场上依然有绝对优势，围困襄陵的大军很快被击溃，魏国重新扳回一局。

襄陵之战的胜利，也让齐国陷入危机。若魏惠王继续扩张，齐国必然又陷入战争旋涡。为此，齐威王不得不请楚国大将景舍出面调停，才平定了这场由赵国攻打卫国引发的争端。

而在这一切发生时，秦国一直处于观望中，他们闷声发展，不断变强。前 352 年（秦孝公十年），秦孝公授予卫鞅大良造一职，再次提升卫鞅的地位。《史记索隐》说："即大上造也，秦之第十六爵名也。今云'良造'者，或后变其名耳。"这是比左庶长更高级别官职，也是秦孝公对卫鞅的肯定。

之后，随着新法持续推进，秦国国力不断增强，秦军战斗力不断提升，秦孝公内心也产生了试试水的想法。而魏国桂陵之败就是秦孝公等来的机会，他计划指挥秦军进攻魏国。

秦孝公选择进攻的地方是魏国的安邑（山西省运城市夏县埝掌镇）。安邑原是魏国的首都，后来魏惠王迁都大梁后，这里就逐渐萧条下去。不过因安邑曾作为国都使用，它依然是魏国河东重镇，驻守着不少兵力。

可能魏国也没想过秦国会在他们身陷囹圄时，向他们发动战争。他们诅咒秦国卑劣，却无法阻挡秦军入侵。之后，秦军以迅雷不及掩耳之势攻破并占据安邑。

秦国举国欢腾。

得到安邑陷落的消息后魏惠王悲愤不已。魏国还深陷诸侯"围攻"漩涡中，没有力量来对付秦国，只能任由秦国钻空子，攻占魏国土地。

3. 第二轮变法与秦孝公强秦

兴建咸阳

秦国能攻下安邑，完全是钻了时间的空子。这一点秦、魏都清楚。秦国变法虽有小成，但就整体实力而言，还无法对魏国实施"灭国行动"。这一点，秦、魏两国也都清楚。因此，这时候的秦、魏两国关系变得很隐晦，耐人寻味。

前351年（秦孝公十一年）秋，赵、魏两国在多次交涉后，决意冰释前嫌，和好如初。魏军为表达诚意，全部撤出赵国境内，邯郸之围随即解除。之后，魏惠王有意加深两国关系，遂与赵成侯在漳河边上结盟。

而赵、魏冰释前嫌，意味着由魏国攻赵引发的齐、韩等国参与的战争基本结束。齐国也将魏国大将庞涓放回，天下似乎又进入稳定期。而魏国一旦"腾出手脚"，秦、魏关系马上变得紧张起来。

魏军攻打赵国时没有讨得便宜，还损失了不少兵力，魏惠王一肚子火。而秦国钻空子，乘机攻打魏国，魏国自然要复仇。有消息说，魏惠王正召集群臣商议攻打秦国的计划。一些真与假的消息，就在诸侯间秘密传播着。

不久，秦国间谍发回消息：魏惠王已派出使臣，秘密联络其他诸侯国，准备合力攻打秦国。而看热闹不嫌事大的东方诸侯国似乎也有此意，他们想试试变法初见成效的秦国实力。

秦孝公和卫鞅也在积极部署，以应对可能发生的战乱。

时隔不久，秦国的探子发现了东方诸侯的动静，一支联军秘密向西而来。秦国高层密切关注着联军动向，终于弄清了联军的意图：他们要夺回魏国的安邑。

秦国开始部署兵力，以应对联军的攻击。然而，这一次联军推进迅速，很快就包围了安邑。魏惠王命魏卒方阵猛攻秦军，双方在安邑展开激战。喊杀声响彻云霄，双方都拼上了全力。魏军不失雄威，以雷霆之势击败了秦军。秦军撤离，魏军重新占据了安邑。不过战争并未结束，这时魏军士气正高，所以他们继续向西推进，追击秦军，攻打秦国边境要塞，一直将战线延伸到固阳。①

即便如此，魏军也没有停下的意思。看气势，大有灭亡秦国的意图。秦军退无可退，开始顽强抵御。到这时，魏军也再难顺利推进，战争双方陷入焦灼中。秦孝公也为战事焦虑不安，担心秦军再次遭受损失。

为缓和两国关系，秦孝公带领卫鞅一行到边境，约见魏惠王，希望秦、魏停战，重归于好。魏惠王似也意识到战争继续下去，对双方都没有好处，同意了秦孝公的建议。不过魏惠王依旧态度傲慢，表明大魏国本可消灭秦国，念及秦孝公认错姿态好，给秦国一条生路。秦孝公也不作争辩，默认魏惠王的高高在上。次年，秦孝公与魏惠王又在彤地（今陕西省华县西南）会盟，继续修好两国关系。②

这就让人很疑惑：到这时，秦国推行变法已近十年，国力已大幅提升，为何会忽然向魏国示弱？秦军难道真无法抵御魏国吗？这些问题的答案，要在秦国内部去寻找。

细细分析，就能发现其中还有更深层次的原因。原来，在秦、

---

① 刘向：《战国策·齐策五》之苏秦说齐闵王。
② 司马迁：《史记》卷四十四《魏世家》："二十一年，与秦会彤。"

魏交战之际，秦国也正在全面推行第二次变法。这时候，秦国需要的是稳定，外部的战乱必然影响到新法的推行。相较于一城一池的得失，秦国的变法更显得重要。与魏国结盟，应是卫鞅与秦孝公综合考虑后的决策。

自此，秦、魏又迎来了一段时间的和平。

秦国继续紧锣密鼓地实施第二阶段变法。所谓第二阶段变法，其实就是对第一次变法的补充。因为在推行第一次变法时，还有些关键领域没有涉及。这一次，就是要系统解决这些没有解决的问题。

秦国第一阶段变法为秦国积累了财富，解决了民生、分配、治理等基础性问题。但仅此还不能让秦国真正强大。第一阶段的变法，是秦国强大的物质支撑。未来秦国要想实现《求贤令》擘画的蓝图，至少需要两步走：第一步是强化军队建设，锻炼一支战必胜、攻必克的秦军，逐步收复故土；第二步是利用秦国变法图强的财富积累，实现扩张，成为霸主。而要实现这两个目的，并非易事。这就需要进行第二轮变法，彻底摆脱旧制度的束缚。由此，卫鞅和秦孝公又掀起了第二轮变法。

不过，在掀起第二轮变法前，秦孝公已意识到栎阳地域的局限性，已很难成为秦国日后发展壮大的都城。因此，他决定在推行变法的同时，重新选定一块地域，开辟为秦国都邑，作为秦国日后发展壮大后的王都。

在秦孝公与卫鞅的操作下，秦国高层通过占卜、测算等环节，选定了栎阳西南不远处的咸阳为新王都城址。《括地志》中说："咸阳故城亦名渭城，在雍州咸阳县东十五里，京城北四十五里，即秦孝公徙都之者。今咸阳县,古之杜邮,白起死处。"① 这里位于骊山脚下,渭水河畔,土地肥沃,交通发达,是定都的绝佳之地。

之后,秦国在大规模实施变法的同时,又组织人开始修建新都城。

按照秦孝公的计划,即将落成的王都,应是天下最大的王都,至少其规模不能小于魏国都城大梁。因此这一时期,秦国组织了大量的人力,在咸阳修建新王都。卫鞅和秦孝公会不定期到咸阳视察,了解新都城的进度,以及兴建过程中存在的难题和困难。

总之,这一时期,秦国大兴土木,在咸阳修筑了气势恢宏的宫阙。只是这项工程牵扯方方面面,非一朝一夕所能完成。物资调配、财力支撑等都会成为制约因素。因此,这项工程持续了数年时间。数年后,秦国才会迁都到咸阳,直到秦国灭亡。②

或许会有人要问:既然秦国已强大起来,为什么不以周朝旧都镐京为都城?毕竟在镐京兴建王都要比在咸阳重建代价要少。

本书认为,秦国不在镐京筑城的原因很多。比如,周王朝虽已搬离关中,但周天子毕竟是天下共主。这时秦国若在周旧都建都,必然是"僭越"行为,其他诸侯定会利用这件事做文章,可能还会引发其他诸侯"群起围攻"。如果那样,就得不偿失。比如,咸阳位置重要,贯穿南北。凡此种种,举不胜举。总之,秦国选择了骊山脚下的咸阳为都城。

---

① 司马迁:《史记》卷五《秦本纪第五》。
② 司马迁:《史记》卷六十八《商君列传第八》:"居三年,作为筑冀阙宫庭于咸阳,秦自雍徙都之。"

第二轮变法

兴建咸阳只是秦国图强的一个物象，真正让秦国变强的还得是变法。卫鞅的重心一直在变法上。秦国第一轮的变法，涉及基本民生、社会制度等方面，让秦国臣民逐步适应新制度。而接下来的第二轮变法，就是要拆除秦人旧制度的框架，从思想意识、风俗习惯等领域，彻底摆脱旧制度。

这种先易后难、循序渐进的做法，显然是卫鞅与秦孝公多次论证的，也是被证明了正确的策略。

变法第一项，是在第一次变法的基础上，对户籍制度进行再深入改制，禁止百姓父子、兄弟居住在一户之内。一旦发现不分户的人家，除了要承担相应的重徭役外，还要额外受到惩罚。[①] 由此，分户政策变成了一种强制性法令，地方官员负责摸底调查，做好最基础的统计工作。

这样做的目的，是为了将土地、税收与人口紧紧捆绑在一起，谁也别想逃避应承担的责任、赋税。秦国基层官员日以继夜忙碌着，为实现秦孝公擘画的蓝图奋斗。

对区域改制与重新划定，也在推进中。此前秦国尽管地域广阔，但民众居住分散，地方管理还推行着周王朝的模式，间或借鉴一些诸侯国治理地方的做法。而这种管理地方的"制度"是松散的，甚至存在"失管""脱节"等现象。国家法令很难准确传达，地方赋税也很难清楚收缴。

---

① 司马迁：《史记》卷六十八《商君列传第八》："而令民父子兄弟同室内息者为禁。"

为解决这一系列问题，卫鞅决定将那些分散的村庄合在一起，重新划定每个县的地域面积、管理范围、所辖人口等。卫鞅又打破以往县域的管理制度，在县一级设置了县令、县丞等官员，让他们负责县域治理。这就是后来郡县制的雏形。

当然，这是一项庞大的工程，并非一朝一夕就能完成。

事实上，这项改制持续了多年，等所有地域都划定后，秦国将全国的疆域整合成为三十一个县，也有三十和四十一个县的。之所以出现这种现象，是因为全面县治、建立县级区域划分需要时间。而不同时期因创建县的数量不尽相同，就出现记载不同的问题。换句话说，不能简单认为数据不一样，就是史料记载错误。

与此同时，秦国在设置县一级区域时，也启动了县级官僚制度建设，县级以下设立里正等人员，负责具体管理村落的民众、催收赋税等事宜。[①]《六国年表》载："初为县，有秩吏（中华书局版）。"刘三解先生认为，这个断句有问题，应是："初为县有秩、吏。"换言之，秦国在这时候有了县一级官员的"秩级"，也就是县级官员的俸禄级别。[②] 结合《秦本纪》中载这一时期设置县一级官员情况，我支持刘三解先生这一观点，因为按照中华书局版的断句，就应理解为在秦孝公十三年，秦国才开始设县一级行政区域。

随着地域重新划定，土地自然也被重新划定。商鞅制定了相关法令，要求地方官员组织人对秦国可耕种土地进行重新划分，废井田，制辕田，开阡陌。《史记索隐》说："南北曰阡，东西曰陌。河

---

① 司马迁：《史记》卷六十八《商君列传第八》："而集小乡邑聚为县，置令、丞，凡三十一县。"
② 刘三解：《秦砖：大秦帝国兴亡启示录》第五章《秦始皇靠什么统治秦帝国?》第一节《"秦制国家"第一规律："文书"沟通一切》。

东以东西为阡，南北为陌。"

这一过程应当比划分县域更为复杂，因为这牵扯到方方面面。战国时期，土地是人们赖以生存的根本，也是国家赋税的来源。重新划分土地，牵扯到千家万户，远非《秦本纪》中如此简略。事实也的确如此，随着土地不断被划分，在土地上重新做文章成为首要任务。商鞅利用土地，重新确定民众承担赋税。① 只是涉及家家户户的赋税、徭役并不单一，种类很多。秦国通过土地政策，将民众死死捆绑在土地上，让他们没有人身自由，如牛马般为国家劳动。

新法对土地的灵活运用也值得肯定。商、周时期，土地作为一种固定资产，永远掌握在贵族手中。没有土地的奴隶，世世代代无法拥有土地，只能在阡陌中劳作，解决温饱，土地的实际所得，牢牢控制在奴隶主手中。到卫鞅变法时，天下形势发生了剧烈变化，奴隶制度瓦解，民众渴望得到土地。在这种情况下，卫鞅顺应时代，实施改制，允许土地私有及买卖。② 这项制度，解放了奴隶（普通民众）的生产力，秦国几乎不见荒地。

最后一项改制是统一度量衡。所谓度量衡，其实就是"度"与"量"的统一。度即长度、高度、宽度等；量就是量器，即容积的测量标准。

这项制度表面上看简单，实际操作起来很繁琐，牵扯方方面面。当时，秦国各地的度量衡并不统一。比如，与魏国接壤之地可能会采用魏国的度量衡，与周王畿邻近的地方度量衡采用周王朝的

---

① 司马迁：《史记》卷六十八《商君列传第八》："为田开阡陌封疆，而赋税平。"司马迁：《史记》卷五《秦本纪第五》："十四年，初为赋。"
② 《汉书》卷二十四《食货志上》："秦用商鞅之法，改帝王之制，除井田，民得卖买。"

制度。这种多元化的度量衡，严重影响了国家"均衡化"发展。卫鞅实施第一阶段变法时，已意识到这个问题，但他没有解决。现在，时机成熟，秦国颁布法令，统一国内的斗桶、权衡、丈尺等度量衡标准。后世的秦始皇，只是将卫鞅的法令推广到全国，仅此而已，算不上秦始皇的创举。①

当然，《史记》中载出的这些变法内容多是概括的，并非每一道法令的具体内容。而当时秦国实施变法的条目非常复杂，面面俱到。《史记》也只能总结出这些变法的大致脉络而已。具体法令条目，可在近些年出土的秦竹简中找到。

总之，在秦孝公的支持下，卫鞅通过两轮变法，让秦国迅速强大起来，成为与东方诸侯较量的新势力。当然，应当指出的是，新法是建立在对民众"控制"之上的，"黔首"们的生活依旧困顿，还有无法计数的刑徒、奴隶等，饱受秦国上层的压榨。

有意思的是，尽管秦国新法深入人心，依然有人以身试法。这个人就是公子虔。几年前，他因太子触犯新法受牵连，受到国家的惩罚。但公子虔不似长记性，或者说他有意触犯新法。在第二轮新法实施四年后，他再次触犯新法。这次没有人再愿意保全公子虔，他被判处劓刑。② 可能也因这次被处以劓刑，让公子虔对卫鞅怀有深深敌意，毕竟他两次栽在了新法上。公子虔迁怒卫鞅，等待着报仇的机会。

---

① 司马迁：《史记》卷六十八《商君列传第八》："平斗桶权衡丈尺。"
② 司马迁：《史记》卷六十八《商君列传第八》："行之四年，公子虔复犯约，劓之。"

延续的秦魏纠葛

秦国第二轮新法全面实施后，秦国更加强盛。大概这时候，魏惠王才意识到，此前秦孝公与他的和平会盟是缓兵之计，他又中了秦孝公的奸计。现在的秦国已不是魏国的肘腋之患，而是强大对手。

为压制秦国继续强大，魏惠王以周天子的名义，召集了泗上十二诸侯会盟，共同商讨对付秦国的办法。

消息很快传到秦孝公和卫鞅的耳朵里，他们也在做着积极预防。这些诸侯国单个或者几个来攻秦国，倒也没有什么可畏惧的。若他们与魏国合在一起，就是一股不容忽视的力量。

秦孝公先命各处要塞严防死守，静观其变。这时候，卫鞅提出了一个观点：魏惠王之所以咬住秦国不放的根本原因是，秦国没有尊崇魏惠王。只要秦国表示尊崇魏国霸主地位，支持魏国称霸，魏惠王就不会与秦国为难。

秦孝公认为卫鞅的意见有一定道理，但还是有担心：谁又能保证魏惠王本身就想消灭秦国呢？卫鞅则表示，自己愿意入魏国，试探魏惠王，尊魏惠王为诸侯的"王"，麻痹魏惠王，解决魏国联合诸侯对秦的威胁。

秦孝公经过深思熟虑，同意了卫鞅的请求。眼下秦国的第二次变法已全面铺开，很多制度已完成，只要根据既定路线推进，就可以将变法进行到底。而推进变法的人不一定非要卫鞅，秦孝公本人也能完成监督工作。

因此，秦孝公命卫鞅出使魏国。

前344年（秦孝公十八年）春，在寒风料峭中，卫鞅带领使团策马向东，直奔魏国都城大梁。

魏惠王对卫鞅有很深成见。这成见始于当初他不听公叔痤的建议，杀了卫鞅，而让卫鞅帮助秦国迅速强大。如今卫鞅入魏，魏惠王也想看看这个"中庶子"到底有何能耐，用十多年时间，就让野蛮落后的秦国十多年就强大起来。

大概卫鞅也清楚魏惠王对自己的成见。不过他是天下少有大才，既然能说服秦孝公与他一起变法，自然也有能力说服魏惠王。

第一次见面后，卫鞅夸赞魏惠王英明神武，大魏国永远是天下的霸主，秦国完全尊崇魏惠王绝对权威，没有挑战魏国的意思。秦国这十几年实施变法，是为了解决本国内部的矛盾，从未想过魏国争霸，也无法与魏国争霸。

当然，这只是史料的记载，可能当时卫鞅入魏时，除了说服魏惠王，必然还带了很多财宝，打动了魏惠王。最终，魏惠王改变了对卫鞅的态度。

看到魏惠王认可自己的建议，卫鞅趁机劝魏惠王不仅要号召宋、卫、邹、鲁等十二个小国，还要联合北方燕国，攻取齐国。再迫使赵国屈服，控制北方。同时，魏国还联合秦国，伺机攻打楚国，也给韩国施压。如此一来，整个诸侯国中，就只有魏国一家独大，届时魏国霸业可成。卫鞅最后提出了他的终极建议：魏惠王应先称王，再称霸。

魏惠王本来是要为难卫鞅的，结果被卫鞅的这些言论搅得心神不宁。应当说，魏惠王心动了。卫鞅说的这些事，齐桓公、晋文公、吴王夫差等人都做过。他也希望开创霸业、成为霸主。当然，我们认为，称王称霸应是魏惠王一直以来的心愿，卫鞅只是在一个合适的时机迎合了魏惠王，所以才激起了魏惠王称王之心。

随即，魏惠王召集魏国臣僚商议对策。

之后，魏惠王开始说服诸侯，称王称霸，又大兴土木，修筑王宫，彰显魏国实力。不久，魏惠王召集各国诸侯会盟于逢泽（今河南省开封市附近），摆出仪仗队，自称"夏王"。秦国派遣公子少官参加了这次会盟①，赵肃侯也参加了会盟。周围的小诸侯国不敢惹魏国，都参与了会盟。这也意味着，魏惠王成为名义上的霸主。

会盟之后，魏惠王又到周王畿朝见天子。周天子对这种强行朝见只能忍受。此后，参与会盟的诸侯各自回国，继续一如既往的日子。

魏惠王的做法让秦国高层很振奋。当初卫鞅鼓动魏惠王称王称霸原本是为缓解魏、秦的矛盾，现在魏惠王的做法不但消除了秦国的压力，还让齐、楚、韩等诸侯很愤怒。他们纷纷倒向齐国，与齐国结成了联盟，共同对抗魏国。关于这一点，《战国策》有一则形象的记载：

> 昔者魏王拥土千里，带甲三十六万，其强而拔邯郸，西围定阳，又从十二诸侯朝天子，以西谋秦。秦王恐之，寝不安席，食不甘味，令于境内，尽堞中为战具，竟为守备，为死士置将，以待魏氏。卫鞅谋于秦王曰："夫魏氏其功大，而令行于天下，有十二诸侯而朝天子，其与必众。故以一秦而敌大魏，恐不如。王何不使臣见魏王，则臣请必北魏矣。"秦王许诺。卫鞅见魏王曰："大王之功大矣，令行于天下矣。今大王

---

① 司马迁：《史记》卷五《秦本纪第五》："秦使公子少官率师会诸侯逢泽，朝天子。"

之所从十二诸侯，非宋、卫也，则邹、鲁、陈、蔡，此固大王之所以鞭棰使也，不足以王天下。大王不若北取燕，东伐齐，则赵必从矣；西取秦，南伐楚，则韩必从矣。大王有伐齐、楚心，而从天下之志，则王业见矣。大王不如先行王服，然后图齐、楚。"魏王说于卫鞅之言也，故身广公宫，制丹衣柱，建九斿，从七星之旗。此天子之位也，而魏王处之。于是齐、楚怒，诸侯奔齐。①

这正是秦孝公所要的结果，魏惠王将会为这些虚无缥缈的头衔和僭越付出代价。秦孝公、商鞅不动声色，选择观望。

前343年一开春，秦国悄悄派人在武城（今陕西省华县附近）筑城②。秦国这一行动并未引起魏国的关注，而魏惠王还沉浸在"王"的氛围中不能自拔。而秦国这些年来，一直与魏国融洽相处，魏惠王没有过多关注。

有意思的是，也是这一年，周天子给秦孝公赐"伯"。《史记正义》中说："伯音霸，又如字。孝公十九年，天子始封爵为霸，即太史儋云'合十七岁而霸王出'之年，故天子致伯。桓谭新论云：'夫上古称三皇、五帝，而次有三王、五伯，此天下君之冠首也。故言三皇以道理，而五帝用德化；三王由仁义，五伯以权智。其说之曰，无制令刑罚谓之皇；有制令而无刑罚谓之帝；赏善诛恶，诸侯朝事谓之王；兴兵约盟，以信义矫世谓之伯。'"③

换言之，周天子更看好秦孝公，还给秦孝公赐了胙肉。周天子

① 刘向：《战国策·齐策五》："苏秦说齐闵王。"
② 司马迁：《史记》卷十五《六国年表》："城武城。从东方壮丘来归。"
③ 司马迁：《史记》卷五《秦本纪第五》："十九年，天子致伯。"

的这种做法，无疑要重新恶化秦魏关系。毕竟，魏惠王才是天下公认的霸主，周天子这时候给秦孝公既赐"伯"又赐"胙肉"，到底要干什么？更要命的是，天下的诸侯们也看热闹不嫌事大，纷纷向秦孝公称贺。[①] 魏惠王定注意到了这个现象。秦孝公不想再与魏国产生龃龉，便立即遣人入魏，向魏惠王作出了说明，并表示秦国会一直尊崇魏惠王，魏惠王这才打消了疑虑。

马陵之败

魏惠王没有理会秦国，还有一个很重要的原因：魏惠王打算收拾不参加逢泽会盟的韩国。比起秦国的"识趣""懂事"，韩国不参加会盟，显得既幼稚又看不清局势。

当然，魏惠王以不参加会盟而攻韩，或许只是幌子。实际原因可能是，这一时期，在韩王的支持下，法家另一代表人物申不害，也在韩国掀起富国强民变法行动。

与卫鞅在秦国低调的变法不同，申不害在韩国的变法一开始就大张旗鼓，就怕别人不知道韩国将要变强。之后，在申不害的主导下，韩国的确变得强大起来，有了一支战斗力不弱的军队。韩国还不时向周边的小诸侯发起进攻，打怕了几个小诸侯。由此，韩国信心满满，高层内心膨胀，不再畏惧昔日的战友加对手魏国。故而，在逢泽之会时，韩国拒绝魏国的号召，没有参与会盟。如今，魏国成为"共主"，魏惠王自然要拿韩国开刀，杀鸡儆猴，打击那些不服魏国的诸侯国。

---

① 司马迁：《史记》卷六十八《商君列传第八》："居五年，秦人富强，天子致胙于孝公，诸侯毕贺。"

紧接着，魏国以庞涓为大将，以太子申为上将军，率领大军攻打韩国。

战争一打响，韩国就感受到了巨大压力。事实证明，韩国还不能与魏国抗衡。认清事实的韩国，向齐国求助。

原因也很简单，在魏惠王逢泽会盟诸侯时，韩国果断站在了齐国阵营中。可能当初韩国拒绝参加魏惠王号召的会盟，也有齐国"从中作梗"的原因。这时候，齐国理应支援韩国。

吊诡的是，面对韩国的求援，齐国高层犹豫不决。齐国朝堂上吵作一团，贵族、臣僚们纷纷各执己见。不过，在齐国高层中，同意援助韩国的声音很多。

最终，齐国决定支援韩国。

但如何救？什么时候救？难住了齐国高层。官员张丐主张立即救援，若韩国不敌，势必会投靠魏国，到时齐国会损失一个重要盟友。田忌主张先让韩、魏打一阵子，韩国经申不害变法已强大，若不借此机会削弱韩国实力，即便帮助韩国击溃了魏国，以后韩国依然会是威胁齐国的重要力量。最好的办法就是等到这两国都精疲力竭时，齐国再出兵营救韩国。

齐威王原则上同意田忌的意见。

之后，齐国向韩国使者表明齐国会支援韩国，让韩国先对抗魏国，齐国整顿好兵马就会出发，向韩国支援。因此，韩国使者回国向韩王汇报去了。

韩国高层得到了消息，认为齐国会支援他们，因此韩国一面积极组织兵力抵抗魏军，一面等齐国援军。有意思的是，过了很久，依然不见齐国援军，这让韩国同仇敌忾的信心一点点丧失。韩国陷入进退两难的局面：若继续与魏国对抗，齐国援军又不至，韩国或将亡国。若投奔魏国，万一齐国的援军到了怎么办？

就在韩国纠结时，他们再次遭受了魏国的痛击。据说这已是魏军连续五次击败韩军，韩国通过变法训练的新军，在这一战中丧失不少精锐。韩国高层开始考虑自己的后路。这时候，有人主张向魏国投降。韩王还在观望中，翘首以盼齐国援军。

在这危急存亡的关键时刻，齐国的援军到了。齐军派出田忌、田盼为主将，田婴为副将，孙膑为军师，支援韩国。[①]

由此拉开了马陵之战的序幕。

韩国已被魏国打得毫无还手之力。魏军主帅庞涓有些骄横，轻视支援韩国的齐军。孙膑果断抓住了庞涓的心理，打算继续使用十年前的计谋，让庞涓再次上当。所谓十年前的计谋，就是齐军不直接援助韩国，而是继续攻打魏国都城大梁，逼迫庞涓回援。

田忌对孙膑故技重施有些担忧：庞涓会上当吗？一个人怎会连犯两次同一失误？孙膑却微微一笑，并不做过多解释。田忌也不再纠结，因为他相信孙膑的判断。

紧接着，一支齐军就扑向了大梁。齐军的这种操作，出乎庞涓的预料。他可能更希望在韩国的地界与齐军交战，洗刷十年前的耻辱。但孙膑不讲武德，又偷袭大梁。庞涓不能任由大梁被齐军攻打，紧急回撤大军支援大梁。不过由于吃过一次亏，庞涓这次显得谨慎。

由此，庞涓与孙膑开启了斗智斗勇"模式"。

孙膑的计谋还是原来的方法：在半路设伏，狙杀魏军。为了

---

① 司马迁：《史记》卷四十六《田敬仲完世家》："韩因恃齐，五战不胜，而东委国于齐。齐因起兵，使田忌、田婴（应为田盼）将，孙子为师，救韩、赵以击魏。"

让庞涓上当，孙膑命齐军在向大梁推进时，不断减少"灶台"，以造成齐军怯战逃亡的假象。因此，当庞涓率领的魏军回撤时，发现第一天，齐军的灶台还有十万个，到了第二天，灶台少了一半。到了第三天，齐军灶台变成了三万个。庞涓认定齐军在向大梁推进过程中，畏惧魏军，逃亡了不少士兵，有些得意洋洋。庞涓对诸将领说："我早就听闻齐军怯懦，想不到他们进入魏地才三天，就逃亡了一大半，这简直是天赐良机。"庞涓如此自信，也是对齐军的估量。因为齐军战斗力低下，在战国时人所共知。只是庞涓不知道，孙膑正是利用了外界对齐军的认知，打算将计就计，伏击庞涓。

到这时，实际攻打大梁的只是田忌率领的一部分人马，主力部队由孙膑等人率领，埋伏在马陵山谷，等待着魏军。《史记正义》说："濮州甄城县东北六十余里有马陵，涧谷深峻，可以置伏。"这是一个绝佳的设伏地带，道路狭窄，两边则是不规整的峻隘险阻。按照孙膑的估算，庞涓一定会对齐军紧追不舍。因此在天黑前，魏军骑兵定会赶到马陵，他们只需要静待即可。

果然，天刚刚暗下来，庞涓率领的魏国骑兵就赶到了马陵。而在庞涓没有赶到马陵前，孙膑已命人将马陵两旁的树木砍倒，剥去树皮，在树上写上了"庞涓死于树下"的谶语。

庞涓到了马陵山谷后，命人拿来火把凑近了看，才发现是诅咒他死的话。庞涓气愤之余又紧张起来，他预感到危机正在靠近。

紧接着，天空中飞过一阵紧过一阵的箭雨，射向了庞涓率领的魏军骑兵，让魏军登时大乱，到处逃亡、躲避。原来，孙膑预判了庞涓会用火把观看他命人写在树上的字，而庞涓的火把就是齐军进攻的信号。因此，魏军还没有反应过来，就被齐军射成了马蜂窝。

魏军掩护着庞涓躲避，但败局已现。两次栽在孙膑手中，让庞涓颜面扫地。如此失败，苟活着又有什么意义？即便活着，他该如何面对死去的魏军将士？如何面对魏惠王？最终，庞涓选择了挥刀自刎。临死前，他气愤地说："我用死来成就孙膑的名声。"

庞涓死后，魏军乱作一团，齐军乘胜追击，歼灭了魏军骑兵。之后，齐军又调转马头，攻向了正在行进中的魏军步兵。魏军步兵未曾探知消息，被齐军杀了个措手不及。此战魏军十万主力部队被齐军歼灭，魏国太子申也成了俘虏。

这就是马陵之战的经过。这一战，孙膑利用庞涓的"弱点"，让魏军损失惨重。魏国也因这一战兵力损失惨重，自此失去了霸主地位。而与之相对的是，东方诸侯齐国的崛起。①

对秦国而言，这一战让他们既振奋又震惊：诸侯国之间的斗争早已不是简单交手，有时一场战争可能会灭掉一国。假如面对齐军的不是魏军而是秦军，该当如何？当然，魏国的失败并非毫无益处，至少解除了对秦国威胁和压迫。魏国称霸时，秦国被压制在洛水以西，八十年不得东出。现在魏国惨败，短时间内很难恢复，秦国要乘机崛起。

---

① 司马迁：《史记》卷六十五《孙子吴起列传》："齐使田忌将而往，直走大梁。魏将庞涓闻之，去韩而归，齐军既已过而西矣。孙子谓田忌曰：'彼三晋之兵素悍勇而轻齐，齐号为怯，善战者因其势而利导之。兵法，百里而趣利者蹶上将，五十里而趣利者军半至。使齐军入魏地为十万灶，明日为五万灶，又明日为三万灶。'庞涓行三日，大喜，曰：'我固知齐军怯，入吾地三日，士卒亡者过半矣。'乃弃其步军，与其轻锐倍日并行逐之。孙子度其行，暮当至马陵。马陵道陕，而旁多阻隘，可伏兵，乃斫大树白而书之曰'庞涓死于此树之下'。于是令齐军善射者万弩，夹道而伏，期曰'暮见火举而俱发'。庞涓果夜至斫木下，见白书，乃钻火烛之。读其书未毕，齐军万弩俱发，魏军大乱相失。庞涓自知智穷兵败，乃自刭，曰：'遂成竖子之名！'齐因乘胜尽破其军，虏魏太子申以归。"

谁都明白，机会来了就应牢牢抓住的道理。那么，秦孝公与卫鞅会采取什么方式呢？

4. 王图霸业与功过是非

谋取魏国

前 340 年（秦孝公二十二年）春夏之交，北方的秦国还处在寒冷中，柳叶新芽，芳草露头。咸阳城外的百姓已忙碌起来，田地间多了百姓侍弄土地的身影。秦孝公会在天朗气清时，骑马外出。

往往这时候，卫鞅这位大良造就成了陪同。

有一天，秦孝公与卫鞅骑着马，走在田间地头。他们一起商讨着天下局势。这时候，卫鞅对秦孝公说："魏、秦两国的关系，仿佛人患上了心腹疾病，不是魏国兼并秦国，就是秦国吞并魏国。这是什么原因呢？因为魏国地处崇山峻岭以西，都城在安邑（大梁），与秦国以黄河为界，却独占了崤山以东的有利地形。形势有利，他们就会向西进犯秦国，形势不利，他们就转而向东扩张。如今凭着大王贤能圣明，使秦国繁荣。而魏国因与齐国作战失利，诸侯们大都背叛了魏国，我们可借此机会攻打魏国。若魏国难以抵挡秦国，必然向东迁移。而只要魏国东迁，我们就可趁机占据黄河、华山等重要地界。届时秦国就能向东扩展，控制诸侯国。这可是千秋伟业呀！"[①]

---

① 司马迁：《史记》卷六十八《商君列传第八》："其明年，齐败魏兵于马陵，虏其太子申，杀将军庞涓。其明年，卫鞅说孝公曰：'秦之与魏，譬若人之有（转下页）

卫鞅的这番话，令秦孝公神清气爽。这何尝不是他希望的呢？出兵不难，难在如何稳中求胜，步步为营。这次交谈，论证了东出已成为一种目标。而眼下秦国要筹划出一个绝佳方案，以最小的代价击溃魏国，最好能夺回河西河东之地。

当然，卫鞅的这番话其实存在一些"误解"。比如，此时的魏国都城在大梁，并非安邑。本书认为，应是司马迁在采纳史料时，引用了原文。但是卫鞅对天下形势的分析，应符合实际。

此后，秦孝公与卫鞅又展开了长时间论证，商议出了最佳方案。

这一次，卫鞅依然表示，他愿意领兵出征，夺回河西之地。因为秦国新法深入人心，再没有任何人任何力量能够破坏秦国新法撼动新法。最终，经秦孝公反复论证，同意卫鞅为秦国主帅，率领秦军攻打魏国。[1]

这是秦国第二轮变法以来，再次与魏国较量。与之前有所不同的是，在第二轮变法时，秦国建立了一支强大的精锐部队。截至目前，这支大军还没有开锋，魏军正好成为试验秦国新军的靶子。

卫鞅似乎要学楚庄王（一说齐威王），"不飞则已一飞冲天，不鸣则已一鸣惊人"。之后，卫鞅领着秦军一路开拔，到了双方国界线上。不过，到战国时，各诸侯国中多藏匿着列国密探，秦国也无法置身事外。秦国攻魏，早已是公开的秘密，因此，当秦军出动

（接上页）腹心疾，非魏并秦，秦即并魏。何者？魏居领厄之西，都安邑，与秦界河而独擅山东之利。利则西侵秦，病则东收地。今以君之贤圣，国赖以盛。而魏往年大破于齐，诸侯畔之，可因此时伐魏。魏不支秦，必东徙。东徙，秦据河山之固，东乡以制诸侯，此帝王之业也。'"

[1] 司马迁：《史记》卷六十八《商君列传第八》："孝公以为然，使卫鞅将而伐魏。"

时，魏国也在积极做着准备。当卫鞅到边境线上时，魏国戍卒早已严阵以待。

因庞涓已死，统领魏军的主帅换成了公子印。他是魏惠王的弟弟，一生风流倜傥，翩翩有度，完全符合战国时期公子的形象。很多书籍中把他描绘成不学无术的浪荡公子，并不符合史实。公子印和庞涓、公叔痤等人一样，成长于晋、魏交替之际，曾在西河学派求学，饱读诗书，胸中有丘壑，能指点江山，激扬文字。当初吴起受猜忌离开魏国后，公子印接替吴起，一直驻扎在河西。即便魏国与其他诸侯争霸时，公子印也一直驻守河西，可见魏惠王对公子印寄予厚望，十分信任。

由于这次秦军入侵，魏国在马陵之败的元气还没有恢复，唯有河西这股力量还在。现在，卫鞅来攻城，公子印责无旁贷。

当然，这里面还有更深层的原因：公子印曾经与卫鞅是好友。魏国高层可能预料到秦魏之间迟早要对决，而卫鞅又是秦国"变法大臣"，所以才早早设下公子印这条暗线，让公子印来面对卫鞅。

换句话说，魏惠王希望利用公子印与卫鞅的关系，解决魏国与秦国的纠纷。至少能在秦攻魏这件事上有转圜余地。这样一来，对秦、魏都是好的结局，毕竟开战就要损失兵员，消耗国力。

那么，这种背景下，卫鞅如何应对公子印呢？是不顾昔日友情痛击公子印，还是网开一面，重新与魏国建立新联盟？

智斗公子印

在叙述历史之前，先简单捋一下公子印（昂）的履历。前4世纪后半叶到3世纪前半叶，魏国经过李悝、吴起等人变法，成为战国时期最强大的诸侯。魏惠王继位后，公叔痤与魏国贵族联姻，成为继李悝、吴起等先贤之后最受欢迎的人。他凭借着自己的努力，一步步做到了宰相，并继续推动了魏国的强大。

公子卬曾经拜公叔痤为师，当时卫鞅就在公叔痤的府上做中庶子。不过由于公叔痤的身份和学识，卫鞅与公叔痤的关系更像师徒。当然，也是这层关系，让卫鞅和公子卬之间建立了良好的关系。一定程度上讲，他们师出同门。[①]

相传，卫鞅在魏国时与公子卬一直保持着匪浅的关系。后来，公叔痤去世，魏惠王没有重用卫鞅，卫鞅这才辗转到秦国，得到秦孝公赏识，成为推行变法之人。而公子卬作为魏惠王的弟弟，继续在魏国，跟着庞涓等人学习兵法，并逐渐在魏国成长起来。

吊诡的是，既然卫鞅与公子卬关系匪浅，为什么公子卬不向魏惠王举荐卫鞅？我们推测，大概魏惠王对卫鞅的"排斥"心理，使得卫鞅才无法在魏国有立足之地。否则，公子卬完全可以出力，举荐卫鞅在魏国任职。当然，不排斥卫鞅在魏国时，与公子卬交情较浅，卫鞅离开魏国后，他们也就断了联系。直到秦魏关系发生根本性转变，魏惠王才打算利用起公子卬与卫鞅"师出同门"这层关系。

庞涓第一次攻打赵国时，公子卬就跟随庞涓出征。桂陵之战发生时，公子卬也在军中，与庞涓一起被俘。楚国出面调解双方的关系后，魏惠王花费千金将公子卬赎回。公子卬回到魏国后，继续得到魏惠王的重用。此后，魏国休养生息，魏惠王授命公子卬为守河西，负责预防秦国在背后搞小动作。这是公子卬第一次独自承担这么重的担子。不过公子卬并不担心，他也算西河学派

---

① 吕不韦：《吕氏春秋·慎行·无义》："公孙鞅之居魏也，固善公子卬。"

的后辈之学。尽管他到河西时，西河学派已没落，但他学到了西河学派的精髓。

据说公子卬到河西后，效仿吴起等老一辈太守，整肃吏治，修筑城池，发展民生，劝农修武，兴学养士。他的很多举措得到了河西之地百姓的拥护。这也使得河西政治清明，社会风气持续好转。

公子卬还实施了一系列社会救济制度，对河西之地的老弱妇孺进行安置。因此，他在河西三年时间里，河西得到大治。

这样一个有才能的人镇守河西，即便秦军勇武，也不见得能讨到便宜。应当说，就个人能力而言，公子卬与卫鞅不相上下，只是魏国没有利用公子卬掀起变法。

以上就是公子卬的个人履历。

卫鞅这次带领秦军出兵，应也对魏国的河西部署进行了调查，弄清楚了公子卬的"内幕"。至少在卫鞅看来，秦军想要取得绝对胜利，还是要选择智取。若按照之前的打法，双方进行大军团对决，秦国新军不见得一定就是魏卒的对手。

卫鞅决定智取。

等卫鞅到了前线后，先给公子卬写了一封信，大致表达了这样的意思：我曾经与公子相交，关系匪浅。后来，我们各奔前程。如今，你我成为敌对国的将领，站在了对立面。我不忍心彼此相互攻伐，因此想与公子见面，重拾往日友谊，举杯畅饮，当面缔结和平盟约。然后各自撤兵，确保秦、魏两国能够相安无事。

这是一封邀请函，也是一封表露心迹的书信。公子卬看到书信内容后，相信了卫鞅真诚，接受了卫鞅的邀请，决定慷慨赴宴。事实上，面对卫鞅抛来的橄榄枝，有魏国将领曾劝阻公子卬。原因很简单，大国博弈，利益为先。但公子卬还是以"君子之腹"度卫鞅。[1] 当然，公子卬决定赴宴并非完全凭借他与卫鞅间的深厚的友谊，而是为了两国关系。

不久，公子卬果然只带着几个随从进入秦军大营。可能公子卬抱着这样的心态：我以君子度人，卫鞅必然也会以君子度我。卫鞅出营迎接，将公子卬迎进了自己的大帐。

两个人先"处理了公事"：订立了盟约，表明自此以后秦、魏和平相处，不再相互战争。这当然是公子卬需要的结果。

随后，卫鞅设宴招待公子卬一行人。酒席间，卫鞅与公子卬两人畅谈昔日友情，现场气氛热烈，不由感叹弹指一挥间，早已物是人非。

然而，这场宴会表面上看，毫无戒备的酒宴背后，却暗藏杀机。酒过三巡后，忽然从大帐里冲出了一群人，他们围攻了已有些许醉意的公子卬一行人，公子卬被秦军抓住，护卫公子卬的魏卒被杀。到此时，公子卬才明白，卫鞅给他摆了一道鸿门宴。此前的一切，都是假象。公子卬喧嚣不已，各种难听的词都从口中蹦出。

不过，任由他叫唤，也没有人听他的诅咒。抓了公子卬后，卫鞅令早已严阵以待的秦军偷袭魏军大营。魏军因事先没有得到任何风声，对秦军的忽然来攻毫无防备。因此，魏军遭到秦军的猛烈冲击，大败而逃。秦军追击数十里，斩杀魏军无数。[2] 战后，卫鞅命人押着公子卬回到了秦国。[3]

---

[1] 吕不韦：《吕氏春秋·慎行·无义》："于是将归矣，使人谓公子曰：'归未有时相见，愿与公子坐而相去别也。'公子曰：'诺。'魏吏争之曰：'不可。'公子不听，遂相与坐。"

[2] 司马迁：《史记》卷十五《六国年表》。

[3] 司马迁：《史记》卷六十八《商君列传第八》："魏使公子卬将而击之。军既相距，卫鞅遗魏将公子卬书曰：'吾始与公子驩，今俱为两国将，不忍相攻，可（转下页）

站在道德的高度看，卫鞅的这种做法，着实令人不齿。他利用公子卬对他信任，出卖了公子卬。徙木立信的卫鞅将信用看得比什么都重要，现在却为了夺取胜利，出卖友情，只能叹息人是复杂的动物，没有更加合理的解释。或许成年人的世界里，压根没有单纯的友谊，人会因时局的不同，变换自己的角色定位，遇到国家与国家的对决时，人也只能牺牲友谊，成全国家。

秦、魏这一战之后，魏国的实力迅速滑落下去。马陵之战尽管让魏国损失惨重，但河西基本还在魏国手中。更重要的是，魏惠王在河西留下了一支应付秦军的魏卒。而随着这次卫鞅偷袭，这支魏卒也损失十之五六。现在的魏国，到处都是隐患。不说争霸，能保住魏国固有疆域，已是祖宗显灵。

卫鞅取得成功后，并未继续攻打魏国。而是选择了向魏国施压，要求魏国主动交出河西之地。这当然是"不战而屈人之兵"。

魏惠王这个曾经霸主，已然变成了颓废的老头儿，面对新崛起的这帮诸侯，他毫无办法，只能妥协。卫鞅使诈诓骗公子卬之事，魏惠王懊悔不已，他捶胸顿足地表示，悔不该不听公叔痤的建议，杀掉卫鞅，才给魏国带来了这么大的灾难。不过悔恨归悔恨，现实还要魏惠王重新面对。在经过长时间心理斗争后，魏惠王表示愿意交出河西之地，与秦国共享和平。

魏惠王的识趣是秦孝公需要的，只是他也没想到，这次夺回河西之地，没有预想中的大费周章。卫鞅只是略略使用了一点计谋，就达到了目的。应当说，在夺回河西之地这件事上，卫鞅居功至

（接上页）与公子面相见，盟，乐饮而罢兵，以安秦魏。'魏公子卬以为然。会盟已，饮，而卫鞅伏甲士而袭虏魏公子卬，因攻其军，尽破之以归秦。"

伟。秦孝公也没有食言，他将商、於一带的十五座城邑封给了卫鞅。《史记正义》说："於、商在邓州内乡县东七里，古于邑也。商洛县在商州东八十九里，本商邑，周之商国。"同时，秦孝公还为卫鞅上封号商君，从此，卫鞅就变成了商鞅。[①] 秦国人也称其为商君，商鞅在秦国的地位达到巅峰。

孝公去世

河西之地回归秦国后，有那么一段时间，秦、魏两国保持着一种相对安稳的关系。秦孝公和商鞅正在想办法在河西之地推行秦法，让这里的民众学习秦法，从内心臣服秦国，永远变成秦国的子民。这项工作远非打仗那么容易，需要循序渐进，慢慢诱导。而河西的另外一些地方，魏国也迟迟不愿交割，相互之间还在扯皮。

不久，秦孝公又盯上了魏国。大概在秦孝公的意识中，只要魏国不灭亡，秦、魏之间的战争就远不会结束。河西之地本是秦人固有国土，魏国凭借着自己强势，从孱弱的秦国手中夺取。现在秦国强大了，收回故土理所应当。但夺回河西之地，还不足以显示秦国变法的优越性。接下来，秦国还要继续打击魏国，以彻底让魏国臣服。同时，秦国还要实施扩张行动，在大争之世时为秦国争得一席之地。

前 338 年（秦孝公二十四年）春，因身体欠佳，秦孝公没有带兵出征，而是遣人攻打魏国。领兵之人史料并无记载，但料想应是

---

① 司马迁：《史记》卷六十八《商君列传第八》："魏惠王兵数破于齐秦，国内空，日以削，恐，乃使使割河西之地献于秦以和。而魏遂去安邑，徙都大梁。梁惠王曰：'寡人恨不用公叔座之言也。'卫鞅既破魏还，秦封之于、商十五邑，号为商君。"

有百战经验的将领。秦军很快推进至秦魏边境要塞岸门（今山西省河津市南），并在这里击败了魏军，俘获了魏军主将魏错。[1]《秦本纪》中记载的是雁门，《史记索隐》对此做了注解："纪年云'与魏战岸门'，此云'雁门'，恐声误也。又下云'败韩岸门'，盖一地也。寻秦与韩、魏战，不当远至雁门也。"

大概这一战推进得非常迅速，以至于秦、魏两国都没有做好准备，战争就已结束。

对魏国而言，秦国进军是一场蚕食行动。魏国割让的河西部分地域并未换取秦国的同情心，反而加快了秦国吞并魏国的脚步。同年，秦国再联合戎、狄部落大荔戎攻打魏国郃阳（今陕西省合阳县东南）。[2]

面对这些欺凌行为，魏国能做的只有忍。当初魏国强大的时候，不也是这样对付秦国的吗？天下大势，只能顺势而为。苍老的魏惠王，不断接受着命运的捶打，在深宫大院中发出阵阵叹息。

这两次战役之后，秦、魏之间有了一段平稳期。魏惠王很担心秦国继续对魏国发动攻击，整日提心吊胆。不过，时隔不久，他就得到了一个惊天消息后，不再担心秦军攻魏。

从秦国传来消息说，秦孝公去世了。这个消息让魏惠王五味杂陈。可以肯定的是，随着秦孝公去世，秦国会因君主更替无暇顾及其他，短时间内自然也就不会攻魏。

秦孝公的确在这一年（前 338 年）去世了。据说秦军在攻打魏国时，秦孝公的病情已相当严重。但秦孝公不服输，在生病之际依

---

[1] 司马迁：《史记》卷五《秦本纪第五》："二十四年，与晋战雁门，虏其将魏错。"
[2] 司马迁：《史记》卷十五《六国年表》："二十四年，秦与大荔围合阳。"

然处置政务。比如，派出了大军攻打魏国，就是他的决策。大概秦孝公预感到将不久于人世，因此才迫不及待要在临终前完成他还未做完的事情。而秦军也没有令他失望，在这一年两战两捷。而就在秦国国力不断提升之时，秦孝公被死神带走。这或许就是宿命。

回顾秦孝公辉煌的一生，可圈可点处很多。他登基后，颁布了《求贤令》，网罗人才，表明要实现穆公霸业、收复故土的决心。这一切，在他与商鞅一起推动的变法中成为现实。而随着人生大目标的实现，秦孝公的生命也走到了尽头。

应当说，他为秦国的强大奉献了自己的一生。他的一生如履薄冰，他的一生兢兢业业，他的一生鞠躬尽瘁……可能所有的词语，都难以概括和总结秦孝公的一生。他是一个复杂的人，他的生命充满了苦难与悲情、奋斗与挫折。他无悔于自己的生命，无悔于自己的国家和子民。《战国策》中说，秦孝公在这一年病重，想传位给商鞅，但遭到了商鞅的拒绝。[1]

那么，这种记载的出现有没有道理呢？本书认为，完全有道理。这可能是秦孝公最后留给商鞅的一道枷锁。因为秦国经过二十多年变法，国家发生了翻天覆地变化，商鞅变法深入人心。朝野对商鞅也都很敬重（除去那些旧势力，以及触犯过律法的人还深深仇视新法），大家称呼他为商君。

不可否认的是，商鞅在秦人的心中比秦孝公本人还要高大。这种情形下，商鞅若有别的心思（顺势成为秦国君主），秦国政权必然被颠覆，田齐代齐、三家分晋的例子，历历在目。

这种结果当然不是秦孝公所希望看到的。与其这样，还不如以

---

[1] 刘向：《战国策·秦一》："孝公行之八年，疾且不起，欲传商君，辞不受。"

国家托付为诱饵，试探商鞅。因此，秦孝公以天下相托：不如你来做国君，带领秦人继续壮大。

商鞅自然不敢做此诛心之举。若那样，他的变法就显得动机不纯。退一步讲，即便秦孝公真有此心意，秦国的贵族们允许他成为新国君吗？虽然不可能，商鞅并非秦人。商鞅也意识到，这是秦孝公的试探，他心中五味杂陈，秦孝公的良苦用心他未尝不理解呢？只是令卫鞅失望的是，秦孝公依然不十分信任他。

商鞅很理智，拒绝了秦孝公托国，同时，商鞅还表示，会一直辅佐新君，直到他能彻底独立处置国政。秦孝公这才放了心，他相信商鞅不会负他。

秦孝公驾鹤西去，离开了他难以割舍的人世间。秦孝公去世后，太子嬴驷即位，是为秦惠文王。[①] 商鞅同秦国贵族一起辅佐新君登上了王位。

而随着秦孝公去世，秦国朝堂马上变得风云莫测。此时的秦惠文王已成年，有自己的主见。这种背景下，各种势力蠢蠢欲动。而商鞅将会面临怎样的命运呢？

新君旧臣

谁都清楚"一朝天子一朝臣"，商鞅和秦孝公的时代一去不复返。而随着秦孝文王继位，秦国已迎来一个新时代。

此时的秦国朝堂早已暗流涌动，变法大臣商鞅身陷囹圄，不得不为自己的出路着想。为什么这样说呢？因秦惠文王就是当年触犯

---

① 司马迁：《史记》卷六《秦始皇本纪第五》："孝公享国二十四年。葬弟圉。生惠文王。"

律法的小太子（可能是虚构）。他是第一个以身试法的人，如今他成为新的国君，商鞅还能留在秦国？商鞅推行新法，得罪了那么多守旧势力，他们难道不会寻机报仇？

还有个细节需要注意：早在秦孝公得病时，无法处置政务，在秦孝公的授意下，商鞅已代行君权，掌管军政。当时，各种矛盾已凸显出来。据说，从那时候起，秦国朝野议论纷纷，有多种指责商鞅擅权越位的声音。

这实际上是旧势力开始作祟（复辟）。秦孝公与商鞅强强联手推行变法时，他们不敢造次。商鞅推行变法，重组秦国原有国家结构，损害了他们的利益，他们也敢怒不敢言。随着秦孝公病重，秦国这驾马车一个轮子废掉，只有商鞅一个轮子，他们就打算拆掉这个轮子。就是说，在秦孝公病危时，贵族们认为报复的时机即将到来，开始秘密联络，寻找商鞅的罪证。

当时有个赵良的秦国人发现了这一"危机"。他找到商鞅，希望商鞅功成身退，否则引祸上身。但商鞅认为赵良危言耸听，或者说由于赵良人微言轻，商鞅并不听他的劝谏。[1]

且来看看《商君列传》中的记载。

赵良的生平，在《商君列传》中没有记载，只有一些他与商鞅的对话。不过，从这些对话中，能看得出赵良也是有学问之人，他说起话来头头是道。林剑鸣先生认为他就是秦国旧势力的代表。[2]

相传，赵良通过一个叫孟兰皋的人牵线，见到了商鞅。由于赵良在见商鞅之前，就表明自己劝谏的目的，商鞅因此对他怀有几分

---

[1] 司马迁：《史记》卷六十八《商君列传第八》："商君相秦十年，宗室贵戚多怨望者。赵良见商君。"
[2] 林剑鸣：《秦史稿》之《秦献公时期的改革和商鞅变法》。

好奇。

之后两个人就有了一次深入的谈话。商鞅先表示结交赵良的愿望："我们是通过孟兰皋牵线而相见的，现在我们能够结交了吗？"请注意，这里是商鞅主动结交赵良，而此时的商鞅已在秦国有非常高的地位，一般的人他是不愿结交的。由此可见，赵良也非泛泛之辈。①

当商鞅表达出自己的结交愿望后，赵良说了这样一番话："我不敢奢望与您交往。孔子曾说过：'推荐贤能，受到拥戴的人才会得到进用；招揽不贤，即便成就王道也会引退。'我本身没有多少才能，也不敢从命。我听到过这样的说法：'占据不该拥有职位叫作贪位，享受不该享有的名声叫作贪名。'若我接受您的邀请，就变成了我所说的贪位和贪名之人。因此我不敢与您结交。"赵良态度明确，表示他来见商鞅，并非借机抬高自己的地位。② 当然，赵良这番话有没有暗指商鞅也是他说的这种人呢？

赵良的言论让商鞅对他另眼相看。接下来，他们直接进入主题。商鞅说："您难道对我治理的秦国不满吗？"赵良没有直接回答这一问题，反而说："能够听不同意见叫聪，能进行自我反省叫明，能够克制自我叫强。虞舜曾说：'自谦之人会被人尊重。'若您不遵从虞舜的主张，您也不必再问我了。"③

----

① 司马迁：《史记》卷六十八《商君列传第八》："商君曰：'鞅之得见也，从孟兰皋，今鞅请得交，可乎？'"

② 司马迁：《史记》卷六十八《商君列传第八》："赵良曰：'仆弗敢原也。孔丘有言曰："推贤而戴者进，聚不肖而王者退。"仆不肖，故不敢受命。仆闻之曰："非其位而居之曰贪位，非其名而有之曰贪名。"仆听君之义，则恐仆贪位贪名也。故不敢闻命。'"

③ 司马迁：《史记》卷六十八《商君列传第八》："商君曰：'子不说吾治秦与？'赵良曰：'反听之谓聪，内视之谓明，自胜之谓强。虞舜有言曰："自卑也尚矣。"君不若道虞舜之道，无为问仆矣。'"

　　赵良此话一出，商鞅也不敢小觑眼前的这位年轻人。这时候，商鞅对自己"政绩"进行阐述："想当年，秦国落后，习俗和生活生产多与戎、狄类似，父子间没有区分尊卑，男女老少同住一个屋子。如今，是我推行变法，改变了秦国原来生活生产方式，制定出健全的制度，突出男女有别、分居而住，修筑了很多宫殿，将秦国打造得如鲁国、卫国一样强大，懂礼仪。您认为我治理的秦国与五羖大夫百里奚相比，谁更高明一些？"从商鞅的这些话语中，依然发现这样一种现象：到此时，商鞅依然对自己治理下的秦国沾沾自喜。①

　　赵良继续不卑不亢地表示："一千张羊皮也比不上一领狐腋毛贵重，一千个人附和抵不上一个人的直言相告。周武王身边因多直言之人而使国家昌盛，商纣王身边大臣不敢进谏而使国家灭亡。若您不反对周武王的做法，那就请允许我始终直言而不受责难。"商鞅表现出自己的大度："常言说，动听的话好比花朵，直言不讳好比果实，忠言逆耳好比良药，谄媚奉承就是疾病。若您始终能正色直言，对我来说就是治病良药。我愿意拜先生为师，先生何必推辞呢！"②

　　赵良没有直接回答是否与商鞅结交。但在接下来的对话中，他

---

① 司马迁：《史记》卷六十八《商君列传第八》："商君曰：'始秦戎翟之教，父子无别，同室而居。今我更制其教，而为其男女之别，大筑冀阙，营如鲁卫矣。子观我治秦也，孰与五羖大夫贤？'"

② 司马迁：《史记》卷六十八《商君列传第八》："赵良曰：'千羊之皮，不如一狐之腋；千人之诺诺，不如一士之谔谔。武王谔谔以昌，殷纣墨墨以亡。君若不非武王乎，则仆请终日正言而无诛，可乎？'商君曰：'语有之矣，貌言华也，至言实也，苦言药也，甘言疾也。夫子果肯终日正言，鞅之药也。鞅将事子，子又何辞焉！'"

对商鞅的人生轨迹做了预测，大致可以归纳为以下两点：

一、梳理百里奚生平事迹，肯定百里奚的功绩："百里奚原本是楚国乡下人，听闻秦穆公贤明就想要拜见，但由于路上没有路费，就把自己卖给秦国客商，一路上穿着粗布短衣，靠着喂牛生活。后来秦穆公知道了他的事迹，把他提拔上来，让他位于万人之上，秦国人没有反对。在他出任秦相六七年里，东伐郑国，三次拥立晋国君主，拯救过一次楚国。他在秦国发布政教，施行德化，使秦国不断强大起来，巴国也前来进献贡品。他又对诸侯施以德政，让秦国周围的少数民族都真心臣服。生活在犬、戎里的人才由余听闻百里奚的德政，叩关求见。百里奚虽贵为秦相，生活却相当节俭，疲劳不坐车，炎热不打伞。他走遍秦国却不用随从车辆，也不带武装防卫。他的功名载于史册、藏于府库，他的德行流传于后代。百里奚去世时，秦国上下痛哭流涕，小孩子不唱歌谣，舂米因悲伤而不喊号子。这就是五羖大夫的德行。[①]"

二、用百里奚对照商鞅，发现商鞅面临的隐患："当初您之所以能够见到秦孝公，是因秦孝公宠臣景监引荐，这不是为官正道。您辅佐秦孝公，应为百姓造福。但您却鼓动秦孝公建造宫阙（兴建咸阳宫），这非建功立业的做法。在推行刑罚时，对太子老师处以刑罚和黥刑，又用酷刑伤害秦国百姓，致使秦国对您的怨恨不断积

---

① 司马迁：《史记》卷六十八《商君列传第八》："夫五羖大夫，荆之鄙人也。闻秦缪公之贤而原望见，行而无资，自粥于秦客，被褐食牛。期年，缪公知之，举之牛口之下，而加之百姓之上，秦国莫敢望焉。相秦六七年，而东伐郑，三置晋国之君，一救荆国之祸。发教封内，而巴人致贡；施德诸侯，而八戎来服。由余闻之，款关请见。五羖大夫之相秦也，劳不坐乘，暑不张盖，行于国中，不从车乘，不操干戈，功名藏于府库，德行施于后世。五羖大夫死，秦国男女流涕，童子不歌谣，舂者不相杵。此五羖大夫之德也。"

累，迟早要酝酿成祸患。也正因如此，您让法令比国君的政令更深入人心，百姓响应法令的速度比国君的命令更为迅速，这就是危害呀！现在，国君病重，您又违背情理来树立权威，自作主张改变君主政令，这不是教化百姓的方法。同时，您又向南称君，用酷刑约束秦国贵族子弟。《诗经》上说：'连老鼠都懂得礼貌，人却不懂礼仪；人既然失礼，为什么不早点死呢！'或许这个引用不太恰当，但隐患的确存在。受刑的公子虔已八年闭门不出，您又杀死了祝欢，惩处了公孙贾。《诗经》上说：'得人心者兴旺发达，失人心者衰弱灭亡。'所列举的这些事，都是您在秦国不得人心的表现。您也清楚自己的处境，每次出行总是跟着全副武装的卫士。《尚书》有云：'依靠德行的会昌盛，依靠暴力的会灭亡。'眼下，您的处境已非常艰难，还会延年益寿吗？① 我认为，眼下最好的补救措施，就是将秦国分封给您的十五座城还给秦国，躲到一个边远的地方自耕自种。再劝说秦君重用隐居的贤士，赡养老人，抚恤孤儿；让国内臣民父兄相互敬重，用有功之人，尊有德的人。非如此，不能保证您的后半生平安。若您依然贪图商于富贵，独揽秦国大权，继续让百姓积怨，就会有很多人跳出来指控您，到时候，您的罪名还会

---

① 司马迁：《史记》卷六十八《商君列传第八》："今君之见秦王也，因嬖人景监以为主，非所以为名也。相秦不以百姓为事，而大筑冀阙，非所以为功也。刑黥太子之师傅，残伤民以骏刑，是积怨蓄祸也。教之化民也深于命，民之效上也捷于令。今君又左建外易，非所以为教。君南面而称寡人，日绳秦之贵公子。诗曰：'相鼠有体，人而无礼。人而无礼，何不遄死。'以诗观之，非所以为寿也。公子虔杜门不出已八年矣，君又杀祝懽而黥公孙贾。诗曰：'得人者兴，失人者崩。'此数事者，非所以得人也。君之出也，后车十数，从车载甲，多力而骈胁者为骖乘，持矛而操闟戟者旁车而趋。此一物不具，君固不出。书曰：'恃德者昌，恃力者亡。'君之危若朝露，尚将欲延年益寿乎？"

少吗?"①

赵良的分析鞭辟入里,句句都透露着为商鞅"着想",商鞅应将其视为醍醐灌顶的警示。本书认为,赵良的这些分析,应是真实的内容。法家的治国策略,是维护统治者的策略,只对君主利益负责。这就意味着商鞅会站在大多数人的对立面,用其他人的利益为国君谋取利益。如果商鞅是国君,这种集权集财或许能行得通,但他是变法大臣,就会将矛盾全部聚焦自身。

然而,有意思的是,这一次商鞅却不为所动,"商君弗从"。他可能认为赵良的建议,纯属杞人忧天。商鞅对变法深信不疑,却忽略了变法带给秦国的伤痛。

可能身在局中,难免弄不清楚自己的处境。这就是所谓的"当局者迷,旁观者清"。商鞅因此继续留在秦国,掌握实权。而这也注定商鞅的人生会是个悲剧,若他能急流勇退,应能实现功成身退。但面对荣华富贵,谁会心甘情愿地舍弃呢?

功过是非

秦惠文王即位后,旧势力蠢蠢欲动。商鞅也感受国家内部的暗流,一方面他也在想办法寻找弥补机会。毕竟此时,他已在局中;另一方面,他也做了"隐退"的措施。比如,老老实实回到封地,不再主动参与秦国政务。但,正如赵良所言,商鞅还是放不下荣华富贵,在封地继续过着衣食无忧的日子。

---

① 司马迁:《史记》卷六十八《商君列传第八》:"则何不归十五都,灌园于鄙,劝秦王显岩穴之士,养老存孤,敬父兄,序有功,尊有德,可以少安。君尚将贪商于之富,宠秦国之教,畜百姓之怨,秦王一旦捐宾客而不立朝,秦国之所以收君者,岂其微哉?亡可翘足而待。"

而正因他的这些举动，引发了秦国旧势力的反弹。他们对商鞅仇恨多年，内心积攒的愤恨，如火山爆发前的熔浆，已呼之欲出。

第一个跳出来的人是公子虔。或许他等待这一刻已等了多年，八年不出门，苦心孤诣，其间遭受的心灵折磨只有他自己清楚。现在，秦国更换国君，他的机会来了，他当然要复仇。公子虔气势汹汹，冲进了咸阳府衙，信誓旦旦状告商鞅谋反。咸阳令显然无法处置这种事，只能上报给秦惠文王。此时的商鞅正在封地商、於享受生活。而秦惠文王明知其中可能存在"构陷"，但他还是决定干涉这件事。未几，秦惠文王遣人追捕商鞅。

得到消息的商鞅或许会想起赵良的"警告"，但这一切都太迟了。谋反之罪自古以来都无解，他这是要栽在公子虔手里了吗？商鞅不想坐以待毙，选择了逃离。或许离开秦国，他就安然无恙了。

因此，商鞅迅速奔赴"边境"，做"出境"打算。

据说这时候还发生了非常奇异的一幕：当他到边境关口时，天色已沉，他打算住宿一晚，第二天再出关。然而，店主并不认识商鞅，需要他提供证明身份的东西，才能住宿。而作为逃犯的商鞅，怎么能提供这些东西呢？商鞅苦苦哀求，希望凑合一晚。店主人却表示，若住店之人不提供身份材料，就不能留宿，否则，按照秦律，店主会受到牵连。商鞅感慨不已，他竟然被自己推行的法令拒之门外。商鞅不得不在荒郊野外留宿一晚。

这种记载来自《商君列传》，应是司马迁参考史料时，引用了这一说法，不过这种记载有待商榷。因为这种故事的背后，透露的是一种"天理轮回""作茧自缚"的理念，不大符合实际。

实际情况可能是这样的：商鞅逃到秦国边境时，天色已晚，他趁着夜色逃出了秦国，逃亡到了魏国，打算在魏国寻找落脚处。

只是，令商鞅没想到，他在魏国遭受的待遇还不如秦国。据说，因当初商鞅欺骗了公子卬，致使魏军大败。因此，魏国上下对商鞅都怀有敌意。这次商鞅进入魏国避难，就遭受了驱赶。

我们认为，这种记载的背后，似乎还是"道德"谴责的影子，而战国时期诸侯国之间的斗争早已不讲武德，谁还在乎道德？所有的诸侯都在为利益奔波，哪怕做出一些令人不齿的行为，他们也毫不在意。

在魏国遭拒后，商鞅打算逃亡到其他国家去。但魏国人却生了坏心思，有几个人一起这样商量："商鞅是秦国的逃犯。如今秦国强大，秦国的逃犯到了魏国，就应将其遣送回去，免得引起秦国的嫉恨。"于是，魏国人捉住了商鞅，又将商鞅送回到秦国。入秦后，商鞅就重新潜逃到封地商於，纠集起一帮人到郑国寻求新的生路。

当商鞅一行人进入郑国后，秦国也得到了消息，秦惠文王遣人追到了郑国，在黾池杀死了商鞅。

即便如此，那些因商鞅新法遭受"迫害"的守旧势力依然"气不过"，不想放过商鞅。秦惠文王命人将商鞅的尸身从郑国带回，在咸阳秦国对商鞅的尸身实施了车裂。之后，商鞅族人也受到了清洗。①

分析这些记载，不合理处较多。比如，魏国人将商鞅送回秦国

---

① 司马迁：《史记》卷六十八《商君列传第八》："后五月而秦孝公卒，太子立。公子虔之徒告商君欲反，发吏捕商君。商君亡至关下，欲舍客舍。客人不知其是商君也，曰：'商君之法，舍人无验者坐之。'商君喟然叹曰：'嗟乎，为法之敝一至此哉！'去之魏。魏人怨其欺公子卬而破魏师，弗受。商君欲之他国。魏人曰：'商君，秦之贼。秦强而贼入魏，弗归，不可。'遂内秦。商君既复入秦，走商邑，与其徒属发邑兵北出击郑。秦发兵攻商君，杀之于郑黾池。秦惠王车裂商君以徇，曰：'莫如商鞅反者！'遂灭商君之家。"

后，商鞅的行踪理应暴露。事实却是，商鞅重新逃回商於，又从商於逃到郑国。到这时，秦国高层才得到了消息，派人诛杀商鞅。

司马迁对商鞅的人品一直不太看好，他评价商鞅是一个天性残暴又寡恩的人，认为商鞅是凭借着给秦孝公传授帝王之术得到重用。受到重用后，刑罚公子虔，欺骗魏将公子卬，还不听赵良的规劝，劣迹斑斑。①

作为写《史记》的太史公，对历史的把控自然高于常人。他笔下的人物，也都丰满有型。本书不敢说太史公对商鞅的批判有私心，只是希望在这里为商鞅略微辩白几句。

商鞅在秦国推行的变法的根源主要来自法家思想。商鞅苦心钻研李悝的《法经》，其实也是为了找到一种更符合秦国的经验。商鞅推行的变法，是以法家思想为基础，博采众长，再结合秦国实际，制定的一系列符合秦国实际的法令。

就是说，商鞅变法的根本，是要维护统治者利益，与儒家的一些思想实质是一样。说到底，变法是为了统治阶层服务。而这也就注定了法令与被统治者之间产生对立。《商君书》中将百姓称呼为"愚者""不肖者"与孔子的"民可使由之，不可使知之"立场一样。② 后世批评商鞅者，多站在被统治者的角度，自然就发现商鞅"全是错"，批评也就顺理成章。

应当指出的是，卫鞅之法并非十全十美之法，它只是符合秦国

---

① 司马迁：《史记》卷六十八《商君列传第八》："太史公曰：商君，其天资刻薄人也。迹其欲干孝公以帝王术，挟持浮说，非其质矣。且所因由嬖臣，及得用，刑公子虔，欺魏将卬，不师赵良之言，亦足发明商君之少恩矣。余尝读商君开塞耕战书，与其人行事相类。卒受恶名于秦，有以也夫！"
② 林剑鸣：《秦史稿》之《献公时期的改革和商鞅变法》。

实际的法令，具有优势，也同时有局限。比如他建立户籍制度的根本目的，是为了掌控百姓数量、掌控他们的思想动态，预防他们议论国政，确定赋税和徭役。比如他建立的军功制度，用人头换爵位，表面上看，是实行"爵制"改革，实际上，在战场上获取军功的贵族永远比普通民众容易。比如他抑制商业发展，有意阻碍秦国商业贸易发展，却架不住其他诸侯推进贸易对秦国的冲击……

若站在后世的角度看，商鞅推行的这些法令，在特定历史时期发挥出重大作用。但随着历史发展，长期坚持不更新就不见得能适应时代。到秦始皇统一全国后，商鞅推行的法令就成了秦人发展的巨大束缚。

这里需要辨析的是，商鞅推行变法并不能反映出其人品，他作为秦国主导变法的人，自然要站在统治者的角度，维护统治者的利益，与他本人是否刻薄并无多大关系。他重罚公子虔、欺骗公子卬都是为了秦国，并非为了自己。而作为执法者，他既然掀起变法，就是要他先得坚信法治，坚守律法。若他在推行变法的时候虎头蛇尾，无法做到公平公正，秦国的法还能推行下去吗？

反过来说，若按照司马迁的评价，以仁义道德为主，商鞅还能顺利在秦国推行变法吗？而事实证明，商鞅的变法对秦国国力提升有巨大裨益，因此秦国才一直坚持着，并让秦国一举成为战国时期最强大的国家。

总之，商鞅是个复杂的人，而后世从史料中看到的商鞅，可能只是一个扁平的人，并不完全契合真实的商鞅。这里不再进行更多辨析，只引用《史记索隐》的记载，作为评价商鞅的话，结束本章内容："卫鞅入秦，景监是因。王道不用，霸术见亲。政必改革，礼岂因循。既欺魏将，亦怨秦人。如何作法，逆旅不宾！"

第十二章

纵　横

击鼓其镗，踊跃用兵。土国城漕，我独南行。

从孙子仲，平陈与宋。不我以归，忧心有忡。

爰居爰处？爰丧其马？于以求之？于林之下。

死生契阔，与子成说。执子之手，与子偕老。

于嗟阔兮，不我活兮。于嗟洵兮，不我信兮。

——《诗经·邶风·击鼓》

1. 新国君老政策

政策延续

在未继承国君之前，有关秦惠文王的史料记载很少，唯一的一点，就是他"触犯"新法，掀起波澜。而这种成长的"空白"，让人很难对其性格特点做出准确的预判。[①]

不过，有一点可以肯定，那就是他成长的环境当非常优渥，衣食无忧，身边侍从前呼后拥，衣来伸手，饭来张口。他是太子，学业不会荒废，有专门的老师授课；他是继承人，有专人引导治国之道，对秦国的新法耳熟于心。

当然，这些是人生必修课，对于一位未来的国君，更是如此。不过，这些东西都是"间接经验"，而一个国家的"王"是需要被现实历练的。秦国历代有为国君生平多坎坷，被时代淘洗，充满各种苦难。但正是这些苦痛的成长遭遇，才让他们迅速成熟起来、强大起来，苦难磨砺了心智，成就了他们辉煌的人生。

秦惠文王虽在物质方面没有遭受磨难，但在他成长的时候，正是秦国经历由弱变强曲折蜕变的过程，其间的各种"破茧成蝶"既悲壮又痛苦，他见证了这些变化，印象深刻。

他看到父亲筚路蓝缕又矢志不渝的创业精神，由衷钦佩，并对他产生重要影响。若秦孝公长寿，可能还会继续推行东出与扩张的

---

① 司马迁：《史记》卷五《秦本纪第五》："鞅之初为秦施法，法不行，太子犯禁。"

壮举。他的人生充满了光辉时刻，也带着深深遗憾。秦惠文王应不止一次见到过秦孝公在艰难中的抉择、失落中的坚持、痛苦中的坦然……他把这一切都看在眼里，默默跟着国君学习，也默默理解君父的图强之心，并在心里暗暗立志，要光大父亲未竟之业。

直到有一天，秦孝公忽然去世，他自己被推上了君主之位，开始主宰已经强大的秦国，他忽然感受一种从未有过的慌乱。他固然忘不了秦孝公临终之时的殷殷嘱托，也无法抛却秦国历代国君东出的志向。

然而，现实终究是残酷的，是不以人的意志为转移的。刚刚继位的秦惠文王显得"太嫩"，王者风范还没有形成。

或许只有在现实的大火炉中淬炼，他才能成长为大秦的"王"。父亲去世时，他十六七岁。在一众贵族、大臣的拥护下，继承国君之位。他即位后，迎来的不是太平的国家，而是商鞅的"叛乱"。

这是时代交给他的第一道难题。

按说他没有处置这类事件的经验，完全陌生，甚至有些恐惧。他清楚商鞅在秦人心中的地位，那是一尊佛。只是，秦国也是他的国。他要实施超常规"动作"，才能稳定政局。当然，所谓商鞅"叛乱"，不过是老世族（守旧派）的一种示威与斗争。

而面对以公子虔为首的秦国旧势力，他选择了忍耐，并加入旧势力阵营中，对商鞅实施了车裂之刑。[①] 车裂在战国时期是大刑，非十恶不赦，不会招此祸端。而商鞅并非十恶不赦，只因变法损害了守旧势力的利益，这些人复仇心理迫切，诋毁商鞅。秦惠文王初

---

① 司马迁：《史记》卷五《秦本纪第五》："及孝公卒，太子立，宗室多怨鞅，鞅亡，因以为反，而卒车裂以徇秦国。"

为国君，君位不固，需要综合各种力量，巩固君权。

当然，最隐晦的是，商鞅的存在，会成为他"君位稳固"的最大威胁，毕竟商鞅在秦国"盘根"二十多年，树大根深。所以，秦惠文王利用旧势力，除掉了商鞅。

商鞅被杀后，秦惠文王消除了最大威胁，着手整顿国家内务。他清楚，窝里斗永远只会便宜仇人。秦惠文王明确表示，他将继续父亲走过的路、执行过的政策，推动秦国继续发展。这时候，包括公子虔在内的守旧势力才意识到，秦惠文王只是借他们之手除掉了商鞅，但并不想废弃商鞅之法。秦惠文王转嫁"罪孽"的做法，令这些守旧势力害怕，不敢再造次。

当然，新法是先君推行的法令，谁敢推翻？废除新法，意味着承认先君推行的法令是错的。秦惠文王不能做这等忤逆之徒。秦孝公没有错，秦法没有错，错在商鞅。如今商鞅伏法，一切当恢复如初。切不可效仿楚国，在吴起死后，就废弃了法令，导致国家又回到从前旧制度中，由强变弱。

秦惠文王深知变法是秦国强盛的法门，不能废除。尤其是商鞅推行奖赏军功的法令，激励了秦人。《史记集解》记载："商君为法于秦，战斩一首赐爵一级，欲为官者五十石。其爵名：一为公士，二上造，三簪袅，四不更，五大夫，六官大夫，七公大夫，八公乘，九五大夫，十左庶长，十一右庶长，十二左更，十三中更，十四右更，十五少上造，十六大上造，十七驷车庶长，十八大庶长，十九关内侯，二十彻侯。"[1]

这些爵位改革具有极大诱惑力，为秦国培养了一批批走上战

---

① 司马迁：《史记》卷五《秦本纪第五》。

场、不畏生死的勇士。不过，应当清晰地认识到，目前秦国还不够强大，而继续推行商鞅之法就是秦国强大的指南。秦惠文王若想带着秦人继续东出，还得用商鞅之法。

同时，秦惠文王也意识到，法令对农业方面的促进作用。这些法令激活了秦人的奋斗热情，让秦国也在短短二十年时间里，积攒了大量的财富。过去秦国落后，与没有先进的农业法令指导有很大关系。

这时候，秦惠文王还必须面对现实：秦法已深入人心，根深蒂固。即便他作为国君，想要废除新法也不是件容易的事情。在种种因素影响下，推行新法就是国富民强的最佳选择。因此，楚、韩、赵、蜀四国使者入秦，窥探秦国是否调整国策时，秦惠文王就明确表示，秦国会延续商鞅变法，基本国策不会改变。[1] 这一做法，也让天下看到了秦国的未来走向。

头几年秦惠文王一直在理顺内政，休养生息，训练军士。这给外界造成一种秦国向往和平安定的假象。之所以如此，是秦惠文王通盘考虑的结果。一方面秦、魏之间战争结束时间不长，商鞅刚被处死，国内需要稳定。另一方面，秦惠文王还未加冠，国内还有些政务他尚无法理顺，他也需要一个过渡期。因此，就有了相对安稳的过渡期。

前 336 年（秦惠文王二年）春，秦国继续实施商鞅新法，甚至推行了准备多时的"财政政策"：行钱。[2] 这里的钱就是秦半两，即外圆内方的铜钱。这是秦国走市场化的开始，钱变得越来越重要。

---

① 司马迁：《史记》卷五《秦本纪第五》："惠文君元年，楚、韩、赵、蜀人来朝。"
② 司马迁：《史记》卷十五《六国年表》："行钱。"

　　而正是秦惠文王如此高瞻远瞩，让周天子对其刮目相看。周天子再派使者，向秦惠文王恭贺即位。[①] 对秦惠文王而言，尽管周天子只是名义上的天子，但天子派使者恭贺总不是坏事，于是秦惠文王款待了天子的使者。

　　总之，这一时期，秦国内部安定，国家正从过渡走向稳定。而对面的邻居魏国情况完全相反，他们对秦国又惧又恨。

孟轲见梁惠王

　　这里需要将镜头切回到秦国的邻居魏国。也是这一年，魏惠王与齐威王在平阳南边举行隆重的会盟。[②] 《史记集解》引用《地理志》的观点，认为平阳是"沛郡有平阿县也"。那么，魏惠王为什么要与齐宣王会盟呢？众所周知，齐国在马陵之战中让魏国丧失了大量的精锐部队，双方仇恨已久。这时候，齐、魏两国忽然会盟，定有更为复杂的原因。

　　其实，所谓的更为复杂的原因，就是商议相王事宜。其中，必然有"对抗"秦国的意思，魏国一直与秦国"不对付"，他们宁可与仇人齐国结盟，都不愿与秦国亲近。

　　这次会盟双方谈论的具体内容，已不见于史料。不过，可以预想与齐国交好有关。会盟后，梁惠王与齐威王各自回了国。

　　这时候，魏国因在与诸侯作战中连续遭受失败，加上庞涓自杀，公子卬也因商鞅欺骗而郁郁而终，内忧外患。在内无人才辅佐，在外没有强大的盟友。魏国遭到诸侯孤立，魏惠王成为孤家

---

① 司马迁：《史记》卷五《秦本纪第五》："二年，天子贺。"
② 司马迁：《史记》卷四十四《魏世家第十四》："三十五年，与齐宣王会平阿南。"

寡人。

魏惠王不想持续让国家衰落下去，他先与齐国会盟，意在稳定外部环境。对秦国也在监测中，一旦发现有秦国入侵现象，他们会立即行动。所幸的是，秦国一直没有任何动静，这也给了魏惠王喘息之机。

魏惠王开始整顿内务。此时魏国急需一大批人才，振兴国家。因此魏惠王也效仿秦孝公，到处招募人才。他使用的策略是，用谦卑的礼节和丰厚礼品。

战国时期，列国之间伐交频频，给了人才成长创造了条件，各地流派众多，人才辈出。这些学有所成的才人，也在寻找施展自己的舞台。李悝、吴起、商鞅、申不害等人，都是这一时期的变法能臣，主导魏、楚、秦、韩等国变法，并取得了成功。魏惠王渴望遇到新的人才，重新让魏国强盛起来。

此后，魏惠王招纳贤能的消息不胫而走，很多人才都先后奔赴魏国，寻找施展才华的平台。大名鼎鼎的邹衍、淳于髡、孟轲等人也纷纷入魏，希望在魏国谋得一官半职。这些人才与魏惠王交流，商议强国之策，留下了一段段彪炳史册的佳话。其中，尤以孟轲的最为经典。需要注意的是，在很多史料中，孟轲称呼魏惠王为梁惠王。

据说梁惠王见了孟轲以后，对孟轲很礼遇。他对孟轲说："我本人不够贤德，国家军队三次遭受挫折，太子也被俘虏，上将军战死，国库空虚，祖先宗庙都蒙受羞辱。每每想起这些事，都令我深感惭愧。老先生不远千里，来到我们魏国，一定有使我国得到利益的高见吧？"

对于魏惠王的询问，孟轲却表示："国君不能谈论利益。君主想要得到利益，士大夫也会效仿，也想要得到利益。而士大夫想要利益，百姓也就想要利益。若大家都为了利益争夺，国家就会处于危险之中。作为一国国君，讲仁义道德就够了，为什么非要得到利益呢?"①

魏惠王不解孟轲的话。孟轲又说："一个拥有万辆兵车的国家，杀害国君之人一定是拥有千辆兵车的大夫；一个拥有千辆兵车的国家，谋害国君的人定是拥有百辆兵车的大夫。这些大夫分解着国家的国力，若国家有万辆兵车，他们就占据千辆；若国家有千辆战车，他们就占据百辆。表面上看，他们拥有的并不多。但实质却是道义为后利益为先，这些人得不到国君之位是不会满足的。我认为，只有讲仁义的人才不会抛弃父母，不会抛弃国君。因此说，国君要施行仁政，讲仁义而不要只讲利益。"②

以上这些内容选自《孟子·梁惠王》，体现的是儒家"仁政"思想。有名的"五十笑百步"等典故，也是产生于这一时期。魏惠王问政于孟子的原文太长，这里不再选载。

需要说明的是，自魏国式微后，魏惠王开始醒悟，他打算重新整顿国家。但人才难得，魏惠王再难遇到李悝、吴起等这样的改革大臣。魏国经过数十年的衰败，很难再中兴。有真才实学的人，也不愿到魏国来。

---

① 司马迁：《史记》卷四十四《魏世家第十四》："惠王数被于军旅，卑礼厚币以招贤者。邹衍、淳于髡、孟轲皆至梁。梁惠王曰：'寡人不佞，兵三折于外，太子虏，上将死，国以空虚，以羞先君宗庙社稷，寡人甚丑之，叟不远千里，辱幸至弊邑之廷，将何利吾国?'孟轲曰：'君不可以言利若是。夫君欲利则大夫欲利，大夫欲利则庶人欲利，上下争利，国则危矣。为人君，仁义而已矣，何以利为!'"
② 《孟子·梁惠王上》。

而孟子的"仁政"学说虽对稳定国家有一定作用，但并不能解决魏国的实际问题，因此魏惠王没有认可孟子的学说。孟子不甘心，常驻魏国大梁，希望再次说服梁惠王。但他的思想最终也没有被魏惠王认可。这其实很好理解，魏惠王需要的是使魏国强大的变法，不是仁政思想。在春秋战国时代，儒家的"仁政"已被证实，非强国思想。孔子一生都在传播仁政思想，但直至去世，他都没有被君主认可，就是这个道理。孟子失望地离开了魏国。

之后，魏惠王又重点关注淳于髡。他曾听传闻说，淳于髡学识渊博，是先贤圣人，便想退而求其次，见识一下淳于髡。因此，在孟子那里没有得到想要的治国方略，魏惠王决定见淳于髡，听听他的治国思想。

不久，淳于髡被召见。魏惠王给淳于髡赐座，端上茶水后，淳于髡却一言不发。这让魏惠王非常奇怪，他说："有人说你才艺出众，比管仲、晏婴还要有学问，但你为什么见了我连一句话都不说呢？难道我不值得与你谈谈吗？"淳于髡这才说："我不说话有两个原因。之前我已被召见两次，第一次拜见大王时，大王想着别人献给自己的良驹，没有主动与我交谈；第二次拜见大王时，大王想着各地进献给自己的舞姬，无心与我谈话。我想，既然大王不想与我探讨，我还有什么可谈的？"

魏惠王听了淳于髡的话后，回忆起了往事，觉得淳于髡说得有道理，就略带歉意地说："正如先生所言，是我怠慢了先生。"看到魏惠王的致歉态度诚恳，淳于髡开始与魏惠王谈论天下事。据说两个人一连谈论了很多天，都不知疲倦。不过，淳于髡只是给魏惠王提出一些治国理政的思想，可能依旧难以解决魏国的问题，因此也未成为魏惠王振兴魏国的人才。

最终这一批来魏国的人才，都没有帮助魏惠王解决国内存在的问题。魏惠王也只能继续寻找新的人才。在这种背景下，魏国持续衰落。其实，魏国的问题在魏惠王，而非缺乏人才。只是魏惠王始终不悟，与淳于髡的对话中，就能看出他对人才态度的三心二意。

徐州相王

前 335 年，秦惠文王年满二十岁，到了加冠年纪。这一年的春夏之交，秦国为秦惠文王举行了隆重的加冠礼。[①] 这也意味着，秦惠文王正式成年，自此之后他将对自己的行为负责。不管是与他国的邦交事宜，还是向外发动战争，他都能自己独立决定。《六国年表》载，在秦惠文王"亲政"之初，就遣人向韩国宜阳发动了攻击，还夺取了宜阳。[②]

也是这一年，魏惠王和齐威王在甄邑举行会盟，重申两国关系。秦国没有参与这些会盟。[③]

魏国与齐国频频会盟，自然是为抵制秦国，因此才没有通知秦国。换句话说，此时的秦国随着变法大成，已成为诸侯孤立的对象。而木秀于林风必摧之是常态。尤其对魏国而言，秦国的强大让他们寝食难安，他们已不是秦国的对手，也不愿与秦国做友善的邻居。因此魏惠王主动向齐威王示好，得到了齐威王的认可。中原的一些小诸侯国也惧怕秦国（或者不愿与秦国结交）。故而，在魏惠王的联合下，他们纷纷倒向了齐国，试图通过支持齐国来对抗秦国。

这种会盟，与春秋时期的会盟已完全不同，更多体现出"合

---

① 司马迁：《史记》卷五《秦本纪第五》："三年，王冠。"
② 司马迁：《史记》卷十五《六国年表》："攻取韩之宜阳。"
③ 司马迁：《史记》卷四十四《魏世家第十四》："三十六年，复与齐王会甄。"

纵"之意，而非尊谁为盟主。

秦惠文王清楚其中原因，既愤慨又无奈，又只能采取容忍的态度。

有意思的是，诸侯们在孤立秦国，周天子却一如既往地与秦国交好。秦惠文王四年（前334年），周天子派使者入秦，将祭祀周文王、周武王的胙肉送给了秦惠文王，从天子的角度再次声援秦国。这种格局的形成，更加体现出"国际形势"的复杂性。另外，天子送胙肉这件事，在考古学上也有依据，出土于陕西户县的《秦宗邑瓦书》中有这样的记载：

> 四年，周天子使卿大夫辰来致文武之酢（胙），冬十壹月辛酉，大良造庶长游出命曰：去杜才（在）酆邱到滴水，以为右庶长歜宗邑。乃为瓦书。卑司御不更顝封之，曰：子子孙孙以为宗邑。顝以四年冬十壹月癸酉封之。自桑□（郭）之封以东，北到桑匽（堰）之封，一里廿辑。大田佐敫童曰未，史曰初。卜□（蛰），史□（羁）手，司御心，志是霾（埋）封。[1]

显然，司马迁的时代是看不到《秦宗邑瓦书》的。与此同时，我们也能从《秦宗邑瓦书》中窥得见商鞅变法时秦国爵制改革的影子。[2]

之后，为了进一步抑制秦国扩张，以魏、齐为首的诸侯，又联

---

[1] 陈直：《秦陶券与秦陵文物》，《西北大学学报》（哲学社会科学版），1957年第1版。

[2] 刘三解：《秦砖：大秦帝国兴亡启示录》，第四章《军功授爵制的幻梦》第三节《摸不到的"分封制"》。

合中原小诸侯国，打算来一场大会盟，以彻底孤立秦国。与之前的会盟相比，这次会盟显得规模更大。这就是历史上有名的徐州相王。①

　　具体经过是这样的：魏惠王召集中部地区的一些小诸侯国，与齐国在徐州会盟，建立起政治同盟关系。魏国和小诸侯国尊称齐威王为王，齐国也尊称魏惠王为王。这种"尊王"行为与春秋时期称霸不同，不再有唯一的霸主，相互之间"对称"。而这种互相称王的做法，有僭越之意，与天子"试比高"。

　　当然，这次相王事件，可以看作诸侯会盟的转折点。春秋时期，尽管诸侯会争霸，却也只是尊王攘夷，霸主也不称王，天子会给实际的霸主赐"伯"。进入战国后，各地称王的现象层出不穷，天子成为摆设。而这次徐州相王，更加体现了魏惠王和齐威王齐头并进的局面。尽管这只是名义上的王，但也对周王朝以及当时诸侯的影响巨大。天下出现了三王并立的局面，周王朝彻底衰微，成为摆设。这就能理解为什么周王朝不断派出使者，给秦国送祭祀的胙肉。归根结底，也是为了维护自己的地位。

　　秦惠文王对于齐、魏两国相互尊王，予以听之任之。实际上，秦国也无可奈何：一方面秦国不在邀请之列，另一方面秦惠文王也想称王，有跻身于强大诸国的欲望。因此，这时秦惠文王有些"吃不到葡萄"的酸楚感。

　　有意思的是，齐威王、魏惠王相王结束后，并未立即回国，而是选择了一起打猎，进一步巩固两国关系。

　　齐威王留下魏惠王，大概是为试探魏国的实力以及魏惠王对齐

---

① 司马迁：《史记》卷五《秦本纪第五》："四年，天子致文武胙。齐、魏为王。"

国的真实态度。因此，在两位大王打猎的时候，双方有一段相互试探的对话，反映出战国时代诸侯间"互不信任"的心态。

魏惠王对齐威王说："齐王难道没有珍宝吗？"齐威王不明所以，回答魏惠王说："我没有珍宝。"魏惠王又说："像我们魏国这样的小国，也有直径一寸的夜明珠。这种夜明珠能照亮十二辆车。我们有十颗这种夜明珠。齐王作为拥有万乘之国的大王，怎么会没有宝物呢？"齐威王微微一笑，有点轻蔑地说："我理解的宝物与魏王理解的不尽相同。我有个臣子叫檀子，我派他守卫南城（方）。而我们有这样勇武的人，楚国就不敢进犯，到处掠夺，泗水一带十二国诸侯也会来朝见我；我还有个臣子叫这盼子，也是个勇武之人。我派他守卫高唐，如此一来，赵国人就不敢到东边的河流中捕鱼；我还有个官员叫黔夫，我派他守卫徐州，保证了徐州的稳定。燕国人知道我们守卫着徐州，就会派人到北门来祭祀，以求得平安。赵国人就会到西门来祭祀，以求得平安。而追随黔夫的人有七千多家，也都跟着他到了徐州安家落户；我还有个臣子叫种首，很有智慧。我曾派到处巡防，预防盗贼作乱，在他的治理下，国都路不拾遗。对我而言，这些人才是齐国的珍宝。"①

---

① 司马迁：《史记》卷四十六《田敬仲完世家第十六》："威王二十三年，与赵王会平陆。二十四年，与魏王会田于郊。魏王问曰：'王亦有宝乎？'威王曰：'无有。'梁王曰：'若寡人国小也，尚有径寸之珠照车前后各十二乘者十枚，奈何以万乘之国而无宝乎？'威王曰：'寡人之所以为宝与王异。吾臣有檀子者，使守南城，则楚人不敢为寇东取，泗上十二诸侯皆来朝。吾臣有盼子者，使守高唐，则赵人不敢东渔于河。吾吏有黔夫者，使守徐州，则燕人祭北门，赵人祭西门，徙而从者七千馀家。吾臣有种首者，使备盗贼，则道不拾遗。将以照千里，岂特十二乘哉！'梁惠王惭，不怿而去。"

齐威王这一番话，让魏惠王非常惭愧，再也不说自己的珠宝了。不久后，魏惠王很悻悻离开了徐州，回到了魏国。而齐威王也回到了齐国，徐州相王至此告一段落。

秦惠文王可能没有得到这些内幕，但他对齐、魏相王很气愤，因为他没被邀请。不过，秦惠文王还是选择忍耐。因为他清楚，魏国如此做，就是为了提防秦国。而秦国虽然强大，也能对魏国实施进攻，但此时的魏国，还有一定的家底，秦国想要一举消灭魏国，还不具备实力。

更重要的是，目前还没有诸侯对大国发动过灭国战，而一旦秦、魏彻底交恶，掀起灭国之战，届时其他诸侯不会坐视不理。他们会选择站在魏国的一边，为秦国制造难以预料的困难。所以，认清现况后，秦惠文王认为，秦国需要等待时机，慢慢蚕食魏国。

公孙衍

秦惠文王耐着性子一边处置国政，一边在寻找治国人才。而眼下秦国还是有几个人可重用的，比如他的弟弟樗里疾（一说樗里子）。当然，秦惠文王还需要找一个托付国家大任的人，就像父亲时代的商鞅一样，将国家托付给他，让他来治理秦国。樗里疾显然还不是这种大才。

不久，一个阴晋人进入了秦惠文王的视野。这个人复姓公孙，单名一个衍字。《史记集解》中说："犀首，官名。姓公孙，名衍。"需要注意的是，战国时期，人才流动频繁，对士人而言，谁重用他就为谁效力。跟爱国不爱国没有直接关系。

按照史料记载，公孙衍最初在魏国为官。可能在魏国为官时，并未得到魏惠王的赏识，一生才学都无处可使。最终，他选择了投奔秦国，并参与了秦孝公时代的河西之战。不过，秦孝公时期秦国有很多帅臣，公孙衍又年轻，光芒被遮蔽，也没有得到更高的爵位。而随着公孙衍在河西长久任职，他的才能也日渐表现出来。等商鞅这一茬秦国老臣相继离世后，公孙衍就逐渐成为重要的人才，被秦惠文王发现。

前 333 年（秦惠文王五年）春，在对公孙衍进行全面考察后，秦惠文王授予公孙衍大良造之位——变法时代，商鞅曾担任此职。而公孙衍此前在魏国的职位是犀首，官职并不高。《韩非子·外储说右上》中说："犀首，天下之善将也，梁王之臣也。"

将公孙衍提升为大良造，足见秦惠文王对公孙衍的赏识。公孙衍一定在某一方面有过人之处，所以秦惠文王才力排众议，将他放在了大良造的位置上。任何时候，都没有无缘无故地被重用。

只是这一时期，公孙衍出色的政治能力并无史料记载，或者说他的政绩并不特别突出。可能公孙衍因出自纵横家，总能做一些秦惠文王满意的工作，讨论这些纵横捭阖的高论，才得到了大良造的爵位。[1] 相较于法家的务实，秦惠文王更喜欢纵横家，这从他重视苏秦、重用张仪的事迹中能窥见一斑。当然，商鞅推行的法令，依然是秦国强大的基础。

之后，公孙衍开始在秦国主政，并与秦惠文王一起关注天下的格局，试图在新的岗位上做出更大努力。

此时，随着徐州相王已结束，齐、魏两国保持了相对稳定局面。而南方的楚国，却隐患重重。

从史料记载分析，这一时期齐、楚之间常有摩擦，却与秦国少

---

[1] 司马迁：《史记》卷五《秦本纪第五》："五年，阴晋人犀首为大良造。"

有战争。这在战国初期到中期，堪称奇迹。徐州相王时，楚国也没有参加，大概也是因为与魏、齐两国相处不融洽，他们才没有邀请楚国。

齐楚纠葛

前333年，齐、楚再次发生矛盾，关系持续恶化。原因是齐国孟尝君田文的父亲田婴欺瞒了楚国，引发了楚威王的不满。《史记集解》说："时楚已灭越而伐齐也。齐说越，令攻楚，故云齐欺楚。"

这里简单对两国交恶的内幕做一分析。

这些年来，齐威王与田婴的关系一直很暧昧。田婴是田氏一族重臣，到齐威王时，受到了重用。田氏因此发迹，一些人才也开始冒头。后来，因田婴参与齐魏马陵之战，功业巨大，齐威王决定将薛地封给田婴。

这本是齐国"内务"，但齐威王的做法让楚威王感到了危机。他认为田婴受重用，等齐国强大，必然威胁楚国。因此，他对齐威王给田婴封薛地的事情很不高兴，有意干涉齐国内政。据说楚威王还打算遣人攻打齐国，希望通过武力的胁迫，让齐国放弃给田婴封薛地。

本来是齐国内政，因楚国的加入而变得复杂。田婴得到消息后非常震惊，他既不想失去封地，也不想因此惹上祸端。他召集身边的智囊团商议对策。这时有个叫公孙闬的人说："齐王最终是否给您薛地，不在于齐国，而在于楚国。我愿意劝说楚王，让他不要再阻止，促成齐王将薛地分封给您。"田婴相信了他，把一切希望都寄托在公孙闬身上。

公孙闬到楚国以后，就对楚威王说："鲁、宋亲楚国而齐国不亲楚国，是因齐国强大。大王为什么只看到弱小的鲁国、宋国臣服对楚国有利，却看不到强大的齐国对楚国有威胁呢？若齐国将薛地分封给田婴，会让齐国因分封土地而实力减弱，大王您为什么要阻拦齐王给田婴分封薛地呢？"楚威王听了公孙闬的话后，觉得有几分道理，便不再阻拦齐威王封分薛地给田婴。之后，齐国就将薛地分封给了田婴。①

田婴得到薛地后，继续与齐国保持着良好的关系。楚威王才发现自己上了当，因此打算征讨齐国。

之后，声势浩大的楚军向北移动，直逼齐国边境徐州。不久，楚军就推进到了徐州一带。齐威王前不久曾在这里举行过相王，想不到引来了楚国的攻打。驻守在徐州的齐军难以抵抗楚军，最终被楚军击败。

齐国吃了败仗后，也不敢与楚国再对决，向楚国示弱。楚威王凭借着强大的军事实力，让齐国低下了头。之后，楚威王派遣使者入齐，勒令齐威王将田婴驱逐。

这个变故让田婴再次陷入惶恐之中。他的存在怎么能让楚威王如此不安呢？他到底做错了什么呢？

楚国的施压，齐威王也很为难。看来田婴必须离开齐国。有意思的是，不久事情就有了转机。

原来，楚威王身边的官员张丑曾得到过田婴的好处，这时他故意骗楚威王说："大王您之所以能在徐州战胜齐军，是因为齐军没有

---

① 刘向：《战国策·齐策一》："齐将封田婴于薛。楚王闻之大怒，将伐齐。齐王有辍志。公孙闬曰：'封之成与不，非在齐也，又将在楚。闬说楚王，令其欲封公也又甚于齐。'婴子曰：'愿委之于子。'公孙闬为谓楚土曰：'鲁、宋事楚而齐不事者，齐大而鲁、宋小。王独利鲁、宋之小，不恶齐大，何也？夫齐削地而封田婴，是其所以弱也。愿勿止。'楚王曰：'善。'因不止。"

重用田盼子。齐国人都知道田盼子对齐国有功，百姓们也都愿意为他驱使。而田婴没有知人善用，却使用了申纪。申纪在齐国名声不好，大臣对他不亲，百姓也不愿为他效力。因此大王您才会取得胜利。如今您一旦驱逐了田婴，齐王就会重用田盼子。到时齐王听取田盼子的建议，整顿兵马，再次与楚国交战，必然给楚国带来麻烦。"楚威王思谋良久，认为张丑的话有道理。最终，楚威王放弃给齐国施压，齐国也就再没有驱逐田婴。①

当然，这只是《史记》的部分记载，可能真实的历史更加曲折，但能留给我们的，也只有这些内容了。《战国策》《吕氏春秋》《资治通鉴》也都有记载，内容大同小异。

对于齐、楚之间的这些纠葛，秦惠文王持以旁观者的态度。毕竟这些战事影响不了秦国的发展，秦国也很难直接干涉齐、楚两国的"内政"。对于魏国，秦惠文王就没有这么冷静。事实上，秦惠文王一直在等待着机会，试图再削弱魏国。

不久，这个机会来临了。

前333年，赵国赵肃侯率部攻魏国，包围魏国的黄城（今河南省安阳市内黄县西）。魏惠王组织魏军抵抗赵国，双方进入了僵持阶段。② 秦惠文王得知赵国攻魏的消息后，也跃跃欲试，打算趁机对魏国用兵。

---

① 司马迁：《史记》卷四十《楚世家第十》："七年，齐孟尝君父田婴欺楚，楚威王伐齐，败之于徐州，而令齐必逐田婴。田婴恐，张丑伪谓楚王曰：'王所以战胜于徐州者，田盼子不用也。盼子者，有功于国，而百姓为之用。婴子弗善而用申纪。申纪者，大臣不附，百姓不为用，故王胜之也。今王逐婴子，婴子逐，盼子必用矣。复搏其士卒以与王遇。'楚王因弗逐也。"
② 司马迁：《史记》卷四十三《赵世家第十三》："十七年，围魏黄，不克。筑长城。"

2. 秦魏之战

秦魏阴晋之战

公元前 332 年（秦惠文王六年）春，沉寂六年的秦国决定再启扩张之路。为此，秦惠文王准备了六年时间。在这六年时间里，他一方面在内修政务，一方面养精蓄锐，观看天下大势。到这时，秦国内部安定，军队的更新换代工作也已完成。

为了让扩张准备事宜更加充分，秦惠文王召集高层开会；商议扩张行动。在这次朝议中，朝臣们各抒己见。大良造公孙衍认为，秦国想要向东发展，首先要解决的是秦魏关系。眼下，秦国应集中兵力对魏国实施打击，夺取魏国领土。非如此，不能蹚出一条大道。

公孙衍的建议得到秦惠文王的认可，也得到了秦国朝堂绝大多数人的认可。因此，在这次会议上，秦国开始筹划攻打魏国事宜。

紧接着，一份部署图就制定了出来。之后，秦国开始调配兵力，准备攻魏。据说，为了让首战取得实质性胜利，秦惠文王派出公孙衍领兵出征。

这次，秦国选择进攻的地方是魏国的阴晋。《史记集解》认为阴晋是"今之华阴也"。这里是公孙衍的故乡。阴晋曾属秦国，在魏国强大时，从秦国手中夺得。当年，吴起就是在这里，用五万魏卒方阵击败了秦国五十万大军。阴晋之战也成为秦国最为耻辱的一战，却成全了吴起的名声。此后，秦国将夺回阴晋作为既定目标。

秦孝公时期，秦国致力于变法，与魏国的战争相对较少。秦惠文王作为继任者，接手了富强的国家，自然也要承接秦国的扩张目标。而所有的屈辱、荣耀都要通过战争来实现。所以阴晋之战表面上看，是攻打魏国，实际上是雪耻。当年吴起怎样捶打秦人的，公孙衍就要以同样的方式拿回来。当然，对公孙衍而言，这一战也至关重要，扬名立万在此一举。此前的战争，他多充当配角。

旋即，公孙衍指挥秦军对阴晋发起了攻击。战场还是原来的战场，人却不再是原来的人。魏卒方阵还在，战斗力却大不如前。而秦国新军战斗力暴增，秦、魏双方军一交手，魏军就感受秦军的压力，不得不向后撤退。而秦军则乘胜追击，诛杀了很多魏军。最终，魏国乖乖将阴晋之地交还秦国。而秦国得到此地后，立即对该地进行更名。《秦本纪》载："六年，魏纳阴晋，阴晋更名宁秦。"而随着秦国对阴晋地区更名，这个地方也就彻底属秦国所有。以后，这里不再叫阴晋，而叫宁秦。

魏国将阴晋割给秦国后，秦、魏之间并未因此保持长久的和平。割让阴晋，在秦魏战争历史上只是个开始，秦国的目标很远大，他们不可能因得到一个小小的阴晋就满足。秦惠文王一直记挂着河西之地，因为那才是秦国的故土。秦惠文王要彻底击溃魏军，夺回被魏国占领数十年的河西之地，完成父亲的未竟之业，才肯暂时罢休。

这里对河西之地尚需做一注解。商鞅变法后期，为了试探变法对秦国的综合国力的提升，卫鞅曾率部攻打魏国，并利用计谋，诓骗了公子卬，勒索魏国河西之地。魏惠王也答应将河西之地割让给秦国。然而，在后期的交涉上，魏国只是名义上将河西割让给了秦国，河西的人口、土地等这些都没有交给秦国。秦国得到的河西不过是空头支票。后来随着秦孝公、商鞅先后死去，河西之地又成了争讼不休的地方。秦国索要，魏国不给。秦惠文王即位之初，有许多事务需要处置，暂时也搁置了河西之地的所属权问题。

到公孙衍攻打阴晋，才打破了秦、魏间的动态平衡，重新将河西的纠纷摆在了战争的桌面上。这一次，秦国对河西志在必得：给也得给，不给也得给。

秦军雕阴破魏军

为了彻底拿回河西，秦惠文王在占领阴晋之地后，先"以礼待人"，继续命人索要河西之地——毕竟这是魏国答应给秦国的。魏惠王自然不乐意，无缘无故就割让整个河西，等于是从魏国身上割下一块肉。

更重要的是，河西作为秦、魏缓冲地带，一旦被秦国占领，魏国西部就暴露在秦军的攻击之下。所以，这时候魏惠王明知理亏，但还是以各种借口为推脱，拒绝将河西之地交给秦国。

索要土地遭到魏国拒绝，给了秦国机会和口实。既然魏国不给，秦国只能强取。秦国高层一致认为，为今之计，也只有用武力逼近，以绝对的军事实力碾压魏军，或许才能让他们双手奉上河西之地。

不过，就如何取，又难住了秦惠文王。他问计于公孙衍。公孙衍提出先攻打魏国雕阴（今陕西省甘泉县寺沟河）的计划。而公孙衍提出的这个计划，与秦惠文王的想法不谋而合。

为什么要选择这样一个地方？原因还要追溯到十几年前。

前359年（秦孝公三年），当时秦国国力衰微，秦孝公刚刚与商鞅掀起变法。而魏国综合国力强。那时候，魏国就意识到雕阴的重要性，遣龙贾沿着华阴县到上郡（今陕西省榆林鱼河堡）修筑了一条长城，应对秦国的骚扰。这条长城修筑好后，魏国又在雕阴修筑了一座预防秦军入侵的城池，屯兵数万，应对秦国的可能入侵。从此之后，雕阴就仿佛楔子一般，深深嵌入秦国，阻碍了秦国东出，也为魏军戍边提供了屯兵、屯粮的地方。秦孝公时代，雕阴一直有魏军重兵把守，秦军无法夺回。现在，秦军想要夺回河西，就得先拔掉阴晋这颗钉子。①

于是，前331年（秦惠文王七年）夏，秦军打算对魏用兵。然而，秦军还未出动，就听到义渠又在蠢蠢欲动，试图脱离秦国的控制。秦惠文王捕捉到了这则消息，遣秦将操率部北上，平定义渠的叛乱。于是秦军浩浩荡荡向北开拔，所到之处，义渠民众死伤无数，只能向秦国臣服。②

平定义渠后，秦惠文王才着手准备攻魏事宜。

不久，秦国组织了一支大军，由公孙衍（一说公子卬，因为公子卬被商鞅俘虏后就没有被放回）率领攻打魏国。

消息很快在秦魏边境传播开来。魏惠王不打算妥协，他清楚雕阴的重要性——一旦此地被秦军攻克，整个河西都将暴露在秦军的"有效攻击"之下。面对秦军的虎视眈眈，魏惠王问计于高层。遗憾的是，即便高层智囊众多，也没有更好防御之法，以魏国的军事实力很难与秦国对抗。

魏国的筹码只有一个，那就是雕阴还在魏国手中，只要严防死守，指不定还会出现奇迹。另外，魏国大将龙贾这些年来一直驻扎

①《竹书纪年》："梁惠成王十二年，龙贾帅师筑长城于西边。"
② 司马迁：《史记》卷十五《六国年表》："义渠内乱，庶长操将兵定之。"

在雕阴，加固城墙，训练兵士，提高雕阴应对外敌的能力。而秦军远道而来，即便要攻取雕阴，强攻也不是最佳办法。

换句话说，魏国还是有一定优势，魏惠王对龙贾也有信心。

魏惠王的这种自信不无道理，龙贾和公孙衍一样，有勇有谋。在魏国庞涓、公子卬时代，他的光辉是被遮住的。他曾为魏国修筑过长城，也曾为抵御秦国而驻守魏国边境要塞。只是在这些事务中，龙贾都充当配角。直到庞涓自杀，公子卬被秦国俘获，他才从幕后走到了台前，魏惠王也给予了重用。另外，根据可靠情报，龙贾囤积在雕阴的魏卒有八万以上（一说四万五千人），一直严阵以待。① 冷兵器时代，战争成败与兵力数量有直接的关系，而数万人屯驻于地，秦国如芒刺背。

在这种背景下，公孙衍带领秦军到了雕阴，与魏军展开对峙。双方都在试探彼此。

对魏国将士而言，他们占据着雕阴城，有地理优势。坚守不出，坚壁清野，秦军就很难攻上城池。事实也的确如此，公孙衍并没有更好的办法。只能暂时驻军，寻找守城魏军的破绽。

对峙期间，公孙衍想到了引魏军出城的计划。他清楚强攻雕阴城堡只能让秦军遭受损失。

当然，公孙衍并不惧怕攻城，只是攻城是最低级的一种策略，即便胜利，必然也损失惨重。孙子说："故上兵伐谋，其次伐交，其次伐兵，其下攻城。攻城之法为不得已。修橹轒辒，具器械，三月而后成，距堙，又三月而后已。将不胜其忿而蚁附之，杀士卒三分之一

---

① 《竹书纪年》。

而城不拔者，此攻之灾也。"① 讲的就是这个道理。也唯有引出魏军，秦军才有百分百的胜算，毕竟眼前的魏军有数万之众。因此，公孙衍遣人挑衅、诱导雕阴城上的魏军。而面对秦军的不断挑衅，魏军终于无法忍受，"将可杀不可辱"，最终，秦军将魏军引出了雕阴城。

紧接着，秦、魏两军就在雕阴城外展开了一场大决战。不过这一战依然胜负难料，因为双方旗鼓相当。据说，为了激励士气，公孙衍搬出了"军功"鼓舞士兵。秦国在商鞅变法以后，就以杀敌数量定军功。一颗敌人的脑袋，得一级军功。砍掉敌军长官的脑袋，晋升爵位。当公孙衍搬出这一策略时，果然奏效，秦军不计生死，冲向了对面的魏国大军。秦、魏双方扭打在一起，公孙衍则站在不远处的山梁上观望着整个战局。

战场瞬息万变，局势朝着有利于秦军的方向发展。魏国引以为傲的魏卒方阵被打散，陷入一片混乱当中。秦军乘机冲杀，魏军被击溃，被杀者众多。龙贾看到魏军被打散，不敢硬碰硬，选择了撤退。只是，秦军不打算轻易放走魏军，他们阻挡了龙贾回城的路。随后，秦军实施追击、合围行动，魏军则边战边退、边退边战，被追上来的秦军诛杀了很多。

一路之上，尸横遍野。

回城之路被堵死，龙贾则带着少量的魏卒向魏国方向撤退。公孙衍命人死死咬住魏军，绝不放走龙贾。最终，当龙贾逃亡到雕阴西南方向时，被秦军俘获。② 而随着龙贾被俘，这场大战也就结束

---

① 《孙子兵法·谋攻篇》。
② 司马迁：《史记》卷五《秦本纪第五》："七年，公子卬与魏战，虏其将龙贾，斩首八万。"

了。魏军残余势力四散逃窜，雕阴被秦军夺回。

战后，秦军清理战场时，发现斩杀了魏卒八万余人。这一战，让魏国元气大伤。自太子印被秦军俘获后，这支力量成为河西仅有的一点"家底"，却在短短一场战争中"消耗殆尽"。估计魏惠王得到战败消息时，定捶胸顿足。

这里需要辨析的是，这一战在各种史料中的记载不尽相同，历来也成为学者们争论的焦点。先看《史记·秦本纪》记载："（秦惠文王）七年，公子印与魏战，虏其将龙贾，斩首八万。"《史记·魏世家》载："五年（实际上是魏惠王三十九年，即前331年），秦败我龙贾军四万五千于雕阴。"《史记·六国年表》载："秦败我雕阴。阴晋人犀首为大良造。"《史记·苏秦列传》载："惠王使犀首攻魏，擒将龙贾，取魏之雕阴，且欲东兵。"

《秦本纪》中记载的雕阴之战发生在秦惠文王七年，斩杀的人数是八万。而《魏世家》的记载则是魏国出动了五万多人。《六国年表》则表示，秦国雕阴大败魏军后，公孙衍被封为大良造。

另据《秦本纪》记载，公孙衍授予大良造的时间是秦惠文王五年（前333年）。因此，就有学者指出，至少在雕阴发生了两次战役。第一次是发生在前333年，那一战，秦军击败了龙贾率领的魏军。两年之后，秦军再次攻打雕阴，斩首了魏军八万，俘获魏军大将龙贾。

现在来看，这两种可能性都有。不过《史记》中年份和事件对不上的情况多有发生。本书认为，司马迁在写《史记》时，参考了不同史料。因而造成同一部《史记》在不同诸侯历史年份上有差异。

总之，不管雕阴之战发生了几次，对魏国造成的创伤是巨大的。魏国西部的主力在与秦国的对峙中，被秦国消耗殆尽。雕阴之战后，魏国再也不敢与秦国对抗，只能一味地讨好秦国，避免战乱。

即便如此，秦国也没有放过魏国的意思。此后，秦国采取了"攻打佐以索要城池"的计谋，一面命人攻打魏国，一面又派出使者向魏国索要土地。

这让魏惠王既非常愤怒，又无可奈何。而魏惠王的选择也很高明：既耍无赖又装糊涂。因此，以后的一段时间里，魏、秦高层间连续上演了一幕幕斗智斗勇的大戏。

割让河西

前330年（秦惠文王八年）秋，秦国派使者入魏国，态度强硬，索要河西之地。由于在战场上遭受失败，在外交上也就没有多少话语权。秦国使者的强硬让魏惠王无所适从，但还得笑脸相迎。最终，魏国极不情愿地将河西之地割让给秦国。[1]

对秦国而言，这不是割让，而是魏国还回本就属于秦国的土地。秦穆公时代，这里已是秦的疆域。秦穆公之后，秦人日渐式微，河西之地被魏国攻取。在百余年时间里，秦魏两国为夺回河西之地，发生了数次大规模战役。现在秦国以绝对的实力胜了魏国，河西之地重新回到秦国手中。

收回河西这个事件对于秦国而言，意义重大。从秦献公时期，秦人就立志要收回河西之地，结果秦国被死死压制着。以后将近八十年的时间，秦国一直在魏国的压制下生活。为了河西之地，他们

---

[1] 司马迁：《史记》卷五《秦本纪第五》："八年，魏纳河西地。"

已付出了太多。

得到河西之地后，秦国边防线延伸到黄河边上。自此之后，秦国东出就有了新机遇。秦惠文王也不愿就此蜗居西边，他的目标是进入东方，和齐国、楚国一样，成为泱泱大国，在列国争雄的战国时代，让秦国有话语权。

因此，在得到河西之地后一年（前329年），秦国再次遣人攻打魏国。由于河西已落入秦军手中，攻打魏国需要渡过黄河。因此，当秦军向东挺进时，黄河东岸的魏国立即组织人抵御秦军过河。只是在强大的秦军面前，阻挡秦军过河简直是一种梦想存在。不久，浩浩荡荡的秦军就过了黄河，进入魏国腹地。

魏国抵御部队被秦军击溃，公孙衍率领的秦军所向披靡，令魏军无法对抗。过了河的秦军，仿佛长了翅膀的飞禽，在天地间自由驰骋。公孙衍随即领秦军攻打魏国的汾阴等地。这些地方曾是三晋的要塞，地理位置特殊，土地肥沃，人口密集，历来都是兵家必争之地。之后，公孙衍又领秦军攻向了汾阴、皮氏，"渡河东取之。"《史记集解》中说："二县属河东。"《史记正义》引用《括地志》载，指出了这两个县的所在地："汾阴故城俗名殷汤城，在蒲州汾阴县北也。皮氏在绛州龙门县西一里八十步，即古皮氏城也。"[1]

秦军的持续推进，让魏惠王震怒不已，也震惊不已。若不想办法阻挡，秦军可能就此长驱直入，灭亡魏国。这一次，魏惠王主动到了边境应地（城），与秦惠文王会面，恳求秦国放过魏国。这里的应地是古代应国所在地，《括地志》说："应城因应山为名，古之应国，在汝州鲁山县东三十里。左传云'邘、晋、应、韩，武

---

[1] 司马迁：《史记》卷五《秦本纪第五》："九年，渡河，取汾阴、皮氏。"

之穆也'。"①

秦惠文王乐得会见魏惠王，因为这是羞辱魏惠王的机会。这位年纪长自己一倍不止的魏国国君，曾经多么不可一世。他曾在秦国耀武扬威，暴揍秦国。因此，秦惠文王计划羞辱一番魏惠王。只是关于这次会晤，没有更多史料留下来。

吊诡的是，双方会晤会，秦惠文王是否羞辱魏惠王，秦军都应撤军，但结果却是秦军继续推进，围攻魏国的焦地。② 焦地也是古国。武王灭商以后，将神农氏一族封在焦地。之后，也有姬姓的人被分封在此处。"封神农之后于焦，而后封姬姓也。"《括地志》说："焦城在陕州城内东北百步，因焦水为名。周同姓所封，左传云虞、虢、焦、滑、霍、阳、韩、魏皆姬姓也。"魏晋时期的官员杜预说："八国皆为晋所灭。"《括地志》还指出了焦地的具体位置："汾阴故城在蒲州汾阴县北九里。"③ 只是时间已很久远，分不清这里的原始住户。三家分晋后，这些地方就成为魏国的地盘。现在，秦国又从魏国手中夺回了这些土地。

到此时，秦国的触角已延伸到魏国内部。若有地图，对照焦地，就能发现秦国的扩张之路是迅速的。以后，秦国还会继续蚕食魏国的土地，直到魏国彻底被瓜分掉为止。

不过，因魏惠王与秦惠文王刚刚在应地会盟，在夺取焦地后，秦国也选择了暂时收兵，与魏国和解。

有意思的是，秦国刚刚撤兵，魏国立即掉转矛头，攻打楚国。

---

① 司马迁：《史记》卷五《秦本纪第五》："与魏王会应。"
② 司马迁：《史记》卷五《秦本纪第五》："围焦，降之。"
③ 司马迁：《史记》卷四十四《魏世家第十四》。

据说魏军还在陉山大败楚军。《括地志》说:"陉山在郑州新郑县西南三十里。"① 魏国攻打楚国,大概是因楚威王去世,其子楚怀王熊槐继位,楚国内外不稳定的一种趁火打劫活动。结果是,魏军攻取了陉山。②

秦惠文王没有搭理魏国对楚国的攻打。只要魏国不再与秦国对抗,魏惠王怎么对付其他诸侯国,对秦国都只会有利。任何战争都不可能全身而退,伤敌一千自损八百也是常有之事。而魏国要对付其他诸侯国,也会削弱魏国国力。这也是秦国需要的结果。

值得一提的是,就在秦、魏两国和平相处的这段时间,一个魏国人舍弃"母国",从大梁出发,一路向西,向秦国都城咸阳而来。他怀揣着自己的梦想,以及对名利的渴望,进入秦国,希望在秦国谋得高官,展示才华,光耀门楣。

3. 张仪秦国求相

张仪其人其事

来人叫张仪。

秦国一直"对外开放",只要士子有意愿在秦国施展抱负,秦国就愿意敞开大门,给列国士子提供平台。这是自商鞅变法后,秦国一直坚持的"国策"。张仪就是在这一国策的"诱导"下,走向

---

① 司马迁:《史记》卷四十四《魏世家第十四》:"魏伐楚,败之陉山。"
② 司马迁:《史记》卷十《楚世家第十》:"十一年,威王卒,子怀王熊槐立。魏闻楚丧,伐楚,取我陉山。"

了秦国。

张仪入秦的故事有多种版本，不同典籍记载不尽相同，其中苏秦智激张仪入秦版本最为流行。司马迁《史记》也载就是苏秦智激张仪的故事，本书撷取《史记》中的故事，梳理张仪的发迹史。

相传，苏秦和张仪同为鬼谷子晚年的学生。他们求教于鬼谷子时，西河学派已衰落，鬼谷子也离开河西，到云梦山里清修（云梦山地望至今多有争议）。苏秦、张仪早年跟随鬼谷子学习纵横术，大有纵横捭阖、掌控天下的豪情壮志。苏秦年长，深得鬼谷子真传。据说他除了学习纵横术之外，同时还兼学其他流派的东西。学成后，他到处游说，向列国君王宣传纵横术。

秦惠文王即位之初，已学有所成的苏秦先到周王朝游说他的纵横术，遭到周王朝的漠视。苏秦继续向西，进入秦国，期望在秦国得到重用。苏秦给秦惠文王灌输纵横术，怂恿秦惠文王用商鞅变法积攒的财富，吞并列国："秦四塞之国，被山带渭，东有关河，西有汉中，南有巴蜀，北有代马，此天府也。以秦士民之众，兵法之教，可以吞天下，称帝而治。"[1]

当时秦国刚刚处死商鞅，老世族势力还在，秦惠文王还未实现集权，国内形势还不稳定。这种情况下，秦惠文王并未采纳苏秦的建议。[2] 苏秦见秦惠文王无意自己的学说，选择离开秦国。之后，他继续向东而行，向其他诸侯鼓吹纵横术，推荐自己。可能因纵横

---

[1] 司马迁：《史记》卷六十九《苏秦列传第九》。

[2] 司马迁：《史记》卷六十九《苏秦列传第九》："乃西至秦。秦孝公卒。说惠王曰：'秦四塞之国，被山带渭，东有关河，西有汉中，南有巴蜀，北有代马，此天府也。以秦士民之众，兵法之教，可以吞天下，称帝而治。'秦王曰：'毛羽未成，不可以高蜚；文理未明，不可以并兼。'方诛商鞅，疾辩士，弗用。"

术实在太过缥缈，鲜有诸侯认可。

《战国策》中有一段记载，似乎就产生于这一时期：

> 说秦王书十上而说不行。黑貂之裘弊，黄金百斤尽，资用乏绝，去秦而归。嬴縢履蹻，负书担囊，形容枯槁，面目犁黑，状有归色。归至家，妻不下纴，嫂不为炊，父母不与言。[1]

最后，苏秦郁郁不得志，辗转到赵国。当时赵肃侯的弟弟赵成是赵国国相，被封为奉阳君。他不但不喜欢苏秦这些学说，还抵制苏秦。苏秦因此又离开赵国，继续向东北方向游走。[2]

后来，苏秦辗转到了燕国，传播自己的学说。此时，苏秦已潦倒不堪，而燕国依然等级制度严明，苏秦无财源与燕国高层交往，迟迟无法见到燕国国君。据说，苏秦在燕国等待了一年，才因缘巧合见到了燕文侯。苏秦很重视这次机会，他与燕文侯交谈时，倾囊相授，对燕文侯灌输了合纵连横的思想，建议燕国与赵国联合，共同抗击秦国。再由他出面联络赵国，与燕国建立盟约，建立强大的联盟。燕文侯被苏秦的真诚所触动，接受苏秦的建议，资助苏秦到赵国游说。

苏秦到赵国以后，宣扬了合纵连横的重要意义，指出赵国与韩国唇亡齿寒的关系。这一次，因为有燕国"使者"身份，赵肃侯也不得不认真对待苏秦。这时候，苏秦提出了联合韩、魏、齐、楚、燕、赵六国对抗秦国的计划。赵肃侯同意苏秦的建议，还资助他到

---

[1] 刘向：《战国策·秦策一》。
[2] 司马迁：《史记》卷六十九《苏秦列传第九》："乃东之赵。赵肃侯令其弟成为相，号奉阳君。奉阳君弗说之。"

其他诸侯国去游说。①

那么，为什么苏秦执意与秦国对抗？主流意见认为，是秦惠文王不接纳苏秦的劝说，苏秦要用自己的学说让秦惠文王重新认识纵横捭阖术。本书认为，实际情况可能更加复杂，比如，苏秦在秦国遭受屈辱等。另外，当时秦国已崛起，苏秦可能希望通过对抗秦国，扬名立万。

于是，苏秦秘密与六国交往，给他们灌输合纵对抗秦国的好处。魏国当然第一个赞成，他们再也不允许秦国抢掠他们的土地，掠夺他们的子民。

得到魏国的回应后，苏秦继续对其他诸侯进行说服。这时候，诸侯国各怀心思，有的持有观望态度不接见，有的款待苏秦却不表态。所以，表面上大家都客客气气，但实际效果不理想，苏秦的游说变得异常艰辛。

只是不幸的事情远不只劝说列国君王，还有秦国的不按常理出牌。就在苏秦前后奔走时，秦惠文王派军向魏国发起了攻击，并先后在阴晋、雕阴等地重创魏军，取得了河西之地。

眼看着自己辛苦组建的合纵联盟就要形成，苏秦当然不希望因秦魏关系，让联盟遭到破坏。这时候，苏秦迫切地希望找一个人代自己入秦，扰乱秦国朝堂，引起秦国能够搞内讧，拖住秦国，让他能有足够时间游说各诸侯国，建立合纵联盟，对抗秦国。

在这一背景下，苏秦想到了昔日的同窗张仪。

---

① 司马迁：《史记》卷六十九《苏秦列传第九》："赵王曰：'寡人年少，立国日浅，未尝得闻社稷之长计也。今上客有意存天下，安诸侯寡人敬以国从。'乃饰车百乘，黄金千溢，白璧百双，锦绣千纯，以约诸侯。"

　　苏秦相信，只要张仪能够入秦，他的目的就能实现，合纵联盟就能建成。那么，为什么是张仪而非其他人呢？这个答案似乎无解，或者说没有更为合理的答案。浮在最表面的原因是：此时张仪如当初苏秦一般，正在为前途苦恼。苏秦见缝插针，秘密遣人鼓动张仪，让张仪到赵国去找他。①

　　张仪可能也想借助苏秦的力量，为自己谋取功名。因此，张仪只身前往赵国求取名利。

　　有意思的是，等张仪到了赵国后，呈上帖子，请求会见苏秦。苏秦却拒绝了张仪的会见，只命人留下了张仪。以后的一段时间里，苏秦并不接见张仪，招待张仪的规格也很一般：住的房子是仆人一样的规格，饭食也和仆人一样。张仪对此等不公待遇，很愤怒，但寄人篱下，他还是选择了忍让，毕竟是自己求着上门来的。

　　后来，在历经重重艰难后，张仪终于见到苏秦。张仪堆着笑脸，希望能在苏秦手下谋得一官半职。苏秦这次却大发雷霆，对着众人耻笑张仪空有一身才学，却将自己搞得像个叫花子一般。他这样的人，苏秦是不会收留的。然后，苏秦命人将张仪赶了出去。

　　这次遭遇，让张仪颜面扫地。他也没有想到昔日同窗竟如此不留情面，还驱赶他。读书人最看重面子，这东西有时比死都重要。从此以后，张仪再也不相信苏秦，他们之间的友谊在这一刻画上了句号。

　　在赵国遭受冷落的张仪，开始重新考虑自己的出路。他在心里挨个论证了战国诸侯实力，最终决定向西，辗转到秦、楚两国寻找

① 司马迁：《史记》卷七十《张仪列传第十》："苏秦已说赵王而得相约从亲，然恐秦之攻诸侯，败约后负，念莫可使用于秦者，乃使人微感张仪曰：'子始与苏秦善，今秦已当路，子何不往游，以求通子之原？'"

机会。在西行的过程中，秦惠文王广纳贤才的消息不断钻进张仪耳中。甚至有人说只要是人才，秦国都会使用。魏国的犀首公孙衍，不就是在秦国得到重用的吗？更重要的是，眼下只有秦国能抗衡赵国。而抗衡了赵国，也就抗衡了苏秦，这才是报复苏秦的办法。于是张仪决定到秦国去试试运气。①

不过从赵国到秦国，有很长的路程，需要穿越好几个国家才能到达。张仪身无分文，能顺利入秦吗？

张仪也无法预判自己的命运，只能赌一赌。张仪不知道的是，苏秦虽然表面上侮辱了他，但却在私底下援助着他。此前的种种，不过是苏秦步步为营，诱导和刺激张仪到秦国发展"计谋"。据说，为了保证张仪入秦，苏秦还暗中派人跟着张仪，一路上资助张仪向西而去。

张仪对资助他的人很感激，他们一起从赵国往秦国走。到了秦国，见秦惠文王并不难，秦国始终为人才敞开大门，只要是人才，他们就会受到秦惠文王的重用。因此，在见秦惠文王这件事上，张仪没有商鞅那么费劲，他直接面对秦惠文王，道出自己对天下大势的判断，得到了秦惠文王的赏识。

当然，以上选自《张仪列传》的记载只能当作故事看，而张仪入秦的真实目的，也可能是张仪与苏秦以大国为操盘，验证合纵连横优劣的做法。

---

① 司马迁：《史记》卷七十《张仪列传第十》："张仪于是之赵，上谒求见苏秦。苏秦乃诫门下人不为通，又使不得去者数日。已而见之，坐之堂下，赐仆妾之食。因而数让之曰：'以子之材能，乃自令困辱至此。吾宁不能言而富贵子，子不足收也。'谢去之。张仪之来也，自以为故人，求益，反见辱，怒，念诸侯莫可事，独秦能苦赵，乃遂入秦。"

张仪与公孙衍的斗争

张仪终于在秦国落脚，并得到了客卿的身份。这时候，一路帮助他到秦国的人才告诉了他真相。原来这一切都是苏秦在背后运作，而激励他到秦国发展，也在苏秦的计划之中。

恍然大悟的张仪，明白了苏秦的良苦用心，也对苏秦的才学佩服——毕竟苏秦智激自己的做法，就是他们从鬼谷子那里学来的计谋，他在不知不觉中掉入苏秦布置的计划里面。惭愧之余，张仪对资助他的人表态：有他张仪在秦国一日，秦国就一日不会与赵国为敌。这是他报答苏秦的方式，请转告苏秦。[①]

此后，张仪开始出入秦宫。秦惠文王对他的"思想"很好奇，总喜欢听他分析天下大势，决策秦国未来国运。而随着张仪频频与秦惠文王交流，张仪的一些思想也逐渐被秦惠文王接受——这些思想可能苏秦之前也表露过，只是苏秦进言的时机不成熟。

秦国朝堂变得微妙起来，这种微妙主要源于张仪和公孙衍。显然，这一时期张仪不断受宠。而这一结果反过来让公孙衍非常尴尬，毕竟他才是秦国的大良造。在张仪未入宫前，他除了掌管军政之外，也参与一些国家政务。而随着张仪不断受到重用，秦惠文王对他的召见逐渐减少，对他的咨询也逐渐减少。公孙衍是何等人物，他马上意识到症结所在。只是此时，张仪是秦惠文王眼前的红人，他不能说一些张仪坏话。诋毁别人，就是在降低自己

---

① 《史记》卷七十《张仪列传第十》："苏秦已说赵王而得相约从亲，然恐秦之攻诸侯，败约后负，念莫可使用于秦者……'今君已用，请归报。'张仪曰：'嗟乎，此在吾术中而不悟，吾不及苏秦明矣！吾又新用，安能谋赵乎？为吾谢苏君，苏君之时，仪何敢言。且苏君在，仪宁渠能乎！'"

身价，反而会引起秦惠文王的反感。

公孙衍选择了观望，但越是观望越失望，秦惠文王对张仪越来越器重。在公孙衍看来，不久的将来，秦惠文王定会让张仪出任国相，甚至可能会挤对自己，迫使自己离开秦国。

公孙衍的这种担忧不无道理，从张仪来秦的气势看，他不可能只满足于做一个客卿。更要命的是，公孙衍也有自己的秘密，或者叫把柄。公孙衍甚至从张仪的傲慢态度中判断，他的秘密已被张仪窥探。

原来，魏国割让河西后，魏惠王为了缓解秦魏关系，曾遣人拿着重金贿赂公孙衍。收了魏国贿赂的公孙衍，也给秦惠文王建议，停止攻魏。要命的是，秦惠文王采纳了公孙衍的建议。张仪入秦时，秦、魏两国正享受和平成果。而张仪非池中之物，只要他愿意调查，公孙衍这点"秘密"就会被调查清楚。当然，可能秦惠文王也发现了这件事，但高明的秦惠文王选择了装作毫不知情。

张仪要上位，就得利用这件事，以达到驱赶竞争对手目的。这也在预料中，毕竟张仪与公孙衍并没有太深厚的交情。况且人在官场，哪有什么真正朋友，能让人心安、地位稳固的只有利益。对张仪而言，公孙衍在，他就不能顺利进入秦国高层。

有一次，与秦惠文王一起谈论天下大势时，张仪就指出，魏国目前四面受敌，正是秦国攻魏的最佳时机。张仪还旁敲侧击地表示，公孙衍作为秦国大良造，当处处以秦国的利益为先。眼下公孙衍为了一点私利，鼓动秦惠文王停止攻魏。公孙衍的这种做法往小了说是损公肥私，往大了说简直是误国误民。

张仪还指出，魏国目前受挫，就要趁机削弱其实力，让魏国再无翻身之日。否则一旦魏国缓过气来，秦魏之间免不了要发生大战。秦惠文王最终被张仪说服，决意重用张仪。

吊诡的是，为了上位，张仪在一次朝会上，向秦国高层挑明公孙衍与魏国的交往，让公孙衍没有了退路。按说即便要用公孙衍作"跳板"，也不该如此，这是官场之大忌。但史料就是这么记载的。而这也意味着，张仪与公孙衍两人的对决白热化。可能当时大家都清楚这件事，但将其在大庭广众下暴露出来，也唯有张仪敢这么做。令公孙衍不安的是，张仪在朝廷之上与他公然辩驳，而秦惠文王对此不予置否。

身处逆境时，需观察某些事背后释放的信号，才能为人生的选择提供"参考"。公孙衍显然看到了整个事件"背后"的"意图"，只是他还不甘心。他还要继续观察，试图反击。

而张仪除了排挤公孙衍，也在试图得到秦国高层的认可。当时秦国推行商鞅变法，一切的爵位都与战功捆绑。只要在战争中立下功劳，就能得到爵位。因此，张仪主动要求攻打魏国蒲阳（今山西省临汾市隰县）。秦惠文王大概也有让张仪立功之意，同意了张仪所请，并派出公子嬴华随张仪出征魏国。

之后，秦军在公子华和张仪的率领下，扑向了魏国蒲阳。这是一场毫无悬念的战役，秦军很快围住了蒲阳，双方在蒲阳展开了一场激烈的战斗。最终，秦军毫无悬念地击败了魏军，成功占据了蒲阳。

由于这是张仪主导的一次胜利战争，秦惠文王很赏识张仪。而趁着秦惠文王兴致高，张仪用三寸不烂之舌，劝说秦惠文王将蒲阳还给魏国，还建议派公子繇到魏国作人质。

张仪的这一建议颠覆了秦人的三观：秦国在完全占据优势的情况下，与魏国讲和，到底是何意图？秦国上下多有不解。不过，秦惠文王最终被张仪说服，同意张仪的建议。

再以后，张仪又出使魏国，乘机对魏惠王说："秦国对待魏国如此宽厚人道，魏国不能不以礼回报。"① 魏惠王似也认为，秦国与魏国真心交好，遂将魏国的上郡、少梁献给秦国，用来答谢秦惠文王。魏惠王的"大方"，让秦国得到了十五座城。张仪在秦国的地位一下子又提升了许多。《史记正义》中对十五县的情况做了简单说明："今鄜、绥等州也。魏前纳阴晋，次纳同、丹二州，今纳上郡，而尽河西滨洛之地矣。"从此之后，整个河西全部成为秦国的土地，秦国疆域延伸到黄河以东，并在河东地区建立了壁垒，为将来的扩张做准备。

当然，张仪说服魏惠王的过程因无更为详细的史料，一切都显得扑朔迷离。本书认为，这一过程是曲折的，也是复杂的。毕竟割让十五座城并非小事，一切的权衡利弊，都是为了获取更大利益。换句话说，在魏国割让十五座城这件事上，秦国一定也付出了"代价"，最终，双方因利益"等价"，魏国才相互割让了城池。

与魏国的纠纷结束后，秦惠文王开始考虑东出计划。前328年（秦惠文王十年）春，春寒料峭，大地尚未解冻，秦军就出动了。

这一次，他们的进攻目标是赵国。

紧接着，双方发生了一场激战。赵将疵率领赵军与秦军交战，被秦军击败。赵疵率部逃亡，秦军在河西追上了他，并杀掉了

---

① 司马迁：《史记》卷七十《张仪列传第十》："秦惠王十年，使公子华与张仪围蒲阳，降之。仪因言秦复与魏，而使公子繇质于魏。仪因说魏王曰：'秦王之遇魏甚厚，魏不可以无礼。'魏因入上郡、少梁，谢秦惠王。惠王乃以张仪为相，更名少梁曰夏阳。仪相秦四岁，立惠王为王。居一岁，为秦将，取陕。筑上郡塞。"

他。之后，秦军又乘胜追击，攻克了赵国的蔺、离石两地。① 据说张仪也参与了这一战。

秦国的这个做法令人费解：张仪曾答应苏秦的承诺不当数了吗？说好的秦国不会攻打赵国，为什么要出尔反尔呢？可能苏秦也充满了疑惑。

当然，结合后来发生的事情分析，推断张仪如此迫不及待地建立军功，就是要得到秦国的高位，为此他不惜食言，而秦赵关系也未完全恶化。

或许这一切，都是秦惠文王与张仪的"计划"，意在让秦国高层认可。而经过这一系列的运作，张仪在秦国声威大为提升，秦惠文王找到了提拔张仪的依据。

不久，秦国就颁布了任命书：委任张仪出任秦国相国。秦惠文王还明确表示，提拔重用的原因是张仪在与魏国作战过程中，为秦国争取到十五个县的功劳。凭借这份功劳，让他出任相国没有人会有意见。②

这份任命书，让公孙衍深感惭愧。按理说，他出任秦国的相国最有资格。这些年来，他为秦国立下诸多战功，官位一度攀升至大良造，距宰相只有一步之遥。可偏偏这时候杀出了个张仪。秦惠文王对张仪的重用，显然超过了自己。公孙衍有些悲愤，可能帝王都是不念旧恩的，他们只关心谁对国家更有利。

公孙衍对在秦国继续效力失去了信心。之后，他就离开了秦

---

① 司马迁：《史记》卷四十三《赵世家第十三》："二十二年，张仪相秦。赵疵与秦战，败，秦杀疵河西，取我蔺、离石。"
② 司马迁：《史记》卷五《秦本纪第五》："十年，张仪相秦。魏纳上郡十五县。"

国，重新投奔了魏国。而魏惠王对公孙衍也很重视。据说他到了魏国后，就被授予犀首（一说相国），领导魏国军队，应对可能会发生的战争。而因张仪逼走了公孙衍，让他们产生了非常深的矛盾。由此，公孙衍与张仪之间拉开了数十年的斗争。不过眼下，公孙衍还不敢直接与秦国叫板，他需要拉拢一些对手，共同对付秦国。

秦魏较量

前 327 年（秦惠文王十一年）夏，大地回春，一支秦军从蓝田大营秘密出动了。他们行色匆匆，向北而行。这支秦军此次任务是震慑北地的义渠人。《史记正义》说："宁、原、庆三州，秦北地郡，战国及春秋时为义渠戎国之地，周先公刘、不窋居之，古西戎也。"

秦军行动非常迅速，仿佛一阵风，令一向行动迅速的义渠骑兵也躲避不及，被秦军诛杀了很多人。义渠王审时度势后，明确表示愿意与秦国和平相处，成为秦国的附庸。因此，秦国在义渠设县。[①]《地理志》也说："北地郡义渠道，秦县也。"

义渠成为秦国的一个县，义渠的国君也成为秦国的臣子，"义渠君为臣。"不过义渠的一切依旧保持原样，只是在身份归属上属于秦国。这似是汉民族统治少数民族的一种惯用做法，在后世历朝历代中多有延续。通过这件小事，反映出当时秦国为管理边境少数民族，已开始实行"一国两策"的策略。当然，也正是这种策略的运行，让义渠时而附秦，时而叛秦。

征服义渠后，秦、魏的关系也进一步升温，秦国将原先占领的

---

① 司马迁：《史记》卷五《秦本纪第五》："十一年，县义渠。"

焦、曲沃两地交还给了魏国。① 《史记正义》中说："焦、曲沃二城相近，本魏地，适属秦，今还魏，故言归也。"那么，秦国为什么会在这时归还魏国这些地方呢？具体细节不得而知，可能秦国高层希望与魏国保持一种和平状态吧。

紧接着，秦国又做了一件大事："更名少梁曰夏阳。"少梁这个地方对秦、魏两国都意义重大。多少年来，该地一直都是秦、魏争夺的焦点，有多少秦魏将士命丧于此？这时候，秦国给少梁更名，希望从归属权上彻底将少梁与魏国划分来。少梁既然是魏国所筑的城，魏国起的名字也就不合时宜。现在重新命名为夏阳，它也就永远属于秦国。

前326年（秦惠文王十二年）春，秦国又做了一件前无古人后无来者的事情："初腊。"② 翻译过来，就是首次设置腊日。所谓的腊日，其实就是设置腊节令。这是中原王朝施行的一种节令，正如秦人祖先设置"三伏"一样，具有重要意义。当然，腊日的设立，表面上看，是确立了一个祭祀祖先、祭拜众神、庆祝丰收的节日，但实际情况可能更加复杂。

秦国这么做，一个重要原因是，为了与中原诸侯保持一致性。此时的秦国，无时无刻不在标榜着自己的身份：他们不是戎、狄。他们也希望成为强大的诸侯，不仅仅在武力上，在文治上也要与中原诸侯保持一致。正如《史记正义》中说："腊，卢盍反，十二月腊日也。秦惠文王始效中国为之，故云初腊。猎禽兽以岁终祭先祖，因立此日也。"《风俗通》也说："礼传云'夏曰嘉平，殷曰清

---

① 司马迁：《史记》卷五《秦本纪第五》："归魏焦、曲沃。"
② 司马迁：《史记》卷五《秦本纪第五》："十二年，初腊。"

祀，周曰蜡，汉改曰腊'。礼曰'天子大蜡八，伊耆氏始为蜡'。蜡者，索也。岁十二月合聚万物而索飨之。"[1]

很多史料都简单地认为，秦国的发展完全是凭借着强大的武力，与文治一点关系都没有。更有甚者，认为秦人只是残酷的法令外加不人道的控制，才让国家一步步强大。本书以为，这种意见有待商榷。任何一种观点，只要走向极端，就会显示出其片面与刻薄。事实上，秦国历代的有为君主，无不将文治看得如武功一样重要。他们无时无刻不在进行改制，以强化自己的国家。

前325年（秦惠文王十三年）夏四月，对秦国来说，又发生了一件划时代意义的事件。在这年四月戊午日，秦惠文王与魏惠王、韩宣惠王相王。[2] 与之前齐国与魏国相王情况一样，这次三大诸侯会盟，也是秦人挺进中原的重要举措。

通过这件事，再分析秦国此前归还魏国焦、曲沃两座城的动机，大概能发现一点蛛丝马迹：秦惠文王把相王这件事看得很重，他宁可不要焦、曲沃，也要实现相王。

那么，为什么秦惠文王会如此看重相王这件事？究其原因，还是要表明秦国与东方诸侯国有一样的地位。秦国要彻底改变诸侯会盟时不通知秦国的局面。天下诸侯该有的礼遇，秦国一样也不能少。而相王这件事，单靠秦国一个国家不能搞，须拉几个陪衬，魏韩就成了陪衬。不过从结果上看，这次相王，魏国、韩国更多是陪衬。

由此也看得出，秦惠文王的野心很大。他的目标并非魏国，可

---

① 司马迁：《史记》卷五《秦本纪第五》。
② 司马迁：《史记》卷五《秦本纪第五》："十三年四月戊午，魏君为王，韩亦为王。"

能还有一统天下的雄心，小小的两座城对他而言根本不值一提。

到这时，有远见的人就会隐隐有这样一种预感：秦国第一个真正意义上的王诞生了。

事实上，通过这次相王，秦惠文王真正变成了秦国的王、名副其实的王。从此之后，他就被人称呼王，而不是"公"。这也是为什么从秦孝公以后，秦国国君都称"王"的原因。①

有意思的是，相王后，秦惠文王马上翻脸，准备攻打魏国。这种强权政治，是形势所迫：他需要魏国的时候，就将焦地、曲沃还给魏国，并与魏惠王一起称王。他不需要魏国时，就会攻打魏国。

这一次，秦惠文王将目光放在了函谷关附近的陕地（今河南省三门峡市陕县以西）。不久，由张仪带领的秦军进攻陕地，顺利夺回了陕地。据说秦惠文王还命张仪将陕地的百姓都驱赶到魏国，原因是秦国只要陕地这个地方，不要魏国的子民。②

在这三四年时间里，张仪辅佐秦惠文王实现了称王、扩张的目标。张仪在秦人、列国眼中也成为传奇的存在，地位越来越稳固。此后，张仪还组织人在上郡修筑了边塞壁垒。③

令人费解的是，在秦国攻击魏国的时候，公孙衍却没有抵御秦军入侵。难道是公孙衍在酝酿更大的谋秦计划？

事实的确如此。随着秦国的强大，对魏国的威胁也越来越大，魏国也越来越惧怕。公孙衍就是在这种情况下，积极奔走，秘密联

---

① 秦孝公是追赠的王，他在位期间未能称王，只得到了周天子赐封的"伯"，因此本书皆称其为"公"。
② 司马迁：《史记》卷五《秦本纪第五》："使张仪伐取陕，出其人与魏。"
③ 司马迁：《史记》卷七十《张仪列传第十》："仪相秦四岁，立惠王为王。居一岁，为秦将，取陕。筑上郡塞。"

络诸侯，组建联盟，抗击秦国。所以，在秦攻占陕地后不久，公孙衍推行的"合纵"抗秦联盟终于建成，三晋之间建立了新的政治同盟，准备秘密对抗秦国。

据说，为建立三晋同盟，公孙衍费了好大劲。当时，魏国最先联合的诸侯是邻居韩国。三家分晋后，韩国的实力一度处于一种"不温不火"的状态中，早年间不断被魏国、楚国攻打。后来，申不害变法也没有能挽救韩国的命运。到秦惠文王时，韩国尽管依旧如前，但衰微程度越来越严重。魏国有时也趁火打劫，进攻韩国。比如，不久前，魏军攻打了韩国，韩国大将韩举被魏军击败。① 一切都是因形势而定，魏国打韩国是形势所迫，与韩国联合也是形势所迫。魏国不想继续与韩国交恶，在对抗秦国这件事上，他们必须与韩国形成联盟。

同年五月，在公孙衍的先后奔走下，魏惠王为深化与韩国关系，向韩侯发出了邀请，希望与韩侯在巫沙（在今河南荥阳北）会盟，并相互尊王。韩侯对此也非常热心，与之前给秦国作陪衬不同，这次魏韩相互双方地位平等。一旦尊王成立，他也就成了王，与天子级别一样。之后，按照魏惠王的请求，韩侯到了巫沙会盟，魏惠王不失信约，遵韩侯为王。同年十月，韩宣王到魏国见魏惠王，再次与魏惠王重申盟约。②

也是这一年，赵肃侯去世，其子赵武灵王即位。魏、赵似有建立盟约的可能。之后，为了促成与赵国的"合纵"，在公孙衍的牵线下，魏惠王领着太子嗣、韩宣王领着太子仓入赵，祭奠赵肃侯，

---

① 司马迁：《史记》卷四十五《韩世家第十五》："宣惠王五年，张仪相秦。八年，魏败我将韩举。"
② 《竹书纪年》。

也祝贺赵武灵王即位。

以后，三家结盟。

事实上，在决定抗击秦国前，韩、魏再次拉上赵国也有更为复杂的原因：原来，赵国与齐国关系融洽，赵国也曾依附于齐国。然而，就在两年前（前327年），齐国忽然向燕国发动了进攻，燕国不敌，向三晋求救。三晋答应出兵援助燕国。当时，赵国可能只是出于道义，答应出兵，并未想过与齐国彻底交恶。但三晋在与齐国交战时，从韩国投奔赵国的大将韩举战死沙场，恶化了赵国与齐国的关系，赵国不再依靠齐国。在这种背景下，魏、韩两国破坏赵、齐国关系，深化赵、魏、韩三国的关系。自此，三晋修弥嫌隙，决定一起抗击秦国。而齐国对此持观望态度。

秦国也捕捉到了三晋结盟的消息。三晋结盟，必然对秦国构成巨大压力。张仪与秦惠文王紧急商议对策，张仪给出的建议是，破坏三晋结盟。在张仪看来，这种结盟并不稳固，三晋只是暂时的目标一致，任何外力作用都有可能摧毁联盟。

之后，秦国也派人参加赵武灵王的登基庆贺仪式①，意在破坏公孙衍建立的合纵联盟。

有意思的是，魏国宰相惠施似也意识到合纵的强大作用，支持公孙衍的联合，还打算联络齐、楚两国，建立更加强大的"合纵"队伍，以对抗秦国。因此，这一时期，魏国的公孙衍和惠施两人均奔走在齐、楚两国的大道上，继续游说诸侯。而惠施就是与庄子辩论"子非鱼，安知鱼之乐"的大学问家，庄子说惠施的知识丰富，

---

① 司马迁：《史记》卷四十三《赵世家第十三》："二十四年，肃侯卒。秦、楚、燕、齐、魏出锐师各万人来会葬。子武灵王立。"

所藏书籍五车也拉不下。

而随着惠施的介入，让原本只是张仪与公孙衍之间的对决变得复杂。那么，张仪和秦惠文王选择如何应对呢？

新纪年

前 324 年（秦惠文王四十年），秦国又做了一个创举，那就是效仿东方诸侯国，实施改元，年号更元。因此，这一年也是秦国更元元年。[①] 这是个创举，在此之前，秦国国君没有年号。此时的秦国正在以一种新的姿态，呈现在世人面前。

更元二年（前 323 年）春，逐渐强大的秦国，决定再向中原扩张。这一次，秦国打算与从未接触过的齐国较量高低。

然而，秦国与齐国并不接壤，中间隔着韩、魏，舍近求远攻齐国并非上策。但秦惠文王明知故犯（或者说故意为之），他就是希望试探一下齐国的实力，以及中原诸侯对秦国的态度。因此，在秦惠文王的授意下，一支秦军打着向魏、韩借道的名义，向齐国发动了一场战争。此时，三晋联盟并不稳固，韩、魏迫于压力，只能借道，但他们依然在寻找机会，一旦有机会能重挫秦军，那也是非常值得的事情。

齐国也得到了秦军攻齐的消息，齐威王力排众议，拜匡章为大将，带领齐军抵御秦国入侵。

匡章不敢马虎，在桑丘（今山东兖州市附近）地区摆开阵势，等待秦军。等秦军到桑丘后，立即发动了对齐国的战争，双方在桑丘发生了激战。结果匡章利用地理优势，对秦军发动了合围，最终

---

① 司马迁：《史记》卷五《秦本纪第五》："十四年，更为元年。"

将秦军击败。①

这一战失利，秦惠文王心里虽有准备，但当失败的消息传来时，他还是震惊了。事实证明，秦国远攻齐国的做法是错误的，这如同当年秦穆公崤山之败一样令人悲伤。为了消除影响，秦惠文王派出使者陈轸出使齐国，与齐国交涉，最终双方停战，建立新的盟约。只是即便双方达成了盟约，也仅仅只是书面盟约，秦、齐两国关系依然微妙。

而此时，秦国更大的危机也即将到来。桑丘之败，让秦军的锐气受挫，公孙衍认为反击时机成熟，到处宣扬合纵策略。据说苏秦也在燕国宣扬合纵策略。东方诸侯国之间，又开始有意形成同盟，提防秦国。

秦国高层捕捉到公孙衍、苏秦的合纵策略背后的危机，认为若齐、楚与三晋联合，必然带来巨大隐患。秦惠文王与高层商议对策，张仪提出了应对合纵的办法："连横"。所谓连横，就是建立自己的盟友队伍，对抗公孙衍、苏秦建立的盟友队伍。这就是以"连横"对"合纵"的经典做法。

恰巧此时，魏、楚发生了战争，还将齐国也牵扯其中。这无疑

---

① 刘向：《战国策·齐策一》："秦假道韩、魏以攻齐，齐威王使章子将而应之。与秦交和而舍，使者数相往来。章子为变其徽章，以杂秦军。候者言章子以齐入秦，威王不应。顷之间，候者复言章子以齐兵降秦，威王不应。而此者三。有司请曰：'言章子之败者，异人而同辞，王何不发将而击之？'王曰：'此不叛寡人明矣，曷为击之！'顷间，言齐兵大胜，秦军大败，于是，秦王拜西藩之臣而谢于齐。左右曰：'何以知之？'曰：'章左之母启，得罪其父，其父杀之而埋马栈之下。吾使者章子将也，勉之曰："夫子之强，全兵而还，必更葬将军之母。"对曰："臣非不能更葬先妾也。臣之母启得罪臣之父。臣之父未教而死。夫不得父之教而更葬母，是欺死父也。故不敢。"夫为人子而不欺死父，岂为人臣欺生君哉？'"

给了张仪机会。秦国正思考着如何破解公孙衍的合纵，楚、魏战争将楚国推向秦国，齐国也更加倾向于与秦国联合。

那么，这到底是怎么回事呢？

原来，就在公孙衍、惠施等人秘密联合三晋对抗秦国时，楚国派柱国昭阳率兵攻打魏国，并在襄陵击溃了魏军，夺取了魏国的八座城邑。而楚对魏的战争，打破了中原诸侯的平衡。[①]

之后，楚军又调转方向，攻向了齐国。这让齐国也陷入危机。楚国地大物博，人口众多，诸侯一般不轻易招惹楚国。齐王很忧虑，不知如何应对。恰巧此时，出使齐国的秦使陈轸正好在齐国。齐王问计于陈轸："我们当如何对付楚军呢？"陈轸建议秦、齐交好，应对外界的变故。他对齐王说："大王不必担忧，请让我出使楚国，劝他们撤兵。"

陈轸到了楚国大营，会见了昭阳。陈轸对昭阳说："麻烦你给我说说楚国的法令，对于那些大破敌军杀死敌将的有功之人，楚国会给予他们什么样的奖励？"然后，陈轸与昭阳展开了一场讨论，涉及的话题事关昭阳的地位稳固、家族兴盛。陈轸的劝说，让昭阳思想上有所松动。这时候，陈轸劝昭阳撤兵。此后，陈轸巧妙地借喻"喝酒画蛇"的故事，说服了昭阳。最终，昭阳从齐国撤兵。[②]

事后，齐、秦的关系密切起来。而楚国因为与魏国交恶，也不愿与三晋合纵。张仪利用这些条件，筹划建立连横。据说张仪为了建立连横，以秦国相国的身份，向齐、楚执政大臣发出了邀请，请

---

① 司马迁：《史记》卷四十《楚世家第十》："六年，楚使柱国昭阳将兵而攻魏，破之于襄陵，得八邑。又移兵而攻齐，齐王患之。"
② 司马迁：《史记》卷四十《楚世家第十》："陈轸适为秦使齐，齐王曰：'为之奈何？'陈轸曰：'王勿忧，请令罢之。'即往见昭阳军中……引兵而去。"

求他们在啮桑会晤。齐、楚两国大臣（应是相国）接受了张仪的请求，到啮桑来会晤。[1] 之后，秦、齐、楚之间建立了政治同盟，尽管这同盟并不牢靠，但总归是一种政治同盟。

公孙衍探知了内幕，清楚他组建的三晋合纵，无法对抗张仪的秦、楚、齐三个强国，只能继续游走其他诸侯国，一方面想法破张仪建立的"合纵"，另一方面继续扩大"连横"联盟。之后，公孙衍又说服了中山与燕国，促成了中山、燕国与三晋国君的相王活动，意在向秦国宣示"合纵"的盟友。这次相王事件也被称为"五国相王"。

不过即便五国相王成功，合纵国也没有向秦国发动攻击。实际的对抗只是一种"意识形态"领域的较量，公孙衍的合纵与张仪的连横此时还没有进入实战阶段。对峙成为一种动态平衡，除非有外力打破这种平衡。

4. 合纵与连横的对抗

大布局

更元三年（前 322 年）春，从魏、韩两国分别出发了一支队伍，他们从东向西，直奔秦国都城咸阳。来人不是魏、韩新组成的合纵大军，而是魏国的太子和韩国的太子。他们代表国君出使秦国，前来示好。[2] 这就令人非常困惑：为什么会出现这种情况？韩、

---

① 司马迁：《史记》卷五《秦本纪第五》："二年，张仪与齐、楚大臣会啮桑。"
② 司马迁：《史记》卷五《秦本纪第五》："三年，韩、魏太子来朝。"

魏不是要合纵攻秦吗？为什么又与秦交好？

原因很简单，一切都是变化的，没有永远的敌人，也没有永远的朋友。公孙衍、惠施、苏秦等人组建的合纵也迟迟无法攻秦（可能合纵并不牢靠，诸侯国各怀心思，无法对秦国实施攻打），魏、韩两国看到了背后的危机——他们与秦国毗邻，若秦国要东出，他们会成为首要打击的对象。因此，他们趁着与秦国关系还未彻底恶化前，遣太子入秦，试探秦国虚实。

大概秦国高层已猜到了魏、韩两国的意图，因此，秦惠文王与张仪定了计策，决定在两国太子前演一出大戏。之后，他们热情接待了两国太子，似乎秦、魏、韩从未发生过龃龉。这种过分的热情，让两国太子心里直犯嘀咕。

紧接着，秦惠文王与张仪给众人演起了戏，意在迷惑两国太子，实现破坏合纵，削弱诸侯的目的。

为了让这场大戏足够逼真，秦惠文王几乎召集了有资格入朝的贵族、官员。之后，好戏开始上演：先是张仪在朝堂上失礼，受到秦惠文王的批评。张仪喋喋不休，为自己的行为辩解，秦惠文王看着张仪欲盖弥彰，一气之下罢了张仪的宰相。

秦国朝野震动，列国使者面面相觑。大家猜不透，这场罢免背后到底意味着什么。众所周知，秦惠文王与张仪仿佛鱼与水，相互信任，相互扶持，鲜有力量能够破坏他们的关系。现在张仪却因失礼遭罢相，表面上看，操作程序没有问题，但给人的感觉总是怪怪的。魏、韩太子疑惑不解。不过对他们而言，只要秦惠文王不重用张仪，世界也就安定了。天下一切的战乱，均由张仪而起。

而这也正是秦惠文王与张仪制造的假象，他们的目的，就是让两国公子中计。朝会之后，他们定会向母国传递张仪罢相的信息。

当然，张仪罢相是为让秦国获得更大的利益，因此故事还得接着往下演。

张仪被罢相后，离开了秦国，身后还跟着魏国太子一行人。张仪出了秦国以后，辗转挪移间，到了魏国境内。在魏太子的引荐下，张仪索性求见魏惠王，请求在魏国得到一官半职。魏惠王对人才很渴望，当年他不听公叔痤建议，错过商鞅那样的大才，已让他抱憾终生，对张仪这样的人才，魏惠王自然不愿错过。况且张仪还是魏国人，这是先天条件。

之后，为重用张仪，魏惠王特意召开了一次"扩大"会议，让张仪用自己的学说慑服魏国高层。在魏国朝堂之上，张仪纵横捭阖，引经据典，利用自己纵横家的学说，让魏惠王和魏国高层重新认识了他。未几，在张仪的运作下，魏惠王罢了惠施的相国，改任张仪为魏国的宰相。① 此举，算是彻底消除了惠施这个潜在对手，即便他依然希望建立合纵，但一个没有身份的人，能有多少人听他的高论呢？

一切都在按照计划在推进。当初秦惠文王与张仪定下了计谋，张仪要被罢相，到魏国出任相国，再想办法让魏国向秦国称臣。而只要魏国向秦国称臣，张仪再利用各种条件，让其他小诸侯国也向秦国俯首臣服，通过"连横"，建立自己的盟友集团，即便有公孙衍、苏秦、惠施等人，秦国也不惧。②

不过再好的策略，也需在现实中去实施和验证。有时候，计划往往会被现实左右，使得计划偏离原来的航道。此时的张仪就遇到

---

① 司马迁：《史记》卷五《秦本纪第五》："张仪相魏。"
② 司马迁：《史记》卷七十《张仪列传第十》："其后二年，使与齐、楚之相会啮桑。东还而免相，相魏以为秦，欲令魏先事秦而诸侯效之。"

了这种情况，他虽是魏国的相国，左右逢源，并不断鼓吹向秦国臣服的好处，但魏惠王心有疑虑，并不采纳该建议。而同样的话说多了，君王就会多虑，魏惠王甚至开始怀疑张仪的用心。

张仪意识到计谋可能被识破，秘密遣人将具体情况告知秦惠文王，希望秦国借助武力，给魏国施加压力，让魏国称臣。秦惠文王立即呼应张仪，派秦军攻打魏国要塞，夺取了魏国的曲沃、平周两座城邑。

而面对秦国巨大压力，魏惠王依旧不妥协，顽强抵御，也不向秦国称臣。换言之，秦惠文王的武力施压并未"奏效"。面对这一现状，秦惠文王也无可奈何，秘密与张仪联络，给张仪更多财富和爵位，希望张仪继续留任魏国。而秦惠文王的这些举措让张仪很惭愧，他并未按照计划完成设定目标，但秦惠文王依旧将他当作秦国相国。

张仪感念秦惠文王的知遇之恩，继续留在魏国，等待时机，为秦国争取更大的机会。

不过，鉴于秦国武力逼迫，破坏了两国貌合神离的关系，魏惠王不再听从张仪的意见，列国似"明白了过来"都主张驱逐张仪。魏惠王趁机罢黜张仪的相国，让他担任一般的卿大夫。即便如此，张仪也没有回秦国，他还在等待着机会。因为魏惠王已年过八十，身体一天不如一天。而只要魏惠王去世，一切将会是新的开始。这种背景下，张仪在魏国等待着魏惠王去世。

更元五年（公元前320年）夏，秦惠文王兴致很高，带领着一支秦军队伍，沿着边境线往北走，一直到了北河附近。[①] 这里的北

---

① 司马迁：《史记》卷五《秦本纪第五》："五年，王游至北河。"

河指的是黄河上游，毗邻戎、狄部落。《史记集解》中说："戎地，在河上。"《史记正义》中也说："王游观北河，至灵、夏州之黄河也。"

秦惠文王此行并非单纯地游山玩水，而是有目的地巡视。眼下局势是魏惠王不臣服，北方戎狄也不安定。而秦国要东出，就得把北方戎、狄先安抚下来。因此，这次巡游一方面是向戎、狄部落彰显实力，一方面也在关注着魏国动静。

次年（前319年）秋，在位整整五十年的魏惠王在遗憾中去世，接替国君的是太子魏申，他就是魏襄王。此时，公孙衍还在到处游走，秘密联络诸侯。

而魏襄王即位，对张仪是机会，对公孙衍也是机会。这种情况下，谁先取得魏襄王的信任，谁就能实现自己的目的。张仪不会放过机会，他还在思谋着破坏公孙衍的合纵策略。

然而，令张仪没想到的是，这时候秦国高层发生了重大人事调整。更元七年（前318年）春，秦国任命乐池（一说岳池）为相国。乐也是赵国人，让他担任相国，或许与赵国邦交有关。这也是张仪罢相多年以后，秦国重新任命的宰相。[1]

秦惠文王这一举动，令人充满疑惑：难道秦国要放弃张仪？也不是没有这个可能，自从张仪成为魏国相国后，对秦国没有任何帮助。这时，秦国自然要考虑新形势。当然，这也可能是秦惠文王的计谋，故意给外界释放张仪不受重用的信号，包括给张仪施压。张仪大概也有一丝担心，很多事情并非他所能掌控。他与秦惠文王当初计划让魏国臣服秦国的目标一直没有实现。

---

[1] 司马迁：《史记》卷五《秦本纪第五》："七年，乐池相秦。"

即便如此，张仪也不打算放弃，他要用实力证明，他比乐池更适合出任秦相。

这时候，张仪创造机遇，再次给魏襄王建议，趁早归附秦国，避免造成新的危机。但张仪毕竟是客卿，地位不高。而人微就言轻，公孙衍才是魏国的相国。因此，张仪与公孙衍开始有争相表现，希望获得魏襄王的认可。换句话说，他们这是一场"合纵"与"连横"的对决。而年轻的魏襄王面对两种策略，一时半刻难以做出抉择，就看谁的主张更符合实际，魏襄王就会倾向于谁的主张。

令张仪没想到的是，此时公孙衍的合纵已达成。据说他已联合了五国对抗秦国。因此，魏襄王没有听从张仪的建议，与秦国交好。这让张仪无可奈何。他没有完成预期设定的计划，就私底下与秦惠文王通气，再次请求秦惠文王利用武力给魏国施压。[①]

秦惠文王心领神会，马上指挥秦军向魏国发动战争。有意思的是，在这次秦军武力逼近时，公孙衍的合纵依然没有发挥出优势。或许诸侯不愿参与秦、魏之间的战争，魏国只能自己应对秦国入侵，而结果就是再次被秦国击败。[②]

之后，可能在秦国高层运作下，齐国呼应秦国，派兵攻打魏国东面的城邑。齐军推进迅速，魏襄王命公孙衍应对。因此，公孙衍指挥魏军抵御齐军入侵，但齐军这次出动的数量庞大，魏国边境戍卒有限，齐军在观津打败了魏军。

而得知齐军击败魏军的消息后，秦惠文王也派大军再次攻打魏

---

① 司马迁：《史记》卷七十《张仪列传第十》："魏王不肯听仪。秦王怒，伐取魏之曲沃、平周，复阴厚张仪益甚。张仪惭，无以归报。留魏四岁而魏襄王卒，哀王立。张仪复说哀王，哀王不听。于是张仪阴令秦伐魏。"

② 司马迁：《史记》卷七十《张仪列传第十》："魏与秦战，败。"

国，试图从魏国手中夺得更多城邑，进一步削弱魏国。这一次，秦国高层预判失误。秦军不但没有取得实质性胜利，还陷入了战争旋涡。原来，就在齐、秦谋魏时，公孙衍一面抵御、一面继续实行合纵大策，终于组建起新的合纵联盟。这一次，公孙衍决定用这个联盟开始对付秦国。

那么，这一切又是怎么发生的呢？

公孙衍的合纵

秦国高层并不清楚，在齐、秦攻魏时，魏国一方面在积极备战，另一方面公孙衍奔走于韩、赵、燕、齐四国之间（《战国策》中说是魏、赵、韩、燕、楚五国，由楚怀王接任合纵长），建立新合纵，声称要瓜分秦国，将其赶到不毛之地西垂。

需要说明的是，不管是《史记》中记载的韩、赵、燕、齐、魏等五国，还是《战国策》中魏、赵、韩、燕、楚五国，都是公孙衍建立的合纵联盟。五国要利用这次机会，对秦国实施一次严重打击，让秦国不敢再出函谷关，对其他诸侯国造成威胁。[①]

对秦国而言，真可谓偷鸡不成蚀把米，危机悄然袭来。秦惠文王还得到消息说，公孙衍为巩固合纵成果，遣人到匈奴驻地通过各种诱惑，鼓动匈奴参战。这些年里，匈奴利用中原诸侯国相互交战的空隙，迅速在北方草原壮大，成为威胁北方诸侯国的重要力量。《战国策》中还说，义渠也参与了这场战争。

秦国这次攻打魏国引发了"众怒"。若这些力量集中对付秦国，秦国双手难敌四拳，必然会受到重创。

---

① 司马迁：《史记》卷五《秦本纪第五》："韩、赵、魏、燕、齐帅匈奴共攻秦。"

危机感传遍秦国上下，张仪不在身边，秦惠文王只能与秦国智囊商议解决办法。之后，秦国先遣人拿着厚礼到义渠，"文绣千匹，好女百人"①，恩威并施，希望义渠识时务，不要趁火打劫。否则，等秦国应对过这次危机，就会找义渠算账。义渠王表面上答应秦国要求，但在收了秦国大礼包后，又在趁着五国抗秦时，进攻秦国北面，并击败了秦国部署的兵力。所幸的是，义渠对秦国的进攻并未影响到战局。②

到这时，五国联军已磨刀霍霍，打算吞食秦国。不久，五国联军屯兵函谷关外，向关内秦军叫嚣。这是秦国第一次以一国之力对抗五国，也让秦惠文王深刻理解了"合纵"的含义。

为了击破五国组成的合纵，秦惠文王先派出弟弟樗里疾奔赴前线，指挥作战。在秦惠文王时代，樗里疾是神一般存在的人物。相传他能说会道，足智多谋，被人称为智囊。《史记》载："樗里子者，名疾，秦惠王之弟也，与惠王异母。母，韩女也。"早在更元六年（前 317 年）时，秦国就曾遣樗里疾攻打魏国曲沃，将曲沃周围的土地都划入秦国所有。③

不过，一般情况下，秦惠文王都将樗里疾留在身边，充当自己的智囊。这次是迫不得已，才派他出战。

樗里疾赶到前线后，扼守秦国重镇函谷关，也时刻观察着五国的动静，希望在五国中找出破绽，然后各个击破。

对天下而言，这注定是一场不寻常的战争，这也是同出纵横派

① 刘向：《战国策·秦二》。
② 刘向：《战国策·秦二》："因起兵袭秦，大败秦人于李帛之下。"
③ 司马迁：《史记》卷七十一《樗里子甘茂列传第十一》："秦惠王八年，爵樗里子右更，使将而伐曲沃，尽出其人，取其城，地入秦。"

的张仪与公孙衍的对决。不过，秦国主战的人并非张仪。

樗里疾很谨慎，他非常清楚自己的处境：即便秦军勇武，但五国联军在数量上占据绝对优势，秦国若不智取，很难取得绝对胜利。樗里疾遣人秘密观察函谷关外联军动向，等待着机会。

不久，机会就来了。

樗里疾探知到秦国对楚国、燕国威胁不大，因此两国在这次合纵中态度很消极，也不主动作战。积极主动的诸侯只有赵、魏、韩。樗里疾捕捉到机会，率领秦军攻打赵、魏、韩联军。秦军步兵、战车同时出动，冲击赵、魏、韩联军，结果三晋联军应对不及，被秦军击败，向后方撤退。秦军抓住机会，迅速追击，赵、魏、韩溃散逃窜。这一战尽管战果不大，但给联军造成了心理畏惧。作壁上观的燕、楚两国也顺势撤退。

五国联军最后退到了脩鱼（今河南省原阳西南）。《史记正义》中说："脩鱼，韩邑也。年表云败我脩鱼，得韩将军申差。"对联盟来说，首战失利，应统一思想，迅速调整策略。但五国将帅间各怀心思，谁都不愿主动出战。这种情况下，临时组成的合纵联盟已成瓦解之势。不久，各国先后从脩鱼撤退。

这时候，樗里疾看到反攻的时机到来，开始组织秦军重点攻打韩国，因为这次作战的地方就在韩国境内。再者，秦军已出动，不能空手而归。

韩国似也意识到秦国会报复，因此在各国撤军后，唯独韩国的大军驻扎在脩鱼。

樗里疾领秦军扑向了脩鱼。而韩国单独对抗秦国，结果可想而知。韩国除了后悔参与合纵外，只能硬着头皮抵抗秦军。韩国派出大将申差抵御秦军，双方在脩鱼展开了一场大战。韩军被秦军击败，两千多人被秦军诛杀。韩军开始逃亡，樗里疾带领秦军追击，在浊泽追上了韩军。随即，秦、韩两军又在浊泽展开了一场大战，申差成为樗里疾的俘虏。

尽管俘虏了申差，但秦军对韩国的打击还远没有结束。樗里疾带领秦军继续攻打韩国多处要塞。韩国恐惧之余，遂向魏国、赵国求救。由于刚刚吃了败仗，魏国没有援助韩国，只有赵国表示愿意支援韩国，还派出了公子赵渴率支援。樗里疾并不畏惧韩、赵联军，函谷关外五国联军都没有让秦军畏惧，现在赵、韩两国就想对抗秦军？

紧接着，战争再次打响。秦军如蚂蚁般扑向了赵、魏联军，战场一片混乱。樗里疾指挥秦军猛冲赵、韩联军，联军也极尽一切可能，抵御秦军入侵，双方都想"吃掉"彼此。因此这一战持续了很久，拦截战变成了攻防战。最终，因军队数量多，又有先进的战术、武器，秦军击败了韩、赵联军，八万多联军被秦军斩杀在了战场，剩余的一部分联军残军四处溃逃。

秦军虽然取得了胜利，但也是险胜。冷兵器时代，双方交战的结果多是杀敌一千自损八百。樗里疾也意识到胜利之后的危机，因此没有命人继续追击韩军。

之后，秦军开始收缴战利品，赵、韩双方丢弃在战场上的粮草和辎重为秦军提供了补给。经此一战，秦国震慑天下诸侯，杀敌八万的战绩，在战国中期列国交战中很少有。①

没有了张仪，秦军依然如此勇猛，谁还敢轻视秦国？还在魏国

---

① 司马迁：《史记》卷五《秦本纪第五》："秦使庶长疾与战脩鱼，虏其将申差，败赵公子渴、韩太子奂，斩首八万二千。"

的张仪在观望着战局的同时，也在调整策略，试图说服魏襄王。原因很简单，随着秦军胜利，张仪似乎又找到了自信。因为联军的失败，意味着公孙衍的"合纵"难以对抗他的"纵横"。张仪要利用秦军胜利的机会，说服魏襄王向秦国称臣，缓解秦国对魏国的压力——纵横家的说服工作，总是配合着战争同步进行。没有战争上的胜利，也就没有他们纵横捭阖的高论。

张仪回秦

还留在魏国的张仪，继续寻找机会，说服魏襄王。有一次，魏襄王兴致很高，张仪就趁机给魏襄王灌输魏、秦交好的"优势"。

张仪说："眼下魏国领土面积只有千余里，士兵人数不超过三十万。且魏国地势平坦，仿佛车轴的中心一样，四通八达，没有高山大河作为壁垒。从新郑到大梁不过二百多里路程，不论骑兵还是步兵，不用多久就能赶到大梁。魏国南与楚相接，西与秦国相连，北与赵国接壤，东与齐相接。这样分散的国界，需要数量庞大的军队戍守四方边境。目前，魏国的地势决定了魏国处在一个四战之地。若魏国与楚交好而不与齐国交好，齐国就会攻打魏国东边；与齐友好而不与赵交好，赵国会在北方打魏国；与韩不和，韩国也会从西边攻打魏国；与楚不亲，楚会在南边侵犯魏国。这就是人们经常说的四分五裂的地理形势。"①

---

① 司马迁：《史记》卷七十《张仪列传第十》："明年，齐又来败魏于观津。秦复欲攻魏，先败韩申差军，斩首八万，诸侯震恐。而张仪复说魏王曰：'魏地方不至千里，卒不过三十万。地四平，诸侯四通辐辏，无名山大川之限。从郑至梁二百余里，车驰人走，不待力而至。梁南与楚境，西与韩境，北与赵境，东与齐境，卒戍四方，守亭鄣者不下十万。梁之地势，固战场也。梁南与楚而不与（转下页）

魏襄王没有回应张仪的陈述，因为张仪说的是事实。当然，张仪不想只陈述魏国存在的危机，他接着说："列国诸侯合纵结盟的目的，不过是希望建立一种联盟体，让国家安宁、君主尊崇、军队强大，进而使得国家显赫。如今，那些主张合纵的国家希望把天下当作一家，诸侯之间结为兄弟之盟。在洹水边杀白马，歃血为盟，表明坚守盟约的坚定信念。然而，这一切其实都是表象。即便亲兄弟，也会因钱财发生争夺。各合纵国之间希望利用苏秦的合纵，来维持国内安定，显然是一厢情愿。合纵国之间相互不信任，反复无常，这样的合纵注定长久不了。希望大王引以为戒。"①

魏襄王还是不为所动。他何尝不知道合纵国之间相互推诿扯皮的现象呢？但合纵也只是一种被逼无奈的举措。眼下秦国的强大让列国诸侯不得安宁，他们也只有抱团取暖，才能抵抗秦国的威胁。

张仪还是希望争取魏国，实现魏国向秦国称臣的目的。他继续对魏襄王说："我认为，面对这些不利因素，唯有与秦国交好，才能避免战乱。假如大王不归附秦国，秦国就会派兵攻打黄河之南的魏国土地，占据卷、衍、燕、酸枣等地，进而挟持魏国，攻夺阳晋。到那时，赵国就不会南下支援魏国，魏、赵之间建立的合纵也就会破裂。而魏、赵合纵联盟一旦破裂，大王想要魏国继续安定就不现实。届时，秦国会攻打韩国，迫使韩国屈服，进而

（接上页）齐，则齐攻其东；东与齐而不与赵，则赵攻其北；不合于韩，则韩攻其西；不亲于楚，则楚攻其南：此所谓四分五裂之道也。'"

① 司马迁：《史记》卷七十《张仪列传第十》："……'且夫诸侯之为从者，将以安社稷尊主强兵显名也。今从者一天下，约为昆弟，刑白马以盟洹水之上，以相坚也。而亲昆弟同父母，尚有争钱财，而欲恃诈伪反覆苏秦之余谋，其不可成亦明矣。'"

攻打魏国。韩国定会因惧怕秦国，而与秦国合兵一处，攻打魏国。那么，魏国就会面临危亡。这些都是我作为大臣，替大王考虑的事情。"①

魏襄王依旧不说话，张仪则继续说："我们现在最好与秦国交好，向秦国屈服。效仿当年勾践与夫差的故事。我相信，一旦大王您侍奉秦国，那么楚国、韩国就一定不敢再对魏国动手。而一旦没有了楚国、韩国的威胁，大王您才能高枕无忧。"②

魏襄王还是不说话，他大概已看到张仪的意图，他要看张仪在自己面前表演。所以，张仪继续做说服工作："眼下秦国最想削弱的国家不是魏国，而是楚国。对魏国而言，楚国也是巨大的威胁，魏国也没有能力削弱楚国。我认为，当下唯有秦国可抗衡楚国。另外，楚国表面上看，地大物博，人口众多，声名显赫，但内部也不稳定。楚国士兵虽多，战斗力却一般，经常出现临阵脱逃的现象，不能奋战到底。若魏国集全国兵力攻打楚国，定会将楚国击败。而只要魏国击败了楚国，秦国自然也会与魏国交好。若大王不听我的意见，引来秦军攻魏，到时即便想与秦国建立关系，也不可能了。"③

---

① 司马迁：《史记》卷七十《张仪列传第十》："……'大王不事秦，秦下兵攻河外，据卷、衍、酸枣，劫卫取阳晋，则赵不南，赵不南而梁不北，梁不北则从道绝，从道绝则大王之国欲毋危不可得也。秦折韩而攻梁，韩怯于秦，秦韩为一，梁之亡可立而须也。此臣之所为大王患也。'"

② 司马迁：《史记》卷七十《张仪列传第十》："……'为大王计，莫如事秦。事秦则楚、韩必不敢动；无楚、韩之患，则大王高枕而卧，国必无忧矣。'"

③ 司马迁：《史记》卷七十《张仪列传第十》："……'且夫秦之所欲弱者莫如楚，而能弱楚者莫如梁。楚虽有富大之名而实空虚；其卒虽多，然而轻走易北，不能坚战。悉梁之兵南面而伐楚，胜之必矣。割楚而益梁，亏楚而适秦，嫁祸安国，此善事也。大王不听臣，秦下甲士而东伐，虽欲事秦，不可得矣。'"

张仪的话依旧难以打动魏襄王，他不可能为了讨好秦国，举全国之力与楚国交战。张仪看到了魏襄王的犹豫不决，继续说："那些主张合纵的人，都只是些讲大话的空谈家，不值得信赖。他们给国君灌输缥缈的治国理念，希望得到国君的认可，进而得到封侯的。圣明的君王都能透过现象看本质，必须认识到，那些合纵之人只是凭借口才来打动君主、迷惑君主，让国家陷入危局。"①

张仪说了一箩筐的话，魏襄王还是没有表明自己的态度。这让张仪内心很受伤，他最后对魏襄王说了一段至理："我经常听人说，羽毛虽然轻，但堆积数量多了也能将船只压沉；货物虽轻，装载多了，也能压断车轴。众口铄金，也能让金石般的事实被流言掩盖；集结很多人诽谤，能将骨头一样的真理毁灭。因此，我请求大王慎重决定，拿出正确的策略，让魏国躲避不必要的灾难。最后，若大王不愿接受我的建议，我留在魏国也毫无意义，我请求大王允许我离开魏国。"②

张仪表明决心后，魏襄王陷入纠结中。他何尝不知张仪所述的这些利害。只是他有顾虑，对张仪似乎也不太信任。不过，当张仪表明要离开魏国时，魏襄王显然动了心思：即便张仪是秦国的间谍，但此时魏国局势不明朗，尚需与秦国保持稳定关系，而张仪就是魏、秦建立关系的关键人物。所以，从表面上看，是张仪说服了魏襄王，实际是魏襄王考虑到魏国的将来，同意了张仪的建议。之

---

① 司马迁：《史记》卷七十《张仪列传第十》："……'且夫从人多奋辞而少可信，说一诸侯而成封侯，是故天下之游谈士莫不日夜扼腕瞋目切齿以言从之便，以说人主。人主贤其辩而牵其说，岂得无眩哉。'"
② 司马迁：《史记》卷七十《张仪列传第十》："……'臣闻之，积羽沉舟，群轻折轴，众口铄金，积毁销骨，故原大王审定计议，且赐骸骨辟魏。'"

后，魏襄王遣张仪入秦，与秦国建立盟约。

至此，张仪完成了他与秦惠文王数年前制定的计划，重新踏上去往秦国的大道。那么，在接下来的一段时间里，张仪与秦惠文王还会做出哪些举措，进而影响世界的格局呢？

第十三章

扩 张

天保定尔，亦孔之固。俾尔单厚，何福不除？俾尔多益，以莫不庶。

天保定尔，俾尔戬穀。罄无不宜，受天百禄。降尔遐福，维日不足。

天保定尔，以莫不兴。如山如阜，如冈如陵，如川之方至，以莫不增。

吉蠲为饎，是用孝享。禴祠烝尝，于公先王。君曰卜尔，万寿无疆。

神之吊矣，诒尔多福。民之质矣，日用饮食。群黎百姓，徧为尔德。

如月之恒，如日之升。如南山之寿，不骞不崩。如松柏之茂，无不尔或承。

——《诗经·小雅·天保》

1. 司马错伐蜀

秦韩纠葛

张仪从魏国返回秦国后，受到秦惠文王的热烈欢迎。张仪在魏国多年，完成了让魏国向秦国臣服的使命。不过，这次他的身份是魏使，代表魏襄王入秦，与秦国建立和平盟约。

所谓的和平盟约，其实完全由秦国主导，盟约的条款设置权限在秦国，魏国只能被迫答应。任何时候，弱国无外交。当然，魏国也不是完全没有利益，他们得到的好处是，秦国不再对魏国用兵。

完成出使任务后，秦惠文王与张仪重续君臣之情。

不久，秦惠文王罢免了乐池的相国，为张仪再次出任秦相国扫清障碍。而张仪也很机灵，在秦国完成了秦、魏邦交事宜后，再也没有回魏国——这在战国时代不算背叛，任何人都选择自己的服务对象。再说，张仪已完成魏国与秦国邦交的使命。至于以后他选择回魏国，还是留在秦国，全凭张仪自己的意愿。显然，张仪要留在秦国，因为没有人比秦惠文王更懂他，给予他足够的信任和绝对的权力。

之后，秦惠文王选择了合适时机，任命张仪为秦国相国。[1]

那么，为什么要继续授命张仪为秦相？原因除了张仪能与秦惠文王默契配合外，更重要的是天下大势依旧考验着秦国高层。不可

---

[1] 司马迁：《史记》卷五《秦本纪第五》："八年，张仪复相秦。"

否认的是，此时，公孙衍、苏秦等人组建的合纵，依然是诸国对付不断强大秦国的"有效办法"。而对付合纵，就不能缺少张仪的连横。

事实也的确如此，张仪出任相国以后，继续利用连横政策，破坏各国之间对抗秦国的合纵联盟。比如，随着魏国亲秦，三晋联盟名存实亡。燕国、齐国距离秦国较远，合纵本身对他们无利可图。楚国与秦国若即若离，忽冷忽热，合纵也徒有其名义。

唯有韩国与秦国变得关系微妙，韩国对秦国既恨又惧。脩鱼一战，让韩国丧失了八万多主力，重创了韩国。眼下，秦、魏又达成了联盟，韩、秦该如何相处，成为摆在韩国面前的难题。

挨了打的韩国，变得很警觉，他们不再选择对抗秦国，而是采取邦交的形式与秦国交涉，利用高层的斗智斗勇，尽量减少与秦国的武力冲突。韩国高层甚至想到了将矛盾引到其他诸侯国身上的策略。

当时，韩国相国公仲曾对韩王说："列国之间的联盟并不可靠，我们与魏、赵之间的联盟也是如此。当前魏国已与秦国和好，我们与秦国的关系也应改变。众所周知，秦国想讨伐楚国由来已久，大王不如利用张仪的关系，向秦王求和，并许诺给秦国一座城池。同时，许诺在秦国攻打楚国时，韩国会出兵伐楚，声援秦国。这是一石二鸟之计，能为韩国带来生存的机会。"韩王已被秦国打怕，亦不愿再与秦国交恶，便同意了公仲的意见，并将此事交给公仲处置。[①]

---

① 司马迁：《史记》卷四十五《韩世家第十五》："韩氏急，公仲谓韩王曰：'与国非可恃也。今秦之欲伐楚久矣，王不如因张仪为和于秦，赂以一名都，具甲，与之南伐楚，此以一易二之计也。'韩王曰：'善。'乃警公仲之行，战国策作'卫'。将西购于秦。"

不久，韩王欲遣公仲出使秦国。据说，韩国还为公仲出行做好了警戒，而秦国也明确表示，愿意接受韩国的交好。

秦韩邦交，无疑让秦国多了一个联盟者，而这让南方的楚国很震惊。楚国高层非常清楚，此前秦、楚之间建立的只是名义上的联盟，一旦有利益牵扯，联盟就会瓦解，还可能引发战争。若韩国再亲近秦，楚国就会成为众矢之的。据说楚怀王非常畏惧，他召见陈轸，问计于陈轸，以应对秦韩结盟。[①]

陈轸原是秦国大臣，受张仪排挤，游走于楚国，得到楚怀王的重用。

这时候，陈轸说："秦国一直有攻楚计划，如今又得到韩国的一座城，韩国还愿意出兵支援秦国，这是秦国多年筹划的结果。秦国定不会放过机会，组织兵力攻打楚国。要解决这个问题，关键在于破坏秦韩联盟。大王若信得过我，就听从我的建议，在国内加强警戒，并向外界散布楚国援助韩国（与韩国结盟）的声明，命人将战车摆满道路两旁。然后派信得过的大臣出使韩国，给他再多配战车，在战车上装满礼物，让韩国高层相信楚国是真心实意支援韩国。如此一来，韩国就不会向秦国屈服，进而与我们保持良好关系。即便韩王不采纳我们的意见，韩国也会感恩大王的恩德。退一步讲，即便秦、韩建立联盟，有意图谋楚国，但只要我们这么做了，就会离间秦、韩的关系，让他们相互猜忌。到时，秦国就会迁怒韩国。而只要秦、韩两国交恶，秦国对楚国的威胁自然也就解除了。"陈轸的这些高论中，展示了大国博弈时，智慧的重要。楚怀王听罢陈轸的意见，茅塞顿开，遂命人在楚国境内加强戒备，还向

[①] 司马迁：《史记》卷四十五《韩世家第十五》："楚王闻之大恐，召陈轸告之。"

外界宣布楚国支援韩国的消息。①

之后，楚怀王命人用战车布满道路，以彰显楚国实力。与此同时，楚怀王还派出使者出使韩国，给他配备了很多车辆，载着丰厚的礼品。楚国使臣见了韩王以后，对韩王说："我们楚国尽管国家小，但已派出全部大军支援韩国，希望你们不要向秦国的压迫低头，我们楚国与韩国是牢不可破的盟友。"②

楚国使者的话，让韩王沮丧的心情有所好转，他本来就不希望与秦国结盟，只是形势所迫而已。现在楚国主动支援韩国，韩国还有什么担心的呢？因此，韩王叫停公仲与秦国邦交的计划。

而韩王的这种做法，引起了公仲的警觉。他对韩王说："我们不能做这种出尔反尔的事情。眼下，对韩国最大威胁的是秦国，若我们与秦国关系相处不融洽，届时秦国还会攻打韩国。而楚国借着虚名来支援我们，不见得是真心支援我们。大王却看重楚国给出的空头承诺，打算与秦国断绝关系，这会让天下人耻笑。况且，楚、韩之间非亲非故，未曾建立共同讨伐秦国的盟约。楚国支援韩国，是他们看到秦、韩联合会对楚国不利，才故意派出使者来蛊惑大王，并非真心实意支援韩国。我想这定是陈轸的计谋，我们不能上

---

① 司马迁：《史记》卷四十五《韩世家第十五》："……'秦之欲伐楚久矣，今又得韩之名都一而具甲，秦韩并兵而伐楚，此秦所祷祀而求也。今已得之矣，楚国必伐矣。王听臣为之警四境之内，起师言救韩，命战车满道路，发信臣，多其车，重其币，使信王之救己也。纵韩不能听我，韩必德王也，必不为雁行以来，是秦韩不和也，兵虽至，楚不大病也。为能听我绝和于秦，秦必大怒，以厚怨韩。韩之南交楚，必轻秦；轻秦，其应秦必不敬：是因秦、韩之兵而免楚国之患也。'楚王曰：'善。'"

② 司马迁：《史记》卷四十五《韩世家第十五》："乃警四境之内，兴帅言救韩。命战车满道路，发信臣，多其车，重其币。谓韩王曰：'不谷国虽小，已悉发之矣。原大国遂肆志于秦，不谷将以楚殉韩。'"

当。另外，我们与秦国结盟的事情已告知秦国，因此秦国也没有再攻韩国。若因楚国使者来韩国，韩国就决定不与秦国联合，这会让秦国觉得我们在欺骗他们。轻信楚国而欺骗秦国，大王定会后悔这个决定的。"①

公仲的话是忠言逆耳，他一眼就看穿了楚国联合韩国背后的不怀好意。但韩王却被利益诱惑，虽然意识到可能会引发危机，但并不听从劝谏。

不久，韩国与秦国断绝了交往。这让秦惠文王非常震怒，韩国这种出尔反尔的行为，简直令人不齿。因此，秦国高层开始谋划攻打韩国。

未几，秦军出兵攻打韩国，韩国也派出大军抵御秦军，并向楚国发出了邀约。

令韩王崩溃的是，楚国尽管表示支援，却迟迟不派人来。到这时，韩王才幡然醒悟，懊悔当初轻利的决定。只是事态发展到这一步，醒悟已毫无意义，韩国必须应对接下来秦军的猛烈进攻。②

幸运的是，此时的秦国无法消灭韩国，只能削弱韩国的实力。至少战国晚期的灭国战还未打响，秦国也只能顺应大势。这也就预示着秦、韩之间的对抗还要持续很多年，才能见分晓。不过一顿暴揍是少不了的，韩国也因此又损失了不少兵力。

---

① 司马迁：《史记》卷四十五《韩世家第十五》："公仲曰：'不可。夫以实伐我者秦也，以虚名救我者楚也。王恃楚之虚名，而轻绝强秦之敌，王必为天下大笑。且楚韩非兄弟之国也，又非素约而谋伐秦也。已有伐形，因发兵言救韩，此必陈轸之谋也。且王已使人报于秦矣，今不行，是欺秦也。夫轻欺强秦而信楚之谋臣，恐王必悔之。'"

② 司马迁：《史记》卷四十五《韩世家第十五》："韩王不听，遂绝于秦。秦因大怒，益甲伐韩，大战，楚救不至韩。"

苴国求援

就在秦国攻韩时，忽然从川蜀来了一支使团，直奔咸阳。

使团进了秦国王宫，求见秦惠文王。他们自称是苴国使者，来向秦国求援。苴国本是蜀国①的分封国，都城在吐费城（今四川省广元昭化镇）。《括地志》说："苴侯都葭萌，今利州益昌县五十里葭萌故城是。蜀侯都益州巴子城，在合州石镜县南五里，故垫江县也。巴子都江州，在都之北，又峡州界也。"东周时期，蜀王杜尚将弟弟杜葭萌封为苴侯，封地在汉中一带，因此苴国也被人称为葭萌国。后来，此地还演变成要塞叫葭萌关。蜀汉时期，刘备集团曾与曹魏集团在这里展开过激战。《史记正义》中说："昔蜀王封其弟于汉中，号曰苴侯，因命之邑曰葭萌。苴侯与巴王为好，巴与蜀为仇，故蜀王怒，伐苴。苴奔巴，求救于秦。秦遣张仪从子午道伐蜀。王自葭萌御之，败绩，走至武阳，为秦军所害。秦遂灭蜀，因取苴与巴焉。"《史记集解》里认为苴国其实是巴国："苴音巴。谓巴、蜀之夷自相攻击也。今字作'苴'者，按巴苴是草名，今论巴，遂误作'苴'也。或巴人、巴郡本因芭苴得名，所以其字遂以'苴'为'巴'也。注'益州天苴读为芭黎'，天苴即巴苴也。谯周，蜀人也，知'天苴'之音读为'芭黎'之'芭'。按：芭黎即织木茸为苇篱也，今江南亦谓苇篱曰芭篱也。"②

---

① 郦道元：《水经注》卷三十三《江水》："荆人鳖令死，其尸随水上，荆人求之不得。令至汶山下，复生，起见望帝。望帝者，杜宇也，从天下；女子朱利，自江源出，为宇妻；遂王于蜀，号曰望帝。望帝立以为相。时巫山峡而蜀水不流，帝使鳖令凿巫峡通水，蜀得陆处。望帝自以德不若，遂以国禅，号曰'开明'。"

② 司马迁：《史记》卷七十《张仪列传第十》。

现在看来，《集解》的注解只是一家之言，因为苴国是真实存在的，巴国也真实存在，两者并非同一个国家。巴国地处重庆一带，与苴国之间有地理位置的差异。

苴国使者的到来，令秦国高层既好奇又疑惑：此前两国没有更深的交往，他们为什么要向秦国求援呢？

原来，巴、蜀两国近年来战争多了起来，而在巴、蜀两国中间还夹着个苴国。苴国地小人少，两边都不想得罪。只是面对战争，苴国的地理位置决定了他们不能置身事外，总是要站队，表明自己是支持蜀国还是巴国。事实上，苴国一直与巴国关系亲密，反而与宗主国关系一般。这让蜀国高层一直对苴国有"情绪"。按照《华阳国志·蜀志》等史料记载，蜀国与苴国积怨已久。

不久前，巴、蜀两国再次交战时，蜀国可能邀请苴国参战，帮助蜀国对付巴国。苴国综合考量后，拒绝了蜀国。之后，巴、蜀双方就开始了对攻。最后，蜀国获胜。蜀王杜芦本就一直对苴国与巴国相处融洽不满，而这次苴国拒绝支援蜀国，成为杜芦攻打苴国的借口。

在综合考量后，杜芦下了狠心：决定废除苴侯，另立一位听话的人出任苴侯，让苴国亲蜀国而疏远巴国。当然这种做法容易引起苴国抵制，毕竟经过这么多年，蜀国与苴国早不是宗属。而蜀王却一直认为苴国就是他的附庸，有意干涉苴国内政，还曾派出了"五丁力士"，让他们开凿蜀国通往苴国的道路，打算驻军苴国。

面对蜀军的威胁，苴国难以应付。在经过论证后，苴国高层决定遣使者向秦国支援。不过因为秦岭隔绝缘故，数百年来，秦国与苴国没有多少交集。只是苴国偶尔能听到秦国崛起的消息。这种背景下，苴国高层才冒着风险向秦国求援。

应当说，苴国向秦国求援也合情合理，因为巴国没有力量援助苴国。再者，秦国距离苴国最近，一旦秦国答应苴国的要求，强大的秦军就能对抗蜀国。当然，这种求援也存在风险：万一秦国不援助苴国怎么办？只是此时的苴国没有选择，只能硬着头皮到秦国试一试。

秦惠文王弄清了整件事的来龙去脉后，没有立即答应苴国使者，他要召集高层研究这件事。

张仪与司马错的舌战

有意思的是，秦惠文王还未来得及召集群臣商议对策，又有一拨人进入咸阳，求见秦惠文王。

来人是蜀国的使者。蜀王大概掌握了苴国向秦国求援的内幕，担心秦国干涉此事，就派使者入秦，斡旋各种关系。

蜀国使者面见了秦惠文王后，表达了两方面思想：一方面希望与秦国建立友好关系，另一方面也希望秦国不要插手苴国事务。蜀国使者还表示，蜀国处置苴国是内政，与秦国无关。

整件事变得越来越有意思，也越来越复杂。秦惠文王没有表态，他要分析一下局势，再做决定。

令秦国高层没想到的是，时隔不久，巴国的使者也到了咸阳，向秦国求援，希望秦国支援苴、巴。原来，蜀国在与秦国交涉时，也没有停止对苴、巴两国实施武力压迫。

这让形势变得愈加复杂，原来只是苴国一国的事情，现在变成了三国。秦惠文王召集了满朝文武，讨论处置办法。

秦惠文王如此谨慎并非无来由，因为秦国也有隐患没有解决，这就是秦国与韩国旷日持久的对峙。此前韩国先答应归附秦国，又借助楚国之力对抗秦国，秦国为此出动了一支大军，一直与韩国作战。因此，是否支援巴、苴，成了艰难的抉择。[1]

按照秦惠文王最初设想，他打算派大军去攻打蜀国。但蜀国地理位置独特，有崇山峻岭的庇护，蜀道多艰险、道路狭窄，从咸阳到四川，就得翻越秦岭，绝非易事。而一旦秦军攻打蜀国，蜀军定会凭借地理优势，对抗秦军。

与此同时，秦韩之间的战争变得愈加焦灼。据说韩国得知秦国有意支援巴、苴两国，故意招惹秦国，侵犯秦国的边境。面对这种复杂局面，秦国高层陷入纠结中：是先应对韩国的入侵，再攻打蜀国？还是先遣大兵入蜀，消灭蜀国后，再对付韩国？若先攻打蜀国，秦军能否有十足把握？韩国会不会趁机入侵秦国?[2]

秦惠文王犹豫不决，遂将困惑交给了群臣。大臣们也争论不已，其中尤以司马错与张仪的争论最为激烈。司马错是秦孝公时期成长起来的帅臣，有勇有谋。秦国攻打魏国时，他曾立下了不朽战功。秦惠文王即位后，继续重用司马错，让他在军队中屡立奇功。据说，他就是司马迁的八世祖。

秦惠文王坐观两人的争论。

两人的根本分歧在于，司马错主张征伐蜀国，张仪主张应当先打韩国。双方各执一词，谁也说服不了谁。秦惠文王没有偏向任何人，他对两人说："请你们分别说说自己主张的原因吧。"[3]

张仪当仁不让，马上陈述自己的理由："当下我们需要做的是，

---

[1] 司马迁：《史记》卷七十《张仪列传第十》："苴蜀相攻击，各来告急于秦。"

[2] 司马迁：《史记》卷七十《张仪列传第十》："各来告急于秦。秦惠王欲发兵以伐蜀，以为道险狭难至，而韩又来侵秦，秦惠王欲先伐韩，后伐蜀，恐不利，欲先伐蜀，恐韩袭秦之敝。犹豫未能决。"

[3] 司马迁：《史记》卷七十《张仪列传第十》："司马错与张仪争论于惠王之前，司马错欲伐蜀，张仪曰：'不如伐韩。'王曰：'请闻其说。'"

先与魏国继续保持好关系，再与楚国交好。然后，派大军前往山川之地，堵住什（一作寻）谷的入口①，阻塞屯留（在潞州境内）要道，断绝魏国到韩国南阳（怀州）之路，再相约楚国出兵南郑，而秦国则要把攻打方向放在新城（在河南伊阙之左右）、宜阳（洛州福昌县），进而逼近西周、东周城郊②，声讨周王的罪过，乘机再攻占楚、魏两国土地。到那时，周王认定局势难以控制，就会献出九鼎宝器。秦国只要拥有九鼎宝器，掌握天下地图、户籍，就能挟天子以令诸侯。届时，诸侯谁敢不从？这才是秦国当下最需要做的大业。而与统一大业相比，蜀国显得无关紧要。他们不过是西边偏远的诸侯国，是和戎、狄一样落后的种族。若我们去攻打他们，必然让士兵疲惫、百姓劳苦，更不能实现扬名天下的目的。即便攻占了他们的城池，夺取了他们的土地，也算不上是真正的获利。过去我常听人说：追求声名要到朝廷中去，追求利益要到集市去。对秦国而言，三川、周室就是朝廷和集市，大王您不到这些地方去争夺，反而要去攻打戎、狄那样落后的部落，这与秦国的理想背道而驰，距离实现统一目标太遥远。"③

---

① 《史记》援引《括地志》说："温泉水即寻，源出洛州巩县西南四十里。注水经云鄩城水出北山鄩溪。又有故鄩城，在巩县西南五十八里。"按：洛州缑氏县东南四十里，与鄩溪相近之地。

② 战国时期，周王朝互分为东周和西周，《战国策》等史料中老出现西周、东周的说法。这里的西周并非西周王朝，而是周王朝迁都洛邑后，又分成了西周与东周。

③ 司马迁：《史记》卷七十《张仪列传第十》："仪曰：'亲魏善楚，下兵三川，塞什谷之口，当屯留之道，魏绝南阳，楚临南郑，秦攻新城、宜阳，以临二周之郊，诛周王之罪，侵楚、魏之地。周自知不能救，九鼎宝器必出。据九鼎，案图籍，挟天子以令于天下，大卜莫敢不听，此王业也。今夫蜀，西僻之国而戎翟之伦也，敝兵劳众不足以成名，得其地不足以为利。臣闻争名者于朝，争利者于市。今三川、周室，天下之朝市也，而王不争焉，顾争于戎翟，去王业远矣。'"

　　秦惠文王并未直接否定张仪的意见，而是示意司马错说出自己的意见。

　　司马错对众人说："情况并非相国大人说的那样。我常常听人说，要想让国家富强，最先做的是开疆拓土；想要使军队强大，一定要先让百姓富裕起来；要想统一天下，就要广施德政。只有具备了这三个条件，霸业才能实现。现在大王的疆域还不够大，秦国百姓依旧贫穷，因此我才建议从最容易做到的事情做起。目前，蜀国尽管地处偏远西方，蜀王却是戎、狄部落的首领，掌管一大片地域。眼下蜀国发生了与夏桀、商纣相似的祸乱，若秦军攻打蜀国，就会像豺狼驱赶羊群一样容易。只要我们占领蜀国的土地，秦国的疆域就会延伸到川蜀。届时，我们再夺取蜀国的财富，就能让百姓富裕起来。百姓富裕了，军队就有人养。若按照我的建议来做，秦国不用损兵折将，就能让蜀国臣服。况且，即便我们攻克了蜀国，天下人也不会认为我们残暴；占据了蜀国的财富，天下人也不会认为我们贪婪。因此，在我看来，攻打蜀国是可名利双收，既能拓展疆域，还能得到止暴的美名。若我们现在去攻打韩国，挟持周天子，定会在诸侯中落下不好的名声。而且，此举不见得能够真正获得利益，又落得不义的恶名。因此说，攻打周王朝与韩国是非常危险的举动。综上所述，请大王允许我陈述我的理由：周王朝是天子的王室，是天下共有的王室。周王朝又与齐、韩交往密切。若按照相国大人之言，一旦周王朝难以保住传国九鼎，韩国难以保住三川，这两个国家一定会通力合作，再借助齐、赵两国力量，又与楚、魏和解，组建联盟共同对抗秦国。如此一来，等于是与天下的诸侯为敌。到时，若周天子将九鼎宝器赠与楚国，韩国将三川之地割让给魏国，我们根本无法阻止。等时机成熟，天子约诸侯联合攻秦，我们就会陷入危险中。因此，我认为攻打周王朝与韩国，不如攻打蜀国更稳妥。"①

对比张仪与司马错的建议，司马错偏重获取实地，张仪则偏重谋求外势。② 秦惠文王是英主，他非常清楚，以目前秦国的实力，还不能消灭韩国、挟周天子以令诸侯。换句话说，即便秦国强行进攻韩国，夺取三川，逼迫周天子交出九鼎，天下的诸侯会任由秦国如此做吗？他们会不会形成一种新的合纵，对抗秦国？

秦惠文王是清醒的，张仪的建议固然没有错，但短时间内很难实现，等将来秦国彻底强大，或许才能那么做。而现在，秦国还不能给自己树立那么多敌人。两年前的函谷关之战历历在目，若非五国相互扯皮，樗里疾能够一举击败赵、魏、韩联军？

秦惠文王笑嘻嘻地对司马错说："你的建议与孤王暗合，我们就按照你的建议来处置这件事。"经过辨析，目标更加确定，秦国攻蜀似已成为定局。

---

① 司马迁：《史记》卷七十《张仪列传第十》："司马错曰：'不然。臣闻之，欲富国者务广其地，欲强兵者务富其民，欲王者务博其德，三资者备而王随之矣。今王地小民贫，故臣原先从事于易。夫蜀，西僻之国也，而戎翟之长也，有桀纣之乱。以秦攻之，譬如使豺狼逐群羊。得其地足以广国，取其财足以富民缮兵，不伤众而彼已服焉。拔一国而天下不以为暴，利尽西海而天下不以为贪，是我一举而名实附也，而又有禁暴止乱之名。今攻韩，劫天子，恶名也，而未必利也，又有不义之名，而攻天下所不欲，危矣。臣请谒其故：周，天下之宗室也；齐，韩之与国也。周自知失九鼎，韩自知亡三川，将二国并力合谋，以因乎齐、赵而求解乎楚、魏，以鼎与楚，以地与魏，王弗能止也。此臣之所谓危也。不如伐蜀完。'"
② 赵国华、叶秋菊：《秦战争史》之《第五章东扩南进》，西北大学出版社，2020年版。

平定巴蜀

对秦国有利的是，就在秦国决定攻蜀时，从秦、韩战争前线传来韩国停战的消息。此时，双方尽管没有撤兵，显然已处于一种僵持中。而中原战场上的这种有利条件，更加坚定了秦惠文王平定巴蜀的信念。

之后，秦国高层开始商议攻打蜀国的具体方案。秦惠文王认为，司马错作为攻蜀的主导者，自然要直接参与主导这件事。大概为了缓和司马错与张仪的关系，秦惠文王又命张仪随军出征，加入攻蜀队伍。张仪也不能改变这种局面，只能顺应形势。

紧接着，由张仪、司马错、都尉墨等人率领的秦军兵出咸阳，向西南而行。他们翻越艰险的蜀道，进攻蜀国。秦国高层则翘首以待，静候捷报。

不过入蜀路途并不顺利，《水经注》引《本蜀论》的记载，交代了这次秦军南下攻蜀时的艰难："秦惠王欲伐蜀而不知道，作五石牛，以金置尾下，言能屎金，蜀王负力，令五丁引之成道。秦使张仪、司马错寻路灭蜀，因曰'石牛道'。"[1]

秦军逢山开路，遇水搭桥，在异常艰难行进的蜀道中，凭借着智慧与坚韧，硬生生打通了一条通往四川的道路。换言之，蜀道中有名的金牛道就是此次张仪、司马错等人南下时打通的。而这条道路的打通，为日后秦国与蜀地的联络清除了障碍。甚至在以后川蜀与中原的交流中，石牛道都发挥了重要作用。

之后，秦军翻越重重艰难的蜀道，进入四川平原。我们猜想：

---

[1] 郦道元：《水经注》卷二十七《沔水》。

当蜀国得知秦军入境的消息后，定然组织了兵力拦截秦军。奈何秦军实在太过强大，他们根本不是秦军的对手，瞬间就被秦军击败。之后，秦军在成都平原上迅速推进。这一年（前315年）的十月，秦军推进至蜀国国都，向成都发起攻击。

成都是蜀国的大本营，在古蜀国向蜀国过渡中扮演了重要角色。成都城墙坚固，驻军颇多。三星堆遗址就是古蜀国的遗迹。不过，即便如此，成都也架不住秦军如此轮番进攻。最终，秦军攻破成都，蜀王成为秦军俘虏。《史记索隐》引《蜀王本纪》载："张仪伐蜀，蜀王开战不胜，为仪所灭也。"

消灭蜀国后，秦国废除蜀国国号，贬黜蜀王，改蜀国为蜀郡，将太子封为蜀侯，还命秦国官员陈庄、张若担任蜀郡要职，帮助太子治理蜀地。自此，蜀国成为秦国的附属。以后，据说有叫李冰的秦国官员会在这里修筑都江堰，彻底改变川蜀"江水初荡潏，蜀人几为鱼"的处境。

需要注意的是，这次对蜀国区域的划分是"郡"，不是县。理由很简单，蜀地幅员辽阔，如果设县，可能一个县不足以管辖如此大范围的地方，而郡作为一种"更大级别"的地方管理机构，能适用蜀地。因此，秦国将蜀国变成了蜀郡。

以后，蜀国将会成为秦国的"产能地"，秦国凭借着蜀中的富庶，积攒了大量的财富。而对于秦国这次灭蜀行动，东方诸侯无计可施，他们目睹了秦国壮大，秦国也越来越轻视他们。①

之后，司马错一行人并未停下扩张的步伐。他们转而向东推

---

① 司马迁：《史记》卷七十《张仪列传第十》："惠王曰：'善，寡人请听子。'卒起兵伐蜀，十月，取之，遂定蜀，贬蜀王更号为侯，而使陈庄相蜀。蜀既属秦，秦以益强，富厚，轻诸侯。"

进，先趁机灭掉了苴国，又将战线推进至巴国。再之后，巴国也被秦国灭亡，巴王被封为"君长"，秦国改巴国为巴郡。至此，秦国得到了西南巴、蜀的全部土地，疆域也延伸到楚国的地界。[①] 可见，这时候，设置郡已成为一种"常态"，这是一种比设县更有优势的管理地方的机构。

当然，从秦国灭蜀、巴、苴三国设置郡情况看，郡与县一样，也是军事防区，并非后世意义上的州郡行政区。只是，这个军事防区管辖的面积更大，人口更多。

2. 秦国的扩张

秦赵首战

消灭巴、蜀、苴三国后，秦国将主力撤出了巴蜀之地。不过由于秦国对巴、蜀实施了灭国战，巴、蜀地区民众对秦国一直怀有敌意，想要复国的力量不断涌现。即便秦国留有贵族治理巴、蜀，但他们还是在想办法摆脱秦国的统治。以后，巴、蜀这些力量还通过鼓动、怂恿、拉拢等方式，腐蚀着驻守在巴、蜀的秦国官员，引发他们变节。也正因这些因素的存在，秦国对巴蜀多了一份留意。

张仪、司马错等人回到咸阳后，秦国又开始密谋扩张事宜。这次秦国将攻打的目标换成了赵国。原因是，赵国正身陷囹圄，齐国

---

① 《华阳国志》卷一："巴、蜀世战争。周慎王五年，蜀王伐苴侯，苴侯奔巴，巴为求救于秦。秦惠文王遣张仪、司马错救苴、巴，遂伐蜀，灭之。仪贪巴、苴之富，因取巴，执王以归，置巴、蜀及汉中郡，分其地为三十一县。仪城江州。"

也在东面攻打赵国，并在观泽击败了赵国。《括地志》载："观泽故城在魏州顿丘县东十八里也。"①

这么好的机会，秦国自然不会放过。之前，赵国还与韩、魏联合，攻打秦国。这是秦国攻赵的最合理的理由。因此，司马错等人刚从蜀中返回，就被秦惠文王继续派到东北方攻打赵国。

强悍的秦军推进迅速，不日就到了赵国境内。这是一场闪电战，赵国还没有反应过来，秦军已扑向了赵国中都（今山西平遥西南）。战争结果可想而知，中都很快落入秦军手中。《史记集解》中说："太原有中都县。"紧接着，秦军继续向东推进，又趁势攻克了赵国的西阳（今山西省中阳县城区）和安邑（今山西省运城市）。②

不过这两个地方地望历来有争议。《史记正义》引《括地志》的记载说明了这种情况："中都故县在汾州平遥县西十二里，即西都也。西阳即中阳也，在汾州隰城县东十里。地理志云西都、中阳属西河郡。"此云"伐取赵中都西阳"，赵世家云"秦即取我西都及中阳"，年表云"秦惠文王后元九年，取赵中都、西阳、安邑。赵武灵王十年，秦取中都安阳"。本纪、世家、年表其县名异，年岁实同，所伐唯一处，故具录之，以示后学。

上面的这段文字，列出了几种不同记载，可能《史记正义》作者也分不清具体地望在何处。本书也不做深入辨析。唯一能记住的是，这次攻赵的战争秦国取得了实质性胜利。

这次胜利，让秦国得到了河北（黄河以西）、河东的一些土地，仿佛在赵国内插入一枚锲子，秦军可凭借这些地理优势，向东能攻

---

① 司马迁：《史记》卷四十三《赵世家第十三》："齐败我观泽。"
② 司马迁：《史记》卷四十三《赵世家第十三》："秦取中都、西阳、安邑。"

打韩、赵、魏，向南能攻打楚国。

魏、韩压力越来越大，尤其韩国不长记性，脩鱼之战损失惨重，理应向秦国诚服，却仗着楚国撑腰，继续与秦国交恶。当时秦国正在攻打巴、蜀，没有搭理韩国。现在秦国消灭了巴、蜀，夺取了赵国的部分城池，士气高涨。因此，秦国高层决定要继续攻打韩国，以威胁魏国。

大概魏国也意识到了危机，继续重申臣服秦国，尊秦国为宗主国，只求秦国不要再蚕食魏国。秦惠文王也安抚了魏国不安的情绪，表明秦国只针对韩国，无意攻打魏国。魏国上下虽然感恩戴德，却也不敢马虎。他们密切关注着秦国的动静。

这时候，秦国对韩国的战争已在积极准备中。

韩国高层也意识到危险正在逼近，韩王召集群臣商议解决办法。但是，在战国时代，军事实力是一切实力的基础，韩国也没有很好的办法，只有更加糟糕的局面。韩王颓废又无助，还得面对秦国的威胁。最终，韩国高层商议后，决定将太子韩苍送往秦国当人质，希望以此减缓秦国对韩国的施压。

秦惠文王默许了韩国的求和态度，却没有表态是否放过韩国。这种背景下，韩国高层做了两手准备：一是将太子苍送到秦国咸阳，成为人质，受秦国看管；二是积极备战，万一秦军继续入侵，他们也好应对。

事实证明，韩国的两手准备非常有必要，尽管太子苍已成为秦国人质，秦国并不想停止对韩国的攻打。他们虎视眈眈，觊觎着韩国富饶的土地和人口，希望通过侵入韩国，夺取财富，充盈国库。

未几，秦惠文王派出的一支秦军已向韩国开拔，韩国的形势非常严峻。探知情况的韩国高层除了咒骂秦国不讲武德，是卑鄙无耻之举外，毫无办法。之后，韩国迫不得已，向赵国求救。此时的赵国不想作壁上观，或者说赵国感受一种唇亡齿寒的危机感，派出大将赵泥（一说赵庄）支援韩国。紧接着，秦军就攻打了韩国的石章，并占据了此地。①

不久，赵国援军到达，与韩军合兵一处，对抗秦军。此举又引发秦国对赵国的嫉恨。因此，在与赵、韩联军交涉时，秦国又分出一支大军攻打赵国。赵庄得知情况后，立即回师援救赵国，拦截秦军。可能这正是秦军所希望的，他们与赵泥对决，赵泥被秦军击败，"伐败赵将泥"。

遭受秦军痛击的赵军学乖了，躲在城里不出门，坚壁清野，任由秦军叫嚣。由此，秦、赵之间形成了一种新的对峙。

韩国也不敢再抵抗秦国，一味地求饶。秦惠文王虚荣心得到了极大满足，放过了韩国。当然，放过韩国的根源是，目前还不是灭国的最佳良机，秦国灭了巴、蜀，已带来了一系列问题。这时候，最好的办法是不断削弱韩国，又给他们留一点希望，让他们不断挣扎，让韩国如牛入泥沼，慢慢让其挣扎，直到精疲力竭。而只要不掀起灭国战，也就不会引起其他诸侯的仇恨和恐慌，进而形成新的联盟对抗秦国。

这种处置秦国与诸侯的关系的做法，充满智慧，考量的是君王对天下大势的准确把握。秦惠文王通过这些年的成长，已变得性格复杂，王者风范凸显。

之后，秦国一方面与赵国对峙，另一方面又继续扩张行动。这

---

① 司马迁：《史记》卷五《秦本纪第五》："十年，韩太子苍来质。伐取韩石章。"

一次他们将目标放在了义渠。

这些年来，秦国对义渠一直采取包容态度：只要义渠不公然与秦国叫板，秦国就不会与义渠恶化关系。甚至为了拉拢义渠，秦国还在义渠设县，希望利用民族大融合的政策，将义渠彻底同化。

遗憾的是，这一计划并未实现。五国攻秦时，义渠趁火作乱，攻打了秦国，秦惠文王派秦军抵御，也被义渠大军击败。虽然当时义渠骑兵没有对秦国造成更大损失，但对秦惠文王而言，义渠是冥顽不化的族群，"文治"对他们作用不大，只有将他们彻底打服，他们或许才不敢招惹秦国。所以这一次，秦国打算重创义渠，震慑义渠，也震慑其他北方戎、狄部落。

为了取得实质性胜利，秦国调集了雄兵从东、南、西三面攻打义渠，对义渠形成了合围之势。义渠不愿屈服，顽强抵抗。只是秦军早有部署，他们设置了一个"口袋阵"，将义渠赶进了"口袋"，一点点压缩空间。而随着口袋不断缩小，义渠一部分兵力被消灭，另一部分义渠骑兵拼命撕开口子，沿着北方逃亡，定居的二十五座城全部落入秦军手中。[①] 至此，义渠彻底被秦军打服，轻易不敢再骚扰秦国。

解决了游牧民族的威胁，秦惠文王又转移注意力，开始图谋中原。

秦韩魏再交手

前314年（更元十一年）春，一直向秦国臣服的魏国，不知道何故，忽然背盟，再次与秦国交恶。而魏国的这一举动让秦惠文王

---

① 司马迁：《史记》卷五《秦本纪第五》："伐取义渠二十五城。"

很愤怒。五国攻秦后，由于魏国不断斡旋，秦、魏之间关系一直"良性"发展，没有再爆发大的战争。现在魏国再次背盟，让两国好不容易建立的"友好"关系再回"冰点"。没有人愿意接受背叛，大国更是如此。

魏国的操作令秦国非常费解：为什么魏国宁可冒着被秦国灭亡的风险也要背盟？

原因其实并不复杂。战国时期没有永远的合作伙伴，只有永远的利益同盟。魏国之所以这么做，只有一种可能，这就是魏国重新找到了盟友，且能保障魏国不受秦国欺负，才会如此不顾一切。

秦国高层显然要搞清楚内幕。经多方打探，终于发现这段时间以来，魏国与韩国频频交往，有意结成联盟。只是他们打死也不承认，他们之间悄悄建立的联盟。

只是魏国背盟，秦国不会善罢甘休，攻打魏国应成为形势所迫。这次秦惠文王继续派出弟弟樗里疾攻打魏国。[1] 秦军很快推进到魏国焦地（秦魏曾在此地多次交战），驻扎此处的魏军难以抵挡秦军入侵，焦地毫无意外落入秦军手中。[2]

挨了一顿暴揍，魏国又变乖了。有意思的是，秦、魏两国刚刚停战，秦、韩之间又爆发了战争。到此时，秦国高层才意识到，之前魏国背盟，确实与韩国结盟有关。

原来，再经秦国多方打探，发现秦国攻魏期间，公孙衍秘密奔走呼吁，希望建立新合纵联盟，对抗秦国。韩、魏均与秦国毗邻，总遭受秦军威胁。尤其秦国占据河东地区后，这种威胁越来越大。

---

① 司马迁：《史记》卷七十《张仪列传第十》："三岁而魏复背秦为从。秦攻魏，取曲沃。明年，魏复事秦。"

② 司马迁：《史记》卷五《秦本纪第五》："十一年，樗里疾攻魏焦，降之。"

因此，在公孙衍的说服和运作下，魏、韩两国又达成了某种默契，决意再次联手抗秦。公孙衍甚至在韩国擘画了一张应对秦国入侵的"规划图"。所以，魏国背盟，与韩国结盟。

只是谁也没有想到，秦军行动迅速，一举击败了魏国。而随着魏国战败，韩国又成了孤军奋战。此时，公孙衍陷入孤军奋战的泥沼中，魏军新败，自然不会再对抗秦军。而韩国能对抗秦军吗？公孙衍不甘心，即便以韩国一国之力，他也打算与秦国较量。至少战争还没有爆发前，谁也不能保证战争的结果。历史上，那些以少胜多的战争比皆是，谁又能保证公孙衍就不能取得绝对胜利呢？

这种背景下，秦、韩双方派出大军在岸门对决，试图决出胜负，重新定义天下局面。《史记正义》引《括地志》中的记载，指出了岸门的具体位置："岸门在许州长社县西北十八里，今名西武亭矣。"这个地方，二十多年前的秦孝公时期还属于魏国，秦、魏曾在这里打过一仗，魏军被秦军击败。后来，成为韩国的地盘。这次秦、韩之战也选在了这个地方，可见其位置的重要性。

这次率领秦军的依然是"智囊"樗里疾，他与公孙衍可谓老对手了，双方都知己知彼。战争一开始，秦军就掌握了主动权，韩军被秦军死死压制住，发挥不了能动性。紧接着，就是秦军一轮又一轮冲击战，韩军难以抵抗，被斩杀了万余人。公孙衍看到大势已去，选择了逃亡。①

韩国被秦国打怕了。《史记·韩世家》记载，这次大战后，韩国将太子苍送到秦国当人质，与秦国再次讲和。② 不过，《韩世家》

① 司马迁：《史记》卷五《秦本纪第五》："败韩岸门，斩首万，其将犀首走。"
② 司马迁：《史记》卷四十五《韩世家第十五》："十九年，大破我岸门。太子仓质于秦以和。"

记载韩国送太子苍到秦国为质的时间与《秦本纪》对不上。《秦本纪》记载，韩国太子苍作为人质留在秦国的期间发生在岸门之战之前，而《韩世家》记载发生在岸门之战之后。现在看来，这两种结果都有一定道理，而《韩世家》的记载可能更靠谱一些。因为之前秦国虽对韩国构成威胁，但还没有与韩国直面相对，韩军也没有被秦军击溃，因此那时韩国不太可能将太子苍质押到秦国。

不管怎样。秦、韩岸门之战再次重创了韩国，让韩国不敢再与秦国叫嚣。魏国也龟缩到角落里去了。秦国无疑成为西方最强大的诸侯国。列国对秦国的崛起都震惊不已，他们期待着有新的力量出现，以对抗秦国。而眼下的所谓新的力量，就是形成新的合纵。而公孙衍在与秦军交手中频频失利，让"合纵"成效大打折扣。因此，公孙衍选择了逃亡。

秦国暴揍了韩国后，选择了停战。这也是明智之举，因为连续作战，国家"吃不消"。每一次战争，都是对国力的消耗，没有只战不胜的战争，更没有不死人的战争。

当然，这时候秦国也无法灭掉韩国，秦国能做的，就是不断蚕食和弱化韩国，让他成为不能威胁秦国的小国。

与此同时，川蜀地区也变得人心不稳，秦国还要对巴蜀进行整顿。这一次，秦惠文王换回了太子，将公子嬴通派往川蜀任职，稳定人心，发展农业生产。《史记索隐》引《华阳国志》载："赧王元年，秦惠王封子通国为蜀侯，以陈庄为相。"[1] 可见此时陈庄还是辅佐嬴通的人。而随着秦国更换了川蜀负责人，蜀中又安定了下来。不过，这种安定也是暂时的，川蜀这个地方一直有"自立"的情

① 司马迁：《史记》卷五《秦本纪第五》："公子通封于蜀。"

结，他们还会在以后制造出更大的混乱。

前313年（更元十二年）夏，遭受秦国痛击的魏襄王担心秦国对魏国出兵，整天心神不宁。最后，他不得不派使者入秦，表达与秦国持续交好的意愿。秦惠文王采取张仪的策略，同意与魏国交好。不过，为了彻底操控魏国，秦国表达了自己的态度：魏国要改立公子（魏）政为太子。对于秦国干涉内政的行为，魏襄王无法拒绝，只能同意秦国的要求，改立公子政为太子。这位公子政是魏国质押在秦国的魏国公子。据说公子政在秦国期间，与秦上下相处融洽，也表示出亲秦的态度。现在秦国强行干涉魏国太子人选，大概亦是为继续巩固秦、魏两国关系。

事实上，秦国这种做法存在风险：一旦公子政即位，他会不会再与秦国保持良好关系呢？当然，此时的魏襄王尚年轻，魏国国君还不至于传到公子政身上。

总之，魏襄王作出了巨大让步，让秦惠文王很高兴。秦魏关系也得到了进一步缓和。

不久，魏襄王继续遣人入秦，希望与秦惠文王会盟。对于这种彰显实力的会盟，秦惠文王非常热衷。因此，秦惠文王与魏襄王在魏国临晋（今山西省运城市临猗县）会盟，重拾往日友谊，约定和平相处。[①] 尽管他们都清楚，这种和平只是暂时的。

插手燕国内乱

秦、魏重归于好后，秦惠文王又转而关注其他诸侯的动静，试图寻找新的机会。这时候，他又得到了一个重磅消息：燕王哙将国

---

① 司马迁：《史记》卷五《秦本纪第五》："十二年，王与梁王会临晋。"

君之位禅让给了相国子之。

燕国的这个变故，吸引了天下诸侯的目光。春秋战国时期，虽礼崩乐坏，但国君之位的更替基本遵从嫡长子继承制，即便诸侯之间有兄终弟及，但也仅仅是嫡长子继承制的变种，鲜有国君将君位禅位给臣子的情况发生（当然有卿大夫弑君的做法，但绝大多数卿大夫不敢自立）。那么，燕国为什么会发生这样的事情？

这件事还得追溯到很多年前。

据说燕王哙是上古学术思想的信仰者，这些年来苦心钻研典籍，对于上古仁政思想有着自己独到的见解，也很希望效仿上古那些贤君。孟轲曾说："上有其好，下必甚焉。"燕王哙身边的一些谋臣，巴结讨好，也会给他灌输一些上古先贤的重要事迹，试图改变燕王哙对世界的认知。燕王哙越来越对这些思想痴迷。

相传苏秦的哥哥苏代作为齐国特使出使燕国时，曾与燕王哙有过一次对话。燕王哙问苏代："齐王最近如何？"苏代说："必然不能称霸。"燕王哙很好奇地问苏代："这是为何？"苏代说："齐王不信任他的大臣，他必然无法称霸。"苏代的话让燕王哙陷入沉思。因为这时候，燕王哙与相国子之也相互不信任。而这次对话背后还有故事（碟中谍）：据说苏代在见燕王哙前，先见了子之，弄清楚了燕王哙与子之相互猜忌的问题，并答应冰释子之与燕王哙之间的猜忌。所以在见了燕王哙后，苏代才会这么说，意在启迪燕王哙。而燕王哙听了苏代的话后，似有所感，开始信任子之，放心将国家政务交给子之处置。只是燕王哙可能还不知，苏代劝谏他相信子之，是子之与苏代的交易。子之重新获得燕王哙信任后，还给了苏代重金以酬谢他的斡旋。①

子之掌握大权后，在燕国培植个人势力，几乎权倾朝野。在子之的授意下，有个叫鹿毛寿的大臣继续给燕王哙灌输效仿上古贤君的思想。按照《燕召公世家》载，彼时鹿毛寿也与燕王哙也有过一次对话。

且来看鹿毛寿如何说服燕王的。

鹿毛寿对燕王哙说："大王您不如将国家禅让给子之，为自己换取美名。后世的人们之所以称颂尧帝为圣贤，是因为他把天下禅让给许由，但许由不敢接受。而不管许由接不接受，尧帝都有了禅让天下的美名。若大王您将国家禅让给子之，相信子之定不敢接受。如此一来，大王您就有了与尧帝一样禅让国家的美名，但您却不会因此失去国家。"鹿毛寿的这个建议，让燕王哙动了心。他思前想后，决定效仿尧帝，将国家大事托付给子之，以成就他的美名。

在禅让仪式上，子之虽有推脱，但表示愿帮助燕王哙治理燕国，燕国还是燕王哙的。表面上看，燕王哙实现了禅让的美名，但忽略了子之窃国的野心。之后，子之接过治理国家的重任，地位在燕国不断提升。②而燕王完全蒙在鼓里。

---

① 司马迁：《史记》卷三十四《燕召公世家第四》："子之相燕，贵重，主断。苏代为齐使于燕，燕问曰：'齐王奚如？'对曰：'必不霸。'燕王曰：'何也？'对曰：'不信其臣。'苏代欲以激燕王以尊子之也。于是燕王大信子之。子之因遗苏代百金，而听其所使。"

② 司马迁：《史记》卷三十四《燕召公世家第四》："鹿毛寿谓燕王：'不如以国让相子之。人之谓尧贤者，以其让天下于许由，许由不受，有让天下之名而实不失天下。今王以国让于子之，子之必不敢受，是王与尧同行也。'燕王因属国于子之，子之大重。"

后来，又有人对燕王说："当初大禹尽管举荐了伯益为继承人，他却一直重用儿子启的臣子为官吏。大禹年老后，认为启不足以担当治理天下的重任，故意将君位传给了伯益。大禹去世后，启就率领他的同党攻打伯益，从伯益手中夺回了君位。天下人因此都说大禹只是名义上将天子之位传给了伯益，实际上重用儿子启的臣子，就是为了有一天，能让启将君位夺回去。现在，从大王表面上看，是将国家托付给了子之，但国家的官员却没有一个是子之的人。这真是名义上将国家托付给子之，实际上却要让太子在将来继承君位。"燕王哙再次被人忽悠，将俸禄三百石以上的官员的印信都收起来，交给了子之。这种做法，实际上是将国家对官员的任免权交给了子之。由此，子之完全掌控燕国，替燕王哙行使国君的权力。而燕王哙变得懒政，不再过问政务，另居于他处，享受安宁。①

燕王哙这种做法，引起了太子平与将军市被注意，他们认为是子之弄权，故意架空燕王。之后，他们组成联军攻打子之。

大概子之也意识到会有这天，早有准备。所以联军还未出动，子之捷足先登，一举击败了联军。

之后，市被与太子平逃离到安全地带，商议对策。有意思的是，他们之间产生了意见分歧，这让跟随他们的将士人心涣散。子之得到消息后，立即指挥人攻打他们。市被因此被杀，太子平无处

---

① 司马迁：《史记》卷三十四《燕召公世家第四》："或曰：'禹荐益，已而以启人为吏。及老，而以启人为不足任乎天下，传之于益。已而启与交党攻益，夺之。天下谓禹名传天下于益，已而实令启自取之。今王言属国于子之，而吏无非太子人者，是名属子之而实太子用事也。'王因收印自三百石吏已讼而效之子之。子之南面行王事，而哙老不听政，顾为臣，国事皆决于子之。"

可去，乔装打扮后，逃往无终山。与此同时，为了消除隐患，参与战争的另一位燕国公子职也被迫流亡韩国。

秦惠文王也得到了这些消息。不过，流传的版本很多，真真假假很难辨别，结果都是燕王哙将王位传给子之后引发混乱的问题。[①] 由于秦国距离燕国较远，对于燕国发生的这次内乱，秦惠文王选择了观望态度。

不过，秦国虽在观望，与燕国接壤的齐国可不想观望。燕国的内乱，齐国正好从中得利。于是，齐宣王遣大将匡章趁机向燕国发动了侵略战争。

吊诡的是，燕国人鉴于子之篡权，面对齐军进攻，不但不抵抗，反而大开城门让齐军进入燕国。于是，匡章很快攻到了燕国首都，燕王哙得知齐军进城后，羞愧不已，自缢而死。子之还打算抵抗，被齐军捉住后斩杀。此时，与赵国接壤的中山国也乘机攻打燕国，夺取了燕国的很多城镇。[②]

这是燕国境内发生的一次最大动乱，牵扯本国内部贵族势力以及外国干涉，燕国岌岌可危。

直到此时，燕国人才如梦初醒，开始抵御齐国大军和中山国入侵。赵国也从这些战乱中嗅到了危机，担心齐国、中山国坐大，积极呼吁众诸侯国帮助燕国。秦国得到消息后，立即表态，与赵、韩、楚等国纷纷发表声明，谴责齐国乘人之危。齐宣王见攻打燕国引发了众怒，便命匡章撤出了燕国。中山国也没有再入侵燕国。

即便如此，燕国内部依然不稳定。为此，赵武灵王遣乐池等到

---

① 司马迁：《史记》卷五《秦本纪第五》："燕君让其臣子之。"
② 司马迁：《史记》卷四十三《赵世家第十三》。

韩国，将在韩国躲避灾祸的燕国公子职护送回国，拥立他为燕王，这就是燕昭王。① 这里有个现象需要注意：这位乐池几年前还是秦国的相国，但在张仪回到秦国为相后，他就离开秦国，投奔了赵武灵王，成为赵国的智囊团成员。

至此，燕国这场内乱才终结。

雄心勃勃的秦惠文王看到赵武灵王带领赵国迅速强盛起来，有意攻打赵国，试探赵国的实力。之后，已升任为庶长的樗里疾领兵攻打赵国，击败了赵庄率领的赵军，还俘虏了赵将赵庄。②

不过这也只是一次试探性进攻，秦国高层并没想过与赵国将战争进行到底。至此，这一阶段秦国的扩张行动结束。

应当说，在一两年的时间里，秦国先后击败了魏、赵、韩三国，又与齐、楚争雄。因此，天下的局势在悄然发生大变，秦国无疑成为战国七雄中最强诸侯国之一。

诸侯们开始抵制和孤立秦国，甚至为了防止秦国继续强大，东方诸侯国建立了两个新联盟，这就是以赵、魏、韩三晋为一体的联盟，和以齐、楚为一体的联盟。这实际上是合纵的一种"变体"。他们建立盟约的目的，就是要将秦国孤立在外。

对秦国而言，三晋建立联盟不足为惧，最大的威胁是齐、楚联盟。因此，秦惠文王与高层商议后，制定了对策：先破齐、楚联盟，再议东出之策。

---

① 司马迁：《史记》卷四十三《赵世家第十三》："十一年，王召公子职于韩，立以为燕王，使乐池送之。"
② 司马迁：《史记》卷五《秦本纪第五》："庶长疾攻赵，虏赵将庄。"

3. 张仪戏楚

张仪罢相的背后

前 313 年（更元十二年）秋，秦惠文王乘齐国攻打燕国之际，打算对齐国发动战争，破坏东方诸侯之间的联盟，蚕食和削弱其他诸侯国。

不过，秦国虽有此计划，又考虑到齐、楚已建立合纵盟约，担心秦国攻齐时楚国干涉。故而秦国高层决意在攻打齐国前，先让张仪入楚，游说楚怀王，破坏齐、楚联盟，再图齐国。[①]

据说，张仪访楚的消息传到楚怀王耳中时，楚怀王非常重视，命人收拾出了最好的馆驿，为张仪下榻楚国做准备。而张仪到楚国后，就被安置在早就准备好的驿馆里。楚怀王还亲自到驿馆去接待张仪，畅谈天下大势。[②]

张仪与楚怀王这次会面很有名，两人有过一次深入对话。

楚怀王问张仪："我们楚国是个偏远又鄙陋的国家，您到楚国来，不知道有什么重要的指教？"张仪也不避讳，直接对楚怀王亮出了底牌："若大王真愿意听从我的建议，那就请大王将楚国的城门紧闭，断绝与齐国的盟约。我愿意请求秦王将商於（于）周围六百里之地献给楚国，再挑选绝美的女子给大王做姬妾，秦、楚两国

---

① 司马光：《资治通鉴》卷三《周纪三》："秦王欲伐齐，患齐、楚之从亲，乃使张仪至楚。"

② 司马迁：《史记》卷七十《张仪列传第十》："秦欲伐齐，齐楚从亲，于是张仪往相楚。楚怀王闻张仪来，虚上舍而自馆之。"

相互通婚，永远结为兄弟之国。如此一来，楚国向北则能削弱齐国，秦国因此也得到了好处。我认为没有比这更为妥当的策略了。"①

据说听了张仪抛出的条件，楚怀王激动不已。他看重的不是张仪的身份，而是觊觎张仪承诺的商於六百里土地。对楚国而言，与齐国断交，只需要一纸盟约。而楚国要是得到六百里土地，那可是货真价实的土地、人口。更为重要的是，商於地处秦、楚边境，若楚国得到这部分土地，就能拿捏秦国。

当然，本书认为，张仪说服楚怀王的过程应相当复杂，远非《张仪列传》中的这么简单几句话。楚怀王是一位有为的君主，他不会被轻易糊弄。本书推测，张仪定是想尽了一切办法，摆出了各种利害，陈述了秦、楚建交后的种种诱惑，最终撬动了楚怀王坚定的意志。而张仪最后答应给楚国的六百里土地，不过是击溃楚怀王理智的策略而已。

经过张仪的循循善诱，楚怀王决定听取张仪的建议，与齐国断交，与秦国交往。

吊诡的是，楚国大臣得知这个消息后，纷纷向楚怀王祝贺。唯独陈轸面有忧虑之色，他向楚怀王表示了伤悼之情，让楚怀王非常愤怒，他质问陈轸："我们楚国不用出动军队，就能无偿得到六百里土地，大臣都向我称贺，唯独你表示伤悼，这到底是为什么？"陈轸回答说："事实真如大王所说这样吗？在我看来，我们不仅得不到商於之地，还有可能促成秦、齐两国联合。而一旦秦、齐两国

① 司马迁：《史记》卷十七《张仪列传第十》："曰：'此僻陋之国，子何以教之？'仪说楚王曰：'大王诚能听臣，闭关绝约于齐，臣请献商于之地六百里，使秦女得为大王箕帚之妾，秦楚娶妇嫁女，长为兄弟之国。此北弱齐而西益秦也，计无便此者。'"

联合，楚国就一定会大难临头。"楚怀王不相信陈轸的话，他说："有什么理由你这么说？"陈轸说："眼下秦国重视楚国，是因为楚国与齐国结盟。如今大王受张仪蛊惑，要废止盟约，与齐国断绝来往，必然让楚国陷入孤立无援。大王难道就不想想，秦国为何如此重视楚国，还要给楚国送六百里土地呢？我相信张仪的话定不是真的，等他回到秦国，定会背弃给大王的承诺。如此一来，楚国在北面与齐国断绝关系，西面又与秦国发生龃龉，到时秦、齐两国大军必然前来攻打楚国。为防止我所担心的事情发生，我已为大王想出了应对之策。这就是我们先暗中与齐国联合，但表面上表示与齐国断绝。再派遣人跟随张仪到秦国去。若秦国真愿意给楚国六百里土地，我们再与齐国断交也不迟。若秦国不给我们六百里土地，我们也没有与齐国正式断交，对楚国也没有损失。"①

楚怀王对陈轸的这一盆凉水很气愤，没有听从陈轸的话。楚怀王还对陈轸说："希望你闭上嘴巴，不要多言。静静等待着我们得到秦国的土地吧。"

通过陈轸与楚怀王的对话，能窥见当时各国高层间精彩绝伦的博弈，以及考量天下大势时的智慧火花。

不久，楚怀王就将楚国相印授予张仪，还馈赠了张仪很多礼物。楚怀王又派人拿着书信，到了齐国，公开与齐国断绝了关系，

---

① 司马迁：《史记》卷七十《张仪列传第十》："楚王怒曰：'寡人不兴师发兵得六百里地，群臣皆贺，子独吊，何也？'陈轸对曰：'不然，以臣观之，商于之地不可得而齐秦合，齐秦合则患必至矣。'楚王曰：'有说乎？'陈轸对曰：'夫秦之所以重楚者，以其有齐也。今闭关绝约于齐，则楚孤。秦奚贪夫孤国，而与之商于之地六百里？张仪至秦，必负王，是北绝齐交，西生患于秦也，而两国之兵必俱至。善为王计者，不若阴合而阳绝于齐，使人随张仪。苟与吾地，绝齐未晚也；不与吾地，阴合谋计也。'"

解除了与齐国签订的盟约。如此一来，张仪就成为挂着楚国相印的秦相。

做完这一切后，张仪代表楚国出使秦国。不过，楚怀王还是多了一个心眼：派出一位楚国的将军，跟着张仪前往秦国索要土地。^① 大概是楚怀王采纳了陈轸的建议，做了两手准备。

有意思的是，张仪一行人去往秦国途中，就发生了意外。张仪坐在车上，假装没有抓住车上的绳子，从车上掉了下来，被摔伤了。回到秦国后，张仪借病，数月不上朝，也不见外人。私底下，却与秦惠文王密谋大事。

张仪"不见人"的做法，让跟随他到秦国的使者很着急。据说，张仪不上朝的消息也传到楚怀王耳中。秦惠文王又在背后运作，挑唆齐、楚关系。楚怀王因此说："张仪这么做，难道是因为我们与齐国断交不彻底吗？"不久，楚怀王就遣勇士到宋国，借了宋国的虎符，沿着宋、齐边境大骂齐王，彻底与齐国断绝关系。而楚国的这一做法，让齐王非常愤怒。齐王折断了符节，派人出使秦国，与秦国建立了盟约。

等到秦、齐两国签订了盟约后，张仪才拖着一瘸一拐的身躯，开始上朝。楚国的使者一直在等张仪的消息。张仪重新上朝后，他们就找到了张仪，询问当初给楚国答应的六百里土地之事。^②

正如陈轸所料，张仪当起了"老赖"，他对楚国的使臣说："我

---

① 司马迁：《史记》卷七十《张仪列传第十》："楚王曰：'原陈子闭口毋复言，以待寡人得地。'乃以相印授张仪，厚赂之。于是遂闭关绝约于齐，使一将军随张仪。"

② 司马迁：《史记》卷七十《张仪列传第十》："张仪至秦，详失绥堕车，不朝三月。楚王闻之，曰：'仪以寡人绝齐未甚邪？'乃使勇士至宋，借宋之符，北骂齐王。齐王大怒，折节而下秦。"

已得到秦王许可，将六里土地的所属权要了回来，愿意按照当初的约定，将六里土地献给楚王。"楚国使者听张仪这么说，辩解道："我奉楚王命令，到秦国来接受秦国许诺给楚国的商於六百里土地，不是六里土地。"张仪却坚持说，他答应给楚国的是六里土地。楚国使者不敢私自做主，回国向楚怀王复命。得知张仪耍赖，楚怀王非常生气，决定派兵征讨秦国。[1]

看到楚怀王被愤怒冲昏了头脑，智囊陈轸问楚怀王说："不知大王是否愿意听从我的建议？眼下若我们攻打秦国，齐国必然也会联合秦国来攻打我们。到时候，我们就会面对两个强劲对手。我建议不如割让土地给秦国，利用割地贿赂秦国，麻痹秦国。然后，我们再约秦国一起攻打齐国。表面上看，只是失掉部分土地，但我们可利用秦国的手，从齐国夺回同样的土地，用以补偿我们的失地。这也是破坏齐、秦联盟的做法。唯有如此，我们才能保住自己的国家。"

楚怀王不同意陈轸的建议。在楚怀王看来，秦国失信的行为令人不齿，陈轸还建议给秦国割让土地，这不是要让楚国颜面扫地吗？楚怀王一意孤行，派将军屈匄率楚军攻打秦国。

秦军败楚军

前312年（更元十三年）秋，楚国发兵攻打秦国。

大概秦国高层早就预料到楚怀王会恼羞成怒，因此秦国也在一直等待着楚国来攻。同时，由于秦、齐建立了新盟约，一旦楚国攻

---

① 司马迁：《史记》卷七十《张仪列传第十》："秦齐之交合，张仪乃朝，谓楚使者曰：'臣有奉邑六里，原以献大王左右。'楚使者曰：'臣受令于王，以商于之地六百里，不闻六里。'还报楚王，楚王大怒，发兵而攻秦。"

打秦国，齐国也会出动大军，支援秦国。

就是这样的背景下，楚国大军扑向了秦、齐联军。这注定是一场失败的战争。面对联军，楚军瞬间被击溃，被联军诛杀八万，将军屈匄战死。联军又乘机夺取了楚国的丹阳、汉中等地。①

联军撤退后，楚国不甘心这次失败，随即又组织了一支大军攻打秦国。这一次，楚国下了血本，大有灭亡秦国的计划。因此，楚军一路北上，一直打了蓝田。这里也是秦国腹地，距离咸阳不远。可见当时战争的激烈。面对楚军长驱直入，秦国高层非常慌张，立即组织大军拦击。于是，秦军与楚军在蓝田展开了一场激战。因楚军长途跋涉，加上秦军誓死抵抗，所以，这次一战楚军再次被秦军击败。

连着吃了两次败仗后，楚国再也不敢"冒进"。不久，楚国派使者出使秦国，表示愿意割让两座城给秦国，希望秦楚两国就此停战，保持新的和平。大概秦国高层认识到，秦国实际也灭不了楚国，就同意了楚国的议和条件。②

对秦国而言，秦、楚对攻，成效显著。秦国以绝对的优势，攻占了楚国六百里土地。汉中一带成为秦国的国土，秦国还在此设置汉中郡。③请注意，这里的汉中并非今陕西的汉中，而是楚国的汉

---

① 司马迁：《史记》卷七十《张仪列传第十》："陈轸曰：'轸可发口言乎？攻之不如割地反以赂秦，与之并兵而攻齐，是我出地于秦，取偿于齐也，王国尚可存。'楚王不听，卒发兵而使将军屈匄击秦。秦齐共攻楚，斩首八万，杀屈匄，遂取丹阳、汉中之地。"

② 司马迁：《史记》卷七十《张仪列传第十》："楚又复益发兵而袭秦，至蓝田，大战，楚大败，于是楚割两城以与秦平。"

③ 司马迁：《史记》卷五《秦本纪第五》："张仪相楚。十三年，庶长章击楚于丹阳，虏其将屈匄，斩首八万；又攻楚汉中，取地六百里，置汉中郡。"

中，位置在丹阳。换句话说，秦国和楚国均有汉中地名，切忌混为一谈。

不久，楚国大军包围雍氏（今河南省沁阳市一带），秦国没有搭理楚国的行动，而是采取"多点开花"的形式，对外实施扩张行动。比如，秦惠文王遣樗里疾援助韩国，进而与韩国向东攻打齐国。再比如，秦国还派出大军支援魏国满地，与魏军一起攻打燕国。[1]秦国四面开花的战争，取得了一系列的胜利，也赢得了一些盟友的支持。这一战后，樗里疾被封为严君。[2]

不过这都是些局部战争，对秦国而言，最大的隐患依然是地大物博的楚国。因此，更元十四年（前311年）春，秦国又打起了楚国的主意。[3]

不久，秦国派出使者入楚，希望用楚国黔中地区与秦国武关外围地区交换。

对于秦国的要求，楚怀王一点都不恼，反而对秦使说："我不愿交换土地，我只要张仪这个人。只要秦国将张仪交给我，我愿意无偿献出黔中地区。"秦国使者回国后，将楚怀王的要求汇报给了秦惠文王。

秦惠文王得到楚怀王的承诺后，想让张仪出使楚国，但又不好意思开口。原因很简单，众所周知，楚怀王嫉恨张仪，一旦张仪入楚，可能会招致报复，甚至危及生命。

---

① 司马迁：《史记》卷五《秦本纪第五》："楚围雍氏，秦使庶长疾助韩而东攻齐，到满助魏攻燕。"
② 司马迁：《史记》卷七十一《樗里子甘茂列传第十一》："明年，助魏章攻楚，败楚将屈丐，取汉中地。秦封樗里子，号为严君。"
③ 司马光：《资治通鉴》卷三："秦惠王使人告楚怀王，请以武关之外易黔中地。"

有意思的是，张仪得知这件事后，主动求见秦惠文王，表示他愿意出使楚国。秦惠文王对张仪说："楚王恨您背弃与楚国的约定，一定要杀了您，才会解心头之恨。即便秦国得不到黔中地区，我也不希望您去楚国冒险。"张仪对此很感激，但也清楚，作为国君，秦惠文王定会以国家的利益为中心。而秦国对楚国黔中地区志在必得，他作为臣子要为秦惠文王分忧。① 换句话说，如果因为他让秦国得不到黔中地区，他就会成为秦国的阻碍，以后也很难再受宠。

因此，张仪对秦惠文王说："目前秦国强大而楚国弱小，我与楚国大夫靳尚友善，靳尚目前侍奉楚王夫人郑袖，而楚王又对郑袖宠爱有加，郑袖说的话楚王都听从。我可以利用靳尚的关系协调，相信楚王不会为难我。另外，我是奉大王之命出使楚国，楚王怎敢对我下毒手？若楚王杀了我，而让秦国得到黔中地区，这也是我最大的愿望。"张仪的大义凛然，让秦惠文王很受用，也很感动。②

秦惠文王同意张仪出使秦国。

不久，张仪以秦国相国身份出使楚国。

有意思的是，等张仪到了楚国境内，楚怀王就命人将张仪囚禁起来，还扬言要杀掉张仪。

张仪被抓的消息很快被靳尚捕捉，他对楚怀王的宠妃郑袖说：

---

① 司马迁：《史记》卷七十《张仪列传第十》："秦要楚欲得黔中地，欲以武关外易之。楚王曰：'不愿易地，愿得张仪而献黔中地。'秦王欲遣之，口弗忍言。张仪乃请行。惠王曰：'彼楚王怒子之负以商于之地，是且甘心于子。'"
② 司马迁：《史记》卷七十《张仪列传第十》："张仪曰：'秦强楚弱，臣善靳尚，尚得事楚夫人郑袖，袖所言皆从。且臣奉王之节使楚，楚何敢加诛。假令诛臣而为秦得黔中之地，臣之上原。'"

"您知道您将要被大王抛弃吗？"郑袖一听这话就很慌张，他问靳
尚："这是为什么？"靳尚对郑袖说："我听闻秦王非常宠幸张仪，
本想让张仪出使。现在大王将张仪囚禁，秦王定会想法将张仪从监
牢中拯救出来。我还听说，秦王打算用上庸六个县贿赂楚国，把美
女嫁给楚王，用秦宫中擅长歌舞的女子陪嫁。楚王一向看重土地，
若得到秦国的土地，他就会敬重秦国。而只要大王接受了土地，秦
国的女子就会受到楚王的宠幸。到时候，夫人就会被抛弃。不如由
您出面，在大王面前为张仪求情，请大王放了张仪，这样一来，秦
国的女子就到不了楚国，您的地位也会安稳。"

郑袖心领神会，只要有机会就见缝插针，不断向楚怀王灌输释
放张仪的话："作为臣子，各为其主。现在我们的土地还没有交给
秦国，秦王就派张仪前来，这是对大王的尊重。大王不但没有回
礼，还要杀掉秦使张仪。若大王这么做，就会惹怒秦王，进而派兵
攻打楚国。我请求大王让我们母子二人搬到江南去，免得秦军打来
时，我们像鱼肉一般被秦军残害。"①

被郑袖这么一闹，楚怀王也意识到自己正在犯错，国君不能将
个人私欲凌驾于国家利益之上。张仪代表的是秦国，他怎能因自己
的私愤捆绑秦国使者呢？因此，楚怀王赦免了张仪，以大国使者的
礼仪接待张仪。这段记载不乏故事性，但通过对话解决两国纠纷应

① 司马迁：《史记》卷七十《张仪列传第十》："遂使楚。楚怀王至则囚张仪，将杀
之。靳尚谓郑袖曰：'子亦知子之贱于王乎？'郑袖曰：'何也？'靳尚曰：'秦王
甚爱张仪而不欲出之，今将以上庸之地六县赂楚，美人聘楚，以宫中善歌讴者
为媵。楚王重地尊秦，秦女必贵而夫人斥矣。不若为言而出之。'于是郑袖日夜
言怀王曰：'人臣各为其主用。今地未入秦，秦使张仪来，至重王。王未有礼而
杀张仪，秦必大怒攻楚。妾请子母俱迁江南，毋为秦所鱼肉也。'怀王后悔，赦
张仪，厚礼之如故。"

是真实的。楚怀王不是傻子，他囚禁张仪，可能也只是教训张仪，而从未想过要处死张仪。大国邦交，看的是彼此的底牌，而非情绪处置政务。

张仪联楚

张仪由于受到楚怀王的礼遇，也对楚国产生了恻隐之心，打算帮助楚怀王出谋划策，重新修补楚秦关系。

而就在这个关键时刻，张仪忽然听说，在齐国主持合纵的苏秦去世了（据说被齐闵王车裂），这让张仪悲愤交加。他能在秦国受重用，都是因苏秦当年的帮助。但他的连横与苏秦等人的合纵对抗了多年，他们又是名副其实的对手。现在苏秦去世，天下大局再次发生变化，张仪决定对楚王灌输一些新的理念。因此，在张仪离开楚国之前，他与楚怀王展开了一次促膝商谈。[①]

张仪对楚怀王说："秦国国土占天下一半，军队实力足以抵挡列国诸侯。国家四面都据险要位置，有山河环绕。拥有武士超过百万，有战车千辆，战马万匹，储存的粮食堆积如山。秦国法令严明，将士们不畏艰险甘愿赴死，国君贤明有威严，将帅勇武有谋略，即使秦国没有出动军队，但声威也能传播到险要的常山，折断天下的脊骨，天下诸侯但凡晚一点臣服，就有可能面临灭国之灾。那些所谓合纵的国家，总想着与秦国一较高低。这无异于是驱赶着羊群去进攻老虎，而绵羊与老虎的实力本就不在一个级别，如何较量？如今大王不去亲近猛虎，却去与一群羊为伍，我个人认为，这

---

① 司马迁：《史记》卷七十《张仪列传第十》："张仪既出，未去，闻苏秦死。"

是大王失策了。"①

楚怀王没有回答张仪，示意张仪继续说下去。张仪继续说："纵观天下的强国，非秦即楚。这两个强大的国家应合作，而不是敌视。若秦、楚两国长期对峙下去，两国都不会强大。若大王您不与秦国交好，到时秦国发兵攻占宜阳，韩国与上郡的通行之道会被切断。届时秦国再出兵攻打河东，占据成皋一带，韩国定会向秦国投降，魏国也会乘机采取行动。等秦国联合了韩、魏两国，再由秦国出兵攻打楚国西边，韩、魏攻打楚国北边，楚国难道不会陷入危险吗?"②

张仪继续说："那些主张合纵的国家，不过是一群小诸侯国，他们想对抗强大的国家，而不估算战争成本，就轻易发动战争，这是使国家陷入危亡的错误策略。我曾听人说，军事力量不如对方强大，最好不要挑起战争;粮食没有对方多，不宜持久与对方作战。那些主张合纵之人，总是善于狡辩，说一些不切实际的言辞，抬高他们国君的品节。他们只说合纵的好处，不说合纵带来的隐患和危害。一旦招致祸端，就来不及制止，希望大王能够认真考

---

① 司马迁:《史记》卷七十《张仪列传第十》:"乃说楚王曰:'秦地半天下，兵敌四国，被险带河，四塞以为固。虎贲之士百余万，车千乘，骑万匹，积粟如丘山。法令既明，士卒安难乐死，主明以严，将智以武，虽无出甲，席卷常山之险，必折天下之脊，天下有后服者先亡。且夫为从者，无以异于驱群羊而攻猛虎，虎之与羊不格明矣。今王不与猛虎而与群羊，臣窃以为大王之计过也。……'"

② 司马迁:《史记》卷七十《张仪列传第十》:"'……凡天下强国，非秦而楚，非楚而秦，其势不两立。大王不与秦，秦下甲据宜阳，韩之上地不通。下河东，取成皋，韩必入臣，梁则从风而动。秦攻楚之西，韩、梁攻其北，社稷安得毋危?……'"

虑我说的话。"①

楚怀王还是没有表态。张仪则继续说："秦国已拥有巴蜀之地，这里盛产粮食。若用大船装满粮食，从汶山出发，沿着长江而下，表面上看，距楚国有三千多里，但凭借着水路运输，并不算遥远。假设秦国用两船组成一组运输队，一只船载五十人，另一只船载三月粮食，顺流而下，一天就能行走三百多里，路程尽管长，但并不需要牛马牵引，只需要沿着水路而下，用不了十天时间，秦国的船只就能到达楚国扞关。而扞关形势一旦紧张起来，楚国边境以东的城邑就会严防死守。到时，黔中、巫郡就可能被秦国占据。秦军再从扞关出发，继续向东南推进，楚国的北部地区就会被切断。只要秦国攻打楚国，用不了三个月，就会让楚国四面楚歌。届时，即便楚国向其他诸侯发出求救，且他们也愿意来援助楚国，但路上的消耗，至少需要半年。等到半年后，支援军队虽到，楚国也会被秦国消灭。所以说，大王希望依靠弱小国的支援，却忽略强秦的祸患，这是不对的。"②

张仪继续说："大王曾与吴国作战，五战三胜，表面上看，似乎楚国胜利了，实际上参与战争的士兵大多战死，损失巨大。如

① 司马迁：《史记》卷七十《张仪列传第十》："'……且夫从者聚群弱而攻至强，不料敌而轻战，国贫而数举兵，危亡之术也。臣闻之，兵不如者勿与挑战，粟不如者勿与持久。夫从人饰辩虚辞，高主之节，言其利不言其害，卒有秦祸，无及为已。是故原大王之孰计之。……'"

② 司马迁：《史记》卷七十《张仪列传第十》："'……秦西有巴蜀，大船积粟，起于汶山，浮江已下，至楚三千馀里。舫船载卒，一舫载五十人与三月之食，下水而浮，一日行三百余里，里数虽多，然而不费牛马之力，不至十日而距扞关。扞关惊，则从境以东尽城守矣，黔中、巫郡非王之有。秦举甲出武关，南面而伐，则北地绝。秦兵之攻楚也，危难在三月之内，而楚待诸侯之救，在半岁之外，此其势不相及也。夫弱国之救，忘强秦之祸，此臣所以为大王患也。……'"

今，楚国为了守卫新占据的城邑，让百姓陷入痛苦之中。我常听人说，功业太大的国君容易招致危难，而百姓疲惫困苦就会怨恨国君。守卫"危难的功业"而违背强秦的意愿，我为大王将来的前途感到危险。"①

楚怀王还是不为所动，张仪又说："秦国十五年不出函谷关攻打齐国和赵国，并非秦国惧怕，而是在暗中策划一举吞并天下的目标。楚国曾与秦国在汉中交战，楚国被击败。楚国七十多位高贵的侯爵、王公全部战死，也失去了汉中。大王非常恼怒，再发兵攻打秦国，秦、楚双方在蓝田又打了一仗，楚国又被击败。这就是人们常说的两虎相争，两败俱伤。秦、楚两国因为战争，消耗了彼此的实力。而魏、韩两国则没有因此消耗实力，他们若从北方攻打楚国，楚国就会陷入危险之中。希望大王考虑这个问题。"②

张仪还说："若秦楚联合，秦国出兵攻打魏国阳晋，在占据此地后，天下的交通要道就会被秦国隔绝。到时，大王出动楚国全部军队攻打宋国，用不了多久，就会灭亡宋国。等楚国消灭了宋国，再挥师东进，那么，泗水附近的十二个诸侯国就会成为楚国的附庸。③

---

① 司马迁：《史记》卷七十《张仪列传第十》："'……大王尝与吴人战，五战而三胜，阵卒尽矣；偏守新城，存民苦矣。臣闻功大者易危，而民敝者怨上。夫守易危之功而逆强秦之心，臣窃为大王危之。'"

② 司马迁：《史记》卷七十《张仪列传第十》："'……且夫秦之所以不出兵函谷十五年以攻齐、赵者，阴谋有合天下之心。楚尝与秦构难，战于汉中，楚人不胜，列侯执珪死者七十余人，遂亡汉中。楚王大怒，兴兵袭秦，战于蓝田。此所谓两虎相搏者也。夫秦楚相敝而韩魏以全制其后，计无危于此者矣。原大王孰计之。……'"

③ 司马迁：《史记》卷七十《张仪列传第十》："'……秦下甲攻卫阳晋，必大关天下之匈。大王悉起兵以攻宋，不至数月而宋可举，举宋而东指，则泗上十二诸侯尽王之有也。……'"

"苏秦曾游说天下各诸侯，凭借合纵之势挂六国帅印，被封为武安君。他出任燕国的相国，却在暗地里与燕王谋划攻打齐国，瓜分齐国的土地。因此，苏秦假装得罪燕王，从燕国逃亡到齐国，齐国收留了他，并授予他相国爵位。没想到，两年后，苏秦的阴谋被发现，齐王愤怒之余，命人将他在街市上五马分尸。所以说，仅凭一个狡诈虚伪的苏秦就想操控天下，让诸侯联合，这种策略想来也不会成功。"①

"如今秦、楚国边界接壤，从地理形势上看，两国应是亲近的国家。大王若能听取我的建议，等我回秦国后，劝秦王派太子到楚国做人质，大王也派太子到秦国做人质。我再给秦王建议，选美女嫁给大王，给楚国敬献万户人家的城邑，作为大王收取赋税的地方，秦、楚两国建立兄弟邻邦，终生不互相攻伐。这是我认为最好的策略。"②

张仪这番滔滔不绝的言论，终于触动楚怀王。他何尝不希望与秦国长期和平相处下去，为楚国的发展换取时间。

当然，我们认为，张仪与楚怀王交涉时，可能远不止上面提及的这些内容。毕竟说服一个国君需要智慧。况且，上文（《张仪列传》）中的说法，其实也存在一些值得推敲的地方，需要详细考

---

① 司马迁：《史记》卷七十《张仪列传第十》："……'凡天下而以信约从亲相坚者苏秦，封武安君，相燕，即阴与燕王谋伐破齐而分其地；乃详有罪出走入齐，齐王因受而相之；居二年而觉，齐王大怒，车裂苏秦于市。夫以一诈伪之苏秦，而欲经营天下，混一诸侯，其不可成亦明矣。……'"
② 司马迁：《史记》卷七十《张仪列传第十》："……'今秦与楚接境壤界，固形亲之国也。大王诚能听臣，臣请使秦太子入质于楚，楚太子入质于秦，请以秦女为大王箕帚之妾，效万室之都以为汤沐之邑，长为昆弟之国，终身无相攻伐。臣以为计无便于此者。……'"

证。如果仅凭这样一番言论就能说服楚怀王，那除非楚怀王是个十足的傻瓜，且刚愎自用，不听劝阻。

总之，不管什么原因，结果是张仪利用自己"三寸不烂之舌"说服了楚怀王，基本促成了秦、楚之间的"结盟"。

不过从整个事件的"原点"分析，楚怀王之所以同意与秦国结盟，更多的原因是不想失去黔中地区。为什么这么说呢？因为此时楚怀王面临着一个尴尬局面：按照当初与秦国的协议，只要张仪出使楚国，楚国就得无偿将黔中地区交给秦国。楚怀王本希望利用这种策略杀了张仪，现在不但没有诛杀张仪，他还成为楚怀王的座上宾。而不管他是否杀张仪，结果都是秦国履行了诺言。所以这时，楚国也该履行诺言，将黔中地区交给秦国。只是楚怀王心疼黔中地区，不想将这些地方割让给秦国。

楚怀王向张仪道出了自己的尴尬。而为了解决这一问题，张仪又"绞尽脑汁"，给楚怀王提供了参考建议。楚怀王思前想后，决定采纳张仪的建议，与秦国再次结盟。

有意思的是，张仪刚刚离开楚国，大夫屈原从齐国返回楚国。当屈原听闻楚怀王的种种举措后，非常激动地对楚怀王说："大王前一次被张仪欺骗，愤怒不已，还发动了战争。这次张仪再来楚国，我原以为大王会烹杀他，不想大王却不忍心杀他，还放了他。这已是莫大的宽容，现在大王还要听信张仪的蛊惑，我认为不能这样做。"楚怀王却说："若我们与秦国交好，就能保住黔中。否则秦国索要黔中地区，当如何处置？眼下采纳张仪的策略，既能让楚国不失去黔中地区，又能与秦国交好，这是多么美好而有利的事情。我已答应张仪，若再次背盟，就会引起秦国不满，我认为不能这样做。"最终，楚怀王还是没有听信屈原的话，而是同意张仪的提议，与秦国结好。①

屈原对楚怀王不听劝谏的做法非常失望，他提示楚怀王应杀了张仪。当初与秦国的约定只是口头承诺，并未留有白纸黑字，只要楚国不给秦国黔中地区，秦国也奈何不了楚国。终于，在屈原苦口婆心的分析下，楚怀王也意识到，他可能又被张仪戏耍，遂遣人去追杀张仪。然而此时，张仪已离开楚国，进入韩国地界。② 楚国杀手固然勇武，却不能进入韩国诛杀张仪。

最终，诛灭张仪的计划也不了了之。那么，这里就有一个新问题：离开楚国后，张仪为何不直接返回秦国，反而去了韩国呢？

4. 张仪游说列国

游说韩国

有些事总在秘密进行着，没有人知道，秦惠文王与张仪之间还有多少秘密。原来，在张仪出使楚国之前，已与秦惠文王约定好，除了游说楚国外，还要游说东方列国，或者说，即便联合不了东方诸侯，也要想办法破坏他们组建的"合纵"。直白点说就是，通过邦交手段，解除秦国潜在威胁。当然，这也是张仪毕生的理想：不

---

① 司马迁：《史记》卷七十《张仪列传第十》："于是楚王已得张仪而重出黔中地与秦，欲许之。屈原曰：'前大王见欺于张仪，张仪至，臣以为大王烹之；今纵弗忍杀之，又听其邪说，不可。'怀王曰：'许仪而得黔中，美利也。后而倍之，不可。'故卒许张仪，与秦亲。"
② 司马迁：《史记》卷四十《楚世家第十》："张仪已去，屈原使从齐来，谏王曰：'何不杀张仪？'怀王悔，使人追仪，弗及。"

战而屈人之兵。因此，在楚怀王答应与秦国结盟后，张仪并未立即返回秦国，而是直接从楚国进入韩国地界。

前311年（更元十四年）春，在张仪进入韩国时，秦惠文王也没有闲着。这时候，秦国再次对楚国用兵，楚国召陵被秦军攻占。① 大概因屈原的干涉，楚国没有与秦国结盟，因此秦惠文王才遣人攻打楚国边境，意在以武力逼迫楚国与秦国结交。

面对失利，楚国高层在商议后，派使者入秦交涉。不久，秦、楚之间就建立了联盟。

有意思的是，在这之后，蜀中两个夷、狄部落丹、犁忽然发动了叛乱，与蜀侯决裂。他们的首领率部众来投降秦国，被秦国收留了。《史记正义》载："二戎号也，臣伏于蜀。蜀相杀蜀侯，并丹、犁二国降秦。在蜀西南姚府管内，本西南夷，战国时蜀、滇国，唐初置犁州、丹州也。"那么，为什么会发生这种事？蜀地不早就是秦国的蜀地了吗？为什么还会发生夷、狄部落的叛乱？

事后，经详细了解，秦惠文王才弄清了事实。

原来，蜀侯长期在蜀中独立自主，虽是秦国一地长官，却如"土皇帝"一样，与秦国完全脱节。后来，他就生了摆脱秦国的打算，意图在蜀中自立，建立一个新的诸侯国。而这些本就归附于蜀中的夷、狄部落担心受牵连，翻山越岭，投奔秦国，并向秦惠文王告知内幕。秦惠文王收留了他们，又给在四川任职的秦国官员陈庄下达密令，要求他立即处置，平定四川的危机。陈庄果断出动，诛杀了蜀侯。② 之后，秦国安抚了陈庄，让他继续治理四川地区。

---

① 司马迁：《史记》卷五《秦本纪第五》："十四年，伐楚，取召陵。"
② 司马迁：《史记》卷五《秦本纪第五》："丹、犁臣，蜀相壮杀蜀侯来降。"

张仪听说了川蜀地区叛乱的消息，不过他最重要的事情还是四处游说，以实现连横政策。这一次能否说服韩王，方显张仪的才能。

事实上，对于张仪的忽然造访，韩国上怀有一种浓烈的抵触情绪，谁都清楚张仪到韩国准没好事。不过张仪既然来了，就不能拒之门外。大国邦交，礼仪为先。韩王根据大国使者的规格，将张仪安置在了驿馆，还款待了张仪。

对于这些形式，张仪很看重。在招待宴会上，张仪迫不及待与韩王谈起了天下大势，尤其说到了韩国的处境。

张仪对韩王说："韩国地势险要，全国大部分地区都属山区。这导致韩国种植的粮食不是豆子便是麦子，老百姓的食物，也多以豆子饭、豆叶汤为主。若韩国遭受天灾，一年之内都不会有收成，到时人们连糟糠都不够吃。韩国的领土面积，区区九百里，储存的粮食也仅够维持两年光景。大王的军队总数不超过三十万，其中还有一些杂役人员。除去驻守边境壁垒的士兵外，能够调动的部队不超过二十万。而秦国的军队有百万之众，战车有千余辆，战马有万匹；秦国士兵勇猛敏捷，冲锋陷阵时连盔甲也不戴，持戟冲锋的士兵更是多得无法计算；秦军战马精良，后蹄腾空一跃就是两丈一尺远，如此良驹在秦国多得数不清；山东六国①军队披着铁甲、戴着头盔与秦军作战，秦国的士兵们却脱掉盔甲，赤膊上阵迎敌，他们左手提着敌人的头颅，右手擒拿俘虏；若将秦国的士兵与山东六国的士兵比较，就如同勇士孟贲与懦夫相比。若论双方的威力，仿佛

---

① 这里的山东并非今日山东省，而是春秋战国时期崤山以东的所有区域。就是说，山东六国指的往往是秦国崤山以东的齐、楚、燕、韩、赵、魏等诸侯国。

大力士乌获与婴孩对抗。秦国用孟贲、乌获这样的勇士攻打不愿臣服秦国的诸侯国，等同于将千钧的重量压在了鸟卵上，结果完全在预料之中。①

面对张仪这种带着威胁与劝说的口吻，韩王只能听着。

紧接着，张仪继续对韩王说："那些诸侯国君与大臣不估量自己国土狭小，却听信主张合纵之人的甜言蜜语，与他们结党营私，相互勾结，相互掩饰。听从他们慷慨激昂的说辞'只要听从我的建议，就能称霸天下'，不考虑国家的长远利益，被合纵之人的片面之词说服，误国误民。眼下，没有比这更严重的事情了。"②

韩王依旧不表态。

这时候，张仪切换了叙述角度："若大王不归附秦国，秦军就会出动，攻占韩国的宜阳，彻底切断韩国上党。之后，秦军会继续向东进军，夺取成皋、荥阳等城邑。到时，大王就无法再拥有鸿台的宫殿、桑林的苑囿。再者，一旦秦军阻塞成皋，切断上党地区，韩国就会被分割为两部分。若真是这样，之前归附秦国的地方就能得到安全，不归附秦国的地方会更加危急。若制造了祸端却想着得

---

① 司马迁：《史记》卷七十《张仪列传第十》："张仪去楚，因遂之韩，说韩王曰：'韩地险恶山居，五谷所生，非菽而麦，民之食大抵菽饭藿羹。一岁不收，收不餍糟糠。地不过九百里，无二岁之食。料大王之卒，悉之不过三十万，而厮徒负养在其中矣。除守徼亭鄣塞，见卒不过二十万而已矣。秦带甲百余万，车千乘，骑万匹，虎贲之士跿跔科头奋戟者，至不可胜计。秦马之良，戎兵之众，探前趹后蹄间三寻腾者，不可胜数。山东之士被甲蒙胄以会战，秦人捐甲徒裼以趋敌，左挈人头，右挟生虏。夫秦卒与山东之卒，犹孟贲之与怯夫；以重力相压，犹乌获之与婴儿。夫战孟贲、乌获之士以攻不服之弱国，无异垂千钧之重于鸟卵之上，必无幸矣。……'"
② 司马迁：《史记》卷七十《张仪列传第十》："'……夫群臣诸侯不料地之寡，而听从人之甘言好辞，比周以相饰也，皆奋曰"听吾计可以强霸天下"。夫不顾社稷之长利而听须臾之说，诖误人主，无过此者。……'"

到福报，计谋短浅鄙陋而结下很深的怨仇，悖逆秦国而服从楚国，就距离亡国不远了。"①

张仪陈述完利害，马上换了一种口吻，提出了韩国目前应怎么做："所以，为大王着想，不如臣服秦国。眼下秦国最想做的事情，无非是削弱楚国。而中原诸侯国中，能够削弱楚国的，只有韩国。这不是说韩国比楚国强大，而是因为韩国的地理形势决定了韩国有这个实力。若大王向秦国称臣，秦王一定会很高兴。对韩国而言，进攻楚国不仅有利于巩固和拓展疆域，也能与秦国建立良好关系。若这样做，就等于转移了自己的祸患而取悦于秦国。而眼下没有比这个做法更符合韩国实际的了。"

以上这些对话中，张仪先指出了韩国处境，又分析了韩国面临的困难，最后提出韩国与秦国交好，与楚国断绝的建议，可谓循循善诱，让韩王无法反驳。这与之前他出使楚国时，有些类似。最终，韩王也被张仪说服，答应与秦国建立和平盟约。② 当然，这些说辞还是有难以自圆其说的地方，或许压根就没有这回事。

张仪完成了游说韩国的任务后，从韩国赶回秦国。他已有一年多没有回秦国了，也急需知道秦国内部的变化。

---

① 司马迁：《史记》卷七十《张仪列传第十》："'……大王不事秦，秦下甲据宜阳，断韩之上地，东取成皋、荥阳，则鸿台之宫、桑林之苑，非王之有已。夫塞成皋，绝上地，则王之国分矣。先事秦则安，不事秦则危。夫造祸而求其福报，计浅而怨深，逆秦而顺楚，虽欲毋亡，不可得也。……'"

② 司马迁：《史记》卷七十《张仪列传第十》："'……故为大王计，莫如为秦。秦之所欲莫如弱楚，而能弱楚者如韩。非以韩能强于楚也，其地势然也。今王西面而事秦以攻楚，秦王必喜。夫攻楚以利其地，转祸而说秦，计无便于此者。'韩王听仪计。"

结交齐国

张仪回到秦国，得到了秦惠文王的热烈欢迎。

张仪不用一兵一卒，先后说服楚王、韩王与秦国建交，对秦国来说，张仪功业巨大。通过这些事，能够看出战国时期术士游说，有时候胜过一支强大的军队。

当然，任何游说的背后，都依靠强大的军事实力，但不容否定张仪的功绩。据说，这次回秦国后，秦惠文王就封赏了张仪五座城池，还授予张仪武安君的封号。这也意味着张仪成为商鞅之后，又一个得到爵位的外国士子。①

张仪成功游说列国的做法，让秦惠文王看到连横策略的巨大优势。张仪虽然没有拉拢更多诸侯与秦国结盟，但至少搞得天下诸侯不安宁，相互结盟的也被张仪"拆散"。因此，张仪在秦国休整了一段时间后，又被秦惠文王派出，游说东方列国。这次张仪穿越了韩国、周王畿及泗水十二诸侯国，到达临近东海的齐国，向齐国宣传连横策略。

齐国与楚国、韩国不同。它是战国时期东方的强国，一直以来与秦国的关系暧昧，若即若离。这次张仪入齐，也是为加固秦、齐两国的关系。换句话说，自上次远攻失败后，秦国对齐国一直采取拉拢手段。

《张仪列传》里说，张仪此次游说的人是齐愍王。这也符合《张仪列传》中苏秦被齐愍王诛杀的事实。不过，按照年限考究，

---

① 司马迁：《史记》卷七十《张仪列传第十》："张仪归报，秦惠王封仪五邑，号曰武信君。"

此时齐国在位的君主应是齐宣王。因此，本书推测，张仪此次游说的多半是齐宣王。①

到齐国后，张仪受到了齐宣王的礼遇。当然，齐宣王清楚，以游说出名的张仪肯定不单到齐国来游览，他一定带着重要的任务。因此，齐宣王也不遮掩，直接询问了张仪此行的目的。

张仪也喜欢直来直去，他对齐宣王说："放眼天下的强国，没有一个国家能够与齐国堪比。齐国的大臣都是同姓的父兄，像一家人一样。齐国的百姓众多，民众生活富足安乐。不过，齐国虽然国力强盛，但依然有各种隐患。比如，齐国的大臣多图暂时安逸，而不顾及国家长远利益。之前，坚持合纵的人在游说大王时，一定说过这样的话：'齐国西方有强大的赵国，南面有韩国与魏国。齐国是个背靠大海的国家，土地广袤，人口众多，兵强马壮，即便有一百个秦国，也拿齐国没有办法。'大王以前一定对这种说法深信不疑，却忽略了实际情况。殊不知，主张合纵之人多相互勾结，自认为合纵无懈可击。我听人说，齐、鲁两国曾交战三次，都是鲁国胜利。但也正因如此，让鲁国陷入危险之中，后来鲁国就灭亡了。所以说，鲁国虽有战胜的名声，最后却亡国了。为什么会发生这样的情况呢？主要原因是，齐国强大而鲁国弱小。现在，秦国与齐国相

---

① 司马迁：《史记》卷七十《张仪列传第十》："使张仪东说齐愍王曰：'天下强国无过齐者，大臣父兄殷众富乐。然而为大王计者，皆为一时之说，不顾百世之利。从人说大王者，必曰"齐西有强赵，南有韩与梁。齐，负海之国也，地广民众，兵强士勇，虽有百秦，将无奈齐何"。大王贤其说而不计其实。夫从人朋党比周，莫不以从为可。臣闻之，齐与鲁三战而鲁三胜，国以危亡随其后，虽有战胜之名，而有亡国之实。是何也？齐大而鲁小也。今秦之与齐也，犹齐之与鲁也。秦赵战于河漳之上，再战而赵再胜秦；战于番吾之下，再战又胜秦。四战之后，赵之亡卒数十万，邯郸仅存，虽有战胜之名而国已破矣。是何也？秦强而赵弱。……'"

比较，就如同当初的齐国与鲁国一样。秦国和赵国在黄河、漳水边上作战，交战两次都是赵国取胜。后来，秦、赵在番吾城交战，赵国又两次击败了秦军。这四次战役后，赵国的士兵阵亡了好几万，仅仅保住了邯郸。赵国虽然获得了胜利国的名声，国家却因此破败不堪。这又是为什么呢？是因为秦国强大而赵国弱小。"

张仪这是用了多种截然不同的例子，对齐、秦局势做分析。齐宣王没有表态，或者说没有体会到张仪的"画外音"。因此，张仪继续分析形势："如今，秦、楚相互通婚，建立联姻友邻，缔结成兄弟之国。韩国献出宜阳，魏国献出河外。赵王也到渑池朝拜秦王，献出河间，与秦国交好。若大王与秦国不交好，秦国就会驱使韩、魏进攻齐国南部，再调动赵国大军，强渡清河，攻打博关。到时临淄、即墨两城就会落入秦国。而齐国一旦被联军攻破，再想与秦国交好，那就不可能了。希望大王认真考虑这件事。"①

对于张仪的这一番高论，齐宣王似乎有所触动。他对张仪说："齐国地处偏远落后的东海，没有听到过有利于国家长远利益的高见，今天算是领教了。"之后，齐宣王也答应张仪与秦国交好。②

以上内容来自《张仪列传》。不过，这种记载显得太过单薄。本书推测，这些记载，应是司马迁根据张仪的事迹，总结出来的故事。张仪作为秦国相国，奔走列国之间建立连横，采取的说服工作应是实际利益与形势结合，循循善诱，让诸侯掉进自己设置的陷阱

① 司马迁：《史记》卷七十《张仪列传第十》："'……今秦楚嫁女娶妇，为昆弟之国。韩献宜阳；梁效河外；赵入朝渑池，割河间以事秦。大王不事秦，秦驱韩梁攻齐之南地，悉赵兵渡清河，指博关，临淄、即墨非王之有也。国一日见攻，虽欲事秦，不可得也。是故原大王孰计之也。……'"
② 司马迁：《史记》卷七十《张仪列传第十》："齐王曰：'齐僻陋，隐居东海之上，未尝闻社稷之长利也。'乃许张仪。"

中，才答应与秦国建交。应当认识到，截至这一时期，齐国与秦国之间没有任何实际利益纠葛，亦不存在边境纠纷，齐宣王缘何因张仪的一番高论，就与秦国建交？

当然，本书相信，张仪定是采取了各种策略，最终说服了齐宣王。只是真相永远被历史掩埋，能看到的也只有这些简单的记载罢了。

联合燕赵

达到邦交的目的后，张仪离开了齐国，向北而上，进入赵国的地界。

对于张仪这次游说诸国，列国国君可能早有耳闻，他们大概也希望听到张仪的高论，从张仪口中探知秦国对列国诸侯的态度。因此，张仪到了赵国后，立即见到了赵武灵王。

任何带有修饰性的话语，都会显得底气不足。聪明人之间的对话，会省去很多欲盖弥彰的开场白。张仪对赵武灵王说："秦王派我做使臣，向大王敬献不成熟的策略，希望大王可以勉强一听。想当初，大王领导天下诸侯共同抵御秦国，使得秦国的军队十五年时间不敢出函谷关。大王的神威已传遍了山东各国，使得秦国非常害怕，屈服着不敢妄动。这些年来，秦国整治军备，磨砺武器，休整车马，练习骑射，努力种田，储存粮食，守卫边境，一直都忧愁恐惧地生活，从不敢轻举妄动，唯恐担心大王责备我们的过错。"①

---

① 司马迁：《史记》卷七十《张仪列传第十》："张仪去，西说赵王曰：'敝邑秦王使使臣效愚计于大王。大王收率天下以宾秦，秦兵不敢出函谷关十五年。大王之威行于山东，敝邑恐惧慑伏，缮甲厉兵，饰车骑，习驰射，力田积粟，守四封之内，愁居慑处，不敢动摇，唯大王有意督过之也。……'"

"如今凭借着大王的督促，秦国已攻占了巴、蜀，占据了汉中，囊括了两周，迁移九鼎宝器，据守白马渡口。秦国尽管偏僻、遥远，然而被压抑和愤懑的日子过得太久了。现在秦国有一支身穿破旧甲衣、手持残缺兵器的军队，驻守在渑池。他们计划渡过黄河，跨过漳水，抢占番吾，与赵军在邯郸城下相会，并希望在甲子日[1]与赵军作战，效仿周武王伐纣的故事，所以特派我来告知大王。"[2]

"大王此前仰仗合纵联盟对付秦国，主要是因为有苏秦的存在。苏秦迷惑诸侯，颠倒是非，将正确的说成是错误的，把错误的说成是正确的，企图用这样的办法倾覆齐国，结果被齐国发现，最终落得个五马分尸的下场。苏秦死了之后，天下的诸侯不可能再联合。如今，秦国与楚国已结为兄弟友邦，韩、魏也向秦国臣服，自称是秦国东边的属国。齐国也愿意献出盛产鱼盐的土地，与秦交好。天下诸侯有一半都与秦国结交，这等于是断了赵国的右臂。而断了右臂的人怎么与双手健全的秦国斗争？赵国失去了同伙，陷入了孤立无援的境地。赵国想要摆脱如此危机，根本不可能。[3]

"现在，秦国已派出三支军队向东而来：其中一支秦军堵塞了

---

① 司马迁：《史记》卷四《周本纪第四》："二月甲子昧爽，武王朝至于商郊牧野，乃誓……"

② 司马迁：《史记》卷七十《张仪列传第十》："'……今以大王之力，举巴蜀，并汉中，包两周，迁九鼎，守白马之津。秦虽僻远，然而心忿含怒之日久矣。今秦有敝甲凋兵，军于渑池，原渡河逾漳，据番吾，会邯郸之下，原以甲子合战，以正殷纣之事，敬使使臣先闻左右。……'"

③ 司马迁：《史记》卷七十《张仪列传第十》："'……凡大王之所信为从者恃苏秦。苏秦荧惑诸侯，以是为非，以非为是，欲反齐国，而自令车裂于市。夫天下之不可一亦明矣。今楚与秦为昆弟之国，而韩梁称为东籓之臣，齐献鱼盐之地，此断赵之右臂也。夫断右臂而与人斗，失其党而孤居，求欲毋危，岂可得乎？……'"

午道，又通知齐国调集军队，渡过清河，计划驻扎在邯郸以东；另一支秦军则驻扎在成皋，迫使韩、魏两国也出兵，驻扎在河外待命；第三支秦军驻扎在渑池，已向周围的四国发出了邀请，希望他们与秦国一起攻打赵国。他们还约定，等赵国被攻破后，渑池附近的四个国家会瓜分赵国的土地。我不敢向大王隐瞒秦国的真实意图，因此据实相告。为了解决各诸侯国攻打赵国，我为大王想出了一个解决办法，那就是请大王与秦王在渑池会晤。与秦王建立和平约定，请求各诸侯国按兵不动，不要进攻赵国。我认为这是最好的处置策略，希望大王认真对待。"①

张仪一口气说了这么多，没有给赵武灵王插话的机会。仔细分析张仪的话，就可发现既是强硬的逼迫，也是赤裸裸的威胁。赵武灵王尽管气愤，但也不得不认真对待，若张仪说的是事实，赵国必然面临着重大威胁。

他对张仪说："先王在世时，奉阳君独断专行，蒙骗先王，掌控所有政事。当时我年纪尚轻，跟着老师学习，未曾参与国家大事。先王去世后，由我继承君位，但我年纪太小，继位时间又不长，对很多政务还搞不清楚。事实上，一直以来，我就很怀疑'合纵'的做法，认为诸侯结合一体，不侍奉秦国，不利于赵国长远利益。因此，我打算改变策略，割让土地给秦国，来弥补以往的失误，诚心归附秦国。眼下，我正在准备安排马车前去请罪，正好听

---

① 司马迁：《史记》卷七十《张仪列传第十》："'……今秦发三将军：其一军塞午道，告齐使兴师渡清河，军于邯郸之东；一军军成皋，驱韩梁军于河外；一军军于渑池。约四国为一以攻赵，赵，必四分其地。是故不敢匿意隐情，先以闻于左右。臣窃为大王计，莫如与秦王遇于渑池，面相见而口相结，请案兵无攻。原大王之定计。'"

到了您的英明教诲。"①

　　这些对话也是出自《张仪列传》。我们认为，张仪与赵武灵王的这番话值得怀疑。当时赵国胡服骑射，是东方诸侯中强国，他们总有与秦国争雄的想法，怎能因张仪的一番高谈阔论就让赵武灵王屈服呢？

　　或者说，这番话只是张仪与赵武灵王摆在"面子上"的对话，而赵国自始至终都不会臣服于秦国。因此，张仪在赵国的游说就显得艰难。

　　可能当时并未说服赵武灵王，这一点，从日后张仪说服燕王时，极尽贬低赵国的话语里可窥得见蛛丝马迹。

　　然后，张仪就离开赵国，北上进入燕国，继续游说。

　　接见张仪的是燕昭王，这也是一位有作为的国君，历史上千金买马骨的故事，就是诞生在燕昭王时。他手底下有苏秦乐毅等一大批贤才。而他正是凭借这些贤才，让燕国在战国时崛起。见这样一位有德才的君主，张仪又换了口吻。他对燕昭王说："大王最亲近的国家是赵国。很多年前，赵襄子曾将姐姐嫁给代王做妻子，以此达到吞并代国的目的。之后，赵襄子就与代王相约，在句注山要塞会晤。当时，赵襄子命人制作了一个金斗，还加长了斗柄，作为杀人的利器。后来，赵襄子与代王会晤。酒宴间，赵襄子暗中吩咐厨子说：'你趁着我们酒酣之际，端上热羹，利用金斗斗柄击杀代

---

① 司马迁：《史记》卷七十《张仪列传第十》："赵王曰：'先王之时，奉阳君专权擅势，蔽欺先王，独擅绾事，寡人居属师傅，不与国谋计。先王弃群臣，寡人年幼，奉祀之日新，心固窃疑焉，以为一从不事秦，非国之长利也。乃且原变心易虑，割地谢前过以事秦。方将约车趋行，适闻使者之明诏。'赵王许张仪，张仪乃去。"

王.'厨子听从了赵襄子的话,在赵襄子与代王喝酒时,就将代王杀死,代王的脑浆流了一地。赵襄子的姐姐听说此事后,羞愧不已,将簪子磨锋利,用簪子自杀了。因此,时至今日,燕国境内还有一座叫摩笄的山。代王之死,天下人人皆知。"①

"赵王凶狠暴戾,六亲不认,相信大王已看得够清楚了,您还认为赵王是值得亲近之人吗?赵军两次攻打燕国,围困燕国都城,胁迫大王割让十座城,并向赵王道歉。如今赵王迫于形势,已答应会到渑池朝见秦王,献出河间给秦国,并归附秦国。若大王您不认清形势,主动归附秦国,届时,秦国将出动大军,直逼云中、九原,驱使赵国进攻燕国。这样一来,易水、长城等地就会落入秦国之手。现在,赵国如同秦国的一个郡县,不敢妄自兴兵。若这时,大王您向秦国臣服,秦王一定会很高兴。而燕国一旦与秦国交好,赵国也就不敢再觊觎燕国。这对燕国来说,在西边有强秦的援助,北边也解除了齐、赵两国的威胁,所以请大王认真考虑我提出的建议。"②

听完张仪的这一番高论。燕昭王就对张仪说:"我居于偏僻的

<hr>

① 司马迁:《史记》卷七十《张仪列传第十》:"北之燕,说燕昭王曰:'大王之所亲莫如赵。昔赵襄子尝以其姊为代王妻,欲并代,约与代王遇于句注之塞。乃令工人作为金斗,长其尾,令可以击人。与代王饮,阴告厨人曰:即酒酣乐,进热啜,反斗以击之。'于是酒酣乐,进热啜,厨人进斟,因反斗以击代王,杀之,王脑涂地。其姊闻之,因摩笄以自刺,故至今有摩笄之山。代王之亡,天下莫不闻。……'"

② 司马迁:《史记》卷七十《张仪列传第十》:"'……夫赵王之恨戾无亲,大王之所明见,且以赵王为可亲乎?赵兴兵攻燕,再围燕都而劫大王,大王割十城以谢。今赵王已入朝渑池,效河间以事秦。今大王不事秦,秦下甲云中、九原,驱赵而攻燕,则易水、长城非大王之有也。且今时赵之于秦犹郡县也,不敢妄举师以攻伐。今王事秦,秦王必喜,赵不敢妄动,是西有强秦之援,而南无齐赵之患,是故原大王孰计之。'"

918

蛮夷之地，生活在这里的人，即便是成年男子，智力也像个婴儿。他们的言论不值得采纳，也得不出正确的决策。如今有幸听到贵客教诲，让我们茅塞顿开。我们愿意归附秦国，献出恒山脚下的五座城给秦国。"① 不过，从张仪说明燕昭王的言语看，张仪万全的威胁加恐吓，问题是燕昭王并非庸主，如何能被人吓住，因此，《张仪列传》里的这部分内容真实性值得怀疑。

总之，按《张仪列传》里的说法，到这时，张仪的连横策略，几乎横扫了东方所有的诸侯国。

这里有一个疑惑：如果《张仪列传》不全是假内容，为什么张仪能够说服这么多的诸侯国呢？

本书认为，张仪此次游说列国诸侯成功的原因是信息不对称。坦白地说，张仪的连横政策多以威逼利诱、恐吓威胁为主，让列国诸侯王在完全没有掌控信息的情况下，答应了张仪提出的建议。

战国时期，由于地理位置不相邻、交通不发达等原因，列国之间的战争也多因信息不对称，造成或胜或败的结局。张仪巧妙利用了这一点，并利用各种手段胁迫诸侯，让他们暂时向秦国低头。

当然，不可否认的是张仪的文韬武略和博学多才，他能把任何"有利因素"都当作他说服君王的物象。这种内在的博学，加上外在的口才，成就了张仪辉煌的外交才能，让他享誉战国时代。

之后，张仪就离开了燕国，回秦国向秦惠文王复命。然而，令张仪没想到的是，他离开秦国的这段时间，秦惠文王身体急转直下。当他费尽口舌与列国争论的时候，秦惠文王也在与病魔抗

---

① 司马迁：《史记》卷七十《张仪列传第十》："燕王曰：'寡人蛮夷僻处，虽大男子裁如婴儿，言不足以采正计。今上客幸教之，请西面而事秦，献恒山之尾五城。'燕王听仪。仪归报，未至咸阳而秦惠王卒，武王立。"

争着。

张仪得到秦惠文王病危的消息后，加快了脚程。遗憾的是，即便张仪紧赶慢赶，秦惠文王还是在他回到秦国前，撒手人寰。张仪没有见秦惠文王最后一面，很多高层的决议他也没有参与。

回到秦国后，已顾不上悲伤的张仪，与秦国贵族一起拥立太子嬴荡继承君位，他就是秦武王。①

秦惠文王去世后，被安葬在咸阳的公陵。《括地志》说："秦惠文王陵在雍州咸阳县西北一十四里。"② 咸阳的皇陵是根据秦国历代国君依次排开的，不是刻意为之。到后来的秦始皇陵，也不过是恰巧就排在了骊山脚下，远非某些人解读的刻意为之。不过时至今日，我们依然没有发现秦惠文王的陵墓，以致很多问题还不能厘清。

而随着秦惠文王去世，秦国高层又进入了新一轮角逐中，很多躲在角落里的人已跃跃欲试，打算在新国君面前展示自己的才华，赢得满堂彩。而作为秦惠文王时期的老臣张仪，还能在新一轮角逐中如鱼得水吗？

---

① 司马迁：《史记》卷五《秦本纪第五》："惠王卒，子武王立。"
② 司马迁：《史记》卷六《秦始皇本纪第六》："惠文王享国二十七年。葬公陵。生悼武王。"

第十四章

过　渡

四月维夏，六月徂暑。先祖匪人，胡宁忍予？
秋日凄凄，百卉具腓。乱离瘼矣，爰其适归？
冬日烈烈，飘风发发。民莫不穀，我独何害！
山有嘉卉，侯栗侯梅。废为残贼，莫知其尤！
相彼泉水，载清载浊。我日构祸，曷云能谷？
滔滔江汉，南国之纪。尽瘁以仕，宁莫我有？
匪鹑匪鸢，翰飞戾天！匪鳣匪鲔，潜逃于渊！
山有蕨薇，隰有杞桋。君子作歌，维以告哀。

——《诗经·小雅·四月》

1. 张仪的身前身后事

张仪遭排挤

很多时候，秦惠文王与张仪的关系，似君非君，似臣非臣。正如当初的秦孝公与商鞅相互信任、相互欣赏一样。他们更像一对难兄难弟，在战国纷乱的格局中，相互扶持，推动秦国这台巨型机器高速运转。

在秦国壮大、对抗外敌的过程中，他们留下创以"连横"破"合纵"的绝美佳话。秦国也通过张仪的邦交手段，创建了除战争之外解决"国际"困局的新模式。所以，秦惠文王时代的秦国多以邦交为主，攻伐为辅。而张仪通过对这种策略的巧妙运用，不仅使山东国列国对秦国既爱又恨，也促进了秦国的迅速发展。由此，纵横术在这一时期得到了广泛应用，并在诸侯中声名鹊起。

不过，这种君主与辅政大臣互相扶持的关系并非普遍现象，他们是战国时期君主与大臣关系的"变种"。从封建逐渐转向"君主专制"的过程中，君王地位是不断得到巩固的，诸侯都希望能"一人掌权"，破除春秋时期卿大夫干政的弊端。所以，张仪与秦惠文王之间这种特殊关系显得弥足珍贵。而这种关系的存在与维持是有前提的，这就是君主与执政大臣双方都同在，并相互信任，才能实现相互扶持的局面。一旦其中一方去世，另一方必然会陷入囹圄。秦孝公与商鞅如此，秦惠文王与张仪或许也会如此。

那么，问题来了：新即位的秦武王，还会如秦惠文王一样对待张仪吗？

情况其实并不乐观。秦武王与张仪本身"交情"不深，而君臣之间的信任与否，直接决定着他们是否会联合治国。换句话说，就是一朝天子一朝臣。这是历史"规律"：新君主不会继续用前君之臣。这也就意味着张仪可能会"失势"。

相传，秦武王还是太子时，就对张仪不是很看好。至于为什么不看好，大概与秦武王身边人的鼓动、教唆有关。只是那时的张仪，忙着与秦惠文王处理国家大事，没有重视这个问题。

现在，随着秦惠文王去世，张仪失去了支持者，国家风向开始变化。秦国高层间有一种山雨欲来的感觉。这时候，张仪应预感到秦武王对他有成见。人是非常奇妙的动物，心中的成见一旦产生，很难彻底从心里去除。有句网络流行语说："怀疑一旦产生，罪名就已成立。"

如此一来，秦国朝堂充满危机。

更令张仪不安的是，曾几何时，他春风得意，不仅对诸侯国臣僚趾高气扬，也对秦国臣僚多有讥讽，或者气势打压。而当初很多不经意间的无心之举，给自己树立了一些政治对手。还有那些与他意见不同的臣僚，都是潜在威胁。这些人在张仪受重用时，躲在暗角，默默无闻，趋利避害。但当国君换了人，他们嗅到国家风向可能转变时，开始蠢蠢欲动。尤其当他们捕捉到新国君不喜欢张仪后，对张仪的报复行动也开始秘密酝酿。

秦国朝堂上的风气愈加诡异，张仪"倒台"的氛围越来越浓。那些平日里看不惯张仪趾高气扬的人，寻找张仪的失政之处；一些与张仪有过过节的官员，也到处散布张仪的坏话。

这时候，秦国朝野都充斥着这样一种声音："张仪不讲信用，反复无常，通过出卖国家利益博取国君的善待，因此很多国家都遭受过他出卖。若秦国继续用张仪，恐怕会让天下耻笑。"①

这种言论最早出于何人之口，已无法调查，或者说这是一种被多人加工后的言论，剑指张仪。这种言论流传出来后，被别有用心之人继续利用，添油加醋，演变成各种版本的张仪与秦武王不和的真假消息。

混淆视听、恶意诋毁其实每时每刻都在上演。

而秦国朝堂的风云激荡，也给了长期被秦国打压的列国诸侯机会，他们听说张仪与秦武王之间有隔阂，纷纷背叛了张仪辛苦建立起的连横，重新恢复了他们的合纵联盟。② 这也意味着张仪与秦惠文王的多年辛苦付出，因秦武王对张仪不满意，付诸东流。

秦国高层出现了一些意见分歧，排挤、驱逐张仪的声音甚嚣尘上。可能秦武王虽不喜欢张仪，却并未想过用这样的方式驱逐张仪。但秦国的意识形态正在失控，流言蜚语成为秦武王对张仪不满的催化剂。

驱逐张仪势在必行。遗憾的是，秦武王作为一国之君，理应将国家的利益放在首位，他却自觉或不自觉地将个人情绪放在了国家利益之前。

秦国朝堂暗流涌动，各种势力盘根纠错，共同在为赶走张仪努力着。当然，这种斗争可能并非因张仪曾经霸道，而是这些人要驱逐张仪，重新找回自己的在秦国被张仪遮住的光芒，拿回曾经的权

---

① 司马迁：《史记》卷七十《张仪列传第十》："武王自为太子时不说张仪，及即位，群臣多谗张仪曰：'无信，左右卖国以取容。秦必复用之，恐为天下笑。'"
② 司马迁：《史记》卷七十《张仪列传第十》："诸侯闻张仪有却武王，皆畔衡，复合从。"

力和利益。

张仪弄清楚了朝堂的风云变幻，但他并没有做补救措施。或许在张仪看来，与秦惠文王相互扶持这些年，他已实现了心中抱负，早有退却之意。何不利用秦国朝堂的这一力量，让自己急流勇退呢？

不过，在离开秦国前，张仪还有最后一件事要做，那就是给先王发丧，送先王入土为安。这件事，可能是他在秦国的最后一件事了。自秦献公以后，就废除了人殉制度。秦惠文王的安葬事宜并不复杂，真正复杂的是人心。

秦国大臣对张仪的诋毁，始于秦武王元年（前310年）春。此时，秦惠文王还没有正式安葬，很多葬礼事宜还在准备中。

有意思的是，贵族、大臣们仿佛集体得到了某种信号一样，在这一年春天，纷纷在朝堂上有人诋毁张仪。诸侯国也趁火作乱，派遣使者入秦，谴责张仪。齐国使者就是这些诸侯国中的代表。[①] 想想几个月前，齐王还信誓旦旦，要与秦国建立连横。而随着秦惠文王去世，齐国马上闻风而动，转变了自己对秦国的态度。

而诸侯们越是如此，越表明他们畏惧张仪，担心秦武王会重用张仪。所以，当诸侯们探知秦武王不喜欢张仪后，开始疯狂实施驱赶张仪的行动。

再优秀的人也难以抵住一轮又一轮的流言蜚语与恶意中伤。那些恶毒的话语，仿佛一记记鞭子，抽打在张仪身上。在秦国为相数十年的张仪怕了，舌战诸侯时他没怕，威胁列国时他没怕，但在面

① 司马迁：《史记》卷七十《张仪列传第十》："秦武王元年，群臣日夜恶张仪未已，而齐让又至。"

对自己的"归途"时，他怕了。

张仪不得不为自己寻找后路。

有一次，张仪对秦武王说："我有一个不太成熟的策略，想进献给大王。"秦武王来了兴致，问张仪："不知相邦指的是什么策略？"张仪乘机回答说："为了秦国利益着想，我认为只有让东方诸侯国发生大变故，大王才能无偿得到列国土地。现在我听说齐王非常憎恨我，我去哪个国家，齐王就会派兵攻打那个国家。我现在请求大王让我这个无用之人到魏国去，到时齐王率部攻打魏国。等齐国陷入战争不得脱身，大王就可乘机攻打韩国，进入三川之地。但大王请记住，不能攻打别的国家，只需围住周王畿，到时周天子一定会献出祭器。大王就可以挟天子以令诸侯，掌控天下的地图和户籍，而这就是成就帝王的功业啊！"[1]

细细分析，张仪的这段话似曾相识。若把历史往回倒，在深邃的时间隧道里，就能发现，当初秦惠文王在攻韩与灭蜀问题上犹豫不决时，张仪就曾对秦惠文王说过类似的话。当时为了保险起见，秦惠文王舍弃了张仪的这个策略，命张仪与司马错等人先灭巴蜀。

这时候，张仪再给秦武王进献这样的计谋，大概是为了试探秦武王。因为张仪曾怂恿秦惠文王攻打周王畿之事，秦武王一定听说过。张仪可能想看看秦武王对他本人的态度。若秦武王反对这么做，说明秦武王对他还有依赖，他还能在秦国继续存在下去。若秦

---

[1] 司马迁：《史记》卷七十《张仪列传第十》："张仪惧诛，乃因谓秦武王曰：'仪有愚计，原效之。'王曰：'柰何？'对曰：'为秦社稷计者，东方有大变，然后王可以多割得地也。今闻齐王甚憎仪，仪之所在，必兴师伐之。故仪原乞其不肖之身之梁，齐必兴师而伐梁。梁齐之兵连于城下而不能相去，王以其间伐韩，入三川，出兵函谷而毋伐，以临周，祭器必出。挟天子，按图籍，此王业也。'"

武王同意，说明秦武王的确对他有成见，离开秦国也就势在必行。老谋深算的张仪，通过毫不起眼的一个建议，试探了秦武王。

大概秦武王也希望张仪离开秦国，消除秦国朝堂的不稳定。当然，更隐晦的原因是，排挤张仪会让他实现"掌权"。不置可否，张仪在秦国的影响力不容小觑。秦武王要掌权，张仪是首先要排挤的对象。就像秦惠文王即位之初要面对商鞅"势力庞大"一样。不过作为国君，秦武王不能做狡兔死、走狗烹的事情，他需要张仪自己提出来。

因此，当张仪提出这个建议后，秦武王马上同意张仪所请，还派出了三十辆战车，将张仪送回了魏国。回魏国的路上，张仪心灰意冷，只能硬着头去魏国，寻找机会。

幸运的是，魏国接纳了张仪，并试图用张仪的智慧，让魏国重振雄风。而齐王得知张仪被送往魏国后，扬言要出兵攻打魏国。因此，魏王非常担心，张仪却对魏王说："大王不要担心，请让我出使齐国，我保证让齐国退兵。"魏王不愿失去张仪这个大才，只是讨教了应对这件事的处置办法，派家臣冯喜与齐王会面。[①]

冯喜到齐国后，对齐王说："大王您尽管非常憎恨张仪，却让张仪在秦国备受重用和信赖。"齐王对此不以为然："我的确非常憎恨张仪，不管他走到哪里，我都会派出兵去讨伐他，你为什么说我让张仪更加受秦国信赖？"冯喜说："大王您如此做，才会使张仪更受秦国信赖。张仪离开秦国时，本来与秦王有约定：'我替秦国打算，要使得东方大国发生大乱，秦国才能多得一些土地。现在齐王

---

① 司马迁：《史记》卷七十《张仪列传第十》："秦王以为然，乃具革车三十乘，入仪之梁。齐果兴师伐之。梁哀王恐。张仪曰：'王勿患也，请令罢齐兵。'"

痛恨我，我到哪个国家，他就会攻打那个国家。我希望将我送回魏国，到时，齐国攻打魏国。等齐魏陷入战争中，大王就能乘机攻打韩国，攻打山川，胁迫周天子交出祭器，成就帝业。'秦王采纳了张仪的建议，才用三十辆战车将他送到魏国。如今，张仪就在魏国，等待着您攻打魏国，给秦国制造机会。大王不明就里，果然出兵攻打魏国。您这样做，对内消耗了齐国的实力，对外则攻打同盟国，把盟友变成了敌人，最终会祸及自己。这就是我说的您让张仪更受秦国信赖。"①

听完冯喜的话之后，齐王认为冯喜说得很有道理，放弃了攻打魏国的计划。通过这件事，也能发现张仪的智慧，他用同样的话，让秦武王放走了自己，又躲过了齐国对他的发难。

应当说，张仪智慧超群，他能探知君主的喜好，顺势而为。这样的人必然成为扭转乾坤之人，只是秦武王不再需要张仪。不过，魏王还是很欣赏张仪。尤其是张仪退了齐军以后，让魏王对张仪依然信任有加。不久，张仪就被授予了魏相，帮助魏国治理国家。遗憾的是，张仪只在魏国主持了一年政务就去世了。②

而随着张仪的去世，他的一切都应深埋地下。不过正如司马迁

---

① 司马迁：《史记》卷七十《张仪列传第十》："乃使其舍人冯喜之楚，借使之齐，谓齐王曰：'王甚憎张仪；虽然，亦厚矣王之讬仪于秦也！'齐王曰：'寡人憎仪，仪之所在，必兴师伐之，何以讬仪？'对曰：'是乃王之讬仪也。夫仪之出也，固与秦王约曰："为王计者，东方有大变，然后王可以多割得地。今齐王甚憎仪，仪之所在，必兴师伐之。故仪原乞其不肖之身之梁，齐必兴师伐之。齐梁之兵连于城下而不能相去，王以其间伐韩，入三川，出兵函谷而无伐，以临周，祭器必出。挟天子，案图籍，此王业也。"秦王以为然，故具革车三十乘而入之梁也。今仪入梁，王果伐之，是王内罢国而外伐与国，广邻敌以内自临，而信仪于秦王也。此臣之所谓"讬仪"也。'齐王曰：'善。'乃使解兵。"
② 司马迁：《史记》卷七十《张仪列传第十》："张仪相魏一岁，卒于魏也。"

的记载一样，还有些张仪生前的事情，需要梳理、总结一下。也只有如此，才能简单梳理张仪这个鲜活历史人物性格的复杂性，启迪后人。

身前身后名

第一个与张仪有牵扯的人是陈轸。此人在前文中有所介绍，他先到齐国，再到楚国，帮助楚怀王出谋划策，成为楚怀王的智囊团核心成员。鲜有人知的是，陈轸最早也是在秦国为客卿，只因他与张仪相处不睦，才离开了秦国。

那是很多年前的旧事。当时陈轸还是一个游说之士，正在寻找展示自己的平台。他听说秦国不拘一格用人才，就前往秦国寻找机会。陈轸也因为智慧，先张仪一步受到秦惠文王的重用，代表秦国出使齐、楚等国。

后来，张仪入秦，对秦惠文王重用陈轸很不满，经常诋毁陈轸。因此，张仪与陈轸之间为了争宠，曾发生过不愉快。

据说，张仪在秦惠文王面前中伤陈轸："陈轸携带着丰厚的礼物，频繁地来往于秦、楚两国之间，作为秦国使者，本该促进秦、楚两国向更和谐方向发展。如今，楚国并未向秦国表示友好，却对陈轸非常优待。我认为，主要原因是陈轸为自己打算得多，为大王谋划得少。眼下，陈轸一直想要离开秦国，大王为什么不让陈轸离开呢？"

事后，秦惠文王单独召见陈轸，责问陈轸："我听闻先生要离开秦国而投奔楚国，不知道有没有这样的事情？"陈轸已猜到是张仪在秦惠文王面前诋毁自己，也就表示他确有到楚国去的想法。秦惠文王不明所以，还说："张仪才是对我说真话的人。"陈轸这才解释说："我要去楚国这件事，不仅张仪知道，甚至路人皆知。以前伍子胥忠于他的国君，因而天下诸侯都希望伍子胥做自己的臣子。曾参很孝敬父母，天下父母希望他能成为自己的儿子。所以说，为主人出卖自己的奴仆不用出巷子就会被人买走，因为奴仆是好奴仆；被丈夫遗弃的女人还能再嫁回本乡，因为女人还是好女人。若我对自己的国君不忠诚，楚王凭什么认为我就是忠实的臣子呢？如今我的忠心被怀疑，我不去楚国，还能去哪里呢？"[1]

陈轸的这一番话很有意味，里面充满了智慧。陈轸不愿由于与张仪争宠，最后搞得两败俱伤，既然秦惠文王不相信他，那么他还留在秦国有什么意义呢？秦惠文王听完陈轸的话后，暗暗惊奇于陈轸的智慧，自此也对陈轸另眼相看。

陈轸因此也继续留在秦国。但一年后，秦惠文王还是任命张仪为秦国相国。至此，陈轸与公孙衍一样，心情低落，自认也没有留在秦国的意义。未几，陈轸就离开了秦国，投奔楚国。

初到楚国的陈轸，并未受到楚王重用，只是将他当作一般人员对待。不久，楚王还遣陈轸出使秦国。在路过魏国的时候，陈轸想见一见公孙衍。但公孙衍拒绝见陈轸。陈轸就对公孙衍的门人说："我是有要事才专门绕道来找犀首的，你不见我，那我只有走了。"

---

[1] 司马迁：《史记》卷七十《张仪列传第十》："陈轸者，游说之士。与张仪俱事秦惠王，皆贵重，争宠。张仪恶陈轸于秦王曰：'轸重币轻使秦楚之间，将为国交也。今楚不加善于秦而善轸者，轸自为厚而为王薄也。且轸欲去秦而之楚，王胡不听乎？'王谓陈轸曰：'吾闻子欲去秦之楚，有之乎？'轸曰：'然。'王曰：'仪之言果信矣。'轸曰：'非独仪知之也，行道之士尽知之矣。昔子胥忠于其君而天下争以为臣，曾参孝于其亲而天下原以为子。故卖仆妾不出闾巷而售者，良仆妾也；出妇嫁于乡曲者，良妇也。今轸不忠其君，楚亦何以轸为忠乎？忠且见弃，轸不之楚何归乎？'王以其言为然，遂善待之。"

公孙衍因此见了陈轸。看到公孙衍正在喝闷酒，陈轸说："大名鼎鼎的犀首怎么喜欢喝闷酒？"公孙衍说："我现在无事可做，只能借酒浇愁。"陈轸对公孙衍说："我有一策，可让犀首事情多起来，不知道愿不愿听？"公孙衍说："愿闻其详。"

陈轸就给公孙衍出了一个计谋：借着魏相田合纵联盟之际，故意放出风去，表明你要到燕国和赵国去效力。

之后，公孙衍按照陈轸的计谋做了。留在魏国的赵、燕客卿得知后，火速回国，将此事告诉了他们的国君，因此赵、燕两国都派使者入魏国，希望迎公孙衍到自己的国家效力。楚王得到这个消息后，很不高兴，因此楚国没有参与合纵之事，而公孙衍却趁机向赵、燕、齐三国游说，建立起了合纵联盟。这件事后，陈轸才去了秦国。陈轸利用自己的智慧，让楚国陷入孤立无援的境地。这种善于借力打力的人智慧太大，容易伤着别人，也容易伤着自己。①

就在陈轸出使秦国期间，韩、魏两国又陷入对攻中，打得难分难舍，一年都没有停下战争。这时候，秦惠文王打算通过援助一方终止战争。但就援助魏国还是韩国问题上，秦惠文王不能决断。他召集群臣商议，意见也分成两派。一派主张支援魏国，一派主张支援韩国。

---

① 司马迁：《史记》卷七十《张仪列传第十》："居秦期年，秦惠王终相张仪，而陈轸奔楚。楚未之重也，而使陈轸使于秦。过梁，欲见犀首。犀首谢弗见。轸曰：'吾为事来，公不见轸，轸将行，不得待异日。'犀首见之。陈轸曰：'公何好饮也？'犀首曰：'无事也。'曰：'吾请令公厌事可乎？'曰：'奈何？'曰：'田需约诸侯从亲，楚王疑之，未信也。公谓于王曰："臣与燕、赵之王有故，数使人来，曰：'无事何不相见'，原谒行于王。"王虽许公，公请毋多车，以车三十乘，可陈之于庭，明言之燕、赵。'燕、赵客闻之，驰车告其主，使人迎犀首。楚王闻之大怒，曰：'田需与寡人约，而犀首之燕、赵，是欺我也。'怒而不听其事。齐闻犀首之北，使人以事委焉。犀首遂行，三国相事皆断于犀首。轸遂至秦。"

　　秦惠文王不能决断，张仪也参与到这次辩论中。此时，恰逢陈轸代表楚国使者出使秦国。秦惠文王召见了陈轸，与陈轸进行简单的叙旧。秦惠文王表示，陈轸成为楚国的使者，就把秦国忘却了。但陈轸却表示，他一直没有忘记秦国的口音，即便在楚国期间，他依然怀念秦国，这让秦惠文王很受用。

　　接着，秦惠文王就征求了陈轸的意见。秦惠文王说："韩、魏两国交战一年，至今没有和解。有人认为，让他们和解对秦国有利；也有人认为，让他们继续作战对秦国有利。我自己也不能做出决断，希望先生能够指点一二。"陈轸没有直接回答秦惠王，只是给他说起了庄子的故事：相传庄子曾遇到两只正在搏斗的老虎，庄子正准备刺杀老虎，驿馆里的伙计阻止了他。还给庄子说：两只老虎都正在吃我们的牛。这时候不能阻拦它们，否则他们会联合起来对付我们。不如等它们吃到有滋有味时，定会为了食物相互争夺。到那时，大老虎会凭借实力，杀了小老虎。等小老虎死后，你再出动杀大老虎。这样就能得到杀死两只老虎的美名。庄子听了后，就在旁边静待时机。不久，两只老虎果然打了起来，大老虎杀死了小老虎。然后，庄子就追了上去，杀了大老虎。因此庄子得到了杀死双虎的美誉。陈轸这个故事的重点不在故事本身，因为故事很不合理，庄子根本无法杀死大老虎。他的言外之意是说，魏、韩如同大老虎和小老虎，秦国坐山观虎斗，等他们两败俱伤时再出动。秦惠文王对陈轸的这个建议很满意。①

　　不过，即便陈轸与秦惠文王关系匪浅，只要有张仪在，陈轸就

① 司马迁：《史记》卷七十《张仪列传第十》："韩魏相攻，期年不解。秦惠王欲救之，问于左右。左右或曰救之便，或曰勿救便，惠王未能为之决……此陈轸之计也。"

很难在秦国立足。在排挤陈轸这位大才问题上，张仪可谓不择手段。这也说明了陈轸确有真才实学，留在秦国，会对张仪造成威胁，所以他才不遗余力排挤陈轸。

不久，陈轸重新回到楚国，与楚王之间建立了信任关系，逐渐成为楚王的座上宾，为楚王出谋划策。

《战国策》有一则记载，说的是张仪陷害樗里疾的经过，亦不妨作为一种参考：

> 张仪陷害樗里疾，鼓动樗里疾出使楚国。表面上张仪还呼吁楚怀王，希望楚怀王向秦惠文王进言，让樗里疾出任相国。背地里，张仪却对秦惠文王说："让樗里疾做使者，就是要促成秦、楚两国交好。现在他在楚国，楚王要求他出任秦国丞相。据说他曾对楚王说：'大王想让张仪在秦国落难吗？如果是，那就请我来帮助您吧！'楚王以为樗里疾是向着他的，也就请求樗里疾担任秦国相国。如今，大王您拜樗里疾为相国，他定会与楚国交好。"秦惠文王听完张仪的叙述后，大发雷霆，打算治罪于樗里疾。樗里疾得到消息后，就逃离了秦国。①

这则记载的真伪，还有待于考证，不过其中的对话，倒是符合张仪的"人设"。

---

① 刘向：《战国策·秦一》："张仪之残樗里疾也，重而使之楚。因令楚王为之请相于秦。张子谓秦王曰：'重樗里疾而使之者，将以为国交也。今身在楚，楚王因为请相于秦。臣闻其言曰："王欲穷仪于秦乎？臣请助王。"楚王以为然，故为请相也。今王诚听之，彼必以国事楚王。'秦王大怒，樗里疾出走。"

与公孙衍的纠葛

另外一个与张仪有关的人是公孙衍。

他与张仪的关系，一直存在争议。① 两人在秦国时，就相互不服。最终，秦惠文王选择张仪为秦相，公孙衍因此离开秦国，到魏国效力。后来，张仪作为秦国使者，到魏国处置邦交事务，魏王就任用张仪为魏相。张仪的"阴魂不散"令公孙衍无所适从，不得不流转于韩国。

只是身在韩国的公孙衍依然不受重用。后来，张仪到魏国为相，继续威胁着公孙衍的地位。为了得到实权，公孙衍背后秘密运作，让人对韩国的公叔说："张仪已促成秦、魏两国联合，他还曾扬言说'魏国会进攻韩国的南阳，秦国会进攻韩国的三川。'眼下魏王如此重视张仪，是因为魏国想要获得韩国的土地。如今，韩国的南阳已被魏国占领，您为何不将政务交给公孙衍，让他得到魏王的重用，破坏秦、魏联合。到时，魏国就会抛弃张仪，联合韩国，谋取秦国。"

公叔也认为这个建议可行，就将政务全部交给了公孙衍。魏王看到公孙衍受韩国重视，也对公孙衍重视起来。不久，魏王向公孙衍发出了邀请，希望公孙衍能治理魏国。公孙衍的目的已达到，也就回了魏国，成为魏国的相国。而张仪看到公孙衍重新受到重用，也就离开了魏国。②

---

① 司马迁：《史记》卷七十《张仪列传第十》："犀首者，魏之阴晋人也，与张仪不善。"

② 司马迁：《史记》卷七十《张仪列传第十》："张仪为秦之魏，魏王相张仪。犀首弗利，故令人谓韩公叔曰：'张仪已合秦魏矣，其言曰"魏攻南阳，秦 （转下页）

之后，义渠王到魏国朝见魏王。公孙衍从义渠王口中得知，张仪离开魏国以后，回到秦国继续担任秦相。这让公孙衍很担心。因此，不久，公孙衍就私会义渠王，对义渠王说："从贵国到魏国路途遥远，今日一别，不知何时再见。临别之际，有一件事相告：山东列国若不联合起来对抗秦国，秦国就会焚烧您的家园。若山东六国联合起来攻打秦国，秦国为了拉拢贵国，就会给你们贵重礼物。"所以请您记着我的叮嘱，不要相信秦国，也不要被他们拉拢。

后来，果然爆发了五国攻秦的事情。这时候，身在秦国的陈轸就对秦王说："义渠王是蛮夷中较为贤明的君主，若用贵重礼物来稳住他，义渠就不会进攻秦国。"陈轸的建议很高明，但由于公孙衍提前给义渠王打了预防针，所以这次义渠尽管收受了秦国的礼品，却依然攻打秦国。

以上内容就是张仪、陈轸、公孙衍几人的纠葛。不过，坦率地说，张仪、陈轸、公孙衍三人都是战国时期的大才，他们博学多闻，智慧超群，在战国时期成为时代的弄潮儿。秦惠文王时期的连横与合纵对抗，除了有东方六国与秦国抗衡的原因外，也有几位大才之间的较量。他们生命的轨迹充满了时代裹挟的味道，斗争无休止与命运无可奈何同在，惺惺相惜与展示所学同在，相互对决与思想较量同在……

（接上页）攻三川"。魏王所以贵张子者，欲得韩地也。且韩之南阳已举矣，子何不少委焉以为衍功，则秦魏之交可错矣。然则魏必图秦而弃仪，收韩而相衍。'公叔以为便，因委之犀首以为功。果相魏。张仪去。"

据说张仪去世后，公孙衍又到了秦国，还出任了秦国的相国。[1] 不过公孙衍在秦国任职相邦的时间不长，最后无疾而终。而陈轸也从此之后慢慢消匿在历史长河中，鲜有被记住的事迹。可见，即便是对手，也只有对决时，才能体现彼此的博弈。一旦一方去世，另一方哪怕再有才，也只能陨落。

总之，张仪的一生充满了跌宕起伏，他用一己之力，撬动了整个战国的局势。苏秦实施合纵政策时，张仪还没有实施连横政策。与张仪真正交手的是公孙衍、惠施等人，这也是合纵与连横的较量，最终张仪胜出。不管是张仪、苏秦，还是公孙衍，他们都是三晋之人。太史公说，苏秦和张仪才是让国家倾覆危亡的人物，很有道理。[2]

如今，张仪死了，苏秦也死了，天下会迎来和平稳定吗？

2. 秦武王新政

秦武王

张仪与商鞅一样，对秦国的东出产生过巨大的影响。若说商鞅用变法让秦国从荒蛮、愚昧、落后变得富裕、强大，张仪则用智慧

---

① 司马迁：《史记》卷七十《张仪列传第十》："张仪已卒之后，犀首入相秦。尝佩五国之相印，为约长。"

② 司马迁：《史记》卷七十《张仪列传第十》："太史公曰：'三晋多权变之士，夫言从衡强秦者大抵皆三晋之人也。夫张仪之行事甚于苏秦，然世恶苏秦者，以其先死，而仪振暴其短以扶其说，成其衡道。要之，此两人真倾危之士哉！'"

让秦国认识到，除了出动军队，邦交也能实现开疆拓土。

进入封建社会（战国）时期，诸侯治理天下的模式已不能与春秋时代相比较，一些新的思想观念，正在改变人们固有的认知。秦国也要顺应时代、跻身时代。这是先辈们的既定目标，也是时代的趋势，任何继任者都要壮大秦国。

不过，秦武王与他的父亲秦惠文王不同，他尚武，喜欢凭借力气来挫伤对手。[1] 这样的君主，往往感性思维比理性思维多，说直白点就是鲁莽，城府较浅，容易被情绪左右。若换作君主，可能会好大喜功，穷兵黩武。不过，秦武王也并非全无脑子，他粗中有细，还是有智慧的。比如，他接手秦国后，先驱赶了为秦国立下不朽功业的张仪，实现了集权。

为了方便叙述，这里需对秦武王前半生的经历做一梳理，分析秦武王的性格形成。

秦武王的母亲是惠文后。相传，惠文后是魏国人。秦惠文王即位后，国力日渐式微的魏国，面对秦国不断施压，选择了主动与秦国交好。乘着这种机缘，魏惠王放长线钓大鱼，将魏文后（一说魏惠王女儿）嫁给了秦惠文王。

秦惠文王继位之初，先后实施诛灭商鞅、架空老世族等一系列举措，整顿内政。那时候，国家人心浮动，不宜与诸侯交恶。这种背景下，秦国与魏国建立和平关系，惠文后顺势成为秦惠文王的王后。

在秦惠文王时代，国君雄才大略，后宫王后很少能干预到国家政务。可能惠文后性格温和，安分守己，只做分内之事，从不干涉

---

[1] 司马迁：《史记》卷五《秦本纪第五》："武王有力好戏。"

内政。因此，史料中关于她的记载少之又少。

前 329 年（秦惠文王九年）秦武王出生后，惠文后的重任就是抚养孩子，管理后宫。以后的日子，惠文后总是作为陪衬存在着，一直到秦惠文王病重，惠文后都默默无闻。当然，不排除当时有贵族请她出面主持大局。

以后，按照封建宗法制，儿子嬴荡作为长子，被秦国贵族拥立为秦王。惠文后虽贵为王后，亦不能干涉这些事务。惠文后能做的，就是继续在深宫中过着不干涉内政的生活。当然，小说家总是将她描绘成别有心计的人。至于真实的她到底是否工于心计，已无法考证。

秦武王不同，他是秦国的王，有专门的史官记载他的日常起居、处置国政的历史。即便如此，记载秦武王成长的史料也非常有限。《秦本纪》中一段他的记载，这就是张仪、司马错灭蜀国后，太子被封为蜀侯，曾在蜀中有过短暂的任职。

只是这种记载，太过简略，令人疑惑重重。亦很难判断秦惠文王是否真将嬴荡派往四川历练。后来，秦惠文王派公子嬴通到四川任职，岂料嬴通想摆脱秦国控制，自立为蜀王。相国陈庄立即采取行动，粉碎了嬴通的叛乱。此后，陈庄就成为蜀中的实际管理人。

总之，通过梳理各种史料，能简单梳理秦武王的人生履历：秦武王的幼年生活幸福。他没有经历过颠沛流离，更没有经受过温饱都解决不了的绝望。他为太子时，秦国已强大起来，威胁着天下诸侯。而不断强大的秦国，让臣僚一起享受着大国带来的稳定与繁荣。

据说秦武王少年时就力大无穷，成为秦惠文王众多公子中最为雄武的人。这大概是老秦人的基因遗传。而随着年纪增长，秦武王的粗犷性格越来越明显。他痴迷于力量、武器、战斗这些新鲜而刺激的东西。《秦本纪》中说，秦武王自小就喜欢与勇士们待在一起，开展一些斗勇的游戏。秦武王小时候还有几个玩伴，他们包括乌获、任鄙、孟说等大力士。他们一起练武术，比力气。在童年留下了很多难以忘却的美好记忆。

后来，随着他们逐渐长大，秦惠文王对嬴荡的管教也多了起来，让他与诸公子一起读书，也训练他们体魄。而那些随嬴荡一起长大的大力士们也进入军营历练，在秦国军队中逐渐脱颖而出，嬴荡就经常与他们在一起比力量。比如任鄙这个人，在秦国有很多传奇故事。秦人当时流传着这样一句民谚："力则任鄙，智则樗里。"《韩非子》载："用力者为任鄙，战如贲育，中为金石，则君人者高枕而守己完矣。"乌获也是大力士，《战国策》说："今夫乌获举千钧之重，行年八十而求扶持。"[1] 后来秦武王即位，更加重视这些大力士。

大概秦惠文王忙于政务，平日里对秦武王的教导较少。而秦武王就像秦国皇宫里长出一棵树苗，尽管长势良好，但没有修剪，显得有些粗糙。尤其他尚武的性格，让秦惠文王也无可奈何。有些东西一旦定型，就很难改变。

当然，即便如此，秦武王也并非只是一介莽夫，他还是读了很多经典，学习了很多治国理政的方略。而秦国政局对他的影响也根植于心。只是他作为太子，在父亲还主政的岁月里，并不能有什么作为，只能静观国家发展。

秦惠文王去世时，秦国封建制度已建立，嫡长子继承制根深蒂

---

[1] 刘向:《战国策》卷二十九《燕一》。

固，他因此被众人推上国君之位。不过，威胁的力量依然存在，比如当时有个公子叫嬴壮，在秦国诸多公子中很有势力。据说他一直觊觎着国君之位，只因他非嫡子，没有资格竞争国君之位。秦武王即位后，也继续重用公子嬴壮。而由嬴壮引发的斗争，要在几年后才爆发。

秦武王即位后，驱赶了张仪，开始了他雄心勃勃的治国之路。诚如前文所言，表面上看，秦武王虎背熊腰，一副毫无城府的彪形大汉形象。但他对秦国的发展壮大，也有自己的思路和规划。他和父亲秦惠文王一样，立志要让国家继续强大。只是这一阶段他不再需要张仪。

张仪离开秦国后不久，出任秦国相国的公孙衍也离开了秦国，秦武王实现了集权。

一些寻常政务

按说，此时秦国最迫切的问题是：缺相邦。秦武王当立即"物色"相邦人选，以辅助他治国。

吊诡的是，秦武王似乎并不着急，他更享受一个人处置政务的感觉。此后，秦武王做了他继任国君以来的第一件事，与魏襄王会盟于临晋（今山西省运城市临猗县）。

三年前，秦惠文王曾与魏襄王在此处会盟过一次。这次秦武王再会魏襄王，还是重申与魏国要保持和平，毕竟他是魏国的外甥，在两国关系还未彻底恶化前，当及时与魏国拉近关系，也是君王该做的事。《秦本纪》载，秦武王与魏惠王会盟，显然错误。[①] 此时，

---

① 司马迁：《史记》卷五《秦本纪第五》："武王元年，与魏惠王会临晋。"

魏国的国君是魏襄王。《史记集解》中说："表云哀王。"《史记正义》辩解："魏惠王卒已二十五年矣。"这两种辩解也不准确，按照六国年表和夏商周年表推断，魏惠王病逝于前 319 年，而此时是前 311 年，距离魏惠王去世也就八九年时间，并不是二十五年。

秦武王与魏国重申往日友谊，更多是为秦国考虑。他清楚秦国眼前的局势：秦国新旧国君更替，齐国孟尝君"跃跃欲试"，有意对抗秦国。而魏国在齐、秦之间摇摆不定。秦武王与魏国结盟，也是为了巩固秦国与邻国的关系。

不过，也不宜过度妄自菲薄。秦国已强大起来，秦武王接手的国家财富充盈，甲士雄武，民众安宁，社会稳定，人才济济。而说到人才，就需要重点看看秦国新成长起来的这一批智囊，他们平均年纪不大，学识渊博，能够帮着秦武王治理国家。这里面有两个人需要记住，一个是严君樗里疾（樗里子），另一位则是官员甘茂。

樗里疾在秦惠文王时代已大展风采，成为秦国有勇有谋的智囊。这里重点介绍甘茂，据说甘茂很有才学。相传，他曾求学于身怀百家之长的学者史举。《战国策》中载有这样一个故事：张仪曾在魏王面前诋毁公孙衍，有意让公孙衍陷入困境。因此，史举对张仪说："我会给魏王建议，将魏国禅让给先生。魏王就有尧、舜一样的明君德行。到时先生您不接受，也就成了许由一般的先贤。等您拒绝了魏王的禅让，我会再向魏王建议，给先生一座拥有万户的城邑。"张仪采纳了史举的建议，允许史举多次与公孙衍交涉。但史举的建议，引起了魏王的反感，不再信任史举。偷鸡不成蚀把米，史举的计划并未实现，最终灰头土脸地离开了魏国。①

　　这个故事里并无甘茂，却能透露出史举的社会关系，以及其品行与智慧。据说张仪与史举关系匪浅，而物以类聚人以群分。通过这段记载，我们可以推测，史举有才学。

　　需要注意的是，《战国策》里有一则记载，反映出明张仪与甘茂关系"复杂"：

> 张仪曾想将汉中让给楚国，以缓解楚王对他的憎恶。因此，张仪就对秦惠文王说："汉中不过是一个祸害。做个不恰当的比喻：就如同种树没有种到合适地方，必然会有人伤害树；就如家里有不祥的财产，必然导致家庭遭受祸端。现在汉中的南边就是楚国，这就是秦国的祸端。"秦惠文王还未表态，甘茂也附和张仪说："地广人大，忧患就会多。天下如果有祸端，大王就能通过割让汉中的办法求和，楚国到时必然与诸侯决裂与大王亲善。若大王今天将汉中让给楚国，天下再有霍乱，大王将拿什么与楚国交易呢？"

　　这则故事反映的是甘茂反对张仪。故事的真伪有待考证。本书认为，张仪为相这些年，在秦国是极尽霸道的，任何威胁到他地位的因素，都会被他消除。政敌公孙衍、陈轸，就被张仪设计驱逐。而甘茂作为中层官员，不敢与张仪较量。换句话说，《战国策》的

---

① 刘向：《战国策》魏二《史举非犀首于王》："史举非犀首于王。犀首欲穷之，谓张仪曰：'请令王让先生以国，王为尧、舜矣；而先生弗受，亦许由也。衍请因令王致万户邑于先生。'张仪说，因令史举数见犀首。王闻之而弗任也，史举不辞而去。"

这则故事，可能并不真实。

本书推测：张仪与甘茂应相处融洽。或许，甘茂早年跟随史举学习百家之说，有所成后，再到秦国寻求出路。凭借着史举与张仪的关系，甘茂找到了已为秦相的张仪，寻求张仪的帮助。张仪就将甘茂举荐给了秦惠文王。① 因此，甘茂就在秦国担任卿大夫。

有张仪的时代，甘茂注定会成为绿叶，陪衬张仪这朵红花。后来秦国与楚国交战，两次交战都重创了楚国，夺得了汉中郡。而第二次攻打汉中的战争，甘茂就是主要将领之一。② 应当说，甘茂的成长是一步步推进的，不像商鞅、张仪那样，到了秦国就得到秦王的重用。

张仪离开秦国后，甘茂的作用日渐凸显。也可能甘茂与惠文后一党关系密切。秦武王继位后，甘茂备受重用，成为继张仪之后的"百官之首"。由此，也能进一步推测：甘茂在秦武王还未成为国君之前，就与其关系不一般。大概是甘茂用自己的智慧，赢得了秦惠文王和秦武王的认可，最终苦心人天不负，他成为秦国重臣，协助秦武王治理国家。

不久，秦国高层得到消息，蜀郡再次发生了大规模的暴乱。具体消息还没有传来，但叛乱已然产生。可能驻守在川蜀地区的陈庄（壮）听闻秦惠文王去世，也产生了自立的想法。因此，陈庄趁着秦国新旧国君更替，率领蜀中臣民反叛秦国。③

---

① 司马迁：《史记》卷七十一《樗里子甘茂列传第十一》："甘茂者，下蔡人也。事下蔡史举先生，学百家之术。因张仪、樗里子而求见秦惠王。"
② 司马迁：《史记》卷七十一《樗里子甘茂列传第十一》："王见而说之，使将，而佐魏章略定汉中地。"
③ 司马迁：《史记》卷七十一《樗里子甘茂列传第十一》："蜀侯煇、相壮反。"司马迁：《史记》卷五《秦本纪第五》："诛蜀相壮。"

　　《史记·樗里子甘茂列传》认为，参与暴乱的不仅仅有陈庄，还有前蜀侯之子嬴晖。《史记索隐》中也认为参与这次叛乱的还有嬴晖："煇音晖，又音胡昆反。秦之公子，封蜀也。华阳国志作'晖'。壮音侧状反。姓陈也。"而《秦本纪》载，嬴晖要在几年后才参与叛乱。由此可初步推断，此次参与战乱的人只有陈庄。《资治通鉴》也认为此次参与暴乱的只有陈庄。

　　川蜀地区的暴乱发生后，秦武王果断采取措施，命甘茂为平蜀主要领导人之一，带领秦军入川平叛。与甘茂一起入蜀的，还有曾经灭巴蜀的司马错等人。

　　因秦国已开金牛道，对司马错等将领而言，这次入蜀就是故地重游，顺便教训一下不听话的蜀侯，诛杀蜀相。

　　秦军迅速推进，陈庄等人应组织了本地的军队进行抵抗。但他们难以与武器装备精良、战斗力强大的秦军对峙，陈庄等罪魁祸首被杀，蜀侯也得到了警示，甘茂、司马错平定了川蜀的战乱。[1] 之后，甘茂、司马错等人继续稳定川蜀局势，选了一批新人进入蜀郡的领导班子，确保他们能够忠于秦国。做完这一切后，甘茂和司马错等人相继撤离了川蜀。

　　这次平定蜀中地区的内乱，行动迅速，从发兵到平叛结束共经历了半年时光，甘茂、司马错等人就回到了咸阳。因此，他们也得到了秦武王的重用。

　　有意思的是，在甘茂等人春风得意时，另外一些秦惠文王时期官员受到了排挤，他们相继离开了秦国，到魏国去了。这些人当

---

[1] 司马光：《资治通鉴》卷三："秦王使甘茂诛蜀相庄。"

中，就有曾经战功赫赫的魏章等人。① 秦武王像排挤张仪一样，在调整秦国官僚系统中的关键职位，为自己的集权扫清障碍。

蜀中地区的平定，给了秦武王信心。紧接着，秦军又开始了扫荡四方的行动。这次秦军对付的是时而臣服、时而叛乱的义渠、丹、犁等小国（部落）。这些带有蛮夷性质的部落总是两面三刀，心怀叵测。秦惠文王时期，他们就不止一次谋秦。大概秦武王继位时，他们也曾发动了叛乱，妄图摆脱秦国的约束。因此，秦国在征服了川蜀叛乱后，就兵锋直指这些部落。

秦军浩浩荡荡推进，所到之处鸡犬不留。通过武力征伐，这些部落变得老实了许多。② 他们继续臣服于秦国，向秦国进贡，同时也在窥测着秦国的动静，一旦秦国内部不稳，他们还是会继续发动叛乱的。

前310年（秦武王元年），秦武王处置了很多外部政务，忙忙碌碌一年就结束了。第二年（前309年）春，四方稳定，黎庶和谐。按说这时候，秦武王应该整顿兵马、向外扩张的。但他却一反常态，停止对外扩张，着手实施国家改制问题。也从这时候始，秦国设置丞相职位，《史记集解》中说："丞者，承也。相，助也。"这里的丞相可能只是相邦（国）的变种。与以往不同的是，秦武王这次设立了两位丞相，一位是樗里疾，另一位就是甘茂。③ 这大概是秦武王多年思考后采取的措施，意在防止相国权力过大，而设置

---

① 司马迁：《史记》卷七十一《樗里子甘茂列传第十一》："张仪、魏章皆东出之魏。"
② 司马迁：《史记》卷五《秦本纪第五》："伐义渠、丹、犁。"
③ 司马迁：《史记》卷五《秦本纪第五》："二年，初置丞相，醴里疾、甘茂为左右丞相。"

两个职位，让他们相互牵制。不过，丞相既然有左右之分，也就有大小之分。自古以来，左为大，右为小，可见秦武王依然信任叔父樗里疾，而甘茂不论资历还是威望都不及樗里疾，也只能任右丞相。

丞相改革制度，是东周诸侯国封建制度的又一创举。曾经落后的秦国，总是在不经意间，推动着历史的发展。也是这一年，张仪病逝于魏国。[①]

秦国左右丞相设立后，他们各自管理不同政务。可能是一文一武，樗里疾负责国家政务，甘茂则负责国家的军队建设、扩张行动等。至于其他官员的改制，也是因时所需，因事所需，不断被调整着。

不过，即位之初，秦武王依然有很多关系需要梳理。《战国策》一则记载，通过扁鹊的口吻，说出了此时秦国的"内幕"。

> 扁鹊见秦武王，秦武王就将自己的病情告诉了扁鹊。听完秦武王的叙述，扁鹊建议秦武王尽早治疗。这时候，有大臣说："大王的病灶在耳朵前面，眼睛的下面，未必能够治愈。如果处置不当，可能还会让耳朵听不清，眼睛看不明。"秦武王再次约见扁鹊，就将大臣对他说的话告诉了扁鹊。扁鹊听完秦武王的叙述，非常生气，将治疗秦武王病灶的砭石丢下，说："大王您先与懂医术的人商量病情，后又与不懂医术的人讨论，扰乱治疗。通过这件事，可以看出秦国内政不明，长此

---

① 司马迁：《史记》卷五《秦本纪第五》："张仪死于魏。"

以往下去，秦国距离亡国就不远了。"①

虽然是批评秦武王看病的问题，却能折射秦国内政。前308年（秦武王三年），治理国家一年多的秦武王，基本理顺了国家政务，开始关注外部形势。

也是这年春天，秦武王打算与韩王会盟。秦国使者到韩国表达会盟的意思，韩国不敢违背秦武王的好意，秦国要求怎么做，他们就怎么配合。不久，秦武王与韩襄王在临晋城外会盟。② 临晋这个地方几乎成为秦与韩魏会盟的必选之地。会盟后，双方重拾往日友情，共同商议天下大事。韩襄王奉承秦武王，希望得到秦国的宽容。

秦武王表现出了大国国君的气度，与韩国建立了和平盟约，这也意味着秦、韩两国短时间内不再发生交恶。不过秦、韩之间的关系并非一成不变，一切都需要因时因势而定。

秦国谋韩

不久，韩国相国南公去世，再次改变了秦韩关系。秦武王见缝插针，将樗里疾派往韩国，明确要求韩国要任命樗里疾为韩国相邦。这显然是插足韩国内政，在韩内部引起了一定骚乱，但迫于秦国威胁，韩襄王只能默认这件事情。③

从这件事中，能得到这样一个信息：韩国似已成秦国附庸。若

---

① 刘向：《战国策·秦三》。
② 司马迁：《史记》卷五《秦本纪第五》："三年，与韩襄王会临晋外。"
③ 司马迁：《史记》卷五《秦本纪第五》："南公揭卒，樗里疾相韩。"

非如此，秦国的丞相怎么跑到韩国担任相国去了呢？樗里疾也因此同时担任秦相和韩相，并有常驻韩国的意思。

事实上，与韩王会盟，遣樗里疾担任韩国相国，都是权宜之计。秦武王心中还有一个理想，这理想深深根植于秦武王的内心，轻易不会示人。这就是张仪在被驱逐前，鼓动秦武王进入周王室，夺取九鼎，收纳天下人口、土地图册，挟天子以令诸侯。

那是一个遥远的梦想，是张仪给他擘画的未来。秦武王继位之初，由于众多政务需要治理，暂时搁置了这一理想。不过，秦武王并未忘却这个理想。这时候，通过一年多的运作，秦国政治清明，社会安定，民众富裕。这个梦就在秦武王心中复活，变得立体。

有一次，秦武王对甘茂说："我梦想着有一天，能够乘坐垂着幔帐的车子经过三川，看看周王朝。若能做到这件事，我此生也就没有什么遗憾了。"细细揣摩秦武王的话，就能发现，他尽管驱逐了张仪，对他的这个建议却牢记于心。①

这里的三川，就是宜阳。宜阳原本是韩国的地方，因特殊的地缘关系，一直成为秦国东出的制约。此前秦、韩两国为争夺宜阳发生过多次战争。比如，秦惠公九年（前391年），秦国攻打韩国，夺取了宜阳六座城邑；秦惠文王三年（前335年），秦军继续攻打宜阳，一度攻占了宜阳。后来，秦国实施连横政策，又将此地还给了韩国。

那么，宜阳到底在何处呢？《战国策》中引《大事记》里的记

---

① 司马迁：《史记》卷七十一《樗里子甘茂列传第十一》："秦武王三年，谓甘茂曰：'寡人欲容车通三川，以窥周室，而寡人死不朽矣。'"《秦本纪》中也有记载："武王谓甘茂曰：'寡人欲容车通三川，窥周室，死不恨矣。'"

载说："今河南有福昌县，城东南北三面，峭绝天险，黾池、二淆皆在境内，盖控扼之地。"①《史记正义》中说："在河南府福昌县东十四里，故韩城是也。此韩之大郡，伐取之，三川路乃通也。"

既然宜阳这么重要，这时候，秦国会不会对宜阳发动战争？

其实，这个问题已有答案。秦武王将意图表达给甘茂，东出之心昭然若揭，他就是希望甘茂来替他做这些事。甘茂多年周旋于秦王身边，捕捉到秦武王的意图，趁机给秦武王说："请大王允许我出使魏国，与魏王商议征讨韩国一事。同时，我希望派向寿做我的副使。"甘茂所提的这位向寿，是楚系贵族。

秦武王同意了甘茂所请，派甘茂、向寿两位秦国使者到魏国交涉，为取三川打基础。

有意思的是，他们刚入魏国，还没有与魏王进行和谈，甘茂就对向寿说："现在你可以回去复命了。等你回去后，就向大王说，魏国已听命于我，但希望大王暂时不要出兵攻伐。只要你将话传给大王，事成之后，功劳算你的。"向寿摸不透丞相大人葫芦里卖的什么药，又不好刨根问底，只能回国复命。

向寿提前回国，将经过告知了秦武王。秦武王也对甘茂的做法一头雾水。他在等待着甘茂回国，有很多细节需要甘茂当面解释，才能消释疑团。

不久，甘茂从魏国返回。秦武王带领仪仗队在息壤迎接甘茂。见面后，秦武王迫不及待询问甘茂出使魏国的细节。

这时候，甘茂才吞吞吐吐表达了自己的担忧。

甘茂说："宜阳是韩国的一个大县，位置重要，韩国屯驻在上

---

① 刘向：《战国策·东周》。

党和南阳的兵马、粮草都是为守备宜阳。虽然宜阳只是韩国的县，却实际上和一个郡差不多。如今，大王冒着很大的风险，远涉千里攻打宜阳，想要取胜还是有困难的。我曾听人说过一个故事：以前曾参居住费地，当时鲁国有个与他同名之人杀人犯了法，有人误以为是曾参杀了人，就告诉他的母亲说：'曾参杀人了'。曾参的母亲并不信，继续像往常一般织布。不久，又有人对他母亲说：'曾参杀人了'。曾参的母亲还是不为所动。之后，又有人告诉曾参母亲说'曾参杀人了'。这一次，曾参的母亲扔下机杼，翻墙逃走了。众所周知，曾参贤德之名远播，他的母亲对他也十分信任，理应不会发生这样的事情。但事实证明，有三个人怀疑曾参，他的母亲就感到不安。如今，我的贤德不如曾参，大王对我的信任也不如曾参母亲对曾参的信任。而秦国怀疑我的不止三人，我害怕大王像曾参母亲一样怀疑我。当初，张仪兼并西边的巴、蜀，向东扩张到河西，向南攻取上庸。即便如此，天下人也都不夸赞他，而认为这一切都是秦王贤德所致。魏文侯曾派乐羊攻打中山国，三年后中山国被乐羊攻克。乐羊回到魏国，请求悬赏，魏文侯却将一箩筐诽谤乐羊的信交给他。乐羊马上意识到自己的问题，向魏文侯表示，一切都是魏文侯的功劳。眼下，我只是寄居在秦国的客卿，我的建议在秦国只能算一种声音，即便我支持大王攻韩。但樗里疾、公孙奭二人定会用韩国强大、攻打韩国会带来隐患等言论阻止大王进攻韩国，到时大王也会听从他们的话。这样一来，原先与魏国约定攻打韩国的计划也会落空，魏国只能独自攻打韩国。如此一来，外界都会认为大王欺骗魏王，而我这个牵线人也会受到韩相公仲侈的嫉恨。最终落得里外不是人。"

甘茂的这番言论信息量很大，既引经据典，又暗指当下自己的处境。秦武王听完甘茂的叙述后，才反应过来甘茂的担心。据说，秦武王为了打消甘茂的顾虑，就对甘茂说："我不会听从他们的意见，阻拦你。实在不相信，我们可立誓为约。"① 听秦武王这样说，甘茂这才放了心。

应当说，甘茂的担心不无道理。而通过甘茂的这段话，也能反映出秦国政坛的形势：外国客卿甘茂与本国贵族（樗里疾）之间存在政治斗争。大概在甘茂看来，樗里疾是秦武王的叔父，对秦武王的决策有着重大影响，而他不过是外国人，论其身份地位远不如樗里疾。因此，他不担心打仗，倒是担心被掣肘。秦武王听出了甘茂的弦外音，安抚了甘茂，让他一心联络魏国，准备攻打宜阳。

甘茂得到秦武王的许诺后，再次奔赴魏国，与魏王建立了同盟关系，准备一同攻打韩国。

据说，在攻打韩国前，秦国还打算向周天子"借道"。《战国策》记载了一个小故事，或能反映此时周王朝左右逢源，在夹缝中

---

① 司马迁：《史记》卷七十一《樗里子甘茂列传第十一》："秦武王三年，谓甘茂曰：'寡人欲容车通三川，以窥周室，而寡人死不朽矣。'甘茂曰：'请之魏，约以伐韩，而令向寿辅行。'甘茂至，谓向寿曰：'子归，言之于王曰"魏听臣矣，然原王勿伐"。事成，尽以为子功。'向寿归，以告王，王迎甘茂于息壤。甘茂至，王问其故。对曰：'宜阳，大县也，上党、南阳积之久矣。名曰县，其实郡也。今王倍数险，行千里攻之，难。昔曾参之处费，鲁人有与曾参同姓名者杀人，人告其母曰"曾参杀人"，其母织自若也。顷之，一人又告之曰"曾参杀人"，其母尚织自若也。顷又一人告之曰"曾参杀人"，其母投杼下机，逾墙而走。夫以曾参之贤与其母信之也，三人疑之，其母惧焉。今臣之贤不若曾参，王之信臣又不如曾参之母信曾参也，疑臣者非特三人，臣恐大王之投杼也。始张仪西并巴蜀之地，北开西河之外，南取上庸，天下不以多张子而以贤先王。魏文侯令乐羊将而攻中山，三年而拔之。乐羊返而论功，文侯示之谤书一箧。乐羊再拜稽首曰："此非臣之功也，主君之力也。"今臣，羁旅之臣也。樗里子、公孙奭二人者挟韩而议之，王必听之，是王欺魏王而臣受公仲侈之怨也。'王曰：'寡人不听也，请与子盟。'"

求生存的尴尬局面：

> 秦国向东周借路，以讨伐韩国。东周高层纠结不已：如果
> 借路给秦国，必然得罪韩国；如果不借道，就会得罪秦国。因
> 此，东周君不知如何是好。这时候，官员史黶对东周君说：
> "大王您为何不遣人入韩国，并对韩国韩公叔说：'秦国仗着人
> 多势众，翻越东周的地界攻打韩国，这是信任韩国的表现。您
> 为什么不给东周割让一片土地，再要求东周派使者入楚。这样
> 一来，秦国必然生疑，不再信任东周，秦国也就不会攻打韩国
> 了。'之后，我们再遣人入秦国，对秦王说：'是韩国硬要给我
> 们东周割让土地，目的就是让秦国怀疑东周。但是我们东周不
> 敢接受韩国的土地。韩国非要送给我们东周土地，是想让秦国
> 怀疑东周，我们主君不敢领受。'这时候，秦王就不会建议东
> 周接受韩国土地。这样一来，韩国的土地也保住了，我们也顺
> 从了秦国，不会招致秦国责难。"①

　　从这份对话看出，周朝面对秦国的威胁，也只能选择周旋，在
诸侯间斗智斗勇。那么，秦国到底会不会攻打韩国呢？

---

① 刘向：《战国策·东周》："秦假道于周以伐韩，周恐假之而恶于韩，不假而恶于
秦。史黶谓周君曰：'君何不令人谓韩公叔曰："秦敢绝塞而伐韩者，信东周也。
公何不与周地，发重使使之楚，秦必疑，不信周，是韩不伐也。"又谓秦王曰：
"韩强与周地，将以疑周于秦，寡人不敢弗受。"秦必无辞而令周弗受，是得地于
韩而听于秦也。'"

3. 秦武王的扩张

宜阳争夺战

前 308 年（秦武王三年）秋，秦武王终于下定决心攻打韩国。领兵的人是甘茂，配合甘茂的将领有庶长封等人。[①] 而此时，魏、秦已结盟。这也意味着，魏国不仅不会支援韩国，还要配合秦国攻打韩国。

甘茂领着秦军出动，一路向东，目标直指宜阳。[②]

对韩国而言，毫无退路，又求和不成，只能选择背水一战。因此，战争一开始，韩国方面就表现出顽强抵抗，阻止秦军攻城略地。韩军如此顽强抵御，是因宜阳地理位置重要，一旦丢失，等于在韩国钉入一颗楔子，时刻威胁韩国安危。而秦军也清楚宜阳的重要性，把攻下宜阳作为目标。因此，秦军的攻势也很猛烈，不计损失，一心攻城。

这种背景下，战争很快就陷入胶着状态。

据说，为了抵御秦军，韩王正从各地调集军队，支援宜阳。其他诸侯也助威呐喊，扰乱情报网。比如，楚国就派出一支大军，驻扎在不远处，观望着战况。一旦时机成熟，他们会立即支援韩国。因此，扼守宜阳的韩军士气高扬，决不后退。这给秦军攻城带来了极大不便，导致宜阳迟迟无法攻克。

---

① 司马迁：《史记》卷五《秦本纪第五》："其秋，使甘茂、庶长封伐宜阳。"
② 司马迁：《史记》卷七十一《樗里子甘茂列传第十一》："卒使丞相甘茂将兵伐宜阳。"

　　有意思的是，随着战争进入胶着状态，观察天下局势的周天子也坐立不安，他对谋臣赵（一说周）累说："秦国攻打韩国宜阳，你预测一下战况如何？"赵累说："秦军攻破宜阳，只是时间问题。"周天子并不赞同赵累的建议。他对赵累说："现在宜阳城邑面积不过八里，驻守的将士却有十万之众，粮食可支用多年。在宜阳附近还有韩国相国公仲率领的二十万大军，又有楚国大将景翠率领的数万大军，他们都驻扎在山脚下，等待合适的机会援助宜阳。我敢保证，秦军定不会成功，宜阳也一定不会被攻破。"

　　赵累却说："甘茂是寄居在秦国的客卿，肩负主攻宜阳重任。若此次攻克宜阳，他就是秦国的周公旦；若无法攻克宜阳，他就会被革除官职。同时，秦军攻打宜阳是秦武王力排众议的结果。若不能攻克宜阳，将会成为秦武王的耻辱。因此，结合秦国这两种特殊情况分析，我认为他们对宜阳志在必得，哪怕付出多么大的代价，都要攻下宜阳。"

　　周天子听完赵累的话，才预感危机笼罩着周王畿。这场战争牵扯秦武王的"颜面"和甘茂的去留问题，他们必然尽力而为。而一旦攻克宜阳，三川这一大片地域都会落入秦军之手。届时，秦国不仅威胁韩国，也威胁到周王畿。周天子还听闻，当年张仪一直主张进攻周王畿，夺回九鼎。现在看来，秦武王其实就是在践行这种主张。

　　周天子清楚，一旦韩军被突破，秦军必然会继续推进，而周王朝的军队是难以对抗秦军的。等秦军攻来，周王朝只有臣服的份儿。面对秦国的威胁，他如热锅上的蚂蚁一样，向赵累问计："请您告诉我，我们该怎么办？"

　　看到慌乱的周天子，赵累也不再故作高深，他已想到应对之策。因此，赵累回答说："我们可派出使者，面见驻守在宜阳不远处的楚将景翠，并对他说：'您的爵位已是执圭，官职已达柱国，即便打了胜仗，官爵也无法再晋升。眼下秦军对宜阳虎视眈眈，不如您与韩国一起对抗秦国，支援宜阳。相信只要您一出兵，秦国就会害怕您。到时秦军疲惫，担心您去袭击他们，就会拿出世间少有的宝物来送给您，韩国相国公仲也会因您给韩国解围而敬慕您，给您送世间少有的宝物。'"[①]

周天子同意赵累的意见。他派人到楚国景翠的大营中做说服工作。景翠在周天子使者的说服下，答应支援宜阳。当然，景翠也有自己的计划，他并不想立即支援韩国，他需要秦、韩两败俱伤之际，出兵攻打宜阳，坐收渔翁之利。

而此时秦、韩两国高层也因战争无休无止而焦头烂额，尤其是一向勇武的秦军，在攻打宜阳的战争中寸步不前，匪夷所思。据说秦军攻打了五个月，宜阳岿然不动。这让秦国高层议论纷纷，朝堂之上的斗争也出现端倪：诋毁甘茂的消息到处都是，版本不尽相同。还有人说甘茂在前线贻误战机，纵情享乐，导致秦军无法克宜阳。不久，秦国贵族樗里疾、公孙奭在朝堂上公然议论这件事，指出攻打宜阳存在种种弊端，希望秦武王能在秦军还未

---

① 刘向：《战国策·东周》："秦攻宜阳，周君谓赵累曰：'子以为何如？'对曰：'宜阳必拔也。'君曰：'宜阳城方八里，材士十万，粟支数年，公仲之军二十万，景翠以楚之众，临山而救之，秦必无功。'对曰：'甘茂，羁旅也，攻宜阳而有功，则周公旦也；无功，则削迹于秦。秦王不听群臣父兄之议而攻宜阳。宜阳不拔，秦王耻之。臣故曰拔。'君曰：'子为寡人谋，且奈何？'对曰：'君谓景翠曰："公爵为执圭，官为柱国，战而胜，则无加焉矣；不胜，则死。不如背秦，秦拔宜阳。公进兵，秦恐公之乘其弊也，必从事公；公中慕公之为己乘秦也，亦必尽其宝。"'"

形成败势时撤兵。这些言论让一向心高气傲的秦武王也不得不冷静对待这件事。不久，秦武王从前线召回甘茂，打算放弃宜阳。[①]

从接到秦武王的诏命那一刻起，甘茂就清楚秦武王产生了思想动摇。但他比谁都清楚，秦军必须坚持住。这场持久战，谁坚持到最后，谁就是赢家。因此，甘茂回到咸阳后，单独会见了秦武王，他说："大王难道忘记了息壤之盟吗？"所谓息壤之盟，就是甘茂出兵前，给秦武王讲过曾参与他母亲的故事。秦武王似有所悟，不再怀疑甘茂[②]，令他继续攻打宜阳。

甘茂奔赴前线后，命人继续攻打宜阳的同时，对之前进攻的策略作了些许调整。而随着这些策略的调整，局势也逐渐发生了转变。半年后的秦武王四年（前307年）夏，秦军终于攻克了宜阳。

而在攻打宜阳这一战中，秦军战绩显著，六万余韩军被杀。当然，坦诚地说，秦国在攻打宜阳战争中，也丧失了众多将士。战争是无情的，是收割人命的，没有人能在战争中全身而退。只是史料中没有记载秦军损失人数。

韩国被秦军夺取后，秦军又渡过黄河，在河边上修筑了武遂城。[③] 这个武遂城是韩国的一座小城，《史记正义》中说："此邑本属韩，近平阳。韩世家云'贞子居平阳，九世至哀侯，徙郑'。楚世家云'而韩犹服侍秦者，以先王墓在平阳'。而秦之武遂去之七

---

① 司马迁：《史记》卷七十一《樗里子甘茂列传第十一》："卒使丞相甘茂将兵伐宜阳。五月而不拔，樗里子、公孙奭果争之。武王召甘茂，欲罢兵。"
② 司马迁：《史记》卷七十一《樗里子甘茂列传第十一》："甘茂曰：'息壤在彼。'因大悉起兵，使甘茂击之。"
③ 司马迁：《史记》卷五《秦本纪第五》："涉河，城武遂。"

十里，故知近平阳。"修建此城，意在作为宜阳的"陪都"存在。

韩王和周天子寝食难安，因为宜阳已落入秦军手中，三川大道被秦军打开。接下来，只要秦军愿意，随时可东出韩国，包围周王畿。

韩襄公担心秦军继续推进，派相国公仲侈到秦军大营谢罪，并表示愿意与秦国达成和平盟约。秦武王答应与韩国结盟。只是，结盟是一种作用不大的联通方式，而随着宜阳落入秦国手中，中原的门户被打开，以后秦军进军三川就变得非常容易。[1]

当然，秦国与韩国讲和，还有个隐晦原因：驻扎在宜阳不远处的楚将景翠一直未撤军，这是秦军向东行动的"威胁"。据可靠消息说，景翠跃跃欲试，派出一支军队巡视，准备对刚刚攻克宜阳城池、疲惫不堪的秦军"动手"。

这些或真或假的消息，让秦国高层焦虑不已。秦军好不容易得到宜阳，不能被楚军攻占。眼下只要楚军出兵，秦军就难以守住宜阳，毕竟经历了宜阳攻城战，秦军已疲惫至极。

秦武王与高层商议后，决定派出使者，到楚国大营面见景翠，承诺将煮枣之地献给景翠。据说，当秦国使者传达了秦国的送来的"奶酪"，景翠也就顺势撤军了。至此，宜阳之战结束，景翠变成了宜阳之战最大的赢家，韩王、周天子也拿出了珍宝酬谢景翠。[2]

---

[1] 司马迁：《史记》卷七十一《樗里子甘茂列传第十一》："斩首六万，遂拔宜阳。韩襄王使公仲侈入谢，与秦平。"司马迁：《史记》卷五《秦本纪第五》："四年，拔宜阳，斩首六万。"

[2] 刘向：《战国策》卷一《东周》："秦拔宜阳，景翠果进兵。秦惧，遽效煮枣，韩氏果亦效重宝。景翠得城于秦，受宝于韩，而德东周。"

觊觎天子之位

秦国攻占宜阳，天下难安。最紧张的除了韩国和周王朝，还有魏国。秦国的强大已势不可挡，魏国夹在秦国东出的关键地域上，必然成为秦军蚕食的对象。魏襄王为表达与秦国的友好关系，派魏国太子入秦，一方面对秦国进行慰问，另一方面则希望与秦国重申盟约，永久结为联盟。《秦本纪》载："魏太子来朝。"[1] 秦武王母亲惠文后是魏国人，大概也参与了说服工作。秦武王因此没有攻打魏国。

秦武王无意攻魏，也不想与韩国继续恶化关系，因为秦武王还记着他心中的"梦"——进入周王畿，见识天子的祭器。这曾是张仪为秦惠文王擘画的蓝图，秦武王要实现它。因此，秦武王先派樗里疾率领百辆战车，入周王朝国都洛邑视察。

而面对秦国的强行进入，周天子势孤力薄，只能硬着头皮迎接樗里疾一行人。周天子甚至强颜装欢，对樗里疾非常礼遇，态度也非常恭敬。[2] 樗里疾因此在洛邑享受到从未有过的荣誉。

当然，周天子这么做也是有用意的，他就是要通过这样的方式，向外界宣示秦国是如何霸凌天子的，并试图引起其他诸侯的怜悯。

果然，樗里疾进入洛邑、得到周天子恭敬的消息不胫而走，楚怀王听闻后很生气，派出使者，责备周天子，认为他对樗里疾太过客气。在楚怀王看来，周王朝再怎么衰微，也是天子，怎能对一个

---

[1] 司马迁：《史记》卷五《秦本纪第五》。
[2] 刘向：《战国策·西周》："秦令樗里疾以车百乘入周，周君迎之以卒，甚敬。"

诸侯国的大臣如此礼遇呢？

面对楚王的责备，周天子报之以苦笑，因为时局完全不在天子控制范围之内。天子空有其名，天下哪个诸侯还将天子当回事？① 即便楚国，不也是派使者到洛邑来为难天子了吗？谁不比谁更干净。楚国有什么资格指责天子，有本事把秦军赶走？

据说，为了不得罪楚国，周天子派出一个叫游腾的人入楚，向楚王游说王道："知伯（荀瑶，姬姓，晋末智氏代表人物）在攻打仇犹（戎、狄）前，总是先给仇犹送去豪华的马车，麻痹他们。然后再派人跟随其后，伺机攻打仇犹。结果仇犹就被智伯消灭了。为什么会出现这种情况呢？这是因为仇犹得到智伯的礼物后，就没有了防备，结果晋军一举消灭仇犹。齐桓公征伐蔡国前，向外宣扬将攻打楚国，结果偷袭了蔡国。现在，秦国虎狼一样，樗里疾率领百辆战车进入洛邑，周天子以仇犹和蔡国为借鉴，命人将长戟布置在前，强弩布置在后，名义上是为了护卫樗里疾，实际上却是将他看管起来。另外，周天子怎么会不担心国家的安危？只是担心亡了国，让大王难过。"楚怀王听完游腾的这番恭维后，才对周天子礼遇樗里疾的事情不再耿耿于怀。②《战国策》里的记载与《樗里子甘茂列传》类似。③

---

① 司马迁：《史记》卷七十一《樗里子甘茂列传第十一》："使樗里子以车百乘入周。周以卒迎之，意甚敬。楚王怒，让周，以其重秦客。"
② 司马迁：《史记》卷七十一《樗里子甘茂列传第十一》。
③ 刘向：《战国策·西周》："秦令樗里疾以车百乘入周，周君迎之以卒，甚敬。楚王怒，让周，以其重秦客。游腾谓楚王曰：'昔智伯欲伐套由，遗之大钟，载以广车，因随以兵，杂由卒亡，无备故也。桓公伐蔡也，号言伐楚，其实袭蔡。今秦者，虎狼之国也，兼有吞周之意；使樗里疾以车百乘入周，周君惧焉，以蔡杂由戒之，故使长兵在前，强弩在后，名曰卫疾，而实囚之也。周君岂能无爱国哉？恐一日之亡国，而忧大王。'楚王乃悦。"

　　而随着楚国不再插手秦国强行入周王畿之事，秦武王也正马不停蹄赶往周王畿赶。樗里疾是打前站的人，他进入洛邑，应是提前做一些安保之类的工作，为秦武王要到洛邑来做准备。

　　秦武王执意要看九鼎，见识这代表天下九州的神器。这就是《战国策》中《秦兴师临周而求九鼎》的故事。

　　周天子听闻秦武王要来洛邑，非常震惊，又无可奈何。周天子召重臣颜率进宫商讨对策。颜率对秦武王一行前来并不担忧，他对周天子说："君王不必忧虑，臣愿前往齐国去搬救兵。"① 周天子没有更好的办法，也只能让颜率试一试。

　　颜率到齐国后，对齐王说："如今秦武王暴虐无道，兴师动众，兵临王畿，威胁周天子，还扬言要天子的九鼎。天子在宫廷内与大臣商议对策，最终大家商议的结果是：与其让秦将九鼎运走，不如直接给贵国。若大王能够拯救危亡之中的天子，大王的美名定会传遍天下。若贵国能够得到九鼎宝器，也是贵国的幸运。希望大王能够积极争取，别让九鼎落入秦国手中。"齐王听完颜率的话也动了"收要"九鼎的心思。之后，齐王立即任命陈臣思为统帅，带领五万齐军，前往洛邑援救周王朝。②

　　而就在颜率齐国搬救兵的时候，秦武王已到洛邑，会见周天子。③ 由于周王朝式微，周天子尽管是天子，秦武王却不尊周天子，

---

① 刘向：《战国策·东周》："秦兴师临周而求九鼎，周君患之，以告颜率。颜率曰：'大王勿忧，臣请东借救于齐。'"

② 刘向：《战国策·东周》："颜率至齐，谓齐王曰：'夫秦之为无道也，欲兴兵临周而求九鼎，周之君臣，内自尽计，与秦，不若归之大国。夫存危国，美名也；得九鼎，厚宝也。愿大王图之。'齐王大悦，发师五万人，使陈臣思将以救周，而秦兵罢。"

③ 司马迁：《史记》卷七十一《樗里子甘茂列传第十一》："武王竟至周。"

像主人一样正式入住洛邑。周天子只能赔着笑脸，恭恭敬敬侍奉秦武王。之后，秦武王在洛邑见到了梦寐以求的鼎器。

看着眼前非凡的九鼎，秦武王非常振奋。天子的九鼎意味着权力，意味着拥有天下九州。相传，这九鼎曾是大禹铸成。当年大禹治水有功，将天下分成九州。大禹因此铸九鼎，分九个方位安放九鼎，代表天下九州。从此，这九鼎就被安置在夏朝都城。以后商、周都将九鼎视为传国之宝，被安置在天子所在的王都。

现在，秦武王见到这些礼器，欢喜不已。不过，秦武王这个人很另类。在寻常诸侯看来，九鼎就是权力。以往，他们都以拥有九鼎为毕生的追求目标。现在九鼎就在眼前，据为己有即可。秦武王却生出了一个非常另类的想法：人能否举起九鼎？

秦武王之所以如此想，并非一时兴起。秦武王素来以力大著称，他身边还有任鄙、乌获、孟说等三位大力士。据说，秦武王把力量当作炫耀的资本。结合秦武王的这些特点，再对照他突发奇想，举鼎以试其重量，就在情理之中。什么样的性格喜好，造就什么样的人生。秦武王在九鼎面前一一观看，寻找要举起的鼎。这时候，龙文赤鼎映入他的眼帘。这是代表雍州的鼎，而雍州就是秦人的老家。秦人在这里生活、繁衍、壮大、东进。

之后，秦武王停留在龙文赤鼎前久久凝视。他想举起这个鼎，以证明自己力大，证明秦国强大。当然，我们认为，秦武王之所以要举鼎，当是给天下诸侯一种信号：如果他能举起鼎，也就证明秦国能够"取代"周朝。可能这一时期，秦武王已有取代周朝的打算。

而《秦本纪》中的记载，更像是一个"构造"的故事：秦武王与大力士孟说两人相约，都要举鼎，一较高低。孟说认为，鼎是神器，人难以举起鼎，秦武王却不信这个邪。秦武王屏退身边的人，使出浑身解数，试图举起龙文赤鼎。

然而，鼎是青铜铸造，重量不轻，区区凡人岂能举起？秦武王没能举起鼎，却在挪动鼎时被意外压在鼎下，最终落得个"绝膑"下场。《史记正义》载："膑音频忍反。绝，断也。膑，胫骨也。"秦武王五脏六腑皆因举鼎受伤。《资治通鉴》胡三省注解说："脉者，系络脏腑，其血理分行于肢体之间，人举重而力不能胜，故脉绝而死。"《秦本纪》中也说："武王有力好戏，力士任鄙、乌获、孟说皆至大官。王与孟说举鼎，绝膑。"①

以上这些史料，对秦武王举鼎都一笔带过，没有更为详细的资料。具体是如何被压在鼎下的，记载颇为潦草。而明代冯梦龙的长篇历史小说《东周列国志》里，详细描写了秦武王举鼎的经过，姑且作为一种细节来参照：

> 韩王恐惧，乃使相国公仲侈持宝器入秦乞和，武王大喜，许之，诏甘茂班师，留向寿安戢宜阳地方，使右丞相樗里疾先往三川开路，随后引任鄙、孟贲一班勇士启程，直入雒阳。
>
> 周赧王遣使郊迎，亲具宾主之礼，秦武王谢弗敢见，知九鼎在太庙之傍室，遂往观之，见九件宝鼎一字排列，果然整齐，那九鼎是禹王收取九州的贡金，各铸成一鼎，载其本州山川人物，及贡赋田土之数，足耳俱有龙文，又谓之"九龙神鼎"，夏传于商，为镇国之重器，及周武王克商，迁之于雒邑，迁时用卒徒牵挽，舟车负载，分明是九座小铁山相似，正不知

---

① 司马迁：《史记》卷五《秦本纪第五》。

重多少斤两。

武王周览了一回，赞叹不已。鼎腹有荆、梁、雍、豫、徐、扬、青、兖、冀等九字分别，武王指雍字一鼎叹曰："此雍州，乃秦鼎也。寡人当携归咸阳耳。"

因问守鼎吏曰："此鼎曾有人能举之否？"吏叩首对曰："自有鼎以来，未曾移动，闻人传说每鼎有千钧之重，谁人能举？"武王遂问任鄙、孟贲曰："二卿多力，能举此鼎否？"任鄙知武王恃力好胜，辞曰："臣力止可胜百钧，此鼎十倍之重，臣不能胜。"孟贲攘臂而前曰："臣请试之，若不能举，休得见罪。"

即命左右取青丝为巨索，宽宽的系于鼎耳之上，孟贲将腰带束紧，揎起双袖，用两枝铁臂，套入丝络，狠狠地喝一声，"起！"那鼎离起约有半尺，仍还于地，用力过猛，眼珠迸出，目眦流血，武王笑曰："卿大费力！既然卿能举起此鼎，寡人难道不如？"

任鄙谏曰："大王万乘之躯，不可轻试。"

武王不听，即时卸下锦袍玉带，束缚腰身，更用大带扎缚其袖，任鄙拖袖固谏，武王曰："汝自不能，乃妒寡人耶？"鄙遂不敢复言，武王大踏步向前，亦将双臂套入丝络，想道："孟贲止能举起，我偏要行动数步，方可夸胜。"乃尽生平神力，屏一口气，喝声："起！"那鼎亦离地半尺，方欲转步，不觉力尽失手，鼎坠于地，正压在武王右足上，趷札一声，将胫骨压个平断，武王大叫："痛哉！"登时闷绝。左右慌忙扶归公馆，血流床席，痛极难忍，捱至夜半而薨。

武王自言："得游巩雒，虽死无恨。"今日果然死于雒阳，前言岂非谶乎？

周赧王闻变大惊，急备美棺，亲往视殓，哭吊尽礼。①

冯梦龙的小说加入了更多细节，使得原来扑朔迷离的事件，变得明朗起来。当然，这些细节并非都真实，很多可能都是冯梦龙的构造。换句话说，冯梦龙的小说，只是一种聚象的方式，构造了史料中模棱两可举鼎经过，不妨当作一种视角。能肯定的是，秦武王由于这次举鼎，受了重伤。而秦武王遭难，让还在洛邑的樗里疾、甘茂等人措手不及。樗里疾等人抓紧组织人救治，但秦武王因用力过猛，脏器俱损，即便扁鹊在世，恐也难以诊治他的病症。

秦国的医官束手无策。

秦武王大概也意识到自己大限将至，一刻也不想留在外面，他要回到咸阳去，死也要死在秦国的土地上。因此，在一应大臣的护送下，秦武王的车辇缓慢向咸阳驶去。

秦武王去世

同年八月，秦武王去世，年仅二十三岁。② 那么，秦武王是死在回咸阳的路上，还是回到咸阳之后才去世呢？这些细节已无法考证。后人能得到的结论是，这一年秦武王因举鼎而死。

另外，从秦武王没有安排继承人这件事分析，他应是猝然驾崩。若举鼎之后他还有生机，定会安排后事，确定继承人。

当然，秦武王的死与孟说的怂恿不无关系。当初若非孟说认为人难以举起鼎，秦武王也不会拼着一死，强行举鼎。因此，孟说成

---

① 冯梦龙：《东周列国志》第九十二回《赛举鼎秦武王绝脰，莽赴会楚怀王陷秦》。

② 司马迁：《史记》卷五《秦本纪第五》："八月，武王死。"

为"替罪羊",秦国高层诛杀了孟说一族人。① 之后,在秦国贵族、大臣的操持下,秦武王被安葬在了秦国陵园,《史记集解》说:"秦武王冢在扶风安陵县西北,毕陌中大冢是也。人以为周文王冢,非也。周文王冢在杜中。"《括地志》说:"秦悼武王陵在雍州咸阳县西北十五里也。"

秦武王刚刚下葬,秦国高层就开始了新一轮激烈斗争。原因是秦武王去世得仓促,没有子嗣,也没有确定继承人。这种背景下,各种势力都希望立自己认可的秦国公子为国君,好在下一轮权力博弈中获得利益。因此,他们在为立谁为国君的问题上争论不已。

这时候,秦国还有多位公子,他们有的是秦惠文王的弟弟,也有秦武王的弟弟们。其中,有几位公子还势力较大,一位是公子壮,深得惠文后的喜爱;另一位是公子芾,他是秦惠文王与芈太后所生的次子。当然,秦惠文王与芈太后生的长子,目前在燕国当人质,他就是嬴稷。② 不过,也因嬴稷在燕国,自然就被排除竞争之外。

由于备选人数较多,秦国高层争论不休,国君人选一时半刻难以决策。同时,外国势力也试图插手秦国内政,比如燕国、赵国。这些复杂的情况,让秦国的国君更替变得扑朔迷离。似乎天下都随着秦武王的去世,开始谋取秦国。而这种斗争在秦国国君没有确定前,还将继续下去。

---

① 司马迁:《史记》卷五《秦本纪第五》:"族孟说。"
② 司马迁:《史记》卷五《秦本纪第五》:"武王取魏女为后,无子。立异母弟,是为昭襄王。昭襄母楚人,姓芈氏,号宣太后。武王死时,昭襄王为质于燕,燕人送归,得立。"

有意思的是，就在秦武王因举鼎而死时，齐国却看上了九鼎。原因是当时颜率曾答应齐王，若齐国出兵，天子就将九鼎送给齐王。现在，随着秦武王去世，秦军也撤退了。齐军实际上未与秦军交手，但齐王认为他履行了诺言，周天子也应履行诺言，交出九鼎。问题是，周天子不想给齐国九鼎。因此，面对齐王步步紧逼，周天子整天闷闷不乐。

这时候，颜率说："大王不必如此忧心，请让我到齐国去，彻底解决这件事。"周天子就派颜率前往齐国。到齐国后，颜率对齐王说："这次秦军之所以能退兵，全仰仗贵国的义举，使得我君臣父子相安无事。因此，我们愿意将九鼎献给齐王，却不知道从哪里将九鼎从周王畿运到齐国？"颜率这么问，给齐王埋了个坑，而齐王却浑然不觉，他对颜率说："我打算向梁国借道。"①

这时，颜率说："大王不能向梁国借道，因为梁王早就想得到九鼎。我听说他们已在晖台（梁邑）和少海（梁邑）谋划此事很长时间。而一旦大王向梁国借道，九鼎进入梁国，就很难运到齐国。"听完颜率的话，齐王又说："梁国不行，那我就向楚国借道。"颜率却说："向楚国借道也不行，我听说楚国君臣为了得到九鼎，很早就在叶庭（楚邑）谋划着。若九鼎进入楚国，大王还能保证九鼎能从楚国出来吗？"齐王很为难，颜率说的确是事实。不过话说回来，哪一个诸侯不愿得到九鼎呢？齐王很无奈，就问颜率："那我们该

---

① 刘向：《战国策·东周》："齐将求九鼎，周君又患之。颜率曰：'大王勿忧，臣请东解之。'颜率至齐，谓齐王曰：'周赖大国之义，得君臣父子相保也，愿献九鼎，不识大国何途之从而致之齐？'齐王曰：'寡人将寄径于梁。'"

从何处运九鼎到齐国?"① 颜率说:"我们也在为这件事焦虑。九鼎并不像醋瓶、酱罐一样,可以端在手中拿到齐国。也不像群鸟、乌鸦、兔子、骏马等,能够通过翅膀飞或者腿行走进入齐国。当初周武王伐纣获得九鼎后,运输一只鼎就动用了九万人,运输九鼎就动用了八十多万人。而参与运输的士兵、工匠还没有被计算在内。如今大王需要运九鼎到齐国,也不知道从哪里往齐国运?"②

听完颜率的话后,齐王有些不悦:"你多次出使齐国,无非就是要表明不想把九鼎给我罢了!"颜率慌忙说:"我怎敢欺骗大王您呢?只要大王想出从哪里运输九鼎,并派人来运输,我们乐意将九鼎送给大王。"此时齐王也考虑到九鼎运输成本问题,最终打消了索要九鼎的念头。③

至此,由九鼎引发的危机才告一段落。不过对秦国而言,这次进入周王朝得不偿失。本来秦国已得到韩国宜阳要地,可步步为营,顺势向东扩张。但秦武王非要举鼎,导致自己气绝身亡。而随着秦武王去世,秦国进入新的动荡中。国君更替的背后掩藏着巨大的危机,不仅无法向外扩张,还要立即解决国君更替带来的危机,以防引发不必要的祸端。

---

① 刘向:《战国策·东周》:"颜率曰:'不可。夫梁之君臣欲得九鼎,谋之晖台之下,少海之上,其日久矣。鼎入梁,必不出。'齐王曰:'寡人将寄径于楚。'对曰:'不可,楚之君臣欲得九鼎,谋之于叶庭之中,其日久矣。若入楚,鼎必不出。'王曰:'寡人终何途之从而致之齐?'"

② 刘向:《战国策·东周》:"颜率曰:'弊邑固窃为大王患之。夫鼎者,非效醯壶酱甄耳,可怀挟挈以至齐者;非效鸟集乌飞,兔兴马逝漓然止于齐者。昔周之伐殷,得九鼎,凡一鼎而九万人挽之,九九八十一万人,士卒师徒,器械被具所以备者称此。今大王纵有其人,何途之从而出?臣窃为大王私忧之。'"

③ 刘向:《战国策·东周》:"齐王曰:'子之数来者,犹无与耳。'颜率曰:'不敢欺大国,疾定所从出,弊邑迁鼎以待命。'齐王乃止。"

那么，秦国将如何化解这些危机呢？

4. 赢稷继位与甘茂离秦

君位之争

秦武王去世得仓促，没有指定继任者。由谁来出任国君，成为秦国贵族、公室争论的焦点。

诚如前文所言，有资格角逐国君之位的人很多，大致分成了两个派系，这就是以惠文后为代表的"魏"系，和以宣太后（芈八子）为代表的"楚"系。

惠文后是秦惠文王正妻，与秦惠文王成婚较早，他们只有秦武王一个儿子。在秦惠文王时期，惠文后尽了一个王后应尽的职责，兢兢业业，相夫教子。秦武王即位后，她身份尊贵，地位显赫，但也仅限于此。作为太后，她清楚自己的身份。

而秦武王的忽然去世，打破了一切平衡，丧子之痛令她悲伤不已。只是作为秦惠文王的正妻，身份决定了在国君更替之际，她不能置身事外。当然，可能她也是被裹挟在斗争中，身不由己。

据说，惠文后与公子壮关系匪浅。公子壮的母亲是谁，史料中没有明确记载，可能是其他诸侯国的女子（或者秦国女子），家庭地位不高，身前身后都没有给公子壮带来荣耀，使得公子壮地位也不高。因此，公子壮没有资格继承国君位，所以秦武王成为国君后，他只能"认命"。然而，秦武王忽然暴毙，又给了公子壮希望。他积极与惠文后交往，谋取国君之位。

秦国虽推行嫡长子继承制，但在国君继任问题上，经常出现"变态"。换言之，有时候，秦国国君传递也不完全按照嫡长子继承制施行。比如，世父将君位让给弟弟，秦德公兄弟三人亦先后继承君位。当然，最重要的是秦武王没有子嗣，这就给了秦国所有公子竞争国君之位的机会，他的兄弟、叔伯均能参与其中。

这种背景下，秦国高层斗争愈加激烈，各种派系都在相互组合，争取自己利益最大化。按史料记载，这时还有一个庶出的公子雍，也选择加入与公子壮联盟。大概他是被公子壮说服，加入公子壮的阵营中，为公子壮即位奔走，拉拢秦国贵族。因此，公子雍也可以划到惠文后这一派。

另一派是以宣太后为首的楚国派系。秦武王去世后，宣太后这一支也有优势，因为宣太后与秦惠文王有三个儿子。他们是公子稷、公子芾、公子悝三人。眼下公子稷虽在燕国充当人质，但公子芾、公子悝在咸阳，且他们身份都高于公子壮。

宣太后又叫芈八子[1]，也有说叫芈月。她出身楚国芈姓大族。秦惠文王与楚国联盟时，宣太后作为政治联姻的"产物"，嫁到了秦国，与秦惠文王生下三个儿子。宣太后到秦国后，她的家族中的人也有到秦国为官。比如，她的弟弟芈戎（华阳君），以及他的长弟魏冉等人。《史记索隐》中说："宣太后之异父长弟也，姓魏，名厓，封之穰。地理志穰县在南阳。宣太后者，惠王之妃，姓芈氏，曰芈八子者是也。"[2] 这些人形成了"芈姓"势力。

---

① 司马迁：《史记》卷七十二《穰侯列传第十二》："昭王母故号为芈八子，及昭王即位，芈八子号为宣太后。"

② 司马迁：《史记》卷七十二《穰侯列传第十二》："穰侯魏厓者，秦昭王母宣太后弟也。其先楚人，姓芈氏。"

　　从惠文后和宣太后这两派人员身份地位、家族势力情况分析，两股势力旗鼓相当，宣太后占"人才"优势，惠文后占"名望"优势。

　　当然，惠文后是秦惠文王正妻，也是秦武王母亲，在决定立谁为国君上更有发言权。公子壮许是看到了这一点，才竭尽一切拉拢惠文后，为自己争夺君位增加筹码。严君樗里疾似也被公子壮说服，站在了他这一边。

　　宣太后一派也看到了惠文后一党的优势，并在为自己一派争取更多筹码。而此时，已在秦国有一定地位的魏冉、芈戎等人不甘心，在他们三个外甥中，拥谁为国君都能接受——能保住自己的利益。但不能让国君之位落入公子壮手里。宣太后也积极协调多方力量，试图让两个在咸阳的儿子中的一个出任国君。他们都是先王的儿子，完全有资格继承国君位，为何要立庶出地位不高的公子壮？

　　据说，宣太后打算立公子芾为国君。

　　因此，两股势力的明争暗斗愈加焦灼，公子壮与公子芾被推上了风口浪尖，他们代表了两种不同的势力。公子壮因惠文后、樗里疾的支持，成功的概率大了很多。

　　令秦国高层不安的是，若仅是这两派的斗争，总会决出结果，选出国君。而实际情况更复杂，燕、赵也参与到秦国国君更替事宜中。赵国插手秦国内政，明确表态，要立在燕国充当人质的嬴稷为秦国国君。[1] 燕国也有此意，因为嬴稷在燕国充当人质时，燕国对

---

① 司马迁：《史记》卷四十三《赵世家第十三》："十八年，秦武王与孟说举龙文赤鼎，绝膑而死。赵王使代相赵固迎公子稷于燕，送归，立为秦王，是为昭王。"

赢稷照顾有加。赢稷继承国君之位后，必然会与燕国交好。

面对这种局势，秦国内部依旧争讼不已。不过有一点他们是清楚的，这就是不能对燕、赵两国态度置之不顾。只是就此对燕、赵屈服，他们又觉得心有不甘。尤其是公子壮，他虽是庶出，但有自己的势力，秦武王去世后，最有资格出任秦国国君。而宣太后这一派得知燕、赵两国支持赢稷，也改而支持赢稷。

对秦国贵族而言，秦国国君人选确定从未如此复杂。

而就在秦国高层斗争之际，赵武灵王决定先一步行动。他与燕王密谋后，派出一支大军，将赢稷从燕国送回秦国，表明了燕、赵拥立赢稷为秦国君主的态度。据说等赢稷到咸阳时，秦国贵族们还在因立谁为国君问题争论不休。而燕、赵两国的使者带来了他们国君的威胁：若不立赢稷，燕、赵就会发兵讨伐秦国。

公子壮一党不愿认输。即便赢稷被送回国，即便燕、赵干预，他们依然反对立赢稷为国君。据说在最初议定赢稷为国君时，秦国贵族们吵成了一团。在秦国贵族看来，一直在外为人质的公子没有资格成为秦王。他们宁可支持公子带，也不愿支持赢稷。

只是秦国不立赢稷，赵武灵王就可能会从河北南下，攻打函谷关。秦国高层不得不冷静对待这件事。他们继续争论，直至每个人都筋疲力尽。最终，在宣太后、魏冉等人的运作下，秦国贵族在极不情愿的情况下，同意立赢稷为秦国国君。

至此，赢稷被推选为国君。他就是秦国历史上赫赫有名的秦昭襄王。他会带着秦国走向真正的强大，并开始削弱六国，为秦始皇统一六国奠定基础。不过眼下，他还是个乳臭未干的小子。

而随着赢稷继位，秦国实际掌控权转到以宣太后为首的半姓权贵手中。宣太后临朝听政，处置国家政务。此后，宣太后还让魏冉出任大将军，负责秦国的安保。[①]

攻打蒲城

　　经过大半年时间的内斗，秦国国君之位尘埃落定。而一旦国君人选确定，即位只是程序，一步步实施即可。公子壮、公子雍等人在斗争中失利，相继躲到了角落里。当然，他们争权失败后，一定不会甘心。芈太后也意识到这一点，派魏冉等人密切监督这些人。

　　此时的秦国，经历了长时间的高层内斗，国内不安定。除了公子壮一党，秦国高层也都处于冷眼旁观中。还有些虽未参与斗争，却不愿臣服于宣太后一系的贵族们，也都在观望着、等待着。面对这种情况，宣太后并没有采取毒辣的"血洗"手段，而是决意拉拢这些人。

　　为尽可能多拉拢秦国贵族，宣太后根据每位贵族的不同身份，制定了拉拢他们的方案。比如，宣太后给予严君樗里疾足够的尊重与礼遇，多次让秦昭襄王向樗里疾求教，也向外宣示樗里疾已与他们和解，支持新国君。[②] 还有一些贵族也得到宣太后的重用，被授予高位。与此同时，宣太后还将亲属们都安排在秦国任要职。

　　即便一直受秦武王重用的甘茂，依然在秦国任要职。大概秦国争夺国君之位时，甘茂并未参与其中，以至于他能保全自己。还有与甘茂一起出使过魏国的向寿，也得到了宣太后的重用（据说向寿

---

① 司马迁：《史记》卷五《秦本纪第五》："武王取魏女为后，无子。立异母弟，是为昭襄王。昭襄母楚人，姓芈氏，号宣太后。武王死时，昭襄王为质于燕，燕人送归，得立。"

② 司马迁：《史记》卷七十一《樗里子甘茂列传第十一》："秦武王卒，昭王立，樗里子又益尊重。"

与宣太后有亲）。①

当然，对于那些坚决抵制嬴稷的人，宣太后应也采取了铁腕政策，坚决打击。总之，宣太后的种种"因人施策"，逐渐稳定了秦国的政局。

需要说明的是，宣太后只是临朝听政，并未僭越，秦国的君主依然是秦昭襄王。那些鼓吹宣太后即位国君，自称"朕"的影视剧和网文，当慎重对待。在春秋战国时期，几乎不见女人即位的现象。"朕"亦不是国君的自称。

前306年春，刚刚即位的秦昭襄王在魏冉等人的运作下，开始实施扩张行动。秦国先遣向寿驻守宜阳，又计划派樗里疾攻打卫国蒲城（今陕西省渭南市蒲城县）。《史记正义》中说："蒲故城在滑州匡城县北十五里，即子路作宰地。"《竹书纪年》载，樗里疾攻打蒲城在秦惠文王去世之前，"楮里疾围蒲不克，而秦惠王薨"。

这完全有可能。本书采纳《秦本纪》里的记载，将樗里疾攻打蒲城放在秦昭襄王即位之初。之后，向寿就去了宜阳，而樗里疾则领兵围困蒲城。

而樗里疾即将攻打蒲城的消息传到卫国，让蒲城的百姓非常恐惧。当地人请到一个叫胡衍的学问家，希望由他游说樗里疾，让秦国放弃攻打蒲城。胡衍这个人很有意思，此前他并没有功绩，只是很有学问。大概这时候，他也急需要用一件大事证明自己非浪得虚名。因此，胡衍到秦国大营，找到了即将出兵的樗里疾。

他对樗里疾陈述了这样一番话："我听闻您要攻打蒲城，因此

---

① 司马迁：《史记》卷七十一《樗里子甘茂列传第十一》："向寿者，宣太后外族也，而与昭王少相长，故任用。"

有些话要对您说。您攻打蒲城，不知是为秦国还是为魏国？若是为魏国固然好，但若是为了秦国攻打蒲城，您可能会什么都得不到。卫国之所以存在，都是因为蒲城的缘故。现在您攻打蒲城，必然迫使蒲城向魏国投降，而蒲城一旦成为魏国土地，卫国也会并入魏国。此前魏国丢失河西之地，多年无法从秦国手中夺回，是因为魏国兵力太弱。若卫国与魏国合并，那魏国就变得强大。而魏国强大后，就会进攻秦国河西以外的同州、滑州等地，让这些地方重新成为魏国疆域。我还听说，秦王密切观察您的行动，若因您出兵攻打蒲城，使得魏国强大，给秦国带来不利，秦王就会迁怒于您。"据说，胡衍这一番话令樗里疾陷入了沉思，樗里疾就问计胡衍："那你认为我该怎么办好？"胡衍回道："只要您不进攻蒲城，我会到蒲城去游说，让他们记住您的恩德，我也会到卫国去陈奏，让卫国国君记住您的恩德。"最终，樗里疾采纳了胡衍的建议。①

　　不久，胡衍就到了蒲城，对蒲城戍卫撒谎："樗里疾已知晓蒲城的弱点，他扬言攻打蒲城。现在蒲城陷入危机，我有办法让他不攻蒲城。"蒲城的守卫之人因此很惧怕，两次跪拜胡衍，还拿出了三百斤黄金，希望胡衍能够解救蒲城。胡衍说："若秦军撤退，我一定会向卫国君主陈奏您的功劳，建议他封您为一方之主。"蒲城守将再拜胡衍。之后，胡衍就到了卫国，表明自己游说樗里疾，动之以情，

① 司马迁：《史记》卷七十一《樗里子甘茂列传第十一》："昭王元年，樗里子将伐蒲。蒲守恐，请胡衍。胡衍为蒲谓樗里子曰：'公之攻蒲，为秦乎？为魏乎？为魏则善矣，为秦则不为赖矣。夫卫之所以为卫者，以蒲也。今伐蒲入于魏，卫必折而从之。魏亡西河之外而无以取者，兵弱也。今并卫于魏，魏必强。魏强之日，西河之外必危矣。且秦王将观公之事，害秦而利魏，王必罪公。'樗里子曰：'奈何？'胡衍曰：'公释蒲勿攻，臣试为公入言之，以德卫君。'樗里子曰：'善。'"

喻之以理，樗里疾已决定撤兵。卫国国君重赏了胡衍，胡衍在卫国地位也显赫起来。不久，卫国得到消息，樗里疾果然撤兵了。[①]

胡衍利用同一件事，让自己赚得了名声，也赚得了地位，可谓一举多得。

同年夏，一场夏雨刚过，樗里疾还在攻打蒲城的路上，一支队伍从东面韩国而来，进入咸阳，向秦国求援。

经过了解，秦国才弄清楚了其中缘由。原来，楚怀王因秦国攻打楚国丹阳时韩国没有援助，因此记恨韩国，打算找机会报复韩国。当时因韩国已傍上秦国，楚国选择了等待。现在秦国新旧国君交替，无暇顾及依附于他的"外国"，楚怀王派人攻打韩国，进攻韩国雍氏。这是楚国第二次围攻雍氏。韩国自知难以抵御楚国，派出公仲侈向秦国求救。[②]

有意思的是，秦国的态度显得非常暧昧。原因很简单，因为宣太后是楚国人，秦昭襄王又刚刚即位，因此秦国不打算援助韩国。

公仲侈看到宣太后犹豫不决，在私下里找到了甘茂，希望甘茂出面，向宣太后与秦昭襄王陈述利害，请秦国援助韩国。

甘茂与公仲侈有旧交，不好推辞。因此，甘茂就找了一个合适时机，向秦昭襄王进言："韩、秦已建立盟约，所以当楚国攻打他们时，他们才敢与楚国抗衡。现在雍氏被楚军包围，公仲侈到秦国求援，若秦军不出崤山，公仲氏就不会再来朝见，公叔氏就会将韩

---

① 司马迁：《史记》卷七十一《樗里子甘茂列传第十一》："胡衍入蒲，谓其守曰：'樗里子知蒲之病矣，其言曰必拔蒲。衍能令释蒲勿攻。'蒲守恐，因再拜曰：'原以请。'因效金三百斤，曰：'秦兵苟退，请必言子于卫君，使子为南面。'故胡衍受金于蒲以自贵于卫。于是遂解蒲而去。"

② 司马迁：《史记》卷七十一《樗里子甘茂列传第十一》："楚怀王怨前秦败楚于丹阳而韩不救，乃以兵围韩雍氏。"

国南部地区割让给楚国。到时楚、韩合为一家，魏国也会趁机向楚国屈服。如此一来，他们就会形成合纵，威胁秦国。难道大王不知道主动出击比坐等敌人来攻打更有利吗？"据说甘茂的这番话，触动了秦昭襄王内心最敏感的神经，让还未掌实权的秦昭襄王决定使用君权。最终，秦国出兵殽山，支援韩国。楚国听说秦国出兵，果断撤兵。韩国的危机因此得以解除。①

然而，甘茂越过宣太后直接给秦昭襄王进言，也给他自己带来了大麻烦。

秦武王时期，甘茂受重用。樗里疾、向寿等人都不及甘茂显贵。这必然让秦国贵族对甘茂怀有深深敌意。尤其在攻打宜阳这件事上，樗里疾、公孙奭、向寿这些人并不支持，是甘茂支持了秦武王。最终，秦武王力排众议，派甘茂征服了宜阳，斩杀韩军六万余人，得到了三川战略要地。这让甘茂的功劳更大，这些人因此更不待见甘茂这个"外国客卿"。樗里疾尚且不说，公孙奭、向寿两人在益阳之战后，对甘茂怀有深深敌意。

秦武王去世，意味着甘茂失势。只是当时秦国忙于理顺国内乱局，还没来得及处置甘茂。这次在支援韩国问题上，甘茂本不该"强出头"，插手秦国高层的"决策"。然而，甘茂越过了宣太后，怂恿秦昭襄王"独断专权"，支援韩国。这无疑是把矛盾往自己身上引。秦国那些对甘茂不满的人，着手排挤、驱赶甘茂。

---

① 司马迁：《史记》卷七十一《樗里子甘茂列传第十一》："韩使公仲侈告急于秦。秦昭王新立，太后楚人，不肯救。公仲因甘茂，茂为韩言于秦昭王曰：'公仲方有得秦救，故敢扞楚也。今雍氏围，秦师不下殽，公仲且仰首而不朝，公叔且以国南合于楚。楚、韩为一，魏氏不敢不听，然则伐秦之形成矣。不识坐而待伐孰与伐人之利？'秦王曰：'善。'乃下师于殽以救韩。楚兵去。"

不过罗织罪名需要时间，寻找"罪证"需要精力。甘茂还未预感到危机。

不久，樗里疾攻打蒲城失败，从蒲城撤了出来。紧接着，秦昭襄王就给甘茂一项任务，让他与樗里疾会合，攻打魏国的皮氏。[①]《史记正义》中认为皮氏"故城在绛州龙门县西百四十步，魏邑"。甘茂不敢耽搁，领兵出咸阳与樗里疾会合。两人见面后，并未因此前龃龉而生嫌隙，反而是同心协力，一致对外。之后，两人商议解决办法，一起参与了攻打皮氏的战争。不过，可能由于魏国早有准备，秦军最终没能攻克皮氏，只能撤退。[②]

然而，随着战争结束，秦国高层的内斗也正式开始。这些内斗，总是将甘茂卷入其中，尤其是向寿的加入，在秦国高层掀起了一场"驱甘"行动，让甘茂陷入危机。

甘茂的处境

向寿与甘茂的斗争，发生在樗里疾与甘茂攻打魏国皮氏的关键时期。当时，镇守宜阳的向寿，也面临着艰难的抉择。而他最终做出的选择，却让他与甘茂彻底决裂。

那么，这到底是怎么回事呢？

原来，向寿到宜阳后，部署了宜阳的防务工作，还到楚国"旅游"了一次。楚国上下得知向寿（可能就是楚人）受到秦国重用，便款待了向寿。楚国的这一做法，让向寿有些飘飘然。

---

① 司马迁：《史记》卷七十一《樗里子甘茂列传第十一》："而使樗里子、甘茂伐魏皮氏。"
② 司马迁：《史记》卷七十一《樗里子甘茂列传第十一》："还击皮氏，皮氏未降，又去。"

不久，向寿从楚国返回，重新到了宜阳驻防。这时候，想建立更大功业的向寿忽然盯上了韩国。据说向寿打算进攻韩国，为自己捞取更多"政治资本"。[①] 吊诡的是，向寿的这一"新奇想法"很快被韩国探知，韩相公仲侈派苏代出使宜阳，游说向寿，试图消除秦军对韩国的威胁。

这位苏代之前有所介绍，他就是苏秦族兄，也是一位颇有学问的人。只是他没有苏秦"挂五国帅印"的伟业。在苏秦去世后，他活跃于诸国之间，用自己的智慧，化解了一次次危机，成为战国时期"智慧"群伦的代表人物。

苏代找到向寿，对向寿说："我们经常会看到这样一个现实，若将禽兽困在囚笼中，他们就会拼命挣扎，进而将马车撞翻。如今您攻破韩国，羞辱了公仲侈。等他收拾完残局，再卧薪尝胆侍奉秦王，一定会得到封赏。您现在将解口之地交由楚国，将秦国杜阳封给小官令尹，以促成秦、楚联合，攻打韩国。只要联军出发，到时韩国必然灭亡。而韩国一旦亡国，公仲侈就会亲率大军来抗击秦军，让秦军陷入战争旋涡不能自拔。希望您认真考虑这个问题。"这段话暗指公仲侈会是那个被困在囚笼里的野兽，若他被逼急了，自然会让秦国不得安宁。[②]

---

① 司马迁：《史记》卷七十一《樗里子甘茂列传第十一》："向寿者，宣太后外族也，而与昭王少相长，故任用。向寿如楚，楚闻秦之贵向寿，而厚事向寿。向寿为秦守宜阳，将以伐韩。"

② 司马迁：《史记》卷七十一《樗里子甘茂列传第十一》："韩公仲使苏代谓向寿曰：'禽困覆车。公破韩，辱公仲，公仲收国复事秦，自以为必可以封。今公与楚解口地，封小令尹以杜阳。秦楚合，复攻韩，韩必亡。韩亡，公仲且躬率其私徒以阏于秦。原公孰虑之也。'向寿曰：'吾合秦楚非以当韩也，子为寿谒之公仲，曰秦韩之交可合也。'"

　　向寿听出了苏代的弦外之音，于是他对苏代说："我促成秦、楚联合，并非为了对付韩国，请您替我向公仲侈表明我的态度：秦国愿意与韩国和平相处。"苏代则表示："我愿意向公仲侈传达您的这句话。常言说，能珍视自己最珍视的东西方显可贵之处。如今秦王对公孙奭的亲近，超过对您的亲近。在秦王的心中，您的智慧和才能也比不上甘茂。即便如此，甘茂与公孙奭也不能参与秦国大事，而您却能单独与秦王一起决断大事。您知道这是什么原因吗？这是因为君王对他们不十分信任。公孙奭一直偏向韩国，甘茂则偏向魏国，所以秦王不信任他们。现在秦、楚争雄，而您没有认清形势，偏护楚国，这就与公孙奭和甘茂的处境一样。人们都认为楚国变幻无常，您却坚定信任楚国，您的这种做法，会给自己带来麻烦。为今之计，我认为您应提前与秦王商议对策，一旦楚国背盟，秦国将如何处置？我认为您应亲近韩国，防备楚国。这样一来，秦国和您都没有隐患。而韩王向来将国家（邦交）大事交由公孙奭处置，再委托甘茂来斡旋，韩王的做法让秦王对公孙奭和甘茂持有戒心。谁都知道您不亲韩国，若由您来提出亲韩国防楚国，秦王一定不会怀疑您的。"最终，向寿被苏代说服，表示会按照苏代的建议做。①

　　这时候，苏代又说："我听说甘茂曾答应公仲侈，会将武遂和

① 司马迁：《史记》卷七十一《樗里子甘茂列传第十一》："苏代对曰：'原有谒于公。人曰贵其所以贵者贵。王之爱习公也，不如公孙奭；其智能公也，不如甘茂。今二人者皆不得亲于秦事，而公独与王主断于国者何？彼有以失之也。公孙奭党于韩，而甘茂党于魏，故王不信也。今秦楚争强而公党于楚，是与公孙奭、甘茂同道也，公何以异之？人皆言楚之善变也，而公必亡之，是自为责也。公不如与王谋其变也，善韩以备楚，如此则无患矣。韩氏必先以国从公孙奭而后委国于甘茂。韩，公之仇也。今公言善韩以备楚，是外举不僻仇也。'向寿曰：'然，吾甚欲韩合。'"

宜阳民众归还给韩国。您现在不想出力，又打算坐享其成。想要实现这一目的很难。"

经过苏代这么一分析，向寿这才意识到自己陷入了危机，他马上问苏代："那么，先生认为我该怎么办？难道我得不到武遂吗？"苏代就给向寿支了个招："这时候，您就别惦记武遂了。您为什么不借着秦国的威严，向楚国索要颍川之地呢？颍川原本就是韩国的寄存地。若您向楚国索取该地而楚国答应，说明您的命令在楚国能够通行。这也是拿着楚国地盘让韩国感激您的做法。若楚国执意不给秦国颍川，如此一来，韩、楚之间的矛盾就一直存在，他们定会想办法与秦国结盟。到时，秦、楚两国争雄，您就可以慢慢责难楚国，并借机收复韩国被楚国夺取的土地，这对于秦国来说，是非常有利的事情。"

对苏代的这些建议向寿听得云山雾罩。向寿再问苏代说："那么，我到底该如何做呢？"苏代说："眼下甘茂希望通过联合魏国谋取齐国，公孙奭想利用韩国攻打齐国。您现在夺取了宜阳，创立了巨大功业。若这时候笼络楚、韩两国，并加以安抚，再借助楚国、韩国的力量对付齐、魏，这样一来，甘茂与公孙奭攻打齐国的希望就会落空，他们也就无法在秦国立足，而您则会成为最大的受益者。"①

---

① 司马迁：《史记》卷七十一《樗里子甘茂列传第十一》："对曰：'甘茂许公仲以武遂，反宜阳之民，今公徒收之，甚难。'向寿曰：'然则奈何？武遂终不可得也？'对曰：'公奚不以秦为韩求颍川于楚？此韩之寄地也。公求而得之，是令行于楚而以其地德韩也。公求而不得，是韩楚之怨不解而交走秦也。秦楚争强，而公徐过楚以收韩，此利于秦。'向寿曰：'奈何？'对曰：'此善事也。甘茂欲以魏取齐，公孙奭欲以韩取齐。今公取宜阳以为功，收楚韩以安之，而诛齐魏之罪，是以公孙奭、甘茂无事也。'"

不得不说，苏代的这个建议很高明，智慧超群。他本意是解决秦国攻打韩国的问题，却巧妙地将矛盾转移到向寿、甘茂、公孙奭三人的斗争上。这才是大智慧。这时候的向寿，得到苏代的启发，开始密谋与韩、楚交好的问题。

有意思的是，就在这时候，甘茂却向秦昭襄王建议将武遂还给韩国，与韩国和解。

由于向寿提前预判了这件事，因此当甘茂提出与韩国和解时，向寿坚决反对秦国这么做。公孙奭也担心甘茂此举在为个人建功，而一旦甘茂的计谋成功，个人威望会盖过他，因此也反对秦国这么做。讽刺的是，秦昭襄王似乎对甘茂更信任，决定将武遂还给韩国。

这也让向寿和公孙奭更明显地感受到了危机。之后，两人形成了新联盟，决定排挤甘茂，打击政敌。因此，他们见缝插针，不断在秦昭襄王面前进谗言，诋毁甘茂。而甘茂本就不是秦国贵族，在秦国势孤力薄。面对向寿与公孙奭的诋毁，他的底气越来越不足，非常担忧。当然，这种担忧也不无道理。商鞅、张仪何等人物，最终都难以躲过别人的诋毁，甘茂能躲过吗？

再大的功业，难抵恶意中伤。这或许就是伟大人物难以躲避的死穴。因此，樗里疾、甘茂刚刚与魏国停战，甘茂就逃离了秦国。[①]

甘茂逃出秦国后，选择到齐国碰运气。当他行走在半路上时，再次遇到了苏代。原来，此时苏代正好代表齐国出使秦国。甘茂对苏代说："我得罪了秦国，因害怕而离开了秦国，现在无处可去。

---

① 司马迁：《史记》卷七十一《樗里子甘茂列传第十一》："甘茂竟言秦昭王，以武遂复归之韩。向寿、公孙奭争之，不能得。向寿、公孙奭由此怨，谗甘茂。茂惧，辍伐魏蒲阪，亡去。樗里子与魏讲，罢兵。"

我常听人说，若穷人女儿与富人女儿一起纺线，穷人女儿总会对富人女儿这样说：'我没钱购置蜡烛，而您的烛光盈余，只要您愿意，在不损失您照明的前提下，可分一部分余光给我，让我也获得一丝便利。'我现在的处境就如同穷人女儿，走投无路。而您正好要出使秦国，并要在秦国掌权。我的妻子儿女还在秦国，希望您可用多余光亮照亮他们。"苏代爽快答应了甘茂。[1]

不久，苏代就到了秦国，完成了他的使命。之后，苏代又游说秦昭襄王说："甘茂不是一般士人，他们家族几代均受秦王重用。从殽山直至鬼谷一带的地形地貌，他都非常清楚。现在他投奔齐国，欲让韩国与魏国交好，反过来再图谋秦国，这对秦国而言，可不是好事。"秦昭襄王就问苏代："确是这样，我们该如何处置？"苏代说："大王何不用贵重的礼物、丰厚的俸禄将他接回来，让他们永远居住在鬼谷，一辈子不许外出，岂不更好？"秦昭襄王心领神会。

不久，秦国就给甘茂许诺上卿之位，并遣人拿着相印到齐国，要接他回去。但甘茂顾虑重重，请求苏代帮忙。之后，苏代对齐王说："甘茂贤能，在他离开秦国后，秦王还愿意让他出任相国，命人拿着相印来接他。但甘茂对大王怀有感恩之情，更愿意做大王的臣子。那么，大王将如何对待甘茂呢？"齐王似有所悟。之后，因齐王拜甘茂为上卿，甘茂也就暂时留在齐国。秦国看到甘茂不愿回秦国，就免除了他们一家的赋税和徭役，以安抚甘茂。即便如此，

---

[1] 司马迁：《史记》卷七十一《樗里子甘茂列传第十一》："甘茂之亡秦奔齐，逢苏代。代为齐使于秦。甘茂曰：'臣得罪于秦，惧而遁逃，无所容迹。臣闻贫人女与富人女会绩，贫人女曰："我无以买烛，而子之烛光幸有馀，子可分我馀光，无损子明而得一斯便焉。"今臣困而君方使秦而当路矣。茂之妻子在焉，原君以馀光振之。'苏代许诺。"

甘茂还是没有去秦国。[1]

时隔不久，齐国遣甘茂出使楚国。恰巧此时，楚怀王与齐王刚刚联姻，正在兴头上，很乐意接见甘茂，向甘茂讨教。也可能是希望从甘茂口中探知秦国的内幕。秦国得知后，担心甘茂"泄密"，遣人对楚王说："我们秦国希望楚国将甘茂送回秦国。"

楚王征求官员范蜎意见："我打算在秦国安置一个丞相，不知道谁可以胜任？"范蜎说："我才学浅薄，不能举荐人能到秦国出任丞相"楚王说："我想让甘茂去秦国，不知道行不行？"范蜎表示："不能让甘茂到秦国任宰相，因为甘茂有贤德。若他到秦国为丞相，对楚国是一个巨大威胁。向寿平庸，可举荐他到秦国做丞相。"楚怀王听从了范蜎的建议，并未将甘茂送回秦国，而是向秦国举荐了向寿。之后，向寿果然在秦国做了丞相，而甘茂一直都没能回到秦国。后来他多次辗转诸侯间，寻找立身之地。最后，他到了魏国，得到魏王重用，最终死在了魏国。[2]

即便如此，秦国对甘茂的家人依旧照顾有加。甘茂还有个孙子叫甘罗，会在以后逐渐成长起来，成为秦国的重要人物。

而随着甘茂与向寿、公孙奭等人的斗争落下帷幕，秦国内部掀起了另一轮新的政治斗争。在这些斗争中，宣太后、魏冉等人逐渐得势，把持秦国朝政，搅得秦国不得安宁。

不过，世间的人和事的命数多注定。等宣太后等人不断膨胀后，将有新的力量进入秦国，与这些权势派继续斗争，让他们失势。

---

① 司马迁：《史记》卷七十一《樗里子甘茂列传第十一》。
② 司马迁：《史记》卷五《秦本纪第五》："昭襄王元年，严君疾为相。甘茂出之魏。"

第十五章

图 强

呦呦鹿鸣，食野之苹。我有嘉宾，鼓瑟吹笙。

吹笙鼓簧，承筐是将。人之好我，示我周行。

呦呦鹿鸣，食野之蒿。我有嘉宾，德音孔昭。

视民不恌，君子是则是效。我有旨酒，嘉宾式燕以敖。

呦呦鹿鸣，食野之芩。我有嘉宾，鼓瑟鼓琴。

鼓瑟鼓琴，和乐且湛。我有旨酒，以燕乐嘉宾之心。

——《诗经·小雅·鹿鸣》

1. 初涉朝政

秦国内乱

前 305 年（秦昭襄王二年）春，天下因秦国停止了扩张战争而暂时安定。

不过，诸侯永远在斗争，国与国之间、诸侯与诸侯之间、国家内部各种势力之间，总是进行着斗争。其他诸侯且不说，看似平静的秦国朝堂，亦暗流涌动。已二十岁的秦昭襄王嬴稷心里憋着一股劲：他再也不想当傀儡，越来越叛逆，甚至对母亲与舅父魏冉的"干政"产生了厌恶情绪。

原来，随着秦昭襄王逐渐长大，逐步熟悉君权的运作，对世界有了"自己"看法。或者说，他本身就有一种王者的风范。他总想着按照自己的预想治理国家。他渴望和他父亲一样，大刀阔斧地改制，大胆推行连横，削弱东方诸侯实力，成为引领秦国壮大的雄主。只是现实总不尽如人意，很多时候，当他要促成某件事，而宣太后列出"王不能做"的规矩，让他的很多计划胎死腹中。芈姓势力，偶尔也会"掣肘"。

每当此时，他只能把一切往好处想，认为这是母亲、舅父在帮助他治理国家。不过，很多事过犹不及，次数多了会让他产生抵触与对立情绪：叛逆与现实碰撞、志向与君权抵触、人性和欲望共存……身边近臣大概也有挑唆，让他对母亲"分享"君权、舅父"拆解"君权越来越反感。换句话说，虽然他反感，但由宣太后听政，秦昭襄王徒有其表，仿佛傀儡一般。这让秦昭襄王越来越压抑，越来越想摆脱这种傀儡身份。因此，在《秦本纪》中，几乎不见秦昭襄王早期"作为"的记载。

宣太后可能有预感，但她装作若无其事，继续处置政务。因此，在这种背景下，秦国高层不断涌现各种"龌龊"。一切仿佛火山岩浆，正在为喷发那一刻酝酿着，积攒着力量。

这年春天，秦国发生了多年未见的天象：天上出现了彗星。① 天象预示着将有大事发生。只是到底会发生什么样的大事，人们无法预测。数日后，与此有关的事情才表现出了端倪：魏冉的眼线探知，公子壮有反心。

其实，公子壮在争夺君主之位失败后，一直心有不甘。他不念秦昭襄王对他的重用，反而筹划推翻秦昭襄王，取而代之。

这让宣太后失望和愤怒之余，也暗自庆幸：狐狸尾巴终于露出来了。秦昭襄王即位之初，宣太后希望通过拉拢这些秦国贵族，让他们认清现实，臣服秦昭襄王，为秦国壮大效力。现在看来，这种想法幼稚得可笑。

令宣太后振奋的是，据说惠文后也参与到公子壮争权夺利中（不排除被胁迫）。不管出于各种原因，都能证明她是个愚蠢的女人。秦昭襄王已即位，宣太后又掌权，秦国趋于稳定。这种情况下，只要她谨遵礼法，深居简出，秦国就没有人能撼动她的地位，安享晚年。但她却受公子壮等人蛊惑，参与公子壮推翻秦昭襄王的叛乱中。

这是非常危险的举动，因为一旦不成功，那就是叛国罪。惠文

---

① 司马迁：《史记》卷五《秦本纪第五》："二年，彗星见。"

后在公子壮等人的蛊惑下，被利益冲昏了头脑，变得神志不清。试想一下：即便公子壮政变成功，她还能得到多大的荣耀？一个女人，最能体现地位的，当是让儿子出任国君。惠文后已没有儿子，即便公子壮夺取王位成功，也定会舍弃她。若看不透这一层，必然成为弃卒。

领头者公子壮奔走呼吁，联络可以联络的人。一些不明就里的秦国贵族，相信了公子壮的忽悠与怂恿：事成之后，高官厚禄，荣华富贵，尽收囊中。

事实上，面对利益驱动，谁不愿冒险呢？富贵险中求，人生来就是为富贵努力的。因此，在公子壮的秘密运作下，一部分人计划参与叛乱。其中不乏秦国贵族、王侯将相，最大的后盾是惠文后，以及秦武王曾经的王后，他们组成了强大的政治联盟。

那么，他们秘密联络的事情没人发现吗？

其实，他们一出动，就暴露在宣太后、魏冉等人的监督之下。宣太后早发现他们的图谋不轨，只是不想打草惊蛇，等待着他们暴露出来，对他们一网打尽。商鞅变法让秦国有了"法令"，突出了"凡事必有依据"。这意味着一切都要"依法论处"，即强调证据作用。宣太后深知其中的要害，为了不被授人以柄，才选择了静观其变。而魏冉已部署好了一切，等待着这些人自投罗网。

暗斗已悄悄开始，秦国内部的风暴正在积聚。最终，公子壮先一步行动，指挥人发动了叛乱。秦国部分大臣、公子、诸侯多参与了这次叛乱。

叛乱声势浩大，公子壮志在必得。跟随他的人，也都各怀心思，想趁着叛乱捞好处。

只是他们太轻敌了，而他们的行动已被魏冉掌握。魏冉早已部署了一支大军，准备剿灭他们。因此，当公子壮叛乱行动公开后，魏冉立即调动准备好的军队，对付公子壮。

双方一交手，实力立马显现出来。公子壮指挥的"叛乱势力"瞬间被击败，四散逃离。魏冉领着秦军将士追击，并授予他们权利：格杀勿论。因此，参与叛乱的人基本被诛杀："庶长壮与大臣、诸侯、公子为逆，皆诛。"① 这种血腥暴力的背后，实际上是秦国贵族与楚国势力的对决，次生效应是，秦国贵族担任"庶长"的制度也被废弃，以后秦国宗室子弟不再担任军政首脑。②

这时候，已被捉拿的惠文后成为烫手的山芋，难住了平叛的人。因为惠文后是秦惠文王的正妻，也是秦武王的母亲。即便她触犯国家法令，也不能像对待叛臣一样对待她。秦昭襄王虽是王，但作为后辈，也不能处死惠文后。

这件事的处置权，最终落到宣太后身上，她与惠文后是一代人，宣太后又有处置秦国政务的权利。由宣太后出面解决惠文后的问题，最合适不过。而在宣太后看来，惠文后这个祸患再不能留。因此，在宣太后的运作下，惠文后被处死。《史记索隐》里有几种不同的注解，一种引用《竹书纪年》的记载说："秦内乱，杀其太后及公子雍、公子壮是也。"另一种说："季君即公子壮，僭立而号曰季君。穰侯力能立昭王，为将军，卫咸阳，诛季君及惠文后，故本纪言'伏诛'。"《史记索隐》中还认为，惠文后是公子壮被杀后，忧愤而死："惠文后时党公子壮，欲立之，及壮诛而太后忧死。"《秦本纪》也认为，惠文后在这次叛乱中"被杀"："及惠文后皆不

① 司马迁：《史记》卷五《秦本纪第五》。
② 刘三解：《秦砖：大秦帝国兴亡启示录》第四章《军功授爵制的幻梦》第四节《军功授爵只是为了和平转移权力》。

得良死。"①《穰侯列传》中载:"王母号曰惠文后,先武王死。"《穰侯列传》与《秦本纪》记载不一致,本书采纳《秦本纪》里的记载。

还有个人很幸运,她就是秦武王的王后。可能自始至终她都未参与公子壮的叛乱,或者说她藏匿了自己的罪行,最终,宣太后没有处罚他。不过作为惠文后这一派的人,她已被贴上标签,若没有这次叛乱,或许她还可能在秦国颐养天年,但叛乱发生,意味着"魏系"和"芈系"两大阵营完全决裂,她也就成为斗争的牺牲品。在秦国,已没有她的立身之地。最终,她被遣回魏国。② 而秦国的这种做法又牵扯到秦、魏关系——秦国退回秦武王的王后,也意味着秦、魏之间的联姻破裂。所幸的是,秦国只是退回来秦武王王后,没有对魏国实施攻击。这时候的魏国面对秦国的任何刁难都战战兢兢,如履薄冰。一言不合,可能就会招致秦军攻魏。

当然,对于这次叛乱的镇压,也有打击对手的意思。魏冉利用处置叛乱的机会,对"政敌"进行了清洗。至此,魏冉在秦国声名大噪,宣太后则乘机让魏冉参与秦国大政决策。③ 不过由于严君樗里疾还在,国家大事还由樗里疾主持。

秦楚联盟

平定内乱后,秦国又呈现出一种稳定态势。

前304年(秦昭襄王三年)春,秦国举行了一个盛大的仪式:

---

① 司马迁:《史记》卷七十二《穰侯列传第十二》。
② 司马迁:《史记》卷五《秦本纪第五》:"悼武王后出归魏。"
③ 司马迁:《史记》卷七十二《穰侯列传第十二》:"而逐武王后出之魏,昭王诸兄弟不善者皆灭之,威振秦国。昭王少,宣太后自治,任魏冄为政。"

为秦昭襄王举行的王冠礼。这也意味着，从此之后，他就是一个真正的王，不再是由宣太后扶持的傀儡。①

加冠礼完成后，秦昭襄王遣人入楚，表明秦、楚结交的诚意。据说秦昭襄王还向楚怀王发出了会盟邀请。此时的楚国，也到了瓶颈期，在寻求着变革。与秦国交好，也是变革的一部分。

不久，楚怀王与秦昭襄王盟会，双方还在黄棘订立了盟约。《史记正义》认为黄棘："盖在房、襄二州也。"具体位置应在今河南南阳。会盟结束后，秦国将曾占据的上庸还给楚国。② 上庸就在今天湖北房山一带，《史记正义》引《括地志》记载，认为"上庸，今房州竹山县及金州是也。"③

此后，秦、楚再次建立联盟，强强联手。这也是向山东诸国表明的一种态度。而随着秦、楚联盟，天下不安：泗水一带的十二诸侯无法安宁；魏国、韩国不得安宁；更远一点的赵国、齐国也一样不得安宁。用东方诸国的话说，此时的秦国是虎狼之国，他们可能随时会对周边的诸侯实施侵略活动。

令人疑惑的是：在公元前4世纪到前3世纪之间，天下的诸侯先后都进入封建专制国家序列，但为什么唯独秦国可以如此长盛不衰？论地利秦国不如楚国、齐国有优势；论文化与思想先进，秦国远不如齐国。

本书认为，秦国之所以在战国时代不断强大。最根本的原因是坚持并发展完善了商鞅变法。而商鞅变法的特点是控制，即将法令

---

① 司马迁：《史记》卷五《秦本纪第五》："三年，王冠。"
② 司马迁：《史记》卷四十《楚世家第十》："二十五年，怀王入与秦昭王盟，约于黄棘。秦复与楚上庸。"
③ 司马迁：《史记》卷五《秦本纪第五》："与楚王会黄棘，与楚上庸。"

延伸到每一户民众，甚至每一个人头上。而作为底层人民，被土地死死捆绑，被制度死死捆绑，终其一生都在为秦国获取资源和财富。只有少数人，能够通过军功进入更高阶层。还有些商人会利用各种资源，积攒财富，不过商人在秦国地位普遍不高。上层则不断进行着洗牌，分解各种势力，实现集权。然后，上层用全社会积攒的财富，养军练兵，蚕食其他诸侯以壮大自己。换言之，秦国利用民众以富国，利用军队以强军，利用载装以扩张。如此反复，形成循环。几乎每一代君主，多延续这样的道路治理国家，让秦国长盛不衰。

对比一下齐、秦两国的文化差异，就能发现两国的差别。

齐国的稷下学宫是齐国招纳人才的集散地，曾有一批人在稷下学宫讲学，成为齐国或者其他诸侯国的贤臣。相传，齐宣王喜爱文学及能言善辩的游士，得到了诸如驺衍、淳于髡、田骈、接予、慎到、环渊等七十六人，赐予他们宅邸，充当齐国上大夫，不用处置政务，只需要发表自己的言论。一时间，士子们齐聚稷下学宫。

如果这些记载是真实的，就能预想齐国为什么衰落，因为这些人"百无一用"，齐宣王却视如珍宝。国家养士，是为了解决各种问题，并非为了清谈。而秦国则完全利用官僚，削弱贵族权限，并允许外国没有势力的士子到秦国发展。这些人既是官僚，也是抵御秦国贵族的力量。这种背景下，齐国不衰落谁衰落？这也注定齐国不会再现齐桓公时代的霸业。

换句话说，齐国君主没有把全部心思放在富国强兵上，政策也是朝令夕改，无法长期坚持一些利国利民的政策。人才无法施展才华，没有更大平台。当然，齐国衰败的原因是复杂的，这里不再进行详细注解。

短时间内强国的政策，他们也不是没有效仿的榜样。比如，秦国的政策并不完全封闭，外界是能弄清楚秦国的国策。他们不效仿，只顾埋头发展自己。当然，效仿秦国，须得有一定的现实基础。比如，贵族势力较弱，国君便能完全控制贵族。再比如，文化落后的情况下推动一种新的文化，便能迅速被接受等。

这时候，还有个特别有意思的现象，这就是赵国的忽然崛起了。三家分晋后，赵国并未表现出过多优势。甚至一度遭到魏国的痛击，还被中山国入侵。百余年来，赵国一直不瘟不火。

谁也没想到，赵武灵王成为改变这一现状的人。

赵武灵王继位之初，既苦于无法改变赵国困局，又苦于被北方匈奴骚扰。后来，赵武灵王在不断思索的基础上，决定效仿北方游牧民族，在全国推行"胡服骑射"。而随着这一国策推行，彻底改变了赵国，培养了一支强大的赵军，让赵国成为继秦国之后当时的又一强大诸侯。

随着秦、赵两国崛起，齐国远离中原，养尊处优，国力一直不瘟不火；魏、韩苟延残喘，不乏求变之心，奈何无计可施；秦、楚虽也相互试探，整体上保持了和平。总之，天下似又进入新一轮分裂与重组。

需要补充的是，战国时期的联盟与春秋时期的联盟不一样。战国时代的联盟，更多是为解决国家内部的问题才实施的一种策略，是审时度势的结果。诸侯国间不会有长期的和平稳定，只有相互利用的价值。比如，此时秦、楚之间建立盟约，魏、韩、齐三国与楚国之间的盟约，都是如此。

施压魏国

前303年（秦昭襄王四年）夏秋之交，雄心勃勃的秦王嬴稷跃跃欲试。他打算试一下秦军的实力。

有意思的是，就在秦昭襄王还未决定攻打哪个诸侯国时，一支从楚国而来的使者替秦国做了选择。

使者是楚怀王派来的，与使者一起到秦国的，还有楚国太子熊横。他甘愿到秦国来当人质，只求秦国出兵解救楚国。

原来，不久前，魏、韩、齐三国破坏了与楚国的合纵，与秦国交好，组建了魏、韩、齐、秦大联盟。之后，魏、韩、齐三国又建立起一种新联盟。没过多久，魏、韩、齐小联盟策划了攻打楚国的计划。之后，联军向楚国进发，攻打楚国边境要塞。楚怀王忧愤不已，担心楚国被三国击败，太子到秦国充当人质，请求秦国出兵救楚。①

这个变化也超出了秦国的预料，秦国高层就是否援助楚国展开了讨论。令秦国高层为难的是，秦国已与齐、魏、韩三国结盟，这时候贸然支援楚国，无疑会破坏刚刚结成的联盟；而不支援楚国，魏、韩、齐有可能吞并楚国大量的土地与人口，壮大势力，形成可以与秦国抗衡的力量。

秦昭襄王无法下决断，挺身而出的是宣太后。

秦昭襄王虽已加冠，但宣太后依然能左右朝政，处置政务的手段也不够老练、成熟。宣太后作为楚国人，面对着楚国使者苦苦哀求，决意援助楚国。魏冉、芈戎都是楚人，他们之间是稳固的政治

---

① 司马迁：《史记》卷四十《楚世家第十》："二十六年，齐、韩、魏为楚负其从亲而合于秦，三国共伐楚。楚使太子入质于秦而请救。"

联盟。因此，这帮"楚系"秦国贵族也都支持宣太后。

由于宣太后的意见没人能改变，秦昭襄王最终也选择了支持支援楚国。这时候，他们就得舍弃与韩、魏、齐三国的联盟，减轻楚国的压力。而所谓舍弃联盟，就是集中力量攻打联盟国中的一国，强行拆解他们。打仗这种具体事务，对樗里疾、魏冉等这些人来说，都是手到擒来之事。他们很快商议出了对策：集中力量攻打魏国，破坏三国联盟，救楚国于危亡之中。

秦、魏自河西之战后，保持了多年的和平。尽管局部地区仍有小规模战争发生，但都不影响两国结盟。然而，随着秦武王王后被送回魏国，秦、魏之间的关系变得非常微妙。这时候，宣太后要支援楚国，秦魏联盟就成了一种阻碍。于是秦国决定破坏秦、魏之间的约定。

之后，秦国就将攻打目标放在了蒲阪这个地方。《史记正义》引《括地志》载："蒲阪故城在蒲州河东县南二里，即尧舜所都也。"地望大概在山西省运城市永济市。

为了不影响秦国与韩、齐的关系，秦国没有遣正规大将出征，而是派出了客卿通攻打魏国。[①]秦国选择这样做，也能看出高层的拧巴心理：一方面秦国不愿失去楚国这个盟友，所以他们才会支援楚国。另一方面，秦国还想继续与三晋结交，帮助楚国则完全是为了顾全秦、楚联姻。

当然，战争不是朝堂之上的争论，那是真刀真枪的对决。即便朝堂之上再怎么设计，依然有难以预料的情况发生。

事实上，进攻魏国之初，秦军就显得异常兴奋。威武的秦军进

---

① 司马迁：《史记》卷四十《楚世家第十》："秦乃遣客卿通将兵救楚。"

展迅速，很快就推进到了蒲阪。几十年前，魏军就难以对抗秦军，这时更无法阻挡，蒲阪很快落入秦国手中。[1] 三国联盟由此破裂，韩、齐两国也没有支援魏国。只有魏国在与秦国纠缠。

这时候，秦国高层认为，仅仅攻打蒲阪还不够，既然秦魏联盟已破，秦国就要多捞一些好处。之后，在高层的授意下，秦军继续实施扩张行动，又攻向了魏国的阳晋与封陵（一说晋阳、封谷）。[2]《史记正义》记载："'晋阳故城今名晋城，在蒲州虞乡县西三十五里。'表云'魏哀王十六年秦拔我杜阳、晋阳'，即此城也。封陵亦蒲州。按阳晋故城在曹州，解在苏秦传也。"[3] 秦军还顺势攻取了韩国的武遂。[4]

秦国咄咄逼人，攻楚的韩、齐两国联军也悄悄撤退了。[5] 这也意味着，楚国的危机得到解决。

这时候，秦军本可继续推进，攻占更多魏国的土地。但天上又出现彗星，向秦国发出了警示。这让秦国暂时放下了进攻的步伐。[6] 魏国只能继续祈求上苍保佑，避免遭受战乱之灾。但是，秦军并未撤军，他们似在等待时机，准备再对魏国实施打击。

魏国高层捕捉到秦国的犹豫不决，决定主动与秦国交涉，重新审定两国的关系。因此，前302年（秦昭襄王五年）春，魏国使者就急匆匆进入咸阳。他们拉着厚重的礼物，找到了秦昭襄王，希望

---

① 司马迁：《史记》卷五《秦本纪第五》："四年，取蒲阪。"
② 司马迁：《史记》卷四十四《魏世家第十四》："十六年，秦拔我蒲反、阳晋、封陵。"
③ 司马迁：《史记》卷四十四《魏世家第十四》。
④ 司马迁：《史记》卷十五《六国年表》："秦取武遂。"
⑤ 司马迁：《史记》卷四十《楚世家第十》："三国引兵去。"
⑥ 司马迁：《史记》卷五《秦本纪第五》："彗星见。"

重申秦魏联盟，让两国自此止战。秦昭襄王本也不打算攻打魏国，现在魏国使者到秦国，正好给了他一个台阶。魏国使者还表示，魏王愿意与秦王会盟，只要秦王赏脸。

秦昭襄王之所以对会盟这种事很热衷，一方面这是向诸侯表示秦、魏再次结盟，另一方面也表明秦国实力不容置疑，而会盟是秦国彰显国力的一种手段。不久，秦昭襄王与魏襄王在应亭（一说临晋）会盟，应亭地望在今陕西省大荔县境。据说，为了让这次会盟取得实效，魏襄王还邀请了韩王。不过韩王并没有一起来会盟，而是派太子婴与秦王、魏王会盟。

在应亭，秦昭襄王与魏襄王之间重拾往日友谊，韩太子也参与其中，扮演"和事佬"角色。魏襄王卑微恳求，希望秦昭襄王允许秦、魏和平相处，秦昭襄王虚荣心得到极大满足，答应了魏襄王的提议，还答应将攻占的蒲阪还给魏国。[①] 韩太子婴与秦昭襄王也相处融洽。会盟结束后，他一直陪着秦昭襄王到了咸阳，并在咸阳小住后，才离开。[②]

不久，孟子再次到了魏国，希望能得到一个平台，施展抱负。魏襄王就与孟子见了面，畅谈了治国理政方略。他们见面、交谈的这一过程被记载在《孟子见梁襄王》。[③] 不过，孟子终究没有在魏国

---

① 司马迁：《史记》卷五《秦本纪第五》："五年，魏王来朝应亭，复与魏蒲阪。"
② 《资治通鉴》卷三："秦王、魏王、韩太子婴会于临晋，韩太子至咸阳而归。"
③ 《孟子·梁惠王上》："孟子见梁襄王。出，语人曰：'望之不似人君，就之而不见所畏焉。卒然问曰："天下恶乎定？"吾对曰："定于一。""孰能一之？"对曰："不嗜杀人者能一之。""孰能与之？"对曰："天下莫不与也。王知夫苗乎？七八月之间旱，则苗槁矣。天油然作云，沛然下雨，则苗浡然兴之矣！其如是，孰能御之？今夫天下之人牧，未有不嗜杀人者也。如有不嗜杀人者，则天下之民皆引领而望之矣。诚如是也，民归之，由水之就下，沛然谁能御之？'"

找到合适的平台。他的仁政思想不符合战国实际，注定了他成不了李悝、吴起、商鞅、申不害那样的人。

时代在选择合适的人，人也同样在选择着时代。

而随着秦、魏再次联盟，天下的格局逐渐稳定下来，诸侯国之间进入新一轮休养生息阶段。只有远在河北之地的赵国，还在攻打中山国。

按照《六国年表》的说法，此时的赵国，也将太子送到秦国为质。[①] 但这种记载似乎并没有依据。此时的赵国已强大起来，为什么要将太子质于秦？难道是为了加深秦赵关系？

2. 秦楚之间的战争

秦楚关系恶化

秦、魏联盟后，秦国选择了休养生息。不久，发生的一件事，打破了秦国暂时的安定，直接引发了秦楚关系的破裂。

原来，当初齐、魏、韩三国攻楚时，楚怀王将太子熊横送往秦国为人质，请求秦国出兵援助楚国。秦国援楚国后，熊横就一直留在秦国。这一年，熊横与秦国大夫（不知姓名）发生了矛盾，引发了两人之间的私斗。令人意外的是，熊横一怒之下竟杀了秦国大夫，然后逃回了楚国。[②]

---

① 司马迁：《史记》卷十五《六国年表》："太子质秦。"
② 司马迁：《史记》卷四十《楚世家第十》："二十七年，秦大夫有私与楚太子斗，楚太子杀之而亡归。"《资治通鉴》卷三："秦大夫有私与楚太子斗者，太子杀之，亡归。"

风起于青蘋之末。

此事成为改变秦楚关系的一个关键性事件。自商鞅变法后，秦国明文规定，禁止私斗。熊横作为楚国太子，当清楚秦国的法令。他不仅破坏了秦国法令，还在这件事未得到解决前，私自逃回了楚国。这件事引发了舆论风波，让秦国上下都很愤怒，一些指责的声音也就传了出来，也有人将矛头对准了"楚"系贵族。当初秦国援助楚国时，可能是宣太后力排众议的结果。现在楚国太子破坏秦法，诛杀秦国大夫。往小了说是破坏秦国法令，往大了说是挑战秦国底线，完全没有将秦国放在眼里。

这时候，秦国内部不断涌现出一种声音：攻楚。

不过高层是清醒的，在没准备妥当前，不能贸然攻打楚国。秦国高层商议对策，大家一致认为，攻楚就得将韩、魏两国也拉上，不能让他们白白充当秦国盟友。若有可能，也应将齐国一起拉上，这样就有百分之百的胜算。

之所以这么做，是因为秦国畏惧诸侯们"变卦"。秦国不怕攻打楚国，但畏惧新合纵。表面上看，这些诸侯已与秦国结盟，可他们各怀心思。而一旦秦、楚陷入战争旋涡，他们可能会形成一种新联盟，攻打秦国，削弱秦国，甚至灭亡秦国。所以，在攻楚之前要考虑各种影响战局的因素。

之后，秦国开始部署攻楚的全盘计划。

平定蜀中叛乱

秦国高层还在制定攻楚计划，秦昭襄王却得到了一个惊天消息：蜀侯近年来情绪不稳，多有反心。

蜀地内部不稳，成为秦国多年隐患。自从秦国平定巴、蜀后，这片土地就没有停止过反抗，他们总在试图摆脱秦国的统治。这时候，秦国一方面在部署攻楚事宜，另一方面也在观望着蜀中情况，一旦有叛乱，秦国需立即剿灭，保证大后方不出事。

前301年（秦昭襄王六年），巴蜀地区传来确切消息，蜀侯嬴煇（晖）公然反叛，向秦国叫嚣。《华阳国志》说："秦封王子煇为蜀侯。蜀侯祭，归胙于王，后母疾之，加毒以进，王大怒，使司马错赐煇剑。"这是说嬴煇给秦王敬献毒药被发现，被怀疑是反叛。也有说嬴煇不承认秦昭襄王国君身份，才公然反叛的。

不管什么原因，嬴煇在四川公然反叛，都令秦国高层愤怒。嬴煇是自己人（嬴姓族人），却要摆脱秦国，这是一种什么样的心态？难道他要效仿公子壮，在蜀中另建一个大蜀王国？

秦昭襄王与宣太后等秦国高层一起商议对策。商议的结果很快出炉，高层一致认为，还是应由两次入蜀的司马错再次领兵平叛。而对于这种安排，没有人反对。对待巴蜀问题，没有人比司马错更合适。司马错也不推辞，主动接过了这副担子。他们第一次灭巴蜀时，已开了蜀道。再去蜀中，轻车熟路。

之后，秦军从咸阳出发，翻过崇山峻岭，进入川蜀。大概蜀侯嬴煇也得到秦军入川的消息，组织人抵御司马错。只是他们早就领教过秦军的厉害，虽自知不敌，也要对抗。最终，蜀中地方军被秦军击溃，四处乱逃。司马错乘胜追击，消灭了叛乱的秦军，嬴煇被杀。蜀中再次被平定。[①]

平定叛乱后，司马错没有直接回咸阳，而是驻扎在成都，稳定川蜀局势。这也是司马错未出动前，秦国高层就想到的结果。蜀中

---

① 司马迁：《史记》卷五《秦本纪第五》："六年，蜀侯煇反，司马错定蜀。"

与中原联系不紧密，一直多以"独立王国形态"存在。这样的地方，极容易造成政权不稳。唯有在此地长期驻军，才能稳定当地。

史料中没有驻军的记载，本书猜测，秦国定是在蜀中驻了部分军队，用来"震慑"蜀地。同时，秦国也出台了一些政策，从制度层面给出了一定优惠条件，安抚蜀中编户齐民的情绪。《华阳国志》有载：

> 秦昭襄王时，白虎为害，自秦、蜀、巴、汉患之。秦王乃重募国中："有能杀虎者，邑万家，金帛称之。"于是夷朐忍廖仲药、何射虎、秦精等乃作白竹弩于高楼上，射虎，中头三节。白虎常从群虎，瞋恚，尽搏杀群虎，大㕧而死。秦王嘉之曰："虎历四郡，害千二百人。一朝患除，功莫大焉。"欲如要，王嫌其夷人；乃刻石为盟，要复夷人顷田不租、十妻不算，伤人者论，杀人雇死倓钱。盟曰："秦犯夷，输黄龙一双；夷犯秦，输清酒一锺。"夷人安之。①

虽然这份记载是因为"虎"祸害人的问题而给出的优惠政策，依然能发现其与对中原的"编户齐民"有所区别。秦国在其他方面的"偏向政策"也就能管中窥豹，略见一斑。

当然，做这一切的原因是秦国要东出，蜀中作为后方，不能有隐患，这与安抚北方游牧民族同理。总之，川蜀安定后，秦国才开始准备对付楚国事宜。

---

① 刘琳校注：《华阳国志新校注》，四川大学出版社2015年版。

谋划攻楚事宜

处理完蜀中的事，秦国开始应对熊横诛杀秦大夫、逃离秦国这件事。

秦国朝野群情激奋，大多数人认为，这件事不能就这么不了了之。秦国要进攻楚国，让楚国付出代价。这一次，宣太后没有阻拦。事实上，也没有阻拦的理由。尽管她是楚人，但在国家利益问题上，她不能再向着楚国。秦昭襄王对君权越来越重视，也让宣太后感到了某种"隐患"，若她过多干涉，定会影响母子关系。

不管其中如何曲折，但这总归让秦国高层统一了思想，攻楚势在必行。

为了对楚国实施精准打击，在向楚发动进攻前，秦国实施了一系列"别有用心"的军事行动，震慑诸侯，避免他们在秦、楚交手时，在背后使阴招。比如，秦国先遣人攻打了韩国，夺取了韩国的穰城（今河南省南阳邓州市）。[①] 穰城这个地方本属楚国，后来秦、楚交战，穰城就被秦军所得。秦昭襄王弟弟公子悝曾被封在了穰城。再后来，被韩国攻取。现在秦国攻打穰城不过是收复旧地。《史记正义》中说："穰，人羊反，邓州县也。郭仲产南雍州记云：'楚之别邑。秦初侵楚，封公子悝为穰侯。后属韩，秦昭王取之也。'"《六国年表》中记载："秦败我襄城，杀景缺。"《资治通鉴》中也载："秦人取韩穰。"[②] 随着秦军出动，韩国再次被秦国征服，不得不遣人与秦国交涉。其实，秦国并未想着攻占韩国的城邑，不

① 司马迁：《史记》卷四十五《韩世家第十五》："十一年，秦伐我，取穰。"
② 司马光：《资治通鉴》卷三。

过是希望在秦国攻楚时，韩国能够出兵，即便不出兵，也不要与其他诸侯联手对付秦国。

秦国计划将齐国也拉入攻楚阵营。秦国高层经过商议，认为齐国不会与秦国一起攻楚。为今之计，需给齐国派出公子充当人质，才能说服齐国联合秦国攻楚。秦昭襄王还没有子嗣，只能在他的兄弟中寻找合适人选。最终，秦国派泾阳君嬴芾（一说市）前往齐国当人质，与齐国结盟。① 至于魏国，一直表示亲秦，也依附于秦国。只要秦国派出使者，与魏襄王交涉，魏国一定会出兵。于是，秦国就派了使者入魏，向魏国发起了邀请。魏襄王不敢与强大的秦国对抗，只好答应出兵。

最终，魏、韩、齐三国答应出兵，配合秦军攻打楚国。紧接着，秦国就派出了庶长换（宣太后的弟弟芈戎），领着数万秦军攻打楚国。

秦昭襄王的这个安排值得玩味：他清楚，不管是宣太后还是芈戎，都亲楚国。这些年里，他们与楚国之间藕断丝连。这些人享受着秦国的成果，也给楚国提供情报。可能秦国攻楚，已成为公开秘密。这种背景下，秦昭襄王将攻打楚国的任务交给芈戎，似乎就要看看芈戎到底忠于秦国，还是忠于自己的母国。

大概宣太后也看出秦昭襄王别有用心，规劝弟弟要认清形势，顺势而为，毕竟家族的荣华富贵是秦国所给，并非楚国。若秦、楚非要决出胜负，他们必须紧紧站在秦国一边，以显示自己忠于秦国。

因此，芈戎带着秦军出动了。

---

① 司马迁：《史记》卷五《秦本纪第五》："泾阳君质于齐。"

不久，其他三国也派兵出征，与秦军在重丘会合。① 联军在数量上占据绝对的优势，士气高昂。因此，秦军出动的第一战，就攻克了重丘，抵御联军的楚军大将唐昧被杀。《六国年表》载："秦、韩、魏、齐败我将军唐昧于重丘。"② 秦军的勇武，不仅震慑楚国，也震慑了魏、韩、赵三国。他们在思考：若秦军攻打他们，他们能抵挡得了秦军吗？

同年秋天，发生了日食。秦国暂时停下了进攻楚国的步伐，观看天象变异。当然，停战还有个重要原因：齐宣王在这一年去世，他的儿子齐愍（闵）王即位。③ 齐国新旧国君更替，国内尚需稳定，必然影响到攻楚联盟。换句话说，齐愍（闵）王还会一如既往支持秦国吗？秦国高层也不能够保证这一点。因此秦国停战观察时局，但并未撤军。④

前300年（秦昭襄王七年）春，确定联盟依旧还在，联军再次出动，攻打楚国新城。不久，楚国新城被秦军攻克。联军在这一战中，斩杀楚军两万余人⑤，楚国大将景缺也命丧此战，楚国上下朝野震动。⑥

需要说明的是，史料对于这一战中秦军攻打的地方存在争议。

---

① 司马迁：《史记》卷四十《楚世家第十》："二十八年，秦乃与齐、韩、魏共攻楚，杀楚将唐昧，取我重丘而去。"
② 司马迁：《史记》卷十五《六国年表》。
③ 司马迁：《史记》卷四十六《田敬仲完世家第十六》："十九年，宣王卒，子愍王地立。"
④ 司马迁：《史记》卷五《秦本纪第五》："日食，昼晦。"
⑤ 司马迁：《史记》卷五《秦本纪第五》："庶长奂伐楚，斩首二万。"
⑥ 司马迁：《史记》卷四十《楚世家第十》："二十九年，秦复攻楚，大破楚，楚军死者二万，杀我将军景缺。"

《秦本纪》记载："七年，拔新城。"《史记正义》引用的《楚世家》的记载。《六国年表》里说："秦败我襄城，杀景缺。"《括地志》中认为："许州襄城县即古新城县也。"最后，《史记正义》中得出的结论是："按世家、年表，则'新'字误作'襄'字。"

不管秦军攻占的是新城还是襄城，都彰显了秦国的实力。楚怀王担心秦军继续深入，攻占楚国更多城池。与高层商议后，再次将太子熊横送到了齐国为人质，希望齐国能够从中调解秦楚关系。①

齐愍王刚刚继位，打算给楚国买这个人情，进而斡旋秦楚关系。

齐国的"变节"，让联盟变得不牢靠。秦国高层意识到问题的严重性，于是，秦昭襄王召集臣僚商议对策。有人认为，齐国一旦插手秦楚战争，若不给面子，齐国必然站在楚国一方。也有人认为，应当趁机多占几座楚国城池。

就在秦国高层犹豫之际，秦国三朝元老樗里疾的去世，促进了秦国与楚国停战。秦国卖给齐国天大的面子，暂时停止了对楚国的进攻。②

秦国要处置樗里疾的丧事。而樗里疾生前已为自己选好了坟茔所在地，这就是樗里疾的家乡渭阴乡樗里（今西安市浐灞国家湿地公园附近）③，所以他的丧葬事宜并不麻烦。

有个小细节做一补充：据说樗里疾在临终前，留下了这样一则预言："一百年后，在我的坟茔两侧会有天子宫殿，我的坟茔会被

---

① 司马迁：《史记》卷四十《楚世家第十》："怀王恐，乃使太子为质于齐以求平。"
② 司马迁：《史记》卷五《秦本纪第五》："醿里子卒。"
③ 司马迁：《史记》卷七十一《樗里子甘茂列传第十一》："昭王七年，樗里子卒，葬于渭南章台之东。"

夹在天子的宫殿之间。"当时的人大概认为樗里疾是在说糊涂话。但后来西汉建立，刘邦新建的长乐宫就坐落在樗里疾坟墓的东边，西边则是旧宫未央宫。《史记正义》中说："汉长乐宫在长安县西北十五里，未央在县西北十四里，皆在长安故城中也。武库正直其墓。"仿佛冥冥之中自有天意。后世也将樗里疾的预言无限放大，将他视为相地术之神。[①] 本书认为，这一预言多是后世追加，并不可靠，没有人能预测未来——以前没有，以后也不会有，因为世界总处于变化中。而无限放大巧合，会让规律变成"不规律"。作为研究历史的人，自然要多留意"巧合"的真伪，毕竟历史不是小说。

赵国的巨变

随着樗里疾去世，秦国丞相也要进行调整。这时候，赵武灵王再次插手秦国内务，安排在秦国的赵人楼缓出任秦国相国。[②] 吊诡的是，秦国高层还同意了这一安排。不过据《秦本纪》记载，楼缓担任秦国宰相是在两年之后，"楼缓为丞相"。

那么，赵武灵王插手秦国内政是否真实？本书认为，完全有可能。原因有二：一是此时赵国已在东方诸侯国中逐渐崛起，对东方诸侯国形成了一种新的威胁，秦国也希望与赵国建立联系，甚至建立盟友关系，共同应对天下变局。比如，他们建立新联盟，意在威胁魏、韩，甚至威胁齐国；二是秦国高层可能与赵国之间有"利益"交往，同意赵国"插手"秦国内务。

---

① 司马迁：《史记》卷七十一《樗里子甘茂列传第十一》："曰：'后百岁，是当有天子之宫夹我墓。'樗里子疾室在于昭王庙西渭南阴乡樗里，故俗谓之樗里子。至汉兴，长乐宫在其东，未央宫在其西，秦人谚曰：'力则任鄙，智则樗里。'"
② 司马光：《资治通鉴》卷三："秦樗里疾卒，以赵人楼缓为丞相。"

那么，赵国到底是如何强大起来的呢？

要弄清这一问题，还得从几年前的一次"国策"制定说起。当时，赵国总遭到草原游牧民族"骚扰"，令赵国高层头疼不已。后来，赵武灵王力排众议，推行"胡服骑射"制度，意在效仿胡人的作战方式，强军强国。当然，也有学者认为，赵武灵王推行胡服骑射与当时赵国国情紧密相关，一些赵国贵族并不完全支持赵武灵王。①

而推行胡服骑射的这一做法果然很奏效，此制度推行之后，为赵国培养出了一大批卓越的人才，训练出一支精锐的大军。

当然，我们认为，胡服骑射只是强军的策略，赵国应还推行了一系列体制改革，推进了农业产业发展，为赵国积攒了大量的财富。否则，仅靠胡服骑射而没有强大国力支撑，如何能实现富国强兵呢？毕竟国富才能军强，强军又能富国。富国与强军就像一辆战车上的两个轮子，缺一不可。秦国也是如此。

而通过改制，赵国实现了富国强军的目的，赵武灵王跃跃欲试。因此，秦国在西面扩张的时候，赵国也开始了扩张行动。

前305年，赵国兵分三路，进攻中山国，先后夺取了中山国的丹丘、华阳、鸱之塞、鄗、石邑、封龙、东垣等地。中山国无法与强大的赵军对抗，割让四城向赵国请和，赵武灵王才暂时停止了对中山国的进攻。

不过，对于肘腋之患，赵武灵王总想着消灭中山国，将地盘划归到赵国的疆域中。因此，在秦国联合魏、韩、齐三国攻打楚国

---

① 刘勃：《战国歧途》第七章《赵国的两张面孔》。

时，赵武灵王又指挥赵军对中山国实施了打击。① 后来，赵国继续扩张，疆域东面延伸到燕国、齐国附近，向西延伸到秦国附近。②

前 299 年（秦昭襄王八年）夏，赵国再次调整重大国策。这时候，赵武灵王谋划了一个大计划，意在"金蝉脱壳"，为赵国谋利益。

原来，这年五月戊申日，赵武灵王召集群臣举行了盛大的朝会仪式。在这次朝会上，赵武灵王宣布"退位"，让其子赵何继承国君，赵何就是赵惠文王。赵国新王在赵武灵王的指导下，祭拜了祖先，开始上朝处置政务。大臣们向新王称贺，官员肥义出任赵国相国，同时担任新王的老师。武灵王自称主父。③

赵武灵王的"禅位"只是金蝉脱壳，他不想做上古时代的三王，空留下美名，而是希望赵何成为国家法定"代理人"，治理赵国，他自己则作为幕后主使，带领赵国的士大夫向西扩张，攻打胡人的地盘，并计划从云中、九原南下攻打秦国。换言之，他并非禅让君权，只是希望立一个"傀儡"继承人，他自己依然是赵国实际掌权人。

那么，赵武灵王会如愿吗？

不久，赵武灵王就实施了这一行动。他先决定"深入"秦国"龙穴"，寻找机会。未几，赵武灵王带领部分随从，由赵国西部南下，进入秦国，刺探秦国虚实。大概他们扮作了"商贾"，到秦国

---

① 司马迁：《史记》卷四十三《赵世家第十三》。
② 司马迁：《史记》卷四十三《赵世家第十三》："二十六年，复攻中山，攘地北至燕、代，西至云中、九原。"
③ 司马迁：《史记》卷四十三《赵世家第十三》："二十七年五月戊申，大朝于东宫，传国，立王子何以为王。王庙见礼毕，出临朝。大夫悉为臣，肥义为相国，并傅王。是为惠文王。惠文王，惠后吴娃子也。武灵王自号为主父。"

"贸易"。甚至赵武灵王还见到了年轻的秦昭襄王。据说，当赵武灵王见了秦昭襄王后，谎称自己是赵国的使臣，受赵武灵王之命，入秦邦交。

秦昭襄王也无法验证来人的身份，只是觉得他举止不凡，颇有"帝王气概"。之后，秦昭襄王设宴招待赵武灵王，席间还向他询问了一些赵国的内幕。赵武灵王对赵国事宜知根知底，回答得滴水不漏。而赵武灵王的这种"从容不迫"，让秦昭襄王对他更加怀疑。赵武灵王亦看出秦昭襄王对他有猜疑，担心身份暴露，离席后，迅速离开了秦国。后来秦昭襄王他派人去打探，才得知这个"气概不同"的人就是赵武灵王。据说，赵武灵王这次入秦是为了探查秦国地形，也观察秦昭襄王的为人。[①]

之后，赵国继续攻打中山国，中山国君逃亡齐国，并死在了齐国。中山国日渐式微，被赵国灭亡是迟早的事。[②]

秦国弱楚

同年（前299年）秋，秦国再次相约魏、韩、齐三国，决定对楚国实施打击。

随即，联军推进迅速，楚国的新市被芈戎攻取。[③]《史记集解》中说："江夏有新市县。"之后，齐使章子、魏使公孙喜、韩使暴鸢

---

① 司马迁：《史记》卷四十三《赵世家第十三》："主父欲令子主治国，而身胡服将士大夫西北略胡地，而欲从云中、九原直南袭秦，于是诈自为使者入秦。秦昭王不知，已而怪其状甚伟，非人臣之度，使人逐之，而主父驰已脱关矣。审问之，乃主父也。秦人大惊。主父所以入秦者，欲自略地形，因观秦王之为人也。"

② 司马迁：《史记》卷四十三《赵世家第十三》："赵破中山，其君亡，竟死齐。"

③ 司马迁：《史记》卷五《秦本纪第五》："八年，使将军芈戎攻楚，取新市。"

等大将联合进攻楚国的方城，并很快攻占了这座城市。[1]

联军的顺利推进，让楚国上下笼罩着一种亡国危机。楚怀王如热锅上的蚂蚁一般，无法解决眼前的困顿。不久，楚国已有八座城落入秦军手中。[2]《秦本纪》中记载，夺取八城的时间在秦昭襄王九年（前298年）："尒攻楚，取八城，杀其将景快。"[3] 出现这一差异的原因，应是楚国和秦国每年起始月不同所致。

尽管楚军节节败退，但联军似乎没有撤退的意思，他们大概希望能更多"瓜分"楚国的土地。但这对秦国而言并非好事，可能秦昭襄王联合其他三国攻楚，只是要削弱楚国，却并不希望楚国被瓜分。所以，战争推进到这时候，就需要一种动态平衡。

另外，此前楚国向齐国求援，还将太子送往齐国充当人质，也是一个潜在的威胁。万一联军继续推进，而齐国忽然变卦，将如之奈何？为今之计，见好就收是最好的结局。

这时候，秦昭襄王给楚怀王写了一封信，他在信中这样说："当初我和你结拜为兄弟，秦、楚结为兄弟之国。我们还在黄棘缔结了盟约，确保了两国的长治久安。后来，楚国遭受齐、魏、韩三国围攻，你们将太子送到秦国为人质，请求我们出兵帮助楚国退敌，我们也帮助楚国击退了三晋联军。楚国太子在秦国期间，我们也非常重视他，从没有将他当作人质对待，一直将他作为上宾。后来，你们的太子诛杀了我们秦国大臣，没有说明情况也没有道歉就逃跑了。秦国上下对此非常愤怒，这才带兵攻打楚国的边境。如

---

① 司马迁：《史记》卷五《秦本纪第五》："齐使章子，魏使公孙喜，韩使暴鸢共攻楚方城，取唐眛。"
② 司马迁：《史记》卷四十《楚世家第十》："三十年，秦复伐楚，取八城。"
③ 司马迁：《史记》卷五《秦本纪第五》。

今，我听人说，你们将太子送到齐国当人质，希望获得和平。我们秦国与楚国接壤，以前都是依靠联姻来维持两国关系，和平相处多年。如今秦楚关系不睦，就无法号令天下诸侯，我想与您在武关会面，重新建立和平盟约。这是我目前最大的心愿，希望楚王不要辜负。"①

看着秦昭襄王送来的书信，楚怀王非但不高兴，还非常忧虑。楚怀王对秦国的诚意持有怀疑态度：若前去赴约，一旦被秦国欺骗，将会给楚国带来新的麻烦；若不去赴约，秦昭襄王将楚怀王不会盟行为公之于众，再联合其他诸侯攻打楚国，必然又让楚国陷入战乱。

犹豫不决的他，只能与高层商议。楚国大臣昭睢对楚怀王说："大王千万不能去武关会盟，宁可在各处加强防御，也不能上当。秦王犹如虎狼，我们断不可相信他的话。他有吞并诸侯的野心。"楚国公子子兰却主张会盟，他对楚怀王说："我们怎能因怀疑秦王，就断绝与秦国的友好来往呢？"

楚怀王可能也认为不就是一次会盟，即便谈判不成功，秦国也不会对他怎么样。于是，楚怀王带领了一些随从，前往武关与秦昭襄王会盟。②

---

① 司马迁：《史记》卷四十《楚世家第十》："秦昭王遗楚王书曰：'始寡人与王约为弟兄，盟于黄棘，太子为质，至欢也。太子陵杀寡人之重臣，不谢而亡去，寡人诚不胜怒，使兵侵君王之边。今闻君王乃令太子质于齐以求平。寡人与楚接境壤界，故为婚姻，正义婿之父为姻，妇之父为婚，妇之父婿之父相谓为婚姻，两婿相谓为娅。所从相亲久矣。而今秦楚不欢，则无以令诸侯。寡人原与君王会武关，面相约，结盟而去，寡人之原也。敢以闻下执事。'"

② 司马迁：《史记》卷四十《楚世家第十》："楚怀王见秦王书，患之。欲往，恐见欺；无往，恐秦怒。昭睢曰：'王毋行，而发兵自守耳。秦虎狼，不可信，有并诸侯之心。'怀王子子兰劝王行，曰：'奈何绝秦之欢心！'于是往会秦昭王。"

然而，正如昭雎所预料，这是秦国的一次阴谋。

秦昭襄王并未到武关，只是派出一支秦军埋伏在武关，并找了自己的替身。楚怀王到达武关后，秦国就关闭了武关，将楚怀王困在了武关。

之后，秦军将楚怀王一行人从武关带到了咸阳。不久，秦昭襄王就接见了楚怀王。令楚怀王愤慨的是，秦昭襄王接待他的规格不合礼仪。楚怀王是楚国的国君，其地位与秦昭襄王一样。秦国却以附属国的规格招待楚怀王，这让楚怀王非常愤怒。他开始后悔自己的决策，当初若听了昭雎的建议，也不至于被秦国俘虏至咸阳。现在自己身陷囹圄，难以周旋。秦国连基本的国君之礼都不让他享受，他还能做什么呢?①

此后，楚怀王就被扣在了秦国。② 秦昭襄王利用各种威逼利诱，希望楚国将巫郡、黔中郡割让封秦国。并扬言唯有如此，秦国才能放他回去。

楚怀王思前想后，同意了这一策略，但他要求先订立盟约，秦国却要求先得到土地。就此，双方又陷入僵持。楚怀王被激怒，非常生气地说:"你们欺骗我，将我房至咸阳，现在还强迫我割让土地，简直痴心妄想!"楚怀王不答应，秦国就一直扣着楚怀王不放。③

---

① 司马迁:《史记》卷四十《楚世家第十》:"昭王诈令一将军伏兵武关，号为秦王。楚王至，则闭武关，遂与西至咸阳，朝章台，如蕃臣，不与亢礼。楚怀王大怒，悔不用昭子言。"

② 司马迁:《史记》卷五《秦本纪第五》:"十年，楚怀王入朝秦，秦留之。"

③ 司马迁:《史记》卷四十《楚世家第十》:"秦因留楚王，要以割巫、黔中之郡。楚王欲盟，秦欲先得地。楚王怒曰:'秦诈我而又强要我以地!'不复许秦。秦因留之。"

不久，楚怀王被秦国扣留的消息传至楚国，让楚国大臣们非常不安。

此时，他们面对的困境不只秦国，还有齐国的威胁。楚国高层商议对策，有人说："如今，我们的国君被秦国扣留，不能回来主持大局，秦国还以此威胁，要求我们割让土地。太子也在齐国充当人质，若秦、齐两国联合，我们楚国就会亡国呀！"有人说，当务之急，是在楚怀王的儿子中选一个国君，这样有利于稳定楚国的政局。大臣纷纷附和这个建议。① 唯有昭雎反对这么做，他对众人说："我们的君王和太子同时被困于秦、齐两国，我们若违背君王的命令，改立庶子为国君，这是不合礼仪的。"而一旦牵扯到礼仪，楚国部分大臣思想也动摇了，他们大概也认为此举不合礼仪。楚国大臣们吵作一团，依然未能想出个两全其美的办法，只能继续想办法。之后，大臣们继续讨论，唾沫星子飞溅。最终，他们统一了思想，决定从齐国迎回太子，继任国君。②

不久，楚国就派出使团出使齐国，谎称楚怀王去世，请求太子回国继承国君之位。齐愍王也动了歪心思，他对相国说："我们不如将熊横扣留，向楚国索取淮北地区。"齐国的国相说："不能这么做。即便我们扣留楚国太子，楚国也有其他公子。到时，楚国拥立其他公子为新楚王，我们扣留楚国太子就没有什么用，反而落个不仁不义的骂名。"这时候，有齐国大臣趁机说："事情也没有这么糟

---

① 司马迁：《史记》卷四十《楚世家第十》："楚大臣患之，乃相与谋曰：'吾王在秦不得还，要以割地，而太子为质于齐，齐、秦合谋，则楚无国矣。'乃欲立怀王子在国者。"

② 司马迁：《史记》卷四十《楚世家第十》："昭雎曰：'王与太子俱困于诸侯，而今又倍王命而立其庶子，不宜。'"

糕。若楚国新立了王，我们可借机与楚国新王做个交易：只要楚国新王交给我们淮北地区，我们就杀死熊横。不然，我们联合秦、韩、魏三国，重新拥立太子为楚王，到时我们就不仅要淮北地区，还会要更多土地。"这显然是一个恶毒的计划，齐愍王并未采纳这个建议，他听取了相国的建议，派人将楚太子熊横送回了楚国。楚国太子回国后，就在楚国大臣的拥立下继位，成为新的楚王，这就是楚顷襄王。①

也是这一年，魏、韩两国给他们的公子分封了新的领土。《史记索隐》说："别封之邑，比之诸侯，犹商君、赵长安君然。"② 不过，眼下最焦灼的当是秦国与楚国的关系。

前298年（秦昭襄王九年）春，楚国拥立新君的消息传到秦国，让秦国非常被动。原本以为扣押楚怀王，能够让楚国割地，岂料楚国大臣却在这个间隙拥立熊横即位。秦国没有得到土地，还招致楚怀王的嘲笑。秦昭襄王非常愤怒，遣人攻打楚国。秦军从武关出发，进攻楚国西北地区。楚国立即调兵支援，双方在秦、楚边境展开了一系列大军团对决，最终，楚军被秦军击败，五万楚军命丧秦军之手。这又是一场决定秦、楚命运的关键之战，楚国高层非常畏惧，不得不割让包括析城在内的十五座城邑来换取和平。③《史记

① 司马迁：《史记》卷四十《楚世家第十》："乃诈赴于齐，齐愍王谓其相曰：'不若留太子以求楚之淮北。'相曰：'不可，郢中立王，是吾抱空质而行不义于天下也。'或曰：'不然。郢中立王，因与其新王市曰"予我下东国，吾为王杀太子"，不然，将与三国共立之"，然则东国必可得矣。'齐王卒用其相计而归楚太子。太子横至，立为王，是为顷襄王。乃告于秦曰：'赖社稷神灵，国有王矣。'"

② 司马迁：《史记》卷五《秦本纪第五》："魏公子劲、韩公子长为诸侯。"

③ 司马迁：《史记》卷四十《楚世家第十》："顷襄王横元年，秦要怀王不可得地，楚立王以应秦，秦昭王怒，发兵出武关攻楚，大败楚军，斩首五万，取析十五城而去。"

索隐》认为是十六城:"《年表》云取十六城,既取析,又并取左右十五城也。"

由于楚国被秦国打怕了,他们痛恨秦国,又对秦国无可奈何。

不过随着"国际形势"风云变幻,秦国对楚国的威胁迎来了转机,原因是齐、秦两大诸侯国关系变得微妙起来,两国曾经的盟友关系也有所松动。甚至,在以后的岁月里,秦、齐双方开启了斗智斗勇模式。而齐、秦之间的斗争,转移了矛盾,减缓了秦国对楚国的威胁。

那么,这到底是怎么回事呢?从表面上看,齐、秦斗争的原因,可能与齐国大臣田文有关。

3. 齐秦争霸

秦昭襄王欣赏田文

战国时期有四大公子非常有名。后世贩夫走卒,也能对他们的事迹略说一二。他们是孟尝君田文、平原君赵胜、信陵君魏无忌与春申君黄歇。论年龄,可能春申君与孟尝君相差不大,但孟尝君田文出场最早,驰名天下最早。

进入公元前3世纪,逐渐长大的秦昭襄王踌躇满志,想与大诸国联合,蚕食那些小诸侯国。在这种背景下,齐、秦两国产生了更多交集。田文作为齐国的重臣,自然要面对秦昭襄王。因此,他们之间也就产生了很多戏剧性故事。

事实上,早在几年前,秦昭襄王已听说过田文大名,对于田文这等人才心仪已久。后来，他听闻田文未在齐国受重用，利用遣泾阳君到齐国充当人质之际，给泾阳君交代了一项重要任务：结交田文。

那么，田文到底是个怎样的人，以至于让秦昭襄王都想将他招至麾下呢？

孟尝君田文，田氏。他的父亲田婴是齐威王的小儿子，也是齐宣王的异母弟弟。相传，田婴很有智慧，在齐威王在位时就出任齐国要职，处置很多政务。魏国称霸的时代，田婴曾与邹忌、田忌等人支援韩国，攻打魏国。后来，齐威王去世，齐宣王即位，田婴继续得到重用。齐宣王年间，田忌、孙膑、田婴等人一起攻打魏国，在马陵重创魏军，俘虏魏国太子申，诛杀魏国大将庞涓。此后，田婴多次参与齐国政务，代表齐国出使列国，为齐国的强大作出了巨大贡献，成为最受齐宣王信任的人。再后来，齐宣王授田婴为丞相，将政务多交田婴处置。齐愍王即位，将薛邑封给了田婴。[1]

因田婴在齐国地位显赫，注定了他的儿子会很多。这似乎是伟大人物难以逃脱的宿命，而子系众多更能体现其复杂的社会关系。

相传，田婴有四十多个儿子（与秦穆公很像），大多非富即贵。田文与他的兄弟们截然不同，属于"丑小鸭"式的人物（这又与赵毋恤相似）。出现这一现象，源于田文的出身。传闻说，田文的母亲是田婴的小妾，社会地位不高。因此，田文出生后，注定不会得到更多关注。更要命的是，田文出生于五月初五。自古以来，五月初五被认为是不吉利的日子，据说这天是一年中最毒的日子，这天

---

① 司马迁：《史记》卷七十五《孟尝君列传第十五》："孟尝君名文，姓田氏。文之父曰靖郭君田婴……即位三年，而封田婴于薛。"

出生的孩子会给父母带来厄运。出生的男孩子对父亲不利，出生的女孩子对母亲不利。因此，田文出生后，田婴就要求田文母亲将他扔掉。但田文母亲很爱他，偷偷摸摸将他抚养着。田婴忙于政务，也没有过多关注田文母子。等到田文长大后，母亲才将田文引荐给田婴。田婴对田文母亲的做法很恼火，认为她违背了自己的意愿，将一个不幸之人养大。田文在屈辱中长大，早熟。他虽无法改变自己的出身，但他不信命，并坚信人的命运掌握在自己手中。他主动与父亲田婴对话，用自己的智慧，将田婴怼得哑口无言。[1]

经此事后，田婴也改变了对田文的认识。后来，田文又利用自己的智慧，为父亲出谋划策，彻底改变了父亲对他的成见。此后，田婴让田文参与政务，帮助自己处理一些简单事务。比如，田婴会让田文主持家务，接待宾客。而田文也极尽一切才能，为父亲处置好这些事。家里只要有人来拜访，田文都以礼相待。渐渐地，田文的名声开始在诸侯之间传播，诸侯希望田婴将田文作为继承人培养。田婴也有此意。后来，田婴去世，田文就继承爵位，继续为国效力。[2]

这段故事很有"丑小鸭变白天鹅"的味道，可能真实的情况并非如此。试想：一个身份地位不高的女子，是如何得到田婴宠幸的？在那个等级森严的战国，"自由爱情"只是一种奢望，一切的姻缘，都要与家族兴衰紧密联系在一起。换句话说，田文的"逆

---

[1] 司马迁：《史记》卷七十五《孟尝君列传第十五》："初，田婴有子四十余人。其贱妾有子名文，文以五月五日生。婴告其母曰：'勿举也。'其母窃举生之。"

[2] 司马迁：《史记》卷七十五《孟尝君列传第十五》："久之，文承间问其父婴曰：'子之子为何？'曰：'为孙。''孙之孙为何？'曰：'为玄孙。''玄孙之孙为何？'曰：'不能知也。'……而文果代立于薛，是为孟尝君。"

袭"可能只是史料的一种"误解",自始至终,他都是田婴信任的人,才能在田婴去世后由他"统领"家族,继承爵位。

在薛邑期间,田文到处招揽人才,充作自己的智囊。即便那些获罪流窜至齐国的人,他也不避讳,让他们到自己的门下,给他们提供食宿。因此,天下的人才纷纷投奔田文。据说,田文的食客最多时,达到数千人。

田文对这些人以礼相待,不分贵贱。相传有一次,田文在夜里招待食客吃饭,有人挡住了灯光。一个门人很生气,认为这是田文故意的,指责田文的饭食与食客的不一样,才阻挡光亮不让人看见。食客愤慨不已,还打算离去。田文端起饭食,走到此人面前,与他的饭食做对比。食客这才发现,田文与他们吃的一样,非常羞愧。最终,食客为自己的鲁莽忏悔,自杀而死。这件事后,田文的名声更大了。很多人都慕名而来,田文也都用最高的规格招待他们。①

田文的美名在诸侯之间流传着。秦昭襄王听闻田文的这些传奇经历后,借泾阳君到齐国做人质之际,让泾阳君去求见田文,并给田文传达秦国求贤若渴的意思。

秦昭襄王的这个做法,吊起了田文的胃口,他打算到秦国去察看一番。

有意思的是,当田文表达自己要深入秦国考察的意见后,很多门客反对田文到秦国去。他们认为秦国是虎狼之国,秦昭襄王是如虎狼一样的人,去了就可能会被扣留。楚怀王难道不是前车之鉴吗?田文不为所动,毅然决定到秦国一探究竟。

---

① 司马迁:《史记》卷七十五《孟尝君列传第十五》:"孟尝君在薛,招致诸侯宾客及亡人有罪者,皆归孟尝君……士以此多归孟尝君。孟尝君客无所择,皆善遇之。人人各自以为孟尝君亲己。"

最后，苏代出面，给田文讲述了一番大道理，才打消了田文到秦国谋求发展的计划。

苏代说："今天早上我从外面回来，见到木偶人和土偶人正在交谈。木偶人说：'若天下雨，你就被雨水冲毁了。'土偶人说：'本身就是泥土，毁了也是重新回归泥土。若天要下雨，将你冲走，真不知道你会被冲到何处去？'秦国是虎狼之国，您却要前往秦国去，若回不来，会像木偶人一样被人嘲笑。"据说，听完苏代的高论后，田文决定暂时不去秦国。而苏代从中作梗的行为，让泾阳君非常愤怒。①

田文恶秦

天下形势无时无刻不在发生着变化。前 299 年（秦昭襄王八年），齐国主动与秦国交往。而这一次，齐愍王选派的使者就是田文，让他代表齐国出使秦国。

冥冥之中，似乎有天意在安排。

当然，齐国此举可能意在窥探秦国。因此，田文踏上了去往秦国的道路。秦昭襄王听闻田文要到秦国来，也在翘首以盼，等待着与田文会见。

不久，田文就到了秦国。秦昭襄王对田文很礼遇，设宴招待田文。宴会上，他们谈论了天下大势。田文给秦昭襄王灌输了很多新

---

① 司马迁：《史记》卷七十五《孟尝君列传第十五》："秦昭王闻其贤，乃先使泾阳君为质于齐，以求见孟尝君。孟尝君将入秦，宾客莫欲其行，谏，不听。苏代谓曰：'今旦代从外来，见木禺人与土禺人相与语。苏代以土偶比泾阳君，木偶比孟尝君也。木禺人曰："天雨，子将败矣。"土禺人曰："我生于土，败则归土。今天雨，流子而行，未知所止息也。"今秦，虎狼之国也，而君欲往，如有不得还，君得无为土禺人所笑乎？'孟尝君乃止。"

理念。由此，田文得到了秦昭襄王的宠幸。据外界传言，秦昭襄王还打算任命田文为丞相。[1]

秦国朝堂议论纷纷，大臣们嫉妒田文，也对秦昭襄王这个决策很不满。这时候，有人游说秦昭襄王道："孟尝君贤能，又是齐国宗室。若让他做了秦国丞相，在处置政务时，他定会优先考虑齐国的利益，其次才是秦国的利益。这样一来，秦国有可能要吃亏，甚至会陷入危险境地。"[2] 据说，秦昭襄王听说了这个建议后，亦产生了警惕心理，果断收回了对田文的任命，还命人将田文监管起来，管他吃喝，也允许他自由行动，但不能离开秦国。

秦昭襄王的心态值得玩味：既然不为秦国所用，就要毁灭田文。史料记载大过故事化，也有戏剧的成份在里面。本书认为，田文此次入秦被拘押的原因可能更复杂。绝不是简单的一两个臣子的"挑唆"，就改变他立田文为相的意见。我们推测，田文在与秦昭襄王交流时，先与秦昭襄王"意见相左"，甚至出现"拒绝"秦昭襄王好意的举动。而秦国贵族见缝插针，纷纷"抵制"田文，诋毁田文。而还未完全掌权，又不能对天下大局做出准确判断的秦昭襄王，被人"蒙在鼓里"，因此扣押了田文。否则，单凭简单几句话，就将田文拘押，很难说服后人。

这时候，田文培养的那些门客得知田文滞留秦国，为营救田文前后奔走。

---

[1] 司马迁：《史记》卷五《秦本纪第五》："九年，孟尝君薛文来相秦。"

[2] 司马迁：《史记》卷七十五《孟尝君列传第十五》："齐愍王二十五年，复卒使孟尝君入秦，昭王即以孟尝君为秦相。人或说秦昭王曰：'孟尝君贤，而又齐族也，今相秦，必先齐而后秦，秦其危矣。'于是秦昭王乃止。囚孟尝君，谋欲杀之。孟尝君使人抵昭王幸姬求解。幸姬曰：'妾原得君狐白裘。'此时孟尝君有一狐白裘，值千金，天下无双，入秦献之昭王，更无他裘。"

从当时的情况看，想要摆脱危机，非得秦昭襄王下令不可，否则一切都是白努力。而让秦昭襄王让步，谈何容易。其艰险程度，仿佛从虎口拔牙一样。

这些人不断探听秦昭襄王的弱点，以寻找解救田文的突破口。

不久，这些人就找到了突破口。原来，此时的秦昭襄王宠幸一个姬妾，几乎对其百依百顺。田文的门客打算从姬妾入手，营救田文。他们主动与姬妾靠近，探知她的所求。经过多方刺探，他们了解到，该姬妾一直喜欢孟尝君的一件白狐皮衣。据说这件白狐皮衣，价值千金，天下无双。田文到秦国后，曾将这件白狐皮衣赠给秦王，天下再也找不到第二件这样的衣服。

田文为此忧心忡忡，他得不到这件皮衣，就无法取得姬妾信任。而没有姬妾的帮助，他就无法离开秦国。田文向他养的那些门客讨主意，一时间没有人能想出更为有效的办法。

在田文一筹莫展之际，田文收养的一个级别很低的门客表示，他有办法弄到那件皮衣。田文喜出望外，将这件事交给门客。原来，此人善于偷鸡摸狗，有攀岩、登楼的本领。一直以来，田文对他很礼遇，从未因他只有偷鸡摸狗的本领而轻视他。这也让他对田文心怀感恩，总想着报答田文。

之后，他就装扮成一只狗，进入秦国王宫，将那件皮衣偷了出来。再之后，田文托人将皮衣敬献给姬妾后，姬妾喜爱不已，她就向秦昭襄王求情，希望放了田文。秦昭襄王大概也不想惹姬妾不高兴，也不愿留着毫无用处的田文，因此就放了田文。

以上这些内容，来自《孟尝君列传》，就故事本身而言，情节曲折，非常精彩。司马迁构造故事的能力不容我们怀疑。不过，在放走田文这件事上，本书认为，情况可能更加复杂。换句话说，秦昭襄王绝不会因为一个女人、一张貂裘就放了田文。其中，可能还有齐国的"干涉"，以致秦昭襄王不得不做出退让，田文因此才躲过了"监视居住"的厄运。

据说田文得到他被"释放"的消息后，马上收拾东西，从咸阳出发，奔赴函谷关。因为他意识到，秦昭襄王随时会反悔。到函谷关以后，田文倒换凭证，更改了姓名，打算出关。但此时，函谷关已关闭，只有等到次日鸡鸣后才开关。田文担心秦昭襄王变卦，让门人中一个善口技的人模仿鸡叫。此人遂模仿鸡打鸣，结果函谷关内外的鸡都纷纷叫了起来。于是，函谷关门得以打开。田文趁人不注意，偷偷离开了函谷关。①

田文的担忧不无道理。在下令放走田文后，秦昭襄王果然后悔。大概秦昭襄王认为，对秦国而言，田文是个巨大的隐患，他若离去，无疑是放虎归山。因此，秦昭襄王马上派人捉拿田文，试图将其拦截在秦国国内。然而，等秦军追到函谷关外时，天虽处于蒙蒙亮，但函谷关的大门已打开，田文一行人已离开了秦国。② 田文因此逃离了秦国。

不过这次入秦，让田文五味杂陈。他对秦国产生一种深深敌意。

---

① 司马迁：《史记》卷七十五《孟尝君列传第十五》："孟尝君患之，遍问客，莫能对。最下坐有能为狗盗者，曰：'臣能得狐白裘。'乃夜为狗，以入秦宫臧中，取所献狐白裘至，以献秦王幸姬。幸姬为言昭王，昭王释孟尝君。孟尝君得出，即驰去，更封传，变名姓以出关。封传犹今之驿券。夜半至函谷关。秦昭王后悔出孟尝君，求之已去，即使人驰传逐之。孟尝君至关，关法鸡鸣而出客，孟尝君恐追至，客之居下坐者有能为鸡鸣，而鸡齐鸣，遂发传出。出如食顷，秦追果至关，已后孟尝君出，乃还。始孟尝君列此二人于宾客，宾客尽羞之，及孟尝君有秦难，卒此二人拔之。自是之后，客皆服。"
② 司马迁：《史记》卷五《秦本纪第五》："十年，薛文以金受免。楼缓为丞相。"

之后，田文一行人穿过中原诸侯国，向齐国而去。而齐愍王也意识到此前对田文的冷落，在翘首以盼等田文回国。据说，田文被秦国扣留后，齐愍王心中很不安，田文出使秦国是奉了他的命令，若田文被永久扣留，或者死在秦国，他将成为千古罪人。现在田文死里逃生，齐愍王打算重用田文。回国后，齐愍王让田文出任丞相，将国家政务都委托给田文。

得到了更大的"权力"后，田文开始谋划天下大势。鉴于秦国强盛，田文打算利用"合纵"的力量，对付秦国。而此时，秦国正对韩、魏虎视眈眈。田文打算在这件事上做文章。之后，他派遣使者出使韩、魏，联络他们，试图与他们建立新联盟，对抗秦国。

为实现这个目标，田文脑洞大开，向周天子借军借粮。田文的这一奇思妙想，让周天子非常紧张。周王朝正在滑向更加衰微的深渊，哪有多余的军队和粮食给其他诸侯国提供？据说周天子为说服田文不要为难周王朝，想办法联络到大学问家苏代，请求他与田文交涉。[①]

苏代就代表周天子，对田文进行了说服："当初您借助齐国之力助韩、魏两国攻楚，战争持续了九年，夺取了宛、叶两县以北的大面积土地，加强了韩、魏两国实力。现在，您又要通过攻打秦国来增加韩、魏两国收益。若这一目标实现，那么韩、魏两国在南没有楚国的威胁，在西没有秦国为隐患，齐国反而就会成为韩、魏两国进攻的国家。届时，韩、魏两国定会轻视齐国而惧怕秦国，可能还会威胁齐国。我对此感到忧心忡忡。为今之计，不如让我到秦国去，与秦国交涉，您也不必发动对秦国的战争，更不用向周天子借

---

① 司马迁：《史记》卷七十五《孟尝君列传第十五》："孟尝君怨秦，将以齐为韩、魏攻楚，因与韩、魏攻秦，而借兵食于西周。"

钱借粮。您只需兵临函谷关，围而不打。我会乘机向秦王进言说：
'薛公不会攻打秦国，让韩、魏强大。他兵临函谷关的目的，只是
希望楚国交出山东地区给齐国，大王交出楚怀王，并与楚国和解。'
我觉得这个办法非常好，秦国不用与齐国作战，楚国也因割让山东
给齐国而避免战争。到时候，秦国定会从中斡旋，促成这件事。而
秦国释放楚怀王，楚国也定会感激齐国。齐国也因得到山东而强
大，您的薛邑也可永保平安。只要促成这件事，表面上看，并未过
度削弱秦国，但会让秦国在诸侯中掉价，韩、赵、魏就会更加倚重
齐国，远离秦国。"①

听完苏代的建议，田文认为计划可以操作，便同意了苏代的
请求。

之后，田文遣人出使韩、魏两国，希望他们能够向秦国称贺，
表明韩、赵、魏三国与秦国不想交恶，齐国也不再向周天子借军借
粮。苏代见田文行动，也进入秦国，实施他与田文密谋的大计划，
营救楚怀王。不过，尽管秦昭襄王接受了苏代的建议，却不想放走
楚怀王。而这个变故，让苏代的计划无法实现。② 由此，秦国与山

---

① 司马迁：《史记》卷七十五《孟尝君列传第十五》："苏代为西周谓曰：'君以齐为
韩、魏攻楚九年，取宛、叶以北以强韩、魏，今复攻秦以益之。韩、魏南无楚
忧，西无秦患，则齐危矣。韩、魏必轻齐畏秦，臣为君危之。君不如令敝邑深合
于秦，而君无攻，又无借兵食。君临函谷而无攻，令敝邑以君之情谓秦昭王曰
"薛公必不破秦以强韩、魏。其攻秦也，欲王之令楚王割东国以与齐，而秦出楚
怀王以为和"。君令敝邑以此惠秦，秦得无破而以东国自免也，秦必欲之。楚王
得出，必德齐。齐得东国益强，而薛世无患矣。秦不大弱，而处三晋之西，三
晋必重齐。'"

② 司马迁：《史记》卷七十五《孟尝君列传第十五》："薛公曰：'善。'因令韩、魏
贺秦，使三国无攻，而不借兵食于西周矣。是时，楚怀王入秦，秦留之，故欲必
出之。秦不果出楚怀王。"

东诸侯之间还会产生更多龃龉，引发更大的战争。

据说，这一时期，秦国还在觊觎周王朝。《战国策》有一则记载，似乎与这一时期的形势有关，可作为一种参考：

> 秦国向外放出消息说，即将攻打西周。周王朝紧张不已，遣周最入秦国交涉。周最见了秦王后，就对秦王说："为大王利益着想，就不该攻打西周。如果秦军攻打西周，对秦国毫无利益可言，反而会将名声搞坏，天下诸侯就会鄙夷秦国。到时候，诸侯们不再联合秦国，反而会站在齐国一边。等秦国陷入攻打西周战役后，天下诸侯联合齐国对抗秦国，秦国自然就不能称王称霸了。由此可见，攻打周朝是天下诸侯为了让秦国精疲力竭，故意怂恿秦国这么做的。等秦国和天下诸侯的精力耗尽，对诸侯的号令也就无法通行于周了。"[1]

这则文献，记载为"西周"。因周王朝本身内乱不断，后分裂为"西周国"和"东周国"，两家平起平坐。而西周国实力一度强于东周国，常被视为周天子的正统，故文献中多以"西周"指代战国时的周王朝，东周的军君则一般被称为"乐周君"，而非周天子。而周王朝为了生存，想尽了办法。秦国也不想与周王朝交恶，便果断放弃了"谋"西周。

---

[1] 刘向：《战国策》卷二《周策》："秦欲攻周，周最谓秦王曰：'为王之国计者，不攻周。攻周，实不足以利国，而声畏天下。天下以声畏秦，必东合于齐。兵弊于周，而合天下于齐，则秦孤而不王矣。是天下欲罢秦，故劝王攻周。秦与天下俱罢，则令不横行于周矣。'"

五国攻秦

前 298 年（秦昭襄王九年）夏，秦、楚刚刚停战，秦国就探知了一个更为震惊的消息：东方诸侯国之间在秘密联络，打算对秦国发动一次合纵大战。

据收集到的情报分析，已有好几个国家加入攻秦的阵营中。秦昭襄王很震惊，他清楚这与田文的运作有很大关系。此前，他滞留田文，让田文怀恨在心。当然，也可能与秦昭襄王未采纳苏代建议有关，毕竟秦国还扣留着楚怀王。

秦国高层得到消息后，一方面密切关注东方诸国的动向，一方面也在加强戒备，训练军士，以防即将到来的战争。

不久，秦国得到确切情报：齐、韩、魏、赵、宋、中山五国（一说齐、魏、韩三国）已联合，正在集结大军，准备攻打秦国。

据更为详细的消息说，五国为了让攻秦更加名正言顺，找了很多借口，其中一条是要求秦国放楚怀王回去。对此，秦国不予置评，因为秦国在攻打其他诸侯时，也会找一些"莫须有"的借口。

此时的秦国，不得不面对声势浩大的联军。随着苏秦、张仪、公孙衍、惠施等这些人的离世，合纵与连横也逐渐被舍弃。或者说，再也没有如他们一般的人，能组织起诸侯大联合，共同对付秦国。而这一次，是田文出面，与诸侯联络，组建的五国合纵。

对于这一战，秦国没有决胜的把握。

按照以往的经验，与合纵直面相对显然不是上策。张仪当年的做法是，破坏合纵国，让他们相互起内讧，秦国再伺机而动。因此，这时候，秦国在积极备战的同时，也策划从内部破坏五国的合纵。

然而，秦国还未破坏合纵，战报就源源不断从前线传来。据说联军推进速度很快，步步为营，已快到函谷关一线。

秦国高层陷入恐慌之中。即便秦有司马错、白起、魏冉等帅臣，但面对的是五国联军，他们也会被痛击，无法还手。另据最新战报，联军已推进至盐（一说监）氏一带。盐氏这个地方产盐，因此得名盐氏，和早期秦人在西汉水上游的盐官一地差不多。《史记正义》中说："'盐故城一名司盐城，在蒲州安邑县。'按：掌盐池之官，因称氏。"①

由于没有更好的办法，秦军只能凭函谷关据守，与五国联军形成对峙。函谷关险要，五国联军正面攻打，很难攻克函谷关，进入关中平原。所以，就形成了这样一种局面：秦国无法击退联军，联军也攻破不了函谷关的秦军防御。由此，这场战役持续了很长时间。

而对峙一旦形成，破坏联盟就成了破解危机的关键。秦国可能已派遣使者，到处游说五国。不久，五国之间出现了裂痕，合纵难以推进下去，就地解散。而合纵关系破裂后，秦国果断派出使者，下了"血本"与韩、魏两国交涉。比如，秦国将黄河以北的土地交还给韩国，将封陵归还魏国，表明秦国与韩、魏两国和平相处的态度。《史记正义》中说："秦与魏封陵，与韩武遂以和。"这两个地方都在黄河周边，"河外陕、虢、曲沃等地。封陵在古蒲阪县西南河曲之中。武遂，近平阳地也"②。

韩、魏两国得到好处，亦不愿与秦国继续为敌。当然，更重要

---

① 司马迁：《史记》卷五《秦本纪第五》："十一年，齐、韩、魏、赵、宋、中山五国共攻秦，至盐氏而还。"
② 司马迁：《史记》卷五《秦本纪第五》："秦与韩、魏河北及封陵以和。"

的是，五国联军没有削弱秦国。联军撤退后，韩、魏与秦国毗邻，他们若不与秦国疏通关系，会遭到秦国的报复。为了缓解与秦国的关系，他们主动与秦国再次达成和平盟约。

需要辩解的是，《秦本纪》中认为，五国攻打秦国发生在秦昭襄王十一年（前296年），《韩世家》中认为战争爆发在秦昭襄王九年（前298年）："十四年（前298年），与齐、魏王共击秦，至函谷而军焉。"《韩世家》还记载，两年之后，秦国将占据韩国的地方还给韩国："十六年，秦与我河外及武遂。"《魏世家》也载："二十一年（前298年），与齐、韩共败秦军函谷。"也是两年后，"二十三年，秦复予我河外及封陵为和"。由此，本书推测，函谷关外之战应爆发于秦昭襄王九年，只是这场战役持续了两年多时间，延续到前296年。

这一战，实际还是"合纵"的延续，秦国虽未组织起"连横"，却从联盟内部瓦解了联盟本身。事实上，合纵这种策略，最基本的原则是，诸侯国之间要相互信任，一旦有一方离开合纵，其他诸侯就会离心离德，联盟自然瓦解。也可能这时天上出现的彗星导致诸侯国相互猜忌，合纵破裂。①

函谷关之战结束后，齐、秦两国国君意识到他们无法削弱彼此，齐愍王对此尤其感受更加真切，因此齐愍王派人到秦国求亲。而秦昭襄王也不想两国关系继续恶化，遂将一位漂亮女子嫁给了齐愍王。而随着齐、秦联姻，因田文兵临函谷关的裂痕得到修复，秦、齐关系有所缓解。

---

① 司马迁：《史记》卷五《秦本纪第五》："彗星见。"

烫手山芋楚怀王

刚修复了与齐国的关系，另一个棘手的问题又摆在面前。这就是楚怀王的去留问题。自从楚怀王被秦国扣押以后，就一直在秦国过着囚徒一般的生活。

五国攻秦时，楚怀王认为时机成熟，动用了"关系"，悄悄逃离了秦国。等秦国发现时，他已出了咸阳，正奔赴回楚国的路上。由此可见，秦国对楚怀王只是监督，并未将其囚禁，否则，一个囚徒如何突破层层监控逃离秦国呢？

当然，这种逃离的背后，本身就是对秦国的"蔑视"。秦昭襄王大概有意放楚怀王离开，但楚怀王这种"偷着"离开算怎么回事？据说，为了拦截楚怀王，秦国直接关闭了秦、楚之间的各个关卡，并发出命令：一旦发现楚怀王，第一时间送回咸阳。

秦国关闭关卡，让如丧家之犬的楚怀王不得不改走其他道路。最终，楚怀王向北而行，历经曲折才到了赵国边境，希望在赵国歇歇脚，然后借助赵国的力量将自己送回楚国。

赵惠文王得到边境传来的消息后，召集群臣商议对策。多数赵国高层态度暧昧：他们不愿惹上秦国这个麻烦，更不愿与楚国关系恶化。因此，赵惠文王直接给边境将士下令，拒绝楚怀王进入赵国。

赵国的拒之门外，令楚怀王羞愧不已。想当年赵国想尽一切办法巴结他，要与楚国交好。现在，他却成了丧家之犬，人人如防瘟疫一般防着他。楚怀王只能从赵国折回，继续寻找回楚国的办法。

令楚怀王也没有想到的是，此时中原的诸侯国竟然没有人愿意帮助他。韩、魏两国可能还打算抓住他，将他重新交给秦国。楚怀王走投无路，只能硬着头皮回到魏国，希望魏国能够帮忙，送他回到楚国。但魏国因与秦国刚刚交好，他们表面上答应护送楚怀王回国，暗地里直接将楚怀王送回了秦国。①

等楚怀王发现情况不对时，秦国已重新将他接了回去。秦昭襄王当然没有为难他，只是将他继续滞留。此时的楚怀王悲愤交加，继续留在秦国。

只是，经过一年多的流亡，楚怀王身体健康出现严重问题，回到秦国之后就病倒了。不久，楚怀王竟病死在秦国。

秦昭襄王闻讯大惊失色，他们虽然没有杀楚怀王，但他死在秦国，就与秦国杀了他没有区别。

这个变故令人措手不及，考验着秦、楚两国关系。为了尽可能地缓解两国关系，秦国先将楚怀王病故的消息传报给楚国，再命人将楚怀王的尸身送回楚国。②楚国并没有立即与秦国交恶，但对待秦国的态度发生了变化，重新交恶也只是时间的问题。

秦国还得到消息说，将楚怀王灵柩送回楚国时，楚国人都为楚怀王感到惋惜，他们夹道迎接楚怀王灵柩，百姓们泪洒现场。这时候，其他诸侯纷纷指责秦国不讲仁义，破坏秦楚关系，一些诸侯国还与秦国断绝关系。③

不得不说，通过扣留楚怀王得到楚国土地，是秦昭襄王打得最

---

① 司马迁：《史记》卷四十《楚世家第十》："二年，楚怀王亡逃归，秦觉之，遮楚道，怀王恐，乃从间道走赵以求归。赵主父在代，其子惠王初立，行王事，恐，不敢入楚王。楚王欲走魏，秦追至，遂与秦使复之秦。"

② 司马迁：《史记》卷五《秦本纪第五》："楚怀王走之赵，赵不受，还之秦，即死，归葬。"

③ 司马迁：《史记》卷四十《楚世家第十》："顷襄王三年，怀王卒于秦，秦归其丧于楚。楚人皆怜之，如悲亲戚。诸侯由是不直秦。秦楚绝。"

烂的一手牌。秦国利用张仪的连横政策，实现了邦交礼仪史上的大成功，但秦昭襄王竟犯下了这样低级错误，实在是匪夷所思。通过这件事，我们也能看出，秦昭襄王也有常人的一面，他在成长过程中一样会犯错误。当然，他并非圣人，有自己的局限。我们不能用圣人的标准去要求他不犯错。

而楚怀王的死，只是一个变量。楚国在埋葬楚怀王后，没有继续与秦国交恶——这大概是他们集体商议的对策，毕竟秦国的实力不容小觑。而更重要的是，这时天下似乎又处于一种悸动中，诸侯国之间似也酝酿着更大的冲突、斗争。楚国敏锐地捕捉到了这一现状，他们选择了更加理智的做法：暂时不与秦国交恶，静观其变。

4. 扩张与强大

赵国危机

前295年（秦昭襄王十二年）注定是个动荡年，战国几大诸侯国在这一年都发生了各种各样的大事。一些诸国强大了，一些诸侯被蚕食了，还有些诸侯继续着昨日步伐，逐步滑向历史深渊中。不过，整体而言，最为惊心动魄的当属赵国的内讧与权力重组。

给秦国带来赵国国内巨变消息的人，是赵国的使者仇液（《战国策》中为杌郝）。

原来，一年前，当秦国与东方五国在函谷关外对峙时，赵国也在实施扩张。赵惠文王灭掉了中山国，解决了困扰赵国很多年的问题。中山国原是赵国还不强大时，从赵国内部孕育出的一个国家，一度成为赵国的威胁，仿佛人体中长出的一个肿瘤一般。当然，也有人说中山国是白狄人建立的国家，他们与赵国毗邻，由一个族群逐渐发展成一个国家，一度成为威胁赵国的存在。战国时期，为了各自的疆域，赵国与中山国战争不断。尤其最近几年，几乎到了你死我活的地步。前296年，赵国联合其他诸侯国，消灭了中山国，彻底解决了隐患。

需要注意的是，在消灭中山国的战争中，赵武灵王依然活跃。尽管他已退位，却能干涉赵国内务。之后，赵惠文王将中山王族迁居至肤施（今陕西省延安一带）。后来，赵国又修建了灵寿城，作为扼守北方草原部落的要塞。未几，北方各部落见赵国强大，都归顺赵国。赵国由此打通往代地的道路。[①]

然而，赵国外部的危机得以解决，内部的危机却越来越突出，甚至开始威胁国家的稳定。这危机就是赵国诸公子之间的斗争。其中，以原太子赵章的反叛最具代表性。

到此时，赵武灵王才意识到问题远比他想象的要严重，有意化解危机。他将赵章调往代地，意在将赵国一分为二，让赵惠文王与让赵章各自治理一片地域。

这是赵武灵王自己种下的因。

几年前，赵武灵王有个宠姬叫吴娃——据说长得非常漂亮，深得赵武灵王的宠爱。她还与赵武灵王生了个儿子叫赵何。

三年前，赵武灵王突发奇想，决定退位做幕后推手，夺取各国土地。因此，他将国君之位传给赵何。然而，赵武灵王的这种举

---

① 司马迁：《史记》卷四十三《赵世家第十三》："三年，灭中山，迁其王于肤施。北地方从，代道大通。还归，行赏，大赦，置酒酺五日，封长子章为代安阳君。章素侈，心不服其弟所立。主父又使田不礼相章也。"

措，与嫡长子继承制相悖，让太子赵章愤愤不平。大概考虑到赵武灵王还在，赵惠文王也已即位，最初赵章选择了忍耐。

之后，赵国消灭了中山国，赵惠文王威望得到极大提升。据说赵惠文王还与北方草原游牧民族交往，恩威并施，让北方游牧民族归顺赵国。赵惠文王做这一切，其实都是为巩固自己的政权，逐渐解决父亲"禅位不禅权"的问题。而这时，赵武灵王也意识到大权旁落，心有不甘，从代地回到邯郸，利用"主父"的身份赏赐赵国大臣，实行大赦，有意干涉赵惠文王的内政。

赵武灵王的种种举动，让赵惠文王非常郁闷，却又无可奈何。而赵武灵王的"干政"，无形中给了赵章机会。他本来就对赵惠文王不满，而随着赵武灵王的介入，他嗅到了机会，试图颠覆赵惠文王，重新夺回本该属于自己的君位。因此，在赵武灵王回邯郸期间，赵惠文王与赵章之间的明争暗斗也愈加激烈。

赵国的两位名臣注意到了这个现象，他们是李兑和肥义。肥义是赵武灵王留给赵惠文王的丞相，而李兑又是肥义的心腹，也身居要职。这时候，他们隐隐觉察到赵国内部的隐患。

有一次，李兑对肥义说："我发现公子章（赵章）长得魁梧，还很有志向。他又培养了一大批的党羽，野心勃勃。田不礼其人也不是善茬，他残忍好杀，蛮横无理。现在这两人在一起，必然制造事端。甚至为达到某种目标会铤而走险。我常听人说，小人有贪念，考虑事情也不全面，愿意铤而走险。他们还善于聚集，彼此怂恿，危害国家。根据我对公子章与田不礼的观察，发现他们一直在密谋大事。我担心赵国可能要发生叛乱。现如今，您承担治国重任，权势很大，集权力和矛盾于一身。若他们发动叛乱，最先受到侵害的就是您。古代的贤者对万物都有爱心，智慧之人亦能防患于未然。为了解决这个危机，您为什么不将治理国家的重任交给公子成呢？他是赵国的公子，有责任处置这些事情。总之，就是不能让矛盾聚焦在您的身上。"[1]

对李兑的建议，肥义并不同意。肥义认为赵武灵王对他有托孤重任，即便公子章、田不礼有反心，他也应帮助赵惠文王化解矛盾，消除危机，而不是一味地逃避。这是一种精神：为人臣子，当尽忠报国，以显示自己对国家的忠贞节操。

李兑作为肥义信任的人，看到肥义并不听从他的建议，自信心受挫，哭泣着离开了。不过李兑并未因此放弃，他转而找到公子成，向他表明自己的担心。此后，李兑与公子成秘密结成联盟，密切关注赵章、田不礼的行为，也采取了防御措施。[2]

与李兑、公子成的"谨慎"不同，这一时期，赵章与田不礼肆无忌惮，故意制造"声势"，让外界感受他们的强大。而他们的这"种种不轨行为"，终引起肥义的注意。

有一次，肥义对官员信期说："公子章与田不礼的做法令人很担忧，他们表面上言辞和善，实际上很阴险。这种人不忠不孝，是

---

① 司马迁：《史记》卷四十三《赵世家第十三》："李兑谓肥义曰：'公子章强壮而志骄，党众而欲大，殆有私乎？田不礼之为人也，忍杀而骄。二人相得，必有谋阴贼起，一出身徼幸。夫小人有欲，轻虑浅谋，徒见其利而不顾其害，同类相推，俱入祸门。以吾观之，必不久矣。子任重而势大，乱之所始，祸之所集也，子必先患。仁者爱万物而智者备祸于未形，不仁不智，何以为国？子奚不称疾毋出，传政于公子成？毋为怨府，毋为祸梯。'"

② 司马迁：《史记》卷四十三《赵世家第十三》："'……不可，昔者主父以王属义也，曰："毋变而度，毋异而虑，坚守一心，以殁而世。"义再拜受命而籍之。使死者复更变生，并见在生者傅王无变，令我不愧之，若苟息也。吾言已在前矣，吾欲全吾言，安得全吾身！且夫贞臣也难至而节见，忠臣也累至而行明。子则有赐而忠我矣，虽然，吾有语在前者也，终不敢失。'李兑曰：'诺，子勉之矣！吾见子已今年耳。'涕泣而出。李兑数见公子成，以备田不礼之事。"

国家的巨大隐患。我常听人说，若朝中有奸臣，如国家有蟊贼；宫中有谗臣，如君王身边有蛀虫。这种人往往贪婪，野心不小。他们在朝堂上迎合君主，在外面残害他人。擅权专政，做事放纵，给国家带来隐患。每每想到此处，我就非常担忧，整夜整夜睡不着觉，饿了也忘记吃饭。我认为我们还是要对这些人早做提防。从今之后，每次君王召见，我都会先站在君王面前，确保没有危险，才让君王出面主政。"信期也认为这样做最好。[①]

既然肥义感受到了危机，赵惠文王必然也会有"预感"。令人疑惑的是，既然威胁已产生，赵惠文王为什么不采取措施呢？难道他是等着赵章自己暴露出来吗？或者说，其中还有其他隐情吗？

我们认为，其中，应该还有赵武灵王的原因。所以，赵惠文王迟迟没有动手。

前 295 年春，赵武灵王决定试探一番赵章，并试图化解赵惠文王与公子章的矛盾。未几，他命人草拟一份诏命，召见贵族大臣，商议国策。赵武灵王还放出风去：要册封赵章为代王。

不久，朝会如期举行。赵国的有头有脸的人都来了，赵章也没有缺席。赵武灵王示意赵惠文王处置政务，自己躲在一旁观看大臣的行为。这时，赵武灵王发现赵章行为举止随意，毫无礼仪。赵武灵王很生气，也很失望，他原本计划这次朝会后，封赵章为代王，将赵国一分为二，让这两个兄弟各占一半，化解他们的矛盾。看到

---

① 司马迁：《史记》卷四十三《赵世家第十三》："异日，肥义谓信期曰：'公子与田不礼甚可忧也。其于义也声善而实恶，此为人也不子不臣。吾闻之也，奸臣在朝，国之残也；谗臣在中，主之蠹也。此人贪而欲大，内得主而外为暴。矫令为慢，以擅一旦之命，不难为也，祸且逮国。今吾忧之，夜而忘寐，饥而忘食。盗贼出入不可不备。自今以来，若有召王者必见吾面，我将先以身当之，无故而王乃入。'信期曰：'善哉，吾得闻此也！'"

赵章这样，赵武灵王打消了给赵章封代王的打算。①

　　而赵武灵王临时更改决定，也让赵章怀恨在心，决定实施报复。只是赵武灵王还没有意识到问题的严重性，继续做"主父"。其间，他与赵惠文王的紧张关系逐渐缓解。据说赵惠文王很孝顺，在邯郸为赵武灵王修筑一座庭院，让赵武灵王居住。

　　然而，谁也没想到，就在赵武灵王住在邯郸期间，赵国爆发了叛乱：赵章与田不礼伪造了诏书，以赵武灵王的名义宣召赵惠文王及大臣。肥义担心其中有阴谋，阻止了赵惠文王前往，还表示自己将深入虎穴，一探究竟。结果，肥义被赵章杀害。至此，赵章与、田不礼的叛乱公开。他们围攻赵国皇宫，捉拿赵惠文王。而赵惠文王得知后，命高信立对抗赵章。

　　不久，公子成与李兑也带兵赶来，调动各处军队镇压叛乱。由于公子成事先有准备，赵军因此很快集中起来对抗赵章、田不礼。赵章不敌，溃散而去。

　　有意思的是，在被击败的情况下，赵章竟没有突围、冲出邯郸，而是率领残部赶到赵武灵王的居处，希望赵武灵王出面调解，解除赵军对他们的追击。看着赵章狼狈的样子，赵武灵王动了恻隐之心——毕竟都是他的儿子。因此，赵武灵王收留了赵章。

　　不久，赵军追兵赶到，包围了赵武灵王住所。这时候，公子成、李兑等人也很为难，因为赵武灵王是先王，不能围攻。但不围攻赵武灵王，就无法捉住赵章。他们思考了一番，决定连同赵武灵

---

① 司马迁：《史记》卷四十三《赵世家第十三》："四年，朝群臣，安阳君亦来朝。主父令王听朝，而自从旁观窥群臣宗室之礼。见其长子章慢然也，反北面为臣，诎于其弟，心怜之，于是乃欲分赵而王章于代，计未决而辍。"

王一起围攻。这时候，赵章与田不礼才意识到自己多么愚蠢，赵惠文王能让他们活着吗？这种背景下，他们选择了继续突围逃亡，结果被赵军拦截，遭到诛杀。

至此，这场叛乱才被平定。而赵武灵王听闻赵章被杀后，老泪纵横，悲怆不已。他自己当初种下的因，变成了今天的果。

到这时，如何安置赵武灵王又成了难题。龌龊一旦产生，很难化解。赵武灵王希望与赵惠文王面谈，冰释前嫌。而李兑等人直接拒绝了赵武灵王的请求。

之后，赵武灵王被人困在宫中，李兑等人也不给他送食物。据说，起初，为了抗饿，赵武灵王自己抓麻雀充饥。三个月后，有人进入宫中查看时，发现赵武灵王被活活饿死（这一幕与齐桓公晚年凄惨生活很相似），身体被微生物掏空，只剩下一堆白骨。

之后，困扰赵惠文王君位的两个因素解除，他即命公子成出任相国，号称安平君，李兑担任司寇。[1] 赵国经过这一系列变故后，算是稳定了政局。

以上这些，就是仇液出使秦国带去的消息。当然，可能实际情况更为复杂，而仇液只是叙述了赵国变故的整个事件脉络，隐去了那些对赵国"不利"隐情。

---

[1] 司马迁：《史记》卷四十三《赵世家第十三》："主父及王游沙丘，异宫，公子章即以其徒与田不礼作乱，诈以主父令召王。肥义先入，杀之。高信即与王战。公子成与李兑自国至，乃起四邑之兵入距难，杀公子章及田不礼，灭其党贼而定王室。公子成为相，号安平君，李兑为司寇。公子章之败，往走主父，主主开之，成、兑因围主父宫。公子章死，公子成、李兑谋曰：'以章故围主父，即解兵，吾属夷矣。'乃遂围主父。令宫中人'后出者夷'，宫中人悉出。主父欲出不得，又不得食，探爵鷇而食之，三月馀而饿死沙丘宫。主父定死，乃发丧赴诸侯。"

秦国换相

听完仇液的叙述，秦国高层长吁短叹的同时，也在隐隐庆幸，因为赵国的衰微对秦国而言可是机遇。当然，赵国的内乱也有警示的成分：在立国君问题上，定要慎之又慎。不过此时的秦昭襄王刚刚成年，不着急立太子。秦国也不存在因君位之争让诸侯钻空子的现象。

秦昭襄王还要探知更多赵国的内务，仇液却不再叙述。

大概赵国的政变，不久会传遍诸侯国，也没有必要对秦国进行隐瞒，但秦国想要从仇液口中探知更多的消息就很难。与此同时，赵国这次遣仇液到秦国来，还带着重要的任务。因为赵惠文王正式亲政，赵国对待诸侯的政策也在调整着。仇液这次的任务，就是请求秦国罢免赵人楼缓的丞相职位。

相传，仇液在出发前，门客宋公（一说宋交）给他提供了入秦后邦交的建议："您到秦国后，若直接请求秦王罢免楼缓，就算秦王不听从您的建议，也会让楼缓嫉恨您。因此您到秦国后，应当先见楼缓，对他说您不会立即向秦王提出任用魏冉为丞相。这样一来，秦国看到您不急于让魏冉出任丞相，就不会听从您的建议。您表达了自己的意见，秦国却没有按照您的意见来处理，这样楼缓也不会嫉恨您。而您又提出不会着急建议魏冉出任丞相，实际上是希望让魏冉为丞相。一旦魏冉荣登相位，他也会感激您的提议。"这种办法，其实就是反其道而行的做法，赵国的目的是让秦国罢免楼缓，但直接给秦建议罢免楼缓，秦王不会同意。而魏冉一直想出任丞相却不得。若仇液也反对魏冉出任丞相，秦昭襄王反而会任命魏冉为丞相。

这些策略中包含着大智慧，需要慢慢琢磨，加以理解和运用。

仇液记着门客的建议，到秦国后，先给秦国高层讲述了赵国这些年的变化，支持楼缓继续担任秦国丞相，又隐晦地表示赵国不支持魏冉出任丞相。对于仇液的这些"建议"，秦昭襄王进行了深刻回味，体会仇液的"话外音"。

此后，秦国高层大概也进行了商议。这时候，仇液的"反其道而行之"的建议发挥了作用，秦国决定罢免楼缓。只是楼缓在秦多年，对秦国有一定的功绩。《战国策》中有一则故事，可见楼缓也曾得到过秦昭襄王的重视：

> 齐、韩、魏三国联合攻打秦国，威胁到函谷关。秦昭王对相国楼缓说："三国兵力强大，我想割让河东地区，与他们达成和解。"楼缓说："如果割让河东给三国，对秦国损失太大。况且，避免祸端，才能维护国家的利益。这都是父兄们应该尽的责任，大王您为何不召公子池前来商议呢？"于是，秦昭襄王就召见公子池，征询他的意见。公子池说："眼下我们即便割地求和，大王会后悔。不割地求和，大王还是会后悔。"秦昭襄王问："这是为什么呢？"公子池说："若大王割让河东讲和，三国必然收兵离去，届时大王就会说：'可惜我的土地了！三国本来就要离去，我却要拿出三座城池来贿赂他们。'我认为这是大王讲和会后悔的原因。如果大王不讲和，三国大军打进函谷关，咸阳必然陷入危机。届时，大王就会说：'真是可惜，我们因为舍不得三座城池而不与三国讲和。我认为这就是大王不讲和的悔恨。"听完公子池的话，秦昭襄王说："既然讲和与否都会后悔，我宁可失去三座城也不让咸阳陷入危机。

我决定割让三座城与三国讲和。"最终，秦国割让河东三城，
与齐、韩、魏三国讲和，三国军队才退去了。①

　　《战国策》所载这则故事不见于《秦本纪》，却表现出楼缓处置
政务的能力，塑造了一个善于解决矛盾的相邦形象，这就让楼缓的
人设"立起来"了。非如此，就让人难以理解《秦本纪》中对楼缓
的简略记载。换句话说，一个毫无才能的人，是如何担任秦国相邦
的呢？而有了这个故事，间接能了解到楼缓也是"有才能"的人。

　　而对于这样一个贤才，罢免他总得有个合理的说法，否则如何
能让天下人信服？贸然罢免他，以后还会有人来秦国效力吗？② 因
此，在罢免楼缓问题上，可能存在更为复杂的纠葛。

　　最后敲定丞相人选的人是宣太后，她力主罢免楼缓，因为她要
将弟弟魏冉推到丞相位置上去。秦昭襄王尽管已亲政，但对母亲的
意见，不能违背。换句话说，秦国的君权依然被"楚系芈姓"势力
分割。因此，经过长时间的思想斗争，秦昭襄王还是下了决心，罢
免楼缓的丞相之职。

---

① 刘向：《战国策·秦四》："三国攻秦，入函谷。秦王谓楼缓曰：'三国之兵深矣，
寡人欲割河东而讲。'对曰：'割河东，大费也；免于国患，大利也。此父兄之任
也。王何不召公子池而问焉？'王召公子池而问焉，对曰：'讲亦悔，不讲亦悔。'
王曰：'何也？'对曰：'王割河东而讲，三国虽去，王必曰："惜矣！三国且去，
吾特以三城从之。"此讲之悔也。王不讲，三国入函谷，咸阳必危，王又曰："惜
矣！吾爱三城而不讲。"此又不讲之悔也。'王曰：'钧吾悔也，宁亡三城而悔，
无危咸阳而悔。寡人决讲矣。'卒使公子池以三城讲于三国，之兵乃退。"
② 司马迁：《史记》卷七十二《穰侯列传第十二》："昭王七年，樗里子死，而使泾
阳君质于齐。赵人楼缓来相秦，赵不利，乃使仇液之秦，请以魏厓为秦相。仇液
将行，其客宋公谓液曰：'秦不听公，楼缓必怨公。公不若谓楼缓曰"请为公毋
急秦"。秦王见赵请相魏厓之不急，且不听公。公言而事不成，以德楼子；事成，
魏厓故德公矣。'于是仇液从之。而秦果免楼缓而魏厓相秦。"

如此做，有两方面的优势：一是可以处理好与母亲和舅舅之间的关系，让他们更加尽心竭力为秦国服务。而魏冉这些年来倾尽全力为秦国服务，功绩有目共睹；二是罢免楼缓的丞相，也能与赵国处理好关系。总之，罢免楼缓利大于弊，秦昭襄王采取了妥协态度。①

当然，很多事都充满了复杂性，史料记载不能见证其全部。魏冉出任秦国的"丞相"，有可能是芈姓势力干涉的结果，以宣太后为首的芈姓势力自然也希望芈姓在秦国得势，而对君权干预的最有效的手段就是干预"置相权"。换句话说，芈姓势力希望通过"相权"，实现维护整个族群利益的目的。实际上，这一做法变成了秦国太后干政的一种政治保障，王权和相权，一下子就走到了"双中心"的对立面上。②

事实也的确如此。魏冉登上丞相之位后，立即表现出他的"主政"思想，他第一时间与楚国和解，修复两国破裂的关系。据说魏冉还给楚国送去了五万石粮食，表示慰问。③

当然，这种做法必然都会冠以"君主"名义，丞相只是躲在君主之后的掌权派。魏冉处置楚国的问题与秦国之前的举措完全不同。换言之，秦昭襄王支持与楚国交恶，就不会轻易改变，而魏冉作为秦相，在促进秦、楚和好上出了力。而楚国也接受了粮食，并表示愿意与秦国和谐相处。

---

① 司马迁：《史记》卷五《秦本纪第五》："十二年，楼缓免，穰侯魏冉为相。"
② 刘三解：《秦砖：大秦帝国兴亡启示录》第四章《军功授爵制的幻梦》第七节《秦始皇丞相们的死亡率》。
③ 司马迁：《史记》卷五《秦本纪第五》："予楚粟五万石。"

秦国扩张

理顺一切后，秦国开始了新的扩张行动。这次秦国将目光放在了身边的魏国。

三年前，魏国联合韩、齐等国，兵围函谷关。秦国击溃了联军后，为了缓解内部压力，还将封陵之地还给了魏国。现在秦国基本理顺了内务，又解决了"合纵"的问题，遂决定从魏国手中夺回失地。当然，之所以选择先打魏国，是因为魏襄王在年前（前396年）去世，魏国新君即位，国内还不稳。

这次秦国领兵的人是司马错，时任国尉。司马错是秦国的老将，在平蜀叛乱中，立下了不朽战功。岁月磨砺了他，因此秦昭襄王将攻打魏国的计划交给了他。

秦军在司马错的带领下，迅速推进到魏国的腹地襄城。这地方处在中原的核心枢纽上，魏、韩、楚曾为得到襄城都发动过战争。现在这个地方在魏国手中，必然成为秦国抢夺的对象。司马错瞅准了襄城的独特地理位置，带领人围攻了襄城。魏军依然难敌，襄城被秦军所拔。[1]

此战结束后，时令就进入隆冬季节。秦军没有继续推进，而是选择了撤退。不过战争的机器一旦运转起来，就很难停下来。接下来的时间里，秦国则迈出了攻打列国的步伐。

前293年（秦昭襄王十三年）春，大地刚刚解冻，秦军就出动了。还是司马错的大军，这次他们攻打的地方是魏国的于解。[2] 战

---

① 司马光：《资治通鉴》卷四："秦尉错伐魏襄城。"
②《资治通鉴》卷四："秦败魏师于解。"

果不出意外，于解被秦军攻陷。

魏国上下噤若寒蝉，魏王派出使者与秦国交涉，希望两国不要再打下去。秦昭襄王也没想过要灭亡魏国，但削弱魏国势在必行，因此，对魏国的交涉，秦国高层态度暧昧。之后，秦国有了新的攻打对象，秦军才徐徐撤出了魏国。①

而这个新的攻打对象就是韩国。这些年来，秦、韩两国不断发生摩擦。韩国是个薄情寡义之国，只要有机会，他们就会破坏与秦国的联盟，与其他诸侯国组成新联盟对抗秦国。对秦国而言，韩国的这些做法就是不讲仁义。

因此，当司马错攻打魏国的时候，秦国还派出了一支大军攻打韩国。统领这支大军的人是向寿，他是宣太后身边的人，一直受到秦国重用，曾出任秦国丞相。可能他更善于打仗，而在丞相之位并无建树。这时候让他领兵，也有意让他重新建立功业。之后，秦军很快推进，攻占了韩国的武始县（今河北省武安市南）。《史记集解》中引用《地理志》的记载："魏郡有武始县。"《史记正义》引用《括地志》里的记载，认为："武始故城在洺州武始县西南十里。"②

可能在攻打武始县时，秦军受到韩军顽强抵制。而作为主帅的向寿尽管指挥秦军攻克了武始县，但秦军的损失也是惨重的，这也让秦国高层产生了换人的打算。

不久，秦国果断调整策略，将向寿换成了武将白起，继续与韩国周旋。白起在战国历史上赫赫有名，也是战国四将之首，会在以

---

① 司马迁：《史记》卷四十四《魏世家第十四》："二年，与秦战，我不利。"
② 司马迁：《史记》卷五《秦本纪第五》："十三年，向寿伐韩，取武始。"

后立下不朽功业，成为秦国历史上的不败之神。不过此时的白起，在秦军中初露锋芒。按照《战国策》的说法，白起复姓公孙，单名一个起，是郿邑（今陕西眉县）人。后世白居易曾表示，白起是楚平王太子芈建的后人。白起成长的时代，正是秦国日益强盛之时，秦昭襄王雄心勃勃，要东出征讨诸侯列国。为了实现这一目标，秦国继续实施不拘一格招揽人才策略。在这种背景下，白起进入秦国高层视野。白起因在军中能知人善用，便迅速成长为将领级别人才。《白起列传》中说："善用兵，事秦昭王。"①

之后，在秦国对外扩张中，白起逐渐显露出杰出的领导才能，得到了不断晋升。也是这一时期，白起与魏冉关系逐渐密切起来。前295年（秦昭襄王十三年），在魏冉的举荐下，白起被擢升为左庶长。②

在秦国决定攻打韩国时，向寿只是开了个头。接着秦国就换帅，白起成为攻打韩国的直接指挥者，攻打韩国新城（今河南省伊川县西南）。《史记正义》中说："白起为左庶长，将而击韩之新城。"《括地志》里也说："洛州伊阙县本是汉新城县，隋文帝改为伊阙，在洛州南七十里。"③ 白起领导的秦军，仿佛变成了一支铁军。他们战必胜，攻必克，无人能敌。秦军很快占领韩国的新城，并开始继续向东扩张。

韩国上下噤若寒蝉。

有意思的是，在秦军向外迅速扩张时，秦国高层之间的斗争也

① 司马迁：《史记》卷七十三《白起王翦列传第十三》。
② 司马迁：《史记》卷七十三《白起王翦列传第十三》："昭王十三年，而白起为左庶长，将而击韩之新城。"
③ 司马迁：《史记》卷五《秦本纪第五》："左更白起攻新城。"

愈演愈烈。当时秦国有个五大夫叫吕礼，原是齐国人，后来辗转秦国，得到秦国的重用，曾任秦柱国、少宰、北平侯等爵位。魏冉成为丞相后，排斥异己，不是魏冉阵营中的官员，多遭到刁难，吕礼就是其中一个。

按照《战国策》的说法。魏冉任秦国丞相后，田文为了解决秦国攻魏问题，曾出使秦国，对魏冉说了这样一番话："我听人说，秦王打算让吕礼到齐国来，与齐国达成结交，以此来救助天下。若秦王真有这个想法，那么您就会被轻视。到时，秦、齐两国联手对付三晋，吕礼就会兼任两国的丞相。这样一来，吕礼的地位就会得到极大提升。而您就会被疏远。您做了这么多，却一点好处也没有得到。不如您劝说秦王，让薛地的兵马去攻打齐国。等到齐国战败，我愿意将所有土地献给您。更重要的是，齐国一旦被薛地战败，三晋就会强大。而秦王担心魏国强大，定会让您去结交魏国。您到了魏国，薛地也就成为魏国的土地，这会让秦、齐都不得安宁。即便如此，魏国也不能对抗秦国，只能通过您来与秦国交涉。到时您就可以利用资源，让魏、秦重归于好。若您按照我说的做，既削弱了齐国，又利用魏国提升了自己的地位，齐、秦都会重视您。反过来，若吕礼得到重用，到时候受窘迫的就是您。"① 据说，魏冉听从了田文的建议，开始实施排挤吕礼的计划。

《战国策》的这个记载，值得商榷的地方很多。吕礼其人此前

---

① 刘向：《战国策·秦五》："薛公为魏谓魏冉曰：'文闻秦王欲以吕礼收齐，以济天下，君必轻矣。齐、秦相聚以临三晋，礼必并相之，是君收齐以重吕礼也。齐免于天下之兵，其仇君必深。君不如劝秦王令弊邑卒攻齐之事，齐破，文请从所得封君。齐破晋强，秦王畏晋之强也，必重君以取晋。齐予晋弊邑，而不能支秦，晋必重君以事秦。是君破齐以为功，操晋以为重也。破齐定封，而秦、晋皆重君；若齐不破，吕礼复用，子必大穷矣。'"

并未表现出"与众不同",如何与魏冉抗衡?况且,此时的秦国,芈姓势力绝对强大,即便吕礼有"通天"本领,他一个外国客卿,如何颠覆魏冉呢?

当然,不排除田文利用魏冉驱赶吕礼的嫌疑,如果是这种原因,吕礼真就是人才,田文则不希望秦国有更大的人才。

不久,吕礼就受到了秦国官员的弹劾,还有些有关吕礼"不臣"的言论,也在秦国官场中流传,这让吕礼非常紧张。最终他选择了逃亡魏国。①

而吕礼逃亡在意料之中,魏冉并不在意吕礼逃往何处。对魏冉而言,只要排挤了吕礼,他的目的就达到了。从此他再没有政治对手,可以一心一意主持秦国国政。比如下面发生的这件事,就体现了魏冉的作用。当时,汉中地区的郡守去世,需要秦国派遣一位官员出任郡守。魏冉有着自己的计划,他给朝廷举荐了一个叫任鄙的人。最终,秦昭襄王同意魏冉的举荐,派任鄙到汉中郡任职。②

当然,除了魏冉与吕礼的斗争,秦国高层间还存在着更为复杂的派系斗争。那么,这些争权夺利的斗争,会影响秦国继续强大吗?

---

① 司马迁:《史记》卷五《秦本纪第五》:"五大夫礼出亡奔魏。"
② 司马迁:《史记》卷五《秦本纪第五》:"任鄙为汉中守。"

第十六章

东进

采薇采薇，薇亦作止。曰归曰归，岁亦莫止。

靡室靡家，猃狁之故。不遑启居，猃狁之故。

采薇采薇，薇亦柔止。曰归曰归，心亦忧止。

忧心烈烈，载饥载渴。我戍未定，靡使归聘。

采薇采薇，薇亦刚止。曰归曰归，岁亦阳止。

王事靡盬，不遑启处。忧心孔疚，我行不来！

彼尔维何？维常之华。彼路斯何？君子之车。

戎车既驾，四牡业业。岂敢定居？一月三捷。

驾彼四牡，四牡骙骙。君子所依，小人所腓。

四牡翼翼，象弭鱼服。岂不日戒？猃狁孔棘！

昔我往矣，杨柳依依。今我来思，雨雪霏霏。

行道迟迟，载渴载饥。我心伤悲，莫知我哀！

——《诗经·小雅·采薇》

1. 大征伐时代

伊阙之战

前 293 年（秦昭襄王十四年）春，当咸阳的秦国民众还沉浸在冬春之交的寒冷中时，驻扎秦韩边境伊阙（今河南省洛阳市龙门镇）的秦军，并未因息战而不修武备。他们每天都要进行军事操练，雷打不动，仿佛肩负课业的学子一般。

负责训练这些秦军的将领是左庶长白起。上一年，他们在攻韩的战争中取得阶段性胜利，夺得了韩国新城。之后，他们继续屯驻边境，对韩国虎视眈眈。

韩国此时深陷危局，已无力与秦国抗衡，唯有乞和。当然，秦国若要想灭韩，条件还不成熟。至少，战国时代的诸侯还没有对大国发起"灭国"战——秦灭巴、蜀，赵灭中山不在此范围内。那些一开始就说秦国有统一四方的观点要慎重。秦国决定翦灭六国的目标是随着国际形势的不断变化而诞生的。而此时，秦国还灭不了楚，也灭不了齐，即使赵，秦也无法消灭。

这种背景下，相互试探，成为最常用的办法。韩国高层曾试着与白起交涉，并在相互试探中，试图找到白起的"弱点"，促成秦军撤兵。但白起并无"弱点"，而强势的秦军又志在必得，并不愿撤军。因此，这一时期，秦国对韩国的威胁就一直存在着。

此后，韩国不得不寻求外力存活。

韩国选择向魏国求援。韩、魏同出一脉，多年来又都受秦国威胁。不久前，秦国还遣司马错攻打魏国，攻占魏国土地。结合这些原因，韩国决定派使者入魏国交涉，试一试魏国的态度。万一魏国答应支援，建立韩魏联盟，总比韩国独自抵抗秦国要强很多。

当韩国试着表达了联盟意图后，新即位的魏昭王一改往日魏国对秦的态度，决意联合韩国，对抗秦国。究其原因，大概是两国唇亡齿寒，没办法不这么做。不久，魏昭王令魏将公孙喜（一说犀武）领魏军南下，支援韩国。

因此，当白起还在训练秦军时，魏军已悄然南下，与韩军集结。有意思的是，周天子也担心秦军突破韩国，染指周王朝，派出一支军队加入魏、韩联军中。[①]

相传，这一次，周、韩、魏联军数量达到二十多万（不少于二十四万）。白起带领的秦军具体数字无载，但总人数应差不多，可能比这个数要少一些。因为，秦军没有主动进攻，反而是联军一直跃跃欲试。于是，联军与秦军就在伊阙形成了一种新对峙，双方都在等待着彼此露出破绽。

伊阙地形地貌非常独特，两岸有两座山相互对立，中间是流淌不息的伊水（南洛水支流），仿佛一道"门"，故而称作伊阙。《水经注》载："昔大禹疏龙门以通水，两山相对，望之若阙，伊水历其间，故谓之伊阙。"《史记正义》中说它在"伊阙在洛州南十九里"，亦"今洛南犹谓之龙门也"。

而如此独特的地理优势，注定了它会成为从西向东的咽喉要塞。秦军想要东出，必经此地。联军向西而进，这里也是必经之

---

① 刘向：《战国策·中山策》："韩、魏向率，兴兵甚众，即可所将之不能半之，而与战之于伊阙。"

地。韩国如此重视伊阙，也是出于这方面考虑。

此时，秦国大军驻守在伊阙以西，联军驻扎在伊阙以东。联军数量巨大，又占据天然优势。分析目前局势，秦军很难突破伊阙。但大军团作战，"策略"往往会成为成败的关键。历史上很多以少胜多的战争，都体现了这一点。换句话说，军事实力是决定成败的重要因素之一，但不是全部。

这就要分析双方将领的智谋，以及彼此拥有的"天时""地利"等因素。而联军这次遇到的就非常人，他是白起。对白起而言，不管付出多大的代价，他都要拿下伊阙，这不仅是他个人的荣誉，还决定着以后秦军东出的计划。他不能辜负秦昭襄王的殷殷期望。不久前，秦王还给他送来了任命书，擢升他为左更。

当然，固然白起很"优秀"，有各种"智谋"，但贸然进攻，显然非上策，秦军不乏勇武，却不能白白牺牲。为今之计，只能选择智取。

只是智取就需有出奇制胜的妙计，而此时的白起还未找到更好的办法，只能暂时与联军对峙，直到他找到破联军的办法。此后，白起派出很多乔装打扮的探子，混入伊阙，打探联军的消息。当然，对方也对派间谍，搞渗透。

好消息很快从伊阙联军大营里传来：联军将帅出现意见分歧。原来，三方将帅就如何攻打秦国产生了严重分歧，韩军在联军中力量相对较弱，韩军大将暴鸢希望他们攻秦军侧翼，由强大的魏军正面攻打秦军，吸引秦军注意力。魏将公孙喜却认为韩军虽弱，武器装备却先进，应作为先锋部队攻打白起，而魏军应放在后面，等韩军与魏军交手后，再攻打秦军。

他们谁也说服不了谁，只能与秦军继续对峙。应当说，双方产生分歧的背后，实质是韩、魏都不想冒头与秦军作战"胆怯"心理作祟。

白起得到消息后，非常振奋，他本就计划利用离间计，让联军起内讧。这时候，他们自己却先起了争议。不过白起并未立即行动，他还在观望时局，等待发动战争的最佳时机。据说有一天，白起登上伊阙西面的山上，观察联军驻扎情况。这时，白起发现韩军驻扎在最前面，后面是魏军，最后是周军。而这进一步论证了联军主帅各怀心思现状。他们为了保存各自实力，都不愿主动作战。[①]

白起已找到了突破点，开始部署攻破联军计划。之后，伊阙之战打响。白起先用疑兵麻痹最前方的韩国，吸引韩军的注意力。而这一招果然有效，韩军被这部分秦军吸引，与秦军交战在一起，无法脱身。

紧接着，白起带领秦军主力绕过韩军，猛攻后面的魏军。魏军也没料到白起会来这一手，瞬间乱作一团。仓促间，公孙喜指挥魏军应战，结果被秦军冲散成各种小股部队，各自为战。而这正是白起最初设定的"结果"。他就是要让魏军方阵被冲散，如此才能重创魏军，给联军施压。而魏军完全钻进了白起布置的陷阱中。之后，白起就命秦军主力猛攻魏军，一股一股吃掉他们。此时的魏军六神无主，惊恐不已，边退边战。最后面的周军看到魏军先后撤退，也陷入混乱中，向后撤退。

《战国策》中的一则故事，或许就是发生在这一刻：

---

① 刘向：《战国策·中山策》："伊阙之战，韩孤顾魏，不欲先用其众。魏恃韩之锐，欲推以为锋。二军争便之利不同，是臣得设疑兵，以待韩阵，专军并锐，触魏之不意。魏军既败，韩军自溃，乘胜逐北，以是之故能立功。"

秦军在伊阙击败魏将犀武后，又继续向东推进，意在攻打周王朝。这时候，周朝官员周最对赵国高官李兑说："您应当阻止秦军攻打西周。在我看来，眼下赵国能施行的上策是让秦、魏两国交战。但如果现在秦国向东，攻打西周取得了胜利，秦军必然伤亡惨重。就是说，秦军如果在对西周的战役上取得胜利，就不会再与魏国作战。如果秦国攻打西周失利，也不会攻打魏国，因为秦军承受不起连续失利。现在，如果由您出面，阻止秦军攻打西周，这是趁着秦国与魏国讲和之际做出的重大决策。如果是赵国出面协调，阻止秦国攻打西周，可能秦国不会听从。但如果是您个人促成这件事，就能保住西周。而只要秦军撤退，必然会再次进攻魏国。到时，魏国无力抵抗，一定会向您求助，那么，您必然受到诸侯的重视。若魏国不肯讲和，与秦国直接对抗。那您也让西周得以存留，而让秦、魏处于战争中。如此，左右天下的大权就会落在您手中。"[1]

面对秦国的虎视眈眈，周朝高层胆战心惊，担心秦国乘机入侵洛邑。这一背景下，官员周最与赵国李兑交涉，希望李兑能够阻止秦军继续向东扩张，威胁到周王朝。《战国策》的说法看起来是对话，却包含着列国形势的深层逻辑。当然，这是防患于未然的做法。那么，秦军到底有没有进攻洛邑的计划呢？

答案是没有。因为时机还未成熟，这时候的秦军目标是韩国。

事实上，魏军、周军撤离后，秦军已将攻打目标对准了韩军。当然追击魏军、周军也在同步进行中。

---

[1] 刘向：《战国策·周二》之秦攻魏将犀武军于伊阙。

此后，秦军对韩军实施了合围。到这时，韩军才意识到中计，想要摆脱包围圈。但秦军死死咬住不放，也让他们无法摆脱。之后，白起指挥秦军猛攻韩军。韩军原先撤退时，还保持着整齐的队形，以应对秦军的施压。但随着战场不断变化，韩军阵形已乱。

到这时，战争胜败已现。巨大的恐惧感笼罩在韩军头上，他们开始向外冲击，试图冲出秦军的包围圈。白起没有给韩军这个机会，他命令秦军对韩军发起总攻。韩军在恐惧中与秦军对抗着，寻找着生机。最终，还是撕开了一个口子，丢盔弃甲，向东方逃窜。白起命秦军全面追击。

这时候，就形成了非常壮观的景象：联军在前方逃，秦军在后面穷追。仿佛一群狼在驱赶一群羊一样，联军四处逃窜，被秦军诛杀者不计其数。伊阙一带的土地上，到处都是联军将士的尸首。①

战争从早晨持续到下午，联军溃散到各处。白起叫停了追击。这一战，秦军大获全胜。

战后，秦军清点战场，发现秦军斩杀的联军尸体近二十四万。魏军主帅公孙喜被秦军俘虏，韩军主帅暴鸢逃离了伊阙，周天子的部队也被消灭在了伊阙。之后，白起又乘胜追击，占据了伊阙附近的五座城邑。②

这就是历史上有名的伊阙之战，也是白起的扬名之战。这一战，震惊了东方诸国。这是历史上秦军首次取得杀敌二十万以上的战绩，也是列国诸侯联合攻秦时，损失最为惨重的一次。经此一

---

① 司马迁：《史记》卷四十五《魏世家第十五》："釐王三年，使公孙喜率周、魏攻秦。秦败我二十四万，虏喜伊阙。"
② 司马迁：《史记》卷五《秦本纪第五》："十四年，左更白起攻韩、魏于伊阙，斩首二十四万，虏公孙喜，拔五城。"

战，韩国彻底衰弱，周天子也对秦国唯唯诺诺，只能依附于秦国存在。

之后，由于韩国向秦国求和，白起暂停了对韩国的攻击。

伊阙战胜的消息传至秦国后，高层振奋不已。年轻的秦昭襄王信心满满，大出计划正式开始实施。魏冉在秦昭襄王面前举荐了白起，白起因此被授予大良造，负责秦军东出事宜。①

秦国攻魏

伊阙之战后，秦军进入了休整阶段。原因很简单，秦军虽打残了韩国，自己的损失也不小。接下来，他们的目标明确，就是不断削弱邻邦，向东拓疆。

前292年（秦昭襄王十五年）春，经过数月休整的秦军，在高层的授意下，再次开启扩张之路。

这一次，他们将打击对象放在魏国。对于一年前魏、韩联合抗秦国之事，秦国早有报仇之意。韩国已被打怕，攻打魏国正当时。

之后，秦昭襄王授命白起攻魏。白起登台点将、部署任务后，浩荡的秦军向东开拔。数日后，秦军扑向了垣地，轻而易举拿下了垣地。但不久，秦国又将该地还给了魏国。② 《史记正义》中说："垣音袁。前秦取蒲阪，复以蒲阪与魏，魏以为垣。今又取魏垣，复与之，后秦以为蒲阪皮氏。"

秦国为什么要这么做，具体细节已无可考证。可能秦国单纯想

① 司马迁：《史记》卷七十二《穰侯列传第十二》："昭王十四年，魏厓举白起，使代向寿将而攻韩、魏，败之伊阙，斩首二十四万，虏将军公孙喜。"
② 司马迁：《史记》卷五《秦本纪第五》："十五年，大良造白起攻魏，取垣，复予之。"

教训魏国，因此在暴揍魏国后，将垣地还给了魏国。也可能是魏国在面对秦国威胁时，采取及时补救措施，遣使入秦交涉，最终秦昭襄王被说服，秦军就撤退了。不过，秦国对魏国发动的战争并未因此结束，这次撤军只是大战前的宁静。

秦昭襄王壮志凌云，试图要完成祖宗没有完成的功业。这一次，他决意攻打楚国。而这也意味着秦国对外战争已完全公开。如此做，一方面是警示诸侯，另一方面也为彰显国力。

据说在双方开战前，秦昭襄王先命人给楚顷襄王送去了一封挑战信，语气相当强硬："秦楚之间一直有盟约，但楚国背叛了秦国。现在秦国即将派出大军攻打楚国，与楚国决一雌雄。我希望楚王能够整顿兵马，与秦军痛快地打一仗。"秦昭襄王的这封信，令楚国上下不得安宁。他们遣人出使秦国，试图与秦国继续媾和。[1]

楚国使者到秦国时，秦军已出动。不久，秦军就攻占了楚国的宛、叶等地。《秦本纪》中载，秦军这次只取了宛城，"攻楚，取宛"。《楚世家》记载秦军攻克了宛、叶等地。[2]

尽管这只是一次小规模战役，依然让楚国高层心惊肉跳。楚国使者再遣使者入秦，与魏冉交涉，希望通过魏冉从中斡旋，缓解楚国的危机。

楚国求救，让魏冉很为难。

大概秦军此次攻楚是秦昭襄王自己的决策，魏冉、宣太后没有参与决策。或者参与决策了，但最终秦昭襄王以"王"的名义发动

---

[1] 司马迁：《史记》卷四十《楚世家第十》："秦乃遗楚王书曰：'楚倍秦，秦且率诸侯伐楚，争一旦之命。原王之饬士卒，得一乐战。'楚顷襄王患之，乃谋复与秦平。"

[2] 司马迁：《史记》卷七十二《穰侯列传第十二》："明年，又取楚之宛、叶。"

了战争，他们也无法左右王权，选择了默认。而楚国使者与魏冉交涉后，魏冉就不能装作不管不顾了。他需要从中斡旋，缓解秦楚关系。

所幸的是，楚国使者也表明了姿态：希望联姻以保两国和平。这是一个切入点，也是处置两国紧张关系的最佳方法。魏冉拿着这个办法请示秦王。秦昭襄王综合考量后，答应了楚国使者要求。秦昭襄王选了一个绝色女子，嫁给了楚顷襄王。自此，秦、楚再修好。①

有意思的是，秦、楚交好后，魏冉以生病为由，向秦昭襄王提出了辞职。更令外界疑惑的是，秦昭襄王同意魏冉辞去丞相。紧接着，秦昭襄王选任客卿寿烛为秦国丞相。②

可能秦昭襄王与魏冉之间有更复杂的纠葛，只是史料未曾载。不过秦昭襄王并未就此废弃魏冉。一年后，秦昭襄王又对其进行封赏，授予他穰侯的爵位，封地在陶邑（今山东省菏泽市定陶区）。与魏冉一起被封爵的，还有秦昭襄王的两个弟弟公子芾、公子悝。③ 也是在这一年，秦昭襄王又罢免了寿烛，继续让魏冉出任秦国丞相。④

这些重大的人事变动，似乎透露着秦国高层之间的政治斗争。魏冉通过各种势力的运作，再次成为秦国的丞相。

---

① 司马迁：《史记》卷四十《楚世家第十》："七年，楚迎妇于秦，秦楚复平。"
② 司马迁：《史记》卷七十二《穰侯列传第十二》："魏冄谢病免相，以客卿寿烛为相。"
③ 司马迁：《史记》卷五《秦本纪第五》："冄免，封公子市宛，公子悝邓，魏冄陶，为诸侯。"
④ 司马迁：《史记》卷七十二《穰侯列传第十二》："其明年，烛免，复相冄，乃封魏冄于穰，复益封陶，号曰穰侯。"

前 291 年（秦昭襄王十六年）春，秦国以左更司马错为主帅，再攻魏国。秦军旋即夺取了魏国的轵、邓两地。[1]《史记集解》引《地理志》的说法："河内有轵县，南阳有邓县。"《史记正义》引《括地志》的记载："故轵城在怀州济源县东南十三里，故邓城在怀州河阳县西三十一里，并六国时魏邑也。"

秦国的蚕食行动，令魏国胆战心惊。面对凶悍的秦军，他们毫无招架之力。而秦、魏之间的战争没有停下来，白起也在魏国境内。他联合司马错，对魏国实施了一轮又一轮猛攻，收割魏国的土地和人口。

魏国再派出使者交涉，试图缓解秦国对魏国的蚕食。秦昭襄王的做法也是"恩威并施"，让诸侯永远摸不透秦国的意图。

总之，这一时期秦国不断挑战东方诸侯，令诸侯们深感不安。秦国周边的诸侯国也纷纷与秦国交好。韩国原封的诸侯成阳君，也与东周君一起到咸阳，拜见秦王。秦昭襄王招待了他们，也表示不会攻打他们。《史记正义》引《括地志》记载："濮州雷泽县本汉郕阳县，古郕伯姬姓之国，周武王封弟季载于郕，其后迁城之阳也。"[2] 这个成阳君以后还会与秦国产生交集。

此后，秦军持续攻打魏国，让魏国无法安宁的同时，也让周王朝与韩国压力不减。他们密切关注秦军动向，一面主动与秦国交好，一面也在积极准备，应对可能发生的战争。

未几，秦国将垣地划分为蒲阪、皮氏两地。《史记正义》中说："蒲阪，今河东县也。皮氏故城在绛州龙门县西一里八十步。"此时

---

① 司马迁：《史记》卷五《秦本纪第五》："十六年，左更错取轵及邓。"
② 司马迁：《史记》卷五《秦本纪第五》："十七年，城阳君入朝，及东周君来朝。"

垣地实际上还在魏国手中。秦国还没有攻占垣地，就对垣地进行了划分，可见秦国对垣地志在必得。①

这时候，秦昭襄王牵挂着战争。有一日，他在咸阳宫中心烦意乱，就带领一支人马出了咸阳，赶到了宜阳（今河南省洛阳市宜阳县西），观看秦军进军情况，"王之宜阳"。

而有了秦王的犒军，秦军攻魏的势头更猛了。魏国高层如坐针毡，昼夜叹息。长此以往下去，秦国会将魏国土地全部蚕食。魏国大臣芒卯建议割地求和，委曲求全。魏王尽管愤怒，也毫无办法，采纳了这个建议。

韩国同样也面临着秦军的威胁，秦昭襄王所在的宜阳，距离韩国不远。最终，在秦国武力压迫下，魏国将河东地区四百里土地割让给秦国，韩国将武遂一带的二百里土地割让给秦国。②

秦国接受了两国的割地，却没有撤兵的迹象，他们在等待着秦昭襄王的进一步指示。

前289年（秦昭襄王十八年）春，秦国再派白起、司马错攻魏，因为秦国盯上了魏国的垣邑、河雍。这两地位置特殊，是秦人东出的战略要地。

旋即，秦军就对这两地实施了包围。不过魏军的抵御也很顽强。秦、魏双方在这一带发生了一连串战争。之后，白起为了争取主动权，在夺得这两地后，开始了"包抄"魏军。比如，他命人拆掉桥梁，以防止魏军逃亡，并对魏军实施了集中歼灭。而随着垣邑被攻取，此前被划分的蒲阪、皮氏计划正式施行，《史记正义》中

---

① 司马迁：《史记》卷五《秦本纪第五》："秦以垣为蒲阪、皮氏。"
② 司马迁：《史记》卷十五《六国年表》："魏入河东四百里。韩与武遂地方二百里。"

说："盖蒲阪、皮氏又归魏，魏复以为垣，今重攻取之也。"而河雍就是宜阳，只是更名了而已。《史记集解》引《竹书纪年》记载："魏哀王二十四年，改宜阳曰河雍，改向曰高平。向在轵之西。"

到这时，魏国山西南部的地界在一点点缩小。这年春天，魏国六十一座城邑被秦军占领。[1]《魏世家》也载："七年，秦拔我城大小六十一。"魏国朝臣只能咒骂秦国"无耻"，却没有更有力的措施对抗秦国。

当然，虽然弱，并非无招架之力。秦国想要灭魏，也不现实。这场蚕食行动还会持续很多年，直到魏西面的国土全部被秦国占据。

东西称帝

前 288 年（秦昭襄王十九年），对秦国来说，又是具有转折意义的一年。年初，秦昭襄王在组织贵族、大臣议定国政事务时，丞相魏冉提出了一个大胆想法：希望秦昭襄王称帝。

这个建议提出后，秦国朝堂议论纷纷。要知道，这在秦国发展史上从未有过。事实上，只有上古时代的几位先贤才被人们称作帝，周称天子。现在秦昭襄王称帝合适吗？

尽管朝臣议论纷纷，但魏冉的建议让秦昭襄王内心波澜起伏。之后，魏冉在朝堂上不断陈述称帝后的种种好处，秦昭襄王被触动，打算称帝。

不过称帝也有制约因素，且不说周天子作何感想，诸侯们会怎

---

[1] 司马迁：《史记》卷七十三《白起王翦列传第十三》："明年，白起为大良造。攻魏，拔之，取城小大六十一。"

么看待称帝这件事？此时诸侯多称王（已是僭越），秦昭襄王称帝会不会招致其他诸侯国的愤恨？

秦昭襄王对此有所担忧。魏冉却认为不足为虑，一切尽在掌控中。为了保险起见，魏冉决定将齐国也拉下水，建议秦昭襄王称西帝，齐愍王称东帝。而只要秦、齐两国君主称帝，其他诸侯国就不敢多言。

魏冉的这个计划，让秦昭襄王更加动心。齐、秦都是大国，只要他们"统一战线"，其他诸侯只能"干瞪眼"。关键是，齐愍王会不会与秦昭襄王一起称帝？称帝后齐国有什么好处？魏冉分析了眼前局势后，认为齐国所忌讳者，无外乎强大起来的赵国。只要秦国答应与齐国联合，对付赵国，齐愍王定会同意称帝。

秦昭襄王心动了，即便这是个"虚头衔"，他也心动了。这一刻的秦昭襄王，对魏冉此前种种不满都"释然"了。之后，秦昭襄王特命魏冉全权负责这件事。

据说为了促成昭襄王称帝愿望，魏冉亲自带领人入齐，说服齐愍王与秦昭襄王一起称帝。

而面对秦国抛出的橄榄枝，齐愍王也动心了。称"帝"意味着身份地位将高于称"王"。难能可贵的是，秦国还答应与齐国一起攻打赵国。而秦国与赵国相距较远，即便日后他们联合灭了赵国，秦国也不会得到多少土地。齐国则不同，他们可以借机吞并赵国土地，将国土延伸到河北一带，与燕国接壤起来。总之，称帝对齐国来说，利大于弊。齐愍王心潮澎湃，激动不已。他答应魏冉，愿意接受秦昭襄王的请求。

不久，秦昭襄王称西帝，齐愍王称东帝。

两个强国称帝，诸侯们之间一片哗然。据说最紧张的是燕国。

燕王担心齐、秦联手，瓜分赵国，进而威胁燕国。为此，燕王遣苏代（《战国策》中是苏秦）从燕国出使齐国，阻止齐愍王称帝。苏代就去了齐国。

之后，苏代到齐国章华东门面见齐王。

齐愍王说："先生风尘仆仆到齐国来，招待不周之处，还请多加海涵。现在秦国派魏冉赠与我帝号，先生以为这个帝号如何？"苏代说："大王的问题有些不好作答。不过，灾难最初降临时，往往都不太明显。希望大王您接受帝号，但不要急着称帝。可以先观望一阵子，若秦国称帝天下能够容忍，大王您再称帝不迟。您可以推辞，让秦国先称帝，观看天下的形势。若天下诸侯都反感秦国称帝，那您就不要称帝，以此来收拢人心。另外，即便大王与秦王一起称帝，您觉得天下是更尊重秦国，还是齐国呢？"齐愍王说："自然是更尊重秦国。"苏代说："那要是大王您放弃帝号，天下是喜爱齐国还是喜爱秦国呢？"齐王说："自然喜爱齐国，厌恶秦国。"苏代又问齐愍王："东、西两位帝王订立盟约、共同商议对付赵国，与齐国出面讨伐宋国，哪一个对齐国更有利？"齐愍王说："自然是征讨宋国更有利。"①

经过如此三问三答，齐愍王彻底掉入苏代设置的语言陷阱里。

这时候，苏代才说："秦、齐称帝时订立的盟约是均等的，但

---

① 司马迁：《史记》卷四十六《田敬仲完世家第十六》："苏代自燕来，入齐，见于章华东门。齐王曰：'嘻，善，子来！秦使魏厓致帝，子以为何如？'对曰：'王之问臣也卒，而患之所从来微，原王受之而勿备称。秦称之，天下安之，王乃称之，无后也。且让争帝名，无伤也。秦称之，天下恶之，王因勿称，以收天下，此大资也。且天下立两帝，王以天下为尊齐乎？尊秦乎？'王曰：'尊秦。'曰：'释帝，天下爱齐乎？爱秦乎？'王曰：'爱齐而憎秦。'曰：'两帝立约伐赵，孰与伐桀宋之利？'王曰：'伐桀宋利。'"

大王您若与秦王一起称帝，天下只会尊崇秦国而轻视齐国。若放弃称帝，天下就会亲近齐国而厌恶秦国。现在，既然征讨赵国不如征讨宋国容易，我建议大王向天下声明，放弃称帝，以此来收拢民心，远离遭受诸侯排挤的秦国，不与秦国争高下。大王您只需要向宋国发起进攻。而一旦占有了宋国，齐国的选择就多了起来：向西进攻魏国的阳地，或者兵出济西，威胁赵国的阿东地区。再或者占领淮北，威胁楚国土地。或者占领陶地和平陆，威胁魏国大梁……总之，放弃称帝，主动攻打宋国，齐国就会被诸侯们尊重，大王的威名也会传播久远。到时燕、楚就会向齐国臣服，天下诸侯都会听命于齐国。这就会创造出商汤灭夏、周武王灭商的义举。而帝号不过是个空头衔，还会让天下讨厌齐国。这是用卑微换取尊贵的做法，不值得推崇，希望大王能够仔细考虑这件事。"①

　　苏代这番话很精彩，论点突出，利害明了。齐愍王内心多有不舍，但考虑到齐国的实际利益，还是选择听从苏代的建议。未几，齐愍王就向天下宣布放弃称帝，重新称王。公告发布后，诸侯们一片称赞之声，齐愍王得到诸侯的拥护。

　　而齐愍王放弃称帝的做法，令秦昭襄王措手不及。秦国部署的一切计划都被打乱。原本希望通过称帝，让天下畏惧秦国，岂料事实正好相反，诸侯们都亲近齐国去了。秦昭襄王愤怒之余，果断去

---

① 司马迁：《史记》卷四十六《田敬仲完世家第十六》："对曰：'夫约钧，然与秦为帝而天下独尊秦而轻齐，释帝则天下爱齐而憎秦，伐赵不如伐桀宋之利，故原王明释帝以收天下，倍约宾秦，无争重，而王以其间举宋。夫有宋，卫之阳地危；有济西，赵之阿东国危；有淮北，楚之东国危；有陶、平陆，梁门不开。释帝而贷之以伐桀宋之事，国重而名尊，燕楚所以形服，天下莫敢不听，此汤武之举也。敬秦以为名，而后使天下憎之，此所谓以卑为尊者也。原王孰虑之。'于是齐去帝复为王，秦亦去帝位。"

了帝号。① 最终，魏冉让秦昭襄王称帝的如意算盘没有实现。

不过齐愍王的这种举动，令秦昭襄王愤慨，出尔反尔非大丈夫所为。大概齐愍王也感受了秦国的仇视。为缓解齐、秦之间的矛盾，齐愍王特遣吕礼入秦，向秦国解释去掉帝号的原因。② 秦昭襄王召见吕礼，任由吕礼如何巧舌如簧表演，却并不揭穿齐国的借口。只是齐国背盟这件事，在秦昭襄王心里埋下了仇恨的种子，他要想办法报复。

齐国方面行动迅速，在吕礼出使秦国时，齐愍王已命人向卫国发起了冲击。这是苏代的建议，也是齐愍王认为可行的操作方式。而本与齐、秦国君称帝毫无关系的卫国，因此遭受了齐军一轮又一轮的进攻。③

秦国暂时没有管这些事，因为秦昭襄王还有其他政务需要处置。不久，汉中郡守任鄙去世，秦昭襄王正在物色汉中郡守的人选。④

2. 秦齐的较量

五国攻秦是真是假？

前 287 年（秦昭襄王二十年）是个安定年。这一年，秦国开启

---

① 司马迁：《史记》卷五《秦本纪第五》："十九年，王为西帝，齐为东帝，皆复去之。"
② 司马迁：《史记》卷五《秦本纪第五》："吕礼来自归。"
③ 司马迁：《史记》卷五《秦本纪第五》："齐破宋，宋王在魏，死温。"
④ 司马迁：《史记》卷五《秦本纪第五》："任鄙卒。"

了休养生息，稀释前一年战争的消耗。秦昭襄王亦不愿坐在咸阳宫中，在一应官员的陪同下，开启了一轮巡视工作。

他先到了汉中郡，察看了汉中的政务、军务，顺便调整了汉中郡守。秦昭襄王在汉中的时候，还听说了一个奇闻："秦地有父马生驹。"这当然是奇闻，也不见得是事实。不过这种奇异情况，常常被视为祥瑞。秦昭襄王被群臣恭维，兴致勃勃。之后，秦昭襄王又北至上郡、北河一带，视察边境，了解民情。①

这是秦昭襄王继位多年来，首次开展如此大范围巡游。大概秦昭襄王在框定秦国的疆域，为未来的拓疆提前谋划。

然而，令秦昭襄王没有想到的是，就在他巡视全国之时，一场危机再次降临。根据秦国探子送回的消息称，东方五国形成合纵，打算攻打秦国。

按照《战国策》的记载，这一年，赵、楚、魏、燕、韩五国结成新的合纵，推举楚考烈王为盟主，率军逼近函谷关。

得到消息后，秦昭襄王立即回到国内，部署大局。此后，秦军把精锐都调往函谷关，以应对可能发生的战争。

不过由于史料缺乏，并未记载当时战况。本书推测，双方应是交手了，但彼此都没有取得胜利。之后，秦国与五国停战，联军驻扎在成皋，与秦国形成了新的对峙。未几，可能合纵内部产生了新的分歧，导致合纵瓦解，五国决定撤军。

这时候，有个叫魏顺人看到了发财机会，对管理市丘的人说："如今五国攻秦，没有捞到任何好处。现在五国大军距离市丘很近，他们在撤离前，定会攻打市丘，以此来捞回此次出军的军费支出。

---

① 司马迁：《史记》卷五《秦本纪第五》："二十年，王之汉中，又之上郡、北河。"

若您能资助我，我将游说五国，劝他们放弃攻打市丘。"市丘长官说："如此甚好。"于是魏顺得到了一批财宝。然后他就去了五国大军的集结处，找到了楚考烈王，向楚考烈王提建议。①

魏顺本是无名之辈，没有资格见楚考烈王。他被阻挡在外，情急之下，魏顺对把守的兵士扬言有重要的事情汇报，才得到了楚考烈王怀的接见。

魏顺进入楚考烈王大营后，也不参拜，直接对楚考烈王说："大王邀约五国攻秦，无功而返，天下对此议论纷纷。从此之后，天下人将会轻视大王而尊重秦国。大王何不测试一下诸侯对您的态度呢？"楚考烈王似被击中软胁，问魏顺："你认为怎么测试？"魏顺说："我认为五国攻秦没有取得实际利益，现在战争暂时停止了下来。等战争停止后，五国定会攻打市丘，从市丘捞取好处，以弥补对秦战争中的军费损失。大王何不下令，要求诸侯们禁止攻打市丘。若诸侯们还尊崇您，那么，他们就不会攻打市丘。若他们不尊重您，就会乘机抢掠市丘。这样一来，大王您就能看清楚诸侯是否尊崇您了。"据说楚考烈王听从了魏顺的建议，下令四国禁止攻打市丘。此时，其他四国正谋划攻市丘，但收到看到楚考烈王的禁令后，也就不再图谋市丘的打算。市丘因此得以保全。② 魏顺利用自己的智慧，化解了市丘的危机。

---

① 刘向：《战国策·韩一》："五国约而攻秦，楚王为从长，不能伤秦，兵罢而留于成皋。魏顺谓市丘君曰：'五国罢，必攻市丘，以偿兵费。君资臣，臣请为君止天下之攻市丘。'市丘君曰：'善。'因遣之。"
② 刘向：《战国策·韩一》："魏顺南见楚王曰：'王约五国而西伐秦，不能伤秦，天下且以是轻王而重秦，故王胡不卜交乎？'楚王曰：'奈何？'魏顺曰：'天下罢，必攻市丘以偿兵费。王令之勿攻市丘。五国重王，且听王之言而不攻市丘；不重王，且反王之言而攻市丘。然则王之轻重必明矣。'故楚王卜交而市丘存。"

《秦本纪》中并无这一事件的记载。这是《战国策》中的记载，被考证就发生在前 287 年。而《战国策》中的记载，似有不实。

为什么这么怀疑呢？原因是有很多地方很难自圆其说。比如，此时的楚国的国君是楚顷襄王，并非《战国策》中记载的楚考烈王。司马迁应是考证了这段记载，最终选择了舍弃。再比如，五国合纵攻秦应是联络了很长时间的结果，他们既然选择攻秦就不会无功而返，至少需要决出胜负，否则他们为什么会撤退呢？再者，若他们选择撤退，秦军为何没有追击呢？如果合纵破裂，联军就地解散，秦军不可能让他们轻松撤离的。之前发生的伊阙之战不就是最好的证明吗？

综合各种因素，本书推测，这一年本身就没有发生五国合纵攻秦之事。那么，《战国策》的这一记载，又出自何处呢？司马光在《资治通鉴》中也只是记载了简短几句话："秦攻魏，拔新垣、曲阳。"[1] 可见司马光亦不相信五国攻秦。

秦军再攻魏国

实际情况可能是，五国攻秦是因为秦国正在谋韩、魏。

据说秦昭襄王给韩、魏两国发去了一道命令，勒令他们授予韩国公子成阳君为相国。而对于秦昭襄王这种干涉内政行为，韩、魏两国自然不会同意。他们又开始秘密联络其他诸侯，试图对抗秦国。因此，这时候，秦国与韩、魏两国的关系变得非常微妙。

大概宣太后看出了其中暗藏的危机，与秦昭襄王有过一次深入交谈，希望秦昭襄王不要干涉魏、韩两国内政，更不要强硬推成阳君。

---

[1] 司马光：《资治通鉴》卷四。

秦昭襄王虽然反感宣太后"干政"，却也不得不考虑宣太后的因素。

事实上，秦昭襄王放弃强推成阳君，是因为宣太后道出了一个隐藏很深的"内幕"。原来，早年间，曾因秦昭襄王"干涉"的缘故，让成阳君受困于齐国，有几年相当穷困潦倒的生活。成阳君因此嫉恨秦昭襄王。如今成阳君发达起来，迁怒秦国。若这时候秦国干涉，将成阳君推选为魏、韩两国丞相，除了会恶化秦国与韩、魏关系，秦国并不会得到任何好处，即便成阳君成为两国丞相也不会亲秦。最终，秦昭襄王还是听从了宣太后的意见，打消了让成阳君出任韩、魏两国丞相的念头。[1]

解决了阳成君的问题后，秦国调整策略，继续实施"蚕食"诸侯的行动。

前 286 年（秦昭襄王二十一年）春，秦国继续扩张行动，这次攻打的对象还是魏国，领兵的人是司马错。此前，他已与魏国交手多年，一直驻扎在魏国边境上。秦昭襄王下达攻魏的命令后，司马错马上领兵进入魏国的河东地区。之后的战争不用想都能预测结果：秦军获胜，河东地区全部落入秦军手中。

魏国上下无计可施，继续派出使者向秦国求和，并答应将安邑割让给秦国。秦昭襄王同意了魏国的求和，司马错也暂停了进攻。由此，在不断易手后，安邑正式成为秦国的疆域。

之后，魏国割让安邑给秦国。这里曾是魏国的都城，地理位置重要，城池坚固，可作为东出的要塞。司马错进入安邑后，将城内

---

① 刘向：《战国策·秦策三》："五国罢成皋，秦王欲为成阳君求相韩、魏韩、魏弗听。秦太后为魏冉谓秦王曰：'成阳君以王之故，穷而局于齐，今王见其达收之，亦能翕其心乎？'王曰：'未也。'太后曰：'穷而不收，达而报之，恐不为王用；且收成阳君，失韩、魏之道也。'"

的百姓全部驱赶回魏国，迁居秦国河东地区的居民进驻安邑，还给那些曾经犯罪之人赦免罪责，令他们在安邑从事生产活动。司马错也在城外侧驻扎，当起了安邑的地方长官。①

魏国割让安邑，换取了和平。秦军暂时息战，开始了休养生息。此后一段时间，秦国没有再向其他诸侯国发起进攻。其间，秦昭襄王将弟弟泾阳君被册封在了宛邑。②

那么，秦国为何停下了攻打魏国的步伐？因为更大的隐患出现了，这就是齐国攻宋这件事，开始影响天下格局。

在秦昭襄王与齐愍王相约称帝后，齐愍王背盟，去掉帝号，让秦昭襄王一度很尴尬，最终也不得不去掉帝号。事后，齐愍王听从了苏代的建议，遣齐军攻打宋国。宋国地理位置特殊，东面是齐国，北面是赵国，西面是魏国。齐国攻打宋国时，赵、魏也不甘示弱，都想在攻打宋国的事情上分一杯羹。由此齐、魏、赵为争夺宋国土地和人口大打出手，相互攻击。

只是谁也没想到，这场争夺战会持续数年。比如，前287年，赵惠文王遣赵梁率军攻打齐国，第二年又遣韩徐攻打齐国。③ 齐国派韩聂攻打宋国。总之，为了争夺对宋国的管理权，三国之间展开了旷日持久的战争，赵国多次被齐国击败。最终，宋国也因赵、魏、齐之间的扯皮，没有被三国瓜分。

面对三国互不服软的矛盾，秦昭襄王选择了做"和事老"，从

---

① 司马迁：《史记》卷五《秦本纪第五》："二十一年，错攻魏河内。魏献安邑，秦出其人，募徙河东赐爵，赦罪人迁之。"

② 司马迁：《史记》卷五《秦本纪第五》："泾阳君封宛。"

③ 司马迁：《史记》卷四十三《赵世家第十三》："十二年，赵梁将攻齐。十三年，韩徐为将，攻齐。"

中斡旋、调解三国的矛盾。不过三国都清楚，秦国不可能做毫无利益的事情。尤其对齐国来说秦国的调解变得别有用心。可能秦国打算利用齐国攻宋之际，对齐国实施打击。而齐国似乎也预判了秦国的动向，积极应对可能发生的战乱。

齐国谋宋

时值齐国攻宋正酣，胜负未分。齐愍王担心秦国从中作梗，过分干涉齐国"瓜分"宋国事宜，就派出苏代出使秦国，向秦昭襄王宣扬齐秦关系，为齐国争取时间。

苏代到咸阳后，秦昭襄王召见了苏代，故意表现得很生气，指责齐攻宋是乘人之危。秦昭襄王对苏代说："我喜爱宋国，就像喜爱新城、阳晋一样。齐国的韩聂是我的朋友，但齐国不顾与我的友谊，攻打我喜爱的地方，这是为什么？"

苏代清楚秦昭襄王向自己发难，不过是"欲加之罪"。但他肩负重任，不愿揭穿秦昭襄王，只是为齐国辩解："齐国派韩聂攻打宋国，就是为了大王您呀。大王您应意识到，等齐国强大后，宋国就会在旁边辅佐齐国，到时楚、魏就会恐惧。他们一旦恐惧齐国，就会依附秦国。这样一来，大王不费一兵一卒就能得到魏国的土地和人口。刚刚秦国得到魏国的安邑，就是韩聂攻打宋国带来的好处。"

苏代的话让秦昭襄王有些愤怒：苏代简直是胡说八道，混淆视听，把自己的不义之举形容得如此冠冕堂皇。不过君王的涵养告诉他，一切要从容不迫。

因此，秦昭襄王不经意地对苏代说："齐国的做法真是令人难以捉摸。有时候齐国选择合纵，有时候又选择连横，到底是什么意思呢？"苏代说："难道天下诸侯的所有政务，都要让齐国知晓吗？

眼下齐国攻打宋国，是因为齐国清楚，想要服侍秦国就得有万乘的兵力。齐国不与秦国亲近，宋国就无法安定。三晋游说之人费尽心思离间秦、齐关系，破坏秦、齐联盟。到秦国的术士，往往褒扬秦国，诋毁齐国。同样，到齐国术士也多称赞齐国，贬低秦国。这是为什么呢？我认为大家都不希望齐、秦联合。那么，为什么只有三晋与楚国聪明，而秦、齐愚笨呢？若三晋与楚国联合，必然合纵攻打齐、秦两国。若齐、秦联合，则可对三晋及楚国有所图谋。希望大王明白其中利害，按照我提出的建议实施策略。"

听完苏代的这番高论，秦昭襄王怒气渐渐平息。他再次被苏代说服。可见说服工作的技巧：要想成功说服一个人，就得站在他的角度去考虑利益问题。[1] 换言之，通过苏代的从中斡旋，秦昭襄王默许了与齐国攻打宋国。而正因秦昭襄王放弃干涉齐攻打宋，给了齐湣王信心。所以这年（前286年）秋天，齐军集中兵力攻打宋国，将战线延伸至宋国国都。赵、魏两国也无法插手。

不久，齐军攻破宋国国都，宋王出逃至魏国，最终死在了魏国的温地。[2]

即便如此，战争还没有结束，齐军乘胜进军，向南攻打了楚国

---

① 司马迁：《史记》卷四十六《田敬仲完世家第十六》："秦昭王怒曰：'吾爱宋与爱新城、阳晋同。韩聂与吾友也，而攻吾所爱，何也？'苏代为齐谓秦王曰：'韩聂之攻宋，所以为王也。齐强，辅之以宋，楚魏必恐，恐必西事秦，是王不烦一兵，不伤一士，无事而割安邑也，此韩聂之所祷于王也。'秦王曰：'吾患齐之难知。一从一衡，其说何也？'对曰：'天下国令齐可知乎？齐以攻宋，其知事秦以万乘之国自辅，不西事秦则宋治不安。中国白头游敖之士皆积智欲离齐秦之交，伏式结轶西驰者，未有一人言善齐者也，伏式结轶东驰者，未有一人言善秦者也。何则？皆不欲齐秦之合也。何晋楚之智而齐秦之愚也！晋楚合必议齐秦，齐秦合必图晋楚，请以此决事。'"
② 司马迁：《史记》卷五《秦本纪第五》："齐破宋，宋王在魏，死温。"

的淮北地区，向西进军到三晋的边境。传言，齐愍王还打算进攻周王畿，推翻周天子，自称天子。而齐愍王此举令泗水附近的小诸侯国非常紧张。他们疆域狭小，人口不多，齐军所过之处，必然鸡犬不留。为了避免战乱，他们纷纷遣人出使齐国，向齐国称臣。而此举虽然取得了不少疆域，却等于站在所有诸侯对立面，让天下诸侯既震惊又愤怒。换句话说，宋国的灭亡，成为战国的一个转折点。①

这时候，天下格局发生了新变化，齐国无疑成为东方诸侯中最强大的。秦昭襄王这才意识到，此前苏代出使秦国，不过是为了麻痹秦国，给齐国攻打宋国创造机会。而秦昭襄王不明就里上了苏代的当，等他幡然醒悟，为时已晚。宋国已被齐国灭国，齐国实力大增。

秦昭襄王非常生气，决意对付齐国。

事实上，在战国后期，灭国行动已非常少。齐愍王不顺应大势，坚持消灭宋国，无疑是要与所有诸侯国为敌。之后，战国七雄的阵营又发生了新变化，他们相互靠拢，试图联手对付齐国。

合纵攻齐

秦昭襄王在等待着时机。之后，赵、魏、韩、燕、楚等诸侯国奔走联络，打算合纵攻齐。秦昭襄王很镇定，他可能料定东方诸侯会来联络秦国，因此一直在等待着。

不久，楚国的使者就到了咸阳。他们代表楚顷襄王出使秦国，希望与秦国重新建立友好关系，共同应对天下的变局。秦昭襄王同

---

① 司马迁：《史记》卷四十六《田敬仲完世家第十六》："秦王曰：'诺。'于是齐遂伐宋，宋王出亡，死于温。齐南割楚之淮北，西侵三晋，欲以并周室，为天子。泗上诸侯邹鲁之君皆称臣，诸侯恐惧。"

意楚国的请求，与楚国重归于好。①

也是这时候，东方诸侯国终于决定拉拢秦国。大概他们为此纠结了许久。毕竟之前秦国与他们相处不太融洽。而秦国仿佛一头狮子，谁能保证它不会忽然掉头咬人呢？如果把秦国引入自己阵营，最后又尾大不掉，自然成为新麻烦。

东方诸侯的拉拢也正是秦昭襄王需要的，因为他早就有攻打齐国的打算。只是要想攻打齐国，就得穿过韩、魏国界，才能进入齐国。若不能征得他们的同意，秦军无法进入齐国。现在大家目标一致，共同抗击齐国，秦军就能穿过魏、韩两国，进入齐国边境。

前 285 年（秦昭襄王二十二年）夏，大地回春之际，秦、楚、赵、魏、韩、燕等诸侯国组成了新的合纵，开始对付齐国。

秦昭襄王没有亲临战场，而是派出新秀将领蒙武出战。蒙武是继司马错、白起等将帅后成长起来的帅才。他有将帅风范，又受司马错、白起等人熏陶，年纪轻轻就表现出大将风范。这次秦昭襄王遣蒙武领兵攻齐，大概也是为了锻炼这位年轻的帅才。②

当然，秦国派蒙武出战，似乎也留有后手，即不想与齐国进一步恶化关系。派蒙武出战，不过是形势所迫。否则，秦国何不派白起呢？

蒙武率军离开秦国后，秦昭襄王着手整顿"内政"。比如，这时候，秦国乘机在河东设立九个县，将河东地区区域、人口分布进行重新划分。这种做法更多体现军事防区的味道，毕竟这里曾是魏

① 司马迁：《史记》卷四十《楚世家第十》："十四年，楚顷襄王与秦昭王好会于宛，结和亲。"
② 司马迁：《史记》卷五《秦本纪第五》："二十二年，蒙武伐齐。"

国的土地。若不彻底归秦，谁又能保证不会重新落入魏国手中。① 只是秦国的这种做法，有点趁火作乱，因为五国正在集结大军对抗齐国，秦国就釜底抽薪。魏国嫉恨秦国，却毫无办法。

之后，秦昭襄王也没闲着，再次与楚国交涉，约楚王会盟，得到楚王的呼应。未几，双方在宛邑会盟，重拾昔日友谊。

秦、楚冰释前嫌后，双方就密切关注着眼前伐齐之事。这时候，从前线传来的消息：在这次进攻齐国的合纵联盟中，赵国大将乐毅被推选为合纵长，率领六国大军攻打齐国。对秦国而言，这也在接受的范围内，乐毅是老将，经验丰富，在诸侯中地位较高。而蒙武是新秀，应跟着这些前辈学习经验。

之后，联军行进迅速，很快攻占了齐国的灵丘之地。联军士气高涨，齐军节节败退。战报雪片一样，从前线传来。秦昭襄王很镇定，他只是静静观望，期待出现更大战果。

未几，赵惠文王忽然派使者入秦，也向秦昭襄王发出了会盟邀请，希望两位大国君主会盟。秦昭襄王很乐意与赵国联合（国际形势决定）。之后，他就带领随从到了中阳之地，与昭王会盟于中阳。《史记集解》引《地理志》的记载："西河有中阳县。"②

与楚王的会盟不同，秦、赵多年来互不来往，似有深仇大恨一般。这一次，是秦昭襄王与赵王的第一次会盟。他们可能忆古思今，追忆他们共同的祖先女脩。他们又分析眼前的局势，认为唯有秦、赵联合，才能在诸侯国中做大做强，成就一番事业。

总之，这次会盟，双方都留下了不错的印象。秦昭襄王为了重

---

① 司马迁：《史记》卷五《秦本纪第五》："河东为九县。"
② 司马迁：《史记》卷五《秦本纪第五》："与楚王会宛。与赵王会中阳。"

申与赵国的关系，还将公子质押在赵国，希望与赵国永久建立联盟关系。只是这种会盟的价值并不大，在战国时期也不稀奇。昨天的朋友，今天可能会翻脸，成为你死我活的对手。

这时，他们都在观望着联军与齐军的对决。事实上，联军与齐军并未在短时间内决出胜负，战争时间因此被拉长。前284年（秦昭襄王二十三年）春，联军再次攻打齐国。这一次，率领秦军的人是国尉斯离。这也是秦军中成长起来的新秀，《史记索隐》说："尉，秦官。斯离，其姓名。"此前没有任何关于他的记载。

从秦国换帅出战分析，秦昭襄王依旧不想与齐国彻底决裂。否则，白起、司马错等人就会成为这次合纵的主角。而乐毅在这一战中，也凸显了自己的指挥才能。

不久，合纵大军攻打齐国，攻破了齐国的济西之地，取得了新的大捷。①

秦昭襄王很振奋，但他除了关注战况外，还有更重要的事情做，这就是利用六国攻齐之际，与诸侯结盟，化解嫌隙。

未几，他向魏王和韩王发出了会盟邀请。于是，秦昭襄王先与魏王会盟于宜阳，又与韩王会盟于新城。② 第二年（前283年）春，秦昭襄王又与楚顷襄王会盟于鄢、穰。③《史记正义》引用《括地志》里的记载，指出了鄢的位置："故偃城在襄州安养县北三里，古郾子之国也。"秦昭襄王利用合纵之机，与多个诸侯国国君会盟，雄才大略可见一斑。

---

① 司马迁：《史记》卷五《秦本纪第五》："二十三年，尉斯离与三晋、燕伐齐，破之济西。"
② 司马迁：《史记》卷五《秦本纪第五》："王与魏王会宜阳，与韩王会新城。"
③ 司马迁：《史记》卷五《秦本纪第五》："二十四年，与楚王会鄢，又会穰。"

当然，这也是秦昭襄王巩固自己权威的做法。

之后，秦昭襄王继续关注战况。而随着联军的持续推进，齐国陷入了亡国危机中。联军对齐国的攻势越来越猛烈，燕国大将乐毅，恨不能灭了齐国。而联军的持续推进，取得了一系列大捷，齐军则节节败退。齐愍王眼看局势越来越危急，选择逃离国都临淄。此后，乐毅趁机率领联军攻克了临淄。[①]

这是战国以来，齐国从未有过的失败。即便如此，联军的进攻依然没有停下来，此时的齐国还有大面积的土地，齐愍王也只是逃亡了而已。因此，乐毅带领联军继续攻打齐国。

不过，随着战争的持续推进，新的问题随即产生：由于战线拉得太长、推进时间持续太久、粮草供应不足等问题，诸侯国已有些难以应付。联军开始变得人心涣散。此时，唯有乐毅打了鸡血一样，追着齐愍王奔驰在齐国大地上。那么，联军到底能否灭了齐国？

赵国从中作梗

到这时，齐国人忧心忡忡，他们在寻找着突破联军的办法。不久，有人给齐愍王建议，可遣人入赵，说服赵国停战，拆解合纵，消除齐国的危机。逃亡中的齐愍王同意这个建议。

之后，齐愍王在齐国的臣僚中物色出使人选，最终，苏代的弟弟苏厉成为"最佳"人选，代表齐国出使赵国。

旋即，苏厉带领随从，秘密出行，绕过了联军的防线，向赵国

---

① 司马迁：《史记》卷四十三《赵世家第十三》："十五年，燕昭王来见。赵与韩、魏、秦共击齐，齐王败走，燕独深入，取临菑。"

而去。

苏厉到赵国后，向赵惠文王分析天下的局势，试图说服赵惠文王。据说，苏厉深知使命艰巨，采用转移矛盾的做法——他给赵惠文王分析了秦赵关系，指出秦国如此重视赵国，并非要与赵国和谐相处，纯粹是为得到三川之地，消灭两周，实现统一天下的目的。秦昭襄王不管是送人质到赵国，还是与赵国一起攻打齐国，都是为了秦国的利益，与赵国没有任何关系。秦国也不会与赵国长期和平相处下去，一旦秦国灭了魏、韩，削弱了楚、齐，到时就会对付赵国。建议赵王立即与齐国停战，让天下继续形成新对峙，这样对赵国有好处。苏厉的这番话很重要，他指出了诸侯间尔虞我诈的现状。尤其他提出秦国将灭亡诸侯，统一天下的说法，看似是为破坏秦赵联盟，实际也变成一种共识。最终，赵惠文王采纳苏厉的建议，断绝了与秦国的交往。① 赵军也因此从前线撤军。

对于赵国忽然背盟，秦国也无计可施。因为这牵扯到六国合纵，不是秦国单方面的问题。而随着赵国退出合纵，其他诸侯也都立场不稳，纷纷撤兵了。齐国也因此躲过一劫。

坦白说，在联合攻齐这件事上，秦国没有取得实际利益。更令秦昭襄王气愤的是，随着苏厉介入，前期他联合赵国的计划也落空了。这时候，秦国需要选择一个攻击"对象"，以泄私愤，而魏国就成为"冤大头"。秦军选择了攻打魏国，还夺取了魏国的安城。

---

① 司马迁：《史记》卷四十三《赵世家第十三》："十六年，秦复与赵数击齐，齐人患之。苏厉为齐遗赵王书曰：'臣闻古之贤君，其德行非布于海内也，教顺非洽于民人也，祭祀时享非数常于鬼神也。甘露降，时雨至，年谷丰孰，民不疾疫，众人善之，然而贤主图之……今王毋与天下攻齐，天下必以王为义。齐抱社稷而厚事王，天下必尽重王义。王以天下善秦，秦暴，王以天下禁之，是一世之名宠制于王也。'于是赵乃辍，谢秦不击齐。"

《史记集解》中说："地理志汝南有安城县。"《史记正义》说："安城在豫州汝阳县东南十七里。"魏国上下如惊弓之鸟，安城与国都大梁相距不远，若秦军继续向大梁推进，魏国该怎么办？

魏国高层派出使者，向燕、赵求救。此时，燕、赵也不愿秦国独自强大，更不允许秦国灭魏。因此，燕、赵国出兵支援魏国，抵御秦军攻魏。

而得知燕、赵支援魏国，秦军并没有撤退，而是继续推进。不日，秦军开进至大梁，对大梁城形成了包围。遗憾的是，值此关键时刻，燕、赵援军也赶到了大梁北部。秦军最终没有抢得先机，就选择了撤军。①

对秦国而言，打魏国就像教育孩子一样，随时随地都能进行。而燕、赵两国不可能随时随地支援魏国，只要赵、燕撤军，秦军完全能卷土重来。

据说秦军撤兵后，赵王与燕王也举行了会盟。他们对酒当歌，深度交流，分析天下大势，并决定趁着秦国撤兵，对齐国实施偷袭策略。

有意思的是，谁也不知道什么时候，赵惠文王遣大将廉颇突袭了齐国，还夺取了齐国的昔阳。② 《史记正义》引《括地志》的记载，指出昔阳的具体位置："昔阳故城一名阳城，在并州乐平县东。春秋释地名云'昔阳，肥国所都也。乐平城沾县东有昔阳城。肥国，白狄别种也。乐平县城，汉沾县城也'。"《史记集解》也说：

---

① 司马迁：《史记》卷五《秦本纪第五》："秦取魏安城，至大梁，燕、赵救之，秦军去。"司马迁：《史记》卷四十四《魏世家第十四》："十三年，秦拔我安城。兵到大梁，去。"
② 司马迁：《史记》卷四十三《赵世家第十三》："廉颇将，攻齐昔阳取之。"

"乐平沾县有昔阳城。"赵惠文王谈笑间，做了这么多事，不得不令人钦佩。

秦国目睹了燕、赵的崛起，却没有选择与他们为敌。之后，不知何故，魏冉再次罢相。[1]

不过，从一些"零星"的记载中，能发现魏冉罢相的真相。据说，魏冉在升任秦国丞相后，开始大肆敛财。传闻说，他家里的财富比王宫的财富还要多。人越在高位，就越要谨慎，如履薄冰。非如此，不能苟全性命。而魏冉却反其道而行之。他的这种做法必然授人以柄。

大概秦昭襄王就是因此罢了他的丞相之位。不过魏冉在秦国树大根深，还有宣太后支持，想要彻底罢黜他，绝非易事。另外，秦昭襄王对魏冉还有依赖，也不可能舍弃魏冉不用。[2] 罢相只是权宜之计。

3. 秦赵楚三国争雄

和氏璧之争

前 282 年（秦昭襄王二十五年）春，秦国沉寂半年多，在酝酿着一个大计划：攻打赵国。

原因很简单，一年前秦、赵等国联合攻齐时，赵王听从苏代的建议，单方面撤军，让联军特别是秦军陷入险境。当时秦国虽没有

---

① 司马迁：《史记》卷五《秦本纪第五》："魏冄免相。"
② 司马迁：《史记》卷七十二《穰侯列传第十二》："于是穰侯之富，富于王室。"

反攻，但赵国这种背盟行为不讲仁义，毫无信用。秦昭襄王因此决定攻打赵国。[1]

这个原因听起来非常冠冕堂皇，当初组织联盟的诸侯又不是秦国，即便赵国撤军，秦国又损失了什么呢？况且，战国时期的合纵本就没有直接的联盟基础（联盟纲领），诸侯联合的原因无外乎共同抵抗某一国强大，或者抢夺地盘、人口等有利可图事情。因此有时候单方面撤军，也谈不上背盟。若真要算这种账，几乎所有诸侯间都发生过结盟与背盟。

所以，这个原因显然立不住脚。那么，原因到底是什么？如果将历史往回倒，就能发现一个隐晦的事实：当初攻齐联盟解散后，秦军转而攻打魏国时，赵国又不顾之前与秦国的盟约，与魏国一道对抗秦国。所以，这才是秦国决定攻打赵国的真实原因。

当然，以上列举的这两个原因，都是能放在"台面上"的原因。事实上，秦国攻赵还有放不到明面上的原因，这就是和氏璧纠纷。据说秦昭襄王因未得到这件宝贝，才决意攻打赵国。那么，和氏璧纠纷又是怎么回事呢？

原来，战国时期，诸侯热衷于追求玉器，这种习俗也让"精美"的玉器价值连城。而和氏璧就是这样的玉器。据说和氏璧原产于楚国，曾一度被楚王奉为国宝。不知何故，后流失民间，几经易手，诸侯都希望得到此玉。而就在秦国密谋赵国的关键时刻，和氏璧流到赵国，被赵惠文王所得。

秦昭襄王得知情况后，有意从赵王手中得到和氏璧。因此，秦

---

[1] 司马迁：《史记》卷四十三《赵世家第十三》："而秦怨赵不与己击齐，伐赵，拔我两城。"

昭襄王给赵惠文王写了一封信，大致意思是：只要赵王愿意，秦国愿用十五座城池换取和氏璧。

对秦昭襄王这封信的诚意，赵国上下持怀疑态度。赵国高层无法决断，更不知如何回复秦国。对赵国而言，和氏璧尽管是天下异宝，独此一份儿，但价值也不及十五座城池。换言之，和氏璧固然是宝物，与十五座城池相比，还是城池更实用。

基于以上考虑，赵惠文王打算用和氏璧与秦国做交易。当然，也可能是迫于秦国的压力。因为赵国一旦拒绝做这单生意，秦国会因此迁怒赵国，进而兵犯赵国边境，那就得不偿失。因此，赵惠文王决定试一试。

不过，按史料的说法，秦国经常做些出尔反尔的事情，早已"臭名昭著"。这次赵国高层就怀疑秦昭襄王的诚意。

只是，尽管纠结，但又不得不与秦国做"这单生意"，就像个死扣儿，卡在那里。当然，赵国高层纠结的还远不止这一点。在派谁去秦国交涉的问题上，赵惠文王也很纠结。他在官员中物色人选，却一筹莫展。

据说看到焦急的赵惠文王，身边的宦官令缪贤大着胆子说："我有个门客叫蔺相如，或能代表赵国出使秦国。"赵惠文王忙问缪贤："你是如何得知他能出使秦国的？"缪贤就给赵惠文王讲述了他当初触犯刑律，打算逃到燕国避难，是蔺相如阻拦了他，并对他陈述其中的利害，帮着他躲过牢狱之灾。因此，他认为蔺相如有勇有谋，把蔺相如留了在身边。现在，看到大王焦急，才冒险给赵惠文王举荐。

赵惠文王听了蔺相如的事迹后，有了几分好奇。于是，赵惠文王召见蔺相如，问计于蔺相如："秦王打算用十五座城换我的和氏璧，不知道能不能与秦国做成这个买卖？"蔺相如说："秦国强大，赵国弱小，不能不答应秦王的要求。"赵惠文王又问："若秦国得到和氏璧，不给赵国城邑，当如何处置？"蔺相如说："秦国愿意用城邑来换取和氏璧，赵国如不答应是赵国理亏。赵国给了秦国和氏璧，秦国不割城是秦国理亏。权衡利弊，还是答应秦国更好，让秦国来承担理亏的名声。"赵惠文王又问蔺相如："不知道派谁前往秦国合适？"蔺相如说："若大王实在无人可派，臣愿护送和氏璧到秦国。到时，若秦国愿割让十五座城，我就将和氏璧交给秦国；若秦国不愿意，我定将和氏璧完好无损地带回来。"得到蔺相如的肯定答复后，赵惠文王也看到了希望。至少对他而言，解决了和氏璧换城悬而未决的问题。之后，赵惠文王就将和氏璧交给了蔺相如，让他带着和氏璧入秦交涉。①

蔺相如风尘仆仆，到秦国后，秦昭襄王在"章台"接见蔺相如。为了试探秦王，蔺相如故意将和氏璧交给秦王。秦王得到和氏璧后非常高兴，看了又看。他还将和氏璧交给妻妾和左右侍从观看。

这时候，秦国的官员们都高呼万岁，向秦王称贺。蔺相如在一边冷眼旁观，他看得出来，秦国要耍赖。

---

① 司马迁：《史记》卷八十一《廉颇蔺相如列传第二十一》："赵惠文王时，得楚和氏璧。秦昭王闻之，使人遗赵王书，愿以十五城请易璧。赵王与大将军廉颇诸大臣谋：欲予秦，秦城恐不可得，徒见欺；欲勿予，即患秦兵之来。计未定，求人可使报秦者……相如曰：'秦强而赵弱，不可不许。'王曰：'取吾璧，不予我城，奈何？'相如曰：'秦以城求璧而赵不许，曲在赵。赵予璧而秦不予赵城，曲在秦。均之二策，宁许以负秦曲。'王曰：'谁可使者？'相如曰：'王必无人，臣愿奉璧往使。城入赵而璧留秦；城不入，臣请完璧归赵。'赵王于是遂遣相如奉璧西入秦。"

而秦昭襄王得到和氏璧后，只顾把玩，绝口不提给赵国十五座城的事情，这让蔺相如看出秦王没有诚意。他走上前去对秦王说："和氏璧上有一个小瑕疵，请让我指给大王看。"秦昭襄王不明所以，便将和氏璧交给了蔺相如。得到和氏璧的蔺相如，迅速退后几步，愤怒地对秦昭襄王说："大王想得到和氏璧，遣人给赵王送信。赵王召集臣僚们商议，大家一致认为：秦国贪得无厌，不过是仰仗强大的国力套取和氏璧，割让城池根本不可能。大家商议的结果是不能将和氏璧交给秦国。但我认为，平民百姓之间交往尚且互不欺骗，何况是秦、赵这样的大国交往呢？况且，因一块璧玉与秦国交恶，也不划算。于是，赵王斋戒五天后，遣我拿着和氏璧和国书入秦，力争做成这桩买卖。赵国为什么如此做呢？那是因为赵国尊重秦国是大国。我到秦国后，大王却在接待一般列国使臣的台观上接见我，有失礼节。而大王在得到和氏璧后，也只是给姬妾们观看，冷落和戏弄我。因此，我认为大王没有给赵国十五座城的诚意。我故而给大王说和氏璧上有瑕疵，就是要回赵国的和氏璧。现在和氏璧在我手中，若大王想强行夺取和氏璧，我就抱着和氏璧撞向柱子，玉石俱焚。"

蔺相如说完，就手持和氏璧要撞向柱子。秦昭襄王见状，担心和氏璧会被撞坏，立即向蔺相如道歉，希望蔺相如不要鲁莽行事。秦王还命人拿来秦国的地图，从地图上画出了十五座城，让蔺相如过目。但蔺相如看到秦昭襄王依旧在故作姿态，有意糊弄他，就对秦王说："和氏璧是天下公认的宝物，赵王害怕秦国，不敢不奉献出来。在让我送和氏璧入秦之前，赵王斋戒五日，以示对和氏璧的重视。如今，大王即将得到和氏璧，也应斋戒五日，在殿堂上设置礼仪，我才敢献上宝璧。"秦昭襄王不明所以，只能答应蔺相如的请求，并将蔺相如安置在馆驿，命人监督。到此时，蔺相如意识到，秦昭襄王并无割让城池的诚意，他就将随从乔装打扮，命其拿着和氏璧混出秦国，秘密回赵国。而他自己则留在秦国，等待与秦昭襄王再次斗智斗勇。[1]

秦昭襄王斋戒五天后，在殿堂上设置了大典礼，派人到馆驿邀请蔺相如。蔺相如入宫后，对秦王说："秦国自穆公之后，经历二十余位君主，从没有一个能遵守信约。我害怕大王得到和氏璧后不给赵国土地，如此一来，我就无法完成赵王托付的重任，故而已遣人将和氏璧送回赵国。若秦国真愿意给赵国割让十五座城，赵国定会将和氏璧送回秦国。我知道欺骗大王会被诛杀，我愿意接受一切刑罚。不过若想得到和氏璧，还是希望大王和各位大臣从长计议。"秦昭襄王听完蔺相如的话后，非常愤怒，却不好发作。秦国上下被蔺相如搞得无计可施，有些人甚至建议将蔺相如诛杀。秦昭襄王此时很清醒，他知道即便杀了蔺相如，秦国也得不到和氏璧，还破坏了秦、赵两国的关系。最终，秦王款待了蔺相如，又放蔺相如回国。[2]

蔺相如回国后，受到赵王的重用。最终，秦国没有割让十五座城，赵国也没有将和氏璧交给秦国，于是秦、赵之间就有了嫌隙。当然，没有得到和氏璧，秦昭襄王一直耿耿于怀。后来，秦、赵联

---

① 司马迁：《史记》卷八十一《廉颇蔺相如列传第二十一》。

② 《资治通鉴》卷四："赵王得楚和氏璧，秦昭王欲之，请易以十五城。赵王欲勿与，畏秦强，欲与之，恐见欺。以问蔺相如，对曰：'秦以城求璧而赵不许，曲在我矣；我与之璧而秦不与我城，则曲在秦。均之二策，宁许以负秦。臣愿奉璧而往；使秦城不入，臣请完璧归赵。'赵王遣之。相如至秦，秦王无意偿赵城。相如乃以诈给秦王，复取璧，遣从者怀之，间行归赵，而以身待命于秦。秦王以为贤而弗诛，礼而归之。赵王以相如为上大夫。"

合攻齐，赵国又无端背盟，让秦国对赵国愤恨不已。再后来，秦国攻魏时，赵国又联合魏国攻秦，彻底激怒了秦国。

因此，前282年（秦昭襄王二十五年）春，秦国派大军攻打赵国。秦军进军迅速，赵国两座城邑旋即落入秦军手中。[1] 之后，秦军再次进攻赵国，又攻占了赵国的石城。[2]《史记正义》中说："石城在相州林虑县西南九十里。"

不过，秦军这次攻打赵国的目的是震慑，毕竟秦国也灭不了赵国。因而，在夺取了赵国数座城邑后，秦国暂停了对赵国的进攻。不久，秦昭襄王又与韩、魏两国的国君进行会盟[3]，意在孤立赵国。[4]

秦、赵之间的关系越来越复杂，越来越隐晦。

来自楚国的消息

前281年（秦昭襄王二十六年）的整个春天，秦国都很安定，没有实施扩张战争。秦昭襄王忙于政务，还赦免了一大批罪犯，将他们安置在了穰城。之所以这么做，大概与秦国高层人事调整有关，因为就在不久前，魏冉第三次出任秦国丞相。[5]

遗憾的是，魏冉刚刚成为秦国丞相，就不得不面对楚国的刁难。

原来，魏冉再次为相后，楚顷襄王却在思考着扩张行动。相

---

[1] 司马迁：《史记》卷五《秦本纪第五》："二十五年，拔赵二城。"

[2] 司马迁：《史记》卷四十三《赵世家第十三》："十八年，秦拔我石城。"

[3] 司马迁：《史记》卷四十五《韩世家第十五》："十四年，与秦会两周间。"

[4] 司马迁：《史记》卷五《秦本纪第五》："与韩王会新城，与魏王会新明邑。"

[5] 司马迁：《史记》卷五《秦本纪第五》："二十六年，赦罪人迁之穰。侯厓复相。"

传，当时楚国有个善射之人，喜欢用轻弓细绳射北归大雁。楚顷襄王得知后，召见了此人，还向他询问射雁的"经验"。

有意思的是，得到楚王的接见后，此人并未向楚顷襄王传授射雁的经验，却向楚顷襄王灌输合纵攻秦的思想。或许他射雁的目的，就是为了引起楚顷襄王的注意，进而召见他。

他对楚顷襄王说："眼下秦国虽已攻破韩国，占据了韩国很多城邑，却也给秦国带来麻烦。这就是攻占城池多而分散造成的结果。因此，我认为秦国不敢驻守占据的韩国城邑。秦国攻打魏国，也收效甚微。攻打赵国，让自己受困。目前，秦、魏之间勇气和力量消耗殆尽，楚国可乘机夺回被秦国占据的汉中、析、郦等地。之后，楚国继续等待秦国倦怠，就能取山东、河内地区，让楚国实现统一。到时再慰劳百姓，休养生息，您就能南北称王。总之，眼下只有秦国才是值得对抗的猎物，楚国应联合其他诸侯国，共同对抗秦国。"

此人的思想与以往楚国朝野对待秦国的态度大相径庭。大概楚顷襄王内心有几分触动，但他还是有顾虑，所以没有立即表态。

而此人行为举止怪异，见楚顷襄王不吐露对秦国的作战计划，也不愿善罢甘休，继续对楚顷襄王灌输攻秦思想，有意激怒楚顷襄王。他对楚顷襄王说："先王因受到秦国欺骗，客死他乡。对楚国而言，没有比这更大的仇恨。如今楚国的匹夫都心怀怨恨，打算报复秦国。而楚国是万乘之国，理应当报仇雪恨。从实力而论，眼下楚国方圆五千里，有百万大军，本该驰骋千里，征讨秦国，成就霸业，但大王却不思进取，坐以待毙。"

刻薄的讥讽，终于刺痛了楚顷襄王。一直以来，楚顷襄王也怕别人说他忘却先王的仇恨。这是他的心病，不能提及。现在这个人不尊礼仪，不顾后果，大放厥词，令楚顷襄王颜面扫地。楚顷襄王何尝不想报仇，他所忌惮的不过是楚、秦已建立联盟，约定互保和平。现在，被这个人"训斥"后，楚顷襄王思想产生了动摇。

当然，我们认为，楚国"谋秦"的原因肯定是复杂的，甚至是由来已久的，那是楚人根植于内心的复仇情绪，这个人只是让楚顷襄王摇摆的思想变得"坚定"起来。

不久，楚顷襄王派出使者，游说各国，希望与各国建立新的盟约，共同对抗秦国。而楚国的这一做法亦是列国需要的结果，诸侯们早就明白其中的关系：只有楚国能与秦国对峙，只要楚国愿意挑头，列国自然也愿意结成新联盟。因此，在楚国的秘密联络下，东方诸侯有意建成新联盟（合纵），讨伐秦国。[①]

只是新联盟的建成需要时间，有很多棘手问题需要解决。

在这关键时刻，秦国捕捉到了东方诸侯的动静，秦昭襄王探知内幕后，非常愤怒，打算先拿楚国开刀，以阻止新联盟的建成。前280年（秦昭襄王二十七年）春，秦国派出老将司马错攻打楚国。[②]

秦军在司马错的带领下，很快推进至秦国边界，并一举击退了试图拦截秦军的楚军。一战就决出了胜负，这是楚顷襄王没有想到的结果。这时候，他也认清了现实，立即割让上庸、汉水以北的土地给了秦国，以求秦国停战。[③]《史记正义》中说："谓割房、金、均三州及汉水之北与秦。"

---

① 司马迁：《史记》卷四十《楚世家第十》："十八年，楚人有好以弱弓微缴加归雁之上者，顷襄王闻，召而问之……"
② 司马迁：《史记》卷五《秦本纪第五》："二十七年，错攻楚。"
③ 司马迁：《史记》卷四十《楚世家第十》："十九年，秦伐楚，楚军败，割上庸、汉北地予秦。"

得到楚国割地后，秦国暂停了对楚国的进攻。当然，秦国之所以这时候停战，是因为还有些内政需要处置，比如南阳之地目前还不稳定。《史记正义》中说："南阳及上迁之穰，皆今邓州也。"为了让南阳彻底成为秦国的土地，秦昭襄王特赦了一批罪犯，将他们安置在南阳，从事农业生产和戍卫工作。①

除了南阳事宜，对赵国的教训也没有结束。蔺相如完璧归赵后，秦、赵之间的关系迅速紧张。相较而言，秦、楚关系还没有彻底恶化，现在楚国又及时与秦国修好，所以秦国决定先拿赵国开刀。

之后，秦国就派大将白起攻打赵国，向赵国施压。白起已是身经百战的将领，经验丰富，又很有谋略，在他的指挥下，秦军很快攻占了赵国的光狼城。《史记正义》中说："光狼故城在今泽州高平县西二十里。"②

战报传至赵国，朝野震动，民众惊恐不已。

更要命的是，此时赵国正在与齐国交战。若秦国再介入战争，赵国就会腹背受敌。当然，这一次秦军暂停攻楚，转而攻赵，大概也是因为探听到赵、齐正在作战，想渔翁得利。

为了缓解秦赵关系，赵惠文王不得不觍着脸再次向秦昭襄王发出会盟邀请，共商两国和平大计。秦昭襄王也清楚，无法灭赵，只能蚕食。最终同意了赵惠文王的请求，与赵惠文王会盟于河西（《六国年表》中记载的会盟地在渑池），商谈停战交好问题。③

---

① 司马迁：《史记》卷五《秦本纪第五》："赦罪人迁之南阳。"
② 司马迁：《史记》卷五《秦本纪第五》："白起攻赵，取代光狼城。"
③ 司马迁：《史记》卷四十三《赵世家第十三》："二十年，廉颇将，攻齐。王与秦昭王遇西河外。"

会盟后，双方达成一致，秦、赵也就暂时停战了。至于和氏璧是否交给秦国，没有记载。

秦楚再战

秦赵之间和好如初后，秦国没有立即实施扩张，而是选择大规模征兵。

秦国的这个做法意图明显：向外扩张，蚕食诸侯的土地。消息不胫而走，令魏、韩等国惊恐不已。此时，尽管他们猜不透秦国调集大军的真实意图，却清楚秦军的征兵，必然与扩张有关。他们能做的就是，提前预防，应对可能到来的战祸。

司马错是此次征兵的负责人，他带领部分人深入秦人故地陇西，征调民夫，并负责就地对这些新兵进行训练。之后，司马错还乘机带领这部分人马进入汉中，趁楚国不备，从楚国手中夺取了黔中地区。①

司马错的偷袭出乎楚国所料，不久前双方不是刚刚建立互保和平的关系吗？这大概是秦昭襄王的"特别"授意，毕竟秦国垂涎黔中地区已久。楚怀王当初也因拒绝给秦国黔中地区，才被质留在秦国，最终客死他乡。

韩、魏稍稍心安，因为秦国针对的不是自己。而楚国只能独自应对。

此后，司马错依旧不撤军，虎视眈眈。

另据楚国得到的情报，秦昭襄王还打算派大将白起攻打楚国。

---

① 司马迁：《史记》卷五《秦本纪第五》："又使司马错发陇西，因蜀攻楚黔中，拔之。"

这种背景下，楚国的形势变得危急起来。此后，楚国密切关注着秦军动向，也准备着可能发生的战争。

秦对楚的战争发生在前279年（秦昭襄王二十八年）春。此时，北方虽冷，南方却已有一丝春意。秦国就在这个关键时期，筹划对楚国发起进攻。

据楚国探子送回的情报，由白起率领的数万秦军主力正浩浩荡荡南下，向楚国边境开拔。

之后，秦国攻楚的消息已全面公开，各国都得到了消息。天下诸侯国都在关注着战场的局势，做出避祸的姿态。

白起并不畏惧，甚至有些大张旗鼓。而秦军在白起的指挥下，迅速推进到楚国边境武关一带。

吊诡的是，这一次，楚顷襄王并不畏惧。他选择坚守壁垒，利用楚国的"地利"优势，与秦军对决。当然，这也是明智之举，毕竟秦军远道而来，并没有多少优势。之后，楚顷襄王遣大军来拦截秦军，试图阻止秦军从武关入侵楚国。

双方都铆足了劲，纠缠在一起，以消灭对方的实力。由此，这场战争进入相持阶段。其实，白起并不占优势，楚国兵力众多，又坚守故土。所以，面对秦军多次猛烈进攻，楚军却能抵御住。白起也没有更好的办法，只能坚持攻打，实在损失大时就选择停战，与楚军耗着。

对楚国而言，秦军远道而来，必然会出现"粮草不济"等问题。只要楚军与秦军耗着，楚国就可能获得胜利。不过，楚国的危机不在边疆战事，而在朝廷。

据说当时楚顷襄王有些自信，用白起的话说就是"时楚王恃其国大，不恤其政，而群臣相妒以功，谄谀用事，良臣斥疏，百姓心离，城池不修，既无良臣，又无守备"[1]。

即便如此，秦军也难以推进，楚军把主力都调往前线，白起的压力很大。这时候，秦昭襄王也意识到问题的严重性，召集高层商议对策。最终，秦国高层的办法是离间楚国高层，缓解前线秦军的压力。

之后，秦国设计、离间了楚国高层，破坏了楚国高层原本一致对外的"共识"，让他们离心离德，各怀心思。这也是战国时期诸侯对决的惯用做法，长平之战不就是离间赵国君臣吗？

白起瞅准时机，指挥秦军猛攻楚国邓州（今湖北襄樊北）。驻守在邓州的楚军不敌，被秦军攻破。未几，白起带领秦军逼近郢都以北的战略要地鄢（今湖北宜城东南）。

鄢是楚国郢都的陪都，也是郢都的门户。一旦鄢地被秦军攻破，郢都就会陷入危险。楚顷襄王得知情况后，调集了大量的军队支援鄢地。秦军再次被鄢地阻挡，无法短期攻破，只能与楚军继续对峙。

此时，白起比楚军将领更焦急。秦军已孤军深入，一旦楚国调集更多人马对秦军进行合围，到时秦军会成为"肉馅"，被楚军包成"饺子"。为今之计，是速战速决。而楚军似乎也看出了秦军的"窘迫"，故意坚壁清野，拖着不战。这让白起越来越焦急。

为了速战速决，白起派人不断攻打鄢城。但楚军顽强死守，秦军根本无法进入鄢城。白起还听闻楚国的援军正在向鄢地集结。白起很苦恼，于是他沿着鄢地行走，观察这里的地形地貌，寻找着破城之法。这时候，一条河映入眼帘。白起会心地笑了，他已找到了

---

① 刘向：《战国策》卷三十三。

办法。

原来，在鄢城以西有一条河叫鄢水（也叫长谷水、蛮水等），是鄢城的重要资源。这一次，白起打算引水灌城。于是，白起命人在鄢城西边筑起了一道拦水坝（后世称作白起渠），又命人将鄢水引到水渠中。时隔不久，鄢水迅速注入水渠，再经水渠流到了鄢城。不日，鄢城就被洪流包围。鄢城的军民无处可逃，眼睁睁看着水位越来越高，进入城中。不久，鄢城就被水淹，城墙倒塌，房屋被毁，民众被淹死者不计其数。

即便如此，楚军依然选择与城共存亡。因此，水退后，当秦军进入鄢城查看时，发现城内陷入泥沼中的楚国军民死尸数以万计。战后，经楚国方面确认，溺水而亡的军民多达数十万。当然，也可能是这些人逃亡不及，被水淹没在城中。毕竟求生是人的本能，谁愿意无缘无故丧命呢？

总之，秦、楚这一战，让楚军损失惨重。秦昭襄王得到战报后，选择了安抚情绪，重建鄢城，他赦免触犯律法之人，将他们安置在鄢城。不久，秦国还将"鄢邓二城并在襄州"①。

鄢城攻破后，秦、楚战争并未结束。白起乘胜南下，继续攻打位于郢都上游的重镇西陵。《史记正义》中引《括地志》记载："西陵故城在黄州黄山西二里。"具体位置在今天湖北省宜昌市西南②。因秦军在鄢城的凶残，让楚军非常惧怕。因此西陵之战进展十分顺利。而秦军进入西陵后，彻底截断了楚国与巫郡的联系。

楚国朝野震动。鄢城、西陵被破后，楚国都城郢陷入在秦军的

---

① 司马迁：《史记》卷五《秦本纪第五》："二十八年，大良造白起攻楚，取鄢、邓，赦罪人迁之。"
② 司马迁：《史记》卷四十《楚世家第十》："十年，秦将白起拔我西陵。"

有效攻击范围内。楚顷襄王进退两难，他一方面调集力量抵御秦军，一方面在思考着退路：万一秦军攻打郢都，如之奈何？

不过，情况也不完全是悲观。郢都是楚国的都城，地理位置特殊，想要轻易攻破，无异于痴人说梦。《史记正义》中引《括地志》记载说："郢城在荆州江陵县东北六里，楚平王筑都之地也。"

更为重要的是，郢都城外还驻扎着楚军主力，他们与城内的大军遥相呼应，共同守卫着郢都。因此，郢都铁板一块，任何力量都休想在短时间靠近郢都，破城更是难上加难。也是基于这层原因，楚顷襄王继续坐镇郢都，观望时局。

未几，白起果然带领秦军主力逼近郢都。但当白起看到郢都的防御后，也为攻打郢都犯难。

更要命的是，秦军远道而来，所携带粮草辎重并不多，需要速战速决。

此时，楚国高层人心浮动。他们能做的就是，坚壁清野，故意耗着秦军，直至秦军弹尽粮绝，自己退去。当然，楚国高层中有不少人在思考着退却之法。凡事不怕一万，就怕万一。

因此，秦军与楚军暂时形成了对峙。

白起继续寻找破城之法。据说他经常在郢都周围不断转悠，希望能够掌握郢都地形地貌，攻破郢都。而这种前期的调研准备，让白起找到了破城之法。

前278年（秦昭襄王二十九年）春，就在楚军以为秦军还会与他们继续对峙下去时，白起忽然指挥秦军绕过楚军主力，从侧面偷袭了郢都城外的楚军，结果城外的楚军大乱。而随着城外楚军失利，城内的楚军也陷入了"慌乱"。最终，城外的楚军四散而逃，只留给秦军一座楚国都城。

这种情况下，楚军若继续坚壁清野，可能还有转圜的余地。但当秦军对郢都发起冲击时，城内的楚军早已肝胆俱裂，无心恋战，开始寻求退路。而这正中白起下怀，他故意放出了口子，让楚军有"逃亡"之路，结果楚军弃城而去。楚顷襄王在慌乱中逃出城，开始了逃亡之旅。[①] 之后，秦军破城而入。据说秦军还进入西陵，焚烧了楚国先王的陵墓。

白起指挥秦军继续挺进，追击楚军，将战线延伸到竟陵（今湖北潜江西北）、安陆等地。楚军溃不成军，狼狈逃窜，一直退守到陈（今河南淮阳）一带。

面对四散逃亡的楚国大军，白起并未遣秦军持续追击，而是按照秦昭襄王的指令，先将郢都改为南郡，将这里彻底秦国化。

楚国面临生死存亡。

这时候，"和事佬"出现了，周天子虽然人微言轻，却也"厚着脸皮"出面调解两国关系。而秦昭襄王给足了天子面子，同意周天子从中斡旋。最后，秦昭襄王决定与楚顷襄王会盟，重申两国关系。楚顷襄王悲愤交加，却也无可奈何，只能顺从秦昭襄王的"意图"，与秦昭襄王在襄陵会盟。《史记正义》引《括地志》记载，指出襄陵："在晋州临汾县东南三十五里。阚骃十三州志云襄陵，晋大夫雡邑也。"《地理志》中说："河东有襄陵县。"[②]

至此，秦国攻楚战争结束。

需要说明的是，在这次攻楚行动中，白起由于指挥得当，名震天下。秦昭襄王封白起为武安君。《史记正义》中说："能抚养军

---

① 司马迁：《史记》卷五《秦本纪第五》."二十九年，大良造白起攻楚，取郢为南郡，楚王走。"
② 司马迁：《史记》卷五《秦本纪第五》："周君来。王与楚王会襄陵。"

士，战必克，得百姓安集，故号武安。"① 从此之后，白起将以"不败战神"的身份，率领秦军东征西讨，开启了单挑列国之路。

4. 东征西讨与南征北战

秦楚息战

前277年（秦昭襄王三十年）春，一场春雨刚过，白起率领的秦军就撤出了楚国地界。

不过被秦军占据的那些地方，依然牢牢掌控在秦国手中。城邑里驻扎着秦军，以防楚国偷袭。也住着一些犯了事的人，从事最繁重的农业生产活动，为驻扎的军队生产粮食和武器装备等。这说明，秦国还在密切关注楚国，一旦楚国有"异常"，秦军就会立即出动，镇压叛乱。

有意思的是，白起离开后，蜀中郡守张若（《华阳国志》说"张若为蜀中郡守"）为了表功，又带人攻打楚国，还攻克了楚国的巫郡。《史记正义》中记载："巫郡在夔州东百里。"

这是个突发情况，但秦昭襄王未曾做出明确指示，这也意味着他默许了这一切。张若仿佛受到启示一般，乘机将江南更名为黔中郡。自此，困扰秦国东南的黔中地区彻底被秦国攻陷。《史记正义》

---

① 司马迁：《史记》卷七十三《白起王翦列传第十三》："后七年，白起攻楚，拔鄢、邓五城。其明年，攻楚，拔郢，烧夷陵，遂东至竟陵。楚王亡去郢，东走徙陈。秦以郢为南郡。白起迁为武安君。"

中说:"黔中故城在辰州沅陵县西二十里。江南,今黔府亦其地也。"①

这时候,表面上看,秦、楚两国又恢复了和平,事实上斗争无时无刻不在上演。两国之间的斗争只是由武力对抗变成意识形态领域的对抗,以后两国还会爆发更大规模的战争。

未几,秦昭襄王将白起调往魏国,准备攻打魏国。

而秦国攻魏,又吸引了诸侯的注意力。原来,这时候,秦昭襄王得到了魏昭王病重的讯息,据说魏国内部各派系之间为争夺君权大打出手,争名夺利。故而,秦昭襄王决定乘机谋取魏国,白起因此被调往北方,应对魏国的变局。

不久,魏昭王去世。太子魏圉即位,是为魏安釐王。② 秦昭襄王认为时机成熟,授意白起密谋魏国。

前 276 年(秦昭襄王三十一年)春,已筹划多时的白起,向魏国发起攻击。魏国上下如坐针毡,谁都清楚白起的实力,而魏国已没有白起的对手。

之后,白起进军迅速,很快占据了魏国西部两座城池。③ 魏国朝野震动,被迫组织军士抵抗秦军入侵。④ 白起指挥秦军迅速出击,闪电式地击溃魏军,撵着魏军向魏国腹地推进。此时的魏军已无法抵御,节节败退。到这时魏国被逼无奈,向赵、韩发出求援。

根据白起得到的消息,魏国使者到赵、韩两国交涉,指出三晋

---

① 司马迁:《史记》卷五《秦本纪第五》:"三十年,蜀守若伐楚,取巫郡,及江南为黔中郡。"
② 司马迁:《史记》卷四十四《魏世家第十四》:"十九年,昭王卒,子安釐王立。"
③ 司马迁:《史记》卷五《秦本纪第五》:"三十一年,白起伐魏,取两城。"
④ 司马迁:《史记》卷五《秦本纪第五》:"安釐王元年,秦拔我两城。"

唇亡齿寒，他们不能见死不救，一旦魏国灭亡，他们就会成为下一个魏国。赵、韩还在观望，并未表明是否支援。这意味着，魏国局势非常紧迫：秦军虎视眈眈，稍不留神，秦军就会攻占魏国城邑。

其实，在魏国向赵、韩求援时，秦对魏的战争并未停止。白起率领的秦军夺取了魏国的多座城邑，魏国形势越来越危急。

这时候，一个影响战局的情况发生了：被秦国攻占的楚国江南地区出现了叛乱①，已臣服的江南地方官再度反水，重新投奔了楚国，《史记正义》中说："黔中郡反归楚。"

面对楚国边境的叛乱，秦国不得不想办法应对，白起对魏国的战争也因此暂停。为什么会出现楚国军民反叛的情况呢？原来，随着白起撤离楚国，楚顷襄王也进入反攻阶段，他到处收拢被秦军打散的楚军，一时间流失在各地的楚军纷纷投奔楚顷襄王。在很短的时间内，楚顷襄王就聚集了十万之众。

而面对楚顷襄王的"死灰复燃"，一些被秦国占据的城池里的原楚国军民开始蠢蠢欲动。江南郡楚国旧臣率先行动，杀了秦国留在江南的长官，投奔了楚国。之后，楚顷襄王又指挥楚军收复了被秦军攻克的十五座城邑。② 楚国的实力逐步得到恢复。

面对这一状况，秦国并未立即派兵镇压，而是选择了观望时局。事实上，也很难镇压，当爱国成为一种召唤，便会凝聚成强大的对外力量。这时候，楚国朝野形成了一股强大的力量：对抗秦国。再者，秦国正与魏国交战，无法再抽出大规模军队对付楚国，也只能观望楚国收复故土。未几，楚国迅速收复失地，稳定国内

---

① 司马迁：《史记》卷五《秦本纪第五》："楚人反我江南。"
② 司马迁：《史记》卷四十《楚世家第十》："二十三年，襄王乃收东地兵，得十余万，复西取秦所拔我江旁十五邑以为郡，距秦。"

局势。

面对这种"不可逆"的局面，秦国高层经过商议，认为不宜再与楚国作战。因此，秦国选择顺势而为，将主要的攻打目标放在了魏国。

威胁魏国

前275年（秦昭襄王三十二年），秦、魏之间正式拉开了大战序幕。

这一次，秦国派出攻魏的人是丞相魏冉。这就令人非常困惑，秦国攻楚时，尚且未遣魏冉"督军"，攻打小小的魏国，何至于丞相"亲自"指挥？或许，这是魏冉主动请缨的结果，因为攻打魏国的人是白起。而很多年前，魏冉与白起已形成一种新的政治联盟。[1] 此时，白起就驻扎在魏境，牵制着魏国，等待着魏冉前来。再或者，魏冉是楚人，对秦军攻楚"避嫌"，才未参与。

魏冉到了前线后，见到了白起，两人开始商议对付魏国的办法。其实，也无须做更为详细的部署。秦、魏双方实力差距较大，一旦秦军出动，必然会重创魏军。当然，想要灭亡魏国，也不现实。

紧接着，白起率领的秦军一路推进，势如破竹，魏国西北地区难以抵抗，纷纷投降。不久，秦军就推进至魏国国都大梁附近，魏国上下噤若寒蝉。此前，韩国已答应支援，但这时候，却迟迟不见援军到来。魏军一面抵御秦军，一面翘首以盼。

---

[1] 司马迁：《史记》卷七十二《穰侯列传第十二》："白起者，穰侯之所任举也，相善。"

过了数日，韩国的援军才赶到大梁附近。率领韩军的将领还是曾败于秦军的韩将暴鸢。之后，韩、魏双方合兵一处，由暴鸢指挥，对抗秦军。

这又是一次大军团作战。战争一开始，双方都亮出了底牌，魏冉指挥秦军猛攻韩军，暴鸢也没有退缩，指挥韩军与秦军对决。

因秦军在数量上、武器装备上均占据优势，又有魏冉、白起这种成长于军营的帅才，战争天平在大战未开始前，已偏向秦军。而魏冉、白起强强联手，很快找到了魏、韩联军的薄弱处。

之后，秦军被划分成了两支，一支正面猛攻联军，另外一支从侧面包抄。这种"打法"，让暴鸢率领的联军陷入包围中。最终，联军被斩杀近四万。暴鸢看到形势不对，率部向东突围，撤离了大梁防御圈。①

而随着暴鸢撤离，魏都大梁城完全暴露在秦军的攻击之下。未几，魏冉、白起指挥秦军包围大梁城，魏国亡国在即。魏王干急无奈何，最终，他"故技重施"，试图通过割地的方式，让秦国停止攻击大梁。魏王表示，愿无偿交出三县土地、人口给秦国，向秦国请和。②

吊诡的是，秦国接受了魏国的求饶。这就令人非常疑惑：秦军在完全掌握主动权的情况下，为什么忽然停止了攻魏？这背后到底有没有更为复杂的原因？事实上，秦国表面上接受求和，私底下却在筹划着更大的计划容后分说。

---

① 司马迁：《史记》卷四十五《韩世家第十五》："二十一年，使暴焱救魏，为秦所败，焱走开封。"

② 司马迁：《史记》卷七十二《穰侯列传第十二》："三十二年，相穰侯攻魏，至大梁，破暴鸢，斩首四万，鸢走，魏入三县请和。"

有意思的是，就在秦国攻打魏国时，赵国先后派出大将廉颇、燕周攻魏，夺取了魏国东面的安阳、昌城、高唐等地。

不得不说，赵国的做法有点趁火打劫，难怪他们之前对魏国的求援无动于衷。一切都在计划中，只是魏国不知而已。

而秦、赵攻魏，令魏国高层如坐针毡：若秦、赵持续两面夹击魏国，魏国就离亡国不远了。已黔驴技穷的魏王，厚着脸皮分别派出使者，向秦、赵求和。赵国高层经过讨论权衡利弊后，停止了对魏国的攻打，还表示将派出大军支援魏国。[1] 秦国的态度模棱两可，这让魏国高层依旧很担心。而秦国"不吐核"，也就意味着秦魏战争不会结束。所幸的是，时令已至隆冬，天气变得非常寒冷，衰草枯杨，万物萧条。面对这一现状，秦军暂停进攻，与魏国进入对峙阶段。

次年（前 274 年）早春，魏冉再度指挥秦军主力继续围困大梁。同时，魏冉又派客卿胡阳率领一支秦军攻打魏国卷邑、蔡阳、长社，并很快夺得了这三座城邑。《括地志》记载："卷城在郑州原武县西北七里，即衡雍也。蔡阳，今豫州上蔡水之阳，古城在豫州北七十里。长社故城在许州长社县西一里。皆魏邑也。"[2]

面对秦军的威胁，魏国多次遣使者到赵、韩交涉，请求建立联盟，共同对抗秦国。最终，魏国的奔走呼吁产生效用，韩、赵、魏三国组建起新联盟，分别派出大军集结于华阳，准备对付秦军。《史记正义》引《括地志》记载，对华阳之地做了解释："故华城在

---

① 司马迁：《史记》卷七十二《穰侯列传第十二》："二年，又拔我二城，军大梁下，韩来救，予秦温以和。三年，秦拔我四城，斩首四万。"

② 司马迁：《史记》卷五《秦本纪第五》："三十三年，客卿胡攻魏卷、蔡阳、长社，取之。"

郑州管城县南三十里。国语云史伯对郑桓公，虢、郐十邑，华其一也。华阳即此城也。"

魏冉、白起等被三晋联军搞得疑惑不解：赵、韩连续遭受秦军打击，还没有缓过元气就要联合攻秦？魏冉、白起经多方打探，确定联军集结而来。魏冉、白起不敢马虎，选择应对策略。之后，在魏冉、白起等人指挥下，秦军集中力量攻打联军，击败了魏将芒卯，占领了赵国的观津，联军被打得四散逃窜。[1]

战后清理战场，秦军发现斩首了赵、魏、韩联军十五万人。[2] 天下诸侯得知战况，为之震动。

不过，这一战在时间和将士死亡数量上多有争议。《白起列传》中认为此战发生在秦昭襄王四十年（前 373 年），死了十三万人："昭王三十四年，白起攻魏，拔华阳，走芒卯，而虏三晋将，斩首十三万。"[3] 《六国年表》中也认为此战发生在秦昭襄王三十四年。[4]《秦本纪》中认为是三十三年。大概这一事件发生在后半年，而秦国实行的"十月岁首"，因此同一时间发生的战争，在不同史料中相差一年。

须贾退秦师

斩杀了这么多联军，秦军依然不撤。还有消息说，秦国还在国

---

① 司马迁：《史记》卷七十二《穰侯列传第十二》："明年，穰侯与白起客卿胡阳复攻赵、韩、魏，破芒卯于华阳下，斩首十万，取魏之卷、蔡阳、长社，赵氏观津。"

② 司马迁：《史记》卷五《秦本纪第五》："击芒卯华阳，破之，斩首十五万。"

③ 司马迁：《史记》卷七十三《白起王翦列传第十三》。

④ 司马迁：《史记》卷十五《六国年表》："白起击魏华阳军，芒卯走，得三晋将，斩首十五万。"

内源源不断地征兵，将这些力量调往战争前线。秦国原因很简单，联军死了这么多人，秦军定也损失惨重，及时补充兵员是当务之急。

而秦军有兵员补充，魏国已没有多少精锐与秦军对峙。长此下去，魏国被"打残"只是时间的问题，甚至可能会亡国。面对这一现状，魏国高层毫无办法。不管是人还是国，只要你弱，别人就可能会欺负你、侮辱你。

此后，魏国高层苦苦寻觅，终于找到了破解之法。所谓破解之法，即到秦军大营说服魏冉。这是减轻魏国压力的关键，只要魏冉同意撤军，秦昭襄王也定不会"从中作梗"，有时候，撤军只在某些人的"一念之间"。

据说这次魏国派出求和的人是大夫须贾。此人此前并无任何"显著"功绩，至少史料中缺乏他的"闪光点"。但这时候魏王能让他出使秦国，说明他必然有过人之处。史料中无须贾其人事迹，但须贾却有说服人的本领。他到秦军大营游说魏冉时，对魏冉说的一番话，足见其智慧超群。

须贾对魏冉说了这样一番话：

从前魏惠王指挥魏军进攻赵国，夺取了三梁，又攻克了邯郸，形势非常危急。当时赵王不愿割地，结果在列国作用下，邯郸反而失而复得。我还听闻齐国曾攻打卫国，攻克卫国国都楚丘，杀死卫将子良。即便如此，卫国依旧不割地。齐国最终也没有成功占据楚丘，反而又被卫国夺取。赵、卫能够保全国土，强化戒备，使自己的国土不被其他诸侯兼并，是因他们能够忍受苦难，重视土地。宋国、中山国多次遭诸侯攻打，被迫

割让土地，结果国家也灭亡了。因此，卫、赵之法值得学习，
而宋、中山的做法当引以为戒。秦国是贪婪暴戾之国，因此不
能与他亲近。如今，秦国不讲道义，吞食魏国，占据原晋国大
面积土地。之前击败韩将暴鸢，又胁迫魏国割让了八个县。而
秦国还没有将土地、人口完全接纳，就又出兵攻魏。我不知
道，秦国到底什么时候才会满足？眼下秦军驱逐了大将芒卯，
进入北宅之地，说明秦国不是要攻打大梁，而是要胁迫魏国割
让土地。因此要慎重对待秦国的入侵。眼下，大王背弃与楚、
赵之间的联盟而与秦国讲和，等赵、楚迁怒于魏国，进而抛弃
魏国，与魏国争着向秦国示好，秦国就会接受。而一旦秦国与
赵、楚形成合纵，他们联合起来攻打魏国大梁，魏国离亡国就
不远了。因此，这时魏国要与秦国讲和，通过与秦国交换人质
的方法，与秦国建立联盟。不过不能多割地，否则魏国就会被
秦国欺骗。[1]

须贾表示，他转述的这番话是他曾给魏王的进言，魏王最后听
从了他的建议。须贾还表示，魏国高层并不糊涂，只是运气不好。

---

[1] 司马迁：《史记》卷七十二《穰侯列传第十二》："梁大夫须贾说穰侯曰：'臣闻魏
之长吏谓魏王曰："昔梁惠王伐赵，战胜三梁，拔邯郸；赵氏不割，而邯郸复归。
齐人攻卫，拔故国，杀子良；卫人不割，而故地复反。卫、赵之所以国全兵劲而
地不并于诸侯者，以其能忍难而重出地也。宋、中山数伐割地，而国随以亡。臣
以为卫、赵可法，而宋、中山可为戒也。秦，贪戾之国也，而毋亲。蚕食魏氏，
又尽晋国，战胜暴子，割八县，地未毕入，兵复出矣。夫秦何厌之有哉！今又走
芒卯，入北宅，此非敢攻梁也，且劫王以求多割地。王必勿听也。今王背楚、赵
而讲秦，楚、赵怒而去王，与王争事秦，秦必受之。秦挟楚、赵之兵以复攻梁，
则国求无亡不可得也。原王之必无讲也。王若欲讲，少割而有质；不然，必见
欺。……"'"

秦国想要灭魏，并非一件易事。须贾还给魏冉提供了一番建议：

《周书》有云："天命不常有"。意思是说没有任何国家能长久享受侥幸。眼下秦国是战胜了暴鸢，得到了八个县。但这并非因为秦国兵精粮足，也非计划周密。主要是秦国运气好。现在秦军又驱逐了芒卯，进入魏国北宅，围攻大梁。这是将运气当作常态，明智之人一定不会这样做。我听闻魏国已在周围秘密调集了一百个县的精锐甲士，让他们向大梁开拔，戍守大梁。这些人最少有三十万。而魏国用三十万大军驻守城墙高大、坚固的大梁，即便成汤在世、周武王重生，也无法轻易攻下大梁。秦军并非神兵，面对三十万魏军和高大的大梁城，一定无法攻克。秦军若长期攻城，也会产生疲惫和厌战。等秦军疲惫不堪时，就会有士兵逃跑。到时别说陶邑（魏冉的封地）难保，之前秦军取得的成果都将付诸东流。现在秦国还在迟疑什么？为什么不乘机要求魏国割让部分土地以稳住魏国，让魏国与秦国之间达成某种联盟？众所周知，楚、赵会支援魏国。等援军一到，秦军还能不能取胜？为今之计，秦、魏应达成共识，建立联盟。到时，即便楚、赵援军到魏国，也会因魏国先一步与秦国达成和平协议而迁怒于魏国，不再支援魏国。这样一来，魏、楚、赵之间的合纵联盟也就不攻自破。等到那时，秦军可伺机而动，争取更大的利益。再说，索要土地非得依靠武力吗？只要占据晋国土地，即便秦国不发兵，魏国也会献出绛邑和安邑。这样一来，陶邑就打开了两条信道，占据魏国全部土地。总之，不能与魏国直接开打，最好让魏国割地，有利于秦国，也有利于穰侯。

据说听完须贾的这一番高论,魏冉内心被触动,开始权衡利弊。毕竟陶邑是他的地盘,与魏国接壤。若秦国与魏国完全交恶,陶邑也会陷入危机。未几,在魏冉的运作下,秦军解除了对大梁的围攻。[①]

需要略作辨析的是,这段时间内,发生的这些事在时间顺序上有差异。《秦本纪》中载,秦军击败芒卯的时间是前 274 年,"击芒卯华阳,破之,斩首十五万"。《穰侯列传》中记载为前 275 年。《六国年表》记载为前 273 年。而《穰侯列传》里认为秦军先击败暴鸢,后击败芒卯。通过这些记载,我们推测:这些大事件发生在秦军连续取得胜利之后,《穰侯列传》记载的时间至少早了一年,否则须贾游说魏冉就说不通。

当然,秦军尽管解除了对大梁的围攻,但并未撤离得太远,依旧威胁着魏国,也在等待魏国割让土地。

此时,魏国朝堂为退秦兵、割让土地的事情吵作一团,朝臣们也各执己见,争论不休。魏将段干子提出,将南阳之地割让秦国,请求秦国撤兵。一些官员附和段干子。魏王虽然心疼,最终也同意了这一策略。

---

① 司马迁:《史记》卷七十二《穰侯列传第十二》:"'……臣以为汤、武复生,不易攻也。夫轻背楚、赵之兵,陵七仞之城,战三十万之众,而志必举之,臣以为自天地始分以至于今,未尝有者也。攻而不拔,秦兵必罢,陶邑必亡,则前功必弃矣。今魏氏方疑,可以少割收也。原君逮楚、赵之兵未至于梁,亟以少割收魏。魏方疑而得以少割为利,必欲之,则君得所欲矣。楚、赵怒于魏之先己也,必争事秦,从以此散,而君后择焉。且君之得地岂必以兵哉!割晋国,秦兵不攻,而魏必效绛安邑。又为陶开两道,几尽故宋,卫必效单父。秦兵可全,而君制之,何索而不得,何为而不成!原君熟虑之而无行危。'穰侯曰:'善。'乃罢梁围。"

南阳地处韩、魏交界地。《史记集解》说:"河内修武,古曰南阳,秦始皇更名河内,属魏地。荆州之南阳郡,本属韩地。"《史记正义》也说:"怀获嘉县即古之南阳。杜预云在晋州山南河北,故曰南阳。秦破芒卯军,斩首十五万,魏入南阳以和。"释名也说:"在中国之南而居阳地,故以为名焉。"张衡在《南都赋》中也说:"陪京之南,居汉之阳。"通过这些记载看,南阳真的很重要。而正因南阳很重要,秦国同意了魏国的请求。

不过,魏王心中依然有顾虑,有些"吃不准"。这时候,就需要一个帮他拿主意的人。恰巧此时纵横家苏代在魏国,魏王就向苏代求教。苏代对魏王说:"想要得到秦国爵位的人是段干子,想要得到魏国土地的是秦国。如果按照段干子的意见处置,等于是让想要得到魏国土地的人掌管魏国官爵的敕封,让想要秦国掌管官爵的人掌控魏国土地。我认为这是非常危险的做法。这样一来,只有魏国土地全部归秦,才会结束战乱。段干子用南阳换取和平的建议,无异于抱着干柴救火。只要柴烧不尽,火就无法扑灭。"

此时,魏王却认为高层经过商议,已决定将南阳划归给秦国,即便苏代的建议有道理,也不能更改了。[1] 最终,魏国割让南阳[2]之地给秦国,希望与秦国和平相处。

一年后(前273年),秦国将魏国南阳等地和韩国上庸之地合并,设立了一个新郡,还将南阳那些犯罪之人赦免,迁到此地参与

---

[1] 司马迁:《史记》卷四十四《魏世家第十四》:"苏代谓魏王曰:'欲玺者段干子也,欲地者秦也。今王使欲地者制玺,使欲玺者制地,魏氏地不尽则不知已。且夫以地事秦,譬犹抱薪救火,薪不尽,火不灭。'王曰:'是则然也。虽然,事始已行,不可更矣。'"

[2] 司马迁:《史记》卷五《秦本纪第五》:"魏入南阳以和。"

劳动改造。① 不久，秦国将该新郡更名为南阳郡。② 《史记正义》
说："今邓州也。前已属秦，秦置南阳郡，在汉水之北。"自此，南
阳郡成为秦国的重镇，直至秦国灭亡。

苏代再劝魏冉

秦、魏停战不久，诸侯国之间又发生了巨大变化。一向以软弱
存在于诸侯国的燕国，在燕昭王的带领下，通过各种"变革"，逐
渐强大起来，并开始不断实施扩张行动。

而燕国的崛起，让其他诸侯国不得安宁，魏、韩、楚三国决定
联合攻打燕国。有意思的是，一向不与诸侯联合的秦国也不愿燕国
强大，打算支援三国攻打燕国。③

而这个联合到底进行到何种程度，史料并无详细记载。有一点
是可以肯定的，这就是四国联军对燕国的战争持续时间不长。因
为，不久秦国就与赵国联盟了，而赵国不在四国联盟中。

前 272 年（秦昭襄王三十五年），赵国遣使者入秦，与秦国交
涉，希望秦、赵联合，共同对抗齐国。秦国高层显然更看重齐国的
地缘，或者说更愿意"削弱"齐国，因此同意了赵国的请求。之
后，为表诚意，秦国还将此前攻占的观津归还给了赵国。④

秦、赵联合攻齐成为一种风向，又开始吸引天下诸侯的注

---

① 司马迁：《史记》卷五《秦本纪第五》："三十四年，秦与魏、韩上庸地为一郡，
南阳免臣迁居之。"
② 司马迁：《史记》卷五《秦本纪第五》："初置南阳郡。"
③ 司马迁：《史记》卷五《秦本纪第五》："三十五年，佐韩、魏、楚伐燕。"
④ 司马迁：《史记》卷七十二《穰侯列传第十二》："且与赵观津，益赵以兵，伐
齐。"

意力。

　　齐国听闻秦、赵联合的消息，非常恐惧。为缓解齐国危机，齐襄王命苏代秘密联络魏冉，劝说魏冉放弃攻打齐国。苏代一直受齐国重用，不能置身事外。为此，苏代给魏冉写了一封信，内容大致如下：

　　　　近来，我听人说"秦国将给赵国四万甲士，支援赵国攻齐"。等我回齐国后，一定会给齐王这样说："秦王明智而善于用计，穰侯有智慧又勤于政务。他们不会派人支援赵国而攻打齐国的。"

　　　　为什么要这么说呢？因为赵、魏、韩三国出自晋国，若他们结成同盟，必然对秦国不利。秦国也对他们深恶痛绝。这些年来，赵、魏、韩三国多次背弃盟约，相互背叛与欺骗，已成为常态。不过这并非他们不讲诚信，也非三国君主品行不端。他们只是为了各自利益，朝秦暮楚。如今，秦国若支援赵国，打败齐国，则会让赵国强大。

　　　　众所周知，赵国一直以来都是秦国的仇敌，赵国强大必然对秦国不利，这是其一。当下诸侯国间斗争不断，秦国的谋臣一定会持这种言论："攻败齐国的同时，还得削弱三晋、楚国的力量，让秦国一国独大"。如今，齐国只是一个弱小的国家，用天下最强的力量来攻打齐国，等同于用千钧弓弩射中溃烂疮伤，结果只能是齐国灭亡。但齐国灭了，三晋、楚国必然强大，到时秦国如何削弱三晋和楚国呢？这是其二。眼下齐国强邻环伺，列国虎视眈眈。若在攻齐问题上秦国派遣军士少，三晋、楚国就不会信任秦国。若秦国派出大量的军队，就会让三晋、楚国被制约，无法发挥战斗力。届时齐国感到恐惧，即便不投奔秦国，也会投奔三晋或者楚国。到那时，秦国依然占不到任何便宜。这是其三。秦国通过分裂齐国让三晋、楚国强大，等他们强大后，三晋、楚国就会驻军齐国，这会让天下人仇视秦国，认为是秦国促成三晋、楚国的强大，让他们永远过不上安定的日子。这是其四。可能秦国没有发现，三晋、楚国利用秦国来攻打齐国是一个阴谋。等齐国灭亡，他们定会利用齐国的资源和军队对付秦国。那么，我不禁要问：为什么只有三晋、楚国聪明，而秦国却如此愚笨呢？这是其五。

当下，秦国得到了安邑，就该把它治理好。这样一来，秦国就没有隐患。而秦国一旦牢牢掌控了安邑，韩国的上党之地就会成为秦军攻打的目标。我不禁又要问：占据天下的中心与借出军队又担心不能返回，哪个更有利？

事实上，我上面列举的这些都是浅显的道理，因此我才说秦王明智善于用计，穰侯有智慧又勤于政务。我相信秦国高层是智慧的，一定不会借四万甲士给赵国，让他们攻打齐国，壮大自己。①

---

① 司马迁：《史记》卷七十二《穰侯列传第十二》："臣闻往来者言曰'秦将益赵甲四万以伐齐'，臣窃必之敝邑之王曰'秦王明而熟于计，穰侯智而习于事，必不益赵甲四万以伐齐'。是何也？夫三晋之相与也，秦之深雠也。百相背也，百相欺也，不为不信，不为无行。今破齐以肥赵。赵，秦之深雠，不利于秦。此一也。秦之谋者，必曰'破齐，弊晋、楚，而后制晋、楚之胜'。夫齐，罢国也，以天下攻齐，如以千钧之弩决溃痈也，必死，安能弊晋、楚？此二也。秦少出兵，则晋、楚不信也；多出兵，则晋、楚为制于秦。齐恐，不走秦，必走晋、楚。此三也。秦割齐以唉晋、楚，晋、楚案之以兵，秦反受敌。此四也。是晋、楚以秦谋齐，以齐谋秦也，何晋、楚之智而秦、齐之愚？此五也。故得安邑以善事之，亦必无患矣。秦有安邑，韩氏必无上党矣。取天下之肠胃，与出（转下页）

看到苏代的信件后,魏冉思考了很久。这封信凝聚着士子的思想,需要慢慢咀嚼。不过魏冉还是看懂了。尽管此时,魏冉很想攻打齐国——只要秦国占据齐国的土地,他就可借机扩大自己的封地。但魏冉也清楚,局势并不乐观。苏代的这些话并非泛泛而谈,包含着对天下局势的清晰分析。他不能拿着秦国的命运做赌博,因为一旦引发诸侯合纵攻秦,又将是无尽的麻烦。不久,魏冉就带着秦军回国了。①

秦昭襄王对魏冉的处置也没有异议。赵国也因秦军的退出,没有向齐国发动战争,而是选择处置黄河决口事宜。②

这时候,诸侯忽然发现:秦军撤兵了,赵国安定了,燕国息战了……仿佛天下再次进入太平时代。不过,诸国们都清楚,眼前的稳定只是一种假象。而秦国撤兵恐也是权宜之计,他们还会审时度势,发动搅乱天下稳定的扩张战争。届时,天下将又不得安宁。

(接上页)兵而惧其不反也,孰利?臣故曰秦王明而熟于计,穰侯智而习于事,必不益赵甲四万以代齐矣。"

① 司马迁:《史记》卷七十二《穰侯列传第十二》:"于是穰侯不行,引兵而归。"

② 司马迁:《史记》卷四十三《赵世家第十三》:"二十七年,徙漳水武平南。封赵豹为平阳君。河水出,大潦。"

第十七章

奠基

何草不黄？何日不行？何人不将？经营四方。

何草不玄？何人不矜？哀我征夫，独为匪民。

匪兕匪虎，率彼旷野。哀我征夫，朝夕不暇。

有芃者狐，率彼幽草。有栈之车，行彼周道。

——《诗经·小雅·何草不黄》

1. 谋士范雎自荐

张禄是谁

前271年（秦昭襄王三十六年）春夏之交的一个傍晚，一个魏国人正坐在咸阳的驿馆里生闷气。为他苦苦不能见到秦昭襄王而生闷气。

他面前摆放着粗茶淡饭，桌上的酒苦涩，看着就倒胃口。但就是这样的饭食，他却吃了一年多时间。现在，他还在吃这种饭食。他体会到当年勾践卧薪尝胆的滋味，却并不气馁。他是积极进取型人格的人，在他的人生中，没有退却二字，为了名利，脸面又算得了什么呢？因此，即便滞留秦国一年，他依然不愿离去，不断寻找着能靠近秦昭襄王的机会。

这个人叫张禄，从这个名字就能看出，他是"有福之人"。《说文解字》载："禄，福也。"当然，他还有一个真实的名字，叫范雎。

他是到秦国寻找展示自己的平台的大才，至少他自己认为秦国能够给他这个平台。

事实上，秦国每遇重大转机时，必出扭转时局之人。商鞅如此，张仪如此。范雎也是引导秦国走向强盛的人，只是此时的他，和初入秦国的商鞅、张仪一样，还处于落魄中。

那么，范雎为什么选择到秦国发展呢？

一切的原因，还得从范雎的传奇经历中寻找答案。

范雎，字叔，魏国人。他出生时，列国诸侯正在争夺天下。

相传，他出身寒微却志向远大，自幼学习百家学说，足智多谋、能言善辩。这是《史记》"固定模板"，多少彪炳史册的人，起初可能都是这样的命运。换句话说，早在西周时期（甚至更早），一个影响历史进程人物的"简历"就有固定写法，司马迁只是采用了"原始史料"。所以，范雎就成为"命如纸薄却有不屈之心"的典型。

据说，他想在魏国有一番作为，但此时的魏国，却给不了他想要的，或者说他并未受到魏国重用。范雎愤懑之余，悻悻离开魏国，周游列国，向各国诸侯传播他的思想和主张，希望有人赏识，但这次游览也没有取得任何成效。

后来，范雎重新回到了魏国，希望在魏国效力。然而，家境贫寒的他，在周游列国这些年里，仅有的家底都被掏空。他没有钱财做敲门砖，迟迟无法挤入魏国朝堂。最终，在不断碰壁中，屈尊投身在魏国中大夫须贾门上，成为须贾府上的一个小幕僚。[①] 须贾在前文中有所介绍，当时魏冉指挥秦军围攻魏国都城大梁，是须贾出面游说，魏冉才撤军。也是那次劝退秦军，让须贾得到魏国重用。范雎当时就在须贾府上度日，也关注着天下大局。

前283年，燕、楚、魏、赵、韩五国大军在乐毅带领下，攻破了齐国都城临淄，攻占齐国七十余座城邑。齐愍王逃亡，后被楚将淖齿诛杀。齐襄王在内忧外患的局势中即位。之后，齐将田单利用火牛阵击败了五国联军，收复了被联军击破的七十城，齐国国力得

---

① 司马迁：《史记》卷七十九《范雎蔡泽列传第十九》："范雎者，魏人也，字叔。游说诸侯，欲事魏王，家贫无以自资，乃先事魏中大夫须贾。"

以恢复。魏王担心齐国报复，对此忧心忡忡，特遣须贾出使齐国，议和修好。范雎作为跟班，跟随须贾一同前往齐国。[①]

他们到齐国后，果然遭到齐襄王的责难。齐襄王对须贾很无礼，斥责魏国反复无常，将齐愍王之死归结于魏国不守信约。须贾被齐襄王的责难镇住，一时语塞，不能应对，只能顾左右而言他。这时，范雎出面伸张正义，替自己的主人辩解，智激齐襄王，解除了对须贾的言语攻击。

齐襄王因此很赏识范雎，命人给范雎送去十斤黄金和牛肉、美酒。范雎作为魏国使者的随从，不敢越过主人私自接纳这些礼物，只能将此事汇报给须贾。由此可见，范雎非常懂得人性，有高超的情商。

须贾得知这件事后，非常生气，大发雷霆。须贾认为，齐王如此礼遇范雎，都是因为范雎将魏国的内务全部告诉了齐王，导致他被齐王责难。须贾不依不饶，迁怒于范雎，主仆两人嫌隙由此产生。为了不引起齐王的猜忌，须贾先令范雎接收齐王赏赐的牛肉、美酒，又退还其黄金。

而龃龉一旦产生，嫌隙只能更大。有些人看顺眼了，哪怕他做了坏事，也能容忍；有些人看不顺眼，即便肝胆相照，也难换回同情与怜悯。

此时，须贾对范雎怀恨在心。等他们完成使命、回到魏国后，须贾就将范雎在齐国的表现告诉了相国魏齐。魏齐得知这些事情后，未加核实，就命人对范雎实施鞭打。据说这帮打手不顾人命，

---

① 司马迁：《史记》卷七十九《范雎蔡泽列传第十九》："须贾为魏昭王使于齐，范雎从。"

打断了范雎的肋骨，打落了牙齿，有意要打死范雎。范雎大概看清了处境，为了活命，采取了装死逃之。

之后，魏齐命人将范雎身体用席子卷起来，扔进了厕所里。还命人看守，防止范雎假死逃亡。

当晚，魏齐的宾客中有人喝醉了酒，对裹着范雎身体的席子撒尿。范雎只能忍受。等宾客散后，范雎瞅准时机，向看守他尸体的人说："若您能将我救出去，我一定会重谢您。"看守之人生了恻隐之心，向魏齐汇报说范雎已死透，建议将他扔出去。魏齐根本不在意范雎的死活，便同意了看守之人的建议，范雎因此逃过一劫。

后来，魏齐似乎意识到了什么，命人到处搜罗范雎的尸体，都没有找到。而范雎被扔出后，就拖着受伤的身子，寻找庇护所。最终，他被一个叫郑安平的魏国人收留。范雎向郑安平倾诉了自己的遭遇，郑安平也很同情范雎，不但没有报官，还与范雎一起藏了起来。再之后，为了让范雎躲过魏齐的追杀，郑安平建议范雎更名。于是，范雎改名为张禄。[①]

恰巧此时，秦昭襄王派官员王稽出使魏国。王稽拜谒了魏王后，被安置在馆驿中。郑安平瞅准时机，伪装成差役，侍奉王稽。据说，郑安平为了得到王稽的信任，极尽一切表达忠心。因而，王

---

① 司马迁：《史记》卷七十九《范雎蔡泽列传第十九》："齐襄王闻雎辩口，乃使人赐雎金十斤及牛酒，雎辞谢不敢受。须贾知之，大怒，以为雎持魏国阴事告齐，故得此馈，令雎受其牛酒，还其金。既归，心怒雎，以告魏相。魏相，魏之诸公子，曰魏齐。魏齐大怒，使舍人笞击雎，折胁摺齿。雎详死，即卷以箦，置厕中。宾客饮者醉，更溺雎，故僇辱以惩后，令无妄言者。雎从箦中谓守者曰：'公能出我，我必厚谢公。'守者乃请出弃箦中死人。魏齐醉，曰：'可矣。'范雎得出。后魏齐悔，复召求之。魏人郑安平闻之，乃遂操范雎亡，伏匿，更名姓曰张禄。"

稽对郑安平也就多了几分关注。

有一天，王稽对郑安平说："不知道魏国有没有贤才愿意跟随我去秦国游历？"郑安平知道这是王稽向他求才，趁机说："我有一位同乡叫张禄，他想求见您，与您一起商谈天下大事。但张禄在魏国有仇人，白天不敢出来，只能在晚上与您相见。"听郑安平如此一说，王稽来了兴趣，对郑安平说："晚间时分你和他一起来我这里。"

当天夜里，郑安平就带张禄见了王稽。两人进行了一场深入交流，郑安平在一旁侍奉他们。两个人谈论了半晌，越说越兴奋。王稽意识到范雎是贤才，就对范雎说："明日请先生在三亭岗南等我。"范雎意识到他将要离开魏国，改变命运，马不停蹄回去收拾。

次日早上，乘着城门打开之际，范雎乔装打扮后，溜出了大梁，到与王稽约定的三亭岗等待。[①] 当然，王稽带范雎到秦国，可能也看出范雎非池中之物，迟早必发达。而一旦范雎发达，作为举荐之人还不会获得荣耀吗？

王稽向魏王辞别后，出了大梁城，一路向西而来。等王稽到了三亭岗时，范雎果然等在那里。王稽就将范雎用车载着，回了秦国。

当他们走到了湖地（秦国地界）时，老远就看见有车马从西边奔驰而来。这时候，王稽则命人在路边让道。范雎很好奇，询问来人名头，王稽才说是秦国相国穰侯的人马，可能要到东边去巡查，这是先头部队。穰侯就是魏冉。

范雎也毫不避讳地说："我听闻穰侯一人把持着秦国大权，他

---

① 司马迁：《史记》卷七十九《范雎蔡泽列传第十九》。

讨厌诸侯客卿到秦国游说，我担心被他发现会受到羞辱。因此，您还是将我藏在马车里，避免给您带来麻烦。"王稽听从了范雎的建议，将他藏在车里。

之后，穰侯的车架就到了王稽跟前。穰侯居高临下地慰问了王稽几句，然后问王稽："您回来时，函谷关以东有什么变化？"王稽说："并未发现变化之处。"这时候，穰侯忽然话锋一转问王稽："先生不会是带着诸侯的说客到秦国了吧？他们对秦国没有任何好处，只能让诸侯国陷入混乱。"王稽马上解释："我不敢私自带诸侯的说客到秦国来。"穰侯也没有搜查王稽的车，向东开拔而去。

等穰侯走远了，范雎才从车里走出来。他对王稽说："我听闻穰侯很聪明，也很多疑。他刚刚怀疑您马车里藏了人，却忘了搜查。"王稽苦笑。范雎对王稽说："穰侯定会重新搜查您的马车，我不能再坐在车里。"于是，王稽与范雎就分走。等王稽走了十几里路后，穰侯果然醒悟，遣人来搜查王稽的马车，但由于范雎已离开，马车里只有王稽一人。穰侯的人没有发现异常，就离开了。王稽这才震惊于范雎的远见，命人追赶范雎，并在隐蔽处找到了范雎。未几，王稽就将范雎重新载上马车赶往咸阳。①

到咸阳后，王稽将范雎暂时安置在馆驿，他自己则进宫去汇报出使魏国的情况。

等汇报完毕，秦昭襄王对王稽出使齐国取得的结果很满意，赏赐了王稽一些礼物。看到秦昭襄王兴致很高，王稽乘机对秦昭襄王说："魏国有先生叫张禄，是天下难得的善辩之人。我在魏国发现了他，他还对我说：'秦国处境危险，就如同将鸡蛋一个个垒起来。

---

① 司马迁：《史记》卷七十九《范雎蔡泽列传第十九》。

若秦王能够重用我，我就能让秦国安全。而这种治国之道只能口头传达，不能用书面文字的形式递交。'因此我将他从魏国带到了秦国。"

听完王稽的叙述，秦昭襄王认为范雎故弄玄虚，没有立即召见范雎，只是命人将范雎安置在馆驿中，定期给范雎送去最粗糙的饭食。此后一年多时间里，秦昭襄王都没有召见范雎。①

当然，秦昭襄王没有见范雎也有原因：如果王稽的话不假，那作为国君，自然不喜欢这种"恃才傲物"的言论。至少，范雎此前没有任何"可圈可点"的功绩，所以，他的话就变成了"大话"。可能秦昭襄王也不喜欢狂妄之人，而这位范雎显然有点狂妄。他要凉一凉范雎狂躁的心，看他是否能够沉得住气。

范雎在秦国吃了闭门羹。

不过范雎也是有耐心之人，或者说在秦国看到了自己的"机遇"。因此，这一年多的时间里，他不但没有离开，而且开始调查研究，为自己将来与秦昭襄王会见找理论依据。对于范雎所做的这些，秦昭襄王也都注意到了。因此，他不断遣人给范雎送粗茶淡饭，却迟迟不召见范雎。

当然，没有主动召见，大概也与穰侯有关。此时，秦国朝政事务由穰侯执掌，范雎想要越过穰侯见到秦昭襄王，并非易事。身处高层的人总是小心翼翼，因为他们的地位是经过层层角逐得来的，不允许有任何威胁的力量存在。任何陌生的想要靠近君王的人，都会成为他们潜在的对手，有可能颠覆他们的地位。穰侯也是如此，他天然地排斥一些新人。

---

① 司马迁：《史记》卷七十九《范雎蔡泽列传第十九》。

再者，秦王也对能言善辩之人持有戒心，而能言善辩又是范雎的生存本领。他可能还在观察范雎，看他到底有没有耐心和决心为自己服务。

范雎、秦昭襄王在比耐心。

范雎因此很苦恼，一年光景就这样白白浪费掉。他心中多有不甘：不能就此颓废下去，若秦昭襄王再不起用他，他就要想办法离开秦国，到别的诸侯国找出路。

范雎上位

既然没有机会，那就创造机会，让君王召见。这是范雎当时的心态。但创造一个什么样的机会，才能让秦昭襄王召见自己呢？

范雎为寻找机会苦恼着。

前 371 年（秦昭襄王三十六年）夏，范雎得到消息，穰侯怂恿秦昭襄王攻打齐国，秦昭襄王还同意了这一建议。范雎欣喜若狂，他等待的机会终于来了。他将好好利用这件事，让自己见到秦昭襄王，并说服秦昭襄王，重用自己。

这次领兵出征之人并非魏冉，而是客卿灶。灶带领着秦军穿过三晋，猛攻秦国西北边境，很快就占领了齐国的刚、寿等地。《史记正义》引《括地志》记载说："故刚城在兖州龚丘县界。寿，郓州之县。"秦国夺得刚、寿之地后，秦昭襄王就将这两地划给了魏冉。[①] 或者说，在魏冉的运作之下，秦将这两块地方封给了魏冉。

出现这种状况，令范雎暗暗欣喜。这正是他需要的，他要利用

---

① 司马迁：《史记》卷五《秦本纪第五》："三十六年，客卿灶攻齐，取刚、寿，予穰侯。"

各种机会，见到秦昭襄王。而只要能见到秦昭襄王，他也就能说服秦昭襄王。

此时的范雎已想到了办法，这就是挑唆秦昭襄王与芈姓势力的矛盾，借机上位。

众所周知，此时秦国由芈姓掌权，宣太后更是位高权重，穰侯的封地面积不断扩大，几位芈姓公子也都权势滔天。正因如此，致使秦昭襄王的王权遭到分割与挤压，无法实现集权。对君王而言，这种局面是尴尬的，也是屈辱的。对臣僚而言，这仿佛在虎口夺食一样危险。范雎决定从这个角度入手，想办法让秦昭襄王认识到集权的重要性，帮助君王翦除外戚权力，得到秦昭襄王的重用。[1]

找到了解决问题的办法，范雎就不再沉默。他花了很多时间，写了一封信，陈述目前秦国存在的问题，并提出了解决问题的办法。之后，范雎又通过王稽的手，将这封信传给了秦昭襄王。

信件的具体内容如下：

> 我曾听人说，明智的君主处置政事都很有章法，立功之人会得到赏赐，有能力之人都能得到官位，功劳大的人俸禄优厚，战功多的人则爵位高，能管理众多事务的人居高位。因此，在这样的君主身边，能力低下之人不敢当官，有能力之人不会被埋没。

---

[1] 司马迁：《史记》卷七十九《范雎蔡泽列传第十九》："穰侯，华阳君，昭王母宣太后之弟也；而泾阳君、高陵君皆昭王同母弟也。穰侯相，三人者更将，有封邑，以太后故，私家富重于王室。及穰侯为秦将，且欲越韩、魏而伐齐纲寿，欲以广其陶封。"

若大王觉得我说的话有一定道理，就希望您接受这种主张，并让这些主张得以实现。若大王觉得我说的话您不能接受，那我长期停留在秦国也没有任何意义。

有人曾说过："昏庸无能的君主会根据喜好与厌恶来赏赐和惩罚人。英明的君主就不会这样做，他们会将赏赐给立功之人，刑罚判给有罪之人。"如今，我的胸膛无法承受铡刀和砧板，我的腰也承受不起斧钺的砍斫，怎敢用毫无根据、疑惑不定的主张试探大王？即便大王认为我是个卑贱之人而对我轻慢、侮辱，难道就不重视推荐我的人对大王的忠诚与担保吗？

我还听人说周有砥砨，宋有结绿，魏有县藜，楚有和氏璧。这四件宝玉均产于中土，却被当时著名的工匠误认为无用的石头而错过。但最终它们都成了闻名于世的宝物。既然如此，那些被圣明君主抛弃的人就不会使国家强大吗？

我曾经听人说，善于中饱私囊的大夫是从诸侯国中牟利，善于让国家富足的诸侯是从其他诸侯国中牟利。天下若有英明睿智的君王，诸侯就不能独自收揽财富。这是什么原因呢？这是因为等他们富强起来后，就会分割权柄。

医术高超的医生能看出病人的生死，圣明的君主则能洞察国事的成败。他们认为，对国家有利就会施行，对国家有害就会抛弃。若心存疑虑，就会用试验的办法检测。这是一条亘古不变的定律，即便舜、禹复生，这条定律也不可能改变。

总之，人们说的那些深刻话语，我不敢写出来。那些浅显的话，大王也不值得听。是我太愚笨，不符合大王的心意？还是向大王举荐我的人地位底下不值得大王信任呢？若基于以上两个原因，使得大王不愿见我，那么，我还是请求大王在空闲时间见我一次。到时候，我再说不出令大王满意的话，一抒胸臆，那么我甘愿伏罪受死。①

范雎的这种"以死相搏"的精神，引起了秦昭襄王的重视。据说，秦昭襄王看完这封信后，想起了范雎一年前的高论。他凉了范雎一年，范雎也没有离开，足以说明，范雎是一个有恒心、有定力的人。秦昭襄王决定见一见范雎。

之后，秦昭襄王命人用专车接范雎进宫。

有意思的是，范雎进宫后，装作不识路，直接往里走。宫中宦官拦住了范雎，训斥范雎不懂规矩。此时，秦昭襄王已到离宫。宦官说："大王到了！"范雎似乎也看到了秦昭襄王，却故意对宦官说："秦国哪里有大王，只有太后和穰侯。"范雎的话一出口，就吓得侍从噤若寒蝉。但范雎并不在意，可能他故意说这样说话，就是为了引起秦昭襄王的注意。而秦昭襄王果然听到了范雎的话，径直走来。

见面之后，秦昭襄王向范雎道歉说："我本该早就向您求教，但近来遇到义渠的事情，情况危急，我几乎每天早晚都会向太后请示处置办法。现在义渠的事情结束了，我才有机会向您求教。我这个人很糊涂，先让我向您行礼吧。"范雎也客气地还了礼。

对于这次会面双方谈论了什么，并没有详细记载。不过范雎为此准备了近一年，定然说了很多秦昭襄王喜欢听，或者从未听过的高论，引起了秦昭襄王对他的重视。据说，这次秦昭襄王与范雎会

---

① 司马迁：《史记》卷七十九《范雎蔡泽列传第十九》。

面后，秦国官员都对范雎肃然起敬。

推心置腹也是制胜法宝

之后，秦昭襄王被范雎的学识折服，将范雎留在宫中，向他求教。据说此时的范雎还有心理负担，担心他被穰侯清算，对秦昭襄王的话总有所保留。

秦昭襄王似也意识到了这一点。为让范雎放心戒心，在一次讨论国政的会面中，秦昭襄王与范雎谈论时，屏退了大臣与侍从，只留下范雎。这时，秦昭襄王跪着向范雎求教："请先生教我！"有意思的是，范雎只是点头示意，并不陈述自己的观点。直到秦昭襄王连跪三次后，问范雎："先生终究不愿教导我吗？"这也很好理解，范雎猜不透秦昭襄王的真实意图。如此虚与委蛇，只是试探秦昭襄王的诚意。

范雎见秦昭襄王的诚心，开始对他陈述自己的治国主张：

> 对于大王的礼遇，我岂敢不倾囊相授？
>
> 我曾听人说，以前吕尚与周文王相遇时，他只是渭河边上一个垂钓的渔夫。那时，他们的交情还不深。等到周文王听完吕尚的话后，就立刻将吕尚封为太师，用马车将吕尚接回周国。从此之后，他们的谈话就深刻了。后来，周文王听从吕尚的建议，治理国家，让周朝强盛起来。最终，周朝称王天下。若周文王疏远吕尚，也没有与吕尚深刻交谈，那么，周朝就没有做天子的德望，周文王、周武王也就因无贤才辅佐而成就不了统一天下的霸业。
>
> 如今，我不过是个寄居秦国的外地人，跟大王的交情不

深。但我对大王所说的都是匡扶国君的大事，我处在大王与至亲关系之间谈论这些大事，本愿献出自己一片愚忠之心，却不知大王心中所想。这也是大王问我三次，我没有回答的原因。

我并非畏惧什么而不敢说真话。我知道今天在您面前说完这些话，明天可能就会被杀掉。但我并不畏惧，也不回避。若大王能信任我，并按照我提出的建议施行，即便被杀我也不担心，被流放我也不会苦恼，即便漆身长疮、装疯卖傻我也不会感到耻辱。即便像五帝那样圣明的帝王，终究免不了一死；像三皇那样的君主也会死亡。春秋五霸那样的贤君同样会死掉，乌获、任鄙这等勇士也会死掉，成荆、孟贲、王庆忌、夏育这等勇敢之人也会死。因此，对人来说，死亡是无法避免的。既然人必然死亡，只要我的建议对秦国有少许补益，就是我最大的愿望，我又有什么可担忧的呢？

伍子胥曾躲进麻袋逃出昭关，白天藏匿，夜间赶路。到陵水后，没有食物充饥，只能趴着前行，露着上身扣头，鼓起肚皮吹笛。后来，他在吴国集市讨饭，却能让吴国兴盛，让吴王阖闾成为霸主。若我能像伍子胥一样施展自己的谋略，即便将我囚禁，终生不见大王，只要我的主张得以施行，我又有什么可担忧的呢？箕子、接舆把漆涂在身上，导致浑身长满疮癣，披头散发，装疯卖傻，苟活于世，却对他们君主没有任何益处。若让我和箕子一样遭遇，却能对贤明的君主有所裨益，我又有什么可担心的呢？

我所担心的是，我被杀之后，天下人看到我尽忠却遭荼毒，都不敢再到秦国来效力。眼下，大王畏惧太后的威严，遭受奸臣迷惑。虽身居宫廷，左右却把持言路，身边没有帮助辨识奸邪之人，一生都将处于迷惑中。长此以往，从大处说可能会让国家灭亡，从小处说会让自己陷入孤立无援处境中，这才是我最担心的事情。至于说贫困、屈辱、处死、流亡等，我是从来不畏惧的。若用我的死，换取秦国的大治，我觉得没有比这更有意义的事情了。[①]

范雎的这番话绕来绕去，无外乎要表达他对秦王的忠心，愿意以死效命。这种类似于"苦肉计"的"表忠心"，打动了秦昭襄王。他跪着对范雎说："先生何出此言？秦国地处西北，远离中原，寡人愚钝。先生有幸到秦国来，是上天对我们的眷顾。希望先生留下来，帮寡人出谋划策，保存先王的宗庙。寡人对先生十分信任，秦国大事不论上到太后，下到大臣，先生均可畅所欲言，寡人不会怀疑先生的忠心的。"听了秦昭襄王的话，范雎正式下拜，表示愿意效劳。秦昭襄王也回拜范雎，以示尊重。[②]

从范雎与秦昭襄王交往的情况看，秦昭襄王的确存在被分权的情况，他甚至都不清楚天下大势。此时的秦国只有太后和魏冉，并非一句空话，秦昭襄王得不到"最真实的信息"。换句话说，他被孤立了。而范雎的到来，打破了原来的一切，将秦昭襄王从"封闭"的空间中释放出来。他们将一起携手，开启一个新时代。

此后，秦昭襄王继续信任范雎，并将范雎安置在高级会所，作为"特殊人才"供养。据说这一时期，范雎成为"享受特殊津贴"的人，有专门的人负责饮食起居。秦昭襄王会隔三岔五召范雎进宫

---

① ② 司马迁：《史记》卷七十九《范雎蔡泽列传第十九》。

议事。

而随着秦昭襄王频频召集范雎的事，这种"不正常"关系终于引起了魏冉的重视。此后，魏冉他大概调查了范雎的身世，摸清了他的来路。但此时的范雎已得到秦昭襄王信任，即便魏冉是丞相，也不能为所欲为。更不能明目张胆打压"王的贵宾"。宣太后是否参与此事，史料并无记载。

本书猜测，宣太后应该是介入了此事，但由于秦昭襄王被范雎"启智"，因此他对范雎很信任，谁也别想在排挤范雎这件事上做文章。

不过，魏冉的危机感已然产生，他必然担心自己地位不稳，定会想方设法排挤范雎。换言之，随着范雎进入秦国朝堂，一场高层之间的斗争即将拉开帷幕。只要范雎在，穰侯的危机就在。同样的道理，只要穰侯打压，范雎就会对抗。

只是这时候，双方的斗争都转到背后。而这种斗争还将持续下去，直至双方决出胜负。

2. 范雎与魏冉斗智斗勇

范雎的立身之本

秦昭襄王越来越重视范雎。

不久，范雎再次被召进宫，与秦昭襄王商议治国之策。而穰侯则开始处处提防范雎。他在宫中安插了眼线，密切关注范雎与秦昭襄王的交往，并试图将范雎与秦昭襄王的对话都记录下来。

　　这也让范雎与穰侯的斗争愈加激烈。比如这一次，秦昭襄王向范雎询问治国之道，范雎则乘机说穰侯的坏话，故意离间秦昭襄王与穰侯关系。

　　范雎说："大王的国家，四面都有要塞。北面有甘泉高山和谷口隘口，南面环绕着泾河与渭水，右面被陇山和蜀道包裹，左面是函谷关与崤坂山。同时，秦国还有雄师百万，战车千乘，有利进攻，不利就回撤退守，真是创建霸业的好地方啊！目前秦国推行商君变法，老百姓对私斗行为很胆怯，但只要让他们上了战场，就表现得非常勇敢。这也是创建王业的好百姓。如今，大王同时具备地利、人和两方面的优势。凭借着将士的勇猛、战车的众多，制服诸侯就如同让猎犬去追捕跛足的兔子一样容易。不过，尽管大王有天然优势，但您的臣子却多不称职。到如今，秦国被压制在函谷关已达十五年之久，之所以不敢伺机崤山以东，都是因为穰侯出谋划策时不尽心尽力，而大王的计策也有失误之处啊！"①

　　范雎表达了这样一种观点：秦国有雄师和天然屏障，却不能东出拓疆，原因是魏冉不尽心竭力的缘故，也有秦王本人的失误之处。秦昭襄王被范雎的话触动，希望范雎能够具体细说。

　　当然，我们也能从这些叙述中发现秦国"内务"，即国家运转、民众生活形态等信息。正史往往只载重大事情，不载日常与琐碎。其实，一个国家的兴衰，包含多种原因，即便是小人物，也是推动历史的重要力量。任何国家的历史不只是变法、改革、战争，还应有推进历史的人。只是人在推动历史的进程中被隐去了。

　　范雎看到秦昭襄王兴致勃勃，开始尽情阐述，用他的智慧触动

---

① 司马迁：《史记》卷七十九《范雎蔡泽列传第十九》。

着秦昭襄王。

因此，两人的交谈持续了很久。不过，陈述完观点，倾倒完智慧，范雎很快意识到了危机。因为秦昭襄王身边的人在窃窃私语，这些人大概都是穰侯的耳目，他与秦昭襄王的对话，用不了多久就会传到穰侯耳朵里。而他目前还没有身居要职，一旦与穰侯交恶，能有胜算吗？一时的口舌之快，令范雎很不安。因此，在接下来的对话中，范雎没有再陈述秦国内部的问题，反而先说起了天下局势。当然，范雎此举也是为了观察秦昭襄王的志向。

范雎说："穰侯越过韩、魏两国进攻齐国，夺取齐国纲、寿二邑并非明智之举。眼下，齐、秦还在对峙。若秦国派出的军队少，就无法对齐国造成创伤；若派出的军队多，则会对秦国带来危害。我猜想大王的计策是：让秦国出少量军队，再要求韩、魏倾巢而出。但这只是大王的一厢情愿。从现在的局势看，韩、魏两国对秦国并非真正亲善，而您却要越过他们攻打齐国，您认为这样安全吗？从谋略上说，这种做法危机重重。昔日齐愍王率部攻打楚国，击败了楚国大军，斩杀了楚国大将，拓地千余里，可最后齐国连楚国的一寸土地都没有得到。这难道是齐国不想得到楚国的土地吗？实在是形势所迫呀！当时，诸侯看到齐国陷于疲劳困顿中，国君与大臣不和，就联合起来攻打齐国，一举击败了齐国。因此，齐国的谋士受辱，士兵困顿，他们指责齐王说：'是谁出的主意要攻打楚国？'齐王说道：'这都是田文的主意。'因此，齐国大臣发动了叛乱，到处追杀田文。最终，田文逃出齐国。由此得出结论：齐国当初被诸侯打败，主要是他们进攻楚国时，又让韩、魏两国得到了好处。这等于是将利器送给强盗，将粮食送给盗贼啊！这种做法，秦国断不可效仿。"①

秦昭襄王点点头，认为范雎说得有道理。看到秦昭襄王支持的态度后，范雎也不再胆怯，即便周围都是穰侯的人，只要秦昭襄王对他足够信任，穰侯就不会成为他的威胁，只能算作隐患。

范雎趁热打铁，对秦昭襄王陈述了自己的治国主张："大王不如与远方的诸侯友好交往，攻打近邻诸侯。这样一来，秦国取得的每一寸土地，都会永久成为秦国的土地。秦国放着邻近的诸侯不去攻打，为何非要攻打千里之外的国家，这不是一种谬论吗？以前中山国周围有五百里，赵国独自侵吞了中山国，彻底将中山国据为己有，天下诸侯没有人能再从赵国手中夺取中山国的土地和人民。如今韩、魏两国地处中原，占据着通往天下的重要枢纽之地，大王想要称霸天下，一定要先占据中原，让那些中原的要塞成为秦国的城邑。这样就能威胁到楚国和赵国。即便日后楚国强大，也会亲近秦国。赵国若想要壮大，也会亲近秦国。届时，楚、赵与秦交好，齐国必然害怕，会用丰厚的礼物来拉拢秦国。等齐国依附于秦国，大王就可借机消灭韩、魏两国。"②

以上这些内容，大概就是范雎有名的"远交近攻"策略的思想雏形，体现出战国士子对天下大势的"谋略"。这也是符合实际的做法。秦国虽然强大，却难以在短时间内消灭诸侯，称王称霸。而最好的办法，就是远交近攻，逐步蚕食。这样步步为营，让秦国的疆域不断壮大，人口不断增多，财富不断积累，进而实现蚕食天下诸侯的目的。

---

① 司马迁：《史记》卷七十九《范雎蔡泽列传第十九》。
② 司马迁：《史记》卷七十九《范雎蔡泽列传第十九》。

秦昭襄王被范雎的高深理论触动。在此之前，他可能对魏冉的策略有过怀疑，但鉴于宣太后的关系，以及魏冉高超的处置政务能力，他没有对秦国的既定路线做过调整。现在，范雎的主张成为秦昭襄王破除思想壁垒的利器。他在深思范雎提出的这些建议，并将其与秦国正在实施的治国方略对比。

最终，秦昭襄王认可了这种邦交策略。因此，秦昭襄王就对范雎说："其实，我早有与魏国交好的打算，但魏国变化无常，导致我们无法亲近。不知先生有无亲近魏国的策略？"范雎回答说："大王可用谦恭的言辞、丰厚的礼物来与魏国亲近。实在不行，可给魏国割让一部分土地。若魏国依然不愿与秦国交好，就派兵攻打他，直到彻底打服为止。"秦昭襄王表示，会采纳范雎的建议来处置。

之后，秦国采取范雎的措施，果然达到了预期效果。而经过实践验证，范雎的"远交近攻"策略对秦国的扩张大有裨益，秦昭襄王终于认可了范雎。"重用"范雎也是迟早的事情，只是此时，秦国朝堂不完全由秦昭襄王控制。换句话说，秦昭襄王还未实现"集权"。

秦昭襄王和范雎都在等待时机。

之后，范雎被任命为客卿，正式进入秦国朝堂。而面对这些"突如其来"的变故，以魏冉为首的芈姓势力也毫无办法，对范雎也只能提防。秦昭襄王"蜕变"了，他们再也操控不了这个人。换言之，秦昭襄王内心的"自主意识"被范雎唤醒，一个大秦的王诞生了。

据说这一时期，秦昭襄王还有意让范雎负责军政事务，为秦国之后的扩张再添新功。而这么做，也是为了尽快让范雎"立新功"，在秦国朝廷"立柱脚"。当年，秦惠文王扶持张仪的时候，不也是

使用了这样的策略吗？范雎也没有让秦昭襄王失望，积极谋划着秦
国东扩的计划。

斗争进行时

不过，眼下秦国还没有主动出击的意思。更多的时候，秦国高
层都在观察时局，毕竟任何时候，机遇都是重要因素。秦昭襄王则
越来越依靠范雎，只要有空闲就召范雎进宫议事。

有一次，范雎对秦昭襄王说起了秦、韩两国的关系。

范雎说："秦、韩地形仿佛刺绣一般，纵横交错，连在一起。
因为韩国的存在，秦国就如同大树中生了蛀虫、人的心脏和肠胃里
得了疾病一样。天下格局不发生变化不说，只要天下有任何变化，
其他诸侯带给秦国的祸患都不如韩国严重。大王应想办法笼络住韩
国，不让韩国影响秦国。"秦昭襄王说："我一直有笼络韩国之心，
但韩国不听从，我该怎么办才好？"范雎却答："韩国怎么会不听从
大王呢？只要秦军出兵荥阳，占据荥阳，阻断巩邑（韩地）通往成
皋（韩地）的道路。再向北隔断通往太行山的道路，让驻守在上党
的韩军无法南下支援，韩国就会被分割成三部分。到时候，韩国自
然就会听大王的话。而一旦震慑住韩国，大王就能考虑称霸诸侯的
大业。"①

这次对话，似乎成为日后长平之战的一个预言。历史的结局，
其实早就埋下了种子。但让它生根发芽，直至影响历史进程，需要
很多年后才能被人后知后觉。

听完范雎的建议后，秦昭襄王茅塞顿开，他火速遣人出使韩

---

① 司马迁：《史记》卷七十九《范雎蔡泽列传第十九》。

国，与韩国交涉。最终，韩国慑于秦国强大，同意了亲近秦国的建议。

此后的一段时间里，秦昭襄王越来越重视范雎，遇到政事也多采纳范雎的建议，而范雎也充分发挥了重要作用，即利用邦交的形式让诸侯国依附于秦国。

而正因范雎的受重用，让曾主政务多年的魏冉逐渐被冷落。当然，这也会放大魏冉与范雎之间的矛盾。

其实，自从范雎得到秦昭襄王的信任后，范雎与魏冉两人之间不公开的矛盾就升级了。他们由原有的明争暗斗，变成了你死我活的斗争，都在想着办法消灭彼此。不过，相较于"学业扎实"的范雎，魏冉的智慧似乎不够用。造成这种结果最直接的体现是，范雎不断得到宠幸，而魏冉被不断疏远。据说范雎与秦昭襄王之间的交流很多，有时候，半夜里都会被召进宫商议政务。

范雎越来越受重用。最终，他认为时机成熟，决定对穰侯实施绝地反击。因此，在一次与秦昭襄王商议政务时，范雎发表了一番高论，攻击目标剑指宣太后、穰侯一系的芈姓势力：

> 当初我在山东居住时，曾听人说齐国有孟尝君田文，却不曾听说齐国有齐王。我也听说秦国只有太后、穰侯、华阳君、高陵君、泾阳君，却不曾听人说起大王您。执掌国家大权的人被称为王，兴利除弊的人被称为王，控制生杀权威的人也称为王。如今，太后专横，处置政务不考虑后果，穰侯（魏冉）出使外国的结果从来不向大王您报告，华阳君、泾阳君等人处置判罚案件不依律法，高陵君选拔官员时从不请示大王。秦国出现了四种特权并存的现象，国家却没有出现危险，亘古未有。

这也就是我说的，在外界只听人说太后、穰侯等人，却没有人说秦国有国王意思。

我认为这是非常危险的现象。现在既然出现了这种现象，朝廷大权旁落，大王也就发布不了国家政令。我听人说，善于治理国家的君王，在内总是想办法巩固自己的权威，在外则不断加强自己的权力。穰侯出使其他诸侯国时，经常以大王的权重向诸侯发布命令，还派人手持符节与诸侯签订盟约，以致他征讨与秦国为敌的国家时，其他诸侯国都听从他的命令。若打了胜仗，占领了城池，好处都归于穰侯。而当国家遭受困厄时，他就会借机在诸侯国中便宜行事。若打了败仗，他会转移矛盾，将祸患归于国家，让百姓怨恨国君。《诗》有云："若树上结的果子太多，就会将枝条压折。树木的枝条折了，也会伤及树木主干；国内个人封地太大，就会危害到国家，臣子受到尊崇，君主就会被人轻视。"相传，齐国的崔杼先射伤了齐庄公，又杀了他，而淖齿抽了齐湣王的筋，又命人将齐湣王吊死在横梁上。李兑在赵国专权时，把赵武灵王囚禁于沙丘的宫殿中，一百天不给食物，将赵武灵王活活饿死。如今天下人都说太后和穰侯掌握着秦国大权，高陵君、华阳君、泾阳君协助她，与大王分权。长此以往，秦国就没有秦王了。就其本质而言，他们与淖齿、李兑并无二致，为个人谋私利，孤立君王。夏、商、周三代灭亡的根本原因是，君主将权力交给了宠幸的大臣，君王放纵自己，饮酒作乐，骑马打猎，不处理国家大事。他们宠幸的人嫉贤妒能，对下作威作福，对上蒙蔽君主，利用国家的大权为自己谋私利，从来不为君主考虑。君主也对他们所作所为没有察觉和醒悟，最终失去了国家。现在，秦国

小到基层官员、大到朝廷权贵和大王的侍从，都是穰侯的亲
信。有时候看到大王一人独立于朝堂之上，我就暗暗为大王感
到害怕。若您去世后，恐怕继承君位不会传给您的儿子或者
孙子。①

　　范雎的这一番话，表面上看，在陈述秦国实情，但暗含着他排
斥异己的言辞。宣太后、穰侯固然有专权嫌疑，但还没有到完全操
控秦昭襄王的地步。范雎不过是利用这种言辞，挑起秦昭襄王对芈
氏政权的仇视。而秦昭襄王听了范雎的话后，除了震惊，还有担心
与恐惧。他沉思了许久，认为范雎的话很有道理。现在他真成了孤
家寡人。

　　需要注意的是，《范雎蔡泽列传》的内容，与《战国策》的记
载相似。② 由此说明，在司马迁与刘向的时代，先秦时期的一些史
料还能找到，他们借鉴了这些史料。造成的结果是，他们梳理、归
纳的"文本"虽有差异，但故事的"核"却是一致的。

　　吊诡的是，挑拨了秦昭襄王与芈姓势力之间的关系后，范雎并
未给秦昭襄王提供处置办法。大概范雎在观望时局，他相信秦昭襄
王会有自己的处置办法。

　　之后，秦昭襄王开始"收回"自己的权力。他削减了宣太后手
中大权，甚至不让宣太后干政。而宣太后似也意识到了问题的症
结，主动交出了手中大权。自此之后，宣太后深居简出，与宠幸的
魏丑夫过起了神仙眷侣的生活，据说后来宣太后病重，还计划让魏

---

① 司马迁：《史记》卷七十九《范雎蔡泽列传第十九》。
②《战国策·秦三》范雎至秦。

丑夫给自己陪葬。①

再之后，秦昭襄王又将高陵君、华阳君和泾阳君调出咸阳，让他们到函谷关的封地居住，没有国王命令不许回咸阳，还命人监督他们的一举一动。

因为魏冉身份特殊，对魏冉的处置显得很谨慎。秦昭襄王先收回了魏冉的相印，允许他将自己在咸阳的家眷、财物带到陶邑。据说魏冉离开秦国时，财物装满了千辆战车，等到函谷关，关口把守查看车中宝物时，发现魏冉携带的宝物比秦王宫中的宝物都多。而秦昭襄王虽听闻了这些，却未追究此事。他要的是王权，即决定一切的王权。只要魏冉放下手中的权力，多一些财物也无所谓。

传闻说，罢相后的魏冉回到陶邑，一直闷闷不乐。不久，他就在陶邑去世。而随着魏冉去世后，秦国收回了陶邑封地。②

此后，范雎顺势成为秦国的丞相。应当说，在秦国内斗问题上，秦昭襄王是明智的。他利用了范雎与魏冉的斗争，解除了芈姓势力对国君的"干涉"，帮助秦昭襄王实现君主"专政"。而在这一过程中，范雎始终是清醒又明智的。他用自己的智慧，让秦昭襄王接受了自己的主张，又巧妙进言，扫清了政治对手，登上了秦国的相国之位，开始施展自己的主张。

换言之，在让宣太后放权，削减穰侯、高陵君、华阳君和泾阳

---

① 刘向：《战国策·秦二》："秦宣太后爱魏丑夫。太后病将死，出令曰：'为我葬，必以魏子为殉。'魏子患之。庸芮为魏子说太后曰：'以死者为有知乎？'太后曰：'无知也。'曰：'若太后之神灵，明知死者之无知矣，何为空以生所爱，葬于无知之死人哉！若死者有知，先王积怒之日久矣，太后救过不赡，何暇乃私魏丑夫乎？'太后曰：'善。'乃止。"

② 司马迁：《史记》卷七十二《穰侯列传第十二》："穰侯卒于陶，而因葬焉。秦复收陶为郡。"

君等人大权问题上，范雎与秦昭襄王的目标是一致的，动机却不尽相同：范雎要驱赶政治对手，而秦昭襄王则要实现中央集权，巩固自己的权威。于是，两个人强强联手，破除了困扰秦国三十多年外戚干政的局面，为秦昭襄王亲政打下了坚实基础。

接下来，秦昭襄王将根据自己的意愿，在范雎的辅佐下，开疆拓土，纵横天下。

阏与之败

前 269 年（秦昭襄王三十八年）春，雄心勃勃的秦昭襄王开启了扩张之路。这一次，他把攻打目标放在了赵国，背后的原因可能是：这些年来秦国一直有吞并韩、魏两国的意思。只是苦于赵国的存在，一直对韩、魏不敢下手。

如果梳理历史，就能发现，这些年来，秦、赵之间的关系一直很暧昧。

几年前，为了以战促和，秦国对赵国发动了战争，攻取了赵国三座城池。当时，迫于形势，赵国将公子赵部送到秦国为质，与秦国建立了盟约。赵国还与秦签订交换焦、魏、牛狐三城的协议。只是不久后，形势反转，赵国就反悔了，拒不履行当时的协议。由此，秦、赵关系也变得隐晦起来。不过，当时秦国处于内外交困时期，没有立即对赵国发动战争。现在，随着秦昭襄王与范雎一起整肃内政，肃清内"患"后，秦昭襄王决定先拿赵国开刀。

因此，这年春天，秦国高层就攻打赵国问题进行商议。最后，大家达成了一致：以赵国不履行交换三城协议为由，出兵攻打赵国。

秦军这次派出中更（秦国爵位）胡阳攻赵，试探赵国底气，白起等老将以做策应。

胡阳率领秦军很快推进至赵国西面的阏与（今山西省晋中市和顺县）一带。这里地理位置很特殊，是太行山余脉的要塞，也是秦人东出赵国的必经之地。这里原本属于韩国，后来被赵国攻占。

而随着胡阳入侵，拉开了秦、赵之间对决的序幕。

赵惠文王得知秦军围攻阏与，立即召集廉颇、蔺相如、乐乘等重臣商议对策。廉颇等人认为，阏与地处赵国西南端，距都城邯郸较远，若援助就得进入太行山。而这一路上道路崎岖，行军困难，不如不救。其他臣僚多支持廉颇的建议。

赵王心疼这片地域，拱手于人，他心有不甘。但又不得不考虑实际情况，犹豫不决。

这时候，唯有赵将赵奢看透了赵王的心思，他坚持应援助阏与。在赵奢看来，战争都还没有开始就认输，等于将阏与拱手让给秦国，这是示弱的表现。赵惠文王原本就心疼阏与之地，听了赵奢的建议，立场变得坚定。之后，他命赵奢支援阏与。于是，赵奢率领赵军兵出邯郸，向西推进。

而此时，秦将胡阳已意识到赵国会支援阏与。因此，在领秦军主力围困阏与的同时，胡阳还遣一支秦军向东推进，逼近赵国武安（今河北武安县西南），试图阻拦赵军支援阏与。与此同时，为了充分摸清赵军的行动，胡阳还派出大量斥候，穿插在秦、赵战线上，打探赵军的行动。

赵奢似乎也掌握了秦军动向，甚至开始布局，试图给秦军挖个坑：步步为营，迷惑秦军，让秦军跳进他挖的坑中。

那么，这到底怎么回事呀？

　　原来，赵奢带领赵军出邯郸行军三十里后就停了下来。赵奢还颁布了一道命令："禁止将士谈论军事，一经发现，一律斩首。"赵奢的命令让赵军疑惑不解。赵奢并不解释，只要求全军都落实他的命令，并将此命令传到三军各处。以后，赵军就驻扎在邯郸以西三十里处。赵奢此举，就是要给外界制造一种他"不知兵事"的假象。

　　与赵军的"不作为"相比，围攻武安的秦军士气高涨。他们进入武安后，嚣张跋扈，摇旗呐喊，故意引起赵奢的注意力，希望赵军能够支援武安。而赵奢不为所动，继续驻扎在原地。相传，赵军中有将领看到武安遭受秦军围困，给赵奢建议支援武安。赵奢不问青红皂白，直接命人将提意见将领斩杀于帐外，此举让赵军将士不敢再谈论兵事。

　　这种背景下，赵奢的"不知兵事"就令外界猜疑不已。而秦军似乎也意识到可能的"疑惑"，没有攻城，与赵军形成一种对峙。直到二十八天过去，赵奢依旧不向西进军。这就更让秦军疑惑。此后，赵奢不但不进攻，反而继续命人在原地加固壁垒。

　　赵奢的种种"愚蠢"做法终于让秦军相信，这是赵军怯战，不敢支援阏与。而这正是赵奢步步为营的策略，他就是要故意制造各种假象，让秦军上当。

　　据说，即便得知秦军探子混入赵营，赵奢也假装不知情，任由秦军斥候探知消息。由此，斥候探知的消息就是赵奢根本不想支援阏与，只想保卫邯郸，因此迟迟不愿西进。

　　秦国的探子回去后，将赵军的部署情况汇报给了胡阳。胡阳决定冒险试一试：不管赵奢是否真的不敢与秦军对峙，他都想利用这个机会攻打阏与。况且，阏与距离赵奢驻军地较远，即便赵奢有意支援，但只要秦军攻城迅速，他们也会在赵奢到来之前攻克阏与。

因此，胡阳一刻也不敢耽搁，当即决定直取阏与。

之后，秦军不再监视赵奢的军队，集中兵力攻打阏与。而面对秦军的威胁，镇守阏与的赵军则坚守不出，抵抗秦军的进攻。

这场攻城战持续了很久，战争进行得很激烈。城池却久攻不克，仿佛铁打的一样。

得知秦军正在攻打阏与，赵奢果断率领赵军轻装上阵，秘密从邯郸赶往阏与。据说他们疾驰了一天一夜后，赶到了阏与东五十里之地。之后，赵奢命人就地安营扎寨，窥探秦军动向。未几，赵奢得到消息：秦军还没有攻克阏与，正与赵军纠缠。赵奢大喜过望，火速指挥赵军猛攻秦军。赵军不顾疲惫，冲向了阏与城外的秦军。城里的赵军得知消息后，也从城里冲出，攻击秦军。

到此时，一切的战斗才进入高潮，赵奢布的局终于真相大白。只是对秦军来说，他们弄清楚赵军的意图太迟了，秦军已陷入两面夹击中。胡阳率领腹背受敌，仓皇应战，被打散，大败而逃。阏与之围遂解。[①]

《史记正义》中说："阏与聚城一名乌苏城，在潞州铜鞮县西北二十里，赵奢破秦军处。又仪州和顺县即古阏与城，亦云赵奢破秦军处。然仪州与潞州相近，二所未详。又阏与山在洺州武安县西南五十里，赵奢拒秦军于阏与，即山北也。"

对秦国而言，这一战是试水之战，本以为会赢得满堂彩，不想却以失败告终。秦昭襄王虽然愤怒，却也毫无办法。

战后，秦国高层也对赵国有了新的认识，他们意识到，要对付赵国还得从长计议。

---

① 司马迁：《史记》卷五《秦本纪第五》："三十八年，中更胡攻赵阏与，不能取。"

3. 秦国的攻伐与外交

嬴悼之死引发的战祸

阏与之战的失利，严重挫伤了秦国高层的锐气，让趾高气扬的秦国不得不认识到，在当前形势下，秦国还不能做到所向无敌。而此前蚕食诸侯时的那些胜利，也多有"机缘"的成分。因此，吃了亏后，秦国高层开始重新审视天下局势。此后一年多时间里，秦国都不敢贸然对外用兵。

当然，秦国并未从此一蹶不振。胜败是常事，不可看得太重，亦不能不当回事儿。因此，这一年多时间里，秦国除了在反思，也一直在准备新的计划，确定新的蚕食、削弱目标。已集权于一身的秦昭襄王，每时每刻都在酝酿着秦国扩张的大计划，此前的三十多年时间里，他已浪费了太多时间。

前 267 年（秦昭襄王四十年）夏，忽然从魏国传来了一个震惊天下的消息，彻底打破秦国眼前的稳定：秦国质押在魏国的太子嬴悼忽然死在了魏国。

这简直是惊天新闻，不仅秦国朝野震动，即便天下诸侯也都震惊不已。多年来，魏国与秦国关系暧昧，若即若离，时近时远。如今，秦太子无故死在魏国，秦国会怎么做？天下诸侯在观望秦国的下一步举动。

嬴悼是秦昭襄王的长子，其母不详，很早就被立为太子。后来，秦魏关系恶化，加上天下诸侯多有合纵攻秦之意。为了巩固两国联盟，秦昭襄王将嬴悼送到魏国充当人质。魏国为缓和与秦国的关系，将这位秦太子如尊神一般供着。但这一年，嬴悼就忽然死在了魏国，就令外界议论纷纷。

可能嬴悼的死是意外事件，毕竟此时秦、魏实力不对等，嬴悼有任何闪失，必将招致秦国大兵压境。这一点，魏国高层是清楚的。只是嬴悼已死是既定事实，再怎么辩解，似乎也没有意义。秦国会不会这么想：秦太子死在魏国，是不是魏国故意为之，又假装成意外事故呢？

魏国自知理亏，第一时间遣人向秦国通报了嬴悼的死讯，并解释了嬴悼去世的具体过程。秦昭襄王很愤怒，不管嬴悼为何而死，人都死在了魏国，是魏国没有保护好嬴悼。这份责任魏国无法洗脱。而魏国给出的原因，似也疑点重重。

这一事件令秦魏关系迅速恶化，秦国可能会对魏国实施战争，以报仇雪恨。魏国也在观察着秦国的动静，以准备可能发生的战争。而秦国高层却陷入无休无止的争论中。

大概秦昭襄王与群臣商议了应对策略。最终，考虑到嬴悼去世已成事实，即便与魏国交恶，也难以让嬴悼复活。因此，秦昭襄王在冷静后，选择了忍让和等待。

之后，秦昭襄王遣人到魏国运回了嬴悼的尸身，将他安葬在芷阳。① 芷阳这个地方名气很大，它就是后世考古发掘的秦人四大陵园（西垂陵园、雍城陵园、秦始皇陵）之一。秦国的很多贵族都葬于此。《史记正义》中说："芷阳在雍州蓝田县西六里。三秦纪云鹿原东有霸川之西阪，故芷阳也。"

---

① 司马迁：《史记》卷五《秦本纪第五》："四十年，悼太子死魏，归葬芷阳。"

嬴悼被安葬后，秦昭襄王内心依然有些空虚，他可能还在怀念着太子。只是大国博弈，不能被个人情绪左右。即便要攻打魏国，也要选择合适时机。秦昭襄王选择忍，也唯有忍才能成就大事。而此时，在诸公子中有一个公子迅速表现出了老练的行事风格，逐渐得到秦昭襄王的宠幸。据说，他经常进宫侍奉秦昭襄王，让秦昭襄王痛失太子的心逐渐温暖起来。

这个人就是嬴柱。

他的母亲唐太后是秦昭襄王的妾室，级别是八子，所以也叫唐八子，身份地位不高。子以母贵，因而他的母亲并未给嬴柱带去多少庇佑。但嬴柱很聪明，清楚自己的处境，也清楚他要想改变命运。他善于迎合秦昭襄王，让秦昭襄王对他很重视。甚至，秦国上下都有一种预感，嬴柱有望成为新太子。很多官员、贵族也都有意无意间与嬴柱交好。

不过对秦昭襄王而言，此时他还没有心思立太子。他更看重对魏国的报复，毕竟太子嬴悼死在魏国，绝不能就此不了了之。秦、魏之间总是要打一仗，才能消解他的心头之恨。因此，前 266 年（秦昭襄王四十一年）春，秦国召开了一次高层会议，研究攻打魏国的情况。丞相范雎迎合秦昭襄王，力主伐魏。其他臣僚审时度势，也都支持攻魏策略。因此，秦军立即出动攻魏。不过史料中没有记载率领秦军的将领。

不久，秦军就攻克了魏国的邢丘和怀邑。[①]《史记集解》中说："邢丘在平皋。"裴骃自己的认识是："韩诗外传武王伐纣，到于邢丘，勒兵于宁，更名邢丘曰怀，宁曰修武。"《括地志》里面的记载

---

① 司马迁：《史记》卷五《秦本纪第五》："四十一年夏，攻魏，取邢丘、怀。"

是："平皋故城本邢丘邑，汉置平皋县，在怀州武德县东南二十里。故怀城，周之怀邑，在怀州武陟县西十一里。"

秦军攻占邢丘和怀邑后，魏国高层再度陷入惊恐之中。他们尽管预料到秦国会报复，但当战争真正来临时，他们依然震惊不已。魏王还听闻秦国打算继续东出，攻打魏、韩两国，非常惧怕，不得不遣须贾再次出使秦国，一方面向秦国示好，求饶秦昭襄王，另一方面也探听秦国接下来的真实动向。

而随着须贾入秦，秦军对魏国的威胁也放松了。秦国高层要看看魏国的态度，再做进一步打算。

此时，范雎已想到应对这位"旧主"的办法，并请示秦昭襄王，将此事交由他处理。秦昭襄王也相信范雎，遂将此事交给了范雎。

范雎的手段

须贾入秦之后，被安置在馆驿，等待着范雎的接见。

在叙述前，这里有个背景需要介绍一下。据说范雎做了秦国丞相后，秦国人依旧称呼他张禄，魏国人对此并不知情，以为曾在魏国遭难的范雎早就死了。所以这一次，范雎就打算利用张禄这个身份，打击须贾。

之后，范雎藏匿了秦国丞相身份，穿着朴素，进入须贾暂住的馆驿。

据说，须贾看到范雎后，对范雎的遭遇很怜悯，完全不顾两人曾经有那么深的嫌隙。须贾问范雎："你没有遭受灾难，实在太好了。"范雎也表示，他逃过了一劫。须贾则说："先生到秦国来，是向秦王游说您的治国主张的吗？"范雎说："我曾经得罪魏国的相邦，差点被处死，才逃到秦国，还哪敢游说呢？"须贾询问范雎在秦国谋何职业，范雎表示自己只是馆驿中的杂役，不曾讨得一官半职。须贾听完范雎的话，生了恻隐之心，将范雎留下来一起喝酒，还给了范雎一件自己的袍子。两人交谈间，须贾问范雎："不知道您认识不认识张禄先生？听说他很受秦王的宠幸。我还听闻秦国的大事都由张禄决定。我现在出使秦国，带着重任，成功与否还得仰仗秦相张禄。"范雎慢悠悠地说："我家主人与张禄很熟。即便是我也能拜见他。若有机会，我会将您引荐给秦相张禄。"须贾虽然高兴范雎认识秦相"张禄"，却也有自己的难处。他叹了一口气说："我的马得了病，马车也坏了，没办法出门。"范雎说："我可以从主人那里为您借一辆马车，陪您一同去找张禄先生。"

须贾内心的阴霾一扫而光，很高兴范雎还能帮助他。

之后，范雎就趁机回家（相府），赶了一辆马车，到驿馆接上蓄贾，还为须贾驾车，向秦相府而去。两人的关系仿佛还如曾经的主仆一样。

等他们到相府后，范雎先去敲门。这时候，府中人都认出眼前人就是相邦范雎，担心吃罪，都躲了起来。范雎则表示他去通报，让须贾在门口等着。

然而，范雎进去了很久，依然不见出来。须贾就很担心，他上前去询问"张禄"的踪迹。范雎府中的人摇头表示从未听说过此人。须贾灵机一动，说起和他一起驾车来的那人。这时候，守门人才告诉须贾，刚刚进去的人是范雎（张禄），他就是秦国相丞相。

听完守门人的话，须贾既惊又愧。他忽然意识到，他入秦的消息早已被范雎探知。范雎故意装扮后来见自己，也是为了试探自己。须贾当即脱下上衣，袒露着上身，跪在地上挪向相府，嘴里一遍又一遍陈述自己的罪责，向范雎求饶。

此时，范雎的虚荣心得到极大满足，他命人挂上了大灯，召集府内杂役观看须贾出洋相。须贾根本无暇顾及个人窘态，不断向范雎求饶。范雎在众人面前陈述了当年被须贾羞辱的历史，又回顾了不久前他们会面时须贾对他的照顾。最终，范雎认为须贾良心未泯，决定放了须贾。须贾惊魂未定，不相信范雎能绕过自己。但范雎确实没有为难须贾。①

以上这个版本的故事，来自《史记·范雎蔡泽列传》，说的是范雎到秦国为相后，外界不知他的身份，他仍然以张禄的身份示人。就故事本身而言，精彩曲折，读罢叫人拍手叫好。但仔细回味，依然发现有许多不合理之处。

本书认为，战国时期，通信不发达，纵横家也喜欢利用信息差说服诸侯，实现合纵连横的目的。但列国伐交频频，任何诸侯国换丞相，必然牵动其他诸侯的注意力。尤其秦国这样强大的诸侯，丞相更替更是诸侯们关注的对象。范雎以前是什么人，列国派往秦国密探早就摸清。所谓须贾不知范雎是"张禄"之事，应是构造出来的故事。或者说，司马迁在撰写这段时间，听取了民间流传的故事，已与实际情况相去甚远。

试想一下：须贾身兼邦交重任，有意阻挡秦国攻魏。因此，在出使秦国前，他定做足了功课，不可能稀里糊涂到秦国，连秦国的丞相是谁都搞不清楚。否则他的"人物设置"就与之前劝说穰侯退兵时的"智囊"形象完全不符。那时候的须贾，睿智，口若悬河，

---

① 司马迁：《史记》卷七十九《范雎蔡泽列传第十九》。

难道数年后他就变成了老糊涂吗？若是他没有真才实学，魏王怎敢将如此邦交重任交于他？历史是人创造的，而创造历史的人是有血有肉的人，性格特点、能力素质很难改变。

因此，本书推测，真实的情况应该是这样的：须贾到秦国以后，一定先拜见了范雎，检讨了自己当年对范雎的伤害，并用自己的真诚打动了范雎，最终得到了范雎的原谅。而司马迁在写范雎其人"历史"时，为了体现出人物的"复杂性"，制造出这些精彩细节。

之后，范雎将他处置须贾的经过告诉了秦昭襄王，并表示他已与魏国使者须贾达成了协议，以后秦国与魏国会继续保持和平。秦昭襄王原则上同意范雎的做法。

不过，须贾虽然完成了邦交任务，但他对秦国这种态度依然持有怀疑：为什么秦国在完全有利的情况下，取消了攻打魏国？难道是因他与范雎的交情？

本书认为，秦国因嬴悼之事迁怒于魏国，可能秦国只是想教训一下魏国，并不想与魏国彻底决裂。这时候须贾出使秦国，正好给秦国一个撤兵的理由。范雎摸透了秦昭襄王的心理，才选择了继续与魏国保持和平。之后双方达成了停战协议，须贾也完成了邦交任务，准备回国复命。

按照礼仪制度，须贾回国前，还要向范雎告别。据说，范雎设置了丰盛的宴席招待须贾，范雎还邀请了诸侯各国在秦国的使者一同出席。

吊诡的是，在这次宴会上，范雎却让须贾坐在了堂下，使得他无缘品尝丰盛的佳肴。

宴会开始后，众人都其乐融融。这时候，范雎忽然变脸，向须贾发难。他命人给须贾端去了一碗掺着豆子的饲料。然后，范雎又命两个受过刑罚的罪犯将须贾夹在中间，像给马喂草料一样强行给须贾吃饲料。须贾挣扎不及，吞下了很多饲料，差点呛死。这时，范雎这才走到须贾面前，口气严厉地对他说："你回去后，将我的话告诉魏王，让他赶紧将丞相魏齐的人头送到秦国，否则我就率领秦军攻破大梁，灭了魏国。"

须贾震惊不已，但他看到眼前这个范雎非常"陌生"，不敢反驳。宴会结束后，须贾就马不停蹄奔向魏国。据说，须贾回到魏国之后，就将范雎的话传给了魏齐。这让魏齐惶惶不可终日，毕竟当初命人暴揍他的人是魏齐。最终，魏齐逃亡赵国，躲在了赵国平原君的家里。

而范雎招待须贾的这一段精彩记载，很符合范雎唯利是图、睚眦必报的性格。

不得不说，在处置这件事上，范雎是非常高明的。他利用自己的私仇，震慑了魏国，也震慑了其他诸侯国。秦魏关系又变得暧昧起来。

不久，从赵国传来一个消息：赵国高层正在秘密联络诸侯，试图对秦国实施合纵。范雎发挥了他纵横捭阖的才能，继续动用各种资源，利用各种手段，破坏了诸侯联合对付秦国的计划。《战国策》记载了整件事的经过：

　　天下的策士聚集在赵国，讨论纵合抗秦，秦国也得到了消息，秦昭襄王忧心忡忡。这时候，范雎对秦昭襄王说："大王不必忧心，臣有办法能让他们的合纵解体。对于天下的策士而言，秦国并未与他们结怨。他们之所以会聚赵国，谋取攻秦，不过是为了捞取更多财物而已。大王看看你的狗，它们睡着时就安然睡着，站着时也端端站着，走路也没有异常……它们之间也都没有任何斗争。可是如果向这群狗里扔一块骨头，所有的狗都会为了这块骨头而抢夺，龇牙咧嘴，露出凶残的样子，相互争夺，相互撕咬。这到底是什么原因呢？是因为狗都起了争夺骨头的念头。"秦昭襄王被范雎的精彩论述说服，将此事交由范雎处置。此后，范雎就遣秦国官员唐雎用车载着美女乐队，拿着五千金，在赵国的武安大摆宴席，并对外扬言："赵国人谁愿意拿走这些黄金呢？"结果很多人都来取黄金，那些主张诸侯攻秦的人没有拿到黄金，而那些已拿到黄金的人，与秦国建立了良好关系，到处宣扬秦国的好处。

这时候，范雎又对唐雎说："您已为秦国建功立业，不用管黄金被谁拿走了。只要您将黄金送人，就算功德圆满了。现在，我再给您五千黄金，您可继续在武安散发黄金。"于是，唐雎就拉着五千黄金赶往赵国武安，继续在那里散黄金。结果很多策士都来抢着领取黄金。据说三千黄金还未散完，他们就为了争夺黄金打了起来。①

《战国策》这个记载是否属实呢？本书认为应是真实的，因为

---

① 刘向：《战国策·秦三》："天下之士，合从相聚于赵，而欲攻秦。秦相应侯曰：'王勿忧也，请令废之。秦于天下之士非有怨也，相聚而攻秦者，以己欲富贵耳。王见大王之狗，卧者卧，起者起，行者行，止者止，毋相与斗；投之一骨，轻起相牙者，何则？有争意也。'于是唐雎载音乐，予之五十金，居武安，高会相于饮，谓：'邯郸人谁来取者？'于是其谋者固未可得予也，其可得与者，与之昆弟矣。'公与秦计功者，不问金之所予，金尽者功多矣。今令人复载五十金随公。'唐雎行，行至武安，散不能三千金，天下之士，大相与斗矣。"

符合人性。

由此，这也分散了策士的合纵，解除了秦国的危机。

前 265 年（秦昭襄王四十二年），在秦国内部发生了两件大事。第一件是安国君被立为太子，就是此前提到的公子嬴柱。第二件事是宣太后去世，被葬在了芷阳贵族墓葬中。①

立嬴柱为太子的事情，在预料之中。不过宣太后的去世，还是让秦昭襄王很悲伤。宣太后对秦昭襄王的影响不言而喻，在他亲政之前，都是宣太后在掌握秦国大权，帮助治理天下。宣太后去世后，秦昭襄王为她举行了隆重的葬礼，芈姓家族也受到了秦昭襄王的礼遇。

需要辨析的是，《秦本纪》认为，穰侯是在这一年离开秦国，到陶邑去的，"九月，穰侯出之陶"。《穰侯列传》却认为是在几年前。两者时间存在时间的差异，本书认为《穰侯列传》记载更真实。

当然，秦国经历了立太子、安排太后葬礼等大事件后，暂时停止了对外扩张行动。只是这种暂停并非一成不变，只要有机会，秦国还是会实施扩张行动的。

而在这些大事件中，范雎都竭尽所能，为秦昭襄王排忧解难，越来越显示出一位成熟政治家的眼光和胸襟、韬略和才能。秦昭襄王越来越倚重范雎，他的作用越来越重要。此后，秦昭襄王的每一次决策，都体现着范雎的思想。据说秦昭襄王对范雎也很器重，甚

① 司马迁：《史记》卷五《秦本纪第五》："四十二年，安国君为太子。十月，宣太后薨，葬芷阳骊山。"

至都给了他封地，封他为应侯。①

随着范雎势力越来越大，他也做了一些报恩的事情。当初支援他的王稽、郑安平两人在范雎的举荐下，成为秦国的高官。由此可见，范雎是个有血有肉的人，即便在对待须贾问题上，也选择了大肚容人。② 后来在宴会上那样处置须贾，很大原因是为了震慑其他诸侯国。

一个把国家利益放在第一位的人，有什么缺点要被指责的呢？

秦赵斗智斗勇

处置完秦韩关系问题。秦国立即着手应对赵国的变化。原来，不久前，赵惠文王因病去世，太子丹继立，是为赵孝成王。

得到这个消息后，秦昭襄王振奋不已。他的后半生都在与赵惠文王斗争，且多次在赵国吃亏。现在赵国新旧国君更替，国内各种势力在重组。这时候，正是秦国攻赵的最佳时机。

秦国蠢蠢欲动，不仅因赵国新旧国君更替。更重要的是，新即位的赵孝成王还是个小孩子。而正因赵孝成王年纪尚小，政务就落在孝成王母亲赵太后身上。女人主政，总能让秦国找到机会——大概是秦国高层当时的共识。这并非女性歧视，而是男权社会的正常心态。

对秦国而言，阏与之败的屈辱依旧在。当然，对秦国而言，若在这个关键时间里，秦国能削弱赵国，为秦国将来东出奠定基础，

① 司马迁：《史记》卷七十九《范雎蔡泽列传第十九》："秦封范雎以应，号为应侯。当是时，秦昭王四十一年也。"
② 司马迁：《史记》卷七十九《范雎蔡泽列传第十九》。

就是最好的安排。

秦昭襄王与范雎商议出兵攻赵，其他秦国高层也同意这一计划。

之后，一支秦军从秦地出发，向东而行。他们很快进入赵国境内，并迅速占据了赵国的三座城池。

此后，秦军并未撤军，继续虎视眈眈。赵国臣僚、贵族们进进出出，商议破解之法。眼前，他们有个解决秦军逼迫的策略，但遭到了赵太后的反对，因为赵太后把亲情看得比国家利益还要重。

这到底是怎么回事呢？

原来，这些年赵国虽不断强大，成为继秦国之后的强国，但面对汹汹而来的秦军，他们依然不愿正面相对。这时候，有臣僚建议向齐国求援，赵太后也同意这个建议。因此，赵国派使者向齐国求救。

据说赵国的使者到齐国向齐王陈述了赵国求援的意图，希望齐国支援。齐国高层商议后，答应支援赵国。但是有条件，不能无缘无故支援。齐国的条件是，赵国要将长安君到齐国做人质。只有这样，齐国才会出兵。

面对齐王提出的这个要求，赵国使者不能做主，因为长安君是赵太后的小儿子，深得赵太后喜爱。赵国使者只能回去复命。

而当赵太后听闻齐国要求长安君做人质时，心里舍不得，她宁可不要齐国的援助，也不打算将长安君送往齐国。换句话说，赵太后宁可与秦军正面相对，也不愿要小儿子去冒险。

面对赵太后的这个决定，臣僚们干着急，又无可奈何。

然而，前方的战争愈加吃紧，战报不断传进宫中。赵国大臣纷纷进言，希望让长安君到齐国为质，退了秦军再做打算。吊诡的是，赵太后舍不得儿子，不答应这些建议。赵太后被这帮大臣吵烦了，特下令："谁要是再主张让长安君到齐国为人质，我就会吐他一脸口水。"

这种情况下，赵国朝臣们不敢再进言。

这时候，老态龙钟的左师触龙决定"冒天下大不韪"，进宫说服赵太后。即便被赵太后"啐"在脸上，也在所不惜。

之后，触龙拖着颤巍巍的性格，请求拜见赵太后。为了不让赵太后感觉他是去说服她，触龙还表明了自己的来意：有事情相求。不过，赵太后还是有所疑惑——可能触龙此行目的也有"说服"的意思。因此，赵太后正怒气冲冲等待着触龙，聆听他的高论。

触龙迈着小碎步慢慢进宫，让赵太后等了许久。等见到赵太后，触龙就说："老臣有脚疾，行动迟缓，因此很久都没能拜见太后了。我一直用脚疾为借口，没有拜见太后您。又牵挂着您的健康，这才很想见您一面。"太后说："我有车辇，可以行动。"触龙问赵太后："您的饮食情况还好吧？"太后说："平日里也就饮一些粥罢了。"触龙说："老臣近来胃口不好，不想吃饭。每日我就勉强支撑着散散步，行走三四里地。这样饭量就能有所增加，身体也舒适一些了。"太后说："你真是幸福，我却做不到你现在做的这些。"

触龙一面在与赵太后交流，一面在察看赵太后的脸色。而通过与赵太后聊一些家长里短，触龙看到赵太后脸色缓和了些许。

触龙继续说："我的小儿子舒祺没有作为，而我已衰老，心里很疼爱他，希望他能递补黑衣卫士空缺，保卫王宫，因此我冒着死罪向您求情。"太后听完触龙的叙述，好奇地问触龙："您的小儿子多大了？"触龙回答说："已有十五岁。年纪尽管不大，但我想在我入土之前将他托付给您。"太后又问触龙："你们男人也疼爱小儿子吗?"触龙回答说:"我们男人对小儿子的疼爱超过女人。"太后笑着说:"妇人也多疼爱小儿子。"到此时,触龙已将赵太后哄笑,语言的艺术在这里尽情展现。

触龙接着说:"老臣也认为您疼爱燕后胜过长安君。"太后说:"您错了,我更疼爱长安君。"触龙说:"父母疼爱子女,就应为他们的长远考虑。我记得当初您送燕后远嫁时,拉着她流泪,不愿离开。但她走后,您却并不想念她。每次到了祭祀时,您都会说:'千万不要让她回来。'这就是为她的长远考虑,希望他们的子孙都能继承王位吗?"太后说:"确是这样。"

触龙看到赵太后心情舒展,继续对赵太后说:"回望历史,赵国那些曾经封侯的赵氏王侯,他们子孙的封地、封号还在吗?"赵太后说:"他们的子孙都没有保持住封地和封号。"触龙又问:"不仅是赵国,列国诸侯中王侯子孙还有继承人在位的吗?"赵太后说:"我未曾听闻。"

触龙看到赵太后掉入自己的语言陷阱里,才抛出了自己的观点:"这就是所谓近的祸及自身、远的祸及子孙。难道是诸侯的子孙封侯后就都变坏了吗?当然不是这个原因。主要原因是,他们尽管地位尊贵却未创建功勋,享有厚禄但又未立下功劳。如今,您让长安君享受最贵的地位,将肥沃的土地封给他,又赏赐他很多宝物,却没有让他趁着能建立功业的年纪创建功勋。以后您一旦离开人世,长安君又凭借什么在赵国立足?因此老臣认为,您对长安君没有做长远考虑,对他的疼爱也不及燕后。"[①]

触龙发表了这一番话后,赵太后已明白触龙的意图。触龙的话

---

① 司马迁:《史记》卷四十三《赵世家第十三》。

很有道理，现在她活着还能照顾长安君，她死了以后，谁还照顾长安君？当然，更为重要的是，赵太后从触龙的话当中听到了"为长安君着想"。

不久，赵太后就准备了一百辆战车，载着长安君去了齐国。齐王见到长安君后，认为赵国有诚意与齐国结盟，派出齐军支援赵国。之后，秦军与赵、齐联军在赵国边境打了一仗，秦军被击败，撤出了赵境。[①]

之后，秦国与赵国暂时停战。

前264年（秦昭襄王四十三年）春，休整了大半年的秦国，再次开启了扩张之战。这次秦国瞅准的目标是韩国。那么，秦国为什么要选择韩国？史料中记载也很模糊。大概的原因是，秦昭襄王希望扩张，范雎乘机提供攻韩的建议，秦昭襄王就同意了范雎的意见。

《战国策》中的记载，或能弥补当时秦国高层的决策过程：

> 秦国要进攻韩国，围攻陉地。
>
> 范雎对秦昭襄王说："在以往的战争中，有的人善于攻取人心，有的人只攻取土地。以前，穰侯曾十次进攻魏国，却不曾击败魏军。这并非秦国弱小而魏国强大，完全是因为穰侯只看重土地占有。而土地是君主看重的东西，诸侯、大臣也都会为得到土地而想尽办法。攻取君主喜爱之物，又与为获取土地的人博斗，所以攻打十次也不能成功。现在，大王准备攻打韩国陉地，我希望大王不仅要攻占土地，还要博取人心。若大王

---

① 司马迁：《史记》卷四十三《赵世家第十三》。

要围攻陉城，不如用张仪从中获利。若张仪在韩国威望高，他就会割让土地，在大王面前消除罪孽，直至韩国土地被割让完毕。若张仪没有势力，大王就驱逐张仪，用智谋不如张仪的人来做交易。唯有如此，大王才能从韩国得到想要得到的。"①

虽然这个记载与真实历史真实有出入，但我们依然能从中嗅到"智慧"的因子。这时候，范雎完全是一副"智囊"姿态，为秦昭襄王出谋划策。而秦昭襄王也完全信任他。所以秦军攻打韩国，就像一场"拉练"。

这次领兵出征的人是战神白起。此前击败韩、魏联军后，白起就一直在军中训练甲士。那是一支隐藏在秦国内部的强军，时刻保持着强大的战斗力。高层一旦决定实施扩张行动，白起训练的秦军马上就能投入战斗。

未几，秦军就推进到韩国境内，白起指挥秦军攻打韩国陉城。《史记正义》说："秦拔陉城于汾水之旁。陉故城在绛州曲沃县西北二十里汾水之旁也。"大概韩国组织了大量兵力抵抗秦军入侵，因此双方战斗非常激烈。这也导致陉城之战持续了很长时间，最终，韩军被击败，秦军占领了陉城。

战后清点损失，秦军发现韩军五万人被斩杀在了陉城。秦军的战损不见于史料，但想来也不会太少，毕竟韩军这次也是"拼死

---

① 刘向：《战国策·秦三》："秦攻韩，围陉。范雎谓秦昭王曰：'有攻人者，有攻地者。穰侯十攻魏而不得伤者，非秦弱而魏强也，其所攻者，地也。地者，人主所甚爱也。人主者，人臣之所乐为死也。攻人主之所爱，与乐死者斗，故十攻而弗能胜也。今王将攻韩围陉，臣愿王之毋独攻其地，而攻其人也。王攻韩围陉，以张仪为言。张仪之力多，且削地而以自赎于王，几割地而韩不尽；张仪之力少，则王逐张仪，而更与不如张仪者市。则王之所以求于韩者，言可得也。'"

一战"。

在《秦本纪》中有个非常有意思的现象：每逢战争，都多记载秦军多打胜仗，战败的记载尽管有，也多"潦草"。在记载被消灭人数时，也显得很"仔细"，每一场战争后，都有详尽斩首数量，但鲜有秦军损失数量。这种"选择性"记载，其实并非真实历史。要知道，大军团作战，杀敌一千自损八百的事情太平常了。所以，每一次大战后，秦国定会损失不少兵力。本书认为，自商鞅变法后，实施编户齐民，秦国有兵员补充制度。地方官员（主要是尉）会定期征兵，训练新军，作为国家后备力量。每次战役后，他们会秘密补充兵员。如此反复，才保证了秦国兵力源源不断。否则，如果只用军功激励，很难组建强悍的秦军。

就是说，秦国从征兵到战场出征，应该有一整套的流程。而军功制只是激励将士的制度。将士的选拔、训练、出征等环节其实与军功没有关系。而这些通过训练的新军，在战场上杀敌，才是他们军旅生涯的开始。但在此之前的很长一段时间里，他们都会在秦国接受正规训练，最终成为一名合格军人，等待国家召唤时，他们即便不能所向披靡，至少也不会胆怯。

就是在这种制度下，再遇到白起这样的将才，秦军必然会出动精兵强将。秦军攻打各地能所向披靡，也就在情理之中了。

据说秦军占领了陉城后，白起指挥秦军在汾水旁边修筑城池[1]，有意将此地长久霸占，作为秦军东出的物资转运站。

紧接着，秦军继续推进，连续攻占了韩国的九座城池（一说五

---

[1] 司马迁：《史记》卷四十五《韩世家第十五》："九年，秦拔我陉，城汾旁。"

城）。^① 韩国朝野震动，亡国的丧钟被敲响，韩国还能维持多久？当然，此战也令其他诸侯国战战兢兢，观望着秦、韩战况。

那么，面对白起的虎视眈眈，接下来韩国会选择怎么做呢？是投降秦军，还是联合其他诸侯对抗秦军？

4. 秦赵长平之战

上党之争

前263年（秦昭襄王四十四年）秋，按照秦国既定计划，要继续对韩国实施打击。因此，白起率领秦军在气候逐渐凉爽后，开始向太行山开拔。

出兵之前，白起已做了详细部署，他们这次的目标是攻取位于太行山南段的南阳（非今天河南省南阳市）。南阳地理位置特殊，是上党与韩国本土的战略要点。《史记正义》中说："太行山在怀州河内县北二十五里也。"

对秦国而言，只要攻占了南阳，就隔断了韩国与上党的联系。早在张仪时代，就曾为秦国谋划过隔断韩国与上党的东出策略。只是这个策略一直未曾运作，直到秦昭襄王亲政，这个计划才变得清晰起来。最近一段时期，秦国高层对韩国实施精准打击后，逐步"蚕食"成为基本策略，南阳就成为被蚕食的对象。如今，秦军正

---

① 司马迁：《史记》卷四十五《韩世家第十五》："四十三年，武安君白起攻韩，拔九城，斩首五万。"

是抱着抢占地理优势的目的，在白起的指挥下，冲向了南阳。韩军无法抵御，秦军一举攻克了南阳。①

巨大的危机感蔓延在韩国上下。

此时，白起又盯上了另一个要塞，这就是距离南阳不远处的野王（今河南省沁阳市）。此地与南阳形成掎角之势，互为依存，相互支援。现在随着南阳陷落，这里必然也成为秦军攻击的要塞。换言之，秦国要从韩国手中夺回这两个战略要地，实现秦国控制下的掎角之势的目的。而只要野王被攻占，上党与韩国的交往将会彻底被阻断。

韩国高层清楚白起的目的，试图阻拦。而白起驻扎在南阳，对野王志在必得。这也注定了野王之战又是一场智力与实力的较量。

战争于前 262 年（秦昭襄王四十五年）春正式打响。

秦军在白起的指挥下，猛攻野王。而韩国此前已丧失过五万主力，这时再与秦军作战，韩军显得怯战。秦军则士气高涨，一举夺得了野王。自此，彻底阻断了韩国与上党的联系。②

此后，白起命秦军驻扎在太行山南阳道，准备蚕食上党。

到这时，韩国高层才意识到，秦军野心很大，远非攻占上党这么简单。而秦国一旦攻占上党，再沿着上党往南攻，韩国必面临亡国危险。而对秦军步步紧逼，韩国采取了补救措施：遣阳城君到秦国谢罪，并许诺无偿献出上党之地给秦国，希望秦军就此撤兵。③

---

① 司马迁：《史记》卷五《秦本纪第五》："四十四年，攻韩南，取之。"
② 司马迁：《史记》卷七十三《白起王翦列传第十三》："四十四年，白起攻南阳太行道，绝之。"
③ 刘向：《战国策·赵策一》"秦王谓公子他：韩恐，使阳城君入谢于秦，请效和党之地以为和。"

韩国这样做的目的，其实也很明显：既然保不住上党，还不如索性献给秦国，以求得喘息之机。

而韩国的这一"明智"决策，得到了秦国高层的认可。大概秦昭襄王也只是想得到上党，还没有灭韩国的打算。所以，秦国暂停了攻打韩国，等待着与韩国交割上党之地。秦昭襄王给白起的任务是，接收韩国的上党之地——韩王虽然答应割让土地，但想要让上党数十个县的臣民都臣服，并非易事。

之后，白起沿着上党各地巡视，给他们宣扬韩国已将上党划给秦国的消息，也宣扬秦国的威武与强大，希望这些地方上的韩国臣民认清现实，主动接受秦军的收编。

吊诡的是，在战场上所向披靡的白起，在这次"招降"过程中受到"抵制"。上党地区的韩国臣民并不顺服，一些新的抗争力量正在形成。

不久，上党郡守冯亭就公开表示，上党誓死不投降。这让原本稳定的局面再度陷入失控。白起出了一个"昏招"，即派出五大夫贲攻打韩国。未几，贲就攻占了韩国的十余座城。[1]白起此举，有武力逼迫的意思：既然上党不臣服，他就用武力让这里的民众臣服。

而随着秦军武力逼迫，原本就不服的上党地区，出现更大的分裂，时局已不完全受秦国控制。对上党地区的韩国臣民而言，他们宁可死，也不愿归附秦国。有人认为，是秦法严苛，韩国上党地区民众不愿当秦国的编户齐民，受秦国的盘剥。这就让情况变得复杂。人一旦不要命，谁还是对手？当然，此时上党地区也面临着巨

---

① 司马迁：《史记》卷五《秦本纪第五》："四十五年，五大夫贲攻韩，取十城。"

大压力：不归附秦国，意味着秦军持续推进，而秦军到时，他们必然会成为"刀下之鬼"。

　　冯亭也见识到了秦军的强大。他一面组织上党地区的百姓抗击秦军，一面遣人到赵国求援——向韩救援的路被封死。据说，冯亭还给使者一项特权：若赵国答应支援上党地区，他愿意交出上党七十余座城邑，诚心归附赵国。①

　　形势发展到这一步，愈发不可收拾。而上党长官打算向赵国投诚的消息不胫而走，这让以白起为首的秦军非常震惊，他们认为，秦军攻打韩国这么久，不能为赵国做嫁衣。当然，若赵国得到这么一片疆域，必然强大起来，成为秦国最大的对手。

　　因此，无论如何，都不能让上党落入赵国手中。秦国在积极筹划措施，力争收复上党地区，比如，秦国叶阳君公子悝死在去封地半路上，秦国都没有精力妥善处置，"出之国，未至而死"。

　　秦国高层商议后，认为上党地区既然不投降，只有用武力收复。而且要在上党归附赵国前，实现镇压上党反抗的目的。这种背景下，白起加快了对上党地区的进攻，冯亭也选择誓死抵御。

　　战争因双方都尽了力而变得焦灼，秦军进攻受阻。这时候，决定上党归属成败的因素落在赵国身上，只要赵国从中作梗，秦军必然不能夺取上党。

　　此时的赵国也面临着艰难抉择，高层们意见迟迟不能统一。

　　按史料说法，在韩国使者未入赵之前，已长大的赵孝成王做了一个奇怪的梦，梦见自己穿着颜色各异的衣服，骑着飞龙上天，但

---

① 司马迁：《史记》卷七十三《白起王翦列传第十三》："道已绝，秦伐野王，是上党归韩之道也。韩必不可得为民。秦兵日进，韩不能应，不如以上党归赵。赵若受我，秦怒，必攻赵。赵被兵，必亲韩。韩赵为一，则可以当秦。"

没有到达天庭就坠落下来。等落地以后，发现周围宝物堆积如山。赵孝成王对此很不解，召见法师解梦。法师听了赵孝成王的叙述后，对他说："梦见穿着颜色各异的衣服，意味着将会有残败的事情发生。骑着飞龙上天，没有进入天庭就坠落，说明徒有名声而无实际利益。看见财宝堆积如山，说明国家存在忧患。"①

三天之后，上党郡守冯亭的使者到了赵国，求见赵孝成王。赵孝成王接见了使者。使者向赵国说明了秦军攻上党的形势，特别指出："韩国无法守住上党，甘愿将上党划给秦国。上党的官员和百姓不愿成为秦国的俘虏，愿意成为赵国子民。上党目前有七十多座城，愿意无偿交给赵国，只要赵王愿意接纳这些臣民。"

这个消息很令赵国朝野振奋，因为上党地区不仅秦国想要夺取，赵国更是觊觎多年。现在不用费一兵一卒就能拿下，赵孝成王动了心。

不过赵孝成王清楚，想要出兵支援韩国，需要集体决策，他不能一人拍板，至少要听一听大臣们的意见。因此，他先召见平阳君赵豹商议此事。

赵孝成王对赵豹说："冯亭给我们进献了十七座城池，我们如何接收才好？"赵豹听了赵孝成王的话非但不高兴，还忧心忡忡地说："圣人往往会对毫无缘由而得到的利益持警惕心理，认为是祸端的开始。"赵孝成王说："上党地区的百姓都会感念我们赵国的恩德，为什么会没有原因呢？"赵豹说："秦国攻打韩国，占据了南阳

---

① 司马迁：《史记》卷四十三《赵世家第十三》："四年，王梦衣偏裻之衣，乘飞龙上天，不至而坠，见金玉之积如山。明日，王召筮史敢占之，曰：'梦衣偏裻之衣者，残也。乘飞龙上天不至而坠者，有气而无实也。见金玉之积如山者，忧也。'"

等地，割断了上党与韩国的联络，自认能将上党并入秦国。韩国不但不反击，却将上党交给赵国，其实就是将灾祸转嫁给赵国。试想：秦国为攻打上党付出了巨大的努力，最后让赵国坐享其成，他们会怎么想？大国想要从小国得到利益尚且不易，小国又怎能从强大的国家那里获得利益呢？赵国与秦国对比，赵国就是小国。这就是我说的没有缘由的利益。眼下秦国用水路运送粮食，出动战斗力最强的军队攻打韩国，将占据韩国的土地封给功臣作封邑。秦国气势正盛，最好不要与秦国作对，也不要接受上党地区。"赵孝成王说："这些年来，我们几乎征发百万军队拓展疆域，并未曾夺得一座像样的城邑。如今冯亭打算将七十座城邑无偿奉献，这是到手的利益，怎么能轻易舍弃？"①

最终，赵孝成王与赵豹谁也没说服谁。不过就这样舍弃七十座城，赵孝成王并不甘心。因此，他又召来了平原君赵胜（一说赵禹），向他征求意见。平原君就是战国四公子之一，集智慧于一身。日后，他还会在与秦国对抗中，为赵国立下不朽功绩。

赵孝成王将事情的来龙去脉都告诉了赵胜，希望赵胜能够给他提供有效的意见。赵胜说："即便派出一百万雄师攻击一年，也不见得会夺取一座城池。现在既然不用费一兵一卒，就能得到七十余座城邑，我们为什么不接受？这可是送到嘴边的肥肉，不能错失。"赵孝成王说："和我想的一样。"最终，赵孝成王决定接手上党之地。

未几，赵孝成王派赵胜到上党见冯亭，商议接纳上党、对付秦国事宜。据说赵胜到了上党后，到处散播赵国的诚意："我作为赵

---

① 司马迁：《史记》卷四十三《赵世家第十三》。

国的使者，奉王命来接收，我们会给太守三个万户的城邑作为赏赐，对上党地区的每个县令也都有三个千户以上的城邑，并许诺你们可以世代承袭爵位。上党地区的官员全部晋爵三级。若官员和百姓能够和谐相处，我们还会给他们赏赐黄金六镒①。"赵胜的说法，显然有点吹嘘。如果按照他这个标准，赵国得拿出多少钱财笼络上党地区的臣民？他只是想利用这种诱惑，让上党地区民众归附赵国而已。

但这种宣扬显然是受用的，至少对上党地区的"官吏"有诱惑，而只要"收编"了官吏，其他的民众只是一帮乌合之众，根本没有思想，官员让他们去哪里，他们只能追随。

所以，问题的关键还在上党地区官吏这"极少数"。

据说赵胜在做这一切时，还未曾见到冯亭。当冯亭得知赵胜在上党宣传投降赵国的好处后，懊悔自己没有击退猛虎，又引来了恶狼。他低着头哭泣，不愿见赵胜。

稍微冷静后，他对身边的幕僚说："我不愿让自己陷入三不义之境地：为韩国国君驻守领地，不能拼死固守，此为不义之一；君主将上党划给秦国，我不听君命，此为不义之二；出卖国君的土地换取自己的食邑，此为不义第三。"

不过哭泣归哭泣，冯亭还是清醒的，眼前的形势已不允许他再犹豫。最终，冯亭还是见了赵胜，表示愿意归附赵国。赵胜旋即宣读了赵孝成王对冯亭的封赏：赵国授予冯亭华阳君爵位。

冯亭面有愧色，却也不得不接受这个华阳君的封号。

之后，上党理论上划归赵国，而赵国支援上党的大军也名正言

① 一镒是二十两。

顺进入上党，主力驻扎在韩、赵边境要塞长平（今山西省晋城高平市西北），领兵的人是名将廉颇。[①] 赵胜则负责安抚上党地区的民众。

秦赵对峙

对秦国而言，赵国接受上党的这个结果大大超出预料，他们可能从未想过赵国会接受上党，因为这会直接恶化两国关系。秦昭襄王得知内幕后，愤怒不已。

换句话说，就目前形势分析，赵国根本不惧秦国。而赵国得到上党后，实力得到进一步加强，这才是巨大的隐患。放眼战国诸侯，唯有赵国能与秦国抗衡。

秦昭襄王给白起下了密令，要求白起不顾一切夺回上党地区。

未几，白起率领秦军推进到上党西面，与廉颇形成了对峙。[②] 由此，秦赵关系彻底恶化，大战一触即发。

不过白起清楚廉颇的实力，论智谋和指挥作战，他与廉颇不相上下，廉颇可能技高一筹。因此，在这种背景下，大军团作战显然不是上策。最终，白起也没有直接向上党发动战争，而是在观望时局。

当然，除了赵国这个祸患，韩国也是威胁。一旦秦、赵开战，韩国必然趁火打劫。为了彻底震慑韩国，白起先派出一支大军攻克了韩国的缑氏（今河南省洛阳市偃师区西南）和纶氏（今河南省登

---

① 司马迁：《史记》卷四十三《赵世家第十三》。
② 司马迁：《史记》卷五《秦本纪第五》："四十七年，秦攻韩上党，上党降赵，秦因攻赵，赵发兵击秦，相距。"

封市西南)。① 这一战，彻底震慑了韩国，让其不敢再对秦国有所图谋。这也是白起要达到的目标，否则，等他们与赵军对峙，韩国若在背后偷袭，秦军将腹背受敌。

解决了韩国的问题后，白起开始着手应对长平东北的廉颇主力。因秦赵双方都对上党志在必得，因此，双方投入的兵力很多，这也引起天下诸侯的密切关注。可能所有人都有预感：长平之战将影响国际形势。

前 260 年（秦昭襄王四十七年）春，北方还依旧寒冷，但并未阻挡两国作战。不久，秦、赵之间正式拉开对决。

不过在未开战前，秦国高层准备下一盘大棋，用"内部瓦解"和"武力压迫"手段，实现攻克上党的目的。因此，秦国做了两手准备：一面是白起的武力对峙，一面是秦国高层的"布局"。未几，为麻痹赵军，秦昭襄王先调回战神白起（一说秦昭襄王与白起不和，才调回白起）。之后，秦国派出了新晋秦将王龁攻打上党。王龁是在秦昭襄王中后期时成长起来的将领，也曾屡立战功，时已位居左庶长。

每个时代里都有一批冲劲十足的年轻人，他们怀揣梦想，不怕失败与牺牲。王龁就是这样的人。他率领的秦军进入上党后，马上对上党发起了攻击。因为廉颇部署的防线主要集中在长平一带，上党地区主要由原韩国的军民驻守，因此，王龁并没有费多少力气就攻克了上党西部大部分地区。据说，随着上党西部被攻克，当地的百姓畏惧秦军，纷纷从上党逃入赵国境内。而廉颇则派人在长平附

① 司马迁：《史记》卷七十三《白起王翦列传第十三》："四十六年，秦攻韩缑氏、蔺，拔之。"

近接应逃亡的百姓。①

之后，秦军占据上党西部地区，将战线推进到长平一带。自此，长平就成了秦、赵双方争夺的焦点。

为防御秦军，廉颇在长平设置了三道防线：第一道防线是位于长平外的空仓岭。这里有着天然地势，高山峻岭，行军困难，廉颇在这里部署了一支赵军；第二道防线是空仓岭后面的丹河，这条河尽管不如黄河那般宽阔，却是阻挡秦军的有力防线。秦军想要攻打长平，先得过河作战。而赵军就驻扎在河对岸，秦军想要顺利渡河，谈何容易？第三道防线是位于丹河后面的石头长城。这里更是天然的防御壁垒，石头城纵横数十里，星罗棋布。秦军想要顺利穿过此处，比过丹河更难。

秦军亦探知了廉颇的部署，不敢轻易冒进。因此，秦、赵之间的战争进入僵持阶段。

不久，秦国探子又得到不利的消息：赵国在一面应对秦军大军压境，一面向齐、楚发出了求援。

这时候，秦军可能要面对多个对手。

据说当赵国使者入齐后，齐国组织大臣商议对策，大臣周子向齐王指出齐、赵唇亡齿寒，应援助赵国。也有些官员认为可不支援，因为秦国攻赵，不会威胁齐国。

对秦国而言，形势非常危急：若齐、楚联合赵国，秦国必然难以应对。秦国在齐、楚未与赵国联合前，破坏这次联盟。

因此，秦昭襄王也派人到这两国交涉，希望两国不要支援齐

---

① 司马迁：《史记》卷七十三《白起王翦列传第十三》："四十七年，秦使左庶长王龁上党民走赵。赵军长平，以按据上党民。"

国。最终，齐王决意不支援赵国，任由秦国攻打赵国。[1] 而楚国也没有出军援助赵国。

回到战争前线，赵国没有争取到盟友固然对秦国有利，但有廉颇这样的大臣在，秦军也不敢有丝毫大意。秦、赵双方都在等待彼此露出破绽，以实现击败对方的目的。

同年四月，秦、赵长平之战爆发，王龁率领秦军向赵军发起了进攻，秦军攻势猛烈，毫不退缩。此时。廉颇部署的第一道防线发挥了巨大作用。因此，王龁带领的秦军并未取得胜利。

第一次较量，双方在此交战多次，各有胜负。

王龁暂时停止了进攻，毕竟没有目标的攻打，只会徒增损失。为探知赵军的底细，他派出了大量的探子。

据说廉颇意识到秦军的渗透行为，便设置了战地交流口令，让将士们用"口令"辨别敌我，预防秦军渗透。一些秦军的探子被廉颇识破，成为牺牲品。与此同时，秦军的探子也会利用各种机会暗杀赵军的统帅，给赵军制造损失。比如，秦军的斥候就暗杀了赵军的裨将茄。[2]

六月，做过短暂休整的王龁，再领秦军攻打赵军防线。据说，

---

[1] 司马迁：《史记》卷四十六《田敬仲完世家第十六》："王建立六年，秦攻赵，齐楚救之。秦计曰：'齐楚救赵，亲则退兵，不亲遂攻之。'赵无食，请粟于齐，齐不听。周子曰：'不如听之以退秦兵，不听则秦兵不却，是秦之计中而齐楚之计过也。且赵之于齐楚，扞蔽也，犹齿之有唇也，唇亡则齿寒。今日亡赵，明日患及齐楚。且救赵之务，宜若奉漏瓮沃焦釜也。夫救赵，高义也；却秦兵，显名也。义救亡国，威却强秦之兵，不务为此而务爱粟，为国计者过矣。'齐王弗听。秦破赵于长平四十余万，遂围邯郸。"

[2] 司马迁：《史记》卷七十三《白起王翦列传第十三》："四月，龁因攻赵。赵使廉颇将。赵军士卒犯秦斥兵，秦斥兵斩赵裨将茄。"

在进攻前，王龁做了很多功课，又改变了先前的进攻策略，顺利击破了赵军部署在第一道防线外围的力量。廉颇意识到问题的严重性，立即调拨力量回援，试图抢回防线，依旧被王龁击败。这一战，秦军还斩杀了赵军的四名都尉，赵樟城被秦军占据。[1]《史记正义》中说："赵郭故城一名都尉城，今名赵东城，在泽州高平县西二十五里。又有故谷城。此二城即二郭也。"

随着秦军连连取胜，廉颇不得不调整策略。经过不断思考与考察，廉颇认为秦军长途奔袭，粮草运输必然存在困难，所以想速战速决。从王龁的打法来看，的确存在这样的情况。因此，廉颇决定坚壁清野，拒守不出，以抗击秦军。廉颇甚至相信，只要长时间耗着，等秦军粮草告急，必然撤军。

同年七月，廉颇指挥赵军在防御线上修筑壁垒，与秦军开启了消耗战。而廉颇的这种做法非常高明，他对秦军的预判是准确的。这时候，秦军不想消耗，也耗不起，必须速战速决。因此王龁命人咒骂赵军，希望引起赵军的愤慨，主动出击。但是，任由秦军在阵前如何叫骂，赵军就是不出战。无奈之余，王龁只能命人强攻。秦军黑压压一片，扑向了廉颇设立的防线。这一次秦军不计损失，全力以赴，让赵军惊恐不已。不久，秦军就彻底突破了第一道防线，还斩杀了赵军的两名都尉。当然，秦军必然也有损失，只是秦军志在必得，他们从后方源源不断调拨训练有素的后备役，充实秦军。这种情况下，秦军的士气并未衰减，甚至有点胜券在握的意思。

而面对秦军"不要命"的进攻，廉颇很谨慎。眼瞅着第一道防

---

① 司马迁：《史记》卷七十三《白起王翦列传第十三》："六月，陷赵军，取二郭四尉。"

线无法守住，他下令赵军从第一道防线撤回。由此，驻扎在第一道防线上的赵军全部撤回到丹河东岸。此时，廉颇依然担心秦军乘机过河，攻打赵军，遂命人在丹河东岸修筑堡垒，拒守不出。

事实证明，廉颇的策略是正确的。第二道防线更有优势。这时，秦军尽管攻破第一道防线，接下来的两道防线并不容易破。因此，秦军驻扎在丹河西岸，与赵军隔河相望。因为有丹河这个天然壁垒，秦军不敢贸然过河。由此，秦、赵之间就形成了新的对峙，而谁也没想到这场对峙变成了持久战，持续了几个月双方都不主动出战。

而这种消耗对秦军造成巨大压力，粮草时时告急，后方运粮队伍也迟迟无法跟进。如果长此以往，即便赵军不出动，秦军也会自溃。秦国高层也意识到问题的严重性，正在想办法实现与赵军速战速决的目的。

而廉颇仿佛吃了秤砣铁了心，就是坚守不出。为促使赵军速战速决，秦国还故意散布谣言，说廉颇故意延误战机，畏惧秦人。消息传到赵国高层耳中，赵王得知廉颇拒守不出后，也非常恼火，多次派使者到长平责备廉颇，督促其与秦军作战。廉颇依旧不为所动，继续坚壁清野。[①] 而廉颇的这种做法，令赵孝成王很愤怒。

当然，这也让秦军很恐惧，因为长此以往，秦军会因粮草不济主动撤军。

将计就计

秦国高层正在想办法排挤廉颇。

---

① 司马迁：《史记》卷七十三《白起王翦列传第十三》："廉颇坚壁以待秦，秦数挑战，赵兵不出。赵王数以为让。"

在秦国高层看来，既然无法从廉颇身上找到突破口，就只能从赵国高层寻找机会。秦国高层计划利用计谋，借赵国高层之手打击廉颇。那么，此时的赵国高层又在经历着什么呢？

据说赵孝成王也得知秦军不断取胜，召集官员楼昌、虞卿等商议应对办法。赵孝成王先表示："我军与秦军交战失利，都尉战死，我打算亲率召集与秦军决战，你们以为如何？"官员楼昌反对这样做，他说："即便大王您亲征，也不见得能取得胜利，不如遣人到秦国求和。"而虞卿的意见恰巧相反，他说："楼昌这是长他人志气，灭自己威风。就目前形势而言，战争还没有决出胜负。而一旦我们向秦国求和，主动权就在秦国手中。大王不妨预估一下，秦军到底能否击败赵军？"赵孝成王似也有些失望，他说："我料定秦军会击败我们。"虞卿却说："既然和谈无法避免。那就请大王听从我的建议，不如派人携带着宝物出使楚、魏两国。而楚、魏得到大王的宝物，就会接纳我们的使者。这样一来，不管魏、楚两国是否支援我们，都会给外界造成我们与楚、魏联合的表象。而只要这个表象出现，秦国就会恐慌。到时我们再遣使者入秦，与秦国和谈。这样我们就能掌握主动权。"赵孝成王听罢，认为这个建议不高明，没有采纳虞卿的意见。不久，赵孝成王遣郑朱入秦，商讨议和事宜。[①]

此时，因秦军才推进至第一道防线，也担心其他诸侯国联手攻秦。因此，秦国对郑朱非常礼遇，打算在这个人身上寻找"突破口"。秦昭襄王命范雎好生接待郑朱，为长平之战争取时间。范雎充分发挥了他忽悠人的本领，表示秦国愿意和解，只是有些具体事宜需要详细谈，郑朱就暂时留在秦国。与此同时，范雎趁机组织人

---

① 司马迁：《史记》卷七十六《平原君虞卿列传第十六》。

到处散布秦、赵和解的消息，给其他诸侯国（尤其齐、楚两国）造成信息干扰，让他们产生疑惑，不再主动出兵支援赵国。

之后，秦国又派出间谍，深入邯郸，找到赵国的贵族，对他们说："秦国所畏惧的是马服君赵奢的儿子赵括，并不在乎廉颇。"未几，在秦国的运作下，这种言论开始在邯郸赵国贵族间发酵，最终，变成各种版本的流言，传到了赵孝成王耳中。

此时，赵孝成王正因廉颇不主动出战而恼怒（主要是因为廉颇不听话）。当他听到这些不同版本的流言后，就产生了换帅的想法。

起初，赵孝成王还没想好是否要让赵括去前线，毕竟他太年轻。但赵孝成王观察了一圈赵国将领，发现李牧也太年轻，战功并不卓著；乐毅刚刚投奔赵国，也还没有真心臣服。只有赵国宗亲赵括接替廉颇最为合适。重点是，赵孝成王听说赵括颇有其父赵奢的军事才能，是一位不可多得的帅臣，满腹经纶。

即便如此，在换帅这件事上，赵孝成王还是很谨慎，他召见赵括，向赵括询问退敌之计。赵括读过很多兵书，讲起大道理来，头头是道，还对此战信心满满。他对赵孝成王说："若率领秦军的指挥官是白起，我还会担心。但现在是王龁率领秦军，他也就只配与廉颇交手。若换上我，一定击败他。"看到赵括如此信心，赵孝成王决定让赵括接替廉颇。

蔺相如听赵孝成王换帅的消息，拖着病身子进宫劝谏。他对廉颇知根知底，廉颇不进攻，一定有他的道理。然而，赵孝成王已"被猪油蒙了心"，并不听从蔺相如的劝谏，执意要赵括成为赵军主帅。赵括的母亲得知消息后，也给赵孝成王写了信，希望不要让赵括担任主帅，赵孝成王还是不听。大概在赵孝成王眼里，即便赵括没有实战经验，但他是宗室，忠于赵国，而廉颇则是"外人"，不可全信。换句话说，越是危险的时候，越要依靠自己人。

最终，赵括成为赵军主帅。[1]

七月底，赵括带领二十万赵国援军赶到了长平，开始与秦军对峙，而廉颇则被调回。

需要辨析的是：以上这些《史记》中的记载，依然是"故事"，与前面不断提及司马迁构造的故事一样，只是为了让历史更有趣。可能实际情况很复杂，赵王也不可能因一句流言就换掉廉颇的主帅。否则，就无法解释廉颇为何能与秦军对峙那么久。如果赵王真是"糊涂虫"，他早就换帅了，还要等待这一切的发生吗？显然，秦国利用了"反间计"，但真正促使赵国高层换帅的原因，应该在赵国内部多重因素的影响。比如，赵国高层之间的斗争、官员间争名夺利等因素，都可能是造成廉颇被换的原因。换赵括为帅只是斗争的结果。

不过，对当时整个的战局而言，赵国的换帅，必然会影响整个战局走向，而做出这一决定的赵王似还未意识到问题的严重性。

而赵国换帅的消息传到秦国后，令秦国高层振奋不已。一切正在按照既定计划推进中。不过，秦国高层还是有顾虑：若赵括继续廉颇之前的策略，不更改大的方略，秦军依然难以突破长平防线。这时候，秦军选择了继续观望，期待赵括自己露出破绽。

之后，秦军很快得到了振奋人心的消息。据说赵括到长平后，自认为技高一筹，瞧不上廉颇的部属。他更改制度，修改作战方略，连廉颇部署的防线也都做了调整。

而这正中秦军下怀。我们认为，赵括完全有可能会这么做。原

---

[1] 司马迁：《史记》卷八十一《廉颇蔺相如列传第二十一》。

因很简单，赵括这种人，自视清高，刚愎自用，往往不会"服气"廉颇这样的老将。等他到了前线，为体现自己能力超群，必然会打乱廉颇的部署，这是人性的"正常表现"。

好消息不断传入秦国高层耳中，他们开始应对赵括这位"大才"。

不久，秦军就开始挑战赵军，试探赵括城府。赵括不明就里，命赵军主动作战。而秦军与赵军一交手，就选择了撤退，给赵括造成了假象：秦军不堪一击。之后，秦昭襄王秘密任命白起为上将军，命王龁为白起的副手，应对赵军。

紧接着，白起指挥一支秦军攻打赵军，赵括派人抵御。双方交手后，秦军佯装败退，赵军再次胜利。经过这两次交手，让赵军产生了骄纵心理。这一过程，仿佛赌博一般：先让你赢一点钱，勾起你的斗志，再一点点把你带进沟，让你输个精光。

白起密切关注着赵军动向，而此时赵军越来越骄横，根本没有把秦军放在眼里。终于，白起认为反击的时机到来，先派出一支秦军绕到赵军后面，截断了赵军的后路和粮道，让赵军陷入合围中。之后，秦昭襄王也到了河内，征调十五岁以上的青壮年赴长平战场外围，堵截赵军的援军。至此，赵军实际上已被秦军死死困住。

未几，白起遣秦军攻打赵军，蚕食赵军。此时，赵军方才意识到钻进了秦军的"包围圈"，而此前秦军的种种"失利"都是诱饵。因此，赵军也在誓死抵抗，双方各有胜负。

之后，赵括命人就地修筑壁垒，防御秦军进攻。同时，赵括也在秘密谋划着突围事宜，一旦撕开口子，赵军就能突围而出。毕竟此时，赵军还有数十万人，秦军想要彻底诛灭这些赵军，也会付出沉重代价。

但是，到了"对决"的关键时期，秦军反而懈怠了。他们只是围住了赵军，并不对赵军发动进攻。赵军想反击，却找不到着力点，就像用拳头打在棉花上一样。

这时候，对秦军而言，他们占据优势，并不担心粮草问题。他们可以安下心来围困赵军，消耗赵军的锐气。而赵军形势严峻，外围被秦军包围，粮道被断，数十万赵军已很多天没有进食，士气低迷。

这不禁令人困惑：这才几个月，局面完全就翻转了？

双方就这样一直僵持到了九月。此时的赵军已连续断粮四十六天，一些身体羸弱的赵军将士被饿死。有些赵军不甘心，想办法突围，多被秦军诛杀。饥饿折磨着赵军，而秦军则在不远处架起火烤肉，饮酒。肉香、酒香弥漫在长平战场的上空，摧毁着赵军的"最后理智"。

此后，因饥饿越来越严重，赵军已逐渐失去人性，露出兽性，甚至出现了人吃人的现象。赵括难以约束将士，只能看着他们食人肉。局面开始失控，人一旦饿极，就不会在乎身份。

眼看着赵军溃败已现，赵括将赵军组成了四支突击队，让他们从四面八方突围。但秦军死死压制着，赵军多次突围都没有冲出秦军包围圈。赵括不甘心，亲自率领赵军最精锐的骑兵突围，结果被秦军用乱箭射杀在长平。而赵军一旦没了主心骨，瞬间就溃乱了，他们惊慌失措，不仅要承受饥饿的折磨，还要承受没有主将的恐惧。

此后，赵军内部出现了各种分裂。而战争局势发展到这一步，其实胜败已分。

不久，一些赵军将帅主动向秦军喊话，希望投降秦军。白起召集将军们商议对策，白起说："赵军反复无常，若不杀掉他们，恐再生事端。"其他将领也附和白起的说法。

于是，在白起的一声令下，秦军将长平防线上的四十多万赵军全部坑杀[①]，只放回了二百多个未成年人。[②] 1995 年，考古工作者在今山西晋城高平市城北 10 公里的长平村，发现了大量的战国时期人骨遗址，被确认为白起坑杀赵军的遗址现场。

至此，这场困扰秦、赵两年多的战争终于以秦国的胜利而结束。而赵国经此一役损失惨重，再难回到赵武灵王胡服骑射时的强盛时代。

之后，双方停战，开启了休整阶段。只是赵国的休整是带着血的休整，他们短时间内再难组织起人对抗秦国。

当然，长平之战的影响不仅限于如此，它从根本上改变了"国际"局势。从此之后，包括赵国在内的东方诸侯国再也没有实力对抗秦国，他们只是祈求秦国不要对自己发动攻击，以苟全性命于乱世。

由此，历史也进入了一个新阶段。

也是此时，在赵国邯郸，一个小生命出生了。他平静地来到了这个世界，世界也平静地接纳了他。只是谁也没想到，未来，他将彻底改变战国纷争不断的历史，创建中国第一个大一统中央集权国家。

---

① 司马迁：《史记》卷七十三《白起王翦列传第十三》。
② 司马迁：《史记》卷五《秦本纪第五》："秦使武安君白起击，大破赵于长平，四十余万尽杀之。"

第三部

大秦长歌

聚变

上海三联书店

祁新龙 著

目　录

第十八章　出生

1. 王者出世 1181

2. 邯郸之战与秦异人回国 1200

3. 秦国换相 1214

4. 秦国三王更替 1229

第十九章　内忧

1. 权相吕不韦 1251

2. 秦王嬴政初摄国君 1268

3. 少年君王平内乱 1281

4. 吕不韦后续 1291

第二十章　征讨

1. 李斯与逐客令 1307

2. 秦国开启征讨列国行动 1320

3. 韩非说秦 1336

4. 秦国覆灭韩、赵 1349

第二十一章　统一

1. 荆轲刺秦王 ………… 1367

2. 秦灭魏、楚两国 ………… 1382

3. 秦国翦灭楚、燕、赵、齐 ………… 1395

4. 秦攻百越拓疆南蛮 ………… 1410

第二十二章　秦制

1. 定方略框制度 ………… 1425

2. 五德理论说 ………… 1438

3. 划分天下版图 ………… 1450

4. 大刀阔斧改制 ………… 1470

第二十三章　威德

1. 几项大工程 ………… 1489

2. 秦始皇巡游 ………… 1504

3. 寻仙问道 ………… 1518

4. 寻求长生与北击匈奴 ………… 1531

第二十四章　天崩

1. 焚书坑儒 ………… 1545

2. 最后的巡游 ………… 1559

3. 沙丘之变 ………… 1570

4. 功过是非凭人说 ………… 1585

第二十五章　危机

1. 诛杀蒙氏 1599

2. 清除异己活动 1610

3. 农民大起义 1617

4. 起义四处开花 1632

第二十六章　灭亡

1. 李斯的"督责之术" 1651

2. 斗争白热化 1663

3. 局势反转 1675

4. 秦国灭亡 1686

尾声 1705

后记 1715

附录一：参考书目 1729

附录一：秦国大事年表 1734

附录三：秦国国君（首领）一览表 1749

第十八章

出生

麟之趾，振振公子，于嗟麟兮。

麟之定，振振公姓，于嗟麟兮。

麟之角，振振公族，于嗟麟兮！

——《诗经·周南·麟之趾》

1. 王者出世

奇货可居

长平之战是战国后期秦、赵两大诸侯间的实力对决，也是战国历史上杀敌最多的一场战役。这次大军团作战，彻底改变了天下的格局。战后，秦国一跃成为诸侯中最为强盛的国家，令诸侯焦虑不安。

对赵国而言，压力与仇恨与日俱增：压力来自秦军的虎视眈眈，仇恨则是秦军不讲武德，坑杀数十万赵军。而秦军这种灭族的不义之举，让秦、赵两国关系迅速恶化。这时候，赵国朝野弥漫着一股仇恨秦国的情绪。

一个没有经历过耻辱的民族，是永远感受不了耻辱的真正含义。经历了耻辱，才会让人成长。

换句话说，耻辱能唤起人们的反抗心理，赵国臣民以长平之战为耻辱，积攒力量，韬光养晦，试图报复秦国。

这种背景下，还在赵国充当人质的秦国公子秦异人①，处境就变得非常艰难，甚至面临生死存亡的危机。或许，秦国高层根本没有考虑他的死活，他只是被视为一名人质，扣留在赵国。

必须指出的是，作为"质子"，秦异人在大国博弈过程中，他的性命并不重要。太子嬴柱也不仅有他一个儿子，如果他真死在赵

---

① 太子嬴柱的儿子，秦始皇的生父。

国，可能还会对秦国攻赵起到一定的助力作用。比如，能给秦国继续攻赵留下口实。

只是作为人这个"个体"，秦异人也清楚自己的处境，但他并不想坐以待毙，或者说他不想成为大国博弈的牺牲品。那一段时间里，他一直在想办法逃离赵国，但赵国时刻监视着他的行动，让他无法离开。

秦异人是安国君嬴柱众多儿子中非常不起眼的一个。嬴柱其人在前文已有所提及，当时秦太子嬴悼死在魏国，秦国内部曾因争夺太子之位，掀起了一场斗争。最终，嬴柱获得了秦昭襄王的宠幸，被立为太子，封安国君。如此一来，安国君成为了秦国的储君，也就是未来的国君。这意味着，而安国君的子嗣，也会成为未来国君继任者。而秦异人是安国君的儿子，有可能会继任国君。当然，这里只说的是有可能。

按照《秦本纪》载，秦异人的生母叫夏姬，史料中有关夏姬的记载非常少。[1] 夏姬与安国君生下秦异人后，关系逐渐疏远。夏姬喂养秦异人，而安国君则凭借着太子身份，宠幸了很多女子，也生下了更多儿子。这种处境中，夏姬与秦异人处境不会太好，自然也就不受重视。他们仿佛秦国皇宫暗角里的草木，虽生命力顽强，却难以引人注意。

秦异人因母亲不受宠，在秦国诸公子中地位并不高，一度处于被边缘化的尴尬境地。后来，秦、赵建立盟约，对付齐国。为稳固联盟，秦国要选一个公子送到赵国为质。这时候，身份低微，背井

---

① 司马迁：《史记》卷六《秦始皇本纪第六》。

离乡充当人质的使命，自然也就落在他身上。[①] 当然，因秦国本身强大，秦异人到赵国为质，生活相对优渥，赵国也会将他奉为上宾。而出现这种情况，完全与质子母国实力有关，《史记正义》说："质音致。国强欲待弱之来相事，故遣子及贵臣为质，如上音。国弱惧其侵伐，令子及贵臣往为质，音直实反。又二国敌亦为交质，音致。左传云周郑交质，王子狐为质于郑，郑公子忽为质于周是也。"就是说，质子在被质留国的待遇，因母国而定。

秦异人初到赵国时，秦、赵关系还未恶化，他还能享受公子待遇，赵国也能照顾到他。

然而，随着秦、赵关系不断恶化，进而引发战争，秦异人夹在大国之间，地位严重缩水。据说这一时期，赵国高层连基本的生活物资都不给他，让秦异人一度生活困窘。秦异人清楚，国家将他忘却了，他的死活不重要。但秦异人不想死，他还很年轻。

可不想认命又能怎样？现实像长着触角的藤蔓，死死困住了秦异人，让他无所作为。这一时期，他穷困潦倒，生活无望成为一种常态。秦异人苦闷至极，寻求着出路。

只是，在中国历史上，常常会有这样一种现象：天命之人总要经历艰难曲折，在绝境中求生存，在死亡边缘徘徊，然后觉醒，扭转乾坤。《孟子》就表达了这样一种思想："天将降大任于是人也，必先苦其心志，劳其筋骨，饿其体肤，空乏其身，行拂乱其所为，所以动心忍性，增益其所不能。"

他们似乎没有绝望的时刻，在生命的绝境中总有贵人相助。秦异人的遭遇也是这样，当他还在穷困潦倒时，遇到了人生第一位也

---

① 司马迁：《史记》卷六《秦始皇本纪第六》："庄襄王为秦质子于赵。"

是最重要的贵人吕不韦。

相传，吕不韦是战国时期的名贾，生意做到各大诸侯国，类似于今天各地开分店的规模，因此积攒了很多财富。而吕不韦这种到处经商经历，练就了一双慧眼，总能发现"奇货"，就是说，发现秦异人，与他独到眼光不无关系。

具体经过是这样的：有一次，吕不韦在赵国邯郸的大街上行走时，发现了流落异乡的秦异人。他观察了秦异人的行为举止，发现了秦异人身上透露着高贵。在弄清了他的身份后，料定秦异人非"池中之物"，有帝王命，打算在秦异人身上"押宝"。吕不韦还对他的亲随说："异人就像一件奇货，我们可以先囤积起来，等到合适时机，再以待高价售出。"

不过此时的吕不韦心中还有疑惑，他需要一个论证结果。因此，吕不韦回家问其父："我们的耕田一年下来能获利几倍呢？"其父说："最多十倍。"吕不韦又问："我贩卖珠玉，最多能获利几倍？"其父说："最多百倍。"吕不韦又问："拥立一个国家的君主，不知道能获利多少呢？"其父说："这个很难用准确的数字估量，总之是一个很大的数字。"听完父亲的话，吕不韦心中有了答案。他对父亲说："如今，即便我们努力在耕田劳作，难保丰衣足食。若拥立君主，我们就能恩泽后世。因此，我决定做这笔大买卖。"①

父亲可能并不知道吕不韦的言外之意，但他能看出吕不韦要做一件大事。

---

① 刘向：《战国策》卷七《秦五·濮阳人吕不韦贾于邯郸》："见秦质子异人，归而谓父曰：'耕田之利几倍？'曰：'十倍。''珠玉之赢几倍？'曰：'百倍。''立国家之主赢几倍？'曰：'无数。'曰：'今力田疾作，不得暖衣余食；今建国立君，泽可以遗世。愿往事之。'"

此后，吕不韦主动求见秦异人，表示愿意援助秦异人。而此时，正处于人生失意中的秦异人迫切需要温暖，需要别人的帮扶。吕不韦的支援，让秦异人仿佛找到了救星一般，死死缠住了吕不韦，躲在吕不韦的庇佑之下。

吕不韦的支援是雪中送炭，也是锦上添花，让秦异人在异国他乡感受到莫大的温暖。只是秦异人作为贵胄，对这突如其来的"温暖"抱有警惕感——毕竟上天不会无缘无故去垂怜一个被人忘却的秦国公子。吕不韦则猜出了秦异人的顾虑，便主动与他交流，打消秦异人的顾虑。

据说，经过一段时间交往，两人就相熟了。吕不韦也逐渐得到秦异人的信任。有一次，吕不韦就对秦异人说："我有办法光大您的门庭，改变您的处境。"

秦异人对吕不韦在他落魄时给予的帮助很感激，但他并不相信吕不韦能改变他的处境，笑着说："先生不妨先将自己的门庭光大了，再来帮助我光大门庭。"

看到秦异人并不相信他，吕不韦对秦异人说："这您就不懂了。我只有让您的门庭光大了，才能利用您的门庭，让我的门庭光大。"

听完吕不韦的高论，再看看吕不韦一本正经的样子，秦异人这才意识到，吕不韦真要帮助自己，然后相互成就。也是从这时候起，秦异人开始信任吕不韦。而人与人一旦建立信任，就能掏心掏肺。

此时的秦异人处境有所改变，虽还有赵国的"监督"，却也不再为生计发愁。吕不韦还给秦异人树立信心，并表示协助他回国，争取更大的利益。所以，秦异人的雄心被吕不韦激活。

有一段时间里，他们经常在一起畅谈，商议如何让秦异人回国，并得到秦国的重用。吕不韦很有见地地说："秦昭襄王步入老年后，才将安国君册封为太子。我私底下听人说，安国君很宠幸华阳夫人，而华阳夫人没有儿子。眼下能够决定秦国储君人选的，只有华阳夫人。而您的兄弟却有二十多个，您夹在中间，还不受宠，又长时间在赵国做人质。即便将来秦王去世，安国君继任国君位，您也没办法与您那些兄弟争夺储君之位。"①

吕不韦陈述的这些事都是事实。他提到的华阳夫人，是安国君最宠幸的妃子。据说，华阳夫人是楚国人，风姿绰约，性格大方，是楚国一等一的美女（可能也工于心计，能时刻掌控安国君的喜好，因此才深得安国君宠幸）。唯一遗憾的是，这对老夫少妻虽有琴瑟之好，华阳夫人却未给安国君生下一男半女。而这也为后来秦异人争夺储君之位创造了机会。

听完吕不韦的叙述，秦异人也表示，他从未想过要成为秦国储君，只是不愿就此成为大国博弈的牺牲品。而吕不韦则胸有成竹，他对秦异人说："眼下您的同父异母兄弟中子傒最有势力，他的母亲也比您的母亲受宠。而您却在赵国为人质，一旦秦、赵交恶，您就会有性命之忧。若您信任我，就听从我的筹划，想办法回到秦国，再见机行事，得到储君之位，彻底改变自己的不利处境。"②

吕不韦的话听起来很有蛊惑性，但秦异人清楚自己的处境，他一个没有人脉、没有钱财的落魄公子，如何才能获得储君之位呢？这是不是吕不韦异想天开呢？

---

① 司马迁：《史记》卷八十五《吕不韦列传第二十五》。
② 刘向：《战国策》卷七《秦五·濮阳人吕不韦贾于邯郸》："故往说之曰：'子傒有承国之业，又有母在中。今子无母于中，外托于不可知之国，一日倍约，身为粪土。今子听吾计事，求归，可以有秦国。吾为子使秦，必来请子。'"

秦异人依然不太相信吕不韦的话。

当然，吕不韦的话也在秦异人心里掀起了涟漪。换言之，在被吕不韦灌输了争夺太子之位的理念后，秦异人也不甘心，他为秦国做人质，其他公子在秦国享清福。最终，他还得不到任何的好处。

然后，吕不韦不断给秦异人做思想工作，重塑他的三观，让他重拾信心。人生需要一种积极"进位"的态度，哪怕最终没有实现目标，至少不会因自己不曾努力奋斗过而后悔。

最终，秦异人动了心，他决意与吕不韦联合，取得秦国储君之位。经过一系列交心后，秦异人一改往常消极懈怠，看到了奋斗希望。

问题的关键是，如何顺利返回秦国，并夺得储君之位呢？秦异人对此没有信心。而吕不韦则信心十足，他认为，谋事在人，成事在天。

吕不韦胸有成竹地对秦异人说："目前您生活穷困，又在赵国做人质，不得回国，也没有可以拿得出手的礼物送给安国君和秦国大臣。这样一来，就会让您失去人脉。我吕不韦尽管贫穷，却愿意为您拿出千金，到秦国去游说，侍奉安国君和华阳夫人，想办法让安国君册立您为继承人。"吕不韦表露了心迹后，秦异人很感动，他跪着对吕不韦说："若您真能让我成为秦国的储君，我愿意与您分享秦国。"① 共享国家的概念流行于战国，当然秦孝公的《求贤令》也表示共享之意。这或许是一种吸引人才的范式。

就这样，在赵国，一个秦国的落魄公子与一个商贾为秦国的前途命运筹划着。表面上看，这种策划显然有点讽刺，但世间事不都

---

① 司马迁：《史记》卷八十五《吕不韦列传第二十五》。

是这样的吗？谁也不能断言，他们在赵国的谋划，完全出于"异想天开"，一切都需要时间去验证。

运作是成事的关键

此后，秦异人与吕不韦建立了"同盟"，相互扶持，相互信任，为他们即将实施的计划布局。

为保证秦异人的人身安全，吕不韦特意给他选了僻静、安全之所（可能还长时间将秦异人安排到自己家里居住）。而这种亲密的交往，让他们"介入"彼此生活中。

不久，吕不韦还将爱妾赵女（一说赵姬）"转让"给了秦异人。

当然，这背后还有曲折的故事。原来，有一次吕不韦设宴招待秦异人，邀请了很多宾客。酒宴间，吕不韦让舞姬歌舞助兴，醉眼蒙胧的秦异人，一眼就相中了一个身段婀娜的舞姬。他起身向吕不韦敬酒，毫不避讳地表示自己喜欢这个舞姬，希望吕不韦将其送给自己。吕不韦起初面有为难之色，因舞姬是吕不韦的女人。现在秦异人看上了她，让吕不韦很为难。不过吕不韦是商人，唯利是图是本性。想到将来的荣华富贵，精于算计的吕不韦决定割爱，舍弃赵氏，满足秦异人。最终，吕不韦将舞姬赐给了秦异人，成为秦异人的妻妾。

不久，赵氏身怀六甲。对于一个潦倒的男人而言，即便生活一地鸡毛，都可以凑合。但只要他做了父亲，他的心态就会改变——为老婆孩子谋划未来。所以，即将成为父亲的秦异人，内心燃起了一团大火，他现在不仅要为自己活，还要为即将出生的儿子活。[1]

---

[1] 司马迁：《史记》卷八十五《吕不韦列传第二十五》。

也是这段时间，秦异人与吕不韦的关系急速升温。为促成秦异人回国，吕不韦拿出了所有资产，开始谋局。吕不韦先将五百金交给秦异人，让他作为生活日常开支，结交朋友、宴请宾客、树立声威。剩余的五百金，吕不韦打算采购珍贵宝物，为秦异人回国"造势"做准备。

金子在战国时代并非流通货币，而是流行于贵族之间交往、互赠的一种特殊"货币"。就是说，想要撬开贵族之间严丝合缝的"阵营"，非黄金不行。当然，玉器亦是重要的交往礼物。

筹集完资金后，吕不韦开始布局。不过此时秦异人还是秦国质子，在没有得到秦国高层允许回国的情况下，他是不能回国运作的。他只能将这一切交给吕不韦，让他暗中运作，为自己回国争取机会。

之后，吕不韦以商贾的身份，带着宝物回到秦国，动用关系见到了华阳夫人的姐姐。据说吕不韦送给华阳夫人姐姐很多宝物，托其将准备好的礼物转送到华阳夫人手中，为他与华阳夫人见面创造机会。

后来，在华阳夫人姐姐的运作下，吕不韦见到了雍容华贵的华阳夫人。吕不韦继续送上礼品，有意无意间向华阳夫人透露了秦异人的处境。

当然，引起华阳夫人的关注和同情还远远不够。吕不韦要通过牵线搭桥，将华阳夫人与秦异人联系在一起，尽可能地让华阳夫人接受秦异人。因此，在这次会面上，吕不韦动用三寸不烂之舌，在华阳夫人面前夸赞秦异人，指出秦异人既贤能又聪明，在赵国为人质时，广泛结交天下诸侯和宾客。吕不韦特别提了秦异人一直将华阳夫人当作自己的母亲，每天夜里都流着泪，想念着还在做太子的父亲和华阳夫人。

这些话虽然听起来"很假"，秦异人不思念生母夏姬却思念华阳夫人？但只要是人，就有软肋，吕不韦的这番假话却对华阳夫人很"有作用"，可能正好击中华阳夫人的"软肋"。

为什么这样说呢？因为华阳夫人虽然受宠，但她没有儿子，这会让她的地位存在"危机"。女人这辈子最大的资本就是儿子，王的女人更是如此。这时候，华阳夫人大概也希望有个公子能与她亲近，彼此之间建立一种牢固的政治联盟，她就能利用自己的资源，扶持其成为储君。这不仅是为她着想，也是为她的家族的未来着想。吕不韦的到来，果然让华阳夫人开始关注秦异人。应当说，吕不韦是知人性的人。

之后，吕不韦继续留在秦国，动用各种关系，为秦异人的回国造势。华阳夫人的姐姐因受了吕不韦的好处，也经常给华阳夫人灌耳音："我经常听人说，用美色来侍奉君王的女人是有期限的。等到容貌衰老，就会失去宠幸。您现在尽管与太子（嬴柱）关系融洽，但您没有生养儿子。日后您老了，就很难再受宠幸。不如趁着现在受宠之际，从太子诸多儿子中选一位贤能孝顺的公子，与他结交。在太子面前极力举荐，想办法将其拥立为继承人，并像亲生儿子一样来对待他。这样一来，太子在世时，您会得到尊重。即便将来太子去世，立这位公子为国君，您也不会失去依靠。这也就是人们常说的获利万世。若您不趁着容貌美丽时，为自己找退路，等到将来容貌衰老，不再受宠，就算想给太子提建议，太子还会听吗？我听说秦异人很贤能孝顺，也清楚自己在太子诸多儿子中排行居中，没有资格成为继承人。他的母亲也不受宠，还要依附于您。若您举荐秦异人为继承人，秦异人定然像亲生母亲一样侍奉您。到时候，不光您会受到秦国尊崇，我们一族人都会因此受宠。"①

这番话有很强的目的性，是当时人的共识，不像是假的。尤其提到的政治结盟，更靠近历史。据说这番话触动了华阳夫人。她何尝不希望找一个能孝顺自己的人。只是华阳夫人对吕不韦口中的秦异人印象不深刻，她还需要观察秦异人的举动，才能决定是否与他建立政治同盟。

再之后，吕不韦继续动用各种关系，给华阳夫人灌输秦异人的好处，终于让华阳夫人对秦异人有了好奇和期待。因此，在与安国君在一起时，华阳夫人也有意无意给他灌输秦异人的贤能，表示自己很喜欢秦异人。华阳夫人还说，与秦异人交往的人，都夸赞秦异人是个贤德孝顺之人。

安国君可能猜到了华阳夫人的心思，并未表态。华阳夫人看到时机不成熟，也没有纠缠着举荐秦异人。她需要一次又一次地灌输，让安国君从心理上接受秦异人。

有一次，华阳夫人生病故，心情低落。安国君陪着她，安抚她。但华阳夫人依然不开心，哭着对安国君说："我很幸运，被您选进了后宫，成为您最宠爱的姬妾。但我也很不幸，我没有给您生下儿子，不能为您延续国祚。现在，我希望您能册立秦异人为嫡子，继承您的王位，也好让我有个依托。"看着娇滴滴的华阳夫人，安国君答应了她的请求。

不久，安国君就给华阳夫人一枚玉刻的印玺，打算立秦异人为储君。他们约见了吕不韦，还赏赐了秦异人很多礼物，命吕不韦代交秦异人。

---

① 司马迁：《史记》卷八十五《吕不韦列传第二十五》。

至此，立秦异人为储君的事，已成功了八九分。吕不韦也打算回赵国向秦异人汇报。临走前，安国君和华阳夫人再次召见吕不韦，请吕不韦回赵国教导秦异人，让他尽快转变角色。

这也意味着，秦异人成为秦国储君基本定性，其他公子心有不甘，却无法与华阳夫人对抗。即便是公子嬴傒，也没有任何"记录在册"的事迹，似乎也选择了认命。

据说，秦国高层的这种"异象"，也引起了诸侯的注意，秦异人在诸侯国之间的名气越来越大。此时的赵国也得到了消息，开始密切关注秦异人。只要秦异人在他们手中，秦、赵之间就还有转圜的余地。

当然，以上这些"故事"出自《史记·吕不韦列传》，表面上看，没有不妥之处，但细细分析，还是有些自相矛盾的地方。比如，《吕不韦列传》里仿佛构造了一个故事，鲜有其他人参与。本书认为，华阳夫人说服嬴柱立秦异人为太子之事不会如此草率，定充满了种种曲折。再比如，在立秦异人为太子之事上，显得过于平静。要知道，这时候，公子嬴傒势力最大，难道他要将自己储君之位拱手与人？当然，还有其他令人不解之处，这里不再做过多分析，只是引出另外一个版本。这就是《战国策》里的记载。

按照《战国策》载，吕不韦游说的人是华阳夫人的弟弟阳泉君。吕不韦从赵国到秦国后，先找到阳泉君，对他说："您面临着杀身之祸您知道吗？您手下的人都身居高位，太子手下却没有显贵的人。您的府库中有珍珠宝玉，马房里都是骏马良驹，后宫中全是美女。如今秦王年事已高，百年之后，太子执政，您的处境将非常危险，性命也危在旦夕。我看到了您的危机，特来告知。眼下我有一个计谋，可保您永享富贵，没有性命之忧。"

阳泉君听完吕不韦的叙述，很有礼貌地问吕不韦："我想听听您的高见。"吕不韦说："秦王（这里指的是嬴柱）年迈，王后（华阳夫人）无子。太子子傒①最有实力，且有杜仓辅佐。等秦王百年，子傒成为秦国国君，杜仓成为秦国宰相。到时，华阳夫人和您的门庭就会冷落。眼下公子异人非常贤德，作为人质被遗弃在赵国，朝中母亲不受宠幸，没有势力。他很渴望回到秦国，为秦国效力。若华阳夫人能够帮助异人成为继承人，那么，异人定会对华阳夫人和您感激涕零，认华阳夫人为母亲，认您为舅舅。等异人继承国君之位，您的荣华富贵还用得着担心吗？"

阳泉君经过综合考量，认为吕不韦的建议很有道理，便听从了吕不韦的建议，将异人举荐给了华阳夫人。华阳夫人又将秦异人举荐给太子嬴柱，还要求赵国放人。②

《战国策》的这个记载逻辑上没有问题，也符合实际。在男权社会里，阳泉君的地位自然要比华阳夫人的姐姐更大，因此吕不韦请他出面举荐秦异人的可能性很大。只是《战国策》的表述似乎也有"漏洞"。比如，此时秦昭襄王尚在，嬴柱也只是太子，并非秦王。或许《战国策》原来的版本遗失，后世在修订时误写也是可能

---

① 相传为嬴柱长子。

② 刘向：《战国策》卷七《秦五·濮阳人吕不韦贾于邯郸》："乃说秦王后弟阳泉君曰：'君之罪至死，君知之乎？君之门下无不居高尊位，太子门下无贵者。君之府藏珍珠宝玉，君之骏马盈外厩，美女充后庭。王之春秋高，一日山陵崩，太子用事，君危于累卵，而不寿于朝生。说有可以一切而使君富贵千万岁，其宁于太山四维，必无危亡之患矣。'阳泉君避席，请闻其说。不韦曰：'王年高矣，王后无子，子傒有承国之业，士仓又辅之。王一日山岭二崩，子傒立，士仓用事，王后之门，必生蓬蒿。子异人贤材也，弃在于赵，无母于内，引领西往往，而愿一得归。王后诚请而立之，是子异人无国而有国，王后无子而有子也。'阳泉君曰：'然。'入说王后，王后乃请赵而归之。"

的。总之，本书认为，《战国策》的这个版本，可能更符合实际。

当然，不管吕不韦是通过华阳夫人的弟弟还是姐姐，都让华阳夫人重新认识了秦异人，并决定让秦异人为秦国储君。这是吕不韦此行的目的，他达到了目的。

打点好秦国高层后，吕不韦需要与秦异人商议下一步计划。而此时的秦异人还在赵国为人质，吕不韦需要见到秦异人，与他进行长远谋划。当然，不排除在此之前，在华阳夫人的支持下，安国君已有将秦异人接回国的打算。

然而，就在这关键时刻，秦、赵两国关系又变得日趋紧张起来。吕不韦的回秦计划也被打乱，无法顺利接秦异人回秦国。吕不韦不得不回赵国，与秦异人重新商议离赵事宜。

需要说明的是，吕不韦在秦国运作的这些事均发生在长平之战之前。等吕不韦再次回到赵国时，长平之战已发生。秦、赵之间彻底决裂。这也意味着即便有吕不韦的庇佑，秦异人一家也会处于赵国的监视中。毕竟吕不韦只是一介商贾，即便拥有家财万贯，也无法与赵国高层抗衡。

之后，吕不韦从秦国赶回了赵国，将他在秦国的运作告诉了秦异人。但在两国关系不断恶化的情况下，秦异人想要拖家带口离开赵国，绝非易事。

他们需要从长计议。

受困于危难之际

长平之战后，虽然秦、赵之间暂时停战，但赵国举国上下都仇恨秦国。只是，鉴于他们在长平损失惨重，不得不暂时向秦国低头。

当然，对赵国而言，真正的灾难还在后面。长平之战结束后，秦军再分三路，继续向上党挺进，意在控制上党，威胁赵、魏、韩。《白起列传》中记载："秦分军为二。"指挥秦军的人还是白起，王龁、司马梗等一些年轻的将领也参与到这些战争中来。之后，白起指挥王龁攻克了皮牢，司马梗平定了太原。[①] 秦军继续推进，上党七十余城都落入秦军手中。

这一大背景下，秦异人一家必然处于严密监视中，感受着赵国朝野对他们的仇恨。秦异人可能都陷入绝望：转机刚刚到来，却迎来了秦、赵的对攻。

当然，情况还没有到十分紧急的地步，秦军对赵国虎视眈眈，赵国畏惧秦国，自然也就不敢迫害秦异人一家。只是秦异人一家可能会成为赵国手中的一张王牌，关键时刻，他们会成为"棋子"，或者"牺牲品"。

所幸的是，形势还未到威胁秦异人一家性命的时候。

此时，随着秦军推进，赵国高层坐立不安，非常担忧，若秦军继续向东，邯郸就会在秦军的包围之下。同时，韩国也焦虑不已，只要秦军出动，受伤的总是韩国。阻挡秦军显然不现实，因为赵、韩已抽不出那么多兵力。

面对危机，韩、赵两国高层似已想到了办法，即从秦国内部入手，瓦解秦军对他们的威胁。秦军对诸侯的威胁不在前线，而在秦国朝堂。

赵、韩打算除掉白起这个最大的隐患。只要杀了白起，秦军锐

[①] 司马迁：《史记》卷七十三《白起王翦列传第十三》："王龁攻皮牢，拔之；司马梗定太原。"

气挫伤，就不会威胁他们了。不得不说，这是釜底抽薪的高超妙计。

因此，他们派苏代拿着丰厚的礼物入秦，寻找秦国相国范雎（应候），希望挑起范雎与白起之间的斗争，以减缓秦军对韩、赵两国的威胁。

苏代接受了这一重任，出使秦国。苏代到秦国后，第一时间找到了范雎，表示有重要的事情要汇报给秦相。

苏代在战国时很有名，总能利用自己的思想，说服诸侯，化解各种危机。因此，范雎接见了苏代。这时候，苏代直截了当地问范雎："应候认为是武安君打败了马服君的儿子赵括吗？"范雎说："确是这样。"苏代又问："接下来，秦军是不是要围攻赵国都城邯郸？"范雎说："计划是这样的。"苏代说："一旦赵国灭亡，秦王就能称王于天下，武安君到时会位列三公。武安君攻打赵国，攻占了七十多座城。之前，武安君已平定鄢、郢、汉中等地，现在又击败赵括，功业巨大。即便是周公、召公、太公望也不会超过他的功业。等武安君出任三公，到时候，您会愿意臣服于武安君之下吗？事实上，即便您心中不服，也是毫无办法的事情。有个情况不知道您注意到了没有？秦国当初攻打韩国，围攻邢丘和上党，最终上党的民众都投奔了赵国。就是说，天下子民并不愿做秦国的子民。等到秦国攻灭赵国，北方的土地会划入燕国，东方的土地划入齐国，南方的土地划入魏国与韩国，那么您实际能得到的土地和子民就非常少。因此，在秦国还未消灭赵国之前，不如想办法阻止武安君灭赵。这样一来，您的地位才能保住。"苏代还表示，他就从赵国来，赵王表示，愿意交出六座城邑，与秦国讲和。

有学者将提出没有人愿意作秦国子民的论述作为秦国恶政的依

据。本书认为，苏代的话，只能代表苏代的一种言论，并不能直接作为天下人不愿做秦民的论据。

而苏代的这番话，深深触动了范雎。人在高位，就会担心自己的地位受到威胁。当初范雎入秦，遭受魏冉刁难，不也是因为范雎有大才，会对魏冉造成威胁吗？往事一幕幕，范雎自然也不希望白起一直受重用，功劳一天天比自己大，直到永远盖过自己的功劳。因此，不久，范雎就对秦昭襄王说："经过这些年对外作战，大军太劳累了，需要休养生息。不如勒令韩国和赵国割让土地讲和，也好让秦军休整一段时间。"

秦昭襄王思谋许久后，也认为经过长平之战后，秦国也损失了不少兵力，打算休养生息。故而，秦昭襄王听从了范雎的建议，派使者进入韩、赵两国，勒令他们割让城邑，与秦国达成停战和约。

只是，秦国高层在做这些事的时候，并未与前线作战的白起"通气"，一度让白起处于被动中。白起非常愤怒，他正在前线拼杀，国家却忽然下令停战。白起原计划乘胜追击，消灭赵国的计划被破坏。当白起得知这一切是范雎在作祟后，就与范雎之间产生了龃龉。[1]

之后，秦国使者从赵、韩两国返回，表示韩、赵两国答应割地。因此，公元前259年（秦昭襄王四十八年）春，赵、魏、韩三晋暂时停战。这让白起悲愤交加，他一气之下，从前线回到了咸阳，闭门不出。

秦昭襄王不管白起，他只要城池，不战而屈人之兵得到的城池

① 刘向：《战国策》卷七《秦五》：《武安君归》。"王龁将伐赵皮牢，拔之。司马梗北定太原，尽有韩上党。正月，兵罢，复守上党。"

更有意义。

而随着秦国与赵、韩停战，秦异人一家也迎来了转机，他们可以借机回到秦国。只是，尽管时机成熟，秦异人却又陷入无法离开赵国的困境中，因为赵女即将临盆，需要人来照顾。他若离开，必然让妻儿身陷囹圄。最终，秦异人还是决定等赵女生下孩子再说。

不久，赵女产下了一名男婴。秦异人则为其取名为政。以后的史料中，对"政"这个字的解读各有说辞。《史记正义》中说："正音政，'周正建子'之'正'也。始皇以正月旦生于赵，因政，后以始皇讳，故音征。"《史记集解》也说："以正月旦生，故名正。"《史记索隐》的解释则是："系本作'政'，又生于赵，故曰赵政。一曰秦与赵同祖，以赵城为荣，故姓赵氏。"

司马迁在《秦始皇本纪》中认为，赵女在嫁给秦异人之前，已怀有身孕。换句话说，司马迁认为这个孩子是赵女与吕不韦的私生子。而这一问题也成为历来争论的焦点，有些竹简直接称呼他为"赵政"。[1] 也有学者认为，嬴政就是秦异人的亲生子。[2] 在本书中，不去辨析嬴政的出身纠纷。[3]

嬴政出生后，由于孩子太小，不宜出行。秦异人更不能直接离开，一家暂时在赵国居住，吕不韦为他们提供了生活起居之地。

不过，安稳的日子并未过多久，危机就再次降临。嬴政出生九个月后，因赵、韩两国不履行合约，迟迟不交割让之地，似有毁约的嫌疑。秦国高层对此非常愤怒，似有攻赵的倾向。

这里有个背景需要交代：自与秦国商定合约后，赵国并未坐以

---

① 辛德勇：《生死秦始皇》。
② 李开元：《秦继》。
③ 司马迁：《史记》卷六《秦始皇本纪第六》。

待毙，他们一方面迅速恢复生活生产，另一方面又秘密联合魏、燕、齐、楚等国，筹划着一起对抗秦国，因此才不愿迟迟交割城池。

而赵、韩两国出尔反尔，让秦昭襄王非常愤怒，他决定给这两个不守信用的国家一点颜色看看。不久，秦国再次发兵，攻打韩、赵。韩国慑于秦国的强势，将桓雍之地割让给了秦国，希望与秦国达成和解。《史记集解》中说："河南卷县有垣雍城。"①

秦国接受了韩国的臣服，但对于依旧不臣服的赵国，秦国打算继续进军攻打。之后，秦军兵分两路，向赵国开拔。

秦军逼近，意在胁迫赵国割让之前答应划归秦国的土地。但这一次，赵国高层显得很"硬气"，在秦军兵临城下的情况下依旧不让步，拒不割让土地。于是秦军开始集结，准备攻打赵国的都城邯郸。

这一次，秦昭襄王希望白起领兵出征，但白起因生病（一说与秦昭襄王闹情绪）没有随军前行。

之后，秦昭襄王派出五大夫王陵率领二十万秦军攻打赵国邯郸。② 秦、赵战争再次爆发。

大国交手，子民受害。秦、赵再次交恶，让秦异人一家人再次陷入危险之中。他们无法离开赵国，只能等待时机。幸好还有吕不韦可以帮助他们。

据说，赵国这一时期也格外关注秦异人一家，担心他们逃离，派人监视他们。因此，秦异人一家人艰难生活着，并随着秦军威胁

---

① 司马迁：《史记》卷五《秦本纪第五》："四十八年十月，韩献垣雍。"
② 司马迁：《史记》卷五《秦本纪第五》："其十月，五大夫陵攻赵邯郸。"

邯郸，他们的处境也越来越危险。

秦异人清楚，即便安国君有立他为储君的打算，但此时秦国的国君是秦昭襄王，国家的一切都是国君说了算，太子只是一个身份。而他作为太子儿子的"预备人选"，在国家利益面前，性命根本不值一提。

认清处境却不认命，这是秦异人这一时期的心理。身陷囹圄，反而激发了他的求生欲望。他不仅要活着，还要成为秦国太子人选。因此，秦异人龟缩在赵国，寻找着回秦国的机会。

2. 邯郸之战与秦异人回国

秦异人逃离赵国

赵国都城邯郸气氛非常紧张，也非常诡异。

此时，秦将王陵率领的秦军已开拔到邯郸城外，在城外安营扎寨，似有做持久战的迹象。

之后，王陵试探性地进攻了几次。由于赵国早有准备，秦军没有取得实质性胜利。因此，秦、赵双方就在邯郸形成了对峙。

事实上，赵国虽在长平之战中败北，但邯郸是赵国的都城，已历数百年，城墙坚固，粮草储备多，强攻显然是下策。另外，赵国还有廉颇、李牧、平原君赵胜等将帅之才，王陵很难取得实质性胜利。

由此，这场围攻邯郸的战争就从秦昭襄王四十八年冬持续到四十九年（公元前 258 年）春。王陵不甘心，继续组织秦军攻打邯郸。只是邯郸铁板一块，无法撼动。

秦昭襄王得知战况后，派出一支大军支援王陵。援军到邯郸后，王陵指挥秦军再次发起了冲击，猛攻邯郸。但赵国的做法是坚壁清野，据守不战。因此，即便秦军进攻猛烈，却无法撼动邯郸。之后，赵军趁着秦军不备，还发起了反击行动，让秦军损失了五校（一校大概在八千人左右）的兵力。[①]

战报火速传到咸阳，让秦国高层震惊不已。秦军丧失近四万人，还剩余不到十六万人，这仗还怎么打？

秦昭襄王认为，唯有白起出战，才能破局。此时，白起的病也好了，能领兵打仗。于是，秦昭襄王派人给白起传诏，希望白起领兵出战。白起却说："邯郸是赵国的都城，城池坚固，驻守兵马多，并不容易攻克。另外，诸侯国得知秦军攻打邯郸，都纷纷援助邯郸。据说，每天都有到邯郸的诸侯军队。眼下诸侯对秦国怨恨已久。尽管秦国取得了长平之战的胜利，但秦军损失的兵力也超过了一半。如今，秦国国内空虚，应养精蓄锐，而不是争夺赵国的都城。战争局势秦军的处境非常不利，若诸侯们的大军汇集邯郸，到时赵国大军从邯郸往外攻，诸侯军队从外面往里攻，两面夹击，秦军必然被击败。总之，这个时候就不应去攻打邯郸。"[②]

白起这一番理由显得"冠冕堂皇"，就是不愿意领兵出征，至少给秦昭襄王留下了这样的"印象"。可以预想一下，当白起拒绝出征的消息传入秦昭襄王耳中时，他得多么愤怒。只是秦昭襄王清楚，愤怒不起作用。

---

① 司马迁：《史记》卷七十三《白起王翦列传第十三》："陵兵亡五校。"
② 司马迁：《史记》卷七十三《白起王翦列传第十三》。

之后，秦昭襄王压着愤怒再下命令，督促白起上阵杀敌。有意思的是，白起在接到王诏后，依旧居家不出。白起的这种做法，令秦昭襄王震怒，他派范雎督促白起出山。范雎不敢推辞，到白起家里劝说。但因范雎与白起之间有嫌隙，白起不愿听范雎的劝阻，继续以生病为由，居家不出。[①]

白起此举让秦昭襄王很愤怒，他没有想到白起竟变成了这个样子。一代战神武安君竟堕落至如此地步。秦昭襄王也不打算低声下气求武安君。不久，秦昭襄王就遣王龁领兵，攻打邯郸。[②]

之后，一支秦军浩浩荡荡扑向邯郸。白起则继续居家。

而随着秦军对邯郸的威胁不断增大，躲在赵国的秦异人一家人饱受煎熬。秦异人再次意识到，秦国根本不会顾及他们一家的性命，个人总是要服从于国家，哪怕为国牺牲也是一种荣耀。

巨大的危机感开始包围秦异人一家。他们听闻，赵王早就有诛灭他们的打算，现在秦国攻打邯郸，他们只能作为牺牲品存在。

吕不韦不想就此认命，他到处打听消息，探知赵国内幕。然而，他得到的消息更加严峻：赵王打算诛杀了秦异人一家。吕不韦不愿此前努力付诸东流，无论如何，都要想办法帮助秦异人一家逃离赵国。

据说，吕不韦拿出六百金，贿赂赵国守城之人，希望他能高抬贵手，放过秦异人一家。守城之人也很为难，因为秦异人一家是赵王关注的目标，公然放他们离开，与叛国无异。守城之人只答应放走秦异人。吕不韦无奈，只能先帮助秦异人逃离了秦国，而将公子

---

① 司马迁：《史记》卷七十三《白起王翦列传第十三》。
② 司马迁：《史记》卷五《秦本纪第五》："四十九年正月，益发卒佐陵。陵战不善，免，王龁代将。"

政和赵氏留在了赵国。

这是一种非常诛心又无可奈何的举动：赵国一旦发现秦异人离赵，公子政和赵氏可能会招致杀身之祸。[①] 其实谁都明白这个道理，但赵氏还是深明大义，咬着牙送走了秦异人。

吕不韦与秦异人因此逃离了邯郸，等他们出城后，就进入秦军大营，被保护起来。之后，秦异人一行被王龁派人送回了咸阳。只是赵氏与公子政的命运难料，一切只能交给上天，若上苍垂怜他们母子，他们就能躲过赵国的追杀。

秦军攻邯郸

秦异人离开赵国后，赵氏就逃到了娘家，被藏了起来。后来，赵王果然带人到赵氏娘家找人，希望他们交出赵氏与公子政。赵氏娘家在赵国是大族，还有些家底，他们想尽办法保住了赵氏和公子政。自此，赵氏带着公子政开始在赵国隐姓埋名，等待着秦异人接他们回秦国。[②]

需要说明的是，《战国策》与《秦始皇本纪》的记载存在差异。上面这段秦异人离赵的记载，出自《史记》。《战国策》里载，赵王本不愿放秦异人离开，是吕不韦主动找了赵王，请求赵王放秦异人离开。吕不韦对赵王说："公子异人受秦王宠幸，在秦国没有母亲。华阳夫人打算让他当自己的儿子。不过，秦国若想攻打赵国，是不

---

① 司马迁：《史记》卷八十五《吕不韦列传第二十五》："秦昭王五十年，使王齮围邯郸，急，赵欲杀子楚。子楚与吕不韦谋，行金六百斤予守者吏，得脱，亡赴秦军，遂以得归。"

② 司马迁：《史记》卷八十五《吕不韦列传第二十五》："赵欲杀子楚妻子，子楚夫人赵豪家女也，得匿，以故母子竟得活。"

会在意公子异人个人生死的，他们定会按照既定方略进攻赵国。即便您扣押公子异人，也无法阻挡秦军，只是徒留一个无用之人。但若放公子异人回国，帮助他成为秦国太子。等到他掌权后，或许会顾念赵国恩情，与赵国重新交好。"赵王最终被吕不韦说服，同意秦异人回国。[1]

《战国策》的记载很详细，也符合逻辑。那么，秦异人真是赵王送走的吗？本书认为，有这种可能。

当然，这里依然还是有疑惑：如果真是赵王放走了秦异人，为什么不让他带着妻子一起离开？这可能是赵王的一种策略：用他的妻子作为筹码，继续要挟秦异人。换句话说，即便将来秦异人成为太子，只要他们的妻儿在秦国，秦异人就不敢轻举妄动。

因此，本书认为，《战国策》里的记载更符合实际，原因很简单：两国正在交战，秦异人作为重要的筹码，对赵国有用，只要赵王想要留住秦异人，谁敢私自放走他？所谓用金钱贿赂云云，只是后来史家的一种猜测。之后，秦异人就与吕不韦一起离开赵国，奔赴了秦国咸阳。

而秦异人离赵国时，也是秦军猛攻邯郸之时。王齕为了攻克邯郸，动用了所有兵力，将邯郸团团围住。

紧接着，秦军各营倾巢而出，向邯郸发起了一波又一波冲击。赵国也调动了城中所有军民，鼓励他们上城戍卫，与赵国共存亡。

---

[1] 刘向：《战国策》卷七《秦五·濮阳人吕不韦贾于邯郸》："赵未之遣，不韦说赵曰：'子异人，秦之宠子也，无母于中，王后欲取而子之。使秦而欲屠赵，不顾一子以留计，是抱空质也。若使子异人归而得立，赵厚送遣之，是不敢倍德畔施，是自为德讲。秦王老矣，一日晏驾，虽有子异人，不足以结秦。'赵乃遣之。"

这种情况下，赵国军民同仇敌忾。所以，即便秦军攻势猛烈，却难以攻克邯郸城，战争继续陷入僵持与焦灼中。此时，只有城墙之外不断堆积起的秦、赵两军尸体，见证了战争的惨烈。

王龁无计可施，强攻显然非明智之举。即便强攻下去秦军能够破城，但秦军的损失也会十分巨大。秦国目前还不能与赵国死磕到底，一旦投入成本太大，等秦、赵两败俱伤时，诸侯们联起手来对付秦国，后果不堪设想。

王龁减缓了攻城力度，开始想其他破城之策。然而，王龁没有想到，诸侯国支援赵国的军队正在大张旗鼓向邯郸集结。

原来，在秦军包围邯郸之前，赵国已向各个诸侯国发出了求援。各大诸侯虽各怀心思，但也不愿赵国被秦国诛灭。他们在综合考量后，决定派人支援邯郸。到这时，诸侯国支援邯郸的军队也先后赶到。楚国春申君和魏公子信陵君率先赶到，驻扎在秦军外围。

王龁面对着巨大压力：城中有数量不少的赵军，不远处还是诸侯联军，秦军实际上被夹在中间。若这两方面大军同时向秦军发起冲击，秦军将腹背受敌。王龁叫停了攻城，注视着周围的联军动向。

令秦军不安的是，联军已在蠢蠢欲动。他们随时都有可能冲向秦军，趁着秦军不备，狠狠咬一口秦军，然后撤离到安全区域。王龁密切关注联军动向，预防他们攻打秦军。

不过，即便王龁意识到危机，但他依然难以预防联军。之后，春申君、信陵君指挥联军乘着秦军不备，猛攻秦军。王龁仓促应战，正好中了春申君、信陵君的计，秦军先锋部队钻进联军设置的口袋阵中，被联军诛杀者不计其数。王龁迅速指挥秦军突围，撤出了联军的包围。

之后，秦军与联军形成了对峙。

有意思的是，秦军与联军在对峙的期间，将军张唐却攻打了魏国。至于为何攻打魏国，并未具体原因，可能是魏国也参与到支援邯郸，因此秦国攻打了魏国，也是帮邯郸秦军解围。秦军出动后，魏国守将蔡尉弃城不守，逃回魏国后被斩首。[①]

不过对秦国而言，重要的不是攻魏时的胜利，而是陷入邯郸战争中的秦军。

这时候，在秦国内部，还发生了令人不解的一幕：据说秦军失利的消息传到咸阳时，白起曾对人说："大王不听我的建议，现在应验了我的话。"别有用心之人将白起的话传给了秦昭襄王，让秦昭襄王很愤怒。他命人到白起家中，打算强行起用白起。白起不愿被人强迫，称病不出。范雎又到白起家里请他出山，白起坚持不见范雎。秦昭襄王很愤怒，罢免了白起的官职，将他降为普通士兵。《史记集解》说："尝有爵而以罪夺爵，皆称士伍。"据说秦昭襄王还打算将他迁往阴密。[②]《史记正义》指出了阴密的位置："阴密故城在泾州鹑觚县西，即古密须国也。"

秦军失利

也是这一段时间里，秦军与联军展开了多次较量。秦将张唐还乘机攻打了郑地，占据了此处。[③] 张唐意在干扰联军，破坏联盟，

---

① 司马迁：《史记》卷五《秦本纪第五》："其十月，将军张唐攻魏，为蔡尉捐弗守，还斩之。"

② 司马迁：《史记》卷五《秦本纪第五》："五十年十月，武安君白起有罪，为士伍，迁阴密。"

③ 司马迁：《史记》卷五《秦本纪第五》："张唐攻郑，拔之。"

让魏国、韩放弃联合，回援本国。

然而，这次联军却异常团结，在张唐攻打各地时，他们依然与邯郸的秦军对峙着。

令秦军不安的是，到这时，越来越多的诸侯国都派出军队，支援邯郸。这些支援邯郸的联军进入春申君、信陵君的营地，与他们一起驻扎，对抗秦军。

战况越来越紧急，对秦军而言，这是不用联合形成的"合纵"，比之前苏秦、公孙衍等人游说组成的"合纵"要牢固很多。只要秦军不撤退，他们就一直驻扎在邯郸，与秦军对峙。邯郸城里的赵军，也变得极其亢奋，士气高涨。

战况对秦军越来越不利，不得不将战线后移。而秦军后移战线，联军就前移战线，对峙每时每刻存在着，战报像雪片一样传到咸阳。

秦昭襄王非常担心，长此以往下去，秦军必败无疑。他继续请白起出山，帮助秦军度过这段最为艰难的时刻。但白起似铁了心，不愿参与这场战争。

秦昭襄王愤怒之余，命人将白起赶出了咸阳。

白起毫无怨言，带着家人离开了咸阳。而白起离开的消息传到秦昭襄王耳中时，他再次愤怒了。这意味着白起宁可选择离开咸阳，也不愿帮助秦国攻打赵国。换句话说，白起自始至终都认为，这次秦军攻打赵国是错误的决策。而做出这一决策的人是秦昭襄王，他不可能承认自己错了。

不久，白起到了咸阳西面的杜邮。而此时，秦国朝堂之上还在因白起被驱赶之事，继续争议着。有些人为白起抱不平，但更多的人站在范雎一边，他们对秦昭王说："白起被迁走，心里很不高兴，也不服气。还说了一些不该说的话。"当然，这也是一种墙倒众人推的常规现象。名利场中，哪有什么真正朋友，所有人都在为名利博弈。谁得势，大家自然就站在谁一边，反之亦然。

秦昭襄王本就在气头上，在听了范雎等人的进言后，对白起生了杀心，他命人将一把剑带给白起，让白起自裁。

当使者带着剑找到白起后，白起已明白秦昭襄王的用意。他看着使者手中的长剑，仰天长叹："我白起到底犯了什么罪，要落得个如此下场？"

不过转念，他就想通了，他继续对着上天说："我本就该死。长平之战有几十万的赵国降兵，我却欺骗了他们，并将他们全部杀死。仅就这一点，足以让我死了。"白起说完，拔剑自刎。公元前257年（秦昭襄五十年）十一月，一代战神命殒杜邮亭。

此后，秦昭襄王再次派出了一支秦军北上，支援王龁。这支秦军驻扎在汾水附近，等待着王龁的调动。《史记正义》中说："临汾故城在绛州正平县东北二十五里，即古临汾县城也。"而此时王龁陷入战争旋涡，无法攻克邯郸，秦军的援军杯水车薪。

其间，还发生了一个插曲。

原来，白起自杀后，范雎乘机向秦昭襄王举荐了郑安平，让他协助王龁攻打赵国。秦昭襄王很信任范雎，同意了他的请求。因此郑安平就到了战争一线。秦昭襄王还给了他两万人马，用来支援王龁。

有意思的是，郑安平并不懂带兵打仗，也没有见识过大军团作战的惨烈。当他率领的两万秦军到邯郸后，很快被联军围住，情况十分危急。最终，郑安平选择了投降赵军，秦军因此丧失了两万主力。

　　战报传到秦国后，范雎除了震惊外，马上寻找弥补的措施。他跪在草垫上向秦昭襄王请罪，请求处罚他。按秦律，被举荐人一旦犯了罪，举荐者也要被治罪。郑安平是范雎举荐的，他投降了赵国，自然范雎就难以逃脱责任。按照法令，范雎三族都要被逮捕。

　　秦昭襄王担心若按照律令处置，会让范雎伤心，因此违背国家制度，命人在咸阳颁布命令："若有人胆敢议论郑安平投敌一事，就按照郑安平的罪责来处置。"君权干涉，凌驾于法律之上，总算是堵住了国人的嘴。

　　不过，范雎心里并不好受。君王真能堵住众人的悠悠之口吗？秦国推行变法百年，从上到下都恪守法令。如今秦王为了他，竟凌驾于法令之上，这让他如何自处？天下人自然不会批评秦昭襄王，只会谴责他。

　　秦昭襄王大概也意识到范雎的处境艰难，所以为了照顾范雎的情绪，还给他赏赐了很多佳肴和器物，范雎因此苦闷有所缓解，继续给秦国效力。

　　而此时，秦、赵两军还未决出胜负，王龁率领的秦军依旧与联军、赵军对峙着。只是秦军已是强弩之末，无法再攻打邯郸。之后，联军瞅准机会，向秦军发起了大规模攻击。秦军本就士气低迷，再遭受联军的冲击，溃势立即形成，向后撤退。王龁率领秦军败退至汾水一带，与援军合兵一处。①

　　此后，秦军再没有向邯郸发起攻击，这也意味着秦军对赵国的威胁暂时解除。

---

①　司马迁：《史记》卷五《秦本纪第五》："十二月，益发卒军汾城旁。武安君白起有罪，死。龁攻邯郸，不拔，去，还奔汾军。"

秦异人变秦子楚

秦、赵停战，诸侯各自归国，天下暂时处于安定中。

这时候，公子政母子担惊受怕的生活有所缓解。不过，他们依然很谨慎，不敢抛头露面。因为秦、赵两国关系并未和好如初，他们身边依旧存在危机。而秦异人则在咸阳过起了衣食无忧的生活，身边还有吕不韦帮衬。

据说，秦异人逃回秦国后，就要面见华阳夫人。吕不韦认为不能操之过急，要准备好，才能见面。首次见面很重要，一定要给华阳夫人留下深刻印象，才能为之后的运作打好基础。吕不韦表示，华阳夫人是楚国人，常年居住在秦国，一定很思念故国。所以，秦异人要在这次会面中，利用好"楚"这个因素。

秦异人对吕不韦的建议全盘接纳，让吕不韦负责他与华阳夫人的见面事宜。

为此，吕不韦命人特意制作了楚服，作为这次会面的服饰。不久，秦异人身着楚服拜见了华阳夫人。等见了面，华阳夫人对秦异人的服饰很满意，也很感动。他对秦异人说："我是楚国人，很久都不穿楚服了。看到你穿的衣服，让我想起了楚国。"[1]

秦异人乘机拜见华阳夫人，表示愿意尊华阳夫人为母亲，为她养老。华阳夫人很感动，当即为秦异人改名子楚。[2] "子"有公子之意，也有"儿子"之意。"楚"的含义自然不言而明。

---

① 刘向：《战国策》卷七《秦五·濮阳人吕不韦贾于邯郸》："异人至，不韦使楚服而见。王后悦其状，高其知，曰：'吾楚人也。'而自子之，乃变其名曰'楚'。"
② 刘向：《战国策》卷七《秦策五·吕不韦贾于邯郸》："异人至，不韦使楚服而见。王后悦其状，高其知，曰：'吾楚人也。'而自子之，乃变其名曰楚。"

换言之，华阳夫人通过给秦异人更名，正式接纳其为自己的儿子。这是向外界释放信号：她有意扶持秦子楚。

之后，秦子楚就被留在宫中，成为准储君人选。秦子楚的兄弟们恨得咬牙切齿，默默关注着时局。据说，在华阳夫人的运作下，安国君还打算让人教授秦子楚经书，帮助他成长。①

此后，秦子楚隔三岔五就问候华阳夫人，与华阳夫人谈心，也表示自己爱护华阳夫人的决心。秦子楚的这些举动，让没有儿子的华阳夫人完全"沦陷"，也完全接受了秦子楚。以后，秦子楚就是她的一切，包括她的荣耀。其实，女人一生不就是围着男人转吗？现在既然有人甘愿认自己为母亲，为什么不接受这种现实呢？华阳夫人越来越喜爱秦子楚。

此时，尽管秦子楚的身份没有明确，但谁都知道，在安国君诸多儿子中，秦子楚是储君的不二人选。

而华阳夫人则不断给安国君吹耳旁风，希望履行之前的约定，立秦子楚为继承人。安国君在综合考量后——主要对秦子楚考察后，认为秦子楚是能担当大任的公子，同意了华阳夫人的建议。

此后，安国君和华阳夫人还给秦异人赏赐了丰厚的礼物，又让吕不韦来辅佐秦异人。而对于秦国内部的"人事调整"，天下诸侯都在关注着。

当然，他们也希望秦国因为储君人选的调整引发内乱，让他们坐收渔翁之利。但秦子楚成为准储君人选这件事，在秦国并未引起多么大的"内斗"。或者说，这与吕不韦、秦子楚的运作有关，也

---

① 刘向：《战国策》卷七《秦策五·吕不韦贾于邯郸》："王使子诵，子曰：'少弃捐在外，尝无师傅孙教学，不习于诵。'王罢之。乃留止。"

与安国君与华阳夫人的"协调"有关。总之，这一时期秦异人在诸侯国中名气越来越大，很多人想办法与秦异人结交。①

秦子楚的兄弟们尽管多不甘心，但他们毫无办法。因为他们谁也没有提前与华阳夫人建立良好的关系。反而让流亡于赵国的秦子楚钻了"空子"。最闹心的当是长子嬴傒，他是最有资格成为继承人的，可秦子楚捷足先登，插队进入，取代他成为继承人。

从国家大局来分析，这些人事调整，并未引起秦国更大的变故。因为安国君也只是太子，他们家里的事情，也就成了家事。秦昭襄王也并不过多关注这些，他关注的是如何让秦国不断强大起来，并在有生之年消灭六国，统一华夏。

秦昭襄王之所以如此迫切，也与他日渐衰老有关。他已不再是那个意气风发的秦王，腰弯曲了，银丝也挂满了头。他若不抓紧步伐行动，有生之年他都难以看到秦人统一天下。因此，尽管秦国与赵国刚刚停战，但秦军并未偃旗息鼓。

接下来，秦昭襄王将目光对准了那些背叛自己的人。他将会用一年时间，攻打那些一次次背叛自己的诸侯，让他们彻底臣服于秦国。

秦国对付的第一个诸侯国是魏国。这些年来，秦国已很少主动攻打魏国，但魏国却屡屡与诸侯联合，对付秦国。他们本性难改，只要有机会对抗秦国，他们会马上翻脸，与其他诸侯联合。在邯郸击败王龁率领秦军的联军中，也有魏国的军队。秦昭襄王打算先教训这个邻居，震慑诸侯。

---

① 司马迁：《史记》卷八十五《吕不韦列传第二十五》："安国君及夫人因厚馈遗子楚，而请吕不韦傅之，子楚以此名誉益盛于诸侯。"

据秦国得到的"内幕"，魏安釐王并未想着支援赵国，是赵胜向魏国求援，信陵君魏无忌偷了魏国的虎符，支援了赵国。① 当然，对秦国而言，不管原因是什么，这笔账都要算在魏国头上。

公元前 257 年（秦昭襄王五十一年）二月，还在汾水休整的王龁、张唐等人接到了秦昭襄王的诏令，要求他们出兵攻打魏国。因此，秦军在王龁、张唐等人的指挥下，对魏国发起进攻。

秦、魏双方在黄河边上对峙。

起初，魏军认为秦军与联军交战，锐气尚未恢复，因此打算对付秦军。只是他们没想到，秦军早已恢复元气。因此，战争一开始，秦军扑向了魏军，魏军压力倍增，边战边退。秦军首战即斩杀魏卒六千余人，震慑了魏军。魏军畏惧秦军，纷纷渡河逃亡。秦军追击魏军，被斩杀者无法统计。还有些魏军逃亡不及，纷纷跳入黄河中，被淹死者两万多人。②

此后，王龁指挥秦军继续追击逃亡的魏军，并攻克了汾城。张唐也率领秦军一路追击，夺取宁新中城。《史记正义》中指出了此地位置："宁新中，七国时魏邑，秦昭襄王拔魏宁新中，更名安阳城，即今相州外城是也。"秦军占据宁新中后，将其更名为安阳。

不久，秦军又在黄河上架桥，准备南下。这个桥也很有名，《史记正义》中说："此桥在同州临晋县东，渡河至蒲州，今蒲津桥也。"③

---

① 司马迁：《史记》卷七十七《魏公子列传第十七》。
② 司马迁：《史记》卷五《秦本纪第五》："二月㩁攻晋军，斩首六千，晋楚流死河二万人。"
③ 司马迁：《史记》卷五《秦本纪第五》："攻汾城，即从唐拔宁新中，宁新中更名安阳。初作河桥。"

3. 秦国换相

攻打韩赵

公元前 256 年（秦昭襄王五十一年）春，秦国再调集人马攻打韩国。攻打韩国与攻打魏国的原因一样，当初在秦国攻赵时，韩国也出动兵马支援赵国，抵御秦军。如今合纵已散，韩国就是秦国打击的对象。

此时白起已死，战神级别的人并未成长起来。秦昭襄王派出的大将是赵摎（一说嬴摎）。

赵摎此人比较陌生，之前没有任何成长、战绩资料。造成这一问题的原因可能是，白起光芒太强，遮盖了这一批秦将的光芒。而白起太过优秀，也让这些武将对他有"抵触心理"。所以，当白起被赐死时，竟没有人站出来为他鸣不平。

事实上，白起活着时，秦国的帅臣多是陪衬，战神的光辉让所有帅才都黯然失色。王龁也仅是白起的备用人选。白起自杀后，一些有才能的将领逐渐显露出本领来。大概赵摎就是在这种背景下，被秦昭襄王发现的。

当然，秦昭襄王能将攻韩的任务交给赵摎，说明他并非庸才。而赵摎得到如此重用，不敢马虎，带着秦军向韩国推进。

秦军出动的消息开始在诸侯间传播。韩国朝野震动，开始想办法解决秦军压境的问题。只是，秦军的进军速度实在太快，他们还没有准备好，秦军已到边境。

之后，秦、韩双方在边境上打了一仗，秦军凭借先进的武器、成熟的战法、庞大的队伍，击败了韩军。当然，秦军也有损失，天底下就没有不死人的战争。

不过韩军虽败，却也未形成溃势，还在顽强抵御着。所以，秦军攻韩的战争表面上看，没有悬念，却也艰难曲折。这场战争持续了好一段时间，韩军被秦军蚕食了四万多人，秦军随即占据了韩国的阳城、负黍等地。《史记正义》中说："今河南府县也。负黍亭在阳城县西南三十五里，本周邑，亦时属韩也。"[①]

韩国损失惨重，向其他诸侯求援，也不见有人来支援。韩国高层不得不改变策略，遣人入秦，向秦国求和，期望能换得喘息之机。

看着韩国使者唯唯诺诺的样子，秦昭襄王答应韩国的求和。对秦国而言，只要不断削弱韩国，让韩国暂时臣服目的就达到了，至少目前灭韩的时机尚未成熟。

与韩国停战后，秦军转而攻打赵国。

领兵之人还是赵摎，他指挥秦军向北而行，穿越太行山，进入平原腹地，攻打赵国边境。

这次攻打赵国，可能也只是一种示威，因为秦国连近在咫尺的韩国都灭不掉，赵国自然也无法消灭。这也是蚕食政策，一点点削弱诸侯，直到彻底吞并。

赵王得知秦军再次来攻，也立即命令廉颇发挥余热，抵御秦军。只是，这位老将的辉煌时代似乎已过去，面对数倍于赵军的秦军，廉颇也毫无把握。当然，与韩国将领不同的是，廉颇不会畏

---

① 司马迁：《史记》卷五《秦本纪第五》："五十一年，将军摎攻韩，取阳城、负黍，斩首四万。"

惧，更不会主动投降。因此，这次秦军与赵军的对决也非常激烈，双方交战多日，秦军斩杀了赵军九万多人，夺取了二十多个县。[①]

廉颇老矣，他也没能力改变战局，赵军再次被秦军击败。

赵国受创后，自信心受到严重打击，不敢再与秦国硬碰硬。最终，他们选择了向秦国求和。而这时，秦国的目的已达到，也答应了赵国的求和。

至此，秦国与三晋的战争以秦国胜利告终。短时间内，赵、魏、韩三国不会再合纵抗秦。

这时候，秦昭襄王将目光移到了中原的核心——周王畿。当然，可能一开始秦昭襄王就打算攻打周王朝，只是担心三晋会干涉，因此才先对三晋下手。换句话说，也只有打怕了三晋，秦国在谋取周王畿时，才不会因外力而掣肘。

秦昭襄王看中了周天子的宝座，决意先灭掉周朝，断了诸侯寄希望于天子的念想，为秦国称霸天下创造机会，然后再一点点蚕食其他诸侯国。另外，周天子这些年时而亲秦、时而悖秦的做法，也让秦昭襄王对他心怀愤恨。消灭周这个"共主"的想法，根植于秦昭襄王内心。

覆灭周朝

秦对周王朝的觊觎不是一天两天了。如果把时间往回倒，在秦惠文王时，张仪就建议攻取周朝。秦武王也曾到周王畿举鼎，想要吞灭周王畿。只是秦武王因举鼎而死后，秦国就未再靠近周王畿。

秦昭襄王即位后，前期有宣太后、穰侯等主政，让他无法放开

---

① 司马迁：《史记》卷五《秦本纪第五》："攻赵，取二十余县，首虏九万。"

手脚去做自己想要做的事情。后来，范雎入秦，开始给他灌输治理天下的思想，尤其不断怂恿秦昭襄王称王称霸，让秦昭襄王对做天下的共主有了渴望。

秦昭襄王后期，秦国东征西讨、南征北战，一次次击败诸侯国，震慑天下。周天子似也意识到秦国的强大给周王朝带来了威胁，主动遣人与秦国交好。因此，在秦昭襄王早期，周朝一度与秦国关系密切。秦昭襄王也就没有产生取周而代之的计划。

不久前，赵、魏、韩对抗秦国，周天子忧心忡忡。周王畿被夹在中间，无法左右政局。周赧王不想破坏其与秦国的关系，派出相国御展出使秦国。然而，御展担心此去秦国可能招致秦国轻视，走到半路就返回了周王畿。

这时候，就有人对御展说："秦国是否轻视您，还不能确定。而秦国却要深入赵、魏、韩三国，了解他们的国情。你为何不趁着这个机会去拜见秦王呢？等您见了秦王，可以这样说：'请让我为大王您打探东方三国的变化。'到时候，秦王定会重视您。而秦国重视您，也就等于重视周朝。周朝也会因此得到秦国信任。到那时，齐国因秦国关系，会主动与周朝交往。而周王朝一旦与齐国亲近，秦昭襄王也会更加重视您。总之，一旦您与秦国建立亲近关系，周朝就与天下最强的诸侯都有了交情，兵祸自然不会落在周朝身上。"御展采纳了这个建议，又转身去了秦国，表达了他的态度，得到了秦昭襄王的信任。[①]

到这时，秦国与周王室之间还都保持着良好的关系。

只是世间事总是处于变动中，没有一成不变的邦交关系，更没

---

① 司马迁：《史记》卷四《周本纪第四》。

有永远的朋友。之后，随着秦军不断威胁赵、韩，周天子也不得不重新审视周王朝与秦国的关系。若按照秦军的进攻进度，攻灭韩国是迟早的问题。而只要韩国灭亡，秦军就会直逼周王畿。

周赧王忧心忡忡，担心秦国持续推进，威胁周王畿。最终，周赧王在综合考量后，背叛了秦国。他派使者出使东方列国诸侯，秘密联系东方诸侯，试图与这些诸侯们联合抗秦。

天子的使者自带一种光环，总能一呼百应。东方诸侯面对强秦，很快组成了新合纵。周赧王还派出了大将，与诸侯建立的新合纵一起出兵伊阙，攻打秦国，导致秦国与阳城之间失去了联系。[1] 周赧王的这个举动，破坏了秦国东出的计划，让秦昭襄王非常震怒。因此，当秦国与赵、魏、韩停战后，秦昭襄王就打算先收拾周王朝。

当然，按照惯例，复仇可以，但不能消灭周王室。因为这已不是道义的问题，而是与天下"诸侯"对抗的问题，战国二百多年来，还没有人想要推翻周王朝。

只是，秦昭襄王并非常人，他的很多"想法"，远非外界所能理解的。他对灭亡周王朝"心意已决"，而不管是否符合礼仪。

因此，这时候，秦国攻打周王畿势在必行。

此后，秦昭襄王给大将军赵摎下了密令，要求他带领秦军攻打西周。而此时的周王朝只有一片小小区域，难以对抗秦军。不久，秦军就包围了周王畿，秦灭周指日可待。

据说，这时候还发生了非常悲壮的一幕：周赧王不甘被灭国，

---

① 司马迁：《史记》卷五《秦本纪第五》："西周君背秦，与诸侯约从，将天下锐兵出伊阙攻秦，令秦毋得通阳城。"

率领有限的周军抵抗秦军，结果被秦军击败，周赧王本人也成为秦军的俘虏，被押解到咸阳。

秦昭襄王面见了周赧王，羞辱了周赧王不识抬举。周赧王自知人为刀俎我为鱼肉，向秦昭襄王叩头认罪。但此时叩头认罪已无济于事，秦昭襄王不仅要周赧王的认罪，还要周王畿的土地和人民。

周赧王看到秦昭襄王傲慢的态度，意识到保住周王朝已无可能，便将周王朝三十六邑、三万人口都献给秦昭襄王。秦昭襄王对周赧王"识时务"的做法认可，但却不想再给周天子尊严。

不久，秦昭襄王命人将周赧王绑在柱子上游街示众。咸阳城里，周赧王遭到秦国人指指点点。之后，秦昭襄王将周赧王贬为平民，将其放回。至此，建国近八百余年的周王朝灭亡。[①] 当然，东方还有东周小政权存在，这时候，西周灭亡，他们自然以周天子自居。

如果周王朝的列祖列宗泉下有知，恐怕也难以安宁。因为他们也没有想到，终结他们的不是建立商王朝的殷人后裔，也非建立夏王朝的华夏族后裔，而是曾经给他们牧马的奴隶秦人。

当然，对秦人而言，他们推翻了一个享国八百年的王朝，若秦非子泉下有知，当可含笑九泉了。

公元前 255 年（秦昭襄王五十二年），秦昭襄王派人到周王畿运输代表天子的九鼎，这东西象征着权威：定鼎天下。战国时期，东方诸侯虽多有夺取九鼎的心思，却没有人敢付诸行动。秦国如此

---

① 司马迁：《史记》卷五《秦本纪第五》："于是秦使将军摎攻西周。西周君走来自归，顿首受罪，尽献其邑三十六城，口三万。秦王受献，归其君于周。"

"大胆"，说明秦国已无惧东方诸侯的合纵。而随着九鼎入秦，周王朝即宣告彻底覆灭。①

不过据《史记正义》记载，秦国的运输队在路过泗水时，其中一鼎落入泗水，实际运回秦国的只有八鼎："器谓宝器。禹贡金九牧，铸鼎于荆山下，各象九州之物，故言九鼎。历殷至周赧王十九年，秦昭王取九鼎，其一飞入泗水，馀八入于秦中。"

不管运回秦国的是九鼎还是八鼎，可以肯定的是，从这一时刻开始，秦国已将翦灭六国作为目标。天下归一成为可能，天下大势也由此变得扑朔迷离。一些诸侯主动向秦国示好，还有些小诸侯国直接归附了秦国。秦昭襄王接纳了诸侯的臣服与归附，秦国也停下了对外扩张行动。

这时候，秦国内部还有个重要人物要处置，他就是丞相范雎。据说秦国朝堂出现了一些新的声音（杂音），对范雎非常不利。

原因是范雎举荐的人不断出现问题，范雎因此触犯秦法。那么，这又是怎么回事呢？

此前秦、赵作战时，范雎举荐的郑安平投降了赵国，还被赵国封侯。秦昭襄王饶过了范雎，还安抚了范雎。之后，范雎继续治国理政。在秦国覆灭周王朝后，范雎举荐的人又出问题。这次是王稽，此人曾帮助范雎从魏国逃亡秦国，并因举荐范雎受到重用。范雎成为秦国丞相后，对其也非常礼遇，举荐他担任了河东郡的长官。然而，王稽长期在地方任职，逐渐沾染了霸道与不忠。当秦国与各国交战时，他利用职务之便，秘密联络诸侯，有背叛秦国的

---

① 司马迁：《史记》卷五《秦本纪第五》："五十二年，周民东亡，其器九鼎入秦。周初亡。"

迹象。①

王稽的"不轨"行为被发现，秦昭襄王得知这件事后很愤怒，下令处死了王稽。这时候，范雎尽管没有受到惩治，但他越来越忧郁。秦昭襄王也逐渐对范雎失去了信心，而他的"远交近攻"策略，也越来越不适合当前的局势。

《战国策》里的一段细节，反映出秦昭襄王与范雎之间疏远的迹象：

> 秦军攻打赵国邯郸，历经十七个月，也没有攻克邯郸。这时候，秦人伕庄问秦将王稽："您为何不赏赐您的下级军官呢？"言外之意，是秦军未能攻克邯郸，与王稽有必然联系。王稽却说："我与大王之间相互信任，他人的进言诋毁不了我。"
>
> 伕庄说："我不知道您的自信来自哪里。即便父子，也有相互不能统一意见的时候。如果说'抛弃娇妻，卖掉爱妾'是一道必须执行的命令，那'不想妻妾'就是无法施行的命令。有看门的老妪说：'有一天晚上，年轻的媳妇招一个野男人上门。'对父子俩而言，娇妻已离家，爱妾也贱卖。娇妻、爱妾与家里已没有关系了。但这时候，老妪若要控告小媳妇通奸，还是能够成立的，因为思淫之心人皆有之。现在，您虽然得到君王的宠幸，但您与君王的关系，不如父子关系亲密。而您的下级军官虽然身份卑微，却如看门老妪一样。况且，您仗着君王对您的宠幸，以往都轻视您的属下。俗话说：'如果人群中

---

① 司马迁：《史记》卷七十九《范雎蔡泽列传第十九》。

有三人说有老虎，大家就会相信。如果有十个人说大力士能折铁椎，人们也会相信。这就是说，只要众口一词，就能将假的说成真的，推翻真理。'所以，我认为，您还是应该优待您的属下。"王稽认为这是杞人忧天，不采纳这个建议。

不久，当战争进入胶着状态时，有人控告王稽和杜挚谋反。秦昭襄王得知后，愤怒不已，严厉处罚了王稽和杜挚，甚至扬言要将范雎一起处死。这时候，范雎说："臣只是东方乡间布衣草民，因为在楚国犯了法，才到了秦国。臣没有得到诸侯的支援，在秦国朝堂上亦无亲友。可是大王却能够重用我，将军国重任托付与我，天下人也都知道我与大王的关系。如今仅凭几句逸言，认为我与有罪之人同心同德，大王就要迁怒于我。这就等于说，大王以前重用我是错误的决定，必然招致天下人的嘲笑。臣不畏惧死亡，我愿意饮毒自杀，只求我死后，大王用丞相的葬礼规格将我埋葬。这样一来，即便我死了，外界也不会嘲笑大王误用我。"

秦昭襄王听完范雎的建议，认为他说得有道理，就没有诛杀范雎，依旧厚待他。①

《战国策》的这个记载，更符合秦昭襄王、范雎的人设。由此也能说明，王稽可能并未叛乱。只是秦昭襄王受了蛊惑，迁怒范雎。而范雎凭借着自己的智慧，说服了秦昭襄王，躲避了牢狱之灾。《范雎蔡泽列传》的记载与《战国策》的记载完全不一样。司马迁认为，是郑安平领军攻打邯郸时投靠了赵国。本书认为，《战

① 刘向：《战国策·秦三》："秦攻邯郸，十七月不下……"

国策》记载的很多内容，虽然都有"不实"之嫌，但《史记》不曾记载的细节，往往由《战国策》来弥补，亦不失为一家之言。

换句话说，在向历史真相靠近的叙述中，刘向、司马迁是先驱，但先驱不见得就比后人更"高明"。因此，我们有时引入《战国策》，亦是一种声音。

总之，结合《史记》《战国策》，总能发现，此时秦昭襄王与范雎两人之间的关系开始变得非常微妙。而这种微妙的关系，有时候又是产生"隔阂"的原因。

据说有一次，秦昭襄王在朝堂上不住地叹气。范雎上前对秦昭襄王说："我常听人说'君主的烦忧就是臣子的耻辱，君主的耻辱就是臣子的死罪'。现在大王处置政务时叹气，说明有忧愁的事情。这让我很不安，请求大王治罪于我。"秦昭襄王说："我也听人说，楚国生产的铁剑锋利异常，但表演的歌姬却很笨拙。而铁剑锋利说明国内兵士勇猛，歌姬笨拙说明国君深谋远虑。现在楚国国君深谋远虑，又有勇猛甲士，我担心他们会对秦国不利。我认为，很多事若不在平常做周全准备，就很难应付突如其来的变化。如今武安君（白起）已死，郑安平又背叛了秦国。我们秦国没有优秀的将领，却要面对天下诸侯，我为此感到忧郁。"①

大概秦昭襄王说这番话的本意是激励范雎，希望他能继续为秦国尽心尽力。但一说到郑安平投赵之事，就让范雎很不安。范雎把秦昭襄王的话理解成对他的指责，变得更加忧郁。

---

① 司马迁：《史记》卷七十九《范雎蔡泽列传第十九》。

范雎离秦

不久，有个叫蔡泽的燕国人得知范雎受秦王猜疑，就来到了秦国，希望扳倒范雎，自己上位秦国的丞相。[①]

为了踩着范雎的肩膀上位，蔡泽到了秦国后，就暗地里运作，让人在范雎面前夸耀自己，试图激怒范雎："有一个从燕国来的人自称蔡泽，是百年难遇的能言善辩之才。等到他见了秦王，必然受到秦王重用，而威胁到您的处境。甚至有可能夺取您的相位。"

范雎听了这些奇闻后，并未产生愤怒之情。他对传播奇闻的人说："上至五帝下到夏商周三朝发生的事情，我都通晓；诸子百家的学术和主张，我也非常清楚。曾经有很多能言善辩之人，与我辩论时，我都将他们驳倒，并让他们折服。这位没有名声的蔡泽有什么本事，会让我陷入困境？他又有什么能力抢走我的丞相之位呢？"

当然，范雎嘴上这么说，内心还是恐惧的。毕竟现在他已衰老，记忆力大不如前，体力也跟不上了。这时候一旦遇到真正有才学的人，不见得就能驳倒对方。因此，范雎命人找到蔡泽，想要见识一下这位善辩之才的真本事。

而蔡泽也希望见到范雎，向范雎展示自己的才华，认可自己。这种背景下，蔡泽与范雎见面了。

据说蔡泽到了范雎府上后，也不拜见，更不主动亲近，态度甚至有些傲慢。这让范雎对他的行事风格很不满意。范雎责备蔡泽："您曾到处宣扬将取代我，成为秦国相国，不知道有无此事？"蔡泽也毫不避讳，承认自己这么宣扬过。范雎听完，不但不生气，还饶

---

① 司马迁：《史记》卷七十九《范雎蔡泽列传第十九》。

有兴致地问蔡泽："不妨说说您的高论。"蔡泽这时候说："您老了，思维变得迟钝。这仿佛春夏秋冬轮流更替一样，有些人完成自己的使命就会成为过去。一个人活着时，身体各处都很强壮，手脚灵便，头脑清晰。这难道不是人所期望的吗？"

蔡泽的话虽然有一定道理，但并非"要点"。范雎显然不想这样被蔡泽搪塞，他需要蔡泽说服他。因此，蔡泽继续解释说："坚持仁德、正义，施行正道和恩德。将这些品质在天下都推广，天下人必然敬重爱慕他，都希望他来做君王，这难道不是善辩之人所盼望的事情吗？"范雎依然不明所以。蔡泽则表示，士大夫最高的理想，就是将自己的思想传播到各处，让天下人都记住自己。

范雎有种遇到对手的预感。

之后，蔡泽步步为营，设置陷阱，智激范雎。范雎不以为意，掉进了蔡泽设置的陷阱之中。

这时候，蔡泽话锋一转："秦国的商鞅，楚国的吴起，越国的文种，他们的人生值得学习和羡慕吗？"范雎到此时才明白，蔡泽要用这些事例来驳倒自己，堵住自己的嘴。因此，范雎故意说："这些人为什么不值得羡慕？商鞅一心一意侍奉孝公，至死都没有产生过异心，他设立的刑罚，只是用来预防奸佞邪恶之人，奖赏制度则是为让国家更发达安定。他向国家展示了爱国情怀，却遭受别人的怨恨与谩骂。他欺骗公子卬却能让秦国安定、百姓得到好处，最终帮助秦国击败魏国，拓地千里。吴起真心侍奉楚悼王，推行变法让国家利益不受损。因此说，小人谗言无法撼动忠臣地位，议论政务也不随波逐流。楚子航从来不为自己，即便再困难也坚守正义，最终使得楚国变强。文种侍奉越王，竭尽全力不敢懈怠，面对国家困局尽忠报国，让越国逐渐强盛，辅佐越王灭吴也不骄纵。这些先贤都是道德的榜样、忠臣的标杆。因此来说，君子会为了道义而牺牲自己，把死亡看成回家一样清淡。士大夫本就是为名节愿意牺牲生命的一群人。"①

蔡泽并不同意这个观点，他对范雎说："君主圣明，大臣贤能，天下就有福气；父慈子孝，夫妻和谐，就是家庭的福气。比干尽管忠诚，却不能保全殷商。伍子胥尽管明智，也不能阻挡吴国灭亡。申生孝顺，却让晋国陷入动乱。我所列举的这些人，都是忠臣孝子，但他们的国家或者灭亡或者动乱。为什么会出现这种情况呢？这是因没有圣明的君主和贤良的父亲听从他们的意见，因此，天下人都认为他们的君、父不行仁义，导致覆亡，反而同情他们的大臣和儿子。商鞅、吴起、文种尽管贤良，但他们的君主都犯过错。因此，天下人都认为这三人尽管贤才，却没有好下场。难道相国希望成为这些不被君主理解就死去的臣子吗？一个人若非得等到死后才被人夸赞，那这样的人也不能称作仁德之人。孔子也不能被称为圣人，管仲不能称作伟人。人们建功立业，难道不是为了创立功业后保全性命吗？生命和功业同在，才是世人追求的。为了功业而丧命不值得提倡。"

听完蔡泽的话，范雎似乎被蔡泽说服了，他称赞蔡泽有学问。

蔡泽看到范雎认可了自己，就继续说："商鞅、吴起、文种对君主忠诚，也创建了很大的功业，值得羡慕。闳夭侍奉周文王，周公旦辅佐周成王，他们的尽忠不也充满智慧吗？若从君主和大臣角度分析，商鞅、吴起、文种与闳夭、周公旦相比，哪一种人更值得人羡慕呢？"范雎说："自然是闳夭、周公旦更让人羡慕。"蔡泽说：

---

① 司马迁：《史记》卷七十九《范雎蔡泽列传第十九》。

"世人都说秦昭襄王慈爱仁德，善用忠臣，信任大臣，不会为了小利抛弃大臣。那么，您觉得与秦孝公、楚悼王、越王相比，谁更让您佩服呢？"范雎说："这就没办法做比较。"蔡泽说："现在，秦昭襄王亲近大臣不如秦孝公、楚悼王、越王。而您在秦国，施展才华与智慧，帮助君主治理国家，平定叛乱，增强兵力，消除隐患，使得秦国不断变得富强，百姓更加安居乐业，君主权力更加稳固，诸侯们没有人敢不尊称秦国。为秦国立下如此功业，那么您与商鞅、吴起、文种相比，谁的功业更大一些？"应侯说："我不敢与先贤相比。"蔡泽又说："如今，您的君王对您的信任不及秦孝公、楚悼王、越王对他的贤臣信任，您的功业又不及商鞅、吴起、文种那么多。但您在秦国的财富却超过了这三个人，假如您不主动退居，日后产生的祸端一定不会比上面提到的三人少。我认为您已非常危险了。俗话说'太阳到中天后就会逐渐偏斜，月亮圆满后就会亏缺'。任何事业到了鼎盛后，就会走向衰落。这是天地之间的规律，进退伸缩，全部要仰仗这些规律。所以说：'国家政治清明时就要出来做官，国家政治黑暗时就应隐居起来。'圣人也说：'如飞龙一般飞天，就能见到德行高尚之人'，'用不合道义得到的财富和地位如同空中云彩一般，飘浮不定。'"①

　　范雎被蔡泽的话触动，他也开始考虑自己的退路。其实郑安平、王稽先后出使后，范雎已在思考着自己的退路。只是他不甘心，他在秦国这么多年，为秦国的强盛付出了一生，难道还不能在秦国永久享受奉养吗？但蔡泽的话，点醒了范雎。为诸侯国效力的吴起、伍子胥且不说，为秦国立下过不朽功业的商鞅、张仪等人，

---

① 司马迁：《史记》卷七十九《范雎蔡泽列传第十九》。

哪一个最终落得好下场了？蔡泽的"趁势勇退"政策很值得借鉴。

眼看着范雎动摇，蔡泽大胆了起来，他旁征博引，摆事实、讲道理，给范雎灌输勇退的好处，以及贪恋权力可能带来的后果。总之，蔡泽希望范雎能够果断放权，主动退位。如此一来，范雎既能保证后半生老有所依，还能让自己名垂青史，两全其美，何乐而不为？

最终，范雎被蔡泽说服。

几天后的一次早朝，范雎就对秦昭襄王说了这样一番话："有一位刚刚从崤山以东入秦的人叫蔡泽，能言善辩，对三王事迹、春秋五霸功业，以及世俗礼仪都很有见地。我已对他进行了考察，发现他有真才实学，大王可放心将秦国之事交给他处置。我见过很多贤才之人，但没有一个人能与他相比，我个人也不如他。所以才冒昧向大王举荐。"

范雎与秦昭襄王相互扶持很多年，是秦昭襄王认可的善辩之才。现在他竟说还有人比他更有学识、更善辩，这一下子就吊起了秦昭襄王的胃口。不久，秦昭襄王就召见了蔡泽，与蔡泽进行了一次深入交谈。

大概这次交谈，蔡泽给秦昭襄王留下了深刻印象，他也对蔡泽很欣赏。之后，秦昭襄王就任命蔡泽为秦国的客卿。

范雎看到蔡泽受到秦昭襄王重视，就以生病为由，主动交出了相印，表示隐居山林的决心。秦昭襄王竭力挽留，但范雎表示自己病得很严重，马上就要死了。最终，秦昭襄王也不再挽留，同意范雎辞去相国之位。

不久，秦昭襄王即授蔡泽为相国。

有意思的是，蔡泽虽成为相国，却一直沿着范雎当初设定的路线治理秦国，以至于他做了几个月相国后，秦国人才知道到国家换了相国。

之后，可能因工作失误或者政治斗争，秦国朝堂上出现了一些不利于蔡泽的声音，甚至有人在秦昭襄王面前诋毁蔡泽。这让蔡泽非常恐慌，毕竟他只是一个"外国人"，与秦人不同宗同源，这种尴尬的身份注定了他不会得到秦昭襄王的完全信任。

更为重要的是，他虽然满腹经纶，却没有范雎的行政手段，处置政务有时候也出现疏漏。而这些"失误"，又加重了蔡泽的顾虑。最终，蔡泽担心自己被杀掉，就效仿范雎，以生病为由，交出了相印。秦昭襄王封他为纲成君，蔡泽就一直留在秦国，享受了长时间的太平安稳日子。

以上这些内容，来自《秦始皇本纪》《范雎蔡泽列传》，内容与《战国策》记载相差无几。按照《战国策》的说法，十多年后，蔡泽还会出使燕国，并劝燕王让太子丹到秦国当人质。[①]

此后，秦国不再对外扩张，原因是，秦昭襄王垂垂老矣，精力、身体都无法再主持大规模的扩张行动。可以肯定地说，秦昭襄王一生创建的功业多到数不清，他太累了，干不动了，决定歇歇。

4. 秦国三王更替

超长待机王离世

公元前 254 年（秦昭襄王五十三年）早春时节，通往咸阳的大

---

① 刘向：《战国策·秦三》："居秦十余年，昭王、孝文王、庄襄王。卒事始皇帝。为秦使于燕，三年而燕使太子丹入质于秦。"

道上尘土飞扬，车马不绝。诸侯国的使者从四面八方奔赴咸阳，与秦国建交。①

秦国这两年的扩张，令诸侯非常不安。秦国的崛起与春秋战国时期崛起的诸侯国完全不同：春秋五霸也都强盛过，但总有个期限。他们从崛起到衰落，也就十数年时间，最多也就百余年时间。而秦国仿佛存在着持续不断的活力，能将国家不断推向振兴与强大。

面对这样一个不断强盛的国家，诸侯们除了惧怕还是惧怕。自孝公与商鞅实施变法以来，秦国已历百余年，国力还在上升，试问谁不惧怕？

当然，秦国还灭了周王朝，将九鼎运回咸阳，成为名义上的共主，又虎视眈眈地盯着其他诸侯，试问谁不怕？

最终，很多诸侯都选择了隐忍，即承认秦国"霸主"地位，主动与秦国交好。秦国享受到从未有过的荣耀，秦昭襄王在列国使者吹捧中，变得昏昏欲睡。

然而，时至今日，依然还有不识时务的诸侯，惹怒了秦昭襄王。这里说的不识时务的诸侯就是魏国。当天下诸侯纷纷派使者入秦时，近在咫尺的魏国却迟迟不见使者入秦。等其他诸侯国使者离去后，魏国使者才姗姗来迟。

秦昭襄王很愤怒，因为魏国使者代表着国君，迟到就是对秦国的不尊重。秦昭襄王再命赵摎领兵攻魏，夺取了魏国的吴城。《史记正义》引《括地志》记载，指出吴城位置："虞城故城在陕州河北县东北五十里虞山之上，亦名吴山，周武王封弟虞仲于周之北故

---

① 司马迁：《史记》卷五《秦本纪第五》。

夏墟吴城，即此城也。"

夺取该城后，赵摎并未停战，因为他没有收到秦昭襄王的停战命令，只能继续攻打魏国。而秦军的持续推进，让魏国上下心惊肉跳。这时候的魏国已意识到秦国开启了灭国战，他们连周王朝都敢消灭，其他诸侯还能躲得过去吗？若秦军继续推进，魏国也只有亡国的份儿。魏王在慌乱之中，厚着脸皮遣人向秦国求和。而秦昭襄王看到毫无尊严的哀求态度后，命秦军停下攻魏步伐。不过秦军并未撤军，他们在等待着魏国最后兑现承诺。[1]

当然，秦国攻魏也让韩国上下坐立不安，辗转难眠。韩王为了表示亲近秦国，亲自到秦国朝见秦昭襄王，缓解秦国与韩国的关系。秦昭襄王对韩王的做法很满意，与韩王小聚之后，放回了韩王。

此后，魏国也效仿韩国，极力巴结讨好秦昭襄王，表示愿意归附秦国，从诸侯国彻底变成秦国的附属国。秦昭襄王同意了魏国所请。从此之后，魏国听命于秦，政权完全掌控在秦国手中，秦昭襄王对魏国放了心。[2]

此后的一年多时间里，秦国没有再向外扩张，秦昭襄王身体每况愈下，再无精力实施对外作战。秦昭襄王也意识到王位更替可能带来的隐患，开始筹划平稳过渡。

应当说，秦昭襄王在位时间太长，以至于忘却了人依然会死。当他身体垂危时，才意识到国君更替的种种问题。

据说此时，秦国高层中很多人开始谋后路。原先追随秦昭襄王

---

[1] 司马迁：《史记》卷五《秦本纪第五》："五十三年，天下来宾。魏后，秦使摎伐魏，取吴城。"

[2] 司马迁：《史记》卷五《秦本纪第五》："韩王入朝，魏委国听令。"

的那些人，不得不向太子嬴柱示好，以期望将来能够继续得到重用。与此同时，另外的一些贵族、官员之间也在紧锣密鼓进行着斗争，为将来谋划着。

秦昭襄王预感到山雨欲来，只是有些事他无法左右。秦国已发展成一个泱泱大国，人口众多，这种大国，贵族多、官僚多，容易形成各种派系。这些人大概都趁着自己病危之际，在相互争权夺利。

为稳定政局，公元前253年（秦昭襄王五十四年）春，秦昭襄王在雍县南郊举行了盛大的祭祀天帝仪式。[①] 他向上苍奏报秦国的功业，也希望上苍垂怜，让他能再活几年，实现统一天下的大业。

此后的两年时间里，秦昭襄王身体状况时好时坏，这也让秦国上下的心一直悬着。他们竭尽一切侍奉着这位让秦国一直壮大的奠基之主。而秦昭襄王也无时无刻不在与病魔进行着斗争。

公元前251年秋，秦昭襄王带着不舍与遗憾离开了人世，将国家大业交给了太子嬴柱，希望他能延续自己的路线，带领着秦人继续壮大，兼并诸侯，最后统一中国。

而此时，一生都在做太子的嬴柱，已五十三岁。他一生最美好的时光应是与华阳夫人在一起的这些年。

不久，嬴柱即位，是为秦孝文王。据说，他继位后的第一件事，就是将母亲唐八子尊为唐太后。同时，按照他的意思，在秦昭襄王下葬时，要将唐太后与秦昭襄王合葬在一起。[②]

需要补充的是，秦昭襄王虽然已去世，但他的历史功绩不能被

---

① 司马迁：《史记》卷五《秦本纪第五》："五十四年，王郊见上帝于雍。"
② 司马迁：《史记》卷五《秦本纪第五》："五十六年秋，昭襄王卒，子孝文王立。尊唐八子为唐太后，而合其葬于先王。"

磨灭。他为秦国的壮大拼尽了全力。有一年，荀子到秦国游览，范雎为其提供了极大方便。等荀子游览完毕，范雎询问荀子看到了怎样的秦国。荀子就描述了他看到的秦国。这里正好可借用荀子的话，对秦昭襄王的一生做一总结：

> 我看到秦国的边境奇伟险峻，地势优越，山林茂密，河流纵横，资源丰富，这是秦国地理上的优势。进入秦国后，我观察秦国的风俗，发现百姓朴实，音乐和谐，服饰庄重。人们对官员非常畏惧，表示出臣服之心，就像古代的民众一样。等我到了大小城镇的府衙，那里的官员们都严肃认真，谦恭节俭、敦厚谨慎、忠诚守信，他们真像书中记载上古圣王的官吏。进入秦都咸阳后，我观察秦国的士大夫，发现他们一走出自己的家门，就进入公家的衙门里。走出衙门后，马上就回家，没有私下走动的事情。他们不结党营私，廉洁奉公，也与古代的官吏一样。我曾在咸阳观察秦国朝堂，发现秦国官员在回家前，会将所有政务都处置完毕，官员们仿佛没有任何政事一样，这也与上古时代的朝廷一样。所以，我认为秦国历经四世强盛，并非侥幸，而是必然的结果。这就是我这段时间在秦国的所见所闻。我认为秦国是这样的：表面上看国家，安闲却治理得很好；表面上看政令，简约实际上很翔实；表面上看政绩，繁乱但有功绩。我认为这才是治国的最高境界。①

　　以上这些内容是荀子到看到的秦国。荀子对秦国极力褒扬，由

---

① 《荀子·强国》。

此也能看得出他在游历众多诸侯国后，只在秦国看到了他希望看到的国家富强的样子。荀子对秦国的评价，透露着秦国筚路蓝缕的强盛之路。这是一代代人前仆后继换来的结果，也是一代代君主励精图治的结果。尤其在秦昭襄王在位的五十多年时间里，将秦国国力提升到空前的水平。当然，荀子这些话虽多褒扬，亦隐晦地指出了秦国存在的问题。比如官吏的种种"异常"，说明秦法将每个官员都镶嵌在国家这座巨大机器上，让官员们尽心竭力。而一旦官员有疏忽，就可能被"替换"，或者因未尽职尽责而受到责罚。换句话说，秦国的官吏就像螺丝钉一样，可以被替代。而这就是秦法的强大之处。

同时，从荀子的话语中也能发现，秦法的严苛，它不仅控制了秦国的子民，也让秦国官员被死死束缚住。从底层到高层，从编户齐民到官吏，大家都在奔跑着，为秦国的持续强大尽心尽力。

换句话说，秦国这台高速运转的机器胁迫秦国全民一起高速运转。这种做法，会让人精疲力尽，进而痛恨国家制度。没有人能在高压下持续生活。所以，当陈胜吴广起义后，首先起来反叛的是各地官员，这也能为秦法的严苛做注脚。

当然，我们这里谈论的是秦昭襄王的一生。他的人生充满了浓墨重彩，值得后世一咏再咏。这里只是简单梳理，也期待后世的研究者能够在挖掘他的事迹中多下功夫。

二王更替

秦昭襄王的去世，让天下都松了口气，他在位的后数十年时间里，让天下不得安宁。如今他死了，天下再也不用太过紧张。至少，秦国暂时不会对天下逼迫太紧。

诸侯们开始调整应对秦国的策略。只是没有人知道，接下来秦国将会执行怎样的国策。

秦孝文王嬴柱性格内敛，为人敦厚，他会不会继续推行秦昭襄王的强权政策？其实，也很难保证这一点，嬴柱做太子时显得文弱，做君王就一定会文弱吗？诸侯们摸不准秦国的态度，各地诸侯派使者入秦，借着吊唁秦昭襄王的名义，探知秦国的风向。①

秦孝文王并不表态，因为很多施策方向无法确定。眼下秦国还有几件重要的事情需要做。比如秦昭襄王的下葬事宜，王后、太子的册封事宜等。再者，重要岗位大臣的调整、贵族的安抚等也都是重中之重。

秦昭襄王的下葬事宜正在有条不紊地准备着，只要按照程序完成就好。册封王后事宜也不难，因为秦孝文王最喜欢的人是华阳夫人，她自然就是王后的最佳人选。问题的关键在选太子这里。秦傒是长子，文武双全。尽管秦孝文王、华阳夫人都很喜欢子楚，但依照宗法制度，子傒才是最合法的继承人。只是，在秦孝文王未曾即位时，就已决定立子楚为储君。

而这种立幼不立长的做法，是否会引起新的不稳定呢？这时候，秦国已是最强诸侯，而正因最强，选太子之事就要慎之又慎。当然，对于王来说，确定太子只需要一个册封礼仪，但由此引发的隐患可能无法预料。因此，在确定谁为太子问题上，秦孝文王一直犹豫不决。华阳夫人也不愿过多干涉此事，毕竟嬴柱已是秦国的王，她是王后，拥有至高无上的荣耀。她会支持秦孝文王的每一个

---

① 司马迁：《史记》卷五《秦本纪第五》："韩王衰绖入吊祠，诸侯皆使其将相来吊祠，视丧事。"

决定，哪怕是他决定换太子。

秦子楚也没有过多表现出迫不及待，继续保持着与秦孝文王和华阳夫人的交往。他相信秦孝文王有自己的判断。

之后，一件小事的发生，改变了秦孝文王的犹豫不决。

当时，子楚就住在宫中，侍奉秦孝文王和华阳夫人。有一次，子楚私下里对秦孝文王说："大王您年轻时曾居住在赵国，认识了很多赵国的豪杰。如今您继承国君之位，可您结识的这些人，还都在赵国仰望着您，希望您能将他们召回，并重用他们。但时至今日，您却没有派出一位大臣去抚慰他们，我担心他们日后对您心存怨恨，鼓动赵国入侵秦国。不如加强边境关卡的防御，命令守关之人早闭晚开关口，防患于未然。"据说秦孝文王听完子楚的叙述后，对子楚的见解很震惊，惊奇他有如此城府。事后，当秦孝文王将子楚的建议说与华阳夫人时，华阳夫人见缝插针，鼓动秦孝文王册立子楚为太子，为秦国百年大业着想。秦孝文王这才下了决心。[1]

这个记载出自《战国策》，内容真实与否无关紧要，但里面透露的一些信息，值得好好推敲：其一，秦孝文王也曾到赵国担任"质子"，而秦子楚也到赵国充作过"质子"，两人经历相似，因此秦孝文王就更加重视秦子楚；其二，秦子楚这时候故意提起秦孝文王当"质子"的经历，有什么意图呢？是不是要为自己谋取更大利益？其三，赵国还有一些秦孝文王的"旧部"，这些人可能会威胁到秦国，秦子楚愿意解决这件事；其四，秦子楚始终站在秦孝文王的角度思考国家利弊，会让秦孝文王对这个儿子另眼相看。

---

[1] 刘向：《战国策》卷七《秦五·濮阳人吕不韦贾于邯郸》："间曰：'陛下尝轫车于赵矣，赵之豪桀，得知名者不少。今大王反国，皆西面而望。大王无一介之使以存之，臣恐其皆有怨心。使边境早闭晚开。'王以为然，奇其计。王后劝立之。"

　　综合分析这些信息，就能发现，在立太子这件事上，秦子楚其实有迫切的心理，他想尽了办法让秦孝文王认可自己。最终，秦子楚用自己的勤劳、智慧打动了秦孝文王，得到了秦孝文王的认可。

　　不久，秦国颁布了王命，封华阳夫人为王后，秦子楚为太子，以国家的名义确定了秦国未来太子人选。①

　　秦子楚地位确定后，他才想起了昔日和自己一起吃苦的妻儿。不久，秦子楚派人入赵，要求赵国协助秦国使者，寻找散落在邯郸的公子政母子。赵国不愿与秦国交恶，便答应了秦国请求。在赵国的帮助下，他们很快找到了赵氏与公子政。

　　之后，赵国派出一支护卫队，护送公子政与赵氏到秦国。② 至此，在赵国飘荡六七年的公子政母子，回到了自己的国家。公子政成为太子的儿子，也就是将来秦国国君的接班人。赵氏成为太子妃。

　　由于秦子楚已是太子，身份地位特殊，公子政母子回到秦国后，受到了前所未有的礼遇。这让赵氏感觉此前的任何委屈都值得了。

　　此后，作为太子，秦子楚要协助秦孝文王处置秦昭襄王的丧礼，也没有过多关注公子政母子，只是让他们享受在赵国没有享受到的荣誉。

　　同年十月己亥日，秦孝文王服丧完毕，正式临朝亲政，处置国家政务。

---

① 司马迁：《史记》卷八十五《吕不韦列传第二十五》："秦昭王五十六年，薨，太子安国君立为王，华阳夫人为王后，子楚为太子。"

② 司马迁：《史记》卷八十五《吕不韦列传第二十五》："赵亦奉子楚夫人及子政归秦。"

对秦孝文王而言，一切都是熟悉的，因为他作为太子，跟随秦昭襄王多年，对国君该做什么不该做什么都一清二楚。以后，他只需要按照眼前的步伐，一步一个脚印走，带着秦国往前走，秦国定能强大。

然而，当天下都以为秦孝文王要开启一个新时代，带领秦人继续壮大时，意外发生了：秦孝文王亲政三天后，忽然驾崩。[①]《史记索隐》也说："名子楚。三十二而立，立三年卒，葬阳陵。"

对于秦孝文王的死，后世众说纷纭，争讼不休。有人认为他是突发疾病，暴毙而亡。也有人认为，是斗争所致。不管结果如何，秦孝文王都只在位三天就去世，留下了巨大的疑惑。当然，《吕不韦列传》记载说，秦孝文王是即位一年之后才去世的。[②]

由于在位时间太过短暂，注定了秦孝文王与秦武王一样，会是过渡性君王。

秦孝文王去世后，按照制度，秦国贵族、大臣扶太子子楚登上王位，他就是秦庄襄王。

即位后，秦庄襄王也学着父亲的样子，对他的生母进行了册封，尊其为夏太后。对华阳夫人也没有亏待，尊其为华阳太后。[③]

做完这一切，也就到了年底。秦国开始忙碌起来。这是新的一年，对秦国来说意义非凡，在去年一个月的时间里，两位国君先后离世，让秦国内外不安宁。秦庄襄王初登大宝，依然延续秦昭襄王

---

① 司马迁：《史记》卷五《秦本纪第五》："十月己亥即位，三日辛丑卒，子庄襄王立。"

② 司马迁：《史记》卷八十五《吕不韦列传第二十五》："秦王立一年，薨，谥为孝文王。太子子楚代立，是为庄襄王。"

③ 司马迁：《史记》卷八十五《吕不韦列传第二十五》："庄襄王所母华阳后为华阳太后，真母夏姬尊以为夏太后。"

时期的国家路线走。至少对秦国而言，这时候需要的是安定，拒绝事端。

之后，秦孝文王被安葬了在皇陵中。后世考古学者曾沿着史料记载寻找秦孝文王皇陵，至今都没有找到。一些"疑似"的遗址上，也没有直接证据证明就是秦孝文王皇陵。

不久，秦庄襄王服孝期满，正式临朝听政。

公元前249年（秦昭襄王元年）春，秦国做了一系列人事调整，吕不韦顺利成为丞相。吕不韦实现了让秦庄襄王光耀门庭顺带让自己光耀门庭的设想。《史记索隐》说："皆秦官，金印紫绶，掌承天子助理万机。秦置左右，高帝置一，后又更名相国，哀帝时更名大司徒。"之后，秦庄襄王又册封吕不韦为文信侯，还给他封了河南洛阳十万户食邑。[1] 这是秦庄襄王当初答应吕不韦的，现在他是一国国君，一言九鼎。

之后，秦国颁布公告：大赦天下，嘉奖先王时的功臣，广施恩德，厚待亲人，向民众施仁惠。这些惠及民生的政策颁布后，秦庄襄王的德音传到了秦国各处，朝野臣民都拥护他。[2]

嬴政即位

秦国内部趋于稳定，外部却风云激荡。有些诸侯认为，秦国新旧国君接替，国势不稳，打算趁火作乱。

这里面尤其以东周君的做法最为典型。秦昭襄王时代，周朝

---

[1] 司马迁：《史记》卷八十五《吕不韦列传第二十五》："庄襄王元年，以吕不韦为丞相，封为文信侯，食河南雒阳十万户。"

[2] 司马迁：《史记》卷五《秦本纪第五》："庄襄王元年，大赦罪人，修先王功臣，施德厚骨肉而布惠于民。"

（西周）其实已灭亡，九（八）鼎都被运到了咸阳。但秦昭襄王没有消灭东周势力，让他们继续存在。然而，随着秦昭襄王、秦孝文王先后去世，东周君认为，秦国新旧国君更替之际，国力不稳，计划借机复辟。

不久，东周君就秘密联络东方诸侯，有意攻打秦国，夺回周王畿的权属。这时候各种消息开始在"国际"之间流传，秦国派往各诸侯国的密探，将各种消息源源不断传回秦国。秦庄襄王得知消息后，并不慌乱，因为他清楚目前秦国的局势，虽然新旧国君更替，他也没有秦昭襄王那般强势，但秦国的"实力"在，即便东方诸侯组成新合纵，又能奈秦国何？

秦昭襄王打算将计就计，利用东方诸侯攻秦这件事，为刚刚册封的相邦吕不韦树威，让吕不韦能够在人心不服中建功立业。原因很简单，在此之前吕不韦多在"幕后"，现在他成为相邦，就要"位居"人前。而作为"百官之首"，就要有拿得出手的功绩，就像当政的张仪、范雎一样。非如此，不能树威。因此，秦庄襄王派吕不韦率领秦军攻打东周。

之后，一支秦军在吕不韦的带领下，与东周军交手了。战争结果不用想都能预测。东周王朝未灭亡时尚且无法抵御秦军，现在不过是一股苟延残喘的势力，如何能抵御秦军呢？因此，双方交手没持续多久，东周君就被击溃。这一次吕不韦没有留情，他指挥秦军将东周残余势力悉数剿灭。

再之后，为了防止周"遗民"作乱，秦庄襄王还下令，将周遗民迁移到阳人聚（今河南省临汝县西）。不过秦庄襄王很理智，他没有"捣毁"周王室宗庙，要求他们将祖先宗庙一起迁到阳人聚，并允许周人在这里祭祀祖先。秦庄襄王的这种做法表面上看是为周族着想，实际上这只是一种怀柔政策，目的是抚慰周遗民，希望他们不再反抗。[1]

不久，秦庄襄王又命大将蒙骜（《战国策》作"蒙傲"）伐韩，原因是，韩国也参与了东周君谋秦的行动。而面对蒙骜率领的秦军，韩军根本不敢抵抗。韩王马上主动献出了成皋、巩等地认错。[2]《史记正义》说："括地志云：'洛州泛水县古虢国，亦郑之制邑，又名虎牢，汉之成皋。'巩，恭勇反，今洛州巩县。尔时秦灭东周，韩亦得其地，又献于秦。"

也因这次攻韩行动，让秦国的疆域延伸到魏国国都大梁一带，而魏国高层不愿再与秦国交恶，表示魏国将继续臣服，做秦国最忠实的拥护者。秦庄襄王对魏国的识时务很满意。

这是新国君秉持旧政策，表面上看，魏国并没有损失什么，只是表明一种姿态。但对即位之初的秦庄襄王而言，这个姿态也很重要。毕竟现在是他主政的时代，远非秦昭襄王的时代。魏国需向他表明姿态。之后，秦庄襄王就命人在攻占的这片地域上设置了三川郡。[3]《史记集解》认为："有河、洛、伊，故曰三川。"《地理志》指出三川郡被"汉高祖更名河南郡"。

事实上，三川郡得来实属不易。秦军东出时，不断攻占（侵吞）韩、魏土地，根本目标是要设立三川郡。但这个地方总是得到又失去，然后再得再失，失而复得，一直都没有被秦国完全掌控。直到这次秦庄襄王夺取了三川之地，才成功在这里设置郡，将三川

---

① 司马迁：《史记》卷五《秦本纪第五》："东周君与诸侯谋秦，秦使相国吕不韦诛之，尽入其国。秦不绝其祀，以阳人地赐周君，奉其祭祀。"

② 司马迁：《史记》卷五《秦本纪第五》："使蒙骜伐韩，韩献成皋、巩。"

③ 司马迁：《史记》卷五《秦本纪第五》："秦界至大梁，初置三川郡。"

之地永久划入秦国。当然，设置郡的意图，显然还是在这里驻军，将这里当作"军事防区"，为秦军以后继续东出做战略部署。

公元前 248 年（秦庄襄王二年）春，太原之地发生了叛乱，秦庄襄王再派蒙骜攻打赵国。不久，太原之乱被平定。[①]

之后，趁着燕、赵两国交战之际，秦国派大军继续攻打赵国。到公元前 247 年（秦庄襄王三年）时，蒙骜率领的秦军已先后攻占了赵国的榆次、新城、狼孟等三十七座城池，[②]《史记正义》引《括地志》记载，指出这几个赵邑的位置："榆次，并州县，即古榆次地也。新城一名小平城，在朔州善阳县西南四十七里。狼孟故城在并州阳曲县东北二十六里。"

与此同时，秦军还攻打了魏国的高都、汲等地。[③]《史记正义》说："高都故城，今泽州是也。汲故城在卫州所理汲县西南二十五里。孟康云汲波县，今都城是也。""故郲城在怀州河内县西三十二里。左传云苏忿生十二邑，郲其一也。"

从这些扩张战争分析可知，秦庄襄王一上位，就是迫不及待的。当然，之所以如此扩张，完全是形势所迫，容不得秦庄襄王停下来。秦昭襄王已为他的扩张与壮大创造了条件，他需要沿着先人的路线走，实现统一。

同年四月，发生了日食。在那个还无法解释天象的时代，日食意味着上苍的警示。

奇怪的是，这次日食现象并未引起秦国高层的重视。原因可能与上党之地的不稳定有关，据前线传来的消息说："上党又反秦，

---

① 司马迁：《史记》卷五《秦本纪第五》："二年，使蒙骜攻赵，定太原。"
② 司马迁：《史记》卷五《秦本纪第五》："攻赵榆次、新城、狼孟，取三十七城。"
③ 司马迁：《史记》卷五《秦本纪第五》："三年，蒙骜攻魏高都、汲拔之。"

故攻之。"秦庄襄王继续遣王龁攻打赵国上党地区。①

秦军出动，叛乱即被平定。秦国乘机在此地设置太原郡，将此前攻克的三十七座城池都划在太原郡管控下。"上党以北皆太原地，即上三十七城也。"

这一时期，秦国不断占据别国疆域，不断设立郡。这与之前设置县还不同，设县时秦国还不够强大，得到的地域也是"零散"的，设县更便于管理。而这时候，秦国动辄就得到一大片地域，设县显得范围太小，郡的作用就凸显出来了。

秦国蚕食诸侯的意图越来越明显，而随着秦军的频频东出，东方诸侯国寝食难安，亡国的气息在东方诸侯国之间弥漫着。对东方诸侯而言，秦庄襄王完全是秦昭襄王的翻版，秦国对诸侯的威胁越来越大。

而正是秦庄襄王这种步步紧逼，东方诸侯国不安的同时，又开始秘密联络，打算对付秦国。尤其是魏国，感到亡国的危机"时时"笼罩在头上，逼迫他们做出应对。因此，魏安釐王让弟弟信陵君联合诸侯，对抗秦国的逼迫。

不久，秦庄襄王得到消息，信陵君魏无忌联合燕、赵、韩、楚、魏五国合纵抗秦。《史记正义》载："率燕、赵、韩、楚、魏之兵击秦。"

此时的秦国虽然有实力单挑东方诸侯，但合纵联盟总是一股不能忽视的力量。所以，秦庄襄王还是有所担心。这时候，虽然秦国完全有实力对抗这些大国，以一国单挑五国，但战争往往瞬息万变，在未开战前，谁也不能预判战果。而更需谨慎的是，促成这次

---

① 司马迁：《史记》卷五《秦本纪第五》："四月日食。王龁攻上党。初置太原郡。"

合纵的信陵君并非凡夫俗子。他能成为战国四公子，足见在诸侯中的影响力。那么，秦国将如何应对这次合纵呢？

在回答这个问题前，先需要简单捋一捋魏无忌的履历。

魏无忌是魏国贵族，与魏安釐王是兄弟。[1] 很多年前，魏无忌就表现出超越魏安釐王的才能。有一次，魏安釐王与魏无忌兴致勃勃地在棋盘上博弈。这时，有人报告说赵王可能要攻打魏国。魏安釐王很担心，而信陵君则面不改色，注意力都集中在棋盘上，继续下棋。看到魏安釐王担忧，他认为赵王不可能攻打魏国，定是情报出了问题。后经魏国进一步打探，确实发现赵王在打猎，没有入侵魏国的意思。

身边有这样一位大才，总是让统治者"头痛"。以至于很长时间里，魏安釐王都不敢重用魏无忌。而这又在一定程度上"刺激"了魏无忌。也就是从那时候开始，魏无忌广招贤才，充实自己的门客，扩大自己的影响力。

据说，魏无忌门客最多时，人数超过三千，成为一支不可忽视的力量，让诸侯对魏国不敢觊觎。[2] 即便是秦国，在这一段时间里，也没有与魏国发生大规模战争。

后来，秦、赵长平交战，赵国平原君赵胜遣人向魏国求援。因为赵胜的妻子就是魏无忌的姐姐，他本指望魏国能够援助赵国。但赵胜多次给魏无忌和魏安釐王写信，魏安釐王始终担心惹怒秦国而没有答应。长平之战后，秦国继续围攻邯郸，此时赵国继续向魏国求援。魏安釐王名义上派大军支援，实际上却是在观望。魏无忌则

---

[1] 司马迁：《史记》卷七十七《魏公子列传第十七》："魏公子无忌者，魏昭王子少子而魏安釐王异母弟也。昭王薨，安釐王即位，封公子为信陵君。"

[2] 司马迁：《史记》卷七十七《魏公子列传第十七》。

不想见死不救，他盗取了虎符，指挥魏军联合赵军击败了秦军。此后，魏安釐王对这个"不服管教"的弟弟更加猜忌。

魏无忌由于在魏国备受排挤，不得不逃往赵国投奔赵胜。此后，魏无忌就在赵国长住。那些曾经的门客，也都纷纷从魏国到了赵国，继续帮助魏无忌出谋划策。而平原君则以"姐夫"的名义照顾魏无忌，让他在赵国衣食无忧。据说，赵王对魏无忌也很礼遇。

其间，经历了秦昭襄王去世、秦孝文王去世等大事件后，秦国内部发生了翻天覆地的变化。如今，秦国在秦庄襄王的超强手段下，稳定了内政，开始继续向外扩张，魏国就再次成为秦国攻打的对象。

魏安釐王焦躁不安，因为以魏国的实力，难以对抗秦国，只有挨打的份儿。这时候，魏国大臣都认为，应召回魏无忌，让他联合诸侯对抗秦国。魏安釐王已毫无办法，只能听从这些大臣的建议，派人入赵国接魏无忌回国，以应对秦国的入侵。据说，当魏国的使者到赵国后，魏无忌担心回国会与魏安釐王交恶，不愿回魏国，也不许门客谈论有关回魏国的事。

之后，有两名门客毛公和薛公一起面见魏无忌，希望说服魏无忌回国，对抗秦国入侵。他们对魏无忌说："公子之所以在赵国备受尊敬，声名远播诸侯，都是因为魏国的存在。如今秦国进攻魏国，魏国危急，来求公子救国，但公子不顾念宗族之情，拒不回国支援，不合礼制。若秦国攻破大梁，将先祖的宗庙摧毁，到时候您还有何面目活在世上？"听完这两人的话，魏无忌被触动。他也意识到自己是魏国的公子，有责任保卫国家不受欺凌。

魏无忌立即命人收拾行李，套上马车向魏国而去。等魏无忌进入魏国地界后，魏安釐王已在城外迎接魏无忌。十多年时间，改变了很多东西。他们都为年轻时期的鲁莽愧疚，相顾落泪。

之后，魏安釐王拜魏无忌为上将军，让他统领魏国大军出征，对抗秦国入侵。魏无忌立即行动起来，向东方诸国发出邀请，希望他们能合纵攻秦。于是，新合纵在魏无忌的呼吁下结成。魏无忌成为联军统帅，在黄河岸边向秦军叫阵。

不久，五国联合抗秦的消息传到咸阳，于是秦庄襄王给蒙骜下令，审时度势，谨慎应对。因此，秦军在蒙骜的带领下，向前线推进，试图与五国联军交手。

秦军到前线后，想速战速决。因此，蒙骜率领秦军主力扑向了联军。只是蒙骜也没想到，魏无忌在他来之前，已设立了"迷魂阵"，等着他钻进阵中。所以，当蒙骜率领的秦军冲向联军时，就被联军包围。之后，在魏无忌等人的指挥下，联军对秦军实施了挤压。最终，秦军被联军重创，撕开口子逃回了函谷关。此后，蒙骜据守函谷关，坚壁清野。

魏无忌曾派人到函谷关叫阵，蒙骜因在魏无忌手上吃过亏，再也不敢与魏无忌对决，只能坚守函谷关不出，与联军开启了对峙，主打一个消耗战。

据说，秦军战败的消息传到咸阳后，秦庄襄王很愤怒，打算囚禁被质押在秦国的魏国太子。秦国大臣认为此举不妥，劝谏秦庄襄王不能这么做。秦庄襄王最终放弃了囚禁魏国太子。

需要说明的是，此战让信陵君扬名。不过由于秦军坚守不出，联军也不可能长期耗下去。不久，联军就撤退了。[1]

---

[1] 司马迁：《史记》卷五《秦本纪第五》："魏将无忌率五国兵击秦，秦却于河外。蒙骜败，解而去。"

当然，诸侯们都清楚，此战并未伤及秦国根本，可能还激发了秦军复仇的心理。相信不久的将来，秦国还会对参与此次合纵的诸侯逐个实施打击。尤其挑起此次合纵的魏国，必然会成为秦国报复的对象。魏国上下似乎也在备战，准备迎接即将到来的大战。

只是，谁也没想到，就在五国联军撤退后的同年五月丙午日，诸侯们忽然探听到一个惊天的消息：秦昭襄王在咸阳暴毙。经过多方考证，发现消息并非空穴来风。

那么，问题来了：秦庄襄王为什么忽然驾崩？寻遍史料，没有更多注解。此时的秦庄襄王正值壮年，他的死就令人寻味：是否被人迫害？或者秦国爆发了政治斗争？这一切的疑惑，没有更为合理的解释。

当然，秦昭襄王的死，再次改变了世界格局：秦国解除了对"世界"的威胁。诸侯们密切关注着秦国新旧国君更替问题，也为自己争取更多休养时间。

事实上，秦庄襄王的忽然去世的确让秦国陷入混乱中。面对突发性事件，任何人都谈不上准备妥当。幸运的是，秦国高层是清醒的，在吕不韦等秦国贵族、大臣的操持下，将秦庄襄王的儿子推到国君之位上，成为年幼的秦王，他就是秦王政，也就是后来的秦始皇。《秦始皇本纪》说"政代立为秦王"，这个"代"颇有意味。他本就是秦庄襄王的儿子，何来"代"之说？① 而代是否意味着，秦国高层在立嬴政为国君的时候，曾经发生过斗争呢？再结合后来秦始皇弟弟成蟜的叛乱，似乎一切都有"蛛丝马迹"。

不管出于什么原因，秦庄襄王死了，秦王政被推上了国君的宝

---

① 司马迁：《史记》卷五《秦本纪第五》："庄襄王卒，子政立，是为秦始皇帝。"

座。而此时的秦王政才十三岁，完全不懂政务。秦国政务交给了相邦吕不韦操持。赵太后负责监国，直至秦王政成年。[①]

这种背景下，秦国的路在何方？

[①] 司马迁：《史记》卷六《秦始皇本纪第六》："年十三岁，庄襄王死，政代立为秦王。"

第十九章

内 忧

秩秩斯干，幽幽南山。如竹苞矣，如松茂矣。

兄及弟矣，式相好矣，无相犹矣。

似续妣祖，筑室百堵，西南其户。爰居爰处，爰笑爰语。

约之阁阁，椓之橐橐。风雨攸除，鸟鼠攸去，君子攸芋。

如跂斯翼，如矢斯棘，如鸟斯革，如翚斯飞，君子攸跻。

殖殖其庭，有觉其楹。哙哙其正，哕哕其冥。君子攸宁。

下莞上簟，乃安斯寝。乃寝乃兴，乃占我梦。

吉梦维何？维熊维罴，维虺维蛇。

大人占之：维熊维罴，男子之祥；维虺维蛇，女子之祥。

乃生男子，载寝之床。载衣之裳，载弄之璋。

其泣喤喤，朱芾斯皇，室家君王。

乃生女子，载寝之地。载衣之裼，载弄之瓦。

无非无仪，唯酒食是议，无父母诒罹。

——《诗经·小雅·斯干》

1. 权相吕不韦

吕不韦执政

秦王政即位时只有十三岁，一个半大孩子。这就意味着会有很长一段时间，他不能处置政务。监国的赵太后虽贵为太后，但从未接受过从政训练，也不懂政务。这种情况下，秦王政的处境并不好，甚至势孤力薄。所幸的是，他由于早年经历曲折，性格沉稳，显得早熟。

即便如此，依然无法改变"主少国疑"。这时候，他就需要一个帮手。好在，父亲离世时，给他留下了吕不韦，此人长于察言观色，擅长权术，已在秦国"官场"游走多年，熟悉秦国的律令，与秦国贵族、官员有交往。不过，即便吕不韦有"通天本领"，但他终究是个商人，在"士农工商"的阶层等级下，他的社会地位并不高。他又非秦国本地人，在秦国没有多少"根基"。李开元认为，这时候，秦国至少有三股势力：以华阳夫人为首的华姓楚国势力，以夏太后为首的亲韩势力和以赵太后、吕不韦为首的秦国势力。

而正因这些现状影响，秦国注定会有一段艰难的路程需要走。

这时候，秦王政、赵太后与吕不韦要形成一种"巩固联盟"，相互扶持，走出困境。事实证明，他们也是如此做的。

对各诸侯而言，这也是一个"喘息之机"。因为秦国要安内，自然抽不出时间和精力来对外扩张。所以，从秦王政继位后，秦国对诸侯的威胁稍加缓解。或许只有等到秦王政长大成人，亲政主政后，才能再启扩张行动。

当然，虽然秦王政年幼，赵太后又不懂政治，但秦国综合国力强大，远超其他诸侯国。这仿佛一辆高速运转的车，只要没有改变方向，没有改变动力，一切就会按照既定路线前进。

这种看似危机重重的氛围，也给了秦王政特殊成长的"环境"。国家政务暂时由吕不韦处置，而吕不韦大权在握，广泛招揽六国人才，为秦国服务，处置秦国繁杂的政务。比如，李斯成为吕不韦的帮手。总体而言，秦国因商鞅变法建立了完整齐备的官僚系统，国家机器通过"文书"系统运转，将国家的意图从"中央"传到"地方"末梢，再通过典、里正等这些最基层的"吏"来"推广"。①

这里不妨先看看秦王政接手的秦国。

疆域方面，秦国南吞巴、蜀、汉中，将疆域延伸到宛县、郢都，在此处设置南郡。北取上党以东，占据河东、太原、上党三郡。东进至荥阳，消灭二周，设立三川郡。这些地方包括了今天的四川、重庆、陕西、湖北、河南、山西等地。

制度建设方面，商鞅变法继续推行，很多制度经过百余年运转，已深入人心。与此同时，秦国历代国君还按照各自所处时代，对各项制度进行了"更新"与"完善"，确保了商鞅变法在大框架不变的情况下，又加入了新的内容，更加符合秦国统治者的实际。

人才建设方面，国家大臣人才济济。武将有蒙骜②、王龁、麃

---

① 刘三解：《秦砖：大秦帝国兴旺启示录》。

② 司马迁：《史记》卷六《秦始皇本纪第六》《史记索隐》："蒙骜，齐人，蒙武之父，蒙恬之祖。王龁即王齕，昭王四十九年代大夫陵伐赵者。"

公①等人；文臣除了秦人贵族，还吸纳了一些外国士子，并逐渐表现出不凡才能。由于秦王政年纪太小，国家大事就由这些文臣武将共同支撑。②

吕不韦作为托孤大臣，总揽朝纲，对国家政务有着绝对决策权。他招揽宾客游士，培养人才，有吞并天下之意。

事实上，吕不韦成为丞相后，对治理秦国已有自己的通盘考虑，并设计了长远的发展计划。吕不韦也快速从一个商人转变为一名政治家。

大概这时候的吕不韦，正在思考着如何使秦国一统天下。这也很好理解，就如同当初他"奇货可居"一样，为了秦异人赌上了一切。现在，他实现了当初的目标，自然要继续调整策略，推动秦国这台机器收割其他诸侯的地盘。

当然，要有不凡的成就，就要不拘一格用人才。吕不韦决定，先在秦国培养起自己的班底。就如同战国四公子一样，为自己培养大量的幕僚。一方面这些人可以协助自己处置秦国政务，另一方面，他们也能为自己治理秦国出谋划策。

这时候，秦国国内相对安稳，条件也允许吕不韦做这些。因此，吕不韦"广发英雄帖"，广泛招贤纳士，吸收列国人才汇聚秦国。

---

① 司马迁：《史记》卷六《秦始皇本纪第六》《史记索隐》："麃公盖麃邑公，史失其姓名。"
② 司马迁：《史记》卷六《秦始皇本纪第六》："年十三岁，庄襄王死，政代立为秦王。当是之时，秦地已并巴、蜀、汉中，越宛有郢，置南郡矣；北收上郡以东，有河东、太原、上党郡；东至荥阳，灭二周，置三川郡。吕不韦为相，封十万户，号曰文信侯。招致宾客游士，欲以并天下。李斯为舍人。麃公等为将军。王年少，初即位，委国事大臣。"

战国是一个能展示才学的时代，有些士子早晨还为生计苦恼，傍晚可能就会拜将入相，成为一呼百应的诸侯国高官。张仪、苏秦等曾都为生计苦恼，但他们终究用自己的才学，获得了诸侯的赏识，实现了"一怒而诸侯惧"的效应。

吕不韦显然不满足成为张仪、苏秦之流，他可能还有更大的野心。所以，这一时期，吕不韦的招贤纳士天下皆知。天下士子都纷纷赶往秦国，为吕不韦效力。而吕不韦则为士子、儒生们创建了秦国的"稷下学宫"，让他们"衣食无忧"，安心传播学问，提供治世策略。

时隔不久，吕不韦养的食客人数就超过三千。这些食客人员混杂，每个人都有特长，他们秉持的学说也不尽相同。比如，大学问家荀子的弟子们，也都投奔到吕不韦门下，传播荀子的思想。①

吕不韦除了忙政务，有时候也会听这些人才的不同主张，对自己的思想进行"改造"和"升华"。而正是在与这些百家术士长期思想交流中，吕不韦脱胎换骨，越来越像个政治家。他引经据典，旁征博引，出口成章，让他的门客也都对他刮目相看。

后来，吕不韦产生了新想法：编书。他要求食客将见闻、思想、学术主张等都记录下来，编纂一部综合百家思想史的书籍，为自己扬名立万。

数百年来，系统编制书籍都是彪炳千古的伟业，春秋时期孔子编纂的"六艺"，一度成为后世的经典。战国时期，百花齐放，百家争鸣。德国思想家卡尔·雅斯贝尔斯将这一时期称为"轴心时代"。然而，就是这样"百花齐放"的时代，各派学说相互不兼容

---

① 司马迁：《史记》卷八十五《吕不韦列传第二十五》。

并蓄，各种成果并不成系统，也缺少孔子那样整理战国学说的人才。这种现状，给了吕不韦机会。当然，吕不韦的想法更为宏伟：他要将战国以来百家学派的思想全部集结，凝聚成一部汇聚多种思想的大书。

而这注定是一项名垂千古的工作。可能设计编书之初，吕不韦就已想到了效果。

当然，吕不韦为什么要编纂这部书，历来都有争议。有学者认为，这是吕不韦重塑秦国的意识形态，就像当初周公旦推行周礼一样；也有学者认为，这是吕不韦纯粹为自己搏声名，让自己能在战国时期永久拥有名望和财富。秦史研究专家林剑鸣先生认为，"编书"其实带着很强的"功利性"，是吕不韦抗衡秦王政的做法。①

不管出于什么目的，吕不韦的门客投身到这项工作中去了。他们按照吕不韦的部署，夜以继日，废寝忘食。

最终，他们编纂成了一部奇书，分为八览、六论、十二纪，有二十多万言，囊括了天地万物、上下古今、天文地理、风土人情、社会治理、国家发展等多方面内容。这部书被取名为《吕氏春秋》。吕氏说的就是由吕不韦主导编纂，《春秋》是一个大范畴。春秋时期，有很多大学问家都讲过春秋，只是所讲内容不尽相同，因此形成各种版本的春秋。比如，《吴氏春秋》《公羊传》《谷梁传》等。而由吕不韦主导的这部书，将是一部最全面记录春秋战国时期的百科全书。

《吕氏春秋》自有其价值，略举一例，来分析其价值。在《吕氏春秋》中，有这样的记载：

———————————

① 林剑鸣：《秦史稿》。

　　昔太古尝无君矣，其民聚生群处，知母不知父，无亲戚兄弟夫妻男女之别，无上下长幼之道，无进退揖让之礼，无衣服履带官室畜积之便，无器械舟车城郭险阻之备。①

　　这段话揭露出远古先民的生活生产状态，我们认为，这种观点很有"超前"意识，让它有了永久生命力。换句话说，在战国时期，人们在探索先祖时，已经考虑到母系社会这些元素。因此，我们说，《吕氏春秋》自有其价值。

　　吕不韦也对这部书信心满满，自认开万古之先河。据说成书之后，为了"宣传"这本书，造成轰动效应，吕不韦命人将书稿放在咸阳城楼上，旁边放置一千金，给出奖励标准：列国士子和宾客只要为这部书增删一个字，就能拿走这一千金。② 很多士子纷纷入秦围观，但没有人敢删改这部书。那么，这是否意味着这部书臻于完美？

　　本书认为，这是吕不韦的一种"震慑"手段，他就是要向外界宣示这部书的质量。其实，如果从后世角度去分析研究，能够发现《吕氏春秋》并非完美到一字不改的地步。吕不韦千金买"修改"，是向所有读书人发出的震慑：谁敢去修改这部书？

　　最终，吕不韦通过编书这项行动，实现了名利双收的目标。自此，吕不韦成为诸侯中最具威望的人，很多到秦国的人也都会拜见吕不韦。吕不韦在提升名望的同时，也在极力处置着秦国事务，而

① 吕不韦：《吕氏春秋·览·恃君览》。
② 司马迁：《史记》卷八十五《吕不韦列传第二十五》。

与吕不韦一起主政的赵太后只挂名，并不处置政务。很多时候，需要国君点头的事情，吕不韦也会请示汇报。不过建议权牢牢掌握在吕不韦手中，他的汇报只是一道程序而已。他以"仲父"的身份出任秦国丞相，极度殊荣。

另据《吕不韦列传》载，这一时期，吕不韦与赵太后关系暧昧，可能还存在偷情的行为。那么，是否存在司马迁说的这种可能呢？

我们认为，完全有这个可能。原因很简单，赵太后本就是吕不韦的女人，后因秦异人的"干涉"，不得不转手让给秦异人。秦异人去世时，赵太后正值青年，精力旺盛，又独居深宫大院，经常与寂寞为伴。而吕不韦作为相邦，作为"仲父"，几乎每天都要汇报各种国事。而这种特殊的身份，决定了他与赵太后相处的时间长。因此，各种因素叠加在一起，赵太后就会对这位昔日的"男友"有所依靠。再者，从赵太后后来与嫪毐在一起纵情享乐的情况看，说明她不甘寂寞。而吕不韦又是她知根知底的人，与吕不韦一起厮混，也就变成了可能。

不过，我们分析，此时的吕不韦，已从一个商人转变为一个政治家。对他来说，权力的魅惑更大。他身处一人之下万人之上，眉头一皱诸侯都会惧怕。这种掌握在手中的大权，远比与赵太后之间的儿女情长更吸引人。况且，如果他需要，天下最美的女子都会有人主动送到府上，何至于为一个太后英雄气短儿女情长？

但是，因政治的缘故，他必然与赵太后交集多，所以交往也多。有时为满足赵太后，也不免做出些出格之事，也是有可能的。

当然，诚上文所述，吕不韦是商人出身，权衡利弊是他的本能。即便吕不韦对赵太后还有"旧情"，但与赵太后交往，存在危险（与礼制不符），一旦陷入其中，必然万劫不复。眼前的这些名利，必然会化为乌有。因此，吕不韦应该拿捏到了其中分寸，甚至有意规避赵太后。

吕不韦将更多精力放在治理秦国政务上，而且一些内政、战争等事务，都需要他去处置。列国诸侯，也在窥测着秦国的动静。这种情况下，吕不韦越来越谨慎。虽然他贵为丞相，但终归是"外国人"，秦国贵族时刻关注着他的一举一动，列国时刻关注着他的一举一动。他仿佛置身于聚光灯之下，稍不留神可能就会万劫不复。

平乱与扩张同步进行

公元前 246 年（秦王政元年）春夏之际，就在吕不韦处置内政时，曾被秦国平定的晋阳忽然发生了叛乱。这里原是赵国的地域，现已隶属秦国太原郡。这次叛乱是否有人背后操纵，不得而知。当地官员将消息传到咸阳时，秦国朝廷举行朝议大会，商议解决办法。

最终，商议的结果是出兵镇压。

事实上，这也是唯一奏效的办法。但凡出现叛乱，就已说明无法用怀柔政策安抚。强硬镇压，才能让心怀不轨之人臣服。因此，在朝廷议定的情况下，老将蒙骜再次领兵出征，平定晋阳之乱。

由于叛乱范围不广，参与人数不多，蒙骜毫不费力就平定了内乱。不过秦国依旧不放心，他还在晋阳增加了驻军，以防止日后有新的叛乱。[1]

有意思的是，晋阳刚刚平定，魏国就出现了"新动向"。魏国

---

① 司马迁：《史记》卷六《秦始皇本纪第六》："晋阳反，元年，将军蒙骜击定之。"

在卷城（一说卷邑）屯驻了兵马，意图不明。卷城是魏国西部门户，也是重要的战略之地，与韩国接壤，此前韩、魏曾在此发生了多次战争。卷城还有天然屏障：不远处就是魏国长城。

秦国高层得知魏国在卷城增驻了人马，认为魏国是在提防秦国，决意攻打卷城。

这一次，秦国派出的人是战将麃公。麃公其人，在此前也没有更为详细的史料。只在《秦始皇本纪》开头有简单的记载，说他在秦王政初期已成为秦军重要将领。由此可以推断，麃公至少在秦昭襄王时期就已成为重要将领，并逐渐在军队中崭露头角。后来，在秦庄襄王时，成为秦国军队中重要的将领。秦王政即位后，麃公依然受到重用，继续为秦国效力。因此，秦国就将攻打卷城的任务交给了麃公。

麃公接到王命后，领着秦军出动。秦军很快推进至卷城一带。麃公观察地形地貌，征求将领意见建议。最终，他制定了可行的攻城计划。未几，秦军向卷城发动战争，秦、魏两军就在卷城展开了一系列大战。魏军被斩杀很多。战后，秦军清点战场，发现斩杀了三万余魏军。[①] 不过，从秦军未攻克卷城的情况分析，秦军在这场持久战中，应损失了不少兵力。因此，计划的闪电战也变成了消耗战，麃公就一直驻扎在卷城附近。

公元前 244 年（秦王政三年）春，经过休整的秦军再次出动，实施扩张行动。这次率领秦军的将领是老将蒙骜。这一次，蒙骜的任务是攻打韩国。

秦军为什么在这时候攻韩不得而知。可能纯粹是为了扩张，因

---

① 司马迁：《史记》卷六《秦始皇本纪第六》：“二年，麃公将卒攻卷，斩首三万。”

为韩国已没有实力与秦国较量。

事实上，随着三川郡设置，秦国已将韩国死死压制。这时候扩张，是继之前秦庄襄王的政策。蒙骜不辱使命，没用多久就攻克了韩国十三座城池，让韩国上下如热锅上的蚂蚁一般煎熬。

韩王紧急遣人入秦交涉，请求秦国放过韩国。秦国高层同意了韩国所请。[①] 当然，秦军之所以停战，也有个重要因素，这就是老将军王龁在这时候去世了。[②] 王龁早年间跟随白起出征，白起去世后，成为秦国重要的军事将领，为秦国立下了汗马功劳。这时候，秦军停战一方面是安抚军心，另一方面也给了韩国喘息之机。

只是谁都清楚，秦国的停战是暂时的，只要规避了风险，秦国就会重新投入战斗中。同年十月，秦国处置完内政，再遣大将蒙骜攻打魏国。紧接着，秦军就对魏国的要塞畼邑、有诡发起了猛烈攻击。[③]

魏国上下震惊不已，麃公还未撤军，蒙骜又来攻打，如之奈何？魏国高层商议后，天真地认为，唯有昔日抗秦的信陵君魏无忌能对抗秦军。魏王也打算再次起用魏无忌。但当他们去请魏无忌时，才发现魏无忌已生命垂危，不能再领兵出征。

原来，几年前魏无忌合纵攻秦后，秦国也就没有再攻魏国。秦、魏之间形成了新对峙。有人认为，秦国不攻魏的主要原因是魏无忌在。后来，秦国设计挑拨离间，破坏魏安釐王与魏无忌的关系。魏安釐王果然中计，又开始疏远魏无忌，这也让魏无忌对政务心灰意冷。此后几年，他都不再上朝，整日沉迷于酒色之中，身体

---

① 司马迁：《史记》卷六《秦始皇本纪第六》："三年，蒙骜攻韩，取十三城。"
② 司马迁：《史记》卷六《秦始皇本纪第六》："王齮死。"
③ 司马迁：《史记》卷六《秦始皇本纪第六》："十月，将军蒙骜攻魏氏篸、有诡。"

迅速恶化。等魏安釐王的使者找到他时，信陵君已变成精神萎靡的老者，与昔日的意气风发的魏无忌判若两人。

由于魏无忌无法领兵出征，魏国似乎没有可用之人，局势也迅速恶化。

之后，秦国攻魏的消息不断传到大梁，魏安釐王既焦急又无计可施，陷入绝望之中，只能眼看着秦军一次次入侵。

不久，秦军忽然停下了进攻，让魏国上下缓了口气。经魏国多方打探才得知，就在蒙骜、麃公攻魏的这一年，秦国发生了大饥荒，国内局势不稳，因此才暂停了对魏国的战争。① 不过蒙骜并未撤军，秦军依旧虎视眈眈，这也意味着，秦、魏之间的战争还会继续。

果然，次年（公元前243年）春，秦国度过灾荒后，蒙骜再领秦军攻打魏国。蒙骜率领的秦军突飞猛进，攻克了畷邑、有诡。② 魏国朝野震动，魏安釐王在悲愤中去世，与他一起去世的还有信陵君魏无忌。

魏国再次进入一种动荡不安中。

吊诡的是，同年三月，蒙骜忽然从前线撤军了。③ 这时候，秦国与赵国之间也有"冰释前嫌"的姿态。秦国还放回了滞留在秦国的赵国公子，赵国也将秦国太子放回了秦国。④

事出反常必有妖，秦国正值扩张之际，理应顺势而进，攻打韩、魏。但秦国偏偏选择了撤军，又与赵国盟好，到底意欲何

① 司马迁：《史记》卷六《秦始皇本纪第六》："岁大饥。"
② 司马迁：《史记》卷六《秦始皇本纪第六》："四年，拔畷、有诡。"
③ 司马迁：《史记》卷六《秦始皇本纪第六》："三月，军罢。"
④ 司马迁：《史记》卷六《秦始皇本纪第六》："秦质子归自赵，赵太子出归国。"

为呢？

为避免引起外界疑惑，秦国对外宣称，饥荒还未过去，而且还有发生新饥荒的预兆。秦国在今后的一段时间内将一心"安内"。

各种异象

公元前 243 年（秦王政四年）十月，关中已进入"年"。此时，天气寒冷，大地萧瑟，冬小麦也变得枯黄。秦国人已准备过冬的物资，准备与寒冷抗衡。

然而，就是这样的节令，上苍依旧对秦国"不怀好意"。据《秦始皇本纪》载：十月庚寅日这天，关中的天空上飘过一片黑云，还夹杂着"嗡嗡"声。等秦国人关注时，才发现蝗虫从东方而来，遮天蔽日。三秦大地上种植的农作物，成了这些蝗虫的口中餐。到处哀鸿一片，受灾区域、受灾人群超过秦人历史上任何时期。

吕不韦焦头烂额，因为这不是他能控制得了的事情。

即便如此，吕不韦还是组织人进行了挽救。一些官员到各处祭祀上苍，希望垂怜秦国。另一些官员则组织人开展自救工作。不过这种补救，在数以亿计的蝗虫面前，显得杯水车薪。

秦国受灾程度无法统计，因很多地方实际上没有上报灾情。但从局部受灾区域来看，灾情很严重。比如，整个关中一带的农作物基本被蝗虫啃食一空。

秦国的遭遇令人同情，但《秦始皇本纪》的这个记载令人费解：蝗灾多发生在夏秋，原因是，这时候农作物成熟，气候又不太冷。而冬季因天冷鲜有蝗灾。那么，这年十月，为什么会发生蝗灾呢？

这就只有一种解释：这一年，北半球气候偏暖，进入十月后，关中一带气温居高不下。而正是这种不正常的气候，引发了蝗灾。最终，这让秦国腹地的关中受灾严重。当然，结合秦国与魏国和解、与赵国"冰释"情况看，蝗虫应该早就发生，只是到 3 个月，蝗灾变得十分严重，秦国高层才不得不一心对内，消解蝗虫带来的问题。

更要命的是，蝗虫之灾过去后，瘟疫又开始在三秦大地上蔓延。若说蝗虫之灾只是让人饥饿的话，瘟疫的流行，则开始夺去人们的性命。天灾人祸接踵而来，让秦国内部危机重重。

所幸的是，这些年来秦国在壮大的过程中，非常重视医学，扶持和培养了一大批医术高明的大夫。瘟疫成为他们展示才能的机会。这些拥有先进技术的大夫，研制对抗瘟疫的药物。尽管如此，很多人依然没能躲过这次瘟疫，成了一具具冰冷的尸体。

这时候，秦国面临着饥饿和瘟疫两大敌人。由于咸阳囤积的粮草不足，国家不得不向民间发出了号召。吕不韦还颁布了一道诏令：只要献出一千石粟米的人家，就能被国家授予一级爵位。

吕不韦也是被逼急了，才不得不"出此下策"。要知道，按秦律，爵位的获得要通过战功来实现，即便家有钱财万贯，也难以换取一个爵位。[1] 而商人则一度成为打击对象。现在，为了帮助国家度过危机，吕不韦竟"违背祖制"，开了用粮食换取爵位的先河。

对商人而言，这是千载难逢的机会，尤其对一直不受朝廷支持的商贾来说，他们可利用这样的机会，进入秦国政治体系中。因此，咸阳城里的一些世家大户、商贾纷纷慷慨解囊，名义上是为帮

---

[1] 司马迁：《史记》卷六《秦始皇本纪第六》："十月庚寅，蝗虫从东方来，蔽天。天下疫。百姓内粟千石，拜爵一级。"

助咸阳度过这场危机，实际上是为获得爵位。而吕不韦则动用了一切资源，帮助秦国度过危机。

几个月后，蝗虫和瘟疫带来的影响才渐渐平息，秦国继续开始了稳定发展。吕不韦内修政务，外拓疆域。

公元前 242 年（秦王政五年）是个丰收年，前半年风调雨顺，粮食重新装满了秦人的仓库。同年夏，秦国又开始了扩张之路。秦军派出大将蒙骜攻打魏国，延续之前的战争。

对秦国而言，魏国信陵君去世后，秦国已没有后顾之忧。于是，蒙骜率领秦军向北行进，一路攻城略地，先后夺取了魏国的酸枣、燕邑、虚邑、长平、雍丘、山阳等城池。而这些地方在不同史料中，注解不尽相同，《史记正义》认为："酸枣故城在滑州酸枣县北十五里古酸枣县南。"《史记索隐》也说："二邑名。春秋桓十二年'会于虚'，又战国策曰'拔燕酸枣、虚、桃人'，桃人亦魏邑，虚地今阙，盖与诸县相近。按：今东郡燕县东三十里有故桃城，则亦非远。"《括地志》说："南燕城，古燕国也，滑州胙城县是也。姚虚在濮州雷泽县东十三里。孝经援神契云帝舜生于姚墟，即东郡也。长平故城在陈州宛丘县西六十六里。"[1]

之后，蒙骜继续指挥秦军纵深推进，又攻占了魏国的二十多座城。随即，秦国在占据的魏国土地设置东郡，将这些地方的权属彻底"秦国化"。

而随着秦国的步步紧逼，魏国上下不得安宁。他们正在思考着如何破除秦国的步步紧逼。

---

[1] 司马迁：《史记》卷六《秦始皇本纪第六》："五年，将军骜攻魏，定酸枣、燕、虚、长平、雍丘、山阳城，皆拔之，取二十城。初置东郡。"

这一年冬，天气极不正常，狂风肆虐，非常寒冷。有一天，乌云密布，还发生了冬雷。这让秦国也产生了恐慌心理。冬雷意味着上苍的警示，因为正常情况下，雷夏天才有。冬天怎么会有雷呢?①

当然，秦国实行的是十月首月制，可能这年的冬雷发生在七八月份。而七八月份与现代的时间对比，是深秋。换句话说，秋天打雷也是合理的，并非"异常"。所以，看不出秦国高层的任何举动。

人才甘罗

随着国家的政务越来越多，吕不韦也越来越难。他每天都有很多政务要忙，军事、民生、外交和人，几乎大大小小的事情都困扰着吕不韦。

当然，他也会及时将需要处理的事情予以汇报，因为秦王政已长大，且越来越突出自己的性格。年轻人应有的桀骜不驯，开始一点点在秦王政身上凸显出来。吕不韦开始对这一切产生警惕。

与此同时，吕不韦从另一个人身上，看到了秦王政的影子，他就是前秦国丞相甘茂的孙子甘罗。

当时，甘罗年仅十二岁，以秦国世袭贵族身份侍奉吕不韦，任少庶子之职。甘罗尽管年纪小，但学识渊博，见识远大，是难得的人才。经常提出一些与别人不一样的观点，深受吕不韦的喜爱。②

据说吕不韦想攻打赵国，以扩展自己在河间的封地。为此，吕不韦打算派张唐出任燕国相国，联合秦、燕两国，对赵国造成威胁。

---

① 司马迁:《史记》卷六《秦始皇本纪第六》:"冬雷。"
② 司马迁:《史记》卷七十一《樗里子甘茂列传第十一》:"甘罗者，甘茂孙也。茂既死后，甘罗年十二，事秦相文信侯吕不韦。"

张唐对此忧心忡忡，推辞说："我曾在昭襄王时代攻打过赵国，赵国对我积怨很深，赵人曾扬言'谁捉住张唐就能得到百里封地'。现在我要去燕国就必须经过赵国，所以我不敢前往。"

吕不韦听完张唐的辩解，很不高兴。

等张唐退下后，看到怒气冲冲的吕不韦，甘罗就询问说："君侯何这般不乐？"吕不韦说："在此之前我让蔡泽到燕国侍奉燕国君，燕太子丹也即将到秦国来做人质。现在我打算让张唐去燕国担任丞相，他却推辞不去。"甘罗说："我有办法让他去。"吕不韦斥责甘罗："你到一边去玩，我亲自劝说尚且不能说动他，你一个小孩能有什么办法？"甘罗却说："古时项橐七岁就成为孔子老师。如今我已十二岁，为什么不让我试试？"吕不韦也没抱希望，只是允许甘罗去说服张唐。①

之后，甘罗就求见张唐，并对张唐说："您与武安君白起比，谁的功劳更大？"张唐说："白起曾击败楚国，震慑燕、赵两国，一度战必胜、攻必克，他夺取的城邑多不胜数，我不敢与他的功劳相比。"甘罗又问："当年执掌秦国政务的应侯范雎与现在的丞相吕不韦相比，谁的权势更大？"张唐说："范雎不及吕不韦的权力大。"甘罗得到了自己想要的结论后，这才抛出了自己的见解："当年范雎想攻打赵国，白起阻拦，结果范雎在咸阳七里外的杜邮亭绞死白起。现在吕不韦让您到燕国任国相，您却坚持不去。我不知道您将死在何处啊！"张唐听完甘罗的叙述后，才对眼前的这个小孩重视起来，他对甘罗说："我听君一席话，胜读十年书。我听从您的建议，去燕国担任丞相。"之后，张唐就命人准备车马盘缠，准备到

---

① 司马迁：《史记》卷七十一《樗里子甘茂列传第十一》。

燕国去。①

事后，甘罗找到吕不韦，希望吕不韦为他准备五驾马车，让他先到赵国疏通关系，打通张唐去燕国的关节。吕不韦对甘罗的这些见解和做法很震惊，还将此事报告给了秦王政。秦王政也听说了甘罗的英勇举动，特命甘罗前往赵国。

赵悼襄王听闻甘罗到赵国出使，亲自到郊外迎接。甘罗见到赵悼襄王后毫不畏惧，他对赵悼襄王说："大王听说燕太子丹到秦国做人质的事了吗？"赵悼襄王说："有所耳闻。"甘罗再问："听说张唐到燕国任相的事了吗？"赵悼襄王说："也有所耳闻。"甘罗说："燕太子丹到秦国，说明燕国不敢违背秦国。张唐到燕国任丞相，说明秦国不会欺辱燕国。燕、秦两国互不相欺，目的就是要攻占赵国河间之地。大王不如直接送我五座城邑，来扩大秦国河间地区。我回去后，请求秦王送燕太子丹回国，再帮助赵国削弱燕国。"赵悼襄王被甘罗唬住，考量了甘罗的建议，最终划出五座城给秦国，扩大秦国在河间之地。之后，秦国果然将燕太子丹送了回去。赵国乘着这个空隙，派兵攻打燕国，夺取了燕国上谷三十座城邑，并将其中十一座城邑划给了秦国。②

甘罗不辱使命，回到秦国，向秦王讲述了他出使赵国的经过。听闻甘罗的讲述，秦王政很受感动，即任命甘罗为上卿，并将原来甘茂的田地、房宅赏赐给了甘罗。

吕不韦把这一切都看在眼里。甘罗只是十二岁的孩子，却已为秦国立下了如此功业。而此时秦王政已十五岁，吕不韦开始畏惧。

①《战国策》卷七《秦策五·文信侯欲攻赵以广河间》。
②《战国策》卷七《秦策五·文信侯欲攻赵以广河间》。

他从秦王政身上看到了秦人坚毅、沉稳的品质，开始收敛自己的野心。由此可见，林剑鸣先生认为，吕不韦编纂《吕氏春秋》是为了对抗已长大的秦王政，还是有一定道理的。

2. 秦王嬴政初摄国君

嫪毐掌权

吕不韦从甘罗的身上，看到了秦王政的影子。而秦王政的叛逆，让吕不韦收敛的同时，也隐隐不安。当然，这时候，还有个巨大的隐患暴露出来，令吕不韦不寝食难安。

这个隐患就是嫪毐。

按照《秦始皇本纪》所载，吕不韦早期时与赵太后有染，而赵太后本人也存在后宫淫乱的问题。然而，随着秦王政逐渐长大，赵太后与吕不韦之间的交往，就成为新"麻烦"。为了保住荣华富贵与至高无上的权力，吕不韦开始收敛，不敢再与赵太后有染。

然而，即便吕不韦躲避着赵太后，但由于吕不韦与赵太后同为辅政，平时交往很多，需要协商解决的政务也很多。这种情况下，如果赵太后有需要，吕不韦就会很为难。吕不韦遇到了非常棘手的问题：赵太后老粘着他，如之奈何？拒绝不行，推辞不行，到底如何是好？

吕不韦老奸巨猾，他决定转移赵太后的注意力，让赵太后不再过多关注自己。如此一来，他就能少了很多麻烦。据说，吕不韦为了笼络赵太后，给赵太后"物色"了一个阴茎硕大之人，供赵太后玩赏。

　　只是秦律有明文规定，太后宫中不能有男人，除非是受了腐刑的宦官。吕不韦也清楚这些律令，他却能违背秦国法令，给赵太后送这样一个"假"宦官。这就不禁令人感慨：同样推行秦制，吕不韦就能突破法令。可见，在秦国推行法令时，法令并不能完全施行。换句话说，秦国留在"书面"上的法令是一回事，实际推进的法令又是另外一回事。那些出土的文献，亦不能直接当作"秦制"看待。

　　当然，这里还有个问题：即便赵太后空虚时间太久，也不能保证她就喜欢嫪毐。万一赵太后不喜欢嫪毐，将如之奈何？所以，在举荐嫪毐这件事上，吕不韦应该也是抱了"赌一把"心态。幸运的是，见了嫪毐后，赵太后就对他"一见钟情"，不想让嫪毐遭受腐刑。

　　吕不韦看懂了赵太后的心思，对赵太后说："让嫪毐假装受腐刑，就能得到他。"如果这个记载属实，那吕不韦真无法看清，他到底是个怎样的人？而经吕不韦如此刻意安排，赵太后心领神会，计划假装对嫪毐实施"腐刑"。

　　然而，腐刑不是一般的刑制，涉及皇家礼仪。一旦被人发现造假，会牵连很多人。据说，为了让施行腐刑人员高抬贵手，赵太后还暗地里贿赂了施行腐刑之人。施行腐刑之人进退两难，不听从赵太后可能会祸及家人，坚持原则也可能祸及家人。最终，行刑之人还是慎重处置，没有违背太后的旨意。

　　之后，嫪毐就受了假"腐刑"，较为粗的胡子与眉毛被拔掉，被装扮成了宦官，送进宫中，侍奉赵太后。据说，得到嫪毐的赵太后，果然不再与吕不韦纠葛不清。①

赵太后非常喜欢嫪毐，经常与嫪毐厮混在一起。后来，他们的肆无忌惮，导致赵太后意外怀孕。她担心此事泄露，给自己和嫪毐带来麻烦，就对秦王政谎称她命人占卜，卦象显示不吉利，只有换个地方才能躲避灾难。最终，她决定迁居到雍城旧宫生活。秦王政不知缘由，同意了赵太后的意见。赵太后就带着一应随从到了雍城，与嫪毐过起了神仙眷侣的生活。赵太后很"爱护"嫪毐，不断赏赐嫪毐丰厚礼物。据说，雍城一切的事宜都由嫪毐决定，地方官也不得不对嫪毐低头。此后，嫪毐在雍城秘密培植势力，雍城宫里数千人都是嫪毐的仆人和随从，还有些人听闻嫪毐掌权，也到雍城充当嫪毐的门人。②

大概吕不韦得到了嫪毐兴风作浪的消息，但他没有办法，只能采取包庇，原因很简单，嫪毐是他举荐给赵太后的。而事情发展到这一步，早已超出了原来的预想，一切都正在走向失控。嫪毐就像一颗随时都有可能爆炸的炸弹，时刻悬在众人的头上。更要命的是，赵太后不断在维护嫪毐的利益，而嫪毐则借助着赵太后"撑腰"，愈加为所欲为。

大概从这时候起，吕不韦就已在思考着如何除掉嫪毐。思虑再三，为了不引起秦国动荡，吕不韦还是没有处置嫪毐。事实上，越来越多的政务需要他来解决，让吕不韦抽不出身对付嫪毐。

当然，主要的原因还是吕不韦不想处置嫪毐。吕不韦假装不知道这些事，对嫪毐与赵太后的事情睁一只眼闭一只眼。

---

① 司马迁：《史记》卷八十五《吕不韦列传第二十五》。
② 司马迁：《史记》卷八十五《吕不韦列传第二十五》。

战争无厘头

公元前241年（秦王政六年）春，秦国还处于一片萧瑟中，举国上下都在与严寒对抗。这时候，一个消息从东方传来，赵、魏、韩、楚等国正在秘密联合，似有形成行合纵之势。

这个消息超出了预料，近几年来秦国虽有军事行动，但也仅限韩、魏，与其他诸侯基本保持了平和。现在，东方诸侯间秘密联络，是为哪般？

对秦国高层而言，不管消息的准确度有多高，仍当引起重视。原因是，秦国多次在合纵中吃亏，当汲取经验教训。因此，吕不韦命人密切关注着这几个国家的动向。

原来，随着秦国不断向东扩张，赵、魏、韩等国的压力也越来越大。三川郡的设置，无疑是秦国镶嵌在三晋身上的一枚楔子，让他们如芒刺背。因此，三晋、楚、卫等国开始秘密联络，打算建立合纵攻打秦国，试图将秦国重新赶回到函谷关内。

不久，秦国的探子得到确切情报，韩、魏、赵、卫、楚五国正在联合，打算攻秦。这次的合纵长是楚考烈王，统领五国联军的将领是赵国老将庞煖。消息传到秦国时，吕不韦认为五国合纵势大，若正面对决，即便取得胜利，秦军也一定损失不小，必须想办法智取。

只是，吕不韦还未想到智取的办法，联军已向西而来。据说当时主帅庞煖主张绕道蒲阪（今山西永济西南），再从蒲阪直接南下，强渡黄河，绕过函谷关，直抵咸阳，剪灭秦国。即便不能剪灭，亦能削弱秦国，消除秦对诸侯的胁迫。庞煖是老将，又身经百战，他的这一建议得到其他诸侯国的认可。于是，五国联军迅速进入蒲阪，南下迂回至咸阳以北。

而庞煖的这种推进策略也被秦国高层预判，或者说，秦国探知了五国联军的迹象。吕不韦不敢马虎，亲自率领秦军抵御。

不久，吕不韦就得到消息，联军已攻取原属赵国后被秦军占领的寿陵。[①] 吕不韦命人迅速行动，北上拦截五国联军。当他行至蕞地（今陕西省临潼北）时，五国联军也恰巧赶到这里。[②]

形势非常危急，因为这里已是咸阳的北大门，如果联军击败秦军，后果不堪设想。

面对汹汹而来的五国联军，吕不韦没有立即组织秦人攻击，而是在蕞地据守观望。因此，秦军与联军形成了对峙。

吕不韦与秦国智囊们一起分析时局，寻找突破点。最终，他们决定先破楚军，因为这次合纵，楚国出动兵马最多，楚考烈王也是合纵长。只要攻破了楚军，其他四国联军不战自溃。

但这又是个"危险"的举动，楚军数量最多，意味着楚军力量最强。战争一开始，就与最强力量对决，万一战败，如何之奈何？

可能由于这是吕不韦的主张，其他将帅亦无法改变，只能顺从。

之后，在联军毫无防备的情况下，吕不韦命秦军偷袭楚营，导致楚军大败而逃。其他四国大军看到楚军撤退，也选择了撤退。楚国担心秦国报复，还将都城迁到了寿春。到这时，合纵其实已名存实亡。

---

① 司马迁：《史记》卷六《秦始皇本纪第六》："六年，韩、魏、赵、卫、楚共击秦，取寿陵。"
② 司马迁：《史记》卷四十三《赵世家第十三》："四年，庞暖将赵、楚、魏、燕之锐师，攻秦蕞。"

不久，五国联军相继撤兵。①

随着联军撤退，秦军开始了报复行动。秦军对抗五国联军时有顾虑，但逐个攻打诸侯国，一点压力也没有。这次秦军先决定攻打卫国。这个小诸侯在列国战与和的时代龟缩着，左右逢源求生存，与秦国关系一直很好。但这次却"被猪油蒙了心"，与其他四国联合抗秦，让秦国既不屑又愤怒。

吕不韦派秦军攻打卫国，秦军扑向卫国都城，一举攻破卫国主都，将触角延伸到东郡一带。

卫国君主意识到秦军勇猛，不敢再与秦军对峙，带领国人迁居野王，凭借独特的地理优势，坚守不出，用《秦始皇本纪》的话说："阻其山以保魏之河内。"②

之后，秦军停下继续向东扩张。

公元前240年（秦王政七年），秦王政二十岁。这年春，天上忽然出现了多年未见的彗星，且持续了很长时间。据说，彗星最早出现在东方。不久，又在北方看到了彗星的影子。五月，秦国人又在西方天空中发现了彗星的身影。这让秦国上下都非常震惊。③

彗星连着出现，必然是上天的预兆。没有人清楚，彗星连续三次出现，到底意味着什么。据《史记正义》引《孝经内记》的记载："彗在北斗，兵大起。彗在三台，臣害君。彗在太微，君害臣。彗在天狱，诸侯作乱。所指其处大恶。彗在日旁，子欲杀父。"这

① 司马迁：《史记》卷六《秦始皇本纪第六》："秦出兵，五国兵罢。"
② 司马迁：《史记》卷六《秦始皇本纪第六》："拔卫，迫东郡，其君角率其支属徙居野王，阻其山以保魏之河内。"
③ 司马迁：《史记》卷六《秦始皇本纪第六》："七年，彗星先出东方，见北方，五月见西方。"

种警示连着出现,是不是意味着秦国要发生《孝经》里面记载的事情呢?吕不韦密切关注着秦国政局和天下大势,等待着即将发生的预警事件。

不过,观望了一段时间后,秦国高层发现,并未出现异常现象。可能这次彗星只是一种天象,对秦国有利也不是不可能。之后,在吕不韦等人的运作下,秦国继续实施对外扩张之路。

不久,不幸的消息从前线传来:秦将蒙骜在对外作战中死去。原来,就在彗星发生后不久,秦军先后攻打龙邑、孤邑、庆都等地。蒙骜率领的秦军一路推进,攻占了很多城邑。直到蒙骜认为不能再孤军深入时,才带领秦军撤退。秦军在撤退途中,也没忘记继续攻占城池。比如,他们攻打了汲邑。《史记正义》引《括地志》里的记载,指出了具体地望:"定州恒阳县西南四十里有白龙水,又有挟龙山。又定州唐县东北五十四里有孤山。盖都山也。帝王纪云望尧母庆都所居。张晏云尧山在北,尧母庆都山在南,相去五十里,北登尧山,南望庆都山也。注水经云'望都故城东有山,不连陵,名之曰孤'。孤都声相近,疑即都山,孤山及望都故城三处相近。"这些战争其实没有多大难度,但就在秦军攻打此地时,蒙骜忽然亡于军中。①

那么,蒙骜战死是否与彗星出现有关呢?谁也说不清。

更令人不安的是,在蒙骜去世后不久,彗星再次出现在西方,而且持续了十六天。之后,彗星就消失了。②而此时,秦国朝野也有了各种流言,而流言经过加工,变成一种可怕的"意识形态"。

---

① 司马迁:《史记》卷六《秦始皇本纪第六》:"将军骜死。以攻龙、孤、庆都,还兵攻汲。"
② 司马迁:《史记》卷六《秦始皇本纪第六》:"彗星复见西方十六日。夏太后死。"

当然，秦法对民众的"管控"是严厉的，"什五连坐"依然是控制民众的法令。即便如此，也无法堵住众人的"悠悠之口"，依然有人将天象与现实结合。

据说，秦庄襄王的母亲夏太后，就是在彗星消失后忽然去世的。夏太后去世后，被安葬在止阳以东。传言说，夏太后曾表示将自己安葬在此处，向东就能看见儿子秦庄襄王，向西则能看见丈夫秦孝文王。2004 年，在西安财经大学新校区动土时，发现了一座秦代墓葬。墓葬规格很高，陪葬品众多。有磬铭文显示，该墓葬就是夏太后的陵墓。按照《史记》载，秦孝文王与夏太后葬在一起，夏太后的墓葬被找到，是否意味着秦孝文王的墓葬也在这附近呢？这个疑惑交给后世学者。我们继续我们的故事。

种种迹象都表明，上苍不安定。即便如此，秦国对外的战争并未停下。

公元前 239 年（秦王政八年）春，按照部署，秦国遣长安君成蟜领兵攻赵。成蟜是秦王政同父异母的弟弟，身份地位比秦王政更纯正。很多演绎小说中，认为秦王政是吕不韦的私生子，因此吕不韦很忌讳成蟜，担心成蟜会取代秦王政，故意让毫无经验的成蟜带兵出征。

总之，这时候，成蟜作为秦军主帅，带领了一支秦军主力猛打赵国。

有意思的是，成蟜率领的秦军到秦、赵边境屯留时，忽然发动了叛乱，公开与秦王政叫板。而这件事产生的原因扑朔迷离，众说纷纭，结果大大超出秦王政预料。未几，秦国遣大军镇压成蟜，并在屯留诛杀了成蟜，跟随成蟜出征的那些官员也都被秦国诛杀，比如将军壁。不久，秦王政将成蟜的封地子民迁到了临洮一带。① 《史记索隐》指出"临洮在陇西"，《史记正义》更加详细指出了临洮的地望："临洮水，故名临洮。洮州在陇右，去京千五百五十一里。言屯留之民被成蟜略众共反，故迁之于临洮郡也。"

这就令人很疑惑：成蟜是秦王政的弟弟，此前从未表现出任何"谋逆"。这时候，秦王政已在位多年，君位不断巩固，成蟜此时叛乱，到底为哪般？或者说，成蟜为什么要反叛？即便成蟜有觊觎王权的野心，他完全可以在咸阳政变，为什么选择在出征的路上叛变？

没有合理的答案。后世的著作中，出现了很多不同类别的解读，也很难完全契合历史真相。或许历史真相被掩埋在时间长河中了，我们能得到的只有成蟜叛乱这个结果。

尽管成蟜被诛灭，但屯留之乱还没有彻底结束。还有一些势力，依旧在蠢蠢欲动。不久，屯留、蒲邑、鹬邑等地的秦军再次发动叛乱，他们掘开了将军壁的坟茔，鞭戮了壁的尸体。② 这一幕与当年伍子胥鞭尸一样令人不齿。《史记集解》记载说："屯留、蒲鹬，皆地名也。壁于此地时，士卒死者皆戮其尸。"《史记索隐》也表示："高诱云屯留，上党之县名。谓成蟜为将军而反。秦兵击之，而蟜壁于屯留而死。屯留、蒲惣二邑之反卒虽死，犹皆戮其尸。"

这就非常令人疑惑：秦军刚刚平定的屯留，为什么又发生了新的叛乱呢？再者，这些叛乱与之前的成蟜叛乱有什么关系？将军壁

---

① 司马迁：《史记》卷六《秦始皇本纪第六》："八年，王弟长安君成蟜将军击赵，反，死屯留，军吏皆斩死，迁其民于临洮。"

② 司马迁：《史记》卷六《秦始皇本纪第六》："将军壁死，卒屯留、蒲惣反，戮其尸。"

本是秦将，因参与（被动）成蟜叛乱被杀，现在又被秦军鞭尸，原因何在？

或许，这一切都与第一次秦军镇压成蟜时诛杀了成蟜率领的军民有关。在秦军强压下，这些地方的秦军不愿再效力秦国，就发生了叛乱。秦军继续派出大军平叛。这一次，秦国高层变聪明了，他们只是诛杀了几个为首的人员，对其他参与叛乱的臣民实施了怀柔政策。而这个怀柔举措并没有让屯留、蒲邑、鹬邑等地的军民彻底臣服，他们又背叛了秦国。

即便平定了叛乱，隐患依旧还在。天象已显示了这一问题。就在秦军平定了屯留、蒲邑、鹬邑之乱后，黄河中大量的鱼被冲到岸边，死在了岸上。《史记索隐》认为："谓河水溢，鱼大上平地，亦言遭水害也。（即汉书五行志刘向所谓'豕虫之孽'。）明年，嫪毐诛。鱼，阴类，小人象。"换言之，黄河里的鱼无缘无故大量死亡，预示着会有小人作祟。秦国应对此做出准备。《史记正义》也说："始皇八年，黄河之鱼西上入渭。渭，渭水也。汉书五行志云'鱼者阴类，臣民之象也'。"总之，黄河中鱼的死亡事件，被认为是不祥之兆。

之后，这一带的民众架上车到东方诸侯国去寻找食物。《史记索隐》认为，人们到东方寻找食物是因鱼被冲到岸边的缘故："河鱼大上，秦人皆轻车重马，并就食于东。言往河旁食鱼也。一云，河鱼大上为灾，人遂东就食，皆轻车重马而去。"[①]

这里依然有很多困惑：死鱼的地方到底在哪里？为什么会出现死鱼的情形？当地百姓为什么不依靠粮食，而是要依靠水产呢？

我们知道，秦军平定的这些地方多在河东地区，这里的土著的

---

① 司马迁：《史记》卷六《秦始皇本纪第六》："河鱼大上，轻车重马东就食。"

食物来源主要是粮食，而非临海居民依靠水产。鱼死了，可能只是一种表象。因此，我们推测，可能这一片地域受了洪灾，百姓缺粮，不得不在河中寻找食物。

总之，在这几年时间里，发生了很多不寻常的事情，都预示着秦国将有大事发生。而这些发生在秦王政八年的天象和异事，不过是一种上苍警示罢了。

那么，秦国会在这时候发生什么事呢？

其实，若细细分析，就能发现，有些事早有端倪，只是秦国高层并未将其当作重要事务处置，或者说，高层有意规避这些事，导致这些隐患最终演变成一场颠覆国家政权的风波。而这场风波会牵扯吕不韦、嫪毐、赵太后、秦王政等秦国核心人物。

嫪毐掌权

这场风波由嫪毐引起。

嫪毐自从与赵太后偏居雍城后，不断被赵太后宠幸，甚至有了属于自己的地盘，开始为所欲为。可能在嫪毐看来，雍城就是他与赵太后的"底盘"。嫪毐在这里招纳人才，培育军队，不断壮大自己的实力。

据说，在嫪毐的操控下，赵太后对嫪毐言听计从。嫪毐培植势力她不管，嫪毐训练军士她不管。而赵太后的纵容，让嫪毐的野心不断被壮大。赵太后还蒙在鼓里，继续被嫪毐蛊惑。后来，经过赵太后争取，嫪毐还得到了长信侯的爵位。① 《史记正义》中认为："上躬虬反，下酷改反。"秦王政还给了嫪毐山阳封地。《史

---

① 司马迁：《史记》卷六《秦始皇本纪第六》："嫪毐封为长信侯。"

记》引《括地志》记载，认为"山阳故城在怀州修武县西北太行山东南"。

这就令人费解：吕不韦明知嫪毐与赵太后有染，不想如何遏制嫪毐的势力，还在赵太后的斡旋下，让嫪毐的实力不断增强？尤其给一个"宦官"分封爵位，实在令人费解。除了吕不韦，秦国上下难道没有人反对嫪毐吗？以军功换取爵位的秦国，以什么样的理由给嫪毐爵位？再者，嫪毐既然被封在了山西，那他应回到封地生活，而与他"有染"的赵太后要跟着他去山西吗？

故事可能太多，细节早已被掩埋。总之，嫪毐得到了他所得到的一切。我们认为，嫪毐只是被封在山西，他本人还在赵太后身边侍奉。不过与其他宦官不同，他实际上是过着神仙般的生活：居住着宫殿，宫殿里还有出行的马车、豪华的服饰，以及用于打猎的大型园囿。

即便如此，也不能让嫪毐满足。此时的嫪毐看重了更为重要的东西：权力。这东西可让他为所欲为。他继续培植势力，壮大实力。而赵太后对此也持默许态度，进一步纵容了嫪毐。列国诸侯见嫪毐受宠，也都纷纷与嫪毐交好，试图通过嫪毐，换取秦国对他们国家的怀柔。

嫪毐的各种"不臣之心"，终于引起了秦国内部的关注。一些秦国官员已开始留意嫪毐的各种异常行动。而嫪毐不管这些，继续打着自己的如意算盘，甚至还会故意发表出不逊言论。

按照《说苑·正谏》的记载，嫪毐此时不仅势力庞大，还能专权国事。有一天，嫪毐与一位秦国贵族痛饮，酒过三巡后，嫪毐骄横起来，先与这位贵族发生了言语冲突，进而引发了打斗。可能这位贵族长得虎背熊腰，以至嫪毐没有占得上风，他怒斥贵族说：

"我是秦王的假父，你这等卑贱之人竟还敢和我对抗。"之后，贵族将嫪毐的话告诉了秦王政。而秦王政听了后，非常愤怒。吊诡的是，秦王政并未对嫪毐动手。①

不过《说苑》是汉代刘向整理的，内容存在争议。试想一下：嫪毐若真这么说了，他还有命在吗？即便他再受赵太后宠幸，也不能如此大胆放肆。

当然，若说秦王政完全不知道嫪毐的不臣之心，也不可能。只是此时嫪毐已势大，而他自己还未亲政，因此秦王政还不打算与嫪毐彻底撕破脸，他需要一个合适的时机。

当然，本书认为，此时的嫪毐还未表现出叛逆迹象，秦王政也不能对其制裁，他需要静静等待，让嫪毐自己暴露出来。这既是维护国家的法令，也给自己准备应对嫪毐叛变的时间。

为了让嫪毐露出马脚，或者为了稳住嫪毐，秦王政还将河西、太原二郡也封给了嫪毐，这让嫪毐的实力得到进一步加强。② 这种假象也给了嫪毐底气，让他简单地认为，即便与秦王分庭抗礼，他也有这个实力。

当然，这里面也存在一种可能：嫪毐始终保持着低调，他与赵太后的事情也非常隐秘。因此，在赵太后的斡旋下，秦王政对嫪毐也非常宠幸，不断赏赐给他城邑。

总之，不管何种原因，都透露出秦国内部暗流涌动。诸国似乎也探知了这一内幕，只是他们无法与秦国抗衡，只能冷眼旁观。

---

① 《说苑·正谏》："毐与侍中左右贵臣博弈饮酒，醉，争言而斗，瞋目大叱曰：'吾乃皇帝假父也，窭人子何敢乃与我亢！'所与斗者走，行白始皇。"

② 司马迁：《史记》卷六《秦始皇本纪第六》："予之山阳地，令毐居之。宫室车马衣服苑囿驰猎恣毐。事无小大皆决于毐。又以河西、太原郡更为毐国。"

3. 少年君王平内乱

秦王加冕

公元前 238 年（秦王政九年），天上再次出现了彗星。[①] 那么，这是否预示着将有重要事情发生呢？

不久，有人向秦王嬴政秘密透露了一个事实："嫪毐并非宦官。这些年来，他与赵太后一起生活，两人还偷偷生下了两个孩子，并将孩子偷偷藏起来抚养。他们这些年躲避在雍城，就是为防止此事泄露。嫪毐还表示，等到大王您死去时，就将他的孩子拥立为秦国国君[②]。"

或许此前秦王政早就清楚内幕，只是装作不知。这时候，有人捅破了这层窗户纸，秦王政就不能装作不知。他命人秘密彻查此事，不管什么结果，都要第一时间向他汇报。

对于君王而言，没有事情能够隐瞒他，任何事只要他愿意，都能调查清楚。结果可想而知，真相大白（只是秦王政清楚）。尤其令秦王政愤懑的是，这件事还牵扯丞相吕不韦。[③]

这些年的种种经历，淬炼了秦王政，让他面对任何"剧变"时，都能做到处事不惊。所以，当他得到这个结果时，依旧显得很

---

① 司马迁：《史记》卷六《秦始皇本纪第六》："九年，彗星见，或竟天。"
② 司马迁：《史记》卷八十五《吕不韦列传第二十五》："始皇九年，有告嫪毐实非宦者，常与太后私乱，生子二人，皆匿之。与太后谋曰'王即薨，以子为后'。"
③ 司马迁：《史记》卷八十五《吕不韦列传第二十五》："于是秦王下吏治，具得情实，事连相国吕不韦。"

沉静。于是，他并未立即对嫪毐采取措施。

当然，之所以如此谨慎，并非秦王政不气愤，而是因为整件事牵扯面太广，包括他的母亲、丞相吕不韦等人。吕不韦还手握国政大权，嫪毐也有自己的势力。按照《史记》的说法，此时的嫪毐势力比吕不韦都大。

这种情况下，秦国被分割为三股势力：秦王政、吕不韦、嫪毐。而嫪毐又是吕不韦举荐给赵太后的人，按秦律：被举荐之人出现问题，举荐人也要受牵连，万一吕不韦与嫪毐联手，如之奈何？总之，对待嫪毐不臣之举，秦王政显得慎之又慎。原因很简单，贸然对其采取措施，只能给秦国带来损失。

当然，在众多不能对嫪毐采取"措施"的因素中，还有一个重要因素，就是此时秦王政尚未加冠，王权还完全没有集中在他手中。吕不韦命人写《吕氏春秋》，也可见其抑制君权的野心。

《吕不韦列传》中有一个细节"秦王验左右，未发"，当引起注意。这是说，当秦王政调查清楚这件事后，向朝中臣僚印证，但没有人敢说实话。那么，这是否意味着吕不韦和嫪毐的势力已渗透到秦国朝野呢？

原因很复杂，追究起来没完没了。况且，嫪毐还没有做出"出格"之事。思前想后，秦王政选择了隐忍，静观其变，等待时机。几个月后，他将举行加冠礼，届时彻底掌权，就能对付这些有辱国家的人。

同年三月，为营造秦国稳定的氛围，秦王政还命秦军向魏国的垣邑、蒲阳发起了攻击。[1]《史记正义》引《括地志》记载："故垣城，

---

① 司马迁：《史记》卷六《秦始皇本纪第六》："攻魏垣、蒲阳。"

汉县治，本魏王垣也，在绛州垣县西北二十里。蒲邑故城在隰州县北四十五里。在蒲水之北。故言蒲阳。即晋公子重耳所居邑也。"秦王政此举可能是为稳住嫪毐、吕不韦，故意实施的扩张之战。

只是魏王并不清楚内幕，他得知秦军来攻打后，计划派人出使秦国，与秦国交涉，缓解秦军对魏国的威胁。为此，魏王特意召开了一次紧急会议，希望大臣能够出谋划策。

这次会议的议题很值得玩味，按史料说法，魏国臣僚产生了巨大分歧：一派认为应亲近吕不韦，让他从中斡旋，缓解秦军对魏国的威胁；另一派则认为嫪毐受宠，应选择与嫪毐交涉，再由嫪毐出面斡旋。[1]

明明应与秦王政交涉的问题，魏国高层却计划"越过"秦王政，想与两位秦国权臣交涉。这就容易让人想到秦王政的处境：没有实权，可能被架空，秦国实际权力在嫪毐和吕不韦手中。

联想到之前秦王政调查嫪毐"不轨"，却没有处置的"做法"，亦能分析出秦王政存在被"分权"的尴尬。他本是至高无上的国君，却因未成年而被吕不韦与赵太后分权。吕不韦不愿还权给他，而赵太后从他这里分走的权力最终由嫪毐支配，壮大了嫪毐的势力。

魏国最终选择亲近谁，史料中并无详细记载。结果是，秦国暂时停止了进攻魏国。这就存在一种可能：秦王政本不想攻打魏国，

---

[1] 刘向：《战国策》卷二十五《魏策四》："秦自四境之内，执法以下至于长挽者，故毕曰：'与嫪氏乎？与吕氏乎？'虽至于门闾之下，廊庙之上，欲之如是也。今王割地以赂秦，以为嫪毐功；卑体以尊秦，以因嫪毐。王以国赞嫪毐，以嫪毐胜矣。王以国赞嫪氏，太后之德王也，深于骨髓，王之交最为天下上矣。秦、魏百相交也，百相欺也。今由嫪氏善秦而交为天下上，天下孰不弃吕氏而从嫪氏？天下必舍吕氏而从嫪氏，则王之怨报矣。"

他出兵魏国，也是试水策略，意在窥探诸侯、吕不韦、嫪毐等人之间的关系。而秦王政并未试出结果，就暂停了对魏国进攻。

当然，停战还有更为深层的原因。因为按照计划，秦国要在这年四月为秦王政举行加冠礼。对于秦王政而言，这是当前最重要的事情。打魏国什么时候都可以，也不急于一时。

不知是巧合，还是故意为之，秦王政的加冠礼地点选在了雍城。大概是因为赵太后在这里，秦王政也打算在祖先龙兴之地完成加冠礼，并试图剿灭嫪毐的势力。

三月底，秦王政从咸阳出发，领着文武百官奔赴雍城。四月初，秦王政已到雍县，他要在这里小住几日，迎接即将到来的加冠礼。

四月己酉日，是秦国选定的黄道吉日，一应朝臣早已穿戴整齐，等待着即将开始的秦王政加冠礼。

雍城内外张灯结彩，一片喜气，这是雍城多少年来没有过的盛会。自秦献公迁居，雍城就逐渐冷落。尽管这里还有秦人居住，曾经的王宫还在，但国家的政治、经济、文化中心已移到咸阳，这里就被人逐渐忘却了。若非秦王政在此地加冠，雍城还会被冷落下去。

雍城附近的秦人也都放下手中农具，来观赏秦王加冠的盛典。

只是民众并不清楚，表面上其乐融融的雍城，其实暗藏杀机，风云激荡。当然，作为秦国的王，秦王政定不动声色部署了应对可能会发生叛乱的力量。

清晨，秦国贵族早早在雍城选定的加冠地站立，准备迎接秦王政加冠时刻。秦王政佩戴着宝剑，徐徐登上了加冠的"礼台"。礼官们忙前忙后，张罗着加冠礼的每一个环节。之后，在众人的协助下，秦王政顺利完成了加冠礼。[①]

赵太后、吕不韦也将分解的君权还给了秦王政。从此之后，秦王政成为真正的秦王。

嫪毐叛乱

吊诡的是，秦王政刚刚加冠，嫪毐就发动了叛乱。大概他算准了时间，等待着秦王政加冠，然后公然反叛。

据说在秦王政加冠礼后，嫪毐决定攻打位于雍城附近的蕲年宫。《史记索隐》记载："蕲年宫在雍。"《史记正义》指出："蕲年宫在岐州城西故城内。"而此时秦王政就住在蕲年宫。1996年，焦南峰先生带队发掘蕲年宫遗址，出土了很多瓦当，尤其是"蕲年宫当"确立了秦国的地望。

据说为取得胜利，嫪毐在反叛之前，曾盗用秦王的御玺和太后印玺，伪造了诏命，拥有了调动军队的诏令。

令人疑惑的是，这两枚印玺代表着"权力"，非常人之物，定有专人保管。嫪毐是怎样越过"重重"保管，偷出秦王与赵太后的印玺，给伪造的诏书上盖章的？

《史记集解》中的一段注解，也说明王玺有专人保管："御者，进也。凡衣服加于身，饮食入于口，妃妾接于寝，皆曰御。御之亲爱者曰幸。玺者，印信也。天子玺白玉螭虎钮。古者尊卑共之。月令曰'固封玺'，左传曰'季武子玺书追而与之'，此诸侯大夫印称玺也。"卫宏曰："秦以前，民皆以金玉为印，龙虎钮，唯其所好。

[①] 司马迁：《史记》卷六《秦始皇本纪第六》："四月，上宿雍。己酉，王冠，带剑。"

秦以来，天子独以印称玺，又独以玉，群臣莫敢用。"

大概嫪毐的"反叛之心"由来已久，他得到封地后，就着手准备反叛。因此，才能在关键的时刻，盗用了王玺。当然，不排除嫪毐在秦王政身边安插了"自己人"，这些人一方面关注秦王政的动向，一方面也能在关键时刻"发挥作用"。最终，在盗走王玺、伪造诏令这件事上，嫪毐的人就发挥了作用。

而伪造诏令似乎成为嫪毐叛乱的一个"转折点"，他为此准备了多年。秦王政在蕲年宫加冠，又是重要机遇，因为这里不是咸阳，没有坚固的城池，亦无勇武的秦军驻守。

似乎一切都在计划中。

之后，嫪毐向蕲年宫发起了冲击，打算将蕲年宫中的所有人都杀死，夺取国君之位。嫪毐的亲信携伪诏，调动雍城附近各县士兵、宫中侍卫、秦王骑兵、戎狄首领、门下食客等人，围攻蕲年宫。[①] 这些人不明就里，只认诏命。因此嫪毐围住了蕲年宫，打算瓮中捉鳖。

此时，身处蕲年宫的秦王政刚刚加冠，就不得不面对这件事。不过秦王政并不慌乱，尽管嫪毐有备而来，他似也早有准备。于是，蕲年宫之战就此展开，双方都想置对方于死地。

"蕲年宫之变"是一场公开的战争，双方都亮了底牌。嫪毐的叫嚣，正中秦王政下怀。他等这一刻已多年。秦王政已布好局，等着嫪毐钻进自己部署的圈套中。所以，当嫪毐率领的人猛攻蕲年宫时，秦王政部署在蕲年宫周围的三千甲士立即出动，予以反击。当

---

① 司马迁：《史记》卷六《秦始皇本纪第六》："长信侯嫪毐作乱而觉，矫王御玺及太后玺以发县卒及卫卒、官骑、戎翟君公、舍人，将欲攻蕲年宫为乱。"

然，也有学者认为，嫪毐是忽然发动的进攻，秦王政并不知悉。本书认为，秦王政既然清楚嫪毐盘踞在雍城的势力，又愿意到雍城加冠，肯定做了"提前部署"。

这一战，双方都是为了生存而战，因此战斗很激烈。嫪毐带领党羽卫尉竭、内史肆、佐弋竭、中大夫令齐等猛攻蕲年宫大门，一些宫外的侍卫都被嫪毐诛杀。战争现场，喊杀声在蕲年宫回荡。秦王政命人紧闭城门，避开嫪毐的锋芒，伺机而动。当然，双方在蕲年宫战斗的过程并无具体史料，但结果是，嫪毐率领的"杂牌军"未能攻克蕲年宫，还受到蕲年宫里秦军的反击。由此，进一步说明，秦王政是有备而来。

之后，嫪毐见势不妙，放弃了攻打蕲年宫，转而向东而行，攻打咸阳宫。而嫪毐的这一做法，超出了秦王政的预料，因为秦王政尚处于雍城，国都咸阳反而处于空虚中。嫪毐攻打咸阳宫，可能也是意识到了这一点。而一旦攻克咸阳宫，意味着占据了某种"主动权"。

紧接着，嫪毐率领秦军扑向了咸阳。进城时，他们并未受到多大阻拦，因为嫪毐没有表明态度，他是长信侯，戍卫也不敢阻拦。

秦王政乎似也意识到问题的严重性，在为保住咸阳宫想办法。所幸的是，这次举行加冠礼时，因吕不韦有其他政务，并未跟随到雍城参加加冠礼（也可能是秦王政故意没有令吕不韦同往）。现在嫪毐叛乱，正好试探吕不韦的忠心。因此，秦王政命吕不韦坐镇咸阳，指挥家中甲士对抗嫪毐。为了确保万一，秦王政还命人给留守咸阳的昌平君、昌文君等人送去了密令，要求他们迅速组织人反击嫪毐，消除隐患，解除咸阳危机。①

吕不韦对嫪毐恨不得除之后快。接到命令后，他立即调集咸阳兵马攻击嫪毐。昌平君、昌文君等人作为秦国贵族，食秦国俸禄，也不希望秦国被嫪毐颠覆，积极参与到平定嫪毐的战斗中来。

因此，当嫪毐率领人攻打咸阳宫时，另一支秦军在吕不韦、昌平君、昌文君等人的指挥下，向嫪毐发起了猛烈攻击。吕不韦等人还号召咸阳城内的民众参与抵御嫪毐。

战斗很惨烈，很多参战的人并非正规秦军甲士，而是咸阳的百姓。因此，咸阳宫外尸横遍野，血流成河，数百人死在咸阳。吕不韦不管这些损失，命人继续攻打嫪毐。

之后，秦王政也赶到咸阳，他封赏了那些在对抗嫪毐进攻中有功绩的将士，赐予他们爵位，鼓励他们参与战斗。据说，宫中宦官为得到军功，也参与抗击嫪毐的行动中，可见当时战争的激烈程度。

而这种"全民保卫战"氛围一旦形成，立即产生了"效应"，更多人参与到平定嫪毐叛乱中来。嫪毐见势不妙，带领亲信向外逃窜。

到此时，秦王政已掌握了主动权。他得到嫪毐逃亡的消息后，给全国颁布了一道命令："能生擒嫪毐者，不论身份都能得到一百万钱；若杀死嫪毐，可得到五十万钱。"② 这道命令无疑是一种号召，咸阳城里的百姓，都投入抓捕中，大家也都希望得到数额巨大

---

① 司马迁：《史记》卷六《秦始皇本纪第六》："王知之，令相国昌平君、昌文君发卒攻毐。"

② 司马迁：《史记》卷六《秦始皇本纪第六》："战咸阳，斩首数白，皆拜爵，及宦者皆在战中，亦拜爵一级。毐等败走。即令国中：有生得毐，赐钱百万；杀之，五十万。"

的钱财。

嫪毐这才发现自己成了众矢之的，仿佛过街老鼠。而秦人纷纷举起武器、农具，向他发出威胁。嫪毐带领仅有的人马火速逃离咸阳，身后是穷追不舍的秦国军民。最终，嫪毐率领的甲士被军民围住，插翅难逃，选择向秦王政投降。

秦王政也到了捉拿嫪毐的地方，他要亲自处置嫪毐。就是这个对外宣称是他"假父"的假宦官，让他蒙受耻辱。享受秦国的食禄，却背叛秦国，淫乱后宫，破坏礼法，秦国的法令没有一条能够饶恕他。

为了起到震慑作用，秦王政先命人将嫪毐的党羽卫尉竭、内史肆、佐弋竭、中大夫令齐等二十人斩于街市中①，并鼓励秦国军民都观看他们的下场。这二十多个人在闹市被枭首，咸阳城一片哗然，起到了震慑军民的作用。

对嫪毐本人的处置不同于其党羽。秦王政与群臣进行了专门商议，很多人各持己见。最终，大家一致认为，对嫪毐这种穷凶极恶之徒，应当施以车裂之刑，非如此不能震慑天下。秦王政同意了众人的意见。

不久，秦王政下令，对嫪毐实施车裂。②

大清洗

嫪毐被杀后，秦国还对嫪毐的宗族进行了清洗。这些人曾仗着嫪毐受宠，到处盘剥百姓，贪腐受贿，与嫪毐一样，吸食秦国。现

---

① 司马迁：《史记》卷六《秦始皇本纪第六》："尽得毐等。卫尉竭、内史肆、佐弋竭、中大夫令齐等二十人皆枭首。"
② 司马迁：《史记》卷六《秦始皇本纪第六》："车裂以徇，灭其宗。"

在，随着嫪毐覆灭，他们的好日子到了头。

秦王政下令，对嫪毐一族全部诛杀。尤其嫪毐与赵太后所生的那两个孩子，简直成了秦王政的耻辱。他命人将这两个孩子装进麻袋，用乱棍将其打死。《说苑·正谏》说："陛下车裂假父，有嫉妒之心；囊扑两弟，有不慈之名。"《资治通鉴》也说："陛下有狂悖之行，不自知邪？车裂假父，囊扑二弟。"《东周列国志》更离谱："今大王车裂假父，有不仁之心；囊扑两弟，有不友之名；迁母于棫阳宫，有不孝之行；诛戮谏士，陈尸阙下，有桀纣之治。"

《秦始皇本纪》中没有明确记载秦王政处置两位"弟弟"的细节。不过想来秦王政也不会放过这两个孩子。只是秦人在梳理自己历史时，刻意"隐去"了这段不光彩的历史，意在维护秦王政的形象。而司马迁在《秦纪》中也没有发现这段史料，只能一笔带过。

此后，秦王政继续下令，对与嫪毐有"关系"的人进行处置。那些参与嫪毐叛变的人全部被杀掉。那些罪责较轻的人，被安排在秦国宗庙服役，身份是否能够改变，还得看他们日后的表现。

还有那些嫪毐培养的门客，也不能"轻易放过"。秦王政命人详细审查，本着不放过一个漏网之鱼的姿态，详细审理。最终，经过审理，登记造册。有司衙门发现，与嫪毐有牵扯之人超过四千人。有司对这些人的处置有顾虑，毕竟法不责众。但秦王政毫不妥协，他虽然不愿将这些全部杀死，但也不想给他们"活路"。最终，秦王政下令，将这四千多人流放到蜀郡（四川）、房陵（湖北）一带，监视居住。①《史记正义》引《括地志》说："房陵即今房州房

---

① 司马迁：《史记》卷六《秦始皇本纪第六》："及其舍人，轻者为鬼薪。及夺爵迁蜀四千馀家，家房陵。月寒冻，有死者。"

陵县，古楚汉中郡地也。是巴蜀之境。地理志云房陵县属汉中郡，
在益州部，接东南一千三百一十里也。"

据说，这些人被押解南下时，还发生了极端天气，尽管当时还
是夏天，但气温骤降，风雪不断。这些人冒着风雪而行，在迁徙途
中，被冻死的人有很多。《史记正义》中说："四月建巳之月，孟夏
寒冻，民有死者，以秦法酷急，则天应之而史书之。"

这里需要延伸的是，川蜀在后来历朝历代中被誉为天府之国，
物产丰富。尤其是蜀国的矿石产业巨大，对秦国的富强起到巨大的
助推作用。不过秦国强大后，却将蜀郡视为偏远、不善于管理之地。
大概是因巴、蜀被秦国灭亡后，曾多次参与叛乱。因此，这里自然就
成了军事监管区，也是安置流放人群的地方，与天府之国完全不搭。

有意思的是，就在秦国处置嫪毐流毒时，魏国似乎得到秦国内
乱的"内幕"，有图谋秦国的打算。秦王政得知后，非常愤怒。

未几，秦王政派出大将杨端和攻打魏国，夺取了魏国的衍氏，
警示魏国不要做非分之想。这里的衍氏是魏国城邑，具体位置在郑
州附近。挨了揍的魏国，躲在角落里舔舐伤口去了，再也不敢窥探
秦国。①

4. 吕不韦后续

杀伐决断

秦国痛击了魏国后，韩、魏都老实起来。他们本想借着嫪毐之

---

① 司马迁：《史记》卷六《秦始皇本纪第六》："杨端和攻衍氏。"

乱"谋取"秦国，岂料秦国早有预防，他们的计划还未实施，就胎死腹中。

这时候，秦王政还没有过多关注"国际形势"，因为嫪毐虽死，叛乱造成的"次生效应"并未完结。还有很多需要理顺的事情，毕竟这件事还牵扯到吕不韦和赵太后。秦王政不敢有丝毫的马虎，他决定先处置吕不韦，而将母亲安置事宜放在最后。

秦王政也非常清楚，这些年里吕不韦培植势力，广交诸侯，地位一度达到巅峰。到此时，吕不韦在秦国的势力不比嫪毐弱，该如何处置吕不韦的问题？或者说，一旦吕不韦的问题处置不当，会不会给秦国带来第二次内乱？

据说，秦王政为试探吕不韦在秦国的"势力"，故意扬言杀掉吕不韦。结果大出所料，很多秦国贵族、官员都出面劝谏，有意"阻止"秦王政杀吕不韦。这让秦王政认识到，吕不韦的势力盘根错节，杀他不合时宜，可能会引发朝野震动。为今之计，只能先削弱吕不韦的势力。唯有如此，才能将吕不韦从纷繁的关系中择出，不至于因处置吕不韦而牵扯其他臣僚，进而引发秦国高层震动。等吕不韦对秦国的政务构不成威胁后，再诛灭他。

削弱吕不韦的第一步，就是要免掉他的丞相之位，剥夺他手中的大权。因此，公元前237年（秦王政十年）春，秦国下诏，罢免吕不韦的丞相之位。罢免吕不韦的理由很简单：举荐了嫪毐，引发了叛乱。按秦律，被举荐之人出了问题，举荐之人也要受到惩罚。范雎当初举荐郑安平、王稽等人失误就是例子。

秦国只是罢免了吕不韦的丞相，并未追究其荐人不察的问题，已算是开恩。对此，吕不韦大概早有预料，他坦然接受了这一切。秦国贵族、官员们也无可奈何，只能接受这一事实。事实上，随着嫪毐被处置，即便他功业甚伟，也无法再出任秦国丞相。[1] 据说吕不韦罢相后，为避免与秦王政再起"龌龊"，非常识趣地离开了咸阳，到黄河以南的封地居住，衣食住行均受秦国监督。[2]

而随着吕不韦被罢相，秦王政实现了集权。不过由吕不韦、嫪毐等人引发的风波并未彻底解决，秦王政需要在众人的帮助下，一点点解决这些问题。

这时候，要解决的是赵太后的安置问题。赵太后是秦王政生母，本该拥有至高无上的荣耀和地位，奈何耐不住寂寞，与嫪毐有了苟且之事。现在嫪毐被杀，她的安置就非常棘手。

据说嫪毐叛乱后，秦王政公开表态，与赵太后断绝关系，不再"认"母亲。这时候，再议赵太后的问题，有些秦国高层就不认可秦王政的这个做法。一部分人明哲保身，不参与国君的"家事"。稍有良知的那部分人认为，赵太后与嫪毐厮混，纵容嫪毐，最终引发嫪毐叛乱，给秦国带来了巨大创伤，理应受到惩处。但过分处置赵太后，有损秦国脸面。此时东方诸侯都在看"笑谈"，观察秦王政如何收场。因此，他们给出的建议是：适可而止。

秦王政正在气头上，根本不听众人劝阻。臣僚的劝阻，反而激化矛盾。秦王政还下令，将赵太后逐出咸阳宫，安置在雍地的萯阳宫居住。雍城是赵太后与嫪毐一起生活的地方，这次秦王政将她安置在此处，意味着什么呢？是打入冷宫还是先雪藏起来，等待着舆论熄灭？

这部分有良知的官员依旧坚持原来的建议，指出这样处置赵太

---

① 司马迁：《史记》卷六《秦始皇本纪第六》："彗星见西方，又见北方，从斗以南八十日。十年，相国吕不韦坐嫪毐免。"
② 司马迁：《史记》卷八十五《吕不韦列传第二十五》："而出文信侯就国河南。"

后不妥，劝谏秦王政收回成命，接赵太后回咸阳，尽孝道，彰显秦王的胸怀。他们还指出，秦王不仅是秦国的国君，还是赵太后的儿子。未来，可能还是天下的"共主"，受世人敬仰。所以，为国家计，为天下计，秦王都应该表现出"博大"胸襟，免除对母亲的惩治。

秦王政一意孤行，很反感劝阻的人，根本听不进去别人的劝谏。后来，这些人继续进言，希望秦王能够善待赵太后。秦王政被吵烦，一气之下诛杀了劝谏的二十七位大臣。[①] 而这次事件，才逐步刹住了朝臣烦不胜烦的进谏。

有意思的是，处置完赵太后的事，天上再次出现彗星。与以往不同的是，这次彗星先出现在西方，不久又在东方出现，最后还跟随北斗星向南运行了八十天。

这是司马迁《史记》中的记载，内容可能也来自秦人《秦记》。秦人对彗星的轨迹疑惑不解，但认为彗星长时间现于空中，总归不是好事。秦国上下又开始揣测天意，秦王政可能也在思考着失政之处，只是他并未想到错在何处。也有学者认为，嫪毐叛乱、彗星出现等这一系列事都发生在秦王政亲政前。等秦王政在雍城举行加冠礼时，天下已太平。[②]

值此关键时刻，几个诸侯国又派使者入秦，窥探秦国内部的动静。秦王政设宴招待了这些列国使者，绝口不提秦国内乱问

---

① 《说苑·正谏》："太后不谨，幸郎嫪毐，始皇取毐四支车裂之，取两弟扑杀之，取太后迁之咸阳宫。下令曰：'以太后事谏者，戮而杀之，蒺藜其脊。'谏而死者二十七人。"
② 鹤间和幸：《秦始皇和他生活的时代》之《第三章 嫪毐之乱》。

题。① 不过，秦国不谈并不代表他们无法探知内幕。事实上，这一时期，嫪毐被杀、吕不韦罢相、赵太后被遗弃已是"公开秘密"，到处都传得沸沸扬扬。瞒是瞒不住的，只能让诸侯国看秦国的笑话。可能多数诸侯都希望秦国的内乱继续下去，因为那样，秦国对他们的威胁就会减少很多。

当然，也有与众不同的列国使者，他们会与秦王政交谈秦国最近发生的这些事，劝谏秦王政尽孝道，接回赵太后。其中，尤以齐国使者茅焦对秦王政的劝谏最为典型，他用自己高超的口才，说服了秦王政。

茅焦的建议

茅焦见了秦王政后，毫不避讳地说："我本是齐国人，与秦国没有关联，但我说的事是赵太后的事。"秦王政听完茅焦的话后很气愤，他警示茅焦说："难道你没有听说那些陈述太后事的人被杀的下场吗？"

茅焦对秦王政的恐吓并不畏惧，他对秦王政说："我就是专门为此事而来，怎会没有听说他们的下场？我听人说，天上有二十八个星宿，如今二十七个已到位，如果上天让我做最后一个，我就做这颗星，凑足二十八个数。死对我来说，根本不值得一提。"

秦王政非常愤怒，命人准备了一口大锅，威胁茅焦说："再说太后之事我就将你烹了。"茅焦对秦王政以性命威胁毫不在意，他漫不经心地对秦王政说："我听人说，长寿之人是不忌讳谈论生死的，贤明的君主也不忌讳谈论国家兴亡。人的寿命不会因忌讳死

---

① 司马迁：《史记》卷六《秦始皇本纪第六》："齐、赵来置酒。"

亡而长久，国家也不会因忌讳兴亡就能长期存在。人的生死、国家的存亡都是开明君主感兴趣的话题，我有建议，不知大王是否愿意一听？"

看到茅焦毫无畏惧之色，秦王政准予茅焦继续陈述高论。茅焦说："自古忠贤大臣不会讲阿谀奉承之语，贤明的君主不会做违背世俗之事。现在大王做的事情就很荒唐，我若不能说与大王，就辜负了大王对我的款待。"①

秦王政没有表态，茅焦就继续说："天下尊敬秦国，非秦国强大，主要是因秦国有贤明的君主，深得民心。现在大王您车裂假父，是为不仁；杀死两个弟弟，是为不友；将母亲软禁在外，是为不孝；杀害进献忠言的大臣，其性质与夏桀、商纣一样。试想天下人若知道了大王您的这些作为，必然不再心向秦国。"茅焦的这番义正词严让秦王政暴跳如雷，这简直哪壶不开提哪壶。

只是，秦王政终究并非常人，他是在冰与火的历练中长大的，他马上意识到这是茅焦故意在激怒他。秦王政冷静了下来，仔细思索茅焦的话，一些心中的疙瘩被解开。茅焦的话虽然难听，却很有道理。无论如何，他作为国君都不能将个人好恶凌驾于国家之上，

---

① 《说苑·正谏》："皇帝曰走往告之，若不见阙下积死人邪？使者问茅焦，茅焦曰：'臣闻之天有二十八宿，今死者已有二十七人矣，臣所以来者，欲满其数耳，臣非畏死人也。'走入白之，茅焦邑子，同食者尽负其衣物行亡，使者入白之，皇帝大怒曰：'是子故来犯吾禁，趣炊镬汤煮之，是安得积阙下乎！'趣召之入，皇帝按剑而坐，口正沫出，使者召之入，茅焦不肯疾行，足趣相过耳，使者趣之，茅焦曰：'臣至前则死矣，君独不能忍吾须臾乎？'使者极哀之，茅焦至前再拜谒起，称曰：'臣闻之，夫有生者不讳死，有国者不讳亡；讳死者不可以得生，讳亡者不可以得存。死生存亡，圣主所欲急闻也，不审陛下欲闻之不？'皇帝曰．'何谓也？'茅焦对曰：'陛下有狂悖之行，陛下不自知邪！'皇帝曰：'何等也？愿闻之。'"

这是一个王者必备的品质。

于是，秦王政听从了茅焦的建议，将赵太后接回了咸阳，还拜茅焦为太傅，授上卿爵位。赵太后从雍城回到咸阳时，秦王政亲自到城外迎接，母子关系和好如初。①

赵太后对茅焦很感激，向他念叨了很多感谢的话语。此后，赵太后就重新居住进甘泉宫，在秦国王宫中度过了安详的晚年。②

而赵太后的事情处置完毕，秦王政就要处置吕不韦。到这时，秦国也只是罢免了吕不韦的丞相之位，将他安置在封地，并未对他处罚。这于情不堪，于理不合，于法不容。

其实，对秦王政而言，吕不韦是他痛苦与担心的根源。令他痛苦的是吕不韦、嫪毐、赵太后的三角关系，总让他产生不快的回忆。担心吕不韦虽罢相，威望一直还在，只要吕不韦活着，秦王政的"威胁"就一直存在。那么，秦王政将如何处置吕不韦呢？是杀了他还是流放他？

大概秦王政也没有考虑好如何处置吕不韦。一切都要用发展的眼光看。其实，吕不韦被罢相后，就变成了人人躲避的"灾星"，这让吕不韦郁郁不欢。曾经被人前呼后拥，如今门前冷落鞍马稀。吕不韦心里不好受，这就像那些退休老干部，平日"吆五喝六"惯了，一旦手中没有了权，就浑身不舒服。

---

① 《说苑·正谏》："茅焦乃上说曰：'齐客茅焦，原以太后事谏。'皇帝曰：'走告若，不见阙下积死人耶？'使者问焦。焦曰：'陛下车裂假父，有嫉妒之心；囊扑两弟，有不慈之名；迁母咸阳，有不孝之行；蒺藜谏士，有桀纣之治。天下闻之，尽瓦解，无向秦者。'王乃自迎太后归咸阳，立茅焦为傅，又爵之上卿。"
② 司马迁：《史记》卷六《秦始皇本纪第六》："齐人茅焦说秦王曰：'秦方以天下为事，而大王有迁母太后之名，恐诸侯闻之，由此倍秦也。'秦王乃迎太后于雍而入咸阳，复居甘泉宫。"

不过吕不韦原是商人，知道如何笼络人心。他在封地上借着仅有的声望，继续笼络人心，营造他要"崛起"的氛围。而东方诸侯国大概也希望吕不韦继续存在，这样就能让秦王政不得安宁。据说很多诸侯都遣使入秦，故意到吕不韦封地，邀请吕不韦到他们国家做官。[①] 当然，诸侯国之所以这么做，大概也怀有恶毒的心理：他们希望通过这样的办法，引起秦王政对吕不韦的猜忌，趁机除掉吕不韦。

起初秦王政并未在意，也没想过要处死吕不韦，只是命人监控吕不韦的言谈举止。然而，随着吕不韦的各种"无所忌惮"消息传入咸阳，秦王政变得愈加愤怒。据说，这种背景下，很多秦国高层官员大概也不希望他活着，到处造谣诽谤吕不韦。最终，吕不韦的"不臣之举"引起了秦王政的愤恨。

到这时，吕不韦也预料到问题的严重性，逐渐疏远了诸侯，也拒绝了与诸侯使者相见。只是，秦王政内心的"愤恨"已产生，即便他有所"遮掩"，依然难消秦王政对他的猜忌。此后，吕不韦与秦王政的嫌隙不断，秦王政身边的人也不断诋毁吕不韦，进而"激起"了秦王政的杀心。

最终，秦王政命人给吕不韦送去了一封信。信中有这样的话："你对秦国有何功劳，却能享受秦国河南封地，食邑十万户。你与我有什么关系？我却要称呼你为仲父。我要求你和你的家人都迁居蜀地居住！"谁都清楚，迁居蜀地意味着永远被朝廷放弃。吕不韦为此忧心忡忡。或许是为了家人，或许是为了不再遭受折磨，最

---

① 司马迁：《史记》卷八十五《吕不韦列传第二十五》："岁馀，诸侯宾客使者相望于道，请文信侯。"

终，吕不韦饮毒酒而死。①

得到吕不韦死去的消息，秦王政放下了悬着的心，只要吕不韦活着一天，他就会提心吊胆一天。吕不韦死了，一切尘埃落定。秦王政基本实现了"集权"，能做自己希望做而没有做的事情。

令秦王政气愤的是，他本原谅了吕不韦的家人，打算不再追究他们的罪责，但在吕不韦去世后，他的家人竟为他私自举行葬礼，没有向国家"报备"。当然，这都不是最重要的。最重要的是，吕不韦家人在为其举行葬礼时，大张旗鼓，生怕外界不知道。因此，很多与吕不韦有旧交的人，都秘密到吕不韦的封地祭奠他。

此举再次激怒秦王政，他感觉自己被人挑衅，秦法被人挑衅。吕不韦家里人的这种做法，比吕不韦怂恿嫪毐更令人可气。秦王政立即下令，将入秦祭祀吕不韦的士子全部驱逐。秦国官员若有祭祀吕不韦的，剥夺爵位，取消俸禄。

这是非常严厉的处罚，不少人受到制裁。而等朝廷的杀威棒落下去后，很多人不敢再靠近吕不韦家人。秦王政还特别声明，如果有人像嫪毐、吕不韦一样执掌国政、不行正道，一旦被发现，会被处以同样刑罚。

秦王政的这些做法，让臣民体会到君主的杀伐果断。他们再也不敢忽视这位年纪轻轻的君主。

至此，秦王政实现了集权，天下将是他一个人的天下，国家一切都将是他"说了算"。而在这一背景下，秦王政的独断专行也体

---

① 司马迁：《史记》卷八十五《吕不韦列传第二十五》："秦王恐其为变，乃赐文信侯书曰：'君何功于秦？秦封君河南，食十万户。君何亲于秦？号称仲父。其与家属徙处蜀！'吕不韦自度稍侵，恐诛，乃饮酖而死。秦王所加怒吕不韦、嫪毐皆已死，乃皆复归嫪毐舍人迁蜀者。"

现出来，即体现独自掌控天下的意图。而朝中的臣僚，也只能按照他的"意图"来施政。

此后不久，在臣僚的建议下，秦王政还实施了一项"仁政"，这就是颁布了一道命令：允许那些曾被迁徙到蜀地的嫪毐门客返回咸阳。① 对比秦始皇后来的性格，能推断如果放在多年后，他决然不会这么做。而这时候之所以还有"仁慈"，是因为他还没有形成"霸道"的个性。当然，调回这些人，也体现了秦国恩威并施的政策，体现了秦国高层的"集体"智慧。

吕不韦后续

尽管吕不韦已死，由他带来的影响尚未结束。按照《战国策》的说法，吕不韦被罢相后，昔日那些凭借着吕不韦势力做大做强、狐假虎威的党羽，则开始四散逃窜。

其中，有一个叫司空马的人逃到了赵国，寻求新的机遇。而赵国得知他是吕不韦的党羽，即任命他为相，用他来对付秦国。

之后，秦国进攻赵国，司空马就对赵王说："文信侯做秦国丞相时，我在他手下做尚书。因此，我熟悉秦国国情。现在大王邀请我出任相国，我也要熟悉赵国的情况。如今秦、赵两国交恶，假设两国交战，我们去观察，大王认为哪一个国家胜算更大一些?"赵王说："秦国的胜算更大。"司空马又问："秦、赵两国哪国人民更多?"赵王说：秦国人多。"司空马又问："金钱、粟米哪国更多?"

---

① 司马迁：《史记》卷六《秦始皇本纪第六》："十二年，文信侯不韦死，窃葬。其舍人临者，晋人也逐出之；秦人六百石以上夺爵，迁，五百石以下不临，迁，勿夺爵。自今以来，操国事不道如嫪毐、不韦者籍其门，视此。秋，复嫪毐舍人迁蜀者。"

赵王说："秦国更多。"司空马又问："哪国的丞相贤能?"赵王说："秦国的贤能。"司空马又问："哪国将军指挥更高明?"赵王说："秦国的高明。"司空马又问："哪国法令更严明?"赵王说："秦国的法令更严明。"司空马问了这一系列问题后,抛砖引玉一样对赵王说："赵国与秦国相比,没有一处比秦国强。以赵国现在情况看,只要秦军来攻,赵国就会灭亡。"赵王意识到司空马话中有话,就礼贤下士,请求司空马教授治国方略。

司空马这才说："大王不如分出一半的土地送给秦国,秦国没有动用武力就得到了半个赵国,秦王一定会很高兴。到时,秦国担心赵国内有守备,外有其他诸侯的援助,会立即接受赵国的割地。而秦国一旦接受了赵国的割地,就会主动撤兵。也就是说,赵国守住一半土地,依旧可供国人生活。而秦国得到赵国的土地,也会更加强大。这会让山东诸侯都很担心,害怕失去赵国。他们因此就会主动来援助赵国。这样一来,赵国就实际上是用一半的国土,重新组建了合纵联盟。届时,我将会代表大王出使各国,联络他们,巩固合纵联盟。而一旦合纵联盟组成,表面上看,大王失去了半个赵国,实际上组成了山东诸侯抗秦联盟。只要这个联盟出动,秦国的覆灭也就指日可待。而一旦秦国灭亡,赵国失去的那一半土地就会重新回到大王手中。"①

司空马的这番高论听起来是"先失后得"的策略,核心思想是"舍得"关系,但赵王对司空马的建议并不认可,他对司空马说："不久前,秦国进攻赵国。为了让秦国撤兵,我们割让了河间十二个县。土地和人口都减少了,但依旧难以阻挡秦国攻打我们。现在

---

① 刘向:《战国策》卷七《秦五·文信侯出走》。

又要割让半个国家给秦国，我们就会无力自保，何谈组建合纵联盟？希望先生另想他法。"司空马说："我年轻的时候，曾在秦国做办理文书的小吏。年长以后任过小官。不过我们从未率领大军打过仗，若大王怀疑我的忠心，不妨让我带领赵军攻打秦军。"赵王意识到司空马在说气话，没有任命他为将帅。之后，司空马见计谋不被采用，便离开了赵国。①

司空马离开赵国后，到了鲁国平原津（今山东省平原县西南五十里）。

平原津守令郭遗得知后，亲自来慰劳司空马。他问司空马："秦国进攻赵国，您从赵国方向来，不知赵国的形势如何？"司空马因给赵王献计，赵王并不采纳，便认为赵国必亡。郭遗问："根据您的预测，赵国将会在什么时候灭亡呢？"司空马说："若赵国以武安君李牧为将，一年就会灭亡；若杀了武安君，不到半年就会灭亡。赵国有个叫韩仓的大臣，阿谀奉承，迎合赵王。韩仓还嫉贤妒能，对有功之臣都怀有戒心。我认为，日后赵王必然听从韩仓的话，诛杀武安君。"

郭遗对此半信半疑。

此后，司空马就消失在战国争雄中。不过他的预言会在秦国与赵国对攻时应验。有人说，司空马游说赵王时，他对很多情况看得非常清楚。只是他提出的割让一半土地给秦国的建议，必然不会被赵王接纳。这也很容易理解，谁会在双方还未决出胜负前，就主动认输，将国土割让给他国呢？

而随着司空马的销声匿迹，另外一些与吕不韦有关联的人，也

---

① 刘向：《战国策》卷七《秦五·文信侯出走》。

都藏匿了起来。由此，因吕不韦引发的内乱问题彻底得到解决，影响秦国内政多年的吕不韦、嫪毐毒瘤被清除。赵太后彻底躲在后宫中不问政务，过起了与世无争的日子。秦王政实现了集权于一身，他再也不相信任何人，只相信自己的判断。此后的秦王政脱胎换骨，开始了他的治国之路。

这期间，秦王政所作的第一个决定，就是拜桓齮为大将军[1]，准备对外的扩张。当然，授予桓齮为大将军的原因是，老将军蒙骜去世了。此时的秦国内忧已解，国力不断提升，时代呼唤着秦国东出。而大军需要一个统帅，桓齮就成为不二人选。

除了调整军队长官，秦王政也着手培养"属于自己的"执政班子，以彻底摆脱吕不韦带来的影响。而在秦王政组建班子时，法家代表人物李斯则用真才实学引起秦王政的注意，后来他成为秦王政的左膀右臂。

据说李斯受重用后，给秦王政灌输自己的见解和思想。秦王政思想意识里原有的一些认知、观念与法家新思想"合流"，形成了"天下一家"的战略目标。

至此，一个真正的秦王即将诞生，他将开疆拓土，翦灭六国，统一中国。

---

[1]　司马迁：《史记》卷六《秦始皇本纪第六》："桓齮为将军。"

第二十章

征 讨

鹤鸣于九皋，声闻于野。鱼潜在渊，或在于渚。

乐彼之园，爰有树檀，其下维萚。他山之石，可以为错。

鹤鸣于九皋，声闻于天。鱼在于渚，或潜在渊。

乐彼之园，爰有树檀，其下维榖。他山之石，可以攻玉。

——《诗经·小雅·鹤鸣》

1. 李斯与逐客令

人才李斯

再贤德的君主，也只有遇到"贤臣"辅佐，才能成就一番事业。这似乎是一条铁律，秦穆公与百里奚如此，秦孝公与商鞅如此，秦惠文王与张仪亦如此……而治理国家更应是群策群力，将智慧结晶形成理论体系，再利用这些理论体系推动国家长治久安。

遗憾的是，秦王政虽已亲政，身边既没有辅佐贤臣，也没有这样一套理论体系。秦国只是在延续商君之法。当然，即便对于商君之法，秦王政也没有深刻领会，并熟练运用在治国理政上。

之所以会产生这样的事情，与他之前的经历有关。未加冠前，他更多扮演一个"学生"的角色，在吕不韦及其他臣僚的辅佐下处置政务。很多政务丞相已拟定处置意见，秦王政只需应允，或者在相关法令政策上盖王玺。

换言之，秦王政在吕不韦担任丞相的若干年里，并未真正触及国家最核心的问题——解决国家急难。而不解决急难问题，也就难以顺利成长，练就处置政务的本领。人是需要事来淬炼的，对君主来说，更是如此。

诛灭嫪毐应是他亲政后的第一件大事。虽然不尽完美，但处置了嫪毐，让他有了历练，对国君之位有了更为深刻的认识，对国家稳定、人民安居乐业有了更加深刻的认识。后来接回赵太后，逼死吕不韦，也是顺势而为。

如今，如此庞大的国家交给他，秦王政似有一种紧张与慌乱。他急需一批人才忠心不二地辅佐他，让他迅速成长，成为真正的王者。古之贤者且不论，战国四君子尚且能养门客三千，大秦的国君怎能没有自己的智囊团？

秦王政开始物色各种人才。

在这种背景下，一些曾被吕不韦耀眼光芒遮蔽的人才，开始崭露头角。还有些其他诸侯国的人才，也纷纷到秦国寻求机会，为名利奔波。因此，这一时期，秦王政逐渐组建了一套自己的班子。各种人才登上历史舞台，指点江山。其中，尤以李斯的受重用最为典型。

李斯原是楚国上蔡人，出生年不详。据说他年少时胸怀大志，曾在上蔡做过小吏。只是，身处底层，纵有远大理想，也会被现实粉碎。对于一个有才学、有理想、有抱负的年轻人，学识得不到展示、志向无法实现，仿佛置身于泥淖，被无法预料的暗流消耗着精力和能量。

总之，在上蔡的底层生活让李斯痛苦不已，感叹壮志难酬。

苦难的生活折磨人，也锻炼人。李斯就是在这种环境中逐渐成长，并开始顿悟，寻找自己的人生目标。据说，这时候，李斯发现了两种景象，受了启发，决意离开上蔡。

第一种景象是：他经常看见老鼠在厕所里吃不干净的东西，每次有人或者其他动物靠近，老鼠都会受惊吓逃跑。

第二种景象是：他偶尔到粮仓查看粮食是否发霉时，总能看见老鼠将粮仓当作家，既衣食无忧，也不受外界干扰。

同样都是老鼠，因所处环境的不同，生存状态完全呈现出两种不同的模式。由鼠到己，再推己及人，令李斯感慨不已。他感叹说："一个人若没有才能，就像这些厕所里的老鼠一样，会话在不如意的环境中。而人要是有才能，就会像仓库里的老鼠一样，坐享其成。"[①]在李斯看来，他还不如一只身在仓库中的老鼠，衣食尚且不能保证，理想更难实现。

老鼠的两种处境，深深刺痛了李斯，他决定改变这一切，做一个身在仓库里的老鼠，不再为衣食奔波。

不过想要做到这一点并非易事，战国时代列国伐交频频，人才辈出，有些人改变了历史进程，有些人也成为历史的炮灰。所以，要想在这样的环境中脱颖而出，就得先让自己值钱起来，才能得到诸侯们的青睐。

李斯"觉醒"了，选择了继续学习。据说他找到了当时有名的大宗师荀子，向荀子学习治理天下的帝王之术。荀子对这个弟子也很看重，倾囊相授。众所周知，荀子的学说（思想）是复杂的，并非单纯某一学说，这是受战国后期诸子百家思想影响所致。

此后，李斯跟着荀子学习多年，学到了一些新知识，认知、眼界都有了很大提升。荀子看到李斯孺子可教，也对其没有保留。几年后，李斯学有所成，打算到外面闯荡一番。正如孔子说："质胜文则野，文胜质则史。"即便学富五车，但要让学说变现，还得到社会大环境去验证。况且，李斯学习的目的，是要改变自己的处境，成为扭转乾坤之人，而非山野学术理论家。而要检验学说与理论，就得入世，用思想改良社会。

荀子也很支持李斯，有意让他到社会中闯荡事业。只是，李斯重新入世时，天下局势已发生重大变化。李斯在列国诸侯中，寻找

---

① 司马迁：《史记》卷八十七《李斯列传第二十七》。

展示才能的平台。他先将目光放在富庶的楚国。原因很简单，楚国地大物博，若能在楚国得到重用，他就能像那只仓库里的老鼠一样，衣食无忧，还会给宗族带去荣誉。但李斯很快意识到，楚王并非贤明君主，若去了楚国，不见得能受到重用。之后，李斯用自己的标准，审视齐、燕、韩、赵、魏、秦等诸侯国，寻找平台。

而此时，其他诸侯国都已呈"衰亡"状，各有各的问题，只有秦国国力还在蒸蒸日上。刘三解老师认为秦国之所以强大，是因为掌握了"矿"产资源，垄断这一切。① 当然，我们认为，虽然矿产资源是重要的战略资源，是一个国家富强的"垄断性"产物，秦国有这些东西，自然要比其他诸侯更有"底气"，但秦国的强大，一定是多种原因重叠的结果。

不管什么原因，在战国后期，秦国利用各种"优势"，成为"主导"国际时局的强大诸侯国。而这样的诸侯国，也会存在更多的机遇。因此，李斯决定到秦国试试运气。

诚然，李斯能看到的机会，其他士子也能看到。这些年来，很多士子入秦，都是为获得一个展示自己的平台。换句话说，秦国聚集的士子，并不比其他诸侯国少。那么，贸然入秦，能得到秦国重用吗？

荀子认为，这种担忧没有必要，水深与浅，只有涉水后才能知道。况且，吕不韦此时广纳贤才，去秦国总没有错。荀子的建议，坚定了李斯去秦国的信心。临行前，李斯与荀子作别，对荀子表露了心迹："我常听人说，一个人若得到了机会，就不能放松懈怠。眼下各大诸侯国都在想法变强，招纳天下人才，游说之士也都到列

---

① 刘三解：《青铜资本》。

国表达自己的主张，来换取国君的支持，进而执掌朝政。现在秦国想要吞并天下，这正好为我们这些人施展才华提供了机会。地位卑贱的人希望通过求取功名来得到俸禄，这样的人如禽兽看到肉后争夺抢食，空有一副皮囊。因此，我认为人生最大的耻辱是身份卑贱，最大的悲哀是贫穷。若长期处于卑贱地位中，生活相当清苦，还要愤世嫉俗，厌恶功名利禄，宣称与世无争，这并非士子本性。我不想这么做，我要入秦，得到地位和财富。"①

荀子点了点头，看到了弟子积极进取的态度。他并未交代什么，所有理论也都只有面对现实时，才能显示出其优劣来。而所学的知识，在个人成长的路上并不会起到多大作用，不断提升认知才是走向成熟的关键。

总之，一个人的成长，需要自己去尝试。

李斯告别荀子，一路向西，到了秦国。李斯也是有心之人，在前往秦国的路上，就开始对秦国的风土人情、制度建设、社会习俗、人情法令等进行考察，为自己将来在秦国大展拳脚寻找依据。

李斯到达咸阳时，秦庄襄王刚刚去世。秦国上下都忙于治丧和新君即位事宜。李斯一介布衣，无法参与这些事务中。不过，当时有一条捷径可走，那就是做吕不韦的门客，借着吕不韦的势力，逐渐登上高位。

结缘秦王

李斯找到了吕不韦，希望成为吕不韦的门客。

当然，李斯定是给吕不韦灌输了一些他的治国方略，得到吕不

---

① 司马迁：《史记》卷八十七《李斯列传第二十七》。

韦的重视。据说吕不韦很欣赏李斯，不久就举荐李斯担任秦王政的"郎官"，李斯便与秦王政有了更多接触。

我们认为，吕不韦本意应是为秦王找一个伴儿，陪着秦王政成长，教授知识，灌输治国理念。李斯由于在年龄、学识等方面都有优势，成为秦王政的郎官，就在情理之中。

李斯很看重郎官职位，对李斯而言他是幸运的，进入秦国就得到了这么重要的岗位。很多人入秦后，多年也难以谋取一官半职。更为重要的是，这会让他与秦王政朝夕相处，培养感情。而这又是多少人梦寐以求的岗位？

李斯是有野心的人。他留在秦王政身边，合理利用各种机会，不断取得秦王政的信任。虽然此时秦国由吕不韦掌舵，但李斯相信，终有一天，秦王政会长大，成为国家的主宰。到时候，李斯这位"陪伴"就能得到重用。

当然，除了陪着秦王政读书外，李斯还会潜移默化地灌输一些治国主张，影响秦王政的思想，提升他的认知。

有一次，李斯就对秦王政说："坐等机会的人往往会与机遇失之交臂，善于抓住时机又狠心的人往往能成就大业。以前秦穆公雄霸天下，一时间天下震惊。但不可否认的是，秦穆公始终都没有能够东进，吞并六国，统一天下。这到底是为什么呢？我认为，因为当时还有很多诸侯国，周王朝的德望也尚存，所以尽管出现了五霸争雄，但大家都以周王朝为尊。到秦孝公时期，周王朝日渐式微，诸侯国相互兼并。函谷关以东的土地被六国瓜分，秦国则乘机崛起，奴役诸侯，从秦孝公到如今，秦国已历六世。如今由于秦国崛起，诸侯们都畏惧秦国，也像郡县臣服朝廷一样臣服秦国。现在秦国强大，秦王贤明，应当顺应大势，吞并诸侯。我相信，只要秦军行动，就如扫除灶上的灰尘一样，荡平诸侯，统一天下，成就霸业。这是难得的机会。若秦国不抓住机会，让其他诸侯强大，进而形成合纵，对抗秦国，到那时，秦国就无法吞并他们了。"①

秦王政很喜欢听李斯的这种建议，只是他还没有掌权，无法实施李斯规划的这些蓝图。不过李斯这些"天下归一"的理论，刷新着秦王政对世界的认知。

其实，进入战国时代，各国之间战争陡然增多，或许，从这时候起，秦国历代君主就有扫平诸侯、统一天下、结束战国纷乱时代的志向。只是，这一目标实施起来并不容易，到秦王政时，秦国还是诸侯。这种背景下，李斯的建议就显得尤为重要。秦王政接受了李斯的建议，等待着时机。

数年后，逐渐长大的秦王政有了治国"计划"，委任李斯为长史，由李斯牵头，暗中派人到各国去游说。对诸侯国中的名士能用金钱收买的，就用金钱收买；无法收买的，直接想办法杀掉。通过这些办法，秦国离间了诸侯国君臣之间关系，为秦军扫荡诸侯奠定了基础。之后，秦王政就委派李斯为客卿，成为他的左膀右臂。②

再之后，秦国爆发了嫪毐之乱。秦王政平叛嫪毐之乱后，罢了吕不韦，李斯就成为秦王政的左膀右臂，辅佐秦王政不断成长。

此后，秦王政越来越成熟，处置国家政务也得心应手。李斯则不断矫正着秦王政的治国方略。秦国继续强大，国力蒸蒸日上。

而秦国"内部"的不断稳定，让诸侯国不安起来。此前，他们已享受了近十年的太平。现在，秦王政掌权，秦国的风向必然会改变，吕不韦时代的那些治国策略可能会被推翻。换句话说，秦国扩

---

①② 司马迁：《史记》卷八十七《李斯列传第二十七》。

张是迟早的事情。这种背景下，韩、魏等国又陷入"紧张"中。他们与秦国毗邻，一旦秦军出动，他们就会遭到攻打。

他们密切关注着秦国的动向，也在积极"准备"。当然，对韩国而言，他们手中还留有"王牌"，这就是早已启动的"疲秦"计划。细细想来，这项计划已"深入推进"近十年，也按照设计方向推进。他们能做的，就是保证这个计划继续推进，以持续削弱秦国实力。

那么，这个"疲秦"计划到底是怎样的？

原来，秦王政即位之初，为缓解压力，韩国布了一个很大的局，打算利用"消耗国力"的办法，削弱秦国，缓解秦国对韩国的威胁。当时，韩王选派一个叫郑国的人出使秦国，给秦国高层灌输兴修水利的好处，希望秦国能够修建水利工程，充裕国库，为东进扩张做准备。

郑国到秦国后，用"专业"思想，鼓动秦国将泾水与洛水联通，灌溉渭河以北大面积平原，为秦国积攒财富，进而为秦国扩张打基础。秦国高层被郑国的理论说服，聘请郑国主持兴修水利。

于是，从秦王政元年（公元前246年）开始，秦国开启了一场声势浩大的水利工程，这就是历史上有名的郑国渠。虽然这项工程持续多年，消耗了不少财力，但工程推进迅速，基本打通了这条河道。

到秦王政亲政时，韩国遣郑国用兴修水利"疲秦"的计划被"曝光"，兴修水利变成了拖累秦国的工程。至于为什么此前近十年都没有被发现，而秦王政亲政后，就发现了这件事，原因是复杂的。史料中记载更是模棱两可。不过，随着韩国"疲秦"坐实，秦国决定对韩国"大打出手"。据说，秦王政非常愤怒，他从修渠前线调回郑国，责问郑国主持修建水渠的初衷。

郑国显得很冷静，似一直在等这一天，他承认了韩国的这个大布局。

秦王政心中疑惑得到"印证"后，非常愤怒，打算杀掉郑国，以泄心头之恨。岂料郑国一点都不畏惧，他还对秦王政说："始臣为间，然渠成亦秦之利也。臣为韩延数岁之命，而为秦建万世之功。"① 开渠本为削弱秦国，然而渠修通之后，反而让秦国享受水利福利。应当说，郑国陈述的都是事实。

秦王政在权衡利弊后，并没有杀郑国。最终，秦王政命郑国继续完善郑国渠。《史记·河渠书》载："渠就，用注填阏之水，溉泽卤之地四万余顷，收皆亩一钟。於是关中为沃野，无凶年，秦以富强，卒并诸侯，因命曰郑国渠。"② 数年时间后，郑国渠完全开通，泾水从郑国渠流入洛水。秦国切实得到了水利的便利，关中北部大片平原地，均有了水利灌溉。

郑国"疲秦"反而成就了秦国，秦王政因此未追究韩国与郑国的责任。不过这件事并未就此"翻篇"。按史料说法，韩国"疲秦"策略成为秦国贵族的抵制外国士子的"有力罪证"。

原来，随着秦国越来越强大，各诸侯国纷纷派间谍进入秦国，或刺探秦国情报，或让间谍出任秦国的客卿。这些人一方面窥探秦国的内政，一方面想着颠覆秦国。郑国只是韩国的一个间谍而已。只是这时，秦国贵族打算利用这件事"做文章"。

这些年来，随着外国士子不断入秦，他们用先进治国理念得到秦国统治者的重用，成为君主眼前的红人。他们很多人身居要职，

---

① ② 司马迁：《史记》卷二十九《河渠书第七》。

在朝堂上呼风唤雨，即便秦国贵族，也要受制于他们。而秦国贵族在思想意识、学问学识、治国方略等方面多不及外国士子，也多受到奚落，在国家核心层发挥的作用不明显。因此，秦国贵族对外国士子有着一种天然敌意。之前王稽引范雎入秦时，魏冉的几番外国士子只会鼓动君王云云的话，亦能间接佐证这一点。而郑国"疲秦"之事正好成为一个借口，他们打算利用这件事，驱赶外国士子，重新夺回贵族在秦国朝堂的话语权。

因此，在一次朝会中，贵族们亮出底牌，向秦王政建议说："各诸侯国的入秦之人，多是为自己国家的利益来秦国的，他们不是为了让秦国强大，而是来秦国搞破坏的，建议对这些外国人进行驱逐。"他们列举的实例就是郑国这个反面教材。而贵族们集体上书，让秦王政也开始思谋这件事。

当然，也有学者认为，秦国驱逐他国士子与郑国"疲秦"无关。本书也认为，郑国渠之事，并非秦国驱逐列国士子的全部原因。这背后，应该包含着更为复杂的原因。只是，史料留给我们的，只有这一个原因。

不管过程如何复杂，结果是，秦国高层试图驱逐列国士子的计划得到了秦王政的同意。

逐客

多年来，遭受各种"欺骗"与"背叛"，在"苦水"中浸泡着长大的秦王政变得多疑。这一次，在贵族们轮番"进言"后，他认同了贵族们的意见，也认为这些列国士子心怀不轨，入秦动机不纯。他们畏惧秦国，就到秦国探听情报、破坏秦国君臣关系。而秦国不能任由这种情形继续发展。

　　之后，秦王政特命人草拟了一道命令，要求有司对那些不是"秦籍"的士子登记造册，限他们在规定期限内离开秦国。如果驱逐还不奏效，国家将会采取"强制性措施"。这道命令，就是历史上有名的逐客令。

　　需要说明的是，命令驱逐的范围是所有外国士子，即便那些为秦国立下功劳的人，也在驱逐之列。这意味着，李斯也在名单上。

　　众所周知，秦国之所以强大，就是因为从秦孝公开始，大胆起用外国士子，用先进的理念治理秦国，让秦国在列国伐交频频的环境中脱颖而出。而这一切成果的前提是"不拘一格降人材"，采纳外国士子们先进的理念。而一旦驱逐这些士子，造成人才流失，秦国可能自此衰落下去。不过，秦国贵族就是希望驱赶这些外国士子，不希望这些人与他们分享秦国富强的红利。

　　之后，逐客令颁布。秦国动用"武力"，对号驱逐留在秦国的客卿、士子。李斯虽贵为秦王政的宠臣，但也因身份问题依然被驱逐了。李斯忧郁不已，在离开咸阳时，将写好的一封信交给官吏，请求他们转交给了秦王政。这封信就是《谏逐客书》，在历史上很有名，一度被选入中学课本中。

　　且来看李斯这封信的内容：

　　　　臣听闻官员议论，说大王打算强制驱逐到秦国游说的各国士子。我个人认为，这个命令是错误的。

　　　　秦国自穆公时代始，求访天下贤士，不论国籍，只要有贤才就能为秦国效力。因此，穆公才能在西戎中得到由余，在东方宛邑得到百里奚，在宋国得到蹇叔，在晋国得到丕豹、公孙支。我列举的这五位人物都不是秦国人，也没有出生在秦国，但穆公就是因为重用他们，采纳他们的意见，才兼并了二十个诸侯，称霸西戎。

秦孝公采纳商鞅的建议，实施变法，移风易俗，百姓因此生活富裕丰盛，国家因此富足强盛。因商鞅推行的法令，让百姓乐于为秦国效力，让诸侯们亲近顺服。秦国击败了魏、楚军队，占地千余里，至今秦国都在享受商鞅变法带来的红利。

秦惠文王采用张仪的计谋，向东攻占三川之地，向西兼并巴蜀，向北拓疆，设立北郡，向南巧取汉中，统揽九夷，控制楚国鄢郢，占成皋天险，取肥美土地，通过连横政策破坏六国联盟，迫使各国向秦国臣服。张仪的思想和主张至今还在影响着天下大势。

秦昭襄王得到范雎，废穰侯、逐华阳君，实现了集权，杜绝豪门强权干政，使得秦国实力大增，逐步蚕食各国，成就秦国一家独大的霸业。

以上列举的这些成就，都是依靠外国客卿的功劳，让秦国不断强大。由此看来，外国客卿到底有什么对不住秦国的地方呢？假如上面提及的四位秦国君主拒绝客卿入齐，疏远贤士，秦国还会有今天如此强大的国力吗？

现在，大王您得到了昆仑山的美玉，拥有随侯珠、和氏璧等宝物，宫中悬挂着光亮如明月的珠宝，佩戴着太阿宝剑，骑着纤离骏马，打着用翠羽编成凤鸟形状的旗帜，架着灵鼍皮蒙织的鼓。以上列举的这些宝物，没有一样产于秦，但大王却很喜欢它们，这到底是为什么呢？若坚持只有秦国出产才能使用的理念，那么夜光璧就不能装饰朝廷，犀角、象牙做成的器物就不能作为玩赏之物，郑、卫两国女子就不能纳为王姬，骏马、驴骡就不会充满马厩，江南的器物不会被使用，川蜀的丹青不会成为颜料。若坚持非秦国生产不能用，那么宛邑出产的珍珠装饰头簪、附着珠玑的耳饰、东阿丝绸制作的衣服、织锦刺绣的饰品就不会出现在大王的面前。那些美丽的赵国女子就不会站在大王面前，那些悦耳的歌曲就不会传到秦国，而秦国只能敲打着瓦器、弹着秦筝、拍打着大腿嚎叫。众所周知，《郑》《卫》《桑间》《韶虞》《武象》这些曲目都是其他诸侯国的音乐，为什么秦国舍弃了敲打瓦器的礼乐，接受类《郑》《卫》《韶虞》等音乐呢？我认为，是为舒心和观赏。如今，秦国选取人才不问有无真才实学，而以国籍分类，若非秦国人就要一律驱逐。这种法令让人觉得秦国只是重视美色、音乐、珍珠、玉器，轻视自己的子民。这根本就不是坐拥天下、掌控诸侯的策略。

臣还听人说，地域辽阔粮食就会很多，国家光大人口就多，军队强大甲士就勇敢。泰山从不拒绝泥土依附，所以形成了它的高大之势；河流从不拒绝细流汇入，所以成就了它的深广；帝王不拒绝民众依附，所以他才能功德昭著。因此来说，地域不论东南西北，百姓不论异国他乡，遵循天道轮回，鬼神降恩赐福，这就是五帝三王坚持的理念。现在秦国却要抛弃百姓，拒绝宾客效力，让天下的贤才不敢到秦国来，这就是我们常说的"借武器给敌人，送粮食给盗贼"。

以前，很多东西并非秦国出产的，却珍贵无比。贤士不是秦国本国人，却愿意为秦国效忠。如今，秦国驱逐贤才，让他们进入其他诸侯国，帮助诸侯对付秦国，由此带来的结果就是，减少百姓而充实敌国，空虚自己而与诸侯结怨，这必然让国家陷入危局。

李斯的这份《谏逐客书》逻辑缜密，论据丰富，论点铿锵有力，文采飞扬，可谓战国时期的绝美文章。据说，这篇论文传到秦王政手中后，让秦王政沉思良久。

之后，秦王政就废除了逐客令，召回了李斯。① 从此，秦王政对李斯深信不疑，与李斯一同开启统一天下的新征程。

2. 秦国开启征讨列国行动

人才尉缭子

秦王政采纳李斯的建议，废止了逐客令。因此，李斯重新回到咸阳，继续受到秦国重用。那些已离开秦国的客卿，也相继接到消息，重新回到咸阳，接任原来的岗位。

秦王政特召见了李斯，向他询问治国之道。李斯趁机给秦王政灌输统一天下的理念，希望秦王政以天下的百姓为己任，荡灭六国，结束纷乱的时代，还天下太平。

秦王政被李斯的"天下归一"思想触动，积极密谋统一天下的事业。

事实上，到秦始皇时代，民众对统一的渴望超过了以往任何时代。经历数百年战乱，战国时代已走向末路，诸侯"均衡"发展变

---

① 司马迁：《史记》卷六《秦始皇本纪第六》："大索，逐客，李斯上书说，乃止逐客令。"

成秦国一家独大，这种背景下，统一是时代大趋势。

问题的关键是，如何在这一背景下实现统一。对于秦王政的这一困惑，李斯的建议是由近及远，从小到大，循序渐进，将最难攻打的国家放在最后，而不能一开始就与大国对峙，否则就可能引起诸侯再次合纵抗秦。换句话说，这时候，应该先灭韩国，因韩国与秦国毗邻，国力孱弱，攻韩是上策，也是震慑诸侯的做法。秦王政听从了李斯的建议，打算派李斯入韩，先礼后兵，向韩国施压，勒令韩国主动献城投降。

咸阳城里各国眼线很多，秦国攻韩的消息不胫而走，天下诸侯在观望。韩王却焦急万分。几十年前，韩国就无法抗秦，如今更不是秦国的对手。再者，秦国此前虽表示不追究韩国"疲秦"，但谁又能保证，那只是秦国的一面之词？

危机降临，如之奈何？韩王不敢与秦国对抗，也指望不上其他诸侯的援助，只能继续觍着脸向秦国乞和。

秦王政很喜欢诸侯的摇尾乞怜，答应韩王不会"消灭韩国"。这让韩国上下松了口气。当然，通过给韩国施压这件事，也能看出此时的秦国已完全有能力挑战任何诸侯，"秦王一怒诸侯恐惧"的氛围已形成。

秦王政并不急于翦灭诸侯，也有现实层面的考虑，即灭诸侯的时机还不成熟，秦国需要等待。此后，秦国继续招纳人才，继续强大，为统一全国建人才储备库。这时候，有个叫尉缭（后世称尉缭子）的魏国大梁人听闻秦王政纳才，从大梁赶往咸阳，希望能在秦国寻得一个平台，展示自己的所学。

和战国"诸子"一样，尉缭是个传奇人物。相传他是个军事天才，在魏国国力日渐式微的情况下，他继承了吴起、孙膑等人的思

大秦长歌——一部两千年秦文明史

想，将吴、孙等人作战思想进行了完善与深化，最终形成了《尉缭子》一书。1972年春，考古学者在山东临沂银雀山一号、二号汉墓里发现了这本书，内容也较为完善。从这部书的内容看，尉缭是军事战略家，有谋略。

据说，尉缭在战国中很有地位，很多人都熟悉他，尤其受到将帅的追捧。尉缭到秦国后，秦将蒙恬曾亲自为他牵马，还将尉缭请回家中，向他求教强兵之法。蒙恬还建议尉缭继续著书立说，遭到尉缭拒绝。此时的蒙恬固然是初露头角的少年将帅，但在贵族社会中，他也绝非一般人物。能得到蒙恬如此屈尊，说明尉缭有真才实学。

之后，尉缭在蒙恬的引荐下，见到了秦王政。

《史记》中是这样记载尉缭见秦王政的：见到秦王政后，尉缭并不卑躬屈膝，反而坦然自若。他对秦王政说："秦国在诸侯中最为强盛，诸侯仿佛郡县的长官，秦国国君操控诸侯。不过我担心的是，一旦诸侯们再次合纵，乘着秦国不备，谋取秦国将会给秦国带来巨大隐患。曾经，三晋智伯、吴王夫差、愍王等人都曾称王称霸，最终被合纵击败。我的建议是，希望大王您不要吝惜钱财，贿赂各国有权势的大臣，破坏各诸侯国之间形成的合纵。如此一来，只要损失三十万金，就能将天下诸侯彻底消灭。"①

据说秦王政被尉缭的深邃思想吸引，认可了尉缭的建议。这个记载，与《李斯列传》有"相似"。可能用黄金拉拢各诸侯国贵族

---

① 司马迁：《史记》卷六《秦始皇本纪第六》："李斯因说秦王，请先取韩以恐他国，于是使斯下韩。韩王患之。与韩非谋弱秦。大梁人尉缭来，说秦王曰：'以秦之强，诸侯譬如郡县之君，臣但恐诸侯合从，翕而出不意，此乃智伯、夫差、愍王之所以亡也。原大王毋爱财物，赂其豪臣，以乱其谋，不过亡三十万金，则诸侯可尽。'"

1322

已成"常规"动作。

事实上，对秦国而言，只要能减少战争带来的损失，钱财其实并非最重要的东西。按照刘三解先生的说法，秦国之所以不断强盛，与其掌握了铜、金矿资源有很大关系。就是说，到战国末期，秦国在"钱"的问题上始终掌握着主动权，因此才能不断对外扩张。[①]

此后，秦王政就真诚邀请尉缭留居秦国，出谋划策。遗憾的是，尉缭尽管给秦王政提供了强国方略，但他并不想留在秦国效力。据说，尉缭除了有深邃的思想和卓越的见识，还善于相面占卜。当他第一次与秦王政见面后，就认定秦王政寡恩、残暴，不是善良之人，并不打算留下为秦王政服务。

当然，尉缭不愿为秦王政效力，但尉缭给秦王政留下了深刻印象，他很重视尉缭，每次见尉缭时，都会以礼相待，表现得很谦卑。据说，秦王政为了留住尉缭，还与他穿一样的衣服，吃一样的饭食。

即便这样，尉缭依然不想留在秦国。尉缭曾在私底下对人说："秦王长着高鼻梁，长眼睛，有着猛禽一样的胸膛和豺狼一样的声音。从面相上看，他恩寡而狠心。这样的人再穷困潦倒都不能屈居人下，得志后也会将人吞食。我不过是一介平民，他却经常屈居在我之下。我担心有一天，他一旦统一天下，那么天下人都将会成为他的俘虏。我不敢与这么可怕的人相处。"[②] 这些记载也有商榷的地

---

① 刘三解：《秦砖：大秦帝国兴旺启示录》。

② 司马迁：《史记》卷六《秦始皇本纪第六》："秦王从其计，见尉缭亢礼，衣服食饮与缭同。缭曰：'秦王为人，蜂准，长目，挚鸟膺，豺声，少恩而虎狼心，居约易出人下，得志亦轻食人。我布衣，然见我常身自下我。诚使秦王得志于天下，天下皆为虏矣。不可与久游。'乃亡去。"

方，史料中并无秦王政面相的记载，说明他面相特点并不十分明显。而尉缭仅通过面相，就认为秦王政寡恩、残暴显然是"成见"。

不久，尉缭就逃跑了。等秦王政发现时，他已逃出了咸阳。秦王政很愤怒，打算诛杀尉缭，但在李斯等人的劝说下，秦王政还是一改往日的暴躁，亲自带领人追上尉缭，用虔诚的态度挽留他，还任命尉缭为秦国的国尉，请尉缭做自己助手。最终，尉缭被秦王政的真诚感动，决意辅佐秦王政。而秦王政让尉缭担任军事参谋，为他提供建议。此后，在秦军扩张时，对尉缭提出的很多意见秦王政都予以采纳。①

秦王政将尉缭补充到政府班子，与李斯、王绾等人共同辅政。同时，他还培植起来了一大批的将领，为秦国的对外扩张奠定了基础。这些武将有王翦、桓齮、杨端和、蒙恬等人，他们成长于秦昭襄王、秦庄襄王时期，到秦王政时期，已在军中崭露头角。尤其是将领王翦、桓齮等人，已有了一些战功。

不过，此时秦国虽然"万事俱备"，却还没有想好先攻打哪个诸侯国，秦王政在审时度势，等待"东风"到来。

燕赵交战

世间事，总是在无法预知中悄悄发生。就在秦国思考如何东出的关键时刻，一个从赵国传来的消息，替秦王政作出了选择。

原来，在秦王政稳定秦国政局期间，燕、赵两国爆发了大规模战争，而这种相互"摧残"的做法，给了秦国机会。秦王政与高层

---

① 司马迁：《史记》卷六《秦始皇本纪第六》："秦王觉，固止，以为秦国尉，卒用其计策。而李斯用事。"

商议后，决定乘着燕、赵交战，攻打赵国。

那么，这到底又是怎么回事呢？

原来，燕、赵之间数十年来，一直相互不对付，老发生战争。

公元前251年，秦昭襄王去世，对天下的"武力"威胁逐渐减弱。当时，燕王打算重新与赵国交好，就遣丞相栗腹到赵国订立盟约。于是，栗腹带着大量的黄金入赵，向赵王祝寿，表达与赵国结交的意思，赵国也答应结盟。有意思的是，栗腹这次入赵，探知了赵国的很多不为人知的"内幕"。等栗腹回到燕国后，就对燕王说："赵国成年男子都死在了长平之战中，国内只剩下孤儿和未成年人，我们可乘机讨伐赵国。"

燕王思量后，认为栗腹的建议可以尝试。不过，燕王虽有攻赵之心，却还心存疑虑。因此，他召见昌国君乐闲，征求他的建议。乐闲坚决反对这么做，他对燕王说："赵国国情复杂，四面受敌，以至国中百姓都熟悉军事。这时候，我们断不可攻打赵国。"燕王说："我们军队人数多，用五个人打一个赵国人，总能取胜吧？"乐闲却说："即便如此，也不见得能够成功。"燕王很不高兴，负气离去，将乐闲留在原地。

之后，燕王又征求了其他朝臣的意见，很多人看出燕王意在攻赵，也就附和燕王，支持攻打赵国。最终，燕王还是派出一支燕国大军和两千乘战车攻赵。据说，燕军进入赵国前，将兵力分成两路，一路由丞相栗腹率领，攻打赵国鄗邑（今属于河北）；一路由卿秦率领，攻打赵国代地。

令人疑惑的是，燕军出动后，燕国大臣似乎都持观望态度，没有人愿意阻拦国君的冒险行为，只有大夫将渠对燕王说："本来是与赵国互通关卡，建立和平盟约。为此，燕国还给赵王送去了五百镒黄金，向赵王祝寿。谁也没想到，使者回到燕国，就鼓动大王打赵国。我认为这种做法很不恰当，燕军也不会取得胜利。"将渠意在让燕王回心转意，放弃攻打赵国。燕王不但不听劝阻，还亲自率领一支燕军跟随在主力后面，借机行事。将渠看到燕王一意孤行，便拉住燕王说："大王您不要亲率大军攻赵，万一失败，身陷囹圄如之奈何？"燕王很愤怒，用脚踢开将渠，命人将他驾走。将渠大声哭喊："臣做这些并非为了自己，而是为了大王您啊！"燕王依旧不为所动，继续攻打赵国。他们一行人到达宋子一带时，赵国探知燕国强军压境，派出老将廉颇应敌。不久，廉颇组织赵军在鄗邑打败了栗腹，赵将乐乘也在代地击败卿秦。乐闲得知燕军失利，担心燕王会迁怒于自己，就从燕国逃奔到赵国。[1]

之后，廉颇指挥赵军一路追击，一直将燕军驱逐了五百多里，还包围了燕国都城，让战争局势发生了大逆转。燕国不敌，不得不觍着脸与赵国讲和。

只是，燕国有讲和之心，赵国却不打算与燕国讲和。最终双方经过一系列斗智斗勇，赵国强硬态度有所松动。不过，赵国要求只有将渠主持和谈，赵国才会和谈。因此，燕王任命将渠为丞相，与赵国和谈。不久，双方和谈成功，赵军就撤退。至此，燕、赵之间第一阶段的战争告一段落。

公元前 245 年，赵孝成王去世，赵悼襄王即位。赵国的风向发生了改变，赵悼襄王重用乐乘，轻视廉颇，还让乐乘取代廉颇的地位，这让廉颇很愤怒。他不愿被架空，率领军队攻打乐乘。最终，

---

[1] 司马迁：《史记》卷三十四《燕召公世家第四》："今王喜四年，秦昭王卒。燕王命相栗腹约欢赵，以五百金为赵王酒。……赵听将渠，解燕围。"

乐乘被廉颇击退。不过因发生这种内乱，廉颇也无法在赵国立足。不久，廉颇就逃亡到了魏国大梁。①

公元前 243 年，燕、赵之间的第二阶段战争爆发，这次主动出击的是赵国。赵王遣大将李牧攻打燕国。李牧是赵国后期的著名将领，胸有韬略，曾带领赵军对抗北方草原游牧民族入侵，为赵国的稳定立下了赫赫战功。这时候，由于廉颇逃亡，李牧就成了赵国的主要将领。李牧率领的赵军很快推进至燕境，攻取武遂、方城等地。

之后，李牧就撤军了。一年后，燕王心有不甘，又派大将剧辛带兵攻打赵国。这一次，赵王派老将庞暖（煖）迎击燕军，斩获了两万燕军，诛杀了燕军主帅剧辛。②

经过以上两次战役，燕、赵关系彻底破裂。而赵国经过这些年的休养生息，也逐渐恢复元气，强盛起来。所以，这时候，秦王政还在为攻打哪一个诸侯犹豫不决时，赵国高层"忽略"了秦国的存在，决定继续掠夺燕国，蚕食土地，抢夺民众。可能他们以为，秦国还在搞"内讧"，没有时间顾及诸侯间的兼并。

而此时，秦国经历了种种波折后，早已稳定，正准备对外扩张。赵国攻燕，正好成为秦国攻赵的借口。秦王政与李斯等人在观望时局，准备伺机对赵国实施偷袭。

---

① 司马迁：《史记》卷三十四《燕召公世家第四》："赵孝成王卒，悼襄王立。使乐乘代廉颇，廉颇不听，攻乐乘，乐乘走，廉颇奔大梁。"

② 司马迁：《史记》卷三十四《燕召公世家第四》："十二年，赵使李牧攻燕，拔武遂、方城。剧辛故居赵，与庞暖善，已而亡走燕。燕见赵数困于秦，而廉颇去，令庞暖将也，欲因赵弊攻之。问剧辛，辛曰：'庞暖易与耳。'燕使剧辛将击赵，赵使庞暖击之，取燕军二万，杀剧辛。"

秦国攻赵

公元前 236 年（秦王政十一年）春，赵国再派大军攻打燕国。这一消息很快被秦国捕捉，秦国高层跃跃欲试。

不排除燕国向秦国发出求援，而秦王政也认为，他等待的时机到来了，就派出王翦、桓齮、杨端和等人率领秦军攻赵。

秦军打着支援燕国的名义，向赵国出发。很快，秦军就进到邺县（今河北省邯郸市临漳县邺城镇附近）。秦军猛攻邺县及其周边城邑，占据了赵国的九座城。此时赵军进退两难，西面有秦军入侵，东面又陷入与燕国交战的旋涡，无力与秦国周旋，多座城邑被燕军攻克。

之后，秦军在王翦等人的指挥下，继续攻打赵国。赵国不得不抽调出一部分大军来应对秦国入侵。王翦抢占时机，指挥秦军猛攻阏与、橑杨。秦、赵两国曾在这里爆发过多场战争，各有胜负。

按照秦国高层部署，王翦这次的任务是攻克阏与，占领上党重要战略之地，为今后秦军向赵国开进创造条件。为了将军队战斗力充分发挥出来，王翦将原本分散的秦军全部集合起来，让他们组织成一支大军，攻击赵国的阏与、橑杨。

赵国似也意识到秦军来者不善，便调拨大军支援。双方在阏与、橑杨一带展开了多次战斗，各有死伤。这时候，战争的天平开始向赵国倾斜。原因是，秦军远道而来，粮食储备不足，亦无战略要塞，必然无法持久对峙。而赵军则依靠城池，坚守不出，令秦军奈何不得。

看透了赵国的"意图"，王翦开始寻找破敌策略。据说，为提升战斗力，王翦对军队进行了整编，将俸禄在一斗以下的军吏都赶回了秦国，只留下最为精锐的那部分人马。之后，王翦指挥秦军全面出击，攻打赵国城寨。秦军仿佛蜂群一样，扑向了赵国各处要塞。与此同时，王翦又在军中选出一批精锐之士，组成了一支新军，由桓齮率领，攻打邺县、安阳。

部署看起来很"高明"，但战果并不理想，赵国的殊死斗争，也令王翦很头痛。因此，这一战依然持续了很长时间，到公元前235年（秦王政十二年），王翦等人带领的秦军还周旋于赵国。而这时赵国也调整了策略，留一部分人马与燕国纠缠，将主力集中在西方，对抗秦国入侵。因此，局势开始对秦不利。据说赵国趁着与秦军对峙之际，还修筑了柏人城，防止秦军入侵。[①]

不过即便陷入僵持，秦军也不撤军。

然而，这一年是不顺的一年，从年初时，就没见过雨雪。直到夏天，依然不见有一丝雨的踪迹。干旱持续了好几个月，秦国遇到了前所未有的旱灾。秦王政想尽了办法，依然不见一丝丝雨。关中一带的夏粮几乎绝收。[②]

这样的情况下，秦国对赵国的威胁有所缓解。

直到八月，天上才有了一丝雨的踪迹。秦王政火速组织人开展秋种，为即将爆发的战争做准备。

公元前234年（秦王政十三年）春，天上出现了彗星，这似乎是个"不祥"的信号，到底预示着什么呢？此时，最焦灼的问题是与赵国的僵持。去年一年，因干旱问题，秦、赵之间的战争就这样耗着。秦王政希望两国尽快决出胜负，长期僵持下去，只会让秦国

---

① 司马迁：《史记》卷四十三《赵世家第十三》："幽缪王迁元年，城柏人。"

② 司马迁：《史记》卷六《秦始皇本纪第六》："当是之时，天下大旱，六月至八月乃雨。"

更加困难。

于是，秦王政给前线将士下令，要求他们速战速决，结束这场耗时三年的战争。王翦得到命令后，准备集中兵力攻打赵国要塞。因此，秦将桓齮率领一支秦军冲锋陷阵，攻打赵国平阳（今属河北），向赵国施压。《史记正义》引《括地志》记载说："平阳故城在相州临漳县西二十五里。"又云："平阳，战国时属韩，后属赵。"

天下的目光都关注着平阳之战。

此时驻守在平阳的赵将叫扈辄，是赵国后期不可多得的一位军事将领。据说扈辄早年间曾学习儒学，对孔、孟思想有独到的见解。后来，他追随廉颇、庞煖等人出征，在战场上历练。等廉颇、庞煖这一代将领衰退后，扈辄就成了赵国新崛起的将帅之一。当时，赵国有个重臣叫郭开，深受赵王的重用，他就给赵王举荐了扈辄。秦国没有攻打赵国前，扈辄就镇守在邺郡三城。而随着王翦等人不断推进，邺城也被秦军攻克。扈辄就转战到平阳，继续与秦军周旋。

大概王翦认为这一战不用他出动，平阳就能攻克，遂将攻打平阳的重任交给了桓齮。而此前邺城之战时，桓齮可能与扈辄交过手，双方还算熟悉。这反而让战争显得复杂，他们都无法预测战争结局，毕竟大军团作战，核心是战术。

为了速战速决，桓齮向平阳城上的扈辄叫战，希望扈辄能够主动出击。但扈辄并不上当，继续坚壁清野，对抗秦军。

事实证明，坚守不出是非常明智的选择。桓齮一看难以直面对决，只能命人强攻平阳。扈辄则组织赵军顽强抵抗。

至此，战争再次陷入胶着状态中。

　　桓齮心中憋着一股劲，他一定要攻克平阳，扬名立万。最终，秦军不惜一切代价，攻上了平阳城。据说城破后，到处是秦、赵两军的尸体，现场惨不忍睹。而扈辄不甘心失败，退守武城，桓齮一路追击，武城也被桓齮攻破，[①] 扈辄也战死在了前线。等战后清理战场，秦军发现赵军死亡人数超过十万。[②]

　　秦国攻赵的这一战，再次震惊了当时的诸侯国。很多观望中的诸侯更惧怕秦国了。而秦军取胜的消息传到咸阳后，秦王政除了对损失人数略感不满外，对战争的结果还是满意的。秦军损失了那么些人，也攻克了平阳。之后，为了犒赏秦军，鼓舞士气，秦王政带领随从出了咸阳，奔赴黄河以南前线犒师，秦军因此士气大振。而秦军在王翦、桓齮等将领的指挥下，继续向赵国推进。

　　赵国朝野震惊，长此与秦国耗下去，赵国必然灭亡。不过赵国并不想就此认输，双方都在试探彼此的底线，看谁最先妥协。因此，赵国又在国内征调了一批人马，继续与桓齮对抗。

秦军败北

　　公元前233年（秦王政十四年）春，秦军向赵国发起了全面攻击。驻扎在平阳的秦军猛攻赵军，夺取了赵国宜安。赵国宜安主将战死，其他军士四散而逃。《史记正义》记载："宜安故城在常山栾城县西南二十五里也。"

　　这个失利让赵国上下不得安宁，按照秦军这个速度，赵国还能

───────────────

① 司马迁：《史记》卷四十三《赵世家第十三》："二年，秦攻武城，扈辄率师救之，军败，死焉。"
② 司马迁：《史记》卷六《秦始皇本纪第六》："十三年，桓齮攻赵平阳，杀赵将扈辄，辄，张猎反，赵之将军。斩首十万。"

扛多久？为了保住国祚，赵国放弃了北方驻防，将大将李牧从北方调回，以抵御秦军。

李牧是赵国的名将，中原逐鹿时，他长期驻守代地雁门郡，防御匈奴南下骚扰赵国。赵王对他信任有加，给予他军政管理权：李牧可根据实际需要，设置官职。他所在地的城邑租税，也都不用上交国家，直接充当军费。

而正是基于赵王的这种"特殊信任"，李牧殚精竭虑，一心为国。相传李牧治军很严，但也很体恤将士，从不克扣军士的粮饷。还有传闻说他每天都要宰杀几头牛来犒赏军士。

平日里若无战事，李牧会教导军士练习射箭骑马，锻炼筋骨。他对边境防御制度很严，要求看守烽火台的人时刻注意匈奴动静，还派人侦查匈奴内部情况。

李牧还制定出严苛的制度："若匈奴入侵，就立即收拢人员，坚守壁垒，禁止军士追捕敌人，违者处斩。"因此每次匈奴入侵，赵军就坚壁清野，拒守不出。很多年来，赵军就是坚持这样的做法，抵御了匈奴的一次次进攻，没有失掉任何城邑。

据说李牧的这种做法，让匈奴误以为李牧胆小，不敢与他们对峙。匈奴人嘲笑李牧的故事传至邯郸时，赵王也对李牧产生了怀疑，遣人责备李牧不敢攻打匈奴。李牧对此做了解释，希望赵王能够理解。大概赵王也信了李牧的话，不再过分干涉李牧戍边。因此，遇到匈奴攻打边境城邑时，李牧依旧坚壁清野，据守不出。匈奴因此也无法入侵赵国。

只是朝堂之上多文臣，他们有时候也会诋毁李牧。而李牧这种"特立独行"的做法，就成为同僚诋毁他的"证据"。因此，李牧的坚壁清野政策有时又让赵王心生疑虑。总之，有时候朝堂往往黑白颠倒，人人都知道真相，却主动回避真相、掩盖真相，让君主迷惑，分不清真假。这种背景下，李牧自然会被猜忌。最终，李牧被召回。而李牧一旦被召回，匈奴立即向赵国边境发起挑战。继任者主动出击，结果损失惨重。赵王这才意识到李牧预防匈奴的策略是对的，重新调李牧到北地镇守。此后，李牧长期驻守北地，与匈奴较量。据说，驻守边关期间，李牧还训练了一支强大的赵军，专门对付匈奴，曾将单于驱赶到草原深处。[1]

这一次若非秦军步步紧逼，赵王大概不会调回李牧。而调回李牧实际上是一步险棋，匈奴一旦得知李牧被调离，会不会立即向赵国边境发起攻击？

大概李牧南下前，已对边境布防做了全面调整，只要北方守将按照他的策略守城，匈奴就很难突破。

做完部署后，李牧赶到秦、赵对抗前线，对抗秦军。此时，秦、赵双方还在宜安（今属河北）附近对峙。李牧观察了地形地貌，又派人"刺探"秦军的士气，思考应对之法。

经过一番调查研究，李牧认为目前秦军士气高涨。若主动出击迎战，必然吃亏。不如就此筑壁垒固守，疲惫秦军。等到秦军士气低落时，再出击攻打秦军。于是，李牧命人坚守不出，任由秦军叫嚣。

李牧的这种做法，与当初廉颇在长平之战前对付秦军的办法如出一辙。这也是秦军长途奔袭、攻打诸侯的劣势。范雎的远交近攻、李斯的步步蚕食等策略，其实都是根据这个实际，提出符合秦国吞并六国的策略。换句话说，此次秦军攻赵并不明智。此

---

[1] 司马迁：《史记》卷八十一《廉颇蔺相如列传第二十一》。

前秦国与赵国交手时，多次吃亏。秦王政作为雄主，当汲取教训的。

国君的意图体现在战争上，就是前线将士的浴血拼杀。如今的战况，令秦军诸将深感不安：过去廉颇对抗秦军时，就采取坚壁清野，让秦军无可奈何。现在李牧继续使用这一计谋，对秦军非常不利。若秦军不能速战速决，粮草很难跟进。到时赵军反击，秦军必败无疑。因此，桓齮决定声东击西，引蛇出洞。他派秦军攻打肥邑（今河北石家庄藁城区一带），试图诱导赵军支援肥邑。而只要赵军离开坚守的壁垒，他就有办法将其消灭。

不久，秦军就对肥邑发起了攻击。李牧得到秦军攻肥邑的消息，并未采取措施。可能李牧预判了秦军攻肥邑的计谋，决定不管肥邑。当时有个赵国的将领叫赵葱，在李牧的帐下做将军。他看着秦军攻肥邑，非常焦急，主张立即援助肥邑。而李牧不解释，也不支援肥邑，继续观看着局势。

为此，赵葱多次建言，甚至与李牧产生了争吵。即便如此，李牧依然不支援。

事实上，李牧已想到了破秦之法：声东击西，偷袭秦军后方。只是眼下时机还不成熟，因此李牧在静静等待时机。而随着越来越多的情报汇集，李牧分析后，认为秦军的注意力都在攻城上。因此，李牧给赵军下了一道命令：攻打秦军大营。赵军非常不解，但必须执行。

站在后世的角度分析，李牧的做法非常高明。此时秦军正在攻打肥邑，吸引赵军注意力。这时候，秦军大营疏于防备，必然成为赵军的攻击对象。事实也如李牧所料，赵军一举摧毁秦军大营。

桓齮得知消息后，立即指挥秦军回援大营。而李牧也料定秦军会回援，决定在半路设伏。他将赵军主力埋伏在两侧，只派一支赵军拦截桓齮。桓齮不知底细，指挥秦军猛攻拦截他们的赵军。这支赵军佯装败退，将秦军引到了伏击圈内。紧接着，从两侧忽然冲出大量的赵军，死死钳制了秦军。秦军三面受敌，陷入绝境。

桓齮发现上当，指挥人突围。而李牧也不愿意与突围的秦军决一死战，留给秦军突围的机会。原因很简单，如果将秦军围死，他们必然死战到底，而留有缺口，就是为了给秦军希望，他们不恋战，给赵军偷袭创造条件。最终，在桓齮的带领下，秦军从包围圈中冲了出去。只是结果也是令人吃惊的：秦军被杀的将士非常多，尸横遍野，血流成河。[1]

当然，即便秦军逃出了包围圈，李牧依然不想放过他们。逃亡中的人最惜命，因为他们对生还有希望。

紧接着，李牧指挥赵军死死咬住秦军，双方又在肥邑不远处的秦军大营前展开激战。赵军步步为营，秦军次次掉入李牧设置的陷阱，被杀者不计其数，损失相当惨重。

最后，秦军不得不撤出战场。至此，秦赵之间的战争结束。李牧经此一战成名，被赵王封为武安君。[2] 而这一战，也再次改变诸侯对秦军的恐惧心理：秦军也并非不败之师，关键还是要看谁来指挥。

有意思的是，秦军虽然惨败，又让韩国陷入危机中。据说韩国高层经过分析，认为秦国在攻赵时遭受失败，定会向其他诸侯发难，弥补在攻赵过程中的损失。而韩国作为夹在秦国与赵国之间的

---

① 司马迁：《史记》卷八十一《廉颇蔺相如列传第二十一》。
② 司马迁：《史记》卷八十一《廉颇蔺相如列传第二十一》。

诸侯国，可能要受到秦国的责难。

为了让韩国避免灾祸，韩王召集群臣商议对策。这时候，就有人给韩王推荐了韩国的大才韩非。希望韩王重用韩非，让他入秦说服秦王。更为重要的是，韩非与秦国高层官员李斯曾是师兄弟，有这层关系，也能利用李斯缓解秦国对韩国的威胁与施压。

尽管韩王一直很抵触韩非，不愿重用韩非，但他也清楚，这时候也只有韩非入秦，或可阻止秦军攻韩。因此，韩王决定起用韩非，遣他入秦说服秦王。不过，韩国高层依然有困惑：即便韩王决意派韩非出使秦国，但韩非本人愿意出使秦国吗？如果韩非不愿出使秦国，即便将他五花大绑送到秦国，也无济于事。

3. 韩非说秦

韩非子

韩王召见了韩非，对韩非格外礼遇，似有讨好韩非的意思。这让韩非非常疑惑，他哪里受过如此重视？韩非问缘由，韩王这才吞吞吐吐向韩非委婉表达了请韩非代表韩国出使秦国的意思。

韩王如此唯唯诺诺，是心中没有底气。韩非是当时公认的大才，与李斯师出同门。李斯在秦国混得风生水起时，韩非还在韩国受打压，一度被雪藏。原因很简单，任何君王都忌惮对君位有威胁的人。而韩非的才学、智慧、韬略都远超自己。这样的人还是自己的胞弟，威胁等级自然就提高了。所以，韩王没有用韩非。当然，不被重用可能也与韩非的性格有关。有学者认为，韩非不善交际，鼻气不好。这些或许也是他不被重视的原因。

如今，国家遇到灾难，韩国高层无法解决，才想起韩非来。这种临时抱佛脚的态度，换作常人可能不会出使秦国。但韩非不是一般人，他也是韩国的公子，国家的兴衰也与他有密切关系。如果韩国覆灭，宗庙不存，韩非也是"罪人"。国家到了危亡时刻，匹夫有责。

那么，他愿意到秦国去吗？这又是韩王和韩国高层的疑惑。原因很简单，当他将"诉求"说出来后，韩非并未立即表态。而韩非的这种迟疑，就让韩王心里没底。那么，韩非在犹豫什么？或者说，韩非有没有意向出使秦国呢？

要弄清楚这两个问题，还得梳理韩非的人生履历，从他的经历中寻找可能影响韩非性格、思想等方面的蛛丝马迹。

据说韩非有先天缺陷，自幼就有口吃，语言表达能力不强。这种身体上的缺陷，造就了他内向的性格。当然，韩非的表达能力弱，并不意味他其他方面也弱。生活中常有这样的现象：上苍为一个人关上一扇门时，也会给他开启一扇窗。韩非虽然嘴上笨拙，内心情感却丰富。传闻说，他为人智慧早熟，喜欢研究学问，尤其喜好研究刑名法术之学，对商鞅、吴起、申不害等人的刑罚理论多有研究，也颇有成果。史料记载，他在韩国做公子时，写了很多刑名法术的理论文章。

韩非青年时，已非常有名。这得益于韩非自己的刻苦学习，以及他孜孜不倦地著述立说。也是这时候，韩非的一些主张开始在诸侯国中传播。韩非变成了"国际名人"。

即便如此，韩非依然不满足，他继续阅读前人的著述，丰富自己的知识积累。等遇到瓶颈后，他就到处求学，向大思想家求教。

当时，天下最有学问之人首推荀子。据说，荀子的弟子散布于各大诸侯国，思想也在诸侯国之间流传。

为学到荀子的思想精髓，韩非跋山涉水，拜荀子为师，向荀子请教治世学问。而在荀子讲学的地方，韩非遇到了同门李斯，并与李斯成为了师兄弟。因韩非喜好刑罚学问，荀子给韩非传授了很多这方面的学说。当然，韩非并非只学习刑罚之学，而且集合了多家学说的思想。荀子对韩非也很满意，他想学什么，荀子就给韩非传授什么。据史料载，在跟随荀子学习期间，韩非将春秋、战国以来法家各种学说融会贯通，成为这一时期持百家学问的集大成者。韩非的这种钻研精神，让李斯很钦佩，自认在学问上不如韩非。[1]

后来，他们均学有所成，开始寻找自己的平台。李斯在综合考量后，去了秦国效力，而韩非有母国，自然回到了韩国。

当韩非回到韩国时，韩国已日渐衰微。面对国家困局，韩非"主人翁"意识很强，他结合自己对天下的观察，多次上书劝谏韩王要改变现状，应对秦国的崛起。然而，即便韩非有殷殷之心，韩王却并不领情，不采纳韩非的建议。或者说，当时韩国的实际国情无法实现韩非的"治世主张"。

韩非对韩国很担忧，他痛心国君治国不明，不用权力来驾驭臣子，无法使国家富强、兵力强大。不任用贤能之士，反而重用一些文学游说之士，使他们地位高于贤德之人。这些人夸夸其谈，徒有

---

[1] 司马迁：《史记》卷六十二《老子韩非列传第二》："韩非者，韩之诸公子也。喜刑名法术之学，而其归本于黄老。非为人口吃，不能道说，而善着书。与李斯俱事荀卿，斯自以为不如非。"

其表，如蛀虫一样，损害着国家的根基。①

韩非痛苦不已，似乎整个韩国只有他是清醒的。后来，韩非因此公开议政，指责国家重用儒生，扰乱国家法度；重用游侠，纵容他们用武力干涉国家禁忌。又指陈利弊：国家太平时，君主恩宠那些徒有其名的文人；形势危急时，又会起用身披甲胄的武士。换句话说，国家培养的人非国家需要，廉洁正直之人不被奸邪所容。

正因这种不愿同流合污的态度，让韩非成为众矢之的、人人抵触的对象。国君不待见，臣僚避之不及，百姓不理解。他像曾经楚国的屈原一样，精神层面非常痛苦。为了减轻痛苦，他考察历史上治国得失情况，写成了《孤愤》《五蠹》《内外储》《说林》《说难》等十余万字的巨著。②

韩非希望韩王能够阅览这些作品，从中吸取教训。但韩王依旧不愿采纳他的建议，不阅读他的作品。

不过韩非著书立说并非一无是处。事实上，这些作品的问世，让他在诸侯间声名大噪。而这又令韩国高层愈加反感韩非。换言之，韩非的名气越大，以韩王为首的韩国高层就越忌惮韩非，更不会重用韩非。

当然，韩非不受重用，可能还有其他原因：即韩非性格所致。但凡大才，多自负。这几乎是任何有才学之人的共性特征，他们沉

---

① 司马迁：《史记》卷六十三《老子韩非列传第三》："非见韩之削弱，数以书谏韩王，韩王不能用。于是韩非疾治国不务修明其法制，执势以御其臣下，富国强兵而以求人任贤，反举浮淫之蠹而加之于功实之上。"
② 司马迁：《史记》卷六十三《老子韩非列传第三》："以为儒者用文乱法，而侠者以武犯禁。宽则宠名誉之人，急则用介胄之士。今者所养非所用，所用非所养。悲廉直不容于邪枉之臣，观往者得失之变，故作孤愤、五蠹、内外储、说林、说难十馀万言。"

浸在自己的思想境界中，以自己的标准衡量现实，必然让他们对现实横挑鼻子竖挑眼。君主定不愿使用一个比自己声名大又不听话的人，除非遇到秦孝公这样的君主。因此，韩非依旧在韩国被"雪藏"。

而越是现实生活不如意，韩非就越渴望构建理想社会。这也是一种理想受挫的勇气，孔子当初也是怀揣着重建西周的梦想奔波。此时，韩非看不惯韩王，韩王对韩非的趾高气扬也多有忌讳。这种相互看不顺眼的情形，让彼此都痛苦。韩王尚且可以"冷藏"他，韩非却无法改变现状，因他并非手握实权的"王"。

韩非苦闷不已，两耳不闻窗外事，安心著书立说。

只是韩国的危机来了：秦国攻打赵国失利，接着很可能攻打韩国，以挽回战争损失。而一旦国家遇到危机，身处国家中的个体就无法置身事外。韩非也是如此，他不能对国家的危机置之不顾。当然，重要的是，韩国高层认为，韩非或能使秦国，解决秦国武力威胁的问题。因此，韩王不得不放下对韩非的成见，急召韩非入宫商议对策。

听完韩王的叙述，韩非没有立即回应韩王的请求。他在思索眼前的局势。当然，韩非也没有更好的办法，韩国已错过翻身机会，如今即便君王"幡然醒悟"，有心改变现状，恐怕也没有机会了。

而在韩国高层看来，只要韩非入秦，很大可能就能说服秦王政。但只有韩非自己清楚，到诸侯国游说并非易事，游说秦王这样的人更是难上加难，因为有人说秦王政狡诈、阴险，从不相信外人。

韩非的思想

韩非所著《说难》，就是写"游说困难"的文章。大概韩非也向韩王陈述了游说的难处。这里不妨读读韩非的文章，从韩非的著述中，领略韩非的智慧：

> 游说君主的难处并非我的才智不能使其信服，也不是因口才不能表达我的想法，更不是我不能毫无顾忌地表达观点。游说真正的难处在于，不能掌控游说对象的心理，以至于无法用准确的语言去触动他。
>
> 游说对象若想要追求高尚之名，你拿着丰厚的财物去游说，那么他就会认为你品德低下，就会用卑贱的待遇待你，最终导致你被疏远和遗弃；游说对象若追求财利，而你却用如何博得高位去游说，那他定会认为你是一个没有头脑而脱离实际的人，不会重用你。不过现实情况比这复杂得多，很多游说对象实际上好利却装出一副喜好名望的样子，若你用博取功名思想游说他，他表面上会录用你，实际上会疏远你。假如你用如何获得重利的观点去游说，他会在暗中采纳你的意见，却表面上要抛弃你。这才是游说的难处。
>
> 事情因保密而成功，言谈因秘密被泄露而失败。有时候，泄密非游说者故意而为，却是游说者无意间的言谈，让君主意识到泄密。如此，游说之人就可能有生命危险。君主有过失，游说之人公开宣扬君主的过失，就会招致危险。君主与游说者还未建立信任前，游说者倾囊相授，若意见被采纳且有功效，君主也不见得会记住游说者的功劳；若游说者的主张被推行，

又招致失败，游说者就会被君主怀疑，可能还有生命危险。君主策划一件事，打算向天下表功，若游说者也参与，就会有危险。君主表面上在做一件事，实际上是为促成另一件事，游说者若参与其中，也会有危险。游说者请君主做勉强的事情，或者放弃不愿放弃的事情，游说者也会有危险。若游说者与君主议论在任大臣，会被认为是离间君臣关系；若与君主一起议论地位低下的人，会被认为卖弄权势。议论君主喜欢的人，会认为游说者在利用他人；谈论君主所憎恶的人，会认为游说者试探君主的看法。若游说者文辞简略，会被认为是缺乏才智；若信口雌黄、夸夸其谈，会被认为是放纵和浪费时间。若顺应君主的意思，就会被认为是胆小谨慎。若毫无顾忌陈述事实，会被认为是粗俗、傲慢。这也是游说者的难处。

大凡游说者，应注意的关键之处，是清楚君主所推崇的事情，掩盖君主自惭形秽的事情。君主认为高明的事，就不能拿过去的失误来衡量。君主认为果敢的决断，就不能用考虑不周造成的错误去激怒他。君主夸耀自己力量强大，就不能用棘手的问题为难他。与君主筹划同一件事，赞誉与君主一样品行的人，就应注意自己的观点，不能用言辞伤害君主。有人与君主做了同样的错事，就应粉饰。总之，要时刻表现出忠心耿耿的样子，不拂逆君主意愿，言辞谨慎，不相抵触，选择合适时机施展自己的口才和智慧。唯有这样，才能做到与君主亲近而不被怀疑，说心里话而不遭受惩罚。等长期与君主共事后，君主对游说者的恩泽很深厚，君主不再怀疑游说者，到时即便相互争议也不会被加罪。即使公开谈论利害，也不会招致祸端。这样的游说，才是成功的游说。

　　商汤的伊尹曾做过厨师，百里奚也曾成为俘虏，但他们都受到君主的信任。因此，这两人都可看作圣人。他们这样的人，尚且要奴役自身，经历污浊之事。换言之，贤能之人不会将曾经的卑躬屈膝看作耻辱。

　　相传宋国有个富人，因天下雨导致墙壁损坏。他的儿子说："不把墙修好，夜里就会有盗贼出现。"他的邻居也这么说，但他没有采纳这些意见。等到了夜里，家里果然进了盗贼，丢失了大量的财物。这家人认为儿子非常聪明，却怀疑邻居是小偷。这其实是一种毫无依据的怀疑。以前，郑武公想讨伐胡国，于是就把女儿嫁到胡国。之后，他就问大臣："若我想发动战争，不知道先攻打哪国？"关其思清楚郑武公的心思，附和郑武公说："讨伐胡国。"郑武公就杀死了关其思，还对外宣称："胡国是与我们兄弟一样的国家，你却怂恿我攻打胡国，到底为什么？"胡国得知这件事后，就与郑国关系更加亲密，不再防备郑国。结果郑武公命人偷袭了胡国，占领了胡国的土地。在这两件事中，游说者都通过才智，得出正确的判断。可结果却大不相同，严重的遭到诛杀，轻的也遭到怀疑。这说明弄清楚一件事并不难，难在如何妥善处置又不让自己受到迫害。

　　从前，弥子瑕很受卫国君主的宠爱。当时，卫国有这样一条法令：偷偷驾驶国君的马车会被砍掉脚。不久，弥子瑕母亲得了重病，有人将此事告诉了弥子瑕。弥子瑕担心母亲的安危，对守卫之人谎称受君主之命出城，就驾驶国君的马车出了王宫。卫国国君听闻这件事后，认为弥子瑕很贤德，对她说："您真孝顺，为了探望母亲不惜触犯断足的罪行！"因此没有处罚弥子瑕。后来，弥子瑕与卫国国君一起游览果园，弥子瑕觉得果园里的果子香甜可口，就没有将果子据为己有，而是送给了卫国国君。卫国国君很受感动，对身边的人说："弥子瑕真是爱护我啊，吃个果子也想着我！"而到弥子瑕老年时，卫国国君开始疏远她，她也得罪了国君。通过这件事，可以发现，尽管弥子瑕的品行并未改变，但她受宠时被认为是贤德，失宠后却获罪，主要是因国君对她的态度发生了变化。由此可以得出这样的结论：人臣受宠时，所做的事情都对，因为时间刚刚好；若人臣遭受君主厌恶时，即便做了合适的事情，也不见得都对。一旦做了错事，就会被认为罪有应得，甚至被抛弃。因此，游说之人先要关注君主的好恶爱憎，顺着这些游说，才能得到君主的认可。

龙是一种动物，它能被驯服，人也能与它嬉戏，还能乘坐它飞翔。但龙的喉部下方有一尺多长的逆鳞，若这个部位被人触碰，龙就会发威，还会杀人。国君也长着这样的逆鳞，游说之人游说时，要避免触碰国君的逆鳞，才能实现成功游说。①

韩非的这些思想，其实总结起来就一句话：顺着国君的意思来，一步步受宠。等完全被国君信任后，才能向国君建言献策。

韩王也清楚韩非的这些高论，他大概耐着性子听完了这些高论，得出了这样的结论：如何掌控局势，说服君王你最在行。因此，韩王鼓动韩非出使秦国，让他在秦王身上试验论述、印证思想。

---

① 司马迁：《史记》卷六十三《老子韩非列传第三》。

韩非心里不是滋味：当初早听我的意见，也不至于落得如此下场。韩非的遭遇与多年前烛之武的遭遇何其相似。历史总是在不同时间重复着，正如黑格尔说："人类从历史中学到的唯一教训，就是没有从历史中学到任何教训。"

不过韩非也清楚，抱怨毫无意义。对韩非而言，能做的就是答应韩王的请求，入秦游说秦王。这不仅为韩王，也为韩国臣民的性命。

韩非入秦

韩非表示愿意入秦，与秦王交涉，并尝试着说服秦王政，减缓秦国对韩国的威胁。

韩王心中悬着的石头暂时落了地。若韩非入秦，定会受到秦王政的重视，由此减轻秦国对韩国施压。韩王还听说，秦王政曾在公开场合表示："若能见到韩非本人，与韩非一起郊游，即便死了也无憾。"这时候，派韩非入秦，定会给韩国带来好运。

那么，事实真如韩王所预料那样吗？或者说，秦王政对韩非的学说持有怎样的态度呢？

秦王政早就知道韩非。当时还是吕不韦主政，他收集天下诸子百家学说，编纂《吕氏春秋》。也有一些有名的著述，会放在秦王政的案牍之上，供秦王政学习。韩非的著述也传到了秦国，秦王政看到了韩非的《孤愤》《五蠹》等文章，对韩非的很多思想非常推崇，表示愿意与韩非交往。

李斯作为秦王政的陪读，一眼就看到了韩非的著述。他向秦王政说明了韩非的著述，以及其与韩非的关系。那时候的秦王政，很喜欢韩非，喜欢刑名之学。这让李斯心里不是滋味儿。后来，秦王政铲除嫪毐毒瘤，罢吕不韦丞相，解除逐客令风波后，李斯得到重用。他与当初的庞涓一样，尽管位极人臣，但他对师弟心存芥蒂，担心有朝一日他会取代自己。所以，我们认为，李斯鼓动秦王政消灭韩国除了有让天下归一的公心外，还有个人私心：想借秦国之手，除掉韩非这个潜在的对手。只是李斯也没有想到，就在秦国决定攻韩时，韩王忽然放下对韩非的成见，让韩非出使秦国，游说秦国。

韩非入秦的消息，在秦国朝堂上引起了骚动。对秦王政而言，他早就想见识一下韩非。秦王政命沿途各处"开绿灯"，方便韩非入秦。不久，韩非就到了秦国，用他《说难》中的做法，向秦王政灌输治国理念，为韩国争得时间。

不过，韩非与秦王政的对话并未存留下来。但通过韩非以上游说高论，能够推测出，韩非此次出使秦国，定是顺着秦王政关注的方向陈述了自己的观点，劝谏秦王政不要对韩国用兵。最终，秦王政被韩非说服，决定不再攻韩国。当然，秦王政对韩非的很多学说也感兴趣，他将韩非留在秦国，有意向韩非"讨教"治国之策。

大概此时的韩非也希望在秦国展示才能，施展抱负——毕竟在韩国本来不受重用，就此回去，可能会继续受到打压、冷落、雪藏。

当然，韩非留在秦国，可能也有为韩国争取生存的意思。毕竟此时的秦国已有实力吞并诸侯，与秦国接壤的韩国无论如何，都会成为秦国统一路上的剿灭对象，韩非只是希望能够延迟韩国亡国而已。所以，这一时期韩非积极建言献策，给秦王政灌输自己的思想。

只是，此后的一段时间里，即便韩非想尽办法建言，却迟迟得不到重用，他的思想也并不都为秦王政采纳。这时候，韩非才发现，秦王政并不想重用他，只是不愿让他回到韩国，给韩王出谋划策，对付秦国。这让韩非感到很孤寂，他的命运无法自己掌握。他仿佛置身于洪流中的人，至于会流落何方，自己也无法预测。当然，不幸中也有幸运：随着韩非入秦，秦军暂时解除了对韩国的威胁。

有意思的是，韩非留在秦国，让在秦国受宠的李斯、姚贾等人不得安宁。他们视韩非为威胁，担心日后秦王重用韩非，他们就会受到排挤。因此，这些人开始联合构陷韩非。

据说，有一次这两人与秦王政谈论政务时，就说到了韩非。李斯诽谤说："韩非是韩国王室的公子，他的身份决定了他只会为韩国效力，而不会为秦国效力。大王您也知道这一点，因此没有重用他，将他留在秦国。此举虽然可以将他暂时留住，但韩非最终还是要回韩国的。如今大王您想吞并天下诸侯，就不能给自己留有隐患。若放韩非回去，就是给自己留下隐患，不如将他杀了，以绝后患。"还有些官员随即附和，请求杀死韩非。[1]

秦王政是个多疑的人，李斯每一次都能顺着他的"心思"提建议。在此之前，他扣留韩非，是因为他还没想好如何处置韩非。如今李斯的建议，提点了他。最终，秦王政命掌管刑狱的官员治罪于韩非。当然，此时的秦王政可能只想"永久"扣押韩非，等日后有用到韩非时，再启用。

不过嫉恨韩非的人却想处死韩非，永远解除韩非对他们的威

---

[1] 司马迁：《史记》卷六十三《老子韩非列传第三》。

胁。因此，韩非被打入大牢后，有人就动了歪心思（一说李斯）。他们给韩非送去了毒药，勒令韩非自杀。韩非拒不喝药，还请求面见秦王。[①] 但人在牢狱，已是案板上的鱼，毫无反抗的资本。因此，韩非在狱中遭受了非人的折磨。当然，这些狱卒还不至于将他处死，毕竟他们也只是得到某些"高层"的授意，却未曾得到秦王政的授意，万一秦王政不想处死韩非，到时他们就会成为替罪羊。

而那些想要处死韩非的人一旦生了狠心，韩非其实就没有活着的希望。这些人随便编织一个理由，就能将自己从"迫害"韩非的纠纷中解脱。所以，韩非最终还是被害死在狱中。后来，秦王政忽然想起韩非，打算赦免韩非，遂命人从牢狱中释放韩非。使者到了大牢提人时，被刑狱官员告知，韩非早已死去，他们已将韩非掩埋。使者也就悻悻回去复命。秦王政得到韩非死于牢中的消息，并没有过多询问。

那么，这里就有个问题：韩非是喝毒药而死，还是病死于狱中？《史记集解》引《战国策》的记载，认为韩非是被姚贾害死的："秦王封姚贾千户，以为上卿。韩非短之曰：'贾，梁监门子，盗于梁，臣于赵而逐。取世监门子梁大盗赵逐臣与同社稷之计，非所以励群臣也。'王召贾问之，贾答云云，乃诛韩非也。"《史记正义》言之凿凿，认为韩非死于李斯的迫害："伯阳立教，清静无为。道尊东鲁，迹窜西垂。庄蒙栩栩，申害卑卑。刑名有术，说难极知。悲彼周防，终亡李斯。"《秦始皇本纪》认为韩非死于云阳。[②]《史记正义》中说："云阳城在雍州云阳县西八十里，秦始皇甘泉宫

---

① 司马迁：《史记》卷六十三《老子韩非列传第三》。
② 司马迁：《史记》卷六《秦始皇本纪第六》："韩非使秦，秦用李斯谋，留非，非死云阳。"

在焉。"

各种记载结果完全不同。但有一点是肯定的，即不管死因如何，韩非都死在了秦国。这是韩国无法阻拦的。事实上，韩非的命也并不值钱，和那些普通士子并无区别。而一位伟大的思想者，就这样不明不白死在了秦国，让后世唏嘘不已。司马迁也感叹说：韩非能写出《说难》这样的文章，但难逃厄运降临。所幸的是，韩非的思想被流传下来，至今影响着后人。

韩非一死，那些忌惮韩非的人也就再无所忌惮。而韩王听闻韩非死在了秦国，震惊之余，马上请求向秦国称臣，以此来换得秦国"放过"韩国。秦王政答应了韩王的请求。

不过，秦国对韩国的威胁并未消除。事实上，到这时，秦已威胁到东方六国。任何时间，只要秦国愿意，扩张就能随时进行。

4. 秦国覆灭韩、赵

掀起灭国大战

公元前 232 年（秦王政十五年）春，在秦国咸阳宫中正举行着一次大朝会，秦王政兴致勃勃，向朝臣征求攻取诸侯国方略。要求各位朝臣畅所欲言，商定出一个消灭诸侯、统一天下的计划。

那么，为什么在这一年出现商议鲸灭诸侯的计划呢？本书认为，一切都是形势所趋，类似于船到桥头自然直，车到山前必有路。换句话说，到这时，战国已历二百余年，到处都是战火，导致土地荒芜，民众大量死亡，存活的百姓苦不堪言。这种背景下，民众渴望得到安定与统一。而秦国也变成战国诸侯中最有可能实现这一目标的诸侯。所以，翦灭六国，天下归一，是时代的趋势，是民心所向，是历史发展的必然。

因此，在这次朝会上，参与讨论的除了有文官，还有曾经出征讨伐天下诸侯的将帅。大家就是否发动翦灭六国进行了激烈讨论，形成了各种不同的观点。

最终，站出来做总结的人是丞相李斯，他根据大家的意见建议，提出了一个符合秦国实际的建议，并得到了秦王政的支持。所谓李斯的建议，其实就是他之前提出"统一四海"建议的升级版，即：时机已成熟，秦国要实施消灭诸侯的战争，结束数百年战乱，让天下归一，四海为一家。在这次朝会上，李斯的这个建议得到了"一致通过"。

清楚了方向，剩余的事情变得简单，就是如何操作的问题。秦国高层对翦灭六国进行了深入探讨，制定了更为翔实的规划与步骤。最终，形成了秦国翦灭六国的实施方略。

不过这一远大的目标想要实施起来并不容易，国内很多方面资源、人力需要协调，秦国自身也有，内部有派系斗争问题。列国诸侯实力在减弱，却不排除他们建立统一战线，对抗秦国的可能。而诸侯一旦形成合纵，依然是抗秦的主要力量。所以，最好的办法还是分步蚕食，一点点地将它们吞并。

因此，分步蚕食、逐个消灭成为具体方向。不过，对于先打哪一个诸侯国，大家意见并不统一。有人支持攻打韩国，因为此时韩国势力最小，攻打韩国最得心应手。但秦王政有自己的考虑，他决定先攻打赵国。

为什么这么决策，不得而知。大概是因为一年前秦国攻赵，在肥邑被李牧击败，秦王政不甘心失败，决意洗刷曾经的耻辱。之后，在秦王政的授意下，秦国开始大量调集人马，准备对赵国发动攻击。《秦始皇本纪》中说秦国"大兴兵"。

到此时，战争已成为公开的战争，秦国攻打哪个诸侯，其他诸侯都会保持观望，并尽可能让自己不受冲击。

据说为保证出击顺利，秦国同时派出两支大军向赵国进发。一路大军从邺县（今河北临漳西南）北上，准备渡漳水向邯郸逼近。另一路则绕道太原，计划夺取曾被秦国攻取又被赵夺取的狼孟（今山西阳曲），然后沿着孟狼向东而进，逼近邯郸。最后，南北两路大军形成两面夹击，攻破邯郸，消灭赵国。①

表面上看，这个计划天衣无缝。即便赵国有李牧这样的大将，也不能挽救赵国于水火之中。

之后，秦军就按照部署出发了。

从北路迂回的秦军进军顺利，很快就夺取了狼孟。但之后，他们就遇到赵军顽强抵抗，迟迟无法推进。最终，战争双方陷入了对峙。

原来，在秦军出动后，赵王意识到危机。多数臣僚都认为，只有李牧才能对抗秦军，因此赵王再遣李牧对抗秦军。据说赵王还授予李牧虎符，允许李牧调动所有赵国兵马。

得到重用的李牧，不敢有丝毫马虎。他分析了秦军的动向，很快作出了自己的判断：南面有漳水和赵长城为依托，易守难攻，适合防守；北方则相对宽阔，易攻难守，需要重点防御。因此，李牧派出一支赵军驻守在漳水东岸，阻挡秦军从南向北而行。而他亲自

---

① 司马迁：《史记》卷六《秦始皇本纪第六》："一军至邺，一军至太原，取狼孟。"

带领赵军北上，拦截从太原迂回的秦军。

李牧先一步到达北地，并做好布防，严阵以待。不久，秦军北路人马从北方而来，到了番吾一带。未几，双方就在番吾附近发生了激战。李牧坐镇指挥赵军，猛攻秦军。

秦军远道而来，对地形地貌尚不熟悉，加上长途行军，处于疲惫状态。因此，在双方交手后，赵军就击溃了秦军。秦军北路军不得已向后撤退。

之后，李牧留下一支人马继续驻守番吾，防止秦军再返，李牧本人则带领剩余的赵军南下，支援漳水一带的赵军。再之后，李牧就与赵将司马尚合兵一处，共同对抗南路的秦军。此时，由于北路军撤退，仅有的南路军孤掌难鸣，也选择了撤退。

李牧也并未追击秦军，只是死守赵国要塞。

至此，秦军第三次攻打赵国的计划落空。这是继廉颇戍边以来，秦、赵之间少有的连续败绩。若说一年前肥邑之败是李牧侥幸取胜的话，这次秦军再败于李牧之手，就不能小觑李牧。此时，秦军虽还未完全撤离，但秦国高层已然不得安宁。秦王政也意识到问题的症结所在，不再主张猛攻赵国。至少在除掉李牧前，不能与赵国发生矛盾冲突。

吊诡的是，秦军撤退后，在赵国的代地发生了地震。《赵世家》的记载中说："赵国的代地发生了大地震，乐徐、平阴一带受灾严重，楼台、住屋、墙壁被地震摧毁很多，地面还裂开了大缝子。"当地流传着这样一首民谣："赵为号，秦为笑。以为不信，视地之生毛。"① 山摇地动，"高岸为谷，深谷为陵"。一时间哀鸿遍野。这种自然灾害是上天的"警示"，秦国也趁机从赵国撤出了所有军队，与赵国隔山而对，处于"对峙"中。②

至公元前 231 年（秦王政十六年）春，秦国一直处于休养生息中。

秦国的这种做法反而令诸侯不安，秦军若出动，他们尚能根据局势，来判断应对方式。而秦国处于安静，就无法揣测他们的下一步动静。这时候诸侯派出了大批间谍，混入秦国，刺探着秦国的内幕。

到这一年秋天，秦国理顺了很多政务，国家也没有更大的灾难发生。秦王政命人占卜后，决定再次出击，攻打诸侯。

秦国灭韩

这次秦国没有继续攻赵，而是选择了攻打韩国。这是非常明智的抉择，因为韩国是阻挡在秦国面前最大的障碍。韩国地处中原，秦军占据了韩国，也就占据了"核心"，能顺利向四方出战，北可攻赵国，南能侵楚国，东能灭魏国。

秦国准备攻韩的消息不胫而走。韩王如热锅上的蚂蚁，他选择了割让土地向秦国求和。同年秋九月，韩国向秦国献出了南阳地区（包括太行山以南、黄河以北的大面积土地）。秦王政很重视这片地区，派内史腾入韩国接手这片土地。秦军不费一兵一卒得到了南阳之地。随着南阳并入秦国版图，内史腾被封为南阳郡守，驻扎在南阳。内史腾进驻南阳后，发布公告，安抚当地民众，惩治不法行

---

① 《时机》卷四十三《赵世家第十三》："五年，代地大动，自乐徐以西，北至平阴，台屋墙垣太半坏，地坼东西百三十步。"
② 司马迁：《史记》卷六《秦始皇本纪第六》："地动。"

为，稳定了南阳。①

不过，秦国显然不仅要南阳之地，他们还要韩国所有的土地与人口。此后，秦国调集大军进驻南阳，为进一步扩张囤积物资和兵力。

到这时，韩王才意识到此前的妥协，并未换回秦国的宽恕，南阳反而成为秦国攻韩国的战略之地。或者说，韩国高层本指望割让南阳能延缓秦军的步伐，岂料秦国贪得无厌。之后，秦军继续向南阳运输粮草，调集军队。这时候，秦国还颁布了一道命令：要求全国男子登记年龄。②

秦国的意图再明显不过，全民皆兵，要实施大规模军事行动。韩国的压力越来越大。他们不想坐以待毙，也在积极布防。

而秦军对韩国的施压，也让魏国高层寝食难安，如坐针毡。当然，魏国的慌乱也在情理之中。南阳与魏国毗邻，若秦国调转方向攻魏，将如之奈何？

为减轻秦国对魏国的威胁，魏王也效仿韩王，向秦国割让了一大片西面的土地，以求得秦国的宽恕。

而对于这种"不战而收人土地"的好事，秦国自然欣然接受。若其他诸侯都如魏、韩两国一样识时务，秦国还有什么不可谈论的呢？③

处置完魏国割地事宜后，地处丽邑的丽戎部落也惊慌失措，因为他们距离秦国较近，一旦秦军向北扩张，他们必然也会成为攻打

---

① 司马迁：《史记》卷六《秦始皇本纪第六》："十六年九月，发卒受地韩南阳假守腾。"
② 司马迁：《史记》卷六《秦始皇本纪第六》："魏献地于秦。"
③ 司马迁：《史记》卷六《秦始皇本纪第六》："初令男子书年。"

的对象。因此，丽戎部落遣人入咸阳，表示向秦国臣服。秦王政派人入丽戎聚集区，视察部落，了解民意。之后，秦国在丽邑设置县，彻底收服活动于此处的丽戎部落。《括地志》记载说："雍州新丰县，本周时骊戎邑。左传云晋献公伐骊戎，杜注云在京兆新丰县，其后秦灭之以为邑。"国家强大后，周边的小国会主动靠拢，这是一条铁律。①

公元前230年（秦王政十七年）夏，准备充足的秦国终于向韩国动手了。秦王政密令内史腾偷袭韩国，以迅雷不及掩耳之势，攻打韩国首都。若能灭韩国最好，即便灭不了，也要将韩国彻底打残。内史腾立即指挥秦军，落实秦王政的密令。

韩国高层尽管有准备，也预料到战争会悄然打响，但当内史腾忽然进攻韩国时，依然打乱了韩国的阵脚。不久，秦军就围住韩国首都新郑（今河南新郑）。为对抗秦国，韩国君臣集体登上城楼，参与保家卫国。

新郑攻防战非常激烈，双方都拼尽全力在应对。城楼底下，逐渐堆积的双方军民尸体，成为见证这一战的画面。

不过，即便韩国上下誓死抵御，依然难以招架蚂蚁一样多的秦军。最终，秦军还是攻上了城墙，韩军溃散各处。未几，秦军打开了新郑城门。内史腾带领人冲进新郑城，摧毁新郑城墙，破坏城内建筑。韩王安没有来得及逃亡，成为秦军的俘虏。而随着韩王安被俘获，韩国名存实亡。

不久，秦军继续向还没有臣服的韩国各处用兵，韩国各地或许有过抵抗，但都被秦军击败，多处城邑落入秦军手中。至此，韩国

---

① 司马迁：《史记》卷六《秦始皇本纪第六》："秦置丽邑。"

灭亡。①

秦国灭赵

韩国的灭亡在预料之中。不过，当秦王政得到韩国灭亡的确切的消息时，依然振奋不已。这是秦国自灭巴、蜀以来，首次实施蚕灭诸侯的战争，这中间大概隔了近百年。这意味着秦国终于强大起来了，不再畏惧东方诸侯。灭国大战也正式开启。

旋即，秦国在韩地置颍川郡，建郡治于阳翟（今河南禹州）。至此，韩国彻底并入秦国的版图。②

消灭了韩国后，秦军暂时停下了向外扩张的步伐，因为秦国要安抚韩国土地上的臣民。灭国容易，降伏民众难。人不如羊群那般听话，可被人驱赶、放养，甚至屠杀；人是有感情的动物，也是能够颠覆政权的力量。至少，在战国末年时，民众已有了反抗意识，这一点会随着"秦制"不断深化，得到进一步的印证。

当然，秦国对外宣称停战的原因是华阳太后病重。事实上，华阳太后的确病危。秦王政很尊崇这位"奶奶"，在她最后的几年时光里，对她都很礼遇。现在，华阳太后病危，秦王政召集全国各地的大夫问诊。最终，华阳太后还是撒手人寰。秦王政将其与秦孝文王安葬在了一起，替父亲秦庄襄王尽了孝。

然而，福无双至，祸不单行。华阳太后去世不久，秦国再次遭受严重的饥荒，地里庄稼绝收。各地组织了自救，秦国也调拨物

---

① 司马迁：《史记》卷四十五《韩世家第十五》："九年，秦虏王安，尽入其地，为颍州郡。韩遂亡。"
② 司马迁：《史记》卷六《秦始皇本纪第六》："十七年，内史腾攻韩，得韩王安，尽纳其地，以其地为郡，名曰颍川。"

资，支援受灾严重的地区渡过难关。不过，受灾程度依旧严重，损失也无法预计。[1]

以后的半年时间里，秦国都在自救。东方诸侯迫于秦国的实力，也无可奈何。他们是否秘密联合形成新的合纵，也没有任何记载。只是他们忘却了这样的事实：秦国既然能消灭韩国，自然也能消灭他们其中任何一国。这时候，若不抱团，结果只能被消灭。

公元前 229 年（秦王政十八年）春，经过半年休整秦国，继续实施向外扩展政策。这一次，秦王政的目标还是赵国。对待这个"对手"，秦王政感慨万千，很多感情不由分说。他内心有执念：一定要派人打赵国，灭赵国。由于赵国还有李牧，秦王也派出了大将王翦出征。王翦有勇有谋，此前多次为秦国立下战功，这次让王翦出任攻赵主帅，可见秦王政对赵国的重视。

不久，王翦就率领秦军北上，攻下了赵国的井陉（今河北井陉县）。

之后，秦王政再派大将杨端和率河内兵卒支援王翦。由此也能看出，秦王政对赵国的重视，以及灭亡赵国的"志在必得"。之后，两支秦军浩浩荡荡开赴战场。王翦出兵上地（今陕西省北）、杨端和出兵河内（今河南新乡），两面夹击赵国。同时，秦国向已归附的草原部落首领羌瘣、率羌发出邀请，希望他们联合秦军，攻打赵国。这些少数民族不敢违抗秦王的命令，带兵出井陉（今河北井陉西）。因此，秦军从三个方面进逼赵国首都邯郸。[2]

不久，秦军就围住了邯郸。

---

[1] 司马迁：《史记》卷六《秦始皇本纪第六》："地动。华阳太后卒。民大饥。"

[2] 司马迁：《史记》卷六《秦始皇本纪第六》："十八年，大兴兵攻赵，王翦将上地，下井陉，端和将河内，羌瘣伐赵，端和围邯郸城。"

战争的压力瞬间传到了赵国朝野。赵王尽管紧张，头脑还算清醒，开始应对秦军的攻城。这时候，赵王手中还有底牌：一支数量庞大的赵军，以及包括李牧在内的一批将领。旋即，赵王拜李牧为大将军，司马尚为李牧的副手，对抗秦军。

李牧全面部署了邯郸守城情况。据说李牧本人就住在城楼上，时刻关注着秦军的动向。李牧的做法一如既往：坚守不出，任由秦军叫嚣。若秦军攻城，赵军就全面反击；若秦军不攻打，赵军也就严阵以待。

而面对李牧严丝合缝的防御，王翦也没有办法。强攻显然不划算，如若那样，秦军即便能攻克邯郸，损失也不可预估。再者，其他诸侯国尚在，秦国不能在邯郸战争中损失过多兵力。王翦只能将前线的情况汇报给了秦王政。

秦国高层在分析局势后，认为除掉李牧是攻破邯郸的关键。他们计划用离间计，借赵王之手除掉李牧。秦国高层意识到，要成功使用离间计，秦还得充分利用赵王身边的近臣郭开。

郭开其人前文已有提及，不过他最有名的事迹，却是对付廉颇时的手段。他的这些"光辉事迹"让秦国高层看到了希望。若巧妙利用，秦国就能利用郭开之手除掉李牧。

原来，几年前，赵国重用乐乘取代廉颇，让廉颇很不满。廉颇因此带领大军攻打乐乘，并击败了乐乘。然而，尽管廉颇取得了胜利，但攻打乐乘等于攻打赵国，与反叛无异。赵王对廉颇产生了杀心，廉颇逃亡到魏国大梁，寄居在大梁，希望得到魏国重用。当时魏王并不重视廉颇，这让廉颇闷闷不乐。后来廉颇怀念起赵国，打算回赵国继续效力。赵王也有意召回廉颇。不久，赵悼襄王遣使者入魏见廉颇，察看廉颇的身体状况，窥测他是否能继续为赵国效力。廉颇也清楚赵王的用意，做好了迎接赵国使者的准备。

有意思的是，赵王的近臣郭开却打起了廉颇的主意，因为他与廉颇有嫌隙，不愿廉颇回国，与自己同朝为官。据说郭开花重金贿赂了赵王的使者，让他们想办法找出证据，阻止廉颇回赵国。后来，等使者与廉颇见面时，他们看到廉颇吃了一斗米饭，十斤肉，还穿上战甲表示自己身体健康，依旧能为赵国效力。然而，使者因收受郭开的贿赂，回到赵国后，他们向赵悼襄王说："廉颇已衰老，饭量却不减当年。不过，我们也发现他吃完饭后，连续去了三次厕所。"赵悼襄王听到使者这样说，认定廉颇已老，不能再为赵国效力，没有再重用廉颇。南宋词人辛弃疾《京口北固亭怀古》那首词中"廉颇老矣，尚能饭否"的疑问，就来自这里。① 之后，楚国得知廉颇在魏国不受重用，派人将廉颇接到楚国，希望廉颇能为楚国效力。于是，廉颇就到了楚国。只是，即便到了楚国，廉颇一样没有受重用，最终廉颇死在了楚国。

这件事在诸侯间广为流传，各种版本都有。撇开各种绘声绘色的演绎，依然透露出郭开其人贪财好利的本性。这是秦国高层看到的"机会"，他们计划利用郭开的弱点，诛灭李牧。

之后，秦王政火速派人带着重金入邯郸，找到郭开，希望郭开能够帮忙，除掉李牧，秦国会有重金酬谢。其时，郭开对李牧也有忌惮：随着李牧功业不断增大，赵王对李牧越来越重视，而他自己

---

① 司马迁：《史记》卷八十一《廉颇蔺相如列传第二十一》："廉颇居梁久之，魏不能信用。赵以数困于秦兵，赵王思复得廉颇，廉颇亦思复用于赵。赵王使使者视廉颇尚可用否。廉颇之仇郭开多与使者金，令毁之。赵使者既见廉颇，廉颇为之一饭斗米，肉十斤，被甲上马，以示尚可用。赵使还报王曰：'廉将军虽老，尚善饭，然与臣坐，顷之三遗矢矣。'"

则逐渐被赵王疏远。这时候，郭开将李牧视为威胁存在。秦国遣使者的拉拢，也让郭开看到了希望。郭开接受了秦国的重金，打算驱赶李牧。

不久，郭开设局诬陷李牧谋反。据说，郭开命亲信到处散布李牧谋反、司马尚勾结秦军的消息，还扬言李牧打算与秦军一起攻打邯郸。

在秦、赵对峙的紧急关头，赵国内部出现这样的流言，赵王除了震惊，更多的是震怒。他被愤怒冲昏了头脑，还未调查，就遣赵葱和颜聚（原齐国将领）取代李牧和司马尚。

大概李牧清楚这是秦军的计谋，所以拒不交出兵权。而李牧的这种举动，反而坐实了他"反叛"：连君王的诏命都不接受，你李牧到底意欲何为？此后，使者进宫汇报情况，将李牧的种种"蛮横"添油加醋。由此，加深了赵王对李牧的猜忌。之后，赵王担心李牧反赵，遣人秘密杀了李牧，废弃了司马尚。①

这些内容出自《史记》。不过《史记》中的这些记载，一到关键点就显得模棱两可。因此，我们不禁要问：李牧是如何被暗杀的？

《战国策》中对李牧被杀过程有一段详细的记载，不妨当作一种声音：

---

① 司马迁：《史记》卷八十一《廉颇蔺相如列传第二十一》："赵王迁七年，秦使王翦攻赵，赵使李牧、司马尚御之。秦多与赵王宠臣郭开金，为反间，言李牧、司马尚欲反。赵王乃使赵葱及齐将颜聚代李牧。李牧不受命，赵使人微捕得李牧，斩之。废司马尚。后三月，王翦因急击赵，大破杀赵葱，虏赵王迁及其将颜聚，遂灭赵。"

就在李牧与秦军对峙的关键时刻，郭开指使韩仓诽谤李牧。赵王受了蛊惑，派他人代替李牧，并将李牧召回，打算处死李牧。李牧被召回后，赵王就派韩仓宣读赐死"王命"。韩仓对李牧说："以前将军打了胜仗，大王给您敬酒。但将军在大王祝酒时，却暗藏匕首。按照赵国法令，您的这种行为会被处死。"李牧反驳说："我身患佝偻病，因手臂缩短，无法触地。我担心在大王面前不敬，招致获罪，才命人做了个木杖接手。大王若不相信，可检验我所言是否真实。"李牧说完，就将缠在胳膊上的木杖给韩仓看。这时候，韩仓却说："我受大王的委托，特来赐死于你，并非来此听您辩解。您的请求我无法做到。"李牧看到韩仓态度坚决，心灰意冷，打算挥剑自刎。临终前，他对韩仓交代："为人臣子不能在宫中自杀。"于是，李牧出了宫廷，走出棘门。之后，李牧回首看了一眼赵国王宫，然后挥剑自刎。这时，由于他患病，手臂缩短，剑刃不能够到颈部。于是，李牧就将剑插在屋柱上，自杀而亡。[1]

《战国策》这个记载是否真实，尚有待考证，但里面透露出的细节，很有"画面感"，看起来也似不虚构。对秦国而言，李牧被（自）杀而死，都是好消息。据说尽管赵国还有数十万将士，但他们听闻李牧被杀，都唏嘘不已。赵军军心涣散，战斗力丧失了一大半。秦军捕捉到了这个讯息后，主帅王翦立即调整策略，准备攻打邯郸。

公元前 228 年（秦王政十九年）春三月，围在邯郸城外的秦军

---

[1] 刘向：《战国策》卷七《秦五·文信侯出走》。

向邯郸发起了猛烈进攻。此时，赵军士气低落，赵葱也难以凝聚士气，赵军到处弥漫着一种厌战情绪。反观秦军则士气高涨，不畏生死。据说每次秦军攻打邯郸时，王翦本人会擂鼓助威。

最终，秦军在猛烈进攻中，突破了赵军的防御，攻上了城楼。赵军主帅赵葱战死，副将颜聚得知赵葱战死，带领少量赵军携赵王逃亡。王翦继续命人追击，一直追到了东阳一带。《史记正义》指出了东阳地望："赵幽缪王迁八年，秦取赵地至平阳。平阳在贝州历亭县界。迁王于房陵。"旋即，秦军对东阳发动了攻击，占据了东阳，俘获了赵王迁及颜聚等人。①

至此，赵国灭亡，部分残余势力虽还在，已翻不起任何浪花。

之后，王翦派秦军平定赵国还未投降的地方，赵国在河北一带的土地全部被秦军占据。据说这时，雄心勃勃的王翦还想乘机一举消灭燕国。他先命秦军驻扎在中山一带，又向秦王政请示灭国行动，等待秦王政最后的批示。②

秦王政得到王翦的请示后，并未立即批示，而是领着一支秦国骑兵出了咸阳，向赵国方向而来。

原来，秦王政听闻邯郸被攻破，打算亲自到邯郸视察，也顺带与王翦交换攻打诸侯的意见。只是谁也没想到，秦王政到邯郸后，并未立即部署攻打燕国事宜，而是对赵国进行大清洗。

秦王政这种行为体现了他残暴的一面：当初他滞留赵国，受尽赵人的脸色。甚至有几年，赵国到处都在追击他们母子。现在他作为胜利者，可支配赵国的一切，自然要实施复仇行动。据说，秦王

---

① 司马迁：《史记》卷六《秦始皇本纪第六》："十九年，王翦、羌瘣尽定取赵地东阳，得赵王。"

② 司马迁：《史记》卷六《秦始皇本纪第六》："引兵欲攻燕，屯中山。"

政找到了当初和他外公有仇怨的人，命人将其全部坑杀。报了私仇后，秦王政与王翦交换了意见，从邯郸返回，顺路还到了太原、上郡一带视察。①

秦王政离开后，王翦并未对燕国发起攻击。原因不得而知，可能秦王政还不想攻灭燕国，或者让王翦安抚赵国民众的情绪。所以，王翦就驻扎在赵国境内。

需要说明的是，秦军攻破邯郸后，出现了一条漏网之鱼。他就是赵国公子嘉，他逃亡到了代地（今河北蔚县东北）上谷，在此处称赵王。之后，公子嘉向燕国发出联合邀请，希望与燕国共同抗秦。因此，秦军攻陷邯郸后，赵国还有一支残余势力在代地盘踞。②

对王翦而言，这股势力是一群乌合之众，根本不值得秦军派主力剿灭。而秦国的这种处置，又在一定程度上给了公子嘉喘息之机。

也是在这一年，秦国赵太后去世，秦国上下举哀。③ 不久，秦国又发生大饥荒④，不得不停止对外扩张，一心处置国内饥荒问题。

当然，停战也是休养生息的良机，秦军可利用这个机会补充兵力，调拨粮草，以应对接下来的战争。王翦也确是这样做的，他在燕赵边境驻扎，组织军队开展日常训练，等待着秦王政的下一步指示。

---

① 司马迁：《史记》卷六《秦始皇本纪第六》："秦王之邯郸，诸尝与王生赵时母家有仇怨，皆阬之。秦王还，从太原、上郡归。"
② 司马迁：《史记》卷六《秦始皇本纪第六》："赵公子嘉率其宗数百人之代，自立为代王，东与燕合兵，军上谷。"
③ 司马迁：《史记》卷六《秦始皇本纪第六》："始皇帝母太后崩。"
④ 司马迁：《史记》卷六《秦始皇本纪第六》："大饥。"

只是，由于秦军屯兵燕赵边境，燕国上下如芒刺背，燕国高层夜不能寐、昼不能安。秦军既然能灭韩、赵，灭燕国也就是顺带手的事情。那么，燕国该如何在绝境求生？

面对秦军的威胁，燕太子赵丹决定反击。之后，他策划了谋杀秦王政的计划，希望通过刺杀秦王政，实现"斩首行动"，阻断秦国对燕国的威胁。

因此，在这一背景下，一个刺客出场了，他叫荆轲。

第二十一章

统一

薄言采芑，于彼新田，于此菑亩。方叔莅止，其车三千。师干之试，方叔率止。乘其四骐，四骐翼翼。路车有奭，簟茀鱼服，钩膺鞗革。

薄言采芑，于彼新田，于此中乡。方叔莅止，其车三千。旂旐央央，方叔率止。约軝错衡，八鸾玱玱。服其命服，朱芾斯皇，有玱葱珩。

鴥彼飞隼，其飞戾天，亦集爰止。方叔莅止，其车三千。师干之试，方叔率止。钲人伐鼓，陈师鞠旅。显允方叔，伐鼓渊渊，振旅阗阗。

蠢尔蛮荆，大邦为仇。方叔元老，克壮其犹。方叔率止，执讯获丑。戎车啴啴，啴啴焞焞，如霆如雷。显允方叔，征伐玁狁，蛮荆来威。

——《诗经·小雅·采芑》

1. 荆轲刺秦王

侠客荆轲

　　和商鞅一样，荆轲也是卫国人。

　　据史料载，荆轲祖籍齐国，后迁徙卫国，但由于不是卫国本地人，因此卫国人称呼他为"庆卿"。这种称呼，或许带有"标记"母国的寓意。很多年以后，荆轲长大成人，到了燕国，燕国人又称呼他为"荆卿"。[①]

　　相传，荆轲生平有两大爱好：读书与击剑。大概读书太艰难，荆轲在"这条路"上走得很艰难，并没有如百家代表人物一样，创造出流芳百世的"经典语录"。后来，就弃文就武，学习剑术，学到了一身本领。

　　之后，他找到卫元君，希望能凭借高超的剑术为卫元君效力，但卫元君对荆轲的剑术并不感兴趣，未重用荆轲。荆轲报国无门，离开故乡，流落他乡，寻找机会。

　　后来，荆轲曾到榆次（今山西省晋中市榆次区）寻找剑客盖聂讨论剑术。据说，盖聂是有名的剑客，在"国际上"享有盛誉。吊诡的是，两人讨论剑术时，不知何故，发生了意见分歧，最终不欢而散。荆轲离开了榆次，继续到列国游历，增长见识，结交三教九流。再后来，荆轲游历到邯郸，找到了赵国名士鲁句践，与他相约

---

① 司马迁：《史记》卷八十六《刺客列传第二十六》。

对弈，想在棋术上一较高低，结果两人又搞得不欢而散。

从荆轲专门找名士"切磋"的情况分析，这一时期，他想要"扬名"，才走上了挑战名士的"捷径"。可能在与盖聂和鲁句践切磋过程中，他并未取得胜利，只能继续寻找"发力点"。

之后，荆轲离开了赵国，继续北上，去了燕国。

到燕国后，由于人生地不熟，荆轲没有朋友，常常陷入孤独中。也因无养生之计，常常陷入拮据困顿中。他流浪在燕国市井里，讨要生活。这时候，荆轲结识了燕国的一个屠狗辈，和一个擅长击筑之人高渐离。

荆轲与这两人十分投缘。有时空闲，荆轲就与这两人在燕国集市上饮酒。兴致高昂时，高渐离击筑，荆轲舞剑，屠狗辈唱歌。路人纷纷观望，但他们对路人诧异的眼神根本不在乎，仿佛世界就只有他们，潇洒一时。有时候，他们也会为自己的遭遇而哭泣，嘻嘻哈哈，不成体统。

以上就是荆轲的第一段经历。总体而言，这时候的荆轲，像个落魄士子，有志向，不灰心。

可能是燕国的社会风气好，或者包容荆轲这种落魄之人，让他有个安身立命之所。因此，荆轲到燕国后，就没有离开。他在城外搭建一座窝棚，做好了常驻燕国的打算。仿佛流浪汉一样，把世界的角落，当作身体和精神的家园。

不过，即便生活如此艰难，荆轲也"不坠青云之志"。他依旧相信，世界还是美好的，他还要创造机会，在这个"大争之世"创建出一番功业。因此，当地人往往会发现这样一种现象：闲暇时，荆轲读书、练剑，通过"文化"熏陶自己，通过剑术联系朋友。

而这种"内文外武"的长时间熏陶，培养了他深沉稳重的性格。

这一时期，荆轲除了与这些酒徒交往，也尝试着结交一些当地德高望重的名士。由此，也拉开了荆轲人生的第二段。比如，他就结交了著名隐士田光先生。史料载，田光对荆轲很礼遇，热情接待荆轲，夸赞荆轲非池中之物。[①] 大概荆轲也希望通过各种方式在燕国谋取一官半职。

然而，田光自己都不出仕，能协助荆轲吗？所以，一切都需要一个机遇。

此后，荆轲一直混迹在燕国，既与高渐离、屠狗辈交往，也与田光交往，等待着可能降临在身边的机会。

太子丹养士

机会随时都有，关键在于能否抓住。此时，荆轲等待的机会已悄然来到他的身边，他会抓住吗？

原来，就在荆轲流浪燕国时，曾在秦国当人质的燕太子丹，忽然从秦国逃回燕国，并对秦王政产生了怨恨。安顿好后，太子丹开始在燕国市井找寻奇人，准备"对付"秦王政。这种情况下，荆轲与燕太子丹产生了交集，而燕太子丹就是荆轲生命中的贵人。由此，荆轲开始了人生第三段。

在叙述荆轲与太子丹交往前，还需对太子丹"怨愤"秦王政的背景做一梳理，才能将各种因果续接起来。

追溯往事，燕太子丹与秦王政有过一段非凡的交往。秦王政年幼时，出生在赵国，当时太子丹亦在赵国做人质。基于这种因缘，

---

① 司马迁：《史记》卷八十六《刺客列传第二十六》。

两个苦命之人相互依存，抱团取暖，接受一切不公待遇。而这种共同的经历，让他们关系非常要好。后来，秦王政被接回秦国，几年后又成为秦国国君，两人因此断了联系。数年后，赵国攻打燕国，取多座燕国城池。燕国将太子丹送到秦国当人质，请求秦国出兵援助燕国。秦王政同意了赵国的请求，派大军攻打赵国，占据了很多赵国城池，解除了燕国危机。太子丹质留秦国时，本以为秦王政还会如过去一样，与他重续昔日友情，直到天长地久。但太子丹忽略了一个现实：在大国交往中，根本没个人"交情"，一切都要以国家利益为重。所以，已是秦国国君的秦王政，并不愿与太子丹有过多交往，甚至轻视太子丹。

这让太子丹醒悟：人与人之间的交往，是建立在彼此的社会地位基础上的。当初他们之所以要好，完全是因为"身份对等"，现在他是"人质"，而秦王政是"王"，两人完全不在一个"阶层"，如何"平起平坐"？只有穷人才会谈友情，高贵的人都会注重利益。因此，太子丹在秦国做一个本分的"人质"，不再与秦王政有任何"瓜葛"。而秦国对太子丹也不重视。

再后来，秦军灭韩、赵，如同蚕食桑叶一样，将边境线延伸到燕国附近。燕国局势危急，太子丹的身份更加尴尬，因此逃回了燕国。

总之，这些年来，在秦国受尽了屈辱，让太子丹心中怨恨。因此，回到燕国后，太子丹就尝试各种办法，报复秦国，让秦王政感受吃罪于他的后果。

不过，冷静地想想，燕国国力弱小，根本无法与秦国进行军事对抗。这时候，秦军没有对燕国发起攻击，已是万幸。王翦就驻扎在赵国土地上，他若挥师北上，燕国将如之奈何？

后来，太子丹就此事向恩师鞠武求教，鞠武对他说："秦国领土遍及天下，一直是三晋的威胁。秦国北有甘泉、谷口坚固险要隘口，南有泾河、渭河流域的肥沃土地，又占据着巴郡、汉中郡。秦国的右边是陇、蜀高山险阻，左边是函谷关、崤山天险。秦国国内百姓众多、兵士勇猛，武器装备充足。若秦国有意扩张，那么长城以南、易水以北的土地就无法得到保障。如今秦、燕关系紧张，正需要有人斡旋，您怎么能因自己曾被欺辱，就心生怨恨，想要与秦国去抗衡呢？"太子丹听完鞠武的话，陷入矛盾中，他询问鞠武："那您认为我们该怎么办呢？"鞠武表示，他也没有更好的建议，他只是表示自己要想一想。①

太子丹也不好再阻拦。

事实上，认清现实的太子丹，已放下了对秦王政的愤慨。他不能因个人好恶而将国家带入战乱中，这是做人的底线，也是作为太子的责任。此后，太子丹开始将注意力放在应对秦军入侵问题上。他密切关注着王翦的动向。

所幸的是，即便他逃离秦国，秦王政也没有攻燕。这与秦王政还顾念昔日之情不无关系，否则，只要秦王政一声令下，王翦率领的大军就能荡平燕国。

然而，一个偶然事件，改变了秦、燕关系。这个偶然事件就是燕国收留了樊於期。

樊於期是秦国将领，多年来一直受秦王政信任，做秦王政的侍卫。不知何故，樊於期忽然获罪，秦王政命人捉拿，樊於期逃出了咸阳，向东而来。其他诸侯迫于秦国压力，不敢收留樊於期。因

---

① 司马迁：《史记》卷八十六《刺客列传第二十六》。

此，他一路北上，逃到了燕国。

太子丹动了歪心思：明知樊於期吃罪于秦王政，还是选择接纳了樊於期。之后，太子丹还将樊於期奉为座上宾。

太子丹的这个做法引起鞠武的警惕，他找到太子丹说："太子您不能这样做。秦王为人暴虐，早就对燕国有积怨，这足以让人担心。若秦王得知您收留樊於期会作何感想呢？古语说'把肉扔在饿虎经过的路上'，比喻的就是您现在正在做的事情。若您执意收留樊於期，燕国将会招致灾难。而秦军一旦来攻，即便有管仲、晏婴这样的贤臣，恐也无法应对。因此，为避免与秦国交恶，我恳求太子将樊於期送到匈奴。之后，我们再想方设法与三晋、齐、楚结交，与匈奴讲和，或能对付秦国。"对此，太子丹却有不同看法："老师您的计划固然可行，但需花费太长时间。我现在心烦意乱，片刻也无法等候。另外，我收留樊於期是因为他是我的朋友，曾在咸阳照顾我。如今樊於期从秦国逃出，无容身之地，只有我能收留他。我不能因秦国强大就抛弃我的朋友，将他送到匈奴。希望老师重新考虑更好的应对办法。"

看到太子丹主意已定，鞠武有些失望。之后，他还是尽一个臣子的职责，继续劝谏说："若太子坚持这样做，结果就是：做法危险却想要获得平安，故意制造事端却希望获得稳定，计谋短浅而结怨颇深。您为一个所谓的朋友置国家大局于不顾，就是人们常说的'积蓄怨恨而资助灾祸'。若将鸿毛置于炉膛上，鸿毛会瞬间灰飞烟灭。秦国如雕鸷一样凶猛，他们一旦向燕国出兵，后果不堪设想。眼前的局势我已难以把控，无法再给您出高明的建议。我听人说，燕国有一位隐士叫田光，传闻说他足智多谋，颇有才学。太子不妨去拜访他，求教他处置此事的办法。"太子丹没有听出鞠武的失望，却对田光很向往。因此，在鞠武的牵线搭桥下，太子丹主动召见田光。[①]

据说，为从田光口中探知更多有用的策略，田光进宫后，太子丹亲自上前迎接田光，倒退着为田光引路。进入里间后，太子丹又跪下来用衣服拂去座席上的灰尘，才让田光落座。田光将太子所做的这一切都看在眼里，不过他很沉着，脸上没有表现出任何表情。

等两人坐定后，太子打发了所有人，离开座席，站在田光身边向他说："燕、秦两国势不两立，迟早要发生龃龉。在两国还未交恶前，希望先生教我应对办法。"田光没有正面回应太子丹，只是淡淡地说："我听人说骏马强壮时，一日可驮着货物行进千里。衰老后，精力不及年轻时，就算一匹劣质马也能超过它。您听说我的那些事迹都是我年轻力壮时的经历，现在我已衰老，精力耗尽，思维呆滞，不敢图谋国家大事。不过既然太子您问到了这件事，我就向太子举荐一人，或可帮助太子。此人名叫荆轲，是个剑客。"田光的话里其实略带着责备的意思，太子丹或许听出来言外之意，但他装作不知。之后，太子丹悄悄对田光说："先生切记，不能将我们的谈话内容向外泄露。"田光意识到太子丹不信任自己，怏怏而去。[②]

太子丹没有顾及田光的不满情绪，却希望与荆轲结交。而这显得目的太明显，甚至有点不近人情。当然，田光既然向太子丹举荐了荆轲，即便他对太子丹有不满情绪，也体现出一位隐士的大度。

在荆轲见太子丹前，田光对他说了一番意味深长的话："年轻人做事不能让人怀疑，但现在太子却怀疑我。我认为，一个人的行

---

① ② 司马迁：《史记》卷八十六《刺客列传第二十六》。

为引起他人的猜忌，这个人就不是一个品节高尚又讲义气的人。"荆轲不明所以，田光继续说："您去面见太子时，告诉太子田光已死，他不会泄露秘密的。"说完后，田光拔剑自刎而死。这个结果，一时震惊了荆轲，他也不知其中缘由。不过，此时的荆轲对太子丹也多了几分好奇，他要见一见太子丹，看看他到底是个怎样的人，能让田光为他去死。

之后，荆轲怀着悲愤之心去见太子丹。他告诉太子丹田光已自刎而死，还转述了田光的话。得知事情的经过后，太子丹羞愧不已，跪着流下了痛苦的泪水。

等太子丹平复心情后，对荆轲说："我之所以告诫田光先生不能泄密，是要完成此生的一件大事。想不到田光先生用死证明了他的高尚品德，我也没有想过要逼死他呀！"

之后，太子丹向荆轲叩头说："田光先生不知我是个不成器之人，通过他的牵引，您来到我面前，我向您大胆陈述我遇到的困惑。这是上天垂怜燕国。秦王有吞并天下的野心，若不将天下土地全部吞并，让天下诸侯全部臣服，他是不会满足的。如今秦国已俘虏韩王，占领了韩国全部土地。又向南发兵，征讨楚国，向北发兵攻打赵国。据说王翦率领的几十万大军已到漳河、邺城，李信率领的大军队也驻扎太原、云中两地。若赵国被灭，燕国就会陷入危亡。燕国多年困于战祸，国力孱弱，即便动用全国之力，恐怕也难以抗击秦国。现在天下的诸侯都臣服于秦国，没有诸侯再合纵抗秦。我个人有个愚昧的办法，若我能得到天下最勇猛的勇士，派他出使秦国，用重大的利益诱惑秦王。只要秦王追逐利益，我们的目标就能达到。等到与秦王会面，再择机劫持秦王，像曹沫挟持齐桓公那样，勒令他归还侵占各国诸侯的土地，方能解除

燕国的危机。退一步讲，万一这个办法行不通，也能择机刺杀秦
王。目前，秦国大将都在外作战，若刺杀秦王成功，让秦国内乱
起来，大臣之间就会相互猜疑。趁着这个机会，诸侯就能形成新
合纵，一起抗击秦国，定能大败秦国。这就是我此生最大的希望，
但眼下我不知将此事托付给谁才好，才希望荆卿留心这件事。"听
完太子丹的叙述，荆轲并没有直接回答。不过，荆轲清楚太子丹
的意图：即希望他入秦，挟持秦王政。但这是个非常冒险的计划，
他怎么能去冒这个险？因此，荆轲思索了许久，才对太子丹说：
"我资质愚钝，不懂这些国家大事，恐怕无法完成这个重任。"①

太子丹本意是希望荆轲能充当他选定的"杀手"。但听到荆轲
不愿入秦，他马上警觉起来：他向荆轲透露了计划，荆轲已无法置
身事外，毕竟只要荆轲活着，这件事就有可能泄露。眼下他有两种
选择：一是杀了荆轲，永绝后患；一是再次恳求荆轲，希望他能够
充当刺客，诛杀秦王政。最终，太子丹选择了后者，他想尽各种办
法，苦苦哀求荆轲，希望荆轲能够帮助他实现这个愿望。当然，太
子丹可能还动用了各种"攻心"战术。最终，在太子丹的软硬兼施
下，荆轲不得不答应他的请求。也有学者指出，荆轲是因为与太子
有着共同的仇人，才答应太子丹的请求。

随着荆轲答应当"刺客"，太子丹即尊荆轲为上卿，将他安置
在豪华的上等公馆中，衣食住行都有人来打点。太子丹每天还会准
时准点，到荆轲的住处来慰问，送上丰富的菜肴，赠献奇珍异宝。
只要荆轲看上的车马、美女等，任凭荆轲享用。

荆轲仿佛燕国的王一般，一直在享受着燕国的一切。而太子丹

---

① 司马迁：《史记》卷八十六《刺客列传第二十六》。

默许他享受这一切，毕竟他与荆轲商议的"挟持（行刺）计划"是冒险行为，是"死局"，不管成功与否，荆轲都会性命不保。而一个人愿意拿着性命去为你成就大业，还有什么好处是不能给他提供的呢？

荆轲刺秦王

对荆轲而言，他的人生时日无多，他要尽情享受最后的岁月。而太子丹，却希望荆轲能即刻动身。只是太子丹苦于无法催促，只能任由荆轲继续留在燕国。

令太子丹不安的是，过了很久，荆轲依然没有动身去秦国的意思。而王翦率领的秦国大军长驻燕国南部边界上，似有进攻燕国的打算。太子丹非常惊恐，恳求荆轲说："秦军迟早会渡过易水，而一旦秦军进入燕国，就算我能天长地久地侍奉您，形势却不允许呀！"

通过这次催促，荆轲也意识到是时候履行承诺了。这段时间以来，他也享受了从未有过的人间清欢，人生已无憾。他对太子丹说："即便太子您不说这番话，我也准备向您辞行。只是此去秦国，九死一生，若无信物，秦王恐难以相信，也就无法靠近秦王。眼下秦王用千金悬赏、万户封邑求樊於期的人头，若我能将樊於期的人头和燕国督元地图进献秦王，相信秦王就能接见我。到时我也就能报答太子您的大恩。"太子丹说："樊於期在穷途末路时投奔我，我不忍心杀他，请您再想想有无更好的办法。"①

荆轲看到太子丹的犹豫，没有做过多解释。只是，索要樊於期

---

① 司马迁：《史记》卷八十六《刺客列传第二十六》。

的头，已是他计划的一部分，太子丹同意他也要，太子丹不同意，他还是要樊於期的头。

之后，荆轲私下见了樊於期，对他说："秦国对将军您太狠毒，您的父母和族人或者被秦王杀害，或者被人奴役。我还听人说，秦王打算用千金和万户封邑索要您的人头。不知道您将如何处置？"樊於期听完也悲愤不已："每次想到这些事，我就痛入骨髓，只是想不出用什么办法复仇。"荆轲说："我有一计，既可解除秦国对燕国的威胁，让将军您报答太子的恩情，又能为将军您报仇雪恨，不知道将军您愿不愿听？"樊於期表示，洗耳恭听。

荆轲这才说："我希望得到将军的头颅，进献给秦王。我以此为投名状，秦王必会接见我，届时我会用左手抓住他衣袖，右手拿着匕首刺杀他。这样一来，将军您的大仇就能得报，秦国对燕国的威胁也会解除。这是一举两得的事情，难道将军不愿吗？"听完荆轲的叙述，樊於期陷入了沉思。正如荆轲所言，他无法靠近秦王，也就不能报仇。而太子丹在他最落魄时收留了他，照顾多年，他也应为燕国做点事。

樊於期没有直接回答荆轲，只是表示想一想。荆轲也就回去等消息。大概荆轲已猜到樊於期听进了他的建议，会采取措施。

不久，荆轲就得到樊於期自杀的消息。荆轲对这个结果并不惊奇，如果樊於期不自杀，反而会让人认为樊於期是贪生怕死之徒。现在，樊於期自杀，说明他是个有情有义之人。太子丹也听说了樊於期自杀的消息，赶到现场了解情况，看到樊於期已死。太子丹悲痛欲绝。不过，人死不能复生。樊於期用死来报答他的知遇之恩，他不能辜负樊於期的这份心意，否则樊於期就白死了。最终，樊於期的头颅被割了下来，装进了一个盒子，交给了荆轲。[1]

樊於期的死，正式将荆轲刺秦提上日程。

太子丹到处寻求可一击必杀的杀人利器，最终发现了赵国徐夫人利刃，并花百金买下了它。太子丹还命人将匕首进行改制，浸入毒液。为验证匕首的毒性，太子丹用活人实验，结果被这把匕首刺伤的人，只要见一点血丝，顿时毙命。

投名状和凶器都准备好，荆轲就要上路。太子丹为他打点行装，送他启程。

临行前，为让荆轲不显得孤单（或者说为了监视荆轲），太子丹还给荆轲找了个助手。此人名叫秦舞阳，传闻说他十三岁时就杀过人，燕国人都惧怕他，不敢与他正视。太子丹重金聘用，让他担任荆轲的助手。

一切准备妥当后，荆轲却还不想上路。荆轲表示，他还有个朋友没有赴约，他需要等待与朋友一起去秦国。然而，过了很久，荆轲的朋友都没有来。太子丹担心荆轲变卦，就智激荆轲："都这么长时间了，荆卿还不去秦国，难道还有其他心思吗？若您不去，那我就先遣秦舞阳去秦国。"听完太子丹的话，荆轲果然被激怒，答应立即去秦国。

临行前，太子及宾客都穿着白色的衣帽为荆轲送行，他们一直将荆轲送到易水边上，拜了各路神灵后，才止住了脚步。荆轲头也不回地踏上了去往秦国的大道。

这时候，荆轲好友的高渐离击筑，为荆轲送行，而荆轲则唱着歌向西而去。送行的人见状，纷纷流下了悲伤的泪水。荆轲边走边

---

[1] 司马迁：《史记》卷八十六《刺客列传第二十六》。

唱："风萧萧兮易水寒，壮士一去兮不复还。"之后，荆轲登上车子，向西奔去，渐渐消失在众人的视野中。

荆轲到秦国后，拿着价值千金的厚礼，进献给秦王政宠臣中庶子蒙嘉，并透露了请求"面见秦王政"的目的。蒙嘉向秦王政禀报说："燕王非常畏惧大王，不敢与秦军对抗。他希望能带领全国人民成为秦国的臣子，和其他诸侯国一样，向秦国交纳贡物和赋税。燕国也会成为秦国的郡县，只希望大王您保留他们历代先王的宗庙。现在燕王内心恐惧，不敢亲自到秦国来。但为表达诚意，他们砍下了樊於期的人头，并向大王进献燕国地图。这些东西都在燕国使者的盒子里，只需召见燕国使者，就能得到这些东西。"①

听了蒙嘉的话后，秦王政很亢奋。他穿上礼服，安排了隆重的接待仪式，在咸阳宫接待燕国使者。于是，荆轲抱着装有樊於期头颅的匣子，秦舞阳手捧装有燕国地图的匣子，到咸阳宫进献。

据说，当一行人走到宫殿台阶前时，秦舞阳因紧张导致脸色骤变，慌张中差点跌倒。而秦舞阳的这一"怪异"行为，让远远观望的秦国大臣很奇怪。荆轲虽然也很慌张，但他是见过世面的人，更身兼重任。所以他强装镇定，回过头来向秦舞阳笑了笑，安抚他的情绪。之后，荆轲独自走上前去，向秦王政谢罪说："跟随我来的是个北方蛮夷人，没有见过真天子。现在看到秦国雄武的宫殿和圣明的大王，感到震惊恐慌。臣恳请大王宽容他的过错，让他能够完成自己的使命。"秦王政哈哈一笑，算是接受了荆轲的辩解。此时的秦王政根本不在乎樊於期的人头，而是看重燕国的地图。因此，他对荆轲说："将秦舞阳带来的地图呈上来。"

---

① 司马迁：《史记》卷八十六《刺客列传第二十六》。

荆轲从秦舞阳手中接过盒子，拿出盒子中的督元地图，将其摆在秦王政面前的案牍上，徐徐将地图摊开。而秦王政则目不转睛盯着赵国地图看，仿佛看到地图上每一座城邑已划归秦国。那是一幅色彩斑斓的地图，是一幅令人遐想联翩的地图。秦王政久久凝视着地图，没有注意到周围的一切。

谁也不知道，那把行刺的匕首就藏在地图最里面。而随着燕国地图不断摊开，秦王政目光全部落在地图上，完全没有预料到眼前之人就是刺客。等地图全部摊开之际，荆轲忽然用左手抓住了秦王的衣袖，右手从地图底下抽出匕首直刺秦王胸膛。

霎时间空气凝结，时间仿佛停在了那一刻。秦王政大惊失色，惊叫起来。他马上意识到了危机，甩开荆轲的束缚，迅速向后退去。因此，荆轲的第一击落了空，只是割断了秦王政的衣袖。

说时迟那时快，秦王迅速恢复了清醒，起身抽剑，打算与荆轲对峙。只是秦王政配的剑太长，他虽抓住了剑鞘，却怎么也抽不出来。而荆轲看到一击未中，继续追杀秦王。

秦王政只能绕着柱子逃跑。这时候，朝臣也都紧张不已，现场一片混乱。

按秦制，臣子上朝时须解下佩剑，因此将帅们也空手无物，无法对抗荆轲。就这样，秦王政被荆轲追着逃跑，臣子们谁也不敢靠近荆轲。这时，侍从医官夏无且将手中的药袋子扔向了荆轲，阻挡了荆轲继续追击秦王。

到这时，有武将提示说："大王，请将您的佩剑推到背后，就能拔剑出鞘。"秦王政听完，遂将剑推到背上，顺利拔出了剑，与荆轲对峙。因此，双方开始直面相对。荆轲手持短匕首，面对秦王的长佩剑，毫无优势。几个来回下来，荆轲就被秦王政击败，一条

腿也被秦王砍断。荆轲倒在了咸阳宫，嘴里骂骂咧咧，但他并不
认输。

之后，他择机举起匕首向秦王投掷，意在划伤秦王政，而秦王
政用佩剑抵挡，躲开了荆轲投来的匕首，匕首最终扎在了柱子上。

手无兵器又身受重伤，荆轲已为砧板上的鱼肉。未几，秦王政
挥剑砍荆轲，一刀又一刀，仿佛砍西瓜一样。荆轲被刺得浑身是
伤，再也无法攻击秦王。

即便如此，荆轲依然不服输，他靠在柱上狂笑不止。然后，荆
轲扶着柱子大声训斥秦王政："今天事情败落，并非我的疏忽大意，
而是我本计划生擒你，要你立下契约，归还侵占诸侯的土地，以报
太子知遇之恩。"等荆轲骂完，宫外的护卫冲进了大殿，他们一拥
而上，杀死了荆轲。[①] 秦舞阳自然也被处死。

荆轲被杀，秦王政高兴不起来，荆轲的话萦绕在他耳边，仿佛
咒语一般，令他心神不安。或许，天下诸侯都有荆轲这个想法，只
是唯有荆轲付诸了行动。以后，可能还有更多人会行刺自己，以终
止秦国继续扩大。这时候，秦国再也不能不正视这个问题。秦国能
做的自然是顺应形势，一鼓作气灭了其他诸侯，让天下归一。唯有
如此，才能稳定。

换句话说，荆轲刺秦在一定程度上加速了秦王政翦灭六国的
速度。

不久，秦王政再遣一批军士北上，与王翦率领的秦军会合。秦
王政给王翦下了命令：消灭燕国。王翦心领神会，带领秦军北上攻
打燕国。按史料的说法他只用了十个月的时间，就攻破了燕国首都

———————

① 司马迁：《史记》卷八十六《刺客列传第二十六》。

蓟城。燕王喜、太子丹不敌，带领残余部队逃往辽东郡。

王翦派大将李信追击燕王，他自己坐镇燕国旧都，安抚燕国民众，为接下来的天下统一做准备。

有意思的是，当燕王逃亡后，躲在代地的赵嘉给燕王喜写了一封信："秦军之所以如此逼迫，是因为太子丹派荆轲刺秦王，惹怒了秦王。若大王能诛杀太子丹，将太子丹的头颅送给秦国，秦军就定会撤离。也只有这样，燕国的社稷才能保全，宗庙才不会摧毁。"

燕王将赵嘉的书信扔在一边，认为赵嘉离间他与太子的关系。然而，随着李信穷追不舍，燕王喜的思想开始动摇。这时候，为了活命，他打算采纳公子嘉的"建议"。

据说，当时太子丹藏在衍水，已骗过了秦军追击。此后，燕王喜派人杀死了太子丹，将太子丹首级交给李信。此举果然让秦军放缓了攻打燕军的步伐。燕王则盘踞在辽东一带，继续称燕王。不过他和赵国公子嘉一样，只是一股残余势力，秦国用不了多少军队就能消灭他。

此后，秦国再没有搭理燕王喜，而是将目标放在了魏、楚、齐三国。也是从这一刻起，秦王政开启了翦灭诸侯、统一全国的伟大征程。

2. 秦灭魏、楚两国

平定韩国叛乱

公元前 226 年（秦王政二十一年），王翦攻陷燕国都城蓟城后，按照秦王政的部署，得重新回到秦国休整。[1] 秦王政对王翦很礼遇，让他安心休养，以待时日，准备继续东出。

这时候，王翦逐渐长大的儿子王贲，也逐渐表现出将帅的勇武和智谋。比起对王翦的稳重，秦王政更喜欢年轻的王贲。秦王政还将王贲召在身边，让他做自己的侍卫。换句话说，秦王政有意培养王贲。

秦王政的这种做法，当然与王翦建立的不朽功业有关。大概秦王政也不希望王翦"吃独食"，因此故意培养王贲。但问题的关键是，王贲是王翦的儿子，培养王贲不就是壮大王翦的势力吗？

本书认为，秦王政不想只将"国运"押在王翦身上，他要培养几个接班人，以备不时之需。原因很简单，万一王翦在灭诸侯时出现意外（比如战死），秦国的统一大业将由谁来完成？也唯有如此，才能解释，王翦在实施翦灭诸侯的时候，王贲也被派往前线攻打诸侯。当然，虎父无犬子，王贲定也是骁勇善战的将才，才得到了秦王政的青睐。

不久，秦王政再派王贲攻打楚国。秦王政还特别强调，让王贲自己去，王翦不能陪同。

王翦猜到了秦王政的心思：他太多疑了。不过王翦也不敢违抗王命，只能给儿子交代了很多注意事项，毕竟楚国不是韩、魏这样的小国，不能疏忽大意。而王贲初生牛犊不怕虎，可能对王翦保守的思想有些轻视，认为王翦老了，变得胆小而世故。

王翦也不作过多解释。未来是年轻人的天下，但人年轻时，总是信心满满，却往往在现实中栽跟头。很多时候，人只有自己摔一

---

① 司马迁：《史记》卷七十三《白起王翦列传第十三》："燕王喜走辽东，翦遂定燕蓟而还。"

跤，才会知道疼，说教永远无法换来感同身受。之后，王贲就带领着秦军浩浩荡荡南下攻楚。秦军进展迅速，攻占了楚国的荆地。[1]

战报传来时，秦王政很振奋。王贲首战就立下奇功，这意味着更加年轻一代的秦国将领已崛起，他们将在日后的战场上叱咤风云。之后，王贲继续推进，夺取了楚国的十余座城。[2] 楚国上下震惊，积极准备应对之策。

到此时，试探楚国的目的已达到，秦王政给王贲下了一个命令：撤军。

尽管王贲很疑惑，却只能接受。秦军撤退后，秦王政已有了应对楚国的策略：以静制动。就是说，先不攻打楚国，因为楚国地域辽阔，人口众多。这也意味着攻打楚国，会付出很大代价。所以，要将楚国这个"难啃的骨头"放在最后。秦王政的做法很老练：他假意将昌平君熊启贬到楚国郢地，私下里要求昌平君关注楚国的动静，做秦国的内应。[3]

做好了这一切后，秦王政与群臣商议对策，部署攻打楚、魏两国的计划。吊诡的是，秦国刚刚做出攻楚、魏的决策，就被来自韩国的叛乱打乱了计划。

原来，秦国消灭韩国后，为防止韩王安继续发动叛乱，将其迁离韩国旧地，软禁在陈县，还命人看守。可能秦王政并不想诛杀韩王安，他要给其他诸侯国君主留有念想：即便被灭国，诸侯国君也

---

[1] 司马迁：《史记》卷七十三《白起王翦列传第十三》："秦使翦子王贲击荆，荆兵败。"

[2] 司马迁：《史记》卷四十《楚世家第十》："二年，秦使将军伐楚，大破楚军，亡十余城。"

[3] 司马迁：《史记》卷六《秦始皇本纪第六》："昌平君徙于郢。"

能保全性命。这样秦国在蚕食诸侯国时，诸侯国君就还会心存希望，不至于与秦国死扛到底。

然而，这一年春天，居住在新郑的原韩国贵族不愿忍受被人压迫，主动发起了叛乱。秦王政尽管有预料，还是被这次韩国内部的叛乱扰乱了心情。之后，秦王政火速遣人平定内乱，一支数量不多的秦军到了新郑，将原韩国贵族全部诛杀，一时间尸横遍野，血流成河叛乱由此被平定。

这时候，秦王政还面临着一个棘手的问题：如何处置韩王安。此前留着他是为了给诸侯一个念想。现在，随着新郑韩国贵族发动叛乱，秦王政看到了韩国死灰复燃的危机。而这一切都与扣押在陈县的韩王安有关，只要韩王安活着一天，韩国人就有"复辟"的希望，就不可能诚心归附。因此，为了永绝后患，秦王政还是下了杀心，命人处决了韩王安。①

自此，韩国民众心中仅存的希望落空，他们不知前路在何方。不过韩王安被杀，也让仅存的韩国贵族看清了自己的处境，开始屈服秦国统治，并逐步与秦人进行融合。

当然，还是有一些韩国臣民怀有复国之心，等待着时机。而他们所等的时机，要在几十年后才到来。现在他们只能龟缩着，表现出臣服于秦国的姿态，成为秦国的子民。

平定完韩国的内乱后，已入隆冬。这一年，关中地区格外冷，还下了几场雪，地面被厚厚的积雪覆盖，雪的厚度超过了二尺五寸。这是《秦始皇本纪》所载。秦国的一尺是二十二厘米左右，二尺多就是四十多厘米。关中一带鲜有如此大雪，东北、新疆可能才

---

① 司马迁：《史记》卷六《秦始皇本纪第六》："新郑反。"

会有。可能这年冬天下了不少雪，不利于出战。秦国也就暂时对外停战，专心休养，以待时机。①

攻灭魏国

公元前 225 年（秦王政二十二年），大地回春，秦国继续向外扩张。这时候，秦国已制定了攻打魏、楚、梁国的计划：利用从楚地返回的王贲攻打魏国。

这些年来，秦魏关系时而亲近时而紧张。总体来说，魏国国力孱弱，不断向秦国乞和。不久前，魏国还将一大片土地割让给秦国，秦国在此处设置了丽邑。

整体而言，魏国依然有数百万人口，数十万甲士。这对秦国来说，依然是一个巨大的威胁。不消灭魏国，秦国就无法继续东出，甚至南下攻楚都会受到魏国掣肘。因此，秦王政打算先灭魏国，再图谋楚国。

这一次，秦王政将灭魏的任务继续交给了王贲。此时，王贲正从楚地返回。秦王政遣人给王贲送去密令：回师途中调转方向，打魏国一个措手不及。王贲心领神会，在撤出楚国时，突然袭击魏国。只是魏国也预判了秦军动向，因此，当王贲率领着秦军从楚国境内撤出时，魏国已有准备。

魏国倾全国之力，应对王贲的入侵。因此，王贲想要短时间内突破魏国防守，并非易事。之后，秦军与魏军形成了对峙。对峙期间，王贲除了不断派出探子收集情报外，也在寻找着破魏国的办法。未几，王贲命人散布了一个谣言：秦军将从河北一带进攻

---

① 司马迁：《史记》卷六《秦始皇本纪第六》："大雨雪，深二尺五寸。"

魏国。

魏国高层并不糊涂，不会轻易上当，毕竟舍近求远从河北进攻非明智之举。他们在密切关注着秦军的动向。之后，王贲为了将谣言"坐实"，还遣一支秦军从韩地北上。

魏国高层探知秦国的动向后，进行了朝议，商定解决办法。最终，魏国高层认为，秦军从河北进入魏国是真的，他们当立即采取措施，阻挡秦军入侵。最终，魏国将数十万魏军主力集中在了河北，准备应对王贲的入侵。

看着魏军上当，王贲密令秦军主力部队赶赴黄河防线，在大梁北部集结。到此时，魏国才得知中了王贲诱敌之策，开始调集河北的魏军南下。只是魏国高层也没有料到，秦军进军迅速，已封锁了整个黄河防线。

尽管如此，魏军主力依然南下支援大梁，因为这里不仅有他们的国君，还有他们的家人。所以，魏军主力同样行动迅速，快速推进到黄河北岸，与秦军形成了新对峙。

之后，王贲带领一部分秦军趋近大梁，准备先破大梁，俘获魏王，从内部瓦解魏军。这样一来，无论黄河北岸驻扎多少魏军，都无法改变魏国灭亡的结局。

计划固然是好的，但实际操作起来就发现并不容易。大梁是四战之地，容易引起外敌合围。所以在魏惠王时代，已对大梁城进行了巩固，让大梁的城墙高耸厚重，一般的攻城器械根本无法撼动。而城楼之上到处都是防御点，秦军也很难攀登上去。

这让王贲面临着进退维谷的尴尬，或许只有强攻才能破大梁城，但强攻也会给秦军带来巨大创伤。再者，大梁城外围有发达的水利工程，平日里作为输送物资专线使用，战时则成了阻挡外敌入侵的防御工事。若两千多年前的情况还无法想象，北宋《清明上河图》或可给人直观感受。而魏国在此地经营多年，已将大梁打造成一座铁城，想要破城，只能智取。当初，孙膑围魏救赵，也只是围攻大梁，吸引庞涓回援大梁，若真要打，不见得齐军就能攻克大梁。

大梁的防御系统无懈可击。

还有一点让王贲也很头疼，这就是大梁的辅城。据说魏国为了让大梁城固若金汤，还在大梁城外围设立了几座辅城，起到保护大梁的作用。这几座城邑分别是安阳邑、陈邑（今河南陈县）、北定邑（今安徽北部）等。要攻打大梁，就得先破了这几座城。否则，即便秦军靠近大梁，这些辅城中驻扎的魏军依然会对秦军造成威胁。

王贲在充分考量了双方实力后，决定稳扎稳打。他先命人攻打大梁的辅城。因此，在王贲的指挥下，秦军兵分几路攻打大梁辅城。不久，安阳被攻破，北定邑也落入秦军之手。

而这些战斗取得胜利，也给了王贲极大的勇气，大梁外围的障碍基本被肃清。之后，他要集中兵力攻打大梁。

此时，大梁城驻扎的魏军并不示弱，严阵以待，等待着秦军到来。旋即，王贲先命人围住了大梁，给大梁城施压。

紧接着，秦军如蚂蚁一般，扑向了大梁。首战，秦军没有取得实质性胜利，因为魏国戍卒拼死抵抗。由此，攻防战变成了持久战。

此后的一段时间里，王贲一直与大梁对峙着。王贲甚至想到趁着大梁戍卒不备，向大梁发动偷袭。只是，不论他想什么办法，大梁都铁板一块，岿然不动。这让王贲颇为头疼，若长期对峙下去，对秦军也不利。

无计可施的王贲，不断视察地形地貌，寻找着突破口。

有一次，他在视察时，忽然想到可利用水来对抗大梁。这不是他的独创，当年白起就是利用水破了楚国人自认坚不可摧的郢都（今湖北江陵西北）。现在，黄河近在咫尺，何不利用黄河的地利因素呢？最终，王贲命人将黄河水引到了大梁城下，还将附近的另一条鸿沟也引入大梁。如此一来，呼啸的河水就注入了大梁。即便大梁城有发达的排水系统，也难以抵抗汹涌的黄河巨浪。

王贲没有攻城，而是站在不远处观望，任由河水一点点蚕食大梁城。这时候，只见大梁城被水包围，城内的人出不来，大梁变成了一座"水城"，等着水将城墙浸泡倒塌。三个月后，大梁城城墙轰然倒塌。这座坚不可摧的城池，被自然界的"洪荒之力"摧毁。

魏王假虽抗争了数月，依然不得不接受城破国灭的结果。据说他看到大势已去，也不再与王贲继续对抗，选择带领魏国的臣民出降。

王贲接受了魏王假的投降。

之后，秦军灭魏国的消息就到了咸阳，王贲请求如何处置魏王假的指令。而经过韩王反叛一事，秦王政已不再对诸侯国君留情，他密令王贲处死魏王假。

至此，魏国正式灭亡。

那些驻扎在黄河北岸的魏军得知秦军进入大梁并杀死魏王后，瞬间溃作一团，四散逃窜，投奔其他诸侯。还有一些则秘密纠结起来，继续与秦国对抗。不过，他们与燕、赵等残余势力一样，已无与秦国对峙的底气，只能作为一种地方残余势力存在。日后，王翦会率领秦军将这些魏国残余势力悉数诛灭。

魏国灭亡后，秦国顺势在大梁一带建立了东郡，又在魏地东面设立了砀郡。至此，魏国土地和人口划入秦国。[1]

秦军攻楚

消灭魏国后，秦王政调整战略，应对剩下的齐、楚两大诸侯。消灭这两国已在计划内，秦国已是一驾上了战场的马车，车轮在飞速旋转，根本停不下来。秦国高层能做的，就是掌好舵，不让马车跑偏。这是时代的趋势，谁也阻挡不了。即便国君不是秦王政，秦国也要这么做。

而到此时，秦国取得的成就也是前所未有的：已灭赵、魏、韩三晋，赵嘉龟缩代地，燕王也躲了起来，秦国多次击败楚国军队。

天下仅剩齐、楚两国。

面对齐、楚两国，秦国高层采取的办法还是由近及远、逐个兼并的策略。这么做，有个重要原因，在秦国攻打其他诸侯时，齐国从未插手。在这样的策略下，楚国自然就成了下一个要被攻打的目标。

与赵、魏、韩、燕不同，楚国地域辽阔，人口众多，物产丰富。甲士数以万计，不乏良将，武器精良。这样一个国家，完全有实力与秦国抗衡。因此，公元前 224 年（秦王政二十三年）一开春，秦王政就召集高层会议，商议灭楚（荆）策略。[2]

有个现象需要注意：从这时候开始，史料记载的楚国实际叫荆

---

[1] 司马迁：《史记》卷六《秦始皇本纪第六》："二十二年，王贲攻魏，引河沟灌大梁，大梁城坏，其王请降，尽取其地。"

[2] 司马迁：《史记》卷六《秦始皇本纪第六》："二十三年，秦王复召王翦，强起之，使将击荆。"

国，因为秦王政的父亲叫子楚，为了避讳，任何人都不能直呼其名。《史记正义》中说："秦号楚为荆者，以庄襄王名子楚，讳之，故言荆也。"《史记索隐》中说："荆王负刍也。楚称荆者，以避庄襄王讳，故易之也。"

在这次会议上，秦王政为了商议出万全之策，还召集一些年轻的帅臣参与了会议。比如，曾在攻打赵、韩时崭露头角的李信就是重点人物。不久前，王翦带领秦军攻打燕国时，李信随军出征。在剿灭燕太子丹时，李信冲在最前面。据说，从燕王手中接收燕太子丹人头的就是李信，秦王政因此也很看重李信。

在议定大略前，秦王政先问李信："现在我打算攻取楚国，将军认为有多少人马能够灭楚呢？"李信初生牛犊不怕虎，拍着胸脯说："我认为二十万人马足矣。"秦王政没有表态，而是征求旁边站着的王翦。王翦的回答是："我认为攻取楚国，没有六十万人马不能取胜。"同一问题，两个人两种答案。秦王政对王翦的回答不是很满意。他对众人说："看来王将军老了，有了胆战之心！李将军果断勇武，他认为二十万能灭楚国，我也相信他能做到。"

商议后，王翦并未解释，他主动上交了兵权，回老家频阳养老。秦王政也准允了王翦的请辞。

此时，王翦与秦王政之间产生了一种看不见的隔阂。当然，此时的秦王政还怀有这样的心思：老将军你不是说攻楚需要六十万人马吗？只要李信成功灭楚，就证明你已老。王翦本人也可能有自己的心思：既然大王不信任，还是解甲归田最为妥当。

这种君臣互不信任的背景下，王翦归田养老，李信则作为攻楚主将，蒙恬为副手，领着二十万秦军南下灭楚。王贲可能也因王翦的"不识时务"，被暂时"弃用"。

秦军进展迅速，很快就到楚境。之后，秦军兵分两路南下。李信率领一路秦军主力攻打平舆（今河南省平舆北），蒙恬则进攻寝地（今河南沈丘）。不久，李信和蒙恬都取得了阶段性胜利，楚军不敌，向后撤退。

之后，李信率部纵深推进，攻打鄢、郢两座城邑。这里是楚境的要塞，秦、楚之间曾在此多次交战，各有胜负。李信率领的秦军很快击败了楚军，让他们不敢再与秦军对峙，他们选择了固守城池，坚壁清野。

只是，随着战争的推进，李信也遇到了难题。这难题来自曾经被秦国派到楚地的昌平君。据说当秦军向楚国发起灭国之战后，昌平君似有抵抗秦军之意。众所周知，昌平君本是楚人，华阳夫人尚在时，他受到秦国重用。随着华阳夫人去世，他的地位可能也一落千丈。后来，秦王政故意将他贬黜到楚地，一方面要求他监视楚国，另一方面也试探他是否会叛秦。[①]

昌平君有叛秦迹象，在预料之中。大概秦王政没有把他当作"外公"看待，让他对秦国产生了愤恨。而他到楚地后，却受到楚王的礼遇。两种遭遇对比后，他倒向了楚国。所以，当李信攻打郢都时，他就率部抵御李信。正因昌平君的阻拦，李信无法南下。

之后，李信选择了迂回到西部，与蒙恬率领的大军在城父（今安徽省亳县）会师。李信打算会师后，将秦军合为一处，再向楚国发动攻击。

然而，李信不知道的是，此前楚军所有的败绩都是假象。实际指挥这场战争的人叫项燕，是楚国的贵族，也是位老将，智谋和经

---

① 司马迁：《史记》卷七十三《白起王翦列传第十三》。

验远在李信之上。他故意让楚军节节败退，给秦军造成"楚军不堪一击"的假象，迷惑李信。

因此，当李信刚刚与蒙恬在城父会合，项燕率领的楚军也尾随至城父附近。李信脚跟都没站稳，就遭到项燕率领的楚军猛攻，秦军很快被项燕打散。

之后，项燕指挥楚军猛攻秦军大营，攻入秦军修筑的壁垒，杀死了七名秦军都尉。这时候，秦军乱作一团，向西逃窜。项燕指挥楚军追击，秦军边战边退，武器辎重丢失了很多。[①]

等秦军逃离战场后，项燕才叫停了追击。至此，第一阶段攻楚战争结束。秦军损失不少兵力。楚军也加强了边境防线，预防秦军再次入侵。

李信战败的消息很快传到了咸阳，秦国高层非常震惊。秦王政才意识到自己的冒险给秦军带来了严重的损失，还是老将王翦判断准确，楚国目前国力并不弱，二十万秦军很难灭了楚国。

秦王政马上命人驾车奔赴王翦老家频阳，亲自请王翦出山。

见到王翦后，秦王政非常愧疚地说："悔不该当初不听老将军建议，致使秦军在攻打楚国时失利。李信也让秦军受辱了。我听说，楚军现在每天都在向西挺进，威胁秦国的边境。按说老将军身体欠佳，本不该来叨扰，但秦国形势危急，老将军难道忍心秦国陷入危机？"王翦不为所动，继续推辞说："老臣体弱多病，头脑糊涂，不及那些年轻的将领，还是请大王另选贤能的将军对付楚军吧！"秦王政继续致歉："老将军就不要再为难我了，秦国除了老将军，还有谁能对付楚国呢？"这时候，王翦似也意识到自己难以推

---

① 司马迁：《史记》卷七十三《白起王翦列传第十三》。

脱，就对秦王政说："若大王非要让我去攻打楚国，我还是要六十万人马，否则很难攻灭楚国。"秦王政已毫无办法，只能说："一切就依老将军。"

之后，秦王政与王翦一同回到了咸阳，秦王政也答应给王翦六十万兵马，由王翦率领攻打楚国。不久，王翦就率领秦军出动了。

大军出动之日，秦王政亲自送王翦到了灞上（今陕西省西安市灞河）。

王翦看到秦王的犹豫，请求秦王政给他许诺良田、美宅、园林等财富，等他凯旋，这些东西一定要兑现。秦王政说："老将军即将要上战场，建立不朽功业，怎么还担心日后会陷入贫穷呢？"王翦这才说："做大王的将军也不容易，有时候有功绩也不见得能够封王侯。所以，我认为趁着大王还信任我的时候，就要抓住机会，向大王多讨要些良田、美宅，为子孙置办永久产业。"秦王政听完王翦的叙述，哈哈大笑。表示等到王翦回来，定会给王翦赏赐诸多良田、美宅，让他的子孙都过上富裕的生活。①

得到秦王政的许诺后，王翦就带领秦军出动了。不久，秦军就到了函谷关。在函谷关驻足之际，王翦又先后五次派出使者，向秦王政索要良田、美宅等。秦王政都答应了王翦的要求，并表示只要王翦能顺利灭了楚国，王翦要什么，秦国就能给什么。

跟随王翦出征的将校对王翦的做法很不解。有人对王翦说："将军还未取得功绩，就不断向大王乞求财货，会不会太过分了？"王翦却说："你不懂，大王心思缜密，疑心很重，不信任任何人。如今我带着秦国所有精锐武装，他当然对我持有怀疑。我若不多向

---

① 司马迁：《史记》卷七十三《白起王翦列传第十三》。

他求良田、美宅等产业，他定会怀疑我的动机。而大王一旦对我产生怀疑，我还如何带领秦军与楚军作战呢？"众人这才被王翦的远见所折服。[1]

事实证明，王翦的猜测非常准。秦王政对他率领秦军主力攻楚心有疑虑。当然，秦王政的担心不无道理，这次攻楚，秦国几乎倾全国之力。而一旦王翦利用这些将士做些"出格之事"，如之奈何？即便王翦想要推翻他，也不是不可能。换言之，这时候，国君换作任何人，都会怀疑。

王翦正是看透了这一层，才不断向秦王政讨要产业。他清楚此次入楚，必须一心一意，不能有任何掣肘之事。若在战争最吃紧时，出现变故，比如有人在秦王面前说些"不当"言论，导致秦王政产生怀疑，攻楚就会夭折。到时，不仅秦军会遭受楚军"反噬"，自己可能也会落得身败名裂的下场。

对王翦而言，取得秦王信任的办法就是不断向他索要财货，让秦王政看到他有"欲望"尚需满足。唯有如此，秦王政才会一心一意支持他伐楚。而对帅臣来说，君王的信任远比打一场胜仗更重要。

3. 秦国翦灭楚、燕、赵、齐

先灭楚国

得到秦王政的信任后，王翦火速带领秦军入楚。时间是个可怕

---

[1] 司马迁：《史记》卷七十三《白起王翦列传第十三》。

的东西，即便坚硬如铁，也会被时间腐蚀得锈迹斑斑。人与人之间的信任，远不如铁与时间的关系。王翦非常清楚这一点，他就是要在秦王政对他十分信任的情况下，覆灭楚国。《诗经》中有"翦商"之翦，与王翦之翦相似。

楚国也得到王翦领兵前来攻打楚国的消息，开始早早准备。其实自李信兵败后，楚国高层就预料到秦国不会善罢甘休，他们还会大兵压境，以报复楚国。只是他们没有想到，秦军进军如此迅速。因此，楚国高层在统一意见后，及时调集了全国的兵力对抗秦军，试图将秦军阻拦在楚地之外。

而王翦也深知楚国兵多将广，财富积累多。因此，王翦也选择了稳扎稳打，毕竟手中握着秦国全部家底，不敢有丝毫马虎。

之后，秦军稳步推进，取楚国"陈以南至平舆，虏荆王"。至于这位"荆王"到底是谁，目前尚有争议。刘三解先生认为是昌文君。理由是睡虎地秦简《编年纪》中有载："廿三年，兴，攻荆，□□守阳□死。四月，昌文君死。"[①]

之后，秦军继续推进。不久，秦军遇到了楚军主力。这些楚军依旧由项燕带领，抗击秦军入侵。王翦很精明，他没有立即对楚国发动进攻，而是选择加固城墙，修筑壁垒，与楚军对峙。

换句话说，王翦玩起了持久战，这令楚军迷惑不解。按照秦军以往"惯例"，速战速决是他们的上策，王翦却故意拖延，到底意欲何为？

事实上，王翦是发现了楚军大面积集结背后的危机：若双方开

---

① 刘三解：《秦砖：大秦帝国兴亡启示录》第四章《第七节秦始皇丞相们的死亡率》。

展大军团作战，胜负难定。他不能拿秦国的国运作赌注，只能选择保守的坚守战略，即在确保自身不受削弱的情况下，实施各种削弱对手的策略。

而王翦的坚壁清野，让前来拦截秦军的楚军陷入尴尬，击败李信的项燕雄心勃勃，立志要将王翦赶回秦国。他非常希望与秦军直面相对，一决高低。因此。项燕命楚军多次挑逗，甚至用言语相激，但王翦就是不为所动，继续坚壁清野，固守不出。

王翦这番操作让城外的楚军无计可施。更令楚军愤怒的是，他们远道而来，王翦拒守不出，意在消耗他们的粮草，懈怠楚军士气。据说王翦不但不管城外叫嚣的楚军，还在城中款待将士，让士兵们每天都沐浴休整，还命厨房准备丰盛的菜肴来抚慰秦军将士。王翦与士兵们同吃同住，这让秦军士气高昂。凡事就怕对比，对照秦军的待遇，城外的楚军开始一点点泄气。

面对这一切，楚军，也只能望城兴叹。

这样的日子过了多久，城内的秦军已数不清。有一次，王翦忽然召集中层将士，安排重要事情。其实将士们已有所预感，毕竟他们到此处是为了与楚国作战，而非享乐。王翦问将士："将士们在军中在玩游戏吗？"有士卒回答说："将士们正在进行扔石头和跳跃比赛。"王翦说："养兵千日用兵一时，将士们报国的时候就要到了。"

王翦之所以选择这时候动手，是因为他已探知城外的楚军陷入粮草短缺困局。当初王翦领秦军攻楚时，楚国紧急调动了全国力量拦截，王翦才坚壁清野，与楚军打消耗战。直到此时，他得到确切消息，楚军终因粮草问题已决意分批次撤军。而这就是他等待的机会。按照他最初的设想，就是利用楚军撤退之际，对他们实施追击与合围。

不过，虽然楚军出现"败象"，王翦并未立即出动，他继续观察，还在等待时机。

终于，王翦得到消息，最外围的楚军开始撤离，与秦军接壤的楚军虽还在严阵以待，但已人心涣散。随即，王翦遣一支秦军试探性地进攻楚军。而此时楚军因饥饿、困顿，早已士气低落。面对汹汹而来的秦军，瞬间溃败。他们边退边战，边战边退。王翦判断了局势，立即派出最精锐的秦军骑兵冲击楚军，结果撤退中的楚军被秦军冲散，大败而逃。秦军步兵乘机冲击溃散的楚军，楚军丢盔弃甲，向南而逃，武器辎重全部丢弃在半路上。

之后，王翦带领秦军猛攻楚国都城寿春，楚王亲自率部抵御，依旧被王翦击败。不久，秦军攻破了寿春，楚王成了王翦的俘虏。

王翦将战报迅速汇报给秦王政，请求下一步指示。得知楚王负刍被俘，秦王政也赶到郢地巡游，视察这一带的风土人情。秦王政见到了成为俘虏的楚王。吊诡的是，这一次，秦王政并未杀楚王。

理论上讲，随着楚王被俘，楚国也就灭亡了。不过，秦国高层是清醒的，他们意识到，王翦此次攻打寿春，完全是策略得当，楚军虽然被击败，伤亡并不大，只是被打散了而已。这种情况下，一旦项燕继续收拢溃散的楚军对抗，必然会对秦国形成新的威胁。

而这也正是王翦所担心的事情。

事实也正如此，项燕得知楚王被俘后仍不甘心，裹挟昌平君向东流窜。不久，有消息从江淮一带传来：逃亡到此处的项燕残部拥立了昌平君为新楚王，打算继续与秦国周旋。[1]

---

[1] 司马迁：《史记》卷六《秦始皇本纪第六》："取陈以南至平舆，虏荆王。秦王游至郢陈。荆将项燕立昌平君为荆王，反秦于淮南。"

对项燕的垂死挣扎，秦王政很气愤，他给王翦等人下令，要求他们不惜一切代价，诛灭项燕率领的楚军残部。王翦不敢懈怠，立即带领秦军继续推进。

公元前 223 年（秦王政二十四年），秦军沿长江而下，一直推进到蕲县以南，占据了楚国西部大量的土地。此时，项燕带领的楚军被秦军逼到了山穷水尽的地步，插翅难逃。之后，在王翦的指挥下，秦军对项燕残部进行合围，项燕无处可逃，与秦军对峙。

此时，被项燕拥立的昌平君看到大势已去，不愿做俘虏，自杀而死。未几，项燕也挥剑自刎。而随着"领袖人物"死去，楚军也都作鸟兽散，逃亡到楚国各处。对楚国人来说，消灭了项燕残部，也就浇灭了他们的希望。楚国大地哀鸿遍野，牵衣、顿足、拦道哭者不计其数。

之后，王翦命令秦军在楚地全面开花，逐个击破溃散的楚军。于是，秦军就在楚国境内纵横穿越，追击这些逃亡的楚国将士。没了主心骨的楚军宛如无头苍蝇一般，基本成为秦军的俘虏。至此，楚国彻底灭亡。随即，秦国在楚地设置楚郡，将楚国全部纳入秦国版图。①

应当说，楚国的灭亡具有很大的偶然性。若项燕策略得当，王翦不见得能击败楚军。只是项燕也有自身的问题，而这些问题在战场上就会变成"突破点"。王翦正是利用了项燕的弱点，击败了项燕。

不过对于项燕的死亡，各种史料中有不同记载，这里略作辨析。

---

① 司马迁：《史记》卷六《秦始皇本纪第六》："二十四年，王翦、蒙武攻荆，破荆军，昌平君死，项燕遂自杀。"

《秦始皇本纪》载："二十四年，王翦、蒙武攻荆，破荆军，昌平君死，项燕遂自杀。"王翦诛灭了楚国后，项燕拥立昌平君为楚国国君，继续与秦国对抗。最终，死于秦王政二十四年。另外一种观点认为，项燕是死于秦王政二十三年的蕲南之战。支持这一观点的史料有《史记·项羽本纪》："其季父项梁，梁父即楚将项燕，为秦将王翦所戮者也。"《史记·六国年表》："二十三年，王翦、蒙武击破楚军，杀其将项燕。"《史记·楚世家》："五年，秦将王翦、蒙武遂破楚国，虏楚王负刍，灭楚名为郡云。"以上内容之所以有差异，原因是各诸侯国每年起始月不尽相同，因此有前后相差一年的差异。

可以肯定的是，楚国在王翦率领的六十万秦军攻击下灭亡了。与三晋赵、魏、齐不同，秦国对楚国的灭国行动进行得非常彻底。一年多的时间里，秦国就将楚国大面积土地占据，一些不稳定的人口被迁移。其他相对稳定的地区，继续原来的生活模式。只是从此之后，他们不再属于楚国，而是秦国的子民。

之后，王翦并未撤出楚境，他带领秦军继续向南攻击，一直将战线延伸至吴越一带。

北灭燕、赵

随着楚国灭亡，秦国蚕灭诸侯的计划还有最后一步，这就是消灭齐国。由于王翦还在平定吴越以及更远处的百越地区，秦王政决定不等王翦，全面开花。

秦王政决定布一个大局：声东击西，消灭齐国。因为齐国是仅剩的诸侯，也有一支数量可观的主力，即便秦军想要破齐国，也需付出沉重代价。更不利的是，随着天下形势不断变化，齐国密切关注秦军动向。只要秦军出动，他们必然会采取应对之策。换句话说，齐国已有准备，直接与齐国对攻，等灭了齐秦军必然损失惨重。所以，要布局，智取齐国。

秦王政开始布局。他的计划是：假意命秦军消灭燕、赵残余势力，实则是将秦军主力调往河北。然后用一部分人马进攻齐国西部，吸引齐国注意力，再命河北的秦军迅速南下，直插齐国首都，消灭齐国。

为了假戏做真，表面上，秦国依然声称只是消灭燕、赵残余势力，暂时不会对齐国用兵。

齐国高层并不"愚蠢"，他们密切关注着秦军的动向，防止秦军忽然从燕地南下，攻打齐国。就是说，斗智斗勇一直在进行着。

因此，公元前222年（秦王政二十五年），当王翦还在楚地平乱时，秦国再派大军征讨燕国。这次领兵的人是王贲。而这个决策，透露着几分奇异：秦国不乏良将，为什么偏偏派出了王贲？

之后，王贲率领秦军一路北上，翻越太行山、燕山山脉，进入辽东地区。燕王喜得知秦国大军来袭，根本不敢抵抗，只能向更远的地方逃亡。不过，王贲既然领了灭亡燕国的任务，自然不能放燕王逃离。他派出轻骑兵追击燕王喜。不久，燕王喜就被秦军擒获。王贲没有杀燕王喜，只将他拘押在军中。①

至此，燕国彻底灭亡。

之后，秦国在燕国边境部署驻军，预防草原匈奴等游牧民族南下骚扰。未几，王贲又命秦军向西推进，攻打赵国残余势力赵嘉。到这时，赵嘉已在代地经营了几年，还在代地建立起一个小

---

① 司马迁：《史记》卷六《秦始皇本纪第六》："二十五年，大兴兵，使王贲将，攻燕辽东，得燕王喜。"

代国。

那么，面对王贲的大举入侵，他能躲过吗？其实结果不用想也能猜到，代地再往北延伸，就进入了草原，那是匈奴人的地界。赵嘉必然不敢取匈奴土地，也不想投奔匈奴。因此，当秦军扑向代地时，赵嘉虽组织了反抗，但被秦军击败了。不久，代地赵军多被秦军诛杀，还有些残余四散逃亡，或者投奔匈奴，或者隐入尘烟。而赵嘉作为核心人物，成为秦军的俘虏。①

王贲扫燕、赵之地，没有花费太多时间，亦未损失太多兵力。这对秦国而言，意义非凡。这意味秦国彻底平定了燕、赵。之后，按照秦王政的部署，王贲暂时驻军于燕赵大地，继续在各处要塞布防，预防草原部落南下骚扰。

在王贲平定燕、赵之地时，好消息也从江南传来。王翦最终平定了楚国的江南地区，彻底降服越国，并在越地设置会稽郡。至此，楚国完全划入秦国土地中。即便那些边远的南方蛮夷部落，也向秦国表示臣服。

秦王政认为时机成熟，开始收网，蚕灭齐国。对秦国而言，王翦、王贲父子都已腾出手，只要他们从南北两方面进攻，齐国必亡。当然，秦国高层能想到的，齐国高层也能想到。因此，齐国也在密切关注秦国南北军队动向，以做出正确的防范部署。

蚕灭齐国

同年五月，已扫荡东方五国后，数百年的纷争即将结束，天下趋于统一。值此关键时刻，应该一鼓作气，消灭齐国，天下归一。

---

① 司马迁：《史记》卷六《秦始皇本纪第六》："还攻代，虏代王嘉。"

秦王政却令天下欢聚宴饮。^①《史记正义》中说："天下欢乐大饮酒也。秦既平韩、赵、魏、燕、楚五国，故天下大酺也。"这种不作任何部署的做法，令齐国朝野不安，朝臣完全猜不透秦国的意图。而猜不透秦国的意图，就很难做出有效防范。

齐国朝野不敢掉以轻心，一直关注着秦国的动向。

吊诡的是，此后的半年时光里，秦国都没有再对外发动战争。就是说，秦王政继续在迷惑着齐国。

当然，秦国"休养生息"的理由充足：秦国要将这些五国土地进行重新划分，区域也要进行整合。这虽是个重要的"理由"，背后却有"令人不解"的地方。

实际上，秦国在等待齐国放松警惕。那么，齐国会放松警惕吗？而要弄清这个问题，尚需对齐国这些年的"内政"做一简单梳理。

这些年来，齐、秦关系非常暧昧，若即若离。秦国在不断壮大过程中，一直通过各种手段拉拢齐国，希望齐国能够保持中立。齐国也因中间隔着韩、魏等国，不愿与秦国交恶，因此齐秦关系非常微妙。

齐王叫田建，是齐襄王之子。史料记载，他并非明主。据说他即位之初，有母亲辅佐，尚能保持一定机警。当时，又因齐国位于东海之滨，远离主战场，四十多年都没发生战乱。^②而随着齐母去

---

① 司马迁：《史记》卷六《秦始皇本纪第六》："王翦遂定荆江南地；降越君，置会稽郡。五月，天下大酺。"
② 司马迁：《史记》卷四十六《田敬仲完世家第十六》："始，君王后贤，事秦谨，与诸侯信，齐亦东边海上，秦日夜攻三晋、燕、楚，五国各自救于秦，以故王建立四十余年不受兵。"

世，齐王建亲政，就开始为所欲为。那时候，还是秦昭襄王时代，诸侯国之间进行着各种战争。秦国想要东出蚕灭诸侯，并非易事。当时北方的赵国、东方的齐国、南方的楚国都是大国。秦昭襄王则利用各种政策，化解这些诸侯国之间建立的联盟，削弱他们的力量。

在"远交近攻"的策略下，秦国紧紧笼络着齐国，一旦有迹象表明各诸侯试图联合齐国建立合纵时，秦国就会想办法阻止齐国参与合纵。比如，发生在公元前 241 年的赵、楚、魏、韩、燕五国合纵抗秦，齐国就没有参与。

此后，秦国继续对齐国实施各种怀柔政策，向齐国表达永久结交的决心。公元前 237 年，秦王政向齐王建发出邀请，希望齐王建能到咸阳一叙。齐王建"被猪油蒙了心"，打算到秦国"建交"。之后，齐王建领着随从准备西行。当他们到达齐都临淄西门时，被司马官横戟拦住。司马官劝谏齐王建不能去秦国，齐王建一看司马官气势汹汹，愤怒之余，转身回了临淄。

《战国策》里的一则记载，体现了齐王建的"昏庸"：齐国即墨大夫听说了此事，担心齐王建还有到秦国的想法，进宫面见齐王建。他对齐王建说："齐国有土地数千里，军队数十万。赵、魏、韩三晋大夫也都不愿与秦国交往，故而在东阿、鄄城两地间聚集，人数超过了数万人。若大王与三晋联合，就有十万之众。如果利用这些人，既能收复被秦国占领的失地，还可以进攻秦国东边的临晋。楚国大夫们也不愿亲近秦国，聚集一部分人马。若大王联合楚国，又会有十万大军，能收复失地，也能进攻秦国西南的武关等地。若真的这样做，齐国就能强大，届时诸侯畏惧齐国，就会依附齐国。所以，您为什么要舍弃称王的机会听命于秦？我认为大王这么做是本末倒置，不足称道。"只是，齐王并不采纳即墨大夫的建议。①

此后，还有些大臣也不建议与秦国交往过密，担心由此带来灾难。他们指出，任何关系都要保持适度，太远则关系疏离，看不清彼此的内心；太近认清双方面目，对彼此都是一种伤害。有意思的是，齐王建不顾众人阻拦，带领亲随到了秦国咸阳，见到了年轻的秦王政。秦王政设宴招待齐王建，重拾往日的友情，也表达了秦、齐结交的决心。② 此后，齐王建回到齐国，与秦国保持了良好的关系。

后来，齐王建为了"自己玩"，任命舅舅后胜担任相国，主持齐国政务。而秦国为保持与齐国的良好关系，采纳李斯的建议，不断派出使者、间谍，进入齐国，拿着重礼贿赂齐国大臣，让他们帮忙宣扬齐国中立的态度。齐国大臣收了秦国钱财，鼓动高层要礼尚往来。因此，齐国也会不断遣使者入秦交涉。而对于入秦的齐国使者，秦国会非常"礼遇"，用珠宝笼络他们，给他们灌输秦国与齐国结好的理念。这些齐国使者在秦国得到过"好处"，回国后自然会继续宣扬秦国的好处。据说，齐王建也被这些舆论所影响，逐渐放松了对秦国的提防。

秦国这种"从内部瓦解"的策略，收到了很好的"效益"。比

---

① 刘向：《战国策》卷十三《齐策六》："即墨大夫与雍门司马谏而听之，则以为可可为谋，即入见齐王曰：'齐地方数千里，带甲数百万。夫三晋大夫皆不便秦，而在阿、鄄之间者百数，王收而与之百万之众，使收三晋之故地，即临晋之关可以入矣；鄢郢大夫不欲为秦，而在城南下者百数，王收而与之百万之师，使收楚故地，即武关可以入矣。如此，则齐威可立，秦国可亡。夫舍南面之称制，乃西面而事秦，为大王不取也。'齐王不听。"

② 司马迁：《史记》卷四十六《田敬仲完世家第十六》："二十八年，王入朝秦，秦王政置酒咸阳。"

如，当秦国派出大军消灭其他诸侯国时，齐国都显得异常镇定。而秦国也一直履行"承诺"，不对齐国用兵。此后，齐王建继续不修政务，沉迷在各种娱乐中，过着骄奢淫逸的帝王生活。秦国则继续笼络齐国大臣，重金收买人心，让他们在齐王建面前说秦国的好话。不依附秦国的齐国大臣，就会被杀掉。重拳之下，没有人敢抗衡。这种背景下，齐国越来越不重视秦国，为秦国的壮大创造了一定条件。比如，当秦国攻打赵、魏、韩三晋时，齐国装傻充愣，既不施以援手，也没有表示抵抗秦国，完全成了局外人。

以上这些内容出自《田敬仲完世家》。不过我们认为，这些记载过于"故事化"，显得说服力不足。秦国"笼络"齐国应该不假，实际情况可能更复杂。应当注意到，当时秦国已开始实施统一战争，并先后鄢灭赵、魏、韩、燕、楚等国，齐国不可能无动于衷，唇亡齿寒。一旦五国被攻灭，齐国还能独存吗?[①] 即便齐王建是昏庸之主，齐国的臣僚、贵族不可能全是庸才，他们会发现危机，向齐王建进言。或者说，即便秦国用各种策略拉拢齐国大臣，但总有人不为"利益"蒙蔽，定会为国家"挺身而出"。

那么，既然齐国不会"装糊涂"，他们必然积极预防秦国的入侵。而按照《田敬仲完世家》中的说法，"不助五国攻秦，秦以故得灭五国。"齐国不援助五国，因此齐国灭亡。这种观点，存在着"逻辑不缜密"的问题，论点与论据关系不充分。难道齐国支援五国，战国的局势就会持续下去吗? 显然，五国灭亡，原因也是多方面的。

---

① 刘向：《战国策》卷十三《齐策六》："君王后死后，后胜相齐，多受秦间金、玉，使宾客入秦，皆为变辞，劝王朝秦，不修攻战之备。"

综上所述，本书认为，在秦国翦灭五大诸侯时，齐国应该一直有"备战"，因为齐、秦之间的战争已不可避免。既然不可避免，就要承担相应的结果。后来，王国被秦消灭，齐国才开始布防，而王贲的声东击西，当是秦国高层集体智慧的结果，也是灭齐的大计划。

为了让这个计划顺利实施，秦国还布了一个大局。据说，在王贲屯兵燕地、准备南下攻齐时，秦国故意放出了虚假信息：秦国将从西面攻打齐国。甚至，为了给齐国造成秦军从西面攻齐的假象，秦国还派出一支大军从函谷关出发，一路向东推进，制造声势。

齐国很快探知了秦国将对齐国用兵的消息。齐王建命齐相后胜调集齐军主力在西部设防，抵御秦国的入侵。由此，齐国将防御重点全部放在了西部。这也意味着齐、秦两国彻底决裂。[1]

公元前 221 年春夏之交，秦军休整了半年后，开始攻打齐国。在此之前，秦王政已秘密遣人给王贲下了密令，要求他迅速集结秦军南下，从齐国防御力量薄弱的北部进攻齐国。而那些从函谷关出发的秦军将作为诱饵吸引齐军注意力，为王贲争取时间。这样一来，即便王贲入齐后被齐国发现，齐国调集人马也需要时间。而王贲就能利用这个时间差，实现对齐国的歼灭。

战争局势正在朝着对秦军有利的方向发展，王贲的行军速度非常快，直扑齐国临淄。过了很久，齐国高层才得到秦军大面积从北部入境直逼临淄的消息。齐王非常慌乱，立即调集守卫在齐国西部

---

① 司马迁：《史记》卷六《秦始皇本纪第六》："二十六年，齐王建与其相后胜发兵守其西界，不通秦。"

的大军，试图拦截王贲率领的秦军。

然而，调集人马需要时间，而王贲却已围住了临淄。之后，王贲命人不惜一切代价，攻打临淄城。

齐国上下人心惶惶。

与此同时，秦国高层又决定实施恩威并施的策略，计划从"内部"瓦解齐国，以减少兵力损失。于是，秦王政命人给齐王送去了一封信，许诺只要齐王建投降，秦国就会给他一个万户侯，让他享受永久的安宁日子。

有意思的是，收到秦王政的"劝降书"后，齐国丞相等人也建议投降。齐王建尽管心有不甘，但面对秦军猛烈攻击，以及臣僚们坚持投降的态度，似也想到了玉石俱焚的结果。据说齐国人都不打算抵抗，任由秦军进入临淄。[①]

内忧外患中，齐王建做了长时间的思想斗争，最终选择投降。[②] 之后，秦军进城，俘获了齐王建，齐王被迁往共地。[③]《史记正义》指出，共地就是"卫州共城县也"。

自此，齐国灭亡。

据说，齐国人怨恨齐王建不尽早与其他诸侯结成联盟，对抗秦国，却听信谗言，终导致亡国，齐国灭亡后，他们编出歌谣讥讽："松树还是柏树？令王建迁往共城的是宾客吗？"这句话意在讥讽齐

---

① 司马迁：《史记》卷四十六《田敬仲完世家第十六》："五国已亡，秦兵卒入临淄，民莫敢格者。"

② 司马迁：《史记》卷四十六《田敬仲完世家第十六》："王建遂降，迁于共。"

③ 司马迁：《史记》卷六《秦始皇本纪第六》："秦使将军王贲从燕南攻齐，得齐王建。"

王建在任用宾客前未更加详细考察，导致失国。①

至此，在历经二十多年蚕灭诸侯战争后，东方大诸侯基本被秦国彻底消灭。《史记索隐》："六国皆灭也。十七年得韩王安，十九年得赵王迁，二十二年魏王假降，二十三年虏荆王负刍，二十五年得燕王喜，二十六年得齐王建。"《史记正义》说："齐王建之三十四年，齐国亡。"那些更小、依靠东方诸侯的小国家，直接成为"累卵"，史料中都不见它们"最后"的归宿。

有意思的是，秦军攻破临淄后，秦国并未给齐王万户以颐养天年，而是将他丢到一片小树林中，命人盯着，不许他出树林，也不提供食物，任由齐王建自生自灭。最终，齐王建经过长时间的"非人生活"，被活活饿死在了树林里。

齐王建的命运与春秋时期的齐桓公一样，令人遗憾，也令人唏嘘。遥想当年，齐桓公意气风发，带领齐国不断壮大，率先成为诸侯中的霸主。但到晚年时，他被关在深宫中，活活饿死。后来田氏代齐。如今齐王建也被饿死，似乎冥冥之中自有天意。《史记索隐》载："田完避难，奔于大姜；始辞羁旅，终然凤皇。物莫两盛，代五其昌。二君比犯，三晋争强。和始擅命，威遂称王。祭急燕、赵，弟列康、庄。秦假东帝，莒立法章。王建失国，松柏苍苍。"历史何其相似，只是我们从未从历史中吸取教训。

齐国灭亡后，秦国在齐地设置齐郡和琅琊郡。

---

① 司马迁：《史记》卷四十六《田敬仲完世家第十六》："故齐人怨王建不蚤与诸侯合从攻秦，听奸臣宾客以亡其国，歌之曰：'松耶柏耶？住建共者客耶？'疾建用客之不详也。"

4. 秦攻百越拓疆南蛮

百越真有百个吗？

可能秦王政自己都没想到，天下真在这一年统一了。

有一段时间里，秦王政仿佛置身于梦幻中。先祖不仅"奋六世之余烈"，而是经历了两千年的磨练，终于将天下统一了。想想当初秦人如丧家之犬，被周人驱赶着迁居山西，又躲到陇右的日子，秦始皇意不能平。这世间，成就一番事业多么艰难啊，得多少人为此奋斗终身呢？

之后的一段时间里，秦始皇都一边处置政务，一边调整心态，一边接纳天下的子民。

当然，秦国虽已实现表面上的统一，但依然有很多问题需要解决，而且很多问题并非一朝一夕就能解决。这需要秦王政静下心来，慢慢调整治国策略，一点点去解决困扰民众数百年的痼疾。

这时候，秦王政开始关注起南方的动静。因楚地之南（也叫五岭之南）还有一大片土地没有收归秦国，而这一大片土地叫百越之地，自古就不属于中国（天下之中）。他们远离中原，与中原没有交流。在这些地方上生活着于越、东瓯、闽越、南越、西瓯等族群。《周礼·冬官考工记》中又称呼其为"粤"。《史记正义》中说："广州记云：'五岭者，大庾、始安、临贺、揭杨、桂阳。'舆地志云：'一曰台岭，亦名塞上，今名大庾；二曰骑田；三曰都庞；四曰萌诸；五曰越岭。'"

百越人大致生活在包括今天广东、福建、广西、海南以及越南的一些地方。早期史料中的这一片地域被称为"於越"或者"于越"。如庄周在《逍遥游》中就有这样的记载："宋人资章甫而适诸越，越人断发文身，无所用之。"《公羊传》记载："于越者，未能以其名通也。"何休在注解中认为："越人自名于越。"

之所以称其为百越，是因为这一带是多民族杂居区。据说这里有汉族、京族、壮族、黎族等多个少数民族，他们生活方式各异，相互之间有交流，也有对立。各地区越人相互称呼（自称）不尽相同。比如生活在浙江南部、福建北部一带的民众被归于东越，福建南部、广东一带的叫闽越，广西一带的粤人又叫西瓯，等等。换句话说，周秦时代，生活在这里的百越就分裂成了一个个单独的部落，各自为政。

需要注意的是，百越并非联盟，而是中原对这一带粤人的习惯性称呼。

百越历史久远，最早可追溯到夏朝。《史记·正义》引《会稽记》记载："少康，其少子号曰于越，越国之称始此。"《史记》卷四十一《越王勾践世家第十一》记载："越王勾践，其先禹之苗裔，而夏后帝少康之庶子也。封于会稽，以奉守禹之祀。"《吴越春秋·越王无余外传第六》也记载："至少康，恐禹迹宗庙祭祀之绝，乃封其庶子于越，号曰无余。"这些记载都将百越的祖先指向夏代君主大禹，确切地说，百越是少康的后裔。而越到后来的史料，对百越的记载就越详细。《汉书》记载："蛮夷中，西有西瓯，众半公式，南面称王。"宋朝人罗泌在其著作《路史》中说："越常、骆越、瓯越、瓯皑、且瓯、西瓯、供人、目深、摧夫、禽人、苍吾、越区、桂国、损子、产里、海癸、九菌、稽余、北带、仆句、句吴，是谓百越也。"

综合这些史料，可初步推断百越的地理位置、居住分布、族群类别等情况。不过，大禹是传说中的人物，其人其事至今扑朔迷离，无法具体溯源，因此，百越也就找不到真正意义上的先祖。或许这只是后人在追溯历史时编纂的故事，与中原民族同宗同源是一个道理。

可能自古以来，这里就生活着土著。因为山水阻隔，他们长时间自行发展，与中原一带的诸侯没有产生交集，以至诸侯的史料中不见百越的踪迹。到春秋战国时代，他们与中原的文化交流才多了起来，进而影响到他们的生活生产。

百越人居住的地方地处南方，常年气候温和、雨水充沛、物产丰富，这让他们世代在这一片地域上延续。西周时期，诸侯在中原争霸时，这里远离中原，战乱相对较少。曾强大数百年的楚国，也没有尽占百越之地，只是侵占了百越居住的北部地区。

长期相对安定的生活，让他们过着"天人合一"的生活。而这种自然条件的优渥，也会让他们的"进化"相对缓慢。韩茂莉老师在《大地中国》一书中有这样的论述：

> 强国的地位由多种因素决定，资源禀赋的优越自在其中，优越的资源禀赋为今日的法国、德国等强国奠定了物质基础，却成为在过去的历史时期摆脱蒙昧、步入文明的障碍。其中的关键在于，他们几乎不存在用劳动来生产食物的需求，到处都有动植物，采集、猎获，拿来食用就是了，有现成的，谁还会去生产呢？采集、猎获这类利用型的食物获取方式，固然也存在制作工具的需求，但与农业生产相比要简单得多，文明程度自然也不在一个层面。正是如此，从农业起步，到希腊、罗马

时代，当地中海沿岸文明已经发展到很高程度，欧洲大陆腹地的日耳曼人仍然被视作"蛮族"。[1]

韩茂莉老师说的这种概况，或许就是百越人早期的生活生产状态。当然，也正因族群复杂，各自习俗不同，生活方式各异，他们的文化呈现多样性，并在融合过程充满斗争，上演着兼并、重组等大戏。

后来，随着生产力不断发展和人类族群的不断扩大，百越人自然会与其他族群产生交集。春秋时期，吴国、越国强大时，他们依靠着吴越的"文化渗透"，逐渐改变原来的生活生产方式，进入崭新的发展阶段。后来，楚国兴起后，一些中原的先进生活生产方式也延伸到百越之地。他们甚至向楚国称臣纳贡，归附楚国，吸收着楚国的先进文化。

进入战国以后，由于中原诸侯之间不断发生战乱，没有诸侯顾及这些地处西南偏远地方的少数民族，任由他们发展壮大。而随着各部落之间发展的不均衡，他们内部之间也在进行着兼并、融合。一些小的部落被一些大部落吞并，还有些部落则向南继续迁移。比如，战国时期，在广西一带就先后出现过西瓯、骆越两个大部落，他们吞并小部落，组建成各自对立的部落联盟。广东、福建地区的粤人，也组建了各种联盟。

《资治通鉴》之《汉纪》中记载，越国叛乱，汉朝派大军讨伐，"闽越王郢兴兵击南越边邑，南越王守天子约，不敢擅兴兵，使人上书告天子。于是天子多南越义，大为发兵，遣大行王恢出豫章，

---

[1] 韩茂莉：《大地中国》之《新石器时代：一万年前的中国》。

大农令韩安国出会稽,击闽越"。淮南王刘安上疏劝阻,他在奏疏中对越人生活的情况做了这样的描述:"臣闻越非有城郭邑里也,处溪谷之间,篁竹之中,习于水斗,便于用舟,地深昧而多水险,中国之人不知其势阻而入其地,虽百不当其一。得其地,不可郡县也;攻之,不可暴取也。以地图察其山川要塞,相去不过寸数,而间独数百千里,险阻、林丛弗能尽着;视之若易,行之甚难。"[1]

这段话大致意思是:我曾听人说,越人没有城邑和村寨,族人生活在山谷溪流之间和丛林密竹之中。他们依山居山,依水居水,没有固定的居所。他们好战,经常在水上战斗,也擅长划船行舟。越人居住的地方地形复杂,草木丛生,河流险阻。中原地区的人不了解这些情况,一旦进入越人的区域,即便一百个人也难以对付一个越人。即便占了他们的领地,也没办法设置郡县进行治理;派出军队攻打他们,也会因地形地貌的原因,短时间内难以取胜。若从地图上看,越地的山川河流、屯兵要塞都挨得很近,但深入实地后就会发现,其实相隔千百里,因此,也无法准确标注出他们具体的生活"坐标"。换言之,讨伐越国表面上看容易,但操作起来却困难重重。[2]

淮南王刘安作为汉代的诸侯王,有一个其他王侯所不具有的爱好,那就是收藏书籍。他活着的时候,收藏了很多遗失在民间的孤本书籍,并对很多书籍进行了校对整理。现在很多能看得到的书籍资料,就来自他收藏的孤本。由于藏书多,他自己也研读,以至于他对学问的追求也非常严苛,他与门人一起编纂的《淮南子》中,

---

① 《资治通鉴》卷十七《汉纪九》。
② 《汉书》卷六十四《上严朱吾丘主父徐严终王贾传第三十四上》。

有很多秦汉时期的故事，大多也非戏说。因此他给朝廷的进言，应不是"信口开河"。而事实上，刘安描绘的越人生活习性是从秦代传承下来的，并非汉代越人独有。

总之，通过以上这些简略的文字，能对百越有简短粗浅的认识。而百越实际很复杂，他们的情况若详细梳理，估计一本书都难以容下。这里结合史料，能初步得出这样的结论：百越广泛活动于浙江、福建、广东、广西、海南等地，他们居住在山林、岩石中，主要从事农业生产和原始捕猎活动。其生活方式与中原诸侯不同。也因这个原因，他们被看作是落后的部落。夏、商两代因百越距离中原较远，基本没有"涉足"百越之地。这也给百越之地民众创造了条件，他们在这片地方缓慢繁衍生息。春秋时期，吴、越、楚先后崛起，对这一片地区产生了影响。不过南方的诸侯，依然没有彻底占据百越之地。即便被称为春秋五霸之一的越国，其地缘也仅仅只是福建、广东一带。到了战国末年，百越之地已逐渐强大起来。他们还会乘机抢夺楚国南边的生活生产物资，以及人口。楚国对百越之地的土著也非常头疼，他们可能试图派出大军剿灭百越，终究未能如愿。

秦国蓟灭六国后，将国家的疆域延伸至原吴、越一带，必然要面对百越。因此，统一后，秦王政开始关注百越之地，这固然与"王者无外"的观念有关，但百越各族群之间经过斗争、吞并、重组，形成了几股较大的势力，对秦国而言，也是一个潜在的隐患。

秦攻百越

秦国蓟灭六国后，秦王政一方面平内乱、修礼制、定规矩，一方面开始部署攻打百越之地。

其实，早在王翦攻灭楚国之时，秦王政已给王翦命令，要求他在消灭了楚国后，还要想办法深入百越之地，试探百越部落的实力。因此，当楚王被俘虏后，王翦就率领大军南下，深入百越，"因南征百越之君"①。

王翦带领秦军从楚地出发，向南推进，寻找传说中的百越部落。他们可能找到了一些楚国南部的百越部落，也对其进行过征讨和诛灭。不过从实际战况来看，王翦可能并未深入百越之地，也没有震慑百越的人。所以，当秦国稳定内政后，面对百越人挑衅，开始重新部署剿灭百越计划。

后来，秦王政派国尉屠睢副将赵佗，征讨百越。据说为了取得胜利，秦王政给予了屠睢、赵佗五十万秦军。

不过，学术界对秦军进攻百越的时间有分歧：清人仇池石编撰的《羊城古钞》中认为，秦国攻打百越发生在秦王政二十五年（公元前222年），明人郭棐编纂的《广东通志》认为秦国攻打百越发生在秦王政二十六年（公元前221年），现代学者余天炽在《秦统一百越战争始年诸说考订》一文中认为，秦国攻百越发生在秦王政十八年（公元前229年），越南史学家陶维英所著《越南古代史》中认为发生在秦王政二十九年（公元前218年）。②

目前，多数学者支持陶维英的观点。

《淮南子·人间训》中有这样一段屠睢攻打百越的记载，甚为详细：

---

① 司马迁：《史记》卷七十三《白起王翦列传第十三》。
② 张荣芳、黄淼章：《南越国史》，广东人民出版社1995年版。

秦皇挟录图，见其传曰："亡秦者，胡也。"因发卒五十万，使蒙公、杨翁子将，筑修城。西属流沙，北击辽水，东结朝鲜，中国内郡挽车而饷之。又利越之犀角、象齿、翡翠、珠玑，乃使尉屠睢发卒五十万，为五军，一军塞镡城之岭，一军守九疑之塞，一军处番禺之都，一军守南野之界，一军结余干之水。三年不解甲驰弩，使临禄无以转饷。又以卒凿渠而通粮道，以与越人战，杀西呕君译吁宋。而越人皆入丛薄中，与禽兽处，莫肯为秦虏。相置桀骏以为将，而夜攻秦人，大破之。杀尉屠睢，伏尸流血数十万，乃发谪戍以备之。[1]

这是一段综述，并非单纯对秦攻百越的描述。这是因为《淮南子》成书于汉代，淮南王刘安与门客编纂此书时，应参照了很多秦代的史料，综合概述了屠睢攻打百越的经过。

这里参考《淮南子》的记载，对秦军攻打百越做一简单分析。

在屠睢出发前，秦国已意识到百越部落居住分散的情况，因此，南下攻打百越的秦军被分成了五部分，同时向南挺进："为五军，一军塞镡城之岭，一军守九疑之塞，一军处番禺之都，一军守南野之界，一军结余干之水。"这里的"镡城"指的是镡成，具体位置在今湖南靖州。"九疑"指的是九嶷山，又名苍梧山，位置大概在今湖南宁远一带。"番禺"就是今天的广州。"南野"指的是江西赣州南康一带。"余干"就是今天江西余干。"西呕"应是西瓯的音译。"译吁宋"是音译名字，大概西瓯的首领名字就叫"yiyusong"，而秦军只是听说了对方的名字，没有弄清楚具体是哪

_____

[1]《淮南子》卷十八《人间训》。

个字。

通过这个记载，能列出秦军征讨百越的路线：第一路秦军沿着江西进入湖南界；第二路从北向南，翻越大庾岭进入广东北部；第三路途经湖南长沙，从骑田岭南下进入番禺；第四路经由萌渚岭进入广西；第五路翻越城岭进入桂林。[1]

秦军进入百越后，由于人生地不熟，完全在摸索中前进。这种方式很被动，因为完全不知道对方的底细。所幸，秦军各路大军都有数量上的优势，因此能稳步向百越推进。尤其是第一路秦军，很快推进到东瓯、闽越一带，遇到的抵抗也很小。他们占据了这一大片土地后，秦国就在这里设置了闽中郡。大概因这里的地形相对平缓，阻碍较少，秦军才能顺利推进。而面对秦军的进攻，这里的土著越人选择了投降。

其他四路大军虽也有推进，却遇到了各种困难。首先是路况的问题，制约了行进速度。百越之地，山川草泽，道路崎岖，很多地方多年都没有行人足迹，而秦军每一路都有十万之众。这种情况下，进军速度很慢；其次是百越人的偷袭问题，当时藏匿于山林之中的百越民众，会时不时向行进中的秦军发起攻击。据说，百越人甚至调动山林中的野兽对付秦军，这就让其他四路的进军变得异常艰难。还有粮草补给等方面的问题，共同制约着秦军推进速度。

而战争推进缓慢，让主将屠睢非常愤懑。依照眼前的行军速度，秦军很难按计划完成攻打百越的任务。而完不成任务，他就有可能被惩治。秦王政给了他这么多人，若无法平百越，他有何面目回咸阳？

---

[1] 林剑鸣：《秦史稿》第十三章《秦王朝的建立》。

当然，更令屠睢愤懑的是，他们已推进到百越腹地，而从后方往此处调集粮草、运送物资成为最紧迫的大难题。崇山峻岭间，行人尚且困难，更不用说负载而行的粮草运输队。

秦军陷入进退两难的境地。

也是这时候，各地越人联合起来，借助各种自然条件，不断偷袭骚扰着屠睢率领的秦军。据说，连秦军主帅屠睢也被百越人诛杀。因此，秦军虽然没有出现大面积混乱，但已很难继续推进。

再之后，百越的民众举起反抗大旗，反攻秦军的入侵。双方在五岭之地展开了激战，百越人利用天然地利，对秦军不断实施偷袭、骚扰的游击战，让困于地形中的秦军完全发挥不了优势。经过一段时间的较量，秦兵"伏尸流血数十万"，"宿兵无用之地，进而不得退"。

本来预想很容易，征讨百越，实际却创造了秦军扩张以来从未有过的败绩。五十万的人马，在还未取得胜利的情况下，被百越人杀了十万，着实令秦军震惊。赵佗等人立即调整策略，合兵一处，应对百越人的偷袭。

事实证明，合兵的做法非常正确，百越人因此不敢再偷袭秦军，双方又展开了对峙。

就整体局势而言，百越人成功阻挡了秦军进攻。据说，秦军驻扎在五岭之南，"三年不解甲弛弩，使监禄无以转饷"。以后的三四年时间里，秦军与百越就这样对峙着。

平定百越

秦王政也得到秦军进退两难的消息，不过秦王政并不想就此撤军，目前国内的诸侯已不复存在，北方的匈奴也还处于安定状态，所以他毅然决定对百越继续实施打击。

当然，秦王政也意识到，若继续强攻，只会带来巨大损失。他决定在对百越发起进攻前，先解决一切可能影响战争的问题，为秦顺利推进创造条件。

而此时，最影响秦军推进的问题是道路不通。因此，在接下来的一段时间里，秦军开始组织士兵开道。他们在岭南的山中，拓荒出数条道路，为秦军南下提供便利。

秦王政还派一个叫史禄的水利专家，专门负责凿渠工作。因此，在秦军拓荒的时候，史禄指挥人开凿了一条运河，这就是后来的灵渠。史禄选择了最为平缓、距离最近的地方开渠，将长江与珠江贯通起来。这样做是为了便于船只航行，既运输军队，也运输粮草物资。应当说，灵渠的开通为秦军顺利南下创造了机会。

等到灵渠完全竣工后，秦王政认为时机成熟，再遣秦军沿着灵渠南下，向五岭之南的百越进军。这一次，秦军在旱路和水路同时推进，一举平定了百越之地，将百越一带彻底划入秦国的版图中。

应当说，在前期五十万人马丧失大半的不利背景下，秦王政选择了更为明智的开路之法，让百越最终臣服于秦国。而这一成果的取得，与秦国统一天下有莫大关系。换言之，若没有秦国的统一，百越之地很难平定。

平定百越后，秦国采取了杂居与分化的政策，将那些逃亡的人、入赘女方的男子和商人安置在岭南梁地。《史记索隐》中说："谓南方之人，其性陆梁，故曰陆梁。"《史记正义》中说："赘，谓居穷有子，使就其妇家为赘婿。"这种做法显然有点恶意，因为这些人身份"卑贱"，秦国将他们安置在"烟瘴之地"，似也有"惩罚"之意。

　　当然，这是此前早已使用过的"文化融合"政策，对稳定地方具有重大作用。这些人会在百越定居，与百越人通婚，再将中原的先进文化带到这里，同化百越的民众。

　　需要指出的是，这种文化的渗透与影响是相互的。中原先进的文化影响着百越人的生活生产方式，百越人的文化也渗透到中原迁居民众的日常生活中，最终形成一种新文化。

　　之后，秦国又设置了桂林、南海和象郡三郡，让迁移到此地的中原汉人与百越之民杂居，利用文化同化的作用，逐渐改变百越的风俗。《秦始皇本纪》记载："三十三年，发诸尝逋亡人、赘婿、贾人略取陆梁地，为桂林、象郡、南海，以谪遣戍。"[①] 秦国还派出了五十万人马，常驻岭南，驻守五岭，"五十万人守五岭"。《越南列传》也记载："秦时已并天下，略定杨越，置桂林、南海、象郡，以谪徙民，与越杂处十三岁。"[②]

　　值得一提的是，在平定百越后，秦王政还征调当地民众实施西南"开路"大工程，由当地官员组织民众即沿着大山开路，打通大山深处"互不通信"的地方。这些地方包括今天云南、贵州一带。据说，秦国开凿了一条"五尺道"，将云、贵、川紧密联系在一起。之后，云、贵、川有人居住的地方，自然也都划归到秦国。秦国派军队进驻这些地方，负责震慑他们。军队的开支由当地民众负责承担。秦国还在这些地区"置吏"，管理这些地方，赋税催缴，稳定局面。

　　至此，六王毕，四海一，天下甫定。秦王政开始"打造"属于自己的强大帝国。当然，对于秦国的统一，学者们也是见仁见智。

---

①② 司马迁：《史记》卷六《秦始皇本纪第六》。

第二十二章

秦　制

谁谓尔无羊？三百维群。谁谓尔无牛？

九十其犉。尔羊来思，其角濈濈。尔牛来思，其耳湿湿。

或降于阿，或饮于池，或寝或讹。

尔牧来思，何蓑何笠，或负其餱。三十维物，尔牲则具。

尔牧来思，以薪以蒸，以雌以雄。

尔羊来思，矜矜兢兢，不骞不崩。麾之以肱，毕来既升。

牧人乃梦，众维鱼矣，旐维旟矣，

大人占之：众维鱼矣，实维丰年；旐维旟矣，室家溱溱。

——《诗经·小雅·无羊》

1. 定方略框制度

确定始皇帝名

秦翦灭六国、统一天下后，国内并不稳定。造成这种不稳定的因素有很多。比如六国旧民的"文化背景"不同，民众文化认同感各异，与秦国融合需要时间；各国经济制度不同，稳定市场，也需要时间。凡此种种，都让秦国在统一之初，面临各种"混乱"，由此带来的各种问题，需要高层逐一解决。而这一过程，则是漫长的。

秦国高层的处置态度是：废止原先六国"各行其是"的制度，将秦制推广到各地。如此，天下才算一家。

在全国推行一套制度，是秦国高层思谋的结果。他们的目的，是要将秦制延伸到各地，便于统治六国臣民。就秦制而言，并非后世解读的那般伟大，秦国高层首先想到的是稳定，至于流传千古，可能想也没想过。"有的著作认为秦的社会制度比六国先进，笔者不能同意这一看法，从秦人相当普遍地保留野蛮的奴隶制关系来看，事实毋宁说是相反。"①

坦白说，实施"全国一套制度"，利大于弊。从国家形态上说，天下归一，到处不再互相设置壁垒，这一背景下，就需要推行一套制度，这样一来，既能够稳定国家，也能推动国家发展。当然，需

---

① 李学勤：《东周与秦代文明》。

要注意的是，秦制并非全是"先进制度"，它也存在漏洞和缺陷。秦国在实施"统一制度"时，也及时吸收六国"先进"制度，对秦制实行"更新"。

总之，在种种因素影响下，秦国的改制徐徐启动。

秦王政实施的第一个改制，是对他本人及后世君主称号的"界定"，这实际上是一种"尊君卑臣"的做法。

秦王政之所以这么做，与他变化的心境有关。从历史大趋势讲，秦翦灭六国虽是历史大趋势；但从个人特色讲，秦国能在短短数年间实现统一，与秦王政本人"强势"性格有关。因此，随着六国被翦灭，天下走向统一，"不复起兵"，秦王政的心态发生了重大变化：自认千古一人，远古时代的三皇五帝、三代开国之君都无法与他的功业比拟。

为彰显自己的功业，秦王政对丞相王绾、御史大夫冯劫、廷尉李斯等人说了这样一番意味深长的话：

> 昔日韩王进献土地，交出印玺，请求成为秦国的藩臣。秦国看到韩国的诚意，同意了韩国的请求。但不久，韩国就背盟，与赵、魏联合，形成合纵抗击秦国。所以我们就发兵攻韩，最终俘虏韩王。我认为这样很好，以战止战才能真正平息战乱。之后，赵王遣李牧与秦国缔结盟约，希望两国能够长期和平相处。因此，秦国归还了质押的赵国公子。但赵国在秦国放回质子后，再次背盟，在太原鼓动民众反叛。因此，我派人攻打赵国，俘虏了赵王。之后，公子嘉自立为代王，继续与秦国叫嚣。我派兵去攻打他，消灭了代地。魏土最初也向秦国承诺，会臣服于秦国。但在韩国的鼓动下，又联合韩、赵两国，

攻打秦国。于是，我派出秦国将士攻打魏国，最终将他们打败。楚王曾经许诺，割让青阳以西的土地给秦国，但也违背约定，指挥楚军攻打秦国南郡。因此我们才发兵攻打楚国，擒获楚王，最终平定楚地。燕王昏庸悖乱，不懂政务，而太子丹指使荆轲行刺，欲谋害我。我派出大军攻打燕国，灭掉了燕国。齐王采用后胜计谋，断绝与秦国的往来，还打算乘机作乱，组织人马对抗秦军。我派秦军将士征伐齐国，俘虏齐王，平定了齐地。我凭借微不足道的身躯，指挥秦军征伐暴乱的国家，仰仗和依赖祖宗的威灵，让六国之王认罪伏法，平定天下。因此我认为，现在天下大定，若不改变名号，就无法颂扬我所创建的功勋，我的功业无法流传后世，我才与你们商议帝王称号的事宜。①

　　从这段记载中，我们发现，秦王政的"口吻"看似谦虚，实则充满了"张扬"。他将自己置于"受害者"的角度，理直气壮地指出，剪灭六国都是因为六国"对不起"秦国。他凭借着自己的勇武、果断，仰仗着祖先的保佑，终于平定了六国。这个说法显示了他"先抑后扬"的姿态。即，前面那些都是"铺垫"，秦王政最后

---

① 司马迁：《史记》卷六《秦始皇本纪第六》："异日韩王纳地效玺，请为藩臣，已而倍约，与赵、魏合从畔秦，故兴兵诛之，虏其王。寡人以为善，庶几息兵革。赵王使其相李牧来约盟，故归其质子。已而倍盟，反我太原，故兴兵诛之，得其王。赵公子嘉乃自立为代王，故举兵击灭之。魏王始约服入秦，已而与韩、赵谋袭秦，秦兵吏诛，遂破之。荆王献青阳以西，已而畔约，击我南郡，故发兵诛，得其王，遂定其荆地。燕王昏乱，其太子丹乃阴令荆轲为贼，兵吏诛，灭其国。齐王用后胜计，绝秦使，欲为乱，兵吏诛，虏其王，平齐地。寡人以眇眇之身，兴兵诛暴乱，赖宗庙之灵，六王咸伏其辜，天下大定。今名号不更，无以称成功，传后世。其议帝号。"

表达的意图才是结果，即六国归一，"王"的称号已不适用他，亦不足以显示他的尊贵，需要高层重新商议对自己的"尊称"。

这是多疑者非常突出的特点。他心神不安，又渴望能够得到的最高称号。

当然，秦王政这么说，其实也是有一定"顾虑"的，毕竟群臣中不乏有大学问的人，他们满腹经纶，对任何事情都有"自己的看法"，所以他才没有抛出"最终结论"，只是希望大家能够"提意见"，他相信这帮人定会给自己商议出古未有的尊号。

而秦王政的这个"不明显"意图，也难住了臣僚——他们完全猜不透秦王政的真实想法。按说秦王统一天下，当以"天子"自居，称王即可。但战国以来，列国诸侯均称"王"，秦王政也是秦国的"王"。因此，"王"这个字无法凸显秦王政的功绩。至少，这一刻，他需要一个前所未有的尊称，以区别于"王"或者"天子"。

这种背景下，"博士们"被难住了。他们搜罗典籍，绞尽脑汁，寻找可能"最佳匹配"的称呼。最终，经过商议后，以王绾、李斯等为代表的大臣对秦王政提出了如下建议：

> 很久之前，五帝统治方圆千里之地，统治区域内的人都臣服于五帝，但在五帝的统治外围，那些夷人部落完全不受天子的控制。他们是否朝贡，也不是天子说了算。现在，陛下发动了正义之战，诛杀了各地的乱臣贼子，平定了天下，让四海之内的疆域都成为秦国的郡县，国家的法令也都由陛下一人签发。这是自古以来都没有实现的壮举，您的功业也不是五帝所能比拟的。我们与博学之人商议后，认为："古时候曾有天皇，有地皇，有泰皇，其中泰皇身份最尊贵。"因此，我们冒死向

　　大王献上尊号，建议大王称"泰皇"，发布政命称"制书"，发布号令称"诏书"，自称"朕"。①

　　请注意，这里出现了"陛下""朕"这些称呼，这是个很值得揣摩的称呼。《史记集解》有载："陛，阶也，所由升堂也。天子必有近臣立于陛侧，以戒不虞。谓之'陛下'者，群臣与天子言，不敢指斥，故呼在陛下者与之言，因卑达尊之意也。上书亦如之。"就是说，"陛下"原指站在台阶下的侍从。当臣子进言时，不能直呼天子，须先呼侍从，向其进言内容。《史记集解》中对"朕"的界定也有说明："朕，我也。古者上下共称之，贵贱不嫌，则可以同号之义也。皋陶与舜言'朕言惠，可底行'。屈原曰'朕皇考'。至秦，然后天子独以为称。汉因而不改。"就是说，在秦王政之前，"朕"这个字是常用字，任何人都自称"朕"，其原意就是"我"。比如屈原《离骚》第一句就说："帝高阳之苗裔兮，朕皇考曰伯庸。"②

　　再分析群臣这段"进言"，大臣们引述的这段文字，是参照了五帝时代的称呼。由此看出，王绾、李斯等人虽将秦王政与五帝比，其实内心是怀着忐忑心理，毕竟商、周时期，创建国家者也没有超越"天子"。基于这个原因，他们的建言显得战战兢兢，"昧死"进言。当然，在奏疏开头用"昧死"是秦汉时期的一种"惯例"，类似于今天公文开头固定格式。

　　按照《史记集解》中的说法："天皇、地皇之下即云泰皇，当

---

① 司马迁：《史记》卷六《秦始皇本纪第六》。
② 屈原：《离骚》。

人皇也。而封禅书云'昔者太帝使素女鼓瑟而悲',盖三皇以前称泰皇。一云泰皇,太昊也。"就是说,泰皇就是天下最受崇敬的人皇,是传说时代的太昊,也叫青帝,是秦人远古先祖。

《封禅书》中也载:"德公立二年卒。其后年,秦宣公作密畤于渭南,祭青帝。"秦德公将青帝视为先祖,秦王政就不能做"数典忘祖"之事,更不能与先祖"比大小",称"泰皇",于礼不合。数千年来,都没有人这样称呼自己,周天子也没有这么称呼。

因此,当听完三位股肱之臣的叙述,秦王政并不满意这个称号。当然,可能秦王政才不管泰皇是不是太昊,毕竟那是传说中的人物,他更在意的是尊号是否具有"唯一性"。

在秦王政眼中,他创造的霸业,远非夏、商、周三代君王可比拟。这时候,再用远古时代君主的称呼"拾人牙慧",吠影吠声。秦王政略带着不满地对几位重臣说:"若继续称泰皇,就与五帝的称呼一样。无法凸显秦国的功业,不如将'泰'字去掉,再从上古时代国君称呼中借'帝'字,合称为'皇帝'。其他方面就以大家商议的建议处置。"①

秦王政的这一见解,让朝臣们不敢轻易下结论。"皇""帝"二字自古以来就具有神圣的力量,"皇"指的是"天人之总称",帝则更为神圣,自古以来,称帝者寥寥数人。《说文解字》说:"王天下之号。从二,朿声。"秦王政将这两个特别尊崇的字连起来,用作他的称呼,是要向外界表明他的功业高于三皇五帝?

当然,这也是追求新奇、标新立异的表现。

事实上,区别以往又兼具崇高是秦王政统一六国后的热烈追

---

① 司马迁:《史记》卷六《秦始皇本纪第六》。

求，在做任何事时，他都要力争做到这一点。比如，与秦国相关的制度设定、礼仪形态等也区别于以往。

制书和诏书的问题也值得注意，在三代时期，没有制书、诏书一说，"制诏三代无文，秦始有之"。这是王绾、李斯等人的"独创"。秦王政对此很满意，才答应他们的建议。[①]

以上这些"改制"，亦反映出秦王政的强势性格。他认可官员提供的建议，就会采纳；若不认可，他就坚决不予接受。由此可见，一个王者的霸道性格逐渐显现。

总之，经过与高层的商议，最终议定了秦王政的称呼：皇帝。由此，中国历史上首位皇帝诞生，他就是秦王政。

秦始皇自称"朕"。就是说，从此刻起，"朕"这个字只有天子才能用，别人是不能用的。士人在书写时也得注意，不能使用朕。

秦始皇对于印玺也做了特别强调。以前，个人私印被称为"玺"。秦皇帝的印玺就曾被嫪毐偷用，煽动军民造反。现在，秦皇帝：只有皇帝的印才能称作玺，其他人一律不许用这个叫法。由此，这也就衍生出一个"传国玉玺"的说法，体现的还是"唯一性"。以后的乱世枭雄们，都曾为得到传国玉玺而大打出手。到了后代，还出现了"六宝""八宝"。

秦国官制

秦皇帝急于向天下表明秦国与诸侯国的不同，而这些不同就要

---

① 司马迁：《史记》卷六《秦始皇本纪第六》："……'臣等谨与博士议曰："古有天皇，有地皇，有泰皇，泰皇最贵。"臣等昧死上尊号，王为"泰皇"。命为"制"，令为"诏"，天子自称曰"朕"。'王曰：'去"泰"，着"皇"，采上古"帝"位号，号曰"皇帝"。他如议。'制曰：'可。'"

从各种制度、命令等方面体现出来。从此之后，国人要时刻牢记这些法令，注意自己的言行。那些六国民众更要注意，触犯律法，可能会招致祸端。

在这一大背景下，很多改制，亦徐徐拉开序幕。比如，在对朝臣、子民的服饰上，国家也做了规定，各个等级的服饰要严格界定，不再使用战国时期那种没有统一规制的服饰。当然，服饰的界定，主要是为区分各个阶层的身份。不过总体而言，秦国服饰颜色尚黑。

之后，秦始皇颁布了第一道诏命，追赠其父秦庄襄王为太上皇，并要求，以后历代君主即位后，追赠其父时，多以太上皇为称呼。《史记集解》中说："汉高祖尊父曰太上皇，亦放此也。"只是，这一情况在后世会有新变化，退位健在的皇帝也自称太上皇。比如，南宋高宗赵构自称太上皇。

在追尊父亲后，秦始皇又有了新想法。之后，他又下制命说："我曾听人说，在远古时代的君主有名号而没有谥号，中古时代的君主有名号，谥号都是死后臣僚根据生前作为追加的。这就等于是让儿子议论父亲，让大臣议论君主，有失礼仪。朕要彻底废除追加谥号。从今以后，朕就称'始皇帝'，朕以后的秦国国君都用数字计算，二世、三世直到万世，永远传承下去，不能改变。"① 由此，秦始皇的说法正式诞生。当然这也是胡亥叫"二世"的缘由，与后世英国、俄国等国对君主的称呼有几分相似性。

不得不说，秦始皇的这种观念，是他编织的美丽梦想，妄想秦

---

① 司马迁：《史记》卷六《秦始皇本纪第六》："追尊庄襄王为太上皇。制曰：'朕闻太古有号毋谥，中古有号，死而以行为谥。如此，则子议父，臣议君也，甚无谓，朕弗取焉。自今已来，除谥法。朕为始皇帝。后世以计数，二世三世至于万世，传之无穷。'"

国能够传万世，一直存在下去。王国兴衰，岂能由创始之人决定？这时候，秦始皇彰显"君主"的职能与权限，无外乎是要向外界显示秦国控制天下的决心。

接下来，秦始皇开始实施"集权"策略。正如前文所言，所有的改制，其实都是要达到"君尊臣卑"的目的。

这段时间，也是秦始皇"思考"最多的时候。他在充分考量"商、周制度"利弊的基础上，在与大臣交流的过程中，初步形成了一整套官僚管理制度计划，有别于商、周时期中央和地方的官僚体系。

秦始皇这么做，意在将国家大权牢牢掌握在手中。

事实上，在秦始皇统一六国之前，秦国的官僚制度已成型。这就是战国时期商鞅变法推行之后的爵制改革，即荣耀和财富不能让贵族代代承袭，要用各种"功"来维持和延续。而到了战国后期，已演变成"官僚制度管理体系"。到秦始皇时期，从上到下，从内到外，从文到武，一整套的官僚体系镶嵌在秦国巨大的国家机器中，发挥着重要作用。

需要说明的是，这种制度也非秦国独创，而是诸侯间早就推行的"官吏"制度的变种。换句话说，进入战国后，通过分封制来控制地方的旧制已不适宜形势发展，为各诸侯"摒弃"，并先后推行了"官僚管理"制度。秦国由于落后，施行这些"官吏"制度较迟，多借鉴东方诸侯的"官吏"制度。当然，由于落后，也让秦国享受了各诸侯国的"成果"。整体上看，秦国实行的官僚制度与其他诸侯实行的"官吏"制度差异性并不大。

总之，秦国的官僚制度是在吸纳六国制度基础上成形的，与六国制度有相似的地方，也有不同的地方。但是，正因制度的差异性，使得国家政令推行、维护国家稳定等方面存在漏洞或隐患。所以，秦国要将本国制度推广到全国，覆盖六国旧制，最终实现集权的目的。换句话说，秦始皇推行这些制度，完全是为了巩固他的"帝国"，与后世解读的各种"影响"一点关系都没有。

这一套"官吏"管理制度，分两个层级：一个是中央的官僚系统，另一个是地方的官僚系统。

在秦始皇的强权下，秦国产生了特有的中央机构和负责管理中央机构的职位。中央机构基本分三个层级，居最高位的人是皇帝。皇帝之下，设有三位重要的官职，他们就是"三公"，即丞相、御史大夫和太尉。三公之下，还有其他官员，具体负责三公部署的政务。[①]

皇帝的权限自然不用注解，那是至高无上的君王，行使一切权力。三公是皇帝的助手，类似于"大秘"，负责落实皇帝的每一个意图。据说三公由来已久，此时只是延续了此前的叫法，完善于机构设置，以国家的名义确定了三公的职责和权限。那么，这三公到底具体负责什么事情呢？

丞相是秦武王时期设置的官职，"相"是辅佐君王的意思。在秦武王之前，列国的"相"一般称为"相邦"。秦武王时期，丞相官职正式确定，秦国以樗里疾、甘茂为左右丞相，一人掌管军务，一人掌管政务。此后，丞相就一直沿用下来。秦昭襄王时期的范雎、秦昭襄王时期的吕不韦等人，官职都是丞相。当然，秦国最为显赫的丞相是李斯，他会在日后被授予丞相位。据说"相国、丞相，皆秦官，金印紫绶，掌丞天子日理万机。秦有左右，高帝即

---

① 司马迁：《史记》卷六《秦始皇本纪第六》。

位，置一丞相，十一年更名相国，绿绶"①。丞相掌管着天下所有政务，是百官之长。

太尉是秦国沿袭下来的官职，早期可能称呼"尉"。太尉"金印紫绶，掌武事"。秦国历史上，出现过很多尉。比如秦惠文王时期的司马错，秦昭襄王时期的白起，秦始皇时代的尉缭子、屠睢等人，都曾先后担任尉。到秦始皇时期，太尉一职才被正式确立，主要负责军务。

御史大夫是从御史演变而来的官职。很早之前，秦国就有御史职位。只是那时的御史多充当君主秘书，职责是协助君主，没有具体的官职。但能与君主长期接触，能得到君主的信任。后来，这一职责逐渐演变，秦国就将该职位制度化，设置了御史大夫，职责更加明确，是国家的最高监察长官，地位仅次于丞相："秦官，位上卿，银印青绶，掌副丞相。"当然，也不排除这一岗位的设立，是长期借鉴"外国"先进"模式"的结果。

"三公"以下还设置"九卿"。《礼记》记载："夏后氏官百，天子有三公、九卿、二十七大夫、八十一元士。"换言之，在夏代的时候，已有三公九卿之说。周王朝也有三公九卿，他们包括冢宰、司徒、宗伯、司马、司寇、司空、少师、少傅、少保等职位。战国时期，各大诸侯国也设置三公九卿，尽管叫法可能与周王朝的不尽相同，其职责应是相似的。秦代的九卿有奉常、郎中令、卫尉、宗正、太仆、廷尉、典客、治粟内史、少府。不过，学术界一直以来对三公九卿都有争议，这里不再进行辨析。

事实上，根据对史料的分析，结合考古发掘，能够发现秦国三

---

① 《汉书》卷十九《上百官公卿表第七上》。

公之下不只"九卿",还有更多职位。这些职位,有些是秦国在运行中的原职位,也有些是秦始皇统一之后设置的新职位。

这里对九卿略作介绍。

奉常:"奉常,秦官,掌宗庙礼仪,有丞。"汉代以后,又有新改进,称呼与秦代也不尽相同,比如,"景帝中六年更名太常","景帝中六年更名太祝为祠祀,武帝太初元年更曰庙祀,初置太卜"。

郎中令:"秦官,掌宫殿掖门户,有丞。"其在汉代的更名与奉常类似。

卫尉:"秦官,掌宫门卫屯兵,有丞。景帝初更名中大夫令,后元年复为卫尉。"

太仆:"秦官,掌舆马,有两丞。属官有大厩、未央、家马三令,各五丞一尉。"

廷尉:"秦官,掌刑辟,有正、左右监,秩皆千石。"

典客:"秦官,掌诸归义蛮夷,有丞。景帝中六年更名大行令,武帝太初元年更名大鸿胪。"

宗正:"秦官,掌亲属,有丞。"

治粟内史:"秦官,掌谷货,有两丞。"

少府:"秦官,掌山海池泽之税,以给共养,有六丞。"[1]

通过分析"九卿"的职责,我们发现,依然有一些"权限"不在九卿职权范围之内。针对这一现实,秦国在中央除了九卿之外,还另有一些专门的官职。比如,"将作少府,秦官,掌治宫室,有两丞、左右中候","中尉,秦官,掌徼循京师,有两丞、候、司

---

[1]《汉书》卷十九《上百官公卿表第七上》。

马、千人"，"詹事，秦官，掌皇后、太子家，有丞"，"将行，秦官，景帝中六年更名大长秋，或用中人，或用士人"，"典属国，秦官，掌蛮夷降者"，等等。

总之，秦始皇对中央层级的官僚制度进行了"规范"，很多职位是对秦国原有官职的延续与扩大，新设立的官职和机构并不多。特别注意的是，秦始皇对三公的权限进行界定，要求他们直接接受自己的统属，三者之间并不相互统属。这样做的目的，是让三公相互钳制，形成权力平衡：三公各自执掌权力，分别向皇帝汇报。这样一来，皇帝就牢牢掌控国家的行政、军政、监察权。

秦始皇通过铁腕手段，实现了集权。

不过，后世君主的皇权是否集中，完全不受三公制度的约束。很多开国之君创建王朝后，才开始实施策略，逐步实现集权。一些后继之君为了集权，搞得全国鸡犬不宁。更有甚者，为了树威和集权，向大臣挥起了屠刀。

应当说，秦始皇的这一系列改制是成功的，符合实际的。他的天下由自己得来，他集权理所应当。需要肯定的是，他的制度改革创立了一种"模式"，而以后历朝历代的君主，都会效仿秦始皇的做法，影响了中国历史两千年。

当然，这种影响是日后才"凸显"出来的，并非秦始皇料定就会有这种"功效"。换句话说，秦国统一之前的三代（夏商周）并非严格意义上的帝制国家，秦始皇创建大一统帝制国家，为后代王朝树立了一个"样板"，用作他们统治的一种参考：各个王朝看起来有"秦制"的影子，却不完全是秦制。

至于地方机构改制与完善，等到本章第三节时再做探讨。

2. 五德理论说

标新立异的邹衍

调整完中央机构设置、人员配备等最为紧迫的问题后，一大批官员走上了新岗位。这些官员大都是秦始皇考察的人才，基本是秦始皇按照其品行、能力配置的岗位，应该能发挥优势，成为秦始皇的得力帮手。尤其李斯，几乎成为了秦始皇的左膀右臂。

而这种制度的成熟，也催生了几种职业的诞生：文法吏和刀笔吏。[①]

就是说，此时的士人深入研究秦法、秦制，利用所学进入秦国官僚系统谋生。当然，他们还与后代（比如唐宋时期）的士人性质完全不同，他们只是秦国国家机器上的螺丝钉，也是受统治者支配和盘剥的对象。只是相较于底层民众，他们地位相对高一些，收入高一些，仅此而已。

也是从此时起，秦始皇开启了"改造"自己帝国的计划。他要亲手组建的这个庞大帝国，将其治理成他想要的样子。

秦始皇雄心勃勃，又踌躇满志。雄心勃勃是因为天下归一，他的江山他做主，踌躇满志是因为还有很多问题没有解决。

事实上，到此时，秦国的改制并未结束。尽管六国归于秦国，但六国民众风俗不同、文化各异，让他们短时间内完全吸收秦国的文化、接纳秦国的制度，显然不现实。

---

① 阎步克：《波峰与波谷》第三章《文法与文书》，北京大学出版社 2009 年版。

这时候，如何让这些秉持各自文化的黔首彻底臣服，困扰着秦始皇。

秦始皇已意识到凭武力可平天下，但若要继续以武力管理天下，人心难服。尤其是六国之臣民，对秦国很多制度并不能完全接受。不少地方，还坚持着原来的生活习性和风俗习惯，秦制并未入他们的生活中。

这种情况下，作为统治者，需要营造文化软实力，让天下人承认秦灭六国是天道轮回，引导他们顺应大势，接纳秦国，靠近秦国，然后在秦国的文化大熔炉中淬炼，直至他们都如秦国子民一样温顺、听话。

事实上，在攻打百越时，秦始皇已尝试推动这种文化融合。他将一大部分中原汉人迁入百越，让他们与百越之民杂居，让中原人用先进的文化、习俗浸染百越民众，实现了稳定百越的目的。

这种办法可参考。

不过原六国臣民不比百越民众，他们本身就被各种先进的文化和习俗熏陶，自有价值观、世界观。尤其那些六国旧贵族，他们都是"明白人"。因此，用常规的办法对他们进行文化灌输，改变他们的文化认同感，非常艰难。可能，自始至终，他们都不愿接受秦国的文化。

这时候，最核心的问题，是寻找一种理论，从战国思想家的角度确定秦国蠹灭六国的合理性，为秦国灭六国正名，非如此不能让六国臣民臣服。

当然，可能这只是秦国高层"一厢情愿"的认知，有些文化属性根深蒂固，想要短时间内"改造"人的认知，不现实。文化改造，非得一两代人，才能将秦制渗透到全国各地黔首的意识中。

不管怎样，改制秦国"新子民"，成为一种迫切需要。秦王政开始在诸子百家中寻找着能为秦国服务的学说。

这时候，一个叫邹衍的学说进入秦始皇的视野。王应麟《汉书·艺文志考证》中说："方邹衍推五德之运，人视之，特阴阳末术耳，若无预于治乱之数也。及至始皇始采用之，定为水德。以为水德之治，刚毅戾深，事皆决于法，刻削毋仁恩和义，然后合五德之数。于是。急法，久者不赦，则其所系岂小哉！"秦始皇开始关注邹衍，并很快被邹衍的学说深深吸引。

邹衍，齐国人，生卒年不详，著有《邹子》一书。按照《史记》的说法，邹衍生活在孟子之后，大概与公孙龙、鲁仲连等诸子同期。①

邹衍的成长事迹几乎不见记载。现在能找到的，也多是对各种史料一鳞半爪的东拼西凑。

据说邹衍长大后，学习百家学说。学业大成后，他游走于齐国的各地，看到那些享有封国的统治者荒淫奢侈，不崇尚仁德，也不像《诗经·大雅》中要求的那样，修养身心，将仁德推及黎民百姓。邹衍很失望，认为《大雅》这样的"文化"改变不了统治者的本性。于是，他开始深入研究阴阳盛衰更替，探究深奥怪异的变化，著成《终始》《大圣》等篇，有十多万言。

与战国时期其他学派不同，邹衍的学说宏大高深，却又荒诞不经。他的著述总是先从微小事物验证入手，不断将学说扩大，延伸至广阔无边的境界。比如，他总是从现今往上倒推，上溯至黄帝时代，论述每个时代的盛衰规律，福祸吉凶，阐述礼仪制度。在这基

---

① 司马迁：《史记》卷七十四《孟子荀卿列传第十四》："其次驺衍，后孟子。"

础上，推而广之，探究天地混元之初的形态，发现人类起源的秘密。李硕在《翦商》中有两段论述，颇符合这种背景：

> 　　讲述周族的起源也有很大的困难。周族本来没有文字，只有口头的传说，是灭商之后才开始用商人发明的文字记录自己的历史，难免会渗入一些商文化元素。而且，西周之后，人们还创造了那些更古老的半神帝王的"创世记"，比如黄帝和炎帝，嫁接和混淆了很多周族早期传说，造成了很多混乱……在《诗经·生民》里，弃——后稷的结局只是家业兴旺，受上帝福佑，成为家乡颇有威信的长老。但到春秋，后人又创造出了更古老的、《诗经》里没有的尧和舜，于是，后稷的经历再被翻新，增添了更显赫的内容：尧帝闻知弃的才能后，举荐他担任"农师"，教导天下百姓农业；到了舜帝，则更受重用，还获得"后稷"的称号。[1]

　　邹衍研究天地事物时，总是先罗列出名山、大川、深谷、禽兽，以及水土、植物和珍贵物种等，方方面面，并由此推广到各处，直至人们不能看到的地方，仿佛一棵大树的根部，不断向地下延伸。

　　他的论述，往往引用开天辟地以来五行相生相克、循环运动的规律，映射君王治理天下的方法，天命与人事对应的规律。他认为，儒家所说的中国，不过是天下的八十分之一。中原称赤县神州，赤县神州之内又有九州，这就是大禹治水后划定的九州。在邹

---

[1] 李硕：《翦商》第十五章。

衍看来，这还不是中国的全部。他认为在中原之外，像赤县神州这样的地方有九个。其他八个地方与赤县神州组成了天下九州。每一个州都有面积较小的海环绕着，人民和禽兽彼此不能相通，像是一个独立的区域。九个大州之外被浩瀚大海环绕的地方，就是天与地的边际。

邹衍的学说缥缈、深奥、晦涩而与众不同，将万事万物联系在一起，让人质疑。值得肯定的是，他提出天下有八十一州的观念，这是当时士人探究宇宙奥秘的体现，可当作是一种大宇宙观，已与今天地球形态分布有几分相似之处。只是他的这种"怪异"理论，不为时人接纳。

当然，邹衍的长处在于，总能按照自己预想，概括事物的起源、周期、消亡等宏大主题，他把天地运行的法则归结于仁爱、道义、克制、俭朴等。

需要注意的是，他的理论空泛无边，让人很难抓住要领。王公贵族等这些"高知"群体初听其学说，都会感到惊讶并思考学习。但当他们真正要研习时，却总发现无从入手，无法研究。[1]

即便如此，邹衍的这种学说历来会被人重视，引起人们的好奇。这与人类的本性有关，即对越无法说清的东西，就越偏执和坚守。因此，邹衍在齐国备受重视，稷下学宫的人都很尊崇他。据说，当时邹衍与齐国稷下学宫的淳于髡、慎到、环渊、接子、田骈、邹奭等人著书立说，谈论国家兴亡治乱的问题，享誉诸侯。

后来，他到了魏国大梁。梁惠王得知他的大名，亲自到郊外迎接他，行宾主之礼。邹衍到赵国传播他的学说时，平原君一直陪在

---

[1] 司马迁：《史记》卷七十四《孟子荀卿列传第十四》。

他身边，还用衣服替他拂拭座席。邹衍在燕国传播学说时，燕王拿着扫帚为他清扫道路上的尘土，在前面为他开路，并要求他给燕国子弟传授学业，还修筑了碣石宫，像侍奉老师一样侍奉他。

不过，后来由于燕、齐关系恶化，燕国逮捕了邹衍。直到齐宣王即位后，邹衍才被放了出来。对邹衍而言，这次遭遇可谓九死一生。这时候，邹衍听闻稷下学宫再次兴盛，就从燕国回到了齐国，在稷下学宫教学，传播他的阴阳五行理论。

后来，邹衍撰写了《主运》篇。

需要说明的是，邹衍周游列国时受到列国诸侯礼遇，远非孔子在陈、蔡受困挨饿，孟轲在齐、梁不得志可比！①

以上这些内容，就是《史记》中对邹衍生平的简单介绍。不过，相较于那些高深学说，邹衍提出的五德理论才是战国统治者热衷的学说，也是秦始皇苦苦寻觅的翦灭六国的理论依据。

那么，什么是五德理论呢？

五德理论

邹衍认为，天地之间存在着五行：金、木、水、火、土。他将这五行称为"五德"。

在邹衍看来，五德从天地初开就一直存在，和天地同寿。他认为，人类社会兴盛更替也都是依照五行运转循环往复。所谓的五德运转，其实就是五行相克的规律，即土克水、木克土、金克木、火克金、水克火。

在邹衍看来，人类社会的巨大历史变迁，并非孰强孰弱的问

---

① 司马迁：《史记》卷七十四《孟子荀卿列传第十四》。

题，而是与自然界一样，受土、木、金、火、水五种元素支配。一个王朝推翻另一个王朝，也只是五行运转的结果。而五行运转又是自然规律，并非人所能改变。邹衍说："五德之次，从所不胜，故虞土、夏木。"《七略》也说："邹子有终始五德，从所不胜，木德继之，金德次之，火德次之，水德次之。"

吕不韦组织人编纂《吕氏春秋》时，也有一些阴阳家的传人充当吕不韦门客，他们将邹衍的学说进行了具象化。比如，《吕氏春秋》中就有这样的记载：

> 凡帝王者之将兴也，天必先见祥乎下民。黄帝之时，天先见大螾大蝼，黄帝曰"土气胜"，土气胜，故其色尚黄，其事则土。及禹之时，天先见草木秋冬不杀，禹曰"木气胜"，木气胜，故其色尚青，其事则木。及汤之时，天先见金刃生于水，汤曰"金气胜"，金气胜，故其色尚白，其事则金。及文王之时，天先见火，赤乌衔丹书集于周社，文王曰"火气胜"，火气胜，故其色尚赤，其事则火。代火者必将水，天且先见水气胜。水气胜，故其色尚黑，其事则水。水气至而不知，数备，将徙于土。天为者时，而不助农于下。类固相召，气同则合，声比则应。鼓宫而宫动，鼓角而角动。平地注水，水流湿。均薪施火，火就燥。山云草莽，水云鱼鳞，旱云烟火，雨云水波，无不皆类其所生以示人。故以龙致雨，以形逐影。师之所处，必生棘楚。祸福之所自来，众人以为命，安知其所。[①]

---

① 《吕氏春秋》卷十三《应同》。

　　大致意思是：大凡古代帝王兴起时，上天就会向人们发出征兆。黄帝兴起时，在黄帝的统辖区域内发现大蚯蚓、大蝼蛄前行。黄帝因此说："这是上天预示着我们土气旺盛的原因。"也基于土气旺盛，黄帝时崇尚的颜色是黄色，做事情时也多取土色为吉利色。到夏禹时，上天显示出草木茂盛、秋冬时节不凋零的奇特景象。夏禹就对人说："这预示着木气旺盛。"夏朝也因木气旺盛，所以崇尚青色，做任何事前，也都取法木之色。成汤时，上天显现水中有刀剑的奇事。商汤就对人说："这预示着金气旺盛。"商朝也因金气旺盛，服色崇尚白色，做事情取法金之色。后来，到了周文王时，发生了奇异的一幕：一只由火幻化的红色乌鸦衔着丹书盘旋于空中，最终落在周王朝的社庙上。周文王因此说："这预示着火气旺盛。"所以周王朝服色崇红，做事情取法火的颜色。由此得出结论，在水将代替火时，上天就会先显现水气旺盛的景象。而水气旺盛，新王朝就崇尚黑色，处置事务就应取法水色。若水气旺盛，统治者却没有意识到这一问题，那么，国运就会转移到土上去。上天四时的运行并不违背农事，物类相同就互相招引，气味相同的就相互成就，声音相同就互相响应。敲击宫音时，其他的宫音就会随声振动；敲击角音时，其他的角音也会随之振动。同一地面上的流水，水定会先向潮湿的方向流；在铺放均匀的柴草上点火，火定会先在干燥处燃烧；山上的云会呈现草原、山野的形状，水上方的云呈现鱼鳞的形状。同理，干旱地方的云会如同燃烧的烟火，阴雨天气的云就像荡漾的水波。这些东西之所以如此奇异，都是依赖它们生成的东西显示它们的形状。所以，有龙就能招来雨水，依靠身体就能发现影子，军队经过的地方就会长出荆棘。人们常常以为祸福的到来都是"命"，却不知道福祸到来的缘由。

　　这段话可看作邹衍五德理论的总纲概括。不过在邹衍流传下来的著作中，已很少见到类似记载。大概是邹衍的传人参与吕不韦组织编纂《吕氏春秋》时，将这段话写进了《吕氏春秋》中。

　　这种学说将天地运行的规律归结于五行运转，朝代更替自然也就顺应五行更替，并非人力所能左右。夏禹能取代"五帝"是因木克土，商朝取代夏是因金克木，周取代商是因火克金。

　　邹衍还认为，齐愍王称东帝，燕昭王称北帝，秦惠文王称西帝，其实都是五德运转，是符合天地规律的。并非他们非要僭越周王朝，而恰恰是他们顺应了五行运转。这也是邹衍的学说让齐国、燕国君主很热衷的原因，邹衍实际上为他们的称帝找到了理论依据。

　　在此之前，秦国对邹衍的理论并不重视。秦惠文王短暂称帝，后期就取消了帝号，不存在谁取代谁的问题，也就无法与五德理论联系起来。而到这时，秦始皇已翦灭六国，迫切需要一种说服天下的"论据"，让天下人臣服秦国。所以，当他翻到邹衍的五德理论并深入学习后，就被这个理论深深吸引了。《汉书·郊祀志》说："齐人邹子之徒论着终始五德之运，始皇采用。"

　　秦始皇决定仔细研究和利用邹衍的五德理论，为秦国大一统营造一种新的"意识形态"，让天下人都接纳秦国。后来，他到处巡视时，在石壁上刻文，也持这种心态。

秦始皇的心思

　　五德理论是秦始皇找到秦翦灭六国的依据，他对邹衍充满了感激之情。如果邹衍还在，他定将其接到咸阳布教。换言之，秦灭六国是遵循天地轮回、五行运转的规律的。一切都是天理在运作，与个人无关。《史记·封禅书》就说："邹子之徒论着《终始·五德》之运，及秦帝而齐人奏之，故始皇采用之。"

邹衍的这种学说，透露出"君权神授"观念，让秦始皇爱不释手。这个理念与秦国初建稳定社会的主流意识形态高度契合。

秦始皇决定在全国推广五德理论，以形成一种主流意识形态，冲击六国臣民原有的思想形态。他认为，周朝得到火德，而秦朝取代周朝，是水克火的原则，秦朝就是水德王朝。《秦始皇本纪》载："始皇推终始五德之传，以为周得火德，秦代周德，从所不胜。"这实际上就是给秦朝定"性"，即秦朝是水德王朝。《史记正义》中说："秦以周为火德。能灭火者水也，故称从其所不胜于秦。"[①]

为了让天下臣民都接受这一理论，秦始皇还制造了一个传说：秦文公曾捕获了一条恶龙，是秦人水德的开始。秦始皇对这个"传奇"做了"艺术加工"，创造出了更多传奇"故事"，营造秦人崇尚水德的历史。《史记封禅书》说："秦文公获黑龙，以为水瑞，秦始皇帝因自谓为水德也。"

此后，秦始皇继续营造秦国为水德之国的"舆论"，将每年十月定为朝廷的"初月"，朝中的官员要在每年的十月初一入朝庆贺新年。

这制度表面上看，是秦始皇的"创举"。事实上，在此之前，秦国已推行"十月首月制"。这时候明确规定全国推行，只是将这次制度推广到全国，与统一文字、度量衡完全一样。

当然，之所以要做出这个规定，是因为各大诸侯国的起始月不尽相同，有的诸侯以"十二月"为岁首，有的诸侯以"一月"为岁

---

① 司马迁：《史记》卷六《秦始皇本纪第六》。

首，如今统一全国的岁首，便于统治黔首。《史记正义》中记载："周以建子之月为正，秦以建亥之月为正，故其年始用十月而朝贺。"①

与此同时，为了将水德王国彻底化，秦王政还颁布诏令，要求全国各地将服饰、旌旗、符节的颜色都换成黑色。《史记正义》说："节者，山国用人节，泽国用龙节，皆以金为之。道路以旌节，门关用符节，都鄙用管节，皆用竹为之。"当然，在全国推行"黑色"，也是对五德理论的深化，《史记正义》说："以水德属北方，故上黑。"

由此，一个黑色帝国形成。

对天下民众而言，在强权政治的干涉下，他们只能顺应潮流，而非对抗。事实上，底层民众根本没有选择的权利，国家意识形态要需要推行什么，他们也只能顺从。因此，在潜移默化中移风易俗，成为秦始皇治理天下的手段，而这一手段也的确起到了作用。至少，当时天下人表面上都接受了这种"强权安排"。

此后，秦始皇还对"幸运数字"做了规定，即将国家的数字都制定了一个参考值，这就是数字六。比如，国家的兵符、法冠都要制定成六寸规模，舆车宽六尺，以六尺为一步，用六匹马驾车。而这也与"水德"有关的数字。《史记集解》引用了三种说法：张晏曰："水，北方，黑，终数六，故以六寸为符，六尺为步。"瓒曰："水数六，故以六为名。"谯周曰："步以人足为数，非独秦制然。"《史记索隐》也说："管子、司马法皆云六尺为步。谯周以为步以人

---

① 司马迁：《史记》卷六《秦始皇本纪第六》："始皇推终始五德之传，以为周得火德，秦代周德，从所不胜。"

足，非独秦制。"又按："礼记王制曰'古者八尺为步'，今以周尺六尺四寸为步，步之尺数亦不同。"

再之后，秦始皇继续"深化"五德理论，将黄河改名为"德水"，并将此作为水德的开始。据说，这时候，秦始皇的暴戾性格也凸显出来，他不讲仁爱道义，认为一切事务都应通过法令来实现，这样才能符合五德始终的运行规律。于是，秦始皇强行推行一些约束性法令，让很多人都被这种新法令约束。一些原本有望得到假释的罪犯，因秦国"更新"了法令，重新成为重犯，很多年都没有被赦免。《史记索隐》说："水主阴，阴刑杀，故急法刻削，以合五德之数。"①

《史记·封禅书》中也有类似的记载：

> 秦始皇既并天下而帝，或曰："黄帝得土德，黄龙地螾见。夏得木德，青龙止于郊，草木畅茂。殷得金德，银自山溢。周得火德，有赤乌之符。今秦变周，水德之时。昔秦文公出猎，获黑龙，此其水德之瑞。"于是秦更命河曰"德水"，以冬十月为年首，色上黑，度以六为名，音上大吕，事统上法。②

秦始皇通过国家层面颁布法令，不断营造崇尚水德的氛围。天下"被迫"接受了这一理论体系。被囊括于秦国的六国臣民，慑服于五德之下。秦始皇则对五德说始终深信不疑，并将此作为管控

---

① 司马迁：《史记》卷六《秦始皇本纪第六》："更名河曰德水，以为水德之始。刚毅戾深，事皆决于法，刻削毋仁恩和义，然后合五德之数。于是急法，久者不赦。"
② 司马迁：《史记》卷二十八《封禅书第六》。

"意识形态"的重要抓手。他认为通过他的改制，全国一定会臣服于秦国。

当然，即便五德理论全国推广，营造"秦国灭六国"是五德更替，但依然不能完全控制意识形态。换句话说，秦国推行的"五德理论"只是统治阶层一种"自欺欺人"的手段。那些六国"旧阶层"，在内心深处多不接受这个理论，他们迫于秦国的压力，不再发表不同意见。他们蛰伏起来，看着秦始皇各种"意图"如何实现。《道德经》有云："飓风过岗，伏草唯存。"大抵这就是当时秦国臣民的迫切感受吧！只是这两句话之前还有两句："天之将明，其黑尤烈。"

需要指出的是，五德理论虽诞生很早，真正将其以国家名义践行的是秦始皇。由此也开启了王朝更替是"五德"运转的先河，在日后王朝更迭中，五德理论备受统治者的喜爱，他们总是将推翻前朝、建立新朝的做法归结于五德更替。宋代学者欧阳修在《正统论》中说："故自秦推五胜以水德自名，由汉以来，有国者未始不由于此说。"

换言之，不管民众信任不信任，君主都将用这套理论给被统治者"洗脑"，一遍又一遍重复，让他们在心里"接受"。

3. 划分天下版图

划分区域

解决了"意识形态"的问题后，秦始皇又着手重新划分天下版图。

对秦始皇而言，这是一项系统性工程，其重要程度，不亚于五德理论。当然，完成这件事，也要依靠五德理论的支撑。之所以先确立五德理论，是为了营造氛围，稳定民心，为接下来的各项制度推行，创造稳定的条件。

在划分区域前，秦始皇先征求了丞相王绾的意见。对于这位捉摸不透的君主，丞相王绾的回答显得谨慎："天下诸侯刚刚被消灭，燕、齐、楚等地距离秦国非常偏远，管理起来多有不便，不如效仿周王朝的做法，在那里设置藩王，以安定当地民众。希望始皇帝尽快决定，立皇子为王，分封各地。"

对王绾提出的这个建议，秦始皇没有表态。显然，王绾的意见是现成的"经验"，周王朝推翻商王朝后，就推行这套分封制，行之有效地管理地方。问题的关键是，周朝推行分封制的背景与秦国统一天下时完全不同，如何能"照搬照抄"？再者，周王朝分封制如果有效，何至于出现申侯灭周、春秋争霸？

秦始皇有些犹豫，于是他决定召开臣僚（扩大）会议，听取大家的意见建议。随后，秦始皇主持召开了一次"扩大"会议。在这次会议上，秦始皇将丞相等人的建议摆出来，让大家评议是否可行。

初议时，很多朝臣支持丞相王绾建议。原因很简单，这是最"妥帖"的办法。周王朝就是用这样的办法，实现了"小邦周"统治"大邑商"的目的。一定程度上讲，秦国蚕灭六国，实现的大一统与周初的社会形态相似。

这时候，只有廷尉李斯认为这样做不妥。他对众人说："昔日周文王、周武王分封的同姓子弟很多，刚开始时大家都对周王朝很尊崇。可到了后来，血缘关系逐渐疏远，他们就不再愿意尊崇周王朝。有些诸侯还彼此攻击，仿佛仇敌一样，相互不容。这造成了诸侯间的混战局面，即便周天子出面，也难以制止他们征伐。现在，四海之内皆因陛下的神武威灵，得到统一，各地设置郡县。皇子和功臣也都用国家赋税来实施赏赐，局面很容易控制。天下人都无二心，臣认为，这就是促使国家安定的办法。若再实施分封制，等于重新走周王朝的回头路，恐难以适应眼前的局势。"

李斯的建议是否迎合秦始皇，不得而知，但秦始皇更倾向于李斯的建议。对比丞相的建议，李斯的想法更"新奇"，王绾的则过于陈旧。那么，李斯如此急着"表功"，有无与王绾争宠的原因呢？要知道，此时丞相是王绾，而李斯一直是善于往上爬的人。

本书认为，李斯有意与王绾"比高低"。更为准确地说，李斯觊觎着相位。

当然，李斯叙述的也都是实情。若分封制有优势，周王朝是如何由强盛转向灭亡的呢？从诸侯不断崛起的情况来看，依靠血缘来维系天下安定的做法，架构松散，没有核心制度。如果继续推行这种制度，各地又会形成不同诸侯，诸侯内部也会形成卿大夫、士等阶层。这就与战国的局势完全一样。届时，秦国可能还会重蹈三家分晋的覆辙。换句话说，分封制的弊端很多，因此只能维持几代，不可能长久稳定下去。诸侯一旦强盛起来，天子就会被架空，甚至被诸侯消灭。而秦国奋六世余烈，不仅不能重蹈覆辙，还要汲取周王朝被诸侯削弱的教训，制定行之有效的措施，管理天下。非如此，国家不能长治久安，秦国万年的目标也就成为空中楼阁。

当然，其中也有秦始皇"不走寻常路"的想法。

事实上，在秦始皇确定尊号、推行五德理论时，已表现出其猎奇、标新立异的性格。若按照王绾的建议，岂不是沿着周王朝的路子走了吗？

所以，听完李斯的叙述后，秦始皇对众人说："数百年来，天下人都因无法躲避战乱而苦恼，这一切都是因诸侯太多，相互混战的缘故。现在，得益于祖先的保佑，让朕平定了天下。若再效仿周王朝，分封诸侯国，无疑是给自己树立敌人。若真分封诸侯，以后秦国休想安宁。朕认为廷尉李斯的建议非常正确。"①

秦王政给会议定了调子，群臣也就按照秦始皇的调子来讨论。既然分封制无法施行，那就只能按照秦国一直推行的郡县制来管理地方。

其实，经过战国数百年的"试验"，证明了郡县制的先进性，它弥补了分封制的缺陷，成为战国时期各诸侯管理地方的有效模式。而秦国的郡县制进行得更彻底。

郡县制的优势在于，中央完全掌握地方官员的任免权。国家会根据形势需要，随时调整地方官员岗位。而地方官员对朝廷的调整与调任只能接受，无法对抗。这种由中央管理地方的做法，有效解决了春秋战国时期诸侯、卿大夫及其家臣之间争权夺利的问题，实现了中央"集权"。当然，郡县制的优势远不是这几句话就能概括的。

---

① 司马迁：《史记》卷六《秦始皇本纪第六》："丞相绾等言：'诸侯初破，燕、齐、荆地远，不为置王，毋以填之。请立诸子，唯上幸许。'始皇下其议于群臣，群臣皆以为便。廷尉李斯议曰：'周文武所封子弟同姓甚众，然后属疏远，相攻击如仇雠，诸侯更相诛伐，周天子弗能禁止。今海内赖陛下神灵一统，皆为郡县，诸子功臣以公赋税重赏赐之，甚足易制。天下无异意，则安宁之术也。置诸侯不便。'始皇曰：'天下共苦战斗不休，以有侯王。赖宗庙，天下初定，又复立国，是树兵也，而求其宁息，岂不难哉！廷尉议是。'"

最终，经过群臣的充分讨论，高层决定"废止"分封制，推行郡县制。这次讨论会后，有司部门则按照本次讨论结果，草拟了划定天下的方案。最终，这个方案得到了秦始皇的认可。而按照方案要求，从今之后，秦国会将天下分成了三十六个郡。

《史记集解》中，列举出了这三十六郡包括："三川、河东、南阳、南郡、九江、郭郡、会稽、颍川、砀郡、泗水、薛郡、东郡、琅琊、齐郡、上谷、渔阳、右北平、辽西、辽东、代郡、钜鹿、邯郸、上党、太原、云中、九原、雁门、上郡、陇西、北地、汉中、巴郡、蜀郡、黔中、长沙凡三十五，与内史为三十六郡。"

《史记正义》引《风俗通》的记载，指出："周制天子方千里，分为百县，县有四郡，故左传云上大夫受县，下大夫受郡。秦始皇初置三十六郡以监县也。"

在考古学尚未兴起时，秦国有三十六郡一直是"定论"。随着中国考古学不断发展，一些秦国史料中未曾记载的郡县也出现在各地秦简中，刷新了人们以往对秦国疆域划分的认知。

就是说，《秦始皇本纪》《史记集解》记载的这些州郡，并非全部的秦国郡土。林剑鸣先生在《秦史稿》中指出，秦国划分了四十六个郡，并逐一列举出这些州郡的关键信息。当代学者后晓荣先生在其著作《秦代政区地理》一书中指出，秦国最终将疆域划分为五十四个能够确定的郡，以及五个待考证的郡。这里将林剑鸣《秦史稿》[1] 与后晓荣《秦代政区地理》[2] 中秦国疆域图"整合"，列出秦国区域划分表，具体如下：

---

[1] 林剑鸣：《秦史稿》，中国人民大学出版社 2009 年版。
[2] 后晓荣：《秦代政区地理》，社会科学文献出版社 2009 年版。

秦国区域划分表						
地理区域	序号	郡名	治所	治所今所在地	郡名所见文献	郡名所见简牍
关中地区	1	内史直管	咸阳	今陕西咸阳东		岳麓书院秦简
	2	陇西郡	狄道县	今甘肃临洮县南	《史记·匈奴传》《汉书·地理志》《水经·河水注》	《水经注》卷二
	3	上郡	肤施县	今陕西榆林东南	《史记·匈奴传》《汉书·地理志》《水经·河水注》《史记·秦本纪》	
	4	北地郡	义渠县	今甘肃宁县西北	《史记·匈奴传》《汉书·地理志》《元和郡县图志》	《元和郡县图志》卷三
	5	云中郡	云中县	今内蒙古托克托东北	《史记·匈奴传》《汉书·地理志》《水经·河水注》	《水经注》卷三
	6	九原郡	九原县	今内蒙古包头西	《史记·赵世家》《汉书·地理志》	《水经注》卷三
	7	新秦中郡			《秦代政区地理》	
	8	三川郡	雒阳县	今河南洛阳市东北	《史记·秦本纪》《汉书·地理志》《史记·陈涉世家》	岳麓书院秦简
	9	颍川郡	阳翟县	今河南禹州	《史记·秦始皇本纪》《汉书·地理志》	岳麓书院秦简、《水经注》卷二十二

（续表一）

秦国区域划分表						
地理区域	序号	郡名	治所	治所今所在地	郡名所见文献	郡名所见简牍
	10	砀郡	睢阳县	今河南商丘市	《水经·睢水注》《汉书·地理志》	《水经注》卷二十三
	11	东郡	濮阳县	今河南濮阳南	《史记·秦始皇本纪》《汉书·地理志》	岳麓书院秦简、《水经注》卷二十四
	12	薛郡	鲁县	今山东曲阜	《水经·济水注》《水经·泗水注》《汉书·地理志》	《水经注》卷二十五
	13	东海郡	郯县	今山东郯城西	《史记·陈涉世家》《史记·绛侯世家》《史记·秦始皇本纪》	《水经注》卷二十五
	14	泗水郡	相县	今安徽淮北	《水经·睢水注》作、《汉书·地理志》	《水经注》卷二十五
	15	淮阳郡	陈县	今河南淮阳	《史记·楚世家》《史记·陈涉世家》	一说"楚郡"
	16	齐郡	临菑县	今山东淄博市西	《汉书·地理志》《岳麓书院秦简》	秦封泥"临菑司马"
	17	济北郡	庐县	今山东泰安东南	《史记·项羽本纪》	秦封泥"济北太守"
	18	博阳郡	博阳县	今山东泰安东南	后晓荣《秦代政区地理》	

（续表二）

秦国区域划分表						
地理区域	序号	郡名	治所	治所今所在地	郡名所见文献	郡名所见简牍
	19	琅琊郡	东武县	今山东胶南	《汉书·地理志》	《水经注》卷二十六
	20	胶东郡	即墨县	今山东平度东南	《史记·项羽本纪》	
	21	胶西郡			王国维《秦郡考》后晓荣《秦代政区地理》	
	22	城阳郡	莒县	今山东莒县	王国维《秦郡考》	秦封泥"城阳侯印"
河北地区	23	河东郡	安邑县	今山西夏县北	《史记·秦始皇本纪》《史记·秦本纪》《汉书·地理志》	《水经注》卷六
	24	河内郡	朝歌	今河南夏县西北	《史记·项羽本纪》	岳麓书院秦简
	25	太原郡	晋阳县	今山西太原市西南	《史记·秦始皇本纪》《史记·秦本纪》《汉书·地理志》	岳麓书院秦简（一作"泰原"），另见《水经注》卷六
	26	上党郡	长子县	今山西长子县西	《史记·秦始皇本纪》《史记·秦本纪》《汉书·地理志》	岳麓书院秦简、另见《水经注》卷十

（续表三）

秦国区域划分表						
地理区域	序号	郡名	治所	治所今所在地	郡名所见文献	郡名所见简牍
	27	代郡	代县	今河北蔚县西南	《史记·匈奴传》《汉书·地理志》	《水经注》卷十三、《元和郡县图志》卷十四
	28	雁门郡	善无县	今山西左云右玉南	《史记·匈奴传》《汉书·地理志》	《水经注》卷十三
	29	邯郸郡	邯郸县	今河北邯郸市西南	《史记·秦始皇本纪》《汉书·地理志》	《水经注》卷十三、《元和郡县图志》卷十五
	30	巨鹿郡	巨鹿县	今河北平乡	《水经·浊漳水注》《汉书·地理志》	《水经注》卷十
	31	恒山郡	东垣县	今河北石家庄市东北		岳麓书院秦简
	32	清河郡	疑汉治清阳县	今山东临清市北		岳麓书院秦简
	33	河间郡			秦封泥"河间尉印"十一	岳麓书院秦简
	34	广阳郡	蓟县	今北京市	《水经·漯水注》	《水经注》卷三十三

（续表四）

秦国区域划分表						
地理区域	序号	郡名	治所	治所今所在地	郡名所见文献	郡名所见简牍
	35	右北平郡	无终县	今河北蓟县	《汉书·地理志》《水经·鲍邱水注》	《水经注》卷十四
	36	上谷郡	沮阳县	今河北怀来东南	《史记·匈奴传》《水经·圣水注》《汉书·地理志》	《水经注》卷十三
	37	渔阳郡	渔阳县	今北京密云西南	《汉书·地理志》《水经·鲍邱水注》	《水经注》卷十四
	38	辽西郡	阳乐县	今辽宁锦州市西	《汉书·地理志》《水经·濡水注》	《水经注》卷十四
	39	辽东郡	襄平县	今辽宁辽阳市	《汉书·地理志》《水经·大辽水注》《三国志·东夷传》《史记·朝鲜列传》	《水经注》卷十四
淮汉以南	40	汉中郡	南郑县	今陕西省汉中市	《史记·秦本纪》《汉书·地理志》	《水经注》卷二十七
	41	蜀郡	成都县	今四川成都市	《水经·江水注》《汉书·地理志》《华阳国志·蜀志》	
	42	巴郡	江州县	今重庆市江北	《水经·江水注》《汉书·地理志》	《水经注》卷三十三
	43	南郡	江陵县	今湖北江陵	《史记·白起列传》	

（续表五）

地理区域	序号	郡名	治所	治所今所在地	郡名所见文献	郡名所见简牍
	44	九江郡	寿春县	今安徽寿县	《水经·江水注》《汉书·地理志》	岳麓书院秦简
	45	衡山郡	邾县	今湖北黄冈	《史记·项羽本纪》	岳麓书院秦简，《项羽本纪》说：吴芮为衡山王都邾推知
	46	会稽郡	吴县	今江苏苏州	《史记·秦始皇本纪》《汉书·地理志》《史记·项羽本纪》	
	47	长沙郡	临湘县	今湖南长沙市	《汉书·地理志》《水经注》	《水经注》卷三十八
	48	巫黔郡				秦封泥"巫黔邸""巫黔右工"
	49	洞庭郡				里耶秦简、岳麓书院秦简
	50	苍梧郡				里耶秦简、岳麓书院秦简

（续表六）

秦国区域划分表						
地理区域	序号	郡名	治所	治所今所在地	郡名所见文献	郡名所见简牍
	51	象郡	临尘县	今广西崇左县境内	《史记·秦始皇本纪》《汉书·地理志》《水经注》	《水经注》卷三十六
	52	南海郡	番禺县	今广东广州	《史记·秦始皇本纪》《汉书·地理志》	《水经注》卷三十七
	53	桂林郡	布山县	今广西贵港北区	《史记·秦始皇本纪》《汉书·地理志》	《水经注》卷三十六
	54	黔中郡	黔中	湖南沅陵县西南	《括地志》卷八	《水经注》卷三十七
	55	南阳郡	宛城	今河南南阳	《水经注》卷三十一	
	56	陈郡	陈县	今河南淮阳	《史记·陈涉世家》	
	57	闽中郡	东冶	今福建福州	《史记·东越列传》	
待考证郡县						
地理区域	序号	郡名	治所	治所今所在地	郡名所见文献	
待考	58	常山郡				
待考	59	州陵郡				岳麓书院秦简
待考	60	江胡郡				岳麓书院秦简

（续表七）

秦国区域划分表						
地理区域	序号	郡名	治所	治所今所在地	郡名所见文献	
待考	61	庐江郡				岳麓书院秦简
待考	62	泰山郡				岳麓书院秦简

在这个图中，加背景色的十一个郡是经后晓荣先生考证后新增入的，其余的四十六个郡则是林剑鸣与后晓荣先生都认为秦国设置无异议的郡。有待考证的郡留给考古学者，期待以后秦文化考古学在这方面能有新突破。

地方官制

国家层面划定天下的方案很全面，表面上看，实施也并不艰难。事实上，等正式开启改制后，才发现各种问题层出不穷。所以，当秦国颁布了天下疆域划分图之后，地方官员们忙碌了好一段时间，才将各个郡的疆域划分清楚。各地的土地、人口都进行了重组。疆域划分完毕后，秦始皇下令欢聚宴饮，庆祝天下划分成功。①

而随着天下疆域划定，秦国也着手组建地方机构。毕竟新的疆域、新的地方管理模式都要求秦国一改往常，组建一整套新的管理班子，让地方治理运转起来。

当然，这也不复杂。

---

① 司马迁：《史记》卷六《秦始皇本纪第六》："大酺。"

秦国早在战国末期，就推行了郡县制，有地方管理机构和人员配备。现在能做的，就是将秦国已成熟的地方"吏治"管理挪到原六国旧地。不过，这一过程并非照搬现成，而是根据每个地方的实际情况设置管理员。

总体而言，这一时期，秦国在每个郡都设立地方管理机构，郡内都设守、尉、监等管理职位。"守、尉"是原就有的官职，"监"则是新设置的官职，意在监督地方官员和百姓，直接向中央负责。监的直接上司是中央三公之一的御史大夫。

从这些地方官员的设置情况看，秦国对地方主要领导岗位的设置与中央是一致的：三位官员因职责分工不同，分别管理各自事务，他们共同治理地方，直接对中央负责。《史记集解》引《汉书百官表》记载："秦郡守掌治其郡；有丞、尉，掌佐守典武职甲卒；监御史掌监郡。"

当然，仅凭这些官员，还不能治理地方。这时候，就需要有些"编外人员"，协助这些基层官员治理地方。选"编外人员"的权限在地方官员手中，他们会根据需要，选拔一些当地的人员，补充到衙门，充当"吏"的角色。这些吏并非秦国直接任命的官员，却是协助官员落实秦法的重要力量。

诚如前文所述，秦国的郡级官员由中央任命，随时调换，这个举措有效破除了周王朝世袭与分封带来的巨大弊端，将官员的任命权牢牢掌控在统治者手中，这是历史的一大进步。而县官的任命，也由中央任命。这样一来，也就能够掌控地方。而连接中央与地方的，则是秦国发达的"文书系统"。[1] 所谓文书系统就是秦国律令与

---

[1]　阎步克：《波峰与波谷》第三章《文法与文书》。

政令的总称。基层官员依靠这些政令与上级联络、互动、推动地方治理，体现"中央意图"。

改制完毕后，秦国对国内子民的称呼也进行了"规定"，国民一律称他们为"黔首"。《史记集解》说："黔亦黎，黑也。"① 这也是秦国尚黑的延续。当然，这只是对平民而言，其他分类的贱民依然存在。

郡一级机构设置完毕后，更下一级区域划分也随即进行。

不过相较于郡的划分，更下一级的划分显得容易，因为很多地方并不需要大变动，争议之处在于两个州郡的交界地带。有些争议能解决，有些争议无法解决。"地方干部"在处置这些问题时，采取的政策还是旧政策：争议无法解决时，只能让它继续存在着。

县制在秦国有悠久的历史，秦国还未发达时，对那些征讨得来的地方都设县，实现军事管控的目的。比如秦国最早设置的冀县、邽县等。以后，在秦国历代统治者手中，县成为地方管理的惯用做法，比郡的设置更为广泛和灵活。

县一级领导机构的设置，基本与郡一级设置一样。不过，秦国对县级行政区域面积做了明确界定：以一百里为限（参考）。

有意思的是，即便推行了郡县制，各贵族还是有封邑。朝廷封出去的王侯享受的食邑被称作国，只是治理模式依旧还是以县为单位。换句话说，王侯享受"食邑"，但他们食邑内部依旧推行郡县制，只是王侯对这些郡县制的"财富"有支配权限。皇太后、皇后、公主等人的食邑被称为"邑"。边远蛮夷地域机构设置又与内

---

① 司马迁：《史记》卷六《秦始皇本纪第六》："分天下以为三十六郡，郡置守、尉、监。更名民曰'黔首'。"

地不同，统一称呼其为"道"，称呼不尽相同，内部地方管理机构类似于县级一样的机构。

县以下还分两个层级：乡、亭。《汉书》中有这样一段话，对当时秦国的乡、亭机构设置、人员配备、职能责任、薪酬俸禄、亭乡数量等方面有介绍：

> 大率十里一亭，亭有长；十亭一乡，乡有三老、有秩、啬夫、游徼。三老掌教化；啬夫职听讼，收赋税；游徼徼循禁贼盗。县大率方百里，其民稠则减，稀则旷，乡、亭亦如之。皆秦制也。列侯所食县曰国，皇太后、皇后、公主所食曰邑，有蛮夷曰道。凡县、道、国、邑千五百八十七，乡六千六百二十二，亭二万九千六百三十五。[1]

这里的"乡"虽与今天行政区域"乡"同字，但含义却截然不同。每个乡多设有三老、有秩、啬夫、游徼四个主要基层"官员"。他们各有各的职责："三老掌教化；啬夫职听讼，收赋税；游徼徼循禁贼盗。"

《后汉书·百官志》中的记载，对乡的介绍非常详细："乡置有秩、三老、游徼。本注曰：有秩，郡所署，秩百石，掌一乡人；其乡小者，县置啬夫一人。皆主知民善恶，为役先后，知民贫富，为赋多少，平其差品。三老掌教化。凡有孝子顺孙，贞女义妇，让财救患，及学士为民法式者，皆扁表其门，以兴善行。游徼掌徼循，

---

① 班固：《汉书》卷十九《上百官公卿表第七上》。

禁司奸盗。又有乡佐，属乡，主民收赋税。"①

当然，从近年来考古发掘结果看，秦朝乡的"表现形式"非常复杂，远非上面这些介绍所能概括。而乡与亭的管理也并非由上面提及这些人完成的。实际上，他们招纳的"吏"的数量更多，这些人协助三老、有秩、啬夫、游徼完成地方管理。

其实，秦国"文书系统"的运转需要大量的基层人员。而秦国的实际是没有能力招纳"有编制的吏"，以至于很多基层单位都"忙得要死"。换句话说，秦国一直面临着"基层人员"不够的尴尬。

需要注意的是，经过这些年对出土秦简的研究，我们发现，在秦国，基层"单位"远非《秦始皇本纪》记载得那么简单，至少还有与"乡"并立的两套职能系统，即"田"与"司空"。②

而与"乡"相对应的"亭"的情况也不简单。按照《秦始皇本纪》的说法，亭是乡的下一级单位，十亭构成一乡。但实际情况可能更复杂，刘三解先生在《秦砖：大秦帝国兴亡启示录》中指出：

> 亭并非"乡""里"之间的一级行政单位，而属于专门系统；其所肩负的治安职责和邮传的任务，也不是向乡一级负责，而是向"县"的主官汇报（作为县一级的派出机构存在），因为有辖区观念，所以又称为"亭部"。③

---

① 范晔撰，李贤注：《后汉书·志》二十八《百官五》。
②③ 刘三解：《秦砖：大秦帝国兴亡启示录》第六章《秦朝不存在"皇权不下县"》第四节。

可以肯定的是，亭是秦国最重要的基层职能组织。其实，亭在战国时已有。据说战国时期，楚、魏两国都设置亭，并将其作为基层组织。秦国的史料中，还未发现亭级组织，大概亭这一级组织从诸侯国承接而来。按照《汉书·百官公卿表上》的记载，亭的地域面积在十里之内，大概与今天的行政村级单位类似。当然，亭更像是一个监察机构，每个亭设亭长。汉代开国皇帝刘邦就曾担任泗上亭长。①

《秦始皇本纪》载，亭长之下设亭父、求盗各一人，协助亭长治理地方。亭的作用是平时治理地方、练习兵卒、接待来往官员，同时负责传达上级政策，为上级单位采购、输送各种物资。《汉书·高祖本纪》中引应劭："旧时亭有二卒，其一为亭父，掌开闭扫除；一为求盗，掌捉捕盗贼。"秦王朝的所有政策，都要通过亭一级的地方政府机构实现。《后汉书·百官志》有载："亭有亭长，以禁盗贼。"本注曰："亭长，主求捕盗贼，承望都尉。"

亭之下，还有里，主要任务也是负责基层治理，其角色定位更像一个基层"司法机关"："里有里魁，民有什伍，善恶以告。本注曰：里魁掌一里百家。什主十家，伍主五家，以相检察。民有善事恶事，以告监官。"②

需要留意的是，郡、县、乡、亭等机构人员的薪俸也由国家承担，不再无限制盘剥地方百姓。朝廷划定了每个人的薪俸，让他们能够拿着俸禄为国效力。这一点与春秋战国时期卿大夫及其家臣的收入还不一样。

---

① 班固：《汉书》卷一《高帝纪第一上》。
② 范晔撰，李贤注：《后汉书》志二十八《百官五》。

当然，所有机构的设置、人员的配备，都是建立在剥削百姓的基础之上的。国家公务工人员的薪俸虽由国家承担，但国家的钱从何处来？显然还是要天下百姓承担。国家之所以解决这些基层官员的薪俸，也是希望他们能够为国效力。而这些秦国的"官"和"吏"，也就成为统治阶级剥削民众的工具。而贵族、官员、黔首虽有"工资"，但他们也是秦国剥削制度剥削的对象，正如刘三解先生所说：

> 秦律通过繁苛的财产惩罚条款，让"秦制"下的贵族、官吏、黔首，有钱的交钱，没钱的交命，高效地生产"刑徒""居赀"等官营经济所必需的人力资源。[1]

就是说，秦国的官吏不仅享受国家供养，也需给国家上税，成为国的纳税人。

秦国民众承担的赋税很重，类别很多。岳麓书院秦简《金布律》有一条秦始皇时期的律令，能窥见当时秦国民众承担的赋税：

> 金布律曰：出户赋者，自泰庶长以下，十月户出刍一石十五斤；五月户出十六钱，其欲出布者，许之。十月户赋，以十二月朔日入之，五月户赋，以六月望日入之，岁输泰（太）守。十月户赋不入刍而入钱者，入十六钱。吏先为印敛，毋令典、老挟户赋钱。[2]

---

① 刘三解：《秦砖：人秦帝国兴亡启示录》第八章《秦朝不存在"皇权不下县"》第四节。

② 陈长松主编：《岳麓书院藏秦简（四）》，上海辞书出版社 2015 年版。

　　这还只是秦民"户赋"之一。其他赋税种类不在其中，而后世谈论的"两税法"中的"两税"，在上述秦简中也能发现"影子"。

　　就是说，秦始皇时代推行这一切的"目的"，都是巩固秦帝国。这一背景下，剥削民众自然也就成为常态。所谓的"秦制"背后，是对全国民众的有效控制，让他们成为国家机器上的螺丝钉，为国家运转出力。如果有些螺丝钉失去了效用（比如死亡），很快会有其他螺丝钉补上。

　　值得一提的是，秦国在推行郡县制时，在中央依旧施行二十等爵位制度。不过，与前期不同的是，这时候的爵位只是一个头衔，仅代表官员、贵族的薪俸与身份。这是秦国在长期探索中得出的"爵位＋官位"并存的模式，亦可看作最早成熟的"职级并行"的制度。在以后的历代封建王朝中，统治者还会依照不同的国情，衍生出不同类型的"职与级"。

　　总之，秦国的疆域划分、地方官员设置、爵制改革等都符合当时秦国"高层"的利益实际。也正是这些政策的出台，快速稳定了秦国。

　　当然，这些制度的确立，也间接为历史的"进步"奠定了基础。以后两千多年的封建王朝，都是在"秦制"的基础上，进一步改制与完善的。

4. 大刀阔斧改制

熔六国兵器

秦国完成了中央、地方机构和官员设置后，新任命的官员纷纷赴任，尽己所能，为国效力。尤其是地方官员，迅速在辖区内组建起管理地方的班子。

秦国由此变得稳定。

这时候，若按照眼前的改制，慢慢推进治理，相信用不了几年时光，秦国就会社会稳定、民众富裕、军事强化、文化兴盛……

只是人无远虑必有近忧。这时候，依然还有很多问题困扰着秦始皇。没有统一天下时，总想着如何统一天下。统一天下后，又陷入了新的"困扰"中。这就是如何实现秦国强盛，让国祚代代传下去。

其实，六国初灭，天下亟须稳定，民众急需休养生息。但秦始皇是个急性子，急于要把国家打造成自己心中的样子。至少对秦始皇而言，秦国虽实现了天下一统大业，但如何让这种太平长期存在下去，困扰着他。

为此，秦始皇开始消除可能影响秦国稳定的因素，创建盛世与太平。

秦始皇所做的第一件事，就是处理收集上来的各国兵器。而武器的存在，实际上就是战乱的隐患。《史记集解》中引应劭的话，认为"古者以铜为兵"①。

---

① 司马迁：《史记》卷六《秦始皇本纪第六》。

应劭的这种记载，在战国时是一种普遍的认识。且战国持续数百年，各国积攒的兵器数不胜数。秦始皇早就意识到这个问题，因此在秦翦灭六国时，他给前方将领一项重要任务：将天下的兵器都收集起来，集中运往咸阳。所以，等齐国灭亡时，咸阳的各种兵器已堆积如山。这些兵器由铜器、铁器、青铜器等不同金属组成。

这时候，秦始皇决定销毁兵器，彻底消除这些"隐患"。他命人组建了一支融化兵器的队伍，负责销毁六国的兵器。据说，兵器数量实在太多，导致这场熔炼工作声势浩大，在咸阳引起了巨大反响。

不过，秦始皇并没有将熔化后的兵器废弃，而是将其中一部分铸成了常用的编钟。而编钟是重要的礼器，在祭祀、丧葬等重大活动中发挥着重要作用。编钟也是历代诸侯、贵族重要的陪葬品，这也让编钟演变成一种身份的象征，彰显墓主人的实力。后世在各种考古现场，多发现编钟礼器。

剩余的一些兵器，被铸成了十二尊金属人像。

为什么要铸成人像，不得而知。据说这些金属人像每一个重达一千石左右（三十四万斤），被放置在宫廷之中。[1]《史记索隐》引谢承《后汉书》中的观点，认为："铜人，翁仲，翁仲其名也。"《三辅旧事》也有记载说："铜人十二，各重三十四万斤。汉代在长乐宫门前。"《史记正义》引《汉书五行志》中的说法，认为："二十六年，有大人长五丈，足履六尺，皆夷狄服，凡十二人，见于临洮，故销兵器，铸而象之。"《史记正义》再引《三辅旧事》的说法："聚

---

[1] 司马迁：《史记》卷六《秦始皇本纪第六》："收天下兵，聚之咸阳，销以为锺鐻，金人十二，重各千石，置廷宫中。"

天下兵器，铸铜人十二，各重二十四万斤。汉世在长乐宫门。"

后世可凭借这些数字以及注解文字，判断这些铜人的规格：三十四万斤的一个铜人得有多高？这或许也是秦始皇向外彰显武功的表现，天下的这些武器，曾是杀人利器，如今秦国将其铸成铜人，意味着秦国不再有战乱，国祚将传承万世。正如秦始皇当初议定尊号时，表明天下以后都将是秦国的，二世、三世……直到万世，绵延不绝。

秦始皇为子孙后代的设想太过遥远，不切实际。而众所周知，秦国历二世而亡。等秦国灭亡后，这些铜像也成为"暴秦"的罪证。据说，这些铜人在三国时期被董卓得到，董卓命人将其中的十个铜人熔化，重新将其铸成了铜钱，用于各种支出。

后来，五胡乱华，前秦苻坚将剩余的铜人销毁。《史记索隐》中说："二十六年，有长人见于临洮，故销兵器，铸而象之。董卓坏其十为钱，馀二犹在。石季龙徙之邺，苻坚又徙长安而销之也。"《三国志·魏志·董卓传》说："椎破铜人十及锺鐻，以铸小钱。"《史记正义》引《关中记》中的说法："董卓坏铜人，馀二枚，徙清门里。魏明帝欲将诣洛，载到霸城，重不可致。后石季龙徙之邺，苻坚又徙入长安而销之。"《史记正义》再引《英雄记》中的说法："昔大人见临洮而铜人铸，至董卓而铜人毁也。"

还有部分剩余武器，应是被铸造了各种生产工具，还有用作铸钱的原材料。这里有个疑惑：秦国统一后，钱的问题一直困扰着秦王朝。刘三解在《青铜资本》中，对秦国的货币有深入系统解读，他认为钱的问题是造成秦国灭亡的重要原因。那么，既然钱的问题一直存在，秦国为什么不把武器作铸钱用，反而铸了毫无用处的铜人？

本书推测，应有两个方面的原因：一是彰显国力；二是防患于未然。秦始皇清楚，秦国初建大国，还有很多不稳定因素，他需要一点点去解决，让国家趋于稳定。而让天下人心趋于安宁，是秦始皇接下来需要研究的课题。

之后，秦始皇将目光放在了天下广袤的土地上。那些涉及民生的土地管理问题，成为秦始皇改制的重点。

由于商鞅变法前，秦国的土地基本被贵族占领，等级制度明显，阶层分化严重，普通百姓并不能拥有多少土地，严重影响了民众农业生产的积极性。商鞅变法时，启动《垦草令》，将土地进行改制，动员一切力量从事农业生产活动。秦国还从国家层面承认土地私有，出台了相关保护政策。这些政令的颁布，使得秦国封建土地利用率大大提高，为秦国的壮大、财富的积累做出巨大贡献。

秦国的土地管理没有大的问题，重点在六国土地上。此前，六国各有各的土地管理模式，制度并不一样，甚至差异性很大。有些诸侯国土地管理制度与秦国类似，有一些完全不同。六国灭亡，天下归一后，就得用同一套制度——毕竟土地是百姓的生命，决定着国家命运。只有让子民拥有土地，重视土地，才能让秦国长期稳定下去。

在秦王政的部署下，全国推行秦国土地管理办法，并取得了良好的效果。比如，公元前216年（秦始皇三十一年），"使黔首自实田也。"就是说，国家要求所有臣民都要向朝廷汇报私有实际田产，朝廷只是登记，并对其私有田产实施保护。①

---

① 林剑鸣：《秦史稿》之《第十三章秦王朝的建立》，中国人民大学出版社2009年版。

与此同时，秦国还颁布了一系列命令，突出了"重农抑商"的"重点"，要求人们回归到土地生产，鼓励男耕女织，为国家创造财富。而这些，都是形势所迫，也是符合实际的举措。

货币改革

若说土地改制是为秦国社会的稳定打基础的话，接下来的几项措施，就是为了秦国政权永固做出的努力。

秦始皇先将目标放在了货币政策的调整上，即统一货币政策。

此时六国虽灭，各地的货币政策却不尽相同。而"多样化"的货币政策既给国家经济运行带来难题，也给民众生活生产带来极大不便。

其实，进入春秋以后，各国之间的贸易发展不平衡问题非常突出。齐、楚、赵等诸侯国贸易发达，催生了类似于"市场"的东西。由此，也导致传统的贝类等原始货币逐渐失去效用，逐渐被淘汰，民众开始使用各种新的货币实施货物交易。而越是"市场活跃"，货币的作用就越能发挥。因此，在市场的牵引下，诸侯们开始创造适应时代的货币，并广泛运用于各种交易中。

秦国尽管不鼓励商业贸易，但不可能完全闭关锁国。而秦国想要与东方诸侯交往，也需要适应市场的规律。因此，不管秦国支持不支持商业贸易，都要允许贸易的存在，并尽可能地产生一些原始商品，铸造一些钱币，以实现与诸侯在贸易中交往的客观现实。比如，雍城、栎阳、咸阳等这些大"都市"并不孤立，各地的商贾穿梭其间，进行商业贸易。

其实，只要回溯往事，就能发现，自孝公迁都咸阳后，秦国的商业贸易并未停止过。各国的商人穿梭于诸侯之间，兜售当时最为迫切的财货。比如，对秦始皇产生重要影响的吕不韦就是商人出身。他精于算计，熟悉商业贸易模式，用商业贸易所得的钱财，奇货可居地投资秦异人，最终发迹。

既然贸易无法终止，只能任由发展。而在商业贸易中，货币又扮演着重要角色。大多数学者都认为，战国时期，黄金还不是贸易的货币，只能算作高层之间互赠的一种"高级"货币，并未在市场广泛流通。而各国也根据实际情况，铸造了不同规制的货币。有些诸侯国故意制造出不同于别国的货币模式、计量单位，以体现自己的独特。

但是，这一切存在的前提是，各诸侯国还存在。现在，这个前提没有了，秦国翦灭了六国，一切也就不能与六国还在时相比较。所以，秦始皇要实施货币政策改制。其实，所谓的改制，也就是将秦国的货币政策推广到全国。

战国时期列国的货币大致有布币、刀货、圆钱和郢爰等类型（简单分类，实际种类远比这个多）。这里以布币中的平首布为例，做一简单的分析。

从考古发掘成果来分析，布币是从青铜农具演变而来，结构呈铲状。中国古人先生产并使用了工具，因此创造东西的灵感自然就从工具形态演变而来。比如，很多青铜工具都留有镶嵌木头"把儿"的空心地方，钱币学上将这称为"銎"。

布币基本的类型有古布、空首布、平首布等类型。平首布又是布币中常见的货币类型。

平首布的前身是空首布，而空首布历来被人们形象地描述为"像铲子一样的货币"。空首布流行于春秋时期，后来经过不断演化与改进，变得轻巧、美观，更具有美学价值和市场流通价值，人们将改制过的这种货币称为平首布。

平首布按形制之不同，又可分为尖足布、类圆足布、类方足布、桥足布、方足布、锐角布、圆足布、三孔布和长布等多种类型。据考古工作者研究，认为平首布主要流通的国家是中原一带的韩、赵、魏、燕等国。据说，有的平首布上已有了文字。

从目前出土的平首布种类分析，它有多个形制完全不同的类型。而在不同的诸侯国，即便是同一计量的平首布也有差异。换句话说，平首布在诸侯间的形制、规格也不尽相同。这种特殊性，造成了五花八门的货币并存现象。而正是多形制的货币的存在，也让其在流通过程中产生了很多不便。比如，一个赵国人要到秦国做贸易，他先要将手持流通于赵国的货币更换成秦国的货币，然后拿着秦国的货币到秦国进行商业贸易。这与今天的外汇差不多。其他诸侯国间的交易大同小异。当然，也有些诸侯国"共用"一种货币，或者说，他们之间会有一种作为媒介的"国际货币"，不需要相互"倒换"。只是，列国之间之所以各有各的货币，就是为了区别于他国。货币之间的倒换，是商业贸易必须面对的"壁垒"。

秦国成型的货币出现较晚，这与秦国的发展有着必然关系。在诸侯争王争霸的时代，秦国落后于其他诸侯国。等秦国崛起时，东方诸侯国的先进货币制度也传到秦国。与其他诸侯国不一样的是，秦国的货币是圆钱。这种圆钱有圆孔圆钱和方孔圆钱两种类型。这实际上也是一种货币"壁垒"制度，也是保护本国经济的做法。

除此之外，秦国还流通着一些小"货币"，不同于以上两类。

到秦国统一六国后，必然要统一货币政策。否则，任由六国货币继续流通，只会给国家带来更大的混乱。

当然，从统治者的角度出发，统一货币，也会给国家带来更多的便利。比如，统一货币政策就能更好激活市场，还能划定原六国境内民众应承担的徭役与赋税。至少对统治者而言，国库里的财力主要来自对底层民众的榨取。

秦始皇召集高层商议货币形制时，很多人提出了可参照秦国流通的圆钱，并以此为基础，改制一种新钱，不同于六国任何货币。最终，秦始皇采纳了这个建议。于是，一种新钱诞生了，这就是秦国的最新货币方孔圆钱，又被人们习惯叫"重十二朱"。

为了确定这种货币为主要流通货币，秦国还对本国货币市场进行了"整顿"。那些形制不一的货币均被集中起来熔化，再用熔化的铜重新铸造了新货币。不过秦国流通的货币不止重十二朱。有时候，秦国还是会根据实际需要，铸成不同类别的货币。按照《史记·平准书》中的说法："及至秦，中一国之币为二等，黄金以溢名，为上币。铜钱识曰半两，重如其文，为下币。而珠玉、龟贝、银锡之属为器饰宝藏，不为币。然各随时而轻重无常。"[1]

此后，统一货币政策如火如荼地推进。而货币的统一，为社会稳定打下了良好基础。原来流通于六国之间的货币全部作废。

当然，这种做法也让原六国的一些贵族、商人损失惨重，他们积攒的财富，可能一夜之间就变成了一堆废铜烂铁。不过坦白地说，统一货币政策是秦国稳定的大政策，任何个人都无法抗衡这种政策的颁布。

此后数年时间，秦国的货币就流通到各地，成为人们购买、支付的重要货币。事实上，这种货币不仅方便了秦国的经济流通，对后世也造成了巨大影响。以后两千多年的封建王朝中，方孔圆钱都

---

[1] 司马迁：《史记》卷三十《平准书第八》。

是常用货币。

以上只是对秦国货币做了简单介绍，实际上秦国的货币政策非常复杂。而这些复杂的货币政策，又反过来影响到了秦国国家的安定。尤其秦始皇好大喜功，大兴土木，无视经济规律，造成秦国经济走向崩溃。二世皇帝继位不久，秦国就灭亡了。换句话说，对于秦国后来的灭亡，经济问题是一个重要原因。

统一度量衡

统一货币政策后，秦始皇着手整顿度量衡的问题。

与货币一样，六国未统一之前，根据现代考古学发掘，齐、楚、燕、韩、赵、魏、秦之间的度量衡都有差异。比如，长度单位方面：有的诸侯国尺子长度标准为 23 厘米（一尺），有的诸侯国则是 22 厘米，还有的介于这两者之间，比如秦国的一尺就是 23.1 厘米。不管怎样，这些发掘出来的标尺类型各异，长度不同。

度量标准差异性也不小。秦国与六国在量制方面用作粮食、货物称重、容积测量的单位和器物完全不一样。在容积方面，秦国主要以升、斗等为容积计量单位，齐国的则采用升、豆、釜、钟等为计量单位。魏国也有升、斗等计量单位。而不同计量单位之间会产生不一样的标准。即便同一单位，可能具体的度量数额也不尽相同。

在衡制方面，差异性也较大。所谓的衡制，其实就是重量单位。流行于战国时期的衡制单位从小到大的顺序，一般有铢、两、斤、钧、石等。诸侯国之间的衡制差异性主要表现在"斤"以上的单位上，而"两"与"铢"则很相似，比如楚、秦、赵、魏等诸侯国的一两都等于二十四铢。

事实上，秦国在商鞅推行变法时，就已注意到度量衡的重要性。因此，商鞅在推动变法过程中，特别规定了度量衡的问题。之后，这套法令就从秦孝公时代开始，一直延续到秦始皇时代。

现在六国归一，秦国高层能做的，就是效仿货币政策改制，将原秦国度量衡单位推广全国，各地共用一套度量衡，彻底废除原来流行于诸侯国之间的不同度量衡。[1]

根据现代考古发掘的《秦诏版文》记载，秦始皇为彻底实现统一度量衡，还专门颁布了一道诏令：

> 廿六年，皇帝尽并兼天下诸侯，黔首大安。立号为皇帝，乃诏丞相状绾法度量，则不壹歉疑者，皆明壹之。

统一度量衡问题解决后，秦始皇又着手整顿天下车轨不统一的问题。这实际上也是度量衡的一种体现和延续。

战国时期，马车是重要的战略资源，在作战、运输等方面扮演着重要的角色。君主出行需要马车，货物运送需要马车，战争物资运输需要马车，甚至战场上也需要马车。尽管战国时期，马车已不常用于战争，但作用依然不能忽视。马车充当着重要的交通运输和战争工具。

秦翦灭六国前，各国都有不同规制的马车。马车的差异性主要体现在轴距、轮距等方面。就是说，各诸侯国的马车车轴长度不一，车轮大小不一，车厢规格不一。

正因为这些差异性，出现这样一种奇异现象：本国马车在自己国家大道上行走，道路宽度能容纳本国马车，而其他国家的马车是

---

[1] 司马迁：《史记》卷六《秦始皇本纪第六》："一法度衡石丈尺。"

否可以通行，很难保证。

当然，还有一种特殊现象：马车长期在本国内行走，大道上往往被马车撵出的两道车辙印，仿佛如今列车车轨一样，本国马车进入车辙，就能顺利行走，还能减轻摩擦，为出行和运输带来便利。倘若换作他国马车，因为轮距不同，虽然能在大道上行走，却要比平时更加"耗时费力"。如此一来，便能有效限制外国马车进入。

之所以要制作不同形制的马车，其实也是春秋战国时期诸侯们"故意"行为，是六国自我保护的一种"壁垒"，他们就是要通过这样的道路设置，有效阻挡外国马车进入。

车不同轨，阻碍了诸侯国之间的正常交往。一个诸侯国的马车要到另一国去，往往先要在边境上"换乘"该国马车，再进入该国。这类似于今天国际列车换"轮子"。比如，从秦国去齐国，可能要先进入韩国地界，换乘韩国的马车，再向东进入魏国地界，换乘魏国马车。等从魏国进入齐国地界，又得换乘齐国马车。如此反复折腾，才能实现国家的邦交。

这些不同规制的马车在天下诸侯纷争时，尚还有"优势"，毕竟那时诸侯之间也各自为政。如今，天下一家，四海之内皆秦民。不同规制的马车只会阻碍各地交流，拆卸也有困难。总之，不同规制的马车在一个大统的国家成了落后东西。这时候，就得将全国各地的马车统一规格，以方便交流交往。

本书认为，车同轨更大的作用是满足秦国的"物资运输"。秦国都城咸阳当时人口众多，《秦始皇本纪》载，仅修筑阿房宫的刑徒和奴隶就有数十万，而且秦国还源源不断往咸阳调拨"劳力"。与此同时，秦始皇在统一六国后，又给咸阳迁居十二万户富民，如果一户按照四人算，也差不多五十万，加上秦国咸阳土著居民和驻军，咸阳城民众超过了二百万。如此庞大的人口基数，必然需要大量的物资，物资运送必然就成了重中之重。而原先不统一的车道，以及各种规格的马车，都为秦国运输带来不便，因此，在与朝臣商议后，车同轨成为立即要解决的问题。这么说，也有依据。《秦始皇本纪》载，有一年闹饥荒，咸阳米价暴涨，朝廷不得不从外地调拨粮食。朝廷还要求运送粮食的黔首不得食用运送的粮食。可见当时的运输压力很大。

当然，不排除秦始皇车同轨是为他日后巡游天下作铺垫。

总之，车同轨是为解决秦国的实际问题而推行的一项制度，并非为了"流传千古"。这种站在后知后觉角度夸大秦始皇功绩的观点，当谨慎对待。这时候的秦始皇，更多考量的是如何稳固江山。

秦国对车的轮距做了规定，也就是前文提及的"六尺"标准。

当然，车同轨与度量衡相比，显得不是很急迫。秦国的改制也就显得从容不迫。据说，为实现全国车同轨，秦国特推出了一批一样规格的马车，发放到全国各地去，要求各地参照其规格打造马车。而随着车同轨政策的推行，秦国的土地上也就"有且只有"一种规格的马车奔驰。[1]

改制文字

接下来，秦始皇着手改制文字。与度量衡一样，文字也是一项重要的改制内容。

周朝建立之初，对文字、度量衡、车轨等问题都有统一的规定。《中庸》里说："非天子，不议礼，不制度，不考文。今天下车

---

[1] 司马迁：《史记》卷六《秦始皇本纪第六》："车同轨。"

同轨，书同文，行同伦。虽有其位，苟无其德，不敢作礼乐焉；虽有其德。苟无其位，亦不敢作礼乐焉。"

进入春秋后，诸侯争霸层出不穷，欲与天子比高低，一些诸侯"创新"理念，故意制造与天子不同的"标准"。慢慢地，其他诸侯也纷纷效仿，周朝的一些规定也就形同虚设。

战国以后，各诸侯国称王称侯也成为常态，他们根本就不把天子当回事。这种背景下，周王朝的一些参照体系也就被搁置，没有人愿意遵照"天子的标准"制造，诸侯总是依据本国的"标准"制造东西。多标准因此产生，差异越拉越大。

而与度量衡、货币不同的是，文字作为人类文明的载体，从它诞生的那一刻起，就肩负起传播人类文明的重任。但如何拼写，并顺利传承下去，考验着各诸侯国。据近年来考古发掘结果看，甲骨文已有完善的文字系统，包括语法结构、书写笔画、思想表达等，周朝文字基本定型。而如何在原来的基础上改造笔画，既能体现本国实情，又能区别于其他诸侯国文字，困扰着各大诸侯。西周后期，文化繁荣，促进了文字的发展。这一时期，文字的发展经历了多个阶段，各诸侯国也产生了不同形制的文字。

到春秋战国时期，文字已演变得非常成熟，能够准确反映当时国家制度、社会风貌、风土人情等。只是各诸侯国之间的文字的差异很大，笔画顺序也没有定制。即便同一个字，也有不同的写法。就是说，只有本国人才能熟悉本国文字。西北大学周晓陆教授在其著作《秦文字研究》中认为，"他们不是不同的文字，而是属于汉字大体系的各个不同时空的表现"①。同时，他还将秦国文字的发展

---

① 周晓陆：《秦文字研究》序言《绪论：第三节本书之尝试》。

归纳为"前雍城时期""雍城时期""栎阳时期""咸阳时期""走向全国时期"等阶段，并在该书第四章《秦文字》中认为：

> 秦文字原本作为东周文字的一个重要分支，在战国中期以前与其他六国在文字上存在的差别并不很大，主要是在一些具体写法上有所不同。而到了战国中期以后，逐渐形成自己的风格，秦文字与六国文字开始向不同方向演变。秦文字向整饬、规范、简省的方向发展，但并未出现大量的异体字；而六国文字向着繁化、简化等多方向发展，并出现大量的异体字。

那么，秦国的文字到底是一种什么样的文字呢？目前，学界绝多数人都认为，当时秦国使用的文字与其他六国的都不尽相同，被称为"小篆"，《说文解字》中有载：

> 秦始皇帝初兼天下，丞相李斯乃奏同之，罢其不与秦文合者。斯作《仓颉篇》，中车府令赵高作《爰历篇》，太史令胡毋敬作《博学篇》，皆取史籀大篆，或颇省改，所谓小篆者也。[1]

《说文解字》中这段记载，基本交代清楚了秦文字的渊源。当然，如果详细分析，可能会很复杂，这里就单纯说说小篆。

小篆是在大篆的基础上演化而来的文字，"斯作《仓颉篇》，中车府令赵高作《爰历篇》，太史令胡毋敬作《博学篇》，皆取史籀大篆，或颇省改，所谓小篆者也"。小篆笔画简单，线条均匀，整体

---

[1] 许慎：《说文解字·叙》，湖北美术出版社 2013 年版。

构造比大篆要美观很多，书写起来也方便。这种情况下，全面推行流行秦地的小篆，成为一种趋势。

公元前 221 年（秦始皇二十六年），秦始皇向全国颁布命令，要求通用小篆字体，其他六国字体全部废止。

为了推广小篆字体，秦始皇命大臣胡毋敬、李斯等人用小篆写了很多类似于"例文"的样板，发放到全国各地，要求全国遵照执行。

至此，文字得到了统一。

不过，即便秦国全面推广小篆，民间还流行着一种笔画简单、易于书写的新字体，与小篆一起使用。我们习惯上称呼这种字体为隶书，或者秦隶。在推行小篆之初，秦国高层对隶书做过干涉，希望将小篆作为本国唯一字体，但朝廷的"干涉"未能有效阻止隶书在民间的广泛应用。最终，秦国高层默认了隶书与小篆并存。[1] 而秦隶的应用更为广泛，到了汉代，形成了更加美观、易于书写的汉隶。在甘肃陇南成县西峡风景区，有一篇摩崖石刻，用汉隶写就，非常美观。另外，《说文解字》里亦对秦代的各种字体有交代：

> 是时，秦烧灭经书，涤除旧典。大发吏卒、兴戍役。官狱职务繁，初有隶书，以趣约易，而古文由此而绝矣。自尔，秦书有八体。一曰大篆，二曰小篆，三曰刻符，四曰虫书，五曰摹印，六曰署书，七曰殳书，八曰隶书。[2]

---

[1] 司马迁：《史记》卷六《秦始皇本纪第六》："书同文字。"
[2] 许慎：《说文解字·叙》，湖北美术出版社 2013 年版。

　　这里就本章内容略作总结：车同轨、书同文、统一度量衡等系列措施是形势所迫、不得不执行的改制。这些制度大多亦非秦始皇独创，而是商鞅变法后的"秦制"，也有些是借鉴东方六国的文明成果。但将这些制度（政策）推广到全国，秦始皇又功不可没。这虽然是为解决"国家层面"的问题，却在一定程度改变了历史进程，颇有点"无心插柳柳成荫"的味道。因此，不能否认秦始皇的功绩：他力排众议，一力促成这些政策的落实，让秦国表面上逐渐趋于稳定，并呈现出"欣欣向荣"的局面。

第二十三章

威德

既醉以酒，既饱以德。君子万年，介尔景福。

既醉以酒，尔肴既将。君子万年，介尔昭明。

昭明有融，高朗令终，令终有俶。公尸嘉告。

其告维何？笾豆静嘉。朋友攸摄，摄以威仪。

威仪孔时，君子有孝子。孝子不匮，永锡尔类。

其类维何？室家之壸。君子万年，永锡祚胤。

其胤维何？天被尔禄。君子万年，景命有仆。

其仆维何？厘尔女士。厘尔女士，从以孙子。

——《诗经·大雅·既醉》

1. 几项大工程

民族大融合

翦灭六国后，秦始皇推行车同轨、书同文、统一度量衡等举措，稳定了秦国，让刚刚经历了灭国之痛的六国民众渐渐放下心中的戒备，开始接纳秦国。

秦国实现了各种"统一"，搭建起中央集权制度下的官僚管理"范式"，并逐渐开始在全国推行。只是，六国臣民在适应的同时，会惊恐地发现，秦制的剥削性远超他们原来的国家。而且这种制度的优势在于，会发挥个人作用，为国家服务。换言之，"榨干"每一个人，让你在既定的制度中，不断发挥作用，直到油尽灯枯的那一刻。只是，六国旧民已被秦制套住，根本无法改变这一切。

而秦国则凭借着这些制度，在积攒了大量财富的同时，实现了秦朝的疆域"最大化"：

向东延伸至东海、朝鲜一带（与今天的朝鲜并非同一地方）。《史记正义》说："朝音潮，鲜音仙。海谓渤海南至扬、苏、台等州之东海也。暨，及也。东北朝鲜国。"《史记正义》又引《括地志》记载说："高骊治平壤城，本汉乐浪郡王险城，即古朝鲜也。"

向西延伸到临洮、羌中。这些地方是各种少数民族的杂居区，人口组成复杂，人员形态各异。《史记正义》引《括地志》记载说："临洮郡即今洮州，亦古西羌之地，在京西千五百五十一里羌中。从临洮西南芳州扶松府以西，并古诸羌地也。"这里也是秦国西边能控制的最远处。

向南的疆域,"至北乡户"。《史记集解》说:"日南之北户,犹日北之南户也。"这个解释显得模棱两可,大概是延伸到百越之地。

向北则以黄河为屏障,一直延伸到塞北、辽东一带。《史记正义》说:"谓灵、夏、胜等州之北黄河。阴山在朔州北塞外。从河傍阴山,东至辽东,筑长城为北界。"①

就是说,到这时,天下之地尽在秦国的掌控之中。而这个天下并非汉唐时代的疆域。也不必对照,如果对照夏、商或者更早的疆域,秦朝的面积不知超出前朝多少倍。

紧接着,秦始皇又实施了迁徙六国居民的举动。比如,秦始皇三十五年(公元前 212 年),秦国从别地迁移三万户人家,将其安置在了丽邑。之后,又迁居五万户安置在云阳。②

迁移民众到其他地方居住非秦国独创,商、周时期的"共主"们,对一些被征服的民众,往往都会采取迁徙的办法,将这些有"反叛"嫌疑的民众安置在监控之内,让本国子民与其杂居,以此来消解这些人的"斗志",最终实现"同化"与"分化"目的。比如,秦人早期为商朝贵族,周灭商后,秦人就被迁移到"三监"之地,后又迁居山西,最后从山西迁居陇东南。

秦始皇还未统一天下时,就曾迁居过其他地方的居民。比如,占据了楚国西部后,秦国就将大量罪犯迁徙到这里,安排他们从事生产活动。再比如,在征讨百越后,将一部分迁居百越,相互渗透、

---

① 司马迁:《史记》卷六《秦始皇本纪第六》:"地东至海暨朝鲜,西至临洮、羌中,南至北乡户,北据河为塞,并阴山至辽东。"

② 司马迁:《史记》卷六《秦始皇本纪第六》:"因徙三万家丽邑,五万家云阳,皆复不事十岁。"

影响，以实现同化目的。不过此前秦国迁徙民众的规模较小，人口数量不多。现如今全国统一，迁居民众的目的就与之前不一样。

这种不一样体现在多方面，最为核心的是，财富积累和稳定国家。所谓财富积累，其实就是迁徙六国拥有大量财富的商贾、贵族，在政治上对他们实施打压，经济上对他们进行掠夺。

原六国旧民中，有很多富豪。他们手中掌握各种资源，掌控着国家的财富。比如，他们掌控着土地、人口、贸易，等等。秦国翦灭六国后，尽管实施了各种改制，但只要这些人还在他们固有的地盘上，他们手中的资源和财富就很难"消解"和"分割"，他们会变出各种"花样"，适应秦国的律法，确保财富能够"转移"和延续。比如，土地这种东西，即便更换了王朝，富豪们的土地面积没有变。秦国还出台政策，保护私有土地。这样一来，即便他们的母国灭亡，时局让他们成为秦国的"顺民"，但他们的根本利益并未受损。他们只是承认秦国合法统治地位，仅此而已。

换言之，这些人手中有大量的财富，若任由他们继续盘踞旧址，可能会形成新势力，进而造成不稳定因素。

这时候，最好的办法就是迁徙他们到别处，让他们远离曾经盘踞的地方。这样一来，他们原引以为傲的财富就不能带走，只能被抛弃，为秦国所有。《史记·货殖列传》中记载说：

> 蜀卓氏之先，赵人也，用铁冶富。秦破赵，迁卓氏。卓氏见虏略，独夫妻推辇，行诣迁处。诸迁虏少有馀财，争与吏，求近处，处葭萌。[1]

---

[1] 司马迁：《史记》卷一百二十九《货殖列传第六十九》。

卓氏在赵国时，凭借着冶铁，创造了很多财富。秦始皇将他们迁居到了四川，他们的原来财富就被留在赵国土地上，成为秦国在发展赵地民生的重要资源。

对于绝大多数富豪而言，随着迁徙，他们原先积累的固定资产必然受冲击。这种粗暴的迁徙政策意在打压他们，让他们恢复贫穷。如此一来，他们也就能重新归于平静。

当然，对于那些头脑灵活的商人、富豪，不管将他们迁徙到何处，他们还会凭借自己的"智慧"与"手艺"，重新创造出巨大的财富来。上文提及的卓氏就是能置之死地而后生的人，他们在四川站稳脚跟后，又利用"谋生之技"发了迹：

> 唯卓氏曰："此地狭薄。吾闻汶山之下，沃野，下有蹲鸱，至死不饥。民工于市，易贾。"乃求远迁。致之临邛，大喜，即铁山鼓铸，运筹策，倾滇蜀之民，富至僮千人。田池射猎之乐，拟于人君。

孔氏曾在魏国也是大族，依靠冶铁创造了巨大财富。秦国消灭魏国后，就将他们迁居到了南阳：

> 宛孔氏之先，梁人也，用铁冶为业。秦伐魏，迁孔氏南阳。大鼓铸，规陂池，连车骑，游诸侯，因通商贾之利，有游闲公子之赐与名。然其赢得过当，愈于纤啬，家致富数千金，故南阳行贾尽法孔氏之雍容。

与迁居外地的这些民众不同，秦始皇将富豪迁居咸阳，不完全是为了打压他们，而是为了给咸阳注入财富，壮大咸阳的经济实力。据说，当时的商贾乌氏倮、巴寡妇清等富豪就与秦始皇相处融洽，还得到了秦始皇的格外优待。《货殖列传》中载：

> 乌氏倮畜牧，及众，斥卖，求奇缯物，间献遗戎王。戎王什倍其偿，与之畜，畜至用谷量马牛。秦始皇帝令倮比封君，以时与列臣朝请。而巴寡妇清，其先得丹穴，而擅其利数世，家亦不訾。清，寡妇也，能守其业，用财自卫，不见侵犯。秦皇帝以为贞妇而客之，为筑女怀清台。夫倮鄙人牧长，清穷乡寡妇，礼抗万乘，名显天下，岂非以富邪？

当然，不可能所有的富豪都会得到如此礼遇，但相较于六国臣民，秦国对掌握财富的富豪的态度要"温柔"得多。按照《秦始皇本纪》载：公元前221年，秦国将天下富豪十二万户迁到咸阳。① 由于这些富豪手中有大量的财富，他们能为秦国的发展注入活力，助力咸阳的发展。

不可否认的是，不管秦国如何重农抑商，但作为首都之地的咸阳，已然发展成为大都市（至少在那时候是中国最大的都市），很多人已脱离土地，从事手工业、商业等活动，这就难以阻挡（抑制）商业贸易的发展。而咸阳巨大的市场，也需要这些人来注入新的活力。迁移天下富豪到咸阳，就能为手工业、商业活动提供资金储备。

---

① 司马迁：《史记》卷六《秦始皇本纪第六》："徙天下豪富于咸阳十二万户。"

因此说，秦国迁徙富豪的目的，一方面是打压他们，另一方面也是为刺激秦国的经济贸易。当然，实际情况可能更复杂，这里只是做了简单的归纳。

值得注意的是，秦国在对待六国贵族"归属"问题时，也采取了"恩威并施"策略，"威"体现在打压上，即对那些不接受秦国统治，有"逆反"心理的贵族实施打压，迁居他们到别地居住，化解他们的"愤怒"于无形，还剥夺他们的财富，让他们承担沉重的赋税。"恩"体现在承认他们的贵族身份上，对那些"识时务"者，秦国乐于接受，还允许六国贵族到秦国做官。

换句话说，秦始皇在翦灭六国后，并未对六国旧贵族实施打压，而是承认他们的身份，通过怀柔政策来安抚他们，消除可能存在的不稳定因素。比如，在《史记·南越列传》中有记载：

> 南越王尉佗者，真定人也，姓赵氏。秦时已并天下，略定杨越，置桂林、南海、象郡，以谪徙民，与越杂处十三岁。佗，秦时用为南海龙川令。[1]

显然这个"佗"曾是赵国人，秦灭赵国后，他被派往南越任职。另外，需要注意的是"冯氏"。这族人在秦始皇、二世皇帝时多显赫，冯劫、冯去疾等人均官拜"丞相"。他们并非秦国贵族，而是原韩国上党地区冯氏，他们的先祖冯亭曾拒绝投靠秦国而引发长平之战。《汉书·冯奉世传》的记载印证了这一点：

---

[1] 司马迁：《史记·南越列传》。

冯奉世字子明，上党潞人也，徙杜陵。其先冯亭，为韩上
党守。秦攻上党，绝太行道，韩不能守，冯亭乃入上党城守于
赵。赵封冯亭为华阳君，与赵将括距秦，战死于长平。宗族由
是分散，或留潞，或在赵。在赵者为官帅将，官帅将子为代
相。及秦灭六国，而冯亭之后冯毋择、冯去疾、冯劫皆为秦将
相焉。[①]

通过对佗和冯氏分析，能窥见秦国重用诸国贵族的例子。当
然，这种事例的前提是，在秦始皇统一六国时，这些人都受到秦始
皇的重视，并非秦国迁居和安置的人群。

实施迁徙六国旧民政策的另一个目的，是稳定国家。所谓稳定
国家，其实是个大概念，秦国迁居富人、贵族的诸多原因里，也有
稳定国家的意图。我们这里讨论的稳定国家，主要指的是秦国迁居
平民这一范畴。

对秦国而言，那些六国的平民并没有积攒多少财富。在国家的
政策下，他们也没有所谓"个体"，只是作为一种群体，被国家集
体安置。这种群体，也可能存在着"反叛"嫌疑，若继续将他们留
在原地，被别有用心之人利用，可能会形成某种势力，对秦国地方
造成威胁。所以他们要被迁居。只是这一做法并不彻底。比如很多
年后，爆发于楚地的陈胜吴广起义，以及项羽发动的叛乱，就是楚
国"叛乱"分子形成的势力。

当然，迁居六国旧民还有边境戍卫的需要，有些边境地区地广
人稀，缺少劳动力。秦国需要迁居一些平民到那里成为编户齐民，

---

① 班固：《汉书》卷七十九《冯奉世传第四十九》。

主业是发展农业，为戍边提供物资。同时，青壮年亦能作为戍卒培育，一旦到了"法定"服役年龄，他们就能到前线戍边。

对于那些带有"反叛因子"的子民，秦国会将他们安置在秦人聚居区，周围住着的都是秦人，对这些人进行合围与监视，预防他们制造事端。

总之，平民是作为一种廉价劳动力进行转移的，目的是稳定国家。

当然，不管是迁居富豪、贵族，还是迁徙平民，操作起来并不难，主要的问题是迁徙过程中会出现的各种突发事件，比如引发的骚乱，或者人员逃亡等问题。秦国高层已意识到这些隐患，成立了"特别工作组"，选派了一大批官员负责迁徙事宜。

大兴土木的背后

统一六国后的这一系列举措很及时，表面上看，也符合实际。因此，给秦国高层造成的印象就是：一切似乎都在朝着其希望的方向发展。也正是这种"假象"，给了秦始皇很大信心。他认为自己的每一步都是对的，步步为营才让秦国有了如今的局面。

这时候，好大喜功的秦始皇壮志凌云，雄心勃勃，还想建立更大功业。因此，他又在心中酝酿了一个大计划：大兴土木。

可能早在他还未统一六国时，就已产生兴建天下最宏伟建筑的想法。按照《秦始皇本纪》所载，在翦灭六国之前，秦始皇就制定了一个计划：每消灭一个诸侯国，秦国会模仿其国家样式，在咸阳北面的山坡上建造宫殿，预示秦国将该国囊括其中，仿佛推演的沙盘一样。如今，六国已灭，天下大定。秦始皇已不满足于修建六国宫殿，他要修建全国唯一的标志性建筑。

当然，兴建天下最宏伟建筑也是体现国力、彰显国威的物象。

这时候，秦始皇兴致勃勃，开始论证他的这种想法。而所谓的论证，就是与大臣商议是否可行。实际上，秦国高层都清楚，秦始皇认定的事情很难改变，反对不会起作用，因此当秦始皇提出自己的"主张"后，很多人暗附秦始皇，支持他大兴土木。

对秦始皇而言，他的想法在智囊团这里没有受阻，便更加坚定他的信心。只是谁也没想到，尖酸刻薄、多疑暴戾的秦始皇竟是个建筑大师。因此，在秦始皇的指挥下，咸阳掀起了多个大工程。比如，秦始皇决定将秦国历代帝王的宗庙，以及章台、上林等建筑都集中在渭水以南，连成片。此后数年时间里，这里各类建筑琳琅满目，令人目不暇接；再比如，秦始皇继续扩大建筑面积，从咸阳北面山坡到泾水、渭水一带，全部修建了富丽堂皇的宫殿和环廊。《史记正义》里形象地概括了这些规模宏大的建筑："北至九嵕、甘泉，南至长杨、五柞，东至河，西至汧渭之交，东西八百里，离宫别馆相望属也。木衣绨绣，土被朱紫，宫人不徙。穷年忘归，犹不能遍也。"

秦始皇也没有让这些兴建起来的建筑空着，据说他把从各诸侯国抢回的美女、钟鼓等，都安置在了这些地方。《史记正义》引《三辅旧事》的记载说："始皇表河以为秦东门，表汧以为秦西门，表中外殿观百四十五，后宫列女万余人，气上冲于天。"① 这些记载的真实性有待考证，毕竟秦始皇非一般君王，他不是荒淫无道的国君，要那么多美女有何作用？难道仅仅是为了满足个人私欲？很多

---

① 司马迁：《史记》卷六《秦始皇本纪第六》："诸庙及章台、上林皆在渭南。秦每破诸侯，写放其宫室，作之咸阳北阪上，南临渭，自雍门以东至泾、渭，殿屋、复道周阁相属。所得诸侯美人钟鼓，以充入之。"

疑问很难说得通。

秦始皇大兴土木持续了多年，动用的人力物力财力也很难准确统计。

能推测的是，如此巨大规模的建筑群，定会对秦国的财政造成巨大压力，自然也就给秦国的稳定带来隐患。毕竟秦国刚刚统一六国，需要休养生息，天下需要太平。

秦国的官员们对秦始皇劳民伤财的举动采取了默认，没有人站出来反对。我们认为，造成这一结果的原因，大概与秦始皇的霸道有关：明君不听劝谏，大臣也无可奈何。秦始皇是数百年来第一人，他内心的恐惧与担忧、欲望与节制，谁又能预测得到？

本书分析，秦始皇做这些，也透露出他内心的极度惶恐和不自信。可能李斯这样的善于揣摩君主心理的人，都得不到秦始皇的完全信任。他只相信自己。秦始皇就是要通过各种手段，让世人都认识到他的强悍与霸道、暴戾与乖张。非如此，不能彰显国力，不能震慑四夷。

而这一系列措施下来，天下人都畏惧于秦国国威，开始变得谨小慎微，秦国也越来越稳定。这时候，秦始皇又开始了拆壁垒、修筑驰道行动。[1]

壁垒指的是战国时期列国修筑的防御、戒备工事。《六韬·王翼》中有记载："修沟壍，治壁垒，以备守御。"《史记·黥布列传》中指出了壁垒的修建地方："深沟壁垒，分卒守徼乘塞。"春秋、战国时期，天下诸侯兴亡更迭频繁，加剧了诸侯之间的隔阂、对立。尤其到了战国中后期，诸侯们不再讲仁义，天下"礼崩乐坏"。昨

---

① 司马迁：《史记》卷六《秦始皇本纪第六》："治驰道。"

日可能还是结盟的朋友，明天可能就因利益而背盟，诸侯间的交往充满了尔虞我诈。为此，诸侯们在各自国界上修筑了大量的壁垒，长期驻军，阻挡外敌入侵。比如，兴建于战国时期的各国长城，就是边境壁垒的重要体现。

秦始皇时天下一统，四海一家，这些壁垒不仅失去存在的意义，还成为各地交往的"阻碍"。因此，秦始皇下令拆除这些壁垒，将原来隔绝的地域连接起来。

诏命颁布后，各地迅速掀起拆除壁垒活动。

时隔不久，原来修筑于各诸侯国边境上的壁垒全部被拆除，天下"融合"的迹象越来越明显。

修建驰道

与拆除壁垒同时启动的还有一项大工程，这就是创建驰道。这也是计划中分步推进的工程。

所谓"驰道"，类似于今天的"国道"，是秦国通往各地的重要道路之一。

《史记集解》中引应劭的话说："驰道，天子道也，道若今之中道然。"也就是专供天子车辇行走的车道。不过，从发展战略情况分析，这种名义上仅供天子车辇通行的驰道，实际可能不仅供天子车辇行走，秦国的战车、物资运输车辆等都能在上面行走。因此，贯通后的驰道也成为秦国发达的交通网络，为秦国从各地调拨物资、派遣军队提供了极大便利。

那么，问题来了：秦始皇为什么要修筑驰道？

从秦始皇后来的各种举动分析，修建驰道的原因可能有多方面，比如涉及秦始皇巡游，也涉及车同轨，还涉及边防稳定，等等。

在叙述车同轨一章时，曾简单介绍过战国时期各国的道路建设。事实上，西周时期，各地道路已有不同标准。比如，周王朝的道路被称为"周道""周行"等，具体表现为径、畛、涂、道、路等不同分类，与今乡道、县道、省道、国道有几分相似。进入春秋时期，诸侯崛起，各诸侯国间因战乱不息，就改变了原先周王朝的道路建设，故意修筑了宽度不一的车道（车轨）。即便外国战车到了边境，也得重新开路。秦始皇翦灭六国后，实施了车同轨政策，天下车辆一样，出行时就不会再受到阻碍。

不过，穿行于各地的大道并不宽敞，多是对原来旧道进行改造。所谓的车同轨，也只是将道路规划统一了而已。而这种暂时处置的方法，已无法满足秦始皇的需求。这时候的秦国，需要几条"大动脉"，可直通全国各地。而一旦修通了这样的道路，从咸阳出发的车子就能到任何想要去的地方。

秦始皇对修建驰道有独特见解，他心中早有开掘"大动脉"计划。只是六国未灭，这么大工程很难上马。现在，随着他的每一步计划都在稳步推进，修驰道也就被提上了日程。

公元前 220 年（秦始皇二十七年），秦始皇在统筹做好其他重要政务的时候，着手修筑两条主要的驰道。这就是从咸阳通往燕、齐等地的北驰道，以及通往吴越地区的南驰道。《汉书·贾邹枚路传》有记载："秦为驰道于天下，东穷燕齐，南极吴楚，江湖之上，滨海之观毕至。道广五十步，三丈而树，厚筑其外，隐以金椎，树以青松。"[1]

---

[1] 班固：《汉书》卷五十一《贾邹枚路传第二十一》。

从这段记载内容看，可见当时修建驰道的工程非常大，宽度在五十步左右，接近于现代意义上的七十米，道路两边每三丈（差不多七米）种有树木。

应当说，五十步宽的道路，放在今天，规模也是令人惊叹的。现代意义上的高速公路也就二十多米。但早在两千多年前，秦国就创建出如此规模的车道，着实令人惊叹。据现代考古发掘，原齐国都城临淄就有九条大道，长度在 4000 米，宽度也差不多 20 米。咸阳秦都城遗址上，发掘出的道路最宽处近 40 米，可见其规模。①

整体而言，驰道的修筑工程耗时耗力，是对春秋以来各国"破坏"周道的恢复与扩建。这项工程需要大量人力投入，将黄土夯实，一点点铺平，来回碾压，中间不能有褶皱。路基修好后，还要在两边栽种树木。相隔一段还要修筑相关的基础设施（比如房舍），用作物资转换驿站、道路维护人员落脚地等。

当然，这里对秦国修筑驰道只是一种概述，实际上修筑驰道的工程更加复杂，过程更残酷。那么，秦始皇为什么要修这两条驰道？

本书推测，这两个方向都有原先六国大量的居民。南驰道从南可以通达吴越，秦国消灭百越之地的少数民族，要以此为基础。北驰道则通达燕赵，这里除了燕、赵、齐等诸侯旧民，还有威胁秦国的匈奴等少数民族。

现存的史料中，已很难找到修筑这两条驰道的具体时间、动用人数。不过，从现代考古发掘分析，秦国修筑这两条驰道定动用了大量的人力物力财力，而且花费了数年时间进行修建。

---

① 丁岩：《岐丰："周道"及相关问题》，原载于《文博》2003 年第 4 期。

公元前 212 年（秦始皇三十五年），秦国又开始修筑一条通往北地的驰道，被后世称为"秦直道"。这条直道跨越内蒙古、甘肃、陕西三地，北起陕西省淳化县，最北至内蒙古自治区九原附近。《史记集解》引《地理志》的记载说："五原郡有九原县。"①

秦始皇修建这条道路时，动用了更多人力物力财力。因为设计路面时基本走直线，因此，修路时遇到障碍后，秦国往往会凿开大山、填平深谷，通过人力改造出了一条巨型道路。据说秦直道长度达八百余里，是秦国通往九原郡的捷径。《秦始皇本纪》中说："三十五年，除道，道九原抵云阳，堑山堙谷，直通之。"

20 世纪 70 年代，这条直道被发现。本世纪初，陕西省组织考古工作者继续对其进行发掘勘测，确定了其地理位置。经勘探测量，发现与史料中记载大体相符。不过，秦国修筑的直道与原来开的驰道不同，学者们也对此争讼不休。主流观点认为，这是秦国为了预防匈奴入侵，故意修建的直道，因为这条直道从咸阳直通九原郡，能及时为九原补充战争所需。

在西南，秦国与百越交战时，也开通了一些"新道路"。西北地区，秦国也在继续开道。

总之，数年时间里，秦国开通了很多"大道"。有学者称，秦国最有名的驰道有九条。在这些驰道（直道）周围，秦国还疏通了另外一些更小的道路，将这些小道与这些驰道（直道）相连。由此，秦国建成了庞大而复杂的交通网，将曾经分裂的诸侯国用大道连接了起来。

连接左右"道"的终点是咸阳，南来北往的车辆、行人，沿着

---

① 司马迁：《史记》卷六《秦始皇本纪第六》。

大道都会到咸阳。由此，咸阳也成为重要的交通转换枢纽地。

应当说，拆除壁垒、兴建驰道等工程破除了六国时期各自为政的壁垒，打破了地域限制，促进了天下经济、文化的深入交流，对秦国的发展有着积极作用。

不过冷静地分析，发现秦始皇这么做，太过"冒险"，简直在拿国家的命运赌博。建国初始，理应安定，给民间以喘息之机。等经过数十年"休养生息"，积攒足够的财富，民众生活相对富裕，再开启一系列重大工程，可能会让国家综合实力得到提升。但这时候，秦国刚刚统一，秦始皇就实施了这么多劳民伤财的巨大工程，必然引发众怒，可能当时黔首对秦国这些工程都怀有痛恨之心。

只是作为实施这些巨大工程始作俑者的秦始皇，考虑的重点是怎样掌控全国各地，而不在意是否对全国百姓造成了巨大负担。若他是一个顾念百姓死活的君主，就不可能在翦灭六国后，马上实施了这么多的工程。

站在后世的角度去分析，只能说很多事欲速则不达，治理强国的理想需要一步步来实现。六国百姓经历战乱后，已苦不堪言，再加上百姓被统治者盘剥时间太久，身心疲惫。这种情况下，民众需要休养生息。汉代初年的无为之治，应是汲取了秦始皇步子迈得太快的教训。

秦始皇不管这些，他就要用这种方式，彰显秦国实力。

这时候，秦国表面上看，风平浪静，但很多地方的民众对秦国沉重的徭役和赋税早有不满之情，甚至出现了各种预示秦国灭亡的歌谣。秦始皇是否听到这些含沙射影的东西不得而知，但他并没有醒悟，进而调整国家政策，停下他劳民伤财的步伐。

或许他预判了天下的形势，但认为"强权"才是震慑人心的办法。所以，他还是打算利用强权手段，震慑天下。这一次，他走上了巡游之路，意在用脚步丈量土地，将威德传播四方。

2. 秦始皇巡游

西巡

秦始皇在统一天下后，产生了很多奇奇怪怪的想法，巡游天下的计划也算其中之一。当然，这些想法，都是基于创建大一统下的永久帝国。只是六国翦灭之初，天下并不安定，麻烦事情一件接着一件，需要他一件件处理。不过巡游的计划，一直记在心里，不曾忘却。

统一天下的次年，即公元前220年（秦始皇二十七年）春，天下甫定，秦始皇便迫不及待地踏上了巡游之路，期望通过这种方式，实现人心归服、国家认同。

这一次，秦始皇向西巡视，目的或是要回到祖先发迹之地，祭祀祖先，震慑西戎。

当时，向西而行的大路有两条：一条沿着渭河河谷向西，到汧谓之会后北上，进入陇县，再翻越老爷岭，沿着陇山进入陇西郡。再由陇西郡向西，到达临洮，再由临洮向北，到北地郡，完成整个西环线巡游。另外一条是从咸阳向西北行进，沿着泾河北上，进入北地郡。再从北地南下，进入陇西，进行祭祖，再沿着渭河返回咸阳。

在西巡前，大概秦始皇组织群臣对这两条路线都进行了论证，商讨最佳路径。最终，他还是决定沿河渭河西巡，再迂回到北地郡，从泾河返回。

不久，秦始皇的巡视队伍浩浩荡荡从咸阳出发，一路向西。

这是秦始皇有生以来第一次巡视。他早就听闻先祖的发迹之地，却一直无缘亲祭。这一次他要回到这个地方，忆往昔先祖们筚路蓝缕的创业艰辛。因此，这次向西而行，秦始皇的行程不紧不慢。一些曾在秦国壮大过程中发挥过作用的关键场所，秦始皇应都做了停留。比如，在咸阳以西的雍城、汧渭之会等地都是秦人祖先曾经设立的都城，大概秦始皇在这些地方进行了祭祀，然后继续向西而行。

最为艰难的旅程是陇山。这里地势险要、森林茂密、河水湍急，是隔绝东、西的自然屏障。秦人曾沿着这道山脉，来来回回反复行走，最终从西县弹丸之地，到咸阳建都，统一天下。无论如何，秦始皇都要回来看一看。正如项羽所说："富贵不归故乡，如衣绣夜行，谁知之者！"

翻越陇山的道路并不艰险，早在秦始皇出行前，当地官员已组织民众对此次西巡之路进行了拓宽，供秦始皇的车辇行走。各地官员也参与到这件事中，在秦始皇西巡沿途设置了安保人员，确保秦始皇西巡的顺利推进。

翻越陇山后，秦始皇的车辇在波澜起伏的群山、峡谷中行进。

史料中并无秦始皇进入这一带后的具体记载，留给我们的只有"始皇巡陇西、北地，鸡头山，过回中"这些讯息。这就带给我们巨大的疑惑。

本书推测，秦始皇翻越陇山后，第一站应是进入秦亭，毕竟这里是先祖非子封地，还有先祖牧马的莽莽苍苍关山原。然后，秦始皇一行人沿着秦亭继续向西南行进，到邽县作了短暂停留，再沿着邽县向西南，翻越连绵不绝的山脉，进入西犬丘。之所以要来此地，是因先秦人祖坟冢深埋在此，一支贵族也长期守候在此处，祭祀先祖。

秦始皇可能还在西犬丘举行了盛大的祭祀仪式，祭祀白帝、青帝与祖宗，告慰祖先，炫耀武功。

从 2020 年开始，甘肃省文物考古工作队对礼县四角坪遗址进行了考古探测，发现了一片秦统一后的遗址。考古工作者对整个遗址进行勘探、发掘，发现了面积超过两万平方米的建筑基址。在遗城土有地砖、排水管、柱石等。整个遗址呈现出较为规整的建筑形状，似一座规模宏大的祭祀场所：场所规格完整，等级分明。考古学者侯红伟①先生认为，该遗址可能是秦始皇西巡时修建的祭祀平台。目前此处遗址还在发掘中，更多证据有待跟进。这就存在两种可能：一是秦始皇确实到这里祭过天；二是计划来这里，最终没有来，但建筑修筑好了，最后变成无用之地。秦灭亡后，这座建筑被废弃，被埋在地下，保留至今。

我们宁愿相信秦始皇到了西犬丘，举行了祭天祭祖。

之后，秦始皇沿着西犬丘北上，进入陇西郡治所临洮，又在临洮作了短暂停留，观看了临洮的地形地貌，向西南边境上的少数民族彰显武功，震慑他们。因为在西北更远处，还有一条"道"，能通到西亚、中亚一带。从新石器末期到以后，很多中亚文明就是从这条"道"传入中国。如若处置不当，这条路会成为外敌入侵的便道。

再之后，秦始皇继续向北而行，到达了北地郡，在北地郡进行

---

① 甘肃省考古研究所工作人员，主持礼县四角坪遗址发掘工作。

视察，以震慑西北游牧民族，也向"国外"宣扬武功。秦始皇到陇西、北地的原因，可能就是要将秦国的威严传播到更远的地方，让这些觊觎秦国的力量不敢贸然入侵秦国。

在北地郡逗留数日后，秦始皇决意返回。他此次西巡的目的已达到，继续逗留也没有多大意义。于是，秦始皇的车辇沿着北地郡向南而行，翻越了鸡头山。而这个鸡头山历来都存在争议，《史记正义》认为"原州平高县西百里亦有笄头山，在京西北八百里，黄帝鸡山之所"。也有学者指出，此鸡头山就是今天甘肃省陇南市成县的鸡峰山。支持这一观点的是《史记》的注解文字："鸡头山在成州上禄县东北二十里，在京西南九百六十里。郦元云盖大陇山异名也。后汉书隗嚣传云'王莽塞鸡头'，即此也。"《史记正义》还有记载："言始皇欲西巡陇西之北，从咸阳向西北出宁州，西南行至成州，出鸡头山，东还，过岐州回中宫。"

粗看这些注解，似乎没有问题，细细分析，就能发现存在不能自圆其说的地方。按《秦始皇本纪》的说法，秦始皇是沿着渭河流域向西巡视，先到了陇西，再向北进入北地。之后，他也只能沿着北地折返，进入关中腹地。而不可能"走回头路"，从北地郡再折回到渭河上游，继续南下进入成州。因此说，认为鸡头山是陇南城县鸡峰山的观点不合逻辑。林剑鸣先生认为鸡头山在今甘肃省平凉市西面，符合秦始皇到北地巡游的路径。[①]

秦始皇翻越鸡头山后，又经回中，返回咸阳。《史记集解》引应劭的说法，认为"回中在安定高平"。又引孟康的说法，认为"回中在北地"。《史记正义》引《括地志》的记载："回中宫在岐州

---

① 林剑鸣：《秦史稿》。

雍县西四十里。"

返回到咸阳后，秦始皇又在渭水以南修建了一座长信宫，非常富丽堂皇。不久，秦始皇将长信宫改名为极庙，象征着天上的北极星。《史记索隐》说："为宫庙象天极，故曰极庙。天官书曰'中宫曰天极'是也。"这座被称为极庙的地方，可能也是大型的礼仪场所，类似于明堂。

秦始皇很重视礼仪制度。以后，他又下令，命人在极庙铺设一条通往骊山的道路，方便自己出入极庙。

再之后，秦始皇又动用大量的人力，建造了甘泉宫前殿，并在此修筑甬道，将咸阳宫与甘泉宫连接起来。而所谓的甬道，就是"筑垣墙如街巷"。不过这条甬道是专供秦始出行的道路，不对外开放。《史记正义》引应劭的话说："谓于驰道外筑墙，天子于中行，外人不见。"

这些工程完毕后，好大喜功的秦始皇还颁布了一条命令，赏赐天下人爵位一级。如果记载没错，这个赏赐应只是一个"荣誉"。或者说，应该是对秦国有爵位的人再"晋爵"一级，不可能对天下人都授爵。①

封禅泰山

忙！太忙了！时间根本不够用。秦始皇每天都很劳累。但忙并快乐着。西巡完毕后，秦始皇立即部署东巡事宜。

公元前 219 年（秦始皇二十八年）春夏之交，大地回春，社会

---

① 司马迁：《史记》卷六《秦始皇本纪第六》："二十七年，始皇巡陇西、北地，过回中。焉作信宫渭南，已更命信宫为极庙，象天极。自极庙道通郦山，作甘泉前殿。筑甬道，自咸阳属之。是岁，赐爵一级。治驰道。"

安定。秦始皇继续开始他的巡视之路。这次秦始皇选择向东巡游。

不久，巡视队伍从咸阳出发，沿着东方而行。

与西巡不一样，这次东巡完全是为了震慑天下。秦始皇带领着浩浩荡荡的队伍，声势浩大地向东行进，向原东方诸侯国展示秦国的实力。

秦始皇沿着东周、韩、魏等地，进入山东齐鲁之地。他本次的目的地是燕、齐。秦国当年灭齐，玩了套路，齐国人多不臣服。巡游齐地，震慑齐地是东巡的目的之一。

当然，到齐地还有更为复杂的目的。比如，寻觅人才。战国最先进的"文化人"都齐聚齐国，最先进的思想也在齐国。与齐国毗邻的鲁国是文化滥觞之地，那里还是周公、孔子的故乡，文脉昌盛，儒学兴盛。秦虽翦灭齐国，但这些文化人没有民众好"震慑"，他们表面上臣服，内心却各怀心思，并不为秦国所用。因此，秦始皇此次深入齐鲁大地，除了震慑外，似也有寻觅人才之意。

之后，秦始皇就到了齐地，巡视民政，察访民情。据说秦始皇还登上了邹峄山，在驺县峄山立祠祭祀，树立石碑，彰显德威。《史记集解》中说："邹，鲁县，山在其北。"《史记正义》引《国系》记载，指出："邾峄山亦名邹山，在兖州邹县南三十二里。鲁穆公改'邾'作'邹'，其山遂从'邑'变。山北去黄河三百余里。""邾"这个字很重要，这里指的是邾国。战国后期，邾国被灭，成为东方的一个小县城。清华简《系年》里载"邾吾"大概说的就是此地。

做完这一切后，秦始皇命人在石碑上镌刻颂扬秦朝功德的文字，将石碑立于最为显眼的地方。

也是这时候，秦始皇想到了封禅祭祀。据说，自古以来，封禅

泰山都是圣明的君主必做的事情。天下也因君主封禅泰山,稳定下来。《封禅书》中有一段封禅泰山的历史渊源:

> 古者封泰山禅梁父者七十二家,而夷吾所记者十有二焉,昔无怀氏封泰山,禅云云;虙羲封泰山,禅云云;神农封泰山,禅云云;炎帝封泰山,禅云云;黄帝封泰山,禅亭亭;颛顼封泰山,禅云云;帝喾封泰山,禅云云;尧封泰山,禅云云,舜封泰山,禅云云;禹封泰山,禅会稽;汤封泰山,禅云云;周成王封泰山,禅社首;皆受命然后得封禅。

通过这段记载,就能明白秦始皇如此热衷封禅泰山的原因。

按照《管子·封禅篇》《封禅书》等史料记载,泰山封禅涉及两个大型活动:"封"和"禅"。所谓"封"指的是天子登临泰山,在山顶筑坛祭天;所谓"禅"一般指天子在泰山半山腰或者山底祭"地神"。合起来就是封禅,也就是天子合祭天地的大典,在秦、汉时非常有名。《五经通义》有记载:"易姓而王,致太平,必封泰山,禅梁父,天命以为王,使理群生,告太平于天,报群神之功。"

换句话说,泰山封禅其实就是天子宣扬"君权神授"的策略。春秋以来,齐、鲁大地形成了国君封禅泰山的"习俗",若帝王不封禅泰山,不足以显示其威。

基于这些原因,秦始皇计划专门到泰山祭祀天地,表明秦统一六国是遵循上天的旨意。

封禅泰山前,秦始皇先组织了一场宴会,参加宴会的是齐国、鲁国地区儒生和博学之士七十余人。秦始皇向他们讨教治国之道,听取他们对秦国统一天下的意见,又向他们发出邀请,希望他们能为秦国效力。儒生们唯唯诺诺，各怀心思。不过他们也不好驳斥秦始皇的颜面，表示愿意效力秦国，为天下太平尽自己的一份力。

得到儒生们的臣服后，秦始皇与这些人商讨封禅泰山之事，听取他们的意见建议。秦始皇还向这些人发出了邀请，希望他们跟随自己登泰山祭祀。这样做的目的，是希望这些儒生和饱学之士将秦国的威德传播下去，让齐地臣服秦国，保证天下的安定。由此也能看出，秦始皇尽管暴戾，但他对待读书人还是充满敬畏，尤其对齐鲁之地的儒学之士有"优待之意"。他笼络这些人，给予他们很高的礼遇，让这些儒生既感恩又震惊。

不久，秦始皇带领秦国官僚和齐鲁之地的儒生到了泰山脚下。这时候，有人提议说："上古时期的君主举行封禅时，都会使用蒲草裹着车轮，预防车轮伤害泰山上的土石草木。举行祭祀仪式时，也会将地面扫干净，将农作物茎秆编成席子，铺在地上，不沾尘埃。由此说明，封禅祭祀是件很容易的事情。"但在秦始皇看来，儒生的这个建议显然是信口开河，如果用席子铺地，需要多少席子？《史记正义》引《道书福地记》记载说："泰山高四千九百丈二尺，周回二千里。多芝草玉石，长津甘泉，仙人室。又有地狱六，曰鬼神之府，从西上，下有洞天，周回三千里，鬼神考谪之府。"

儒生的这些建议是否出于公心，已无可考究，但多疑的秦始皇显然多想了。他大概认为，是儒生有意糊弄他。因此听完儒生的建议后，秦始皇也改变了对儒生的态度，认为他们混淆视听。之后，秦始皇就下令，禁止跟随而来的儒生到泰山上去，而那些提出异议的儒生还遭到了贬黜。[1]

---

[1] 司马迁：《史记》卷二十八《封禅书第六》。

此后，秦始皇似也意识到上山的路途艰险，命人修筑车道。秦始皇这么做，其实也是回应儒士"简单祭祀"建议。他就是要让马车上泰山。于是，一大批人开始修路。秦始皇这次命人修筑了两条大道，一条从泰山南脚一直修到了山顶，这也是上山的路。另一条则是从泰山顶到北面山脚的路，这是下山的路。

这项修路工程投入不少人力物力，以至修建的进度非常迅速。不久，两条道路就修好了。秦始皇开始在众人簇拥中，驾车登泰山。

不幸的是，当他们行进至半山腰时，忽然风雨大作，狂风夹着暴雨，让登山队举步维艰。秦始皇也被掩护到一棵大树下面避雨。有意思的是，由于跟随的儒生基本被阻拦，不能参加泰山顶部的祭天仪式，他们听说秦始皇在半山腰遇到了暴风雨，都私下里嘲笑秦始皇。[1]

即便狂风暴雨，依然难阻挡秦始皇封禅祭祀的决心。等风雨停歇后，秦始皇带领人继续登泰山。上山前，秦始皇还将那棵"遮风挡雨"的树封为五大夫。不过，由于刚下过一场大雨，上山的路并不好走，秦始皇一行人步履蹒跚，最终到了梁父山，在此举行了盛大的封禅祭祀仪式。《史记正义》引《晋太康地记》记载说："为坛于太山以祭天，示增高也。为墠于梁父以祭地，示增广也。祭尚玄酒而俎鱼。墠皆广长十二丈。坛高三尺，阶三等，而树石太山之上，高三丈一尺，广三尺，秦之刻石云。"

当然，这些记载都没有细节，祭祀泰山的过程是草草地一笔带过。或者说，本次封禅泰山的史料没有留下（资料被隐匿），后世

---

[1] 司马迁：《史记》卷六《秦始皇本纪第六》。

也很难弄清楚这次封禅的具体过程。

还有学者指出，秦始皇在登泰山时，遇到了风雨，所以并未登山，而是直接从泰山上下来。祭祀活动也因风雨被搁置。本书认为，从秦始皇重视封禅泰山的情况看，他不可能在没有完成封禅前回去，除非遇到了根本无法上山的困难。本书推测：为了彰显国力，他一定登上了泰山，举行了盛大的封禅祭祀活动。

泰山封禅祭祀完毕，秦始皇命人立下石碑，镌刻文字，以彰显秦国的实力。这段碑文如下：

> 皇帝临位，作制明法，臣下脩饬。二十有六年，初并天下，罔不宾服。亲巡远方黎民，登兹泰山，周览东极。从臣思迹，本原事业，祗诵功德。治道运行，诸产得宜，皆有法式。大义休明，垂于后世，顺承勿革。皇帝躬圣，既平天下，不懈于治。夙兴夜寐，建设长利，专隆教诲。训经宣达，远近毕理，咸承圣志。贵贱分明，男女礼顺，慎遵职事。昭隔内外，靡不清净，施于后嗣。化及无穷，遵奉遗诏，永承重戒。①

这段文字的大意是：皇帝即位，天下初定，制定了相关制度，严明了法令，各处都按照秦律治理。秦始皇二十六年（公元前 221年），天下初定，始皇亲巡远方黎民，登上泰山，封禅泰山。然后游览东方边疆。始皇还与随行大臣一起追忆往昔，商讨创建功业的本源，向天下赞颂功德。始皇治国有道，对各类政务安排妥当，所有事务都规范有致。秦国弘扬大义美善，为后世树立榜样，很多制

---

① 司马迁：《史记》卷六《秦始皇本纪第六》。

度坚持沿袭不变。皇帝的贤明通达，已然平定天下，但他对治国坚持不懈，每天早睡晚起，为国家长远谋划。秦国政令明康，生活井然有序，一切都遵循皇帝的意志。在尊卑方面等级分明，男女有别。每个人都谨慎，遵行职事。秦国内外一片清静，恩泽传于后世。秦国的教化遍及全国，到处都遵循皇帝诏令，臣民永远遵从重要告诫。

从这个碑文内容上看，这完全是"官样公文"，满篇都是华丽之词，其中的很多说法也很"牵强"。秦国刚刚兼并天下，人心尚有不服。秦始皇表达的这些"意图"，其实也就代表了秦国的姿态：一方面是彰显国威，另一方面则震慑东方。

秦始皇南巡

封禅祭祀完毕，秦始皇从泰山下来后，并未急着返回咸阳。他选择了继续沿着渤海向东巡游，经过了黄县、腄县。《史记正义》引《括地志》记载说："黄县故城在莱州黄县东南二十五里，古莱子国也。牟平县城在黄县南百三十里。十三州志云牟平县古腄县也。"

他们几乎走到齐国成山的尽头，登上了罘山。《史记正义》引《括地志》记载："在莱州文登县东北百八十里。成山在文登县西北百九十里。穷犹登极也。"《史记封禅书》有记载："八神，五曰阳主；祠之罘；七曰日主，祠成山，成山斗入海。"又云："之罘山在海中。文登县，古腄县也。"

从这些记载分析，秦始皇本次所到之地，应是当时陆地最东端，临近大海。秦始皇本人大概也看到了大海。然后，秦始皇命人在这个地方继续立石碑，在石碑上篆刻赞颂秦朝功德的文字，彰显秦国的国威。

当然，秦始皇长期逗留齐国，与他推崇的五德理论有关。秦始皇很崇尚五德理论，而提出这个理论的邹衍是齐国人，他著书立传，论述金、木、水、火、土五德运行规律。秦王政也希望能够借助齐国产生的这种学说，宣扬秦国统一的"正统论"。

再之后，秦始皇一行人继续向南巡视，到达齐鲁之地南端，登上了琅琊山。《史记集解》说："兖州东沂州、密州，即古琅琊也。"据说秦始皇非常喜欢琅琊山，在这里休整。此后的三个多月里，秦始皇都在琅琊山停留。他察看了琅琊山的山形地貌，风土人情，认为此地是一块值得利用的风水宝地。为了让琅琊山迅速发展起来，秦始皇还下诏令，命人从外地迁徙三万户民众到琅琊台下，赦免他们十二年的赋税徭役，要求他们投入建造琅琊台工程中。

琅琊台在历史上很有名。《史记集解》中说："山海经琅琊台在渤海间。盖海畔有山，形如台，在琅琊，故曰琅琊台。"《史记正义》引了三段记载，来注解琅琊台。第一段是引《括地志》的记载："密州诸城县东南百七十里有琅琊台，越王句践观台也。台西北十里有琅琊故城。"第二段是引《吴越春秋》的记载："'越王勾践二十五年，徙都琅琊，立观台以望东海，遂号令秦、晋、齐、楚，以尊辅周室，歃血盟。'即勾践起台处。"第三段还是引《括地志》里面的记载："琅琊山在密州诸城县东南百四十里。始皇立层台于山上，谓之琅琊台，孤立众山之上。秦王乐之，留三月，立石山上，颂秦德也。"

秦始皇命人撰写歌颂秦朝功德的颂文，将其刻在琅琊台边上，彰显秦国威德。碑文内容如下：

维二十八年，皇帝作始。端平法度，万物之纪。以明人事，合同父子。圣智仁义，显白道理。东抚东土，以省卒士。事已大毕，乃临于海。皇帝之功，全靠本事。上农除末，黔首是富。普天之下，抟心揖志。器械一量，同书文字。日月所照，舟舆所载。皆终其命，莫不得意。应时动事，是维皇帝。匡饬异俗，陵水经地。忧恤黔首，朝夕不懈。除疑定法，咸知所辟。方伯分职，诸治经易。举错必当，莫不如画。皇帝之明，临察四方。尊卑贵贱，不逾次行。奸邪不容，皆务贞良。细大尽力，莫敢怠荒。远迩辟隐，专务肃庄。端直敦忠，事业有常。皇帝之德，存定四极。诛乱除害，兴利致福。节事以时，诸产繁殖。黔首安宁，不用兵革。六亲相保，终无寇贼。驩欣奉教，尽知法式。六合之内，皇帝之土。西涉流沙，南尽北户。东有东海，北过大夏。人迹所至，无不臣者。功盖五帝，泽及牛马。①

与此前在泰山上的颂文一样，这些赞美、称颂秦国的文字的实际"效用"并不突出。天下的读书人恐怕也不会相信这些"自吹自擂"，而身处最底层的民众，又不懂这些。但秦始皇对这些事很热衷，自从封禅泰山后，他上了瘾一般，每到一个地方，他都要立碑刻字，树立秦国威德。

当然，秦始皇之所以热衷刻碑立传，也与追随秦始皇的智囊团建议有关。据说，秦始皇在东巡的时候，将秦国文臣、武将都带在了身边。这些人当中，有列侯武城侯王离、列侯通武侯干茸、伦侯

---

① 司马迁：《史记》卷六《秦始皇本纪第六》。

建成侯赵亥、伦侯昌武侯成、伦侯武信侯冯毋择、丞相隗林、丞相
王绾、卿李斯、卿王戊、五大夫赵婴、五大夫杨樛等人。这些人既
是随行人员，也是秦始皇的智囊团。他们会根据秦始皇的需要，及
时提供一些建议意见，供秦始皇参酌。比如，在琅琊山时，智囊团
中有人提过这样建议：

> 古之帝者，地不过千里，诸侯各守其封域，或朝或否，相
> 侵暴乱，残伐不止，犹刻金石，以自为纪。古之五帝三王，知
> 教不同，法度不明，假威鬼神，以欺远方，实不称名，故不久
> 长。其身未殁，诸侯倍叛，法令不行。今皇帝并一海内，以为
> 郡县，天下和平。昭明宗庙，体道行德，尊号大成。群臣相与
> 诵皇帝功德，刻于金石，以为表经。①

　　大致意思是："古时候称帝王的人，他们的领地最多不会超过
千里。他们的诸侯分别守护各自封地，有的诸侯向天子朝贡，有的
则不朝贡。诸侯们之间则相互侵扰，甚至犯上作乱，残害百姓，还
会发动战争，搅得天下不安宁。即便如此，他们依然立石碑，记录
他们的功业。上古时候，三王和五帝推行的教化不一，法令不明，
以致他们常常借助鬼神来欺骗远方民众，导致臣民对他们不太信
任，这也是他们国运不长的原因。很多时候，这些帝王还没有死
去，诸侯就已背叛。如今，四海之内都设立郡县，天下太平安定。
这时候，应将先祖美德弘扬出去，推行正道与德化，完备尊号显示
威德。朝中大臣称颂皇帝的功德，并将其刻金石上，为后世作

---

① 司马迁：《史记》卷六《秦始皇本纪第六》。

表率。"

这些建议很"合"秦始皇胃口。因此，用石刻碑文彰显国力成为一种时髦。不过这种时髦也只有秦始皇本人能玩得起，其他人只能叹喟。

本书认为，这种立碑刻传的做法，并不能疏导情绪。原因很简单，到这时，民众感受不到统一的秦国比原六国有何优势，他们该承担的赋税徭役还是要承担，地位依旧不高。站在后世角度看，与其如此劳神费思"花冤枉钱"，不如在制度上做更多调整，让朝野之人感受到政策的"照顾"，远比这种"花架子"强得多。

秦始皇是否考虑到这一层，已无法考证。而此时的秦始皇又陷入苦恼，被另外一件事困扰着。

3. 寻仙问道

寻求长生

说起来，困扰秦始皇的这件事，有些虚无缥缈。但这却是古今中外帝王梦寐以求、渴望实现的事情。成吉思汗为此事，向全真教掌教丘处机讨教，依旧一无所获。

这件事就是长生不老。

和任何平凡的人一样，秦始皇也有"人"的一面。他也畏惧死亡，担心霸业不能长久。所以，他才会追求长生不老。而在梳理秦始皇追求长生过程前，这里需先解决一个疑惑：长生不老的概念是从什么时候诞生的？秦始皇是不是追求长生的第一人？

据现代学者考证，最早记载长生不老的史料叫《太上纯阳真经》，其中《了三得一经》有载："天一生水，人同自然，肾为北极之枢，精食万化，滋养百骸，赖以永年而长生不老。"这部书出自谁之手，已无可考证，所以这个记载也就显得虚无缥缈。

本书推测，大概春秋晚期、战国时期，因为学术思想的高度活跃，"轴心时代"的思想家开始探究天人关系，提出了长生不老的概念。到秦始皇时代，追求长生应已是一种普遍认知。秦始皇应接受过"类似"学说的熏陶，对长生不老有初步认识，但由于年轻，对长生其实并没有直接感受。比如，秦始皇刚刚立国、议定尊号时，曾表示秦国的国君续接要"始皇帝，二世三世……"，传之久远。换句话说，秦灭六国之初，秦始皇还没有意识到长生的重要性，他只是希望秦国江山永固，以后的君主就一代代绵延。

而随着秦国统一，秦始皇实现了"溥天之下，莫非王土，率土之滨，莫非王臣"目标。加之这些年来，随着年龄不断增长，秦始皇出现了生病、衰老迹象。这一背景下，秦始皇的心态也发生了变化，他希望在他的手中就让秦国的江山永固，社稷永续。而江山永固的前提，就是他要长生，才能根据自己的意图打造帝国。因此，在统一六国后，秦始皇越来越渴望长生。

大概这次东巡前，秦始皇已有寻求长生之法的心思，因为这次巡视的目的性很强。按照《史记·封禅书》的说法，封禅泰山完毕后，秦始皇一直逗留于齐鲁大地，沿着有各种"长生"传闻的地方游览，脚步一度到了海边。

这时候，八神的各种传说不断传入秦始皇耳中，让他越发好奇。而这也让秦始皇产生了畸变心理：在齐鲁之地，只要遇到各种

"神仙"的庙宇，他都会举行祭祀。[1]

那么，这里的八神到底指的什么呢？

按照《史记·封禅书》的说法，八神自古就有。也有说从姜太公时期才有的。据说齐国之所以被称为齐，是因为齐地有八神之一的天齐神。《史记集解》中说："当天中央齐。"祭祀天齐神的风俗始于何时，已无可考证。但在齐国，祭祀这些"神仙"的形式很多，很隆重。

这里简单梳理一下史料中的"八神"。第一位叫天主，祭祀地在天齐，当地有五眼泉，位置在临菑城南郊的山脚。《史记集解》说："临菑城南有天齐泉，五泉并出，有异于常，言如天之腹齐也。"第二位叫地主，祭祀地在泰山、梁父山一带。据说，天神喜阴，祭祀它的地方就需要在高山之下，小山之上，人们习惯称其"畤"；地神喜阳，祭祀之地一般在水泽当中的圆丘上。排在第三位的叫兵主，祭祀地在蚩尤山，位于齐国西部东平郡的陆监乡。排在第四位的叫阴主，祭祀地在参山。排在第五位的叫阳主，祭祀地在之罘山。《括地志》中说："之罘山在莱州文登县西北九十里。"排在第六位的叫月主，祭祀地在莱山。参山、之罘山、莱山均位于齐国北部，临近渤海。排在第七位的叫日主，祭祀地在成山祭祀。成山地势险要，绝壁曲折陡峭，延伸至海中，位置在齐国东北方，是日出最早的地方。排在第八位的叫四时主，祭祀地在琅琊山。琅琊山位于齐国之东，是四季最先开始地方。按照当地人的说法，祭祀八神时有着严格的规制：需在器皿中分别陈列牛、羊、猪作为祭

---

[1] 司马迁：《史记》卷二十八《封禅书第六》："于是始皇遂东游海上，行礼祠名山大川及八神，求仙人羡门之属。"

品。不过，由于主持祭祀之人所受习俗不同，祭祀所用的祭品、玉器、丝帛不尽相同。①

秦始皇到齐鲁大地后，对这些传说充满兴趣，不断召集当地人"讲述"神仙故事。他之所以对这些感兴趣，是因为他在考究长生的真伪。就是说，如果真有神的存在，也就意味着人能够长生。

据说，在这次巡游中，秦始皇遇到了宋毋忌、正伯侨、充尚、羡门高等燕国人才。而这些人探知秦始皇的"喜好"后，故意传播上古神仙的传说，宣扬人死后精神能脱离肉体、变化成神仙的"奇谈怪论"。

除此之外，这些人还会编纂一些鬼神故事，散播一些虚无缥缈的言论，希望引起秦始皇的注意。而这些东西，恰恰是秦始皇感兴趣的。

事实证明，秦始皇对这些"故事"怀有极大兴趣，特召集这些人随行，听他们鼓吹"奇谈"，与他们交流长生的话题。

此后，很多"伪学者"看到秦始皇对"长生"话题有着浓厚兴趣，也都牵强附会，要么宣扬五德理论，要么靠奇谈怪论、阿谀逢迎，引起秦始皇的注意。

秦始皇被越来越多的神仙之论迷惑，而这又催生了很多人故意迎合秦始皇，说一些长生不老的传说，吊起秦始皇的欲望。其中，蓬莱、方丈、瀛洲三座山的传说，让秦始皇欲罢不能。

按《汉书·郊祀志》的说法："此三神山者，其传在渤海中，去人不远，盖曾有至者，诸仙人及不死之药皆在焉。其物禽兽尽

---

① 司马迁：《史记》卷二十八《封禅书第六》。

白，而黄金白银为宫阙。未至，望之如云；及至，三神山乃居水下；临之，患且至，风辄引船而去，终莫能至云。世主莫不甘心焉。"

当然，这一时期，秦始皇听到的各类传说，远比这个记载丰富。他还听说，齐国威王、宣王和燕昭王等燕、齐君主多次派人出海，寻找传说中神仙居住的蓬莱、方丈、瀛洲三座山，寻访仙人，求取长生不老药。有人说，三座神山立于渤海中，距离齐国不远，但鲜有船只能靠近三山。传闻说，有人冒着风险靠近三山，却被大风吹得偏离航道。

还有传言说，曾有人登上三山，见过岛上的仙人和长生不老药。那里飞禽走兽多呈白色，这些飞禽走兽还居住在宫殿中，岛上宫阙都是用黄金白银建造。若站在远处观望，整个岛宛如一片彩云。等靠近三山时，它们就会下沉。船只若要坚持靠近岛屿，就会被风吹离航道，无法靠近。而正是这些传闻，也让世间的君主对神山心驰神往，他们多次派遣人寻访神山而不得。秦始皇听到了这些传说后，迟迟不愿返回。①

这时候，有人为表达忠心，计划下海，寻找传说中的三山。不过，秦始皇心中有顾虑：既然历代君主都寻访不到，他的使者就能到达三座神山？

思考再三，秦始皇还是不能下决心。这时候，有徐市（一说徐福）等人主动请缨，请求出海，寻找不老药。《史记正义》引《括地志》记载："亶洲在东海中，秦始皇使徐福将童男女入海求仙人，止在此州，共数万家。至今洲上人有至会稽市易者。吴人外国图云

---

① 司马迁：《史记》卷二十八《封禅书第六》。

亶洲去琅琊万里。"

秦始皇最终同意徐市等人的建议，令他们斋戒沐浴，带童男童女寻找神山。据说徐市挑选童男童女数千人，驾着船只入海，寻找海上的三山，以及住在三山上的神仙。

徐市等人离开后，秦始皇很心焦，迟迟等不来徐市的消息。之后，为安抚浮躁的心，他继续带领秦国臣僚巡游。不久，第一批派出去的人返回，他们声称船进入大海后，被吹离航道，没有登上三山，只是看到了三座山。[①] 秦始皇不甘心，继续派人出海寻找。越是得不到就越要得到，这就是人性。

之后，迟迟等不来寻访三座神山的人，秦始皇开始从齐鲁之地返回。路过彭城时，秦始皇又有了新心思：打捞九鼎。秦昭襄王当年诛灭东周王朝后，将九鼎运往咸阳。在过泗水时，有一只鼎掉进了泗水中，多年打捞不见其踪迹。这一次，秦始皇打算试试运气。秦始皇在彭城斋戒祭祀，向上天祷告，希望得到九鼎，让象征天下的东西都能回到秦国。不幸的是，秦国派出了很多人打捞此鼎，结果一无所获。[②]

有些失望的秦始皇，乘船继续向西南行进，渡过淮水，前往衡山郡、南郡。衡山"一名岣嵝山，在衡州湘潭县西四十一里"。南郡则是"今荆州也。言欲向衡山，即西北过南郡，入武关至咸阳"。

之后，秦始皇继续泛舟于长江之上，到达带有传说色彩的湘山，打算在此处举行盛大祭祀仪式。《史记正义》记载："湘山者，乃青草山。山近湘水，庙在山南，故言湘山祠。"

---

① 司马迁：《史记》卷二十八《封禅书第六》。
② 司马迁：《史记》卷六《秦始皇本纪第六》。

吊诡的是，在这里秦始皇又遇到了出行难题。据说，当时风雨大作，波涛汹涌，船只无法过江。秦始皇问身边的博士（齐鲁大地的儒生）："湘君是什么神仙?"博士说："我听人说，湘君是尧帝的女儿，舜帝的妻子。去世后，就被埋葬在了这里。"《括地志》记载说："黄陵庙在岳州湘阴县北五十七里，舜二妃之神。二妃冢在湘阴北一百六十里青草山上。盛弘之荆州记云青草湖南有青草山，湖因山名焉。列女传云舜陟方，死于苍梧。二妃死于江湘之间，因葬焉。"

听完博士的叙述后，秦始皇很生气，认为他为祭祀一个女人，差点被长江浪涛吞没，实在有失身份。未几，秦始皇下了一道命令，将三千罪犯释放，令他们砍光湘山上的树木。之后，这些人手持斧钺，开始砍伐树木。数日后，湘山上的树木全部被砍倒，一些褐红色的山岩裸露出来，非常扎眼。秦始皇胸中闷气得以释放。①

从这些事分析，秦始皇其人有着复杂的性格。这样的人，谁也猜不透他的心思。伴君如伴虎，秦朝的官员们并不好过。不过，像李斯这样善于钻营的人，也能找到"迎合"秦始皇的机会，得到重用。

不久，秦始皇继续向西而返，从南郡经武关，回到咸阳。

行刺始皇帝

巡视完东方，秦始皇实现了震慑天下的目的。秦国看起来稳定，天下一片盛世景象。

但这都是表象，此时的秦国，仿佛表面完好、内部腐烂的苹

---

① 司马迁：《史记》卷六《秦始皇本纪第六》。

果，一些隐患正在此内向外延伸：一些"有思想的人"，一直在对抗着秦国的制度；一些对秦法有抵触的六国旧贵族，也在想办法对抗秦国；还有些秦国基层官员，也在秦法的盘剥中，苦不堪言……

秦始皇大概也得到了相关情报，所以他决定继续巡视，以震慑天下。次年（公元前 218 年），在咸阳做了短暂休整后，秦始皇继续向东巡视。

当然，秦始皇此次继续向东巡视，也有寻仙问道的目的。此前，他派出寻求长生不老术（药）的人音信全无，他需要一些"确切"消息。

不久，秦始皇一行人来到阳武博浪沙。《地理志》说："河南阳武县有博浪沙。"在这里，秦始皇遇到了一伙"强盗"，领头的人叫张良。①

相传，张良是韩国的贵族，他的祖父、父亲都曾在韩国担任要职。秦国灭韩时，张良还未成年，因此没有在韩国担任官职。但作为韩国贵族后裔，他对秦国灭亡母国怀有深仇大恨，他曾"弟死不葬，悉以家财求客刺秦王，为韩报仇"。

如果史料记载不假，本书认为，张良与秦始皇之间可能不仅有国仇，也有家恨。原因很简单，即便张良父兄在韩国任职，但他们不是最有权势的贵族，而战国时期，人们对祖国的观念相对淡薄，张良不大可能只因韩国被秦灭，就立志复仇。最可能的原因是：秦灭韩国时，张氏家族遭到秦军诛灭。张良是漏网之鱼，他才会如此痛恨秦国，痛恨秦始皇。当然，国仇也是他报复秦国的

---

① 司马迁：《史记》卷五十五《留侯世家第二十五》。

部分原因。

后来，他结识了一个大力士，两人一合计，"密谋"行刺秦始皇。这很难理解：秦始皇是天下共主，荆轲刺秦王尚且不能成功，最后身死。这位大力士为什么要与张良一起行刺秦始皇？可能他们都是亡国之臣，对秦国怀有仇恨。在复仇这件事上，两人目标一致，才会不惜一切，行刺秦始皇。

据说张良为了能行刺成功，为大力士量身定做了一个一百二十斤的铁锤，等待着报复秦始皇。此后，他们设计了很多刺杀秦始皇的方案，试图靠近秦始皇，均未能成功。

为什么会出现这种情况？

要寻找这一问题的答案，还得从史料记载中深挖。起因要追溯到荆轲刺秦王一事上。据说，自从荆轲刺秦后，秦始皇就对六国士人均有戒心。而荆轲的老朋友高渐离再次"刺秦王"，让秦王政的信任防线崩塌，不再相信任何人。

原来，荆轲刺秦王失败后，秦始皇诛灭了荆轲、太子丹余党。高渐离因当初与荆轲交往深厚，也成为"黑名单"上的人物。秦始皇命人张贴告示，追杀高渐离。高渐离不得不改名换姓，东躲西藏，寻求生存的机会。后来，高渐离伪装成普通人，藏在宋国做用人。秦国追杀他的人没有找到他，暂时放弃了对他的追击。一段时间后，风声渐松，高渐离紧张的心有所松懈。此时，因做用人工作劳累，高渐离打算重操旧业。而众所周知，高渐离的旧业是击筑。在此之前，有时见主人家堂上有人击筑，高渐离就徘徊堂下，不愿离开。有时高渐离对击筑之人技艺不认可，也会评头论足。说者无心，听者有意。高渐离的言论传到主人耳中，主人就让他表演击筑。有一次，高渐离冒着风险表演击筑，结果赢得了满堂喝彩，主人也给他赐了酒。之后，高渐离一改往日"藏拙"，重新开张，重操旧业。很快，高渐离的"技艺"也得到大家的认可。据说，宋国贵族就不断请他击筑，以助酒兴。不久，这件事就传到了秦始皇耳中，秦始皇召见了高渐离，让他击筑表演。这时，有人认出了高渐离。秦始皇得知高渐离的身份后，大发雷霆，命人将其抓了起来。不过，秦始皇还是生了恻隐之心，没有杀高渐离，只是命人刺瞎了他的双眼。之后，秦始皇将高渐离留在身边，让他击筑奏乐。为了活命，高渐离每次击筑都很卖力，而他的这些做法，也令秦始皇满意，并得到了秦始皇的信任。有一次，秦始皇要高渐离击筑助兴，高渐离就暗藏了一个铅块在筑里。等到他击筑时，忽然拿起筑袭击秦始皇，却因他眼瞎，没有击中秦始皇。对此，秦始皇震怒，命人杀了高渐离。从此后，秦始皇再不接近任何人。[1]

而这种背景下，即便张良胸有韬略，也难以靠近秦始皇。张良思来想去，没有更好的办法。不过"伏击"秦始皇是他的"目标"，他不惧任何"危机"。最终，张良决定在秦始皇巡游的路上寻找机会，动手行刺秦始皇。

张良是贤才，颇有头脑，他的计划也很缜密。不过，即便如此，"行刺"计划操作起来也不容易。秦始皇的扈从人员很多，外人根本无法靠近秦始皇。所以，秦始皇第一次东巡时，张良没有找到下手的机会。

而这次秦始皇东巡的消息被张良探知后，他开始布局，决定放手一搏。这一次，张良选择在博浪沙动手，因为这个地方便于设伏。为此，张良与大力士苦练本领，预演各种袭击场面。

---

[1]　司马迁：《史记》卷八十六《刺客列传第二十六》。

据说，秦始皇的车辇还未到博浪沙，张良与大力士早已埋伏路边，伺机而动。当秦始皇的车队到博浪沙时，张良才发现车队周围全是护卫，根本无法靠近。但筹划多时，又不能就此放弃。在经过反复思考后，张良还是决定试一试，凭借运气赌一赌。于是，当秦始皇的车队靠近伏击点时，他们就袭击了秦始皇的车队。

遗憾的是，大力士将铁锤甩出去后，并未击中秦始皇的车辇，而是击中了跟在后面的副车。大概副车里的人（可能是秦始皇的妻妾或者大臣）被砸死，引起了一片混乱。而这让秦始皇非常愤怒，他下令追捕伏击者。但张良似早想好脱身之路，秦军竟没有抓到张良。秦始皇愤怒之余，全国通缉张良。不过即便秦国上下开展地毯式搜罗，依然没有找到张良等人。最终，只能作罢。①

秦始皇由于在巡游的路上被"行刺"，对周围人更加不信任。他有那么多护卫，竟然差点就被张良击中。当然，这次遭遇袭击，让秦始皇正视天下还不安定的问题。此后，他并未撤回咸阳，而是选择继续先前的巡游，宣扬秦国的德威，震慑四方。只是在接下来的每一段路程中，他加强了戒备。

诚如前文所言，秦始皇坚持要到东方，还有个人小心思：他还在做着长生梦。可能他还有意探求神仙"问题"。遗憾的是，这次到东方，他依旧一无所获。这让秦始皇略微有些失望，他已到知天命的年纪，若不能长生，秦国的天下如何长久维持？

秦始皇也没有更好的办法，只能继续巡游，震慑天下。人生仿佛陷入了循环一样，重复而没有意义。

---

① 司马迁：《史记》卷五十五《留侯世家第二十五》："良尝学礼淮阳。东见仓海君。得力士，为铁椎重百二十斤。秦皇帝东游，良与客狙击秦始皇博浪沙中，误中副车。秦皇帝大怒，大索天下，求贼甚急，为张良故也。良乃更名姓，亡匿下邳。"

之后，秦始皇一行人就到了之罘山，并在山上镌刻石碑。之罘山就是八神之一的阴主祭祀场所，也是齐鲁北方重要"神话"诞生地。秦始皇刻在石碑上的内容，还是彰显秦国武功，宣教六国不仁，秦灭六国是大势所趋：

> 维二十九年，时在中春，阳和方起。皇帝东游，巡登之罘，临照于海。从臣嘉观，原念休烈，追诵本始。大圣作治，建定法度，显箸纲纪。外教诸侯，光施文惠，明以义理。六国回辟，贪戾无厌，虐杀不已。皇帝哀众，遂发讨师，奋扬武德。义诛信行，威燀旁达，莫不宾服。烹灭强暴，振救黔首，周定四极。普施明法，经纬天下，永为仪则。大矣哉！宇县之中，承顺圣意。群臣诵功，请刻于石，表垂于常式。[①]

这也说明，对秦始皇而言，国家的利益依然大于一切，而他追求长生不老，只是"个人私事"。当然，作为彰显国威的碑文，自然要表达秦始皇的大国思想。

篆刻了这块石碑后，秦始皇又在之罘山东面台阁上立了一块石碑，再次宣扬秦国功业：

> 维二十九年，皇帝春游，览省远方。逮于海隅，遂登之罘，昭临朝阳。观望广丽，从臣咸念，原道至明。圣法初兴，清理疆内，外诛暴强。武威旁畅，振动四极，禽灭六王。阐并天下，甾害绝息，永偃戎兵。皇帝明德，经理宇内，视听不

---

① 司马迁：《史记》卷六《秦始皇本纪第六》。

息。作立大义，昭设备器，咸有章旗。职臣遵分，各知所行，事无嫌疑。黔首改化，远迩同度，临古绝尤。常职既定，后嗣循业，长承圣治。群臣嘉德，祗诵圣烈，请刻之罘。

这些"国家公文式"的宣教，愈加显得秦始皇心虚。黔首并非木偶，在经历数百年战乱后，他们迫切需要稳定，需要安居乐业，并非想为统治者私欲奉献一切。而稳定地方的方式有多种，比如减免税负，放弃修筑的"大型工程"，让民众缓一口气，为什么非要选择这一种呢？

秦始皇如此好大喜功的原因是复杂的，与他个人的经历、认知都有很大关系。他创造了前无古人后无来者的功业，凭借霸道震慑天下成为他主流思想体系。他要不断巡游，不断立碑刻文，彰显秦国国力。此后，秦始皇再次到琅琊郡，再经上党郡，回到咸阳。①

而秦始皇以上的种种举动，在后世王朝中，也有不少统治者这么干过。这是一种强烈的"控制欲"，控制他人的思想，控制他们的命运。而世间很多事，通过控制，很难实现的。有些事，就像手心里的水一样，握得越紧，流失得越快。

有意思的是，这次东巡后，秦国各处变得稳定，张良行刺的事情似已成为过去。天下还是秦始皇的天下，还是秦国的天下。所以秦始皇三十年（公元前 217 年），《史记》中只有两个字："无事。"

那么，秦国真的稳定了吗？

① 司马迁：《史记》卷六《秦始皇本纪第六》："旋，遂之琅邪，道上党入。"

4. 寻求长生与北击匈奴

欲盖弥彰

安定只是一时的假象。

由于人心不服，需要更多的举措。秦始皇似有些着急，措施也比较单一，仅凭巡游并不能让天下臣服。六国旧民中，想复国之人大有人在。只是这些人蛰伏着，积蓄力量等待时机。

公元前 216 年（秦始皇三十一年）十二月[①]，秦始皇将腊祭改名为"嘉平"。所谓嘉平，原指的是冬祭。这里更名，也有祈求天下太平之意。《史记索隐》说："夏曰'清祀'，殷曰'嘉平'，周曰'大蜡'，亦曰'腊'，秦更曰'嘉平'。"秦始皇的这个举动，表面上看很突兀，也很陌生。那么，秦始皇为什么要做这个事呢？

其中有个很隐晦的原因，即为长生方术与寻仙问道。

原来，很久以前，在关中西部流传着这样一个故事：周朝末年，有一个叫茅蒙（一说蒙）的咸阳南关人，在关中一带声名大噪。传闻说茅蒙慈悲良善，积德行善，生活俭朴素净，博学多闻。他对很多事都有预见，战国末年，他意识到周朝的衰亡，故不到周王朝寻求做官。他主张珍惜时间，强调人生"弹指一挥间，转瞬几十年"，呼吁趁着能做事的年纪多做好事。据说他还曾拜鬼谷子为师，学习长生之术和练就仙丹的秘方。秦取代周后，他预感到危机，堕入华山静修，隐入尘烟，以修道炼丹为生。公元前 216 年

---

① 司马迁：《史记》卷六《秦始皇本纪第六》。

春，在华山有人看到他得道成仙，乘龙驾云而去。这时候，人们才想起不久前华山当地流传着的一首歌谣："神仙得者茅初成，驾龙上升入太清。时下玄洲戏赤城，继世而往在我盈。帝若学之腊嘉平。"

不久，茅蒙得道成仙的故事就传到秦始皇耳中。本就对仙人方术、长生不老等怀有极大兴趣的秦始皇，立即来了兴致。他认为，这是茅蒙成仙之前的寓言，将腊祭改为嘉平。

《史记集解》引《太原真人茅盈内纪》的内容，记述了这一经过："始皇三十一年九月庚子，盈曾祖父蒙，乃于华山之中，乘云驾龙，白日升天。先是其邑谣歌曰'神仙得者茅初成，驾龙上升入泰清，时下玄洲戏赤城，继世而往在我盈，帝若学之腊嘉平'。始皇闻谣歌而问其故，父老具对此仙人之谣歌，劝帝求长生之术。于是始皇欣然，乃有寻仙之志，因改腊曰'嘉平'。"

本书认为，这完全有可能，而且更能体现秦始皇的风格。在他的时代，为所欲为已成为一种"习惯"。所以，只要是与寻仙问道、长生不死有关，秦始皇就有兴趣，改"嘉平"就在情理之中。数日后，秦始皇还赏赐了华山当地黔首每里六石米，两只羊。可见秦始皇为了长生不老，几近癫狂。

有意思的是，秦始皇做完这件事后，依然兴致很高，并萌生了微服出巡的打算。

之后，经过一番乔装打扮，秦始皇带领四名武士巡视咸阳。

平日里高高在上的皇帝，隐藏身份到世间，见到了咸阳的世间百态。据说秦始皇看到咸阳城的富庶与繁荣后，兴致勃勃，流连忘返于街市中，遍访民情，了解民意。

当天夜里，秦始皇依旧兴致勃勃，故而没有返回王宫，而是巡游到了兰池一带。《史记正义》说："兰池陂即古之兰池，在咸阳县界。秦纪云'始皇都长安，引渭水为池，筑为蓬、瀛，刻石为鲸，长二百丈'。逢盗之处也。"

谁也没想到，看似繁华的咸阳城却危机重重。就在咸阳城——秦国安保措施最全面的地方，秦始皇一行人竟遇到了一伙盗贼。这伙盗贼的目标很明确，他们看中了秦始皇的雍容华贵，向他发起了袭击。

所幸的是，护卫秦始皇的四个武士武艺高强，他们杀死了一些盗贼，另一些盗贼乘着夜色逃窜。之后，秦始皇下令在关中一带搜捕这些盗贼。不过搜罗队搜寻二十多天，不见盗贼踪迹，此事也只能作罢。秦始皇的兴致被败坏到了极点，这已是他第二次被人"暗算"。可能这些盗贼并非真实的强盗，而是某些"势力"培养的死士，他们的目的就是要杀了秦始皇，替天行道。因此在刺杀失败后，秦始皇才没有找到这些人的蛛丝马迹，否则，作为最高统治者，还找不到几个行刺之人吗？而这次行刺，进一步加深了秦始皇的戒心。[1]

秦始皇可能也在思考失政之处，但他还没有找到原因，又得处置突发性事件。据说，秦始皇刚刚回宫，就得到消息说，咸阳的米价达到每石一千六百钱。

物价飞涨对咸阳的居民来说，并非一件好事。尤其对于那些最底层的民众来说，可谓是灾难。因他们已脱离土地，从事手工业、商业等活动。粮食主要来自购买，已与今天的市民有几分相似。

---

[1] 司马迁：《史记》卷六《秦始皇本纪第六》："十二月，更名腊曰'嘉平'。赐黔首里六石米，二月。始皇为微行咸阳，与武士四人俱，夜出逢盗兰池，见窘，武士击杀盗，关中大索二十日。米石千六百。"

针对这一情况，秦国高层并未采取相应的措施。大概这种事由李斯等人处置，而秦始皇关注的，还是他的长生不老、寻仙问道之事。即便是咸阳遇刺，都没有影响他对长寿的渴望。

而《史记》记载的这个现象非常值得注意：一向以"政治"为重心的太史公为什么重视起"民生"？本书认为，这背后有着更为庞杂的原因。秦汉财经学者刘三解先生认为，这可能是秦经济出现问题的"预兆"。

继续巡游

公元前215年（秦始皇三十二年）夏秋之际，风和日丽，气候宜人。沉寂半年多的秦始皇，继续开启巡游之路。这次他选择的地方还是东方燕、赵之地碣石山（河北乐亭）。

表面上看，巡视的目的是因为这些地方还有不稳定因素，人心尚不服。而秦始皇捕捉到了这个因素，才要到这里彰显武功，震慑地方。实际上，这次出行，可能还是与寻求长生有关。

不过因上次咸阳遇袭，这一次秦始皇谨慎了许多。只要出行，他都被众人裹挟着，几乎没有力量能渗透到秦始皇跟前。

而由于秦始皇不断巡游，还诞生了"移动朝堂"。即他所到之处文武百官跟随，遇到需要处置的政务，就地解决。据说，即便在巡游中，秦始皇每天还是要阅览大量的"奏疏"，批阅各种竹简。这种"流动朝廷"与后来契丹的"四时捺钵"有几分相似。不同的是，秦始皇巡游是为了震慑天下，所以他所到之处，弥漫着大秦"君威"。

秦始皇对这一切很受用，尽管他巡游的地方民众如草芥一般，都躲得远远地观望。

这次河北之行没有任何风波。那些不稳定因素，也都隐藏了起来。

到河北后，秦始皇又听到了很多神仙的传闻。这些传闻搅得秦始皇心神不宁。或许人越渴望得到什么，就越不会得到什么。为了探求更多仙方、良术，秦始皇还派燕人卢生带人遍访名山大川，寻找传说中的羡门、高誓两位神仙。而秦始皇本人则在碣石巡游，当他看到这里的城墙毁坏时，命人修复城墙，加固堤防。之后，秦始皇命人在碣石门上立碑刻字，彰显秦国德威：

> 遂兴师旅，诛戮无道，为逆灭息。武殄暴逆，文复无罪，庶心咸服。惠论功劳，赏及牛马，恩肥土域。皇帝奋威，德并诸侯，初一泰平。堕坏城郭，决通川防，夷去险阻。地势既定，黎庶无繇，天下咸抚。男乐其畴，女修其业，事各有序。惠被诸产，久并来田，莫不安所。群臣诵烈，请刻此石，垂着仪矩。①

这些溢美之词，透露着恩与威。与之前巡游时一样，态度还是那个态度，口吻还是那个口吻：秦国鲸灭六国是大势所趋，是顺应天意，五行相克。若燕、赵之地不臣服秦国，就是不顺应天意。这虽然有点自欺欺人，却是当时的实情。秦始皇希望通过这样的巡视，达到安定天下的目的。

同时，秦始皇还心心念念着长生不老药的事情。徐市带领那么多人出海，至今下落不明，谁也不知道他是藏起来了，还是被大海吞噬，再或者登上了三山。总之，他们音讯全无，让秦始皇既着急

---

① 司马迁：《史记》卷六《秦始皇本纪第六》。

又生气，也很无奈。

可能这次到碣石，秦始皇名义上是巡视，实际是寻找长生之法。据说本地的韩终、侯公、石生三位异士捕捉到秦始皇的"心思"后，向秦始皇鼓吹了一些鬼神之论，以及难以捉摸的长生之法。秦始皇兴致再次被吊起。不久，秦始皇就遣韩终、侯公、石生三人从碣石出发，带着皇帝的旨意，到处寻找不死灵药。

三人出发后，秦始皇也没有闲着，他还有"巡视主业"没有完成。秦始皇带领随行人员继续沿着北方边境巡视。之后，他们到了燕国的边境，向更远处的草原地带张望。但这一大片地方，除了臣服于秦国的黔首，没有其他民众。广袤的塞北之地，空旷得有些可怕。这里曾是匈奴长期骚扰的地方，秦始皇本欲见识匈奴的威猛，而匈奴人可能探知到秦始皇到来，主动躲了起来。

之后，秦始皇沿着燕、赵之地向西巡视，一路上鼓乐喧天。秦军叫喊声响彻云霄，向草原部落彰显神威，震慑匈奴等少数民族。最后，秦始皇的车队一直到到上郡，才开始折回。

再之后的一段路很顺利，因为这是返回之路。秦始皇修筑了各种"道"，供他的巡视队伍行走。

同年的夏秋之交，秦始皇回到了咸阳。

也是这年秋天，回到咸阳的秦始皇等来了燕人卢生。他从海上折回，向秦始皇讲述了自己的所见所闻，尤其在东海之滨听闻的鬼神故事，令秦始皇神往不已。

不过，仅凭这些道听途说，尚不能令秦始皇满意，毕竟他的任务是寻访长生不老秘术（药）。卢生自己是清楚这一点的，所以需要一些更为新奇的东西，转移秦始皇的注意力。因此，卢生给秦始皇献上了他在路上发现的各类书籍。这些书籍多有年代感，不似今人写就，这就预示着这些书具有了某种"神力"。卢生向秦始皇详尽解释了他获得这些书籍的过程。最后，卢生曝出了这样一个事实：经过他翻阅，发现有些图书中有"亡秦者胡也"之类的预言。卢生还专门找到这些书中的记载，证明自己所言非虚。

卢生的话和摆在眼前的书籍引起秦始皇的注意。比起寻找长生不老药，稳定国家更是秦始皇最为迫切的事业。换言之，若国家不稳，即便他长生不老又有何意义？他这些年不断巡游，彰显国威，震慑天下，不就是为了达到这一目标吗？现在卢生发现的这些书，令秦始皇愤怒和不安。而书中说的胡人，就是包括匈奴在内的北方草原游牧民族。

不久前，秦始皇刚刚从这些地方返回，并没有起到震慑作用。但这时候，胡人反叛之心路人皆知，唯独秦始皇还蒙在鼓里。

当然，本书推测，"亡秦者胡也"这样的结论可能是卢生的计策。他清楚秦始皇的多疑性格，他没有找到长生不老药，才故意转移秦始皇的关注。若胡人真有反心，为什么在此之前都没有表现出来？而不久前秦始皇巡游北方时，他们还都畏惧不出。

那么，胡人真能亡秦吗？这是一种预言，一种宁可信其有的预言。秦始皇当然半信半疑，但他需要采取措施。

北征匈奴

秦始皇召集群臣"开大会"，商议应对卢生带回来"亡秦者胡也"预言的对策。

事实上，这种情况下，商议与否意义不大，因为天下都是秦国的天下，即便有"不稳定因素"，秦国亦能用武力震慑。而秦始皇之所以还要讨论，只是希望得到更为翔实的应对方案。因此，众人商议的结果还是武力镇压。

应对方案产生后，新的难题摆在眼前，这就是由谁领兵的问题。此时，老一批征战天下的将帅或隐退、或去世，留在国内继续任职的人有蒙恬、章邯等人。

蒙恬是成长于战国末年的将帅，也是将帅"世家"，蒙骜就是他们的祖父，曾为秦国的统一大业立下赫赫战功。他们的父亲蒙武也曾领兵出征，在攻城略地中建功立业。到蒙恬时代，他们已成为"新贵族"。不过在秦翦灭六国时，蒙恬并未冲在最前面，王翦、王贲父子才是灭诸侯的"主角"。

这一次，秦始皇决定给蒙恬机会，让他做主角。因此，由蒙恬带领三十万秦军北上，应对胡人入侵。前提条件是，不管想什么办法，要将胡人驱赶出去。

公元前214年（秦始皇三十三年）春夏之交，蒙恬领兵出征，向北行进。秦始皇守在咸阳宫，等待着蒙恬的消息。三十万秦军浩浩荡荡，向北开拔。与以前灭六国战争不同，这次秦军出兵显得从容，蒙恬故意炫耀秦国强大的军事实力。四周的民众看到秦军威武，纷纷躲了起来。①

不过所有人都清楚，一场大战即将展开。

匈奴方面也得到了消息，但避让已然不及，只能应对。大概匈奴王也抱着试一试秦军主力的态度，打算与秦军"较量一番"。不久，秦军就进入黄河以北的草原地带，这里是匈奴聚居区，有零零碎碎的牧民。秦军继续深入推进，很快发现了匈奴的踪迹。

旋即，双方就在草原上展开了一系列大军团对决。蒙恬指挥秦

---

① 司马迁：《史记》卷六《秦始皇本纪第六》。

军猛攻匈奴，一举击溃了匈奴主力。之后，秦军继续追击，匈奴军不敌，在单于的带领下，继续向北而行。蒙恬一举收回黄河以北曾经被戎、狄占据的土地。[①]

此后，蒙恬放弃了追击，撤回到"安全区"。这么做也是有原因的，毕竟游牧才是匈奴的生活方式，而他率领的秦军则不同，军队一切补给都需后方提供。

随即，秦国将榆中以东大片区域重新划分，让秦国的地界一直延伸至阴山附近。秦国还在这些新增的地区设置了四十四个县，并在黄河边上修筑了要塞，应对匈奴的偷袭。

实施完这些大工程后，秦军有过一段时间休整。紧接着，秦始皇再命蒙恬渡黄河，继续追击匈奴。蒙恬继续领兵出征，占领了匈奴经营的高阙、阳山、北假中等几个要塞，在这里修筑堡垒，阻挡戎、狄。

为了解决边境人力资源不足的问题，秦始皇还将曾遭被贬谪官员及其家属安置在新设置的郡县，督促他们从事生产活动，为戍边提供物资保障。[②] 而蒙恬也不能再回咸阳，要长期驻扎在这片地域上，预防匈奴、戎、狄入侵。

当然，尽管驱赶了匈奴，秦始皇依然有顾虑。"亡秦者胡也"的预言仿佛魔咒一般，一直萦绕在秦始皇的耳际。匈奴是游牧民族，行踪不定。这次秦军只是将他们驱赶到更遥远的地方，谁也不能保证，他们会不会再度折回，继续骚扰秦国边境。

为了一劳永逸地永远解决匈奴的问题，秦始皇又萌生了一个大

---

① 司马迁：《史记》卷八十八《蒙恬列传第二十八》："秦已并天下，乃使蒙恬将三十万众北逐戎、狄，收河南。"
② 司马迁：《史记》卷六《秦始皇本纪第六》。

胆的决定：修长城。

秦始皇产生这样的观念并非突发奇想，恰恰说明秦始皇的高瞻远瞩。他这是借势发力。战国时代，各国在边境线上多修筑城墙，用来阻挡外敌入侵。比如，楚国为了防御韩、魏入侵，曾修筑长城。齐国为了防御楚、吴、越，也曾在沂蒙山地修筑类似于长城的建筑。魏国为防止秦国入秦，也曾在洛水东岸修筑长城。这些都是列国修筑的城防设施，在抵御外敌入侵上发挥了重要作用。换言之，在战国时期，修筑长城防御外敌已成为诸侯的常规做法。

秦国还未强大时，也曾修筑了多条长城，抵御外敌入侵。比如，早在秦简公时期，三晋强大，魏国不断威胁到秦国的地位，秦国就修筑了一道类似城墙的"堑洛"，防止魏国入侵；秦惠文王时期，虽然秦国已强大，也修筑了洛河北岸的长城，防止赵国南下骚扰。到秦昭襄王时期，秦国国力大增，秦昭襄王不断向中原发起进攻，意在翦灭六国。但因北方草原匈奴也逐渐强大，有入主中原的意图，成为威胁秦国的力量。秦昭襄王特命人在陇西、北地等地修筑长城，预防匈奴忽然南下。不过，秦国的这两段长城并未形成"闭环"，只是两段相互独立的长城。

现在，秦国虽统一天下，匈奴问题依旧成为难题。因此，修长城事宜再次摆在眼前。秦始皇打算建立一条长城带，将各地的"半截长城"连接起来，再利用地理优势，控扼险要关塞，自然也就能阻挡匈奴的骚扰与入侵。

强势的秦始皇一旦决定做某件事，臣僚们只能附和，没有人能对抗他的霸道。之后，朝廷颁布了一道修筑长城的诏命：由国家负责规划、设计等顶层工作，涉及的郡县则负责组织人力修筑长城。

　　不久，秦国高层出台了修筑长城的全面规划：西起临洮秦国旧长城，东至辽东，中间续接各国长城，计划长度万余里。看这个规划，就会发现，这条长城正好处在农牧分割线上，长城以北是游牧区，以南是农业区。这种设计，体现了秦国高层的"集体智慧"。

　　这份规划传至边境后，各地迅速开启了修筑长城的工程。至此，一项为巩固边境的大型工程启动，各地都组织了青壮年劳力投入工程中。只是修筑长城的工程量不尽相同，有些地方有"基础"，工程量相对较少，对民众的盘剥也相对较少。有些地方没有任何建筑基础，需要花费大量的人力。据说修筑长城时，秦国调集的人力超过四十万。在生产相对落后的两千多年前，组织如此庞大的人群去做一件事，其艰苦、残忍、剥削程度远非现在人可想象。

　　修筑长城的工程启动后，秦始皇很重视。据说，为了掌握进度，尽快完成长城的修筑工作，秦始皇还定期派人到各个标段督查工程进度。而这种"督查"也让各地官员不敢"耽搁"和"怠慢"，因为这直接决定着他们的"考核"。据说，为完成朝廷交办的任务，各地官吏对役工极尽劣待，使其白天黑夜劳作，导致很多人在修筑长城时丧命。即便如此，工程亦不能停下来，死人根本不能成为阻碍修长城的原因。中国四大传说的《孟姜女哭长城》大概源于此。

　　死人是常见之事，工程却不能延误。因此，秦国在开启修筑长城时，那些没有承担修筑任务的地方，还要负责为修筑长城提供源源不断的劳力，确保长城修筑能顺利进行。

　　总之，修长城表面上看，是为了国家安全，但对国民的盘剥与打压不能忽视。整个边境线上，抱怨声不断，天下人痛恨秦王朝的"暴政"。据说，在秦国全面修筑长城时，上苍以出现彗星的方式警示秦国，但这毫不影响秦始皇修筑长城的决心。秦始皇还下令，禁止民间搞祭祀活动，这实际上也是一种控制底层的措施。[①] 秦始皇就是要牢牢控制国民，不让民众脱离其掌控。

有意思的是，秦始皇似也意识到修筑长城缺劳力，并将此作为惩戒官员的"营地"。把对官员的管理与修长城结合起来，制定了严格的官员管制办法，一旦有官员判案不公，就会被送往边境修筑长城，终生不得回朝。试想：一个为秦国效力的官员都会有如此下场，谁还真正会为这样的国家效力？所以，陈胜吴广起义时，地方官员会"摇旗呐喊""遥相呼应"，与这种严惩官员的政策也有必然联系。

重重措施最终落在民众身上，他们夜以继日地干着这项巨大的工程。他们本是这片地域里青壮劳力，应投身于农业生产中，却因修长城而有家归不得，很多人死在了修长城的地方。

秦国高层不在意这些，他们只关心进度。数年后，各个标段的长城被连接起来，万里防线正式建成。秦始皇终于，高枕无忧。

不过在秦国修筑长城时，秦始皇并未做一个"闲散"的君王，他还是那么爱折腾：一边处置政务，一边酝酿着更大的"计划"。

[①] 司马迁：《史记》卷六《秦始皇本纪第六》。

第二十四章

天崩

遵彼汝坟，伐其条枚。未见君子，惄如调饥。

遵彼汝坟，伐其条肄。既见君子，不我遐弃。

鲂鱼赪尾，王室如毁。虽则如毁，父母孔迩。

——《诗经·周南·汝坟》

1. 焚书坑儒

焚书以控制民间

公元前 213 年是个太平年。这一年，秦始皇选择了"歇一歇"。其实，多年在路上，已让秦始皇有些疲倦。他想在这一年稍作休整，然后再巡视。所以这一年最初的几个月，秦国内部安定，经济发展迅速，文脉异常兴盛。

这样的日子，不管秦国的官僚还是臣民，都是渴望的。战国时代的隐痛终于逐渐隐去。当然，秦国对臣民的盘剥还在继续，秦长城还在修筑，西南百越之地的重建也在进行中。只是战争的停息，让一切都变得"可接受"。

天气变得暖和起来，春夏之交，万物复苏。某一日，秦始皇忽然心血来潮，在咸阳宫大摆筵席，招待群臣。

宴席丰盛，宾客按照各自位置就座。酒宴开始后，秦始皇向群臣彰显自己的功业，自吹自擂，群臣附和称赞。七十位来自东方的博士汲取教训，迎合秦始皇，向秦始皇祝寿，祈愿秦始皇长生。

仆射周青臣在颂辞中说："以前秦国的土地不过千里，疆域小、人口少。现在，凭借着陛下的英明神武，驱逐蛮夷，平定天下。日月光照之处，无不臣服。陛下又改原来诸侯国为郡县，废除分封制，天下一家，人人安居乐业，停息战争，江山社稷代代相传。这是自古以来从没有实现的治理水平，没有人可比陛下更威德。"

周青臣的这番恭维，让秦始皇很受用。皇帝很高兴，与群臣痛饮。

有意思的是，在这场聚会上，齐国人淳于越说了一番不合时宜的话，让秦始皇非常愤怒。淳于越说："周王朝称王千年，分封子弟和功臣，让他们辅佐王室。如今，陛下拥有天下，王室子弟却是平民百姓。日后，一旦出现田常、六卿这样的乱臣，皇帝没有子弟和功臣辅佐，谁来拯救国家于危难之际？我认为，凡事若不效仿古人，很难长久维持。周青臣阿谀奉承，蛊惑陛下在错路上越走越远，他这就不是忠臣的表现。"淳于越的话令现场群臣面面相觑，不知如何是好。

听完淳于越的话，秦始皇的兴致完全被破坏，沉着脸不说话。淳于越似乎也看到现场氛围不对，就闭了嘴。

秦始皇思虑良久，并未表明自己支持淳于越还是周清臣。他将讨论的权限交给了群臣。

这时候，已升任宰相的李斯率先表达了看法："五帝制度并非代代沿袭，夏、商、周三代的制度也不是对前代的继承与重复。他们都有各自不同的制度，并依据这些制度，将国家治理得井然有序。他们这样做，并非要坚持推行不一样的制度，只因时代不同，治理国家也就没必要效仿前朝。现在陛下创建伟大功业，立下万世不朽的功勋，非愚蠢的儒生所能理解。淳于越所说三代旧事，又有什么值得效仿呢？以前诸侯并立时，诸侯往往通过优厚待遇，吸引列国人才为其效力。现今天下太平，法令皆出自陛下一人。这种情况下，百姓应在家安心务农，努力生产；读书人应学习法律，令行禁止。现在的儒生不学习国家法令，却主张效仿上古制度，指责当代政治，迷惑黔首，委实不该。"①

　　李斯的这一番大棒子落下后，儒生们集体闭了嘴。李斯这位法家的代表人物，一直对儒家怀有"成见"。他和商鞅、吴起、李悝等人一样，坚信法家才是治理天下的主流思想。所以，他才能如此"大言炎炎"。李斯的这些言论，得罪了所有儒生。

　　不过，即便如此，李斯依然不想收敛，他继续"冒着风险"说："上古时代，天下四分五裂，没有统一号令，导致诸侯并立，互不相容。那时士人多引用古代否定当代，用一些浮夸不实的文辞混淆视听，鼓吹自己学派的优势，认为只有自己的主张才是最好的。他们否定君主颁布的法令，显示自己的才学。如今四海统一，天下安定，黑白分明，宇内都以皇帝为尊。而诸子百家还沉浸在战国时代，批评国家的制度、法令。只要听说朝廷有新诏命下达，他们就立即议论国家诏命。在朝中时，他们在心中指责法令。出了庙堂，又在街巷妄议。他们总是通过批评君主来为自己博取名声，抬高自己的地位，甚至还鼓动底层民众一起诽谤朝廷。若继续放任这种情况，而不对其加以约束与制止，对上有损君主的威德，对下让他们结党营私，不利于国家发展。我认为，还是禁止他们的言论好。因此，我请求陛下恩准，将民众收藏的《诗》《书》及诸子百家著作全部清理，只留下最实用的医药、占卜、种植等书。朝廷要下令，命他们自行处理手中的藏书。若颁布诏令三十天还不销毁藏书的人，再判处黥刑，将其调往边境，让他们参加苦役。以后若有人想学习国家法令，就将官员当成老师，向官员学习。"②

　　李斯的这段话有浓烈的"法家"思想，折射出这样几层意思：

_____

①② 司马迁：《史记》卷六《秦始皇本纪第六》。

其一，秦国所焚书籍都是些蛊惑人心的百家之说。这些书的内容"五花八门"，多种思想"混杂"，这样的书容易"启迪民智"，引发民众"多想"，造成国家不稳定。和商鞅愚民主张一脉相承，李斯所需要的只是黔首勤于劳动，源源不断充当劳动力的人，活着的意义是服务于国家富强，而非有"反思"能力的觉醒之民。

其二，秦国的官僚系统从商鞅变法时，就已组建起了强大的"文官系统网"。从中央到地方、从行业到部门将文官连成"纵"与"横"的关系网，镶嵌在国家每个重要位置，发挥他们治理国家和地方的才能。需要注意的是，这里所说的文官并非全是儒生，更多是懂秦国律法的"刀笔吏"和"文法吏"。他们熟悉秦国的法令，推行各种制度，确保秦国的"文书系统"顺利运行。就是说，秦国选拔官员的标准是"实干"，并非善于"空谈"的思想家。

其三，秦国焚书也是有原则的。那些实用性的书籍不在焚毁之列，因为这些书籍还会发生巨大作用。民众也可详参这些书籍，甚至能掌握某些技能，比如学习治病救人本领的医学书籍。这是秦国多年重视医学得出的经验之谈。按照史料记载，秦国医学一直很"发达"，从春秋时期，就有秦国名医给诸侯国君治病的事例。再比如，农学方面的书籍，亦不在焚毁之列，因为秦国是一个"农业"大国。

其四，秦国的法令是"开放"的。与对待诸子百家学说不同，秦国高层号召黔首都能学习秦国法令，熟悉秦国法令。也唯有全民"懂法"，才能更加深入推进法令。商鞅逃亡边境想要住店，而店主需要查验"身份证"，否则就会被治罪，足以说明这一点。主政者甚至希望，全国上下都理解法令，如此就能解决很多实际中的问题。

总之，李斯在这次朝会上的发言，振聋发聩。他全盘否定了百家学说。众所周知，秦国统一后，依然允许百家著作存在，也允许他们传播自己的主张。这是一种文化"兼容"与"重组"。秦国这么做，亦符合当时实际，也能稳定各国。

而李斯的这番话，引起天下读书人（儒生）的愤恨，他也会成为士人的公敌。所以，他自己在发表意见前说"冒着风险"。只是李斯作为成长于秦国的官员，对政治看得更透彻，对秦始皇看得更透彻。他不愿做厕所里的老鼠，就要站在权力巅峰。而站在权力巅峰的唯一方法，就是得到秦始皇的赏识。所以李斯总能在关键时刻迎合秦始皇，说出与其他官员完全不同的建议。

事实证明，李斯这番言论具有威慑作用，他让在场的儒生们颤栗不已。但李斯很兴奋，因为他的建议触动了秦始皇。李斯这种"实用主义"，对于巩固秦国政权具有很大的作用，所以秦始皇同意了李斯的建议。他命人草拟诏命，向天下颁布焚书告示。应当说，李斯也是唯一一个用主张改变秦始皇意志的人，劝谏废止逐客令如是，焚书亦如是。

诏令颁布后，全国各地掀起了一场焚书活动。黔首、贵族、富豪都销毁各自藏书。收尾阶段，地方官员还组织人进行搜罗，查找漏网之鱼，只要是在焚书之列的书，一概不论其价值，全部进行焚烧。秦国民众如履薄冰，谁也不敢私藏书籍，毕竟谁也不愿被人脸上刺字，流放到边境做苦力。

这场焚书活动持续了一个月，造成"及至秦之季世，焚诗书，坑术士，六艺从此缺焉"[①]。诸子百家创造的那些智慧结晶，几乎被

---

① 司马迁：《史记》卷一百二十一《儒林列传第六十一》。

秦国全部销毁。漏网之鱼少之又少。话说回来，谁又敢私自藏书呢？秦以前中国最丰富的文明似被毁灭。

本书认为，此举固然对秦国的稳定、收拢人心有重要作用，但对中华文明的迫害却是绝无仅有的。当然，这都是后世的解读，全国私人藏书是否全部被销毁，尚有待考证。汉代淮南王家里的藏书，亦不全是来自官方。

再者，焚书事件听起来很"恶毒"，但并非焚毁了所有书籍。秦国宫廷的藏书和官员收藏的书籍不在焚烧之列。秦翦灭六国时，六国大量的书籍被运到咸阳，进入国家"藏书馆"。秦国也保留了百家文化。只是数年后，项羽进入咸阳，用一把大火，将秦国国家馆藏的图书焚烧殆尽。

还有些书籍也没有被焚毁，那就是在政令出台前，作为陪葬品被埋在地底下的书籍。两千多年后，考古工作者在各处发掘中，逐渐发现的地下的一些文物，重新找到了那些周、秦时代的"文明成果"。睡虎地、里耶、岳麓等地出土的秦简，就是最好的例证。不过，考古就像盲人摸象一样，我们永远无法预测地下还有多少书籍被掩埋。

焚书活动结束后，天下士子被秦始皇的雷霆手段震慑。秦国再也没有淳于越这类扫兴之人，说一些扫兴的话，用自己陈旧的理论否决国家颁布的政令。

秦国朝臣也不敢再胡说八道，他们总是顺着秦始皇的情绪提出建议，按照秦始皇的喜好，陪伴君王左右，并以此来安身立命。而一个可怕的时代，也从此刻开始了。听不进不同建议，是统治者集权的开始，也是王朝腐朽的开始。

兴建阿房宫

公元前 212 年时，秦始皇又产生了大兴土木的想法。没有人能弄清楚秦始皇这种想法的根据是什么。可能秦始皇"微服私访"过咸阳，或者说有司衙门给他上过奏疏，让他意识到，随着天下一统，咸阳人口骤增，原来的城市已难容纳源源不断涌入咸阳的民众。所以，在一次朝会上，秦始皇对高层智囊说："我曾听人说，周文王建都于丰，武王建都于镐，说明丰、镐一带是帝王建都的绝佳之地。"①

秦始皇的言外之意，是要效仿周文王、周武王的做法，在两河之间建立两座城。这时候，以李斯为首的秦国高层"捕捉"了秦始皇的"欲望"，附和了秦始皇的想法。

而这更加坚定了秦始皇兴建城池的信念。有时候，统治者的欲望，往往是手底下人的"纵容"和"怂恿"造成的。

之后，秦始皇再兴土木，修建大型宫殿。由于这项大工程耗资巨大，各处都在为其提供便利和条件。比如，从北山采集各种石料，从蜀地、楚地运木材。而且，只要工程需要，即便天下最好的物资，也都要运输到这里来。②

物资尚且如此巨大，投入的人力自然也不会少。据说，修筑宫殿的人数超过七十多万人——比秦国修筑长城的人数还要多。这些人在渭水边上日夜劳作，试图将此地打造成了一座"人间天堂"。

《秦始皇本纪》载，这些建筑群规模超群：宫阙沿着渭水南岸修建，东西长五百步，南北宽五十丈，大殿之上能容纳万人。大殿

①② 司马迁：《史记》卷六《秦始皇本纪第六》。

外面立着五丈高的旗杆。宫殿四周，修有供车马驰骋的阁道。这条阁道从宫内一直通到咸阳城外的南山。据说，秦始皇还命人在南山顶部修筑一座观楼，与这里南北遥相呼应。

之后，秦始皇又命人修筑了一条"空中复道"，能从这片宫殿区进入渭水，将渭水与咸阳相连，象征着天极阁道越过银河王宫。

秦始皇想给这片宫殿区取一个响亮的名字，但一直没有找到最心仪、最合适的名字，所以这片宫殿区反而成为"无名"区。后来，因这片宫殿区位于一个叫阿房的地方，天下人就称呼其为阿房宫。

在修筑阿房宫的同时，秦始皇还命人在骊山修筑陵墓。这座前无古人的墓葬在 20 世纪被发现，并未对其实施发掘。反而是陵墓旁边的兵马俑，成为人们认识秦国的一扇窗口。

当然，通过为自己修建陵墓这件事也能看出，此时的秦始皇尽管渴望长生不老，但截至此时，他派出寻访长生不老药的人还未找到长生之药。为此，他做了两手准备：其一，他还寄希望于长生不老。若真找到了不老药，其实就不用死了；其二，提前组织人修筑陵墓。这是做退而求其次的打算，即便找不到长生不老术（药），他也要将陵墓打造成天下唯一的墓，远超以往帝王陵墓。那时候的人始终相信，人死了会去另一个地方，陵墓的规格显得更加重要，将影响人在"另一个地方"的地位。

那么，寻找长生不老仙术（药）的人到底找到了没有？答案是：没有。因为截至此时，徐市一去不复返，生死不明。卢生、侯生等人遍访各地，也未曾找到仙药。

而与徐市"不管不顾"不同，卢生等人无法做到置身事外，因为他们还有家族，还有亲人。一走了之，非万全之策。不过，没有找到长生之术（药），也让卢生等人压力倍增。上一次，为了逃脱罪责，他们说出了"亡秦者胡也"的言论，让秦始皇信以为真。接下来，若还是找不到长生不老术（药），只想逃避责任，秦始皇还能相信他们吗？

这时候，卢生等人不得不思考新的"说辞"。

有一次，卢生对秦始皇说："我们怀着虔诚之心寻找仙药，却总是找不到。我猜想，大概是有什么事阻碍了我们的行动，才让我们找不到仙药。我记得有仙方说，皇帝经常微服出巡就能让恶鬼躲避，而恶鬼避开了皇帝，传说中的真人也就会出现。皇帝居住的地方若被人知晓，神仙就不会到来。仙方上还说，真人有着异于常人的本领，入水衣服不湿，近火身体不会被灼伤，还能腾云驾雾，与天地同寿。现在，陛下您治理天下时，还做不到清静无为。希望今后您不要让外人知晓居住的宫室。可能唯有如此，我们才能找到长生不老术（药）。"秦始皇似有所悟地说："那些真人令人羡慕，以后我不再称'朕'，而称'真人'。"

之后，秦始皇还下令，将咸阳附近的二百里内的宫殿都用复道和甬道连接，并让人在各种宫殿中装起了帷帐、钟鼓等，让天下最美的女子都待在宫中，不再抛头露面。国家会按照她们各自的位置，确定她们的住处。未经允许，不得擅自离开居所。日后，皇帝到这些宫殿后，若有人说出这些宫殿的名字，就会被处死。秦始皇希望通过这样的方式，杜绝皇帝住处"泄露"。

这些记载，表面上看，匪夷所思，不能为人所信。不过对照秦始皇对长生不老的疯狂追求看，就能发现这种记载完全在情理之中。此时的秦始皇为了长生，几近达到了"病态追求"，出台一些令人无法理解的"昏庸"诏令在所难免。

坑儒源自追求长生

为长生不老，秦始皇已表现出一种病态。更为要命的是，他听取了卢生等人的建议，对任何人都不信任。只要有人泄露他的行踪，传播他说过的话，就可能会招致祸端。

据说有一次，秦始皇到梁山宫①游览。当他站在山上观望时，看见丞相李斯的车马数量多，心里产生了疑惑。周围的人大概猜到了秦始皇的"猜忌"。事后，秦始皇身边的宦官将此事秘密告诉了丞相。李斯得知情况后，注意到自己的言行引发了秦始皇的猜忌，以后出门时就减少了马车和随从的数量。

这件事本无可厚非，但李斯"别于往常"的做法，立即引起了秦始皇的警觉。他生气地说："一定是宦官泄露了我说的话。"之后，秦始皇下令追查泄露他话的人。当初跟随他出行的宦官被严刑逼供，却始终没有人承认泄密。秦始皇非常愤怒，命人将宦官全部抓了起来，斩首示众。

这件事发生后，再没有人敢透露秦始皇的行踪，传播皇帝的言论。因此，这时候出现了非常反常的一幕：很多时候，谁也不知道皇帝去了哪里。不过在处置政务的时候，秦始皇都会在咸阳宫，只有他打算出行的时候，才不允许泄露行踪。②

秦始皇为了长生，变得越来越病态。而这也让侯生、卢生等人对秦始皇嗜杀成性、多疑成病产生了担忧。不让外界知晓皇帝行踪的建议本身就由他们提出，可能当时只是无意间信口胡说，却让那

---

① 《史记正义》引《括地志》记载说："俗名望宫山，在雍州好畤县西十二里，北去梁山九里。秦始皇'从山上见丞相车骑众，弗善'，即此山也。"

② 司马迁：《史记》卷六《秦始皇本纪第六》。

么多人丧命。

卢生等人非常担心。到这时，他们仍没有找到长生不老药。他们战战兢兢，担心哪天秦始皇问及此事，就会招致祸端。因此，侯生、卢生两人秘密商量摆脱秦始皇的办法。他们私底下商议："皇帝为人天性残暴、自以为是。他以诸侯的身份出兵，征讨天下，兼并四海，诸事称心，总认为从古至今没有人能与他相比。他重用断案能臣，让他们受宠，为秦国断案。眼下秦国饱学的博士虽然有七十多人，能被他重用的寥寥无几。即便是宰相和大臣，也只能接受皇帝的命令，按照皇帝的意图做事。皇帝喜欢用刑罚杀戮树威，天下的官员都非常惧怕获罪，也想保住俸禄，都谨小慎微，一味迎合讨好皇帝，以至皇帝再也听不到忠言，无法纠正自己的错误观点，一天比一天骄横。群臣害怕皇帝的威刑，不得不说谎话以永安身。按照秦国律令，一个人不能兼有两种方术，而只要方术不灵验，就会被处死。但每次占卜，会有三百多人参与占卜。这些人也都不是坏人，他们只是担心说真话遭到迫害，因此不断用假话来糊弄皇帝。秦国大小事务都由皇帝决断，皇帝还用秤称奏报竹简的重量，每天都要坚持批改定额的竹简。不批阅完那些奏疏，他就不休息。皇帝贪恋权势到如此地步，我们不能再为他寻找长生不老药。"

侯生与卢生这些言论，透露了很多信息。值得好好揣摩。当然，不排除他们有诋毁秦始皇的嫌疑。不可否认，他们到处散布的这些言论，为我们了解秦始皇的日常生活提供了参照。

有一点值得注意，这就是秦始皇批阅奏疏的细节。由此看得出，他的多疑性格。《淮南子·泰族训》里也有类似记载：

赵政昼决狱而夜理书，御史冠盖接于郡县，覆稽趋留，戍五岭以备越，筑修城以守胡，然奸邪萌生，盗贼群居，事愈烦而乱愈生。①

这里的"事愈烦而乱愈生"代表了一种思想，一种揭露真相的思想，与后世无为而治截然相反。秦始皇的种种做法，也揭示了这样一种道理：统治者愈折腾，底下愈民不聊生。过度干涉，导致国家不得安宁，守正、清净或许才是乱世结束后统治者的正确做法，可惜秦始皇并不想这么做。他紧紧攥着手中的权力，不打算与任何人分享权力。他的意图要立即体现，并迅速得到回应。

据说，侯生与卢生散布完"不当言论"后，就逃离了秦国。而卢生等人逃走，超出了秦始皇的预料。

秦始皇听说方士逃走的消息，非常愤怒。尤其当卢生、侯生等人商议的言论传入他耳中后，令他不安、焦躁。他在群臣面前大发雷霆："以前朕收集天下百家书籍，将没有用的都销毁。朕还招揽了很多方术之士，希望他们能够为天下太平尽力。这些人想修炼丹药，寻求灵药，朕都允许了。现在韩众等人不辞而别，徐市等人花费巨大又不知所终。他们信誓旦旦表示要寻找仙药，至今都没有找到。朕每天听到的都是他们之间相互诋毁、牟利的事情。朕本来对卢生等人很尊重，赏赐也优厚，如今他们到处散布谣言诽谤朕，企图损毁朕的形象、加重朕的无德。朕现在越来越不信任这些儒生了，朕将派人调查他们的言行，严查他们散布谣言、蛊惑人心的行径。"

不久，秦始皇命御史整肃儒生。御史组建了一班人马，审问居

---

① 刘安、陈广忠译：《淮南子》，中华书局2016年版。

于咸阳的方士。大概御史动用手中权力对方士们进行了严刑逼供，试图从这些儒生口中得到想要的结果。

而这种严刑逼供，达到了意想不到的"功效"：这些方士平日趾高气扬，各有各的主张，甚至诋毁皇帝的决定。当刑罚落在头上时，瞬间就屈服了。方士们相互指责、检举，一个人供出另一个人，"拔出萝卜带出泥"。最后，统计出来"妄议国政"的人超过四百六十人。秦始皇将他们从国籍名册上除名，命人在咸阳外挖了一个大坑，将他们诛杀后，埋在了这座大坑中。之后，秦始皇还颁布了告示，向天下宣布了这些人的罪责和被坑杀的经过，以警示那些乱说话、对国家不忠之人。①

这就是历史上有名的坑儒事件。

不过，需要辨析的是，秦始皇诛杀的这些人中，方士占据绝大多数，他们都是有某种主张的人，或者某些能力超乎常人的人，并非后世所理解的儒生。当然，有些人可能并未参与议论国政，只是在清查过程中被牵连，最终被坑杀。

就其坑杀的人数量而言，并非全国的儒生，坑儒只是一个概念。很多人理解的坑儒事件，认为秦始皇将全国儒、士都诛杀了。战国时期，各国混战，死了数百万人。与这个庞大的数字相比较，坑儒的人数简直可以忽略不计。若将坑儒事件无限放大，以证明秦始皇的残暴，并不准确，也不能作为证据。与此同时，秦始皇也并未完全废弃儒生，在他日后从政生涯中，还会重用一些文士儒生。

当然，坑儒事件本身是一种残忍的做法，透露着秦始皇骨子里的残暴，这是毋庸置疑的。不过，我们在对待历史时，应避免过度

---

① 司马迁：《史记》卷六《秦始皇本纪第六》。

夸大这件事的"结果",造成人们对秦始皇残暴的"误解"。

据说坑儒事件结束后,秦始皇依然内心不得安宁,睡眠质量不高,精神状态不佳。

本书认为,坑儒事件至少造成了两种"恶果":其一,此后寻找长生不老药的行动彻底终结,侯生、卢生的逃亡,让天下能人异士不敢再靠近秦始皇;其二,北方边境又出现了不稳定因素,国内也有些不安定因素。因此,秦始皇又征发更多的人戍守边境,而这些举措让秦始皇不安,也让天下子民惶惶不安。所以,他才有"睡眠不好"的症状。

有意思的是,在秦始皇做这些事的时候,长公子扶苏站了出来,向秦始皇进言:"天下初定,还有些远方的百姓没有归附。儒生们学习孔子的学说,以孔子的言行来为人处世。现在陛下用严酷刑罚惩治他们,我担心天下人心不安,希望皇帝明察。"

大概这是几年来,唯一一个说真话的人。

秦始皇听完扶苏的话后,非常生气。大概他没有想到,会是儿子跳出来反对自己。且不说此前坑儒事件对不对,扶苏都不应带这个头。但矛盾也就在这里:其他臣僚慑于秦始皇的威严,不敢再说真话。只有秦始皇的至亲,才可能会说真话。

秦始皇冷静后,似乎也意识到扶苏提出的问题。所以他并未严惩扶苏,只是将他派到北方上郡边境巡视,做蒙恬的监军,以此锻炼扶苏。[①]《史记正义》引《括地志》记载说:"上郡故城在绥州上县东南五十里,秦之上郡城也。"这样做也是维护自己的面子。毕竟皇帝做出的任何决策都是正确的、不容置疑的。哪怕这个人是将

---

① 司马迁:《史记》卷六《秦始皇本纪第六》:"始皇怒,使扶苏北监蒙恬于上郡。"

来的皇位继承人，也不能怀疑皇帝的"决定"。但恰恰提出不同意
见的这个人又是皇长子，所以又不能伤害他。

2. 最后的巡游

陨石与预言

公元前 211 年，秦始皇不安的心有所缓解，他已遗忘了坑儒事
件。这种小规模杀人事件，也确实无法引起秦始皇过多关注。此后
一段时间里，他全身心投入治国理政中：每天定量的竹简要批阅很
久，占据他大量的时间。

当然，可能因不完全信任臣子，很多政务亲力亲为，让他疲惫
不堪。而身体的疲惫反映到机能上，就是喜怒无常、暴戾凶残。也
正是在这种强势、果敢的治理下，天下竟处于一种安宁中。

不久，一个奇异的天象，打破了这种安宁，这个天象就是"荧
惑守心"①。"荧惑"指的是火星。自古以来，火星因行踪不定，人
们习惯将其称呼为荧惑。而荧惑守心，指的是火星靠近心宿。这是
很多年都不见的奇异天象，一旦出现这种天象，就被认为将有战
乱、死亡事件发生。

结论是先祖根据观察得到的。

"荧惑守心"现象在秦国历史上很少见到，至少在史料中很少
见到。这时候出现，意味着什么呢？此时的秦国已有观测天文的机

---

① 司马迁：《史记》卷六《秦始皇本纪第六》。

构和人员，他们当然知道荧惑守心的意义。那么，这些官员敢将真实的情况汇报给皇帝吗？

天象发生后，秦始皇没有做出任何回应。可能有司衙门的人没有汇报这一天象，或者他们汇报了，只是将凶兆说成了吉兆，故而这件事并未引起秦始皇的重视。

当然，荧惑守心似乎只是个开始。此后，还会出现各种奇异现象，预示着会有不可预测之事发生。据说，荧惑守心过去不久，又从天上划过一道彩光，留下很长的"尾巴"，令世人都惊叹不已。

今天的人们当然知道，这是一颗陨石，穿越大气层时摩擦出巨大的火花，造成了彩光。只是两千多年前，这种现象只能当成一种"奇异"之兆。谁也不知这颗陨石来自哪里，只知道它最终落在了秦国的东郡。具体伤亡情况不得而知。《史记》中也没有具体记载。能肯定的是，一定会有人员伤亡。

不过，更大的惊奇之处在于，陨石上有"预言"。据说，陨石落地后，有人在陨石上发现了"始皇帝死而土地分"字样。① 这显然是人为的，今天的我们不会相信，当时秦国高层亦不相信。但这种人为的做法，表达的是对秦始皇的不满。此后，各种消息开始在全国传播，故事不断更换着版本，但共同的思想是秦国将亡。

远古时代，在人们还无法像现在一样探求世界奥秘时，天象就是一种特别具有说服力的载体。统治者会借用天象，制造君权神授；民间亦会利用天象，制造各种"征兆"。秦国黔首们通过在陨石上刻字的做法，表达对推翻秦朝的渴望，对废弃秦制的渴望，对得到土地的渴望。

---

① 司马迁：《史记》卷六《秦始皇本纪第六》。

秦始皇该也注意到了陨石的"轨迹",只是他不知道陨石最终落在何方。而东郡的官员不敢有所隐瞒,将陨石落地后有"谶语"的情况汇报给了朝廷。东郡是哪里?原魏国的地界,治所在今濮阳县城西南。而这意味着,原魏国旧民先起来反抗秦国了。

大概秦始皇也认定当地人借陨石凸显"天意",来攻击秦王朝的无德。而"天意"有时会成为一种力量存在,让国家出现不稳定因素,这与统治者利用各种"天意"巩固统治的运作法则一样。

秦始皇很重视这件事,派御史到陨石降落地调查。但没有调查出结果,一些"形迹可疑之人"拒不承认在石头上刻了字。而这种拒不认罪,让秦始皇恼火不已。当初秦始皇认为丞相车队人太多,有宦官给丞相"通风报信",事后,他就将在场的人全部诛杀。现在天降陨石,这些人在陨石上刻字,蛊惑人心,扰乱太平,秦始皇很愤怒。对这种敢作不敢为,就要以雷霆手段严惩。

之后,秦始皇下令将陨石降落地附近的居民都抓了起来,严刑逼供。即便如此,依旧没人说出是谁在陨石上刻了字。秦始皇愤怒不已,命人将这些可疑之人悉数处死。[①]

秦始皇依然有所怀疑,他命人煅烧这块陨石,打算销熔这块石头。但经过长时间煅烧,陨石依然毫无变化,地方官员只能作罢。[②]

祖龙死田地分

此后的一段时间里,秦始皇一直闷闷不乐。东郡发生的这些事预示着他渴望的太平并未出现,各地依然有不稳定因素。这颗陨石上的字,不就代表了东郡黔首对秦国统治的不满吗?

[①②] 司马迁:《史记》卷六《秦始皇本纪第六》。

为继续宣扬武功，展示秦国的强大国力，秦始皇特命供养的博士发挥作用，集体创作一本诗集，记录他巡游天下的事迹，推行文治，控制意识形态。博士们不敢怠慢，集体进入创作阶段，他们各自都创作了一些诗，编成了一本叫《仙真人诗》的集子。秦始皇看到后很满意，命乐工谱曲演唱。之后，秦始皇命人将这些曲子"印发"，传播到各州郡，让地方官员及时宣传，推广。

此时的秦始皇变得不自信，疑心病也越来越重。他在想尽一切办法稳定自己建立的国家。只是这些"浮于表面"的东西和临时抱佛脚的措施，根本无法解决当时国家的矛盾。

这时候，民众最难忍受的是秦国无休止的盘剥、沉重的赋税、难以摆脱的徭役。而只有从根本上解决这些问题，才能一劳永逸。

而现实情况是，秦国虽统一天下，盘剥民众的本质没有改变，这是秦国制度使然，也是春秋战国以来统治者集体思想的体现。本质上，秦始皇还是希望做高高在上的天下共主，天下人的死活，与他并无多少关系。车同轨、书同文、统一度量衡等举措，实际也是为巩固秦国的统治。

天下对秦的抵触越来越严重。有些别有用心之人，总是变着法制造各种"异象"，以反映秦国的无道。这年秋天，一位从关东返回咸阳的秦国使者，有过一场奇遇，核心依然与"秦国无道"有关。

故事的原型是这样的：有一天夜里，使者在华阴平舒过夜，有个当地人拿着玉璧拦住他说："请替我将玉璧送给滈池君。"当地人还神秘地说："今年祖龙死。"当地人的这些说法，令秦国使者非常震惊。等使者定眼看时，哪里还有当地人，眼前只有玉璧。刚刚发生的这一幕亦真亦幻，仿佛梦里一般。此后，使者满是疑惑，拿着玉璧返回秦国。

当地人的疑惑也是我们的疑惑。而要解开这些疑惑，就有几个问题需要搞清楚：这位滈池君是谁？为什么当地人要通过秦国使者给他捎玉璧？当地人说的祖龙又是谁？他说的"祖龙死"到底意味着什么？

据说，滈池君是传说中的水神。《史记集解》中认为，滈池君"水神也"。另外，也有说滈池是个地名的记载："长安西南有滈池。""平舒故城在华州华阴县西北六里。"也有说是一条河："滈水源出雍州长安县西北滈池。郦元注水经云'滈水承滈池，北流入渭'。"

本书认为，这里的滈池君既不是指河流，也不是指某一地点，更不是指水神。而是指奉行水德的秦国。这也就是第二个问题的答案：表面上看，是当地人托付秦国使者给水神的玉璧，实际上则是讥讽秦始皇无道。要知道，秦始皇推行五德理论，以水德标榜秦国。这里的水神（滈池君）应是暗指秦。《史记索隐》记载："江神以璧遗滈池之神，告始皇之将终也。且秦水德王，故其君将亡，水神先自相告也。"《史记集解》引张晏的话说："武王居镐，镐池君则武王也。武王伐商，故神云始皇荒淫若纣矣，今亦可伐也。"意思是说，周武王居住在镐京，讨伐帝辛，建立周朝。此处显然暗喻秦始皇为无道的商纣，天下可讨伐他。而这位"当地人"无疑就是身在"六道之外"的神仙，他向秦国使者发出了警示。《史记正义》引《水经注》的记载，也说秦国将亡，水神特地给秦国使者传递警示："水经注云'渭水又东经平舒北，城枕渭滨，半破沦水，南面通衢。昔秦之将亡也，江神送璧于华阴平舒道，即其处也'。"

换言之，这位以"神仙"面目出现的人，在这个关键时刻向秦国发出了警示：祖龙将死，秦国将亡。

这里的祖龙，就是指秦始皇。《史记集解》里引用了三个说法，来指出，这里的祖龙就是指秦始皇："苏林曰：'祖，始也。龙，人君象。谓始皇也。'服虔曰：'龙，人之先象也，言王亦人之先也。'应劭曰：'祖，人之先。龙，君之象。'"

这是诅咒祖龙将死，是大不敬之罪。天下之人谁敢如此大胆？大概使者也纠结了很久，才捧着玉璧上奏，将自己路上的奇遇奏报给秦始皇。

而听完使者的话后，秦始皇沉默了很长时间，谁也猜不透他到底在想着什么。

大概秦始皇也意识到天下人对他多有诅咒，内心很慌乱。他故作镇定地说："山里的鬼怪只能预测本年内的事情。"这话是什么意思？就是说，即便是给使者传话的鬼怪预测了秦国的命运，但现在已入秋，鬼怪预测的事情未必会发生。这当然是秦始皇"自我安慰"的言论。他其实内心非常敏感，一直在思考这件事。

退朝后，秦始皇又说了一句没头没脑的话："祖龙是人的祖先。"他其实清楚，所谓的祖龙指的就是国家的首领，也就是他。但秦始皇故意将祖龙说成是祖先，也是在自我安慰。祖先已是死去的人，所以"祖龙死"这样的预言就与他"扯不上关系"。

不过，话虽这样说，但秦始皇还是心虚，他看着似曾相识的玉璧，陷入沉思。不久，秦始皇让懂玉器的御府细细察看使者拿回的玉璧，希望从中找出端倪。

等御府详细察看了玉璧后，得出了一个惊人的结论：这是秦始皇二十八年出行时，掉落在江水中的玉璧。听完御府的话后，秦始皇非常不安：这块玉璧已流失多年，为什么会在这个时候忽然出现？当年湍急的流水，早就将玉璧冲得无影无踪。现在玉璧再现，到底意味着什么？

秦始皇越想越不安。他命人占卜天象，请求上天的旨意。占卜之人经过多次卜算，卦象都显示，唯有再次巡游、迁徙，秦国才会吉利。秦始皇很重视这次占卜结果，他下令，命人向北河榆中一带迁徙三万户百姓，以回应天命。《史记正义》记载："谓北河胜州也。榆中即今胜州榆林县也。言徙三万家以应卜卦游徙吉也。"据说，为了安抚这些被强制迁徙的黔首，秦国还给他们每户赏赐爵位一级。

做完这些事，秦始皇稍稍心安。这时候，他还惦记着天下大势，因为卦象显示，不仅要迁徙居民，还要巡游。因此，秦始皇决定继续巡游，向四方展示秦国的威德，企图利用各种办法，让四方稳定，天下安宁。

公元前 210 年一月，关中天寒地冻，一年伊始。秦国进入年关，为新一年开端做准备。但秦始皇很着急，他要继续巡游。于是不少人为他继续巡游做准备。十月癸丑日，做了大半年准备的秦始皇，再次踏上巡游之路。这一次，随行的人也有很多，朝廷早已变成"流动朝廷"。

需要说明的是，这次出行，秦始皇命右丞相冯去疾留守咸阳，令左丞相李斯跟随，处理国家政务。秦始皇的小儿子胡亥也表示要出去见世面，请求秦始皇将他带在身边，秦始皇同意了胡亥的请求。

巡游以震慑天下

皇帝巡游队伍声势浩大。他们从咸阳出发，引来各地民众观望。他们向南而行，出武关，沿着淡水、汉江进入原来楚国的地界。到楚地的原因，可能与当时的气候有关，毕竟楚地是南方，不及北方寒冷。另外，楚地可能有不平静因素存在。因此，秦始皇才会先到楚地。

同年十一月，秦始皇一行人到了云梦泽。在这里，秦始皇对着九嶷山方向遥祭虞舜先贤。《史记正义》记载："九嶷山在永州唐兴县东南一百里。皇览冢墓记云舜冢在零陵郡营浦县九嶷山。"

秦始皇祭祀虞舜值得关注与玩味。众所周知，自从统一天下后，秦始皇在群臣的恭维中，对先贤国君多无敬畏之心。当初封禅泰山，更多出于稳固国家的目的。他巡游的时候，也少祭祀上古先贤。这次遥祭虞舜，说明秦始皇心态发生了变化。他收起了自己的锋芒，谦虚崇古。《史记正义》说："言始皇至云梦，望祭虞舜于九嶷山也。"

秦始皇在云梦泽做了短暂休整后，继续沿着长江顺流而下，观览籍柯，渡海渚，经过丹阳，到达钱塘一带。

进入浙江后，江水波涛汹涌，横亘在他们面前，打乱了秦始皇的计划。按照最初的设想，他们要从这里渡江南下。但到这里后，他们才发现这里江浪不息，不适合渡江。但是南下的计划又不能变。不得已秦始皇命人向西推进一百二十里，找到了一片平静宽阔的江面，决定从这里渡江。

未几，秦始皇的大船下水渡江。上岸后，秦始皇登上会稽山，在这里举行盛大祭祀仪式，祭奠先贤大禹。当时楚地之民都在观望秦始皇的巡游队伍。只是他们无法近身观看，只能远远观望。这时，有两个年轻人望着被众人包裹的秦始皇的队伍，眼中充满了复杂表情。其中一个信口说："将来有一天，我一定会取代他。"

另一个马上掩住了他的嘴，并悄悄对他说："你再胡乱说话，小心被满门抄斩！"说这话的人叫项梁，说取代秦始皇的人叫项羽。只是他们的话被淹没在楚地嘈杂的人声中。随后，项梁拉着项羽离开了人群，他们的时代还没有到来，项梁也担心项羽会惹麻烦。①

秦始皇依旧在众人的裹挟中，享受万民膜拜。之后，秦始皇还在这里设坛，遥祭南海神。祭祀完毕，秦始皇在会稽山上立碑，刻字赞颂秦朝功德：

皇帝休烈，平一宇内，德惠脩长。三十有七年，亲巡天下，周览远方。遂登会稽，宣省习俗，黔首斋庄。群臣诵功，本原事迹，追首高明。秦圣临国，始定刑名，显陈旧章。初平法式，审别职任，以立恒常。六王专倍，贪戾沉猛，率众自强。暴虐恣行，负力而骄，数动甲兵。阴通间使，以事合从，行为辟方。内饰诈谋，外来侵边，遂起祸殃。义威诛之，殄熄暴悖，乱贼灭亡。圣德广密，六合之中，被泽无疆。皇帝并宇，兼听万事，远近毕清。运理群物，考验事实，各载其名。贵贱并通，善否陈前，靡有隐情。饰省宣义，有子而嫁，倍死不贞。防隔内外，禁止淫泆，男女絜诚。夫为寄豭，杀之无罪，男秉义程。妻为逃嫁，子不得母，咸化廉清。大治濯俗，天下承风，蒙被休经。皆遵度轨，和安敦勉，莫不顺令。黔首脩絜，人乐同则，嘉保太平。后敬奉法，常治无极，舆舟不

___

① 司马迁：《史记》卷七《项羽本纪第七》："秦始皇帝游会稽，渡浙江，梁与籍俱观。籍曰：'彼可取而代也。'梁掩其口，曰：'毋妄言，族矣！'梁以此奇籍。"

倾。从臣诵烈，请刻此石，光垂休铭。[①]

碑文内容与之前在齐、鲁、燕、赵等地所立碑文表达的思想一样，都是宣扬秦国翦灭六国、统一天下的正统性，教育这里的民众要臣服秦国，顺应天命。

不过，这次会稽山之行，也让秦始皇看到会稽山一带淳朴的民风。这里的土著生活落后，百姓都不守礼仪，族群、男女之间关系混乱。因此，他在石碑刻文中特别指出了："饰省宣义，有子而嫁，倍死不贞。防隔内外，禁止淫泆，男女絜诚。夫为寄豭，杀之无罪，男秉义程。妻为逃嫁，子不得母，咸化廉清。"他要求当地官员要在移风易俗上下功夫，改变这一带的民风，让百姓都变成遵循秦法的"文明"顺民。

过吴地后，秦始皇一行从江乘县乘船渡江。《史记正义》记载："江乘故县在润州句容县北六十里，本秦旧县也。渡谓济渡也。"此后，秦始皇一行人继续沿着长江而行，向更东的入海口而去，进入海上。随即，他们调转方向，向北而行。不久，他们就到达了琅琊。

秦始皇到这里来，是因为有个未了心愿。

早在几年前，秦始皇巡游琅琊时，曾派出方士徐市等人到海中寻访长生灵药。徐市等人用国家的公款寻找了多年，没有找到长生灵药，却耗费了大量的钱财。后来，徐市等人担心被秦始皇治罪，就欺骗秦始皇说："蓬莱岛上的灵药本能找到，但我们每次出行都被海中大鲛鱼所阻拦，导致无法到达仙岛。请皇帝派遣一些善于骑

---

① 司马迁：《史记》卷六《秦始皇本纪第六》。

射的人与我们同去，诛杀大鲛鱼，为我们开路。"

为了得到长生灵药，秦始皇果断答应了徐市的请求，派出了善射之人出海，协助徐市等人斩杀大鲛鱼。然而，秦始皇派出甲士后，徐市又销声匿迹。秦始皇命人遍访，依然得不到他的消息。

徐市销声匿迹，秦始皇却昼思夜想着他，想着自己的长生不老药。

相传有一段时间，秦始皇陷入魔怔，经常梦见自己与海神交战，梦中的海神长着人的相貌。秦始皇命人解梦，占卜吉凶。秦国的博士说："传闻说水神遁于无形，他经常以大鱼和蛟龙的形态出现。陛下曾虔诚祷告和祭祀，四方理应平静。但梦中依然有凶神，说明存在隐患。只有将其除掉，善神才会出现。"正是基于这些原因，秦始皇才又从楚地赶到了琅琊，目的就是要按照博士的建议，除掉他梦中的这条大鲛。

此后，秦始皇命人携带捕杀大鱼的器具入海，寻找大鱼的踪迹。只要发现大鱼的迹象，立即射杀。据说秦始皇本人也带上连弩，沿着海边行走，等待大鱼出现。

秦始皇沿着琅琊向北行进，到了很远处的荣成山，也没见到大鱼的踪迹。后来，他们到了之罘山，遇到过一条大鱼，众人齐射，杀死了大鱼。之后，再也没见到大鱼。秦始皇也觉得，应没有大鱼的踪迹了，就命人沿海岸西行。

此后，秦始皇没有再举行祭祀仪式，但他还对长生灵药念念不忘。只是这时，秦始皇感觉到一种生命的无情与悲凉，即便他是九五之尊，天下尽在他手中，他也感受了无力。之所以产生这种宿命感，是因为秦始皇身体健康出现了严重问题。

尽管随行的大夫想尽一切办法诊治，秦始皇的病情并没有好转。无奈之余，秦始皇派大将蒙毅到各处名山大川祭祀，消灾祈福，而自己则缓缓西行，准备返回咸阳疗养。[1]

3. 沙丘之变

秦始皇之死

秦始皇到平原津后，就一病不起。回咸阳治病显然不太现实，因为路上太颠簸了。那不仅会加重病情，还可能要了秦始皇的老命。因此，秦始皇暂时住在了平原津的沙丘宫（今河北省邢台市广宗县）。

住在此处，大概也有两方面考虑：一方面，他希望通过休养，得到康复，继续他的未竟之业；另一方面，他也做了最坏的打算：万一上天不垂怜，将如何？

据说，在沙丘期间，秦始皇尽管病重，却很忌讳死亡这件事，讨厌听到身边人说"死""亡"这样的词，身边人根本不敢提出这类字眼。这其实很容易理解，任何人得重病后，都会忌讳死。秦始皇既是千古帝王，也是"普通"的人，而是人，就有喜怒哀乐。

当然，尽管秦始皇很忌讳，却不得不面对现实：病情并未好转，甚至有"转重"迹象。更令秦始皇悲哀的是，随行的御医对他的病症束手无策。即便砍掉他们的脑袋，也难以让自己康复。

秦始皇很愤怒，但没有人理解他内心的煎熬。丞相李斯也变得

---

① 司马迁：《史记》卷八十八《蒙恬列传第二十八》："北走琅邪。道病，使蒙毅还祷山川，未反。"

察言观色，不轻易"吐露"真实想法。生病期间，秦始皇遭受着身体和精神的双重折磨：病情日渐加重，身边却少有能托付之人。

当时侍奉秦始皇的人中，有个宦官叫赵高，非常有心机。他善于察言观色，总是讨得秦始皇喜欢，因此得到秦始皇的重用。即便至关重要的玉玺也，由赵高掌管。他还负责朝廷的诏书草拟、审核、颁布等一系列工作。

那么，这样一个没有背景的人是如何步步为营，得到秦始皇的宠幸的呢？

相传，赵高原是赵国王族后裔，其家族并不受重用。传闻还说，赵高兄弟几人还没有长大，就被实施了腐刑，成为宦官。造成这一悲惨的原因是，他们的母亲受过刑罚，因此家人世世代代身份卑微。赵高被这种身份所影响，成为宦臣。睡虎地秦简、岳麓书院秦简都有这方面的记载。可见，并非只有秦法如此严苛，即便是"赵法"，依旧充满"盘剥"。

秦灭赵国后，赵高进入秦国，在咸阳寻找出路。所幸的是，赵高尽管受了刑罚，但他并不甘命运摆布，总想着出人头地。他还未发迹时，阅读了大量的秦律，对秦法很熟悉。他在咸阳混迹时，也经常做一些令人惊奇的事，以至人们对他都很敬佩。而这种种出色的表现，让他的知名度很高。据说秦始皇也听说他很有能力，精通刑狱律法，对他很好奇——秦国重刑狱，秦始皇自然就对这样的人格外关注。后来，秦始皇将赵高召进宫，对他进行了考察，发现赵高确实有才学，又是个宦官，可留在宫中发挥重要作用。于是，秦始皇选拔赵高为中车府令。自此，赵高成为秦始皇的侍从，经常帮助秦始皇处理一些政务，有时候还能为秦始皇提供一些参考性意见和建议。①

随着赵高不断得到宠幸，秦始皇还将教导胡亥的任务交给赵高，希望赵高能够教胡亥读书"识大义"，教授他审判案件。赵高倾尽平生所学，教授胡亥。因此，胡亥与赵高相处融洽，建立了深厚感情。这也让秦始皇对赵高更加信任，对赵高个人能力、品行等很认可。传闻说，赵高曾经触犯大罪，秦始皇命蒙毅惩处赵高。蒙毅铁面无私，依照秦法将赵高判处死刑，剥夺了赵高的官籍。行刑之际，秦始皇忽然念起赵高的好，遂又改变主意，赦免了他的罪责，将其官复原职。② 要知道，秦国是个重视法令的国家，秦始皇本人也不会轻易违背秦法，但他能将触犯死罪的赵高赦免，可见赵高在秦始皇心中的分量不轻。

后来，秦始皇翦灭六国，开始各地巡游，赵高就成为"跟班"，一直跟随秦始皇出行。所以这次巡游，赵高作为助手，继续跟随秦始皇巡游，而与赵高关系匪浅的胡亥也跟随出行。

这就不得不令人产生疑惑：这次胡亥跟随秦始皇出行，是不是赵高与胡亥提前谋划好的呢？此前的数次巡游，胡亥都没有跟随。秦始皇也没有得病。只有这次，赵高、胡亥跟随，秦始皇就患了病。没有证据的情况下，只能说这一切过于巧合。

再分析秦始皇病危之际赵高的所作所为，似乎一切赵高都有嫌疑，一切也都像计划好的。因此，本书认为，存在一种可能：秦始皇这次得病，与赵高有关。毕竟秦始皇的饮食起居都是由他负责，他要想迫害秦始皇，会有一万次机会。

---

① 司马迁：《史记》卷八十八《蒙恬列传第二十八》。
② 司马迁：《史记》卷八十八《蒙恬列传第二十八》。

当然，这只是一种猜测，因没有史料记载，更无直接证据。若我们说是赵高下了毒谋害了秦始皇，他或许会从地下跳出来，从嘴里蹦出三个字：莫须有。

总之，不管得病的原因是什么，秦始皇都无法再康复了。在平原津休养的秦始皇一日比一日消瘦，一日比一日消沉。

秦始皇已预料到死亡这种结果，作为解除战国纷乱的千古一帝，他还有很多事情没有做。但作为人，寿命又是有限的，所以他才不止一次要寻找长生不老灵药。尤其是这次病危，让秦始皇不得不直面死亡这件事。秦国历代国君多不长寿，他如今已五十"高龄"——在秦国的君主中，已算高龄。他渴求的长生不老药至今没有踪迹，他内心充满绝望。

据说病危中的秦始皇性情大变，不再相信任何人。人之将死，处境凄凉。可能秦始皇也意识到了危机：他一旦去世，国家该怎么办？秦始皇想到了传位给儿子。

在他的众多儿子中，扶苏是长子，自幼受秦始皇喜爱，尽管扶苏有时与他的治国理念不同，但"扶苏为人仁""刚毅而武勇，信人而奋士"，这些特征都证明，扶苏的心智不会差到哪里去，可作为继承人培育。且封建专制制度中，有一条承袭周王朝的制度，这就是嫡长子继承制。扶苏是长子，自然也是继承人的不二人选。

秦始皇思前想后，还是命人给扶苏草拟了一道密诏，内容是绝密："马上从北方前线返回，护送我的灵柩回咸阳安葬。"由此也说明，秦始皇做了最坏的打算：万一自己撒手人寰，扶苏就是接任者。这样一来，国家也不会因他去世而陷入危机。[1]

---

[1] 司马迁：《史记》卷八十八《蒙恬列传第二十八》。

草拟这份密诏的人是谁不得而知，但审核盖章时，赵高就看到了密诏的内容。当然，不排除这份密诏本身就出自赵高之手。秦始皇命赵高将密诏封好，选派信得过的使者将信送至边境蒙恬大营，交给扶苏。

秦始皇已不相信身边人，尤其在新旧国君更替之际，他显得愈加慎重。他认为追随自己多年的赵高最体谅他、最了解他，会是他最信任的人，故而把这件事交给了宦官赵高处理。这也能看出，此时秦始皇连李斯都不再信任。否则，李斯作为丞相，处置这件事最恰当。

赵高的心思

秦始皇以为赵高会按照他的旨意，迅速派使者到陕北去，召扶苏前来见他。若上天还有垂怜之心，能让他在闭目前见到扶苏，那是最好不过，他还有很多要交代的事情。

只是秦始皇也没有料到，他的密诏被赵高悄悄扣下来。当然，赵高之所以如此"大胆"，是因为这件事做得"隐秘"，包括宰相李斯在内的秦国高层并不知密诏之事。

那么，赵高为什么要扣留诏书？要知道，这种做法无异于"玩火"，一旦被发现，必然株连"三族"。

原因说起来有点可笑，竟是赵高与扶苏关系不亲密所致。按照司马迁的说法，此时的赵高因忌惮扶苏，担心扶苏继位会让他失势，才扣留诏书，并计划拥立与自己有师生情，又关系密切的胡亥上位。

只是此时秦始皇尚在，所以赵高尽管私藏了诏书，但还在等待着一个时机。这个时机就是秦始皇驾崩。

大概赵高已预料到秦始皇不会活太久，才如此有恃无恐。当然，人的胆是被事撑大的。遇到事要么肝胆俱裂，要么撑住事，让胆量变大。赵高是后者。

七月丙寅日，秦始皇未能扛过病魔，在沙丘宫去世。人死如灯灭，可能秦始皇本人也没有想到，他的人生会以这种方式收场。

秦始皇驾崩后，外界并不知道。而当时留在秦始皇身边的人并不多，似乎只有赵高。而这就是赵高等待的时机，为此他已被折磨了好多天，手中的传位诏书仿佛炸弹，万一秦始皇好起来，将怎么办？

随即，他采取紧急措施，对外保密秦始皇的"死讯"，并决定在权力出现"真空"时，实施"逆天改命"。

不过，尽管秦始皇已去世，但赵高毕竟只是一个侍从官，身份"不合适"，没有决定秦国国君继承者的大权。换句话说，仅凭他一人，很难左右秦国高层的决策。如果公开秦始皇去世的消息，以李斯为首的秦国高层立扶苏为皇帝，将如之奈何？

这也正是赵高最担心的地方：无法保证扶持胡亥上位。而胡亥不上位，他的荣华富贵就很难保证。所以，这时的赵高面临着艰难抉择。他冒天下之大不韪，拦截了秦始皇的遗诏，却无法实现原先的"设计"目标。

赵高需要一群人，一起"合伙"逆天改命。丞相李斯成为首要"拉拢"的对象。眼下，李斯虽不知密诏这件事，但若秦始皇去世消息一旦公之于世。李斯是有权限拥立新君的。

为此，赵高开始布局。

他先秘密遣人将秦始皇的死讯通知了李斯，以判断李斯的对待这件事的态度，再作计较。而李斯得到秦始皇驾崩的消息后，先是震惊，很快也恢复了平静。李斯认为，秦始皇去世，对天下而言，定是爆炸性的新闻，可能还会引发暴乱。因此，李斯建议秘不发丧，先将秦始皇的尸身运回咸阳。李斯这个处置办法符合制度，因为秦始皇生前没有立太子，他们只能先回咸阳，再与秦国贵族商议，确定新国君，并在拥立新国君后，才能向天下宣布始皇帝去世的消息。

李斯的这个建议得到了赵高的支持，如果这时候将秦始皇驾崩的消息放出去，局面可能不受控制，而只要这件事只有他们几个人知道，那么一切也就在控制范围内。就是说，在秘不发丧这件事上，李斯与赵高"不谋而合"。

此后，他们先以秦始皇的名义，命人返回咸阳。为防止泄漏消息，他们还将秦始皇的尸身安放在一辆通风、保暖、干爽的车子中，供臣僚们继续面对着车子奏禀国事。同时，为掩盖事实，李斯等人要求底下的人，每天要给秦始皇进献饮食。赵高等人则躲在车子里，以秦始皇的名义，批复百官上奏之事。而赵高这一系列举动，没有引起臣僚的猜疑。①

只是，到这时，李斯、赵高两人却各怀心思。赵高的计划已在前文有所揭示。这里单说李斯的心思。此时李斯考虑的是怎么确立继承人，稳定大局。而要做到这一点，就得等送秦始皇尸体回咸阳后，再召集百官商议，确立新国君。

按照嫡长子继承制，扶苏会成为新国君。大概李斯也认可扶苏其人，在思考着如何尽快召回扶苏。可能这时候的李斯已决定提前通知扶苏，命扶苏从北地往回赶，等他们回到咸阳，扶苏也会从前

---

① 司马迁：《史记》卷八十七《李斯列传第二十七》。

线赶到咸阳。而只要扶苏回到咸阳，就能继位。只要扶苏继位，天下也就会安定。

当然，这只是李斯的初步计划，因为不能忽视赵高。而我们知道，赵高则不希望扶苏成为国君。

其实，此时赵高也陷入焦躁不安中，他没有向李斯说出秦始皇的密诏之事。他所担心的是，一旦公开秦始皇的遗诏，只能坐实扶苏的继承人身份。到时，李斯定会力排众议，推扶苏上位。他之所以冒着杀头的风险私藏诏书，就是希望拥立与他更亲近的胡亥上位。

在向李斯摊牌前，赵高决定先说服胡亥，让胡亥进入自己的阵营，才能进一步推进计划。否则，即便他计划再完美，没有胡亥的配合，也很难施行。

赵高秘密见了胡亥，给胡亥做思想工作："如今皇帝驾崩，没有下诏分封诸子为王，他只给长公子留有一封信。只要长公子看到信后，就会回到咸阳，在众臣的拥立下成为皇帝，到时你连一丁点儿封地都得不到，该如何是好？"胡亥听完赵高的叙述，却一点也不奇怪，他说："事情本来就该如此。我听人说，圣明的君主对臣子知根知底，圣明的父亲也对儿子知根知底。父皇在去世前，没有下令分封诸子，那我还有什么好说的呢？"赵高辩解说："事情根本不是你想象的那样。现在天下大权就掌控在你手中，决定谁的生死，在你我及丞相李斯。希望您能够认真仔细考虑，是驾驭群臣还是俯首称臣，是统治别人还是受制于他人？"赵高的话已很明显，他鼓动胡亥做驾驭群臣的皇帝。

胡亥听懂了赵高的话，但他对此有顾虑：一旦处置不慎，将万劫不复。他对赵高说："废除兄长自立，是为不义；不服从父亲遗诏担心死亡，是为不孝；才能浅薄、见识粗浅却被拥立为帝，是为无能。若做以上三件事，就是大逆不道，天下的百姓不会服从，到时我会身陷囹圄，国家也可能因此灭亡。"

赵高对胡亥的"自知之明"并不买账，他继续对胡亥实施洗脑："我曾听人说，商汤、周武王都曾杀死君主取而代之，天下之民不但没有斥责他们的行径，还称赞他们实行了义举。所以说，他们的这种做法并非不忠。卫国国君杀死自己的父亲，百姓们都称赞他的恩德，孔子也认为这是仁义之举，记载了这件事，所以这也不是不孝。自古以来，成大事者不拘小节，行大德者无须谦让。乡邻风俗各有所宜，文武百官建功立业方式不尽相同。因此说，盯着眼前的小事而忘却大事，日后定会产生祸端；关键时候犹豫不决，日后必然会后悔；若果断勇敢地去做某件事，鬼神都会回避；下定决心要做某件事，必然会成功。希望你根据我说的去做，一定会成功。"①

赵高搬出先贤，胡亥就有点词穷了。胡亥长叹一声，算是认可了赵高的建议。当然，本书认为，一开始胡亥就心动了，想当皇帝。只是他有忌讳，才不得不推辞。赵高的话，给了他信心。

到此时，令胡亥忌讳者，只有丞相李斯一人。他对赵高说："现在皇帝驾崩，还没有发丧。丧礼也没有结束，我们怎么能干扰丞相处置政务呢？"赵高则表示不能再犹豫，当断则断，不然会错过良机。

胡亥表面上还是顾虑重重，在拥立他的问题上，若丞相李斯不同意，无可奈何。从这个情况看，胡亥很聪明，一眼就看透了本

---

① 司马迁：《史记》卷八十七《李斯列传第二十七》。

质：随着秦始皇驾崩，丞相李斯自然就有处置秦国的一切政务的职权。就是说，这时候李斯有比赵高更大的政务处置权，一旦李斯不配合，一切就得玩完。

由此也能佐证，胡亥并非不想得到皇帝位，只是有所担心。他所谓的不忠、不孝的言论，显得欲盖弥彰。这也透露出胡亥并非完全不懂政治，他还是渴望得到君权。

那么，他们将会怎么说服李斯呢？

李斯也有私心

胡亥已动心，只是忌讳李斯。赵高安抚胡亥：已有应对策略。他对胡亥说："若不与丞相商议，这件事恐怕也难以办成。我们应主动对接丞相，与他商议对策。"

胡亥既然已动心，他当然希望能促成这件事，登上帝位。不过胡亥很精明，认为这种事，自己不宜出面，当由赵高与李斯商议。万一李斯拒不配合，他还能有退路。

赵高心领神会，他迫不及待地找到了李斯，屏退了旁人，与李斯对话。赵高对李斯开诚布公："始皇帝驾崩前，曾给长子扶苏下过一道密诏，让扶苏到咸阳来参加他的葬礼，立扶苏为继承人。但始皇帝还没有派人将这道诏书送出，就驾崩了。现在没有人知道有这道诏书的存在，而始皇帝给扶苏的书信、玉玺都在胡亥手中，立谁为太子，全在你、我的选择。你认为这件事该如何处置？"

赵高的话让李斯惊奇又略带失望：秦始皇竟留有遗诏，这意味着国家继承人问题迎刃而解。遗憾的是，给扶苏传密诏之事他竟不知，可见秦始皇对他也不是太信任，枉他还为始皇帝劳神费思。

当然，李斯也听出赵高的言外之意：应立胡亥为新天子。但李斯并不打算按照赵高的建议做。原因很简单，秦始皇既然有密诏，还是按照皇帝的密诏做，否则就触犯了谋逆大罪。

沉默之后，李斯对赵高说："你怎敢说出如此亡国灭种的话？这不是你该谈论的内容！"赵高可能早就料定李斯会这么说，他一点也不紧张，反而胸有成竹地对李斯说："您先别急着表态，您可估量一下，您与蒙恬相比较，谁的能力更强？谁的功劳更大？谁更深谋远虑而且从未出现失误？谁更让天下百姓拥戴？谁更与扶苏关系密切？"李斯说："若论这些方面，我比不上蒙恬。问题的关键是为什么要与蒙恬比？"赵高说："我只是一个宦官，有幸得到皇帝宠幸，因熟悉刑狱而进入秦宫，处理了二十多年文书工作。我在秦宫这些年，从未见过丞相罢职后，还能将爵位传给下一代。秦国的丞相命运多舛，多会被杀死。如今皇帝有二十多个儿子，这您都清楚。长子扶苏刚毅、勇武，有驾驭臣子的能力。他一旦成为皇帝，一定会任命蒙恬为丞相。届时，您能否功成身退、告老还乡就很值得怀疑。我受始皇帝托付，一直教导胡亥，与他一起学习律法已有数年，至今都未曾发现他的失误。胡亥为人仁爱慈悲，诚实厚道，看轻财货，尊重儒士，明辨是非，唯一不足的是不善言辞。他还有个长处，就是对有贤能的人很尊重，这也是他最突出的特性，因此我认为他更适合做继承人。您不妨考虑一下我的建议，再做出立谁为继承人的决定。"①

听完赵高的建议，李斯依旧不为所动。他对赵高说："您还是要立足本职，不要做僭越之事。我会执行皇帝的遗诏，顺应上天的安排。您觉得这种事还有商议决定的必要吗？"

---

① 司马迁：《史记》卷八十七《李斯列传第二十七》。

　　看李斯"不上道"，赵高不甘心。他能做的，就是将李斯拉到自己的"船上"，与李斯一起承担。换句话说，事情发展到这一步，已不能因为李斯一人不同意就破坏了整个计划。无论如何，赵高都要说服李斯，拥立胡亥。即便说服不了，也当采取果断措施，比如除掉李斯。总之，就是不能让自己的利益受到损失。

　　因此，赵高继续对李斯说："有时候，一些事表面上看安全，背后却隐藏着危险；一些事表面上看危险，实际却是安全的。在国家危难之际不早下决定，如何称得上是圣明呢？"李斯回应赵高："我本是上蔡街巷里的普通百姓，承蒙皇帝重用，让我出任丞相之职，又封我为通侯，让我的子孙后代享受尊贵地位和优厚待遇。皇帝是信任我，才将关乎国家存亡的重任交于我，我又怎能辜负皇帝的一片殷殷之心？忠臣不会为惧怕而贪生，孝子不会因操劳而损害健康，身为人臣理应做好分内之事。请您不要再说这件事，以免我触犯国家法令。"①

　　到这时，赵高的话已触及李斯的"底线"，李斯开始逐客，而赵高的目的还未达到，不可能就此离去。因此，赵高继续劝李斯："我常听人说，圣人处世从不循规蹈矩，总是顺应时势，服从潮流，见苗头能预知根本，看动向能预知归宿。事物从来都是变化的，天下的事不会一成不变。如今，天下的权力和命运都握在胡亥手中，我清楚他的志向。自古以来，外部制服内部就是逆乱，下属制服君主就是叛乱。所以，只要秋霜一降，花草必然凋零；冰消雪释，必然万物新生，这是自然法则。我们作为人，总是要顺应时代潮流，您为什么如此固执、不识时务呢？"李斯对赵高态度的变化有些吃

---

① 司马迁：《史记》卷八十七《李斯列传第二十七》。

惊，他对赵高说："我听闻晋国更换太子后，三代不安宁；齐桓公兄弟争夺王位，杀害兄长，让国家不得安宁。商纣王杀死至亲，又不听臣子劝阻，使得国家被夷为平地，宗庙社稷都被毁。这三件事都违背了上天的本意，才会落得宗庙无人祭祀的下场。我李斯尚且是人，怎么会参与这些阴谋呢？"

看到李斯顾虑重重，赵高继续动用他的口舌："若上下齐心，大业就会万世长存。内外相互配合，就不会有什么差错。若您听从我的计谋，就能长保侯爵，世代相传，会像王子乔、赤松子那样长寿，也像孔子、墨子那样智慧。您现在舍弃这样的机会，不听从我的计谋，一定会祸及子孙，令人心寒。聪明人往往因祸得福，您会选择怎么做呢？"

赵高的这番话，已是赤裸裸的威胁。李斯内心被触动，他也担心子孙受累，不得不考虑"后路"。之后，赵高没有继续劝说，而是任由李斯权衡利害。良久，李斯长叹一声，泪如雨下地说："我怎么就遭逢这乱世，既然无法以死效忠，我的命运将托付何处？"

最终，面对赵高的威胁，李斯选择了妥协。

而赵高说服李斯后，就回去向胡亥做了禀报："我只是传达了太子您的命令给丞相，他怎敢不服从？"[①]

就这样，最有可能阻碍胡亥成为天子的李斯被说服。之后，一切操作起来就容易得多。三人商议后，向外宣称秦始皇下诏，立胡亥为太子。其他朝臣见丞相这样说，不敢怀疑。因此，胡亥成为了秦国的"新"太子。

到此时，朝臣们依然不知晓秦始皇已死。因为载着秦始皇尸体

---

① 司马迁：《史记》卷八十七《李斯列传第二十七》。

的车辆，依旧混迹于车队中。大家以为秦始皇只是病着，立太子只是为了"防患于未然"。当然，依然还是有人产生过疑虑，只是很多人不敢贸然进言，他们都领教过秦始皇的"霸道"，一旦他要发怒，会殃及池鱼。

不久，他们就从井陉来到九原。时值三伏天气，秦始皇的尸体已腐烂，车子里发出腐臭气味。随行人员私底下窃窃私语，议论纷纷。为掩盖事实，李斯命人随行官员在秦始皇的车中装载了很多咸鱼，试图用咸鱼的气味，掩盖秦始皇尸体腐烂的味道。

之后，赵高等人如法炮制，以秦始皇的名义，给扶苏带去了一道假诏命："朕多次巡视天下，向各地名山大川的神灵祈祷，希望得到长生。现在扶苏和蒙恬领数十万大军守边十几年，不仅没有进军扩张，还让将士死伤无数，毫无功劳。扶苏多次上书诽谤朕，究其原因，是扶苏不能解职回京任太子，日夜埋怨愤恨。扶苏作为儿子，不行孝道，因此赐剑自杀！蒙恬长期与扶苏在一起，不纠正扶苏错误，明知扶苏的阴谋却不报告，为人臣不忠，一同赐剑自杀，军队管理大权交由副将王离。"

当使者宣读了盖有玉玺的诏书后，扶苏登时方寸大乱，痛哭不已。他走到室内欲挥剑自刎。这时，蒙恬拦住了扶苏，并对他说："皇帝巡游，没有立太子，故而派我领三十万大军戍守边疆，又派公子来做监军，这是重任。现在因一名使者带来的诏书您就自杀，太过草率。我们怎能确定其中没有人弄虚作假呢？为今之计，只有请您再向皇帝请示，得到确切的回复后，我们再自杀也不迟。"由此可见，蒙恬智慧。

这时候，赵高的使者看出事情可能要败露，遂催促扶苏、蒙恬自杀，他好回去复命。扶苏就对蒙恬说："父亲要儿死，还需请示什么呢?"说完后,扶苏挥剑自刎。蒙恬则认为其中有蹊跷,不愿就此不明不白死去。使者动用手中的"特权",命刑狱官员拘押蒙恬,将他关在阳周。

不久,使者从前线回到正在返回咸阳的大军中,向胡亥、李斯、赵高汇报了此事。胡亥、赵高等人非常振奋。扶苏死去,意味着胡亥的竞争对手被消灭,胡亥上位的隐患基本排除。

之后,在赵高等人的运作下,一行人快速向咸阳而去。进入咸阳宫,李斯、赵高、胡亥立即行动起来,他们召集秦国贵族、官员、大夫,向他们宣布了秦始皇的死讯,也宣读了伪造的立胡亥为皇帝的诏书。

秦国上下疑惑不解,但没有人敢站出来公开质疑。而赵高凭借着自己的强势,镇住了秦国朝堂,李斯则作为帮手,默许了赵高与胡亥的篡权。

未几,胡亥在李斯、赵高和秦国贵族的拥立下,继皇帝位,成为新一代秦国国君,史称二世皇帝。这个称谓是秦始皇当初明确规定的,他叫始皇帝,以后的就按照次序排。

应当说,在赵高扶持胡亥"称帝"问题上,李斯既是帮凶,又是同谋。他们终究还是进入同一个阵营,为巩固二世皇帝地位努力着。《秦始皇本纪》也好,《李斯列传》也罢,都印证了他们联手杀死扶苏,拥立胡亥的经过。当然,《李斯列传》中必然有"演绎"的成分,但大致故事不差。

刚刚即位,二世皇帝就任命赵高为郎中令①,让他成为实权派。据说此后的一段时间里,赵高白天黑夜都在服侍胡亥,与胡亥一同

---

① 司马迁:《史记》卷六《秦始皇本纪第六》。

观察秦国高层动态。胡亥也对赵高信任有加，授予他很多权限。由此，赵高逐步掌控秦国的大权，操控着秦国的朝堂。不过，胡亥也非"政治白痴"，他也在转换着角色，适应着皇帝的身份。[①]

这时候，秦始皇已崩，扶苏已死，胡亥上位，秦国朝堂暗流涌动，各种势力都在权衡利弊，寻找依附的势力。而人是避害趋利的动物，对他们而言，即便国君换了人，但对绝大多数人而言，他们依然要为"利益"而奋斗，因此更多人向新的掌权派靠拢，参与利益分配。

秦始皇逐渐被人忘却，他的棺椁则被安置在偏僻的角落里，等待着"吉日"下葬。那么，我们对于一生都充满争议的秦始皇，该怎样评价呢？

4. 功过是非凭人说

尘埃落定

公元前 210 年九月是个悲伤月，秦国朝野投入秦始皇的丧礼中。与秦国历代君主丧礼不同，秦始皇的丧礼显得隆重而繁杂——主要是准备工作庞杂。所幸，朝堂之上有李斯等人操持，刚刚继位的二世皇帝只是在众人的各种"建议"中，扮演着国君的角色。

这时候，最忙碌的人当属修建秦始皇陵的人，这些人包括监督工程的官员、负责实施的工匠、出卖劳力的刑徒等。因为一些具体

[①] 司马迁：《史记》卷六《秦始皇本纪第六》。

而细微的工作还未完工，需要加班加点。

这座皇陵位于骊山脚下。秦始皇即位之初，就启动了皇陵的修筑工作。后来，秦翦灭六国、统一天下后，秦始皇又从全国各地征调刑徒，投入陵墓修筑中，试图将皇陵打造成亘古未有的陵墓。除了官方钦定工匠，这些刑徒中亦不乏能工巧匠，他们动用自己的才智，在朝廷宏观设计的背景下，将秦始皇的陵墓打造成一座世所未有的大型墓葬区。

据说皇陵向地下开挖的深度到达三重之泉，这不是具体长度单位，却有参照标准。《史记正义》说："三重之泉，言至水也。"可见深度超过以往君主的陵墓。这也很好理解，秦始皇是个什么都要争第一的人，墓葬必然也是天下第一。

与此同时，工匠们用铜汁灌地，作为墓葬外棺，让整个墓葬区形成了一道铜墙。这样一来，整个陵墓区就被打造成了一座地下宫殿：大墓里面与咸阳宫的规制一样，设有宫室、官署，"冢内作宫观及百官位次，奇器珍怪徙满冢中"。天下的奇珍异宝汇集其中，各类设施齐全，琳琅满目。

据说工匠还在墓葬入口处制造了机关，安装了弓弩、刀枪等武器的机关，防止后世盗墓。若有人妄图进入墓葬，这些机关就会触发，杀死盗墓者。墓室内部也设有机关，内用水银浇灌，触动机关，水银就会流动，仿佛江河湖海一般。换句话说，皇陵是一个新世界：墓室上方有日月星辰，下方有山川景观。墓室里面应有尽有，比阳间的宫殿还要繁华。墓室内长明灯是用人鱼的油脂做成，长时间燃烧而不会熄灭。①

---

① 司马迁：《史记》卷六《秦始皇本纪第六》。

　　规模如此宏大的墓葬，简直令人眼花缭乱。二世皇帝此前应没有见过皇陵的规格，直到他成为新皇帝，为秦始皇主持丧礼，才看到如此壮观的景象。

　　一段时间，在各类工匠的忙碌中，秦始皇陵基本完工。紧接着，按照天子丧礼，在秦朝臣僚的共同努力下，秦始皇被安葬在了这座宏伟的皇陵中。

　　据说，在安葬秦始皇时，二世皇帝发表了重要观点："先帝后宫中有些嫔妃未生育，放出宫去不合适。"众人也都附和二世皇帝。之后，在二世皇帝的授意下，秦国将这些嫔妃杀死后，埋在了秦始皇陵墓中。还有那些曾经侍奉秦始皇的宫女也未能幸免。[①]

　　此后，又有人向二世皇帝建议："修陵墓时工匠制造了机关，对陵墓里面的情况非常熟悉。他们也知道宝藏藏在何处，若放了这些工匠，皇帝陵的宝藏就会被泄露。"二世皇帝认为这个提醒很有道理。因此，在封墓前，二世皇帝先命人将墓葬中的财宝掩埋，又强制关闭墓道的大门，将所有工匠都关在里面。要知道，秦国自献公废弃人殉制度后，鲜有活人殉葬。但对二世皇帝来说，秦始皇创造了千秋霸业，统一六国，功盖先辈，实施殉人不足为奇。当然，杀死这些嫔妃和工匠，并非仅是为殉葬。[②]

　　之后，二世皇帝命人在秦始皇陵上种上树木，让墓葬看起来像山丘一样高耸又美观。这样做的目的，也是为掩人耳目。即便后世想要寻找始皇帝的墓葬，恐怕也很难寻觅。

　　而随着秦始皇正式下葬，他一生波澜壮阔的辉煌也被定格。只是这样一个造就千秋霸业的帝王，注定会成为有生命力的话题性人

[①][②] 司马迁：《史记》卷六《秦始皇本纪第六》。

物，让后世不断解读、评析。那么，本书中，我们该如何评价秦始皇呢？

历史功绩不容抹杀

明代文学家李贽在《藏书》中赞扬秦始皇："始皇帝，自是千古一帝也。始皇出世，李斯相之，天崩地坼，掀翻一个世界。是圣是魔，未可轻议。祖龙是千古英雄挣得一个天下。"

唐代文学家柳宗元在其《封建论》中也说："秦之所以革之者，其为制，公之大者也；公天下之端自秦始。非圣人意也，势也。"

汉代王莽称赞秦始皇："功越千世。"

汉代主父偃称赞秦始皇："昔秦皇帝任战胜之威，蚕食天下，并吞战国，海内为一，功齐三代。"

唐代诗人李白评价秦始皇："秦王扫六合，虎视何雄哉！挥剑决浮云，诸侯尽西来。"

明代内阁首辅张居正也说："三代至秦，混沌之再辟者也，其创制立法，至今守之以为利，史称其'得圣人之威'。周王道穷也，其势必变而为秦，举前代之文制，一切铲除之，而独持之以法。西汉之治，简严近古，实赖秦之驱除也。惜乎扶苏仁懦，胡亥稚蒙，奸宄内发，六国余孽尚存。因天下之怨，而以秦为招，再传而蹙，此始皇之不幸也。"

鲁迅在《华德焚书异同论》一文中，对世界各国的焚书之事做了梳理，他说："德国的希特勒先生们一烧书，中国和日本的论者们都比之于秦始皇。秦始皇实在冤枉得很，他的吃亏是在二世而亡，一班帮闲们都替新主子去讲他的坏话了。不错，秦始皇烧过书，烧书是为了统一思想。但他没有烧掉农书和医书；他收罗许多别国的'客卿'，并不专重'秦的思想'，倒是博采各种的思想的……始皇想皇帝传至万世，而偏偏二世而亡，赦免了农书和医书，而秦以前的这一类书，现却偏偏一部也不剩。"①

另外，许广平在《鲁迅回忆录》中引用鲁迅的话，评价秦始皇："许多史书对人物的评价是靠不住的。历代王朝，统治时间长的，评论者都是本朝的人，对他们本朝的皇帝多半是歌功颂德；统治时间短的，那朝代的皇帝就很容易被贬为'暴君'，因评论者是另一个朝代的人了。秦始皇在历史上有贡献，但吃了秦朝年代太短的亏。"②

中国近现代史学先驱柳翼谋在《中国文化史》中评价秦始皇："盖秦政称皇帝之年，实前此二千数百年之结局，亦为后此二千数百年之起点，不可谓非历史一大关键。惟秦虽有经营统一之功，而未能尽行其规划一统之策。凡秦之政，皆待汉行之。秦人启其端，汉人竟其绪。"另外，在他看来，秦国的统一，也是思想的统一，秦法对文化思想的推动具有重要意义："始皇时代之法制，实具伟大之精神，以一政府而统制方圆千里之中国，是固国家形式之进化，抑亦其时思想之进化也。"③

现代历史学家翦伯赞评价秦始皇："在我看来，秦始皇是中国封建统治阶级中的一个杰出的人物。我说秦始皇是中国封建统治阶级中的一个杰出的人物，不是因他是一个王朝的创立者，而是因他不自觉地顺应了中国历史发展的倾向，充当了中国新兴地主阶级开辟道路的先锋，在中国历史上，消灭了封建领主制，开创了一个中

---

① 《鲁迅全集》之《华德焚书异同论》。
② 许广平：《鲁迅回忆录》，长江文艺出版社。
③ 柳诒徵：《中国文化史》（全三册），中华书局。

央集权的封建专制主义的新的历史时代。"

现代学者章太炎在其著作《秦政记》中赞扬秦始皇:"虽四三皇、六五帝,曾不足比隆也。"

现代学者梁启超也在《战国载记》中肯定秦始皇的功绩:"秦始皇宁为中国之雄,求诸世界,见亦罕矣。其武功焜耀众所共知不必论,其政治所设施,多有皋牢百代之概。"

美国学者 L. S. 斯塔夫里阿诺斯在其著作《全球通史》中这样评价秦始皇:"从后来的历史看,当时的这些改革不管其理由多么充分,却侵害了许多既得利益集团,引起了激烈的反对。正是这种普遍的憎恶,加上秦王朝缺乏能干的继承人,成了民众奋起造反和公元前 207 年也就是始皇帝去世才四年时秦王朝覆灭的原因。不过,秦的统治虽然如此短命,却给中国留下了深刻且持久的印记。中国已由分封制的国家改变为中央集权制的帝国,并一直存在到 20 世纪。"

以上列举这些具有代表性的人物,基本是肯定秦始皇功绩的名人。只是,后世对一位功勋卓著伟大人物的评价总会呈现出多面性,或褒或贬,或持中立。因此来说,褒扬秦始皇功绩不乏其人,批评秦始皇也不乏其人。

批评者不乏其人

曾受秦始皇重用的尉缭,就这样评价秦始皇:"秦王为人,蜂准,长目,挚鸟膺,豺声,少恩而虎狼心,居约易出人下,得志亦轻食人。我布衣,然见我常身自下我。诚使秦王得志于天下,天下皆为虏矣。不可与久游。"为秦始皇寻找长生不老的卢生也说:"始皇为人,天性刚愎自用,起诸侯,并天下,意得欲从,以为自古莫及已。"①

汉代大学问家贾谊的《过秦论》对秦的评价用了很多"经典语录",比如他评价秦始皇:"秦王怀贪鄙之心,行自奋之智,不信功臣,不亲士民,废王道而立私爱,焚文书而酷刑法,先诈力而后仁义,以暴虐为天下始。夫兼并者高诈力,安危者贵顺权,此言取与守不同术也。秦离战国而王天下,其道不易,其政不改,是其所以取之守之者无异也。"

汉武帝时文学大家伍被说:"昔秦绝圣人之道,杀术士,燔诗书,弃礼义,尚诈力,任刑罚,转负海之粟致之西河。当是之时,男子疾耕不足于糟糠,女子纺绩不足于盖形。遣蒙恬筑长城,东西数千里,暴兵露师常数十万,死者不可胜数,僵尸千里,流血顷亩,百姓力竭,欲为乱者十家而五。"②

汉代历史学家班固在《汉书》中这样批评秦始皇:"至于秦始皇,兼吞战国,遂毁先王之法,灭礼谊之官,专任刑罚,躬操文墨,昼断狱,夜理书,自程决事日县石之一。而奸邪并生,赭衣塞路,囹圄成市,天下愁怨,溃而叛之。"③

汉代历史学家王朗批评秦始皇:"无德之君,不应见祀。"④ 这位王朗很有学问,《三国演义》里将其描绘成一个心胸狭窄之人,被诸葛亮骂死在三军面前,并非事实。

唐太宗李世民为一代雄主,他对秦始皇也持批评态度:"始皇

① 司马迁:《史记》卷六《秦始皇本纪第六》。
② 司马迁:《史记》卷一百一十八《淮南衡山列传第五十八》。
③《汉书》卷二十三《刑法志第三》。
④《三国志》卷三十三《魏书十三》。

暴虐，至子而亡。汉武骄奢，国祚几绝。"①

现代学者陈登原在其著作《国史旧闻》中批评秦始皇："刚毅戾深，乐以刑杀为威，专任狱吏而亲幸之，海内愁困无聊。"

以上列举这些内容，基本是批评秦始皇的名人或学者。当然，赞扬秦始皇的人汗牛充栋，批评秦始皇的远不止这些，这里只是列举几个代表性人物的说法而已。

事实上，历史上对秦始皇功过持"辩证"态度的也大有人在，他们不单纯批评，也不单纯褒扬，只是陈述对秦始皇的看法。

司马迁在《史记·李斯列传》中评价秦始皇："明法度，定律令，皆以始皇起。"在《太史公自序》中说："始皇既立，并兼六国，销锋铸鐻，维偃干革，尊号称帝，矜武任力。"在《史记·秦始皇本纪》中说："自缪公以来，稍蚕食诸侯，竟成始皇。始皇自以为功过五帝，地广三王，而羞与之侔。善哉乎贾生推言之也！"这些评价同样出自司马迁之手，但在不同章节中，对秦始皇的评价完全不一样。由此也能看出，即便是太史公，也很难给秦始皇一个准确的评价。

汉武帝的文学侍从严安说："秦王蚕食天下，并吞战国，称号皇帝。一海内之政，坏诸侯之城。销其兵，铸以为钟虡，示不复用。元元黎民，得免于战国，逢明天子，人人自以为更生。乡使秦缓刑罚，薄赋敛，省徭役；贵仁义，贱权利；上笃厚，下佞巧；变风易俗，化于海内；则世世必安矣。秦不行是风，循其故俗，为知巧权利者进，笃厚忠正者退，法严令苛，谀谄者众，日闻其美，意广心逸。欲威海外，使蒙恬将兵以北攻强胡，辟地进境，戍于北

---

① 《贞观政要》卷八《贡赋第三十三》。

河，飞刍挽粟以随其后。又使尉屠睢将楼船之士攻越，使监禄凿渠运粮，深入越地，越人遁逃。旷日持久，粮食乏绝，越人击之，秦兵大败。秦乃使尉佗将卒以戍越。当是时，秦祸北构于胡，南挂于越，宿兵于无用之地，进而不得退。行十余年，丁男被甲，丁女转输，苦不聊生，自经于道树，死者相望。及秦皇帝崩，天下大畔。"①

现代汉学家黄仁宇先生在《中国大历史》中评价秦始皇："秦始皇的残酷无道达到离奇之境界，如何可以不受谴责？可是他统一中国的工作，用这样长远的眼光设计，又用这样精到的手腕完成，又何能不加仰慕？"

当然，这里引用辩证评价秦始皇的也不止这几人，只是略举一二。那么，我们到底该如何评价秦始皇？

功过要客观评价

梳理以上几种观点，我们能够得出这样一个结论：各个时代的统治者或名人对秦始皇褒扬多集中在他统一天下、车同轨、书同文、统一度量衡、开驰道、堕壁垒等方面；对他的批评多集中在横征暴敛、强赋税盘剥百姓、大兴土木搞得民不聊生等方面。

应当说，出现两极分化的评价，只是角度不同。若综合评析，只能说有功有过。而后世的评价者多站在各自时代，用自己时代的视角，审视秦始皇的功过。所以他们得出的结论也多是"后世折射"，带着浓郁的时代特色。而这也使得秦始皇在不同时期不同人眼中呈现出"多面性"。

本书认为，要想全面评价秦始皇，就不能忽视他所处的时代、

---

① 《汉书》卷六十四《下严朱吾丘主父徐严终王贾传第三十四上》。

成长经历，以及历史背景。与此同时，还要结合战国末年的六国局势，以及秦国历史演进、变迁等因素，理解秦始皇的心态、性格的变迁。否则，一切站在后世的评价都是片面的，是"后人认为的秦始皇"。

而注重这些因素后，再去审视秦始皇，就能初步得出这样的结论：秦始皇是对中国历史做出巨大贡献的君主，是推动历史发展的重要人物，是奠定"封建"制度的明主。同时，他也是暴戾残酷、冷血无情、内心灰暗的暴君。

用辩证的角度去概括就是：秦始皇的历史功绩不能磨灭，他的暴政也不能被抹掉。

秦始皇的历史功绩是，在短短数十年内完成了统一，建立了第一个封建专制国家，制定了一系列影响后世的制度。当然，统一六国是历史的大趋势，这是时代要求、民心所向。秦国的六世余烈，为实现这一目标，付出了艰辛的努力。秦始皇统一六国，是建立在前五代君主之上的功业。不过在统一六国这件事上，不能忽视秦始皇本人的作用。秦昭襄王一生都渴望翦灭六国，建立统一的大王朝。他手中的战神白起、文臣范雎都是享誉历史的人物，但他竭尽全力，依然没有实现统一。秦始皇即位后，一直将祖先的未竟之业作为毕生追求，他翦灭六国的决心不减，方向不变。这是历史留给他的任务，需要秦始皇超人的胆识与气魄。而秦始皇也做到了杀伐果敢，信念坚定。最终，利用十五年的时间平定了内乱，统一了六国。

为了区别以往的天子，突出秦国的特色，翦灭六国后秦始皇实施了一系列改制。比如，书同文、车同轨、统一度量衡等。这些制度改革是历史发展的趋势，也是秦始皇大胆改革的尝试。

　　事实证明，秦始皇的这些大胆尝试是符合历史发展的，必然也会成功。也是这些尝试结果，对当时的秦国以及后世都产生了巨大影响，作用也是积极向上的。

　　不过，由改制带来的问题也显而易见：翦灭六国、实施改制等虽历经艰难，但强权政治下，很多事都朝着自己预设的方向发展，秦始皇基本实现"想一件就能干成一件"的目标。由此，他开始变得专横、霸道、不听劝谏，而这让他在好大喜功的路上越走越远。淳于越当时的谏言，亦可作为一种治国理政的参考声音。但秦始皇听取李斯建议，为掌控意识形态，焚毁百家经典，让民间的文化发展陷入崩溃，这固然可以起到"愚民"作用，但从长远看，但对历史的发展、民族融合没有好处。

　　同时，需要注意秦始皇性格的形成对历史的影响。换句话说，特殊历史进程影响了秦始皇性格形成，而秦始皇复杂性格也影响了历史进程。

　　简单说，秦始皇的经历比一般君王要曲折得多，也注定了他的性格会复杂得多：他成长时列国伐交频频，本人差点死在赵国；后来继承国君之位，先被吕不韦掣肘，后又遇到了嫪毐反叛；荆轲刺秦王、高渐离行刺等事件，都对他造成了深刻的影响。而他的种种遭遇，反过来又影响了他的性格。

　　成年之后的秦始皇，身心遍布千疮百孔，他已不是一个健全的人，他残暴凶狠，刚愎自用，穷奢极欲，恣意享乐，视民众为草芥。统一六国后，他变得越来越孤独，越来越"高寡"。而这些性格特征附着在不受约束的权力上，就变成了不听劝阻，好大喜功。

　　他实施的一系列看似"固国"举措，给全国人带来了沉痛的负担，甚至酿成了一场场人间浩劫：动用两百多万人修长城，通各地道路，筑阿房宫，挖骊山大墓，致使民不聊生，哀鸿遍野；制定详细的赋税政策，对各地百姓实施盘剥，源源不断地积累财富，百姓苦不堪言，更有甚者逃亡深山大泽中，逃避秦国赋税盘剥；到处巡视，彰显武力，挥霍财力，天下难安；寻求长生不老，不惜花费巨大，到头来"竹篮打水一场空"。

秦国虽统一天下，但经历数百年的战国，民众早已疲惫不堪，痛恨战争。民众更渴望和平、稳定。作为统治者不宜过多干涉民间，当效仿黄老之学，给民间以"恢复"时间，任由民间慢慢积淀，经过几十年的发展与交融，秦国可能会呈现出和平稳定的状态。届时，即便他渴望的"万世"之业不会实现，但秦国也不至于过早灭亡。

整体而言，秦始皇太着急了。民众的忍耐与他个人"理想"无法相匹配，造成了"暴秦"之象，人人都在想法摆脱秦国的盘剥与束缚。到他去世时，各种矛盾已交相汇集。这时候，只要有一个机缘巧合，再被别有用心之人利用，这些矛盾就可能无限放大，全面爆发，进而引发更大祸乱。

二世皇帝就是在这种背景下继位的。他即位时，国家危机已现，他能力挽狂澜吗？

第二十五章

危机

有饛簋飧，有捄棘匕。周道如砥，其直如矢。

君子所履，小人所视。眷言顾之，潸焉出涕。

小东大东，杼柚其空。纠纠葛屦，可以履霜。

佻佻公子，行彼周行。既往既来，使我心疚。

有冽氿泉，无浸获薪。契契寤叹，哀我惮人。

薪是获薪，尚可载也。哀我惮人，亦可息也。

东人之子，职劳不来。西人之子，粲粲衣服。

舟人之子，熊罴是裘。私人之子，百僚是试。

或以其酒，不以其浆。鞙鞙佩璲，不以其长。

维天有汉，监亦有光。跂彼织女，终日七襄。

虽则七襄，不成报章。睆彼牵牛，不以服箱。

东有启明，西有长庚。有捄天毕，载施之行。

维南有箕，不可以簸扬。维北有斗，不可以挹酒浆。

维南有箕，载翕其舌。维北有斗，西柄之揭。

—— 《诗经·小雅·大东》

1. 诛杀蒙氏

诛杀蒙毅

二世皇帝即皇帝位时已二十岁，但他对政务并不熟悉。或许是因为他没有被作为继承人培养，或许是他本身没有参与过国家政务处置。所以，当他登上帝位后，一切显得生疏、笨拙。

在秦始皇安葬后的几个月里，他都处于沉默中，至少，史料中没有他的相关记载。此时，秦国的政令，多由朝臣处置。李斯是丞相，熟悉所有政务，即便二世皇帝充当甩手掌柜，他也能将一切理顺。

二世皇帝只是尝试着扮演皇帝一角。

朝臣也愿意给新皇帝适应期，希望他能迅速成长。当然，朝臣并不希望二世皇帝成为第二个秦始皇，霸道、多疑、残暴……如若那样，一切都将回到原点，他们将继续度日如年的艰难日子。

二世皇帝并非毫无"行政"才能。他是个活生生的人，自幼也接受了"严格教育"。他智力并不低下，也有自己的思想。他也见识过父亲"处置政务"，也算有"间接经验"。

二世皇帝性格稳重、早熟。只是目前，他还不能掌控一切，因此隐藏了自己的性格、思想、欲望……他要慢慢观察一切，一步步掌控一切。

公元前209年是胡亥主政的第一个年头。这一年，胡亥二十一岁。经过大半年的历练，他逐渐"进入角色"，对"政治"已有自己的看法。只是他对独揽大权还有些"胆怯"，不敢大张旗鼓地表现欲望。

对于那些繁杂的政务，二世皇帝似并不热衷。或者说，即位之初，二世皇帝就不想像父亲一样劳累，他有更重要的事情要做。因此，他将这些政务都交给了赵高、李斯处置。

从这方面来说，二世皇帝要比秦始皇活得轻松。至少他会"放权"，给自己腾出时间。而这种"甩手"的做法，正好与赵高的"揽权"心理"暗合"。因此，赵高极尽一切，为二世皇帝服务，将政务处置得井井有条。

这里所谓的"重要"之事，即要实现"集权"。这是他成为天子后面临的难题。朝中贵族、臣僚多是跟随父亲"打天下"的重臣，功高盖主。天下制度，也是父亲推进并完善的。所以，不论从制度层面的"软实力"讲，还是人才层面的"硬实力"来看，他虽为天子，却显得"人微言轻"。

这种背景下，要实现集权，首先就要"换人"。换句话说，只有将重要岗位全部换成自己的人，才能让他的地位巩固。因此，在此后的一段时间里，二世皇帝"授意"赵高，在秦国掀起了一场排斥异己的活动。这里之所以说成是"授意"，是因为没有二世皇帝"撑腰"，赵高想要为所欲为，无异于异想天开。

赵高对付的第一个目标是蒙毅，而对付蒙毅也是项庄舞剑，"意在"蒙恬。因此，关系很复杂。

当初秦始皇东巡，蒙毅是追随者之一。秦始皇得病期间，蒙毅也没有闲着，他代表秦始皇祭祀名山大川。秦始皇去世，可能他并不知情。因此，他还在按照当初秦始皇既定的计划，奔赴各处祭祀。等胡亥继位时，他才得到消息。

大概蒙毅和秦国大臣一样，对秦始皇去世、二世皇帝即位这两件事有着深深的"疑惑"。但现实是，扶苏已死，二世皇帝顺利继位，秦国大任落在胡亥身上，蒙毅也不敢再多想。

只是蒙毅不多想，并不代表二世皇帝、赵高不多想。毕竟，对他们来说，蒙毅并非"自己人"，而在处置蒙毅前，他们已对蒙恬实施了"拘押"。因此，二世皇帝对蒙毅和蒙恬都有"提防"。如今尽管蒙恬被罢职，但蒙毅还身居要职，威望还在。

当然，诚如上文所言，对付蒙毅的背后，是要对付实力更加强大的蒙恬。二世皇帝与赵高对蒙恬很"忌惮"。原因很简单，当初他们伪造的诏书传到前线后，蒙恬不相信诏书内容，拒不执行"赐死"命令。而这种"拒不执行"的背后，是否是蒙恬对二世皇帝的不认可呢？眼下蒙毅在秦国的威望也不减，蒙恬的影响力还在，二世皇帝自然"担心"。这一点，从赵高规劝李斯的话中可见一二：

> 君侯自料能孰与蒙恬？功高孰与蒙恬？谋远不失孰与蒙恬？无怨於天下孰与蒙恬？长子旧而信之孰与蒙恬？①

换句话说，只要蒙氏兄弟活着，二世皇帝就不能心安，赵高就如芒刺背。有朝一日，一旦被这兄弟俩发现他们篡改诏书、残害扶苏，大逆不道，蒙氏会不会联合秦国贵族对他们下手？

人无远虑，必有近忧，赵高打算除掉蒙氏兄弟，排除异己，让自己掌控秦国朝堂，永享荣华富贵。②

---

① 司马迁：《史记》卷八十七《李斯列传第二十七》。
② 司马迁：《史记》卷六《秦始皇本纪第六》。

于是，《秦始皇本纪》中就描写了这样一种场面：赵高挑了个合适的时机，向二世皇帝进言，诋毁蒙氏兄弟。赵高说："我听说先帝慧眼识人，选贤任能，很早以前就打算册立您为太子。但因蒙毅出面阻拦，先帝就没及时册立您。蒙毅明知您贤能却故意拖延、阻止先帝册立您为太子，这是对先帝的不忠，也是蛊惑先帝。有蒙毅在，就会是您的隐患，我建议将其杀掉。"

按史料说法，当赵高进"谗言"后，胡亥气愤，也让他不安。本书认为，除去史料本身存在的演绎成分，赵高的这种进言，极有可能是二世皇帝与赵高联手演的一场"戏"，因为仅凭赵高一人，无法诛灭蒙氏——他们在秦国三代为将，树大根深，若得不到二世皇帝"背地里支持"，赵高很难撼动蒙氏的地位。

不过仅凭这个原因，诛杀蒙毅，恐怕人心不服。再者，当初是否发生过蒙毅阻拦秦始皇册封胡亥为太子之事，只要调查一番就能查清楚。而一旦查出并没有赵高所说的事情，赵高该怎么办？《秦始皇本纪》中没有"类似"记载，却记载扶苏为"太子"。换句话说，这可能只是赵高罗织的"罪名"而已。

本书认为，《秦始皇本纪》记载赵高诋毁蒙毅的"故事"过于简单，整件事的背后，定藏着更大的玄机。可以肯定的是，在诛杀蒙毅这件事上，二世皇帝与赵高达成了某种同盟，才让胡亥对蒙毅生了杀心。否则，仅凭赵高的一席话，如何杀得了蒙毅？

此后，二世皇帝先下诏，命人将还在代郡的蒙恬继续囚禁。而他们这么做，或许只是为了在诛杀蒙毅时，防止蒙恬反叛。

吊诡的是，蒙毅被"缉拿"后，二世皇帝并未立即下达命令诛杀蒙毅。由此，也能看出二世皇帝的犹豫。毕竟蒙氏兄弟在秦国影响力不小，贸然处死他们，恐引发朝堂震动。

　　赵高看出了二世皇帝的犹豫，但事已至此，如果不将迫害行动继续下去，可能还引发更严重的次生效应。这时候，赵高准备在二世皇帝犹豫的心中点燃愤怒之火，逼迫二世皇帝下决心。因此，赵高仗着被宠幸，派出"爪牙"搜集蒙氏的罪证，只要发现蛛丝马迹，就不断给胡亥进言，诋毁蒙氏。而坏话听多了，二世皇帝也就对蒙氏越来越反感，继续将他们囚禁着。

　　当然，赵高不仅诋毁蒙氏，对其他朝臣也进行排斥。只要不依附他，可能就会招致贬官，或者流放。而赵高的为所欲为，让秦国朝堂上有良知的臣僚看到了危机。

　　公子婴进言劝谏二世皇帝："过去赵王杀死贤明的李牧起用颜聚，燕王喜用荆轲与秦国背盟，齐王建杀忠臣重用后胜，最终招致祸端。蒙氏是秦国的大臣与谋士，为秦国立下不朽功业。现在陛下却要抛弃他们，我认为这不是明智之举。欠缺考虑的臣子不能治国，独断专行、刚愎自用之人不能保全国君，诛杀忠良对内会让大臣不能相互信任，对外则会让将士丧失斗志，千万不能这么做。"①

　　子婴这番话很有道理，也符合子婴的人设。吊诡的是，二世皇帝更加信任赵高，很难听进忠言。而子婴为蒙氏兄弟求情，反而加重了他的杀心。

　　不久，二世皇帝就遣御史曲宫到代郡，传达他的命令。曲宫到代郡后，斥责蒙毅："先帝要册立胡亥为太子，你却加以阻拦。丞相认为你不忠，判你灭族罪责。我不忍心让你的家族受牵连，希望你能自杀，保全家族。这也是你的幸运，你自己好好考虑一下。"②

　　蒙毅听完曲宫的话以后，震惊不已：他何时阻拦过先帝？他为

①② 司马迁：《史记》卷八十八《蒙恬列传第二十八》。

自己申诉："若我不能博得先帝欢心，如何年纪轻轻就能在秦国做官？我受恩于先帝，直至先帝驾崩，都侍奉在先帝身边，可算了解先帝。若我不知太子的才干，太子岂能在众公子中脱颖而出，陪侍先帝周游天下？若先帝早有想要册立太子之心，我怎还会进谗言？如今，我不敢找借口苟活于世，只担心侮辱了先帝的声名。所以我请求大夫告诉我实情，也不至于让我死得不明不白。古训说：顺意成全被人尊崇，严刑杀戮为人鄙贱。以前秦穆公处罚百里奚罪责不当，死后又用子车氏三位忠良殉葬，因此谥号为'缪'。秦昭襄王杀武安君白起，楚平王杀大夫伍奢，夫差杀伍子胥。以上这四位君王，都因犯了大过失，天下人对他们多批评，说他们当君王不贤明，而这四位君王的恶行也都被载入史册。这就是古语说的'用正道治国的君主不杀害无罪者，刑罚也不乱加在无辜者的身上'。希望您好好想想我说的话。"①

　　大概曲宫也清楚蒙毅是被冤枉的，但二世皇帝想要蒙毅死，谁敢阻拦？曲宫见蒙毅不自裁，命人强行处死了蒙毅。

蒙恬冤死

　　蒙毅被陷害致死，秦国朝堂一片哗然。

　　然而，事已至此，谁也无法改变。这时候，秦国朝臣噤若寒蝉，众人皆有种山雨欲来的感觉。他们能做的，就是规避风险，不让自己陷入斗争旋涡。

　　不过，赵高（或者说二世皇帝）的排斥异己计划并未终止，清除蒙毅只是个开始。朝臣大换血的计划还未完成，二世皇帝还未实

---

① 司马迁：《史记》卷八十八《蒙恬列传第二十八》。

现集权。这种背景下，只能继续推进清除异己的计划。

不论赵高还是二世皇帝都清楚，相较蒙毅而言，蒙恬的威胁更大。此时的蒙恬尽管被拘押，但他的声威还在，他培养的势力还在。只要他振臂一呼，那些追随他打天下的秦军就会立即做出反应。所以在诛杀蒙毅后，他们迫不及待又向蒙恬展开了迫害行动。

时隔不久，二世皇帝再派使者前往周阳，向蒙恬传达朝廷令其自裁的命令。

使者对蒙恬说："您的罪过太多，朝廷还未处罚，您的弟弟蒙毅又犯了重罪，已牵连到您。"蒙恬可能意识到了什么，就对使者说："我们蒙氏三代，为秦国积大功，建立威信。如今我领兵三十万，驻扎在边境，即便你们囚禁我，只要我想叛乱，我还是有实力发起叛乱的。然而，我知道自己必死，却一直坚守节义，是不想辱没祖宗教诲，不敢忘却先帝恩宠。周成王继位时，尚在襁褓之中，周公旦背着成王会见朝臣，最终平定了天下。后来周成王病危，周公旦剪下指甲丢进黄河，向上天祈祷：'国君年幼，由我执政，若有罪责触怒上苍，应由我接受惩罚。'有人就将这些誓词写了下来，藏在了阁中。后来，周成王亲政，有奸臣造谣说：'周公旦早有不臣之心，若大王不提前准备防御，就会发生重大变故。'成王听信奸臣的谗言，大发雷霆，有意迫害周公旦。周公旦因此出逃楚国。后来，周成王到馆阁中翻阅档案，发现了周公旦的祈祷书，就流着泪说：'周公怎么会犯上作乱呢？'周成王杀了奸臣，迎回了周公旦。所以《周书》上说：'对待人和事，都要多方求证，反复查问。'我们蒙氏世代效忠秦国，从未有过二心，最终却落得个这样的结果，定是乱臣贼子欺君罔上。周成王有过错能及时纠正，终于使周朝兴盛。夏桀杀死关龙逢，商纣杀死比干，最终落得个国破身死的下场。因此我说知错能改，听人规劝，凡事多审查，是圣明君主治世的策略。我说的这些话，并非我要逃避罪责，目的是劝谏陛下，希望陛下念及天下百姓，做事深思熟虑，遵循正确的道路。"

蒙恬的这番话鞭辟入里，切中要害，令使者很为难。但君要臣死，不需要理由。他对蒙恬说："我得到的命令是将您处死，不是听您申诉，所以不敢把将军的话转报皇上。"

蒙恬悲愤不已，他仰天长叹："我究竟犯了什么罪，在没有过错的情况下还要将我处死？"他沉思了很久，似乎想通了，释然地说道："我本就该死，我组织人从临洮到辽东筑长城、挖壕沟万余里，在实施这些工程的时候，难道没有截断大地的脉络吗？这就是我最大的罪责了。"说完之后，蒙恬服毒而亡。[①]

杀死了蒙恬、蒙毅两兄弟后，武将乱政的隐患基本被消除，秦国的大权基本掌控在二世皇帝手中。至于李斯之流，定会识时务。总之，在清除了蒙氏后，二世皇帝实现了集权。

需要指出的是，后世研究者往往将杀害蒙氏的罪责归结于赵高，显然不合实际，试想：如果不是二世皇帝授意，单凭赵高能祸害得了蒙氏吗？这就如同后世认为岳飞是秦桧害死一样肤浅。

当然，这里并非为赵高辩解，实在是他没有能力迫害蒙氏，一切都是刚刚继位二世皇帝的需要。而赵高这位"执行者"只是在"尽忠"。之后，因在扶持二世皇帝中功业巨大，赵高不断得到二世皇帝的信任。李斯虽为宰相，却像傀儡一般存在。

有意思的是，按照史料说法，这一时期赵高与二世皇帝要想做

---

① 司马迁：《史记》卷八十八《蒙恬列传第二十八》。

成某件事，就都以"丞相"的名义去做，仿佛天下事都是李斯促成的。因此，国家怪象丛生：李斯背负名声，赵高执行决定，二世皇帝享受成果。而造成这一结果的根源，是李斯在秦始皇时期的"强势"，得理不饶人。二世皇帝、赵高正好利用了这一点。

效仿始皇

君权越来越吸引人，二世皇帝也不断享受着"独裁"的成果，体验手中不可抗拒的权力的"力量"。这仿佛吸食毒品的人，一旦沾染上瘾，就戒不掉。

二世皇帝迷恋这种感觉，开始动用"君权"。不久，二世皇帝命人草拟了诏书，增加秦始皇陵墓和宗庙祭祀的牲畜数量，又提升对名山大川的祭祀等级。[①] 当然，不妨将二世皇帝此举当作试探群臣的做法，利用这种诏令，窥探自己是否集权。

这时候，群臣都跪下来进言："古时候天子七庙，诸侯五庙，大夫三庙。这已成为一种定律，即便经过千万年也不能随意改动。现在始皇帝七庙级别最高，四海之内都进贡，祭祀用的牲畜已是最高级别，不需再增加。秦国历代先王的庙有的在雍城，有的在咸阳。按照天子的礼仪制度，陛下您应捧着酒，亲自祭祀始皇庙。自襄公以来，宗庙多被摧毁，以前设置的也都是七庙。等陛下您祭祀宗庙时，群臣会按照礼仪进献祭品，以尊崇始皇帝的祖庙。从此之后，皇帝就应自称'朕'。"[②]

试探的结果是，礼仪不能破坏。二世皇帝像个听话的孩子一

---

① 司马迁：《史记》卷六《秦始皇本纪第六》："二世下诏，增始皇寝庙牲牲及山川百祀之礼。"

② 司马迁：《史记》卷六《秦始皇本纪第六》。

样，选择了接受这些实用性建议。只要利于巩固地位，二世皇帝也并非不"察纳雅言"之人。

不过，即使有很多"礼法"需要遵守，但随着对权力的掌控，二世皇帝内心不断生出各种新想法。而秦始皇先前的种种"举措"，也在二世皇帝心中变得真切起来。他决定效仿先王，做一些曾经想做而不敢做的事。

二世皇帝很崇敬秦始皇，不论作为父亲，还是横扫六合的君王，秦始皇都是"前无古人后无来者"。因此，逐渐掌握大权的二世皇帝，迫切希望成为和秦始皇一样的君主，到处巡游，彰显国力；大兴土木，修筑宫阙；兴兵征伐，炫耀武功；增加徭役，聚敛财富……

只是，想要实现这些并非易事。秦始皇以翦灭六国之功，能为所欲为，胡亥有什么功绩做这些？

这时候，胡亥很困惑，他召来赵高，与赵高商议这些事。胡亥对赵高说："人活一世，如同驾驭着六匹骏马奔跑，时间总是很短暂。"这句话很有味道，但他没有明确表示。赵高也不知道胡亥到底要表达什么。之后，胡亥又对赵高说："我年纪小，刚刚登基，天下有些地方还未归顺。先帝在世时，曾巡视天下，彰显武功，用威势震慑天下。如今天下虽然安定，但若不出去巡游，就是向外界显示秦国孱弱，无法让天下人都臣服！"

从二世皇帝的这番言论中分析，足见他智力不差。尽管只跟随秦始皇巡游了一次，他就掌握了秦始皇巡游天下的精髓之处。二世皇帝的态度暧昧：他也想效仿先帝，掀起巡游之风。而赵高捕捉到二世皇帝的这一心理，积极迎合他。这也坚定了二世皇帝巡游天下的信心。当然，不排除二世皇帝巡视也与当时国家不太稳定的形势有关。毕竟这种不稳定在秦始皇时代就表现出来了。

之后，二世皇帝召集群臣"开大会"，向群臣表明了自己的"想法"。臣僚们猜不透这位新国君的真实意图，但对他利用赵高之手震慑群臣的做法，心有余悸。因此，当二世皇帝表明自己的想法后，没有人站出来反对，丞相李斯也同意二世皇帝的巡游计划。

统一思想后，二世皇帝便与赵高密谋这件事。于是，同年春夏之交，大地回暖之际，二世皇帝开始了东巡之路。李斯作为丞相，继续陪同。他们沿着向东的大道，巡视路过的郡县。

之后，二世皇帝一行来到秦始皇曾经到过的碣石之地，并在这里举行了祭祀仪式。接着，巡游队伍沿着海岸线向南行进，一直到达会稽之地。据说，他们到当年秦始皇立碑之处后，瞻仰了秦始皇所立的石碑。二世皇帝还命人在石碑上刻上了一些新内容，以此来彰显秦始皇的丰功伟绩。①

二世皇帝为此举做辩解："这些石碑都是始皇帝所立。现在我继承皇位，可这些石碑上刻文没有始皇帝的落款。等很多年后，后人就弄不清这到底是哪位皇帝所立，而后世皇帝的功勋根本无法与始皇帝相比。"

群臣大概猜到了二世皇帝的言外之意，丞相李斯、冯去疾与御史大夫等人纷纷进言，请求将二世皇帝的诏书刻在石碑上，这样就能标注出石碑为始皇帝所立，二世皇帝也在此刻文。最终，二世皇帝采纳了丞相们的请求。②

---

① 司马迁：《史记》卷六《秦始皇本纪第六》："春，二世东行郡县，李斯从。到碣石，并海，南至会稽，而尽刻始皇所立刻石，石旁着大臣从者名，以章先帝成功盛德焉。"

② 司马迁：《史记》卷六《秦始皇本纪第六》。

之后，二世皇帝一行从会稽山北返，沿着大道北上，一直到达辽东一带，在这里巡视，震慑边境，彰显武功。再之后，二世皇帝大概感觉到旅途颠簸的劳累，决意回咸阳休整。因此，在众人的护送下，他们从辽东回到了咸阳。

2. 清除异己活动

阴谋论

这次巡游给了二世皇帝很大的信心，他也能像父亲一样彰显武功。而有些事只要迈出那一步，也就破除了"心理"因素。换句话说，潘多拉盒子一旦被打开，会释放出何种力量，谁也无法预测。如果有可能，二世皇帝在日后的岁月里，还会继续四方巡游，震慑天下，让四夷臣服。

不过眼下，二世皇帝刚回到咸阳，需要调整一段时间。这期间，他发现了秦国朝堂的一些苗头性问题。这些问题困惑着他，令他不安。于是，他召赵高进宫，征求赵高的建议："近日我发现朝中大臣多有不服，官员的势力也都很大，诸公子们也有觊觎皇权的野心。面对这种情况，我该怎么办？"

赵高善于弄权，只要有机会，他就会掀起风波。当他听到二世皇帝的担忧后，就有了应对之策。因此，他对二世皇帝说："您思考的这个问题我也在思考，但一直以来我没敢说。现在朝中的大臣都是先帝的大臣，他们都是享有声望的权贵，功勋显著，身份显赫。我身份卑贱，承蒙陛下信任，让我身居高位，掌管宫中事务。但我清楚，大臣心里对我很不满意，他们表面上顺从我，心里多不服气。不如趁着这个机会，调查郡县官员，一旦发现他们有罪，就将其处死。这样一来，朝廷既能震慑天下，也能铲除那些对陛下不满之人。我认为，眼下的秦国不能用文治，而要采用武力震慑。希望陛下顺应形势，不要犹豫，在群臣还没有来得及谋划前，先下手为强。我听人说，圣明的君主会收养遗民，让卑贱之人高贵、贫穷之人富有、远方之人归顺。若真能做到我说的这些，天下就会安定。"

赵高的这个建议，引起了胡亥的重视。不过这是《秦始皇本纪》里面的记载，其中一些说法，也存在"可疑"之处。这里，我们引出《李斯列传》里的另一种版本。

据说有一天，二世皇帝在宫中闲居无事，打算效仿始皇帝，纵情享乐。于是，他对赵高说："如今，既然我已得到天下，就想满足所有的欲望，享受能想到的所有乐趣。再通过治世手段，使国家长治久安，百姓欢欣鼓舞，大秦江山永固。不知道这种想法能否行得通？"赵高看穿了二世皇帝的心思，故意说："您提出的这个想法，对贤明的君主来说一定能做到，但对于昏聩的君主来说是很难做到的。我现在冒着杀头的危险，向陛下进言，希望您能重视我接下来的话。我们在沙丘的密谋策划，表面上看，天衣无缝，但朝中各位公子和大臣都有猜疑。这些公子都是您的兄长，这些大臣也都是先帝分封的侯爵。如今，您刚刚登上帝位，这些人心中多有怨恨与不服，我真担心他们会因此闹事。"[1]

听完赵高的话，二世皇帝也担心起来，他向赵高征求解决的办法。赵高乘机说："为今之计，只有推行严峻的律法和残酷的刑罚，

---

[1] 司马迁：《史记》卷八十七《李斯列传第二十七》。

将触犯律法和因此受牵连之人都诛杀，诛灭他们的族群，杀死朝中大臣、疏远您的骨肉兄弟，让原先的穷人富裕起来，让卑贱之人高贵起来。铲除先帝留下的所有大臣，换一批您信任的人到重要岗位。这样一来，那些在您身边侍奉的人就对您感恩戴德，不会背叛您。由此，也就根绝了的祸害。臣僚们都得到您的恩泽，享受您的厚德。到那时，陛下您才能高枕无忧，尽情享受人生。"①

这个记载是《李斯列传》里面的内容。对比两种记载，其大致内容差不多，都表明二世皇帝对秦国朝堂的官僚与诸公子不放心。不过细细分析，就能发现，《李斯列传》里的叙述更符合实际，赵高咄咄逼人的建议更能体现赵高的性格。当然，可能也只是"似"史实，却并非就史实。很多史实在被记录过程中，有意无意间，镶入了作史之人的意识。

总之，不管是《秦始皇本纪》还是《李斯列传》，都透露出二世皇帝依然担心君位受到威胁。而这种担心，主要源自他得位不正。他总有一种怀疑：公子们要颠覆自己。而这种"心虚"令二世皇帝恐惧，寝食难安。

如果说之前诛杀蒙氏兄弟时，二世皇帝还"半推半就"，有所顾虑的话。这一次，他感到君位存在"威胁"，心变得狠起来。而这给了赵高机会，他决定利用皇帝的"担心"，继续消除异己、肃清朝堂、培植势力，永久控制秦国朝政。

之后，赵高继续给二世皇帝灌输"换人"理念，鼓动他大胆放手清查官员。最终，二世皇帝被赵高各种"高论"触动，授权赵高全权处置这件事。

---

① 司马迁：《史记》卷八十七《李斯列传第二十七》。

排除异己

赵高得到授权后，立即行动起来。在实施排斥异己前，赵高先命人重新修订律法，对秦国推行的各种法令悉数修改。比如，在刑狱方面加大了处罚力度。这实际上是对商鞅推行法令的破坏，是对秦国制度的破坏。

赵高改变这些法令，修订这些制度，完全是为接下来的行动寻找"理论依据"。他要通过此举，名正言顺地将国家法令变成满足个人私欲的"工具"。换句话说，赵高从国家法令层面，实现了"变革"。即便日后朝廷"纠错"，赵高也能将一切推给制度，把自己从中"择"出。

调整完制度，赵高就开始了迫害行动。

事实上，事态发展到这一步，就变得简单，赵高可为所欲为，行为还能受国家法令保护。

紧接着，他就给那些与自己不在一个阵营的人罗织罪名。这对赵高而言，轻车熟路：不就是给诸公子和臣僚罗织罪名吗？欲加之罪何患无辞？于是，一大批官员和秦国公子都获罪下狱。赵高利用手中的权力，对他们实施严刑逼供，让他们承认自己"触犯法律"。拿到证据后，赵高遣人将他们诛杀。

其中，对秦国诸公子、公主的荼毒，到了令人发指的地步。据说当时秦国十多个公子被捕，后被斩杀于咸阳街头。咸阳百姓惊恐不已，各地议论沸沸扬扬。贵族、官员们噤若寒蝉。

除了清除秦国的公子，对那些并无实权的公主，赵高也不打算放过。传闻说，有十二个公主被抓，在杜县被肢解而死。要知道，自商朝之后，肢解这种残酷重罚基本被废弃。而赵高的做法，已不能用排除异己来形容。他对公主们如此残忍，应该是因为曾经与某位公主有嫌隙。如今掌控了大权，开始实施报复。只是这种兽性做法，注定会被历史唾弃。

当然，也可能与赵高的"变态"心理有关。他是个宦官，终生都无法享受男女之欢。而这种身体上的"残疾"，又造成了他心理上的残疾。所以他才对公主们怀有成见，不惜用残忍的手段杀害她们。

日本汉学家鹤间和幸从考古学角度，对这一过程作过阐述：

> 胡亥将他们埋葬在秦始皇陵东外城的外面（上焦村墓葬）。那里共有十七座墓，考古学家已发掘了其中的八座。这些墓中呈现的惨烈景象甚至超过了《史记》的记载。在这里的考古学者不得不变成验尸官。首先，十一号墓的墓主是推测年龄为三十岁的女性，根据随葬铜印可知她的名字叫阴嫚，陪葬有铜镜、带钩（腰带扣），骨骼基本完整。由于上下颌骨异样错位，我们知道其死因是缢死。其次，十七号墓是推测年龄为二十岁的女性骨骼，她的头部、躯体、足部被切开。十六号墓是一名三十岁的男性，我们也可以根据随葬铜印知道他叫荣禄。荣禄的头骨、足部也被分开。十五号墓的三十岁男性，左侧头部和下颌骨的间隙被青铜镞贯穿，他是在毫无防备的情况下主动脉受到突然袭击当即死亡的。十八号墓的陪葬品中有铜剑等，但是没有发现遗体。这里应当隐藏着《史记》没有记载的史实。紧挨着这些墓葬的东面还有九十三座活埋真马的马厩坑。①

---

① 鹤间和幸：《始皇帝：秦始皇和他的时代》之第八章《肢解的遗骸》

这些公子、公主被杀后，赵高将他们的财产全部充公。[1] 赵高及其党羽像饿狼一样，扑向了秦国贵族，让他们无处可逃。

在诛灭"公子"时，偶尔也有"变数"。换句话说，不是所有的公子都坐以待毙，等待二世皇帝和赵高"清算"。

公子将闾兄弟三人一直以"稳重"著称，他们与别的公子完全不一样，性格沉稳，做事谨小慎微，从不越雷池，平日也很少做出格之事。他们这种超群的智慧，也是为防止有一天"风向会变"。

果然，等赵高掌权后，他们的一些兄弟就遭难了。只是他们早有防备，以至于没有任何把柄落下。据说，为打击这些"谨慎"的公子，赵高派出党羽搜罗证据。不过既然这些人预料到"危机"，他们就不会给人留有把柄。因此，赵高派出的人并未寻找到他们的"罪证"，而这让赵高愤怒，不甘心这几个公子能逃脱"法令制裁"，便将他们囚禁在内宫，由自己单独审他们。

二世皇帝也听说了这件事后，派使者给他们传话："你们没有尽到大臣责任，理应被处死。即便你们不承认，也有官员会查清你们的罪责，将你们依法论处。"将闾不服，辩解说："我们遵守朝廷的礼制，遵从朝廷的礼节，听命于朝廷的调遣。从未出现过任何过错，为什么说我们没有尽臣子之责？即便要我们去死，也得让我们知道到底触犯了什么过错。"使者并不解释，只是说："具体事情我不清楚，我只是奉诏行事。"将闾三人听完使者的话，仰天长叹。

之后，他们看使者无动于衷，便挥剑自刎。这件事发生后，朝野震动，宗室子弟非常惧怕，臣僚们更是噤若寒蝉。据说，连秦国

---

[1] 司马迁：《史记》卷八十七《李斯列传第二十七》。

的百姓也都惊恐不已，生怕灾难落在自己头上。①

这时候，还未遭清算的秦国公子嬴高担心自己的安危，计划逃出咸阳，再做计较。但他又担心逃亡后，家族受牵连，最终没有逃亡。之后，他给二世皇帝上书说："先帝在世时，我进宫就能吃到东西，出宫就有车乘坐。先帝会将府中的衣服赐给我，宫中的宝马也会赐给我。我本该随先帝而去，却没有做到这一点。作为人子我不孝，作为臣子我不忠。而不忠不孝之人是没有理由活在世上的，请允许我追随先帝而去，只是希望将我埋在骊山脚下，陪着先帝。"据说嬴高的奏疏上报给二世皇帝后，得到了二世皇帝的认可，答应了嬴高的请求。

嬴高死后，二世皇帝还生了"恻隐之心"，没有对嬴高的家族实施清洗，还赏赐了他家人十万钱，作为公子高的安葬费。应当说，嬴高用自己的性命，保住了家族人的性命。

总之，经过一系列惨无人道的清洗活动，秦国公子和公主基本被屠戮殆尽。二世皇帝与赵高的联手，消除了所有可能危及他们权利、荣耀的因素。而他们的这些凶残做法，让秦国朝堂分崩离析，人人自危。

有意思的是，公子婴却安然无恙。他在以后还会发挥作用。所以，我们推测，公子婴与二世皇帝、赵高等人关系融洽，在他们清除异己时，他也就成为漏网之鱼。

不过，清洗活动并未结束，因为秦国的公子、公主、贵族还有很多，消灭贵族是一个漫长的过程，以后，他们还会持续实施"恶政"。当然，此时之所以减缓消除异己行动，只是因为二世皇帝又

---

① 司马迁：《史记》卷六《秦始皇本纪第六》。

有了大兴土木的新想法。赵高不得不再迎合他，实施大兴土木举动。

3. 农民大起义

危机四伏

公元前 209 年（二世元年）四月，巡游回咸阳的二世皇帝依旧雄心勃勃，壮志凌云。造成他心理"膨胀"的原因，是他实施巡游、排斥异己等"大事件"并没有人公开反对。换言之，二世皇帝尝到了绝对权力带来的快感，而臣僚不反对，意味着他的帝位正在巩固。

应当说，秦始皇用自己独特的方式，教会了二世皇帝如何彰显功业，实施集权。

二世皇帝信心不断增强，开始现买现卖，将注意力集中到咸阳宫上。他对群臣表示："先帝在世时，曾因咸阳宫狭小，又兴建阿房宫为居室和堂屋。但阿房宫还未建成，先帝就去世了。修建的阿房宫也被叫停，修筑阿房宫的劳役被调往骊山修筑先帝陵墓。如今先帝已下葬，骊山的墓地也全部完工。现在，我们能做的，就是秉承先帝遗愿，继续阿房宫修筑工程，将其完成。而就此搁置阿房宫，则证明当初先帝修筑阿房宫的决定是错误的。先帝是千古一帝，怎么会错呢？"

二世皇帝很聪明，他将修筑阿房宫作为先帝未竟之业，摆在明面上，让朝臣商议，朝堂上没有人敢反对。

之后，按照二世皇帝的意图，秦国将修筑骊山陵墓的人力调回阿房宫，让他们继续修筑这座宏伟的建筑。与此同时，秦国又从其他地方调来了更多的人力，投入这项工程中。渭水岸边上再次热闹起来，工地上白天黑夜役夫如蚂蚁一般，都在各自尽力。工地外围是手握武器的士兵，他们一方面负责督促工程进度，一方面也防止役夫逃跑。

沉重的劳动，让刑徒苦不堪言，他们没有任何自由，可能还得自备食物，投身这项看不到何时结束的工程中。

不断有人在沉重的劳动中死去，看守之人像清理垃圾一样，将这些死了的人草草掩埋。而活着的人，继续拼命。当然，因死人是常有的事，秦国会不断向地方征调劳力，补充到空缺岗位中。据说泗水亭的刘邦也曾负责为秦国征调役夫，全组织役夫到咸阳服役。只是终有一天，他会因征调役夫而"栽跟头"。

这一时期，除了大兴土木，二世皇帝也处置"政务"。据说此时边境并不安定，一些少数民族多有侵扰。而在对待四方夷狄问题上，二世皇帝沿用秦始皇的策略：一方面加固各地城墙以及长城等设施，一方面又派秦军驱赶、打压。还有内幕说，胡亥担心咸阳的安危，惧于产生暴乱，特从全国各地征调了五万精锐，驻扎在咸阳内外，镇守咸阳。平日里，这些戍卒除了训练，无所事事。

而随着咸阳人口不断增多，粮食一度出现供应不足。秦国高层不得不从邻近郡县调拨粮食。据说秦国对调拨的粮食严控，即便是运送粮食到咸阳的人，也不能自己使用粮食，只能自带食物。咸阳三百里以内的百姓，也没有资格享受运输到咸阳的粮食。这些粮食都是供皇室、大臣以及军队食用的。造成的结果就是，贵族们享受佳肴，百姓食不果腹。

当然，这些都是表象。在国家巨大的开支下，是对民众不断的盘剥。秦国对民众的剥削政策，仿佛吸附在民众身上的水蛭，一旦吸附上，就很难摆脱。尤其是二世皇帝有了各种欲望后，各地的赋税不断加强，百姓苦不堪言。这一时期，秦国对民众的盘剥太重，沉疴难解。而沉重的赋税，搅得秦国臣民不得安宁，总有地方涌现出抗争的声音。而为防止他们反叛，秦国还制定了更加严密苛刻的法令，以约束秦国的子民。①

刘三解的《青铜资本》详细介绍了这一时期秦国经济运行情况，特别指出二世皇帝时期，捉襟见肘的财政困局。而作为统治者，在面对各种财政问题时，采取的措施往往简单粗暴，甚至不惜以牺牲亿万民众的利益、生命为代价，造成秦国矛盾不断激化。②

这一时期，到处的民众都在诅咒，都在躲避国家赋税徭役，逃离土地者数不胜数。由于商鞅用《垦草令》刺激民众发展农业的制度遭到破坏，土地已难以养活一家人，逃避必然就成为"活路"。

当然，秦制除了盘剥民众，对"官"和"吏"的盘剥也一样进行着。很多基层"官吏"遭受着多重盘剥。比如，要面对某些"指标完不成"的罚款，要接受属地不稳定的"处罚"。近些年来，在岳麓书院、里耶、睡虎地等地出土的秦简中，发现了很多处罚"黔首"和"官吏"的记载。

当然，盘剥不仅限于对黔首和基层官吏，还有对商业贸易的压榨，也可引申为对"市民"的打压。按照刘三解的说法，秦国基本

① 司马迁：《史记》卷六《秦始皇本纪第六》。
② 刘三解：《青铜资本》。

上实现了"市民皆商"①。只是此前商人还有一定"地位",而到二世皇帝时,商业贸易制度被破坏,原先有一线生机的商业,在各种"乱政"的干涉下,雪上加霜。

与此同时,为了掌控财富,以赵高为首的秦国"打手"们将毒手伸向秦国贵族,一些贵族经常莫名其妙遭到清算和抄家。

换句话说,这一时期,秦国为了"搞钱",将"魔掌"伸向各处。只要有能搞到钱的地方,他们就会罔顾制度、草菅人命。

即便如此,二世皇帝并不醒悟,他将对百姓的盘剥当成了理所当然。为了大兴土木、满足私欲,在赵高等人的操纵下,秦国变相增加赋税,不断加重对民众的盘剥。这让本就遭受各种沉疴的秦国黔首越来越抵触秦国的"暴政"。那些原本为秦国服务的基层"吏"也痛恨秦法,但他们很难跳出秦法"束缚",自然也就成为"受害者"。

这种背景下,秦国内部正在酝酿着一场风暴。

事实上,早在秦始皇下葬时,很多不稳定因素已显现。据说,英布就曾是修筑骊山皇陵的刑徒,他因无法忍受修皇陵的沉痛劳动,乘着看守不注意,逃出了骊山工地,流亡于江中一带,纠集了一伙人落草为寇。②彭越虽然没有被征调到骊山陵墓修筑大墓,但他对秦国的"恶政"早有不满,也纠集了一伙人在巨野山泽中,

---

① 刘三解:《秦砖:大秦帝国兴旺启示录》之《秦二世为什么对亡国危机"无动于衷"?》
② 司马迁:《史记》卷九十一《黥布列传第三十一》:"秦时为布衣。少年,有客相之曰:'当刑而王。'及壮,坐法黥。布欣然笑曰:'人相我当刑而王,几是乎?'人有闻者,共俳笑之。布已论输丽山,丽山之徒数十万人,布皆与其徒长豪杰交通,乃率其曹偶,亡之江中为群盗。"

成为"群盗"。还有作为秦国小吏的刘邦，以及地处楚地项氏一族的项燕、项羽，也不满秦国的统治，都在秘密观察时局，等待着"天下有变"。

当然，表面上看，这些零星的反抗，还没有形成势力，实际却已对秦国的稳定造成影响。

在这种背景下，只要有人站出来振臂一呼，打出"推翻秦国、平分土地"的口号，天下民众必然揭竿而起——民众被沉疴的法令折磨得太久了，他们的忍耐到了"极限"。

危机已现，高层却还在穷奢极欲。没有人敢站出来说真话，众人都在粉饰太平中醉生梦死。即便有良知的官员，也不敢发出"不同声音"。我们不禁要问：难道秦国气数未尽？

本书认为，二世皇帝应得到了各地小股叛乱的消息，但他似乎并不在意。原因很简单，秦国具有强大的"文书"系统，保证了秦国的"情报网"的高速运转，确保了秦国的政令传播、信息收集。刘三解先生认为，胡亥始终在逃避这些，不想听、不面对。比如，后来出现陈胜吴广起义后，他就是这种态度。

环境孕育着叛乱，秦国内部暗流涌动。那些反秦的势力不断积蓄着力量，等待着一个合适的契机，喷涌而出。

---

① 司马迁：《史记》卷九十《魏豹彭越列传第三十》："彭越者，昌邑人也，字仲。常渔钜野泽中，为群盗。陈胜、项梁之起，少年或谓越曰：'诸豪桀相立畔秦，仲可以来，亦效之。'彭越曰：'两龙方斗，且待之。'"
② 刘三解：《秦砖：大秦帝国兴旺启示录》之《秦二世为什么对亡国危机"无动于衷"？》

大泽乡之变

契机说来就来了。它仿佛草原上零星的火星，在一场大风中，忽然就燃起来了。

不过，率先反叛的人并非英布、彭越、项羽、刘邦等人。而是秦国两个小民，他们一个叫陈胜，一个叫吴广——此前从未进入历史中，但这时候，他们却"介入"历史，成为推动历史进程的"变量"。

据说他们还是秦国的"吏"。表面上看，陈胜、吴广起义是偶然，实则是必然。如果仔细回望推进历史发展的因素，就会发现一种奇特现象：任何时候，打破历史平衡的往往都不是显性因素。

引起他们叛乱的原因是秦国的"更戍"，也就是轮岗戍边。这也是一种沉重的劳役，从它诞生的那天起，就牢牢套在秦国臣民的头上。

陈胜，阳城人，字涉。吴广，阳夏人，字叔。相传陈胜年少时，出身低微，曾为当地富豪雇佣，做耕田劳力。他对这种困顿生活非常不满，曾在一次休息时对伙伴说："若有一天富贵了，不能忘了彼此。"和他一起受雇的人嘲笑他："你不过是个受雇耕田的贱民，能有什么富贵之事呢？"陈胜并不解释，只是叹息说："燕雀怎会知晓鸿鹄的志向呢？"[①]《史记索隐》说："鸿鹄是一鸟，若凤皇然，非谓鸿雁与黄鹄也。"

陈胜的这番话，在后世成为一种激励人的"强心剂"，被遭厄运的人当成励志名言。本书认为，这是司马迁对主人公过度渲染的

---

① 司马迁：《史记》卷四十八《陈涉世家第十八》。

写法。其实，只要翻《史记》，就能发现，其中很多厉害人物发迹前，曾生活在"畎亩之间"。但从陈胜后来任职的"屯长"看，他还不是贱民，而算是秦国最底层的"吏"，有管理他的"一亩三分地"的权限。以往我们多将陈胜起义总结为秦国苛政、制度等造成的深层原因，却忽略了人物身份。

本书认为，陈胜起义，应是底层"吏"被"秦制"打压和盘剥的结果。为什么这么说呢？按照《秦始皇本纪》的说法，陈胜起义源于一场征调，即公元前209年七月，秦国征发闾巷左侧的贫民九百人到渔阳戍边，陈胜、吴广等人被编在这九百人中。陈胜还担任这支整编队伍的屯长。《史记正义》说："渔阳故城在檀州密云县南十八里，在渔水之阳也。"

这种征调民夫戍边的举措是秦国统御四方的常规动作，即频繁地从各处调拨民夫，让他们戍边，完成各种换防需要。

秦国征发戍卒的政策早已有之，到秦始皇、二世皇帝时期，又因各种原因出现了新态势。比如，秦国的法令允许有钱的人家"花钱免役"①，还有些贵族钻政策的空子，逃避各种徭役，这让更戍无法实现"更"。到二世皇帝时期，不得不从秦国"吏"中征发。而这一次，陈胜、吴广等人很不幸被选中。他们当然愤恨，因为他们为秦国"效劳"大半生，最后依然还要面对征发的命运。陈胜不愿认命，怂恿跟随他们而去的九百人掀起狂风巨浪。

事情经过是这样的：与往年不同，这年秋冬时期，天气颇恶劣，长期阴凉多雨。而这种天气影响了九百人役夫的行进速度。等他们到大泽乡时，因雨势太大，难以前进，只能暂时停下脚步，并

---

① 刘三解：《秦砖：大秦帝国兴旺启示录》。

计划等待天晴后，再赶往服役地。然而，这场秋雨绵延漫长，让陈胜等人耽搁了好些时日，错过了到达期限。按照秦法，耽误了到达期限，将会被斩首。

陈胜、吴广两人心中愤懑，因为不是他们不愿意服役，实在是天气原因。况且他们还年纪轻轻，就这样被杀，心有不甘。

这种情况下，陈胜、吴广开始密谋"出路"。吴广说："如今我们延误了期限，坐以待毙是死，逃走被抓住是死，干一番大事也是死。一样都是死，不如举大事，即便死了也值了。你认为怎么样？"陈胜也有此意，对吴广说："天下百姓被秦国苛政折磨已久。我听人说二世皇帝是秦始皇的小儿子，原本没有资格继承皇帝位，而原定的继承人是长公子扶苏。听人说，扶苏多次劝谏秦始皇，被秦始皇派到外地做监军。后来有人说他犯了罪，二世皇帝就杀了他。秦国的老百姓都说扶苏贤能，却并不知扶苏已死。项燕作为楚国的将军，多次立战功，爱护属下，楚国人很爱戴他。有人认为项燕死了，也有人认为他逃亡了。如今，只要我们向外散布我们是公子扶苏、项燕，举起反抗秦国的大旗，定会有很多人响应我们的。"

以上这些就是《陈涉世家》中记载陈胜、吴广密谋大事的经过。这些记载非常精彩，司马迁将这两人划入"世家"，可见司马迁对他们推崇。不过，这些内容是否为司马迁归纳提炼，已无法考证。读在这些记载中，能发现这样一个事实：陈胜、吴广对秦国"内政"很熟悉。陈胜、吴广是秦国基层"吏"，这些消息他们是如何得知的呢？我们推测，这些"内幕"早就成为秦国官僚队伍中的"公开秘密"，以至基层官员都清楚。可能底层民众也"略知皮毛"。

平日里，这些基层"吏"还能享受"秦制"的好处，站在民众头上耀武扬威。这一次，他们却因为天气，成为秦制下的"罪民"，要接受秦法的制裁，他们因此有了"反心"。

当然，本书认为，在陈胜、吴广的潜意识里，早就有"造反"的打算。这次被征发，只是一个导火索。这也与我们提出陈胜、吴广是秦国的"吏"能对应起来。试想：一个朦朦胧胧的黔首，如何理解秦国套在每个子民身上的"不公平待遇"？如何能联想到扶苏、项燕这些人？[①]

显然陈胜、吴广是秦国"自己人"，他们清楚秦国的"问题"在哪儿。包括他们接下来的一系列举措，其实都说明了他们清楚秦国的隐患，他们只是利用了这些隐患。也有人认为，陈胜、吴广的密谋透露出当时秦国民众已有"觉醒"，知道为自己谋取前途，陈胜、吴广等人就是觉醒子民中的佼佼者。这也是一种观点，并不能判断其错误。

总之，分析陈胜的这段话，能看得出陈胜并非只会耕地的莽夫，他有智慧，有眼光。他清楚秦国腐朽统治背后的隐患：百姓对君主的"剥削与残暴"、对官员的"凶狠与贪婪"非常仇恨。而只要借用这些因素，就能燃起天下反秦的星星之火。

就是说，到这时，秦国种种隐患已成公开态势，只是没有人捅破那层窗户纸。这次换防中，陈胜、吴广成为捅破那层窗户纸的人。所以他们才有恃无恐，一拍即合，决定不畏生死，干一件大事。如果不是这样，他们只是两个单纯的"莽夫"，估计当时负责押解他们的"县官"，就能将他们扼杀在摇篮里，他们怎么可能掀起那么大风波？

分析了这么多，其实只是为了辨析陈胜、吴广的身份。而只有

---

① 司马迁：《史记》卷四十八《陈涉世家第十八》。

解释了陈胜、吴广的"身份",他们接下来的举动也就在"情理之中"了。

据说,两人密谋以后,决定利用这九百人,实现反秦意图——毕竟仅凭他们两人的力量想要实现抗秦,无异于痴人说梦。这时候,对陈胜、吴广而言,重中之重是如何利用这些人,让他们跟着自己"冒险"。原因很简单,这些人鱼龙混杂,并非所有人都和他们一条心。

此后,他们立即行动,筹划大事。他们的计划非常缜密,要把这一切都塑造成"假象",迷惑身边的乌合之众,实现控制他们的目的。

据说,就在这时,有占卜师窥得陈胜、吴广的计划,主动找到了陈胜、吴广,并对他们说:"你们要做的事情一定能成功,你们会创建伟大的功业。但你们在做大事前,向鬼神问过吉凶了吗?"陈胜、吴广并不熟悉占卜之事,只能求教于占卜师。占卜师就说:"我这话没有别的意思,只是提醒你们,如何在这群人中树立威信。"占卜师所说,亦是陈胜苦恼的问题。他们要聚民心,煽动起这些人对秦国的仇恨,顺便在这些人中树立威信,做这些人的领袖。

看到陈胜、吴广一脸茫然,占卜师已为他们想到了解决办法,这就是利用鬼神凝聚人心。占卜师表示,会为陈胜制造出各种"天象",让他成为名正言顺的"天选之人"。陈胜信任了他的话。之后,占卜师在丝帛上用朱砂写了"陈胜王"三个字,然后将丝帛藏在鱼腹中。当天有戍卒剖鱼时,就发现了鱼腹中的丝帛和字迹。戍卒们非常惊奇,他们也说不清为何会在鱼腹中有丝帛,丝帛上的字又预示着什么?

而这种运作，让陈胜看到了"天意"的作用，也动摇了戍卒忠于秦国的信念。此后，陈胜、吴广才能继续制造天意，摧毁戍卒们的认知，让他们跟着自己造反。当天夜里，在占卜师等人的运作下，他们又装神弄鬼，在附近的寺庙中点上了篝火，学着狐狸叫"大楚兴，陈胜王"。这些士兵非常惧怕，大气也不敢出。

通过以上一系列运作，陈胜的形象在九百人中高大了起来。他们对陈胜指指点点，观看陈胜的表情。而陈胜一如既往，装作什么事情都没有发生。陈胜的这些举动，让这九百人对他更加"好奇"。

当然，所谓占卜师的运作，可能也是史料加工的产物，这位占卜师应该就是陈胜的智囊团成员之一。在他的操纵下，陈胜、吴广做了一些"鬼神"之事。

而此时，氛围已经营造起来，陈胜、吴广开始演戏。威望很高的"导演"吴广登上前台，开始他精彩的表演。他借用自己的威望，在军中造势，激化矛盾，为陈胜赢得更多人心。当时，他们是整编队伍，严格意义上讲，还不是秦国的正规军队。而真正管理这支队伍的人是秦国派出的县尉——他才是这支队伍中的最大"官"。为了激化矛盾，吴广故意违反纪律，制造矛盾。县尉并未意识到这中间的阴谋，一如既往对这些戍卒实施盘剥与打压。[1]

一个细节证明了吴广故意制造矛盾：据说当天县尉喝醉后，吴广就乘机在县尉面前宣扬自己要逃走。而吴广此举意在激起这些戍卒的愤怒之情。县尉果然上当，当众羞辱吴广。面对县尉的羞辱，吴广并不恼怒，只是表现出一副无辜的嘴脸，还为自己辩解。县尉看到吴广如此不识趣，命人用竹板敲打吴广，吴广心里乐开了花，

---

[1] 司马迁：《史记》卷四十八《陈涉世家第十八》。

继续挑衅县尉。这让县尉非常愤怒，拔出剑要诛杀吴广。到这时，吴广认为时机已成熟，跳将起来，从县尉手中夺取了剑，反将县尉诛杀当场。①

吴广的举动震慑了在场的戍卒，谁也没想到事情会发展到这一步。而陈胜听闻吴广已行动，也立即采取措施，杀掉了另外两名县尉。

等陈胜、吴广做完这一切后，跟随他们的九百人还处在震惊中。要知道，杀秦国县尉预示着严重触犯秦法，不仅他们这些人都将被处死，可能还会牵连家人。此时，这九百人已无退路，陈胜、吴广将他们逼上了绝路。他们的命运，也与陈胜、吴广的命运紧紧绑在一起。

这种情况下，他们只能追随陈胜、吴广。

这里还有个疑惑：既然他们明知已错过日期，为什么没有集体起义？或许这些戍卒并不熟悉秦法，而陈胜作为屯长，清楚秦国的法令，才有如此周密部署，否则一切都很难说得通。

陈胜吴广起义

陈胜集合了所有戍卒，给他们洗脑："我们在去往渔阳的路上遇到了大雨，已错过到达渔阳的期限。而一旦错过期限，就会被斩首。即便我们侥幸没有被斩首，但戍边的十个人中，也会有六七个死去。我认为，大丈夫来世间一遭，不面临生死则罢。若遇到生死抉择时，还是要闯出一番名声来，才算死得其所。难道天下的王侯

---

① 司马迁：《史记》卷四十八《陈涉世家第十八》。

将相都是天生的吗？"①

经过这一番洗脑，跟随他们的这些人都群情激昂，高声呼喊："我们愿意听您的命令，跟随您的步伐。"这时候，陈胜等人看到时机成熟，向外界假称他们是公子扶苏与项燕，要反对暴秦，以顺从民众的意愿。由此可见，这些人多是乌合之众，他们不清楚陈胜的真实意图。

当然，我们认为，《陈涉世家》的这些记载存在漏洞：难道陈胜、吴广这一路而来，没有人知道他们的底细吗？或者说，他们既然是扶苏、项燕，为什么不早发动战争？再或者，他们制造声势时称"陈胜王"，为什么到真正起义时又自称项燕扶苏？总之，《陈涉世家》有很多矛盾的地方。可能司马迁在寻找史料时，也发现了漏洞。但他没有更多资料相互印证，只能将收集到的资料予以引用。

之后，事先参与策划的这些人都露出右臂，上面刻着"大楚"字样，并表明他们要反秦。到这时，其他还蒙在鼓里的戍卒才发现，一切早有准备，只是他们已无退路，只能加入反叛者的队伍，在右臂上文上"大楚"，以示自己的忠诚。

就这样，在楚地，反秦的火苗迅速燃起。陈胜、吴广等人为了造势，命人修筑高坛，将诛杀的三位秦国县尉头颅作祭品，举行了隆重的祭祀仪式，再次发表了煽动性演讲。

至此，这场由陈胜、吴广等人策划的起义完全公开。陈胜自封为将军，吴广担任都尉。另外一些亲信，也都担任了起义军的要职。

之后，在陈胜、吴广的带领下，起义军开始进攻大泽乡。由于

---

① 司马迁：《史记》卷四十八《陈涉世家第十八》。

地方官员事先没有预判和准备，因此起义军很快占领了大泽乡附近的蕲县。这时候，一些当地的民众听说加入反秦队伍，就能够逃避秦国苛政，纷纷主动加入起义军队伍中。

到这时，抗秦的星星之火终于在楚地燃烧起来。除了楚地的黔首外，一些楚地贵族也带领族众投奔了陈胜。起义军接纳了一切能接纳的人，实力大增。

之后，陈胜命符离人葛婴率一支农民军攻打蕲县东部地区，而陈胜自率一支大军向蕲县以西进攻。

由于陈胜、吴广打着公子扶苏、项燕的旗号，得到各地民众的拥护，起义军势如破竹，十多天内迅速占据了铚、酇、苦、柘、谯等地区。很多不明就里的民众，继续加入起义军队伍，成为反秦的力量。

当然，对这些民众而言，与其遭受秦国的盘剥，不如参与起义军。万一起义军成功，这又何尝不是一条出路？退一步讲，只要参加了起义军，他们就变成自由人，不再受秦法约束，不再承担沉重的赋税和徭役。

随着起义军力量不断加强，陈胜、吴广意识到壮大起义军力量的"噱头"的重要性，调整了策略，在向各处要塞进军的同时，也发出了"均田地"的口号，呼吁他们参与到起义军中，推翻"暴秦"。

而这种"口号"发出后，立即引起楚地受秦法盘剥民众的积极响应。他们遭受苛政盘剥太严重，现在陈胜、吴广既然要"分土地"，他们当然拥护陈胜、吴广。一时间，被秦法盘剥的底层民众都揭竿而起，加入陈胜、吴广的起义军中。据说当起义军到陈县时，已有六七百辆战车，一千多名骑兵，数万名步兵。

陈县是个要塞，最早是陈国的首都，战国时被楚国侵吞。秦、楚交恶后，楚国将国都从郢迁到陈。秦始皇统一六国后，在这里设陈郡，变成连接楚地的一个重要市镇。

等起义军到陈县时，当地的郡守和县令已逃离，只有守丞带着少量秦军对抗起义军。随即，陈胜指挥起义军向陈县发起猛烈进攻。由于驻守陈县的秦军数量较少，很快被起义军击败，守丞也在对抗起义军时死于战斗中。驻守此地的秦军没有了主心骨，瞬间乱作一团。陈胜因此乘机占领了陈县。

进入陈县后，陈胜召集当地的三老、豪杰，与他们商议抗秦大事。三老和豪杰看到陈胜势力大，便建议："将军身披铠甲，手握利器，讨伐残暴无道的秦国，恢复楚国的社稷，应称王。"陈胜接受了这些人的建议，自立为王，改国号"张楚"。①

那么，这里就有一个问题：陈胜、吴广搞出这么大动静，秦国朝堂上难道一点反应都没有吗？

很显然，二世皇帝是知道叛乱的。因为秦国有强大的"文书系统"，情报可能早已传到咸阳。

据说，当时胡亥派人到东方祭祀山川。谒者返回时，正好听到陈胜、吴广起义。谒者回到咸阳后，将陈胜、吴广起义叛乱之事禀报了二世皇帝，但二世皇帝根本不相信，还将谒者交由狱吏治罪。这种做法令人匪夷所思：信不信不重要，只要调查一番不就清楚了吗？②

因此，我们猜测，谒者汇报叛乱遭打压可能与赵高的运作有

① 司马迁：《史记》卷四十八《陈涉世家第十八》。
② 司马迁：《史记》卷六《秦始皇本纪第六》。

关。彼时，他掌握大权，整天鼓吹天下太平，宣扬叛乱的都是小毛贼，不以为意。

总之，陈胜、吴广领导的起义并未引起二世皇帝的重视。

而这种"不重视"引发了连锁效应：这件事后，秦国朝堂上没有人敢再说真话，大家都粉饰太平。有一件事为证：不久，另一位出使东方的使者回咸阳后，二世皇帝向他咨询陈胜、吴广起义情况。使者担心说真话会被治罪，就对二世皇帝说："都是些小盗贼，各地的郡守正在追捕他们，听说已全部被抓获了，陛下不必担忧。"①

天下已现熊熊烈火，国人却还在粉饰太平。二世皇帝也没有过多关注，或者说他真不想听、不愿听这些消息，假装天下太平，不再过问此事，继续过起了骄奢淫逸的生活。

而赵高等人也故意隐瞒，不让二世皇帝知道外界最新"动态"。因此，对于"战况"，二世皇帝内心拒绝相信，赵高极尽一切粉饰。李斯自二世皇帝继位后，就变成了傀儡，再也没有了昔日直言的担当，为保住丞相职位，往往迎合二世皇帝的喜好。

秦国高层的熟视无睹，给起义创造了壮大的条件。

4. 起义四处开花

六国贵族复辟

随着陈胜、吴广起义持续推进，各地都燃起了革命的烽火，起

---

① 司马迁：《史记》卷六《秦始皇本纪第六》。

义的火焰到处蔓延。

这种背景下，就发生了多米诺骨牌效应：各地不愿被秦国"暴政"盘剥的百姓，纷纷揭竿而起，诛杀当地秦国官员，报仇雪恨，响应陈胜、吴广。还有些底层官员和六国旧贵族，也加入反秦队伍中，谋求更大利益。

比如，周市、张耳、葛婴等六国贵族第一时间响应陈胜，很快组建起自己的队伍；沛县人刘邦本是秦国亭长，食秦国俸禄，理应对秦国感恩，但他在这场起义中嗅到了机会，私自放走了押送的刑徒，纠集一伙人，杀死沛县地方官，宣布起义；南方楚地的项梁、项羽等人，也杀死会稽郡守殷通，纠集八千余人响应陈胜。还有彭越、英布、郦商等早就对秦国不满的反抗势力，也杀死秦国地方官，纷纷起义，呼应陈胜，向秦国叫嚣。

各地的这种"呼应"，仿佛火星点落在热油上，大火瞬间被点燃，弥漫了大面积土地。陈胜成为人人敬仰的大英雄，他的事迹到处传播。而陈胜并未被这胜利冲昏头脑，他坐镇陈县，指挥起义军攻打秦国各处要塞。

为彰显实力，陈胜还让吴广做了假王，成为自己的副手。

之后，起义军以陈县为中心，多点开花。

至此，陈胜成为名义上的"王"，不过就其身份而言，他更像战国时期的合纵联盟长。这时候的起义军虽人多势众，但终归是一盘散沙。还有很多起义军打着陈胜的名义，相互不隶属，不听指挥，招摇过市，甚至狐假虎威，祸害民众。而这会在日后成为起义军"分裂"的重要原因。

当然，此时的起义军还在壮大，自然要尊陈胜为"联盟长"，代表陈胜惩治秦国官员，抢夺地盘，蛊惑人心。所以，这一时期，陈胜信心满满。

之后，他以联盟长的名义，指挥各路起义军攻打秦国要塞：陈县人武臣、张耳、陈余攻打原赵地；汝阴人邓宗攻打九江郡；魏人周市向北攻打魏地。至于刘邦、项羽等这些还未成型的势力，未入陈胜的法眼。

至此，一场声势浩大的反秦运动在山东（崤山以东）大地兴起。他们冲锋陷阵，诛杀秦国官员，抢夺郡县衙门，掠夺城中财富，甚至杀害黔首。

天下真乱了。至少，从起义军攻陷的郡县看，他们毫无纪律，不受约束，为所欲为。

当然，作为联盟长的陈胜也会制定"纪律"，但随着他统领的人增多、地域增大，陈胜已很难顾及所有。

事实上，随着起义队伍不断壮大，各种新问题开始涌现。比如，起义军鱼龙混杂，起初大家可能只是希望摆脱秦国苛政盘剥，逃避赋税徭役。但随着起义军享受到权力的甜头，他们各自为政，壮大自己，捞取更大好处，不受陈胜的约束。而这些情况是临时组成的联盟必然会出现的问题。

不久，起义军出现了第一个变故：向东扩张的葛婴一路推进，占据了东城。进入东城后，他们拥立襄强（楚国贵族后裔，一说楚王之孙）为楚王。

葛婴这个做法明显心怀不轨，他清楚陈胜已是起义军的"王"，却还要重新立楚王，到底为哪般？答案不言自明，他想立个傀儡，自己成为东城的实际掌权人。当然，这也暴露出起义军的真实意图：各自为政。

其实，从六国旧地响应的各国贵族早有自立意图，他们被迫接受了十多年秦国"苛政"，一直等待着能够"独立自主"的机会。陈胜的起义，打响了革命的第一枪，他们也等来了复国机会。这时候，他们不愿意只听陈胜"驱使"，更希望做一个"独立"者，并试图组建起自己的队伍。学术上将这一过程称为：从天下一统到天下分裂的重新转变。换句话说，秦始皇统一六国是战国由分裂走向统一的转变，而秦末农民起义正好"互换了"位置，让一切"倒转过来"。

应当说，在"各自为政"的路上，这些贵族各怀心思，等待着第一个跳出来的人，葛婴抢得了"头彩"。

这时候，葛婴欲盖弥彰，故意对外声称，他并不知陈胜已称王，才自作主张拥立襄强为楚王。那么，问题来了：即便要拥立襄强为楚王，是不是也该由陈胜出面"封王"，而不是陈胜的下属葛婴？葛婴这么做，只有一种解释：他不想受陈胜的控制（牵制），拥立襄强为楚王，只希望立一个可操控的傀儡。①

而天算不如人算，葛婴最终还是失算了。因为拥立襄强并未实现摆脱陈胜的目的，反而引起陈胜的猜忌。有意思的是，当葛婴意识到根本摆脱不了陈胜时，转而立即向陈胜示好，杀掉了襄强。

之后，意识到陈胜对他的猜忌，葛婴主动到陈县请罪，希望能够化解他与陈胜的纠纷。陈胜也看穿了他的伎俩，没有给他机会，直接命人将其诛杀。此时的陈胜已拥有生杀大权，谁若不服从他，都将会被杀掉。

当然，对陈胜而言，葛婴只是"个例"，还不能撼动他的地位。另外，除掉葛婴也是对各地起义军首领的警示：你们得弄清楚，谁

---

① 司马迁：《史记》卷四十八《陈涉世家第十八》。

才是起义军的"王"。谁再有其他心思，葛婴就是参照。

这期间，各处起义军多取得胜利，唯独荥阳难以攻克。据说战前，陈胜已意识到攻打荥阳有难度，特遣吴广领兵攻打荥阳。

而此时，镇守荥阳的官员叫李由，是李斯的儿子，他的职位是三川郡守，驻扎在荥阳。其实，随着起义军队伍不断壮大，秦国各地官员开启"逃亡"模式。但李由不能逃跑，因为他的父亲李斯还在朝中，还是秦国丞相，主持秦国大局。若他跑了，李斯怎么办？他的家人怎么办？

只是，此时的李由也畏惧起义军，他龟缩在荥阳，坚守不出。而荥阳是中原重镇，被秦国经营多年，城墙高大，粮草屯集，戍卒数量多。因此吴广多次指挥起义军攻打，依然无法撼动荥阳。而起义军在荥阳受阻的消息传至陈县后，陈胜也很震惊，黄河以北很多地方已被占据，唯独荥阳像个楔子，难以拔除。陈胜召集豪杰商讨对策。在这次会议上，上蔡人蔡赐提供了很多有用的建议，得到了陈胜的赏识。按史料的说法，陈胜认为蔡赐很有才，特授他为上柱国，辅佐自己。

之后，陈胜亲率大军包围了荥阳，与吴广一起攻打荥阳。李由得知陈胜亲自来攻，战战兢兢不敢应对，继续坚壁清野，与陈胜、吴广形成了对峙。

陈胜不打算就此耗着，对陈胜而言，荥阳不该成为他们灭秦的"障碍"，他的目标是咸阳。而要进入咸阳，就得稳扎稳打，步步为营，过崤山，入函谷，破咸阳。只是眼下他们连荥阳也无法攻克，想要进入咸阳，无异于痴人说梦。

为了破荥阳，陈胜开始遍访贤才，遍求破城的策略。这时候，陈胜在陈县发现了一个叫周文的贤才。据说此人曾在项燕所部任职，研习过军事，文武双全。陈胜如获至宝，即授予他将军帅印。

之后，经过商议，陈胜决定作"两手准备"：一面组织人继续围攻荥阳，一面命周文率领一支大军向西行进，攻打秦国重要关隘。

此后，周文率领这支兵马西行，一路上广发"英雄帖"，召集民众参与到抗秦队伍中来。据说荥阳以西的民众听说了他们的口号，纷纷响应，加入了周文的队伍。等周文到了函谷关外时，他已有千余辆战车，数十万士卒。

不过，即便人多势众，大张旗鼓，但他们是孤军深入，既畏惧秦国，也畏惧秦军。因此，到函谷关外的戏亭后，这支大军停止了西进，就地驻扎，观察时局。

那么，面对数量庞大的起义军，秦国高层该如何处置呢？

起义军内讧

秦国高层的不重视，导致了起义"无限扩张"。当周文围攻函谷关的战报传进咸阳宫时，二世皇帝才意识到问题的严重性。这不禁令人疑惑：难道假装不知就能让起义军自行解散？

到此时，二世皇帝也意识到再也不能逃避，必须面对起义军的问题。二世皇帝召集臣僚商议对策。[1] 对于这种事，并没有更好的处置办法。所以，秦国高层商议的结果是镇压，用秦军的勇武和强悍，将这些燃起的起义之火逐个掐灭。

问题是，秦国帅臣多遭清洗，蒙恬、蒙毅等都被杀，王翦、王

---

[1] 司马迁：《史记》卷六《秦始皇本纪》第六："二年冬，陈涉所遣周章等将西至戏，兵数十万。二世大惊，与群臣谋曰：'奈何？'"

贲也相继去世，秦国似已找不出能领兵出征的帅才。可能二世皇帝有些懊悔——毕竟武将还是需要的。这就像某件常年不用但无法缺少的东西，一旦急用，又找不到，就无法解决难题。

老一辈将领无人可用，只能在新成长起来的人才中选拔将领。这时候，少府章邯说了一番胸有成竹的话："盗贼已逼近，且人多势众，若从附近调拨人马，已然来不及。臣听说骊山有很多刑徒，请皇帝赦免这些人，给他们配备武器，用他们的力量来对付盗贼。"① 二世皇帝采纳了章邯的建议，大赦天下，将这些囚徒罪责赦免，给他们配发武器，试图组织他们对抗起义军。秦国还给这些"刑徒"画了大饼："取胜可得爵位。"

本书认为，这完全有可能。这些年来，咸阳各种工程上马，征调各地刑徒为劳力，成为秦国的成熟策略。这时候，镇压起义军，他们当然是最佳人选。

据说，为发挥这些刑徒的作用，二世皇帝以章邯为秦军主帅，率领刑徒抵御起义军。

在秦国对外战争的各种史料中，并没有章邯"出彩"的记载。可能他的光芒被王翦、王贲、蒙恬、蒙毅等将领掩盖，以致史料中找不到他此前的光辉业绩。不过能在这时候脱颖而出，也说明他非泛泛之辈。至少他是在中央"挂了号"的人。

得到调遣后，章邯开始部署。

章邯清点了人数，在层层选拔中，抽出了一部分"领导层"，迅速组建起刑徒队伍，准备还击函谷关外的楚军（起义军）。

---

① 司马迁：《史记》卷六《秦始皇本纪第六》："盗已至，众强，今发近县不及矣。郦山徒多，请赦之，授兵以击之。"

应当说，章邯选拔的这些人战斗力高于起义军，他们大多数是亡命徒、"奴产子"，不畏生死，还想建功立业，改变刑徒的身份。而起义军多是农民，可能也有原六国贵族家庭武装，他们十数年未参战，只是一群散兵游勇。

之后，章邯率领秦军向东开拔，反攻起义军。

不久，秦军就推进到函谷关一带。此时，章邯要面对的就是周文率领的起义军。这支队伍驻扎在函谷关外多时，却迟迟不敢攻打关隘。章邯猜到周文怯战，利用战略战术，回击楚军。结果只一战就击败了周文率领的楚军，他们如落潮的海水一样向东散去。章邯命人死死咬住周文部，蚕食楚军。此后，章邯与周文在大平原上展开了一系列追逐与逃亡的较量。最终，周文逃窜不及，被秦军包围，后自杀而亡。他率领的这支起义军也作鸟兽散。[1]

周文失利的消息传至荥阳后，陈胜非常震惊。他没想到，一向战必胜的起义军竟然被秦军击溃。要知道，周文率领的起义军数量庞大，即便用人墙堵，应也能堵住秦军。但非常不凑巧，他们偏偏被秦军击溃了。

更令陈胜震惊的是，此时各处的起义军也出现了分裂。先前尊陈胜的武臣到邯郸后，在一应臣僚的鼓动下，自封为赵王，授陈余（馀）为大将军，张耳和召骚为左、右丞相，算是在赵地立起了一个"赵政权"。而武臣这么做，实际上就是公开与陈胜分裂：大家都是起义军首领，凭什么只有你能做王？

以往我们的研究，多突出陈胜、吴广的"故事"，忽略了同时期的"造反派"。武臣其人就是这些造反派中的代表。这一点从他

---

[1] 司马迁：《史记》卷四十八《陈涉世家第十八》。

煽动地方民众起义的"演讲"中能够体现：

> 秦为乱政虐刑以残贼天下，数十年矣。北有长城之役，南
> 有五岭之戍，外内骚动，百姓罢敝，头会箕敛，以供军费，财
> 匮力尽，民不聊生。重之以苛法峻刑，使天下父子不相安。陈
> 王奋臂为天下倡始，王楚之地，方二千里，莫不响应，家自为
> 怒，人自为斗，各报其怨而攻其雠，县杀其令丞，郡杀其守
> 尉。今已张大楚，王陈，使吴广、周文将卒百万西击秦。於此
> 时而不成封侯之业者，非人豪也。诸君试相与计之！夫天下同
> 心而苦秦久矣。因天下之力而攻无道之君，报父兄之怨而成割
> 地有土之业，此士之一时也。①

　　起义军内部出现这种现象，在预料之中。陈胜、吴广大泽乡起
义，虽点燃了天下亡秦的燎原之火，但响应起义的人当中，不仅有
大量的底层民众，还有原六国各地的贵族、世家。他们与陈胜一起
反秦，对加速秦王朝灭亡有积极作用，但他们加入起义军的动机不
纯，并不想一直受制于人。他们更想在秦国衰弱时，迅速崛起，像
陈胜那样称王称霸，与陈胜平起平坐，得到更大利益。之前的葛
婴，现在的武臣都属这个类型。而势力较小的陈余、项羽、刘邦、
英布等人，何尝不是怀着这种心理？
　　只是武臣比葛婴聪明，他审时度势后，选择了在赵地称赵王，
并拉拢了跟随他的那伙人。
　　这时候，中国的格局已开始从天下一统向天下分裂转变。六国

---

① 司马迁：《史记》卷八十九《张耳陈馀列传第二十九》。

旧贵族开始实施"各自为政"的行动，并试图乘着"天下大乱"，夺取更多地盘，获得更多人口和物资，并以此为复国的基础。

据说武臣未经请示就称王的做法，令陈胜非常生气，他关押了武臣等人的家眷，还打算诛杀了他们。这时候，柱国蔡赐嗅到了危机，他建议说："秦国还未灭亡，就杀赵王的家属，大王难道想变成第二个秦王吗？不如趁此机会封武臣为赵王，如此一来，他就会感激大王，进而听从大王的调遣。"这个建议切中关键，天下未定如果杀了赵王家人，就会给自己树立一个仇人。而若笼络赵王可能会得到一个帮手。陈胜权衡利弊后，采纳了蔡赐的建议。

之后，陈胜派使者到赵地，祝贺武臣称王。

而陈胜的此举，无疑是给其他处于"观望"中的其他六国贵族"留下口实"：武臣都能称王，我们为什么不可以？

换句话说，武臣称赵王，成为起义军分裂的转折点。之后，起义军还会分裂出更多的"团体"，而这也只是时间的问题。

所幸的是，武臣虽称赵王，但还是尊陈胜为"联盟长"，自认是陈胜"管理"下的赵王。如此一来，武臣与陈胜的关系也没有更进一步恶化。

从这一点看，武臣身边也有一群智囊，给他不断提供着正确的建议。据说陈胜对武臣等人并不放心，将他们的家眷囚禁在宫中。此后，为挑起武臣一帮人内讧，分化武臣的势力，陈胜还封张耳之子张敖为成都君，命他立刻赴任。同时，陈胜又督促武臣等人前往函谷关，攻打秦国。

而面对陈胜的调遣，武臣自知理亏，一时不知如何应对。之后，他召集臣子商议对策。有人说："大王在赵地称王，非陈王意愿。楚国（陈胜建立的国）灭秦后，定会出兵讨伐我们。我们不能向西进军，而应向北进攻燕地，扩充自己的领土。到那时，我们就能南据大河，北守燕、代之地。即便日后楚国灭了秦，也不敢攻打我们。若楚国无法灭秦，被秦国消灭，秦国定然国力衰微。届时我们趁着秦国衰败，再称王天下。"其他臣子也支持这个策略。武臣采纳了这一建议，因此并没有接受陈胜的调遣向西用兵，而是派人攻打燕地。[①]

而赵国谋燕的消息不胫而走，让燕国旧贵族不安起来。据说此时燕地贵族、富豪不愿做俘虏，思考应对武臣大军入侵的策略。

此后，燕国的旧贵族决定效仿武臣，打算拥立原赵国小吏韩广为燕王，恢复燕国。但韩广并不"心动"，或者说他还有顾虑。原因很简单，他不是燕国贵族，即便成为燕王，也只会被人操控。再者，他的家眷还都在赵地，如果他自立，武臣会如何对待他的家人？

然而，面对韩广的犹豫不决，燕国旧臣、贵族采取了各种"威逼利诱"，说服韩广。他们认为，赵王武臣不会这么做，当初武臣的家人也在陈胜手中，陈胜也没有诛杀他的家眷。他们料定，武臣亦不会做这种被人唾弃的行径。最终，韩广被燕地旧臣说动，并在这些势力的运作下，自立为燕王。[②]

得知韩广自立，赵王武臣也"愤怒不已"。不过武臣身边有"智囊"，在他们的规劝下，武臣没有对韩广家人实施屠戮。几个月后，武臣还将韩广家眷送回了燕国。

赵王、燕王的自立，在意料之中，陈胜对此毫无办法，只能

---

① 司马迁：《史记》卷八十九《张耳陈馀列传第二十九》。
② 司马迁：《史记》卷四十八《陈涉世家第十八》。

"默认"他们的"叛逆"。对陈胜而言，只要这些人还尊重自己，他的目的也就达到了，这也是两害相权取其轻的办法。只是他也没有想到，武臣、韩广自立，掀起了各地起义军自立的高潮。

不久，大将周市率领部分人向东方狄县发起了进攻，狄县人纷纷拿起武器反抗。这时候，当地人田儋趁机作乱，杀掉了狄县县令，自封为齐王，对抗周市的进攻。

诡异的是，周市攻打狄县失利、率部撤回魏地后，也产生了摆脱"陈胜"的念头。据说他不断营造"自立"氛围，煽动起魏地民众的"自立"情绪。周市还认为自己身份"不合适"，打算拥立魏国后裔甯（一说宁）陵君咎做魏王——这也不奇怪，武臣、韩广已相继为王，起义军也应该有"各自的王"，隶属于陈胜，却各自为政。[1]

不过，周市这一计划实施起来有困难，因为甯陵君咎还在陈县，未经陈胜的许可，他根本回不了魏国。因此，已蠢蠢欲动的魏人打算拥立周市为魏王。而他们的这一要求，遭到周市拒绝。这也说明周市很"聪明"，按照"谁鼓动谁受益"的原则，若周市成为魏王，他此前种种大义凛然就变成了"别有用心"，他们好不容易积攒起来的人气，也会瞬间瓦解。这时候，最好的办法，是拥立魏国王族后裔。最终，经过多次交涉，陈胜主动册封咎为魏王，周市为魏国的丞相。

而随着陈胜"允许"多王并立，让原本数量庞大的起义军进一步四分五裂。这种分裂，使得起义军的实力削弱。

这时候，还有一些势力相对弱一些的起义军首领，也产生了摆

---

[1] 司马迁：《史记》卷八十九《张耳陈馀列传第二十九》。

脱"陈胜"的主意。他们打着起义军的名义，却不听从陈胜的指挥。这些人有陵县人秦嘉、铚县人董缗、符离人朱鸡石、取虑人郑布、徐人丁疾等。他们各自为政，虽未称王称霸，但为所欲为，而陈胜无法约束他们。[①]

陈胜也无法改变局势，只能继续实施笼络政策。不久，围困荥阳的将军田臧等人也产生了动摇，秘密谋划着"政变"。至于原因，大概是他们围困荥阳时，与假王吴广相处不太融洽，对吴广有愤恨之情。最终，田臧等人杀了吴广，将他的头颅送给了陈胜。

陈胜明知田臧作乱，却也无可奈何，只能封田臧为上将军。

章邯的反击

起义军的这些"分裂"和内讧，多发生在秦国反击之前。这也给了章邯机会。或许任何看似光鲜亮丽的东西，可能都是先从内部开始腐烂的。

此后，章邯率领的秦军诛灭周文的势力后，迅速向东而来。而陈胜得知情况后，也积极着手应对章邯的大军。

只是起义军四散分裂，陈胜根本无法约束他们，也难以调动各地起义军对抗秦军，只能调拨那些还算"听话"的起义军，以应对章邯的"镇压"。

这时候，已成为上将军的田臧，还算"听话"。因此，陈胜将拦截章邯的任务交给了田臧。而接到陈胜的"调遣"后，田臧自知理亏，也决意与陈胜一起对抗秦军。他先命部将李归等人继续围困荥阳，自己率部向西进军，拦截章邯率领的秦军。

---

① 司马迁：《史记》卷四十八《陈涉世家第十八》。

　　而章邯正率领由亡命之徒组成的秦军气势汹汹而来，进逼中原。

　　不久，双方就碰面了。章邯指挥秦军猛攻田藏率领的起义军，双方发生了激战，起义军被秦军击败，田藏本人也战死。

　　之后，章邯顺势推进到荥阳城，杀死荥阳外围的起义军首领李归等人，又与城中的李由两面夹击，击败了围困荥阳的起义军。

　　至此，荥阳的危机彻底得到解决，章邯也开始了大反攻阶段。这时候，由于秦军都是些刑徒和"奴产子"——这些人本身就很凶残，所以，他们在章邯的指挥下，乘胜追击，攻打各处被起义军占领的要塞，取得了一系列胜利。

　　当时，阳城人邓说驻扎郯县，章邯遣部将攻打，邓说不敌，逃回到陈县。陈胜很愤怒，杀了邓说。铚人伍徐驻扎许县，章邯又率军攻打许县，伍徐被击败，部众四散而逃，伍徐逃回陈县。可能伍徐失利的原因与邓说不一样，所以陈胜没有斩杀伍徐。①

　　未几，章邯率领秦军扑向了陈县，这里是陈胜的老巢，只有摧毁了这里，才算是平定了叛乱。

　　秦军攻打陈县时，陈胜坐镇，上柱国蔡赐领兵抵御。结果，秦军疯了一样攻城，蔡赐战死在一线。秦军士气高涨——蔡赐非一般人，他是陈胜的左膀右臂。而蔡赐战死，意味着陈胜失去了左膀右臂，只能自己应对秦军。

　　之后，趁着秦军士气高涨之际，章邯指挥秦军攻打陈县西面的张贺部，试图翦除张贺与陈胜互为犄角的势力。

　　陈胜得知后，率部出城支援，被章邯提前部署的兵力拦截，不

---

① 司马迁：《史记》卷四十八《陈涉世家第十八》。

得不退回城中。再之后，在章邯的指挥下，秦军向张贺部发起了猛烈进攻。张贺不敌，战死沙场，剩余的起义军四散逃窜。

到此时，秦军已取得了战争主动权，陈县外围的起义军基本被肃清。陈胜陷入危局，能调动的兵力并不多。而面对这种情况，在综合考量后，陈胜撤出陈县，向南方退却，边退边战。

陈胜败局已现，树倒猢狲散。据说这时候，曾拼死为陈胜驾车的庄贾见大势已去，投靠了章邯。章邯振奋不已，命秦将庄贾留守陈县，自己带领秦军追击陈胜。

最后，陈胜从汝阴退到了城父（今安徽蒙城西北）。此时的陈胜，惶惶如丧家之犬，没有人愿意再为他服务，各地曾经的响应者，也都在作壁上观。陈胜无计可施，暂时逗留在城父，寻找可以翻身的机会。①

这时候，庄贾表现出狰狞的面目，他不顾曾经的"主仆之情"，秘密联合起义军中不法分子，偷偷杀掉了陈胜。所以，天下还暂时不知陈胜已死的消息，继续尊陈胜为联盟长。比如，追随陈胜的项梁、刘邦等人就不知这个消息。

当然，纸是包不住火的。不久，陈胜已死的消息开始在起义军"嫡系"首领间传播。而这一背景下，各种势力蠢蠢欲动，天下不断出现新的变局。比如，曾被陈胜派往攻打武关的铚县人宋留，原本已占领武关。武关是哪儿？是今天陕西省商洛市，距离咸阳只有一步之遥。就是说，起义军已靠近秦国腹地了，"差一点儿"就打到咸阳城下。但是，当他听闻陈胜被杀后，不但撤退，还主动投降了秦军。最终，宋留在咸阳被车裂。②

---

①② 司马迁：《史记》卷四十八《陈涉世家第十八》。

　　就是说，陈胜死后，跟随陈胜的多名起义军首领得到了消息。一时间各地首领迷茫了，起义军也群龙无首，四分五裂，毫无战斗力可言。

　　这时候，起义军只能各自为战，继续对抗秦军。比如，陈胜以前的侍从吕臣不甘心失败，又组建了仓头军，在新阳起兵。之后，吕臣率部北上，又攻下了陈县，诛杀了镇守陈县的庄贾，为陈胜报了仇。①

　　与此同时，还在楚地的秦嘉等人知道陈胜死了后，也陷入慌乱中：陈胜死去，意味着起义军的旗帜人物去世，他们就成了乌合之众。秦嘉与智囊商议后，拥立了原楚国贵族景驹做楚王，继续抗击秦国。②

　　再之后，秦嘉打算联合齐王田儋进攻秦国。他派公孙庆见齐王，商议联合之事。吊诡的是，公孙庆出使齐国时，与齐王发生了争议，被齐王所杀，导致联合失败。

　　而起义军继续内讧，也给了章邯机会。他收集情报，不断调整镇压各地起义军的策略，收复了不少城寨。

　　此后，章邯派出秦军左、右校尉猛攻陈县。由于秦军数量多，吕臣无法抵御，率部撤离了陈县。不过他们并未因此解散，吕臣游走于楚地，征集人马。后来，吕臣找到了在楚地活动的英布，与英布合并一处。再之后，他们继续攻打陈县，击败了驻守陈县的秦军左、右校尉，重新占据了陈县。也是此时，项梁拥立项羽为楚王，正式与秦国叫板。③

　　总体而言，因为陈胜被杀，起义军呈四分五裂之状，章邯已逐

---

①②③　司马迁：《史记》卷四十八《陈涉世家第十八》。

步掌握了战争的主动权。而这意味着秦国也迎来了"新转机": 若秦国高层内修政务, 外平内乱, 可能会改变走向衰亡的国运。

那么, 以二世皇帝为首的秦国高层会不会这么做呢? 他们将如何处置接下来的叛乱和内政问题呢?

第二十六章

灭亡

彼黍离离，彼稷之苗。行迈靡靡，中心摇摇。

知我者，谓我心忧，不知我者，谓我何求。悠悠苍天！此何人哉？

彼黍离离，彼稷之穗。行迈靡靡，中心如醉。

知我者，谓我心忧，不知我者，谓我何求。悠悠苍天！此何人哉？

彼黍离离，彼稷之实。行迈靡靡，中心如噎。

知我者，谓我心忧，不知我者，谓我何求。悠悠苍天！此何人哉？

——《诗经·王风·黍离》

1. 李斯的"督责之术"

秦国高层的内斗

得知章邯取得"节节胜利"后，秦国高层又开始"轻视"起义军。

或许在二世皇帝看来，陈胜、吴广已死，起义军的残余就是乌合之众。他们仿佛已成灰烬的炉火，都无须外力的介入，就会自然熄灭。而章邯若继续推进，这些零星起义军就会被瞬间"扑灭"。

当然，之所以如此有恃无恐，是因为秦国还有数以百万计的将士，要么镇守边关，要么驻守各地；秦国还有幅员辽阔的疆域、数以万计的子民。这些"家底"岂是几个小毛贼能撼动？

高层的这种过分自信，加上赵高及其党羽的粉饰太平，二世皇帝也就继续沉浸在大国美梦中享乐去了。正如他之前与赵高的对话：人生若不在有权有势时享受，那还算什么人生？可能这时候，二世皇帝还是没有过度关注国家——他从父亲秦始皇的经历中，看到了皇帝的艰辛：当初秦始皇不相信任何人，所有政务要"亲自过问"，结果，累出了毛病。至少我们认为，秦始皇忽然暴毙，与他长期事必躬亲的工作量有关。因此，二世皇帝才更愿意躲避一些繁杂的政务，一心享乐。

当然，二世皇帝放权的背后，存在被"架空"的危险。赵高这种善于弄权之人，会利用各种机会，为自己谋私利。更为可怕的是，此时的李斯也沉默寡言，装聋作哑。

而之所以出现这种局面，完全与高层之间的斗争有关。自古有"一朝天子一朝臣"的说法，李斯在秦始皇时期呼风唤雨，赵高没有任何发言权。而二世皇帝继位后，这一切完全翻转过来。因此，群雄并起的时候，秦国高层也在"内斗"。这也是高层没有过度关注起义的原因之一。

这一时期，斗争主要在赵高、李斯、二世皇帝三人相互间展开。而他们的斗争，又引发了他们身边人参与斗争。因此，整体上看，秦国贵族与贵族之间、官僚与贵族之间、官僚与官僚之间，都在进行着斗争。这就非常令人疑惑：面对起义军汹汹而来，他们真放心将平叛之事完全交给章邯?①

情况还真是这样，他们没有过多关注叛乱，却将时间和精力放在对"权"和"利"的争夺上。

据说，在这场角逐中，李斯良心未完全泯灭，还在为秦国的未来担忧着。

其实，早在陈胜起义前，李斯意识到国家的危机，多次进言劝谏，希望二世皇帝重视国家存在的问题，及时纠正施政策略，让国家逐渐平稳，人民逐渐安定。但二世皇帝根本不听，他伙同赵高疏远李斯，抵制李斯，甚至将李斯当作对手、敌人来看待。

来看《李斯列传》的记载：

> 法令诛罚日益刻深，群臣人人自危，欲畔者众。又作阿房之宫，治直、驰道，赋敛愈重，戍徭无已。於是楚戍卒陈胜、

---

① 林剑鸣:《秦史稿》之《农民大起义和秦王朝的灭亡》。

吴广等乃作乱，起於山东，杰俊相立，自置为侯王，叛秦，兵至鸿门而卻。李斯数欲请间谏，二世不许①。

秦国法令刑罚日益严苛，群臣人人自危，天下想叛乱的人很多。二世皇帝不居安思危，反而建阿房宫，继续修筑直道、驰道，给黔首强加赋税，导致人民负担越来越重，边境更戍永不断绝。然后，楚地戍边的士兵陈胜、吴广等人就起义了，他们在山东起兵，天下群雄并起，陈胜自封为王，率领人一直打到鸿门才退去。李斯曾多次找机会进言，都被二世皇帝拒绝。

这些记载，是司马迁的概括。可能这一时期，李斯想方设法进言，希望二世皇帝沿袭秦制治理国家，毋改国家制度，只是这种劝谏并不奏效。二世皇帝甚至将李斯的阻拦当作一种"故意为难"，越发不信任李斯。②

本书认为，这种记载应该是真实的。原因很简单，李斯跟随秦始皇多年，对秦国推行的制度多有"完善"，他也清楚国家存在的弊端。秦始皇时期，他会适时劝谏，二世皇帝时期，他亦会劝谏。只是二世皇帝对李斯这个"同盟者"总有"疑心"，不放心将政务交给李斯，这从他重用赵高就能发现。而一旦遭到皇帝猜疑，臣子的政治生涯也就到了头。毕竟，信任是一切"共事"的基础，如果没有这个基础，哪怕臣子多么优秀，能力多么出众，都不会得到重用，甚至会被视为"威胁"。

当然，即位之初没有"罢黜"李斯，是因为需要依靠李斯来巩固政权。而随着二世皇帝不断集权，李斯的作用也就变得愈加"微

①② 司马迁：《史记》卷八十七《李斯列传第二十七》。

不足道"。这时候，疏远李斯，隔绝李斯，甚至舍弃李斯也就顺理成章。

因此，二世皇帝即位两年后，就开始疏远李斯。这不过是"狡兔死，良狗烹；高鸟尽，良弓藏；敌国破，谋臣亡"① 而已，也就是韩非所说的："故有爱于主，则知当而加亲；见憎于主，则罪当而加疏。"② 这时候，李斯再劝谏，就显得不识时务。不过，李斯还是不醒悟，他总认为二世皇帝与秦始皇一样，会听从他的建议。

据说，有一次李斯进言，希望二世皇帝克己奉公，励精图治，遭到了二世皇帝的责备：

> 我曾经听韩非说过一个理论，大致是说："尧帝统治的天下，庙堂不过三尺，柞木之椽不加雕刻直接使用，茅草屋顶不加修剪就居住，即便用来招待客人的旅店，也一样破败。冬衣服是鹿皮棉袄，夏服是麻布粗衣。人民食粗饭，喝野菜汤。盛食物用土罐，装水用土钵。如今，秦国的看门人也比这生活好。夏禹一生功业显著，凿开龙门，疏通水道，连通河流，修筑堤防。将堵塞的水道疏通，让河水流向大海，解决了水患问题。他由于长期的奔波，大腿上没有白肉，小腿上没有汗毛，手掌和脚都磨出了老茧。他面孔漆黑，为了天下，累死在治理国家的路上，最终被葬在会稽山。即便是一个奴隶，恐怕也没有他艰辛。"这就是韩非的观点。那么，那些统治天下的君王

① 司马迁：《史记》卷九十二《淮阴侯列传第三十二》。
② 司马迁：《史记》卷六十三《老子韩非列传第三》。

难道就要劳心劳力，居住破屋，食粗茶淡饭，与奴隶一样干沉重的劳动吗？我认为，这都是才能低下之人才会干的事情，贤德之人统治天下，优先考虑的是自己，若连自己的欲望都不能满足，又如何治理天下呢？所以，我一贯主张要从心所欲。那么，你认为既能让我从心所欲，又能让天下安定的办法是什么呢？[①]

二世皇帝的这通数落，羞得李斯无地自容。且不论二世皇帝的思想对不对，单就说他对韩非观点那么熟悉，都让李斯内心胆怯。他和韩非同是法家代表人物，同出一脉。而二世皇帝对他的思想，就理解得没有这么深刻。

可见对于不同君主，还是要采取不同的劝谏方式。韩非在这方面很有建树，他的很多著作都表达了这种思想。

当然，李斯可能对此做过辩解，但他依然未能说服二世皇帝。两人最大的分歧在于，先满足私欲再为国为民，还是"先天下之忧而忧，后天下之乐而乐"这也进一步说明了二世皇帝与李斯不"亲"，甚至有隔阂。所以，即便李斯的理论多么"正确"，二世皇帝也不会听从。对比当初他在秦始皇时期的进言，这时候的李斯，总会弄巧成拙。

令李斯不安的是，就在他规劝二世皇帝时，荥阳被吴广率领的起义军包围，而他的儿子李由就驻守荥阳。根据前线传回的消息：李由不敢主动出击，龟缩在荥阳城里。

二世皇帝虽未责问李斯（可能二世皇帝并不知道此事），但李

[①] 司马迁：《史记》卷八十七《李斯列传第二十七》。

斯捕捉到了这个消息。儿子固守不出固然有他的道理，但人言可畏，谁也不能保证朝中大臣不会利用这件事做文章。

总之，这一时期，前线的战事牵动着李斯，让他不得安宁。

后来，从前线传来消息，章邯击溃了起义军，将乱军驱逐出三川郡。这让李斯心中悬着的石头落了地，所幸的是，自始至终李由都没有向起义军屈服。而只要有这个底线，他也就不畏惧任何诋毁。

然而，李斯终究还是太乐观了。在秦军击溃起义军后不久，有人开始诋毁李由，指责他不抵抗起义军，差点让荥阳陷落。没有证据证明赵高参与此事，但从后来赵高对李斯使用的手段看，赵高与这件事脱离不了关系。

由于有人"弹劾"李由，李斯自然也就成为"众矢之的"。据说，当时二世皇帝对这件事也很重视，有意要将事情查个水落石出。之后，朝廷派出了调查组，进入三川郡，调查李由抗击起义军的情况。

更令李斯不安的是，章邯尽管取得了"阶段性胜利"，起义军也被平定下去，这时候，应该一鼓作气，消灭起义军，但二世皇帝的注意力却放在了朝中大臣身上，确切地说放在了李斯身上，有意"倒查清算"。

据说，赵高曾在二世皇帝面前进谗言："丞相的儿子李由是三川郡守，而楚地的强盗陈胜等都是丞相乡亲，所以他们才敢如此横行顶撞您。据说陈胜途经三川郡时，李由只守城不出战，可见其形迹可疑。我还听说，李由与陈胜书信来往。不过由于此事没有调查清楚，我也不敢禀报。但现在看来，丞相在外面的权力比陛下您的权力还要大。"①

二世皇帝非常愤怒，将起义军叛乱的责任全部推在李斯身上，谴责李斯身为丞相，严重失察失职，导致群雄并起，盗贼猖獗。

被扣了这样一个罪名，李斯非常不安。他像个受了委屈的小媳妇一样，无处"申诉"。

这就令人很疑惑：李斯是丞相，国家所有政务都得经过他的手。地方上报的各种信息，他也要及时处理，拟出处理意见，上报二世皇帝。那么，在处置起义军问题上，为什么二世皇帝没有得到更"确切"的消息？

本书认为，这应与赵高的"干涉"有关。真实情况可能是这样的：是赵高压下了很多奏疏，不让二世皇帝得到消息。而李斯虽贵为丞相，对于政务的处置，也有无法"监控"的地方。比如，他并不清楚赵高及其党羽是否按时将各类奏疏递交给二世皇帝。由此，也透露出赵高与李斯的内斗。相较于更受宠幸的赵高，李斯反而被二世皇帝"猜忌"。所以，就会发生各种"肠根阻"。

这一背景下，李斯遭到二世皇帝的责难，也就在所难免。

后来，李斯就学乖了。他的一切荣辱，都与二世皇帝有关。他需要改变处事风格，迎合二世皇帝，才能让自己重新"得势"。所以这一时期，李斯也在寻找机会。有一次，当他听说二世皇帝"兴致高"，曾试图进言，遭到了二世皇帝的抵制。

这件事后，李斯愈加不安。

当然，李斯被谴责，也有一定道理。秦国之所以出现这么大的叛乱，与其"明哲保身"的心态有一定关系。若他不计较个人得

---

① 司马迁：《史记》卷八十七《李斯列传第二十七》。

失，坚持进言，阻挡二世皇帝为所欲为，即便皇帝不听，他也算为秦国尽了力。只是李斯在二世皇帝继位后，多次考虑到个人"前途"和家族利益，心思变得不纯，患得患失，担心失去荣华富贵，谨小慎微，如履薄冰。这种背景下，他除了处理政务外，有意无意间总是迎合二世皇帝。因此，赵高指责他，并不为过。

李斯被指责，无法申诉，只能将委屈"埋在心里"，继续为秦国服务。只是此时，秦国朝堂已被二世皇帝掌控，他能按照自己的意愿，实现某些意图，即便穷奢极侈，亦无人阻拦。而赵高作为他的代理人，备受信任，帮着他做一些君主不宜出面的事情。此后，赵高越来越受二世皇帝的"宠幸"，包括李斯在内的多数官员被孤立，没有发声的机会。

李斯的督责之术

李斯陷入各种"精神内耗"中，担心因此失宠，丢掉荣华富贵。纠结很久之后，李斯"战战兢兢"地写了一道疏，向二世皇帝讨好，希望得到他的宽容。

奏疏内容如下：

> 贤明的君主定会掌握治国之道，向下行使"督责之术"。若对下面的人严苛，臣子们就会尽全力报答君主。这是因为君主与臣子职分不同，而君、臣名分一旦确立，上下关系也就会确立。如此一来，不管天下有才、无才之人，都会按照职责为君主效命。君主就能实施专制，不受任何力量约束，享受极乐。圣明的君主，往往也能做到这一点。
>
> 申不害说："拥有天下而不纵情享乐，就是把天下当成自

己的枷锁。"这句话并没有其他意思。若君王不监督臣子，辛苦自己为天下百姓劳心劳力，像尧舜那样，这就是所说的"桎梏"。若不能达到申不害、韩非子那样的学问，贸然行使督责方法，为百姓劳心劳力，这种人就是百姓的奴仆，不是统御天下的帝王，他们根本不值得效仿。让别人为自己服务，是因为自己尊贵、别人卑微；让自己为别人服务，就是自己卑贱、别人尊贵。因此说，献身别人的人卑贱，被人献身的人尊贵，这是古往今来的一条铁律。自古以来，人们之所以尊重贤才，是因为受尊崇的人本身尊贵；之所以厌恶无能之人，是因无能之人自己卑贱。尧、禹为天下献身，世俗对他们评价很高。但这种评价反而让贤才失去了令人尊重的本意，我认为是错误的。换句话说，尧、禹将天下当作自己的"桎梏"，难道很恰当吗？我认为这都是他们未对下面实施督责之术的结果。

韩非子说："仁慈的母亲，会教出败家子，而严厉的家庭里，就没有凶横的奴仆。"韩非子为什么要这样说呢？这是因为严苛刑罚必然能达到期望的结果。商君的法令规定，在道路上扔垃圾就会被治罪。其实，将垃圾扔在道路上本是轻罪，而对这种行为实施刑罚，就会变成重罚。我认为，只有圣明的君主，才会对小罪如此严厉苛刻。小罪尚且要得到处罚，重罪就更不用说了。所以，秦国自商鞅变法以来，没有人敢触犯律法。

韩非子又说："若是几尺绸布，百姓就会顺手拿走。若是百镒黄金，即便盗跖也不敢夺取。"这并非百姓贪婪，也不是那几尺绸布价值高。更非盗跖这样的大盗品行高尚、淡泊利欲，不将百镒黄金看在眼里。而是一旦拿走这些黄金，就会受到刑罚。连盗跖也担心受到刑罚，而不敢夺取百镒黄金。对百姓就更应实施刑罚，杜绝他们产生盗取几尺绸布的"心理"。城墙虽只有五丈高，外敌却不敢轻易前来进犯。泰山尽管高达百仞，却总是被牧羊人踩在脚下。这难道是因为外敌将五丈城墙看作高不可攀，而牧羊人将泰山看作脚下小道吗？我认为，主要的原因在于两者的势不同。贤明的君主久居高位，长期掌大权，洞悉下属，实施督责之术。有人触犯律法，就会遭受重责，因此没有人敢违反法令。现在，大王您不追求防止犯罪之法，却效仿慈母养败家子的方法，就是不了解先贤的主张，不实行圣人治理天下的办法，除了给天下人当奴隶，还能做什么呢？这简直令人太悲哀了！

那些节俭仁义之人在朝中任职，荒诞放肆的乐趣就会停止；有满口大道理的臣子在皇帝身边劝谏，那些放荡散漫的想法就会得到收敛；烈士规劝帝王以死明志，受到世人推崇，骄奢淫逸的生活就会被废止。因此，圣明的君主都会放弃这三种人，独自掌握大权，操控驾驭臣子，让他们言听计从；又修正法度，让自己一直身份尊贵、权威不减。贤明的君主能改变风俗，废弃那些他厌恶的风气，创建一些他喜欢的风俗，因此在他活着的时候，能享受到最尊贵的权威，在他死后得到贤明的谥号。古往今来，圣明的君主都会独揽大权，不让臣子分权。绝仁义之路，堵住游说之口，止住烈士殉节，闭上眼睛堵住耳朵，仅凭内心做出决断。这样一来，在外不会被仁义节烈之人阻拦，在内不会被臣僚的进谏迷惑。君主独来独往，从心所欲，没有人反对与阻拦。若真能做到这一点，才能证明君王真正理解了申不害、韩非子的治世之法，推行了商鞅的制度。我从未听说过国家法制修明、权术彰明，而天下出现混乱的情况。因此说"帝王的统治术简约而且容易掌握"，只有圣明的君主才能掌控我说的内容。也只有这样，臣子才不会有奸心，天下才会安定，君主才能拥有至高无上的尊严。而君主一旦有了至高无上的尊严，又能控制臣子，君主的欲望就能得到满足，国家才能真正富强。总之，督责之术一旦确定，就要确立为制度，这样一来，君主的任何欲望就能得到满足。到时百姓查找自己的错误还来不及，怎么会图谋造反？若真能做到这一点，陛下就掌握了驾驭群臣的办法，即便申不害、韩非再生，也无法超越陛下。①

李斯这份迎合君王的疏上报后，二世皇帝细细阅读了，对李斯的很多观点表示认可，也减轻了对李斯的猜忌。李斯与二世皇帝之间又建立起了某种信任。

不过，平心而论，这份迎合二世皇帝的奏疏，简直强词夺理，歪曲历史。李斯为得到信任，不惜昧着良心纵容皇帝胡作非为。所谓督责之术，其实就是鼓动二世皇帝独裁专政，不受外界制约。如此一来，本就肆无忌惮的二世皇帝，找到了操控权力满足私欲的根据，便会更加肆无忌惮。李斯这种行为，无疑将千疮百孔的秦国推向了深渊。

可叹！可叹！

在二世皇帝继位后，李斯尝试着要做一个"忠谏之人"，不再一味迎合君主。但经过尝试，他发现自己错了。然后，他就继续开

① 司马迁：《史记》卷八十七《李斯列传第二十七》。

始迎合二世皇帝。

李斯的"督责之术"让二世皇帝的"境界提升"了一个层级，他似乎找到了控制朝臣的办法。之后，二世皇帝接受了李斯的建议，在国家内部施行更加严厉的监督考察制度，让地方官员"骂娘"的同时，不得不"适应"这些考察制度。

据说，从此之后，朝廷制定出考核官员的标准为：向百姓征收赋税多的官员就是贤明的官吏，反之亦然。二世皇帝还理直气壮地说："只有这么做，才能算是善于施行督责之术。"

而此风气开了后，官吏们纷纷效仿，对百姓盘剥与打压愈加严重，国家的法令遭到严重破坏。商鞅曾经建立的法制，被毁坏得面目全非。据说当时行走在秦国大道上的人，有一半以上受过刑罚。二世皇帝还认为，官吏杀人越多，就越对朝廷忠心。以至于很多官员把杀人当作政绩，平民百姓无缘无故就遭到杀戮，各地被杀死的人尸体堆积如山。

比之秦始皇，二世皇帝更善于"操控"臣民，所有人都在"秦制"的控制下，苟且活着。那些数以万计的刑徒、奴隶以及商人、赘婿等，社会地位更加低下，遭受秦国盘剥更加严重。

也就是说，二世皇帝实施"集权"后，将秦国搞得乌烟瘴气。如果说，秦始皇的各种好大喜功，将黔首拽入"沉重"，为生活苟且的话，那么二世皇帝更改制度，推行严刑峻法，让"秦法"遭到破坏的同时，用更加沉重的负担，将各个阶层的人推向了对立面。

这种背景下，各地不断出现反秦势力就在情理之中了。因为不管是基层的"吏"，还是黔首，都在遭受前所未有的盘剥。没有社会地位的人，际遇自然也就更加悲戚。秦国各地民众，大多都"喘不过气"，陈胜、吴广的振臂一呼，瞬间就形成了强大的抗秦"洪流"。

虽然此时，起义被压制下去，但新的起义，又在酝酿。

2. 斗争白热化

赵高的蛊惑

秦国人心浮动，各处的暴乱有死灰复燃迹象。李斯睁一只眼闭一只眼，因为破坏制度是他鼓动二世皇帝做的事情。而赵高也利用各种政策的"空子"，变本加厉谋私利。

就是说，赵高本就怂恿二世皇帝做一些不合礼制之事。现在随着李斯投诚，三个人之间似乎形成了某种默契。

不过，他们之间的斗争并未结束。对赵高而言，李斯的存在，总是祸患。他身为宦官，身份特殊，担不了重任，而李斯则作为国家丞相，有处置任何政务的权力，只要李斯受重用，他的利益必然受损。因此，李斯与赵高之间的斗争，也在持续中。

据说，他们为了争宠，为了得到更大的权力，总在试探对方，向对方出招。二世皇帝则夹在李斯、赵高以及秦国臣僚之间，被他们的各种言论蛊惑着，驾驭着。这些异象，让秦国朝堂的风气越来越怪。后来，随着赵高各种手段并用，拉拢了绝大多数贵族、臣僚，他们都选择站在赵高一边，成为赵高的打手。按照《秦始皇本纪》的说法，赵高之所以如此揽权，是因为他心中有鬼。

原来，早年间赵高曾任郎中令时，为了私欲滥杀无辜。很多人死于非命，朝野对他都怀有敌意。此时赵高虽身居高位，却也意识到曾经树立了很多敌人。他担心朝臣在入朝奏事时，无意间揭露他的罪行，就迷惑二世皇帝："天子之所以尊贵，在于臣僚只能听到他的声音，见不到他的尊容。因此，皇帝才自称'朕'。现在陛下年轻，不可能明白全部的事情。坐在朝堂上听大臣奏事，若有赏罚不当之处，就会将自己的短处暴露给大臣，这样就无法向天下表明您的圣明之处。陛下不如深居简出，与我及其他熟悉律法的侍从待在一起，等大臣将公事陈奏上来，我们就能研究公事。如此一来，大臣就不敢将疑难之事上奏，天下人都会认为您是圣明的君主。"

赵高的这个建议，看着有几分"似曾相识"。如果还记得之前卢生怂恿秦始皇"不告知行踪"之事，就能发现其中"猫腻"。这也与李斯提出的"督责之术"有些"暗合"。换句话说，秦始皇当初"藏匿"行踪，与李斯、赵高提出的这些建议本质一样都是为了让皇帝实现"独裁"。因此，二世皇帝认可了赵高的建议。[①]

那么，为什么会出现这种状况？本书推测：二世皇帝喜欢一种无人打搅的生活，由着自己的性子来。而赵高作为他的左右手，能及时帮助他处置政务，解决国家存在的问题。因此，二世皇帝才将一切政务交由赵高处置。同时，他还有个李斯，能够处置日常政务。

就是说，与秦始皇紧握大权不同，二世皇帝更像个不管不问的人。只要不"分割"他的权利，一切都是能够容忍的。

之后，二世皇帝销声匿迹，不在朝堂上接见群臣。据说他长期躲在深宫中，与宫女、宦官厮混在一起。而赵高整日待在二世皇帝身边，处置政务。这一幕，与很多年后的宋徽宗与蔡京的关系倒有

---

① 司马迁：《史记》卷六《秦始皇本纪第六》："赵高说二世曰：'先帝临制天下久，故群臣不敢为非，进邪说。今陛下富于春秋，初即位，奈何与公卿廷决事？事即有误，示群臣短也。天子称朕，固不闻声。'于是二世常居禁中，与高决诸事。"

几分相似之处。

这时候，身为丞相的李斯，也很难"顺利"见到二世皇帝了。万历皇帝躲在深宫数十年，为明代灭亡埋下了隐患。而此时的秦国危机四伏，朝臣应集中力量，思考振兴国家的办法，而不是远离朝臣。二世皇帝与赵高的这种做法，造成君主与朝臣的剥离，国家公器变成个人私器，这是一种非常可怖的情况，会让国家失控。

李斯忧心忡忡。原先二世皇帝还能正常主持朝政，至少朝臣还能见到他。如今，皇帝仿佛神龙一般，很少现身。赵高完全掌控了政务处置权，李斯这位丞相，反而成为摆设。即便他拟好的处置政务意见，也会变完全否决，变成毫不相干的东西。这时候，李斯开始考虑反击，或者说他开始为自己谋后路：一方面他不甘于就此屈从，让自己成为傀儡；另一方面也为秦国的未来担心，若秦国危亡，他将何去何从？

李斯打算进宫进言，劝谏二世皇帝恢复朝奏制度，广开言路，让外界的消息传进来。而赵高的党羽遍布朝堂，他们很快捕捉到李斯的"动静"。赵高得知内幕，担心二世皇帝听到不该听的声音，主动找到李斯，计划谋害李斯。

赵高试探性地对李斯说："函谷关以东盗贼很多，而现在皇帝却关心着修筑阿房宫，到处搜集狗马等没用的玩物。我一直想要劝谏，但苦于身份卑贱，不敢贸然建言。我认为这本就是丞相的事务，您为什么不去劝谏呢？"李斯猜不透赵高的话外音，只是应付说："我很早就想进言，现在皇帝幽居深宫不临朝，我有很多政务需要汇报，却又不方便别人传达，而我也没有机会见到陛下。"看到李斯"着了道"，赵高对李斯说："若您真要劝谏皇帝的话，我会留意皇帝的行踪，若发现皇帝有空闲，我会立即派人通知您。"李斯半信半疑。①

从这段对话看，二世皇帝的行踪也被监控，李斯很难单独见到皇帝。只是，李斯并不知道，一场对他的迫害行动，正在秘密酝酿中。

有一次，二世皇帝正在宫中休闲娱乐，周边都是美女相伴。这时，赵高派人通知：二世皇帝清闲，可进宫奏事。李斯不明就里，到宫门口求见。

此时二世皇帝玩得正高兴，被李斯的求见打断，很不满意，拒绝了李斯的求见。李斯并不知"内情"，好不容易等到一次机会，坚持不愿离去，皇帝不见他就继续求见。如此往复三次，激怒了二世皇帝。他愤怒地说："平日空闲时间多，丞相不来奏事。偏要趁着朕休息时奏事，丞相这是轻视朕，还是故意让朕难堪？"看到二世皇帝愤怒后，赵高火上浇油："陛下您这样说就太危险了，沙丘之谋时，丞相也参与其中。现在陛下您已继任皇帝，但丞相的地位却并未提高。很明显，丞相想要封地。"②赵高还诬陷李由与陈胜勾结，有意颠覆秦国。

据说，经赵高挑拨后，二世皇帝愤怒不已，还未见到李斯，就打算提审李斯。只是二世皇帝还算清醒，冷静之后，他担心赵高所言非实，就派人调查李由与陈胜勾结之事。而这让李斯处境非常艰难，欲加之罪何患无辞？何况他这些年身居要职，难免得罪人。只要对他进行调查，一定能找到些"蛛丝马迹"。

消息很快传到李斯耳中，他也不愿"作罢"，打算找二世皇帝辩解。只是二世皇帝正在甘泉宫观赏摔跤和滑稽戏表演，根本不见

---

① 司马迁：《史记》卷八十七《李斯列传第二十七》。
② 司马迁：《史记》卷八十七《李斯列传第二十七》。

李斯。愤怒之余，李斯选择上书揭发赵高："我曾听人说，臣子若与君主势均就会危害国家，妻子与丈夫势均就会危害家庭。现在，有些大臣在陛下身边擅权，和陛下的势均，这是很危险的事情。从前司城子任宋国丞相，手握大权，用高压手段行事，一年之后还挟持了宋国国君。田常本是齐简公的大臣，爵位在全国最高，家中财富与国家财富一样多，他乐善好施，得到百姓和臣僚的爱戴与拥护。后来他就窃取了齐国，杀死了齐简公。这些事众所周知，现在赵高也有这种非分之想和越轨迹象，与子罕、田常一样。他效仿田常、子罕的叛逆方式，窃取陛下的威信，他的志向与韩玘任宰相时一样。若陛下不早做打算，我担心他迟早会发生叛乱。"[1]

李斯奏疏里的言辞很"激烈"，已有些"不顾后果"。而这也意味着他与赵高彻底决裂。从此之后，他们之间的斗争不再是明争暗斗，而是你死我活。

权术之谋与权术之争

李斯的奏章传进内宫后，先到了赵高手中，因为按照二世皇帝的部署，朝中大臣奏疏的审核由赵高完成。据说，当赵高看到李斯的奏疏后，拍案叫绝，他正愁没办法扳倒李斯，结果他自己送上门。赵高决定用这道弹劾他的疏，扳倒李斯。

这一次，赵高没有截留奏疏，直接将其呈送给二世皇帝。

而二世皇帝看了李斯的奏章后，就召见了李斯，他问李斯：丞相怎会有对赵高有如此成见？赵高只是个宦官，他没有因为处境安逸而为所欲为，也没有因身陷险境而改变忠心。他廉洁向善，完全

---

[1] 司马迁：《史记》卷八十七《李斯列传第二十七》。

凭借自己的努力得到今天的一切。他因忠心被重用，因忠义获高位。朕认为他是贤才，丞相您怀疑他，到底为什么？朕年纪轻轻就失去父亲，没有什么见识，不知如何管理百姓，而您年纪大了，朕担心您不能帮助我治理天下。若您无法帮助朕，朕不将治国重任交给赵高，又能托付给谁？赵高精明能干，做任何事都竭尽全力。他下解民情，上顺朕心意。您就不要再怀疑他了。"[①]

从二世皇帝的话语中，李斯意识到他对赵高信任有加。这时候，巧妙的做法是果断抽身，而不是继续揪住不放。因为二世皇帝"偏袒"赵高，李斯即便"喊破了喉咙"，依然改变不了二世皇帝更信任赵高的现实。

吊诡的是，以"审时度势"著称的李斯却不想放弃，他又缠住二世皇帝说："事实并非陛下看到的样子。赵高以前就是个小人，不懂仁义道德，他的贪欲无法满足，从不停止追求利益。现在，他的地位权势仅次于陛下，但贪欲却无止境，因此我才说他很危险，要提防着他。"

而李斯的这种死缠烂打，软磨硬泡，让二世皇帝产生了戒心。论职权，李斯要比赵高大；论权限，李斯才是丞相。而李斯这种死缠烂打和口不择言，招致二世皇帝的猜忌。有记载说，这时候，二世皇帝担心李斯会杀了自己。显然这种记载并不真实，一个已"集权"的皇帝，能让臣僚反叛？

本书认为，李斯的这种"死缠烂打"，应让二世皇帝起了"疑心"，更加不信任李斯。此前召见他，可能希望化解李斯与赵高间的隔阂，但李斯的"坚决"，打消了二世皇帝化解纠纷的想法。这

---

① 司马迁：《史记》卷八十七《李斯列传第二十七》。

一点，从二世皇帝接下来的举动中能发现。

据说，李斯离开后，二世皇帝就召见了赵高，并将他与李斯的对话告诉了赵高。而赵高则乘机反咬一口："丞相只是担心我，若我死了，他就能做田常了。""田常代齐"的故事众所周知，李斯在进言中指责赵高是田常，现在赵高又指责李斯是田常。他们开始相互污蔑、互泼脏水，有点"真假美猴王"的意思。这时候，辨别决策权落在二世皇帝手中，他更信任谁，对方就是"田常"。显然，二世皇帝更信任赵高，于是李斯就成了"田常"。

到这时，已不是罢免李斯的问题，因为二世皇帝认为李斯"有谋逆"迹象，这可不是他能接受的。于是，二世皇帝下了狠心，将李斯交给赵高查办。① 而这正中赵高的下怀，以前治不了李斯是因他是丞相。现在，李斯成为阶下囚，还不能惩治他？

赵高利用手中的权力，缉拿了李斯。

据说李斯被捕入狱后，狱卒就对他用了刑。李斯一生风光，何时受过如此屈辱，在狱中悲愤不已，痛斥二世皇帝：

> 我的遭遇实在是可悲啊！如此荒淫无道的君主，我怎么还会为他出谋划策呢？以前夏桀杀死关龙逄，商纣杀死王子比干，吴王夫差杀死伍子胥。关龙逄、比干、伍子胥三人难道不忠于他们的国家吗？然而，即便他们忠心耿耿，终究免不了一死。他们为国尽忠，可惜所效忠者非贤君。我的智慧无法与三人相比，二世皇帝的残暴无道远胜夏桀、商纣、夫差，我因尽忠而死也是应得的。二世皇帝胡乱治国，杀死兄弟自立为皇帝，

---

① 司马迁：《史记》卷八十七《李斯列传第二十七》。

残害忠良，重用卑贱之人，为修阿房宫横征暴敛。这些我都看到了，也不是我不劝谏，而是二世皇帝根本不听。大凡圣明的君主都节制饮食，定量车马、器物，不大兴土木。处置政务时，对百姓不利的一律禁止，让国家长治久安。现在二世皇帝倒行逆施，不思由此引发的祸端；残杀忠臣，不想由此带来的灾殃；不惜钱财大兴土木，加重天下百姓赋税徭役。这三件事实施后，天下百姓不再听命于他，以致造反的人数超过了天下一半以上的人，但二世皇帝还不醒悟，依然让赵高辅佐。我会看到群雄盗贼打进咸阳，朝廷变为麋鹿嬉戏的地方的那一天。①

李斯的这种"诅咒"，正好让赵高抓住了辫子。试想一下，当赵高将李斯的这些话告诉二世皇帝后，他会有多愤怒？

之后，赵高就提审了李斯，对李斯严加惩处。狱中的李斯，身为阶下囚，只能任由赵高蹂躏。据说赵高为了给李斯罗织罪名，遣人询问李由谋反之事。这次李斯很谨慎，拒不承认李由谋反。赵高就命人将李斯的宾客和家人全部逮捕，向他们施以重刑，屈打认罪。其间，李斯当然也少不了被拷打。而正因狱卒不间断折磨李斯，让他身上留下了各种刑具的烙印，最终，李斯因无法忍受非人般的折磨，冤屈招供。

当然，李斯之所以招供，是因为他还对二世皇帝抱有一丝"希望"。他愚蠢地认为，"招供"就能免掉"皮肉之苦"，不让身心遭到"摧残"。他会利用合适时机，发挥能言善辩的才能，对二世皇帝上书，让二世皇帝赦免他的罪责。因此，李斯在狱中写了一道奏

---

① 司马迁：《史记》卷八十七《李斯列传第二十七》。

章，内容大致如下：

> 我担任秦国丞相治理天下，管理百姓已有三十余年。当初我到秦国时，秦国领土狭小。先王在世时，秦国土地不过千里，士兵不过几十万。我竭尽全力，谨小慎微地执行法令政策，暗中遣谋士入诸侯国，为他们提供金银珠宝，让他们游说诸侯；又指挥将士秘密操练士兵，实施政治教化，任用能征善战之人为官，尊重功臣，提高他们的爵位，增加他们的俸禄。最终，实现了胁迫韩国、削弱魏国、击败燕赵、夷平齐楚、吞并六国、活捉六国国王、拥立秦王为天子等一系列重要创举。现在，这些事却成了我所犯的第一条罪状。秦国疆域本不广阔，在我的建议下，北驱逐胡、貉，南平定百越，自此秦国强大。这是我触犯的第二条罪状。我主张尊重有功大臣，提高他们的爵位，巩固他们与秦王的关系，这是我所犯的第三条罪状。我建议创建社稷，修建宗庙，显示君主的贤明，这是我所犯的第四条罪状。由我带头，更改器物纹饰款式，统一文字和度量衡，将标准颁布天下，以此显示秦国威名，这是我所犯的第五条罪状。我建议修筑驰道，建离宫别院，以示君主的志得意满，这是我所犯的第六条罪状。我还建议放宽刑罚，减少赋税，让百姓万民拥戴皇帝，至死不忘秦国大恩，这是我所犯的第七条罪状……像我这样的臣子，犯下了这么多罪状，早就该处死。只是皇帝希望我能为秦国竭尽全力，我才能够活到今天，希望陛下能够洞察这一切。①

---

① 司马迁：《史记》卷八十七《李斯列传第二十七》。

李斯这封"反其道而行之"的信，确有创意。他在信中陈述的内容虽然有点"夸大"，但李斯对秦国的功劳"有目共睹"。若二世皇帝能看到这封"申诉书"，或许能回心转意，赦免李斯。问题是，李斯的信能传到二世皇帝手中吗？

李斯太高估自己的实力了。他一个阶下囚，他的"上书"经手的第一人是赵高，而赵高是不会让不利于自己的言论传到二世皇帝手中的。果然，当他的奏章呈进后，就被赵高丢在了一边，不予上报。赵高还说："一个囚犯有什么资格上书？"

当然，尽管赵高没有上报李斯的申诉书，但内容他应是阅览了。赵高混迹官场多年，早对文字的魅力产生了"敏感"。他从李斯的奏疏中嗅到了危机，而这又加深了赵高对李斯的忌惮：万一某天二世皇帝念起李斯的好，重新赦免李斯，他赵高的末日也将到来。

为了永绝后患，赵高派出十多名门客假扮成御史、谒者和侍中，轮流审问李斯。若李斯改口，或者不按照他们审问的意思供述，他们就对李斯实施重刑。而在这种刑讯逼供下，赵高得到了一份"令他们满意的口供"，并将其呈送到二世皇帝面前。

据说看到李斯签押的伏罪书，二世皇帝还是有些疑虑，因为他也没想到李斯如此"十恶不赦"。之后，为了印证心中疑惑，二世皇帝派人重新询问李斯。而此时的李斯，已分辨不清来人代表二世皇帝还是代表赵高。为了避免皮肉之苦，他对自己的罪责"供认不讳"，并在供词上认罪签字。最终，第二次审讯的这份审核书交到二世皇帝手中时，他才确信李斯有问题。这时候，二世皇帝还扬言："若我身边没有赵先生，差点就被丞相出卖了。"

据说，为坐实李斯的罪责，二世皇帝再派人到三川郡调查李由，结果发现李由已被楚军首领项梁杀死。因此，赵高编造的李由谋反的罪状也扣在了李斯头上，各种罪责像"雨点"一般落在李斯头上，二世皇帝也不再有恻隐之心。

这时候，赵高不断在二世皇帝耳边煽风点火，希望处置李斯。

公元前 208 年（二世二年）七月，依秦律，李斯被判处五刑。之后，在狱卒的押解下，李斯被拉着出了咸阳刑狱，接受五刑。

据说，李斯出狱时，次子随他一起被押赴刑场。路上，李斯对次子说："我想和你一起牵着黄狗，从上蔡东门出去打猎，追逐野兔，也不知道这些事还能做到吗？"这是李斯临死前的一种释然：荣华富贵不过烟云，权势高官终究是竹篮打水。他苦苦追求的这一切，等大彻大悟后再看，非常可笑。可是人生只有一次，能从头来过吗？

李斯说完，父子两人相对而泣。不久，狱卒就将他们押解到了闹市，前来观望的咸阳民众指指点点，李斯坦然以对。

之后，监斩官宣读了李斯的罪责，李斯毫无畏惧，也不作辩解。因为一切都太迟了，毫无转圜的余地。他只是很怀念上蔡的自由自在的日子。如果这一生一直生活在上蔡，而不是因为看到两只老鼠的"遭遇"，就决定"谋取前途"，他的人生还会如此吗？

人生路没有假设，只能坦然应对。

紧接着，有士兵将李斯推上监斩台，在众目睽睽之下，李斯被腰斩。他的三族人也因此受牵连，全部被诛杀。① 《秦始皇本纪》载："（二世皇帝三年即公元前 207 年）冬，赵高为丞相，竟案李斯杀之。"显然，这两种记载存在时间误差，若按《秦始皇本纪》所

---

① 司马迁：《史记》卷八十七《李斯列传第二十七》。

载时间，秦国已面临危亡。因此，本书认为，二世皇帝杀李斯应在公元前 207 年之前。

不过，二世皇帝授赵高为丞相大概有其事，这是二世皇帝与赵高共同作用的结果，即二世皇帝要"穷奢极欲"，赵高就会成为他的代理人。

需要提及的是，在赵高专权的时候，与李斯一起进言的还有右丞相冯去疾、御史大夫冯劫等人。就是说，他们也是赵高的打击对象，被捕下狱。冯去疾、冯劫因不甘受辱，在李斯被杀前，就已在狱中自杀。[①]

最后，用太史公的话，对李斯做一总结：李斯身为一介布衣，能游走于诸侯间。后来进入秦国，辅佐秦始皇，帮助秦始皇成就帝业，位列三公，备受世人尊崇。李斯通晓儒家六艺，却不能用所学帮助皇帝治国，而是一味地使自己显贵，甚至阿谀奉承，曲意附和，推行严酷刑罚律令，与赵高联手废除扶苏。等到天下群雄并起时，才想到要直言劝谏，这难道不是太晚了吗？

随着李斯被灭族，冯去疾、冯劫等一干忠义正直之臣先后死去，秦国再也没有人能吵着二世皇帝，再也没有人能与赵高抗衡。他们真正建立起一种新的政治"联盟"，更加肆无忌惮破坏国家制度，盘剥天下百姓，兴土木耗国库，骄奢淫逸……

而这一系列"作"的结果，终于引发了各地更加严重的叛乱。

---

① 司马迁：《史记》卷六《秦始皇本纪第六》："下去疾、斯、劫吏，案责他罪。去疾、劫曰：'将相不辱。'自杀。"

3. 局势反转

起义新高潮

秦国各地，起义的声音此起彼伏。

前期，在章邯等人的指挥下，秦国消灭了陈胜、吴广等领头起义者，也暂时镇压了起义军。

不过，起义的火苗并未被完全浇灭，齐地、赵地、楚地的反秦势力一直都在。其中，英布、彭越、项羽、刘邦等人的反抗势力最大，他们似还未灭尽的火源，在习习吹来的风中，再次燃了起来。

与之前陈胜、吴广时期的起义形式不同，这些零星的起义多各自为阵营，没有形成统一的"联盟体"，也没有陈胜这样的"灵魂人物"。这也注定了这时候他们还成不了什么气候，只能算作"流寇"。

当然，若这时有个号召性的人物出现，振臂一呼，这些零星的起义军就能迅速"聚合"，形成抗秦的重要力量。

对秦国而言，这就是隐患。星星之火，可以燎原。

章邯是否预料到危机不得而知，秦国高层显然并不重视。可能包括二世皇帝、赵高在内的高层都认为，陈胜、吴广已被消灭，即便天下还有"流寇"，也不足为惧。所以，这时候，按照秦国高层的部署，章邯继续平定各地的叛乱，稳定天下。

那么，仅凭章邯能够将这些有可能发展成熊熊烈火的势力浇灭吗？或者说，秦国高层的这种不重视，到底会引发怎样的叛乱？没有人能预测，也无法预测，因为火的燃烧程度往往在燃烧前无法预测。

之后，起义的熊熊火焰先从楚地迅速燃起。

事实上，早在公元前 208 年春，风向已经发生了改变。当时，曾奉陈胜之命取广陵的广陵人召平，在率领起义军猛攻广陵时，遇到了秦军顽强抵御。广陵铁板一块，楚军很难撼动。之后，攻防战变成了对峙，双方僵持，并寻找着各自的突破口。不久，召平听说陈胜战败，向南方逃窜，继续与镇守广陵的秦军对峙。又过了不长时间，召平听闻陈胜被杀，一时间没有主心骨，遂决定重新寻找靠山。恰巧此时，召平听闻楚地的项梁已纠集数千人，形成了对抗秦国的"新势力"。召平与部将商议后，决定率部渡过长江，联合项梁一起抗秦。

之后，召平凭借着资历，向项梁表达了自己联合的意图，得到了项梁的回应。见面后，召平假传陈胜命令，命项梁为上柱国（原上柱国蔡赐在陈县战死）。

项梁可能清楚其中的"猫腻"——陈胜已死，但召平资历摆在那里，那层窗户纸也就没必要捅破。或者说，他们还没有听闻陈胜已死的消息。因此，项梁就接受了这一"任命"，成为起义军的上国柱。

项梁这么做，也有自己的盘算。他虽然聚集了一伙人，却没有能力集合所有起义军势力。这时候，他迫切需要一个身份，一个能一呼百应的身份，就像一面旗帜一样有号召力。因此，项梁接受了召平的任命。之后，召平表示江东地区基本平定，希望项梁向西挺进，攻打秦军。[1] 有了上柱国的身份，项梁成为起义军名正言顺的

---

[1] 司马迁：《史记》卷七《项羽本纪第七》。

灵魂人物，接受了召平这一建议。

吊诡的是，召平这位"老资历"此后的结局如何，司马迁并没有明确交代。本书认为，在与项梁联合后，召平应是被项梁孤立，逐渐丧失权威，最终死去。而在召平死后，项梁逐渐成为楚地起义军的灵魂人物。

此后，按照部署，项梁率领本部八千人渡江向西进发，打算从楚国向北，攻打秦国边境。

不过，就在大军出行前，他忽然收到另一位起义军首领陈婴的归附请求书，让项梁不得不停下西进脚步，处置陈婴的事情。

陈婴原是秦国东阳令史①，长期居住在县里，为人诚实谨慎，在当地有很好的口碑，被称为忠厚之人。然而，随着天下大乱，有东阳少年看到各地纷纷起义，也纠集了一伙人，冲进县衙，杀死了县令。之后，他们以县衙为根据地，纠集数千人起义。

只是这些起义军的发动者多是当地少年，经验不够，威望不足，不能充当起义军首领。换句话说，他们只是一群乌合之众，完全没有战斗力，若处置不当，可能会导致人心涣散，最终失败。

幸运的是，这些年轻人尚有"自知之明"。他们意识到需要一位德高望重之人，成为他们的首领。因此，众人在县内寻找这样的人。这时候，陈婴各种"贤德"传闻就传到他们的耳朵，他们打算拥立陈婴为首领。

之后，他们上门拜访，请陈婴出山，做他们的首领。

据说陈婴并不同意做"匪首"，毕竟他食秦国俸禄，怎能干出抗秦的忤逆之举？然而，这些少年们誓不罢休，明刀晃晃，以命相

————————————

① 秦国基层官员，里耶秦简、岳麓书院秦简等秦简中多有记载。

威胁。被迫无奈，陈婴就成为了这些人的首领。之后，这些人打着陈婴的名义，到处招募人才，鼓动民众参与起义。

时隔不久，他们就在县里聚集了两万多人。他们以陈婴为王，以青巾裹头为标志，成为一股抗秦的力量。

陈婴的母亲对此忧心忡忡，她对陈婴说："自从我嫁到你们陈家以来，从未见过你的祖先有如此显赫地位。直觉告诉我，这不是好兆头。不如你归附别人，万一大事可成，则能封王封侯；万一事情败落，也容易逃脱，不至于被人指名道姓记住。"

陈婴也认为大树底下好乘凉，听从了母亲的建议，不称王，只希望成为首领。之后，他对几个高级将领说："项氏世代将帅，在楚地威望很高。现在，我们要做大事，没有优秀的领袖不行。希望我们投靠他们，与他们一起推翻秦国。"

跟随他们的这些将领多数性格莽撞，不懂邦交事宜。他们考量了一番后，同意了陈婴的建议。于是，陈婴遣人给项梁送去了归附书信，希望成为项梁的部下。此时的项梁急于壮大力量，欢迎一切来投奔、归附他的力量。因此，项梁接受了陈婴的归附。[①]

之后，项梁与诸将商议抗秦对策。大家直言不讳，就眼前的局势进行了详细分析。经过长时间争论，众人的意见终于统一：先停止西进，等壮大实力后，再作打算。因此，项梁率领部众渡过淮水，驻扎在淮水一带，四处招兵买马。

这时候，有关项梁抗秦的消息到处传播。一时间，项梁仿佛一面旗帜，在楚地迎风飘扬。那些零散的起义军纷纷来归，这当中有英布、蒲将军等人。

---

① 司马迁：《史记》卷七《项羽本纪第七》。

北方、东方的反秦势力看到项梁又纠集起这么一股力量，也都纷纷投奔。时间不长，项梁就聚拢了六七万人，驻扎在下邳。

力量有了，接下来就要行动，实现抗秦的目的。

不过，在先攻打秦国还是先统一起义军问题上，将领们意见不统一。为此，项梁召集"中层领导"商议。在吵了很久后，大家终于统一了意见。最终，项梁决定先统一各地起义军，再实施灭秦行动。

大致方向定了后，项梁组织人先攻打另一股起义军势力秦嘉。那么，项梁为什么要选择先攻打秦嘉呢？

原来，在陈胜指挥起义军攻打秦国各地要塞时，秦嘉已不受统一号令，还擅自做主，立景驹为"楚王"。陈胜率领的起义失败后，秦嘉仗着资历老，以彭城为据点，打算自立，与楚国贵族出身的项羽、项梁分庭对抗。对项梁而言，这是起义军的"内政"，而要抗秦先要"安内"。

当然，更重要的是，他要在起义军中树威，确定他的"绝对领导权"。唯有如此，他才能调动所有起义军队伍。而当初陈胜就是败在了这一点上。

此时项梁还是陈胜的上柱国，是起义军名正言顺的指挥者。秦嘉则是起义军中的叛徒，项梁定要先消灭秦嘉。于是，项梁在三军面前训话："陈王作战不利，至今下落不明。现秦嘉背叛陈王立景驹为王，这是大逆不道，我们当讨伐他。"首领这么说，底下人将士就随声附和。之后，项梁指挥楚军攻打彭城。

面对汹汹而来的楚军，秦嘉本打算与起义军较量一番，但交手后，他感到项梁率领的起义军强大，率领先锋部队的项羽更是"人中龙凤"。

之后，秦嘉随即被项羽击败，率部逃跑。项梁命人追击秦嘉，一直追到胡陵。

秦嘉眼看无处可逃，只能硬着头皮与楚军对峙。之后，项梁命人猛攻秦嘉所部，最终秦嘉战死，他率领的部众投降项梁。楚王景驹趁乱逃离，在梁地被人所杀。

至此，项梁基本统一楚地分裂的起义军，还有些零星的起义军队伍也都向他们靠拢。项梁率领着强大的起义军驻扎胡陵，收拢着前来归属的部众，筹划着下一步行动。

这时候，他们只有一个目标，这就是抗击秦国，推翻秦国。因此，在整顿好军队后，项梁指挥起义军向西北推进，准备正式与秦军交手。而此时，章邯率领的秦军也回撤到达栗县（河南夏邑），准备在这里拦截项梁。

对于章邯的"有恃无恐"，项梁决定分两步对其实施进攻：一是遣别将朱鸡石、余樊君到栗县，试探章邯；二是由项羽率领一支楚军攻打襄城（河南襄城）。

之后，按照部署，朱鸡石、余樊君率领楚军靠近栗县，试探章邯，也吸引秦军的注意力，为项羽攻城争取时间。

楚军到栗县后，与章邯率领的秦军对峙起来。原因很简单，他们不清楚彼此"底细"。不过，对峙不可能长期进行下去，交手是迟早的事情。时隔不久，朱鸡石、余樊君与章邯交战。战争进行很激烈，双方死伤人数很多。

对项梁而言，损失更为惨重。他派出的余樊君战死，朱鸡石战败后逃回胡陵。项梁得知消息后，非常震怒，他亲自带兵攻取薛县（山东藤县东南），在三军面前处死了朱鸡石。

这时候，项羽在攻打襄城时，也受到了阻力。原来，镇守襄城的秦军得知项羽来攻，选择坚壁清野，对抗项羽攻城。项羽尽管勇武，但襄城城墙坚固，楚军久攻不下，项羽非常着急。在对峙无法进行下去时，为鼓舞士气，项羽身先士卒，冲在最前面，向襄城发动了一次又一次进攻。

最终，在项羽的轮番进攻下，襄城被攻克。对襄城军民抵抗楚军的行为，项羽非常恼怒，破襄城后，他把全城军民集中在一起，将他们全部坑杀。项羽这种残暴的手段，其实与二世皇帝没有区别。①

有意思的是，早就树起抗秦大旗的刘邦，这时候也陷入与秦军的苦战中。此前，刘邦已从沛县转移到丰地（江苏丰县），意在扩大地盘。而刘邦的这种"扩张"，引起了秦军的注意，驻扎在这里的秦军猛攻丰地，试图消灭刘邦的势力。对此，刘邦多次击败秦军。

之后，刘邦率部向外部扩张，命手下雍齿镇守丰地。令刘邦没想到的是，就在他深陷战争旋涡时，雍齿见风使舵，转而投奔了周市。周市此前有所提及，他原是陈胜的部将，曾拥立魏咎为魏王，占据魏地，成为一方势力。刘邦得知雍齿投奔周市后，不得不调转马头，与知雍争夺丰地。但因有周市的介入，丰地驻军数量大增，刘邦多次攻打，都未将丰地攻克。而这也让刘邦陷入进退两难的境地。

之后，刘邦听说项梁驻扎在薛地，决定先投奔项梁，再作打算。众将也同意刘邦的建议。因此，刘邦就带领部众投奔了项梁。

此时的项梁还在壮大，对一切投奔之人都接纳。刘邦有自己的

---

① 司马迁：《史记》卷七《项羽本纪第七》。

军队，他自然非常欢迎。等刘邦进入薛地、见到项梁、陈述自己的处境后，项梁非常大方地划拨给刘邦五千兵马，让他将五千人与自己的人马合兵一处，伺机收复失地。[①]

据说，也就是这时候，项羽才得到陈胜被杀的"确切消息"。项羽与项梁汇合后，商议下一步行动。

项梁认为起义军受挫，不应再冒险突进，至少他们要商议对策。之后，项梁向各路起义军首领发出邀请，号召他们到薛地商议对策。于是那些地方势力（起义军）首领就相继奔赴薛地，等待项梁"示下"。这也预示着，项梁成为南方起义军中的首领人物。

项梁之死

项梁的崛起，让楚地有识之士都在观望，踌躇满志地期望加入项梁的大军，在时代的浪潮中分一杯羹。

据说已七十高龄的居鄛人范增，都不想放过机会，打算在项梁军中施展抱负。他主动找到项梁，对话项梁。

而此时，项梁正在苦恼如何继续壮大实力的问题。范增提出了建设性建议："陈胜的败亡上天早就注定。而秦国消灭的六国中，楚国是最无辜的。自楚怀王去秦国后，就再也没有返回，楚人至今都很怀念他。楚南公因此愤恨地说'即使楚国只剩下三户，消灭秦国的也一定是楚国人'。陈胜起事，违背天理人伦，不立楚国后裔却自立为王，注定了不会长久。现在，您在江东起事，楚地英豪纷纷归附，都是因为项氏世代在楚国任将帅，大家都会认为您会立楚

---

① 司马迁：《史记》卷八《高祖本纪第八》。

国后裔为楚王。"①

听完范增的这番"高论",项梁茅塞顿开,遂拜范曾为军事参谋。未几,项梁派人在民间寻找楚王后裔,计划拥立一个标志性人物,聚合天下反秦势力,对秦国实施大反攻。

不久,项梁派出去的人找到了楚怀王的后代熊心,彼时他正在给人放羊。项梁接回熊心,立他为楚怀王,给楚地反秦势力树立了"主心骨"。

之后,在项梁的运作下,一个楚政权在楚地建立,建都盱台(今江苏盱眙县)。陈婴被封为上柱国,解除兵权,负责具体政务。而项梁自称为武信君,为楚国攻秦国的最高统帅。

需要说明的是,楚政权虽然建立,但国家实际掌控权在项梁、项羽等人手中。此后的一段时间,在项梁的运作下,楚政权开始了休养生息与发展壮大的过程。

有意思的是,在项梁整顿"内政"期间,秦国平叛大将章邯很"沉静",没有向楚地的起义军发起攻击。或许在章邯看来,只要楚军不向秦国发起攻击,他也不愿与楚军交恶。因此,在楚国内部"改制"这段时间里,秦、楚双方相对安定。

当然,章邯没有与项梁交恶的另一个原因是,此时他正在与山东起义军(齐国军队)作战,也抽不出时间对付楚军。数月后,章邯率领的秦军击溃了山东的起义军,占据了东阿(山东省阳谷县东北)。

时隔不久,楚地内部安定,项梁开始谋划对抗秦国策略。当得知齐地起义军多被章邯击败后,项梁决定联合齐将田荣、司马

---

① 司马迁:《史记》卷七《项羽本纪第七》。

龙且援救东阿。之后，三方联军在东阿与章邯展开激战，击败了秦军。

不久，田荣从前线返回，驱逐了齐王田假，立田市为齐王，掌控了齐国大权。

项梁得知齐地的"政变"，却无法左右政局，只能选择柔性拉拢政策。此后，项梁向齐国发出邀请，希望与齐军联合，共同西进攻秦。吊诡的是，刚刚还与项梁一起对抗秦军的齐国高层很犹豫，面对项梁的殷殷相邀，他们却不愿出兵。

齐国高层的这种做法令项梁非常愤怒。不过此时他正集中兵力攻打秦国要塞，也就没有理会齐国的这种"翻脸不认人"的行为。

之后，项梁遣沛公刘邦和项羽攻打阳城。城破后，项羽延续了"屠夫"行为，命人屠城，阳城军民遭到楚军屠戮，血流成河。刘邦虽归为沛公，却未阻拦项羽的暴行。当然，不排除刘邦做过说服工作，只是他无法改变项羽的决定。

破阳城后，楚军继续向西行进，攻打濮阳。此时的秦军见楚军势大（主要是项羽残忍嗜杀），躲在城中不出，任由楚军叫嚣。若楚军攻城，他们就抵御；若楚军谩骂，他们装作听不见。正因如此，楚军一时半刻难以攻克濮阳，与秦军形成了对峙。

不久，项梁再遣沛公、项羽攻打定陶（山东定陶北）。项梁也带人从东阿发兵，向西进军，计划与项羽、刘邦一起围攻定陶。时隔不久，三路会师，商议攻打定陶的办法。

项梁认为，围城猛攻是上策——除此之外，也没有更好的办法。之后，楚军围攻定陶，大破秦军，占据了定陶。秦军向西撤退，项梁派项羽、刘邦继续追击，而他自己则留守定陶，观察时局，准备下一步进军计划。①

项羽、刘邦就撵着秦军到处跑，不断攻占秦国的城邑。起义军的势力越来越大。

不过，随着楚军节节胜利，项梁也变得骄纵起来。他认为秦军不堪一击，而他率领的楚军则所向披靡。谋士宋义提醒项梁要戒骄戒躁，但项梁并不在意，还认为宋义太谨小慎微。之后，项梁派宋义出使齐国，试图再次联合齐国攻秦，但这次联合依旧没有取得实质性"成果"。

而项梁的轻敌，暴露了他的弱点。秦国还没有彻底败落，章邯率领的秦军锐气还在。此前楚军对秦军的打击，也未曾伤及筋骨。而眼下，起义军至少分成了三股势力。赵、齐、楚，他们各自为政，没有形成合力。这也会给秦军制造各个击破的机会。

不久，秦国高层得知起义军死灰复燃的内幕，破天荒从西面调集了一支大军，支援章邯。率领这支秦军的将领有长史司马欣、董翳等人，他们一路向东推进，各地起义军纷纷绕道。之后，章邯也在收拢被项羽、刘邦打散的秦军，很快组建起一支大军。

章邯探知了更多楚军内幕后，决定趁着刘邦和项羽离开定陶、攻打陈留之际，夺回定陶。

紧接着，章邯指挥秦军猛攻定陶，试图实施"斩首"行动，诛杀项梁，断楚军的念想。这一次，秦军攻势很猛，定陶被章邯攻破，项梁也战死在定陶保卫战中。《秦始皇本纪》载："二世益遣长史司马欣、董翳佐章邯击盗，杀陈胜城父，破项梁定陶。"②

---

① 司马迁：《史记》卷七《项羽本纪第七》。
② 司马迁：《史记》卷六《秦始皇本纪第六》。

当项梁战死消息传开时，项羽、刘邦正联手攻打陈留（河南陈留东北）。他们得知项梁战死，也就放弃了攻打陈留。原因很简单，项梁是楚军的灵魂人物，他战死必然影响楚军的士气。所以，这时候不宜再大动干戈。

之后，项羽等人与陈胜旧将吕臣合兵一处，以彭城为据点，观察时局，等待机遇。

4. 秦国灭亡

楚国大洗牌

章邯诛杀了项梁这位楚军灵魂人物后，楚地的起义军开始涣散。章邯也因在平叛中不断取得佳绩而变得膨胀。章邯甚至认为，楚国义军首领已死，剩余的人不过是一群乌合之众，已不足为虑。

此时章邯完全忽略了楚人的"奋斗"精神，放弃了继续攻打楚军，任由楚军自生自灭。而他则选择北上渡黄河攻打赵国，因为那里还有一股势力在叫嚣。

章邯希望先诛灭赵国的势力，最后再收拾楚国的残余势力。

理论上说，章邯的这种做法并没有错。此前，齐军已被他击溃，只剩下一群散兵游勇。楚国新败，料想短时间内不会振作。而相较于楚地的起义残军，北方燕、赵威胁更大。他作为秦国平叛"总负责人"，要对秦国的国运负责。

只是章邯忽略了楚地的起义军发展势头。不斩草除根，星星之火即可燎原。若他率领秦军主力北上，南方的楚军再来攻打中原，或者奔袭咸阳，将如之奈何呢？

再看赵国的情况：最近半年时间里，没有参与任何战争。当秦军与楚军打得你死我活时，他们一直在观望，并不断招兵买马，吸纳各处流民，壮大自己的势力。这种环境下，就应该一鼓作气，先彻底消灭楚军。而章邯却决定先消灭赵国，像当年秦始皇诛灭六国时，先打残主力，再逐个"消灭"。

当然，这只是我们的一孔之见，可能当时情况更加复杂，以至章邯不得不调转方向，北上攻打武臣建立的赵国。可能章邯还计划，在消灭赵国势力的同时，顺带消灭韩国和燕国势力。

之后，秦军在章邯的率领下，很快进入赵国境内。赵王武臣得到消息后，也派军拦截秦军入侵。只是他们轻视了秦军，秦军攻势很猛，赵军难以阻挡。

此后，秦军步步为营，不断向赵国腹地推进，占据了很多赵国城邑。赵军被秦军不断击溃，向大后方四散逃窜。赵王歇、将军陈余、相国张耳看到章邯大军迅猛，也选择了避开秦军锋芒，放弃了很多城邑，逃进了北方重镇巨鹿城。

章邯预判了赵国高层撤离的路线，他命王离、涉间围攻巨鹿，自己则驻扎在巨鹿以南，负责筑甬道、运输粮食、调遣人马，准备对巨鹿实施合围。

由此，章邯与赵军暂时形成了对峙。

这时候，我们还得将注意力移到南方，那里还有一股势力。楚王还在，项羽、刘邦、英布等这些反秦势力还在。他们会在章邯攻打赵国时，做些什么事情呢？

其实，就在章邯与赵军对峙时，南方的楚军也在大洗牌。不久前，章邯在定陶击败楚军后，楚怀王很恐慌，专门从盱台赶到了彭城，将项羽、吕臣所部合兵一处，由他亲自率领。楚怀王还任命身边的吕臣为司徒，任命吕臣之父吕青为令尹。

未几，失败的齐国国君派使者到彭城，见楚怀王，并对楚怀王说："宋义曾表示，武信君骄兵必败，现在武信君被杀，果然验证了宋义的预测，可见宋义精通兵法。"楚怀王因此召见了宋义，与他商议政务。宋义也说出了很多高论，令楚怀王很赏识。① 但这个记载显得很突兀，难道齐国的使者只是为了向楚怀王举荐宋义吗？没有更为详细的史料，至少从目前的史料看，情况的确如此。

之后，赵王派出的使者也到了楚国，向楚怀王求救，希望楚国能够派人支援他们，共同对抗章邯。楚怀王得知内幕后，即任命宋义为上将军、项羽为鲁公，率领楚军援救赵国。这个安排令人玩味：楚怀王完全忽视了他们与秦军对峙时，赵军并未支援他们。或许当时项梁大权独揽，楚怀王没有实权，因此他对项梁的死并不介怀，还能让他揽大权。这种情况下，他当然要与赵、齐两国交好。

与此同时，为了让起义"四面开花"，楚怀王还授予刘邦为砀郡长，封武安侯，命刘邦向西挺进，并与当时楚地的各位大将约定，谁先入关中谁就是关中王。②

当然，楚怀王的这一约定，表面上看很有诱惑力，但对包括刘邦在内的这些楚军而言，并非好事，因为楚怀王给他们划拨的将士并不多，而真正的楚军主力集中在宋义麾下。换言之，刘邦想要成为关中王，还得自己想办法。楚国不可能给他更多的将士，让他轻松夺取关中。

---

① 司马迁：《史记》卷七《项羽本纪第七》。
② 司马迁：《史记》卷八《高祖本纪第八》。

这里需要对项羽、刘邦的处境略作分析：楚怀王对项羽的授命，似乎有意为之。他没有授予项羽为大将军，而上宋义为援赵的负责人，显然有意打压项羽。而让刘邦地位高于项羽，虽只是一个空头衔，但也有挤兑项羽的意思。同时，他又抛出"诱饵"：先入关中者为关中王，又命刘邦向西挺进，表面上看是偏向刘邦，但又不给刘邦足够的兵力，又是对刘邦进行钳制。这一切的背后，大概是楚怀王的"驭下术"。换句话说，他既不希望项羽强大，也不希望刘邦强大。

这种背景下，宋义率领着楚军主力北上对抗秦军主力，刘邦则带领着另一股力量向西推进。

不过，在当时诸将看来，刘邦攻克关中可能性太小。他更像是楚怀王派出打前站的"炮灰"，毕竟除了章邯率领的秦军，函谷关、蓝田大营都有秦军驻扎。

这时候，天下的注意力都集中在巨鹿，如果宋义、项羽与赵军联合剿灭章邯，楚灭秦也就成为可能。反过来，如果章邯先灭赵，再破燕，楚国也会成为累卵。

宋义并非良将，他讲起理论来有一套，真正遇到实战就"经验不足"。据说当楚军行进至安阳（山东曹县）一带时，宋义听闻章邯率领的秦军勇武，内心非常恐惧，不愿冒险挺进。他命令大军停止前进，观看秦、赵战局形势，再根据局势做出是否支援赵国的决定。因此，在秦军向巨鹿发起了一次次冲击时，楚军则在安阳逗留，不愿北上。

项羽对宋义这种"怯战"的做法嗤之以鼻，他找到宋义说："秦军把赵王围在巨鹿，我们应立即渡河，与赵军里应外合，两面夹击，击败秦军。"宋义说："情况哪有你说的那么简单。虻虽然能叮咬牛，却不能对付虮虱。秦军现在攻打赵军，即便胜利也会损失惨重。我们应当等待时机，审时度势，再做出抉择。若秦军无法取胜，我们就乘机向西而进，消灭秦国。若秦军险胜，也会损失惨重，到时我们可坐收渔利。因此，不如先让秦、赵两军相斗，等他们两败俱伤时我们再出动。打仗这件事我可能不如将军勇武，但谋略您却不如我。"论说服工作，项羽远不及宋义，默然而退。

宋义看项羽被自己说服，就对三军下令：不听指挥，一律斩首。

此后不久，忽然天降大雨，道路泥泞，行军不便。而这也给楚军带来了巨大隐患：粮草不足。以后的一段时间里，迟迟不见押送粮草的队伍，楚军只能依靠菜和豆子充饥。

更令人愤慨的是，作为主帅的宋义却大摆筵席，招待宾客。宋义的这种做法引发了将士的不满，尤其令项羽愤慨。他自出兵以来无敌手，却被宋义困在大雨滂沱中，无计可施。项羽愤慨不已，私下与亲信交流时，斥责宋义迁延观望，坐失良机。之后，在亲信的怂恿下，项羽对宋义产生了杀心。

不久后的一个清晨，项羽谋划好了一切。于是，他再次求见宋义。此时的宋义并未掌握"内情"，也就没有预防。他以平日议事时的姿态对待项羽，可能还担心项羽继续"怂恿"他进军，故而对项羽有些"怠慢"。而此时的项羽已下了狠心，他进大帐后，趁着宋义不备，一刀就将宋义的头砍了下来。宋义甚至都没有反应过来，就做了项羽的刀下"鬼"。而项羽做这一切的时候，毫无顾忌，嗜杀成性暴露无遗。①

----

① 司马迁：《史记》卷七《项羽本纪第七》。

随即，项羽冷静地拎着宋义的头出了大帐，对着三军将士说："宋义与齐国密谋叛楚，楚怀王暗中命我诛杀他。"这时候，三军将士都被项羽的举动震慑，没有人敢怀疑项羽的行为。

之后，在一帮"智囊"的煽动下，众将士推选项羽为"代理"将军，取代宋义行使职权。这当然是谋划者一起策划的结果，由此，项羽成为楚军主力的实际领导者。而获得生杀大权的项羽为绝后患，以叛国的名义，将宋义从齐国返回的儿子也杀死。

随后，项羽遣人到楚国，将宋义通敌卖国的情况报告给了楚怀王。

大概楚怀王已料到事件背后的"操作"。之前，他之所以不授予项羽将军头衔，也是看出项羽嗜杀成性的缺陷。但此时，他已无法改变现实，只能顺从"人心"，封项羽为将军，全权处置前线事宜。否则，惹怒项羽，必然徒生龃龉。

楚怀王的这种做法很合理，也是审时度势的结果。因为这时，项羽的势力已"渗透"到楚怀王身边。在商议项羽杀宋义这件事上，楚国很多官员纷纷表示："创建楚国的功臣是将军项羽，应当封项羽为上将军，将当阳君、蒲将军都划归项羽。"楚怀王能怎么办？他完全被"架空"。所以，与其互相龃龉，不如顺遂项羽心愿。

当然，实际情况可能更为复杂。比如，若楚怀王不授予项羽将军，项羽会不会率领楚军叛变楚国？转而攻打楚国？所以，一切都是形势所迫，而不能完全遵从个人意愿。

巨鹿之战

项羽看到了楚怀王的"识时务"，便表现出一如既往的恭敬。这时候，对项羽而言，只需要一个名头。如今，楚怀王将这个名头给了他。他自然也会尊崇楚怀王，哪怕这种尊崇只是应付。

之后，得到指挥权的项羽先派当阳君、蒲将军率领二万人渡黄河，援救巨鹿，他自己会在处置完大军北上事宜后，紧随而来。

楚军先锋队赶到了前线，并与王离率领的秦军交手。可能王离也没有"倾尽全力"，因此楚军取得了初步胜利。不过由于秦军主力在此，而楚军也没有全部赶到巨鹿，因此楚军先锋息战止戈，与秦军开启对峙模式。

之后，看着近在咫尺的楚军无动于衷，赵国陈余再遣人突破重围，向项羽请援。这一次，项羽决定亲自出马。他带领全部楚军渡河后，命人将船只凿沉，又强制"火头军"砸破炊具，烧毁营舍，只携带三天口粮，表明以死相拼的决心。

项羽带领着楚军北上，半天时间，就赶到了前线，与王离率领的秦军展开对决。之后，为了速战速决，楚军围住了王离率领的秦军，双方交战九次，各有胜负。

当天夜里，项羽果断截断王离的甬道，断绝秦军的粮饷，让王离率领的秦军陷入慌乱之中。

战争持续到次日，项羽指挥楚军猛烈冲击秦军，结果秦军怯战，被楚军击破。项羽乘胜追击，大破秦军，杀死秦将苏角，俘获大将王离。秦将涉间得知王离被俘，自焚而死。

这里还有一个细节：秦军围攻巨鹿时，赵国向齐国等诸侯都发出了求救，他们也都表示支援，但他们到战场后，均处于观望中，没人敢出战。可见当时的抗秦力量亦各怀心思，并不想在与秦军对峙中消耗自己的力量。是项羽率领楚军猛攻秦军，击溃了秦军。

此战让项羽一战成名。

而随着战争发生逆转，项羽的勇武也让各路诸侯震惊不已。等到楚军大获全胜后，这些各地的起义军将领自知理亏，也畏惧项羽，都跪在地上爬行，不敢直视项羽。由此，项羽成为起义军中最勇武的上将军，各路起义军都听命于他。[1]

巨鹿之战使得秦国痛失部分主力，同时也改变了秦军有利局势，赵国的危机也得到解决。

不过，此时章邯率领的数十万大军还驻扎在棘原，实力不容小觑。而项羽率领的联军驻扎在漳水以南，又与秦军形成了对峙。

吊诡的是，值此关键时刻，秦国高层还在进行着激烈斗争，让前线的形势愈加危急。

原来，楚地起义再次爆发后，秦国高层也密切关注战争局势。章邯诛灭项梁、北上消灭赵国的计划，应得到了秦国高层的认可。此后，秦国高层继续关注着战局。

据说，秦军与赵军、楚军对峙时，二世皇帝得到的消息：章邯指挥不当，导致秦军多次失利。这时候，章邯担心自己被换掉，派长史司马欣向朝廷解释。司马欣到咸阳后，请求面见二世皇帝，向他陈述前线战况。但赵高拒绝了司马欣求见二世皇帝的请求。为此，司马欣在司马门前逗留三天，都没有见到二世皇帝的身影。

司马欣很害怕，逃离咸阳，向章邯奏报他在咸阳的遭遇："赵高主政，没有人敢擅自做主。即便将军您取得胜利，赵高也会嫉妒您的功劳。而若无法取胜，终将免不了一死。"

司马欣的叙述有无"水分"无法印证，但他的话显然令章邯愈加不安。据说听完司马欣的叙述，章邯很愤懑。而这种愤懑并非没有来由。换句话说，这时候的章邯既得不到朝廷的支持，也面临着

---

① 司马迁：《史记》卷七《项羽本纪第七》。

被起义军合围的危机，不得不想后路。

恰巧此时，赵将陈余给章邯送来了一封信，内容如下：

> 秦国的白起南征鄢、郢，北征长平，攻城略地功不可没，最终还是被赐死。秦将蒙恬北驱戎、狄，拓地千里，最终被杀在阳周。为什么会发生这种情况呢？这是因他们功劳太大，秦国无法对他们进行封赏，就将他们杀掉。如今将军任秦军主帅三年，损失兵士数以万计，而抗秦的人越来越多，这就是将军的罪责。赵高在秦国当权，面对危急局势，他担心二世皇帝会诛杀他，所以会推卸责任，将军就会成为替罪羊。将军多年在外作战，与朝中官员多有疏远和嫌隙，不管您有功无功，朝中官员都会诬陷您。况且，天要秦国灭亡，这是众所周知的事情。现在您在内不能直言进谏，在外不能消灭抗秦势力，陷入孤立无援境地，还能长久吗？将军应看清形势，与诸侯一起攻打秦国，瓜分秦国土地，到时既能称王称霸，又能保佑妻儿，何乐而不为？①

陈余的这封信是否是项羽授意不得而知，信件的内容是否真实还有待考证。不过，这封信的确扰乱了章邯本就浮躁的心。换句话说，陈余的话有"夸大"的成分，却也道出了一定"实情"。而章邯也到了"人生的十字路口"，需要做出选择：要么继续做秦国的将领，抗击起义军，鹿死谁手尚未可知；要么，采纳陈余的建议，投靠起义军，与他们一起"瓜分"秦国。

---

① 司马迁：《史记》卷七《项羽本纪第七》。

最终，经过长时间的"精神折磨"，章邯选择了后者，打算派人与项羽交涉，建立反秦约定。然而，章邯的使者还未出发，项羽就派蒲将军渡河，驻扎在漳水以南，似有攻打章邯所部的意思。这让章邯又放弃了与项羽交往的打算。

未几，蒲将军向秦军发起了攻击，秦军诸将犹豫不决，不一心一意抵抗楚军，结果被蒲将军击败。之后，项羽率领全军进攻秦军，秦军本就无心恋战，只能溃散，被项羽率领的楚军重创。

到此时，章邯手头虽有一支秦军，但已军心涣散。对章邯而言，这些人是他仅有的家底，他再也输不起了。若仅有的家底被项羽打散，他也就没有谈判的资本。因此，经过深思熟虑后，章邯派人到项羽大营，表明结交的决心。

面对章邯的投诚，项羽没有立即表态。他召集诸将商议对策，多数将领认为，可与章邯联合抗秦。当然，其中还有一个更为隐晦的原因：楚军粮草告急，如果继续对抗下去，即便击败秦军，楚军的隐患也必然暴露。到时候，如果赵国倒戈相向，楚军将无法全身而退。而一旦与章邯联盟，战局就会化解，章邯携带的粮草就能帮助楚军度过危机。

公元前207年（二世皇帝三年）七月，项羽与章邯在洹水以南的殷墟（今河南省安阳）会面。章邯流着泪，表明他的艰难的处境。项羽高高在上，表示了理解。之后，章邯率部投奔了项羽。项羽立章邯为雍王，任命长史司马欣为上将军。但项羽"心思"很重，等章邯率部投奔他后，就被质留在楚军中，率领章邯所部的人也换成了司马欣。由此也能看出，项羽对章邯并不信任。以后，项羽率领着二十万秦国降卒和本部人马向西挺进，打算进攻咸阳，消灭秦国。

然而，就在楚军出发前，内部又发生了叛乱。

原来，项羽率领的这些楚军，有的曾为秦国服役，有的为秦国戍边。他们痛恨秦国，也对投降的这些秦军很无礼，像奴隶一样使唤他们。而这种不公平待遇，令降卒们心里不痛快，产生了"背叛"心理。据说他们在一起诉苦："章将军骗我们投降楚军，若能够攻破秦国固然很好，若不能攻破秦国，楚军将我们挟持到东方，我们在咸阳的父母妻儿定会被秦国诛杀。"①

降军的这些议论传得沸沸扬扬，被项羽得知后，就引起了项羽的注意。项羽担心这些人倒戈，就命英布、蒲将军秘密处决这些秦国降卒。于是，在英布、蒲将军的引诱、欺骗操作下，二十万秦军降卒被坑杀在新安城南。这是长平之战后，又一坑杀数量如此庞大降军的"恶性事件"。

做完这一切后，项羽才打算向西推进，围攻咸阳。

此时，一个重磅消息从西面传来，超出了项羽的预料，这就是负责进攻秦国、夺取咸阳的刘邦已逼近关中，距离咸阳只有一步之遥。

这个消息令项羽焦躁不安，因为按照当初的约定，谁先入关中，谁就是关中王。起初，他并未重视这件事，因为刘邦只是一个"痞性"十足的"亭长"，完全不足为虑。可事实证明，刘邦绝非"庸才"。他用那么点人，过关斩将，竟然到了秦国。项羽不甘心，现在章邯已被消灭，他率领的楚军主力必然要先进入关中，成为关中王，而不是"地痞流氓"刘邦为关中王。

只是现实条件制约着项羽，即便他一路疾驰，想要短时间内赶到关中，也不切实际。不过，项羽并不想就此认命，无论如何，他

---

① 司马迁：《史记》卷七《项羽本纪第七》。

都要赶到关中，与刘邦争夺这个"关中王"。

当然，并非这个关中王多么重要，而是他不希望再"冒出"一个与自己"势均力敌"的对手。换言之，项羽在意的并非关中这片地方，而是他"独一无二"的身份。或许这时候，项羽就有了成为天下"共王"的心理。

接下来，就要看项羽和刘邦谁先入关中。

此时，刘邦自然也探知了项羽的行踪，但是他还是想先入关中。有些事你得去做，才能成功。况且，先入关中者为关中王，这可是楚怀王当初颁布的诏令，谁也不能违抗，除非项羽推翻楚怀王自立，而眼下项羽还不能这么做。如果这样做，会让人心向背，让那些追随项羽的起义军背离他。因此，这种背景下，刘邦及其智囊对"关中王"头衔很渴望。

冥冥之中，刘邦总是被上天眷顾着。

这里需对刘邦进军的背景做一介绍：此前，自与项羽分别后，刘邦就带领楚军西路军一路向西。虽然他们的军队数量不多，但刘邦的统筹能力很强，在向西进军的途中，不断收集兵马，壮大自己的实力。

据说，这一时期，原先各路被打散的起义军，纷纷投奔了刘邦。比如，当初陈胜的残余势力，以及项梁的一些被打散的人马，都加入刘邦的阵营中。之后，刘邦率领部众攻打昌邑（山东金乡）时受挫，便果断放弃了昌邑，绕过昌邑继续向西推进。不久，刘邦就到了高阳（河北高阳）。当时高阳小吏郦食找到刘邦，主动向刘邦献计：先取陈留，占据秦国陈留粮仓，再图西进。刘邦听取了郦食的建议，奇袭陈留，得到了粮草补给。

再之后，刘邦率领大军与秦军大将杨熊交战于曲遇（河南中牟县），击败了杨熊率领的秦军。紧接着，刘邦继续西进，又在南阳郡击败秦军主将吕齮。据说吕齮兵败后打算自尽，被部下陈恢所阻。后来，经过陈恢交涉，吕齮与陈恢一起投奔了刘邦。刘邦即册封吕齮为殷侯，赏陈恢食邑千户。南阳彻底被平定，而随着南阳"和平解放"，驻守在西方的秦国各个要塞都纷纷投降，刘邦的势力一直逼近到武关一带。[①]

到武关后，刘邦并没有急着推进，一方面他在观望秦国高层的动向，另一方面他也在观望赵国境内的战争。未几，他得到消息，章邯投靠项羽。刘邦料定项羽在平定章邯后，定会向西，消灭秦国。权衡利弊后，刘邦开始谋关中，他要在项羽赶到前，先入关中。而此时，咸阳还有秦军驻守，还有数十万民众，万一他们拒不投降，即便围住咸阳，恐也难以进入咸阳。

在如何进入关中这件事上，刘邦是谨慎的。他继续选择了观望，等待时机。只有时机到来，他才能顺利从武关入关中。而强攻可能引祸上身，甚至万劫不复。

有意思的是，刘邦不知道的是，就在他兵临城下前，秦国内部势力向他妥协，帮助他实现了"入关"愿望。

那么，这到底是怎么回事呢？

秦朝的败亡

公元前 207 年（二世皇帝三年）八月，各地秦军失利的消息纷纷传到咸阳，先收到战报的赵高惊恐不已，他不敢向二世皇帝奏报，将战报全部压了下来。但这种做法显然是掩耳盗铃，前线的战

---

① 司马迁：《史记》卷八《高祖本纪第八》。

报还是不断传入。这一时期，赵高寝食难安。

八月己亥日，赵高再次得到秦军失利的消息：章邯投靠了项羽，秦军机动部队基本被消耗殆尽，边境上的驻军也很难短时间内赶往前线。

当然，这时边境将士不一定听从朝廷的调遣。理由很简单，秦国都乱了，谁还听你的调遣？

这种背景下，赵高生出一项更大胆的计划：推翻秦国。至少《秦始皇本纪》是这么记载的。本书认为，完全有这个可能。数年前，赵高既然能假传圣旨，杀死扶苏，拥立胡亥。这时候，他故技重施，经验更丰富。

不过，要实现这一目标并不容易，即便平日里迫于他的"淫威"，朝中大臣对他俯首称臣，但推翻秦国可是"谋逆"，稍有不慎将万劫不复。

退一步讲，即便朝中贵族、大臣多依附于他，也不能保证他们完全与自己"一条心"。再者，这时候，天下人心惶惶，这帮人还能听自己的吗？

赵高顾虑重重。然而，前线不断传来的战报，又不得不逼迫赵高做出谋逆决策。

在实施行动前，赵高先决定做个实验，试探秦国高层官员是否忠于他。之后，在一次朝会上，赵高进献了一头鹿，并对二世皇帝说："这是一匹马。"二世皇帝说："丞相搞错了吧，这明明是一只鹿。"赵高也不解释，转头问身边的大臣，眼前是何物。朝堂上有些大臣沉默不语，多数人迎合赵高说是马，也有人说是鹿。

事后，赵高将"说鹿"之人治罪。经此一试，朝臣与赵高都心里"有了底"。此后，朝臣没有人再敢不遂赵高的心意。[1]

而此时，从前线传回的战报越来越多，越来越紧急。赵高的做法是，继续压着不报，并不断在二世皇帝面前粉饰太平，说什么"山东诸侯不足为惧"之类的话语，安抚二世皇帝。

不久，刘邦认为秦国高层不作为，正好是他攻打武关的时机。因此，刘邦率领大军攻打武关。虽然武关守将誓死抵抗，也未能阻挡得了楚军。进入武关后，刘邦屠戮了武关。

之后，刘邦占据武关，停下了西进的脚步，观察时局。当然，此时的刘邦有大计划：先密切关注项羽动静，再从内部瓦解秦国。然后，刘邦派人入咸阳，与赵高取得了联系，希望赵高能够做内应，瓦解秦国。

赵高可能已答应了刘邦，他们正在等待合适时机。

不久，赵高与刘邦秘密联络之事泄露，让赵高陷入恐惧中。据说赵高担心二世皇帝诛杀自己，以生病为由，不再入朝见皇帝。

这种记载其实并不可靠，如果赵高真通敌卖货，他还能安然休整？本书认为，他只是心虚，担心与刘邦密谋的事情泄露，才不敢上朝。而事实是，他们的密谋并未泄露。

不过，就当时的形势而言，秦国上下应该是有预感的。毕竟大灾大难即将来临，一切都应该有预兆。

据说二世皇帝尽管不知外界战事到底如何，似也有种预感。而这种担忧，让他夜不能寐。据说二世皇帝陷入"精神恐慌"中：做了一个梦，梦见自己被"白虎"所咬。二世皇帝不明其意，召来巫师占卜。经占卜后，巫师认为是泾水之神发怒，二世皇帝就命人祭

---

[1] 司马迁：《史记》卷六《秦始皇本纪第六》。

祀泾水，将四匹白马沉入泾水中。①

稍稍心安的二世皇帝需要赵高，却不见赵高的影子。而赵高不正常上下班，严重影响了国家的运转，政务也停滞了下来。

二世皇帝很生气，派使者指责赵高处置政务不力，导致群盗作祟。赵高意识到无法遮掩现状，担心被问罪——不久前，二世皇帝就是这样责难李斯的。

面对责难，赵高下了狠心，决定发动政变。于是，赵高与女婿咸阳令阎乐及弟弟赵成暗中密谋废除胡亥事宜："皇帝不听劝谏，遇到紧急事务，想要祸及我们。我打算废掉皇帝，改立公子嬴婴。"

可能阎乐对此事有顾虑，不愿参与这种倒行逆施的忤逆之举。赵高愤怒之下，挟持了阎乐母亲，逼阎乐就范。

之后，赵高派亲信做内应，为发动政变做准备。未几，阎乐带领一千多名士兵，堵到望夷宫殿门。这些人趁着守卫不备，斩杀卫令，冲进宫中，捉拿二世皇帝。

还蒙在鼓里的二世皇帝，在得知情况后非常震惊，退守内室，躲避灾难。这时候，他责备身边的宦官说："国家都到了这地步，你们为什么不早告诉我？"宦官则说："我们守口如瓶，才保住了性命。若我们早向您陈述，您不信不说，我们也不可能活到现在。"二世皇帝听完众人叙述，方才"如梦初醒"，意识到自己完全着了赵高的道。赵高不仅成为他的肘腋之患，也成为秦国的掘墓人。

不久，阎乐已冲了进来，将二世皇帝包围。阎乐对二世皇帝说："陛下您骄奢淫逸，残暴无道，如今天下人都背叛了您。"二世皇帝成为阶下囚，请求阎乐放过自己，给他一个郡或者万户都可

---

① 司马迁：《史记》卷六《秦始皇本纪第六》。

以。此时，阎乐被赵高胁迫，不敢违背赵高的意愿。而赵高的意愿就是除掉二世皇帝。最终，二世皇帝苦苦哀求无果，选择了自杀。

从某种程度上讲，二世皇帝还是有骨气的。他知道自己没有后路，不愿做一个苟活于世的可怜虫。当然，这些记载总有种不实之嫌，似一切都是故事，虽然曲折，却有不合理之处。比如，把二世皇帝描述成了"夏桀、商纣、幽王这种不问政务，只顾骄奢淫逸的昏军。而国家完全被赵高操控，试问：这可能吗？

二世皇帝自杀后，赵高召集了秦国大臣和公子，向他们通报了二世皇帝的恶行：荒淫残暴，招致群雄并起。还向秦国高层通报了二世皇帝自杀谢罪情况。众人畏惧赵高，不敢发言。赵高说："秦国原本是诸侯国，始皇帝统一天下后，号称皇帝。现在六国重新自立，秦国的土地日益减少。这种情况下，空有皇帝名号没有任何意义，还招惹天下诸侯嫉恨，不如像过去一样称王。"大臣和诸公子噤若寒蝉，不敢反驳。于是，赵高以执政大臣的名义立公子嬴子婴为秦王。

之后，在赵高的授意下，一伙人将二世皇帝草率掩埋在杜县以南的宜春苑中。折腾了三年的嬴胡亥，就这样死了，历史留给他一片空白，一片谩骂。

再之后，赵高建议公子婴祭祀祖先，受秦王印玺，正式成为秦王。还在家里的公子婴，对此忧心忡忡，他和儿子密谋说："赵高在望夷宫杀死二世皇帝，担心群臣诛杀他，假意立我为王。我听说赵高已与楚国相约，消灭秦国宗室后，在关中自立为王。他让我斋戒祭祖，不过是想乘机杀掉我。明日我借口生病，不去祭祀祖先。赵高一定会来看望，到时候，你们就杀死他。"

部署完一切后，公子婴就等待着赵高找上门来。次日，赵高果然派人请公子婴祭祀祖先。按照既定部署，公子婴以生病为由，拒绝出席祭祀祖先仪式。赵高无奈，亲自到公子婴府上请求。这时候，公子婴的儿子们乘机一拥而上，将赵高诛杀在了府上。

紧接着，公子婴以秦"王"的名义，联合秦国贵族，果断采取措施，将赵高三族诛杀。

至此，操控秦国多年的赵高势力得到清除。公子婴在群臣簇拥下，成为名正言顺的新秦王。

然而，秦国虽平定了内乱，但亡国局势已现，天下群雄并起，即便秦始皇复生，也难以扭转战局。公子婴在咸阳当了四十六天秦王后，刘邦从武关入关中，驻扎在霸上，威胁公子婴。

过了一阵，刘邦派人向公子婴送来劝降书，希望公子婴认清现实，主动投降。公子婴不甘心，却也无可奈何。秦国灭亡如同高山崩塌，谁也阻止不了。

最终，公子婴与智囊团商议后，选择顺应时代潮流，投降刘邦。之后，他就乘坐白马素车，手捧天子印玺和符节，站在道路两旁迎接刘邦。

刘邦进入咸阳，实现了先入关的目标。不过他还是很忌讳项羽，因此没有处置秦国贵族。

之后，刘邦听取张良的建议，屯兵在灞上，等待项羽的楚军。一个月后，紧赶慢赶的项羽终于赶到了咸阳。此后，项羽和刘邦还上演了一场鸿门宴①，试图杀掉刘邦。最终，刘邦得以逃脱。

本书认为，项羽的关注点并不在刘邦身上，因此刘邦才得以逃脱。而鸿门宴只是一场被夸大的宴会斗争，仅此而已。原因很简

① 司马迁：《史记》卷八《高祖本纪第八》和《史记》卷七《项羽本纪第七》。

单，刘邦离开鸿门宴后，项羽压根没想过要追击刘邦，否则即便刘邦仗着飞毛腿，项羽也能追杀他。后世将此视为楚汉争霸的关键性事件，是一种固有认知。

事实也如此，此时项羽关注的是如何处置秦国贵族，以及秦始皇在咸阳建造的那些引以为傲的宫阙，而不是刘邦。这一点，从后来项羽的所作所为中能找到印证。

据说项羽进入关中后，马上露出凶残的獠牙。他命人将包括公子婴在内的秦国宗族全部逮捕，向这些手无寸铁的俘虏举起了屠刀。秦国贵族全部被处死后，项羽又下令，屠戮咸阳臣民。因此，咸阳成为人间地狱、杀人现场。

即便如此，项羽依然不满足，他抗战多年，本就以推翻秦朝为目的。现在，他终于达到了目的，自然要泄私愤。据说，项羽将注意力转移到富丽堂皇的阿房宫上，当他看到这些利用民脂民膏修筑而成的宫殿时，怒火中烧。旋即，项羽命人烧毁阿房宫。于是，一批楚军将士拿着火把，冲向了这座耗时多年的宏伟建筑。

阿房宫大火，三月不熄。

之后，项羽洗劫了秦国积攒的财物，兑现诺言，将这些财物分给与他一起灭秦的诸将。不久，项羽自称西楚霸王，成为天下最强的王。他也不再顾及楚怀王，更不愿落实"先入关中者为关中王"的诏令，"故意"将秦国关中土地一分为三，封给雍王章邯、翟王董翳、塞王司马欣，号称三秦。① 刘邦则成为项羽"排斥"和"打压"的对象，被安置在蜀中，成为汉王。

至此，秦国灭亡。

---

① 司马迁：《史记》卷六《秦始皇本纪第六》。

尾声

　　秦国的灭亡充满了偶然和必然，正如他翦灭六国充满了偶然和必然一样。太史公对秦国的灭亡扼腕叹息，以至在写完《秦始皇本纪》后，依然意犹未尽，有话要说。因此，他在《秦始皇本纪》结尾处，还写了一大段论述，表明他对秦国的灭亡的遗憾、困惑等复杂感情。

　　下面，让我们沿着太史公的评价，从《秦始皇本纪》层面对秦国灭亡做一简单解读。

　　先来看太史公的态度：

　　　　太史公曾有言：秦国祖先伯翳（益）曾经在尧、舜时期创建功勋，受封土地，获赐姓氏，辉煌一时。但秦族在夏、商时期日渐式微，族群凋零。直至周王朝衰败之际，秦国才逐渐兴起，并在西边建立城邑。自秦穆公以来，秦国逐渐强大，逐步向东扩张、蚕食诸侯。到秦始皇时期，终于统一中国，实现天下一统的伟业。秦始皇翦灭六国后，自认功绩盖过五帝，统治国土面积超过三王，用三王、五帝衡量自己的功业无法显示"伟大"。

对此，贾谊有精彩论述。贾谊曾说：

秦国蚕灭六国，在崤山以东设置三十多个郡。他们训练兵士驻防边境，派遣大量役夫修缮各处渡口和关隘，占据险峻要塞。不过这都是表象，从表面上看，秦国的江山稳固。然而，陈胜凭借数百乌合之众，振臂一呼，不用先进的武器，只用农具与木棍，在无给养补充的情况下，就能横行天下，所向无敌。所以，这时候，秦国虽有险要地形却无法固守江山，有关隘桥梁却不能封锁国内，有先进武器却不能消灭敌人。后来，楚军进攻秦国，深入秦国腹地，在鸿门（刘邦）与秦军交战，连"篱笆"一样的阻碍都没有遇到。这也给了各地反秦势力"启示"，造成山东诸侯、群雄并起，各地豪杰纷纷称王。秦国遣大将章邯征讨各地叛乱，章邯不思报效国家，却与外界叛乱势力勾结，向朝廷索要钱财，图谋朝廷。秦国臣僚间互不信任，从章邯身上可见一斑。此后，二世皇帝被杀，子婴被拥立为王，却自始至终不醒悟。但凡子婴有点才能，再能遇到才智一般的辅佐之臣，即便山东群雄叛乱，秦国故土依然可以保存，宗庙不会被毁，族群也能绵延。

秦地地理位置特殊，被群山环绕，又有黄河天堑，以此作为固守要塞，成为四面均有屏障的国家。自秦穆公到秦始皇，共有二十多位国君，也曾称雄诸侯。难道秦国每一位国君都是贤明的君主吗？显然并非如此，究其根源是秦国特殊地理形势决定了秦国的国运。

后来，在秦国壮大时，东方诸侯多次组成"合纵"，攻打秦国。当时，各国都有贤人和智者，智慧的将帅率领勇武的士兵，贤明的丞相相互沟通良策。即便如此，各国也因秦国的特殊地势而不能推进。秦国因此引诱诸侯到秦国境内作战，为他们打开关隘，结果列国均被秦国击败，溃散而逃。为什么会出现这种情况？难道是诸侯的勇气、智慧和力量不及秦国吗？我认为主要是因为地势不利，诸侯发挥不了"地利"因素。

秦国将小城邑兼并为大城邦，在最险要之处设防驻兵，筑高壁垒，不轻易与敌军作战，关闭险隘以拒守，拥有武器而不作战。诸侯合纵起兵本是为利益结盟，没有上古明君的德行。他们结交不亲密，上下心不齐，名义上要消灭秦国，实际上却是在战争中获得利益。他们看到秦国地势险要，无法进军，就"明智"地选择撤军。诸侯之间如此扯皮，若秦国能够安定下来，休养生息，扶弱济贫，等待他们疲弱之时，再利用天子身份发号施令，就能让四海重新承平。然而，秦王子婴虽贵为天子，富有天下，最终却成为俘虏，究其原因是决策失误。

秦始皇刚愎自用、自以为是，遇到政务困惑并不向大臣咨询意见，即便犯错误也不改正。二世皇帝继承了这一秉性，不思悔改，甚至更加凶横残暴，加重了秦国的衰亡。子婴处境孤立，既没有亲人协助和大臣的辅佐，自己又软弱。三位君主一生昏惑不悟，秦国难道不该灭亡吗？

秦国并非没有深谋远虑又懂得时势变化之人。他们之所以不敢尽忠报国、匡正君主的错误，是因为秦国有太多禁令和规制。有些大臣忠言尚未陈述完毕就已被处决。因此，天下之人都只能竖着耳听、叠足站立、闭口不言。秦国三位君主脱离正道，以致忠臣不敢进谏、谋士不敢献策，天下混乱不堪，而皇帝还不知道，这难道不可悲吗？

上古时代，圣王清楚政路不通就会损害国家，因此设置了公卿、大夫、士等官员来修订律法，设置刑罚，使天下稳定。当国家强盛时，能够征讨天下叛乱，惩治暴行，使天下人臣服；当国家衰微时，霸主四处征讨，让天下太平、诸侯顺服。即便国家出现衰微局面，只要在内强化守备，在外依靠强国，国家也不会灭亡。

秦国则完全不同，国家强盛时，法令严苛，民众恐惧；国家衰微时，民众怨恨，四海之内就全部反叛了。周王朝分封诸侯以行正道，一千年国家也未曾中断。秦国失去了根本，自然不能长久。由此看来，安定和危亡完全不是一回事儿。古话说："前事不忘，后事之师。"因此，治理国家时应该研究历史，观察远古君主的得失，考察国情，参照人情事理，了解兴亡盛衰规律，得出正确的决策，唯有如此，国家才能长治久安。

当年秦孝公占据崤山、函谷，拥有雍州之地，君臣齐心，坚守本国而觊觎周王朝。他有席卷天下、包举宇内的志向，也有囊括四海、吞并八方的雄心。那时候，商鞅辅佐他，在内设立法度、奖励农耕、整修战备；对外实施连横、打击诸侯，轻而易举得到了河西之地。孝公去世后，秦惠文王、秦武王继承秦孝公的固有基业，沿袭既定策略，向南吞并汉中，向西消灭巴、蜀，向东割据肥沃土地、夺取险要地域。诸侯非常恐惧，他们不惜花费奇珍异宝和肥沃土地招揽天下能人，缔结合纵联盟，以对抗秦国。齐国的孟尝君、赵国的平原君、楚国的春申君、魏国的信陵君都是智慧而守信之人，他们招揽人才，相互约定建立连横，集结了韩、魏、燕、楚、齐、赵、宋、卫、中山等国家的兵士。同时，在六国中还有宁越、徐尚、苏秦、杜赫这样的能人，为联盟出谋划策，有齐明、周最、陈轸、昭滑、楼缓、翟景、苏厉、乐毅这样的人统领军队。他们凭借着十倍于秦国的土地及百万大军，通过层层关隘攻打秦国。秦国则开关迎敌，九国大军却在关外徘徊，不敢进入秦国。而秦国没有消耗一支箭头、一件武器，就让天下陷于困境。合纵也随即瓦解，诸侯恐惧秦国，纷纷割让土地与秦国保持友好关系。秦国因此能腾出手来，追击逃亡的敌人，斩杀数以百万计的各国士兵，血流成河，即便沉重的盾牌也被血水漂浮了起来。总之，秦国依靠有利的形势，控制了天下，分割诸侯土地，使强国请求归附秦国，弱国到秦国朝拜。当王位传到秦孝文王、庄襄王两位秦王时，国家安定，天下太平无事。

到秦始皇时代，他继承了秦国前六代先王留下的伟业，举起长鞭驾驭各诸侯国，吞灭二周、消灭诸侯，登上了至高无上的皇帝位，统一了天下，用残酷的刑罚统治全国，声威震动海内。之后，秦始皇命人向南攻取百越之地，在这一带设置了桂林郡、象郡。百越之地的首领都低着头，用绳子捆住自己的脖子，把性命交由秦国的官吏。秦始皇还遣蒙恬到北方修筑长城，建立防御北方民族入侵的屏障，驱赶匈奴七百多里，胡人因此不敢南下牧马，武士不敢挽弓复仇。这时候，秦始皇觉得超越了古代圣人，废弃了先王法度，烧毁百家的著作，以此来愚弄百姓。他还拆毁各地名城，杀戮各地豪杰，收缴天下兵器铸成大钟和铜人，以削弱黔首的反抗力量。在这之后，他又开辟华山、修筑城堡，以黄河为渡口，据守亿丈高的城池和深不可测的山谷，为国家的防御。秦国最勇武的将领则驻守要塞，忠诚的大臣和训练有素的士兵手执锐器，形成震慑力量，天下因此安定下来。秦始皇认为，随着天下一统，秦国以关中为依托，就可建立起万世基业，国祚永传。

后来，秦始皇虽死，但他的余威还在，依旧震慑四方。

陈胜不过是穷苦出身，从事沉重的佣耕杂役，还是秦国征发的戍役。若论身份，他还不如一介布衣，更没有仲尼、墨翟的才能，也没有陶朱、猗顿的富有。就是这样一个被发配的劳役，也能在戍卒中崛起，率领一群乌合之众攻打秦国。他们砍倒树木作为武器，高举竹竿作为旗帜，一呼百应，天下之人纷纷响应，自带粮食追随于他。最终，山东英豪也加入灭秦队伍中，消灭了秦国。

事实上，当时的秦国并不弱小，雍州的土地、崤山和函谷的险固一如往常。而陈胜的地位也无法与齐、楚、燕、赵、韩、魏、宋、卫、中山等国君主比拟。他们拿着的锄头木棍不如钩戟、长矛锋利，率领的农民军也不及九国军队强大，深思熟虑、调配行军的策略也不如以前谋士高明。然而，即便如此，双方成败却不尽相同，创建的功业也完全相反。如果将山东六国与陈胜做比较，不论是力量和实力，都不可同日而语。昔日，秦国曾凭借着一片小小的区域，以及一千辆兵车的力量，控制了东方八个诸侯，让地位与秦国国君相等的诸侯到秦国朝见，这一情况已有百年历史。后来秦国统一天下，以天下为家，在崤山和函谷为官殿，坐享天下。只是谁也没想到，一个小民的暴乱，就让秦国宗庙被毁、国家被灭，皇室宗亲都死在他人手中，为天下人耻笑。那么，这到底是为什么呢？我认为是秦国不施行仁义，不懂得打天下与守天下应用不同策略所致。

秦国蚕灭六国，统一天下，秦始皇向南称帝，出台政令安抚民众，天下士人纷纷臣服秦国。那么，形成这种局面的原因是什么呢？我认为主要原因是天下战乱数百年，没有形成统一局面。秦朝崛起时，周朝衰败，五霸已去世，天子政令无法传到天下，致使诸侯征战不休，强国攻打弱国，人多的诸侯欺负人少的，导致战乱不断，民众疲惫。秦始皇统一天下，天下只有一个天子。值此之际，天下民众希望能够安居乐业，大家都非常尊崇天子。这时如果保持权威，稳定国内，国家就会稳定。

然而，秦始皇始终怀有贪婪卑鄙之心，独断专权，自以为是，不信任功臣，不亲近士人百姓，废弃先王法度。为树立权威，摧毁先贤典籍，实施严苛刑罚，崇尚权术和武力，抛弃仁义道德，用凶残手段治理国家。应当认识到，兼并天下需要的是权术和武力，而治理天下则需要顺应形势。就是说，取天下和守天下完全不同，应该用不同的策略。秦国蚕灭六国，统一天下后，秦国理应顺应时代，但事实上，秦国固守制度、政令。而取天下和守天下共用一套制度，致使秦国灭亡。如果秦王能够参考先贤做法，借鉴商周衰亡历史，制定符合实际的国策，即便后世有昏庸的君主，也不会出现国家危亡的局面。因此说，三王创建天下，弘扬真善美，最终也能让国家长治、功业长久。

二世皇帝继位，天下人翘首以待秦国新政。这时候，受冻的人渴望得到温暖，挨饿的人渴望得到吃食。而天下人的期盼，就是新皇帝奋斗的目标。换言之，天下民众容易接受仁政。如果二世皇帝有一般君主的德行，信任忠臣贤士，上下一心，解决民众所愁所盼：在守丧中及时纠正先帝的错误政策，将土地分给民众，分封功臣后代，创建封国来礼贤下士；清空监狱、废除刑罚，免去连坐等不合时宜的法令，让罪犯也能回家务农；开国库赈济天下，减轻赋税徭役，帮助民众走出困境；简化法令、减轻律法，使天下百姓都能自新。改变节操，约束自己、谨言慎行，再用威望治理国家，天下必然会安定。届时，四海之内民众安居乐业，即便发生叛乱，或者有心怀不轨之人制造事端，秦国民众也不会背叛皇帝，奸臣的阴谋也会暴露，暴乱也会因此被遏制。然而，二世皇帝并未采取这样的办法治理国家，反而比秦始皇更加荒淫无道。他毁坏宗庙，残害臣民，重修阿房宫，让律令更加繁琐、刑罚更加严酷。官员处置政务苛刻狠毒，赏罚不明，搜刮民脂民膏毫无限度。国家的政务越来越多，官吏也越来越忙。民众越来越贫困，君主却不施行救济。造成各种欺诈奸险之事层出不穷，以至上下欺骗，人人无端遭受刑罚，道路之上全是遭受刑罚之人，脚步所到之处苦难弥漫。这种情况下，即便陈涉没有商汤和周武王的才能，也无须具备公侯地位，只要振臂一呼，天下就会响应。这是因为民众感受到处境危险，要冒险活下去。上古时代的先贤们能够洞悉事物发展规律，从中分析国家存亡的讯息，能够长期统治子民，安定天下。即便有倒行逆施的臣子，也不会让天下人叛乱。因此，古语说："应对生活安定的民众推行仁义，而处于危难之中的民众则会发动暴乱。"皇帝虽然身为天子，拥有天下，也不能幸免于被杀，这是因为未能及时拨乱反正。而这就是二世皇帝所犯的最大错误。①

以上这些内容出自司马迁的《秦始皇本纪》，具体讲的是引贾谊对秦国的评价，太史公也没有表明他的"态度"。当然，从这个评价内容看，显然不仅是贾谊对秦人的评价，更是太史公借贾谊之口，对秦族、秦国的系统评价。

在这数段评价中，关于"运气""时势"等论述有着"天理循环"的观念，是司马迁时代"思想观念"的具体体现，并不具备太多说服力。不过，在许多论述中，贾谊提出"顺应时势""修订法令"等是非常中肯的建议，尤其最后一段揭露二世皇帝时期的国家问题，可谓一针见血。

当然，我们当有这样一种认识：世间万事万物都处于变化中，一成不变的事情是不存在的。就是说，变是物质世界和精神世界的总和。作为一种国家形态，秦国也在不断发生着变化。秦国的统治者，应该做到顺应形势变化，起用忠臣，修订律法，更改制度，休养生息……只要这样做了，尽管国家不会迅速强大，也不应该迅速灭亡。

当然，秦国灭亡的根源，至今都是争论不休的话题。有人认为秦国遇到了前所未有的财政危机②，有人认为秦国制度不适宜时代变化③，有人认为沉疴必然造成官逼民反……我们认为，不管何种原因，都不能全面概述秦国灭亡的原因——秦国灭亡这件事本身并

---

① 司马迁：《史记》卷六《秦始皇本纪第六》。
② 刘三解：《青铜资本》。
③ 司马迁：《史记》卷六《秦始皇本纪第六》。

不简单，又距今时间太远。或许历史的真相早已被掩埋，而我们能搞清楚的，只是后人以不同时期视角解析的结果。正是如此，也为秦文化研究留下诸多线索，供后世学者继续深入挖掘，寻找可能靠近历史的真相。而本书能做的，也仅是梳理秦国的发展、兴盛、衰亡的主要脉络，加入我对秦人历史的一些思考，像线一样串起两千年的秦文明史，让秦立体起来、清晰起来。

后记

1

按照以往惯例，一部书写完，总要写一篇创作经历后记。这是一部书创作的"幕后故事"，类似于影视剧的花絮。当然，也是反思问题与不足，梳理写作的思路，为今后继续深入写作做总结。

这也意味着，后记对整部书虽不重要，但对于作者而言，还是很重要的。应当说，后记是书写感情的"空白区"，是倾倒写作过程的"收纳瓶"，能让作者说些心里话。

这也很好理解，在历史写作过程中，叙述者往往将个人情感"隐匿"起来，而不暴露自己的观点，只陈述事实，是一个写作者须具备的基本素质。当然，并非说所有叙述都不评价，而是在必要评价时，要将个人论述与历史结合。

所以，很多话只能放在"无关紧要"的后记中赘述。

事实上，创作过程中很多稍纵即逝的"灵感"早已忘却，那些最精彩的"灵光乍现"，也没有写在正文中。有时叙述时，敲击键盘的手赶不上快速运转的大脑。所以有些写出的内容，并非最能代表自己内心的"渴望"。换句话说，文本的呈现与灵感迸发很难做到同步。这或许就是"只可意会不可记录"的难处。

当然，这并非说后记"毫无内容"。其实每一部书在写作时，都是情感的抒发，都是个人对世界的重新认知。也总有些创作"心得"留下来，成为一种"经验"。

对我而言，从计划写这部书到完稿，前后历时四年。当然，并非写作过程持续了四年，而是准备阶段花去了一大半时间。

在写作之前的近两年时间里，阅读成为一种常态。梳理庞杂的史料是一项巨大工程。我翻阅了大量市场上有关秦文化方面的书籍，从先辈们编织的智慧结晶中，一次次靠近历史，试图拨开云雾缭绕的历史尘烟，寻找可能对我有用的资料。

我始终认为，历史写作不能似是而非，更不能信口胡说，必须以扎实的史料为依据——尽管做到这一点并非易事，但在创作前，你总得给自己"立"一个"标尺"。

辛德勇先生在其著作《生死秦始皇》中说："在我看来，在史学研究中，与其所依据的史料相比，任何一种观点都是第二位的，至少在未经审核其史料依据之前，我是不会盲目崇信任何一种新颖的见解的。我写文章，尽量多直接引述一些重要的史料，正是想让读者和我一道从最基本的依据出发，相并相从，辩难析疑，以揭示历史的真实样貌。"

我基本赞同辛德勇先生这一观点。深耕史料是一个历史创作者的基本素质。所以在开始写作前，前期的准备工作占据了大量的时间。我以《史记》《战国策》《左传》《国语》《逸周书》《帝王世纪》《尚书》《吕氏春秋》《太平御览》《水经注》《诗经》等为基础史料，开始逐年逐月翻阅，寻找不同史料中记载的秦国历史，对在阅读中存在的疑惑做标记。

与此同时，除了在浩瀚史料中跋涉外，还需了解一些其他学科的知识。历史学并非单一学科，研究历史更应该注重多学科研究。地理学、气候学、古文字学、考古学等学科也是研究历史学的必要内容。比如，你要去感知一个历史人物，或者分析一个历史事件，就要基本弄清他们所在背景，而这背景，则包括了方方面面。

前三年的时间里，床头上、餐桌上到处都是秦文化方面的书籍，甚至厕所里都放着《淮南子》《读史方舆纪要》，以便能顺手翻阅各种史料。

家人对我这种"书虫"也很理解，不会干涉我的"霸道"与"蛮不讲理"。若是外人，定不会理解，多半会以为这就是个神经病。

2

人生除了应付各种庞杂的社会事务外（我并非"不食人间烟火"，也有自己的社交圈子，我平时尽量不混圈子），剩余的时间，只有阅读、解惑两件事。

阅读成为了一种常态，甚至成为了一种病态。我放弃了所有"属于自己的时间"（比如游玩、饭局），在困惑的中年挤时间。

与这个"熙熙攘攘"时代里的人相比，我成了格格不入的"异类"。有时候，我忽然会有一种莫名的伤感：为自己感到悲哀。马克思说，人是一切社会关系的总和，而我却想脱离一切社会关系而活着。我感觉无法融进这个时代，也无法与时代进行交融。我仿佛被世界遗弃的孤魂，寻找着属于自己的坐标。

对世界而言，我成了局外人，我沉浸在自己的世界里，从遥远的传说时代开始，在史料中寻找着秦人的轨迹。

这个过程非常痛苦。读书若不是为了消遣，而纯粹是为增长某种知识、掌握某种技巧、领会某种精神、获得某种能力，刻意读一些陌生领域的书，会感到非常痛苦与煎熬。

好在，我最大的特点就是坚持，并能在思想产生"动摇"时，"拉回"迷途中的自己。

当然，作为一个具有社会属性的人，我不可能与时代完全脱轨。

事实上，我的大量时间依旧被生活的一地鸡毛占据。我除了处理各种影响生活、消耗精力的事情外，手机也是唯一"放不下"东西，常常不离手。刷抖音、看段子也是偶尔的事情。成年人该有的"毛病"，我一样都不缺。即便小女，也说我"最爱"的是手机。那是一种"明知"无益，却"欲罢不能"。有时候我就想：如果钻进深山老林，没有手机与外界"连接"，会是怎样一番情景？

我渴望回到一种宁静中。但每每想到"宁静"一词，就被自己的幼稚惹笑：成年人的世界，哪有心安理得的宁静？以后的岁月里，每次遇到困惑，我都会对自己说："坚持下去，唯有坚持下去，才能对得起你读了那么多的书。"

坚持成为唯一的理由，这是我这些年来摸索出的"经验"，也是用自己深刻经历得到的"经验"。很多人能成事，但败就败在不够坚持。

在创作这件事上，没有人给你指导，也没有人给你鼓励。你就像一个人在黑夜里行走，没有方向感，恐惧中夹杂着孤寂，慌张中带着点不甘。你没有办法向任何人诉说你的遭遇，道出你的孤独，因为这一切都是你自己选的。向别人倾诉，除了招致嘲笑，可能还有不耐烦。你唯一能做的，就是咬紧牙，坚持下去。

想想人生就是这样，不管选择一条怎样的路，一旦踏上这条路，你就得一条道走到黑，哪怕尽头是悬崖。

而正是在这种拧巴的生活中，我一面处置生活的种种鸡零狗碎，一面坚持着阅读、写作。

3

通过不断深入阅读，一些"困扰已久"的问题找到了答案，一些新的困惑也随即而至。在阅读的那段时间里，常常在困惑中夜不能寐，也在困惑找到答案时兴奋不已。

整体来说，即便进行了大量阅读，困惑却越来越多。各种无法解释的问题一个接着一个冒出来，需要你去解决，去寻找答案。

坦白地说，由于历史久远，史料匮乏，了解秦人这段历史并不容易。秦人祖先最早可追溯到颛顼时代，"秦之先，帝颛顼之苗裔"。而颛顼素来被作为神话传说，这就给梳理史料带来更大的困难。针对这一问题，我的办法是寻找新的出路。这时候，我将目光转向考古学方面。为了搞清楚秦人早期历史，除了翻阅史料外，我翻阅大量考古研究成果，带着困惑寻找资料。

幸运的是，新中国成立后，有一批学者前赴后继，在寻找中华文明起源问题上精耕细作，创造了一批态度严谨、内容质量高的学术成果。其中，晁福林、林剑鸣、李学勤、王子今、梁云、田亚岐、雍继春、祝中熙等拓荒先贤，在秦文化研究方面投注了很大精力。他们结合考古学成果，已解决了很多困惑数千年的历史难题。等到我去了解这段历史时，他们已开启了一扇新窗，让我能直接从他们拓荒而得的成果中汲取营养。然后，我在他们的著作中找依据，逐渐梳理清楚了秦人从小到大、从东到西、从西到东的发展、演变过程。

还有两位更早的先贤需要提及，他们是王国维、郭沫若。尤其是王国维，在早期秦文化研究方面开了先河。他最早识别了到处"流浪"的秦公鼎，并断言此鼎是秦早期的文物。在没有任何现代鉴定手段的情况下，凭借着专业知识，王国维就断定了秦公鼎的年限，其学问着实震惊世人。今天我们研究秦文化的很多视角，都是他开创的。

当然，除了从这些先贤著作中汲取营养外，我还读了部分顾颉刚、钱玄同等"古史辨派"的著作，试图从另一种视角，打开解中国文化的新窗口。我在他们的著作和主张中汲取营养，用思辨和怀疑的态度，审视传世文献和出土文献。不过，对他们完全否定中国上古文化的态度持警惕心理。"东周之前无信史"已被考古学推翻——殷墟遗址证明了商朝的存在。尽管考古学还不能完全证明夏朝，但很多发现，已初步证明夏朝踪迹。相信不远的将来，夏王朝的历史会越来越清晰。

两年多时间里，我脑袋里装的都是秦人。甚至在梦里，都能梦见秦人筚路蓝缕地奋斗。我感觉活在了历史中，分不清身处过去还是现在。

而这种种艰难跋涉也有成果。越来越多的知识渗进血脉中，很多困惑也逐渐被打通，仿佛练习某种武功时有所精进一样，令人喜悦。

这时候，进入写作就成为一种迫切的愿望。

我迫不及待地想要创作。一些"历史人物"已在脑海中呼之欲出：秦始皇、秦武公、秦穆公、尉缭子、商鞅、百里奚、王翦、胡亥、蜚廉、非子、伯益……这些人总是出现在梦中，他们不再是看过的影视剧里的原型，也不是读过的书中的脑海想象，他们变成了一张张完全陌生的面孔，呈现在我的思维世界里，模模糊糊，需要我用笔将他们的轮廓清晰勾勒出来。

也是这时候，写作计划也列出：三部，100万字。从秦人起源，写到秦国灭亡。第一部以女脩时代为起点，写到春秋末期；第二部以春秋末期秦国衰落为起点，写到秦昭襄王末年：第三部集中写秦始皇。

4

方向定后，写作仿佛机器一般，立即转起来。一切从表面上看很顺利，一切也充满了艰难。

而在落笔之前，面临着写作的第一个难题：该用什么体裁去创造这部书？孙浩晖先生的《大秦帝国》是皇皇巨著，由此改编的影视剧影响了数代人，我也读了两遍这部书稿。但这部书毕竟是小说，很多细节是作家为了让人物更加"丰满"而虚构的，我想写的内容，是一种接近于真实历史的读物，因此不能沿着小说的路子去创作。

那么，该用何种方式去创造？这个难题，困扰了我很多天。同时，如何安排人物出场，也考验着我。

用散文写大历史也非最佳体裁，诗歌更无法实现这一目标。现有的体裁中，似乎没有一种更适合自己的体裁。

最终，我将落脚点放在了《史记》上，这种夹叙夹议的写法，对现代的作者来说，也是一种很好的借鉴：在陈述事实的基础上，对历史中的人物进行点评、辨析。不过我的写作，不是依据《史记》的方式去创作，只能说《史记》给了我启发。

我决定用非虚构（新历史写实主义）的方式，写这部书稿。非虚构是一种新体裁，介于虚构和真实之间，偏向于真实。目前市场上很多社科类书籍多采用这种方式写。

与此同时，我也确定了写作过程中参考的主要书目：《史记》《战国策》《史记集解》《史记正义》《史记索隐》《水经注》《括地志》《资治通鉴》史料。

王国维、郭沫若、吕思勉、李学勤、林剑鸣、梁云等老师的著作也成为重要参考资料。还有一些人类起源的考古学书籍，都是重要依据。因为秦人先祖曾生活在传说的五帝后期及夏商周时期，必然受这一时期文化的影响。

确定了体裁和参考史料，就想迫不及待地进入写作。

然而，当鼓起勇气，坐在电脑前，打开一个新的 Word 文档，试图在上面描绘出心中的"秦人、秦族、秦国"这些宏大主题时，忽然发现，脑海中一片空白，一些新困惑依旧无法解决。

我内心暗暗惊奇：尽管写作前进行了大量阅读，记了很多读书笔记，但真正进入写作后，仿佛进入了毫无辨识度的荒漠中，没有方向，也没有地标参考。

找不到出路的崩溃感，一时间让自己很委屈。

这时候，内心中两个自我开始对话，一个站在理想的角度理性说服，一个站在现实角度分析。换句话说，一个理想中的我和一个现实中的我展开了激烈讨论。

理想的我说，这是一次"拓荒"行动。尽管前人已在荒漠中占据了一个又一个制高点，但你的制高点必须由你自己去"占领"。

现实中的我打起了"退堂鼓"：你为什么要这么做？做一个俗人，混迹于俗世洪流中，融入普通人的生活，学着打麻将、混迹酒局，不好吗？为什么要给找一个既难受，又无法预测是否成功的希望？平平淡淡不好吗？

困惑与纠结一旦产生，心灵就无法安静。而心灵不得安宁，就写不出任何东西。我被自己折磨着，内心痛苦、纠结，而这导致的结果就是，连续失眠。

5

为了解决烦躁的问题，我驱车上了大堡子山，一个人沿着大堡子山行走。

寂静的山野里，偶尔传出几声鸟鸣。风也停了，世界只有我。我坐在大堡子山上，一个人望着远方，一支又一支抽烟，直至抽了两包烟，地上全是烟蒂。这时候，内心才慢慢安静了下来。我想：既然为此准备了这么多年，不能就此放弃，即便写出来的东西是一堆垃圾，也要给自己两年的阅读生涯一个交代。

怀着这样的心理，我强迫自己坐在了电脑前，开始写秦人的发展历程。我给自己打气：这是一项伟大工程，你若相信崇高，崇高就在你身边。对于我而言，这也是重新攀上高峰的尝试。

为此，我怀着战栗之心开始了写作。

这时候，从哪里开始？这又是个难题。不过，在深入阅读中，我已找到了答案，那就是以大堡子山遗址为起始，开始布局。原因也很简单，我出生在这里，滔滔的西汉水养育了我，也养育了数千年前的秦人。我的写作，就应该以此为基点，徐徐展开秦人的诞生、繁衍、壮大、称王、统一。而找到了切入点，就能顺利开始了。

发现地下文明的方式有很多种，盗墓或许是最具破坏性的一种。

这是我写下的第一句话，拉开了我写秦人历史的序幕。之后，按照史料，沿着时间的主线，开始往下写作。

进入正文写作时，我又产生了一个想法：在每章前，从《诗经》里选一首与本章内容有关，或者能涵盖本章内容的诗，作为引子。因此，当你翻开书时，就能看到在每章开始前，都有一首《诗经》里的名篇。当然，因为《秦风》只有十首，而本书的内容计划二十六章。因此，后续我从"风雅颂"中，又另外寻找了十六首诗，作为"引子"。

而随着写作徐徐启动，很多准备的资料马上派上用场。比如，史料中对女脩的记载非常有限："秦之先，帝颛顼之苗裔。孙曰女脩。女脩织，玄鸟陨卵，女脩吞之，生子大业。"仅凭这几十个字，很难准确概括秦人的起源，这就需要引入其他方面的研究。一些涉及国家起源的书籍就起到了作用，其中恩格斯的《家庭、私有制和国家的起源》成为常用工具书，还有李学勤先生的部分书籍，放在手边，以供随时翻阅。

需要说明的是，写作一开始，我就决定将秦人的发展置于历史大环境中，让历史的发展渗透在秦人成长过程中，而不是就《秦本纪》论秦人历史。

梁云先生在其著作《西垂有声》序言中说："夏、商、周、秦是早期中国的主线，开端在夏，终结在秦，前后约 1800 年。它们不仅仅是四个前后更迭的朝代，还是四个长期交错、并行发展的族群。"我非常赞同梁云先生这个观点。秦人从诞生开始，就与夏、商、周交织在一起，若剥离三代看秦人发展、崛起并不全面。三代的很多文化，深深影响了秦人的发展，也形成了秦文化的多样性。

比如，人殉制度在商朝墓葬多发现，在周人墓葬中几乎不见，在更迟的秦人墓葬中多见。司马迁在《秦本纪》中认为，秦人的殉人制度始于秦武公，但后世考古学发现，礼县大堡子山、西山坪等遗址遗族墓中，就有殉人，时间要比秦武公早得多。秦国高层延续殉人制度，这源自商文化对他们的影响。另外，出土于赵坪—圆顶山的青铜礼器，又与周朝的礼器有相似性，说明秦人在与周人相处时，吸收了周朝的文明。再者，在陇东南秦人遗址墓葬中，还发现了夷狄部落的产物，说明夷狄部落对秦文化也产生了一定影响。

列举这些事例，无外乎要表明：若忽视三代文化对秦人的影响，很多秦人早期墓葬规格、礼制风俗等内容就不能自圆其说。所以，在研究秦文化时，我们要有这样一种意识：秦人在发展过程中，总在吸纳有用的文化，融合先进文化精髓，进而形成了秦人独特的文化。

当时抱着这样一种心态：能不能写出具有大历史观的作品还无法定论，但至少你得用这种大历史观去要求自己。而正是带着这种大历史观，我开始了自己拓荒行动。

一切都很不顺利，一切也顺利。

当然，随着写作不断深入，一些新的困惑又开始困扰自己。然后，再次查找史料，佐证自己的观点。整个写作的过程，充满了崇高感。

最终让我写完此书的，是内心的坚持。因为除了坚持，似乎没有任何人给你力量。其间，几度产生放弃的想法。最后，我终于明白，哪怕你行走在黑夜中，周围全是黑暗，你的光也只能由你自己发出，并照亮你前行的路。

写到这里，我总感觉有些"矫情"，一个大男人，何至于如此矫揉造作。不过，内心深处还是愿意对自己说：感谢努力的你。

6

这本书从第一个字敲下，到最后成书，整个过程仿佛怀孕生子一样，倾注了我大量心血。所以，不管它好还是不好，都是自己难以割舍的，我都拿它当自己的孩子看待。世间的孩子千差万别，有的长得标致吸睛，有的不过芸芸大众。只是，世间所有的父母都爱自己的孩子。

当为全书画上最后一个句号后，我心里忽然感觉空荡荡的，仿佛失去了什么一样。

"至此，秦国灭亡。"我用这六个字收尾。其实，我原本设计了更为精彩的结尾。但在最后那一瞬间，我忽然发现，这六个字有着无比的分量，没有比直白更沉重的语言。细想想，最初构造这本书时，新冠正在肆虐人间。当它完成时，秋阳还在炙烤着大地，仿佛项羽点着的阿房宫大火一样。

写完初稿后，我没有立即修改。我要让自己与这本书"脱轨"，从秦人的历史中走出来，从写作状态中剥离出来，冷静情绪，作为"局外人"看待这部书稿。当然，也思索这两年多创作过程中的艰辛、困惑，为修改书稿酝酿一个好的情绪。

我给自己放了两周的假，不再看书，不再关注秦人，走街串巷，钻山旅游，融入真实市井中，在阡陌中和时代同流，在街巷里倾听时代的脉搏。

这段时间，是我最惬意的生活。我也深切理解了芸芸大众其实就是普通，普通就是真实，真实就是好好生活。而在写作的这两三年中，我基本脱离了现实，活在了久远的过去，与秦人一起同呼吸、共命运。

在书写中，为秦人一次次艰难遭遇扼腕痛惜，也为他们不服命运摆布而振奋。那时候，我感觉我就是秦人，数千年来，我们血脉相连，生死相依。现在，我得跳出自己编织的牢笼，享受人间的美好。

这两周时间里，我去了一趟老家，在老家住了几天。坐在家乡的燕子河边，倾听着汩汩流水，心灵从喧闹中宁静，彻底安静下来。对一个人而言，故乡是心灵永远的港湾，这里可以让你回到童年，回到记忆之初，感受的都是人间最美好的风情。

之后，我开始修改工作。第二稿的修改，占据了数月时间。一些原来坚持的观点被推翻，一些叙述彻底删除。修改是最锻炼人耐力和心智的做法，如果一个写作者能坚持修改三遍稿子，那他的稿子质量不会差到哪里去。

需要说明的是，与以往我写的历史题材书籍不同，在我创作"三部曲"时，加入了辨析。所谓的辨析，就是对传世文献、出土文献和考古学结果进行比对，考证史料与考古成果之间的真伪。这种辨析在第一部《新生》中最能体现出来，因为秦人从女脩时代开始，史料有很大缺环，即便有三家注解，依然难以解决很多困惑。这就需要加入考古学成果。所以，读者朋友在阅读第一部写作时，定会感受到我是将辨析贯穿于整部书稿。到第二部时，内容牵扯的年限相对较晚，秦人已步入"文明的高级阶段"，这一时期，秦人与周围的诸侯交往多了起来，了解秦人的发展、壮大，就有了其他国家史料的参考与印证，比如《左传》。不过，这不是说没有辨析，而是各种史料间的相互印证更多，辨析也就隐藏在文字后面。第三部也是如此。

总之，为写作这部书，我几乎倾尽心力，但依然有很多不如意的地方，欢迎读者朋友提出宝贵的意见，提升我自己。

最后，是感谢。需要感谢的人很多，在写作本书过程中，有很多老师、朋友都施以援手、给予帮助。甘肃省考古研究所的侯红伟老师、西北大学梁云老师可视作本书的"顾问"，他们都曾参与甘肃秦文化考古，学识渊博，经验丰富，在写作过程中遇到问题时，我不厌其烦地向他们求教，解决我遇到的困惑。还有学者刘三解老师，我们认识多年，亦师亦友，我总是叨扰他，让他"很烦"。还有本域内的作家赵文博、陈睿达两位老师，我们是忘年交，他们见证了我的成长，一直鼓励着我前进。赵文博老师是甘肃秦文化研究会名誉会长，多年致力于秦文化的宣传推广。数年前，他就动员我写秦人的历史，叮嘱我要记住秦人历史，弘扬秦文化。现在终于写成，也算是给他的礼物。

特别要感谢的是苏志强、侯爱国、任志远三位先生，他们是我的伯乐。他们包容了我的任性，接纳了我的缺点。在我获取素材、实地调查等方面，给予了我很大帮助，为我开了很多绿灯。从产生要写这本书的想法，到最终成形，他们仿佛"守护神"一样，为我排除了很多干扰，让我能从杂芜的生活中"抽身"，专门进行写作。应当说，没有他们的帮助，这本书很难顺利写出，并付梓印刷。

当然，最需要感谢的是家人，他们才是我坚强的后盾。我是甩手掌柜，家里一切都由妻子操持，自己很少过问。用句很俗的话说，每个成功的男人背后，都有一个默默付出的女人。在我的写作路上，如果没有妻子一如既往地支持，我就很难有任何写作成绩，她是个好女人，我的所有成绩也都是她的成绩。

附录一

参考书目

恩格斯：《家庭、私有制和国家的起源》，人民出版社，2018 年版。

司马迁：《史记》，裴骃《集解》；司马贞《索隐》；张守节《史记正义》，中华书局，2014 年版。

班固：《汉书》，中华书局，2007 年版。

陈寿：《三国志》，中华书局，2016 年版。

孔颖达：《春秋左传正义》，岳麓书社，2009 年版。

许嘉璐：《大戴礼记斠补》，中华书局，2010 年版。

王充：《论衡校注》，上海古籍出版社，2010 年版。

公羊高：《春秋公羊传》，岳麓书社，2021 年版。

谷梁赤：《春秋谷梁传》，岳麓书社，2021 年版。

兰甲云：《周易》，岳麓书社，2022 年版。

顾颉刚：《古史辨》，海南出版社，2005 年版。

王世舜、王翠叶译：《尚书》，中华书局，2012 年版。

刘向：《战国策笺证》，上海古籍出版社，2006 年版。

孟子：《孟子》，中华书局，2017 年版。

杨伯峻：《春秋左传注》（套装全 6 册），中华书局，2016 年版。

令狐德棻：《周书》，中华书局，2022 年版。

左丘明著，陈桐生译：《中华经典名著全本全译全注丛书：国语》，中华书局，2013 年版。

孙星衍等辑，周天游点校：《汉官六种》，中华书局，1990 年版。

马端临：《文献通考》，中华书局，2011 年版。

李昉：《太平御览》（全四册），中华书局，1960 年版。

韩非：《韩非子》，中华书局，2010 年版。

吕不韦：《吕氏春秋》，中华书局，2007 年版。

脱脱：《辽史》，中华书局，2016 年版。

脱脱：《宋史》，中华书局，2011 年版。

许仲琳：《封神演义》，中华书局，2009 年版。

马楠：《清华简〈系年〉辑证》，中西书局，2015 年版。

范晔：《后汉书》，中华书局，2007 年版。

许慎：《说文解字》，中华书局，2004 年版。

许慎：《说文解字·叙》，湖北美术出版社，2013 年。

冯梦龙：《东周列国志》，中华书局，2009 年版。

高士奇：《左传纪事本末》，中华书局，2021 年版。

董珊：《秦汉铭刻丛考》（秦文明新探丛书），上海古籍出版社，2020 年版。

司马光：《资治通鉴》，中华书局，2011 年版。

徐勇：《尉缭子·吴子》，中州古籍出版社，2010 年版。

陈鼓应：《庄子今注今译》（全三册），中华书局，2009 年版。

商鞅：《商君书》，中华书局，2011 年版。

陈曦：《孙子兵法》，中华书局，2011 年版。

荀子著，方勇译：《中华经典名著全本全译全注丛书：荀子》，中华书局，
  2015 年版。

顾祖禹：《中国古代地理总志丛刊：读史方舆纪要》，中华书局，2005 年版。

《考工记》，人民出版社，2020 年版。

尉缭子：《尉缭子校注》，中华书局，2023 年版。

杨天才、张善文：《周易》，中华书局，2022 年版。

陈曦：《六韬》，作者不详，中华书局，2016 年版。

马铁浩：《史通引书考》，学苑出版社，2011 年版。

徐时栋：《四明丛书》之《徐偃王志》，民国二十一年至民国二十九年四明
  张氏约园刊本。

欧阳询等：《艺文类聚》16 册，中华书局，1959 年版。

杜佑：《通典》，中华书局，1988 年版。

郑樵：《通志》，浙江古籍出版社，2007 年版。

房玄龄：《晋书》，中华书局，2011 年版。

常璩：《华阳国志》，齐鲁书社，2010 年版。

刘向：《说苑译注》，北京大学出版社，2009 年版。

张荣芳、黄淼章：《南越国史》，广东人民出版社 1995 年版。

许广平：《鲁迅回忆录》，长江文艺出版社，2010 年版。

柳诒征：《中国文化史》，北京师范大学出版社，2016 年版。

鲁迅：《鲁迅全集》，人民文学出版社，2005 年版。

吴兢：《贞观政要》，崇文书局，2015 年版。

林剑鸣：《秦史稿》，中国人民大学出版社，2009 年版。

梁云：《西陲有声：史记·秦本纪的考古解读》，生活·读书·新知三联，
2020 年版。

梁云：《秦早期文化探索》，上海古籍出版社，2021 年版。

李秀亮：《先秦乡里制度与早期文明》，商务印书馆，2022 年版。

王苍、张力：《礼县秦早期文化考述》，西南交通大学出版社，2021 年版。

徐卫民、雍际春：《早期秦文化研究》，三秦出版社，2006 年版。

祝中熹：《早期秦史——遥望星宿》（甘肃考古文化丛书），敦煌文艺出版
社，2004 年版。

程水金：《中国早期文化意识的嬗变——先秦散文发展线索探寻》，武汉大
学出版社，2014 年版。

《秦史与秦文化研究丛书》（十二册），西北大学出版社，2021 年版。

李学勤：《东周与秦代文明》，上海人民出版社，2016 年版。

李学勤：《三代文明研究》，商务印书馆，2011 年版。

王震中：《中国古代文明与国家形成研究》，中国社会科学出版社，2007
年版。

李学勤：《中华古代文明的起源李学勤说先秦》，生活·读书·新知三联书
店，2019 年版。

李学勤：《中国古代文明十讲》，复旦大学出版社，2010 年版。

李学勤：《史记·五帝本纪》讲稿，生活·读书·新知三联书店，2012 年版。

李学勤：《走出疑古时代》，长春出版社，2007 年版。

卜宪群：《中国通史 1：从中华先祖到春秋战国》，华夏出版社，2016 年版。

李开元：《秦谜：重新发现秦始皇》，中信出版社，2017 年版。

辛德勇：《生死秦始皇》，中华书局，2019 年版。

顾颉刚：《秦始皇传》，中国三峡出版社，2010 年版。

黄中业：《秦始皇传》，新星出版社，2021 年版。

吕思勉：《秦汉史》，上海古籍出版社，2005 年版。

钱穆：《秦汉史》（精装），生活·读书·新知三联书店，2018 年版。

林剑鸣：《秦汉史》，上海人民出版社，2003 年版。

中国国家博物馆：《文物秦汉史》，中华书局，2009 年版。

国家文物局：《秦韵：大堡子山出土文物精粹》，文物出版社，2015 年版。

刘毓庆：《诗经》（上下册），中华书局，2011 年版。

方韬：《山海经》，中华书局，2009 年版。

郦道元：《水经注校证》，中华书局，2013 年版。

李泰：《括地志辑校》，中华书局，2015 年版。

皇甫谧等：《帝王世纪、世本、逸周书、古本竹书纪年》，齐鲁书社，2010
年版。

李硕：《翦商》，广西师范大学出版社，2022 年版。

柯胜雨：《殷商六百年》，天地出版社，2023 年版。

许宏：《溯源中国》，河南文艺出版社，2022 年版。

许宏：《大都无城：中国古都的动态解读》，生活·读书·新知三联书店，
2016 年版。

许宏：《何以中国》，生活·读书·新知三联书店，2014 年版。

许宏：《先秦城邑考古》，金城出版社、西苑出版社，2017 年版。

侯卫东、贺俊、杜金鹏等：《寻夏记》，大象出版社，2023 年版。

张立东、侯卫东、刘中伟等：《夏文化十二讲》，大象出版社，2023 年版。

祁志祥：《先秦思想史：从神本到人本》，复旦大学出版社，2022 年版。

李峰：《西周的灭亡：中国早期国家地理和政治危机》（增订本），上海古籍
出版社，2022 年版。

刘三解：《秦砖：大秦帝国兴旺启示录》，北京联合出版公司，2021 年版。

刘三解：《青铜资本》，北京科学技术出版社，2023 年版。

刘勃：《失败者的春秋》，百花文艺出版社出版，2019 年版。

祝中熹：《早期秦史》，敦煌文艺出版社，2004 年版。

谌旭彬：《秦制两千年》，浙江人民出版社，2021 年版。

鹤间和幸：《始皇帝：秦始皇和他的时代》，中信出版社，2019 年版。

后晓荣：《秦代政区地理》，社会科学文献出版社，2009 年版。

陈长松：《岳麓书院藏秦简（四）》，上海辞书出版社，2015 年版。

吴子、司马穰苴著，陈曦译：《中华经典名著全本全译全注丛书：吴子司马法》，中华书局，2022 年版。

刘勃：《错位的复仇：伍子胥传奇》，新星出版社，2023 年版。

林宝：《元和姓纂》，中华书局，1994 年版。

屈原：《离骚》，清华大学出版社，2019 年版。

周振鹤：《中国历史政治地理讲义》，上海人民出版社，2022 年版。

王巍：《听首席专家讲述中华文明探源工程》，东方出版社，2023 年版。

朱维铮：《中国经学史基本丛书》，上海书店出版社，2012 年版。

中国社会科学院考古研究所：《殷周金文集成》，中华书局，2007 年版。

韩茂莉：《大地中国》，文汇出版社，2023 年版。

阎步克：《波峰与波谷》，北京大学出版社，2009 年版。

阎步克：《士大夫政治演生史稿》，北京大学出版社，2015 年版。

阎步克：《中国古代官阶制度引论》，北京大学出版社，2010 年版。

刘勃：《匏瓜：读〈史记·孔子世家〉》，百花文艺出版社，2021 年版。

刘勃：《失败者的春秋》，百花文艺出版社，2019 年版。

刘勃：《司马迁的记忆之野》，百花文艺出版社，2020 年版。

斯塔夫里阿诺斯：《全球通史》，北京大学出版社，2020 年版。

许宏：《城的中国史》，河南文艺出版，2024 年版。

侯陈、贺俊、杜金鹏：《寻夏记》，2023 年版。

附录二

秦国大事年表

（史前至西周段）

传说时期：时间不可考。大事有：女脩生大业，大业生大费（伯益），伯益跟随大禹治水，具体事件多发生在夏代早期。中间很多缺环，秦族世系不可考。到费昌时，年限已到夏代末期，秦族去夏归商。其后，秦人在商代有"发迹"现象，孟戏、中衍均在商朝为官，后世多显贵，时间大致在商朝早期。孟戏、中衍之后秦人世系存在缺环问题。一直到中潏时代，进入商晚期。中潏后代蜚廉、恶来被周秦武王杀死，时间大致在商末周初。女防、旁皋、太几活跃于在周早期，其事迹不详。

公元前 920 年前后：太几大骆、非子迁居（西）犬丘。

公元前 890 年前后：非子在西犬丘牧马，声名大噪，得到周孝王的注意。后非子因为周孝王牧马有功，被分封在秦邑，号曰秦嬴。

公元前 857 年：（秦侯元年）居秦邑。

公元前 847 年：（秦侯十年）。秦公伯立。

公元前 844 年：（秦公伯三年）去世，秦仲为大夫。

公元前 841 年：（秦仲四年）共和行政，有确切纪年。

公元前 822 年：（秦仲二十三年）西戎杀秦仲。

公元前 821 年：（秦庄公元年）周宣王乃召庄公昆弟五人，与兵七千人，使伐西戎，破之。复予秦仲后，及其先大骆地犬丘并有之，为西垂大夫。

公元前 778 年：（秦庄公四十四年）秦庄公去世，世父让位于弟弟秦襄公。

公元前 777 年：（秦襄公元年）以女弟缪嬴为丰王妻。

公元前 776 年：（秦襄公二年）戎围犬丘，世父击之，为戎人所虏。

公元前 774 年：（秦襄公四年）岁余，复归世父。

（春秋段）

公元前 770 年（一说是 771 年）：（秦襄公七年）襄公以兵送周平王。平王封襄公为诸侯，赐之岐以西之地。初立西畤，祠白帝。

公元前 766 年：（秦襄公十二年）伐戎至歧，死。

公元前 765 年：（秦文公元年）居西垂宫。

公元前 763 年：（秦文公三年）文公以兵七百人东猎。

公元前 762 年：（秦文公四年）至汧渭之会。即营邑之。

公元前 756 年：（秦文公十年）初为鄜畤，用三牢。

公元前 753 年：（秦文公十三年）初设史官记事。

公元前 750 年：（秦文公十六年）文公以兵伐戎，戎败走。于是文公遂收周馀民有之，地至岐，岐以东献之周。

公元前 747 年：（秦文公十九年）得陈宝。

公元前 746 年：（秦文公二十年）法初有三族之罪。

公元前 739 年：（秦文公二十七年）伐南山大梓，丰大特。

公元前 718 年：（秦文公四十八年）文公太子卒，赐谥为竫公。

公元前 716 年：（秦文公五十年）文公卒，葬西山。

公元前 714 年：（秦宁公二年）宁公徙居平阳。遣兵伐荡社。

公元前 713 年：（秦宁公三年）与亳战，亳王奔戎，遂灭荡社。

公元前 712 年：（秦宁公四年）鲁公子翚弑其君隐公。

公元前 704 年：（秦宁公十二年）伐荡氏，取之。宁公卒。

公元前 703 年：（出子元年）大庶长弗忌、威垒、三父废太子而立出子为君。

公元前 698 年：（出子六年）三父等复共令人贼杀出子。三父等乃复立故太子武公。

公元前 697 年：（秦武公元年）伐彭，至华山。居平阳封宫。

公元前 695 年：（秦武公三年）诛三父等而夷三族。

公元前 688 年：（秦武公十年）伐邽、冀戎，初县之。

公元前 687 年：（秦武公十一年）初县杜、郑。

公元前 685 年：（秦武公十三年）齐人管至父、连称等杀其君襄公而立公孙无知。晋灭霍、魏、耿。

公元前 679 年：（秦武公十九年）晋曲沃始为晋侯。

公元前 678 年：（秦武公二十年）武公卒，葬雍平阳。初以人从死，从死者六十六人。

公元前 677 年：（秦德公元年）初居雍城大郑宫。以牺三百牢祠鄜畤。

公元前 676 年：（秦德公二年）初伏，以狗御蛊。

公元前 675 年：（秦宣公元年）卫、燕伐周。

公元前 673 年：（秦宣公三年）郑伯、虢叔，杀子穨而入惠王。

公元前 672 年：（秦宣公四年）作密畤。与晋战河阳，胜之。

公元前 664 年：（秦宣公十二年）宣公卒，成公立。

公元前 663 年：（秦成公元年）梁伯、芮伯来朝。

公元前 660 年：（秦成公四年）成公立四年卒。子七人，莫立，立其弟缪公。

公元前 659 年：（秦穆公元年）自将伐茅津，胜之。

公元前 656 年：（秦穆公四年）迎妇于晋，晋太子申生姊也。

公元前 655 年：（秦穆公五年）晋献公灭虞、虢。得百里奚、蹇叔。伐晋，战于河曲。

公元前 651 年：（秦穆公九年）齐桓公会诸侯于葵丘。晋许秦河西八城。夷吾使郤芮赂，求入。

公元前 650 年：（秦穆公十年）丕郑子豹亡来。

公元前 649 年：（秦穆公十一年）救王伐戎，戎去。

公元前 648 年：（秦穆公十二年）丕豹欲无与，公不听，输晋粟，起雍至绛。

公元前 646 年：（秦穆公十四年）秦饥，请粟于晋。晋拒绝。

公元前 645 年：（秦穆公十五年）与晋惠公夷吾合战于韩地。虏晋君以归，令于国，齐宿，吾将以晋君祠上帝。以盗食善马士得破晋。

公元前 644 年：（秦穆公十六年）为河东置官司。

公元前 642 年：（秦穆公十八年）齐桓公卒。

公元前 641 年：（秦穆公十九年）梁好城，不居，民罢，相惊，故亡。

公元前 640 年：（秦穆公二十年）秦灭梁、芮。

公元前 638 年：（秦穆公二十二年）晋太子圉乃亡归晋。

公元前 637 年：（秦穆公二十三年）迎重耳于楚，厚礼之，妻之女。重耳愿归。

公元前 636 年：（秦穆公二十四年）以兵送重耳。

公元前 635 年：（秦穆公二十五年）欲内王，军河上。

公元前 632 年：（秦穆公二十八年）会晋伐楚、朝周。

公元前 630 年：（秦穆公三十年）围郑，有奇言即去。

公元前 628 年：（秦穆公三十二年）将袭郑，蹇叔曰不可。

公元前 627 年：（秦穆公三十三年）袭郑，晋败我崤。

公元前 626 年：（秦穆公三十四年）败崤将亡归，公复其官。

公元前 625 年：（秦穆公三十五年）伐晋报崤，败我于汪。

公元前 624 年：（秦穆公三十六年）以孟明等伐晋，晋不敢出。

公元前 623 年：（秦穆公三十七年）晋伐我，围邧、新城。秦用由余谋伐戎王，益国十二，开地千里，遂霸西戎。天子使召公过贺缪公以金鼓。

公元前 621 年：（秦穆公三十九年）缪公卒，葬雍。从死者百七十七人。

公元前 620 年：（秦康公元年）晋立襄公子而反击秦师，秦师败，随会来奔。

公元前 619 年：（秦康公二年）秦伐晋，取武城。

公元前 617 年：（秦康公四年）晋伐我，取少梁。我伐晋取北征。

公元前 615 年：（秦康公六年）伐晋，取羁马。怒，与我大战河曲。

公元前 614 年：（秦康公七年）晋诈得随会。

公元前 609 年：（秦康公十二年）秦康公卒，子共公立。

公元前 608 年：（秦共公元年）晋欲求成于秦，赵穿曰："我侵崇，秦急崇，必救之。吾以求成焉。"冬，赵穿侵崇，秦弗与成。

公元前 607 年：（秦共公二年）秦师伐晋，以报崇也，遂围焦。楚庄王问鼎。

公元前 601 年：（秦桓公三年）晋与鲁伐秦，获秦谍，杀之绛市，六日而苏。

公元前 594 年：（秦桓公十年）楚庄王服郑，北败晋兵于河上。当是之时，楚霸，为会盟合诸侯。同年，鲁国初税亩。

公元前 582 年：（秦桓公二十二年）伐晋。

公元前 580 年：（秦桓公二十四年）与晋侯夹河盟，归，倍盟。

公元前 578 年：（秦桓公二十六年）晋率诸侯伐秦，秦军败走，追至泾而还。

公元前 577 年：（秦桓公二十七年）桓公立二十七年卒，子景公立。

公元前 573 年：（秦景公四年）晋栾书弑其君厉公。

公元前 564 年：（秦景公十三年）伐晋，楚为我援。

公元前 563 年：（秦景公十四年）晋伐秦。

公元前 562 年：（秦景公十五年）我使庶长鲍伐晋救郑，败之栎。

公元前 559 年：（秦景公十八年）晋悼公强，数会诸侯，率以伐秦，败秦军。秦军走，晋兵追之，遂渡泾，至棫林而还。

公元前 550 年：（秦景公二十七年）景公如晋，与平公盟，已而背之。

公元前 541 年：（秦景公三十六年）公弟后子奔晋，车千乘。

公元前 538 年：（秦景公三十九年）楚灵王强，会诸侯于申，为盟主，杀齐庆封。

公元前 537 年：（秦景公四十年）公卒。后子自晋归。子哀公立。

公元前 529 年：（秦哀公八年）楚公子弃疾弑灵王而自立，是为平王。

公元前 526 年：（秦哀公十一年）楚平王来求秦女为太子建妻。至国，女好而自娶之。

公元前 506 年：（秦哀公三十一年）楚大夫申包胥来告急，七日不食，日夜哭泣。

公元前 505 年：（秦哀公三十二年）发五百乘救楚，败吴师。

公元前 501 年：（秦哀公三十六年）哀公立三十六年卒。太子夷公，夷公蚤死，不得立，立夷公子，是为惠公。

公元前 500 年：（秦惠公元年）彗星见。

公元前 499 年：（秦惠公二年）生躁公、怀公、简公。

公元前 496 年：（秦惠公五年）五年，晋卿中行、范氏反晋，晋使智氏、赵简子攻之，范、中行氏亡奔齐。

公元前 491 年：（秦惠公十年）惠公立十年卒，子悼公立。

公元前 489 年：（秦悼公二年）悼公二年，齐臣田乞弑其君孺子，立其兄阳生，是为悼公。

公元前 485 年：（秦悼公六年）吴败齐师。齐人弑悼公，立其子简公。

公元前 482 年：（秦悼公九年）晋定公与吴王夫差盟，争长于黄池，卒先吴。

公元前 479 年：（秦悼公十二年）齐田常弑简公，立其弟平公，常相之。孔子以悼公十二年卒。

公元前 477 年：（秦悼公十四年）秦悼公卒，子厉共公立。

（战国段）

公元前 475 年：（秦厉共公二年）蜀人来赂。

公元前 472 年：（秦厉共公五年）楚人来赂。

公元前 471 年：（秦厉共公六年）义渠来赂。绵诸乞援。

公元前 470 年：（秦厉共公七年）彗星见。

公元前 467 年：（秦厉共公十年）庶长将兵拔魏城。彗星见。

公元前 463 年：（秦厉共公十四年）晋人、楚人来赂。

公元前 461 年：（秦厉共公十六年）堑河旁。以兵二万伐大荔，取其王城。

公元前 457 年：（秦厉共公二十年）公将师与绵诸战。

公元前 456 年：（秦厉共公二十一年）初县频阳。

公元前 452 年：（秦厉共公二十五年）晋大夫智开率其邑人来奔。

公元前 451 年：（秦厉共公二十六年）左庶长攻南郑。

公元前 444 年：（秦厉共公三十三年）伐义渠，虏其王。

公元前 443 年：（秦厉共公三十四年）日食。厉共公卒，子躁公立。

公元前 441 年：（秦躁公二年）南郑反。

公元前 435 年：（秦躁公六年）六月，雨雪。日、月蚀。

公元前 430 年：（秦躁公十三年）义渠戎攻秦，至渭南。

公元前 429 年：（秦躁公十四年）躁公卒，立其弟怀公。

公元前 425 年：（秦怀公四年）庶长晁与大臣围怀公，怀公自杀。怀公太子曰昭子，蚤死，大臣乃立太子昭子之子，是为灵公。灵公，怀公孙也。

公元前 424 年：（秦灵公元年）生献公。

公元前 422 年：（秦灵公三年）作上下畤。

公元前 420 年：（秦灵公六年）晋城少梁，秦击之。

公元前 418 年：（秦灵公七年）与魏战于少梁。

公元前 417 年：（秦灵公八年）城堑河濒。初以君主妻河。

公元前 415 年：（秦灵公十年）补庞，城籍姑。灵公卒，立其季父悼子，是为简公。（秦本纪记载秦灵公卒于十三年。）

公元前 413 年：（秦简公二年）与晋战，败郑下。

公元前 412 年：（秦简公三年）魏围秦繁庞。

公元前 410 年：（秦简公五年）日蚀。

公元前 409 年：（秦简公六年）：令吏初带剑。堑洛。城重泉。

公元前 408 年：（秦简公七年）初租禾。魏伐秦至郑而还。

公元前 401 年：（秦简公十四年）伐魏，至阳狐。

公元前 399 年：（秦简公十六年）卒，子惠公立。

公元前 397 年：（秦惠公三年）日蚀。

公元前 395 年：（秦惠公五年）伐绵。

公元前 393 年：（秦惠公七年）魏败秦于汪。

公元前 391 年：（秦惠公九年）伐韩宜阳，取六邑。

公元前 390 年：（秦惠公十年）与晋战武城。县陕。

公元前 389 年：（秦惠公十一年）攻魏之阴晋。

公元前 389 年：（秦惠公十二年）子出子生。（《六国年表》里记载为秦简公十一年太子生。）

公元前 387 年：（秦惠公十三年）伐蜀，取南郑。惠公卒，出子立。

公元前 385 年：（秦出子二年）庶长改迎灵公之子献公于河西而立之。秦以往者数易君，君臣乖乱，故晋复强，夺秦河西地。

公元前 384 年：（秦献公元年）止从死。

公元前 383 年：（秦献公二年）徙都栎阳。

公元前 382 年：（秦献公三年）日蚀，昼晦。

公元前 381 年：（秦献公四年）正月庚寅，孝公生。

公元前 379 年：（秦献公六年）初县蒲、蓝田、善明氏。

公元前 378 年：（秦献公七年）初行市。

公元前 375 年：（秦献公十年）设户籍相伍。日蚀。

公元前 374 年：（秦献公十一年）周太史儋见献公曰："周故与秦国合而别，别五百岁复合，合十七岁而霸王出。"县栎阳。

公元前 371 年（献公十四年）：与赵战高安，败绩。

公元前 369 年：（秦献公十六年）桃冬花。民大疫。日蚀。

公元前 367 年：（秦献公十八年）栎阳雨金，四月至八月。

公元前 366 年：（秦献公十九年）败韩、魏洛阳。

公元前 364 年：（秦献公二十一年）与晋战于石门，斩首六万，天子贺以黼黻。

公元前 362 年：（秦献公二十三年）与魏晋战少梁，虏其将公孙痤。（《秦本纪》认为是二十四年）献公卒，子孝公立，年已二十一岁矣。

公元前 361 年：（秦孝公元年）韩、魏伐秦。商鞅入秦。秦伐魏、伐西戎，斩戎之獠王。彗星见西方。

公元前 360 年：（秦孝公二年）天子致胙。

公元前 359 年：（秦孝公三年）：用商鞅变法。

公元前 358 年：（秦孝公四年）卫鞅说孝公变法修刑，内务耕稼，外劝战死之赏罚，孝公善之。

公元前 356 年：（秦孝公六年）乃拜鞅为左庶长。其事在商君语中。

公元前 355 年：（秦孝公七年）与魏王会社平。

公元前 354 年：（秦孝公八年）与魏战元里。

公元前 352 年：（秦孝十年）卫鞅为大良造，将兵围魏安邑，降之。

公元前 351 年：（秦孝公十一年）城商塞。卫鞅围固阳，降之。

公元前 350 年：（秦孝公十二年）作为咸阳，筑冀阙，秦徙都之。并诸小乡聚，集为大县，县一令，四十一县。为田开阡陌。东地渡洛。

公元前 349 年：（秦孝公十三年）初为县有秩、史。

公元前 348 年：（秦孝公十四年）初为赋。

公元前 343 年：（秦孝公十九年）城武城。从东方壮丘来归。天子致伯。

公元前 342 年：（秦孝公二十年）诸侯毕贺。秦使公子少官率师会诸侯逢泽，朝天子。

公元前 341 年：（秦孝公二十一年）齐败魏马陵。

公元前 340 年：（秦孝公二十二年）卫鞅击魏，虏魏公子卬。封鞅为列侯，号商君。

公元前 339 年：（秦孝公二十三年）与魏战岸门，虏魏错。（《秦本纪》：二十四年，与晋战雁门，虏其将魏错。）

公元前 338 年：（秦孝公二十四年）孝公卒，子惠文君立。是岁，诛卫鞅。

公元前 337 年：（秦惠文王元年）楚、韩、赵、蜀朝秦。

公元前 336 年：（秦惠文王二年）初行圆钱。天子贺。

公元前 335 年：（秦惠文王三年）攻取韩之宜阳。王冠。

公元前 334 年：（秦惠文王四年）天子致文武胙。齐、魏为王。

公元前 333 年：（秦惠文王五年）犀首为大良造，张仪为客卿。

公元前 332 年：（秦惠文王六年）魏纳阴晋，阴晋更名宁秦。

公元前 331 年：（秦惠文王七年）义渠内乱，庶长操将兵定之。

公元前 330 年：（秦惠文王八年）与魏战，虏龙贾，斩首八万。魏献河西之地。

公元前 329 年：（秦惠文王九年）伐魏渡河，取汾阴、皮氏，围焦降之。

公元前 328 年：（秦惠文王十年）始置丞相。张仪为相。魏纳上郡十五县。

公元前 327 年：（秦惠文王十一年）县义渠。归魏焦、曲沃。义渠君为臣。更名少梁曰夏阳。

公元前 326 年：（秦惠文王十二年）初腊。与楚、燕、齐、魏等参加赵肃侯葬仪。

公元前 325 年：（秦惠文王十三年）四月戊午，魏君为王，韩亦为王。使张仪伐取陕，出其人与魏。

公元前 324 年：（秦惠文王更元元年）将兵取陕（魏地）。

公元前 323 年：（秦惠文王更元二年）张仪与齐、楚大臣相会于啮桑。

公元前 322 年：（秦惠文王更元三年）韩、魏太子来朝。张仪相魏。

公元前 320 年：（秦惠文王更元五年）王游至北河。

公元前 319 年：（秦惠文王更元六年）攻取韩之鄢地。

公元前 318 年：（秦惠文王更元七年）乐池相秦。韩、赵、魏、燕、齐帅匈奴共攻秦。秦使庶长疾与战脩鱼，虏其将申差，败赵公子渴、韩太子奂，斩首八万二千。

公元前 317 年：（秦惠文王更元八年）张仪复相秦。

公元前 316 年：（秦惠文王更元九年）司马错伐蜀，灭之。伐取赵中都、西阳。

公元前 315 年：（秦惠文王更元十年）韩太子苍来质。伐取韩石章。伐败赵将泥。伐取义渠二十五城。

公元前 314 年：（秦惠文王更元十一年）樗里疾攻魏焦，降之。败韩岸门，斩首万，其将犀首走。公子通封于蜀。燕君让其臣子之。

公元前 313 年：（秦惠文王更元十二年）王与梁王会临晋。庶长疾攻赵，虏赵将庄。张仪相楚。

公元前 312 年：（秦惠文王更元十三年）庶长章击楚于丹阳，虏其将屈匄，斩首八万；又攻楚汉中，取地六百里，置汉中郡。楚围雍氏，秦使庶长疾助韩而东攻齐，到满助魏攻燕。

公元前 311 年：（秦惠文王更元十四年）伐楚，取召陵。丹、犁臣，蜀相壮杀蜀侯来降。惠王卒，子武王立。

公元前310年：（秦武王元年）与魏惠王会临晋。诛蜀相壮。张仪、魏章皆东出之魏。伐义渠、丹、犁。

公元前309年：（秦武王二年）樗初置丞相，醨里疾、甘茂为左右丞相。张仪死于魏。

公元前308年：（秦武王三年）与韩襄王会临晋外。甘茂、庶长封伐宜阳。

公元前307年：（秦武王四年）魏冉为将军。拔韩宜阳。渡河在武遂筑城。魏太子来朝。八月，秦武王举鼎绝膑死，族孟说。

公元前306年：（秦昭襄王元年）归韩以武遂。严君疾为相。甘茂出之魏。

公元前305年：（秦昭襄王二年）彗星见。庶长壮与大臣、诸侯、公子为逆，皆诛，及惠文后皆不得良死。悼武王后出归魏。

公元前304年：（秦昭襄王三年）王冠。与楚王会黄棘，与楚上庸。

公元前303年：（秦昭襄王四年）攻韩之武遂，晋之蒲阪、晋阳、封陵。齐、魏、韩共伐楚，秦救楚，三国引去。彗星见。

公元前302年：（秦昭襄王五年）魏王来朝应亭，复与魏蒲阪。

公元前301年：（秦昭襄王六年）蜀侯辉反，司马错定蜀。庶长奂伐楚，斩首二万。泾阳君质于齐。日食，昼晦。

公元前300年：（秦昭襄王七年）攻克楚新城，杀楚将景缺。樗里疾卒。

公元前299年：（秦昭襄王八年）齐孟尝君田文入秦为相。

公元前298年：（秦昭襄王九年）孟尝君薛文来相秦。奂攻楚，取八城，杀其将景快。赵国楼缓为秦相。齐、韩、魏联军攻秦至函谷关。秦攻楚，大败楚军。

公元前297年：（秦昭襄王十年）楚怀王入朝秦，秦留之。薛文以金受免。楼缓为丞相。

公元前296年：（秦昭襄王十一年）齐、韩、魏、赵、宋、中山五国共攻秦，至盐氏而还。秦与韩、魏河北及封陵以和。彗星见。楚怀王走之赵，赵不受，还之秦，即死，归葬。

公元前295年（秦昭襄王十二年）：免楼缓，用魏冉为相。予楚粟五万石。

公元前294年（秦昭襄王十三年）：韩将公孙喜与魏伐秦。

公元前 293 年：（秦昭襄王十四年）白起大胜韩、魏联军于伊阙，拔五城，斩首二十四万，虏魏将公孙喜。

公元前 292 年：（秦昭襄王十五年）大良造白起攻魏，取垣，复予之。攻楚，取宛。

公元前 291 年：（秦昭襄王十六年）左更错取轵及邓。厓免，封公子市宛，公子悝邓，魏厓陶，为诸侯。

公元前 290 年：（秦昭襄王十七年）城阳君入朝，及东周君来朝。秦以垣为蒲阪、皮氏。王之宜阳。

公元前 289 年：（秦昭襄王十八年）客卿错击魏，至轵，取城大小六十一。错攻垣、雍，决桥取之。

公元前 288 年：（秦昭襄王十九年）王为西帝，齐为东帝，皆复去之。吕礼来自归。齐破宋，宋王在魏，死温。任鄙卒。

公元前 287 年：（秦昭襄王二十年）王之汉中，又之上郡、北河。

公元前 286 年：（秦昭襄王二十一年）错攻魏河内。魏献安邑，秦出其人，募徙河东赐爵，赦罪人迁之。泾阳君封宛。

公元前 285 年：（秦昭襄王二十二年）蒙武伐齐。河东为九县。与楚王会宛。与赵王会中阳。

公元前 284 年：（秦昭襄王二十三年）王与魏王会宜阳，与韩王会新城。

公元前 283 年：（秦昭襄王二十四年）与楚王会鄢，又会穰。秦取魏安城，至大梁，燕、赵救之，秦军去。魏厓免相。

公元前 282 年：（秦昭襄王二十五年）拔赵二城。与韩王会新城，与魏王会新明邑。

公元前 281 年：（秦昭襄王二十六年）赦罪人迁之穰。侯厓复相。攻赵离石。

公元前 280 年：（秦昭襄王二十七年）错攻楚。赦罪人迁之南阳。白起攻赵，取代光狼城。又使司马错发陇西，因蜀攻楚黔中，拔之。

公元前 279 年：（秦昭襄王二十八年）大良造白起攻楚，取鄢、邓，赦罪人迁之。

公元前 278 年：（秦昭襄王二十九年）大良造白起攻楚，取郢为南郡，楚王走。周君来。王与楚王会襄陵。白起为武安君。

公元前 277 年：（秦昭襄王三十年）蜀守若伐楚，取巫郡，及江南为黔中郡。

公元前 276 年：（秦昭襄王三十一年）楚夺回十五邑。白起伐魏，取两城。楚人反我江南。

公元前 275 年：（秦昭襄王三十二年）相穰侯攻魏，至大梁，破暴鸢，斩首四万，鸢走，魏入三县请和。

公元前 274 年：（秦昭襄王三十三年）客卿胡攻魏卷、蔡阳、长社，取之。击芒卯华阳，破之，斩首十五万。魏入南阳以和。

公元前 273 年：（秦昭襄王三十四年）秦与魏、韩上庸地为一郡，南阳免臣迁居之。

公元前 272 年：（秦昭襄王三十五年）佐韩、魏、楚伐燕。初置南阳郡。

公元前 271 年：（秦昭襄王三十六年）客卿灶攻齐，取刚、寿，予穰侯。

公元前 270 年：（秦昭襄王三十七年）客卿灶攻齐，取寿、刚，予穰侯。秦中更胡伤攻赵之阏与，赵将赵奢大破秦军。

公元前 269 年：（秦昭襄王三十八年）中更胡攻赵阏与，不能取。

公元前 268 年：（秦昭襄王三十九年）五大夫绾收取魏之怀。

公元前 267 年：（秦昭襄王四十年）悼太子死魏，归葬芷阳。

公元前 266 年：（秦昭襄王四十一年）用范雎为相。攻魏，取邢丘、怀。十月，宣太后薨，葬芷阳郦山。

公元前 265 年：（秦昭襄王四十二年）攻取赵三城及韩之少曲、高平。安国君为太子。九月，穰侯出之陶。

公元前 264 年：（秦昭襄王四十三年）武安君白起攻韩，拔九城，斩首五万。

公元前 263 年：（秦昭襄王四十四年）攻太行之南阳。攻韩南，取之。

公元前 262 年：（秦昭襄王四十五年）五大夫贲攻韩，取十城。叶阳君悝出之国，未至而死。

公元前 261 年：（秦昭襄王四十六年）续战长平。攻取韩缑氏、纶。

公元前 260 年：（秦昭襄王四十七年）秦攻韩上党，上党降赵，秦因攻赵，赵发兵击秦，相拒。秦使武安君白起击，大破赵于长平，四十余万尽杀之。

公元前 259 年：（秦昭襄王四十八年）秦始皇嬴政生于邯郸，初名赵政。十月，韩献垣雍。秦军分为三军。武安君归。王龁将伐赵皮牢，拔之。司马梗北定太原，尽有韩上党。正月，兵罢，复守上党。其十月，五大夫陵攻赵邯郸。

公元前258年：（秦昭襄王四十九年）正月，益发卒佐陵。陵战不善，免，王龁代将。其十月，将军张唐攻魏，为蔡尉捐弗守，还斩之。

公元前257年：（秦昭襄王五十年）十月，武安君白起有罪，为士伍，迁阴密。张唐攻郑，拔之。十二月，益发卒军汾城旁。武安君白起有罪，死。龁攻邯郸，不拔，去，还奔汾军。二月余攻晋军，斩首六千，晋楚流死河二万人攻汾城，即从唐拔宁新中，宁新中更名安阳。初作河桥。

公元前256年：（秦昭襄王五十一年）灭西周。将军摎攻韩，取阳城、负黍，斩首四万。攻赵，取二十余县，首虏九万。

公元前255年：（秦昭襄王五十二年）周民东亡，其器九鼎入秦。

公元前254年：（秦昭襄王五十三年）天下来宾。魏后，秦使摎伐魏，取吴城。韩王入朝，魏委国听令。

公元前253年：（秦昭襄王五十四年）王郊见上帝于雍。

公元前251年：（秦昭襄王五十六年）秋，昭襄王卒，子孝文王立。

公元前250年：（秦孝文王元年）十月，孝文王即位，三日即卒。

公元前249年：（秦庄襄王元年）蒙骜取成皋、荥阳。初置三川郡。吕不韦相。取东周。

公元前248年：（秦庄襄王二年）蒙骜击赵榆次、新城、狼孟，得三十七城。日蚀。

公元前247年：（秦庄襄王三年）王齮击上党。初置太原郡。魏公子无忌率五国郤我军河外，蒙骜解去。秦庄襄王卒。

公元前246年：（秦始皇元年）秦王嬴政即位，年十三岁。吕不韦为仲父。

公元前245年：（秦始皇二年）攻魏取卷。

公元前244年：（秦始皇三年）蒙骜攻韩十三城，攻魏的畼、有诡。

公元前243年：（秦始皇四年）蝗灾，天下疫。

公元前242年：（秦始皇五年）将军骜攻魏，定酸枣、燕、虚、长平、雍丘、山阳城，皆拔之，取二十城。初置东郡。冬雷。

公元前241年：（秦始皇六年）韩、魏、赵、卫、楚共击秦，取寿陵。秦出兵，五国兵罢。拔卫，迫东郡，其君角率其支属徙居野王，阻其山以保魏之河内。

公元前240年：（秦始皇七年）彗星先出东方，见北方，五月见西方。将军骜死。以攻龙、孤、庆都"还兵攻汲。彗星复见西方十六日。夏太后死。

公元前 239 年：（秦始皇八年）王弟长安君成蟜将军击赵，反，死屯留，军吏皆斩死，迁其民于临洮。将军壁死，卒屯留、蒲鹝反，戮其尸。河鱼大上，轻车重马东就食。

公元前 238 年：（秦始皇九年）秦王政行冠礼。平嫪毐叛乱。攻魏首垣、蒲阳、衍氏。

公元前 237 年：（秦始皇十年）吕不韦免相。大索，逐客，李斯上书说，乃止逐客令。

公元前 236 年：（秦始皇十一年）王翦、桓齮、杨端和攻邺，取九城。

公元前 235 年：（秦始皇十二年）文信侯不韦死，窃葬。

公元前 234 年：（秦始皇十三年）桓齮攻赵平阳，斩首十万。王之河南。正月，彗星见东方。十月，桓齮攻赵。

公元前 233 年：（秦始皇十四年）攻赵军于平阳，取宜安，破之，杀其将军。桓齮定平阳、武城。韩非使秦，秦用李斯谋，留非，非死云阳。韩王请为臣。

公元前 232 年：（秦始皇十五年）大兴兵，一军至邺，一军至太原，取狼孟。地动。

公元前 231 年：（秦始皇十六年）九月，发卒受地韩南阳假守腾。初令男子书年。魏献地于秦。秦置丽邑。

公元前 230 年：（秦始皇十七年）内史腾攻韩，得韩王安，尽纳其地，以其地为郡，命曰颍川。地动。华阳太后卒。民大饥。

公元前 229 年：（秦始皇十八年）大兴兵攻赵，王翦将上地，下井陉，端和将河内，羌瘣伐赵，端和围邯郸城。

公元前 228 年：（秦始皇十九年）王翦、羌瘣尽定取赵地东阳，得赵王。赵公子嘉率其宗数百人之代，自立为代王，东与燕合兵，军上谷。大饥。

公元前 227 年：（秦始皇二十年）燕太子丹患秦兵至国，恐，使荆轲刺秦王。燕、代发兵击秦军，秦军破燕易水之西。

公元前 226 年：（秦始皇二十一年）取燕蓟城，得太子丹之首。燕王喜迁都辽东。王贲攻楚。秦之新郑叛。昌平君徙郢。

公元前 225 年：（秦始皇二十二年）王贲攻魏，引河沟灌大梁，大梁城坏，其王请降，尽取其地。

公元前 224 年：（秦始皇二十三年）秦王复召王翦，强起之，使将击荆。取陈以南至平舆，虏荆王。

公元前 223 年：（秦始皇二十四年）王翦、蒙武攻荆，破荆军，昌平君死，项燕遂自杀。

公元前 222 年：（秦始皇二十五年）大兴兵，使王贲将，攻燕辽东，得燕王喜。还攻代，虏代王嘉。

公元前 221 年：（秦始皇二十六年）秦使将军王贲从燕南攻齐，得齐王建。秦帝国建立，嬴政称秦始皇帝。车同轨，书同文，统一度量衡，置三十六郡。

公元前 220 年：（秦始皇二十七年）始皇巡陇西、北地，出鸡头山，过回中

公元前 219 年：（秦始皇二十八年）始皇东行郡县，上邹峄山。封禅泰山。

公元前 218 年：（秦始皇二十九年）始皇东游。至阳武博狼沙中，为盗所惊。

公元前 217 年：（秦始皇三十年）无事。

公元前 216 年：（秦始皇三十一年）始皇为微行咸阳，与武士四人俱，夜出逢盗兰池，见窘，武士击杀盗，关中大索二十日。

公元前 215 年：（秦始皇三十二年）始皇之碣石，使燕人卢生求羡门、高誓。刻碣石门。坏城郭，决通隄防。

公元前 214 年：（秦始皇三十三年）发诸尝逋亡人、赘婿、贾人略取陆梁地，为桂林、象郡、南海，以适遣戍。

公元前 213 年：（秦始皇三十四年）适治狱吏不直者，筑长城及南越地。焚书。

公元前 212 年：（秦始皇三十五年）除道，道九原抵云阳。坑儒。

公元前 211 年：（秦始皇三十六年）有坠星下东郡，至地为石。迁北河榆中三万家。

公元前 210 年：（秦始皇三十七年）始皇出游。左丞相斯从，右丞相去疾守。少子胡亥爱慕请从，上许之。秦始皇卒。

公元前 209 年：（二世皇帝元年）赵高为郎中令，任用事。东行郡县，李斯从。到碣石，并海，南至会稽。诛王室。

公元前 208 年：（二世皇帝二年）大泽乡起义。章邯平叛。李斯受五刑。

公元前 207 年：（二世皇帝三年）秦国灭亡。

附录三

秦国国君（首领）一览表

建国前（首领）

1. 女修，秦人始祖母，出生年月不详。女修织，玄鸟陨卵，女修吞之，生子大业。

2. 大业，秦人始祖父。生卒年不详。大业取少典之子，曰女华。

3. 大费，大业的儿子，生卒年不详。与禹平水土。舜赐姓嬴氏。

4. 大廉，大费的长子，生卒年不详，实鸟俗氏。

5. 若木，大费次子，生卒年不详，实费氏。

6. 费昌，大费后裔，生卒年不详，子孙或在中国，或在夷狄。

7. 孟戏中衍，大廉玄孙，生卒年不详，鸟身人言。

8. 中潏，大廉后裔，生卒年不详，在西戎，保西垂。

9. 蜚廉，中潏儿子，生卒年不详。

10. 恶来，蜚廉长子，生卒年不详。恶来有力，蜚廉善走，父子俱以材力事殷纣。

11. 女防，恶来子，生卒年不详。

12. 旁皋，女防子，生卒年不详。

13. 太几，旁皋子，生卒年不详。

14. 大骆，太几子，生卒年不详。

15. 非子，生卒年不详，约公元前 900 年前后，周孝王封非子秦邑，始建附庸。

16. 秦侯，非子儿子，生年不详，卒于前 858 年，在位十年。

17. 秦公伯，秦侯之子，生年不详，前 848 年继位，卒于 845 年，在位三年。

18. 秦仲，秦公伯子，生年不详，前 845 年继位，卒于前 822 年，在位二十三年。西戎反王室，灭犬丘大骆之族。周宣王即位，乃以秦仲为大夫，诛西戎。死于与戎狄战争。

19. 秦庄公，秦仲子，生年不详，前 822 年继位，卒于前 778 年，复予秦仲后，及其先大骆地犬丘并有之，为西垂大夫。在位四十四年。

春秋国君

20. 秦襄公，秦仲子，生年不详，前 778 年继位，卒于前 766 年，在位十二年。秦国第一代君主。葬于故地西垂。

21. 秦文公，襄公子，生年不详，前 766 年继位，卒于前 721 年，文公立，居西垂宫。五十年死，葬西垂。

21. 秦静公，文公子，生年不详，卒于前 718 年，不享国。

22. 秦宪（宁）公，静公子，前 715 年继位，卒于前 704 年，享国十二年，居西新邑。死，葬衙。

23. 秦出子，宪公子，生年不详，前 704 年继位，卒于前 698 年，享国六年，居西陵。庶长弗忌、威累、参父三人，率贼贼出子鄙衍，葬衙。

24. 秦武公，宪公子，生年不详，前 698 年继位，卒于前 678 年，武公享国二十年。

24. 秦德公，宪公子，生年不详，前 678 年继位，卒于前 676 年，德公享国二年。居雍大郑宫。生宣公、成公、缪公。

25. 秦宣公，德公子，生年不详，前 676 年继位，卒于前 664 年，宣公享国十二年。居阳宫。葬阳。初志闰月。

26. 秦成公，德公子，生年不详，前 664 年继位，卒于前 660 年，享国四年，居雍之宫。葬阳。齐伐山戎、孤竹。

27. 秦穆公，名任好，德公子，生年不详，前 660 年继位，卒于前 621 年，享国三十九年。天子致霸。葬雍。缪公学著人。

28. 秦康公，穆公子，生年不详，前 621 年继位，卒于前 609 年，享国十二年。居雍高寝。葬㟅社。生共公。

29. 秦共公，康公子，生年不详，前 609 年继位，卒于前 604 年，享国五年，居雍高寝。葬康公南。

30. 秦桓公，共公子，生年不详，前 604 年继位，卒于前 577 年，享国二十七年。居雍太寝。葬义里丘北。

31. 秦景公，桓公子，生年不详，前 577 年继位，卒于前 537 年，享国四十年。居雍高寝，葬丘里南。生毕公。

32. 秦毕公（秦哀公），景公子，生年不详，前 537 年继位，卒于前 501 年，享国三十六年。葬车里北。生夷公。

33. 秦夷公，毕公子，生卒年不详，不享国。死，葬左宫。生惠公。

34. 秦惠公，夷公子，生年不详，前 501 年继位，卒于前 491 年，享国十年。葬车里（康景）。生悼公。

35. 秦悼公，惠公子，生年不详，前 491 年继位，卒于前 477 年，享国十五年。葬僖公西。城雍。生剌龚公。

36. 秦剌龚公（厉共公），悼公子，生年不详，前 477 年继位，卒于前 444 年，享国三十四年。葬入里。生躁公、怀公。其十年，彗星见。

战国国君

37. 秦躁公，剌（厉）龚公子，生年不详，前 444 年继位，卒于前 429 年，享国十四年。居受寝。葬悼公南。其元年，彗星见。

38. 秦怀公，躁公子，生年不详，前 429 年继位，卒于前 425 年，享国四年。葬栎圉氏。诸臣围怀公，怀公自杀。

39. 秦灵公，怀公子，生年不详，前 425 年继位，卒于前 415 年，居泾阳。享国十年。

40. 秦简公，怀公子，生年不详，前 415 年继位，卒于前 400 年，享国十五年。葬僖公西。

41. 秦惠公，简公子，生年不详，前 400 年继位，卒于前 387 年。其七年。百姓初带剑。惠公享国十三年。葬陵圉。

42. 秦出公（出子），惠公子，生年不详，前 387 年继位，卒于前 385 年，享国二年。出公自杀，葬雍。

43. 秦献公，灵公子，生年不详，前 384 年继位，卒于前 362 年，享国二十三年。葬嚣圉。生孝公。

44. 秦孝公（前 381 年—前 338 年），前 362 年继位，卒于前 338 年，享国二十四年。葬弟圉。变法强国。

45. 秦惠文王（前 356 年—前 311 年），孝公子，前 338 年继位，卒于前 311 年，享国二十七年。葬公陵。

46. 秦武王，惠文王子，生年不详，前 311 年继位，卒于前 307 年，享国四年，葬永陵。

47. 秦昭襄王，惠文王子，生年不详，前 307 年继位，卒于前 251 年，享国五十六年。葬芷阳。

48. 秦孝文王，昭襄王子，生年不详，前 251 年继位，在位三天，卒于前 250 年，享国一年。葬寿陵。生庄襄王。

49. 秦庄襄王，孝文王子，生年不详，前 250 年继位，卒于前 247 年，享国三年。葬芷阳。生始皇帝。吕不韦相。

50. 秦始皇（前 259 年—前 210 年），前 247 年继位，卒于前 210 年，始皇享国三十七年。葬郦邑。

51. 二世皇帝，始皇帝子，生年不详，前 210 年继位，卒于前 207 年，享国三年。葬宜春。

52. 子婴，生卒年不详，，卒于前 207 年，在位 47 天。

图书在版编目（CIP）数据

大秦长歌：一部两千年秦文明史/祁新龙著.
上海：上海三联书店，2025. 6. —ISBN 978 - 7 - 5426
- 8859 - 0

Ⅰ. K233.09

中国国家版本馆 CIP 数据核字第 20258N2D80 号

大秦长歌——一部两千年秦文明史

著　　者／祁新龙

责任编辑／王　赟
装帧设计／0214 _ Studio
监　　制／姚　军
责任校对／王凌霄

出版发行／上海三联书店
　　　　　（200041）中国上海市静安区威海路 755 号 30 楼
邮　　箱／sdxsanlian@sina. com
联系电话／编辑部：021 - 22895517
　　　　　发行部：021 - 22895559
印　　刷／山东新华印务有限公司

版　　次／2025 年 6 月第 1 版
印　　次／2025 年 6 月第 1 次印刷
开　　本／890 mm × 1240 mm　1/32
字　　数／1280 千字
印　　张／55.625
书　　号／ISBN 978 - 7 - 5426 - 8859 - 0/K·832
定　　价／288.00 元

敬启读者，如发现本书有印装质量问题，请与印刷厂联系 0538 - 6119360